徐杰舜 韦小鹏 主编

新生代人类学家之路 上

学苑出版社

图书在版编目（CIP）数据

新生代人类学家之路 / 徐杰舜，韦小鹏主编．
— 北京：学苑出版社，2021.9
ISBN 978-7-5077-6264-8

Ⅰ．①新… Ⅱ．①徐… ②韦… Ⅲ．①人类学—中国—文集 Ⅳ．① Q98-53

中国版本图书馆 CIP 数据核字 (2021) 第 191533 号

责任编辑：陈　佳
出版发行：学苑出版社
社　　址：北京市丰台区南方庄 2 号院 1 号楼
邮政编码：100079
网　　址：www.book001.com
电子邮箱：xueyuanpress@163.com
联系电话：010-67601101（营销部）、010-67603091（总编室）
印　刷　厂：英格拉姆印刷(固安)有限公司
开本尺寸：710 mm×1000mm　1/16
印　　张：58.75
字　　数：902 千字
版　　次：2021 年 11 月第 1 版
印　　次：2021 年 11 月第 1 次印刷
定　　价：300.00 元

谨以此书献给
人类学高级论坛成立20周年

《新生代人类学家之路》
编辑委员会

顾　问：黄树民　金　力　徐杰舜

主　任：彭兆荣

副主任：范　可

委　员：（以姓氏拼音为序）

　　　　黄剑波　简美玲　李　菲　林敏霞　刘　珩
　　　　刘　谦　刘朝晖　潘天舒　孙九霞　王　华
　　　　王明珂　韦小鹏　邢海燕　徐杰舜　徐新建
　　　　张展鸿　赵旭东　周大鸣　朱炳祥

主　编：徐杰舜　韦小鹏

目录

上 册

i	前言	新时代，新生代，永续学脉　韦小鹏
1	序一	中国人类学新生代的崛起　徐杰舜
11	序二	人类学中的"原生态土著"与其"拯救者"想象　王明珂
14	序三	人类学代际相传治学路　徐新建
20	序四	20年，薪火相传　彭兆荣
24	序五	我是怎样走上人类学之路的　周大鸣
28	序六	静静的花开成林　简美玲
32	序七	我的人类学自述　赵旭东

001	寻找阿诗玛的颠倒梦想　巴胜超
015	砥砺千山，方得入门——我的人类学之路　陈祥军
035	跨界中年——我的人类学之路　程瑜
051	追寻"心性"的成长：我与人类学相遇的偶然与必然　崔应令
067	寻找他乡的田野　段颖
086	野蛮生长　冯舒欣

099	意外的旅程：一个人类学家的养成之路　高　瑜
111	顺历史学之藤蔓　摸人类学之金瓜　高志英
138	在原地行走的人类学之路　葛荣玲
152	海外民族志研究的尝试与反思　龚浩群
164	跨界游走中的渐与顿——我的人类学成年礼　郭永平
180	教育学与人类学的结合——我的人类学之路　海　路
197	为什么是人类学呢？　何　菊
210	人类学者的自我发现之旅　黄剑波
222	山穷水尽到柳暗花明——我的学术前半生　姬广绪
228	一场永无止息的过渡仪式　李　菲
243	不想做基因的老中医不是好人类学家　李　辉
269	我与人类学的十年　李陶红
279	浸润人类学：冲突、融合与公共性　李伟华
290	京桂求学路，缘起人类学　林敏霞
303	走出人类学的畛域　刘朝晖
317	人类学的亲昵　刘　珩
327	认识他人，认识自我——我的人类学之路　刘　琪
341	生活、职业与人类学——一场盛大而平凡的编织　刘　谦
354	与人类学共舞　刘志军
372	书之岁华　其曰可读——我的非典型人类学之路　罗安平
384	未信此身长坎坷，细看造物实玄微——我的人类学之路　罗彩娟
398	学问做一生　不问道所长　罗士泂
409	学科史的研究转折——毕业须臾十三年　马丹丹

下　册

425	一位魔都人类学者的自述	潘天舒
438	人类学、文学与民俗学：我的"三尖两刃刀"	邱　硕
452	人类学作为一种解法：我的"中-非相遇"修炼记	邱　昱
466	祖辈的目光，人类学的路	石　甜
480	初心未改，跨界传承	孙九霞
494	将人类学作为生活	孙亚楠
504	学科交融共探人类源流——记我的人类学之路	王传超
512	在"底边"中前行——我的人类学之路	王　华
523	追寻人类学家的写作之路——我的文学人类学历程	王　璐
537	在人类学的田野里"游泳"	温美珍
550	我是一株行走的草	夏循祥
562	人类学观茶——我的学术历程	肖坤冰
575	择径：一个青年人类学者的求学拾忆	谢林轩
591	曲径通幽——我与人类学的结缘	辛允星
602	田野之间，学问存焉——我的人类学之路	邢海燕（丹兰索）
617	从故乡到异乡：我的人类学跨界之路	熊　迅
627	自我、角色与世界：一个中国女人类学者的非洲探险	徐　薇
644	行无尽处 学无止境——我的文学人类学之路	杨　骊
658	路远兮：我的人类学之旅	杨丽娟
669	我的人类学朝圣之旅	杨青青
680	基于人类家的人类学：我的人类学经历	杨清媚

691	提炼发展研究的中国理论——学术人生中的问题意识	杨小柳
704	三级两跳：我的二十载人类学之路	尹 韬
717	英国读博六年的回忆——成长自述	张 慧
728	人类学与法兰西的相遇——我的回顾与思考	张金岭
743	融入的故事：我的人类学之路	张劲夫
760	曲径通幽人类学路	张经纬
774	我的人类学训练	张巧运
784	水至清深，无问西东	张文潇
798	心中最美的人类学	张文义
810	跟魏特夫搏斗：我的人类学经历	张亚辉
821	被人类学"照见"与"点亮"的人生	张 颖
834	打开视界与世界的打开：我的人类学之路	张 原
841	一弦一柱思华年：我的人类学旅程	赵红梅
854	追寻影视人类学的田野灵光	朱靖江

867	跋　朱炳祥	
871	附录　主体民族志与民族志范式变迁——访武汉大学朱炳祥教授 徐杰舜／问，朱炳祥／答	
879	后记　徐杰舜	

前言
新时代，新生代，永续学脉

韦小鹏*

韦小鹏（摄影：张劲夫）

20年前，在费孝通、李亦园、乔健等人类学家的大力支持下，徐杰舜教授联合海峡两岸暨香港、澳门人类学界发起成立人类学高级论坛（Advance Forum of Anthropology）。时至今日，费孝通、李亦园、乔健三位先生已先后遽归道山。当年携手共创论坛的师长们早已步入花甲之年，徐杰舜教授更是已近耄耋之年。因此，在2020年人类学高级论坛学术委员会会议上，师长们不约而同地提及人类学代际相传议题，进而，"回顾与展望：人类学高级论坛20年"自然而然就成为下一届学术年会的主题。

"逢十大庆"是一个传统。今年恰逢人类学高级论坛成立20周年。策划出版《新生代人类学家之路》一书的目的之一是"献礼庆生"，但其更深层的

---

* 韦小鹏，字佛子，南京大学人类学研究所博士候选人，人类学高级论坛秘书长助理、青年学术委员会副主席。

意义，是吹响一次人类学的"集结号"，邀请新生代人类学家面向公众集体发声，让更多的受众走进、了解并热爱人类学，以更好地薪火相传。

蒙徐师抬爱，让我有幸参与编辑出版《新生代人类学家之路》一书，也因此有幸成为此书的第一位读者。透过"心史"，首先可以体悟到新生代人类学家矢志不渝的人类学信仰；感受到他们的青春无限，活力四射；面对各种不公、质疑、嘲讽，他们总是从容不迫，乐观豁达。其次，从他们身上既可回首中国人类学的过去，不忘初心；把握当下，砥砺前行；又可展望未来，永续学脉。

人类学传入中国已逾百年。虽然对社会经济文化发展贡献良多，但其生存和发展空间相对于其他学科而言显得十分局促。26年前，乔健先生就非常有远见地指出：人类学学科地位的不明确是中国人类学发展的"第一困境"，致使毕业生就业遭遇重重壁垒。[1]这种壁垒就算过了26年后，依然坚不可摧，这从毕业生求职遭遇中就可见一斑：无论是公务员招考信息，或是高校人才招聘，还是企业招贤纳士——"人类学"依然渺无踪影。为了助力人类学脱困，在差不多同一时间，费孝通先生倡导"三科并立"，希望"三驾马车"，并驾齐驱，[2]但因"部分民族学界人物的反对而未果"[3]。20年后，中国人类学界的台柱们又在广西贺州发出"贺州之声"[4]，旨在圆"人类学一级学科"之梦[5]，可梦未圆。

人类学困境的影响是深远的。不但招生困难，而且生源还被截流。这在新生代人类学人的"心史"中得到印证，其中最为直接的一点是64人中科班出身的学人屈指可数，仅有刘朝晖、张劲夫等。遥想40年前，著名人类学家乔

---

[1] 乔健：《中国人类学发展的困境与前景》，《广西民族学院学报》（哲学社会科学版）1995年第1期。

[2] 费孝通：《开风气，育人才》，《人类学与民俗研究通讯》1998年第18、19期。

[3] 杨圣敏：《当前民族学人类学研究中的几个问题》，《广西民族大学学报》（哲学社会科学版）2012年第1期。

[4] 范可、张雨男：《社会文化人类学研究》，郝时远：《新时代中国民族学研究回顾与展望》，社会科学文献出版社，2020年，第199页。

[5] 徐杰舜、李晓明、韦小鹏：《人类学之梦》，知识产权出版社，2016年。

健先生在香港中文大学招生时，曾遭遇人类学是研究猴子的误解。[1] 40年后，在获取信息极为便捷的时代，依然还有网友在澎湃热评区发问："人类学学者？啥专业？专门教怎样加工人吗？"[2] 足见人类学的鲜为人知。但另一面，也彰显了人类学无法掩盖的魅力——吸引了那么多学子跨航空、化学、物理、历史、文学等学科，或是从硕士班转入人类学，或是在博士班开启人类学学术生涯。再者，因人类学不是一级学科，导致人类学系、所设置受限。目前主要有中山大学人类学系、厦门大学人类学系、台湾大学人类学系、香港中文大学人类学系等，和设置在社会学院或生命科学院之下的北京大学社会学人类学研究所、南京大学人类学研究所、中国人民大学人类学研究所、复旦大学人类遗传学与人类学系、复旦大学人类学民族学研究所、浙江大学人类学研究所、武汉大学人类学研究所、华东师范大学人类学研究所、山东大学人类学系、云南大学人类学系、云南民族大学人类学系等，以及设置有人类学专业（含文学人类学等专业）的中央民族大学、四川大学等。参加此次征文的新生代人类学学人，硕士班或博士班基本上都毕业或工作于这些高校（见图1、2）。由此看来，人类学命运颇似徐杰舜教授所云："在夹缝中生存。"值得庆幸的是，这是一种"星星之火"式的生长——62位学人[3]来自37所高校和科研院所。

之所以在此再揭人类学的"伤疤"，虽逃脱不了"卖惨"嫌疑，但正如费孝通先生所言："对要进行学科建设的一门科学来说，似乎也不得不存在正名的问题，我们中国的文化十分看重正名，有一句话说'名不正则言不顺，言不顺则事不成'。"[4] 一级学科地位是人类学永续学脉的重要保障。新生代人类学人对此理应有所担当，有所作为，敢于作为。

---

[1] 徐杰舜/问、乔健/答：《漂泊中的永恒与永恒的漂泊——访人类学家乔健先生》，《广西民族学院学报》（哲学社会科学版）2005年第1期。

[2] 王芊霓：《人类学学者王梦琪：在售楼处看见女性的失语》一文热评区，澎湃新闻：https://m.thepaper.cn/newsDetail_forward_12057419，访问时间：2021年4月7日。

[3] 说明：本次征文活动共有64位学人参与，其中有1位学人刚从海外归来，工作单位尚未落实；有1位学人正在攻读博士学位。

[4] 费孝通：《开风气，育人才》，《人类学与民俗研究通讯》1998年第18、19期。

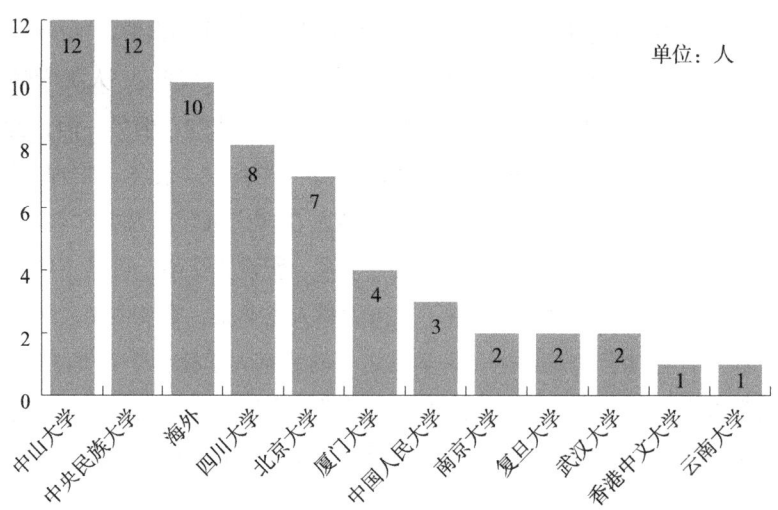

图1 本书64位新生代人类学家博士毕业高校

多年来，徐师经常在不同场合感言道："人类学太有用了！中国太需要人类学了！"在拜读各位学人"心史"的过程中，除了心弦不时被触动，双眼充溢暖流外，我对徐师所言的体会得到了进一步升华。云南民族大学张劲夫副教授是我硕士班的同门同窗好友。他因教育或者也可以说是因人类学家的关怀和鼓励而走出西南边疆的小山村，后又因人类学成就了他的大学教师梦。这是个人命运因人类学实现华丽转身的故事。对现代教育而言，人类学是五大现代人文社会科学和三大现代大学基石性学科之一。[1] 世界名校无一例外都设置有人类学系所或专业课程，其中尤以美国最为普及和发达。于国家而言，人类学是支撑现代国家之强国地位的基础设施，最能彰显"一个国家审视世界的学术眼光、言说世界的叙事水平，最能够代表一国学术整体发展的国际水准"[2]。

百余年来，尽管人类学在中国位卑言轻，但学者们强国富民的信念依然如初，行动如细雨润物。随着"一带一路"倡议实施，国内外人员的往来比以往更频繁。这就需要用国际"通用语言"和他者进行沟通交流，既须做到"知己

---

[1] 张先清：《作为大学通识教育基石的人类学》，徐杰舜、李晓明、韦小鹏：《人类学之梦》，知识产权出版社，2016年，第69—73页；《文汇报》2016年5月20日W05版。

[2] 高丙中、马强：《世界社会的文化多样性：中国人类学的视角》，商务印书馆，2020年，序言。

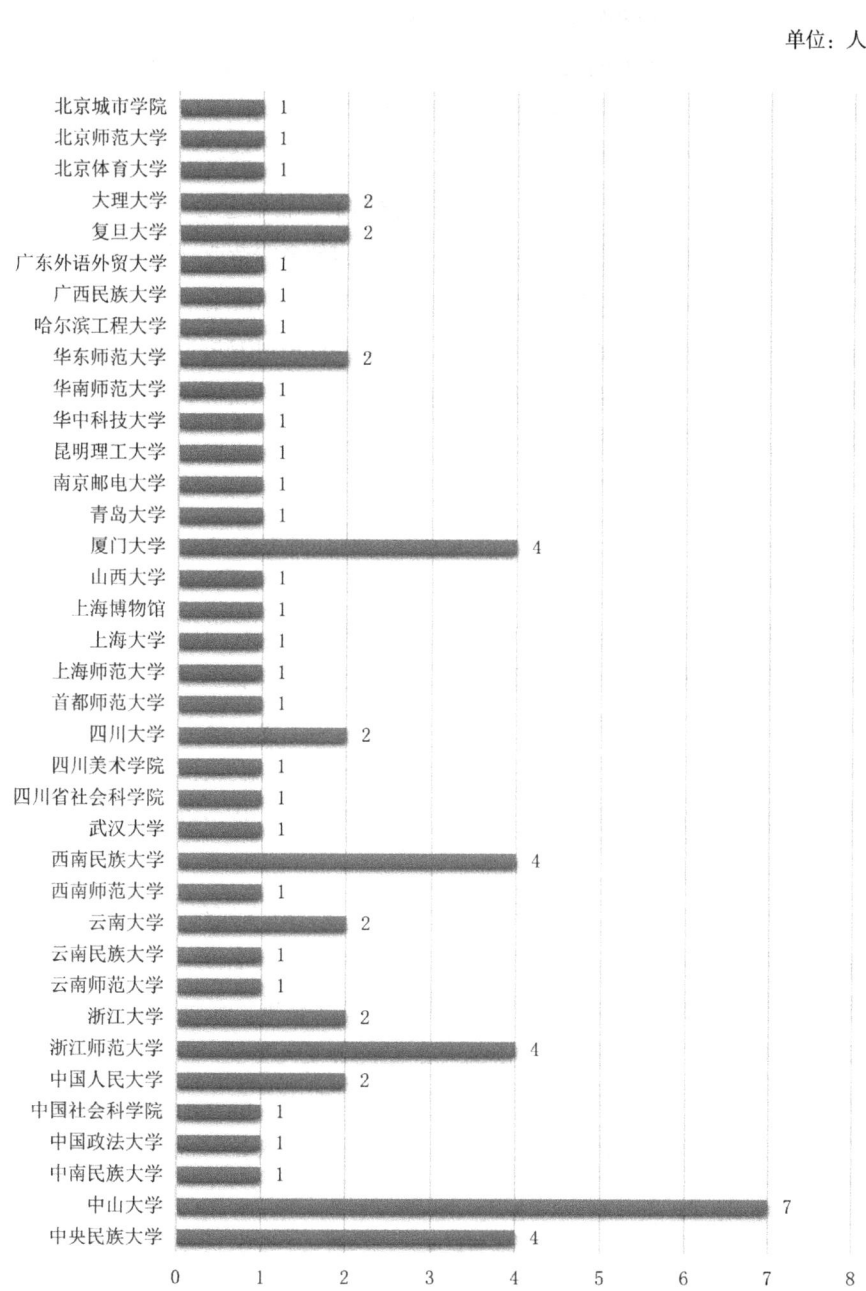

图 2　本书 64 位新生代人类学家的工作单位

知彼",又更须了解和尊重他者的文化习俗、宗教信仰和禁忌等,以及善待他者。此时不发挥人类学作为世界互联互通基础设施的作用,又更待何时呢?形势所迫,一直隐忍不发的人类学家们终于言简意赅地彰宣了人类学是"三强"学科——"强国之学"[1]"强校之学""强人之学"[2]。旨在呼吁政府重视和发展人类学教育;充分发挥人类学的优势,助力"一带一路"的建设和发展。

令人欣喜的是,人类学家们已较好地把握了千载难逢的"当下",砥砺前行。时至今日,已有不少学人走出国门,到异国他乡深造或开展研究工作。在64位新生代人类学家群体中,有10人在国外大学拿到博士学位;有中山大学段颖教授、厦门大学龚浩群教授、浙江师范大学徐薇研究员、华南师范大学谢林轩博士等到"一带一路"沿线的缅甸、泰国、博茨瓦纳和南非、越南等国,以及中国人民大学刘谦教授到美国,中国社会科学院张金岭研究员赴法国,石甜博士在法国、德国和荷兰进行田野工作;亦有不少人类学家从事跨境研究,如云南大学高志英教授、李伟华博士等等。科研成果斐然,目前已出版《泰国北部的云南人——族群形成、文化适应与历史变迁》(段颖著)、《信徒与公民:泰国曲乡的政治民族志》(龚浩群著)、《佛与他者:当代泰国宗教与社会研究》(龚浩群著)、《博茨瓦纳族群生活与社会变迁》(徐薇著)、《南非种族与族群关系变迁研究》(徐薇著)、《教育的社会文化土壤:基于美国费城安卓学校的教育人类学观察》(刘谦著)、《公民与社会:法国地方社会的田野民族志》(张金岭著)和《法国人文化想象中的"他者"建构:基于里昂的一项民族志研究》(张金岭著)等。

此外,人类学家们还持续不断地走出象牙塔,融入大众,借助现代媒介,普及人类学相关理论和知识,提高人类学的曝光度和知名度。上海博物馆张经纬副研究馆员可谓一马当先,不但积极融入公共领域,充分利用《南方都市报》《东方早报》《新京报》等现代媒体的功能普及人类学,获得"博物馆里的'网红'人类学家"之美誉,而且还翻译面向普罗大众的人类学入门书籍,如《人类学入门:像人类学家一样思考》等。中山大学人类学张文义老师依托微

---

[1] 张小军:《强国之学:人类学的学科使命》,徐杰舜、李晓明、韦小鹏:《人类学之梦》,知识产权出版社,2016年,第69—73页;《文汇报》2016年5月20日W03版。

[2] 周大鸣:《论新时代我国发展人类学学科的意义》,《中央民族大学学报》(哲学社会科学版)2020年第2期。

信平台创办"无为而无不为"微信公众号,和受众一起"读书,写作,思考,生活——做完整的人",网络反响热烈,互动交流热络,影响力远超出象牙塔和人类学界。

100多年前,梁启超先生在《少年中国说》一文中赞叹道:"少年智则国智,少年富则国富;少年强则国强,少年独立则国独立。"这句话用来形容新生代人类学家群体再合适不过了。64位学人中有4位"60后"、31位"70后"、28位"80后"和1位"90后"(图3),且都在高校或科研机构从事教育、科研工作。他们之中既有处在当打之年领军骨干,又有如日方升的青年才俊。他们的研究志趣一方面深入研究传统课题,另一方面又紧跟时代步伐,把研究拓展到互联网、电商等诸多领域。再者充分利用全球化时代交通、信息等之便利,远赴异国他乡展开研究工作。从他们身上可预见中国人类学的未来——与日俱增,欣欣向荣。

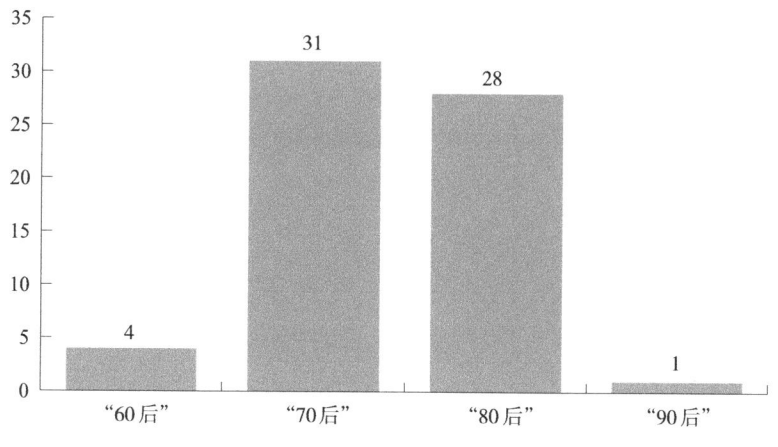

图3 本书64位新生代人类学家年龄段统计

数年前,我在协助徐师编辑出版三卷本《中国人类学家访谈录》(云南人民出版社2019年)时,由于自己的过失,漏掉了朱炳祥教授的访谈录《主体民族志与民族志范式变迁——访武汉大学朱炳祥教授》,当时自责不已。朱老师闻后还曾专门来电再三安慰我。为了弥补过失,在和徐师商量并征得朱老师的同意后,此次特把朱老师的访谈录作为压台,编入本书。另一个目的,也是邀请朱老师为新生代人类学学人打响"新时代、新征程"的发令枪。

最后，要感恩徐杰舜、范可、黄树民、王明珂、周大鸣、朱炳祥、彭兆荣、徐新建、张展鸿、简美玲、赵旭东等师长们的厚爱和提携；感谢新生代人类学家群体对本次活动的大力支持。感谢中南民族大学校友李卓苑先生和福建省高科技商会的鼎力相助。与此同时，请允许我提及几位因教学、科研任务繁重等原因而无法参加此次征文活动的优秀学人，他们是郑向春、朱志燕、冯智明、安琪、李晓斐、何海狮、张超、郑艳姬和钱霖亮等等。此次虽然你们未能到场，但是在人类学路上，我们携手同行；永续学脉，我们勠力同心。

辛丑年杏月于南大仙林

序一

中国人类学新生代的崛起

徐杰舜*

一、中国人类学在民族学与社会学的夹缝中发展

改革开放以来,中国人类学重建40年,虽然学科地位比较尴尬,但在民族学与社会学的夹缝中仍然得到了长足的发展,不仅涌现出一大批学术成果,有分量的民族志报告和学术论文,举办了2000年世界人类学民族学中期会议、第16届世界人类学民族学大会,还形成了一支老、中、青三代相结合的学术队伍。

这样一支学术品位很高的学术队伍,在人类学中国化的道路上,已开始形成了具有中国特色、中国风格、中国气派的学术性格,在铸牢中华民族共同体意识和建构人类命运共同体中将发挥出越来越多、越来越大的作用。

徐杰舜(摄影:徐桂兰)

---

* 徐杰舜,人类学高级论坛学术委员会荣誉主席,广西民族大学二级教授、博士生导师。

二、人类学在中国发展的代际传承结构

人类学在中国的发展已100余年了。

中国人类学史告诉我们，中国是从20世纪才引进的人类学。最初是梁启超、严复等人翻译了一些西方的人类学著作。1907年，蔡元培在德国攻读哲学和人类学，回国后曾在北京大学开设人类学讲座，一般认为他是中国人类学和民族学的奠基者。

在蔡元培的带动下，不少人去国外学习人类学，到20世纪30—40年代，中国形成了北方以燕京大学、清华大学、南开大学、辅仁大学为中心，东南以中央研究院、中央大学、金陵大学、厦门大学、复旦大学为中心，南方以中山大学、岭南大学为中心，西南以四川大学、云南大学为中心的发展局面；涌现出一批中国早期的人类学家，如吴文藻、费孝通、林耀华、杨成志、岑家梧、梁钊韬、林惠祥、凌纯声、吴泽霖等老一辈的人类学大师。他们为中国人类学留下了《江村经济》《乡土中国》《金翼》《图腾艺术史》《文化人类学》《中国民族史》《松花江下游的赫哲族》等人类学的经典著作。

20世纪50年代一直到80年代初期的30余年，中国人类学[1]因特殊的历史原因发展受到了阻碍。但由于老一辈的种子还在，在改革开放的条件下，在老一辈人类学家的带领下，以1981年中国人类学学会的成立为标志，以1995年北京大学举办的"社会-文化人类学高级研讨班"为转折点，中国人类学才真正得到了新的发展，以景军、庄孔韶、周大鸣、麻国庆、王铭铭、高丙中、彭兆荣、徐新建、王建民、方李莉、张小军等人类学家为代表的中国人类学中生代迅速崛起，他们秉承老一辈人类学家的家国情怀，学贯中西，关注改革开放、关注乡土中国、关注社区研究，发表了一大批民族志报告和人类学专著，如《神堂记忆：一个中国乡村的历史、权利与道德》《银翅：中国的地方社会与文化变迁》《社会人类学与中国研究》《凤凰村的变迁：〈华南的乡村生活〉追踪研究》《家与中国社会结构》《中国民族学史》《文学与仪式》《西南研究论》《传统与变迁：景德镇新旧民窑业考察》《让历史有"实践"：历史人类

---

[1] 这里指中国大陆的人类学。同一时期，中国台湾的人类学在李济、凌纯声、芮逸夫、李亦园等人类学家的带领下取得了长足发展。

学思想之旅》《民俗文化与民俗生活》等。

更重要的是他们承前启后，继往开来，培养了一大批博士，为中国人类学新生代的崛起打下了基础。

三、中国人类学新生代的崛起

中国人类学的新生代专指1965年及其后出生的人类学家。

中国人类学新生代崛起的标志是2020年8月黄剑波、龚浩群和李伟华主编的《成为人类学家》（华东师大出版社）出版。他们在2017年9月举行的"学术关怀与学术共同体"圆桌会议上，以"如何参与形塑世界人类学大局"为学术背景，以"在世界人类学群的概念中寻找表达中国人类学的学科自觉的方式，通过树立和完善自己的学术方法与学科规范，认知中国人类学在当下的国际人类学界的位置，明确自身在中国社会科学界的学科定位"为宗旨，探讨了"中国人类学在当代的学术关怀、知识生产路径和学术共同体建设"。这次圆桌讨论会促进了"青年人类学学者之间的深度交流"，梳理了"近年来中国人类学相关领域的最新进展"，反思了"当代人类学学者在学术体制、经验现象和方法论方面面临的挑战"，探索了"中国人类学的目标、理论生长点和发展前景"，推动了"青年人类学学术共同体的成长"。[1] 这种崇高的学科意识、深切的学术关怀和深情的人类学情怀，无疑是一个宣言书：宣告了中国人类学新生代的崛起。

（一）新生代的代表学者

人类学新生代这个群体在中国已成气候，试举其中若干佼佼者如下：

潘天舒 是从上海到美国哈佛学成的人类学家。曾任教于美国古老的乔治城大学，现为复旦大学人类学民族学研究所教授、所长，复旦－哈佛医学人类学联合研究中心主任，关注都市人类学、发展人类学、医学和健康人类学等研究，人类学理论扎实，对人类学的应用有特别的用心，"长三角人类学共同

---

[1] 黄剑波、龚浩群、李伟华主编：《成为人类学家》按语，华东师范大学出版社，2020年，第1—2页。

体"创建人之一,《复旦-哈佛当代人类学丛书》主编,代表作是《发展人类学十二讲》。

黄剑波 是从重庆走出的人类学家。曾在中国社会科学院、美国贝勒大学做博士后研究,并赴香港中文大学、英国伯明翰大学、美国圣母大学访学。现为华东师范大学人类学研究所教授、所长,关注宗教人类学研究,致力于构建中国人类学的知识体系,倡导和推进"修行人类学",挖掘人类学的中国思想资源,以推进人类学的理论建构,是"长三角人类学共同体"创建人之一,代表作是《乡村社区的信仰、政治与生活——吴庄基督教的人类学研究》。

李　辉 是从上海走出来的人类学家,曾在美国耶鲁大学做博士后四年。现为复旦大学现代人类学教育部重点实验室教授、主任,上海人类学学会常务副会长,专注分子人类学研究,旁及生理人类学、语言人类学、历史人类学、法医人类学。提出并证明东亚现代人起源中的两次迁徙浪潮,最近证实现代人抵达华南不超过六万年,多重证据拔掉阻碍非洲起源说的"最后一颗钉子"。代表作是《Y染色体与东亚族群演化》,在人类群体遗传学、医学遗传学、人类表型组学、计算生物学等研究领域达到国际前沿水平。此外,从生理人类学上研究茶叶功效所著的《茶道经》,打通了中国古典哲学和现代科学的鸿沟,是对中国茶科学理论的开创贡献。

孙九霞(女) 从山东走进中山大学,而成为旅游人类学研究领军人物之一的人类学家。现中山大学旅游学院教授,旅游休闲与社会发展研究中心主任,人类学高级论坛青年学术委员会主席之一。专注旅游人类学研究,代表作是《旅游人类学的社区旅游与社区参与》《传承与变迁:旅游中的族群与文化》。

李　菲(女) 从成都走出来的人类学家,曾访学美国伯克利大学。现为四川大学文学与新闻学院副教授,博士生导师,《文学人类学研究》执行主编。对人类学理论有很深的理解,专注于文化人类学、文学人类学与文化遗产研究,入选四川省学术和技术带头人后备人选,兼任中国比较文学学会文学人类学研究会副会长、人类学高级论坛青年学术委员会副主席。代表作是《嘉绒跳锅庄:墨尔多神山下的舞蹈、仪式与族群表述》(2017年获"四川省第十七次社会科学优秀成果三等奖")、《乔健口述史》。

朱靖江 师从著名导演郑洞天教授,学习导演理论与方法,参与过创建中央电视台电影频道《世界电影之旅》栏目，访问全球20多个国家，制作电影文化纪录片近百部，多次获"星光奖"等国家级影视奖项的电影人。2004年重返北京大学攻读人类学，并以影视人类学为主要研究领域，最终在2012年获文化人类学博士学位，而成为沉迷于影像与人类学的关系，专注影视人类学研究的人类学家。现为中央民族大学民族学与社会学学院教授，主讲的"影像中的人类学"先后入选国家级精品视频公开课与国家级精品在线开放课，主持国家社科基金项目"中国民族志电影史"，2017年获得"北京市优秀教师"的荣誉。代表作是《田野灵光：人类学影像民族志的历时性考察与理论研究》《在野与守望：影视人类学行思录》。

徐　薇（女）　中国人类学家到非洲做田野的第一人，从而成为从非洲田野里走出来的人类学家。现为浙江师范大学非洲研究院研究员、副院长，专注于非洲人类学、种族与族群社会学、非洲华侨华人等研究，重点关注南部非洲与东非，为国家民委民族研究优秀中青年专家，浙江省高校领军人才培养计划首批高层次拔尖人才，任中国非洲史研究会理事，中国世界民族研究会理事，中国亚非学会理事。代表作是《博茨瓦纳族群生活与社会变迁》《南非种族与族群关系变迁》。

刘　珩　从中央民族大学走进哈佛大学做访问学者而成长起来的人类学家。现任首都师范大学外语学院教授，人类学高级论坛青年学术委员会主席之一。研究领域包括文化转型研究，人类学的理论与方法，消费行为以及食物与伦理方面的研究，对于民族志理论与实践的研究颇有心得。代表作是《民族志认识论的三个维度：兼评〈什么是人类常识〉》（论文）、《迈克尔·赫茨费尔德：学术传记》。

高　瑜（女）　从台湾新竹清华大学社会学走进北京大学人类学的人类学家。现入职大理大学五年有余。研究兴趣以宗教人类学、宗教社会学、移民与迁徙、地方与空间为主。她田野功夫扎实，在台湾清华大学求学时期，关注的是台湾基督教的医病赶鬼现象，并在一个灵恩派教会进行了1年10个月的田野。读博时以云南大理古城为田野点，探讨大理新移民现象，即从外省或北上广等一线城市移居到大理的新住民，如何进入当地并产生连带性的影响。2018年，获得国家社科基金项目，以台湾的云南移民后代为研究主题，展开了一系列的田野调查，走访北中南各地的相关据点，通过日常生活的共作以及南投清境的火把节、桃园龙冈的米干节等节庆的参与，了解云南移民后代在台湾落地并重新转化自我的过程。代表作是《临界空间的转换：云南大理古城的个案研究》（论文）、《在路上：云南大理古城新移民的移动与世代变化》（论文）。

肖坤冰（女） 从厦门大学走出来的人类学家，上海纽约大学环球亚洲中心（CGA）和复旦大学亚洲研究中心（ARC）联合博士后，曾为牛津大学社会文化人类学研究所（ISCA）访问学者。现为西南民族大学西南民族研究院副教授，致力于茶人类学研究，尤其关注全球化背景下的中国茶叶的对外传播。代表作为《茶叶的流动：闽北山区的物质、空间与历史叙事（1644—1949）》《人行草木间：贵州久安古茶树历史人类学考察》《人类学观"茶"》。

张文义 从云南大学物理学（本科）到北京大学人类学（硕士），再从美国伊利诺伊大学香槟校区修炼八年而成的人类学家。现为中山大学"百人计划"引进人才的人类学系副教授。专注综合医学和心理人类学及认知神经科学研究，探讨当代中国人如何应对社会经济发展引发的身心健康和环境问题，并热心人类学知识的普及和宣传，《元人马致远的人类学气质》《心中最美的人类学》《什么样的人会成为人类学家？》等文通俗而人类学意味隽永。在《岔路口上的人类学》中提出"学人类学，先看见自己"的观点，是一个深刻的人类学反思。代表作是在景颇5个村寨前后进行了36个月的田野调查写成的论文《景颇鬼鸡是什么味道？——人类学三次元视野下的记忆、想象与味觉经验的不可言说》。

罗彩娟（女） 从中央民族大学走出，到美国波士顿大学做访问学者的人类学家。其博士论文被答辩委员誉为"一篇优秀的历史人类学论文"。现任广西民族大学教授、博士生导师，民族学系主任，兼任西南民族研究学会理事、广西壮学学会副秘书长、人类学高级论坛青年学术委员会委员等职。2018年入选"广西高等学校千名中青年骨干教师培育计划"第一期培养对象。致力于南方民族历史与文化、族群理论与族群关系的历史人类学研究。代表作为《千年追忆：云南壮族历史表述中的侬智高》《"壮"心可鉴：壮族的族群认同与国家认同研究》等。先后主持2项国家社科基金项目，以及中国博士后科学基金资助项目，获得广西社会科学优秀成果三等奖3项。

王传超 从山东走进复旦大学，并获哈佛大学和德国马普所博士后的人类学家。现任厦门大学人类学研究所教授、博士生导师、所长，兼任中国人类学学会秘书长。在生物考古、计算语言学和分子人类学领域，以第一作者或通讯作者在 Nature、Science、Nature Communications、Current Biology 等国内外期刊上发表 SCI、SSCI 或 A&HCI 论文 30 余篇，代表性成果有应用古 DNA 解析印欧语系人群的起源和扩散、东亚地区农业和语言传播主要受人群迁徙的驱动、反驳人类语言的非洲起源学说等。担任多份 SSCI、SCI 期刊的副编或编委以及《人类学学报》编委等。

段　颖　云南人，毕业于香港中文大学的人类学家。现为中山大学人类学系副教授，世界海外华人研究学会理事（中国代表），国家民委民族研究优秀中青年专家。致力于泰国、缅甸、中缅边境、西南与华南侨乡及区域研究，田野工作扎实。代表作为《泰国北部的云南人——族群形成、文化适应与历史变迁》。

邢海燕（女）毕业于美国佛罗里达大学的青海籍人类学家。现为上海师范大学社会学系教授/系主任，社会学一级学科点负责人，上海师范大学《城市社会学》文科创新团队负责人。致力于人口较少民族的民间宗教，以及大城市移民与城市治理研究。代表作是《从女英雄到女神：土族民间宗教与性别角色研究》（论文）。2019 年被联合国太平洋发展与教育组织授予东西方文化交流"爱心大使"称号。

张　慧（女）从民族学（本科）到社会学（硕士）再到人类学（博士），英国伦敦政治经济学院人类学系修炼 6 年才走出来的人类学家。现为中国人民大学人类学研究所副教授。研究兴趣主要包括情感人类学、经济人类学、社会不平等、城市化、海外民族志。2016 年，针对眼红、暴富、不平等、乡村道德观等问题研究的专著《羡慕嫉妒恨：一个关于财富观的人类学研究》由社科文献出版社出版，并获选当年"社科文献十大好书"，被《新京报·书评周刊》、界面网、上海第一财经、凤凰网等多家媒体采访报道，有相当的社会影响。近几年延续一贯的对于情感人类学的关注，2017 年与黄剑波合作发表了《焦虑、恐惧与这个时代的日常生活》的文章，并组织了一系列关系财富焦虑、生育焦虑、未来焦虑的期刊文章。2018 年开始转向海外民族志研究，在波兰开展一系列的针对海外华人、教育/育儿焦虑、母职建构等问题的跨文化比较研究。

熊　迅　从南京航空航天大学进入白云机场工作后转入学习人类学，再从中山大学走出来的人类学家。现为中山大学传播与设计学院副教授，广州美术学院视觉文化研究中心兼职副研究员，美国南加州大学访问学者。兼任中国民族学学会影视人类学分会常务理事、中国高校影视学会纪录片专业委员会理事、人类学高级论坛青年学术委员等。主持或参与国家社科基金重大委托项目、国家社科基金重大项目、中国博士后基金项目、教育部、文化部、亚洲艺术基金等多项研究项目。致力于视觉传播、媒介人类学、新媒体与纪录片制作以及中国西南民族仪式与文化研究。主持和参与了多项民族志影像和影像实践项目，纪录片 The Last Lineage Opera of Zhouguan Village 2017 年入选皇家人类学电影节（RAI）并受邀参加英国皇家人类学会（RAI）与南加大（USC CAV）合办的民族志电影节。民族志电影 Of Lobster and Dragon，受邀参加南加大美中学院举办"中国之眼"放映。策划、执行和田野对象共同完成的参与式影像作品《组装故乡》，入选亚洲艺术基金。代表作《故乡何在："他者"的影像与意义的回归》（论文），获 2013 年广东省国家社科基金项目年度检查报告重要阶段性成果推荐，2015 年广东省哲社优秀成果二等奖。

张亚辉　清华大学理学和文学双学士，清华大学新闻学硕士，北京大学人类学博士，是一位知识结构多样的人类学家。在中央民族大学工作 8 年后进入厦门大学。现为厦门大学人类学与民族学系教授、主任。早年从事汉人水利社会研究；在中央民族大学工作期间，转向藏族地区研究，转到厦门大学工作后，专心于古典人类学理论与经验研究，系统研究印欧社会经验与现代社会理论的关系；2017 年开始在卓尼藏区的系统田野工作，并整理燕京学派的藏族社会研究思想，为了理解卓尼藏区的经验。代表作是《水德配天：一个汉人水利社会的历史与道德》《宫廷与寺院——六世班禅朝觐事件的历史人类学研究》。

李伟华　从云南大学民族学学士进入北京大学人类学专业硕博连读，其间成为耶鲁-北大交换生而炼成的人类学家。现为云南大学民族学与社会学学院讲师，学术话剧《魁阁时代》制作人，微信公众号"人类学之滇"编辑。主要研究方向为政治人类学、影视人类学，目前的研究重点是景颇研究、缅甸山地民族研究、东南亚研究。依托云南大学民族学的历史积淀与良好生态，最近亦在积极尝试"浸润"式人类学的公共话语拓展。主持国家社科基金课题〈"一带一路"背景下缅甸民族问题研究〉，代表作为《人类学的突围》（论文），影视人类学作品《滇池东岸》《克钦难民》，话剧作品《魁阁时代》。

龚浩群（女） 从北京大学走出来的人类学家。曾先后任职于中国社会科学院亚洲太平洋研究所和中央民族大学，现为厦门大学人类学与民族学系教授、博士生导师。研究领域包括宗教人类学、政治人类学、泰国研究、海外民族志方法等。曾经在泰国朱拉隆功政治学院、美国哈佛大学人类学系和荷兰莱顿国际亚洲研究所开展长期访学。近年来她围绕泰国的佛教与现代性问题展开了经验研究和论述，从国家、社会和个人等不同层面来理解泰国的宗教领域在面对西方文明的冲击时所选择的文明化道路；她还就当下中国人在泰国的投资、创业、旅游和贸易等现象开展调查和分析。代表作为《佛与他者：当代泰国宗教与社会研究》和《信徒与公民：泰国曲乡的政治民族志》。

夏循祥 在国企蹉跎6年后，于2001年考上武汉大学的研究生，后考入北京大学社会学系，获人类学专业博士学位，并获香港中文大学社会学博士学位（与北京大学联合培养）。现为中山大学人类学系副教授、中山大学粤港澳发展研究院研究员，主要研究兴趣有政治人类学、香港研究等。其博士论文以"权力"这个经典社会学概念的阐发为基础，辅之以政治人类学的过程论范式，原创性地提出了"权力的生成"理论，并且以民族志的形式展示或证明了"无权者之权力"这一充满张力或悖论的生成过程。由于田野扎实、理论框架紧凑、原创性强，论文获得台湾政治大学出版社首届"思源人文社会科学博士论文奖（2011）"社会门优等奖。在此基础上修改出版的专著《权力的生成：香港市区重建的民族志》，获社会科学文献出版社第九届"社科文献十大好书（2017）"、第四届"中国社会学会年度推荐十大好书（2018）"。当前，其主要关注广州农村的美术馆建设，以狗为代表的人与动物关系研究，以及云南省凤庆县彝族支系俐侎人的综合研究。

高志英（女） 从怒江大峡谷走出来的人类学家。现为云南省"云岭学者"，云南大学（二级）教授、博士生导师、云大双一流建设"中国西南民族研究"方向首席专家，兼任中国民族学学会理事，中国人类学学会理事。她凭借掌握纳西语、傈僳语等多种语言优势，长期致力于从中国三江并流区域到东南亚、南亚的藏彝走廊、"佐米亚"跨境民族研究，先后主持国家社科重大项目等40多项课题。代表作有《独龙心语·贡山县独龙江乡迪政当村独龙族村民日志》《藏彝走廊西部边缘民族关系与民族文化变迁研究》等。

以上所举22位学者仅是众多新生代人类学家中的部分代表，挂一漏万，不胜枚举，好在《新生代人类学家之路》已呈现在大家面前，足以展现新生代人类学家崛起的态势了！

（二）新生代的主要特征

从新生代人类学家的崛起，我们不难发现北京大学、中央民族大学、中国人民大学、厦门大学、中山大学、香港中文大学等高校不愧是中国人类学的孵化基地。这批新生代人类学家具有以下明显的特征：

1. 专业上基本上都是人类学出身的博士，受过较为完整的人类学训练；
2. 学理上惯常于以改革开放时期中国社会的经验为基础，自觉应用并反思西方人类学理论；
3. 学术上大都运用人类学的理论和方法，进行跨学科互动，与其他人文社会科学牵手，开拓人类学分支学科；
4. 方法上大都有比较固定的田野点，具有扎实的田野功夫和长期的田野经验；
5. 学术视野开阔，大都有海外留学或访学的经历，努力使海外研究的探索与中国经验相结合；
6. 学科意识强烈，生命力旺盛。

四、薪火相传：新生代是中国人类学的希望

历史的发展是永恒的，学科的传承也是必然的。正如《庄子·养生主》所云："指穷于为薪，火传也，不知其尽也。"

中国人类学经历了百年的发展，完成了老、中、新三代的传承。

特别是新生代的崛起，其学术队伍大大大于中生代，使中国人类学充满了活力，是未来30年中国人类学发展的希望之所在！

新生代，中国人类学看好你们！

序二

人类学中的"原生态土著"与其"拯救者"想象

王明珂*

徐杰舜兄嘱我,一位与人类学有些距离而又可称是"旧生代"的学者,为《新生代人类学家之路》写几句话。这本集子经由许多学者之笔,见证近20年来中国人类学发展之路,而它在人类学高级论坛庆祝其成立20周年时由此学术团体出版——多年来我经常受益于这团体及其内热衷人类学的朋友们,因而愿借此书一角表达我感谢之意,以及表达我对中国人类学及其欧美根源的一些想法。

王明珂(摄影:韦小鹏)

我与大陆人类学界有较多接触约始于2003—2004年之间;自那时起及至今日,人类学高级论坛一直是我认识中国人类学界的主要场域。论坛中有些老朋友,曾与我合作在青藏高原东缘执行关于本地少数民族的研究计划,有他们的学生,曾协助我搜集田野资料的年轻朋友。我便主要在这些与他们的互动中,以及在论坛的年会活动中,认识中国人类学近20年的发展。无论在与国际人类学之方法与理论接轨方面,以及在对人类学

---

* 王明珂,台湾"中央研究院"院士、历史语言研究所特聘研究员,人类学高级论坛学术委员会主席团主席。

重要或热门议题的研究深度方面，中国人类学都有惊人的长足进展。

我自己与人类学有关的研究经历，主要是 1994—2003 年在岷江上游羌族中较密集的田野，以及往后十年在大渡河流域，对嘉绒藏族与凉山彝族相当松散的考察。我的另一与人类学有关的研究，为追寻我的历史语言研究所前辈，人类学者凌纯声、芮逸夫与未具人类学知识背景的黎光明等先生的边疆考察足迹。不只是循着他们的笔记、民族志报告及所摄照片重踏他们当年探访过的村寨，同时我也设法将自己置于那时代，设法体会当年他们在想些什么，他们为何有那些对学术（认识边疆）、对现实（改变边疆）的使命感，如何运用习自西方的人类学来达成其学术使命。以及，黎光明在川康边区考察及在民族志书写时究竟在想些什么，以至于他的表现未能让他立足于学界而投身军政，最后殉身于边疆事务。[1] 当在思考 20 世纪上半叶前辈学人在松潘、汶川、金川所思所为时，我也思考我自己的田野考察与研究；我为何要研究羌族？为何我对文化、历史与民族提出一些近于"解构"的见解？

以上两种研究经验让我思考，20 世纪上半叶的人类学家透过这种专业学问如何改变中国边疆之人，而今日，我们是否仍运用同样的学问（概念与方法）、研究同样的对象而无须改变？或当今学者早已脱离过去民族分类识别的年代，而进入更高深的人类学研究中？更重要的，人类学如何贡献于社会现实？或相反地，传统人类学强调的一些概念与价值观，如"文化"，是否让一些人受到伤害与被边缘化？近几年，我在台湾原住民地区进行考察时曾多次观察到一现象：许多具相当知识水平的原住民农人，自傲于自身"与自然环境和谐共处的原住民文化"（在大陆相当于原生态文化概念），坚持一种完全不用驱虫剂与化肥的自然农法，或坚持种植与本民族文化相关的小米、红藜等作物。虽然这样的农作方式常让他们作物卖不出去而陷入生计危机，但被问到为何要如此时，他们对我说："生活困难不算什么，保存我们的文化比较重要。"这让我忆起 2008 年汶川大地震后的迁村争议。当时所有自然科学专家都认为有一条山沟有严重环境危机，必须立即将村民异地安置，然而人文学者及本地知识分子则以恐丧失"民族文化"为由，坚决反对迁村。我们可以想想：人们

---

[1] 关于历史语言研究所早期人类学家凌纯声、芮逸夫等人的边疆民族考察及其意义，以及不具人类学知识的黎光明（与王元辉）之川康考察之行，与后来他们两人在同一边区的军政活动及其意义，请参考拙著《华夏边缘》（上海人民出版社，2020 年），第 13 章。

序二　人类学中的"原生态土著"与其"拯救者"想象

认为原住民（以及少数民族）是原生态的，认为他们的文化与自然环境、社会为一结构性整体所以应该被完整保存，这样的想法是否与一种刻板的人类学"文化"概念有关？国际社会对于"民族文化"造成的性别、世代与种姓群体内的迫害与暴力视若无睹，或明知其非仍觉得无可指责，是否亦与一些人类学概念与知识之普及化有关？

我举一个例子。据报道，美国电影《阿凡达》在大陆重新上演，又造成一波票房高潮。这让我感到十分遗憾与荒谬。我认为这部电影很"人类学"，一种古老的、成长于西方殖民帝国主义时代情境下的学问。电影中的一项主题，土著纳美人与其自然环境中动、植物间的神奇联系，反映的正是前面我提及的人类学概念"原住民文化与自然环境和谐或完美结合"，此也是早期人类学的"高贵野蛮人"之想象。另外，军人杰克和科学家葛蕾丝都能化身为土著纳美人，这也符合许多人类学家的自我想象——深入的田野及使用本地语言能让他（她）们完全成为土著。在帝国主义意识形态方面，纳美人公主爱上军人杰克之情节，是欧美电影中常见的"土著公主或美女爱上殖民入侵者军人"故事之又一再版，以浪漫爱情来包装及合理化殖民帝国之入侵行为，以男女关系来隐喻征服者与被征服者。另外，在当前批判与反思殖民帝国主义之错误的后殖民主义时代潮流下，这部电影可谓是巧妙编织的"殖民主义者的后殖民主义论述"。它传达的要旨是，殖民帝国中部分具反思性的子民（军人杰克、科学家葛蕾丝）之英雄行为，让被殖民者得到拯救。这与过去"将土著从他们的邪恶统治者手中拯救出来"的殖民主义论述电影（如《阿拉伯的劳伦斯》）不同，但同样的是："我们拯救了土著"。

我举这些例子，以鼓励及警示新生代人类学者。过去人类学的一些陈旧概念与其殖民帝国主义残魂已化为常识与意识形态，经常透过一些西方流行文化与强势媒体，让一些人无所遁逃地成为其受害者，又让另一些人（包括人类学者）不知不觉地沉醉在自身"深入了解与关怀土著"之优越使命感中，终导致今日欧美国家常在其旧殖民地执行"拯救土著"之政治干预与军事行动——这便是今日后殖民帝国主义时代世界乱局根源之一。若我们生活在这些现实之中，那么，中国人类学家是继续追求尖端主题与理论并与西方学术接轨？或是应多关注我们身边旧知识及意识形态产生的受害者，与自视为拯救者的迫害者，并借此与西方人类学对话？

序三

人类学代际相传治学路

徐新建*

20世纪60年代末期的世界动荡不安，包括学界在内的社会大部分成员都被矛盾冲突困扰着。就在那时，美国人类学家玛格丽特·米德（Margaret Mead）出版了新著《文化与承诺》（*Culture and Commitment*）。书中描绘说：

> 即使在不久以前，老一代仍然可以毫无愧色地训斥年轻一代："你应该明白，在这个世界上我曾年轻过，而你却未老过。"[1]

徐新建教授（作者提供）

这训斥展现了老一辈的威权与自负。然而面对这样的训斥，年轻人的回答却是："在今天这个世界上，我是年轻的……而你却永远不可能再年轻。"[2]

米德的描写勾画了影响深远且广受关注的代际冲突——"代沟"（generation

---

* 徐新建，四川大学教授、博士生导师，人类学高级论坛学术委员会主席团主席。

[1] ［美］玛格丽特·米德：《文化与承诺——一项有关代沟问题的研究》，周晓虹、周怡译，河北人民出版社，1987年，第74页。

[2] 同上。

gap）。依照当时的一种观点，随着时代发展和知识更新，青老年间的代沟非但不可避免甚至应视为社会进步的标志。由此一来，各地开始盛行藐视传承、鼓励竞争，对前辈传统无情摒弃的新潮流，不但在东亚涌现"革命小将"的"激情造反"，西欧亦出现扫荡校园的"五月风暴"。这样的景象，用米德的人类学表述来形容，叫作"后喻文化"，意思是时代的风潮改由青年而不是老辈主宰。

如今数十年过去，世界的情形又如何了呢？冲突接踵而来，代沟前仆后继，网络甚至涌出"前浪死在沙滩上"的自嘲或欢呼[1]……人们对前景的预测，喜忧参半。与此同时，抉择的途径似乎也潜伏了更多的可能和挑战。这一点，对于人类学在中国的演变而言，也是一样。

如果从严复译介《天演论》的那一代算起，人类学的中国队伍已经历了好几届代际传承。其中的表现可以说，既有过追随典范亦步亦趋的前喻时期，亦出现过对前辈全盘否定的后喻类型（如20世纪60—70年代）。改革开放后，随着人类学的解冻复活及"臭老九"们的重新解放，学术和学术人士赢得了社会的应有尊重。为了摒除自身的无知轻狂，年轻一代再度掀起了向长辈学习致敬的热潮。于是，恢复高考后的校园内外，呈现出一派万物复苏的新气象。

也正是在被称为第二次春天的中国"新时期"，我进了大学，成为引以为豪的"新三级"一员，并在毕业后的实践中随西南多民族研究的需要渐渐步入了重焕青春的人类学行列。自那以来，在我堪称自学式的"走向人类学"路途中，几乎没离开过长者的帮助。正如与徐杰舜主编对话时的回顾那样，[2] 从早期在贵州社科院做比较文学时得到北京大学乐黛云、汤一介教授和台北"中研院"张朋园先生指点，不断将视野扩展到跨文化比较的纵深领域；转向人类学后参加在昆明和厦门举办的高研班、研讨会听到林耀华、费孝通、田汝康等先

---

1 2020年5月4日，哔哩哔哩网站推出的短片《后浪》引发网络热议，相关论争可参见许纪霖主持的网络专题《谁是后浪？何为后浪文化？》。出场嘉宾强调的观点之一是"后浪拒绝被代表"。引自同人读书会，2020年7月24日：https://mp.weixin.qq.com/s?src=11&timestamp=1616245211&ver=2958&signature=9ZXxz7BXZhvlVB2Z2plqtSxJWRye*dj28Pn0RwLTrQtdBqFKJJc0tm7DpUHg3DYAhLP6BNTma37HrejV0HGY3fRJR*PHa4bqSnOh6Rc8G-V5cFQGlvlHnKWCJTdxsWHz&new=1。另可参见叶雷《前浪在什么条件下可不死在沙滩上》，《上海证券报》，2014年6月10日第7版。

2 徐杰舜、徐新建：《走向人类学——人类学学者访谈之二十九》，《广西民族学院学报》2004年第5期。

生的经验传授，直至后期获得李亦园、乔健、王秋桂等前辈关照，参与了两岸人类学团队的多项合作；90年代后期调至四川大学工作，在李绍明、冉光荣等教授的扶持下，又得以同石硕、徐君等同辈一道创建"藏彝走廊人类学论坛"……可以说，我自己的学术成长，就深深地受惠于多学科前辈的关爱、提携。

如今难以置信的是，还记得在"新时期"上上下下激情洋溢的岁月里，日子漫长得似乎已经停滞，每天、每周、每月乃至每年打算做的事那么多，数也数不完；而无论走到哪里，被人叫出的名称里几乎总会带个"小"字，似乎成了永远的青年。而在一个个学识渊博、待人如亲的长辈面前，自己每每沉浸其中，巴不得做到当时流行的时代口号那样——永葆青春，乐于做一个不再成长的青年。

然而不变是做不到的，不成长也不行。春夏秋冬，新陈代谢。转眼之间，就在自己步入中老年行列之时，学生辈的后来者一批批成长起来。他/她们便是业界所称的"新生代"；而我则不知不觉成了应邀作序的前辈老人。于是在应诺撰写之时，不得不认真思索学术领域的"代际"问题。

接下来需要辨析的是，倘若学术代际是客观存在的话，相互间的界限该如何划定呢？在我看来，学术的代际是自然与社会结合的双重产物，既与成员们的生理年龄相关，更与学理内涵的沿革联系。说到底，学术代际当指内在的学术年代而非表面的辈分师承。由此而言，以我个人的学习和经历出发，自晚清以来，人类学的中国代际可大致概括为承前启后的四个代际——

第一代：严复为代表的"物竞天择，救亡图存"；
第二代：李济为代表的"科学国史"及费孝通为标志的"多元一体"；
第三代：新时期人类学复兴后的"学科本土化"[1]与"整体人类学"[2]；
第四代：21世纪人类学多分支的"新生代"崛起。

---

[1] 参见徐冶、徐新建、彭兆荣、纳日碧力戈、郭净：《研究中国 建设中国——人类学本土化五人谈》，《广西民族学院学报》1997年第4期；罗布江村、徐杰舜主编：《人类学的中国话语》，黑龙江人民出版社，2008年。

[2] 徐新建：《回向"整体人类学"》，《思想战线》2008年第2期。

相比之下，第一至第三年代各具特色，彼此间的代际区分和联系较为明显，目标与局限也相对清晰；反倒是正在崛起的第四代稍显分散和单薄。从都市人类学、文学人类学、历史人类学到艺术人类学、医疗人类学、政治人类学乃至人类遗传学、媒体人类学、网络人类学等等，新兴分支层出不穷，阵容壮大，但标志性的年代特征似乎还在成型中。其中的缘由交错复杂，值得探讨和细说。不过无论如何，第四代的出现已毋庸置疑，忽视这一点，无论就其关联的客观现实还是主观认知，都意味着重大偏差和遮蔽。

以上述脉络为参照，再来翻阅本文集中诸多熟悉而亲切的回顾篇章，不由倍感欣慰。例如现今已是昆明理工大教授的巴胜超，2008年起在四川大学读博，师从彭兆荣教授，同时在我任教的课上听讲。他还记得我对学生发言的评议"不留面子"，令大家坐立不安，"面红耳赤"，但最终的感受是不虚此行，收获良多。[1] 生动的文字记录了课堂上的微观历史，并以"后田野"的方式反馈了代际传递的另一半回声。虽谈不上刻意的专业深描，但以倒叙式呈现的互动镜像，已助我辈获得了难得的反观镜像。借用费孝通的比喻来说，便是成全了"我看人看我"[2] 的另一种自知：从中不但见到摄影的后生，同时窥见被拍的自己，而彼此的内在认同足令镜中承前启后的教书之人无有挂碍了。我们通过读书、听讲及拜访前辈获得人类学的各种知识，继而在课堂上和实践中把所知所获传授给后继者，这样的方式不就是学术进程中的代际传承么？

又如王璐回忆的台北访学经历，其间90岁高龄的张朋园先生亲自赠送资料、王明珂教授在自己课上悉心指点、林淑蓉教授则邀请参加专题发言，因讲述民族志话题而苦读英文文献数百页；[3] 2011年还在乔健、徐杰舜和周大鸣的提携下出席人类学高级论坛在杭州举行的特别会议，以青年代表身份登台发表概括论坛十年发展的专题报告。[4] 罗安平记录的代际相承，跨越大洋且连接异国他乡，呈现了赴美访学时在马克·本德尔（Mark Bender）教授牵线搭桥下参

---

1 巴胜超：《寻找阿诗玛的颠倒梦想》，2021年。

2 费先生的比喻源自阅读别人对自己的评述。他用文章向评论者致谢，因为对方给了自己像照镜子一样认识自己的机会。参见费孝通《我看人看我》，《读书》1983年第3期。

3 王璐：《我的文学人类学之路》，2021年。

4 王璐：《人类学的开放平台——中国人类学高级论坛十年报告》，《广西民族大学学报》2011年第5期。

与对阿帕拉契亚民俗文化的田野考察，并由此收获了对"地方感"与"集体记忆"等人类学概念的习得和体认，[1] 回国后不仅发表了与此相关的专题成果并且申报获批了国家社科基金项目。[2]

凡此种种，无不展现了人类学薪火相继的生动场景。[3] 更重要的是，通过"新生代"们的真切陈述，让世人见到了跨越辈分、突破区域的代际互重与根脉连接。

2004年，李亦园和乔健作为李济的弟子返回大陆，结伴前往夏县西阴村遗址，探访李济当年开启科学考古的故地。"在土坡的南面，静静地立着三块写着'西阴遗址'的石碑，"乔健记述说，"我和李亦园先生手抚着石碑，心中百味杂陈：一半是得偿所愿的欣慰，终于亲眼见证了先师李济先生当年的成就；一半却生出一种莫名的叹惋，为西阴村遗址的落寞而怅然所失。"[4]

引起弟子惆怅的是遗址落寞，伴随的欣慰是终于见证前辈辉煌，而使彼此互映、前后生辉的则是师生情感的深切连通与学术代际的继往开来。

由此便又回到了米德所言的代沟讨论。通过世界性的普遍分析和比较，历史的选择看来更倾向于代际均衡，而非在青年或老年之间偏重一方。借用米德的分类来说，便是居于折中的"并喻文化"，亦即代际之间不相抵牾而是并行互动的均衡类型。米德说过："那类能够充分利用并喻文化，使青壮年们投身于题目从未涉足的心性群体的社会，在适应新的文化方面往往具有高度的可塑性。"[5]

虽然在20世纪70年代的场景下米德本人并不完全赞同文化的"并喻"，但其后的经验教训表明，无论人类学关注的世界现实还是人类学的学科自身，

---

1 罗安平：《我的非典型人类学之路》，2021年。

2 罗安平：《葆育地方感——美国阿帕拉契亚的民俗实践》，《民族文学研究》2019年第4期。

3 也有的人比较过分地强化了代际间隔，不仅无视相互间的衔接传承，甚而用"终结"来形容前辈的退离，把1960年代前出生的一辈称为"知青年代"产物，特征是"所受教育不完整不连贯"，同时把"70后"描述为"受过完整教育"的主流，由此简单粗暴地抹杀了同一年代的内部区别，且人为地形塑了代际之间的刻板印象。见项飙《中国社会科学"知青年代"的终结》，文化纵横公众号，2015年12月4日，https://mp.weixin.qq.com/s/KYkgtq_1fIMIbKVCwZRYZg。

4 徐新建、李菲：《民族文化与多元传承——黄土文明的人类学考察》，中国社会科学出版社，2016年，第33页。

5 ［美］玛格丽德·米德：《文化与承诺——一项有关代沟问题的研究》，周晓虹、周怡译，河北人民出版社，1987年，第70页。

多元互补的对话式承继看来更适应人类群体的未来前景。以此为前提，对于崛起中的"新生代"而言，真正的关注不是担忧他们是否会忘记前人；恰恰相反，应是更多关心后来者能否成为自己、展现标志学术年代的独特话语，继而做出名副其实的"新生代"贡献，使年过百龄的人类学中国队超越本土化，参与全球化，融入人类化。

人类学研究不同的世间文化，更反省每一个人自己。地质学意义上的"新生代"指6500万年前开启的地球年代，[1] 其中的特征包括恐龙灭绝及阿尔卑斯和喜马拉雅山脉的崛起，[2] 直至以大规模工业化为标志的"人类世"[3] 出现及网络数智所派生的"后人类"降临。[4] 在此，"新生代"之新，仅表示时间序列的先后而已，并无高低优劣之意。世界演化的每一阶段均包含各自的利弊短长。如若摒除各种自我中心的偏见，在客观中立的价值上，未来之新未必胜过以往的旧；而无论是福是祸抑或福祸相依，正是无数之旧孕育了无数之新。日月山川运动不止，生命细胞时刻更替。所有旧皆含新，一切新终将旧。

说到底，前喻和后喻，皆可叫文化；后浪推前浪，奔流成长江。

---

1 参见保国陶：《新的显生宙地质时代表》，《海洋地质译丛》1996年第4期。
2 杨理华、刘东升：《珠穆朗玛峰地区新构造运动》，《地质科学》1974年第3期。
3 Paul J. Crutzen. Geology of mankind. in *Nature*. Vol. 415, 3 January 2002.
4 [美]弗朗西斯·福山：《我们的后人类未来》，黄立志译，广西师范大学出版社，2017年。

序四

20年，薪火相传

彭兆荣[*]

今年的人类学高级论坛将在福州举行第20届年会。从2002年首届开始，一年一届，20岁了。是一个重要的里程碑。

这一届年会的重要主题是人类学薪火相传。相关的组织工作已在进行中，一批年轻的学者正在撰写"相传"文章。

彭兆荣（摄影：韦小鹏）

20年，不长不短。20年前的中青年现已步入老年。新生代正在成长。人类学的火种就这样传递着，这有点像普罗米修斯"盗取"的火种——20世纪初，一批人类学家到西方，从西方把人类学的火种带回中国点燃，一直燃烧着、守护着、传承着，有了近百年历史。

人类学高级论坛也一样，一年一度，新冠疫情也未中断，以自己独特、坚韧的方式薪火相传。

"薪火相传"不仅仅是代际交替，也是人类学知识更新与转型，更是人类

---

[*] 彭兆荣，四川美术学院"中国艺术遗产研究中心"首席专家；厦门大学人类学系教授（一级岗）、博士生导师；人类学高级论坛学术委员会主席团主席。主要从事文化人类学、文学人类学研究。

学"中国化"的独特实践。为此,作为今年年会的执行主席,我设计了一个重要的相关话题:"中国人类学范式"。

20年,看上去还年轻,却已经历了风雨。人类学在中国的存在与发展原本不易,像论坛这样的民间团体更是在夹缝中生存、成长。我去年完成一部混杂体的作品《师说人类学》,其中在记述徐杰舜的段落中插叙了一段论坛的故事,兹转录于此:

"人类学高级论坛"(最初有"中国"二字,后来规定说是不能随便用,也就不用了)是一个人类学的民间组织。只是,这个"机构"在我国人类学界的影响甚大。因为,这个"机构"做的公共事务最多。

百度上是这样介绍的:

人类学高级论坛秉承"美美与共,和而不同"的理念,以促进中国人类学的发展为宗旨,由中国社科院民族研究所、台湾花莲东华大学原住民民族学院、香港中文大学人类学系、台湾宜兰佛光大学人类学系、香港科技大学华南研究中心、中山大学人类学系、澳门大学人文社会及人文科学学院、中山大学历史人类学研究中心、北京大学社会学人类学研究所、云南大学人类学系、中央民族大学民族学社会学学院、云南省民族研究所、中国人民大学社会学理论与方法研究中心、湖北大学中国文化研究所、厦门大学人类学研究所、嘉应大学客家研究所、上海大学文学院、贵州民族学院学报编辑部、四川大学文学与人类学研究所、广西民族大学民族学人类学研究所、中南民族大学民族研究所、广西民族大学学报编辑部等22家单位,于2002年初联合发起创立。人类学高级论坛创立至今,已成功举办19届年会。

徐杰舜任高级论坛秘书长时间最长,后来还与周大鸣教授当过双秘书长,再后来周大鸣教授当过一届秘书长,现任秘书长是范可教授。

在中国,民间办机构不仅有政治风险,组织程序还非常烦琐,一般的读书人是经不起这种折腾和折磨的;加上融资困难,多数人搞不定。徐兄能搞定。

迄今为止,人类学高级论坛仍然安然,已经是一个奇迹。一个没有政治上的尚方宝剑，没有组织机构的红头文件，没有财团大亨的慷慨资助，没有专属特设的基金会，居然能够存活 20 年。

为了记录更加准确，我于 2020 年 7 月 6 日中午 11 时许给徐兄打去电话，询问当时筹建"中国人类学高级论坛"的细节，徐兄在电话里说：

"这个想法是我设计的，那一年我去香港、台湾，在香港时，我把我的想法告诉了陈志明，他很支持。到台湾后，我也把这个想法征求了李亦园先生、乔健先生、庄英章先生的意见，他们都非常支持。回家后，我把这个设想写成了文案，转达给了费孝通、郝时远，他们都表示支持。第一届中国人类学高级论坛在南宁举行，费先生因身体不好未能出席，但他专门写来了贺信。那次到会的学者有很多。我这里都有材料的。"

这是徐兄的本事。依我的观察，徐兄能把中国人类学高级论坛办成这样，办到现在，至少要有四种本领，而且四种本领要相互支持：1. 规避政治风险；2. 筹办经费高手；3. 操作能力超群；4. 高调指令决断。

20 年，薪火相传，我们也从中青年成长为"老年"。我们这一代人类学者的成长，离不开老一辈人类学家们的引领。他们甚至还亲自为我们授课。中国人类学有一个重要的事件，那就是 1995 年 6—7 月间，由北京大学举办的我国首届"社会-文化人类学高级研讨班"。一批东亚著名的人类学家汇聚北京大学，包括费孝通、林耀华、中根千枝、李亦园、乔健、庄英章、金光亿、宋蜀华等，季羡林教授也参加了高研班结业仪式活动。

学员大多为一批社会文化人类学的中青年学者、其中有一些当时已经做出了不错的成绩。少数兼为学员与讲员，有马戎、庄孔韶、周星、高丙中、王铭铭、包智明、王筑生、王建民、周大鸣、麻国庆、潘蛟、纳日碧力戈、郭志超、石奕龙、张彤等，我也有幸参加；还有一批社会学、民俗学学科的学员，我记不完整。

在此后的 20 多年中，成为我国人类学骨干的学者中有相当一部分都是那届"高研班"的学员。

高研班共举办过六届。这也是一种薪火相传。

我在厦门大学当人类学专业的博士生导师已经有 20 多年的历史，带了六七十名博士研究生（包括博士后、海外留学生），现在还有近 10 名博士研究生没有毕业，还在义务工作（我在厦大已经退休5年）。我的弟子正在成长、成材。不少已经成为学科骨干。

我的弟子称我为"师父"，取自"一日为师终身为父"之意。所以，我弟子的弟子就称我为"师爷"，现在，我弟子的弟子也有当老师的，他们的弟子称我为"师太爷"。

当我听到这样的称呼时，就想象自己或是坐在太师椅上身着黑色长衫、手拄拐杖的一幅"威冷之风"；或是在遗像上露出的"慈祥微笑"。

这有点像亲属制度的"转基因"，也无妨是一种薪火相传。

薪火相传无所谓悲观与乐观，而是重其规律。根本价值在于学科的传统，知识的传播，人才的传领。20年前高研班的人类学家（讲员）中已经有一批去世，费孝通、林耀华、李亦园、乔健、宋蜀华等都已离开了我们。他们留给后人丰硕的精神与知识财富。再过20年，我们今天的在座者也有一些要离开，这是自然规律。薪火相传包含着生生不息的道理。希望20年后人类学高级论坛还健在；相信20年后中国的人类学会更加强大。

20年，我们一起走过；苦过、乐过、悲过、喜过，无论如何，我们从未放弃过。我们有理由期待薪火相传给未来的熊熊烈焰。

2021年3月1日于厦门大学

序五

我是怎样走上人类学之路的

周大鸣[*]

周大鸣（摄影：韦小鹏）

我是怎样走上人类学之路的，这是经常被人问的一个话题。其实我进入这个领域，可以说是纯属偶然。我是1977年恢复高考以后的第一批大学生，因为是第一次参加高考，大家对高校的专业设置并不清楚。我道听途说知道了中山大学考古专业，就蒙查查报了名，然后在1978年春天进了中山大学历史系考古专业。所以根本不知道什么是人类学，更不知道还有人类学这样一个学科！当时中大考古专业的学术带头人是梁钊韬先生。当时他是历史系原始社会史教研室主任，他是杨成志先生早期培养的研究生，受过人类学、考古学、史学的训练，1947—1949年在中山大学人类学系做副教授。新中国成立后转入历史系工作，从事原始社会史的研究。1978年改革开放以后，梁先生一直致力于大陆人类学学科的重建。

1981年这是一个很重要的年份，1月份教育部批准设立人类学系，5月中国人类学学会在厦门成立，同年7月，中山大学正式复办人类学系，招收考古专业和民族学专业本科生。11月国务院学位委员会批准梁钊韬为文化人类学

---

1 周大鸣，教育部长江学者特聘教授，中山大学人类学系教授、博士生导师，人类学高级论坛学术委员会主席团主席。

博士生导师（中国首批博导）。就此新生的人类学系有了本科、硕士、博士完整的学科建制。中山大学考古专业的师生整体从历史系转入人类学系，我半年后成为人类学系的第一批毕业生。毕业分配选择很多，进北京部委、进省部文博单位均可，我的志向是当老师，因此选择了留校任教。就这样，一个起初不知人类学为何物的人成了人类学的教师。

20世纪80年代是高等学校学科重建和新建的时代，像我这样从基础学科毕业进入新建专业教书的人不少，如那些年建立的社会学、法律、政治学、经济管理、行政管理、图书管理等几乎都不是本专业毕业的教师（也许这也是这些学科具有跨学科特色的来由）。我记得历史系书记的一句口头禅：呵，又输出了一个系主任（因为中山大学人类学系、社会学系、法律系的创系主任都出自历史系）。

自1982年元月留校任教，开启了我的人类学生涯。那时对于人类学知之甚少，读过的书不多，本科时听过李松生老师的"原始社会史""亲属制度"课，从中知道了摩尔根的《古代社会》、恩格斯的《家庭、私有制和国家起源》等，知道了秋浦、马学良、林耀华、宋恩常等学者。另外就是冯家俊老师的"体质人类学"课，学了点人体解剖学和统计学知识。此外，就是听一些学者演讲，我记得江应樑、曾昭璇讲人类学、民族学，吴汝康、贾兰坡院士讲人类起源研究，尹达讲新石器，石兴邦讲农业起源，郑德坤先生讲文明起源，龙庆忠教授讲古建筑。印象比较深的是乔健先生率香港中文大学人类学系的教师来交流（大概是1982年），随同的几位老师都在系里做了讲座。我记得谢剑先生是讲应用人类学，乔健先生讲人类学发展，还有一位讲社会网络研究。当时还有香港中文大学人类学系的学生来访问，如现在香港科技大学的张兆和、廖迪生先生，就是当年来访的学生。

既然入了人类学，就必须快速地提升自己，于是夜以继日地阅读。当时的广州图书馆、中山图书馆有港台书专柜，会常去看一些在港台出版的人类学书籍。也时常会去新华书店买些"内部书籍"，如谢剑编的《人类学英汉词典》、台湾的《人类学百科全书》等。我最喜欢的是台湾"中央研究院"的《民族研究所集刊》，从刊物中了解到台湾的人类学家，如凌纯声、李亦园、庄英章、王崧兴等。后来，1994年我第一次访问台湾，问庄英章先生要了一整套集刊寄回系资料室，共16包，不菲的邮费都是我自己掏的（相当于我当时半年的薪水）。也因此相互建立起信任，庄先生给我很多帮助，成为一生难得的朋友。

留校开始是给容观琼先生当助手，容先生不要我做事务性的工作，仅要求我学好英文多读书。换系领导后我分在考古教研室，开始承担考古实习领队教师和考古学的课程。如我带81级学生去过江苏吴县考古实习，带海南考古班的学生到过陕西考古实习。我毕业论文写的商代青铜容器研究（部分成果发表在《江汉考古》上），但要我承担的是《魏晋南北朝隋唐考古》《石窟考古艺术》课程。因为这段历史极为复杂，所涉及面很广，除了考古本身外，文字的、民族的、艺术的、宗教的、建筑的都涉及，备课的过程极为艰难。为备课，读过王国维、陈垣、陈寅恪、顾颉刚、夏鼐、宿白等人的作品。这段考古尤其是与民族活动息息相关，如宿白先生在1977年《文物》上发表的鲜卑遗迹考的长文，将考古遗迹与文献结合考证出鲜卑人从东到西迁移路线；郭沫若先生的《吐鲁番出土文物二三事》中可以看到唐时期儒学对西域的影响。由此我意识到不能走传统考古学的路子，追随梁先生"民族考古学"也许是一个值得发展的方向。因此跟梁先生有比较多的接触，梁先生也鼓励我考古学、民族学双修。梁先生还常常请我和格勒博士一起去家里吃饭，说是"改善一下伙食"，在不经意中传授做学问的方法。我的硕士论文就是用民族考古学的方法做的关于吴文化研究，还发表过论中国民族考古学的形成和发展的文章。最后，因为一些别的原因，我的学术之路没有朝这方面发展下去。

我的学术转型，大约在1987年。那时全校选修课还不是强制性的，全校的本科生也不足1万人，开公选课远没有现在火爆，现在公选课三五百人一点不稀奇。那时教务处规定只要有3人以上选就可以开课，系里分管教学的老师抱怨人类学的课太冷门没有学生选。我内心想只要课讲得好，怎么没有人听呢，就主动报了一门课。根据当时的文化热，选择了讲《文化人类学》，而且在第一堂课时公开宣布头三次课允许同学们自由退选。结果，因为准备充分，上课效果极好，选课的学生越来越多，走廊里都站满了听课的人，选课的人达300多人，学校只好给我换了个大的阶梯课室。一位不知名的学生在校报上发了一篇《小课室换大课室》的报道。此事引起轰动。重庆出版社主动约我负责《现代人类学》一书，四川《走向未来丛书》主动邀请我做人类学系列丛书的主编。可惜只出了两本书，丛书就夭折了，自己的书没有出成，书稿也不知去向（那时没有电脑，全部是手稿）。

作为中国的第一个人类学系，还是有些机遇的。如招出国预备生、教师出访，以及外国学者来访等等。此外梁先生与李华钟教授发起成立了"香港高等学术基金"，由杨振宁当主席，其中指定支持人类学项目。我的第一个课题就是这个基金会支持的。基金会委托香港中文大学管理，管理比较规范，通过申报，学会了境外、国外申报项目的方法，也因此后来成功获得中国台湾、澳门及国外的一些基金资助。基金在庆祝成立10周年活动时，我写过一篇《香港高等学术基金伴随我成长》的小文。

来访的外国学者也教一些课，做一些讲座，如哈佛大学的华生（James Watson）就来中山大学开过一个学期的《经济人类学》课，讲他的香港移民研究、宗族研究，还发起对珠三角沙田的研究。加州洛杉矶分校的高思密（Walter Gold-schmidt），他曾经担任过全美人类学会会长，开设了《生态人类学》的课程。顾定国先生（Gregory E. Guldin），《中国人类学逸史》的作者，他开设了《都市人类学》《族群与族群关系》。顾先生还带学生去珠三角县市做都市人类学的调查。顾先生后来成为我一生的朋友，共同为推动中国都市人类学的建立和发展做了不少事情。首先是我们合作做过多个都市人类学项目，乡村都市化、农民工研究、岭南族群研究、乡村转型研究等等；同时也合作在广州和北京两地开办都市人类学学习班；合作在北京成功举办了"首届中国都市人类学学术会议"；最后促成中国都市人类学会的建立。

从此，都市人类学成为我主要的学术领域，在这一领域中我主要关注的是农民工、移民和族群的研究。2000年初，我接任人类学系主任，为了学科建设和学生毕业工作的需求，除了坚守自己的研究领域，还开拓一些新的研究领域，主要是应用方面，如移民与族群、医学人类学、互联网人类学研究等。在教学方面，强调田野调查的重要性，坚持人类学田野调查与实习作为必修课，培养学生的调查、写作和合作的能力以及人文关怀的精神。

回顾我的人类学研究之路，可以说我是被动地成为人类学的毕业生，偶然成为人类学的教师，更没有想到人类学成为我终身的职业！为此我很庆幸能成为人类学中的一员，能成为一名教师。弹指间，我从事人类学研究教学已是40年，教过的学生、研究生，应该是一个不小的数目，培养人类学学生的成长已成为我生命中最重要的部分！此次徐杰舜教授发起《新生代人类学家之路》的征稿，命我写稿，不敢不从。亦希望我的这些经历，能够给后学一些帮助。

序六

静静的花开成林

简美玲[*]

感谢徐杰舜老师邀我写序。老师在微信中，大气的文字，引发我天宽地阔的想象："《新生代人类学家之路》征稿，获得众多青年人类学者的支持。"学者的成长之路总是孤单的。身处复杂、诡谲多变的当代，青年人类学者所面对的研究、民族志书写，乃至教学，尤充满挑战。徐老师号召这样的合作书写，想是有很深的用心。

简美玲（摄影：韦小鹏）

也让我在这样的时光片刻，静静回望一路走来的初心与人类学养成的历程，并为此书，写下一小段序文。

故乡

来自台湾后山的我，走上这条人类学之路，或许是故乡的水土与人情，供我以养分与一方福田。出生于兰阳平原，年幼时随家人移居，成长于花东纵谷的瑞穗（水尾）街庄。一个山水集聚的美丽天地。中央山脉与海岸山脉互为屏

---

[*] 简美玲，台湾阳明交通大学人文社会学系教授，人类学高级论坛学术委员会主席团主席。

障,红叶溪、富源溪、秀姑峦溪,三水交汇,这是个语言及族群多元的乡下聚落,进而延伸到周边的山区部落。这里住着闽南、客家、外省及南岛语族(阿美、布农、泰雅)。即使在那个年代,学校教我们说标准"国语"("禁止说方言")。但放了学,通过食物、仪式与不同的人情交往,那属于纵谷的多元族群语言及文化,还是悄悄渗入小女孩的心灵。始终深信,是如此的故乡风土与人情,使我在认识人类学的民族志之初,就有回到土地与故乡的深切情感。

田野

凡人都有育我、养我的故乡。人类学者的养成之路,则往往联结着一个心灵故乡,那就是田野。我的人类学生涯里,也有弥足珍贵的田野,是我的心灵故乡。花东纵谷的山区,有我硕士论文的蹲点田野,秀姑峦阿美人Pangcah的古老部落Kiwit。初入人类学课堂一年半后,我到这个位于群山中的老部落,蹲点八个月。跟着部落长辈(ina与mama),度过仪式及日常。挨家挨户拜访老人家,听他们讲述经历日据时期,战后的生命史,与疾病医疗照护的经验。

硕士论文的田野,是我带着人类学的初期养成,回到东部故乡,重新观察与理解,故乡山区与街庄的关系,以及族群文化的独特与变迁。在这条人类学路上,始料未及,我的下一个田野,在千里外的云贵高地。1996年秋季,我进入博士班,亲属与婚姻的古典人类学,深深吸引我。为了探索由华南一路延伸至云贵高地南方的婚后双居,也为理解联姻结构与个人情绪情感的关联与对话张力,我重返/重访民族学前辈吴泽霖先生曾细腻纪录的台江苗族村寨的社会结构与仪式文化。自此多年,清水江边与雷公山层层山峦里的苗族村寨,成为我一步一脚印的田野,与一辈子难忘的人情交往。

语言

我的大学本科读的是外国语文学系,同时学了英文与日文,英美文学与Noam Chomsky学派的结构语言学。这个训练对我的影响,始终不即不离,这是我入行人类学多年，才深刻体会。但它的影响，却早在我读硕班时的人类学养成之初，已然成形。为了做好阿美人的医疗人类学研究，为了能仔细记录传统的疾病命名、病因与处方，我将外国传教士所编写的阿美语记音体系与详细丰富的辞典，扎实地研读与学习。1997年夏秋之际的博士班田野探勘之行，我由台江回到贵阳。返回台湾前的两星期，我跟着家乡在朗德苗寨的李锦平老师，习黔东苗语的记音、语法及语汇。当年我还用卡式录音带，录下李老师朗读的苗语文课本。回到台湾，继续博士班课程、资格考与研究计划的书写。当我一人独自在研究室读书、写作时，就播放着苗语的录音带。这个基础让我在1998年底到2000年蹲点台江高坡古老村寨Fangf Bil进行博士论文田野时，得以在日常生活与仪式节庆，参与观察或深度访谈，听写与翻译苗歌口唱文本，能以苗语文来记音，以及用地方的苗语腔调进行对话与沟通。

通过语言进入族群文化的研究历程，对我影响很深，也是这许多岁月以来，亲近人类学，向人类学古典研究方法学习的体验。人类学的老前辈弗朗兹·博厄斯（Franz Boas）与马林诺夫斯基（Bronislaw Malinowski），在20世纪初，就以亲身示范，教给了我们，田野研究与地方语言学习的重要关联。以及对于文化的记录与理解，不要轻易错过地方语言。

师承

在这条人类学的学习路上，我最幸运的是在不同的学习阶段，拥有多位杰出与无私，倾囊传授人类学知识与研究方法的恩师。李亦园老师是战后在台湾随着凌纯声先生与芮逸夫先生进行南岛族群文化研究，与尔后开启汉人社会与文化研究的第一代人类学者。1989年，两岸恢复往来，李亦园老师回泉州家乡拜见40年未见的年迈母亲。也由此开展台湾人类学界与大陆民族学、人类学的合作与交流。1990年初，当我进研究所读人类学的年代，李老师早期所教的学生辈，已是台湾人类学界重要的中生代。对我而言，李老师是硕博导师，也是师承系谱上"老师的老师"。硕士班时期，许木柱老师、黄树民老师、陈祥水老师，引领着我学习人类学的知识与方法。尤其许老师是指导我进行阿美人研究的导师，也在心理人类学、医疗人类学，与方法论的思辨，带给我许多的启发。进入博士班，庄英章老师与魏捷兹老师开授的亲属与婚姻，李亦园老师、何翠萍老师讲授的中国少数民族，魏捷兹老师的人类学史，与独立研究，不仅培养我进行人类学文献的阅读与书评写作，也影响与启发我在博士论文所选择与耕耘的区域与理论兴趣。

最后在漫漫长路的博士论文田野与书写，感谢李老师、何老师与魏老师的陪伴与指导。静静的，花开成林。

序七
我的人类学自述

赵旭东[*]

如何成为人类学家？这无疑是一个颇为有趣，自然也很有吸引力的题目，特别是那些乐于以人类学家自居的人，会更加有此书写上的冲动。至少，人类学作为一种志业，曾经占据了他们人生的一大半，而作为一种职业，他们或多或少从中受了益。更直白一点说，对每一个在这个行当中摸索打拼过的人而言，必然都是会想着如何要去对其过往

赵旭东（摄影：韦小鹏）

的学科参与的回忆而挥笔书写一番的。但我自己最初还是一再地谢绝过作为这一主题写作的发起人的一再邀请，只要一来电话催稿，便顾左右而言他。在几个回合来来去去的邀请与拒绝的语言游戏过后，自己静下心来细细想了一想，这似乎又是一件不那么近乎人情的事情。或许，自己年纪不算太老，却已经不自然地学会卖弄一种年龄的矜持了。为了这份自责和自省，我最后还是答应他写下一份有似人类学学术自述的简要文字，以供学人批判之用。

在这里，所谓的"成名成家"，那无论如何都是不敢去想的，前有大德硕儒，后有青椒新锐，真可谓是人类学的才俊珠玉满盘，气象万千，而自己在其中不过也就是不那么特别耀眼甚至还是无比暗淡的一粒石子而已。如果说，费

---

[*] 赵旭东，中国人民大学社会学理论与方法研究中心研究员，中国人民大学人类学研究所教授、所长、博士生导师；人类学高级论坛学术委员会主席团主席。

孝通曾经自豪的"凡尔赛"是他在写作其博士论文《江村经济》时,并不知道对西方的人类学自身会有那么重大的并由他的导师马林诺夫斯基之笔所写下赞誉的那种"里程碑"的意义,在他看来,这只能算是"无心插柳柳成荫"之作。这又是何等的"凡尔赛"?一般人是读不出其中的味道的。而反过来又再去回想一下自己是如何成为中国人类学中的一员,若用当下这种最为流行的所谓"凡体"的表述,似乎也是有那么一点合适的。换言之,对于人类学和我,这真有那么点小说中所说是一件不期而遇之事,也可说是个人兴趣和学科特点之间巧合偶遇的谈情说爱吧。

说来话长。我自己并不是真正有资格可以去堪比什么有过那么一点点的贡献的人,但进入人类学这个学术的圈子,却又真真切切是一件无意之中就发生了的事情,至于后来还能全身心地选择人类学的生涯,以其作为志业,倒又是由果而因地自己死心塌地地有一种坚定的选择了。而时间线索意义上的对此发生的粗枝大叶的过程,我倒还是很乐于去自我总结一下的,由此也许可以勾勒出自己所谓自传体人生史的框架,以飨比我还更为年轻的学生一辈的人类学新苗们的健康成长,这可能多少也算是这次写作的一种贡献。

在这里,有一个不可回避的前提就是,在中国,人类学显然并不是一种等级制学科"封建"里的所谓"一级学科"之一。因此,在大学去选专业之时,一般是不会选或几乎没有大学开设这门专门的学科来学习的,尽管在走出国门的视野中,这个学科是可以和其他人和学科平起平坐地去研究人及其文化的问题的。正是因为有这样的一个前提存在,所以在中国,最后学习人类学的人,大多数都是会七转八转为了心灵中那不可见的也不可让渡出去的所谓追求之思而来到了人类学这个学科之中来的。在这方面,我自己的兴趣和追求自然也不例外,因此便有一路转换学科风景一般地从心理学的领地一转而成为社会学的风景,再转而就落在了作为世界性学科的人类学的这一繁花似锦的大花园中了。因此,在我的研究中,似乎总也不曾忘怀被我所无情抛弃掉的心理学和社会学,字里行间也总能见到我的那些写作和授课之中隐隐冒出头的那两个各自存有优缺点的学科的影子,就像对一个心爱之人所说的,"它们的好,我总也是难于忘怀的"。

当然,我不是说人类学没有缺点,反过来应该说,人类学的缺点恐怕是会更多一些,之所以能有这种认识,那是因为你走进这个巷道越深就越会感受深切的。但这并不影响你的热爱，因为热爱跟缺点的有无和多少之间似乎并非是一种决定性的关系。一对老夫老妻，他们各自都有各自眼中的缺点，甚至看去，对方都是缺点，但他们仍旧是相爱得彼此深厚。在这一点上，或许人类学的包容征服了世界，同时也征服了世界中五花八门的人群，我们自己也算其中之一员，在这方面，基于这样的无所不包的文化基因里的特征，人类学总会对人的理解多上一个独特层面。可以肯定地说，在所有的人文社会科学试图对人去下决断时说，"人就是N"之时，人类学总会说："不，是N+1。"

自己最为年轻之时有幸去学习心理学的那段历史在这里就暂且封存，那恐怕倒是一个隐藏着自己青春梦想之地，若是以后再有机会，翻开来那一页去书写，也应当是很有意思的一件事，至少有七八年的时间，我是混迹于其中的。不过，还是先从社会学的经历讲起吧。

记得自己最初到北大读社会学，那时在费孝通教授名下所指导的博士研究方向是"城乡社会学"，也就是在博导招生目录里是这个专业方向的设置，我自己便是在这个方向上去展开学习以及从事后来的研究工作的。那是在1995年的秋天，天下着小雨，友人到北京火车站来接，也因这天气的原因，自己恐怕是带着几分忧愁而进入了燕园学习的，而现在也难说有什么改变，恐怕仍旧还是忧愁的，因为至少我曾住过的那个四十号楼学生宿舍早已经是不见了踪迹。但从那个时间起，自己也就算是真正地从心理学这个旧行当转学到了社会学这个新行当了，如果非要从一种学科原教旨主义者的眼中来看，应该也算是自己的第一次背叛吧。

但后来自己却发现，除了一种很特殊的有关后现代的那些社会理论对我而言独有一种兴趣之外，或者不如说因为北大图书馆里的新书架上那些讨论身体、消费、惯习、风险、文化等等所谓"后"主题的英文书籍着实吸引着我的注意力，让我在这方面也真正花费了不少的心思去做钻研摸索。每月买上二两花茶，每天早起泡上茶便读书做笔记，那些日子就是这么度过的。不过，对社会学学科自身而言，除了那时少有的这个西方流行话题之外，其他社会学的论题，似乎对我而言，大概是由于门外汉的缘故，无论如何也都引不起什么特别的兴趣出来。但后来还是应出版社之邀，煞有介事地主持了几本社会学概论书籍的翻译，包括吉登斯的《社会学》以及谢弗的《社会学与生活》在内，也算是一种社会学学科的真正"补课"，甚至后来还在几所大学课堂上专门开设了这门入门级的课程很多年，每次编订讲义都称之为是《社会学之门》，确实，门里门外的分别，你能理解到的境界也自然不同。与此同时，也算是一种责罚，真的是应了那句老话：你不喜欢什么，那老天偏会要让你去补充上什么，以免你的营养不良。

那时一门心思自己研读之余恰好遇见了刚从英国读书归来，正在北大社会学人类学研究所做博士后研究的王铭铭先生。记得有一次开所里的某次纪念会，应该是香港中文大学金耀基先生主讲的"潘光旦讲座"的那一次，或者是其他的某一次会议上，但场景就是见到他老远之处拎着一大包的书进来。大约是因为自己喜欢书的缘故，见到此番景致，总会心生欢喜的，后来也便因此与他更多亲近，参与他主持的辗转于各大学的读书会，讨教受益也颇多，还会不时去到北大燕东园他的寓所问东问西，顺便也蹭上几顿美食，记忆中极为愉快。再后来，博士论文也是由他专门抽时间来协助费先生来指导我去开展有关民间法律，特别是公正观念这一主题的人类学研究。这样，自己也就渐渐地从纯正人类学而不是社会学的视角去看一些问题了。如果说这也算是一种背叛，勉强可以说是第二次吧，但实际上我最终从北大拿到的学位还是社会学的博士。从这个意义上而言，社会学是一个相对而言与人类学一样有着极大包容性的学科，谁在这里，只要你有心，都同样会找到属于自己的一个舒适位置的，至于一种学科认同，自然也可以是非社会学本身的。

而说到人类学，最有趣的一点，当然也是最为吸引人之处就是人类学需要田野，用古人的话来说，就是到自己所不熟悉的地方去采风，即便粗粗想来，那不也是一件很有趣的事情吗？因此，这样的一种以田野为卖点的人类学能够吸引到喜欢外出旅行见世面的年轻人的注意力，也就是一种自然而然的事情了。而在入人类学之门之前，自己也凭着对社会学方法的理解做过一些零零星星的乡村社会调查，这些调查转过来就被我美其名曰地称为是田野工作，今天看来，那只不过算是摸到了一点田野的皮毛而已，是从一种远距离去看田野究竟是什么的管窥之间罢了。不过，在准备博士论文之时，在我的心里是瞄定了要以费孝通的《江村经济》为范本去写自己的博士论文的，现在想来，总会笑自己那时的执着和冲动。而且，在写博士论文期间，那本书的中英文版也总是不会离开手边，时时翻看，不时地如触到巫师的法器一般，颇有灵感上身之觉。自己博士论文的读书和写作前后尽管只有三年的时间，但觉得还是很漫长，自然也会觉得很丰富，自己也经常会讲到这个写作过程的前因后果，在这里姑且一笔带过吧。而通过自己这本二十几万字的博士论文的写作，通过翻阅北大图书馆里在这类主题上极度丰富的中英文藏书，我那时大约懵懵懂懂地就了解了一些村落民族志特别是法律人类学书写的意义和可能有的局限。后来这本书2003年年初以《权力与公正——乡土社会的纠纷解决与权威多元》为题在天津古籍出版社出版，中间出版上的曲折也不是一两句话可以说得清楚的，留待以后有时间再去详细叙述吧。

燕园读了三年书之后，在1998年的夏天，恰逢北大百年校庆，那个夏天，未名湖周围的校园也极为热闹，而我自己则在此热闹的季节里收获了这本对我而言并不算薄的博士论文之作，也算是自己所仰慕的《江村经济》这个中国乡村研究制高点的一种致敬式的回报。之后的岁月里，我便有机会继续留在北大任教，为社会学人类学研究所里的硕士研究生开设了《政治与法律人类学》的这门课程，这门课大约是我在北大首次开设的，这么多年过去了，现在还一直是在中国人民大学人类学所开设着这门课程。我自认为自己的专业便是在政治与法律的人类学研究领域，但很显然，那仍旧不是我兴趣的全部，并且用的功夫也不是全身心的，因此成绩不突出。

后来，自己便有机会申请到去英国、荷兰两国的两所大学连续地访学，之所以是连续，原因也很简单，因为那一年，也就是2003年的春季，北京诸地发生了SARS病毒的传染，自己无法结束在英伦的访学而直接回国。而现在，也就是2021年，在经历了一整年的时间之后，新冠疫情仍旧还在全球肆虐蔓延，如果是换到了现在这样的当口，诸多国家开始封锁起大门，大约即便是从英国到荷兰的路也不会再是那么顺畅了。总之，那段时间里，我一直浸泡在欧洲的文化中，感受到一种游学的乐趣，今天的年轻人若还没有这样的经历，真的是应该马上上路，游走四方的，特别是以人类学为志业的人。

自己还仍旧清晰地记得，那是2002年11月到2004年5月之间的时间，一年又半地在这两个作为欧洲近代文明典范的国度里生活，一种无拘无束的读书、听课、思考和记笔记的散漫生活，便是从那里起步的。到现在我还仍旧记得英国伦敦市中心的大大小小的书店，那些书店有地上的，也有地下的，有窗明几净豪华无比的，也有昏暗无光，陈年老旧的，有室内的，也有室外的，但自己差不多用每天都能购得一本英文书的速度在充斥着我来欧游之初空空如也的书架，而且，自己还差不多每天都会从我所访学的大学图书馆里背出来一大包的借阅书籍来去阅读、摘抄和翻译，一天里除了吃饭睡觉的时间，余下大部分的时光就是在做这样的事情。后来回到国内，再一总结旧稿，梳理电脑中积攒起来的一篇篇的文字，竟然自己也因此散漫和自由而留存下了五十几万字的读英文书的笔记，后来以这些存货为基础，就向中国人民大学出版社投稿，在2009 年出版了《文化的表达》一书，还专门请王铭铭教授赐序，留下了一份自己在学问追求之路上的如雪泥鸿爪般的印痕或踪迹。此书另外一方面也应该算是我苦读人类学、补课人类学的一份文字记录，后来印成铅字，心情有如静待花开一般。

回国之后不久，应该是 2005 年初夏时节，也就是 4 月 23 日，费孝通教授不幸辞世之后，我就从北大转任到了农大，后来又主持那里社会学系的工作，但自己仍旧还是兴趣点在人类学，不过只是更多地转移到对于乡村社会的研究上来，发挥费孝通《乡土中国》的余韵，在"乡土社会研究"的这个主题上去更多地下了一些功夫。2005 年秋天，借农大百年校庆之际，召开了以"乡土社会研究的新视野"为主题的大型研讨会，后来还办了几十期的"乡土社会研究讲座"，同时带着自己的学生们把费孝通的书从头到尾都读了一遍，在 2010 年费孝通百年诞辰之际，奉献了一本由我所主编的纪念文集《费孝通与乡土社会研究》，由社会科学文献出版社出版发行。与此同时，我还把自己四处发表过的一些有关乡村研究的文字汇编在了一起，出版了一本名为《否定的逻辑》的著作，这也算是这一个阶段的乡村研究的一个小结。

或许，另外还值得提上一笔的就是，到了农大之后不久，那时在任的人文与发展学院院长李小云钦点我为《中国农业大学学报》执行主编，着手该学报的改组工作，大约现在还留存着的红与灰两个颜色的年度性交替使用的封面设计就是我当年安排确定下来的。那段时间，频繁地与各位社会科学领域的大家以及年轻同行们约稿，增长了我的见识，也开拓了我的研究视野，这方面我坚信学问家有一半就是一个编辑家，编自己的也编别人的，这观点今天看来大约也不会错。一句话，好的编辑就应该是好的学者，否则刊物的境界和档次都不会是太高的。后来我离开了农大，这本杂志的同仁仍旧延续此路去办，并在今天的学界已有了极为不菲的影响，不过那都已经不属于我的功劳了。我作为一个恰逢其时的开路人，也算是为此学术公益之事做了一点点的贡献，为此我自己也感到是一件极为愉快之事，不会随意地予以忘记的。

时间又转到了 2011 年底，那个时间，受到即将荣休的庄孔韶教授邀请，来到了他初创的中国人民大学人类学研究所，并主持那里的工作，由此自己才可以真正算是全身心地去专注于人类学的研究，而且更为集中关注于文化转型人类学诸问题研究，在这上面我花费了很多年时间的写作。要知道，"文化转型"这个概念是费孝通晚年提出来的，到了我这里，则是努力要将这一概念扩展和应用到受当下文化转型影响的那些更多表现和体现的方面上来，使之成为一个具有分析性、引领性和前瞻性的中国概念。而且，我所身处于其中的时代，又恰逢由中国自身改革开放 40 年的巨变所带来的一种文化表达与文化实践上的新转变，使得一种文化转型的中国声音能够为更多的人所感知和领会，文化转型人类学这个名词也因此应运而生。显然，不论是谁的研究和学术成长，自然也都不能够完全脱离开他所身处于其中的那个时代，人和时代是相互塑造的，但受时代的影响会更大一些。而"文化转型"这一观念的提出，便可谓是世界发展到了今天这个时代的一个总特征，人们在工业化时代之后，所要去寻找一种有意义生活的极度渴望，在现在看来，比以前任何的时代都似乎更为强烈和有欲求了。毋庸置疑，一切显然都在变，但一切也都在不断地自我适应之中。而人类学所关注的文化，也恰恰是在此种语境之中有着一种形态上的转变以及自我高度适应之后的创造性转化，而对这一点的关注，也恰恰可能就是今天作为一个人类学家存在的价值和真实意义的所在。

顺便提一下的是，此文写成后，又间隔数周，改之又改，终成一稿交差。随即并题《辛丑自述》以补壁："回首望春秋，大义思不同。负笈欧西路，求学问真勤。田野游历久，见人识物丰。自寻作窄巷，心有天地宽。"

辛丑正月应徐杰舜老之邀而写自述，不觉已是明日黄花矣。

2021 年 3 月 4 日于南书房山人旭东

3 月 15 日沙尘天改写稿

寻找阿诗玛的颠倒梦想

巴胜超

巴胜超,博士,教授,昆明理工大学艺术与传媒学院硕士研究生导师,云南省万人计划青年拔尖人才入选者。著有《象征的显影:彝族撒尼人阿诗玛文化的传媒人类学研究》《阿诗玛文化遗产传承人口述史》《寻找阿诗玛:人类学写作的四种文本》等。

年近四十，晨起习惯念《心经》六遍，其中有：菩提萨埵，依般若波罗蜜多故，心无罣碍；无罣碍故，无有恐怖，远离颠倒梦想，究竟涅槃。[1]大意为：菩萨境界，即大智慧到达彼岸之解脱境界，因为全然解脱，不再有挂碍牵绊，亦无恐怖畏惧，故而远离了颠倒梦想的凡夫境地，最终达到涅槃之境。十余年来（2008—2021）的治学之路，田野、写作多与"阿诗玛"相关，似乎留下一种专注于"寻找阿诗玛"之印象，而回望初心，"寻找阿诗玛"却是我的"颠倒梦想"。

一、阿诗玛@传媒：传媒人类学的探索

2008年秋，我在四川大学文学与新闻学院文学与人类学研究所读博，导师彭兆荣教授从厦门大学来成都看我，因为之前我们并不认识，到车站接彭老师之前，为了便于相认，我拿了一本"黄皮书"——叶舒宪、彭兆荣、纳日碧力戈合著的《人类学关键词》[2]。冬天的成都，阴冷，五桂桥汽车站的人流中，一瘸一拐（打篮球崴到脚）的彭老师，提着行李箱，看到了在人群中挥着《人类学关键词》的我，微笑着，很温暖。

这是我多年来难忘的一幕。彭老师视学生为自己的孩子，我们都称他"师父"。师父时任厦门大学人类学系主任、人类学研究所所长，也在四川大学文学与新闻学院任兼职博导。当晚，文学与人类学研究所所长徐新建老师、师父和我，三人绕着川大望江校园，边走边聊。

---

1 〔唐〕三藏法师玄奘译《般若波罗蜜多心经》，江味农、李叔同、净空法师：《名家名作精华本：金刚经·心经·坛经》，长江文艺出版社，2014年，第127—140页。

2 叶舒宪、彭兆荣、纳日碧力戈：《人类学关键词》，广西师范大学出版社，2004年。

读博之前，我醉心于纪录片，特别是独立影像[1]的研读、拍摄。对人类学的了解，仅止于观摩"云之南纪录影像展"[2]时所看到的人类学电影（大多是偏远村寨的故事）。与师父汇报了自己毕业论文想研究的选题：青春题材电影研究或独立影像创作研究。师父说自己对传媒、影像领域并不熟悉，建议我从传媒研究与人类学的交叉领域进行思考，并找一个具体的案例进行研究。

当晚，失眠。脑袋中尽是传媒、人类学两个词语在碰撞、交叠。于是开始补人类学的课，除了习读师父为我开列的书目，还去旁听相关的人类学课程，其中就有李春霞教授的《媒体人类学》一课。对于从自认为"时尚"的影视文化研究，转向"山里"的文化人类学，刚开始我并不情愿，和春霞师姐在春天的九眼桥散步，她劝导说，转向人类学，正好与我所在的云南省的民族学、人类学研究氛围相契合，在师姐的鼓励下，开始研读"A Brief History of Media Anthropology"[1]、《媒介化世界里人类学家与传播学家的际会：文化多样性与媒体人类学》[4]等中外著述，开始了"传媒人类学"的探索。

博士期间，我先后在四川大学、厦门大学和云南大学进行学习。

在四川大学期间，印象最为深刻的，是徐新建老师席明娜（seminar）式的教学和听不完的讲座。因为我本科和硕士阶段的专业是传媒方向（广播电视新闻学、纪录片研究），转向文化人类学，需要补读大量的学科基础著作。除了师父和徐老师提供的书单，我大多时候是一个人"躲"在图书馆的"阁楼"翻看各种文献。之所以选择"阁楼"，是因为这里很安静，人很少，还可以透过窗户，偶尔看到成都少有的太阳。

印象中，徐老师的课程一般都要提前阅读很多文献，课上每人需要做30分钟以上的阅读分享。2008级共有3个博士生，正好分属文学人类学"三驾

1　发表有《自恋的快感》（分析中国大陆20世纪90年代以来独立纪录片创作过程中出现的"自恋倾向"）、《平视视角：20世纪90年代的中国纪录片创作》、《最后的马帮和德拉姆的纪录形态》、《"虚构"真实——纪录片创作真实观念新论》等文。

2　"云之南纪录影像展"始于2003年，是一项集观摩、竞赛与研讨为一体的纪录影像活动，每2年一届，迄今已历时5届。云之南是目前国内创办最早、规模最大、影响最广泛的公益性纪录电影双年展。

1　Susan L.Allen, A Brief History of Media Anthropology, Susan L.Allen edited, Media Anthropology: Information Global Citizens, Westport, Connecticut, London, 1994.

4　李春霞、彭兆荣：《媒介化世界里人类学家与传播学家的际会：文化多样性与媒体人类学》，《思想战线》2008年第6期。

马车":我的导师彭兆荣,安琪的导师徐新建,祖晓伟的导师叶舒宪。每周课程开始前,徐老师会布置相关的阅读主题和内容,然后我们三人按照各自的学术兴趣围绕阅读主题进行准备。课程开始时,徐老师会做类似"导语"式的开场,然后我们三人依次开始汇报分享,最后徐老师会进行总结、评议。虽然课堂现场还有硕士生、本科生旁听,但每次徐老师评议,从来不会顾忌我们这些博士生的"面子",睿智和锋利的评议,让我每次汇报后都"面红耳赤",但收获良多。

现在想来,四川大学博士生的住宿待遇是很"差"的,但宿舍的学术氛围却很棒。四室一厅一卫,住了12个人,每室住3人,大都是不同专业,比较文学、敦煌学、古代文学、文化与传媒、广播影视文艺学、文学人类学、传播学、宗教学、历史学等等,不同学科的博士生共处一室,除了可以感受不同人的个性、脾气,还能感受不同学科的学术特色。因为大家的课程内容、上课时间都不同,唯一集体行动的,除了少有的几次约饭,就是大家一同去听讲座了。四川大学的讲座很多,每天都有很多场,周末的讲座更多。曾有一位演讲者在讲演前说,他被四川大学的同学周末听讲座的热情深深感动。

2008年冬天,文学人类学年会在贵州民族学院举办,师父资助我到会学习,会上认识了徐杰舜、叶舒宪、吴秋林等学术前辈,也切身感受到了中国文学人类学学会的学术理念和学术氛围,在之后的学习工作过程中,我常常关注该领域相关学者的研究成果。

因为师父在厦门大学任教,他帮我在厦门大学联系到了宿舍和校园卡,我开始了在厦大的"游学"。初到厦门,师母给我这个"山里来的孩子"准备了海鲜大餐。每个周末,师父和弟子们会到厦门的某个公共空间,登山或看海,郊游或交友,谈学或论道。

这种为学、论术的活泼氛围,一直延续到我现在的工作中。从2011年至今,师父每年都会组织规模不等的席明娜,云南西双版纳、大理、德宏,青海,贵州紫云、务川、梵净山,山西平遥、介休,江西泰和等等,这些地方都留下了我们席明娜的身影,席明娜的故事,专文另述,在此略过。

在厦门大学,除了听师父给博士生、硕士生上的课程,我还旁听了一些文化人类学博士生的课程,印象比较深的是石奕龙老师的课。课堂是在石老师的书房进行的,上完课,还步行到海边的"田野现场",石老师会进行现场的田野教学，这对于我这个跨学科的人类学学习者很有启发。

因为要回到云南进行田野调查，所以必须先去云南大学"拜码头"。在云南大学的学习是"参与式"的，主要是在影视人类学实验室进行，除了参与陈学礼、张海、谭乐水老师给学生开设的课程，我还部分地参与实验室的日常放映、交流工作。2009年，第16届人类学民族学世界大会在云南举办，云南大学是主会场，实验室主要负责大会的全程记录和影视人类学分会场的工作，扛着机器记录大小会场的讲座、论坛，撰写会议新闻，是人类学民族学世界大会期间我的角色定位。

通过在四川大学、厦门大学和云南大学的学习交流，我最终把自己在文化人类学中的研究重点，聚焦在"传媒人类学"领域。

"传媒人类学"，即"Media Anthropology"或"the Anthropology of Media"，在中文语境中被译为"传媒人类学""媒体人类学"或"媒介人类学"。而以人类学民族志方法研究人类传播现象的"ethnography of communication"，则译为"民族志传播学""传播人种学"。当研究中出现诸多名称和主张时，追根溯源、理顺谱系最为重要，在理论的研读中，我逐渐完成了《文本—技术—语境：传媒人类学（Media Anthropology）的谱系》[1]《"传媒人类学"辨析》[2]的撰写。对某种理论的研究，除了理论探讨，结合实际案例进行分析，才能使理论落到实地，在《网络日志：一种自我反射式民族志文本的可能》[3]《媒介与体验：媒介理论中的体验阐释》[4]《语际书写与民族文化的互动传播：以古彝文〈阿诗玛〉为例》[5]《口语文化中阿诗玛的传承与传播》[6]等文中，我开始以具体的案例对传媒人类学进行讨论。

在博士论文《阿诗玛@传媒：一个民族符号的文化变迁》中，我以"阿诗玛"的案例，以传播学与人类学之交叉视域，主要回答了这些问题：

---

[1] 巴胜超：《文本—技术—语境：传媒人类学（Media Anthropology）的谱系》，《广西师范大学学报》2013年第4期。

[2] 巴胜超：《"传媒人类学"辨析》，《世界民族》2012年第1期。

[3] 巴胜超：《网络日志：一种自我反射式民族志文本的可能》，《广西民族研究》2009年第1期。

[4] 巴胜超：《媒介与体验：媒介理论中的体验阐释》，《中国传媒报告》2009年第11期。

[5] 巴胜超：《语际书写与民族文化的互动传播：以古彝文〈阿诗玛〉为例》，《云南社会科学》2011年第4期。

[6] 巴胜超：《口语文化中阿诗玛的传承与传播》，《民族文学研究》2011年第6期。

在民族文化发展、变迁进程中,"阿诗玛"作为一个文化符号被不断创造和利用,有哪些媒介形式介入其中?各种媒介是如何对《阿诗玛》进行塑造的?这些传媒形态的传播者是谁?接受者是谁?传播的内容是什么?一个少女是如何进入彝族撒尼支系的口头传说的?她为什么会被命名为"阿诗玛"?阿诗玛是什么意思?她长什么样子?她如何成为叙事长诗的主角?在诗中她经历了怎样的生活?撒尼人、毕摩、来自异乡的传教士、汉族知识分子、影视工作者等人群是如何来描述"阿诗玛"的?《阿诗玛》如何从撒尼民间走向汉人组织,从少数民族文学进入中国现当代文学的视野?其进入后的境遇是如何的?当本属于撒尼人的传说被异文化介入后,在《阿诗玛》叙事长诗文本、电影文本、绘画文本、电视剧文本、广告文本、戏剧文本、网络文本等文本形态中,《阿诗玛》发生了哪些变化?不变的又是什么?在旅游经济的社会背景下,阿诗玛是如何从一块石头变成穿着撒尼传统服饰为游客导引的阿诗玛导游的?[1]

传媒人类学,不只是传播学与人类学概念的移植,这种理论的嫁接,产生了理解人类社会文化新问题的新角度。传媒文化的兴盛,将人类文化拉进"传媒时代"的话语框架内[2],人类学家要研究人,就不得不关注与人密切相关的传媒,而传媒学者要研究传播,就不能忽视传播所导致的人类文化变迁,于是传媒人类学整合了两者的诉求,试图在一个"学科"框架内解决两个领域的学者共同面对的问题。期待着,在理解人类社会的理论道路上,人类学家和传媒学者在传媒人类学研究中的更多"聚会"。

二、阿诗玛@非遗:传承人的口述史

2013年8月,我的博士论文修改后以《象征的显影:彝族撒尼人阿诗玛

---

1 巴胜超:《象征的显影:彝族撒尼人阿诗玛文化的传媒人类学研究》,北京大学出版社,2013年,第2—3页。

2 王铭铭:《传媒时代与社会人类学》,《新闻与传播研究》1996年第4期。

文化的传媒人类学研究》之名出版。遗憾的是，图书出版前5个月，在田野调研中遇到的叙事长诗《阿诗玛》国家级非物质文化遗产传承人毕华玉，于2013年3月26日不幸去世。

从2014年开始，我们陆续到石林各村寨进行"阿诗玛文化传承"的主题调研，在调研过程中，我们发现："阿诗玛文化传承人"缺乏基本的口述史记录，普遍存在"有传承人，无传承人口述史"的情况。而梳理已有的口述史材料，均是以电影《阿诗玛》的主创为口述对象，如北京电视台纪实频道2015年9月21日播出的胡松华（电影《阿诗玛》中男主角全部唱段的演唱者）的口述史影像《口述：从东方红到阿诗玛》；2015年11月2日播出的杜丽华（电影《阿诗玛》中女主角全部唱段的演唱者）的口述史影像《口述：我和阿诗玛》。除此之外，与"阿诗玛文化"有关的口述材料，仅零星存在于少量对非物质文化遗产项目《阿诗玛》国家级传承人（毕华玉和王玉芳）的新闻报道中。[1]

一个非常紧迫的问题摆在面前：如果不对"阿诗玛"传承人进行口述影音记录，我们就只能对着墓碑访谈了。于是我们开始了"阿诗玛文化遗产传承人"的口述问答记录。经过2014年、2015年、2016年持续不间断的寻访和记录，我们获得了多次访谈"阿诗玛文化遗产传承人"的口述材料[2]，2016年12月《〈阿诗玛〉文化遗产传承人口述史》出版，石林彝族自治县史志办主任刘世生这样评价：

> 《阿诗玛》原始版本的搜集，据2002年出版的《阿诗玛原始资料汇编》统计，共有古彝文版本8份、汉文口头记录稿18份、故事传说7份、音乐记录稿7份。这些原始资料，由于各个方面的原因，都没有交代搜集记录的情况，演唱者、讲述者、记录者的身份和经历也不清楚，这就使得这些资料的利用研究价值受到了限制。

《阿诗玛文化遗产传承人口述史》对石林境内的《阿诗玛》文化遗产

---

[1] 巴胜超：《口述影音的采录与使用："阿诗玛"传承人与"初民"展览馆的实践》，《民族艺术》2017年第2期。

[2] 巴胜超：《被整理的口述》，巴胜超、杨文何主编：《阿诗玛文化遗产传承人口述史》，云南人民出版社，2016年，第16—17页。

传承人进行访谈,形成了11份口述史料,其中每一篇口述史料都由口述情景、人物简介、问答记录、田野日志四个部分构成,并辅之以有关的新闻报道等既有信息,让读者可以比较全面地知晓每一次访谈的缘起、被访谈人基本情况、访谈中问与答的详细内容、访谈人在访谈中的所作所为。这种让调研过程完全公开的"阳光史学"制作方式,这种让历史承载者完全自主讲述"我的历史和我的观点"的表述方式,正是后现代主义、后现代史学的精髓所在。这是之前其他各种调研成果中只见作品不见人,也看不到调研过程和各种访谈细节和内容的作品无法比拟的。它在过去专家学者记录的《阿诗玛》原始资料之外,填补了阿诗玛文化研究的一项空白。[1]

地方文化精英对《阿诗玛文化遗产传承人口述史》的认可,是我学术研究过程中的一种幸福。除了口述资料的文字文本,在口述史的制作过程中,我们还以影像的方式对阿诗玛文化遗产传承人的日常生活进行记录,目前完成了《阿诗玛·回响》《行走的乐舞:彝族撒尼民间歌舞影像记录》《男人的节日:彝族撒尼人"密枝节"影像记录》《指尖上的阿诗玛》四部纪录片。在2017年底举办的石林纪实影像展映交流活动中,以上纪录片被石林彝族自治县永久收藏,丰富了石林的地方影像志资料。

三、阿诗玛@寻找:人类学写作的四种文本

在当地知识精英和村民的认同和鼓励下,我们继续调研、拍摄、整理、写作。3年(2014—2016)的时间,积累的田野日志,陆续发表的研究论文,相关主题的调研报告,照片、影像和录音,一大堆,繁杂但很珍贵,如何将这些杂乱无章的材料,整合为有序的学术成果?一开始,我想把共计30多万字的田野日志整合出版,有点向马林诺夫斯基《一本严格意义上的日记》[2]致敬的

---

[1] 刘世生:《镜子的蕴义和历史的制作》,前引书《阿诗玛文化遗产传承人口述史》,第8—11页。

[2] [英]马林诺夫斯基:《一本严格意义上的日记》,卞思梅、何源远、余昕译,广西师范大学出版社,2015年。

意味。

但再次对比这些调研材料，明显感觉到：不同文本对同一个调研对象所呈现、阐释的多样化特点，而且同一作者在不同文本的写作中，对同一个调研对象亦有不同的情感处理和理性思考，"人类学写作"的问题便自然浮现出来：

> 相对于"科学的"民族志文本，人类学写作，该"动情"还是"不动情"？作为作者的人类学者，"我是我"还是"我非我"？人类学者的写作，情感的温度是"冰点"还是"沸点"，几度合适？

虽是以中国古代诗歌文论的方式出场的，但《毛诗序》中"情动于中而形于言"的论述，对于包括"人类学写作"在内的任何一种写作形态，均具有借鉴价值。"情动于中而形于言"，从根本上确立了人类学写作，必然是动情之后的产物。于是在人类学写作中，"动情／不动情"的分类，并非"二元对立"的思维使然，在此，"不动情"只是一种情感上的冷淡，其本质也是"动情"的一种状态。由此可以说，人类学写作，该"动情"还是"不动情"？并不是一个问题。"动多少情"才是人类学写作"情感维度"的思考对象。

种种问题，我以"人类学写作的温度"为引，从"动情／不动情""我／非我""冰点／沸点"三组词语，讨论在"人类学写作"中，民族志文本"两种温度交织、四种文本互动"的写作理念：

> "两种温度交织"，指作者在田野调研、文本写作中，以感性的沸点和理性的冰点在认识、阐述他者文化，存在着"冰点与沸点"两种温度的交织，存在着"我"与"非我"的"马林诺夫斯基难题"。
>
> 如何将"冰点与沸点""非我"与"我""知性主体"与"观念主体"进行相对客观、相对真实、相对完整的民族志呈现？"四种文本互动"是可供选择的方式之一。
>
> "四种文本互动"，指作者在文献综述、田野调研、文本写作过程中，对同一调研对象，进行田野日志、调研报告、研究论著和影音文本的互动书写。在这四种文本的对比阅读中，对"田野与书斋""人类学者与他者""作

者与文本"等"之间"关系进行开放性解读。

而对这种"两种温度交织、四种文本互动"写作理念的探索、实践，就是《寻找阿诗玛：人类学写作的四种文本》的核心内容。在《寻找阿诗玛》的学术之旅中，我们将"阿诗玛文化"调研所形成的四种文本——田野日志、调研报告、研究论文和影像文本——结集成册，"我"书写"田野日志""调研报告"和"研究论文"，用"影像"记录沿途的所见所闻。在文字与影像的交织中，"我"是"我"，"我"亦"非我"。

四、阿诗玛@旅游：百变阿诗玛

阿诗玛，原本是民间传说中一个出生于阿着底的撒尼姑娘，在经过媒体传播后，形成了"狭义阿诗玛文化"（以叙事长诗《阿诗玛》为核心的民间文学文本体现出的文化特征）和"广义阿诗玛文化"（包括叙事长诗在内，囊括了影视、舞台艺术、图像、旅游、网络等以阿诗玛文化之名进行的文化事项）。各传媒文本中，阿诗玛以撒尼人的化身、杨丽坤、乡村女教师、舞剧演员、声音形象、导游、形象大使、地理概念、景观概念、香烟品牌、地产广告代言人、非物质文化遗产等所指符号，轮番亮相。[1] 口传叙事长诗《阿诗玛》，是"阿诗玛文化"的核心，也是阿诗玛文化的本体。

在文化旅游介入下，彝族撒尼人不断发掘着阿诗玛的文化符号，凭借电影《阿诗玛》的影响力，当地政府官员、本地文化精英和旅游产业的从业者，将多元的撒尼文化，发掘整理为一元的"阿诗玛文化"，以适应游客的观光需求。以"阿诗玛"命名的文化事项，逐步上演，《遇见阿诗玛：文化旅游情景中阿诗玛文化创新发展研究》，呈现的就是"百变阿诗玛"的乡土景观。

---

[1] 巴胜超：《象征的显影：彝族撒尼人阿诗玛文化的传媒人类学研究》，北京大学出版社，2013年，第17页。

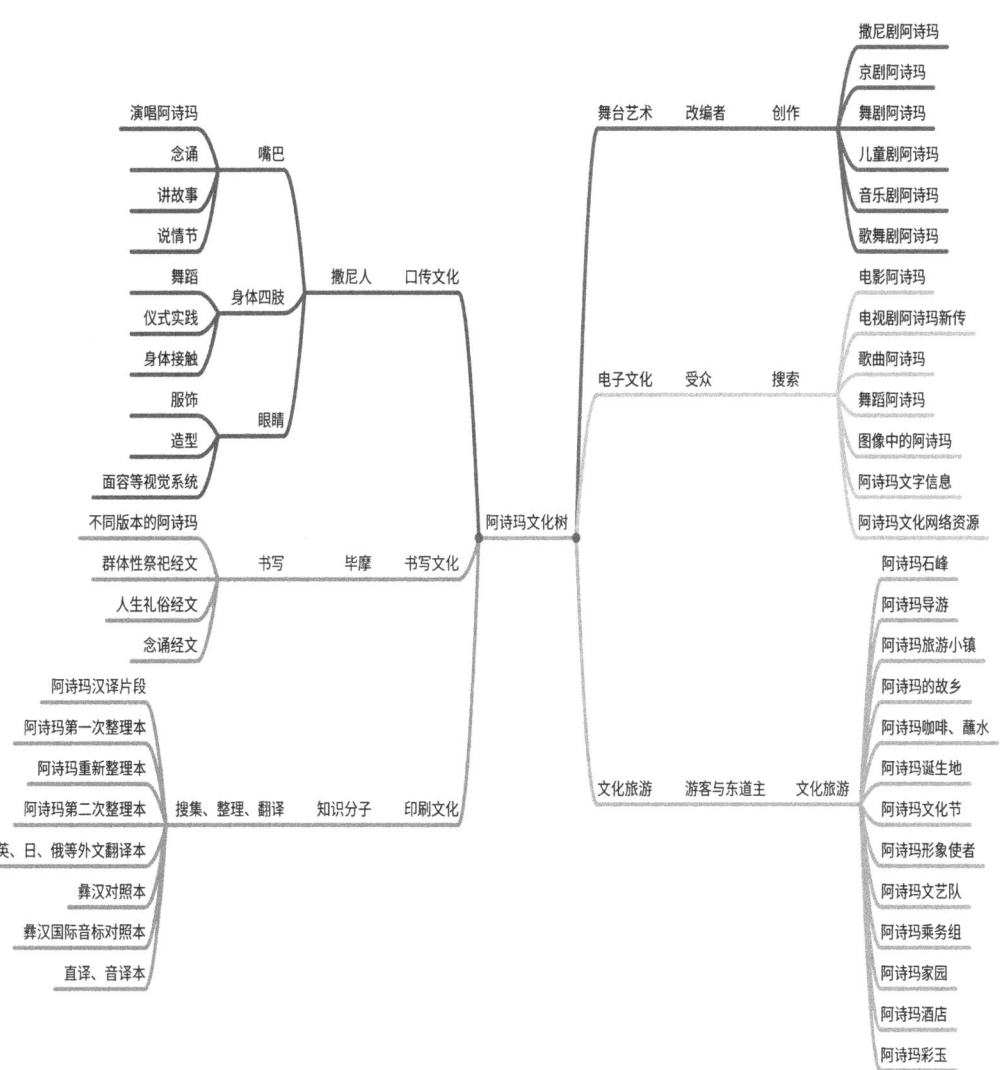

图1 阿诗玛文化树（巴胜超绘制）

在大众旅游语境下，多元文化主体围绕"阿诗玛"进行着旅游活动的实践，形成了蔚为大观的阿诗玛文化，例如：

在"阿诗玛诞生地807周年庆"文艺展演活动中，我们详细描述了2016年3月12日，革腻村民纪念阿诗玛在革腻村诞生807周年活动的完整过程，将阿诗玛公房、村寨精英对阿诗玛出生于革腻村的多样证据进行阐述。

阿诗玛故乡"阿着底"的命名，阐述干塘子村恢复彝语地名"阿着底"，以"阿诗玛故乡"的文化身份，弘扬民族文化，提升村寨知名度，试图促进当地经济发展的得失，呈现文化旅游情境中，各地对"阿着底"地理命名权的争夺。

阿诗玛导游，以石林在景区发展的不同阶段对导游"民族身份"和"性别"角色认识的变化，分析这些变化从让撒尼人全面卷入旅游发展的前台，到以汉族为主的其他族群导游的涌入，以及现在多方关系的共谋，使得人的景观——阿诗玛导游和自然景观一起成为石林共同的旅游产品。

阿诗玛文化一日游，以大众游客的视角，阐述参团到石林体验广告语中"山石冠天下，风情醉国人"的"石林阿诗玛文化一日游"的真实情况，阐述旅游过程中导游对阿诗玛文化的传播和游客对阿诗玛文化的认知。

阿诗玛旅游小镇，以一个旅游地产的建设风格为案例，阐述在地产开发中，文化符号的错乱使用与地方文化精英话语的失效。

撒尼人眼中的"摇滚版"《阿诗玛》，呈现一部被宣传为"难得的精品力作"音乐剧《阿诗玛》产生的过程，外来的文艺、资本与当地政府的合作过程，音乐剧《阿诗玛》的剧本改编和当地人对音乐剧《阿诗玛》的评价。

阿诗玛与石林彩玉的新故事，阐述石林彩玉炒作过程中对阿诗玛文化的挪用和发明。

唐先生的阿诗玛家园，呈现的是唐凤楼先生（杨丽坤的丈夫）在商业和怀念之间，以杨丽坤文化产业投资公司为名，对阿诗玛文化所进行的创新实践。

阿诗玛文化节的玩法，阐述2015年、2016年、2017年三届阿诗玛文化节活动的具体内容，深描石林传颂阿诗玛，复兴民族文化，打造浪漫真爱之都，促进文化与旅游融合发展的尝试。

纵观"百变阿诗玛"的文化事项，均是"阿诗玛文化资本化"的表征。阿诗玛文化的资本化，既是阿诗玛文化的"再地方化"，也可以解读为一种地方

"文化自信"情景中对传统的发掘、发明与回归——地方的"文化自觉"。阿诗玛的符号价值，是阿诗玛文化得以"百变"的基础，叙事长诗《阿诗玛》中撒尼人勤劳、勇敢、善良的寓意，电影《阿诗玛》中杨丽坤的美丽与现实生活中的人生悲剧，是阿诗玛符号价值得以彰显的底色。

以上百变阿诗玛，呈现为"阿诗玛+某某"的"阿诗玛化"的"复制"逻辑，而这种复制逻辑，是文化旅游情境中民族文化存续的真实状态。"百变阿诗玛"正是"旅游在场"后的"阿诗玛文化再现"，但从村寨到景区，丰富多元的阿诗玛文化事项，多为外来者——政府、商人来主控其文化走向，村民——阿诗玛文化的持有者，在诸多阿诗玛文化现场的话语权是缺席的。

生发于石林彝族自治县撒尼村寨的阿诗玛，在政府规划、资本追逐、学者研究和媒体传播中，文化归属与认同空间逐渐扩大，演变为云南省的阿诗玛文化、中国的阿诗玛文化、世界的阿诗玛文化，并以各种阿诗玛文化的"变身"，为各种利益主体创造着经济价值。这容易给人一种"阿诗玛文化繁荣发展"的印象，但在我的调研中，除了热闹与繁荣，也听到了一些来自基层的反思声音，诸如：关于阿诗玛文化，媒体热闹圆满的宣传报道背后，真实的情况是——阿诗玛文化旅游"有旅游无文化"的"失魂落魄"现实；各种名目的节庆期间数额巨大的商业洽谈签约背后，真实的情况是——政府招商引资"越引越资"[1]。阿诗玛文化，在未来的发展中，必将继续在保护传承、政府规划、资本运作与市场需求等多种力量的博弈中继续前行。

我将继续"忠实记录"[2]阿诗玛文化遗产传承人的生命史，研究阿诗玛文化保护、传承的可行方案；继续关注旅游活动中各种主体对阿诗玛文化的"社会继承"和"文化解释"，"立体描写"与阿诗玛文化相关"产品"的"发明"和"消费"过程的"生活相"，呈现阿诗玛文化持有者与外来者文化接触过程中的冲突、调适与和解，发掘阿诗玛文化自信与自觉的可能性。

---

1 资：云南方言，意为无可奈何，没有解决办法。
2 万建中、廖元新：《忠实记录、立体描写与生活相：三个本土出产的学术概念》，《民间文化论坛》2017年第2期。

五、慎独：十年小结

近来阅读"慎独"问题研究，有一种观点认为："独"，从消极的单指周围没有他者存在的一个人的状态，到孑然独立而具有主体性，甚至有时纯指内心的"独"，[1]此种解释，与我十年的感悟，有某种共鸣。

虽还沉浸于"颠倒梦想"未能涅槃，但回望十年的平凡之路，"慎独"是最大的感触：调研、写作，大多是一个人的状态，偶有师友相随，倍感幸福，这是其一。其二，从影视文化研究转向文化人类学研究，有太多的知识需要补读，从懵懂茫然，到偶有所感，直至现在稍微能窥见一二，是独立阅读、独立思考、独立探寻的结果。其三，作为初学者，教学、科研、课题、文章等日常事项，常让自己有诸多压力，但如何保持内心的笃定，或"青椒"学者的自信，需要内心之独立，方能释然。

以上薄见，是一个跨学科的青年学人，以"阿诗玛"为研究对象，在传媒人类学、口述史、人类学写作、旅游文化研究等跨学科过程中的实践与探索，和盘托出，闻过则喜。

---

1 ［日］岛森哲男：《慎独思想》，梁涛、斯云龙编：《出土文献与君子慎独》，漓江出版社，2012年，第13页。

砥砺千山，方得入门——我的人类学之路

陈祥军

陈祥军，人类学博士，中南民族大学副教授、硕士生导师；剑桥大学访问学者，2019年入选"国家民委中青年英才培养计划"。代表作有：《阿尔泰山游牧者：生态环境与本土知识》《回归荒野——准噶尔盆地野马的生态人类学研究》。

我是比较晚才步入人类学的世界,但很快就深陷其中。记得有人说过,每个人类学研究者都与自身的经历有着密切关系。对此,我深有同感。因为,在回顾自己与人类学相遇、相识过程时才猛然发现,我的成长、学习环境以及酷爱摄影、旅游的兴趣爱好,为后来从事人类学研究埋下了种子。

　　我出生在新疆,生长于天山脚下。小学到初一在乡里,高中去了县城,本科和硕士阶段在乌鲁木齐市,读博时在广州,之后定居在武汉。但我一直心系大山和草原,这源于我的生活、工作经历和对人类学的痴迷与热爱。

　　回顾自己十几年的人类学之旅,几乎一直在各种地理和文化的田野时空中行进,一直在接触、认识及探究他者的文化和世界,也一直在不断反省、认识及提升自己。如今,漫步在"人类学"的世界里,观察、体验、理解"他者"世界已经成为我的习惯。这一路走来,我要感谢那些在我人生关键节点帮助和激励我前行的引路人。

一、启蒙:成长于天山,游走于荒野

(一)天山之麓,萌芽待发

　　我从小的生活环境和经历是我后来从事人类学研究的第一个原因。我的父母是20世纪50年代末从内地来支援边疆建设的支边青年,被安排到距离现在乌鲁木齐市区约40公里的一个农牧交错地带。这里的人口结构以汉族、哈萨克族、回族为主,还有少部分维吾尔族及蒙古族。哈萨克族和蒙古族大都生活在山里,以放牧为主,汉族和回族生活在河谷地带,以农业为主,兼营牧业。

　　小时候每年初春和深秋都可以看到哈萨克牧民转场的驼队与络绎不绝的畜群,从村子里唯一的小路上进出于天山深处。偶尔放学的路上还能遇见万马奔腾、尘土飞扬的赛马、叼羊场景。每逢此时,我和伙伴们会爬到山顶上观看比赛,这也是记忆中最开心的一件事。还记得,跟着年龄大点的伙伴去偷吃哈萨克人家的酸奶疙瘩,被发现后不顾一切逃命的场景。如今这些记忆早已远去,但那些场景却愈加清晰。所以,我从小就生活在一个多元文化的环境中。童年时代都是在大山的怀抱里度过的,那是我脑海中最深刻的一段记忆。谁能想到,童年的经历会成为我后来从事哈萨克社会研究的源头。

人生存在很多偶然性,往往这些偶然性或许给你带来机遇,或许会改变你前进的方向。而我对哈萨克社会的接触、了解,乃至研究,除了生长环境外,还源于30年前相识交往至今的一个哈萨克朋友——何兰(哈萨克语"雄鹰"之意)。我至今记得我们相识的那一幕。我家距离县城约30公里。从初二开始,我就去县里最好的一所中学读书。1991年秋季的一个周日,我和往常一样乘坐大巴车去学校。那天车上人比较多,始发站就已坐满了人。途中上来一位老奶奶,我起身把座位让了出来。突然有人从身后拍了下我的肩膀,是一位哈萨克小伙子。他抱起身边的小孩,示意让我坐下。当时快要会考了,坐下后我随手就拿出复习资料翻看着。他看到我的会考资料,交流中获知原来我们是一届的(他在哈萨克族中学),就这样我们相识了,聊了一路。

后来,我们成了好朋友。他邀请我去家里做客,至今记得何兰妈妈做的那些美食:熏牛肉抓饭、清炖羊肉、娜仁、拌面、糕点等。我清楚记得上高中时第一次参加哈萨克牧民的婚礼。我们坐着老式的解放车去山里迎新娘,在颠簸的山路上行驶了很长时间才到达新娘的家。婚礼中的仪式很多,临走时新娘还唱了很长时间的哭嫁歌。那是我第一次亲历一个完全不同于汉人婚礼仪式的场面。30年过去了,那些画面依旧清晰可见。尤其在何兰家天山夏牧场的经历更是难以忘怀,白天学习骑马、穿越森林,攀登山峰,晚上睡在山谷里的毡房里,吃着香喷喷的羊肉,倾听冬不拉伴奏下的哈萨克民歌。

再后来,我们都各自上了大学,但寒暑假我都会去何兰家的夏牧场。直到,我们各自工作,很庆幸依旧生活在一个城市。但我们之间的交流从未中断过,友谊随着岁月在不断加深。从认识何兰,到和他及其家人的相处过程中,让我有机会更多地了解到哈萨克族及其游牧文化。可以说,好朋友何兰给我提供了一个学习和普及哈萨克基本生活常识的机会。经过长时间的接触和交流,我已经非常熟悉牧区哈萨克人的日常生产生活。

因为结识了何兰，我后来又认识更多的哈萨克朋友。没想到这段经历，竟成为我以后研究哈萨克社会的前期基础。

（二）漫行荒野，找寻自我

爱好摄影、旅游探险可能是后来促使我从事人类学研究的另一个重要原因。新疆多样的自然环境和多元的民族文化深深吸引着我。从高中到读研之前，几乎每个寒暑假我都会外出旅游。在旅游中了解新疆各地不同民族的风土人情，接触到形形色色的人，也遇到很多令我感兴趣或意想不到的事情。这些经历使我对生活、社会、工作等有了重新认识，促使自己不断去思考，从而慢慢找到自己的生活及工作目标。在旅游的过程中，我了解到人类学，鬼使神差地走进人类学的大门，逐渐找到了自己的兴趣点，找到愿一生奋斗的目标。

在此段经历当中，我特别感谢著名野生动物摄影家冯刚老师，他是带我走进野生动物世界的引路人，与他相识相交也成为后来我研究"野马"的契机之一。我和他相识于1999年。那是大三下学期的一天中午，我在回宿舍的路上看到有一场关于野生动物的讲座，宣传展板上那些栩栩如生的图片立刻吸引了我。那天下午，我逃课去听了冯刚老师的讲座。他拍摄野生动物的执着精神和对生活的激情深深感染了我。讲座结束后，我向他表达了自己对野生动物的热爱，希望有机会能和他一起去野外拍摄野生动物。令我没想到的是那场讲座对我后来的研究趋向产生了很大影响。

大学毕业后，我恰好去了冯刚老师所在的乌鲁木齐市第六中学工作。[1] 从那时起，他成了我教学和摄影方面的师傅。2000—2004年间，我们利用周末及寒暑假多次深入新疆很多荒野之地拍摄各种野生动物。在和冯刚老师拍摄野生动物的过程中，我们经历了好多常人难以想象的困难和挫折，甚至生死考验。很多事情至今依然难以忘记，如：在巴音郭楞蒙古自治州和静县天山古仁沟拍摄盘羊时，晚上在蒙古包里我生平第一次喝醉酒。第二天，忍着剧烈的难受仍然骑着马，背着照相器材前往海拔3000米左右的地方拍摄盘羊。晚上露宿在山

---

[1] 我本科论文题目是"The Affective Factors in English Teaching and the Role of the Teacher"，论文研究对象就是冯刚。我后来感觉到，本科时的毕业论文写作训练对我研究生阶段的学习也起到了一定帮助。1999—2004年，我跟随著名野生动物摄影师冯刚先生学习摄影兼做他的助手。

谷，半夜醒来时发现雨水渗进帐篷里，躺在睡袋里的我整个身体都快要浮起来了。

尤其是2000年卡拉麦里[1]荒漠草原之行至今仍然历历在目，那是我平生经历的第一次生死考验。由于临时改变拍摄计划，我们随车携带的食物不足，等到所有的食物吃完后，为了生存我们又捡回先前扔在地上吃剩的瓜皮，所以最后的几天就只有喝瓜皮汤。但每每想到我们所积累的经验和取得的收获，心中仍感到非常的欣慰。[2]当时，我还不知道卡拉麦里荒漠草原就是野马的故乡，也没有想到这个区域会成为我今后学术研究的起点。

准噶尔盆地卡拉麦里荒漠的那次拍摄野驴的摄影经历，也是真正意义上让我第一次明白了人类学中"跳脱固有藩篱，审视他者世界"的意义——原来口舌相传的"蠢驴"一点都不"蠢"，原来野驴有着井然有序的家族结构和分工明确的社群行为。四年多的野生动物拍摄及野外探险经历使我对按部就班的工作产生了倦意，而大自然和荒野对我的吸引力却越来越强烈。

在这期间，我还参加了一些户外探险活动，曾经徒步穿越天山博格达大本营，深入塔克拉玛干沙漠中3800年前的小河墓地、和田河岸边的唐代烽火台遗址——麻扎塔格山等地方。[3]这些经历让我真切体验到新疆多样性的地理地貌和风俗各异的民族文化，也感受到新疆厚重而又复杂的历史。尤其是2003年春节的小河墓地探险之旅，让我第一次体验到自我的存在。我至今记得当时的感受——冬日的沙漠里，周围一片死寂，行进途中只能听见自己的呼吸声和心跳声，真切用心地感受到一个生命的存在，自我的存在。这些经历开阔了我的视野，为我后来的人类学田野调查积累了丰富的野外生存经验和地方社会背景知识。

---

1 "卡拉麦里"系蒙古语黑油之意，因这里山体为古老的风蚀残岩构成，黑色透亮，因而得名。
2 陈祥军:《冯刚 卡拉麦里 蒙古野驴》，《生态-环境人类学通讯》2005年第2期。
3 2003年2月，参加中国电信新疆分公司组织的塔克拉玛干沙漠"小河墓地"探险活动；2004年2月，参加中国电信新疆分公司组织的"环塔里木盆地"探险活动。

二、初探：踏入戈壁荒漠，走进野马的世界

（一）心无旁骛，醉心田野

2004年8月，我辞去乌鲁木齐市第六中学的教职进入新疆师范大学社会文化人类学研究所学习民族学，师从崔延虎教授[1]，也正是崔老师开启了我的人类学之旅。崔老师根据我的兴趣爱好及野外经历，很快在入学一个月后就确定了硕士论文研究主题：从生态人类学与恢复生态学的跨学科视角，研究濒危物种野马在人工饲养、野放荒野过程中与自然、哈萨克牧民等人类群体的关系。因为，当时，正至野马放归野外三周年之时，广播、电视、报纸、网络等媒体频繁报道有关野马的新闻。野马一时成为国内外各界关注的焦点。最终，我以"野马"为关注点，通过跨学科视角，研究三对复杂关系：人与人、人与自然、生态系统内部各生态因子之间的关系。通过对野马这一濒危物种的保护研究，让我逐渐明白人类学研究的意义所在。

在经过前期三次短暂的踩点调查后（前期的踩点调查非常重要），我于2006年6月正式进入田野。我的田野点分布在新疆北疆准噶尔盆地的三个区域，其中一个点（野马野放区）就是我2000年7月经历生死的地方。三个地方跨度达几百公里，涉及两个地区：伊犁哈萨克自治州阿勒泰地区和昌吉回族自治州。随着调查的深入，调查对象、内容及区域在不断扩大，原来的设想、计划及行程也在不断调整和改变。为了解野马和哈萨克牧民的关系，我背着睡袋、帐篷跟随牧民转场，从冬牧场跨过乌伦古河到达阿魏戈壁，又沿额尔齐斯河到达阿尔泰山夏牧场。一路上，我曾经在很多善良淳朴的哈萨克牧民毡房里留宿过。多年后回想起来，当地人当时对我的无私帮助和完全接纳，成为我继续做游牧研究、人类学研究的最大动力。

三年的研究生经历，收获颇丰，我对自然环境、野生动物及哈萨克牧民社会有了更新、更深的认识。在对野马及其生存环境的调查中，我发现自己以往对自然环境的认识很浅显、很抽象，也有偏见。大自然中看似微不足道的一草

---

[1] 由于我的研究方向是"环境与社会"，是一个基于生态人类学理论与方法的跨学科研究方向，所以我有两位导师。崔延虎教授是我的第一导师，海鹰教授是我的第二导师。海老师长期从事干旱区地理学和生态学研究，他主要在干旱区生态学方面指导我。

一木，在整个生态系统中都有其特定生态位和作用。比如，准噶尔盆地卡拉麦里地区有一种拇指大小的生物——沙蜥。它们趴在草丛或石头上一动不动，你根本看不见，但它们不仅是蝗虫的天敌，也是许多猛禽类的食物，在维系荒漠草原生态链的平衡中起着重要作用。还有那些戈壁、荒漠中形状各异、大小不一的石头，对阻止草原退化也起着重要作用。所以在自然界中，任何一种生物经过与自然环境的长期演化适应，对于维持整个生态系统的平衡都发挥着各自的作用，只不过由于人类认识水平有限，可能还没有发现其在自然界中的作用。

通过研究野马，我发现同为哺乳动物的人，在生物属性方面与野马有很多相通之处。野马是较高等级的哺乳动物，具有严格的家族结构和分工明确的社群行为。在一个家族结构中，头马经过争斗获得首领地位，负责保护整个群体，拥有最大权力以及与雌马交配的唯一权力。家族群内的成年母马都是头马的"妻妾"，对于这样一个"一夫多妻"制社群，在配种季节，母马之间为获得交配权也会争风吃醋。这是否标志着在配种期间出现了短期的母系社会序列。最令我震撼的是，野马的"杀婴"现象，即成年雄性野马有咬死非己后代的习性。每个群里都有一匹"头马"，其在争斗中失败，那么新产生的头马就会把原来头马的幼子踢咬致死。这些场景似乎经常会出现在早期人类学家对人的书写中。而这种"由我及他再由他及我"的研究发现愈发让我沉迷于人类学的魅力当中。

我对田野调查一直怀有极大热情。在牧区做调查，牧民居住分散，白天我需要来回步行一二十公里走访，偶尔会搭个便车，但大多时候还是依靠脚来丈量，晚上回来还要整理访谈和写田野日记。我积极主动地去结识尽可能多的访谈对象，认真聆听和记录，只要条件允许，随时随地展开访谈。每份访谈案例基本都整理了3遍，所以我对每一次的访谈都记忆深刻。我的田野一直持续到2006年12月初才结束。在此期间还有一个插曲，导师崔老师带我去参加2006年11月底在中山大学举办的"文化多样性与当代世界"国际学术研讨会，并有幸在"海峡两岸研究生"论坛中发言，也是在这次会议上我第一次见到后来成为我博士生导师的麻国庆教授。

读研期间另一个收获是有幸参加了导师的课题及其学术活动。田野中的机遇巧合，我还承担和参与了与我研究密切相关的国内外科研项目，如新疆农牧区经济社会发展状况社区调查（2005），传统游牧与湿地可持续管理案例研究（2006）等。同时，还结识了一些国外大学的博士，如坦普尔大学（Temple University）人类学博士麦克（Zukosky，M. L.）至今与我保持着密切联系。所有这些经历极大地开阔了我的视野，也让我对人类学产生了越来越浓厚的兴趣。

（二）铢积寸累，终有所获

没想到硕士毕业7年之后，我的硕士论文得以有机会出版。硕士论文的出版要感谢云南大学尹绍亭先生，感谢尹老师把该书纳入"生态人类学系列丛书"。2011年7月底，在内蒙古呼和浩特"草原文明与山地文明对话"的会议上，我有幸见到了尹老师，并告诉他自己硕士期间的研究。会后，我把硕士论文发给尹老师给予指正。没过多久，尹老师回信，建议我修改后出版。从2011年暑假开始，我利用假期又做了一些补充调查，最终2013年暑假完成书稿《回归荒野：准噶尔盆地野马的生态人类学研究》。

在书稿的修改过程中，我的硕导崔延虎老师一如既往地给予了我很大的帮助。我曾经在硕士论文的致谢中这样写道："我天资愚笨，很幸运遇到恩师崔延虎老师。三年的研读生活，从崔老师身上我看到'治学严谨，勤于钻研'的学术精神；看到那种不愿为追逐名利而放弃做人理念及做人准则的学术风骨；还有兢兢业业、勤勤恳恳做学问的学术态度。这种为人为师的高尚品格是我一生学习的榜样。从他的言行中，我还得到不断激励我前进的动力，并深深体会到学者的立场与社会责任……"多年来，崔老师一直关心着我的生活、工作和学习。即使我后来去攻读博士学位，远离新疆在内地工作，他仍旧在学业上时常激励我，在工作时指引我。

另一份惊喜是，硕导崔延虎老师为我的书稿写了序言。当看到崔老师的序言时，我感慨万千，其中有一段话特别令我感动：

> 陈祥军博士的研究成果引起了国内外学者们的注意，评论其学术价值不是我的这篇短文所能做到的。当年阅读他的毕业论文过程中，海鹰教授和我最为看重的是，这是一篇没有功利倾向的学术论文。陈祥军对生态人类学学术研究的执着，田野调查中表现出来的认真和勤奋，以及他对自然

与人关系的深刻领悟,都在毕业论文中得到了很好的体现。[1]

书稿出版一年后,云南大学李继群老师为这套"生态人类学丛书"写了书评,其中对《回归荒野:准噶尔盆地野马的生态人类学研究》的书评摘录如下:

> 《回归荒野》是一个特别的研究,与其他关注与人相关的环境问题的研究不同,准噶尔盆地的野马成为其中的主角。一般来说,生态人类学是关注人和环境关系的学科,野马作为野生动物纳入生态人类学的研究范畴颇为怪异,但是了解了中国野马的幸运故事就明白一切顺理成章……
>
> 《回归荒野》不仅开辟了新的研究领域,还至少在两个方面具有了研究的价值和意义:一是跨学科研究的尝试,二是关于濒危动物恢复和保护的学术探讨。……《回归荒野》的研究为中国其他濒危物种的恢复和保护提供了个案基础,同时也揭示了其中不可避免出现的社会文化与生态环境相互胶着的事实,这是中国濒危物种恢复和保护工程必须正视和解决的问题。[2]

现在回想起来,研究生阶段的学习、训练与实践,为我后来博士阶段研学打下了坚实基础。特别是田野过程中经历的那些事例及其思考,是我一生的财富。

三、入门:深入阿尔泰山,融入游牧者的世界

(一)慎思笃行,始窥门径

2007年7月,我进入中山大学人类学系攻读人类学专业博士学位,师从

---

[1] 陈祥军:《回归荒野:准噶尔盆地野马的生态人类学研究》,知识产权出版社,2014年。
[2] 李继群:《云南大学民族研究院〈生态人类学丛书〉书评》,《西南边疆民族研究》2015年第3期。

麻国庆教授。[1] 中山大学人类学系自由、宽松、开放的学术氛围,深厚的人类学底蕴及人文关怀思想对我影响至深,其天然的地理优势,与国内外学术界交流密切,经常有南来北往的学者在此停留。我有幸跟着麻老师结识了很多知名学者,在倾听与交流中慢慢引导我走向人类学更加广阔的天地。读博期间,麻老师对我这个来自大西北研究游牧的笨小伙特别关心。2008年初,南方雪灾的那年春节,我没有回家,老师把家里的钥匙留给了我,那是我在广州度过的第一个春节,至今记忆犹新。

因为有硕士期间的研究基础,最初我的博士论文选题还是打算以新疆哈萨克牧区社会为研究对象,但至于具体聚焦在哪个方面还是思考了很长时间。最终在麻老师的指引下,博士论文选题将以草原生态与牧区发展为背景,围绕着"哈萨克游牧知识体系与草原生态之关系",主要探讨了这套"本土知识"体系在生成、发展与变化过程中与草原生态的互动关系。田野点主要在新疆北部阿尔泰山、准噶尔盆地及其之间的戈壁河谷地带。2008年8月中旬,我从乌鲁木齐出发前往阿勒泰富蕴县。时值北京奥运,新疆的安检很严。在乌鲁木齐客运站经过6道安检,我才坐上了前往富蕴县的班车。

因为之前有在当地做田野的经历,而且还给哈萨克牧民留下了很好的印象,所以这次很快就投入到田野工作中。我在牧区之所以能被当地人接纳,源于我发自内心的真诚、尊重当地习俗、平等与之相处,并愿意从日常行为举止中和他们打成一片。例如,为了向当地小伙子们看齐,更是为了赢得牧民的认可和御寒,我也会毫不犹豫地吃下一大块羊尾巴油。阿尔泰山属于高寒地区,冬季漫长寒冷,牧民在外出放牧前,一般都会吃一块大尾羊臀部的油脂以增加热量。当地哈萨克小伙子经常会以"羊尾巴油"为打赌比赛的一个筹码。看谁在规定时间内吃的羊尾巴油多,能吃羊尾巴油被看作是小伙子能力的一种体现。[2] 日常饮食中更是如此,我与牧民们一样用手抓着大口吃肉,大碗喝酒,常常喝得不省人事;由于长时间很少能吃到蔬菜,我的手开始蜕皮,即使吃维

---

[1] 2007年3月初,我乘坐火车从乌鲁木齐前往广州。当时,从乌鲁木齐到广州没有直达的火车,我只能在郑州转车,正值春运高峰期,根本买不到从郑州到广州的火车票。最后还是托郑州的朋友买了一张无座票。我清楚地记得,当时火车上人山人海,厕所都是人,我不吃不喝坚持了十几个小时到达广州。

[2] 陈祥军:《阿尔泰山游牧者:生态环境与本土知识》,社会科学文献出版社,2017年,第102页。

生素药片也无济于事。而牧民就不会，他们的饮食结构、习惯及身体适应性是在与草原生态长久的磨合中形成的。牧民在草原上的生存之道就是游牧文化。所以在田野中，我能真切地感受到文化，触摸到文化。

田野期间，我怀揣热情，乐此不疲地奔走于一个个牧民家庭，几乎走遍了富蕴县境内乌伦古河河谷200多公里的牧民定居点，其间参加了无数场婚礼、割礼、走路礼及宗教节日等活动。随着调查的深入，我不断进行调整和修正原来的思路，并越发惊叹于哈萨克游牧知识的丰富性。我经常被老人们丰富的放牧牲畜、草原利用、动植物及气象物候等知识所折服。牧民熟知草原上的一草一木，对自然的变化非常敏感。他们每年驱赶着畜群在阿尔泰山与准噶尔盆地之间往返达上千公里，一路上不知亲历了多少事情。所以牧民们都有自己的一套放牧经验和不一样的经历，也因此他们有讲不完的故事。

在牧区做田野有很多特殊性，不能照搬农区，要结合牧区生产生活特点，随时做出调整。从20世纪50年代初到现在，我田野点各乡镇的行政边界经历了多次变化，又存在氏族部落时期的传统放牧区域与迁徙路线。当时的情形是传统习惯放牧范围与行政边界交叉相错在一起，即当地各乡、村牧道、牧场及农牧民居住格局呈现交叉或叠加。于是，我以县域为单位打破乡、村行政边界，以部落历史以来的传统放牧区域为研究范围。受此启发，我又前往其他县及阿勒泰地区行署，甚至乌鲁木齐，寻访那些曾经在当地政府部门工作过的退休人员。在此过程中，人类学研究中所提倡的"突破既定思维模式"又为我指明了方向。

田野中，我身体力行地和牧民一起进行了数次"转场"。随牧民一起转场，除了真真切切感受到放牧的辛苦以外，让我对"游牧"的理解更加深刻。游牧其实并不是漫无目的的游荡，在外人看来牧民闲散自在，没有时间观念。因为，他们的牧业生产具有很强的季节性，牧草生长、牲畜繁殖也有其规律性，草原上的一切人类行为活动都要服从于自然。牧民熟知这些规律，并通过观察周围一草一木的细微变化做出判断。

2009年7月中旬，我结束了田野，回到中大开始整理各种调查资料[1]，之后

---

[1] 我后来梳理后发现一手的访谈个案有11万字，田野笔记有2万多字，还有几十个G的影像资料。

就进入艰苦的写作过程。从资料整理到初稿完成，我几乎用了半年时间，那是一段艰苦但难忘的日子。当时，我住在中大488研究生宿舍楼，写作到深夜已然成为常态。每当写作无法进行时，我就去操场跑步。时常遇到同病相怜的难兄难弟，遂约去中大小北门小酌三五杯，发发牢骚，然后回去继续写作。当时，我给自己定了每天至少3000字的写作进度，并坚持在台历上记录下每天的写作进度。

当论文收笔的那一刻，我突然感到有些失落，因为意识到与马丁堂老师和同学们朝夕相处的日子即将结束。三年的中大学习不仅使我在人类学理论、方法和科研能力等方面有很大提升，而且还增强了我的研究自信能力和对学术执着的追求精神。所有的这一切都离不开老师、同学及朋友多年来对我的支持和帮助。特别是恩师麻国庆教授三年来对我学业上的悉心指导和教诲，博士论文从选题、构思到田野调查，以及最后的反复修改直至成文，每个环节都凝聚着导师的心血和科学性的指导。三年研读期间，导师无论在学习上、生活还是工作中都给予了我无微不至的关怀，使我的理论水平和科研创新能力都有所提高，使我终身受益。导师严谨的治学态度、执着的学术追求和谦逊的品格给我留下了深刻的印象。

经过硕士、博士阶段的训练，我对人类学更加痴迷。人类学的田野已经成了我的一个"瘾"。人类学里有一句名言——"田野工作经验是一个人类学从业者的成年礼"。我之所以对人类学/民族学如此痴迷，以及对"自我和他者"的认识都归功于田野。我相信，大多数研究者可能在田野中都有一个自省的过程，即一个认识自我走向成熟的过程。现在回想起来，硕博期间，我在阿尔泰山区域田野调查时间跨度长达4年。而正是这4年扎实的田野调查让我从一个"懵懂无知"的人类学入门者成长为"初窥门径"的人类学从业者。

（二）游牧作根，生态为叶

读博时，经常听老师们说：博士论文是奠定一个人学术事业的基础，也获得了在其学术领域的一个位置，还能看出一位学者未来发展的前景。总之，博士论文对于一个今后要从事学术研究的人来说至关重要。所以，我从选题、田野调查、资料整理直到写作，整个过程不敢有丝毫的懈怠，尽自己最大努力做好每一步。博士论文定稿后，题目最终定为：《游牧知识与草原生态——以阿勒泰富蕴哈萨克游牧民为例》。

我博士论文的主要内容则可以看作我的一点收获。这篇博士论文是我在阿尔泰山区长达4年多田野调查基础上完成的一本民族志。全文立足于阿尔泰山哈萨克游牧社会，以草原生态变迁为背景，围绕着"游牧民、草原、牲畜"系统性地研究了"游牧知识"，主要探讨了这套"本土知识"体系在生成、发展与变化过程中与草原生态的互动关系。其主要内容有以下几点：

第一，通过对哈萨克游牧环境与部落历史的研究发现，游牧是适应当地草原环境最有效的生计方式，哈萨克人正是通过四季游牧与草原经过千百年相互适应后，生成了一套适应草原生态的游牧文化知识，尤其强调草原是产生游牧知识的源泉。

第二，通过对游牧知识体系研究发现，它是哈萨克游牧民在与草原和牲畜的互动中，形成的一套调节三者关系的平衡机制；他们对牲畜和草原的认识经过世代传承与累积，最终形成了一套放牧牲畜、利用草原、规约游牧社会的知识，以及对待草原的态度和行为规范。游牧知识通过游牧社会组织（尤以基层游牧社会组织）进行传承与创造，维系游牧社会发展至今。由此，笔者认为这套游牧知识体系对于维持游牧民及其文化传统与草原生态系统的平衡起着重要的作用。

第三，通过梳理游牧知识与草原生态的变化过程发现，游牧知识体系逐渐发生变化的公社化时期，也是草原局部环境的变化期；草原生态日益危机时，也是传统游牧知识体系变化最为剧烈的时期。在此过程中，草畜承包制对传统游牧管理知识的冲击最大，甚至使游牧知识及其传承机制发生了根本变化，而且它还以一系列专业机构和现代科学技术知识在游牧生产中树立了自身的绝对权威，却抛弃了公社化以来在传统游牧知识基础上积累的实践经验。由此，伴随游牧知识体系的瓦解，现代草原管理模式经历了从"套用农区（成功的）经验到建立牧业现代化"的过程，最终借助"科学知识"的力量在哈萨克牧区确立，但它却忽视了对维持当地生态平衡起着重要作用的传统游牧知识。

基于此，论文揭示了长期以来许多人对游牧民认识的一个误区，即还停留在"逐水草而居"的一种印象中，认为游牧民总是在"漫无边际"地寻找草场和水源。事实上，千百年来游牧并非"自由散漫"，也并非无规律可循，而是有一套精密、广博的本土认知体系，即游牧知识体系。这套本土知识体系在全球化背景下已然面临诸多困境，对游牧社会和草原生态也产生了深远影响。

游牧是哈萨克人适应草原环境最有效的生计方式，也是游牧知识产生的源泉；这套本土知识体系是游牧民、草原和牲畜之间互动后形成的一套动态平衡调节机制，对于维持游牧民及其文化传统与草原生态系统的平衡起着重要的作用；伴随社会经济政治制度的变迁，如公社化、草畜双承包等，游牧知识体系逐渐发生变化，如现代草原管理模式逐渐替代本土经验；但一个地方的发展首先是要尊重当地人的一套知识生态体系和其固有的文化传统，否则会出现原有社会的失序及生态的失衡。尤其是在生态环境极其脆弱地区的发展，要以民族的本土知识为基础，这是他们赖以生存了几千年积累下来的经验知识，只有对其加以发掘和继承，并结合现代科学技术，才会有利于当地环境与文化传统的可持续发展。

我博士论文的创新点和理论价值可以看作对游牧人类学研究的一点贡献。论文的创新点主要有三点：

第一，国内有关哈萨克的研究，以人类学长期田野为基础的个案还比较少，尤其对其游牧知识进行系统研究的个案就更为鲜见。从"本土知识"的视角研究一个游牧族群的社会、生态、发展及他们的观念世界，在这方面的研究也尚不多见，特别是在汉语言文献中，这样系统而专门的研究具有一定的创新意义。

第二，在研究方法上，除了传统的人类学方法外，作者还采取了以"本地人访谈本地人"的方法获取访谈资料。通过这种方法，既能更为准确了解把握本地人的真实想法，又可增强论文中材料的可信度。

第三，在理论上，一直以来涉及生态环境和本土知识的人类学理论，主要建构在西方学者对非西方国家或发展中国家研究的个案基础之上，而本书以哈萨克游牧社会为例，把"知识、生态、发展"结合起来进行研究，为知识的人类学及发展人类学理论提供了一个民族志个案及新的视角。

一篇博士论文的理论价值可能不是在短期内能够被发现的，大都需要一个沉淀的过程。我博士论文的理论价值实际上是在后来出版在即，由我的导师麻国庆教授总结的，主要有以下两点：

第一，本书最为重要的理论价值在于能够从一种极为地方性的游牧知识与生态环境的关系之中寻找到一种解释，这种解释为游牧社会的研究提出了一个新的有待于挖掘的知识空间。在这个意义上，文化不仅是"物"的遗存还是各种知识，人们通过掌握和实践这些知识才得以把文化代代传递下去。所以，草原生态的本底特征决定了区域文化发展的基点，游牧生计作为草原环境的最佳适应方式，需要重新挖掘其生态适应价值。

第二，本书在游牧知识研究方面已达到国内外领先水平，在哈萨克游牧民研究方面取得了突破性成果，因而具有很高的学术价值。同时，本书回应了一个人类学上的基本概念，就是在我们今天所强调的人、社会、经济、文化、自然这样一个复合体的系统里，如何来重新思考生态人类学中的一个基本理论：人与环境的关系。[1]

我的博士论文《阿尔泰山游牧者：生态环境与本土知识》出版得比较晚，又经过了一个7年，终于在2017年由社会科学文献出版社出版，并被纳入导师麻国庆主编的"民族与社会丛书"系列。令我感动的是，导师麻老师还为我写了很长的序言。这对我是一种莫大的鼓舞和激励，每逢在研究与工作中遇到挫折时，重新阅读导师为我写下的那些文字又可以获取一种前行的力量。

四、参悟：攀登帕米尔高原，深陷人类学世界

（一）远离草原，初心未改

博士毕业后，2010年7月，我来到武汉，任职于中南民族大学。工作后，我和很多同仁一样，按部就班地上课、写各种申报书、带学生实习及参与其他诸多科研活动，属于自己的时间越来越少。一晃，今年（2021年）已是我在武汉工作的第11个年头。虽身在武汉，我依旧坚持做新疆游牧社会研究，并逐步拓展自己的研究区域和领域。我给自己定位的研究方向或领域是：生态-环境人类学、游牧人类学、牧区社会与草原生态、影视人类学及口述史等。

从2011年开始，我在阿勒泰、塔城、喀什及帕米尔高原开展一系列的人类学田野调查与研究。2011年，我获得国家社科基金青年项目"阿尔泰草原地区自然资源的开发、利用与生态环境保护研究"（11CMZ041）。这个课题以

---

[1] 麻国庆：《游牧知识体系与可持续发展》，《青海民族大学》2017年第4期。

新疆北部阿尔泰草原地区为研究区域,以"牧区经济发展、本土知识、生态安全与草原环境保护"等四个方面为切入点,通过长时间田野调查和大量深度访谈,基本厘清了阿尔泰草原地区自然资源开发的现状,地方牧区社会资源利用方式,已有的开发对当地社会和草原生态造成的影响,以及自然资源开发背景下保护草原环境实施的效果。

从理论视角,该课题所关注的是一个关于"资源"的人类学研究,考察的是在草原地区开发过程中,如何从原有地方社会与自然生态系统的关系中挖掘本土知识利用自然资源的价值。通过对自然资源利用的本土知识研究,重在强调人、社会、经济、文化、自然这样一个复合体系统里,如何来重新思考生态-环境人类学中的一个基本理论:人与环境的关系。随着社会发展,科技日新月异,生活方式与以往也发生了极大的改变,对自然资源的利用方式与管理模式也要随之进行调整和创新,以遏制自然资源的枯竭和环境的恶化。

我在2016年6月提交了这项国家社科青年项目的结题报告,并于2017年8月获得鉴定结果为良好的结题证书。这之后,我对硕博以来的人类学研究领域进行了一个梳理,大致集中在以下两个方面:

第一,游牧知识体系与牧区社会经济发展研究,通过在新疆北部牧区社会的多年田野调查,重点探讨了游牧知识体系及其与草原生态的关系、游牧传统文化的变迁、牧区城镇化及牧区政策等问题。全方位地展现了新疆牧区社会的文化、经济及环境之密切关系,同时揭示了传统游牧知识在现代化进程及经济发展中的重要作用。

第二,新疆北部牧区自然资源开发、草原生态保护与民族关系及边疆安全研究。通过对自然资源现状和牧民资源利用传统方式的实地调查,探究了现代化背景下本土文化知识在平衡地方社会与环境中的重要作用。同时,厘清了自然资源开发与生态环境、民族关系、国家安全等问题之间的关系。基于此,就如何更好地处理经济发展与环境保护、如何兼顾资源开发与边疆牧民生计问题以及如何把资源利用的地方性知识与现代科学知识结合等问题,提出了一些具体对策建议。

（二）康河之滨，沉淀身心

2017年，我获得国家留学基金委资助，前往英国剑桥大学社会人类学系访学。之前出国访学的申请过程及签证办理也很曲折，这里就不做赘述。我于9月1日从广州出发前往英国希斯罗机场。此行的主要目的是去学习和充电，即提升自己的理论水平和研究方法，拓展新的研究视角及学术思维，同时也是为了建立与剑桥大学蒙古与内亚研究所的联系。

在剑桥大学一年，时间过得飞快，感触很多，收获很多，思考也很多。在学术视野、理论视野、研究方法、学术交流及学科前沿研究动态等方面都有很多收获。我在剑桥大学对我帮助最多的两位老师是 David Sneath 和 Humphrey Caroline 教授。整个访学期间，我和他们的接触也最多。

在剑桥的三个学期中，我认真聆听了本科生、研究生及博士生的很多专业课程，例如人类学理论与方法、宗教人类学、经济人类学、医学人类学、视觉人类学、环境人类学、饮食人类学、政治人类学等，也参加了人类学博士生的读书会等。通过听课，我认识了不少人类学相关专业的老师，课余之外还约请他们单独交流。老师们的课程内容非常吸引人，个案来自世界各地，理论视野都很前沿。学生也来自世界各地，课余时间与同学们的交流也学到很多知识。

剑桥人类学系老师们的研究区域遍布世界各地，人类学专业的田野点也是如此。人类学专业的博士生也是来自世界各地，如美国、西班牙、意大利、玻利维亚、保加利亚、俄罗斯、挪威、加拿大、蒙古、韩国及中国。所以这种国际化的视野培养了学生宽广的研究视野，在这里来自不同国家和文化背景的学生，在各种学术讨论中不断碰撞与交流。我主要与硕士及博士研究生交流得比较多。我发现，他们对自己专业是发自内心的喜欢，也因此，一开始学习就有很明确的定位与计划，在这种国际化的环境中成长得也较快。

其次，除了听课和参加读书会以外，另外一个重要的学术活动就是参加人类学系、东亚系、蒙古与内亚研究所及李约瑟研究所的"Seminar"。在近一年多时间里聆听了50多场学术报告，内容涉及很多方面，但大都与内亚研究、中国研究以及人类学领域的热点研究话题相关。剑桥的 Seminar 学术思想碰撞激烈、形式独特，讲座之后会去酒吧继续深入交流，在此过程中结识了很多与我研究领域相关的专家学者。他们来自美国、法国、德国、俄罗斯、韩国、蒙古等国家。这些学术报告给我很大震撼，其最大特点是具有国际视野，研究视角独特，研究主题广博，理论知识扎实，讨论与交流激烈。

在近一年多时间里，我与合作导师及社会人类学系的其他老师建立了密切的联系。David Sneath 与 Humphrey Caroline 两位教授给予我很具体的帮助，例如给我推荐一些阅读书目及学术文章，帮助我修改英文学术论文。此外，我还与剑桥社会人类学系及英国其他大学的老师进行了交流，如剑桥社会人类学系的 Dr. Andrew Sanchez, Dr. Hildegard Diemberger 及退休的 Alan Macfarlane 教授；东亚系研究中国民间宗教的周越教授，考古系马丁·琼斯（Martin Jones）教授，李约瑟研究所梅建军教授，伦敦亚非学院的 Nicholas 教授，以及伦敦大学学院、伦敦政治经济学院的一些老师。回国前，我有幸与伦敦政治经济学院著名人类学家王斯福（Stephan Fevchtwang）教授进行了四个多小时的交流。另外，访学期间，我先后受邀分别在伦敦大学学院考古系、剑桥李约瑟研究所及剑桥大学康桥大讲堂举行了3次学术讲座。尤其是在李约瑟研究所的讲座，考古学系的马丁·琼斯教授给我提了很多非常好的建议，之后又单独约我继续交流。这些教授及博士们给予我很多跨学科的冲击和碰撞，大大拓展了我的研究视野。

在剑桥一年的学习和交流过程中，整体上感觉就是每一天都在遭遇头脑风暴，总感觉时间过得太快，总感觉眼睛和脑子都不够用。我相信每个在异国他乡学习与访学的师生都有不同的经历，不同的感受与思考。无论如何，我们每天行走在异国他乡的不同角落，作为外来者的我们也是当地人关注的焦点，因为我们的体质特征、行为习惯及思维方式与当地人存在差异。我认为，在一个异文化的环境中，首先要走出自我，改变自我固有观念，睁开眼睛看世界的同时也反观自我。也因此，我们更应该了解他们的社会与文化，理解其行为方式，走进他们的世界，真正做到睁眼看世界，获得更多收获。

（二）再入高原，重新出发

自2015年，我开始思考新的研究方向。为进一步拓展新的研究领域，2016年暑假，我带着吴泽霖先生编译的《穿越帕米尔高原》[1]一书，历经重重

---

[1] 柯宗等著：《穿越帕米尔高原》，吴泽霖译，民族出版社，2004年。

困难到达帕米尔高原上的石头城——塔什库尔干塔吉克自治县（简称塔县）。电影《冰山上的来客》中的著名插曲《花儿为什么这样红》，就是由塔吉克民歌改编而来，当年这部电影的拍摄地点就在帕米尔高原上的塔县。

帕米尔高原位于中国最西端，地处中亚细亚高原的核心，被称为"万山之祖"。巍峨高耸的帕米尔地处中亚细亚高原的核心，喜马拉雅山、天山、昆仑山、喀喇昆仑山和兴都库什山都在这里交汇。这里高山上终年积雪，冰川高悬，冰雪融化后形成长流不息的河水，顺着山谷一路流向山间盆地。在山谷中的河流两岸形成了很多天然牧场和一些小块耕地。今天，塔吉克族仍常年往返于高山、沟谷及盆地之间，游牧依旧是他们主要的生计方式。[1]

2016年暑假的帕米尔之行，时间虽然短暂，但我已经深深爱上了这片高原土地。首先征服我的是其雄壮、高冷的地理景观，其次深深吸引我的是塔吉克牧民淳朴、善良、高贵及坚毅的品质，以及他们独特的高原游牧文化。这为我后来研究高原塔吉克游牧文化又埋下一颗种子。所以，2018年从剑桥访学归来后，我就开始搜集有关帕米尔高原塔吉克游牧民历史、考古、环境及艺术等方面的资料，并于2019年成功申请到国家社科基金一般项目："帕米尔高原游牧民传统生态知识的传承、保护与应用研究"，开启帕米尔高原的人类学研究之路。

2019年暑假，我又再次背起行囊来到帕米尔高原。短短三年，帕米尔高原塔吉克牧民社会已经较之前发生了很大变化。这次考察，让我最记忆犹新的是见到了一座具有300多年历史的"老房子"（蓝盖力）[2]。高原上自然资源困乏，塔吉克人就地取材，发挥他们的生存智慧，建造了具有这种代表高原塔吉克文化特色的"蓝盖力"建筑。高原上木头稀少，没有放置和储存杂物的木制家具，他们直接从墙里挖洞，把杂物放进洞里。那些粘在屋顶黑黢黢木头上的斑斑白色面粉，承载着家族的历史与记忆，祝福着他们，也保佑着他们。所以，对塔吉克人来说，一座老房子传承着高原游牧文化，承载着家族记忆，更是一座活态的博物馆。

1　陈祥军：《高原游牧，移动的精神家园》，姚瑶主编：《地道风物·帕米尔之心》，中信出版集团，第162—171页。

2　塔吉克人的房屋一般为土木或石木结构的房子，屋内没有窗户，由五根柱子支撑而起，天窗由五层木板构成的菱形重叠而成。塔吉克人称这种房子"蓝盖力"。

五、结语

随着对游牧世界研究的深入,我发现需要恶补的专业知识越来越多。因为,帕米尔高原独特的地理位置,历史以来这里就是各种文明、文化及大国势力碰撞、交会及交融之地。古希腊、古波斯、古印度及古代中国的文化都在此交会。南亚的农业文明与中亚的游牧文明也在此相遇。佛教、拜火教(琐罗亚斯德教)、伊斯兰教及基督教也先后到达这一区域,其间相互碰撞并不断叠加。[1] 所以今后的研究首先要努力补习这一区域有关历史学、考古学、宗教学及艺术学等方面的专业理论知识。但生态-环境人类学依旧是我主要的研究方向,伴随新冠肺炎疫情常态化背景下,有关公共卫生或医学人类学可能是我未来拓展的一个方向。

十几年的人类学探索之旅,人类学之于我,早已不是稳定工作晋升职称的工具,而是审视自我、探寻自我的途径。研究"他者",走进"他者",从而反观自我,寻求人生真谛。

最后,特别感谢徐杰舜老师推荐,让我有机会梳理了自己的"人类学之旅",希望我的文字对正在或即将选择人类学道路的学生有些帮助和启发。

---

[1] 陈祥军:《帕米尔高原游牧生态文化与跨境生态合作》,《北方民族大学学报》2020年第6期。

跨界中年——我的人类学之路

程 瑜

程瑜，中山大学社会学与人类学学院教授、博士生导师。中山医学院、中山大学附属第七医院双聘教授，中山大学健康与人类发展研究中心主任。国家社会科学基金重大攻关项目首席专家，哈佛－燕京学社合作研究学者。

接到周师（大鸣）的微信，推荐我参加《新生代人类学家之路》的征文活动，不禁哑然失笑。自己已经年近半百，感觉有点不好意思自命为"新生代"了。想想在老师的眼里学生永远都是新生代，与年龄无关。再则年龄大也有好处，在这条路上走的时间相对长点，经历的故事也多一点，符合征文强调故事性的要求。因此草就此文，一来感恩20多年来人类学之路上指引我前行的恩师们；再则说起来我也算是有故事的人，从小到大我读过14个学校，从大学时学的化学到硕士阶段学的民族史，再到博士阶段的移民研究，博士后阶段的医学人类学，现在又在医学院和护理学院当教授，也算不折不扣的"跨界中年"了。讲述下发生在自己身上或身边的人类学故事，侥幸能吸引到一二青年才俊投身到人类学这条充满快乐与艰辛的道路上，不亦快哉！

一、入门

我是学化学的，大学毕业后在武汉一所中学教了4年化学。我从小很顽劣，经常是这个学校读不下去就转学去另外一所学校，老家县城的中小学校差不多读遍了，高中一年级就读了三所学校。这样的学生当然是不受老师待见，因此内心深处我对当中学老师也是抵触的。

1996年机缘巧合之下我投到中南民族学院吴永章老师门下攻读南方少数民族历史的硕士学位。永章师1960年毕业于北大历史系，是中南民院当时唯一的博导。当我得知能忝列吴老师门下时，一下子就有了走进名门正派的感觉。永章师走的是传统历史学治学路线，最常给我们展示的"宝贝"就是他几十年来在各大图书馆和方志办摘抄的各种史料卡片，也要求学生有"板凳坐得十年冷"的硬功夫。永章师治学严谨，没有文献根据的话绝不会讲，更遑论写进书里了。所以他的书都是言简意赅，用文献资料说话。刚读硕士的时候觉得他的书就是资料堆砌，有点枯燥。越往职业生涯的深处发展，越发现永章师的著作严谨翔实，每一句话都是经过多重史料锤炼而成，可谓字字珠玑。那时他刚刚出版了一本《南方民族文化源流史》，我读完就束之高阁了。20多年后当我跟中山大学附属肿瘤医院合作开展"广东鼻咽癌风险因素的跨学科研究"的时候，想起永章师讲的疍民的生活习俗，又把这本书从书架上取下来，居然真的找到了很多有关疍民的起居饮食的文献资料和史料来源，给我们的研究提供极大的帮助。每当我想起永章师，一半是敬佩他的大家之风和纯粹的学术精神，另一半就是惭愧当年坐不住，没有好好读书。永章师的"为师之道"也令人感动，尽管明知道我坐不下来，却从来都是有教无类，无半分嫌弃，一样悉心指导，有时还有些护短，我才得以顺利硕士毕业。我现在每年做一顿饭请学生吃也是源自吴老师和师母的好传统。

硕士阶段对我影响很深的另外两位老师是王延武教授和董珞教授。王老师是武汉大学唐长孺先生的弟子，研究古代官制。王老师治学经常另辟蹊径，每有妙论让学生有大开眼界之感。王老师个性诙谐大气，平易近人，最为我所喜。所以在民院读书期间经常去老师家蹭吃蹭喝，从不拿自己当外人。王师也把我当自己的学生一样耳提面命，教诲指点。我现在很多为人处世之道也深受王老师潜移默化的影响。

真正领我初识人类学的则是董珞老师。董老师是著名的楚史研究专家张正明先生的夫人，当时教我们《文化人类学》的课程。董老师在中南民院是难得的有国际眼光和视野的老师，她给我们上课用的教材是英文原版的，也有过与国外人类学者交流和合作研究的经历。一旦打开人类学这个宝库，我发现里面的田野调查、文化多样性、反思性简直太对我的口味了，开始如饥似渴地主动学习，这是前面十多年的学习生涯中从未有过的。董老师每一两周让我们翻译一篇英文的原著，也迫使我重新捡起了英文（之前读师专是不用学英文的）。1998年董老师给我另外一个重要的机会，陪同一位美国宗教学的教授去三峡地区做了一次田野调查。实际上那算不上一次严格意义上的田野调查，只是这位教授需要记录些三峡水库在蓄水前的风俗民情。我陪同这位教授从瞿塘峡沿两岸的山路（有时甚至没路）一直走到了西陵峡，前后走了半个月，夜晚就借住在山里的人家。十多年后我到宜昌的三峡大学讲课，还意外碰到一个当时借宿农家的孩子，已经在三峡大学教书了。他说那次借住也给他点燃另外一道光，知道通过知识来改变命运了。尽管不是一次严格意义上的田野调查，但是跟这位教授的接触，让我第一次领略到了田野调查的乐趣，也极大地开阔了学术视野，也对国际人类学有了几许憧憬。后来这位教授回到美国，还在当地的报纸上写了一篇"The lost world"的报道，我的照片也第一次登上了美国的报纸。董珞老师是我人类学之路的引路人，或者下一部人类学作品应该献给她。感谢她给我打开了这扇神奇的大门！

二、读博与三峡移民研究

2000年，我非常幸运地成为周大鸣老师的博士开门弟子，从此追随周老师开始了20多年的中大人类学之旅。当时周老师刚刚从哈佛燕京学社访学归来，又被任命为中山大学人类学系系主任，正是意气风发的时候。周老师接手人类学系之前，人类学系面临着被裁并的危机。后来当时的学校党委书记李延保教授到系里做讲座说，他上任的第一个会议就是讨论要不要撤销人类学系。周老师的特点如同他下围棋一样，大局观很强，对于事物的发展总有很强的预判。上任后就开始大刀阔斧地调整系里的发展方向，使学术研究能更好地契合社会的飞速发展。中大人类学由此走上了快车道，很快就成为第一批国家重点学科。一时间中大人类学成为中大文科和国内人类学发展的标杆，主办了大量的国际国内学术会议，国内外的学术大牛纷至沓来，我先后听过的就有孔迈隆、许倬云、杜维明、凯博文、周敏、柯兰君等人的讲座，国内的人类学大佬也基本都来系里开过讲座。

读博期间收获之一就是开阔了学术的视野，从此在人类学之路上撒着欢儿开始跑了起来。除了严格的学术训练，周老师也给我们这些博士生大量的实地调查和独立研究的机会。周老师是国内第一批进入世界银行的人类学咨询专家，带来了大量国外关于应用人类学和发展研究的新观念，后来我的博士论文关于广东三峡移民的研究就深受世界银行非自愿移民研究的美国人类学家迈克尔·塞尼（Micheal Cernea）的影响。周老师带着我们这几个早期的博士生出色地完成了不少世界银行的社会评估项目，每个项目都由一位或者几位博士生挑大梁，带着若干硕士生和本科生深入到乡村中，规范使用世界银行社会评估的评估工具，每一次的评估也是一次实践的田野调查课，让大家获益匪浅。周老师既严格又充分发挥学生个人主观能动性的培养方式，一方面使我们团队迅速成为国内率先掌握世界银行等发展机构社会评估工具包的研究团队，另一方面也培养了学生良好的学术感觉和独当一面的工作作风。早期经常一起从事社会评估的硕博士同学在高校工作到现在基本已经成长为业务骨干和学术带头人了，从事其他岗位的同学也发展得不错。包括刘志杨教授（中山大学教授、国务院学科评议组成员）、秦红增教授（广西民族大学教授、广西特聘教授）、田阡教授（西南大学教授、教育部青年长江学者）、马成俊教授（青海民族大学副校长、青海学者）、刘朝晖教授（浙江大学人类学所副所长）、刘志军教授（浙江大学社会学系教授）、刘华芹教授（南开大学社会学系教授）、高崇教授（香港树仁大学教授）等一大批知名学者。那时师兄妹们一起去田野真是其乐融融，各种趣事逸闻仿佛就在昨天，现在大家有空聚在一起还经常怀念。我记得在2001年夏天的时候，因为有几次田野中途有事跑了，没有善始善终。周老师给了我一个"惩罚"，让我跟其他团队去甘肃肃南县祁连山山顶去调查一个月，唯一要求就是要善始善终。跟"惩罚"一起的还有1万元的调查经费（那个时候，中大一个讲师一个月的工资才1000多元）。我在祁连山顶大吃了一个月的手抓羊肉之后，就永远记得了做研究需要善始善终。

  读博期间另外一个收获就是培养了学术自信。那个时候高层次的会议特别多，可以见到各种牛人。刚拿到博士录取通知书的第一次会议就是2000年夏天北京的国际人类学民族学联合会中期会议。当时年近八十的容观瓊老先生带我们坐火车去北京。容老特别平易近人，当时本来照顾容老坐飞机的，他为了跟我们大家一起热闹，主动要求坐火车。会议的规格很高，到了北京是国宾车队的车接去酒店，住的是四星级饭店（生平第一次）。开会的时候见的都是平时在书里才能看到的大学者，前辈学者的风采让我敬仰至今。记得有一场专题会有中央民大的张海洋教授参加，由于人多他就席地而坐（有地毯），会后发言也没站起来，风度极为潇洒，那英文溜得我觉得自己八辈子也赶不上。会后张继焦教授还布置我采访了一位联合会的国际副主席（一位印度学者），后来应该发表在《都市人类学通讯》上，是我第一次写跟人类学有关的东西。往后的会议越来越大，见的牛人也越来越多。2003年夏天去意大利佛罗伦萨开国际人类学民族学联合会大会（五年一次），路过北京还专门陪同周老师去了一趟费（孝通）老家里，让费老给我们系题写了系名，就是今天镌刻在马丁堂门楣上的"中山大学人类学系"几个字。我读博士期间,系里还主办过"庆祝人类学传入中国100年"的国际学术研讨会,国内外400余位学者参与这个盛会。在这些大师们的熏陶下,自己也不再觉得是半路出家的"野路子"了,学术自信就一点点地培养出来了。我现在每年筹措几十万元经费主办"亚洲医学人文菁英训练营",邀请全世界医学人文的顶级专家跟来自全亚洲的医学人文青年人才进行面对面的交流,所有学员都免费,正式学员还提供食宿,有的还提供交通费,目的也在于提升年轻学者的学术自信心,拓展他们的学术网络。我想人类知识能进步,大概就在这种薪火相传中吧。

世纪之交,三峡工程是举世瞩目的大工程,有关上百万三峡移民的安置也成为一个重大的社会问题,特别是十多万迁到其他省市的外迁移民的安置问题更是引起学界的普遍关注。从2001年8月起,广东省也接受近万名三峡移民。周老师非常敏感地注意到这一社会现象,加上我的硕士论文就是研究关于三峡地区的风俗习惯,对这一群体的研究没有语言障碍。所以跟我商量就以迁居到广东生活的三峡外迁移民作为博士论文研究对象,研究他们如何适应的现实问题。于是我选择了位于珠三角较为边缘的三水市(现在是佛山三水区)的一个三峡移民村作为田野点。这批移民是2001年8月15日迁入到三水来生活的,我从他们进入到移民村的第一天就开始进入田野了,到2004年1月为止,前后8次去该村,与当地的移民还有周围的本地人都有很深入地接触。尽管相对于过去的三门峡移民、新安江移民来说,三峡移民的安置、补偿、帮扶经费和力度都有较大程度上地提高,但是三峡移民安置中没有关注到移民经常面临的"社会性脱臼",从而使很多帮扶措施失败流产,这是移民适应的重要障碍。另外,整村搬迁式的安置方式导致移民形成"孤岛效应",使得移民对外交往封闭,对内则由于资源匮乏导致内部竞争加剧,也是影响移民适应的重要因素。在大量田野调查的基础上我提出了通过改善移民的文化适应情况,包括语言教育、工作技能培训、通婚等,来解决移民的"社会性脱臼"问题;政府不仅要提供经济帮扶,更重要的是帮助移民重建良好的社会网络。时隔20年后,一位广东省移民局的同志总结说这两条建议还是有效的。

移民研究对我另外一大影响就是养成了"弱势群体视角"。长期的田野调查,使我跟很多调查对象成了终身的朋友。尽管这或多或少地影响了研究的客观性,但是在我看来,这点"影响"比起应该也必须提供给研究对象或者是朋友的帮助而言是微不足道的。"底层视角"是人类学特有的魅力和人文关怀,也是可以把人类学与那些关注主流的经济学、政治学分开的一个学科标签。所以我在博士论文的《后记》中写道:"最深的感谢给予我的研究对象——白村的移民们,他们或者有这样或者那样的缺点,但是他们跟我们一样,有着一颗善良而热情的心。古今一也,人与我同耳,人性的弱点是普遍存在的,有什么理由来指责他们为了生存而做的努力呢?我们唯一要做的就是尽力给予他们帮助。"[1] 当把研究也当生活的时候,把研究对象也当朋友的时候,人类学会给我们带来很强的愉悦感。想起当年田野过春节的时候邀请我去吃年饭的家家户户,想起在他们举办移民十周年庆典的时候专门送给我的那件印有"荣誉村民"的红衬衫,一种幸福感就油然而生。

2004年我顺利地完成了博士论文,论文得到了清华大学景军教授、河海大学施国庆教授等行内专家的好评,也发表了几篇有关非自愿移民研究的论文。以广东三峡移民研究的主题,我也顺利申请了国家社科基金、教育部社科基金、广东省社科基金还有国际项目基金等几个基金的支持。移民研究也一直是周老师和我们系研究的重点方向,正常情况下沿着这个路径发展下去应该是前途一片光明。但是鬼使神差之间,我却选择了另外一条崎岖的路径。

三、耶鲁与跨学科之路

2003年底从耶鲁大学来了一位人类学家到系里要找年轻教师帮他去广东江门市戒毒所做一个调查。我那个时候刚留系里教书,暂时没有排课,周老师就安排我陪这位教授去江门戒毒所做调查。调查之前这位教授给了3000美金作为调查经费,调查完成后还剩下1300美金。刚开始也没想把这笔钱(相当于我好几个月的工资)还给这位教授,觉得就是自己的劳务费了。后来跟这位教授一起吃饭闲聊,他说起来他们的工资有一部分是由课题经费来支付。这个到江门戒毒所调查的课题本来是跟广东省疾病预防控制中心合作的,但是没做好,经费却花完了,所以他们是拿了自己工资的一部分来重新做这个课题。我

---

[1] 程瑜:《白村生活:广东三峡移民的适应性研究》,民族出版社,2006年。

觉得他们拿自己的工资做研究，不把剩余的经费还给他们就不合适了，就主动提出把结余的美金还给了他。他非常感动，就问有什么可以帮到我的。我当时博士已经快要毕业了，就随口说了一句想出国做个博士后。过了一个月，这位教授就打来电话说他们中心有个博后的岗位本来是留给哈佛大学的一位博士的，现在这位博士找到工作，不做博士后了，问我去不去。喜出望外之后，不到一个月，我就于2004年2月初赴耶鲁大学从事博士后研究工作了。

我去的是耶鲁大学公共卫生学院下面的艾滋病跨学科研究中心（CIRA, Center for Interdisciplinary Research on AIDS），本来以为是去公共卫生学院打个酱油学点英文的，谁知道一去发现这个中心特别注重公共卫生与人类学的跨学科研究，中心共有26个科学家，其中13个是做医学人类学的。我的工作大部分时间是在中心附属两个社区研究机构，都在康涅狄格州的首府哈特福德（Hartford），一家叫西班牙人健康协会（Hispanic Health Council），一家叫社区研究学院（Institute for Community Research）。当时分别由两位著名的医学人类学家Merrill Singer和Magaret Weeks主持。我一周大部分时间跟他们做研究，1~2天去耶鲁大学公共卫生学院选修各种课程。第一次系统学习医学人类学和公共卫生课程，让我大开眼界。原来人类学还能这么玩，对疾病还有这么有意思的研究，而且通过人类学的研究还能这样直接帮助到别人。做移民研究三年多，尽管从个人层面上我可以在某些具体的事情上帮助到研究对象，但是如果研究成果没有人采纳就是一张废纸。与公共卫生结合的医学人类学则不同，一个小小的研究发现带来一个小小的干预措施就可以深刻改善研究对象的健康。比如我们团队设计的与文化相适宜的安全套方法发放方式就可以提高性工作者的安全套使用率，从而大大降低艾滋病性传播的风险。

在耶鲁一年的博士后生涯尽管短暂，但是对于我的学术发展却有着至关重要的作用，给我打开了医学人类学这扇大门。我逐渐了解到医学人类学在美国人类学界的分量，美国人类学学家学会是全美最大的人类学组织，一万多名会员中有接近三分之一是医学人类学分会的。我也开始在新英格兰地区参加各种医学人类学的活动，听了Arthur Kleinman, Magaret Lock, Paul Farmer等医学人类学家的传奇故事，结交了一批有志于医学人类学的青年学者，还应广西民族大学学报主编徐杰舜教授之邀组织一批美国医学人类学同道在《广西民族大学学报》上发表一个医学人类学的专栏，当时还在哥伦比亚大学社会医学系读书的刘绍华也贡献了《医学人类学的中国想象》一文，对于推动医学人类学在国内的发展产生一定影响。就这样，我慢慢被带入医学人类学这个坑里，一蹲十多年，并执迷而不悔。耶鲁博士后生涯对于我的另一个影响是如何通过跨学科的合作做规范研究，特别是科研申请的写作。我所在两个社区研究机构的经费来源少量来自慈善捐赠，更多来自美国政府和各类基金会提供的研究经费，其中一个主要的资金来源机构就是美国国立卫生院（NIH, National Institutes of Health）。机构的 PI（principle investigator，首席研究员）们最日常的工作就是写作各种科研申请书以争取更多的经费。因为申请的是国立卫生院的经费，所以跟医学、公共卫生、护理学的结合是不可避免的，这些学科各有各的学术规范和评审原则，如何与人类学协调，保持两个学科之间的逻辑畅通是我们这些研究员经常在讨论的问题。常常就是两个学科之间相互挑毛病，最后直到两个学科的人都相互看得懂、相互能理解为止，一个跨学科的申请就基本完成了。我也从这些讨论中一点点地理解了人类学与其他学科跨学科合作的要点，并开始能独立地写作跨学科合作的申请书。等 2005 年回国的时候，我也独立申请到了一个 NIH 的 re-entry 基金了。学会跨学科的包容与合作，理解其他学科的思维方式和研究范式也使我后来在医学院、公共卫生学院、护理学院做兼职教授和研究员的时候能相得益彰。

  耶鲁的生涯还有很多有趣的故事。我去耶鲁的时候还没有拿到博士学位证书，所以跟我签的合同是 ABD（All But Dissertation）的，一个月工资只有 1700 美金。从广州上飞机的时候温度是 20 多摄氏度，所以我就穿了一双单皮鞋。到了耶鲁所在的纽黑文（New Haven）是零下 10 多摄氏度，中心主任看我穿一双单皮鞋大吃一惊，觉得可能是我没钱买鞋。问了下情况，知道我的博士论文已提交，大笔一挥就把我的合同改为博士后（post-doctoral fellow）了，每个月工资 3000 美金。感谢美国人民的深情厚谊呀！在 Hartford 住的那条街就是耶鲁大学的第一个中国留学生容闳的住所，旁边就是美国大文豪马克·吐温的大房子，因为在 Downtown，现在却成了全美最危险的城市之一。特别感谢具体指导我的李江虹女士和她的丈夫孙大哥，每次购物出入都接送，那段时间过得快乐而充实。

  在耶鲁把好运气都用完了，等我 2005 年回国就开始走背字了。跨学科之路注定是崎岖的，在国内要推广医学人类学并不容易。中山大学人类学系是国内最早开展医学人类学研究的单位之一,早在20世纪90年代中末期我系的陈华教授就开始进行医学人类学的研究与教学。由于他形单影只,医学人类学的研究在中大始终没有做起来,但是陈老师开风气之先是功不可没的。那个年代医学人类学研究很容易被人看成"四不像",既得不到人类学界的认可,也得不到跨出去的其他学科(医学、公共卫生)的理解。刚从耶鲁回来的时候我也是雄心壮志要去医学院、公共卫生学院推广医学人类学,觉得这一定是一个新的学科增长点。理想很丰满,现实却很骨感。去了医学院、医院游说了一圈,别人就一句话:你讲的这些故事既不循证也不能实际治疗疾病,有什么用?回到人类学,我评副教授的时候,系里就有老教授说你搞的这些根本就不是人类学。原来混的人类学民族学的圈子淡出了,医学的圈子进不去,一蹉跎就是好几年,大概从2008年到2010年我一篇文章也没发出去,院长直接找我谈话说再不发论文就得调去做行政岗了。但是我并没有放弃医学人类学的研究方向和学科推广,因为在耶鲁的所见所闻,使我很笃定医学人类学一定是中国人类学发展的重要方向,也必将是新医科教育体系不可或缺的组成部分。我的想法也得到了当时系里主要领导周大鸣教授和麻国庆教授的肯定。在他们的支持下,2009年我们与香港中文大学主办了一个医学人类学的国际会议,并成立了中山大学医学人类学与行为健康研究中心,也是国内较早开展医学人类学的研究机构。冬去春来,到了2013年的时候国内医患矛盾的日益加剧,医学技术发展与医学人文关怀之间的鸿沟越来越大,医学界也开始普遍重视人文元素在医学实践中的重要影响,医学人类学终于守得云开见月明。同时随着清华毕业的余成普教授、伊利诺伊大学毕业的张文义教授加盟我系医学人类学研究团队,医学人类学的力量也逐渐强大起来。2015年时任中山大学副校长黎孟枫教授(兼任中山医学院院长)力推下,我带着一些从事医学社会科学研究的同仁在中山医学院成立了医学人文教研室。"瘦田无人耕,耕开有人争",自此以后越来越多的医学院和医院开始重视医学人文(医学人类学)的研究,医学人文团队也开始进入中大的各个附属医院开展医学人文教育和研究工作,成立了好几个医学人文教学科研实习基地。我个人也先后在中山医学院、中山大学附属第七医院担任兼职教授,在公共卫生学院、护理学院也获得了兼职研究员的聘任。2016年开始中山大学人类学系也设立了医学人类学的博士生、硕士生培养方向,每年选择攻读医学人类学方向的硕士研究生都是最多的。

总结这十多年到医科开展人类学的跨学科研究，有两点体会最深。一是坚持，从最开始的无人问津到现在遍地开花，中间有过很多相互的不理解、误解乃至不满。但是只要认定了医学本身就是一门具有人文属性的学科，那么现代医学就一定需要人文社会科学的介入，这个是学科发展的大趋势。医学人类学在国内的发展之所以感觉阻力大，恰恰是因为我们站在了这个大趋势的前沿。所以坚持是必要的！二是要了解并尊重其他学科的基本观点、学科规律和行为观念。经过这些年与医科、公共卫生、护理学朋友们的接触，我发现医科（护理学）的朋友们大多具备逻辑严密、行为严谨、工作认真负责等诸多我所不具备的优点，所以我很喜欢跟他们打交道，向他们学习。

四、哈佛与照护人类学

2015年9月，经哈佛大学世界知名的医学人类学家和医学人文教育者凯博文（Arthur Kleinman）教授提名，我收到哈佛燕京学社的邀请赴波士顿做合作研究学者。因为凯博文教授当时还担任哈佛大学亚洲中心主任，所以我也受邀担任了亚洲中心的兼职研究员。作为一个医学人类学的研究者，我当然是很早就对凯博文教授景仰不已，但是直到2007年才在香港中文大学结识他。当时他带着妻子凯博艺（Joan Kleinman）教授（已故）到亚洲做了一次巡回的讲座。后来我们一起做了两个针对中国医患关系的研究课题，合作在医学顶级期刊《柳叶刀》上发表过两篇文章，相关的研究还被哈佛大学哈佛医学院的主页作为学院新闻报道。在印象里和朋友们的口耳相传中凯博文教授一直是一个非常严厉的导师形象，但是我在哈佛与凯博文教授相处的一年时间里，他始终是一种温和平易近人的形象待人。我们大约是1~2周见一次面，每次见面他都会问一句"what can I do for you？"一句话就让我把面对着这种大师级人物时的紧张感抛到九霄云外了。不仅对我，对一些慕名而来拜访的本科生、其他学校的研究生，他也总是笑眯眯地循循善诱。我猜他待人接物的态度转变可能跟照顾他太太的经历有关，后来我的猜想在他最近刚出的自传体新书《照护》[1]（The

---

[1] ［美］凯博文：《照护：哈佛医师和阿尔茨海默病妻子的十年》，姚灏泽，中信出版集团，2020年。

Soul of Care: The Moral Education of a hus band and a doctor）中得到了验证。

作为哈佛大学有名的"中国通"之一，凯博文教授对中国有着深厚的感情，对于在中国发展医学人文也有很多的畅想。凯博文教授很在意如何在中国推广医学人文工作，他觉得医学人文推广是改善中国医患关系紧张局面，提升人民群众就医获得感的重要举措。因此我们见面除了一些学术讨论之外，他总是拉着我"let's talk about the big picture"，然后开始鼓励我回国后多开展一些基础的医学人文普及工作。后来每年一度的"亚洲医学人文菁英训练营"就是那个时期我们一起筹划出来的。凯博文教授不仅亲自帮助设计训练营授课内容和师资，还主动联络资源给训练营筹措经费。在凯博文教授的持续努力下，哈佛燕京学社资助了三万美金，第一届训练营于2017年6月在深圳五洲宾馆得以顺利主办，凯博文率领哈佛大学三位教授还有他的得意弟子阎云翔教授出席授课。主办方提供所有学员的交通费和食宿费。至今这个训练营已经成功主办了四届，在全国乃至世界范围内医学人文界具有了一定的影响力。凯博文教授给我印象最深的是他在开幕式上对来自全世界的医学人文青年人才说的两句话：第一句是"我们都是老百姓"，大师的心胸和气度令人敬仰；第二句是"世界是你们的"，豪迈之情溢于言表。后来我们还一起设计了联合开发"中山大学－哈佛大学医学人文教育平台"、创刊《亚洲医学人文》英文杂志的事宜。目前这些工作也在逐步推进中，并成为我个人事业努力的目标。

凯博文教授给我另外一个重要影响就是学术方向的转变。我在哈佛的时候，凯博文教授正在写作《照护》，在这本书里他讲述他的成长，他与他太太（汉学家Joan Kleinman）相濡以沫四十年的故事，他十年来照顾罹患阿尔茨海默症的太太的心路历程。在这之前，他已经写了好几篇短文在医学的顶级刊物《柳叶刀》和《新英格兰医学》上发表，也是讲述照护的意义以及如何提供有效的照护。我刚开始很好奇这么人文的文章怎么能在顶级的医学刊物上发表呢？就找来仔细读了读，后来发现实际上顶级的医学刊物并不是我们想象的那样完全是循证和基于定量的，有不少栏目，比如Perspective栏目就有很多方向性和倡导性的文章来拓展医学界的视野。读这些文章另外一个收获就是我发现原来人类学跟照护的研究是可以结合得这么紧密。联想到国内去看病的时候，无论医务人员还是护理人员都很渴望改善医（护）患关系，但是他们所受的教育又缺乏人文社会科学训练。特别是护理人员，她们是与病人接触最密切的群体，是最需要了解人文知识的群体，但是她们的训练相比医生训练更为工具化，往往只是把护理当成一个技能来培训。要做好一个好的照护（护理）就需要充分地了解（病）人的健康观念、生活态度，理解（病）人的行为，掌握人的心理活动，而人类学就是教人如何理解人的行为、了解人的观念、剖析群体的文化与心理的学科，两者的结合可以说是天作之合！听了我的想法后，凯博文教授也很支持。于是回国后我开始关注人类学和护理学的跨学科研究，发现基本上是一片空白。尽管我知道这一领域具有很好的前景，但是一来缺乏好的进入路径，二来没有学科基础，又需要摸爬滚打好几年。想想当年到医科去推广医学人类学的辛苦，我心里对于这一研究方向转变还是有所顾忌与犹豫的。但是没想到这一次时来运转，国内护理界的有识之士也意识到护理专业发展的这一瓶颈，不仅在护理学一级学科下增设人文护理二级学科，而且在中国生命关怀协会下面成立人文护理专业委员会，在全国网罗了一大批对于人文护理感兴趣的护理学院院长和大型医院护理部主任。时任中国生命关怀协会人文护理专业委员会主任委员的潘绍山将军恰好见过美国护理理论家莱宁格（Madeleine M. Leininger）[1]博士，对于人类学很有认识和好感。我与潘老师一见如故，马上提出共同打造具有中国特色人文护理（护理人类学）理论。在潘老师的大力支持下，我担任人文护理专业委员会的副主委，并在专委会下创建了人文护理跨学科学组。一大批的护理界专业人士也逐步认识了人类学在护理专业中的作用与影响，纷纷开始关注和了解照护（护理）人类学的相关知识并加入了人文护理跨学科学组。我也与中山大学护理学院的张美芬教授合作建立了照护（护理）人类学的研究团队，深入到临床护理一线发现问题，用人类学的方法和手段来分析具体问题，定期主办学术研讨会和内部研讨会，将人类学和护理学深度融合在一起。从2018年到2020年我们团队先后获得了国家社科基金、国家自然科学基金、教育部人文社科基金等9项国家级课题，研究的成果也相继在国内外高层次刊物上发表。人类学开始引起了国内护理界的关注，吸引了不少护理界粉丝。我所倡导的护理走出医疗机构，走进社区和家庭，构筑社会化和人文化的护理模式，构建一种全社会关注的、超越生物学护理范畴

1　Madeleine M. Leininger，美国护理理论家，人类学家。全美第一个获得人类学博士学位的护理人员，提出了"跨文化护理理论"，创办了"跨文化护理协会"的国际性护理组织。

的、以"互惠"为基础的社会照护模式和照护（护理）人类学理念也得到越来越多护理同仁们的认可。多个大学护理学院发出邀请让我去做兼职教授或者授课，新书《照护人类学理论与方法》也将于今年年底出版发行，表明照护（护理）人类学逐渐在国内护理界站稳了脚跟。

五、关于人类学的两点思考

从民族史到照护人类学，从中南民院到中山大学，不知不觉在人类学之路上已经跋涉25年了，有点个人感悟姑妄言之，不当之处，请大家批评。

第一，人类学到今天走过了一百多年，从结构到解构，从功能主义到所谓本体论转向，尽管各种学术流派"你方唱罢我登台"，但是其基本视角并无多大变化。如果说人类学的视角就是一面面的透镜，那么其基本的透镜有三个。第一面透镜是整体观。人类学往往具有很强的实用性，能提供全面而具有操作性的解决方案。因为人类学不是从单一维度来考察事务，而是从整体综合的角度根据事物产生发展的场景（context）来观察事物发展与变化，因此更能提供与场景相适宜的解决方案。比如医学人类学就是从人的生物性、社会性和环境协同发展的角度来看待疾病与诊疗，相对于单一的生物医学和社会建构理论当然更为全面，能提供更有效果的诊疗方案。第二面透镜是多样性。人类学的精髓在于多样性，生物多样性是人类生存发展的基本前提，文化多样性也是构建和谐社会的基本要求，所以对于"他者"的研究是人类学永恒的基本命题。第三面透镜是反思性。人类学研究"他者"的目的不是为了猎奇，而是为了反思。通过"他者"反思自我，能挑战主流意识，维护弱势群体利益。比如多物种民族志更多可能是为了反思"人类中心主义"，提倡人、动物、自然之间的和谐共存。包括最近医学人类学界比较热门的全球健康研究，更多也是为考察人、动物、疾病、环境之间相互影响，而反思目前以人类健康至上的主流思潮。所以我认为这三面透镜是人类学的基本视角和核心思想。只要能掌握这三面透镜，并灵活运用到研究、工作和生活中，就可以算是一个人类学者了。

第二，2016年，凯博文老师出版了一本英文专著 *A Passion for Society*[1]，在这本书的前言里凯博文老师指出：社会科学的起源和终极目的是为了解决社会苦痛（social suffering）。2002年4月28日光明日报理论版发表了周老师的文章《中国人类学的应用性格》，在文中周老师指出了中国人类学应用性格的双重含义：一是位卑未敢忘国忧的强烈的学科使命感；二是富于自我牺牲的学科精神。以理论指导实践，在实践中发展理论，学科才能永葆青春，才能更好地发挥人类学本身的作用。两位老师都不约而同地提出了学科发展和学术研究的使命感，就是理论指导实践，学科为人民服务、为社会服务。这一观点也与费（孝通）老提出的"迈向人民的人类学"思想不谋而合。我并不反对从事人类学理论研究，相反觉得理论研究很重要。但是理论研究与应用研究应该是一个螺旋上升、循环促进的过程，应用研究是学科的生命之源，理论研究是学科的开拓之矛，二者不可偏废。哈佛的医学人类学实践也说明了人类学的理论研究与应用的合二为一、相互促进才能保持人类学既具有学科特点和学术影响力，也能直接服务于社会保持广泛的社会影响力从而拓展学科的生存空间。凯博文教授的高足、复旦大学潘天舒教授写道："由凯博文主导的这场针对学科范式的'克莱曼革命'，使哈佛大学的医学人类学从成型之初就具备了一种人文情怀和批评精神，并且成为紧密连接人类学、心理学与公共卫生，并且贯通学理和诊疗的跨界学科。"[2] 相比较其他社会科学而言，人类学具有独特的认识论和方法论，但是人类学要应用就需要与其他学科紧密结合。人类学的发展需要我们这些人类学者超越人类学的边界，在更大的场域与其他学科共同竞争，取长补短。

什么是人类学？估计一千个人类学者心中有一千种答案。过去中山大学人类学系主页上有对人类学的解读："乡野中阅读生命，市井中体味人生，荒谬中寻找意义。"诚哉！斯言。作为一个人类学者的好处，就在于可以参与到社会生活的各个方面，在形形色色的社会现实中寻找人类的"至善"，感动自己！容易感动的人也是幸福快乐的人！

---

[1] Iain Wilkinson, *Arthur Kleinman. A Passion for Society: How We ThinK about Human Suffering*. University of California Press, 2016.

[2] 潘天舒：《人类学家凯博文：医学人类学的"克莱曼范式革命"》，《广西民族大学学报》（哲学社会科学版）2017年第1期。

修习人类学已25年，其中21年都跟从周大鸣老师学习，至今我们俩的办公室还只有一墙之隔。周老师学识渊博，为人宽厚大气，对学生特别能因材施教。在周老师诸多弟子中，我是出了名的爱玩，学术功底也薄，有时候还特别自由散漫。周老师对缺点从来是当面指出，毫不含糊，但是也从未放弃对我的教育与支持。在我人生中、学术发展中的每一个重要阶段总是给我最好的指点和最大的帮助。有师如此，幸哉福也！今年恰逢周老师从教40周年，师恩深重，无以为报，作此文为老师贺！

追寻"心性"的成长:
我与人类学相遇的偶然与必然

崔应令

崔应令,武汉大学社会学院副教授、硕士生导师,人类学教研室主任,人类学研究所副所长。曾兼任湖北省妇联第十一届执委、妇女代表,湖北省妇女理论研究会副秘书长,国家民委重点联系优秀中青年专家。

一、与人类学的相遇

与人类学的相遇，很偶然。

2003年报考硕士研究生，我的目标是武汉大学社会学系，按当时报名的要求，在填写报考专业的同时必须填写报考导师。在当时尚属于法学院的社会学系网站上，浏览了各个老师的简历后，我选择报考朱炳祥老师的硕士研究生。恰在当年，朱老师申请到武汉大学人类学硕士点，他从社会学硕士导师变成了人类学硕导，2004年第一年招生。就这样，我从打算考社会学而转考了人类学。当时，对朱老师简历中那些田野调查我不甚明白，唯一记住了的，只有他看起来很平易近人的样子，还有他曾去土家族调查研究的经历。而我，是土家族人。

就这样误撞进了人类学。进武大时，我唯一的人类学基础除了考研的几本指定参考书，就是本科期间的选修课"文化人类学"。在新疆大学读本科社会学专业时，我们的"文化人类学"一课用的教材是林惠祥先生1934年出版的《文化人类学》一书。由于林先生此书大量篇幅都在讲原始社会物质文化、原始社会组织、原始宗教、原始艺术、原始语言文字，以至于人类学给我和同学们的印象就是研究"原始人"。在我确定考上武大人类学研究生后，我的同学祝贺我说："某天，我们在一个深山老林，看到一个人，戴着斗笠、披着蓑衣，跟一群野人翩翩起舞，那个人一定就是你。"大家哄堂大笑。

我是不服的。——我到武大读研究生，是为了活得更"文明"，而不是更"野蛮"——我对这样的"祝福"有点恼火。不过，后来的路，似乎越来越接近这一祝福的目标，不过是从不情愿到主动，因为人类学这一学科符合我的心性特征与智识特征。人类学是一门理解他者、关心他人同时具有自省精神的学问。学科的温度不单体现在教材的论述里，也反映在学者的行动上。在以后跟随朱老师求学的时光里，我和我的同门同学一起，经历了校园中并不那么"普遍"的幸福的学习时光：我们从来不需要花钱给老师送礼，因为会被骂和拒收。偶尔购一本好书送去，他会笑得像孩童。他也从来不让我们给他做私事，包括整理他那大量的访谈录音，他要让我们有更多的时间可以做自己的研究和读书。我们拥有完全自主自由的学习时光，做什么研究、去哪里做研究，全部由我们自己决定，需要的只是请教怎么做，遇到困难找他。也因此，我们各自的研究都按自己的兴趣去做。

他对我们实在太"放养"了。这与他培养研究生的理念有关。他在《中国研究生》2013年第7期"卷首语"中说："导师对于学生的责任不在于指引道路，而在于启发他们去探索自己的道路；不在于灌输知识，而在于激励他们去主动地追求知识。"[1] 他不认同所谓"权威"与"中心"，也从不认为自己是权威与中心，即使对我们学生也是这样。他对于一切学术研究的限度有着深刻的认识，并且付诸实践。他提倡"三重主体叙事"，重视"第一主体"的"裸呈"和"第三主体"的重新解释，都是为了破除民族志者的自我权威。在《他者的解释》一书中他甚至引用美国学者米勒"期盼死亡"一语来表达自己的心声："我们都在心中暗暗期盼死亡，但只是想以自己的方式，在自己觉得合适的时候去死。""我对研究工作本身的限度有着深入的认识。'自知本质上无效并必然消亡正是可以称为科学努力的特点之一'，与其他领域的学者一样，民族志者'在短暂的一瞬间工作，或不如说为短暂的一瞬间工作'。"他说他写作《对蹠人》系列民族志的意愿在于"它被抛弃之前能暂时有些用场"，"一旦它真的实现了这一目标，它就愿意立即死于速朽之中"。[2] 这种自我限定意识在《自我的解释》一书的"自题"进一步表述为："我从未征服一切，也从未被一切征服。"[3]

与他的学术研究的实践一样，在教学实践中，同样不存在导师的权威。以至于常常出现一个现象：某天，因为我们读书读不好或论文写不好被批评了，但在某个时候，他又会因他的态度不好而道歉。他的脾气之"坏"和他的脾气之"好"如影相随，大涨大落，起伏不定。在我们适应了这种阴晴不定后，才知道，原来我们的"命"其实很不错。在求学的岁月里，我们偶遇了纯粹的为

---

[1] 参见李慧：《行走在田野——记我的导师朱炳祥教授》，《中国研究生》2013年第7期。

[2] 朱炳祥：《他者的表述》，中国社会科学出版社，2018年，第11页。

[3] 朱炳祥：《自我的解释》，中国社会科学出版社，2018年。

学者，实乃有幸。

我是一个"宿命论"者，以为一切皆有定数。不过，最近看李泽厚先生《论语今读》，他说孔子所强调的"命"，其实不是"必然性"，而恰恰是"偶然性"，即"每一个体要努力去了解和掌握专属自己的偶然性的生存和命运，从而建立自己，这就是'知命'和'立命'"[1]。在充满偶然性的人生道路上，偶然遇到了做人类学的人，偶然闯进了人类学之路，这真是神奇的"命运"啊。

二、乡村女性研究：源自心性的自我探索

既然导师并不要求我们服从于他的个人意志，服从于他的个人研究方向和研究课题，也不要求我们为他做什么，并允许和倡导自我探索、自我追求，那么，这就给了我们按照个体特殊的心性自我成长的空间。"各有灵苗各自探"，这是他常引用的古人的一句话来约束他自己以及鼓励我们。

博士论文选题，我选择对乡村女性进行研究，与其说这是我选择的研究题目，不如说是我的田野和我内心纠结高度碰撞一致促成的结果。

最初我想研究单身女博士。这一想法源自对当时一种流行说法的反感和抗议，即单身女生中，"本科生是黄蓉，硕士生是李莫愁，博士生是灭绝师太"。每当有人知道女生在读博且单身时，都免不了嘲笑一番"恭喜你成了灭绝师太"。为什么我们有了更高的学历，更多的学问，反而在别人眼里越不正常甚至是"变态"了呢？带着要去除身上"污名化"的反抗心理，我采访了身边多位熟悉的单身女博士，了解了她们的成长过程和情感经历，共享了多个彻夜长谈的日子。我的女性情结，源自少年时代对于乡村女性命运的不解与思考，而在对女博士的访谈和思考中再次得到激发。

作为一个女性，我在少年时代就看到和听到一些乡村女性的命运故事，既同情，也不解。比如，一些能读书，很聪明的女孩明明有机会读书考大学却往往因家庭不重视或别的偶然因素而提早辍学；一些能干女性的丈夫往往能力不

---

[1] 李泽厚：《论语今读》，生活·读书·新知三联书店，2004年，第18页。

强、德行也很差，但他们的婚姻却总是难以解体；以及一些女性总是被丈夫辱骂甚至殴打，但他们的婚姻也照样继续……她们本该有更好的人生！在读博期间，人们对于女博士的评论，以及我的众多姐妹们的异口同声的叙事，再一次将我原先的问题凸显了出来。于是，博士论文的选题，我选择了最为熟悉的故乡的女性研究，而对女博士的几十万字的田野访谈材料，则成为我的前期的思想准备与问题准备。

在博士一年级的暑假，我决定回到村庄进行田野调查，进行家庭关系的研究。因为害怕各家的狗，我常常请母亲带着我去串门，这一选择的结果是彻底将我推向了村庄女性研究上来。母亲熟悉中老年一辈人，而我本是村庄年轻一代女性中的一员。当熟人"陌生化"为他者，又"再熟悉化"为我的研究对象时，"家乡民族志"在这里得到实际应用，我很讨巧且幸运地完成了博士论文的材料收集。那些鲜活的生命，那些曲折的人生，那些不屈的抗争，那些顽强的精神，引发我去思考乡村女性的命运。

首先是对"能干的女人命不好"的去"魔咒"。村庄里有三个公认的女强人，命都不好。她们的共同点都是丈夫太弱或死去了。很多人说起她们时都叹息"人强命不强"，在村民看来，她们人生的苦，都是命。比如村庄一位上一辈的阿姨，她原本由她的父亲做主嫁给其表弟，表弟在城里学医，人很善良。但是她的婆婆非常厉害，她受不了婆婆的气，所以选择离婚。然而，她再嫁后的丈夫不仅懦弱无能，还有家暴倾向。另一位阿姨，她原本的婚姻是父母之命，媒妁之言，但在集体生活中，她自由恋爱找到了喜欢的人而离婚改嫁。然而，婚后13年，丈夫触电身亡，从此她带着四个孩子艰难生活。还有一位阿姨，她原本考上中专，可以去艺校读书，然而，在通知书到来前两天，父母将她强行嫁了人，并扣留了通知书。若干年后这个丈夫出轨。她泪流尽了，但为了养儿育女，她选择了忍受。诸如此类，乡村人都将其总结为"命"。

当我在做博士论文阶段对这些现象进行重新思考的时候，我发现，这些女性人生之路固然有外在不可抗拒力量的压制，但也同时来自自身的主体选择：一是她们的不甘与反抗，二是她们为了儿女及家人所做出的韧性的忍让。她们都曾反抗过他人强加的命运，虽然反抗的结果还不如不反抗，但谁能预知未来呢？她们的忍耐多是为了儿女和父母，并非为了个人。她们并非"命"该如此，恰恰是不甘于命运的摆布才经历这些挫折。她们的忍让和坚守里，不是女性自我的沉沦，而是女性"情感主体"的昭显。这一认识，让我对她们肃然起敬。在不久前看电视剧《山海情》，当很多人不理解并质疑水花为何在被父亲"卖"了，本可以逃走却又返回并对她"恨其不争"时，我理解并看到了这种"顺从"命运的大爱与力量：为了个体的自由而牺牲父亲性命，这样的反抗能走向何处去呢？况且，女性的这一行为本身恰恰显示女性对自我的界定从来不是纯粹的个体，而是"包含了他人的女性自我"（以这一观点作为核心撰写的文章后来发表了《中国社会科学》英文版）。归根结底，我们真正要思考的是如何改变制约女性发展和自由的社会环境，如何去除结构性、区域性或制度性的枷锁。

另一个学术思考则是对"恩爱夫妻不长久"的重新理解。村里人对那些夫妻关系太好的人多少有些看不惯，常见的结论是"好得过分不会久远"。这一总结更像是一种诅咒，但不幸的是常常有人"中招"。村里有两对有名的恩爱夫妻。其中一对，丈夫原是地主家的儿子，读过私塾和初中，后来是村小学老师，而妻子家是贫下中农，读过高中。妻子当初看中了丈夫的才华，不顾政治地位的不对等坚持"下嫁"给丈夫。往后岁月，妻子跟随丈夫，勇敢承担各种运动的风暴，帮助体弱的丈夫劳动，把自己变成了力量强大的体力劳动者。丈夫对妻子真心爱护，走到哪里他们都是出双入对，形影不离。然而，就在形势好转，小学老师待遇也在不断提高的时候，丈夫生病去世，妻子在丈夫墓地旁建好自己的墓穴，要死同穴。而二十多年过去，在儿女们都成家远离，她仍在土地上坚守，演绎着别人眼中的"苦命"。另一对的情况则是，丈夫大妻子十几岁，把妻子当女儿对待，妻子恰好父亲早逝，把丈夫也当父亲看待了。几十年来，丈夫说什么就是什么，把家里的大小事情安排得井井有条。妻子不操心也不管事，过得像个孩子，甚至跟自己的孩子抢电视看，生气的时候就赌气睡在床上不起来，要丈夫哄。不幸的是，在一次劳动后丈夫大出血暴病而亡，完全没有任何心理准备的妻子在丈夫下葬之际就差点追随而去，在亲朋劝阻下勉强活下来，半年多后，抑郁而亡。这两件事都在村庄引起了热议，人们的结论就是夫妻关系太好上天都会妒忌，不能太好。

这样"宿命"的看法是很容易让人相信的，因为这里确实显示了人生的无常。然而，我们仔细来看，即使同样是夫妻恩爱却不能长久的悲剧，女性在其中的选择是很不同的。第一对中的妻子，选择了坚强，往后的岁月中，她虽然足够孤单，但是她积极乐观，不仅一一完成孩子们的婚姻大事，也帮助带孙子，管田地。在孩子们外出打工后，她成了守家者，独自撑起了一个家，迄今，她已年近八十，依然乐观积极，身体也很康健，让儿女们很心安。但另一对中的妻子，早已去世多年。在她抑郁身亡的时候，还有两个孩子尚未结婚，一提及母亲的死，女儿痛哭难以自已。因为无父无母了，她的孩子们后来的路都异常艰辛。这样看来，人们对夫妻恩爱的不待见与其说是诅咒，不如说是一种警惕：人们并非警惕恩爱本身，而是警惕因恩爱而丧失个人主体性，这种个人主体性的丧失将导致我们将个体的所有幸福都托付于另一半，而这样做的结果常常可能是"天难遂人愿"，反倒让自己陷入痛苦里。当然，当我这样解读时，确实是放置于女性主义的话语体系里，是用"主体性"等现代概念进行的诠释。如果将这一现象放置于村庄文化传统中，则可以看到人们对"有度""节制"的倡导，也可以说，这是一种中庸之道在夫妻关系中的表达。这让我想起费孝通先生曾论及的，传统中国，男女有别，夫妻之间是为共同抚育孩子而结合，尽量要避免男女之间的激情，因为这种激情带有毁灭性。因此，对夫妻过分恩爱的警惕既显示出个体，尤其是女性主体性的重要意义，也显示了传统文化的拉力。

  对于女性议题的思考当然不限于以上这两个，还有代际女性命运的差异、女性家庭地位的变迁、打工生活对女性的影响、女性自我的表达等等，这一研究固然是探索村庄女性，也是探索作为研究者我自己的命运。我对以上两个问题的探索也是要解除我自身的困惑。为什么女性高学历往往难嫁？为什么能干女性总是面临难得幸福的质疑？为什么村庄会警惕夫妻过分恩爱？这里涉及女性应该以怎样的方式活着以及活着的意义探讨，关涉强大的文化传统惯习。在对村庄女性命运的探索中，蕴含着研究者对自身命运的试图解惑。而在我书写的结论中，无疑是写作者我对于女性"宿命"的抗争和反叛，即便，这种反叛以更不幸的结局昭示其命运，但这仍然表达着个体的抗争与努力。

  我读列维-斯特劳斯的《忧郁的热带》，他说他选择了人类学首先是个人的心性特质所决定的。他不喜欢在一个地方重复劳动，他没有兴趣在同一块土地上年复一年地耕耘收获。他说他的智力是新石器时代式的，如刀耕火种一样，这里开垦一下，然后再到那里去开垦。而人类学正好具有一种"无根性"[1]。不过,就我个人的体会而言,学习与研究人类学,恰恰应该具有一种"根性",这种"根"即"心性之根"。我的村庄女性研究以及其后出版《柔性的风格》[2]一书,是我正式研究的开始,它根源于我作为女性的一员,也根源于我的心性的思考,对于女性个体与群体命运的关切与研究,将一直会伴随我的学术生命。

三、出入历史学

人类学所强调的三维整体研究的历史维度,指向对研究对象的时代定位或变迁的探讨。这种历史感往往指民族志作品所呈现复杂的国家——社会关系,显示其在历史时间节点的位置或说坐标,让作品呈现"社会时间流",形成"社会性对话"。

各种机缘,我在踏入工作岗位的同一年,走入了历史学学科之中,在职跟随冯天瑜教授做历史学博士后研究工作,主要研究"近代术语生成"中的"社会"观念的生成。那时,冯先生正着手探讨在中、西、日互动背景下近代术语的形成过程及意义,属于历史文化语义学的内容。作为历史学研究的门外汉,我开始真正进入历史的天地,进入那些只存活于文字中的人和事,这是另一种田野,却把我带进了大时代的风云中,领略不一样的风景。

进入历史的纵深处看问题,让我们超越个体而见群体、见民族、见国家。和历史学家布罗代尔[3]对"法兰西的特性"总结相似,重回近代史的中国,我真切感受到:真正的中国,幸存的中国,深层的中国,在我们身后,她九死一生,总算活了下来。……中国,比我们的个体生命、比我们经历的充满曲折事变的历史寿命更长。走进近代中国历史,我很难不去感叹近代中国作为一个整体所遭受的群体命运何其艰难,很难不去愤怒帝国主义的侵略,悲叹政府的腐

---

1 [法]列维-斯特劳斯:《忧郁的热带》,王志明译,生活·读书·新知三联书店,2000年,第55页。

2 崔应令:《柔性的风格:女性参与建构社会的实践逻辑——双龙村性别关系的百年变迁》,中国社会科学出版社,2011年。

3 [法]费尔南·布罗代尔:《法兰西的特性》,顾良、张泽乾译,商务印书馆,2020年。

败和无能,伤心民众的苦难和草芥的生命,愤怒于世间的不公。在这里,见时代,也见国家和世界。

正是中国的特殊历史境遇,边界模糊、以文化而化天下的中华传统,被迫让位于界限明确的民族国家理念并构建自己的民族主义,并为此承受西方式"文化""民族"这些新建构概念和观念体系的一系列负面后果。这包括沃尔夫[1]意义上的"文化""民族"概念的"变名为实"与制造族群间的分裂,也包括杜赞奇[2]所说的"民族"的形成如何构造和凸显差异本身,以及柯文[3]所说"文化"本质化带来的对历史的误识。这些人类学熟悉的概念和名词,放在更大的历史背景之下所显现的问题,让我真切感受历史维度的研究对人类学的意义。这种感受在我去新加坡的两年访学时光里得到加强。新加坡和马来西亚,历史上曾经是一家,但今天,即使这两个紧邻的国家之间的出关和入关已经极为方便,以及新加坡在移民政策上一直待马来西亚人更宽厚一些,但分离仍是根本性的。新加坡虽然华人众多(这个国家74%左右的人口是华人,其祖先原是下南洋的中国人),但对中国人似乎更加疏远。曾有新加坡人联名本国公民抗议政府对中国人移民过于宽松,政府官员则拿出证据,显示新加坡移民中中国人占比偏少且是移民条件要求最高的人群。抗议者只好作罢。海外一些人常常误会新加坡人是中国人,这常常让年轻的新加坡人恼火,在中国访问团去交流时,有的人总是忍不住问华人接待者你是哪里人?对方会坚定地回答:"我是新加坡人。"自1965年建国开始,新加坡经历去华文教育、反华运动以及爱国主义教育,已经在几代人身上建立了强烈的民族国家意识,加上新加坡本身的富有,人均收入水平高,他们有强烈的新加坡人自豪感,这进一步加深本国人的认同意识。民族国家意识大概是20世纪人类发明的最厉害的武器,它整合了很多群体,也分裂了很多群体,世界在此进行了新的大分大合。由民族国家意识进而形成的各群体的"文化变异",[4]同生物变异一样不可阻挡。

---

1 [美]埃里克·沃尔夫:《欧洲与没有历史的人民》,赵炳祥等译,上海人民出版社,2006年。

2 [美]杜赞奇:《从民族国家拯救历史:民族主义话语与中国现代化研究》,王宪明等译,江苏人民出版社,2009年。

3 [美]柯文:《在中国发现历史:中国中心观在美国的兴起》,林同奇译,社会科学文献出版社,2017年。

4 [英]蒂姆·英戈尔德:《人类学为什么重要》,周云水、陈祥译,北京大学出版社,2020年,第164页。

如果没有历史意识,没有变迁的眼光,是很难解释我们所见的很多现象的。如果说人类学传统上对异文化的关注主要是通过异文化反思本文化,进行的是结构性比较;对历史的强调则是古今比较,是要从历史中吸取教训,完成真正的"文化批评"的学科使命。马尔库斯和费彻尔曾指出:"人类学作为一种有力的文化批评形式,是人类学者早已对社会做出的承诺。"[1]不管这种批判因认识论危机或表述危机变得多么难以实现,这仍是人类学对公众的承诺,是心中尚有理想,希望社会及人类变得更好的学者仍在坚持的力量和动力,是我们力图努力实现的目标。从这个意义上说,历史研究与人类学研究是殊途同归的。

基于对群体和国家命运的关注,我申请了一个国家社科基金项目,开始进行知青口述历史的课题研究。这段历史已经远去,然而,参与这段历史的人还活着,这让口述历史本身已经不单纯是历史了,而是讲述历史的人对历史的解读。和人类学中"解释之上的解释"完全一致。记忆深刻的有几点:其一,尽管他们尽量在回避讲述自己的红卫兵经历,然而还是有不少人抑制不住对"大鸣、大放、大串联、大字报"的怀念,革命的斗志昂扬始终是很多人心中最美好的青春记忆。那些吃喝不要钱、爬上车就能到处跑的时光,那些不断争辩,勇于发声、志于改变,要重建一个新世界的豪情万丈,对他们而言是最隐秘的激情和快乐所在。在这里,可以体会到"集体心灵"和集体经历之于个体的重要意义,这在他们反复的知青聚会、联谊中又再次呈现,最终形成了一个超越阶层、职业、年轻、性别的共同体。其二,特殊时代,人性的幽暗与光明得到放大呈现。有很多人经历了人性之私与恶的伤害,伤痕累累,回忆充满悲愤,但也有很多温暖故事听来让人潸然泪下;有很多人钻空子,为个人捞取好处,也有很多人一心为公,满身正气,真正践行着当时的革命口号;有的人真心要建设乡村,用自己的知识为改变农村的贫困与落后奉献了自己的青春,也有些人吃喝玩乐偷,成为农村人见人厌的破坏者……在这种撕裂和分化中,我们看到利己主义与利他主义的交锋、集体主义和个人主义的分歧以及理想主义和功利主义的冲突。而更重要的是,在个人人生最被时代裹挟、被他人操纵的年

---

[1] [美] 马尔库斯、费彻尔:《作为文化批评的人类学:一个人文学科的实验时代》,王铭铭等译,生活·读书·新知三联书店,1998年,第157页。

代，还是有很多人坚持了心中的信念，坚守了本心，社会或文化并不能真的左右所有人的心灵，后者让历史变得丰富多彩又充满变数。

这段与历史的相逢，让我重新回到人类学之于人的关注上来。导师倡导"民族志是一种人志"，历史学研究的就是人。历史中的人，与现实中的人一样，不仅呈现具体人的生命与鲜活，让人可以感触，且以时代之面貌让我们感受到历史的沧海桑田，还呈现作为类的"人"的整体性。譬如我在看康有为、梁启超、谭嗣同、严复等人"社会"概念的译介和应用时，首先看到的是他们本身。一些情景至今难忘：逃亡海外，躲在印度某个山里的康有为，因风雪阻断补给线，他的一个儿子病死，他在风雪中写《大同书》，构拟他理想中的那个大同世界；积极倡导新学的梁启超，在一战后眼见战后欧洲的颓败而转而回到中国传统，最终死于西医手术失误；本可逃亡海外的谭嗣同，为救尚在为官的父亲，而仿造父亲斥责自己的家信，后慷慨赴死；从英国留学归来，屡考科举不中的严复，在甲午战败，北洋水师全军覆没，自己的同学和学生殉国后的夜晚，仰天悲戚痛哭，立志做传统书生的他从此成为引进西方新思想、向传统旧学发起进攻的战士；同样是他，在晚年眼见第一次世界大战之惨烈后，痛批他曾最向往的西方世界是"利己杀人，寡廉鲜耻"，他转回对孔孟之道的维护上来。

这些鲜活的历史人物，同田野调查中鲜活的生命一样，让我们触摸到人本身，他们的血肉，他们的思想，他们的心灵，他们的情感世界，他们的时代。正是历史中的人，让我感受到历史的温度。研究"人"，又使我从历史学回归到人类学上来。

四、必然的人类学之路

成为坚定的人类学拥护者，是必然的。这需要回到开头所讲：我曾经对成为一个"文明人"很向往，而对"原始""野蛮"拒斥，因为后者似乎正代表了我出身并长大的家乡和贫困的家庭。

老家恩施的山，绵延起伏、不见尽头。房子在半山坡，对面是梯田，后面是高山，前面老远的地方还是高山，中间隔着一条看不见的大河，村与村之间有很多小河，河水被引入各家坡上的梯田。生活一切都在山里。小时候，各家都有自己的山，提供平日里做饭的柴火。冬天里也会专门去后面属于村集体的大山砍柴，以补充柴火之需，或者去高山的"煤炭沟"自己挖煤炭背回来。水则是山里的泉水，家家都在山里打一口自己的井，挑水吃。邻居之间有事，山上山下住着，通讯靠喊，练就了个个大嗓门。山里的生活几十年如一日，不同季节做不同的事，食物是按季节吃，以吃苞谷和土豆为主。山太大，走出去很难。买卖一点东西，大清早去赶集，下午才能回，来回一二十里路，日子逢双才有集。村里人也几乎不去城里（县城），坐车嫌路费贵，走路嫌路程太长，来回五六十公里路。

在山里生活，最重要的工作是体力劳动。但是儿时我在重体力劳动时身体经常出现问题。轻微的表现是动不动就晕过去，常常上一秒还在蹦蹦跳跳，下一秒就倒下昏迷了，然后母亲很淡定地说："又倒了，掐。"醒了。重一点的表现则是莫名其妙生病，不吃不喝，就这样瘦下去。据说有一次持续时间好多天，从小偏胖的我瘦得脱形，父亲于是带我去看乡医，医生也看不出什么，就说那你就给她准备后事吧。伤心的父亲带我去照相馆照了相，手上拿了一朵花，我满脸愁容。后来父亲一看到这照片就掉眼泪，把照片藏在了柜子底下不肯拿出来。

由于体质弱，劳动不能如同龄人那样参加，饭也不会做，于是母亲经常说我又懒又没有用。同村的姐妹们12岁以前都可以独立担当待客的茶饭了，我什么都不会。我真有一种挫败感。于是我的工作就是放牛放羊，打猪草。放牛放羊使我的个性得到舒展。经常是放着牛羊在吃草，我拿了一本书在读，牛羊吃饱了，我也读完了大半本书。太阳下山了，正好赶着牛羊回家。和几个一同放牛的孩子打扑克是最有意思了。在山坡上开出一片平地，摆好架势，定好规矩，于是就开始了。有时同伴有很好胜者，输了就哭鼻子，我们大家就都笑话他。也有时，因为打牌太开心，沉醉其中，忘记自己是在干活的，醒悟过后到处去找自家的牛羊。牛羊本身也有很多有趣的故事。比如我曾喂养的一只羊，因为从小带着，彼此太熟悉了，于是它开始肆无忌惮，有时晚上居然跑到我睡的房间。喂的牛，也往往建立很深的感情，一放学听到我的声音，就会在牛圈里使劲地叫喊。由于这种长久相伴传递的感情，我也逐渐收敛玩性，给牛很多安慰：比如夏天用粽叶子给它驱蚊虫，冬天草木枯黄之际，翻山越沟到偏僻的河沟坎坎找好草。打猪草也有很多乐趣。在不断的实践摸索中，我逐渐弄清楚哪些是猪爱吃的草，哪些是特别好的猪草，哪些地方能找到这些好猪草，这几乎成了我的植物识别课。直到今天，我在野地遇到这些猪草都会激动。也有一些时候和小伙伴们去河沟摸鱼虾，河水清澈见底，一撮箕下去，捞到不少，还有时能抓到螃蟹。不过以前山里人很少吃这些水里的东西，也就是捞着玩，过些时候就又放回去了。我童年的挫败感，可以在自然中得到缓解，在读到列维-斯特劳斯书中闻一闻水仙花的味道以及与猫对视的文字时，瞬时共鸣，欢喜无比。

我爱读书。大概从小学三年级开始，出门永远拿着书，上厕所拿着书，吃饭拿着书。因为在家乡有一种挫败感，所以我想读书以后逃离家乡。我第一次去城里是参加中学化学竞赛，看着恩施城街道上车水马龙，灯光闪烁，五颜六色，觉得特别美。第一次离开恩施，坐长途大巴车从镇上出发，走了整整12个小时到了武汉。车在山上蜿蜒，一会儿上一会儿下，爬山又下山，下山又爬山，经常遇到一边是悬崖一边是深渊。感叹司机技术高超。

我开头以为我逃出大山，逃离家乡是会很开心的。但对家乡的怀念，从离开家乡的那一刻就开始了。第一次离开家，就是考上大学去新疆大学读书，印象最深的是兰州往西的大地。植物一点点少，绿色一点点变黄，房屋一点点矮下去，灰尘一点点多起来。火车往西，仿佛是在经历由夏入秋再入冬。人迹逐渐少，茫茫戈壁，火车蜿蜒，有时见首有时见尾，就是不见人。大地广阔辽远，戈壁滩上的骆驼刺顽强的生长，见到会让人激动。一进新疆，火车上就开始放熟悉的歌曲《我们新疆好地方》《吐鲁番的姑娘》《掀起你的盖头来》……从兰州进新疆的路上，第一次走，泪流三小时。多少年后看纪录片《河西走廊》，还是会看哭。为什么我要从树木茂密、郁郁葱葱的家乡来到大西北？意义在哪里？那时我迷迷糊糊在思考。

我研究生考入了武汉大学。从恩施山里，转到祖国大西北，再折回中部武汉，好像终于进了城。在武大常爬珞珈山。城市里山很稀罕，所以这个稍微有点高度，长有树木的坡也被叫作山了。读书那会儿，珞珈山上还没有修水泥路，人踩出了泥巴路，下雨的时候都是泥泞，和着落叶，确实很"山里"的感觉。然而，在努力进城后多年，我越来越清晰地明白自己终究是个乡下人，儿时一些画面不断涌现心头，让我沉迷，让我怀念。比如那些上学、放学爬山、下山的路，那些路上常常吓到我们的蛇，漫山遍野放牛羊时的奔跑，还有同伴们一起玩扑克牌的欢乐与激动；那些有矛盾就吵架甚至打架，转身别人家有事却飞奔而去救助的人；那些夏日晚上，在院子里纳凉，一边用艾草驱赶蚊子，一边看满天星星，听老辈讲牛郎织女的故事的时光；还有为了看一场电影或电视翻山越岭的简单与快乐……这些在我忙忙碌碌、拥挤嘈杂的城市生活中再也没有拥有过了。这些儿时的美好，山乡的美丽，在心底里扎了根，它促使我不断反思、质疑当下的生活：我的奋斗和追求，真的代表了一种更"文明"和"优雅"吗？我真的比我儿时那些伙伴们更出息了吗？

更重要的是，我幼时娇弱的身体在乡村生活中得到彻底修复，某种意义上说，乡村再造了我。在山里那些岁月，上小学六年每天四趟来回学校的奔跑锻炼了我的身体，我长得非常结实。我还喜欢爬树，时不时摔下来，然后胳膊脱臼。我在山间自由奔跑长大，幸运的与山川河流为伴而不是每天抬头只见钢筋水泥，每天呼吸新鲜空气，拥有蓝天白云和洁净的水。我的山村，是我的救命恩人。我父母没有对孩子晕倒大惊小怪，没有那么多谨慎小心，于我是多么幸运的事！

后来，我走过喀喇昆仑山，见到比老家更险峻的山路，见证我的体力，进一步体会这种幸运。那次行程，从巴基斯坦的拉合尔一路开始，经伊斯兰堡外郊，到罕萨山谷、吉尔吉特、苏斯特，经从我们红旗拉普口岸入关到塔什库尔干和喀什，沿着中巴经济走廊北上，走过中巴合建的喀喇昆仑公路。这条路修建于20世纪六七十年代，在喀喇昆仑山上蜿蜒，连接巴基斯坦北部和中国新疆。为修建这条路，很多中国工人永远长眠在异国他乡。在吉尔吉特东郊的丹沃尔村，中国援助巴基斯坦建设公路烈士陵园里埋着88位遇难的中国工程人员遗体。此时松柏已茁壮，郁郁壮观，陵园整洁肃然。喀喇昆仑路沿线都是各种山崖岩石，除了偶尔的山羊，不太常见生命的其他迹象。雪山之下是沙石，石头或山在风雪扫荡下裸露，呈现各种奇异造型。越野车开过后，时不时从山上再滚下石头，让人感叹自己侥幸躲过的幸运。巴基斯坦北部的小镇苏斯特，海拔3200米左右，也是中国货物的进巴必经通道。距离这最近的中国口岸是著名的红旗拉普口岸，海拔4700米，驻守兵里很多是高中毕业入伍的年轻人，脸上都是高原红。这段路程，很多同伴都因高原反应很难受，而我很顺利轻松地走过了。走这条路，若没有很好的体力，对自己对同伴都是一种折磨。

如果说儿时的生活是我最终喜欢人类学的内在根源,是导师朱炳祥教授《自我的解释》一书中所说的人的"生性之根",它让我内心深处对城市生活或所谓现代性保持了距离和隔膜,对什么是文明,什么是好的既有标准有质疑,那么我这一生性在后来也是被社会文化覆盖了的。我重新在人类学这里找回自己的生性之根,离不开导师的深刻影响。

文章开篇我曾说过,导师对我们是不加干涉、是"放养"的,但这并不意味着他的学术理想和追求没有带给我们影响,恰恰相反,是他帮助我们找回我们内在的心性。这一方面体现为他与我们互动中的"其行",另一方面则表现在他的论著中的"其言"。他在《社会人类学》一书中总结人类学的特点:"当人们学会以'他者的目光'来反观自身的时候,他就会看到自然界的广博与谦逊,也会看到别的民族的美好与真诚,同时,还会看到自身的局限乃至丑陋。……当人类学产生并走过了蹒跚学步的童年阶段以后,'地球无边缘'这个最简单不过的道理才在反思中得到昭示。……人类学是一门理解他者、关心他人的学问。"[1] 在导师这里,反思自身和关怀他人是一体两面,人类学的反思性和人文性在此呈现。

而他更重要的著述是近些年来的"主体民族志"体系探讨。对主体民族志的理论思考,他在《民族研究》[2] 发表的多篇文章有专门阐述。他的《对蹠人》[3] 系列专著则是他的理论在民族志作品中的实践体现。我对其主体民族志的理解是:其一,人类学的作品应该包括三重主体视角:本地人,研究者与读者。其中,还需要揭示研究者自身的三重身份:与调查对象发生关系的人、作为个体的人、作为学术研究的人(犹如画竹人的眼中之竹,心中之竹和笔下之竹)。

---

[1] 朱炳祥:《社会人类学》,武汉大学出版社,2004年,第4—5页。

[2] 朱炳祥:《反思与重构:论"主体民族志"》,《民族研究》2011年第3期;朱炳祥:《再论"主体民族志":民族志范式的转换及其"自明性基础"的探求》,《民族研究》2013年第3期;朱炳祥:《三论"主体民族志":走出"表述的危机"》,《民族研究》2014年第2期;朱炳祥、刘海涛:《"三重叙事"的"主体民族志"微型实验——一个白族人宗教信仰的"裸呈"及其解读和反思》,《民族研究》2015年第1期;朱炳祥:《事·叙事·元叙事:"主体民族志"叙事的本体论考察》,《民族研究》2018年第2期。

[3] 《对蹠人》系列民族志作品有六本专著,已经出版的有《他者的表述》(中国社会科学出版社2018年4月)、《地域社会的构成》(中国社会科学出版社2018年4月)、《自我的解释》(中国社会科学出版社2018年12月)三本;即将出版社的三本:《蟒蛇共蝴蝶:周城神话研究》《知识人》《太始有道:田野散记》。

其二，民族志作品的表述需要留白并保持解释的开放性，这意味着人类学的作品要给研究对象和读者留有空间。在朱老师的作品中，他称这一表述叫"裸呈"，读者可以对他的材料进行再解释，民族志作者权威退居其后。他的《他者的表述》和《自我的解释》都是这样的叙事风格，即"材料大于解释"。其三，他的人类学研究是目的论意义上的研究：这一目的从学术上指向对人类理想的前途和命运的探索，从个人追求上则是对真善美的挖掘和书写。他的"对蹠人"系列作品就其根本是这种理想他者的寻找，是他自己内心家国情怀、人类情怀的体现，是他对恶，对不善的反抗和批判。

综合来说，朱老师的主体民族志包含了他对一切话语霸权的自觉反抗，对一切中心主义的批判和否定，包含作者内心对美好社会的坚定追求和执着。这里有浓浓的理想主义意味，即便作者展现了面对现实的自我嘲讽和尴尬，也难以阻挡其中理想主义的强大力量和召唤。朱老师的内心，是一个战士，他在《自我的解释》一书中对连队当兵生活的美好回忆大概代表了他的心灵最深处的理念：对强权的不惜生命的反抗，以及对纯真、友谊、善良不计一切的维护。在他对自己军队干部生涯辛辣自嘲的文字里，可以看见一个理想主义者的满脸泪水。

导师的这一学术追求和精神力量唤醒了我的心性！我所追求的与人类学学科所坚持的精神内在一致！我懂得，所谓理想，永远在远方，不能认为乡下就是理想的所在，就像"乡下人"沈从文对湘西的回忆里充满了山乡时光的美好和杀人放火的残忍一样。然而，乡村生活毕竟有其自然与素朴的底蕴，这种自然与素朴是骄奢与虚饰的反面。它对于理想社会建构是极为重要的。对儿时乡下的怀念是指向未来的一种期盼：宁静美好的夜晚，可见的满天繁星，单纯自然的日常生活，这些都是对待当代世界过于浮华生活的警惕和提示。不管人类学是小众的学科，还是大众应有的基本常识，人类学所具有的反思精神都将让我们做一个更有主见的人，更为健全的人。

寻找他乡的田野

段　颖

段颖，香港中文大学人类学博士，中山大学人类学系教授。出版有专著《泰国北部的云南人——族群形成、文化适应与历史变迁》、编著《侨乡·宗族·围龙屋——梅州南口侨乡村的田野考察》和译著《迁徙、家乡与认同》。

仔细想想，自己从学习到研究到教学，人类学之路已经走了 20 多年，经历不少，甘苦自知。从本科到硕士到博士到现在，可谓际遇不断，也充满各种因缘际会，虽然看似复杂，但在田野经历与学理探索方面，却一直有着较强的关联，所涉较广，千丝万缕，这也是迟迟未能动笔的原因，不过既然答应，总是挂念此事，索性当作学术回忆，借此谈谈我的田野际遇与理论思考，以及一名人类学者的成长历程。

一、从侨乡到泰北

1999 年，西双版纳橄榄坝曼春满，我开始我的第一次田野调查，关注当地旅游开发对傣族村落的生计经济、传统文化与日常生活的影响，比如，当"泼水节"成为例行的旅游展演，成为一种反常的日常，其中蕴含着怎样的现代意识与权力关系。之后我与杨慧教授合作，发表了第一篇基于田野的学术论文《权力边缘的曼春满》(段颖、杨慧，2001)，现在看来，多少有些不大融入田野的感觉，看了当地的"斗鸡"，却感受不到格尔兹的"深描"，也许是时间、语言和经验的关系，当时的我和少数民族研究并不那么投缘，田野与人类学者，需要默契，一切尽在冥冥之中。

2000 年末，我加入云南大学尹绍亭教授的文化生态村课题组，进入腾冲和顺展开田野调查，对和顺的过去与现在产生浓厚兴趣。这些兴趣首先来自一些感性认识，和顺古朴宁静的乡土景观，八大宗祠、中西合璧的乡间民宅、中天寺、元龙阁，还有号称中国乡村第一图书馆的和顺图书馆，馆藏的民国时期的英文报纸，各家留存的马镫、马鞍，以及英国的脸盆，德国的钟表，日本的烤箱，依稀映射出和顺开风气之先的文化风貌，以及地方社会与外部世界的关联，而今已成逝去的繁荣。

这就激起了我对边陲侨乡的兴趣。腾冲地区的人口流动可谓历史悠久，清末民初，就有较大规模的季节性移民。腾冲处于火山地带，人多地少，出于生计考虑，不少乡民在农闲时都会外出打工，当地有"穷走夷方急走场"的民谚，走夷方，指的是去缅甸，所谓的化外之地；走场，指的是缅甸的玉石场，由于两地比邻，和顺乡民在农闲时，赶马到缅甸八莫、密枝那，将瓷器、丝绸带到当地，又将当地的土产带回来。随着两地之间商贸的发展，有的乡民甚至在缅甸开设分号，还娶当地女性为妻，乡间称为"讨缅婆"，与家乡的原配构成了特殊的"两头家"。在来来往往之间，形成了以商贸为基础的跨区域网络，其发展历史，远在民族国家之前。

不过我当时的研究主要集中在和顺宗族组织的变迁（段颖，2006）。1949年后，土改、划分阶级、人民公社等一系列社会主义运动，重组了当地人与人、人与地之间的关系，国家力量的渗透对乡村社会结构与权力关系产生很大影响，宗族作为维系乡村秩序的传统组织，自是首当其冲，族田、偿产被没收，宗族活动被禁止。直到改革开放后，中国希望与海外华人重新建立联系，借此招商引资，发展地方经济，情况才有所转变。从乡民回忆和乡间的芳名录不难看出，宗祠修缮，祭祀恢复以及中天寺重修，都与海外华人的大力支持密切相关。

和顺侨乡的研究，让我有机会思考西南边陲与周边世界的关系，如果以施坚雅的区域市场理论（1988）来看，和顺乃至腾冲一度成为西南边地的中心地带，连接了中国西南与缅甸以及由缅甸再延伸出去的大陆东南亚地区。这也引发我进一步的思考，这些历史上形成的跨国、跨境流动与区域网络对当地人民的生活产生怎样的影响？旅居海外的和顺乡民，生活如何，经过时代变迁之后，和顺侨乡的历史记忆、乡社认同与跨国关系，对不同代际的海内外乡民而言，意义如何。

1998年，我的人类学启蒙老师王筑生教授在云南大学校庆活动中做了题为《文化与生存——泰国北部的云南人》的讲座，当时老师去泰国开会，之后有机会访问清迈云南同乡会以及泰北难民村，村民多为1949年之后退至金三角地区的原国民党军队、眷属及其后裔，王老师对村落进行了初步考察，回来之后做了演讲，并引出关于diaspora与多重认同的讨论，王老师谈到田野新发现的激动之情，至今记忆犹新。不幸的是，王老师后来因病去世。生病期间，我去看望老师，先生一直挂念教学与研究，感佩至深，成为我继续人类学之路一大动力。之后，在师母杨慧教授的努力下，促成了云南大学与爱荷华州立大学、清迈大学的合作研究（2002—2004），项目由爱荷华州立大学人类学系主任黄树民教授主持，我为项目组成员，主要关注族群认同与文化适应，之后，我进入香港中文大学人类学系攻读硕士，师从陈志明先生，并以此为基础，撰写了硕士论文。

我们所研究的这一人群，也就是柏杨笔下的"孤军"，自1949年退出中国大陆之后，经历了反攻大陆、武装贩毒、协泰剿共、解甲归田等阶段，如今定居泰北，大致经历了三个不同的世代。我的研究即希望通过这一特殊人群的民族志书写（段颖，2012），展现出这些因战乱背井离乡的人们如何在颠沛流离的过程中逐渐形成相对统一的族群归属，直至定居泰国。"孤军"的第一代人为原国民党军队成员，曾经代表中华民国征战，如今侨居泰北。第二代人在战争中成长，最终在泰北建立新的家园，他们宣誓效忠泰国，称自己为"云南人"，同时与台湾保持密切联系。到了第三代，他们出生于泰国，成长于和平环境，接受泰国国民教育，更容易融入当地社会，战争苦难，仅是祖辈的记忆，中国大陆与台湾，已成为一种遥远的想象。

2014年，我重访新村，很多老人已经过世，不禁唏嘘。时光飞逝，"孤军"从离开中国大陆，奔波泰缅，到最终定居泰北至今已有半个多世纪。他们从硝烟弥漫的战场中走来，满身尘土，屹立于蔚蔚蓝天之下，他们曾经满腔热血，南征北战，饮血沙场；他们却又成为"弃子/孤军"，忍受着萁豆相煎的苦痛，亡命异域，与毒品为伴，"流浪金三角"；如今他们安居泰北，重建家园，抚今追昔，思绪万千。四季更替，岁月轮回，他们的生命曾经绽放，也终将枯萎，而坎坷、曲折的经历使他们的生命显得更加多彩、绚烂。如今，当我们云淡风轻地谈论着过去时，这些人，这些事，不应被遗忘。

二、从泰北到缅甸

在讨论"孤军"第三代的发展时，我发现他们大多离开新村，到清迈、曼谷甚至台北等大城市寻求发展，当时还在预想新村会不会面临"空巢"现象，甚至人去楼空，但事实并非如此，在年轻人迁出新村的同时，新的华人移民、山地民族陆续从缅甸迁入,起初帮人打工,后来自己开始买房、置地,与当地村民通婚。他们大部分为缅甸的云南籍华人,在村里可以讲云南话,较易融入当地。所以,我们可以看到中缅、泰缅之间的跨国流动,在迁徙与定居中,维系了地方人口的动态平衡。那时我就对此特别感兴趣,在区域空间中,人口流动如何形成,在来来往往之间,又建立了怎样的跨国关系。

这些移民进入泰国的身份与方式非常复杂、多样,他们持有不同的证件,甚至没有证件。我在新村的关键报道人小黄,江西人,我做调查的时候,他正在新村中学教书,已经在泰北"漂"了五六年,小黄最初在瑞丽一带做生意,后来有朋友问他要不要去泰国教书,他说可以,但没有护照,朋友告诉他不用担心,他们通过各种非正式途径,将小黄从瑞丽带到木姐、腊戌、曼德勒、大其力,再经过清莱到达清迈,每一段都有专人负责,接力完成。小黄在泰国北部的很多村落待过,种过荔枝、柑橘,开过照相馆,还在华文学校教过书,我做完调查离开后,有一段时间没有跟他联系,2011年,他突然打电话给我,邀请我参加他的婚礼,那时他已经在深圳,我说你是怎么回来的,他笑答"原路返回"。他的迁徙经历突破了我对跨国流动的"常识",从一个国家到另一个国家,护照签证之外,还存在不少另类的途径。

这就促使我开始反思跨国流动中的国家主权、边界与公民身份等问题,山水相连的中国西南与大陆东南亚,人口流动、社会网络与跨国连接,似乎比想象中更为复杂、弹性、丰富,这些看上去似乎"背离"民族国家与国际关系的日常实践,恰恰是这一地区在历史过程中所形成的一种"自然"流动状态。所以,完成泰国调查后,我开始计划之后的研究,当时设想了两种可能,其一,赴台湾,继续观察当年撤回台湾的国民党军队及其后裔的生存状况,以及他们与大陆、泰国之间的关系;其二,从新村人口的动态平衡出发,以中缅、泰缅边境为田野点,考察大陆东南亚地区的社会网络与跨国流动。

2004年,我继续随陈志明先生攻读博士,在撰写研究计划,讨论研究可行性时,却发现之前的设想困难重重。首先,台湾地区与泰北相关的眷村在城市化进程中多已迁建,不容易集中调查,此外,因为大陆背景的关系,申请到台湾进行长期研究存在程序上的问题。而当我2005年进入缅甸,向当地朋友咨询是否可以到中缅、泰缅边境进行长期田野时,大家都表示为难,那时缅甸仍在军政统治之下,军政府和民地武之间关系紧张,不时爆发局部战争,他们都以安全为由劝我谨慎考虑。在进行博士田野前期调查时,通常要考虑的大多是寻找研究兴趣,形成问题意识,或是建立良好的社会关系,为下一步研究做准备,而我的前期调查,急需解决的问题则是我能不能在缅甸长期生活,个人安全问题能不能得到保障?不过,当与福庆学校李老师见面,李老师一句"我能帮你什么?"让我释然不少。于是我决定先留在曼德勒,看看能不能通过当地华人研究,寻找相关议题来讨论缅甸社会以及我所关注的跨国网络与跨境流动。

在我进行缅甸华人社会研究的那段时间,缅甸还处于军政治下的半开放状态,还不能公开谈论昂山素季,只能以"the lady"代之,军方首脑也被称之为"一号",而外国人也很难申请到长期签证。之前我曾读过 *Living Silence*(Fink, 2001)一书,讨论缅甸民众如何在专制之下生存,这也是我感兴趣的问题,并将之更具体地聚焦于缅甸华人的生存状况。事实上,自1982年《缅甸公民法》颁布之后,缅甸的公民身份被分成了完整公民、联合公民与归化公民,根据规定,大部分华人被划入后两者,在政治、经济层面受到不同程度的限制,因此,我所关注的问题也渐渐转为,面对不平等的公民身份以及边缘化的社会地位,华人如何生活,如何争取自身的合法权益?又如何表达对缅甸的归属与认同?

显然,我不能直接和我的报道人谈论政治,当时的缅甸,多少会让人想起乔治·奥威尔的《缅甸岁月》《动物庄园》和《1984》,而田野工作者的身份与事无巨细的问题,往往也会引来一些怀疑,在我完成博士调查,准备离开缅甸时,我的朋友告诉我,他们最初把我当成了"Chinese CIA"。但是,政治又无处不在,生活在缅甸,从平常茶馆中的各种闲谈与戏谑中,可以窥见缅甸的政治生态,比如,缅甸的电视只有两种颜色,一是绿色,一是黄色,前者代表军队,后者代表僧侣。从前由于缅甸政府的外汇控制,在缅甸购买汽车首先要获得政府指标,甚至在一段时期政府还限制汽车进口,导致二手汽车价格暴涨,缅甸也成了天然的汽车博物馆,在街上还能看到二战时期的吉普,不断改装翻修之后,依旧在公路上驰骋。坊间也经常出现类似军政高层利用占星术来预卜国家命运,甚至以此决定迁都大事的传言。这些来自生活世界的黑色幽默与日常政治,让我更想就此一探究竟,军政治下的缅甸,到底是怎样一个国家。

三、从公民身份到民族国家

回到缅甸华人的公民身份问题，进入田野之后，渐渐发觉，华人关于生存境遇的表达，多少与其不平等的公民身份相关，其中又与缅族民族主义、民族国家建设、排华运动、整合式革命以及地缘政治、中缅关系等内外因素相互交织。这些民族国家进程的宏观因素，又嵌入了百姓的日常生活，对世居缅甸的华人而言，一方面，缅甸是其生长于斯的一方水土，情系于此，自不待言；另一方面，军政专制、社会动荡以及不平等的公民身份所带来的不确定性与危机，又时时促使华人需要通过非正式的文化政治获取社会认可，以证成其在缅生存的合法性。这就引发了我关于公民身份理念与实践的思索。

事实上，公民身份的探讨更多产生于政治科学与政治社会学领域，主要是在制度建构的框架下讨论公民身份的形成、权责及其与国家社会的关系（Marshall & Tom 1992），但是，在实践过程中，公民身份的实践却面临着内在困境和外在挑战，于内部而言，现实中的公民身份往往会受到种族、民族、性别、移民、阶层等因素的影响，其实践是有条件、不充分及不平等的，并且存在于正式的权力结构内外（Spinner, 1994; Stevenson, 2001）。有学者也就此提出修正与反思，如存在区别的公民身份（Young, 1990）以及多元文化公民身份（Kymlicka, 1995）。于外部而言，全球化、去地域化、跨国网络挑战着国家与公民之间的固有关联。换言之，全球流动之下，公民身份逐渐转变为一种流动策略，也就意味着 citizenship as nationality 向 citizenship as residency 的转型。

由此，我试图引入公民归属（cultural citizenship）的概念，具体指因族群、语言、文化差异而在国家共同体中处于不利地位的主体对于完整公民身份及社会认可的诉求（Rosaldo, 1994），通过关于缅甸华人公民归属与文化政治的民族志书写，聚焦受制于公民身份内在矛盾与现实困境、遭遇社会不公的少数群体，分析其能动调适与反抗，这也是一个在与民族国家和公民社会相联系的权力网络中建构自我的双向过程（Ong, 1996）。由此，关于缅甸华人公民身份问题以及具体实践的探讨，自然也就成为理解、认识缅甸国家社会构成的极佳路径。

在缅甸进行田野调查时，时时会面对这样的问题，军政专制为何得以延续至今？关于政治合法性，我们通常会用"合法性四重奏（被统治者的同意；共享的价值规范；程序；执政绩效）"来讨论合法性的存续，显然，自1962年执政以来，缅甸军政府几乎都不占优，1988年镇压民运，软禁昂山素季，否认全国大选结果，2003年，缅甸被联合国评定为世界欠发展国家之一。由此，对缅甸华人社会的观察，及其公民归属与文化政治的分析，需要面对的，是一个更具普遍意义或一般性的议题，即，合法性危机之下，军政统治何以延续？社会如何成为可能？国家、社会、民众之间的关系又是如何？

总体而言，军政专制造成了"强权弱国"的局面，而官僚体系的积弱，又导致国家与社会的疏离，客观上为社会创造出一定的自主空间，其中，道德力量与市场逻辑成为维系社会秩序与运作的两大支柱。缅甸为佛教社会，90%以上的国民信仰佛教，以佛教为基础文化传统，形塑了缅甸民众的价值观，也成为维系社会运作的道德源泉。缅甸佛教非常生活化，每一社区都建有佛寺，僧侣与地方民众共同构成了僧俗共同体，僧侣通过修行积累业力与德行，百姓通过布施获得福报，完成僧俗之间物质与精神世界的互惠。出家被当作提升社会地位的过渡仪式，华人经历地方化进程后，也逐渐接受南传佛教的习俗，一方面强调南传北传殊途同归，并用业报、无常的解释来消解社会动荡引起的焦虑与不安；另一方面，他们也通过参加佛事、布施与慈善来回报社会，以获得民众的认可。

另外一个力量来自基于理性选择的市场逻辑。军政时期，计划经济的运作不力，客观上催生了地方社会中灰色经济，从地下汇兑到物资流动，重新回归以市场为基础的供求关系，这也大大改善了国家资源管控带来的匮乏。当然，就华人社会而言，灰色市场的维系，也建立在以熟人社会为基础的诚信机制之上，比如，缅币币值不稳，所以很多边境贸易都是以人民币、泰铢结算，而官方汇率远低于市价，所以百姓大多经由地下钱庄汇兑，一个人若要到瑞丽做生意，可以在曼德勒钱庄存入缅币，然后再到瑞丽分号直接提取人民币。在访谈中，很少听到"携款潜逃"之事，因为开设钱庄的华人，大多世居缅甸，家里还有很多亲戚都生活于此，关系复杂，失信所带来的后果可能会波及多人，难以承受。

作为文化传统的佛教为社会维系提供了道德基础，成为缅甸社会共享的价值规范，而道德合法性的证成，也将国家、社会、民众带入开放的公共领域，进而形成新的博弈,军政府、昂山素季以及各类行动者,均希望利用佛教来强调自身的合法性与影响力,比如,军政府对佛教给予大力支持,并以官方名义从中国迎请佛牙舍利到缅甸巡展,通过国家倡导的佛教仪式来确定其护法之正统,而昂山素季及民盟则借由大众禅修运动来强调慈悲与博爱的力量,进而培育公民社会。而在经济层面,华人一方面依循市场规律以及民间的信任机制谋生、发展;另一方面,又利用"隐藏的文本",在对抗与妥协中与地方政府周旋,在这样的实践中,国家,某种意义上被化解为一种无意义的空洞叙事(段颖,2020a)。

国家与社会的疏离,并不一定会降低华人及其他民众对于缅甸的归属与认同。对于大部分华人而言,缅甸是他们的祖国与家乡,他们生长于斯,熟悉这里的山山水水,难以割舍。尽管军政府至今仍以"本土性"为基础建构国家同一感,将华人视为"外族",不承认华人为缅甸合法的少数族群。但随着地方化进程,华人作为生活在缅甸的少数族群,已是不可否认的社会事实。通过自身的努力,缅甸华人大致生活不错,但局势的变化无常让他们多少有些惶惑不安,他们因无法从制度途径参与国家建设,而缺乏对国家的政治认同,这也促使他们通过其他方式建立自身对缅甸的公民归属与国家想象,这既是生存需要,又是情感使然。他们鄙视军政府的贪腐、低效,平素不问政治,但为了生存却又不得不与当局建立灵活而又谨慎的社会关系,并为当下的生活状况寻求合理化的解释(段颖,2020b)。

博士论文写作时还有一个插曲,就是关于论文题目的讨论,最早想出的主标题为 Living Silence,到现在我还是很喜欢这个题目,不过正高兴之余,却发现已被美国学者 Fink 使用,无奈之下只好将主标题改为 Being Chinese in Burma,重点在于"Being"的表达,可在中文里却无法翻译,这让我想起米兰·昆德拉的 *The Unbearable Lightness of Being*。的确,Being 一词含义太过丰富,很难找对应的中文表达。和陈老师讨论了很久,还是没找到很好的办法,最后只好放弃中英文对译,而只是在英文标题里保留了 Being。

四、从民族国家到边境地带

在我田野调查和论文写作时期，族群研究中关于本质论取向的批评与反思讨论日渐成熟，同时全球化与跨国理论也成为国际移民研究的重要路径，这也促使我选择以多点民族志为基础，一方面希望通过各地华人的观察，呈现缅甸华人族群内部的多样性，不只是源自传统的血缘、地缘、业缘，上、下缅甸人文地理、政治生态、族群互动、地方化程度的不同，也会影响到华人内部的群体气质与族群分层；另一方面则来自中缅两国日益频繁的双边贸易与文化交流，需要进一步观察中缅民众，尤其是在边境地区的往来，以及跨国网络中的寓居与流动。

当我走进边境地区，以流动的视角考察两国人民的跨境关系时，所发现的，则是一个全然不同的世界，对生活于边境地带的人们，跨境而居，就是他们的日常，换言之，我们观念中的"界"和现实中的"境"，存在很多差别，中缅两国接壤，对于边民而言，跨过田埂，蹚过小溪，可能就已经"出国"，甚至有的村寨在勘定国界时被一分为二，成为我们所说的"一寨两国"，这与普通人观念中的边境，诸如海关、边防、护照、签证等一系列以国家主权与人口治理为中心的想象毕竟不同。在当地，边民从便民通道出入时，有时甚至都不需要出示证件，全靠刷脸，因为边防官兵对他们十分熟悉，知道他们就住在附近的村寨，跨境不过是去打工，做点小生意，甚至走亲串戚而已。

而边境地带的人口流动，与两国之间的地缘政治以及比较差异所构成的推、拉动力息息相关，除了我在和顺了解到的早期马帮贸易、季节性劳工之外，在英国殖民缅甸时期，就有很多边民到缅甸的茶山劳作，20世纪五六十年代，中国政治运动频繁，加之三年自然灾害，当时就有不少中国边民逃到缅甸，投靠亲戚，而旅居缅甸的华人也会通过边境渠道，带回不少粮油，以解侨乡亲属物资匮乏之忧。而到了20世纪八九十年代，中国改革开放以后，形势又发生扭转，一方面中国经济的飞速发展，另一方面，缅北边境民族武装力量控制地区零星战乱不断，双方比较差异日趋显著，很多缅甸人（包括掸族、崩龙以及克钦人等）跑到中国，打工谋生，甚至嫁到中国，谋求更加稳定、安全的生活。

所以，我在边境地区看到的，是更加复杂的流动图景。一方面，两国之间的地缘政治与社会经济发展,成为引发中缅两地之间的人口迁徙的重要动因。特别是民族国家建立之后,边境地区的人口管理成为国家主权具体实践的重要指征,原有的自由来往有所削减;但另一方面,中缅两地相邻,国境线漫长,很多界碑都设于田间地头,山林之中,所以,即使是在建国初期,边防控制有所收紧,生活在这个地方的边民,因为熟悉地形,仍然可以连夜通过小路奔波、穿梭于边境村寨,完成两地之间的贸易与物资交换,或是跟边防官兵搞好关系,出入境时给他们带一些烟酒食物,官兵有时也会默许他们来往边境两地。虽然那时的边贸非常零散,不成规模,但从现在寓居边境地区的两国民众的历史记忆中,仍能感受到边境的流动,并没有因国家权力的渗透以及边境管理的升级而有所中断。

  因此,我们需要日常生活的视角,呈现边境地带的流动与变化。在我们讨论边疆、边境与边界时,除去概念发生与演变的学理分析,更需注意,对于边民而言,边境地区是他们的生活世界,他们对此的感知,源自日常经验,自然而然。我们在边境村落中请村民帮忙绘制文化地图,希望借由地图反映他们的活动范围与地理认知,有趣的是,边民们并没有明确地标出国境线,他们画的,只不过是他们所熟悉的山山水水,跟蕴含着国家主权、人口流动、边境治理的边界并无太大关联。而绘图中,我们还发现一些微妙的差别,比如,他们将自己的村落和经常去的缅甸村落之间的距离画得比较短,而把自己村落和瑞丽市区的距离画得比较长,这是他们对当地社会关系非常具象化的理解,距离的长短,实际上表达出文化的亲疏,在充满异质现代性的瑞丽市区,他们感受到的,是陌生与疏离,反倒是国界对面的村落,生活着与他们同源的同胞,彼此之间甚至还有着亲戚关系,更显亲切。Mueggler 在 Paper Road(2012)中讨论了 19 世纪初期西方植物学家在中国西南的体验,不同的主体,不同的经验,不同的宇宙观,交流、对话中产生出不同的关系认知与知识生产,图中的地景,纸与路的交织,寓意丰富。而边民的具身体验,同样反映出不同视角下的边疆地带,边境也成为不同知识与体验互动的重要场所。对于他们而言,跨越疆界,乃日常实践与生存策略,活动空间并不取决于疆界,而在于跨国、跨境的社会关系与互动。

  当然,边境地带多重、复杂的社会关系与人、物流动,并不代表国家的"消失",作为边境地带主动施为的重要力量,国家与其他能动主体一起,形塑着边地的社会生活。1988年，中缅两国恢复双边贸易，并在边境地区共建自由贸易区。这充分体现出国家在边境治理中的主权意识，只不过在这里，是经由两国协商，让渡主权，构建飞地，实现关税互免与自由贸易。这也反映出新自由主义影响下，资本在全球流动中的弹性积累与转换。20世纪90年代，瑞丽政府大力推动招商引资政策，外国人可在瑞丽银行开户，自由汇兑，同时，市政府还批地兴建新型社区，供来中国投资的外商置地建房，2007年我做调查时，已经有75名缅甸华人入住，当地人将此社区称为"富人区"，他们置地后可自行设计建造别墅。这些缅甸华人的"侨居"中国，充分体现出"灵活公民身份"（flexible citizenship）所蕴含的跨国策略（Ong，1999），一方面，他们可以通过跨国跨境寓居转移资产，逃离缅甸军政的威权控制；另一方面，他们可以享受外商待遇，以及中国边境地区的投资优惠政策，从而使其能够在更加灵活、弹性的跨国空间中，完成资本的运作乃至全球流动（段颖，2018）。

五、从边境地带到区域体系

边境地带乃至区域视野下的田野观察，远不止于此，边境地带的流动，除了经常讨论的跨境贸易外，还包括跨境婚姻、跨境宗教等现象。随着中国城镇化进程、人口迁移及世俗化影响，中国边境地区很多傣族和德昂族村寨，虽然有佛寺有奘房，但大多没有僧侣常驻，村民也不愿送小孩出家，所以以每逢佛教节庆，村民都需要去缅甸迎请佛爷主持法会，为村民祈福。随着通信技术的发展，现在邀请佛爷也不必亲自去缅甸，很多时候都是通过电话、微信联络，所谓"电召"佛爷，即由此而来。此外，宗教与地景之间的关系，与边境无关，更多取决于僧伽的修行与魅力，以及由此延伸出来的宗教中心与阶序，换言之，宗教中心决定了朝圣流动的走向，构成了比较差异之外的另一种流动。

而不同时期不同地点的族群研究，也让我意识到在山水相连的中国与东南亚，在长时期的往来与互动中，各族群形成了一系列"约定俗成"的交往规范，成为区域社会体系中重要的文化调适机制。交往规范的基本逻辑，在于不同族群对彼此文化的理解、折中、妥协与尊重，这也是一种来自民间的共生共存的智慧。因此，交往规范的运用，并非消解文化差异与民族精神（ethos），而是充分发挥社会个体的能动性，在保持自身文化根基的同时，寻求彼此相处的默契、妥协之道，以求平稳地融入地方世界与他者的生活，并为自由地行走于世界创造更广泛的社会与文化空间。换言之，族群交往规范的理解与实践，关乎一国之内乃至跨越疆界的差异认可、身份认同与族群尊严（段颖，2016）。

此外，缅甸华人的多点田野与民族志写作，以及对边境地区人、物流动的观察，促使我转换视角，重新思考区域视野下的国家、社会与人群，以及现实世界中的中缅关系，这也成为我博士研究的拓展与延伸。事实上，中国西南与大陆东南亚所构成的整体社会体系，学界已有讨论，如东南亚史学家瑞德（Anthony Reid）提出的风下之地，主张将东南亚视作人文地理单元加以研究（瑞德，2010：6-15），E. Leach（利奇，2010）在研究缅甸高地时也提出区域诸社会体系的概念，以此来理解山地和平原，以及各族群之间的动态关系，E. Wolf 在讨论地方社会与世界政治经济之关联时，也提到应将印度—中国—东南亚视作连续统一体，以此考察不同地方的人如何吸纳不同的文明因素，为己所用，并由此创造出更为丰富的地方文化（沃尔夫，2006：56-72）。James Scott（2010）的 zomia 与不被统治的艺术，虽然引发不少争议与批判，但作为学理探讨，启发我们超越国家与社会的二元关系，从而将区域生态与社会体系带入更为立体、多元的论域，总的来说，从人文地理与社会生态的角度出发，中国西南与大陆东南亚，虽山川相隔，却河海相连，长期的人口迁徙与族群互动，形成了该地区相对松散、弹性、共生的关系结构。所以，我们需要将中国西南与大陆东南亚视作区域整体社会体系加以探讨，进而研究区域中的国家、社会与人群。

将中国西南与大陆东南亚视为区域整体社会体系，也具有方法论意义，推而广之，可以发现，中国东南和东南亚，也存在相似的情形，两相比较，则可以构成跨越国家疆界的区域研究的参照系，如孔飞力（2016）的历史生态与通道走廊，陈志明先生的华人民族学文化圈（陈志明，2012:11-29），以及之前提到的跨国社会领域。毕业后，我到中山大学工作，开始在广东地区开展海外华人与侨乡的田野研究，几次调查后，中国东南与西南侨乡的异同逐渐浮现出来。无论是西南的和顺，还是东南的梅州，流动与网络，成为侨乡形成与发展的重要动力。而陆路与海路的不同,则形成了以侨乡为节点,以马帮与商号,以及以水客为中介的跨洋、跨境网络与区域社会经济。在网络中流动的人,需要面对更为复杂的交往关系,包括家庭、地方、职业、宗教、地方化、王朝统治、殖民力量、土司、少数民族以及民族国家、区域格局、世界体系、全球流动等内外因素(段颖,2017)。

因此,在考察区域社会体系时,需要注意历史与当下的关联,以中国西南与大陆东南亚为例,其所呈现的,是一个关系千万重的世界,包括历史过程中自然形成的多元共生体系,民族国家与国际关系,以及全球流动中形成的跨国社会领域,三者交错叠加,共同影响着生活在区域中的人。而人们在区域中的长期寓居与游走,逐渐形成了由区域中各个节点相互支撑的多中心构型,"居"与"游"之间,我们看到的,并非传统的中心与边缘,而是一个"无处非中"的地方世界。这就需要我们不断地变换视角去理解中心—边缘的相对性及其历史形成过程,而以"流动的地方性"出发,分析区域中弹性、灵活的族群关系、生存心态与交往规范,以及区域社会体系中的复杂关联,更需要跨越疆界的人类学视野。

最后,从知识生产的角度来看,我们观察的区域,存在着三个不同的维度,一是作为本体的区域,山川海河,风土人情以及人与人、人与物、人与地方、人与自然之间的自在关联;二是关于区域的制度性建构,民族国家、世界政治经济体系以及权力关系格局,直接影响到"区域"的界定与形成,如东南亚地区的殖民历史以及二战时期东南亚概念的使用;三是关于区域的知识生产,我们在讨论区域时,需要同时面对前二者,分析两者之间相互影响,知识生产中的学术与政治,不可回避,20世纪60—80年代东南亚研究的鼎盛,与冷战格局不无关系。而如今的中国崛起以及"一带一路"建设所引发的知识生产与论争,无论是智库研究,还是学术分析,遍布全球的中国现象与中国因素,已然成为人文社会科学领域的重要议题(Pieke,2014)。中国走向世界,既是机遇,也是挑战,于中缅关系而言,同样存在不少亟待解决的问题,如之前的密松水库与莱比铜矿事件,如何依凭自身的研究,重新思考缅甸政治变革与社会转型的诸多可能性及其后续影响,面对新形势下可能产生的误解与矛盾,如何加强交流,增进信任,寻找再度平衡中缅关系的新途径,学者应有所担当。

六、人类学之旅：田野即生活

我的研究一直与"流动"相关，流动也形塑了我的人类学之旅，流动背后的 traveling routes，连接了我的田野际遇。对于我和我田野中的朋友而言，routes，是漂泊旅程，是迁徙路线，是人生轨迹。Tim Ingold（2014）将民族志视作人类学者的田野境遇，一种与他者相处，共享生活经验的学习过程。我们沿着与他者一起生活的轨迹，和过去相连，与当下结合，并由之思考未来的种种可能。而强调田野工作者与其观察对象的互为主体，以及两者生活世界的相互交织，正是为了避免民族志研究与写作中的主、客二分与工具意图，研究者若在某地生活很长时间，但依旧和研究对象之间保持着问问题、听故事的交往方式，自然也就无法呈现民族志的本体论意义，田野感以及同情共理更无从谈起。

的确，我更愿意将我在缅甸的田野视作生活，一个慢慢走近他者世界的学习过程。记得在缅甸的第三个月，调查开始进入瓶颈期，尤其是关于佛教与社会的研究。虽然在缅甸时时都能见到僧侣，但神圣与世俗之间还是有着明显的边界，很难深入访谈。我在华文学校认识了吴耶瓦达，一次和师父聊天，我问他能不能去寺庙住几天，他说不方便，除非出家。我当时也没多想，直接问他，那我能不能出家。他说可以啊，等他回去和住持商量一下。第二天，师父找到我，说住持同意了，尽快安排。于是，有了出家这样难忘的经历。

选定日子后，师父依照剃度仪规为我受戒，还邀请了其他几名僧侣见证。进入寺院，感受的是全然不同的生活。每天早晨四点起床，礼佛之后，便要外出托钵化缘，大多是在寺院附近的村落，是真正的吃"百家饭"，赤足行走于村里的碎石路上，对我来说还真是一个考验。化缘也有特别的讲究，我们去到每家门前接受布施时，不能直视对方，以免因为得到的食物不同而产生分离心。化缘回来后，所有僧侣的托钵都会交给食堂，由食堂统一分配。

每日禅修，都有寺内法师带领，也会有周围村寨的信众加入。在诵念礼敬佛法僧后，法师会用简单、朴实的语言讲解禅修心法，如教大家如何将注意力集中在鼻尖，感受呼吸的节奏，最后再用生灭的意念取代呼吸的体验。记得住持曾用食物与人的关系来解释生灭无常，简单入里，印象深刻。食物进入人体，营养为人吸收，谓之生，消化之后排出体外，谓之灭。食物的生灭，促成了人的新陈代谢，而人的生灭，则又嵌入了更为广大的因果循环之中，生生不息，生灭无常。

平时也会参与寺院的禅修、诵经与布施仪式。记得有一次，一位年近八旬的老人，由家人陪伴前来布施，颤颤巍巍地奉上自己做的点心，眼神中透出的那份虔诚与纯净，久久难忘。而南传佛教的日常实践，更能体现佛在人间的意蕴。出家，并非隔断红尘。化缘时，僧侣偶尔也会路过自己家，家人会为其准备一些平时喜爱的食物。而僧侣每日化缘，接受布施，为信众祈福，加上千家万户的供养，实乃物质与精神两者互惠的最好表达，也是佛教社会的道德根源。在各种不同形式的"施"与"受"间，缅甸民众实践着他们的精神与灵性的追求。

这就是缅甸，我曾经生活的地方，在那里，渐渐懂得，人生，不过一场修行。

田野，也是生命的记忆。记得一次生病住院，头痛难眠，夜深人静，脑海中浮现出一幅幅田野画面。我的田野，多少与战乱相关。金三角的异域"孤军"与"亚细亚的孤儿"；"了却君王天下事，赢得生前身后名，可怜白发生"的三军教官；开车来接我，手枪就放在副驾座位上的新村会长；还有梁先生家里的密道；满星叠弹痕累累的村屋……兜兜转转都是那硝烟弥漫的岁月，鸦片仍旧充当等价物的年代；再辗转到军政专治下的缅甸，边境沿线设防，荷枪实弹的士兵，亲见朋友在叛军火箭弹下丧生的李先生，以及前些年才得以前往的秘境密支那。

说来走运，几次田野，战争、动乱都与我擦肩而过。某年刚到泰北，得知之前一月军警大规模扫毒，难民村自然是搜查的重点，凡有贩毒嫌疑者，直接抓捕，送上特别法庭。一次刚离开泰国，曼谷开始红衫军示威游行。后来离开缅甸，仰光爆发又一次运动，军队再次出动，镇压游行僧侣及民众，一名日本记者不幸中枪身亡，罹难之地，我曾多次驻足逗留。很多年前，朋友曾经感慨，无法想象文质彬彬的我，竟能说走就走，闯荡金三角。而驾乘旧式敞篷吉普，驰骋荒野，这种忧郁热带中的想象，于我，在缅甸，竟成了现实。

田野，也是人生的相遇。罗萨尔多在描写伊隆戈人老年境遇时，讲述了这样一个故事，一位名叫拉凯的老人，年过八旬，晚年虽然孙儿绕膝，但却倍感孤独。一日，他的表兄托人带来纸条，言其病重，希望在走之前再见拉凯一面,可拉凯当时也身染重病,无法赴约。不久,那位老人送来他的弓箭:或许是说,此生再无重逢日。无独有偶,老师好友 Dentan,大约十年前就开始重访自己曾经游历或田野的地方,和知交好友 say hi and say goodbye,老师问他为何如此,Dentan 答道,如此一见,未必不是永别。

情到此处,也让我想起我的田野,我田野中的"拉凯"。腾冲的张先生,20 年前已是古稀老人,当年饶有兴致地为我们讲述乡史,各种逸闻趣事,如数家珍,娓娓道来。清迈的瞿教官,一见面就以"醉里挑灯看剑,梦回吹角连营"打开话题,纵横数十年,谈尽渡缅旅泰辛酸往事。还有杨台长,当时送他邓贤《流浪金三角》一书,不想先生还认真阅读,并逐页标出书中错漏之处,嘱我记录,还历史真相。十年后,当我重返新村,希望再次拜访诸位老先生时,几位重要的报道人都已过世。昔日铁马金戈,已成历历往事。留下生前身后,浪花淘尽依旧。而塘窝的忠烈祠,也已杂草丛生,萧条荒芜。边境地带来来往往,从前不少熟识的朋友,大多已离开新村,移居清迈、曼谷、布吉甚至台湾等地,还有一些人重操旧业,再返金三角,其中就有我的报道人,如今亡命天涯,不知所踪。

再回缅甸,曼德勒高先生和李先生,久经商战的老者,先后担任福建同乡会会长,两人晚年极为重视华文教育,数次捐资兴建学校校舍。多年前我在缅甸调查时,曾给予我莫大的帮助。除夕之夜,看我一人独行,邀我去家中过年,其子女远在欧美,无法回家团聚,高先生也因忙于公司、华社事务,四处奔波。冷清的家宴多少让我感到贤者寂寞。当年离开缅甸时,李先生还以回忆录相赠,对我而言,实乃了解旅缅华人生命叙事的珍贵文字,可惜,高先生、李先生相继仙逝,无缘再见。

行走田野,多少都会有过如此境遇,除了我们的"拉凯"之外,还有许许多多仅有一面之缘,却用他们的生命故事,为我们带来机缘与启示的人。前行的征程中,我们与他们,如同两条相交的直线,生活环境不同,人生阅历有异,若相别,恐真是无缘相见。但是,田野如同生活,毕竟我们曾经在那里,曾经有那么一段时刻,同他们一起,经历着同样的喜怒哀乐,感受着生命的律动,并于寻常细微之间,追寻着意义和美好生活。

以赛亚·柏林曾用"狐狸"和"刺猬"来形容不同学者的习性与特质,刺猬善于营造洞穴,储备粮食,稳扎稳打,刺猬型学者习惯在某一研究领域深耕，一做可能就是一辈子。狐狸灵动善变，以求适应环境，伺机而动，狐狸型学者的研究旨趣可能一直在变，随着理论的发展，现象的变化，不断改变自己。我想我可能属于狐狸身，刺猬心，我一直在从事海外华人研究，目前也跑了不少田野，看似研究不断变化，但却一直在试图回答一个问题："当华人移居海外，逐渐成为当地的少数族群，会发生怎样的变化？"换言之，如何通过各地华人的研究，更好地理解华人文化的同一性与多样性，并以之为参照，反观中国。

对于人类学者而言，田野即生活。我喜欢这样的生活，时常行走于田野与象牙塔之间，在不同的文化，不同的时空中体会陌生与熟悉的交织与纠缠，那是一种既融入又疏离的感觉。而走进他者的世界，更能感受到具体的人，体察人心与人性，而每一个人所在的世界，都可能成为自在的中心，所谓"地既圆形，则无处非中"。因此，行走田野，使我们能够放下很多关于自我与他者、中心与边缘的偏执与成见，重新思考我们与我们所在的世界。

参考文献

埃德蒙·R. 利奇. 缅甸高地诸政治体系. 商务印书馆，2010.
埃里克·沃尔夫. 欧洲与没有历史的人民. 上海世纪出版集团，2006.
安东尼·瑞德. 东南亚的贸易时代（第一卷）. 商务印书馆，2010.
陈志明. 迁徙、家乡与认同. 商务印书馆，2012.
段颖. 边陲侨乡的历史、记忆与象征——云南腾冲和顺宗族、社会变迁的个案研究 // 陈志明、丁毓玲、王连茂主编. 跨国网络与华南侨乡. 香港中文大学亚太研究所，2006：77-112.
——．泰国北部的云南人——族群形成、文化适应与历史变迁. 北京：社会科学文献出版社，2012.
——．区域网络、族群关系与交往规范——基于中国西南与东南亚田野经验的讨论 // 广西民族大学学报，2016（4）：95-101.
——．跨国流动、商贸往来与灵活公民身份——边境地区缅甸华人生存策略与认同建构之研究 // 青海民族研究，2018（1）：7-12.
——．2020a. 缅甸军政之下的佛教、道德合法性与社会构成 // 开放时代，2020

(3): 211-223.

——2020b. 平行与交织——军政时期缅甸华人的生存策略、日常政治与国家想象// 思想战线, 2020 (3): 26-35.

段颖、杨慧. 权力边缘的曼春满——旅游作为现代化与意识形态的个案研究// 杨慧、陈志明、张展鸿主编. 旅游、人类学与中国社会. 云南大学出版社, 2001: 96-115.

Fink, Christina. *Living Silence: Burma under Military Rule*. London: Zed Books; Bangkok: White Lotus; Dhaka: University Press Ltd, 2001.

Ingold, Tim. "That's enough about ethnography!" Hau: *Journal of Ethnographic Theory*, 2014 (1): 383-395.

孔飞力. 他者中的华人——中国近现代移民史. 江苏人民出版社, 2016.

Kymlicka, Will. *Multicultural Citizenship: A Liberal Theory of Minority Rights*. Oxford: Clarendon Press, 1995.

Marshall, T. H., and Tom Bottomore. *Citizenship and Social Class*. London: Pluto Press, 1992.

Mueggler, Erik. *The Paper Road:er Road: Archive and Experience in the Botanical Exploration of West China and Tibet*. University of California Press, 2012.

Ong, Aihwa. "Cultural Citizenship as Subject-Making." *Current Anthropology* 1996, 37 (5): 737-762.

——. *Flexible Citizenship: The Cultural Logics of Transnationality*. Durham: Duke University Press, 1999.

Pieke, Frank N. "Anthropology, China, and the Chinese Century". *Annual Review of Anthropology*, 2014 (43):123-38.

Rosaldo, Renato. "Cultural Citizenship in San Jose, Califomia." Polar 1994. (17): 57-63.

Scott, James C. *The Art of Not Being Governed: An Anarchist History of Upland Southeast Asia*, New Haven: Yale University Press, 2009.

施坚雅. 中国农村的市场和社会结构. 北京: 中国社会科学出版社, 1988.

Spinner, Jeff. *The Boundaries of Citizenship: Race, Ethnicity, and Nationality in the Liberal State*. Baltimore : Johns Hopkins University Press, 1994.

Stevenson, Nick. "*Culture and Citizenship*: *An Introduction*." In Nick Stevenson ed. Culture and Citizenship. London, Thousand Oaks, and New Delhi: Sage Publications, 2001. pp. 1-10.

Young, I. *Justice and the Politics of Difference*. Princeton: Princeton University Press, 1990.

野蛮生长

冯舒欣

冯舒欣,南京大学社会学院人类学研究所博士研究生。

一、引言

我是一个野生的人类学新手。

2017年夏天,我在广州遇到我的硕士老师,她推荐我了解一下人类学。尽管这一了解就爱上了,但在此之前,我对人类学的唯一深刻印象是这样的:

我爸爸:"××他儿子今年高考,分数不够,调剂到人类学专业了。"

我妈妈:"啊?那他以后就业怎么办啊?"

在背后议论人是不对的。报应不爽,他们的女儿后来绝望地以为自己这辈子都读不上人类学了,又费了很大的工夫,才有机会读得上人类学。

在2020年秋季入学前,我从没有坐在人类学的课堂里,也从未接受关于人类学的系统教育和研究训练。幸而,一路横冲直撞,也算是最终爬上了入云端的百步梯,摸到人类学厚实又发出神圣光芒的门槛了。

为什么会31岁才背井离乡、抛夫弃女、辞职跨界读人类学呢?

这还不简单?

我是天生要成为人类学学者的人啊!

先天的溢出天灵盖的灵气、洞察力、叛逆和对世界难自禁的热爱,后天训练出来的自省、能吃苦——无论哪一样,都是成为人类学学者所必需的。

与根正苗红的学生不一样,我的人类学之路才刚走到路口,找路口的故事倒可以啰唆一大串。啰唆着啰唆着,又好像发现,自己一直很有学人类学的模样。

二、封印灵气吧,少年!

我本科读的是教育学,不务正业得让人担心我误人子弟。演话剧,拍电影,玩配音,傍晚开两瓶哈啤坐在超市门口看来来往往的人,半夜三更穿着人字拖在广州大学城里骑自行车。大四的时候在《羊城晚报》实习,跑街、写稿。当时写的第一篇大稿是一个好玩的社会实验——到广州的不同地方冲路人笑,看看他们怎样回应。之后,交通违规、交通灯设计不合理的广州"马路江湖",愿意或不愿意帮陌生人看管行李的广州人,地铁站里匆匆而过的上班族和退休族,毕业季的告别,无一不让我充满欢喜和期待,看在眼里、写在纸上。那时候,浑身精力与灵气像是总释放不完。

到了读硕的时候,我开始真心喜欢上学了。我就读的学校自1967年立校到20世纪70年代,一直是加拿大政治激进主义的阵地。到我入学的2011年,我所在的教育学院仍有反叛的遗风。修读的学位尽管名叫教育学学位,但几乎不涉及经典教育学理论,阅读、讨论、作业,无一不与反思和批判相关。现行的欧美学术抄袭标准制定合理吗?标准英语是如何形成的?怎样用教育唤醒受压迫者以实现人的解放?"我要改变世界!"20出头的我热爱我的硕士课程,原本无定向散发的灵气与叛逆,总算找到了攀爬的葡萄架,向上生长,愈发茁壮。

不久,快速成长带给我新的烦恼。某个晚上,我走在温哥华港的岸边,看着灯光水影,突然身体一激灵——光靠灵气,我还可以走多远?那自然是走不远的,凡是无法沉淀成智慧的聪明,都是不可靠的。灵气哪天说没了就没了,没了之后我该怎么办?

从那天起,我把灵气都封印在床底。不写作,不躺床上东想西想,千丝万缕的细腻敏感咔嚓剪断,不看散文不看文学作品,只看论文和理论书。摒弃那点不可靠的小聪明,只依靠勤学苦练,我应该可以慢慢成为一个严谨、深刻的学者吧?

三、口音、种族与语言

封印灵气之后,第一个任务就是完成硕士论文。由于当时报读的硕士课程属授课型而非研究型课程,在写作期间我接受的指导非常少,大概只与论文导师面谈了两次。文章以自我民族志的方式叙述了我对一名同是来自中国的导师的种族-口音-语言选择叠变歧视,分析我自身的成长经历、英语学习经历与留学动机与更宏大的英语教育市场中的肤色与口音歧视、英语作为社会/文化/象征资本在中国教育/考试/求职中的地位、家长对孩子英语教育的投入与期待，反思歧视透镜下我对该导师教学实践的主观解读，强调自我反思对解除歧视的重要性。通篇不留情的自我批判，虽然稚嫩而未经规训，却也算是对我思想成长的一个记录：我关切的是什么，我反抗的是什么，我愿意为弄清楚这些问题花多少工夫。苦于硕士课程太短，而我又未受研究训练，尽管这篇文章的写作延续到毕业后数年，但每每修改，都只见叙述性写作上的进步，而没有思想上的大提升。

反思"种族-口音-语言"歧视的热情延伸到毕业后的工作里。我在一个地方高校的外国语学院教书，学院里开设社会服务类的儿童英语班，每个班配备一个外教与一个本学院的中方教师。在某次开会的时候，英语班的负责人提及，不愿意继续聘请黑人外教了，因为从网上看到关于黑人传播艾滋病的文章，而且觉得黑人外教的口音"不好听"。我当时大吃一惊，不仅仅是因为在高校里有人如此公开地表述"政治不正确"的种族歧视观点，还因为我当时与两名黑人外教、一名非黑人外教进行合作，前者的英语教学水平明显高于后者——凭什么该解聘的不是后者？就因为肤色长得好吗？会后，我发了很长的短信给该负责人，劝说她，不该解聘教学水平与负责任程度都较高的黑人英语教师。负责人客气回应了，表示解聘的事情以后再考虑。

但我依然为黑人英语教师的遭遇感到不平。我与我的学生也是非白人，也是非英语母语的英语教师，如果不化解黑人英语教师所遭受的歧视，我们所要面对的歧视亦将无法化解。从对英语班家长进行的访谈中，我发现这种对黑人英语教师的歧视比我在加拿大对导师的歧视稍复杂——除了口音和母语之外，教师的肤色、国籍和性别都会让家长形成不同程度的叠变歧视，倒是受教育背景——与英语教学水平更相关的因素——最不受家长关注。借用安德森"想象的共同体"的定义，这个文章以《想象中的黑人英语教师》为题，因为家长所见的并非身处教学现场的教师个人，而是通过糅合了自己对理想英语教师、对"标准口音"和"标准英语"、对国籍/肤色/性别的透镜，所评判的黑人英语教师群体。

四、"金山婆"与"华为寡妇"

我所就职的高校里,华人华侨史研究进行得相当不错,每两年举办一次国际移民研究会议。该会议的工作语言是英文和中文,于是在外国语学院教英文的年轻教师,通常会受邀担任会议翻译。我第一次做这个会议的翻译是在2014年,会议前做的准备比较多,所以尽管会议期间的翻译工作强度大,我还是津津有味地听了学者们的研究报告。那是我第一次真正地听学术会议——尽管过去留学期间也参加过两次会议,但太专注于准备自己的报告展示,没心思听别人的发言。坐在翻译席上,我满脑子都是对别人研究的发问,但苦于自己只是一个传达信息的翻译员,不是学者,所有问题都只能憋在肚子里。

那次会议的主题是移民的日常生活,开幕时邀请了黄赓武先生做主旨发言,而我负责会后对黄先生发言录音的整理和翻译。当时没有语音识别与转录软件,于是必须每句反复听,逐词逐句敲键盘,再翻译出来。这次翻译经历也种下了我后来博士研究计划的一颗种子。这个系列的国际移民会议,也是我在强度大得足以摧毁身心的教学工作与育儿活动的间隙里,仅有的进行学术模仿与学习的机会。这对我博士入学前的思考与论文写作风格影响很大。同时,因为学者们的报告内容对我而言并不陌生——我是土生土长的侨乡人,家里本来就有华侨。我似乎看到自己作为学者参会的可能性。

我的家族里面,从母亲的曾祖母一代到我,正好有5个经历不同历史时期的跨国留守女性。我的家乡在四邑侨乡,这里是19世纪中期到20世纪中后期往东南亚、北美与澳新的许多华人移民的祖居地。过去,人们把丈夫在国外谋生、自己留守家中的女性称作"金山婆",地方的歌谣、文学作品与新近的研究中,往往会反映"金山婆"独守空房的孤苦情境。在不同的历史阶段里,由于移居地华人就业结构与生活成本不利于女性移民、通讯与交通方式落后、交通成本高昂、移民政策壁垒森严等原因,"金山客"少有能携眷前往移居地。幸运的"金山客"娶亲后要工作储蓄长达数年才能与妻子重逢,而不幸的"金山客"或许熬不过艰苦的旅途和恶劣的工作环境、一命呜呼,又或时运不济又或赌博成性以致终其一生凑不到回乡的旅费,终生不与家人再见。

而我则是新时期的"金山婆",我的先生是华为技术有限公司的驻外工程师。我和他自 2014 年结婚至今，共处的时间不满一年。丈夫在海外"淘金"，而妻子在家经历怀孕、生产和育儿，这是很多华为驻外男员工的家庭模式。尽管华为会为愿意"随军"到海外的家属安排生活后勤类的岗位，但起码在我先生当时常驻的北非，真正愿意"随军"的家属，少之又少。

为什么依然有女性愿意忍受跨国留守？现在通信发达、交通便利且成本低，大部分国家的出入境政策都较为宽松，还有专门提供给家属的工作岗位，华为海外员工的家属面对的是比过去更易于"随军"的条件。但为什么会有女性像过去的"金山婆"一样甘愿承受长期分离的婚姻？我用口述史、线上访谈、面对面访谈和自我民族志的方式，比照了"金山婆"和"华为寡妇"（这个词来自我访谈对象的自嘲）的故事，发现其实新时代对女性经济独立、情感独立的期待，对女性追求婚姻中的亲密而言，也是一种桎梏。

这个发现在 2018 年的会议上引起了其他学者的共鸣，但让我感觉心虚。我当时的文献阅读让我总习惯把女性当作受压迫者来进行分析，于是在分析里没有提到与"受压迫"视角不符的事实：一方面，跨国留守女性独自承受育儿持家压力的同时，面对的养家糊口压力相较于男性要低许多；另一方面，在她们承受孤独、艰难与家务压榨的同时，在海外的男性也要面对孤独、艰难和工作压榨。要谈受压迫的话，独自在外谋生的男性所受的压迫并不少。所以，只谈家庭内的性别压迫，让我觉得不舒服——那不是跨国留守女性的真实经历。直到后来，听老师们讨论西方二元论与中国关系主义后，我才发现用"孤阴不生，独阳不长"的夫妻合作来看跨国分离婚姻，会比前一种视角更适切，于是开始重写文章。文章还没写好，但教训我记住了：研究之初就用一个理论视角来看事实，事实很容易只呈现出符合这个理论视角的形态。

五、寻根

在跨国留守女性文章的写作期间，我开始进行人类学方面的阅读。这让我发现我可能找到了与自己和解的机会：此前，我一直认为，要成为一个严谨深刻的学者，就要尽量隔绝自己的天性、只依靠勤学苦练。直到遇到人类学，我才发现，这大可不必——释放天性、运用灵气，与作为学者的成长并不矛盾。

甚至可以这么说，要做一个人类学家，灵气与刻苦都不可或缺。

要做人类学家，就要去田野啊！但我要去哪里呢？我第一时间想到的是农村，因为那里才有"田"，是离我很近而我又不熟悉的地方。于是我周末经常跟着做乡村保育工作的人跑他们要保育的几个村子，但那不是"田野"——空心化的村子里，人影都难见一个；偶尔有公益赠春联、文艺汇演活动，人都匆匆而过，不太愿意搭理我这个连方言都不会讲的外来者。最要命的是，我根本没有长期待在那个地方，甚至连过夜的机会都不曾有，一点都不"田"！

去做寻根志愿者，倒让我接了地气。2018年秋天，我冒充学生去参加面试，顺利混进学生的创新项目做志愿者。这个项目要搭建一个帮美国华人华侨寻根的平台，由美国的寻根组织接受当地有意寻根的华人华侨委托，把委托人的姓名、祖居村和家中长辈的名字交给平台，国内的志愿者依据委托信息去到当地，寻找他们的祖屋、祖坟、族谱和尚在人世的亲人，形成简略的报告后，再让委托人决定是否回国寻根。接收的寻根委托信息往往会有各种问题，比如有的祖居村名字有误（音对了而字错），有的只有长辈的字而没有名，于是最终能在志愿者踩点后仍能回国寻根的委托人，是非常幸运的。

我所接受的委托来自两兄弟，他们的父亲11岁的时候就已经随他们爷爷赴美，他俩在波士顿的唐人街长大，一个在大学里做计算机技术员，一个从公务员岗位上退休。他们70岁左右，从未来过中国。我在他们回国前的五周到他们父母的祖居村踩点。他们父亲的家族在当地是望族，祖屋的碉楼甚至是现在村中的旅游景点，于是非常好找。等工作人员来开门后，我走进碉楼，一边拍照一边问，这家的亲人还在吗。工作人员走到碉楼的露台，往楼下大喊一声，然后跟我说，呐，楼下那个三婆，就是这一家的。三婆是兄弟俩的爷爷的弟弟的儿媳妇，正在祖屋以南的一个房子门前择菜。可能平日和三婆聊天的人不多，三婆看到我还挺高兴，聊了不久就把自己家族里的前两代人的恩怨情仇说了个大概。我说谁谁的儿子要回来拜山了，现在他们家的山是谁帮忙拜啊？三婆给了我两个电话号码，说这是可以帮忙拜山的堂兄弟，又给了我她儿子的电话。这样，一下子我就找到了四个他们家亲人了。后来午饭的时候，我在农家乐与店主聊天，发现店主是个退休教师，自己手抄了村里自立村以来到自己一辈的族谱——族谱也到手了！后面找兄弟俩母亲的祖居村时，也几乎是全凭运气——我收到的村名是错的，我的方言又讲得差，问路问了好几个人，才有人说，要不你去那啥村看看，那个村姓关。到村子时，村口恰好坐了一排聊天的妇女，我拿着兄弟俩母亲的名字去问，她们都说没听说过。外嫁女，后来又出国了，村里人不知道也是正常的。我又说，这家的女儿嫁到了某某村某某碉楼的那家。其中一个妇女喊道："哦，这我知道！我老公给这家拜山的！"于是接下来，我就找到了兄弟俩母亲的祖屋和母亲这边的祖坟了。这边的祖坟一直由他们母亲的哥哥的儿子从加拿大委托村里人拜祭，于是我找到了兄弟们的表兄的联系方式。

踩点成功后我给兄弟俩发去了踩点报告，一周后收到信息，两兄弟决定回国寻根。第一次见面我就发现，这俩兄弟就是披了中国人皮的美国人。他们只懂几句开平话，不懂家乡规矩。先是跟我说他们拜山不用买祭品，他们去鞠躬就行了。在侨乡，拜山祭祖是返乡者要做的首要大事，只鞠躬不买祭品？那怎么行！我说，这样村里人会觉得很奇怪，祭品又花不了很多钱，委托村里人拜山也很方便。他们又问："让他们帮忙拜山，他们骗钱怎么办？"把我问倒了。在四邑这边，不在家乡的人往往会委托在村里的人操持拜山事宜，村里人会在祭拜后把购买祭品、清扫基地的费用告知委托拜山的人，祭拜的费用由委托人预付或后付。我父母亲家的拜山都是委托村里的同族兄弟操持的，我却从未想过这种问题。用拜山费用来骗钱？这俩兄弟是怎么想到的？我说，这不太可能发生的，因为他们都在村子里生活，会在乎自己的名声。他们半信半疑，我说，那他们也可以怀疑你们委托拜山之后不付钱啊。他们这才说，"好的，那就让帮忙拜山吧"。当时我有点"一片真心喂了狗"的感觉：这俩人，与其说是来寻根的，还不如说是来旅游猎奇的。

但神奇的事情发生了。这两个嬉皮笑脸的美国兄弟，寻根途中哭了好几次。第一次是在他们父亲家的碉楼。我起初踩点的时候也没注意，四楼神台前的黑白照片，原来是他们父亲年轻时的肖像。开着摄像机、到处拍照开玩笑的俩人，看到照片之后就开始安静了。大哥和弟弟用开平话说"爸爸"，然后两个人鼻头和眼眶都红了。第二次是在三婆家。三婆起初讲着开平话寒暄，兄弟俩不太听得懂。但三婆握着大哥的手坐下，说，"哎，好咯，返来咯"之后，俩兄弟开始抹眼泪。第三次是拜山时。大哥像演电视剧一样姿势夸张地举起香准备行大礼，然后指了指祖坟，问我，我要怎么称呼他啊？我用方言说，太公。他就笑着用开平话说："太公，我返来……"然后后面几个字突然因为哭腔而变音了，"……返来睇你啦！"后面，堂兄弟带他们到家乡菜馆，他们吃到母亲过去做的腊味焖茨菇，说 40 多年没吃过这个味道了，便开始哭。回程的路上，哥哥夸我"勤力"，弟弟说，好多年没听过这句话了，以前妈妈在的时候总叫我们要"勤力"，又开始哭。

在帮他们抄写族谱的时候，他们跟我说，能不能把他们的孩子的名字也写上去？我慢慢相信他们身体里有某种深藏的 Chineseness，在寻根过程中被唤醒了。这次寻根之旅对我而言也意义非凡。我从未如此深入地接触陌生人、深入到他们的亲戚网络、深入到他们的家族故事，并与他们共情。而且，这一次经历也让我发现，我对我自己的家乡和家史，竟不如对这俩兄弟的家史了解得多。这也直接触发了我后来的恩平田野之旅。

六、恩平的田野

我第一次前往恩平做田野是在 2019 年春天。在那之前，学校里做华人华侨研究的老师总说，你一个恩平人，应该回恩平看看，去了解一下那边的华人华侨。恩平地处珠三角西南，而学校里做的华人华侨研究多是关于台山、开平、新会 等地往北美和东南亚的移民，对恩平往委内瑞拉的移民关注并不多，尽管"委国客"的数目一度高达 20 万人。我想这大概是因为一来，恩平往委内瑞拉的成规模移民主要出现在 80 年代到 90 年代，比较晚近；二来，这群移民离开祖居地的时候，广东尚未普及普通话教育，于是他们大多不会讲普通话，而到委国后又讲西班牙语，无论是国内华人华侨研究的学者还是在北美的移民研究学者，与他们沟通都有语言隔阂。我不在恩平出生长大，小时候只有拜山和饮喜酒才会回到恩平，后来中学和大学时候住校，接着又去留学，接连十几年没回乡拜山。直到帮人寻根之后，我才真的有动力回到恩平去看看——就算我在华人华侨方面没有可喜的收获，我至少能对我的家族、我的亲人、我的家乡多一点了解。我天天给奶奶打电话，打了约莫一个月，觉得自己恩平话练好了之后，就让爸爸帮我联系了在牛江镇圩住的同族伯爹，说我要返乡在他家住一段时间。

回乡的旅程堪称可怕。汽车客运站并没有直接从我居住的江门到镇上的大巴，按官方路线走，只能先从江门坐车到恩平市，再转车到镇上，大概需要两个多小时。我觉得这太折腾了，就联系伯娘，问她有没有其他交通方式。伯娘给了我一个她在圩上看到的黑车号码，说一个多小时就可以从江门到镇上了。上车后我才发现，这辆小小的金杯面包车，专门在恩平牛江镇和沙湖镇一带拉需要到江门的医院看病的病人。当时离新冠疫情发生还有一年，满座的车上有好几个戴着医用口罩的人，让我感觉怕怕的。坐我隔壁的大叔，大声咳嗽之间带着痰的声音；后排的妇女，启程不满半小时就开始拿着塑料袋呕吐。我当时想，身存正气百病不侵，这车能省时间，下回我还敢坐。可惜，田野结束后，回程路上黑车司机摸我大腿，让我从此失去了坐黑车的勇气。

我在圩上找到了伯爹家。伯爹说，这片房子叫新村，住的都是我们村的人，这块地是90年代的时候让人们从旧村里迁到镇上住给规划的地，离旧村步行十几分钟的距离。一个下午的时间，我就在新村的堂口，在伯娘的介绍下逐个跟数不清的伯爹、伯娘、哥、嫂、姐、公、婆打招呼，逗小孩子玩。新村的堂口非常好，面向一片看不到尽头的田，没有往来的车。小孩子在堂口爬、跑、打滚，非常安全。镇圩上有许多八九十年代的自建房，几乎每个商铺张贴着往南美和加勒比地区的物流广告。从镇圩走向旧村的一条安静的街上，倒是有一小排年久失修的精致骑楼，其中一家的牌匾上还依稀看到"朱义盛"的字样，让人能窥见小镇的人追逐时尚的历史。一阵风吹过，风里是小时候每次回乡才能闻到的尘土香。嗯，这是田野的味道。

临近傍晚的时候，我在镇圩上逛了逛，买了一顶草帽戴上，再沿着乡道走。尽管有了人类学家的造型，我却不知道自己该做什么。要不去看看"委国客"回国后都在做什么吧？恩平这边管移民委内瑞拉的人叫"委国客"。自2013年委内瑞拉形势断崖式变差之后，陆陆续续"委国客"回流国内。第二天，我跟伯娘说，我回来有个任务，要采访"委国客"。伯娘马上拉着我去她家旁边的屋里，叫了一个跟我年纪相仿的人，说，这是你坚哥，你采访吧！伯娘大概是为我着急，想我尽早完成任务，所以一天之内以同样形式拉我见了十几个"委国客"。这些"委国客"们也很好玩。伯娘教我对他们的称呼，都是亲人间的称呼，但他们一开始都不愿意搭理我。但神奇的是，只要我说我是谁谁的女儿，他们就会突然说：哦！是你啊！然后对我表现出亲人才有的热情，对我问的问题言无不尽。我当时想，嘿，沾老爸的光真好。大概一年多后，我翻族谱的时候才知道,这些我称作亲人的人,竟真的都是我的同族亲人。

接下来的一周时间,我待在镇上,每天一大早就四处找"委国客"聊天,听他们谈天说地。有人在加拉加斯的街头驳火中幸运地躲开了阿拉伯人的子弹,有人在暴乱前腰间插了菜刀两手抱着两个孩子准备逃命,有人被拦路劫车抢得只剩内裤跑到山下求救,有人买枪自卫却被入屋歹徒抢走了枪。我所访谈的委国客,大多是初中毕业后就通过亲戚网络前往委内瑞拉,受教育程度不高,但他们的故事,他们对世界和时事的见解,却屡屡让我有"啊厉害!""啊我悟了!""啊受教了!"的惊叹。但令我困惑的是,这般水深火热的情形下,依然有人选择留在委内瑞拉。那么,留在委内瑞拉的人是怎么过日子的呢?枪林弹雨的淘金地突然无金可淘、祖国形势与移居地形势迅速扭转的情况下,他们怎么应对?他们又是怎样想的?通过回流的"委国客",我联系到了留在委内瑞拉和往返于中委之间的"委国客";上面的这些问题,也形成了我的博士研究计划。

每日午后,我会徒步走回旧村,看看自家祖屋。旧村里几乎没有人住了,但搬到新村的人时不时会回到旧村,给祖屋扫灰、换盏。我家祖屋就在村口,我蹲在祖屋前,看到有人就说,伯爹、伯娘、阿婆、阿公,我是谁谁的女儿,我返来啦。然后从他们闲聊的只言片语里,听我们家的故事。我家的这一支是水库移民?我家买了祖屋后被人拉去大辩论了?我爸小时候差点掉池塘里没了还被牛顶了一下?从素未谋面的人嘴里听自己家的故事,感觉很奇怪——为什么我爸爸、奶奶、叔伯姑姑从来没告诉我这些?回家后我问了爸爸和姑姑,为什么这些我都不知道,他们说,你小时候给你讲你也不懂,你长大了也没问啊。我才发现,自己在观察和发现的时候总爱四处张望,总期待新奇别致的体验,却一直没有看看自己的脚下,对本该熟悉的家乡、家族和家史,竟几乎一无所知。

七、果实与牛角尖

在恩平的田野,让"委国客"研究计划逐渐成形,我幸运地进入南京大学师从范可教授攻读博士学位。尽管只上了一学期课,但对我来说,读博简直是一个只应天上有的经历！我居然可以与传说中的神仙学者们坐在同一个教室里并且无限提问题！每个问题——无论是突然冒出来的还是困惑已久的——都得到让我豁然开朗的回答。上个学期，我选修了五门课，又旁听了一门。每到课最多的周三周四，我就会因为听完课后的过度喜悦而亢奋得睡不着。听大神讲课是什么样的感觉呢？有时是安静的空气里突然"叮"的一声"我悟了"的感觉，有时是你来我往的问答之间天灵盖猛然被劈开的感觉。

我像一棵太弱的小树苗，吸够了那么多的养分，却还没憋出一个果子。辞职前，我总以为一旦进入了真空的学习状态，我就可以修改好自己之前写的论文，就可以修完自己的线上研究方法课。事实是，现在每周只要能完成老师布置的课程阅读，精力就用得差不多了，产出暂时是不可能的了。

还好我不焦虑。在网络段子里，头发与学术成长似乎是不可兼得的，但这个思路有盲点：只要有耐心把时间拉长，健康与进步是可以兼得的。我的爱好依然多种多样——风水和星座，面相和养生，饮食和历史——每样都需要花大工夫才能见长进。我想，只有保全身体，耳聪目明地活长一点，才能让这些星星点点的爱好连接到一起，最终形成一比较完整的画面。时下学术公众号大谈疯狂的行业内卷与个人焦虑，却甚少告诉读者：纵欲伤身。急切追逐，要学术精进、要名誉威望、要高薪显贵、要子女成龙凤，并为此不间歇地高强度工作、熬夜，这就是纵欲。纵欲所摧毁的肉身，承载不住更长远的追求；不以物累形，身心健康，才能按自己的节奏螺旋上升地成长，才有后劲结出硕大甜美的果实。

现阶段，我的主要困境在于自身爱钻牛角尖的坏习惯。从小学一年级开始，到中学，我问问题的时候老师总会说："你不要钻牛角尖。"小时候听着的，尽管不懂"钻牛角尖"是什么意思，但也感觉到，老师觉得这是不好的。稍大一点有点判断力之后，觉得爱钻牛角尖还不错，毕竟正是不把牛角尖钻穿不罢休的这股劲儿，让我一直有新发现，一直觉得自己在进步。可是到了读博，我才发现，钻牛角尖的"进得去"我做到了，但客位思考我却"出不来"了。研究移民的汤，研究疫情下的食野味者，对人解释风水面相时，我能清晰表述食野味的人、相信风水面相的人的逻辑与宇宙观，但倘若没人提醒，我往往会忘记跳出来思考他们为何如此。要成为一个合格的人类学家，我要养成主客位切换自如的习惯才行。

八、野生的力量

上学期，有个老师在我提问后反问我："你一个学人类学的，为什么会关注这个？"我想，我兴许是太野生了，不知道一个学人类学的不该关注什么；兴许是入门之前吸收了太多指路人的专业底色，于是自己作为人类学学生的特质，也不那么明显。

那么，人类学学生该是怎样的呢？

与在 20 岁出头时认为自己要改变世界不同，现在的我觉得，作为一个人类学人，我该做的就是侧耳聆听这个世界，诚恳地记录自己对世界的观察与思考。就像野蛮生长的我，未经规训却也能长出自己当前的形态，世界也一样，它不受教化，它有其自身变化的逻辑，它的变化方式很少受个人的主观意愿的影响。那些我认为他们处境有待改善、曾想向他们伸出援手的人也是如此，无论他们是受歧视的黑人英语教师，是寂寞的留守妇女，还是水深火热里的"委国客"，若处境真的让他们忍无可忍，他们总能用自己的智慧琢磨出改变处境的方式。这些方式都经不得提前的策划与计算，对我们这些物理生命有限的人而言还有点荒诞不羁。但野生的、让自己更好地生存发展的力量，总能让世界和人到达该到达的地方。而我能做的，应当是了解世界运行与人的想法的来龙去脉，观察变化，汲取此间的智慧，好让以后的人知道，自己总能有办法的，无须慌张。

意外的旅程：一个人类学家的养成之路

高 瑜

高瑜，台湾嘉义人，台湾清华大学社会学硕士，北京大学人类学博士。现任职于大理大学民族文化研究院。

我从北京大学毕业后，因缘际会又回到大理，进入大理大学工作，至今已五年有余。在这个背景下，个人研究兴趣以宗教人类学、宗教社会学、移民与迁徙、地方与空间为主。除了在博士论文基础上继续开展大理本地的相关研究之外，也持续拓展移民议题的讨论。2018年，我申请到国家社科基金项目，主题是台湾的云南移民后代。目前在台湾停留，展开一系列的田野调查，走访北中南各地云南移民的据点，通过日常生活的共作以及观光节庆（例如：南投清境的火把节、桃园龙冈的米干节等）的参与，了解云南移民后代在台湾落地并重新转化自我的过程。

由于在两岸求学和工作的生活经历，让我对于两岸的文化差异和社会逻辑深感兴趣也多有体会。在田野工作的训练基础上，以身为度，期许自己后续从日常生活的角度出发，探讨当异地和故乡互换，亲密性的两难如何从中展现又重构，并再一次理解作为人类学家的角色。

工作好几年之后，受邀写这篇文章，谈自己的人类学之路，反而变得不好意思起来。因为益发明白个人有太多不足之处，也益发明白学问与求知是无止境的。在这个圈子里，有太多同行比我更有资格谈这个主题，而我所能给予的微小贡献，是分享这些年的经历，走走停停，曲曲折折。一方面作为自己的记录，另一方面也重新整理自己的思绪。一个人类学家的养成，同时也是一个人的生命历程。

我的博士论文，是从拿到博士学位之后才开始做的。而我也从来没想过，最后我又绕回了台湾做田野。台湾既是我的故乡，对我来说却又产生了另一种异质感。这一段话听起来似乎有夸张的嫌疑，但真实的情形的确如此。

一

事实上，就连读博士班都是个意外。那并不在我原先的设想之内。就像有时候我会想起列维-斯特劳斯在《忧郁的热带》开篇时说的："我讨厌旅行。我恨探险家。"接着他却讲了一个很长的故事，关于他的游历，他的经历，他人生中在各个异文化之间的穿梭。如果没有意外，我应该会在小岛上结婚生子，安居乐业。但我却在一个可想象的未来里，做了一个新的决定。现在回想起来，甚至是贸然的。在我重新回到学校之前，我已经工作了好些年。在那个时间点里，我却想要片刻的休息。对我来说，读书是其中的一条捷径。我渴望再看见其中的光，那些从书本里、从文字里透出的，像萤火虫一般微微的光源。而我因此进了北京大学，成为王铭铭老师的学生。

有意思的是，在我入学博士班的前两年，大多数时候，我和自己的老师却是扞格的。若以家庭关系来比喻，我大概就是那个让他头疼的孩子，可以跟他有各种争辩。似乎也完全不在师门的脉络之内。在那个时期，我老师甚至念叨过我，披着人类学的皮，里头是社会学的骨。那其实是一个很有意思的看见。除了因为自己的学科训练背景一路都是社会学之外，另一方面，学科所烙印下来的气质也截然不同。两个学科虽然都交集到田野工作，但是，对社会学家来说，看到的"人"几乎是大写的 Human being，也更重视对于各种不公允事物的批判。而人类学家的视野里，"人"则是小写的 human beings，多样性因此成为根本的基调。这当然并不是说社会学没有多样性，或者人类学没有批判性。而是，学科气质的差异带来了不同的关怀取向。当社会学家在谈论阶级带来的不平等时，人类学家问的问题则是阶序何以能够稳固的存在。

但这一点是当时的我可能也看不清楚的。在那个阶段，我其实算是人类学刚入门的新手。虽然在硕班时期同样也做田野，或者修了一些人类学的课，但是如前所述，底蕴仍然是社会学的。后来才发现，我的老师给予了我极大的宽容。博班四年的生涯，只能用跌宕起伏来形容。若说前半段是个毛孩子的状态，后半段则是个电影剧本的情节，接连两年经历个人生活中的事件风暴。在我最疲惫的时候，老师让我去了大理做田野。对我来说，那完全是另一个阶段的开启。

至今想起来，我仍深深地感谢大理。它把我从泥沼中拖了出来。在大理的前半年，美其名曰是做田野，大部分时间其实都在散步走路，疗伤止痛，以及和神父一同出门去考察教区。而我在大理做田野期间，同时也经历了一个意外的转折。我原来设定的主题是天主教研究，它来自我硕士论文对基督教研究的关注，以及毕业之后在台湾的教会机构担任记者和编辑的工作。但这个主题做到了一半面临更换的命运。就在一个六月下旬的午后，世界发生了摇晃的变化。在当下时局的考虑下，整个研究更动成大理新移民。就那个时间点来说，它的确是一个值得注意的新兴现象，从北上广或一线城市不断有新的人口移入。它和学界惯常理解的城市化趋势呈现相反的走向。但另一方面，对我而言，这同时也是一个陌生的领域。我本来的设想仅止于写一篇文章，写那条叫作人民路的大街。在那条大街上，有各式各样贩卖手工艺品的外来年轻人。在那段疗伤的漫游期间，我也认识了不少人民路上摆摊的朋友。他们让我看到一个年轻而活泼的中国，生机勃勃的展现自己，贩卖梦想。

决定更换题目后，一切重新开始。这大概是我这几年干过最疯狂的事情之一。进入一个有趣却完全不熟悉的研究题材，所有的访谈全部重来。相较于我在硕论阶段处理基督教会的医病赶鬼现象，大理新移民这个主题看起来是相对轻松的，而我也的确如期毕业了。但事实上，当时完全是摸着石子过河的状态。人生首次经历一边整理访谈材料一边写框架的情境，以至于我毕业的时候，都觉得自己做了一场梦。

当时写的博士论文，如今重看，仍然是有一些趣味性的。我的博论题目定为"大漂族"，亦即不同于北漂的人们。它的背后，来自我称之为"大漂现象"的理解。简言之，"北漂"一词，在文献上，一般认为开始于20世纪80年代的中后期，随着户口制度和人员管制的条件放宽，不少人从外地到北京求取发展，因此出现了第一批北漂人。[1]在认定上，意指到北京寻求机会，落脚在北京却没有当地户口的人。北漂，因此代表了一种进入城市工作、生活的状态，着眼的是大城市当中的流动人口。相对于此，"大漂"则是漂在大理的人。他们看起来与一般人的选择反其道而行，从大城市来到小城镇，尤其选择了大理这个地方。大漂族的出现，代表了一种新的生活方式的选择。当北漂尽力在寻找机遇，大漂们则开始寻找自我。

这些大理的新移民，呈现了一个逆反的迁移现象。换句话说，在地域上，是一个从其他省份向云南内地移动的走向，也是一个从城市向乡村，或者说向小城镇移动的走向。他们当中有不少人是从北京、上海、广州或杭州这些大

---

[1] 张羽著:《"80后"北漂的生存状态研究》，中国青年政治学院硕士论文，2008年。

城市迁移过来的。这个逆走的趋势，在现实的情境里，对应的是那些年兴起的"逃离北上广"运动，不少人从这些大城市搬离，迁居到较小的城市或乡村。放在学理上，一般则会称之为"逆城市化"（counter-urbanization）。这个概念，要说明的是大城市人口过度集中，生活居住环境质量下降，人群因此开始向城市周边迁移，甚至出现农村回流的情形。若从这个角度来思考，大理新移民的确呈现了逆城市化现象，但却不全然单纯只是逆城市化解释。一则它是一个跨地域的大幅度移动，超出本来的概念范畴，此外它同时也涉及世代和阶层的变化差异。

另一方面，大理也有不少外国人聚集在当地，来自各大洲和不同国家。这一点非常有趣，若放在一个全球化的角度，它所展现的是一种跨国的长距离迁移。全球流动在大理出现，构成新的世界主义。而它所显现的，正如阿帕杜莱（Arjun Appadurai）[1] 所说的，是一种新的族群景观。若我们进一步想象，这是一个从中心向边陲迁移的意象，但却又翻转了边陲。不同的人群进入一个在地理疆界上的西南边陲小镇，使得边陲反而成为一个去地域化的区域。

若进一步以类型来分，大抵上可以分成外国老嬉皮，本国的中产阶级，以及青年小屌丝。这当然并不是说所有外国人都是嬉皮，或者本国人只能分成这两类。但在型态的划分上，可以区分成这三种。老嬉皮有来大理10年的，也有来20年的。他们最初来到大理，正是因为向往着嬉皮士的简单生活。至于本国的中产阶级和青年屌丝，则同时对应了世代和阶层的划分。在年纪上，中产阶级通常都是"60后"尾巴、"70后"居多，也具有了一定的经济实力。小屌丝们，则以"80后""90后"前段居多，他们没有太多经济资本，但却是很有主张的新生代。这几个人群类型构成了大理新移民。到2010—2013年之间，中产阶级暨中生代的大量移入，达到一个迁移的高潮。

这些大理新移民，因此构成一个新的文化族群，也影响了当地的地景变化。在我的博士论文结尾中，我逐渐意识到新移民所带来的外来资本的力道，包括不断衍生出来的店家、客栈，以及翻升的房价物价。我也在后续改写的文章里，以《临界空间的转变》一文来说明古城人民路从文化向商业地带的过渡。但完成了博士论文之后，有很长一段时间，我对于这个主题几乎是停

---

[1] 阿尔君·阿帕杜莱：《消散的现代性：全球化的文化维度》，刘冉译，上海三联书店，2012年。

滞的。

　　所有人大概都会觉得不可思议。更何况在毕业之后，我又回到了大理工作，就住在自己的田野地。每一个人类学家，在完成"成年礼"（拿到学位）之后，开始投入职场工作之余，最烦恼的可能是如何抽时间不断返回自己的田野地，补充新的资料。因为最少的永远是时间。但我却在拿到学位、回过神之后，对我自己曾经的书写感到疑惑。一方面是，我很快就写完这本博论了。可我甚至有些不确定自己的理路思绪，只能慢慢地开始再读书。另一方面是，我的朋友们都在，或也有离开。而我自己也成为新移民的一分子。这些年，我同时看着大理各种快速的变化，听到了各种耳语八卦。有感到愤怒的时候、惶惑的时候、无力的时候。这是情绪的一面。我与大理同呼吸、同在。更深层地来说，我从"外地"变成了"本地"，他者的生活变成我的生活。当田野地、工作地、生活地三者重叠的时候，我第一次遭遇，如何在全然贴近（attachment）和转身抽离（detachment）之间取得平衡。这其实是一个古典的问题。所有经验老到的田野工作者，都会告诉你，进去田野一段时间后，当达到一定的饱和度，你要抽身，才能有距离地观看。但我却无法就此转身。就在这种拉扯的爱恨纠葛中，我跌跌撞撞地学习一种新的经验。这也是在开篇时所说的，我的博士论文，是在拿到博士学位之后才开始做的。若以一种神谕式的语言来说，我和大理的"缘分"还没结束，所以又被送回了当地，一切继续。而在学术世界的语汇里，这却是极好的田野练习题：你如何面对你是你自己的研究对象？

二

　　若说大理新移民的研究是一个意外，那么，在台湾的云南移民研究则是另一个意外，也是我目前正在执行的项目。更进一步来说，前者是一个境内移民研究，后者则是一个跨境移民研究。而我原来未曾设想过，有一天我会进入和迁徙有关的研究主题。但它却同时和我的人生相对应。当我们戏谑地说生活处处皆田野时，真实的情况是，田野其实反映了你个人的生命历程。就如所有经验老到的田野工作者都会告诉你（请容我再写一次这个句子），不是你决定了你的题目，而是你的题目决定你。这听起来像是一个天启的说法，但是这也是人类学以至于社会科学的迷人之处。一方面，它虽然和研究者的选择有关（每个人的研究兴趣、领域）；另一方面，很多时候它却是不可测的，充满了各种变数。

2017年10月下旬，我回台湾参加人类学年会，同时也见一见以前的师长朋友。那时在云大工作的师姐高志英老师刚好来台湾一趟，邀我一同去南投的清境农场走走，参加火把节。我随同她去了清境，也因此打破了原来的既定印象。在此之前，我只知道那儿有绵羊和风车、好吃的蜜苹果和高丽菜以及漂亮的民宿。因为这趟行程，我第一次知道高山上的清境有一群云南移民后代，在每年的十月下旬会举办两晚的火把节。对我来说那是一个有趣的体验，但在当下，我将它视为在台湾的社区营造脉络下创造出来的一个节庆。更进一步来说，它让我觉得既熟悉又陌生。熟悉的是，我们大抵都知道社造的背景。虽然学界对它的评价好坏不一，但是不可否认的是它的确发挥了某种作用力。另者，作为一个长年旅居在大理的台湾人，火把节对我来说并不陌生，柏洁夫人的传说故事成为我们的背景知识。但我却在一个海拔高度和大理一样的台湾山上，参与了一场火把节。那是一个异质经验的开启。我所熟悉的两种元素（社造、火把节）加总在一起时成为另一个我感到陌生的场景。

结束台湾的行程后，当我回到大理，和学院里的前辈谈起这件事，所有人都觉得太有趣，并建议当年度的国家社科项目申请可以往这个方向走。而我没想到的是，在来年的公布结果里，它真的通过了。在一片道贺声中，我却看着那个名单，感到不可思议。再一次地，我又被带往一个看似是全新的领域，就如我当时的博士论文一样。但它们却又扣连着我的人生，起头都是"玩"出来的。看似是机遇的这些转折，事实上又有一种结构性的耦合，在每个走过的痕迹里，那些像沙子一般被风吹过的颗粒，其实已经积淀了下来。如同我在大理古城的人民路上玩了大半年，认识各种各样的朋友。也如同我在大理工作、生活，旅居了这些年，成了半个云南人。当我回到台湾，开始执行这个项目调研时，我才逐渐意识到，我和我的田野对象像是交换了身份。那个在云南的台湾人，回来研究在台湾的云南人。而我在台湾的亲友老友，有时候会笑我，你到底是哪里人？我身上的印记，随着不同的时空坐标而映照出当下的色泽变化。它已经不纯然只是一个身份认同的问题，而是混融着流动与往返的轨迹，来回地穿透与深化。

回到眼前的主题。我的研究题目主要是台湾地区云南移民后代的原乡情结与文化再造。因此，通过参与台湾本地相关的观光节庆及其日常生活，从中去理解云南移民后代的态度和感受。而我从文化再造的角度出发，认为族群认同的身份并不只是来自天生的铭刻，也同时来自后天情境的创造，随着时代更迭而有所变化。以下我将简略地说明其历史背景与在台分布情形，并以清境农场的云南人作为切入的轴线，讨论文化嫁接的转换。

在台湾惯用的族群分类里，"外省人"是其中的一支。主要是指在1949年后随同蒋介石迁移到台湾的大陆人民。其中云南人又是一个相当特殊的群体。和其他省份的人相较，云南人的群聚性很强。由于抵台的时间晚，几乎全部安置在同一个农场或眷村内，他们彼此之间也有明显的社会连带。整体上来说，迁徙到台湾的云南人，可以分成几种类型。其一是随同公务或军队撤守来台，其二是云南籍缅甸华侨，因为归侨政策辗转来到台湾，还有很大一部分则是金三角地带的"滇缅游击队"（李弥残余部队）及其眷属。在联合国决议下，分别在1953—1954年和1961年撤退到台湾，陆续安置在桃园的眷村，以及南投见晴（今日的清境）、高雄、屏东三个农场。这批游击队撤退人员，来台后被称为义胞。这个称谓，可以看出在当时他们被赋予了一种特殊的类别角色。

云南移民在台湾的分布，就地理位置上来看，可以分成北、中、南三个区块。以北台湾来说，主要集中在桃园的眷村，以龙冈地区（忠贞新村，已拆迁）和龙潭地区（干城五村，已拆迁）为主。云南籍缅甸华侨则以新北市中和区的华新街为据点。台北市也有一部分的云南移民和缅侨，但较为分散。中台湾则是南投清境农场，其中又分为博望新村、寿亭新村和定远新村。南台湾则是高雄农场和屏东农场的交界，分成信国新村、精忠新村、定远新村和成功新村。在三个分布区块中，又以桃园地区的人数最多，成为最大的人口聚落。

在概略性的说明云南人来台的历史背景与在台分布情形后，我试以"文化嫁接的转换"[1]来阐述云南移民后裔所历经的认同转变过程。在研究的界定上，我从文化再造的角度切入，指的是借由传统的发明，将外来的文化元素予以嫁接到本地，与在地文化相结合。我主要以南投清境作为个案说明，通过文献

---

[1] 这一观点最早发表于2018年11月参与的"中国人类学民族学学会"年会会议论坛，于陕西师范大学召开。

的梳理[1]和田野的进入，重新理解在台湾的云南人。而清境也是我认识一切的起点。

位于海拔2000米的清境，在云南移民被安置于当地之后，早年的发展从艰辛的垦荒展开。到20世纪70年代，开始种植经济作物，例如高丽菜（包菜），以及苹果、水蜜桃等这些温带水果。80年代，由于开放国外水果进口，影响到清境本地的水果价格，收入开始不稳定。1988年，因为政府施行了土地放领，居民开始拥有土地所有权，在这种情形下，一时之间土地交易买卖活络。也在先后同一个时段里，香水百合的种植技术被引进，成为当地的农业新契机。到90年代中期，第一家民宿业者进入清境，观光收入开始出现在清境居民的生活。

1999年，南投县政府为了推广合欢山景观公路，举办"云之南摆夷文化节"，同年年底并出版《清境摆夷传奇》。这是第一次在观光的宣传上，焦点从自然景观转向异域风情，摆夷两字开始出现。但同一年，台湾中部发生九二一大地震，重创整个中台湾，来年又遇上一场台风。当时的清境几乎陷入困境。

社区总体营造的风潮在此时进入。2001年，清境的民宿业者在政府部门协助下，成立清境观光发展促进会，进行灾后观光重建的宣传，同一年举办"云之南摆夷文化祭"，在媒体大力曝光下，吸引了不少游客上山，清境也因此重新复苏。2002年，观光促进会和几位在地居民以"云之南少数民族文化重建计划"，共同筹设了清境小区发展协会，提出"大清境社区"的概念构

---

[1] 清境相关的研究文献已累积不少，在此不一一陈述。主要列举出个人认为具有代表性并从中引述的一部分。宋光宇：《清境与吉洋：从滇缅边区来台义民聚落的调查报告》，《"中央研究院"历史语言研究所集刊》第53期，1982年。孟智慧：《从嵌岑与石涛农场人群的研究看离散人群的认同》，新竹：清华大学人类学研究所硕士论文，2004年。谢世忠：《"隔世"中的生活：在台滇缅军眷移民社区形貌》，《国族论述：中国与北东南亚的场域》，台北：台湾大学出版中心，2004年。陈颖立：《从"安置"到"观光"：清境农场的拓垦与转型》，南投：暨南国际大学历史学系硕士论文，2007年。吴秀雀：《从"义民"到"摆夷"：清境义民人群之认同内含与变迁》，南投：暨南国际大学人类学研究所硕士论文，2012年。叶瑞其：《举办地方文化活动关键成功因素探讨：以清境火把节为例》，嘉义：南华大学文化创意事业管理硕士在职专班硕士论文，2015年。赵婉君：《屋里屋外的味觉展演：以清境地区族群为例》，高雄：高雄餐旅大学台湾饮食文化产业研究所硕士论文，2015年。此外，清境社区发展协会亦编著过一本极有参考价值的在地文献《从异域到新故乡：清境社区五十年历史专辑》，于2011年出版。

想，力图进一步推动社造运动，将附近七个村子以及清境农场全部纳入。但是，一开始并没有获得当地居民的认可，当时较热衷投入参与的只有博望新村的第二代移民。2004年，"清境火把节"的字样开始出现在摆夷文化祭里面。到了2008年，正式定调清境火把节为主力宣传，一直延续到今天。

从上述的时间序列可以看到，火把节以及关联的云南意象，是一点一滴注入清境的。在那个时期，本地的云南移民并不完全认同这些创造出来的观光节庆。当时的研究者也翔实地记录下来这些异质性声音。但是在20年后，回过头来看，从2000年前后至今，如今的清境在外界的印象中，除了有各种漂亮的欧风民宿外，同时也有不同店家的云南料理。换言之，云南文化在清境落地，从最初的节庆到晚近的饮食，它逐步置换成另一个样貌。这也是我尝试说明的，文化嫁接的转换。大抵上可以分成以下三个面向：

其一，云南元素的注入。对于当地的云南移民来说，虽然当时内部声音分歧，不全然认可清境火把节的构想，也不全然同意以摆夷（傣族）两字指称全部人（在当地，还有其他云南少数民族），但不可否认的是，由于火把节和摆夷这些字眼的出现，让本地居民开始探寻、进一步重视自己的族裔身份。他/她并不只是来自汉族为主的父方，同时也问起母方的族裔是什么，进而认可少数民族的身份来源。火把节的设置虽然是一个节庆的创造，但它同时也是外来文化与本地文化的接轨。由于一系列的节庆活动，异族文化开始在地化，不再只是单一面貌的"外省"族群。

其二，族裔经济的展现。饮食则是一个重要的文化符码，也是当地居民延续集体记忆的方式，进而成为族裔经济的施力。包括粑粑、豌豆粉、米线、大薄片等料理。对于居民来说，通过从小到大延续的饮食，使他们能够指认出自己与他人的不同，有其群体的特殊性。在观光业的理念进驻清境之后，本地居民也开始尝试把自家的日常料理转换成商业化经营，增加给游客吃的大菜。例如包料鱼、汽锅鸡等。因之一方面（对内）用来维持族群文化的边界，另一方面（对外）则是用来做生意维生。

其三，文化展演的制作。除了饮食，舞蹈也是一个重要特点。从前是由清境的村民投入练习，在火把节时候表演"摆夷舞"。后来又由清境国小的学生负责演出，在平时就纳入学习课程。当地的妇女随后又组成社区妈妈团体，在每年的长街宴和火把节协力演出。一方面构建为清境云南移民的文化传统，另一方面也向游客展示民族文化的特色。

从清境作为一个个案说起,我在台湾看见了云南。"云南人"在台湾慢慢长出了新的样貌和属性。就如清境的云南移民后代,曾经历过艰苦穷困的早年生活,以及对外自觉似乎抬不起头来,但是,这20年来,他们重新认可了自己的身份,建立起一种新的文化自信。这个简单的叙事看似充满了学术语言,但其实一路走来,对他们并不容易。之于我来说,这个课题项目让我因此有机会认识了很多朋友和长辈。它几乎让我打破本来的同温层,在自己的故乡认识了另一种文化,也进入多层次的生命维度。进一步来看,通过西南回到了东南,我的重新着陆,让我清楚地意识到,在这个时而喧嚣的小岛上,尊重差异,是我应该时刻提醒自己的,而非只是划边选边。也只有尊重差异,才会有交互主体性的共构可能。而这个课题项目的内涵,至今仍然随着时间在演化,我不觉得应该立即给予一个定论。它让我体会到,田野工作虽有时,但田野精神却无期。

三

从大理新移民到台湾地区的云南移民,是一趟看似意外却充满机遇与反思的旅程。但或许更意外的是,我没有想到,因为一个全球性的疫情,让我有机会在台湾停留超过一年以上的时间。虽然每年寒暑假我都会回来,但是行程多半是匆忙的。大多数时候我比较像是观光客,绕境台湾一圈后我又离开了。这一年多的停留,几乎是一个重新安置的过程。我不只在做田野,也重新在认识自己,包括与亲友的互动,以及和学术圈伙伴们的联结。在这个过程中,相当于从陌生到再熟悉的历程。多数时间里我仍然很忙,如同我的同行们。但日常里那些细细琐琐的聊天或讨论,则不断带给我新的刺激和思考。

因为如此,若说我对于人类学这门学科有什么感受和省思,我想应该还是回到一个合作与激荡的基调,亦即站在一个公共人类学的角度。虽然说研究的本质通常是孤独的,但人类学这门学科则有一种与人亲近的活泼特质。就如我在台湾遇到的人类学师长,他们身上多半有一种亲民的气质,既融于民间/田野却又有自己的关怀,也尝试让人类学进行普及化的推广,让这门学科被更多人所认识。若从这个角度设想，人类学就会是一门好玩的学科，介于知识的学习和转化的应用之间。

更进一步来说，合作民族志的走向是我认为接下来可以发展的。人类学家的角色从来就不是一块铁板，并不是只坐在研究室里关起门来做研究，而是穿梭于不同的人群之间，有各式各样的互动。也因此，介于在不同场域、不同群体间的人类学家，像是穿针引线的中间人，得以协调专业知识和在地知识。合作民族志的取径关注的是当研究者进入研究对象的社群里，他/她与研究对象建立起伙伴关系，而非只是主体和客体的区别。[1] 若放到一个地方上来看，它所重视的就会是邻里关系，强调的是共善，彼此如何更好。而它也是一个跨学科、跨领域的走向，不同的专业或部门能够互相启发，也弥补自身的不足。就如这段时间我因为云南移民的课题项目，有机会接触到剧场界的朋友。他们让我因此看到，在一个剧本的写作和现场的演出里，饱含着丰厚的历史知识和临界状态，而那不就是人类学家所期待的吗？

最后，回到一个关乎自身的问题，却也是最实际的问题：你未来的学术规划是什么呢？我想那该是回到大理，带着我当时看似已做完其实却未完成的博士论文，重新理解这一切。这是一个离开、复返的过程。某种意义上，过去这一年像是我的间隔年（gap year），脱离了我本来的轨道。作为一个年纪上已是中年、资历上实为青年的人类学家，做研究或许已不再只是开发新的主题，也同时在于整理自己的生命轨迹。得其所在（in place）既有心理上的意义，也有物理时空上的感受。在台湾和大理两个端点间，我逐渐看到如何安适于其中，也一次又一次地剔透自己，迈向理想的状态，成为一个我所喜欢的人类学家。

---

[1] 容邵武：《从"在地知识"到宜居城市：人类学的角色》，《府际关系研究通讯》2014年第17期。

顺历史学之藤蔓　摸人类学之金瓜

高志英

高志英，国家社科重大课题首席专家，云南省"云岭学者"，云南大学宗教学特聘教授（二级教授）、博士生导师、民社学院边疆学所所长，中国人类学民族学研究会边疆学专委会副会长。发表论文70多篇，出版专著12部。

云南大学历史学，是一个颇能衍生人类学、民族学等相关学科的学术摇篮。从1949年以前的历史学、社会学、人类学重镇，以及20世纪50—70年代特殊合并的"历史学"到历史学、人类学、民族学、边疆学、文化史、宗教史、环境史等"文革"之后恢复、发展的诸多相关学科、专家，都与云南大学那栋并不算高大，却因周恩来总理关心边疆民族研究而得名的"怀周楼"有关。我也是从此摇篮蹒跚走出到健步丈量中国三江并流区域而至东南亚、南亚的"藏彝走廊"[1]"佐米亚"[2]，并从这些区域跨境民族的文献之藤，摸到了人类学田野之瓜。

一、从方门到林门：薪火相传

30年前从怒江州府六库坐一天一夜的夜班车，首次诚惶诚恐拜访林超民老师的情景，至今历历在目。进到他家在云大东二院面积不大、挤压在四墙书柜里的小客厅，见到了皮肤白皙、满脸笑容的林老师。他第一句话是："我是纳西族导师的学生，很乐意带纳西族弟子。"新中国成立以来第一个历史学博士、云南大学副校长如此和蔼的表情、亲切的话语、熟悉的腾冲腔调，使我积压已久的胆怯与不安顿消。他还提到我们纳西族的学界泰斗方国瑜先生，更让我觉得亲切与自豪。于是，英语从单词、句子、语法一点点啃，专业课从林老

---

1 "藏彝走廊"是费孝通先生提出的一个历史-民族区域概念，主要指川、滇西部及藏东横断山脉高山峡谷区域。该区域因有怒江、澜沧江、金沙江、雅砻江、大渡河、岷江六条大江自北而南流过，形成若干天然河谷通道，自古成为民族迁徙流动的走廊。参见石硕：《藏彝走廊：一个独具价值的民族区域》，石硕主编：《藏彝走廊：历史与文化》，四川人民出版社，2005年，第13页。

2 佐米亚：zomia 也可译为"赞米亚"，"佐米亚"由荷兰历史学家范·申德尔（Willem Van Schendel）首先提出，指涉喜马拉雅南麓及东南亚高地社会。后经由詹姆斯·斯科特（James C.Scott）从"国家效应"的视角进行历史人类学建构，"佐米亚"被抽离出来指涉一个地域空间、社会空间与文化空间。参见［美］詹姆斯·斯科特：《逃避统治的艺术——东南亚高地的无政府主义历史》，王晓毅译，生活·读书·新知三联书店，2016年。

师与江应樑先生最新出版的《中国民族史》[1]起步,终于在1995年9月进入向往已久的云南大学历史系读硕。

进入云大历史系,就进入了老中青学者团队指导硕士生、博士生的培养模式。当时面试的主考官是方铁老师,他身材魁梧,双眼炯炯有神,言谈举止温文尔雅,对考生的回答总是首先给予肯定,然后再在细致分析中让学生自己感悟不足。我早在1981—1985年在云南师范大学历史系读书时,就受教于中国著名元史与史学理论专家方龄贵先生[2],知其儿子在云大历史系读研。没想到的是今天的面试老师就是方先生的儿子!特别是方铁老师在耐心听我的读硕计划之后,就我对熟悉的横断山区做民族历史文化研究给予鼓励。这无疑再次拉近了我与云大历史系的距离,也对前辈研究民族历史文化更加敬仰。

参加面试的另一位老师更让我吃惊,因为他看起来就比我年轻很多,一样和蔼可亲的笑容,一样充满睿智的眼睛。方老师提问,考生回答,这位年轻老师默默做记录。答辩结束,从怀周楼出来,这位年轻的潘先林老师还跟我们走了一段,并欢迎我们到他家去玩。这再一次让我这个来自边境怒江大峡谷的考生,不再对云大及其老师们有空间、心理距离。潘老师小我三岁,但却是林超民老师的博士高足,之后还是协助林老师悉心指导我的硕士副导。与他同班、同龄在职博士生的沈海梅老师、在读博士生陆韧老师,以及主持面试的方铁老师等组成的导师团,从上课、做课题到写学术论文、学位论文都不遗余力加以指导。从他们身上看到做学术是一项其乐融融之事,于是在1995年硕士毕业留校后继续在林超民老师门下攻读博士学位。

我与林超民老师的博导方国瑜先生都是纳西族。纳西族是一个崇尚读书的民族,加之人口仅30万人,知识精英在族内无人不知,故我在本科时代就知道其名其事。其弟子曹相老师开设《云南民族史》,这是大学四年间系统讲授地方、民族历史的课程,其中很多民族及其人、事是自己之前碎片化了解的。因此,有一种"身边"历史的亲切感,也就有了自己"身边"的人和事也可作为"历史"书写、讲授的好奇。从而对这位曹老师所毕业的,方国瑜先生所执教的云大历史系也有了一种向往,就曾与兴趣相同的同学去蹭课、听讲座。

---

1 江应樑:《中国民族史》,民族出版社,1990年。
2 方龄贵,男,1918年生,云南师范大学历史系教授。

昆明有春城的美誉，但大学间有一年的冬天却是出奇寒冷——就是方国瑜先生去世的1983年。一夜之间，师大校园铺满白雪，连去食堂打饭、打水都要踩着高于脚踝的雪去。两三天后，我去云大校园找老乡，校园里高大的银杏树、柏树、垂丝海棠上仍银装素裹，一片缟素。在纳西族传统观念里，此乃天知人意，在为方先生披麻戴孝。我也就在20岁年龄，再次感受到原来"天人感应"是这样子的。这或许是后来对宗教人类学特别有感觉的缘由之一。

方国瑜先生1903年出生于云南丽江，从小饱读诗书，后考上京师大学，攻读音韵学。却因纳西族有象形文字，转向民族历史文化研究，并成为大家。方先生在北京求学期间，听从董作宾、赵元任与李方桂等老师的建议，在假期返乡中遍访纳西东巴，搜集象形文字，并编撰《纳西族象形文字谱》[1]，而成为"纳西语与历史学之父"[2]。由此深知史料对于民族研究的重要性[3]，一生就致力于辑录、考证、整理史料工作，成果丰硕，著作等身。如《云南史料丛刊》（13卷）[4]、《云南史料目录概说》（上下册）[5]、《中国西南历史地理考释》（上中下册）[6]，用一生心血夯实了中国西南，乃至东南亚民族的历史文献资料基础。所撰写的《彝族史稿》[7]、《汉晋民族史》[8]、《滇史论丛》[9]等，以及《麽些民族考》[10]等论著，也是基于扎实、系统文献搜集、考证的经典著作。可以说，是方国瑜先生穷其终生开启了西南民族文献整理与历史研究的大门，因而被著名历史学家徐中舒誉为"滇史巨擘，南中泰斗"。

方国瑜先生的博士弟子林超民老师为文献名邦腾冲人，以优异成绩考入云

---

[1] 方国瑜，和志武：《纳西族象形文字谱》，云南人民出版社，2005年。

[2] 德国科隆大学东方文化研究所所长雅纳特教授不远万里到方国瑜门下求教，称他是"纳西语与历史学之父"。

[3] 方先生说："盖高楼大厦先要有砖瓦，研究历史先要有史料，我心甘情愿地做个烧砖瓦的人，为别人盖高楼大厦提供砖瓦。"

[4] 方国瑜：《云南史料丛刊》（13卷），云南大学出版社，2001年。

[5] 方国瑜：《云南史料目录概说》（上下册），中华书局，1984年。

[6] 方国瑜：《中国西南历史地理考释》（上中下册），中华书局，1987年。

[7] 方国瑜：《彝族史稿》，四川民族出版社，1984年。

[8] 方国瑜：《汉晋民族史》，《云南民族史讲义》，云南人民出版社，2013年。

[9] 方国瑜：《滇史论丛》，上海人民出版社，1982年。

[10] 方国瑜：《麽些民族考》，林超民主编：《方国瑜文集》第四辑，云南教育出版社，2001年。

南大学历史系。在"文革"时期欲求学却难以读书,还被下放到西双版纳农场干劳动,但始终没有放弃读书研究的理想,因而在"文革"一结束就考取方国瑜先生的民族史博士。他坚守生活上向低标准看齐、读书上向高标准看齐,每天最早在球场跑步锻炼的一个是他,另一个是我国著名的东南亚研究专家贺圣达教授;匆匆洗漱后最早进食堂吃早点的一个是林老师,另一个是贺圣达老师;然后第一个进图书馆看书的是林老师,另一个是贺圣达老师。这样日积月累的苦读,夯实了他作为一名历史学家的研究基础,终于诞生了中国第一位民族史博士,但却仍然谦虚地说"稍知读书门径"。林老师读博期间还有一个任务,便是与郑志惠老师一起协助方先生与徐文德、木芹先生整理云南史料。方先生年事已高,眼疾日益严重,所以三代学者长期孜孜不倦地专心于史料整理工作。因此,如果没有方先生开拓之功,没有徐先生与木先生的推进之劳,没有林先生与郑先生带领第三、第四代弟子的孜孜以求,就没有13卷本、1000万字的经典巨著——《云南史料丛刊》。

方先生的晚年身体多有不便,抱恙去医院就诊,有时需要林先生推着自行车去。可以想见,师徒长年的挑灯夜战与推自行车看病等学术、生活中的密切接触,是多年艰难日子中的互相支撑与慰藉。所以,林先生终身所言"我是纳西族的弟子",同时也将此终身挂在心里,并落实于行动中。除了笔者之外,他培养的纳西族或来自丽江的学生,还有杜娟[1]、周智生[2]、王璞[3]与和智[4]等博士,如今都是历史学各分支学科领域的佼佼者。林先生还有一位年纪大于他的纳西族女弟子,就是旅居美国的纳西族女企业家杨丹桂女士。杨阿奶每次回国第一站就是在昆与林老师交流请教,并在云大设立了杨丹桂奖学金。我在读硕期间,多次受林老师委托接送杨阿奶,也获得其奖学金资助,因而也做好了像众多纳西族前辈一样从事纳西族历史文化研究的心理准备,而且至今也是在走廊、区域研究视野中关注纳西族历史文化。因此,与其说林先生是纳西族的弟子,不如说他是纳西族的老师。

但实际上,林先生并不因与方国瑜先生的师生缘分而忽略其他民族,他那

---

1 杜娟,女,汉族,博士,云南省社会科学院历史文献所研究员,历史文献所所长。
2 周智生,男,纳西族,1973年生,云南师范大学教授,《云南师范大学学报》主编。
3 王璞,男,纳西族,1974年生,云南大学历史与档案学院历史系副教授。
4 和智,男,纳西族,1987年生,博士师从史金波。

样说不过是来自礼仪之邦腾冲的他,在做学生心理工作的一种智慧与道德、胸怀。至今,他培养的硕士生、博士生无数,分布国内外,涉及十几个民族。他有两副面孔,一副是了解学生生活困难时竭尽全力加以帮助解决时的慈父面孔,另一副是指导学生学业时的严师面孔。他的弟子如潘先林教授也得其真传,对学生恩威并重,所培养的林门到潘门四五代学生薪火相传,形成了"板凳要坐十年冷、文章不著一字空"的学风。

方国瑜先生去世不久,正是中国学科重建百废待兴时期。林先生与和方先生同事多年的江应樑先生整合云大历史系的科研力量,撰写了中华人民共和国成立以来的首部《中国民族史》[1]。就如方先生培养出中国第一个民族史博士而使云大历史学声名鹊起一样,《中国民族史》的出版,也使云大民族史研究团队力量再次受人瞩目。一经出版,就成为诸多高校硕士生、博士生必读书目,还先后获得国家教委首届人文社会科学优秀科研成果一等奖、首届郭沫若历史学优秀著作奖。林超民先生作为新中国第一位民族学博士,的确没有辜负云大的培养、方先生的指导,并以此标志性成果回报了母校与业师。

今天我们看到一系列署名"方国瑜"的经典著作,其中不少是方先生去世多年以后才出版的。如出版于2003年的《方国瑜文集》(四卷)[2],又如出版于1998—2001年的《云南史料丛刊》(13卷)[3],是林先生与郑志惠先生在木芥瑜、徐文德前辈的带领、支持下,组织或带领弟子完成出版的,集方门三四代弟子十多年之功。从中也使学风、学业代际相传,也使每一代、每一位弟子都具有扎实的文献基础,并一直恪守着方先生所言的"要超迈前人而不湮没前人"。这既是方门读书之道,也是为人之道。林先生在文献学、少数民族史、地方史方面成绩斐然,而且在史学理论方面也有独到贡献,但其口头禅是"老师的著作不出版,就不考虑出版我自己的著作"。因此,在整合团队力量尽多年之功将方先生著作出版完毕之后,又着手木芹老师等前辈著作的出版。因此,今天我们可以看到从20世纪90年代至今,云大历史系有连续不断的民族史、地方史著作问世,因而一直能够坚守着西南民族研究重镇这个阵地。

---

1 江应樑:《中国民族史》,民族出版社,1990年。

2 方国瑜著,林超民编:《方国瑜文集》(四卷),云南教育出版社,2003年。

3 方国瑜:《云南史料丛刊》(13卷),云南大学出版社,2001年。

与此同时，曾经作为历史系主任、云大副校长，他的眼界不仅仅盯着自己师门研究领域一块，而且着眼于云大历史学，乃至人文社会科学的全面发展。为了解决历史系老师出书难的问题，游说本意是改善其生活条件的姨兄伍达观先生，转而资助全系老师出版著作，建立伍达观医院、伍谢瑞芝博物馆、伍达观奖学金。我曾受林老师安排接待伍达观先生，感受到林老师所教诲的"生活上要向低标准看齐，学习上要向高标准看齐"，并非其一人所言，而是其家风、腾冲地方之风变成了师门之风。林先生还积极为云南师大、云南民大、保山学院、腾冲中学等争取伍达观先生的资助，无数个品学兼优的师生获得伍达观优秀教师奖与学生奖。我作为相隔20多年时间的伍达观学生奖与教师奖获得者，目睹了达观先生与林先生是从自己简朴之至的生活中节省出来资助需要帮助的人。因此，每有课题经费、有吃的，我总是习惯于与同学们分享；每赴田野前，都要搜集、募捐衣物、药品与学习用具到乡下给老乡，也是受林门熏陶的结果。

二、大林、小林与小潘：学术研究与现实关照的对接训练

如果把方国瑜先生只称作历史学家、文献学家，那是有失偏颇的。实际上，他的云南地方史、民族史学术生涯是肇始于青年时代纳西族象形文字的田野调查、搜集与整理。20世纪30—40年代，他曾亲赴滇西、滇西北考察，撰写《滇西边区考察记》[1]与《抗日战争滇西战事篇》[2]，至今仍然是民族学、人类学该区域民族、历史研究的重要参考。因此，方先生一辈子致力于"板凳要坐十年冷"的文献搜集、整理工作，但也努力走出书斋，留下一系列历史学与人类学相结合的田野研究成果。由此，才能够使《中国西南历史地理考释》[3]的每一个民族、地名、事件的考证如此扎实、可信。我从2010年开始赴缅甸开展田野调查，走遍方先生所考证的缅北各地之后，更加明白如果历史学家不踩在现实社会的土壤里，是难以在其史学视野、方法与理论上拓展的。

---

1 方国瑜：《滇西边区考察记》，云南人民出版社，2008年。
2 方国瑜：《抗日战争滇西战事篇》，云南大学出版社，1994年。
3 方国瑜：《中国西南历史地理考释》（上中下册），中华书局，1987年。

继承了方先生衣钵的林超民先生，也同样具有扎实的历史学功底，并从学术研究与组织建构上努力推进方先生从文献到田野、从书斋到村落的尝试。在担任历史系主任以后，恢复了社会学、人类学等课程，使历史系终于恢复为20世纪40年代历史学、人类学与社会学三驾齐驱之势。在担任云大副校长主管教学、科研后，就将省内诸多人类学专家先后引进到历史系，如陈庆德、顾思敏、尹绍亭、瞿明安与王筑生教授等，他们各有所长，独树一帜，大大增强了云大人类学力量，为不久之后云大民族学的辉煌奠定了第一拨人才基础。之后多年，他们既是我的老师，同时也是同事，给的点拨不小。其中的性情中人陈庆德先生，因与我大哥何叔涛是终生挚友，我也称他为"德哥"。名曰我带他去田野点，实际上是他在田野里给我启迪思想。他说：每一门学科只有做到哲学的境界，才是真正的学问。这让我在就事论事原地踏步研究中惊醒——无论是历史学或是人类学，都必须关注人与自然、人与社会关系的哲学、宗教命题。这样，就使我转向宗教人类学也水到渠成。由此看来，真正的教育家或者导师，并非仅仅是其所掌握知识的倾囊相授，还要授人以渔，更要给弟子一片学术海洋。这些翱翔于各自研究领域的专家，共同将我这只笨鸟引领到人文社会科学的辽阔高空，没齿难忘！

林超民先生还以前瞻性的眼光建立了云南大学影视人类学研究所，并让我协助王筑生先生的硕士弟子白志红等筹建研究所。在此过程中，看到了以前教过的历史系本科生陈学礼、徐菡等已成为外聘专家芭芭拉的高徒，并有优秀作品参加英国皇家纪录片展览。又因另一外聘专家齐凯森在云大开了百多人公选课之后突然消失，不得已由我去代课。我只好在课上放映杨光海等拍摄的独龙族、拉祜族纪录片，并补充讲述该民族的历史文化。这应该是我开启影视人类学大门之始，也是在多年之后拍摄了多部节日志与史诗传承纪录片，并获得全国影视人类学奖的机缘吧！如果拒绝去做非分内之事如协助筹建影视人类学研究所，拒绝临时去代我所陌生的影视人类学课，那也就没有我后来在影视人类学领域的任何成果。林先生常常教导学生：吃小亏者有大福。的确，只有愿意无名利付出吃小亏，才会有主业、正事上的大福回报。

如果说林超民先生引领弟子们进入读书门径，那林文勋老师则教会学生们做课题、投稿之路。他们俩被历史系师生亲切称呼为"大林"与"小林"。每到周末，班主任小林老师就会组织班会，请在学术期刊编辑部工作的学长学姐介绍选题、投稿技巧。特别记得的，一是小林老师作为云南省年纪最轻的博士、教授，是如何跟编辑讨论开设栏目组稿、发稿，推进学科发展；二是请编辑老师给同学们介绍的选题、投稿经验的实用经验。前者，小林老师作为中国著名经济史专家李埏教授高足，其科研能力、论文质量对编辑们而言唯恐约不到稿子，所以同学们都徒有羡鱼情了。后者则极有帮助，从选题、搜集资料、谋篇布局到投稿，同学们都明白了其中的奥妙。特别是多次请毕业于云大历史系的袁国友学兄来交流、指导，使大家茅塞顿开。他所主管的《学术探索》与母校历史学相得益彰，刊发了不少历史学论文，该刊物也一跃为全国核心期刊。

小林老师对学生的影响，也是通过薪火相传、星火燎原的方式。他自己继承了李埏先生唐宋经济史研究衣钵，缪坤和是其弟子，我们也就从同级同学缪坤和身上学到了李门的学风——思路开阔、考证严谨、以古务今。在同班级同学里，有两位同学是写论文、投稿、发稿的佼佼者。一位是曾在大理考古所工作多年的李东红同学，跟笔者是同门同学；另一位是云大第一届人类学本科生缪坤和同学，先后投方铁老师与小林老师门下读硕、读博。他们都有云大历史系本科的扎实功底，加上硕士阶段的系统学术训练，在科研方面已远远走在我前面。而且，他们总是乐于与同学们分享学习心得，对我这个年纪最大却基础薄弱的大姐更是时时援手相助。其中记忆深刻的是与缪坤和一起冲刺"挑战杯"大学生科技作品竞赛，也了解了小林师门是如何以历史学关照现实问题。

我在硕士二年级得到通知参加"挑战杯"时，因在校园墙报看到学长杨正权着彝族服饰参加"挑战杯"颁奖的图片，心想应该可以以边疆少数民族现实问题为选题。来自怒江大峡谷的我，是因对怒江各族发展的诸多困惑才重返昆明、再度深造，一直有怒江发展、匹夫有责之感。就与缪坤和、傅志上一拍即合，决定以怒江发展困境问题为选题。但具体从何入手却不得要领，尚未懂得如何将现实问题提炼为学术研究课题。当时怒江政府正在实施易地扶贫搬迁，有一部分以跨国劳动力输出方式迁入缅北原始森林，因瘴气等死亡甚多；还有一部分搬迁到德宏与思茅（今普洱），也有不适宜而跑回怒江的。看到电视里怒江各族村民一个背篮、一把长刀加一个罗锅就泪流满面坐车奔赴他乡的情景，感觉那眼泪是流进我心底里了。但对怎么选题，怎么选材，怎么谋篇布局，总是茫然。我们的想法得到了班主任小林老师的支持，而且三下五除二就边改、边写、边讲，启发我们将题目聚焦于生态保护与经济发展两个关键词上。于是，在小林、大林与小潘三位老师分别从宏观、从细微处悉心指导下，我提供田野与文献资料，缪坤和发挥研究特长，傅志上关注突出现实意义，终于过五关、斩六将获得了全国一等奖，并在《思想战线》刊发了该论文。为此，我们三个都获得了云大学位办的学分奖励与伍达观奖学金、省级三好学生等荣誉，缪坤和我们俩因此留校任教。

回想读硕、读博生涯，无论是从师门，或是这次"挑战杯"竞赛，还有一位老师不容忽略。他就是我的硕士副导潘先林老师[1]。如是路上碰到，或是日常生活中接触，习惯于闭门书斋里的小潘老师甚至还有点害羞。因我年长于他，除了讨论学术，多余的交流就不太自然。但一谈起学术，小潘老师不仅对自己要求极高，而且对学生也非常严厉，是多次批评我到哭的严师。但就是那些眼泪，让我改掉了毛毛躁躁的毛病。有学界朋友说，我的字像男人写的，字体工整而笔锋有力，得大林老师真传。如果把我和大部分同门同学的字与大林、小潘老师的字放在一起，的确颇有形神相似。这是大林与小潘老师一直逐字逐句修改学生们的论文，而且学生们也得以一直在旁看他们一笔一画，长此以往就得到其精气神的缘故吧！但我更相信字像人形的古话，外形圆融而内在有锋，这或许是来自文献名邦的大林老师所给我们的外圆内方传统文化精髓。

在奋战"挑战杯"竞赛期间，大林担任副校长，小林担任班主任，我们小组就已习惯大林指导方向，小林指导框架，小潘老师教我们字斟句酌。那时小林老师住在马市口，小潘老师还住在云大西院，从"挑战杯"到后来写硕士学位论文，他们两家狭窄而简朴的居所不但是同学们的教室，同时也是免费食堂。同学们空着手去，带着满脑袋的知识与胃里的好伙食回来。特别对历史学研究者如何关注现实问题，深有领悟。云南大学历史系的方门、李门、大小林门就是这样代际相传，其乐融融。所给学子们的不仅仅是一纸文凭，还有为人为学的师承。

---

[1] 在云大历史系，习惯称他为小潘老师。

三、学然后知不足：从翠湖之滨到未名湖畔

三年读硕时间很快过去，但以在怒江从教 10 年经历，以怒江民族教育为选题撰写毕业论文之时，尚在六库读小学的女儿突患病毒性脑炎，三天之内连下三次病危通知。作为母亲只想陪在女儿身边，什么毕业论文，什么学位，什么工作……统统都见鬼去吧！一直到快提交学位论文之时，在小潘老师再三催促鼓励下我才回昆明。所幸大林老师没有放弃我，小潘老师还一遍又一遍指导我完善论文框架，最终顺利答辩。当时论文评阅老师和少英作为同族兄长严厉批评我不认真。我惭愧之至，遗憾至今，也更明白一个母亲要完成学业，需要付出的太多太多。所幸幼年丧母的我，并未中年丧女，却再一次意识到人死决绝、阴阳相隔是那么的接近。这或许是我后来以宗教人类学推进其他研究方向的一个伏笔——生与死始终是人文社会科学永恒的主题。

机会总是给有准备的人，台湾"中流基金会"要与云大合作建立乡土教材撰写研究室，需要一名具有乡村教师工作经验的教师。于是，得该研究室主任林超民导师的推荐而入职，同时兼历史系学生支部书记与班主任工作。云大历史系长久传承的传统：一是新来的年轻教师担任班主任等工作，二是承担课程中的梯队建设与培养。当时同是大林高足的陆韧老师与小潘老师把《云南文化史》交给我上，但不是把课排给我就完事，而是第一步先让我搜集、梳理相关资料写教案，第二步讨论教案与讲义，第三步由他们俩轮流听课挑刺。整整一学期的训练之后，才能够独立承担此课。特别是大量时间的备课，真正做到了给学生一碗水，老师就要有一桶水，因而深感仅仅三年硕士积淀的知识与培养的研究能力，对于一名大学老师是远远不够的。

大林先生很善于在教学与科研实践中培养学生，甚至在平时貌似不经意的交流中也能够激发兴趣、开启智慧。他让我担任历史系研究生班《云南民族历史文化》课的助教，这让我备课、上课压力更大，也意识到教学相长的道理；林先生还特别重视利用文献原文讨论问题。当时正是《云南史料丛刊》编撰如火如荼之时，我也就有机会从中系统搜集相关文献资料。之后 2001 年丛书出版完毕后，先生还赠予我一套作为编撰《云南乡土文化丛书》[1] 助手的奖励，使

---

[1] 林超民主编：《云南乡土文化丛书》，云南教育出版社，2003 年。

我至今能够便利地辑录、整理其中有关氐羌系统民族的文献，奠定了该领域研究的文献基础。

学然后知不足，于是就再次参加博士生考试。但英语的先天不足，使第一年考博失败。又经过一年的专业与英语复习的努力，虽英语上线，专业分更是居高，但我后面几届师弟师妹的英语考得比我高。这时，又一位老师改变了我的命运。他是云大研究生处处长，来自上海的知青古明清老师。他看到我读硕时全国"挑战杯"一等奖对云大的贡献，也认可我在研究生会组织文艺晚会等方面的能力，就"破格"录取了我。可能我不是古老师"破格"的唯一博士生，录取我或许对他而言也不过举手之劳，但却改变了我后来的命运。此后，我又在不同的时间、空间得到众多知青前辈的提携。仅仅在云南大学，在我人生关键时刻鼎力相助的知青学者，除了业师林超民先生之外，还有王筑生教授、陈庆德教授、方铁教师、何明教授与古明清教授等。他们哪一位不是从人品到学识恩泽于我的知青呢？相信云南乃至全国学科重建到发展，知青学者们功不可没。

人生的付出与回报总是对等的，或许在此时，或许待彼时，之前的付出总会开出鲜花等待你采摘。很感谢在历史系读硕、读博与任教期间协助大林先生的锻炼，如接待来滇调研学者，又如举办学术会议，再如组织每月一次的学术讲座，以及电脑录入文献与前辈们的专著。怀着对导师的敬仰、感恩，以及对导师领导、学者双重压力的理解、体谅，总是努力去做，没有想到无尽的回报就在不远处。先生曾受邀去台湾清华大学给人类学专业的研究生上课，因而其中不少学生以云南少数民族作为研究对象，如朱文惠就以迪庆藏传佛教寺院与村落的互生关系为学位论文选题。他们在昆的迎来送往、食住行多由我带师弟师妹处理，与他们的交流中了解了历史学之外的人类学及其田野调查。朱文惠还多次将台湾有关云南文献复印给我，如陶云逵的《碧罗雪山之傈僳》[1]、尹明德的《云南北界勘察记》[2]等，开拓了我对中缅北界跨境民族的研究视野。

还有2002年协助大林先生组织剑川石钟山考古学术研讨会。当时有来自台湾的30多位专家与研究生参会。专家中有台湾文化大学教务长、史学家王

---

1 选自陶云逵：《陶云逵民族研究文集》，民族出版社，2012年。

2 尹明德：《近代中国史料丛刊》中有《云南北界勘察记八卷 附录二卷 尹明德 撰》，民国二十二年序排印本。

吉林先生，因为其老师李霖灿对丽江情有独钟，就要求安排从剑川到丽江拜谒李先生在丽江故居与发冢。也是爱屋及乌，王先生会后邀请我这个丽江纳西族学子赴台教授《云南民族文化》课程一年。大纲、教案皆已确定，却因办理赴台手续烦琐而拖到非典暴发，准备了一年多的赴台教学计划"流产"。但是，吉林先生回台后寄给我的博士学会论文《唐代南诏与李唐关系之研究》[1]，开启了我对台湾史学研究传统的兴趣。当时参会的还有尚在读研究生的连瑞芝等，后来还接待过来德宏研究景颇族的何翠萍老师等。因为接待他们，跟他们相识相交，对他们的论著就多一分关注，这对于不断开阔我的学术眼界颇有益处。

其三是组织云南著名专家讲座与接待来访校友。先后请过校外的杜玉亭先生，系里朱惠荣先生与木芹先生等。因为请杜玉亭教授，我就得把其有关基诺族与其他民族研究成果通读，拓展了云南民族历史文化与现实问题的研究视野——如传统文化保护的视野；因为请朱惠荣教授，就得把其校注的《徐霞客游记》[2]从正文到注释皆细读，同时又把方国瑜先生的《中国西南历史地理考释》通读，就基本了解了云南大学历史系的历史地理学脉络，也建立了历史学研究中的空间观念。再如听木芹先生的史学理论讲座，联系江应樑先生与林超民先生的《中国民族史》，再比较王忠翰先生编著的《中国民族史》[3]，以及早期林惠祥的《中国民族史》[4]等，启发了基于史料的史学理论提炼。

师生是个缘分，同学缘分又何尝不是。从同学李东红的白族阿吒力教研究，知道民族宗教也是历史学研究范畴；来自湖南湘西的土家族师弟李远龙[5]，则有云大林超民教授与广西民大徐杰舜教授两位硕导，徐先生也是研究少数民族史专家，在汉族史与史学理论方面独树一帜，他们的研究中又明白研究少数民族史离不开汉族史[6]。到远龙师弟选学位论文题目时，以一个颠覆传统历史学

---

1 王吉林：《唐代南诏与李唐关系之研究》，台北东吴大学中国学术著作资助委员会，1976年。
2 朱惠荣，李兴和译注：《徐霞客游记》，中华书局，2009年。
3 王忠翰：《中国民族史》，山西教育出版社，2004年。
4 林惠祥：《中国民族史》，商务印书馆，1993年。
5 李远龙：《认同与互动——防城港的族群关系》，广西民族出版社，1999年。
6 徐杰舜：《汉民族发展史》，武汉大学出版社，2012年。

的题目——《认同与互动——防城港的族群关系》[1],让我明白了历史学与人类学的关联性,而且历史学背景的学者也可以转向人类学研究。考博时,林先生鼓励弟子们考出去,但因毕业之际女儿重病硕士学业的最后一步没有走好,深感师门真传尚未学透,故依然坚持投师林先生,继续攻读中国民族史·专门史的少数民族文化研究方向博士学位。读博前后几年,将有关滇西北各民族文献尽可能搜集殆尽,但仍觉得史料太少太碎片化,难以支撑博士学位论文,就不得已求资料于田野。

但是,千辛万苦,甚至冒险到需要徒步三天的独龙江田野点之后却是两眼一抹黑。因此,虽然不断回去怒江"调查",不断进独龙江"调查",但除了吃苦、冒险之外,不会深入访谈,也不会将所见所闻进行学理性思考。毕竟文献资料为主的史学研究训练根深蒂固,使我拘泥于逐字逐句抄录、整理、分析历史文献为主业。因此,一方面是接触外界学者打开了眼界,使我跃跃欲试;另一方面是历史研究中专注文献惯性,以及难以继续前行之迷茫;再一方面是在云大为我们级首开《文化人类学》课程的王筑生先生[2]因病去世,未能得到其更多教诲的遗憾。总之,读博的前两年,是越努力、越迷茫的两年。

四、从历史学到人类学:南下、北漂、东游求学路

从小在怒江的生活经历与10年的教学生涯,总是能够使我很快确定学术价值与现实意义皆备的论文选题。硕士、博士学位论文,以及一般学术论文选题亦莫不如此。如早在怒江政府提出"一方水土养不了一方人"的20多年前就撰写了怒江地区生态保护与可持续发展的调查报告,早在20年前就以《怒江民族教育研究》与《独龙族社会文化与观念变迁》的硕博学位论文关注地方发展的主体性问题。但怒江区位的偏僻、交通的险阻与社会的封闭,长期坚持跟踪研究者寥寥无几,也就意味着走的是一条少有同行可以讨论、借鉴的寂寞道路,同时也就意味着更具开拓研究的意义。

---

1 李远龙:《认同与互动——防城港的族群关系》,广西民族出版社,1999年。

2 王筑生,男,1945年生,云南大学人文学院人类学与社会工作系教授兼系主任、云南大学东亚影视人类学研究所副所长。

回想从1995年至今近30年的学术生涯，总是以怒江为核心，除了熟悉环境之外，不得不承认作为"怒二代"对于被学界长期冷落的第二故乡的眷念。对此，不得不提另一位恩师——木芹先生，是他一句话点醒梦中人。在丽江度过的童年，在怒江度过的少年时期，与在昆明读本科的青年时代，身边从未缺少同胞，也从未缺少纳西语语境。而且好读书的纳西族，有众多纳西老师在大学任教，也有众多的纳西本科生、硕士生与博士生在大学读书。其中，大部分硕士、博士都选择研究纳西族历史文化。但木芹先生却给我指了另一条路。

如果说方国瑜先生是研究西南地方、民族历史的红花的话，那木芹教授是簇拥他的绿叶之一。他给我们开设《南诏大理国史》，从文献到理论分析，没有一句多余的话。每次课一个专题，上课笔记就是一篇成熟的论文。军人出身的他，身材健硕，脸膛红润，嗓门洪亮，面带笑容，可以将枯燥的历史讲述为生动的故事。先生与师母对前去他家讨教的学生非常热情，总是在很轻松的氛围里解惑答疑。木先生貌似不经意地给我讲了方先生的学术始于纳西族象形文字，但并不局限于民族历史文化，还有《彝族史稿》[1]《元代云南行省傣族史料编年》[2]等，这不是他不热爱自己的民族，而是明白整体观视野下才能写清楚单一民族、区域的历史[3]。因此，《彝族史稿》与《麽些民族考》与其说是为单一民族写史，不如说是对整个氐羌系统民族历史的系统梳理、考证。木先生看我对他搜集的民族创世神话感兴趣，也跟我分享搜集、分析这些创世神话的乐趣与研究计划……启发我从怒江各族逆向研究纳西族，就无心插柳对应上了费孝通先生的"藏彝走廊"概念，而且是外界学者关注甚少的藏彝走廊西部边缘区域。

毕业于美国伊利诺伊大学人类学专业的王筑生教授，以其学位论文对话利奇的《缅甸高地政治制度》而在世界人类学学界颇有声誉。[4]他与林超民先生一起在很短时间使云大申请到了民族学的硕士点、博士点。遗憾的是，王教授积

1　方国瑜：《彝族史稿》，四川民族出版社，1984年。

2　方国瑜：《傣族史料编年》，云南人民出版社，1958年。

3　林超民：《整体性：方国瑜的理论贡献》，《云南民族大学学报》（哲学社会科学版）2013年第5期。

4　王筑生：《变迁之路——中缅边境上的一景颇族村寨》（*Road of Change: A Jingpo Village on China's Border*），博士学位论文，美国纽约州立大学石溪分校，1985年。

劳成疾而英年早逝。在去世前几天还在与负责其医疗费报销的我吟诵"烈士暮年，壮心不已"，就永远离开了其妻杨慧老师与女儿汉纳，也离开了他所挚爱的人类学研究。至今再读王老师的博士学位论文[1]与博士后出站报告[2]，以及与其夫人主编的《人类学与西南民族》[3]等，再回想读硕士时他播放的人类学纪录片，才后知后觉到实际上云大历史系的前辈们早就开启了历史学与人类学相结合的道路。特别是当时曾计划与北大合作在云大举办，后转到云南民大举办的人类学高级研讨班，让我知道除了历史学之外的人类学、社会学大师、专家的名字及其研究领域，也知道了费孝通先生所在的北大社会学系的强大研究力量，心里就多了一份向往。

　　2003年，我在为博士学位论文研究对象史料稀少而苦恼，又为不会田野调查而困惑，还为赴台教学计划泡汤而失意之时，上帝关上一扇门，又开启了一扇窗。当时我看到有赴泰国当中文老师的通知，就毫不犹豫地申请，并很快批准到泰国。云大历史系还有一个传统，总是把外出深造、访学与工作的机会首先给年轻人。我先是被推荐考副厅级女干部岗位，而军人父亲教育出来的我总有一股子偏执，特别是对时下一些不良社会现象很看不惯，认为从政少不了很多应酬，这是我所不乐意的，就两次放弃招考机会。另一次是推荐去省委620办公室，这对我这个少数民族女博士无疑是一个仕途发展机会。但我志在读书求学，对"政治前途"没有兴趣而没有离开云大。

　　拒绝各种诱惑，不等于读博道路一帆风顺，或者学术研究有质的飞跃。一天又一天，只会反复阅读汉文献，到泰国还把余庆远的《维西见闻纪》[4]、夏瑚的《怒俅两江边隘详情》[5]、陶云逵的《俅江纪程》[6]《独龙族社会历史调查》（一、

1　王筑生：《变迁之路——中缅边境上的一景颇族村寨》（*Road of Change: A Jingpo Village on China's Border*），博士学位论文，美国纽约州立大学石溪分校，1985年。

2　王筑生：《景颇——云南高原上的克钦》（*The Jingpo: Kachin of the Yunnan Plateau*），美国亚利桑那州：东南亚研究丛书，亚利桑那州立大学，1997年。

3　王筑生：《人类学与西南民族》，云南大学出版社，1998年。

4　余庆远：《维西见闻纪》，云南备征志本。

5　夏瑚：《怒俅两江边隘详情》，方国瑜主编，徐德文、木芹、郑志惠纂录校订：《云南史料丛刊》（第十二卷），云南大学出版社，2001年。

6　陶云逵：《俅江纪程》，《西南边疆》第12、14、15期，民国三十一年成都西南边疆研究社印行。

二)[1]等相关文献逐字逐句录入电脑,仍然困于历史学瓶颈,而走不出多学科融会贯通这一步。因此,在21世纪前所写的稍有影响的《元以来纳西族与傈僳族社会发展差异原因初探》[2]、《贡山县丙中洛地区多种宗教从冲突到并存、交融发展历史研究》[3]等仍然是中规中矩的历史学论文。但"下南洋"到泰国东方文化大学任教的一年,却让我产生了文化震撼,而促发了一点人类学的问题意识。

第一是开学这天请僧人念经祝福。每个系请三到五个僧人,盘腿而坐,彼此以一根白线相连。其前摆放供奉的竹篮,里面有袈裟、洗脸用具、扇子与药品等,老师们一排一排跪于其下。这样的开学仪式持续一个多小时,对于我这个不习惯久跪的人来说,加之也听不懂念些什么,的确是很难忍受,但也明白了泰国佛教影响之广之深。第二是受学生跪拜的惊吓。开学第一次收作业,我坐讲台前,突然有一个皮肤黝黑、五大三粗的男生跪在我面前,一下子吓得我不知所措。原来泰国有尊师重教传统,学生当面请教老师问题与交作业,其不能头部高于老师,所以就要跪下来。第三是每天上课有学生迟到,有的竟然迟到十多分钟。如果不等电梯而走楼梯的话,是不至于迟到的。但学生们宁可迟到,即便只有三四层楼,也非要等电梯。一天又一天,我实在气不过就把学生关在教室外。却被系主任批评,才明白在国外别说体罚学生,就是这样的行为也是严禁的。第四是邓丽君在泰国的影响力。学校与院系组织任何集体文娱活动,开场、结尾都播放邓丽君的歌,仿佛置身于20世纪80年代大陆的邓丽君潮,《甜蜜蜜》更是人人会唱。因此,以邓丽君歌曲寓教于乐方式教中文往往事半功倍。第五是人妖文化的地方认知。人妖文化在泰国备受推崇,学校晚会的横幅是"弘扬传统文化",在学生与老师人妖中选美,其场面不亚于现在的疯狂追星场景。有一名华裔男生也在"变"人妖过程中,他告知我来自中国的爷爷坚决反对,在泰国成长的父亲不反对也不支持,而他的人生理想是变成一

---

1 《民族问题五种丛书》云南省编辑委员会编:《独龙族社会历史调查》(一),云南民族出版社,1981年;《民族问题五种丛书》云南省编辑委员会编:《独龙族社会历史调查》(二),云南民族出版社,1985年。

2 高志英:《元以来纳西族与傈僳族社会发展差异原因初探》,《云南学术探索》1998年第1期。

3 高志英:《贡山县丙中洛地区多种宗教从冲突到并存、交融发展历史研究》,《云南师范大学学报》(哲学社会科学版)2001年第1期。

个美丽的人妖……对于第一次长时间出国,并且还满是汉文化中心主义的我,上述每一件事都是文化震撼,并成为之后转向东南亚民族志研究的感性基础。但当时因缺乏问题意识虽身处东南亚人类学研究宝库而不自知。

到2005年,读书、行路已不少,却始终难以将"行路"的田野调查与文献研究结合起来。尽管博士学位论文是从族际观念、宗教观念、生产观念、婚姻观念与教育观念五大板块研究独龙族的观念嬗变,但因缺少田野调查的问题意识与田野资料,仍是以汉文献资料为主,并站在汉文化中心主义立场的线性历史观研究成果。在博士毕业之前,云大开始重视国家社科项目申请。当我还在对民族学人类学懵懵懂懂而无知无畏之际,凭着"挑战杯"研究经验与对三江并流区域藏彝走廊的熟悉,所申请项目"藏彝走廊民族互动的民族学人类学研究"有幸列项。由此更让我明白非跳出碎片化与汉文化中心主义的汉文献记载所困,而要从广阔的田野去寻找、充实研究资料。于是,我以近40岁年龄、十几岁孩子母亲、副教授职称的身份,申请去北大社会学系做人类学博士后。

申请博士后的难度,也不亚于考硕、考博。去找主管处长,却说云大有博士就够了,不需要外出做博士后。心有不甘,就天天守候校长办公室,但进不去门,守候在门口等到下班却只是被打哈哈搪塞。有好心人提供了车牌号,连续多日守在东一院停车场。终于有一天早上守到了,却一句云大正在考核,等考核过了再说。而那时离我7月份的40岁生日只有两个月了。不得已,又回去磨主管处级领导。最后终于磨到同意,却不同意脱产,不能影响所有教学、科研工作。这样,北大就不能给我安排宿舍、发博士后津贴。只好以五万元卖了龙泉路高校小区的房子指标作为学费,以自费生身份抛下女儿北上求学。但走到哪里最后还是好人多,在研究生处工作的段红云师弟秉公处理,及时给我开具博士证明;又得纳西族著名学者和少英推荐,而得王铭铭老师欣然同意;又有北大人类学博士后班主任朱惠芳老师手把手教填写网上申请,使我能够在尚离40岁年限之前20多天的7月初进入梦寐已久的北大社会人类学博士后流动站。

我对北京的认知,是从小时候唱《我爱北京天安门》与跳《北京有个金太阳》开始的。但当终于来到北京之后,除了不脱产的工作压力、经济压力与扔下女儿北漂的精神压力外,更多的还是学科转型的压力,完全不是歌里唱的、舞里跳的那么轻松快乐。记得第一次在云大基地班推荐到北大的舒瑜陪同下到回龙观王铭铭老师家,他叼着烟斗,貌似很随意地说了一句话:"历史学是童子功,学人类学不要把历史学扔了。"当时并未能理会此含义,只是感觉每天一进教室,每一门课都是听得云里雾里的。因想着要尽快听完课,尽快转型,然后尽快回云大上课、管孩子,所以王铭铭老师、马戎老师、高丙中老师、钱明辉老师、方文老师等等,只要开课的,我都去听课,也是这些课里年纪最大,基础最差的学生,于是陷入了一种邯郸学步般的痛苦。王铭铭老师多以读书会的方式上课,他在校内校外的崇拜者很多,每次课的教室都座无虚席。在他慢悠悠掏出烟斗、点烟、吐雾开场后,就有两三名同学如滔滔流水般交流读人类学经典名著心得。同一课堂上年龄的差距、基础的差距与学科悟性的差距,把我的自信完全击垮了。每当下午下课时,昆明应该正是夕阳西下的美好时刻,北京却已天黑,心里的茫然、惆怅更无以言说。深感我不属于北京,不属于人类学。

但开弓没有回头箭,既来之,只好硬着头皮听课。一是把舒瑜读过的、复印过的人类学论著全部复印熬夜苦读,对于王铭铭老师的《社会人类学与中国研究》《西方人类学思潮十讲》[1]与马戎老师的《民族社会学导论》[2]更是逐字逐句在电脑录入一遍,才对人类学的词汇有所感觉。可能老师们同情我这个来自边疆的少数民族大龄女生,就主动给予帮助、鼓励。王老师将《中国人类学评论》[3]全套赠予我,希望我从读书起步激发问题意识与学术思想。他说:"有有思想而做学问的,也有没有思想而老老实实读书做学问的,还有既没有思想又不读书瞎胡闹的。"可见,他不是外界所传的高冷,而是知识分子的率真与与生俱来的腼腆,使其不知道如何很自然,或者很圆滑地与外界打交道。他对学生从无高高在上的道貌岸然,而是朋友般直言相告。一句"我的博士后中,从来没有逾期的",使我这个因工作拖累、因孩子分心以及入门难、转向难而三年才出站的老学生无地自容;又一句"别看这些讲理论头头是道的学生,到田野就什么地方性知识也不懂",以及在博士后出站答辩会上一句"高志英已经是一个比较成熟的副教授"的介绍,又将我从自卑的谷底拉回岸上。

---

1 王铭铭:《社会人类学与中国研究》,广西师范大学出版社,2005年;王铭铭:《西方人类学思潮十讲》,广西师范大学出版社,2005年。

2 马戎:《民族社会学导论》,北京大学出版社,2005年。

3 王铭铭:《中国人类学评论》,世界图书出版公司,2007年。

其他老师们对学生的关心也都是很随意、很自然的，在与他们的接触中，逐渐消解了我的自卑、迷茫。潘乃谷前辈因其父亲潘光旦的西南联大经历，对我这个来自昆明的学生多了一份关心。她语重心长地说："搞人文社会科学的学者容易文人相轻，因为不容易像理工科一样的有团队合作精神。"这对我后来与同行相处，以及与跨专业同仁的合作中影响甚大。打开了自己的心，得到的当然就是真心的回报，事业的拓展。高山仰止的马戎老师也请我吃过饭，并从其做学问经历鼓励不要泄气。不久后，马戎老师在我的联系下到云大讲座，这是王筑生先生时代至此第一位正式受邀到云大开讲座的北大人类学、社会学学者。在陪同马老师讲座，并带他参观云大校园的过程中，心里隐隐冒出作为云大教师、北大学生双重身份的自豪感。高丙中老师总是亲切地称我为"家门志英"，在他身上还看到什么是以办公室为家。他的办公室就是书房，书房就是家，每次进院里最可能见到的是被书海包围的书桌前的高老师，并随手抽出一本新出版的论著、译著给我，全没有外界所认为的"北大教授"的架子。高老师与来自云大的朱晓阳老师总像邻家的兄长一样亲切和蔼，在被他们俩多次邀请一起在北大附近傣味餐厅共进午餐的闲聊中，逐渐拉近了与老师们的距离，也拉近了与北大的距离。钱明辉老师来自山西，不但个子高，学问也高。以他从体育学到人类学的转型交流，让我感觉从历史学到人类学的转型，不是那么难不可为。

举凡进过北大的学子，不可能不知道北大的"一塔湖图"，即博雅塔、未名湖与图书馆。一个寒冬里的未名湖游也让我对北大、对做学问有了新的认知。路上碰到来自福建的陶庆师兄，他本已官居政府要害部门处级，但却弃官读书，已在北大做第二个博士后了。推着一辆自行车，一脸的憨厚与满足，只有眼镜片后的眼睛充满智慧——这就是北大的博士后！只看外貌会很快消失在人群，但其知识与智慧却是芸芸同学中出类拔萃之人，给人以别样的感染力。又看到清扫湖面落叶的一位师傅，身穿工作服，脚蹬溜冰鞋，手握长扫帚，在音乐伴奏下清扫落叶。一片片落叶，一圈圈冰鞋划痕，简直是一个冬雪中的冰上圆舞曲——原来即便是一个平凡的扫地师傅，也可以在其平凡的工作中寻找乐趣！再有两位地地道道的美女师姐和与我一样一看就是少数民族的师弟祁进玉，也让我感触颇深、温暖颇多。一位是从日本回来的朝鲜族博士后师姐刘正爱，一位是来自西北的刘夏蓓师姐，她们的美丽、优雅、大气、贤惠与学问相得益彰,令人羡慕,她们的完美颠覆了我对女学者的认知;进玉师弟则是以他西北汉子的热情、大气,给我以极多的帮助、关心,而有家弟之感。

两年的博士后期限,在北京、昆明两头奔波中一晃眼就过去了,延期一年也转瞬即逝。到博士后出站答辩时,又一次将我从自卑中突然推到诚惶诚恐兼自信中。王铭铭老师的习惯是,他觉得达到出站答辩水平了,就给一个答辩委员的名单——翁乃群前辈、潘蛟老师、朱晓阳老师、王建明老师。这些都是我认识他们,他们不认识我的专家。我一一打电话联系时,手发抖,声音也颤抖。但是幸运的是没有一个拒绝,翁老师还说北京有同城快递,不要我人生地不熟地跑来送论文。这样的体贴,缓解了我不少紧张情绪。次日的答辩会,虽已有王铭铭老师的"高志英已经是比较成熟的副教授"介绍的巧妙鼓励,但对于答辩委员们相互讨论多于对我的提问,一直使我的心是悬着的。熬过了两个多小时的答辩时间,答辩主席翁乃群先生宣布出站论文为优秀之时,三年的辛苦、三年的迷茫、三年的委屈(估计我是第一个云大自费到北大的博士后)化作眼泪唰唰流下,让这几位老师都不知道如何是好。后来又有翁先生与王建民老师在博士后论文出版时的欣然写序言,也有在京亲人般的"阿表哥"潘蛟,还有同乡老师兼兄长朱晓阳老师的至今关心有加,这一切都让我心存感激。

在我众多业师中,王铭铭老师是既近又远的一位。对于年纪仅大我两岁的王老师而言,我应该是最无奈的一个弟子。从年龄,生性腼腆的他不好意思多批评;从学术,看到了我历史学的功底、宗教学的悟性,但我自己却不自知,更不知如何融会贯通。尽管博士后出站报告《藏彝走廊西部边缘民族关系与民族文化变迁研究》被评为优秀,[1] 但基本上还是依靠历史学功底完成的,只不过在自己所熟悉的三江并流区域有了跨区域、跨民族研究突破而已。但北大三年的收获,不是从历史学到人类学的转向,而是所浸淫的一种独特却难以言说的北大人类学精神或内涵。它或许启迪于某一门课,或许受教于某一个人,或许得益于某一次吃饭交流……因此,在告别北大时,带回的不仅仅是老师们相赠的论著,还有他们身上独有的北大人的个性、品格。因此,至今反复细读乃至逐字逐句录入北大老师们的经典论著之后,也就不知不觉走上了以历史人类学与宗教人类学为主要研究方向的人类学学术道路。

---

[1] 高志英:《藏彝走廊西部边缘民族关系与民族文化变迁研究》,民族出版社,2010年。

五、顺藤摸瓜：田野中的学科转向实践

说北大三年，就让我完成了从历史学向人类学的转型，那是不确切的。实际上是回到云大，利用云大民族学平台才逐步完成转型的。其中，有一位领导、老师兼兄长的何明博士，对我至关重要。

21世纪初，以规划重振云大民族学、人类学为己任的高发元书记组织了云南省少数民族村寨调查与全国少数民族村寨调查[1]，为云大民族学的崛起打响了声势。到我做完博士后回到云大民族研究院时，那两次民族大调查的实际推动者何明老师来任院长。寒暑假他组织老师们带学生进村调查，我就与怒族研究青年学者何林一起带十几名学生到福贡县赤恒底村调查，也就有了与傈僳族女弟子沙丽娜的师生之缘。之所以选择上帕镇的腊乌村，而不是云大已经建好的鹿马登乡赤恒底。首先是20世纪50年代傈僳族社会历史调查，腊乌是重点调查村落，有村落乃至特困户的详细资料收入《傈僳族社会调查》中，可以有纵向"发展"对比研究。其次是从小在福贡读书时就听到"腊乌无好人"的话，是源于20世纪初腊乌村民在怒江沙滩上将来怒江探险的德国人砍死，而使腊乌傈僳族的剽悍、"凶残"远近闻名；但这在怒江历史读物里却描写为是傈僳族人民反抗帝国主义侵略的义举。相同的事件，不同的评介，让我很是好奇；第三，腊乌是我继母段小花支边到怒江工作的第一次下乡工作村落，其村民从小耳熟能详；第四，腊乌还是"文革"夫妻互相揭发、批斗时代，一个邻居妹妹被不得已送给傈僳族村民的村子；第五，腊乌还是与上帕县城南边的烈士墓相连之地，从小看村民墓地棺材现于石板之外而深感神秘与恐惧……这些碎片化的少年记忆与知识，不由得我不选择这个村子。另外，心里也想着赤恒底村调查基地是肖迎老师辛辛苦苦建好的，我不愿给人以别人栽树我去摘果子的印象。

我与何林老师带学生经过一天一夜的夜班车颠簸到了福贡县城，再租拖拉机到腊乌小学门口，再背行李爬山到抗吾本小组。村主任范大哥热情接待我们，安排住村委会。但名曰村委会，实际上就是建在坟地上的三间空空如也的平房，与一间有窗框、没有玻璃窗的厨房。没有铺盖，没有吃的，只好又返回

---

[1] 高发元：《中国西南少数民族道德研究》，云南民族出版社，1990年。

县里采购。多亏老同学李海曙与师范学生何桂莲的帮助,不但蹭了一顿傈僳手抓饭,又蹭了一晚邮电宾馆住宿。次日到超市购买被褥、大米、油盐酱醋,顺着腊乌河徒步两个小时回到腊乌村。之后,每天都教学生们做饭,然后像放羊一样把他们放出去调查,不会给学生田野指导,就让他们碰到什么就调查什么。好在所带的学生中以宗教学的为多,村民周三、周六与周日的基督教堂的礼拜仪式雷打不动,自然就参与观察到不少关于基督教的仪式活动。又以我博士学位论文所研究的宗教文化、族际关系、生计方式、婚姻与教育的基础,而对这些问题多有关注。加上此后沙丽娜就一直跟我做田野、读硕、读博,对腊乌村的跟踪调查一直没有中断。腊乌就成为我做三江并流区域少数民族近30年间,跟踪时间仅次于独龙江独龙族村落马库与迪政当的村落。

每年寒暑假带研究生进村调查的两三年后,一个皮肤黝黑、个子矮小而眼睛黑白分明的傈僳小姑娘成为我们的翻译与后勤部长。分组调查,请的翻译很多,但枯燥的翻译工作与菲薄的酬金,能够坚持翻译到结束的只有沙丽娜与杜丽博。杜丽博即阿杜,是傈僳语女孩的老四,因有姐姐参加工作而能够读完怒江师范。连续三年考教师岗位,三次笔试通过,三次面试被淘汰。阿杜也失望透了后就外出打工,而今已成为福贡县城有名的销售手机老板,成为我长期调查傈僳年轻人身份转型的一个案例。沙丽娜则是因读书,没有走她姑妈那些被拐卖或自己卖到内地的腊乌大部分傈僳姑娘命运的典型。她的舅舅是村委会支部书记,多次跟我说阿娜(傈僳语,女孩老大)家庭经济困难,请我供她读书。在帮我们做饭、翻译的过程中,看到阿娜有毅力、有耐心,而且有信教家庭培养的实诚与善良。每天帮我们做饭,还要背着比她身子粗的、差不多有她高的篮子去县城买菜、买鸡——傈僳族待客最高规格就是鸡与乳猪。她根据我们的伙食标准,每天一早一晚杀一只鸡给我们吃,也不会以傈僳习惯先将鸡血在火塘里烧给弟弟妹妹吃。到一盆鸡肉端上来,让她跟我们吃饭,她却羞涩地走开。我们一吃完饭,她就已在楼下等着陪我们去调查了。

因为腊乌村浓厚的基督教氛围,又是基督教神召会在20世纪初进入福贡之后最早建立的传教基地,美国传教士马道民与昆明传道员杨雨楼在1949年才离开腊乌,随其跑缅甸的还有福贡傈僳族教头的腊乌村民纳他尼。而且,沙丽娜的爷爷(堂祖父)等一批村民也是在其后因国家民族政策与宗教政策而跑缅甸的。于是当何明老师在2010年推进东南亚民族志时,我就带沙丽娜通过他爷爷肯四妹这条线索进入缅甸开展田野调查。也是上帝要给我一个研究傈僳族、基督教的助手吧！沙丽娜幸运考上了云南师范大学民族预科班，进而上了云南师大地理系，成为腊乌村的第一名大学生，而且心里的愿望就是读研究傈僳族文化的研究生。

2010年寒假，我带着沙丽娜与一行李箱漆油饼，再各背一个傈僳拐包，奔赴缅甸"认亲"。漆油是怒江傈僳族的礼品，因有祛风湿功能，傈僳女人坐月子就要吃漆油炒鸡，缅甸傈僳族也一直保持这个习俗。经过一天一夜的曼德勒至密支那老式火车颠簸，迷迷糊糊中才下火车，就有一位穿制服、骑摩托车的男性过来搭讪，还把我们引到酒店。我仍然是无知就无畏，还以为缅甸的公安很热情、服务很周到，殊不知是被安全局的人员盯上了。每天一早吃早点与晚上从村落调查回酒店，都看见这个人热情地跟我们打招呼。我们还以为是类似中国的"片警"在保护我们的安全，而毫无出行被监视的恐惧。更不知要给院里报平安，因为一到缅甸手机就没有信号了，缅甸傈僳朋友所用的小灵通信号也不好，就没有想过给何明老师报平安。多年以后何老师开玩笑说，一离开昆明就音讯全无，还以为被缅甸山官抢去当压寨夫人了，我才意识到自己做人做事中换位思考的欠缺。

虽然没有被抢去当压寨夫人，但是寻亲却不顺利。在去泰国教书时，时任怒江旅游局副局长的怒族姐姐亚莎曾告诉我：背一个傈僳包包走在清迈街子上，就会有当地傈僳族相认。当时也曾这么做，在街上顶着大太阳走来走去，始终没有一个人来相认，也没遇见一个傈僳人。当时并不懂得文化有区域差异性的我，还在以怒江傈僳服饰的刻板印象去找傈僳人，当然就只能悻悻而归。但是傈僳拐包在密支那傈僳村落却大起作用——特意选择礼拜天信徒做礼拜的时间到傈僳人口最多的马肯村，拐着傈僳包。果不其然，就有傈僳人前来握手、问候，并邀请进教堂做礼拜，然后带我们参观教会建的民俗博物馆，还在办公室备以糕点与麦乳精相待，并热情带路到沙丽娜爷爷所在处。这让沙丽娜我们俩亲身感知了跨境民族中的民族认同。

先是到了马肯附近一个傈僳村落，我开了摄像机准备将沙丽娜爷孙相认的历史性时刻记录下来。的确也相认了，头发花白、身材佝偻的爷爷还为从天而降的"孙女"流泪了。沙丽娜却边流泪边悻悻告诉我：是不是人老了个子就会缩小很多？在她记忆里，爷爷高到进门都要低头的，古铜色的皮肤。而眼前这位爷爷又瘦又矮，而且皮肤白净。进一步交流才发现是认错了！因同样是1957年跑到缅甸，对怒江的侄儿男女与孙辈就不熟悉了，才闹出这样的乌龙。就是这样的乌龙，也让我们体会"同根同源"的含义。又因全世界傈僳族的根都在中国，都是通过缅甸再辗转到世界各地，而且多数通过基督教抱团取暖获得生存、发展机会，就又领悟到，除了民族认同，还有宗教认同与国家认同是可以并存的，自然而然就会反思人类学的认同理论。

在以后的调查中，如此亲人天各一方、亲人相见不相识的傈僳族、怒族、独龙族、景颇族、阿昌族、汉族与白族支系勒墨人等家庭比比皆是，他们或多或少有或远或近的亲人还在怒江、保山、德宏、临沧或维西、兰坪。而这些地方正是我渡过整个少年、青年及其后来工作10年，并且长期跟踪调查至今的第二故乡。于是，就有通过我团队的跨境研究而有亲人相聚的，也有同胞相认的。我就这样不自觉地完成了客位与主位的转换，也成为傈僳族当中的一员，是世界各地傈僳朋友们人尽皆知的"高玛妈"。无论是缅甸傈僳，还是泰国傈僳，甚至远在美国、澳大利亚与印度的傈僳，其学会一举办阔时节就会邀请我的团队前去过节、调查。跟踪傈僳族的迁徙足迹，开展傈僳族在世界各国分布的田野调查，也就将我的研究区域从中国三江并流区域拓展到东南亚、南亚的藏彝走廊，并泛及美国、澳大利亚、日本与中国台湾等傈僳族分布地。在跟踪调查中，见子打子地去阅读经典，模仿别人的研究，问题意识与理论素养也随之提升。

调查发现，缅甸怒族与白族支系勒墨人一直归属于傈僳族，而此"傈僳族"在其国家民族识别的第一层级里是属于克钦族。这个层级的克钦族除了中国景颇族四大支系之外，还包括阿昌族、傈僳族、独龙族（日旺族）、怒族与勒墨人。20世纪伊始，以上各族就以一种相互交融又相互区隔、如影随形又各自独立的微妙关系从中缅北界分布到世界各地。那么，我的研究当然也就不能局限于中国，也不能局限于傈僳族，也不能局限于历史。日积月累，终于在中国西南与东南亚、南亚的藏彝走廊，或是"佐米亚"区域研究中有所思考与贡献。对此，不得不欣赏傈僳族开阔的胸怀、热情好客的性格，不得不感恩他们对我的接纳、包容。

上天给予某人的使命，或迟或早都是要完成的。负有此使命的何明老师不但以前瞻性的眼光将云大民族学学科的师生推到边境乡村，推到东南亚，再推到世界各地，而且还身体力行分批带老师们出去开阔眼界。我就是在 2010 年跟随何老师去台湾交流、考察期间，结下了跟台湾傈僳族的缘分。那是经过从台湾政治大学、清华大学、暨南大学等一路马不停蹄签订合作协议后到南投县清境农场考察的一个早晨，也是让中国大陆、缅甸、泰国傈僳族朋友知道台湾也有同胞的日子。晚上从好似怒江的盘山公路到山顶住宿地已是半夜，看不清周围的景色。次日起床一看，仿佛置身于怒江大峡谷，而毫无置身于异域他乡的陌生感。实际上可能是因为身处台湾的云南人的天、云南人的地、云南人的家而有一种"他乡遇故知"的亲切感。

走进最北部的眷村，看到一些老人在平房前晒太阳，老爷爷们还在抽烟筒。听他们讲话，竟然是云南边境地区汉话！在跟他们的交流中得知，村里就有一位傈僳族奶奶！于是以他乡见家人的心情冲进门，随口很自然说出傈僳语的问候"aya，hua hua"[1]。遗憾的是老奶奶对我这个贸然闯入者一脸茫然，也不回话。我又用云南话问候她，她同样用云南话跟我说：她是"南"这个地方的傈僳姑娘，阿兵哥（她丈夫，凤庆人）拿枪指着非娶不可。后来就来到台湾，种高丽菜[2]卖辛辛苦苦养活孩子，傈僳话也忘记完了。才聊几句，何老师他们在催促走了，我就带着满心的遗憾离开了清境。从此，一心想着要找一个机会再来台湾好好调查傈僳族。终于在 2017 年，以台湾清华大学访问学者的契机系统调查了台湾傈僳族的来源与现状，并搭建了与云南省傈僳族学会的联系。于是，在傈僳族研究的版图上，又增加了台湾这一区域。对我而言，在台湾成就了我与院士黄树民先生的师生缘分，并进一步开阔了我以历史人类学与宗教人类学相结合整体性研究东南亚高地的思路，越来越多地收获遍布东南亚傈僳族分布地的人类学研究之金瓜。

回首漫漫求学路，经常自问有何德何能受教于这么多著名学者，从历史学到人类学宗教学，从林超民到王铭铭，再到黄树民等等。每次拜师之前，都是只见其书，不见其人者，哪敢有成为其弟子的奢望！但每次又都机缘巧合，在诸多前辈、朋友推荐下顺利成为他们的学生。或许推荐者都忘了此事，但是我不会忘记这些搭桥人，也时常感恩于上天对我的眷顾。要不然，我一个来自边

---

1 aya，hua hua：傈僳语的"奶奶，你好"。

2 即莲花白。

疆的少数民族女生怎么能够得到他们的教诲、培养。在台湾，黄树民先生也如前面两位导师一样，在我离台前赠予我清华大学人类学硕士、博士与教师们的整套论著。不得不说，拜他们为师，也是我行万里路的一部分；读他们及其团队的著作，又是读万卷书的一部分。历史学的"童子功"，是我的底气；人类学的接地气，是我学术研究的自然推进。而在我的背后，站立的是从云大、北大到台湾清华大学高山仰止的业师们。这也便是我从历史学到人类学宗教学的漫漫探索路，脚步不大、路途坎坷，但每一步因有恩师、前辈们扶携而不知年龄、不顾性别、无所畏惧前行于境内境外藏彝走廊广袤大地上，跟各种各样的人相遇，体验多姿多彩的异文化。回望来路，30年间云大民族学人类学从恢复重建到晋升一流学科，自己也从莘莘学子到云大特聘教授、二级教授、云岭学者、国家社科重大项目首席专家，与云大人类学、民族学共成长，人生何幸也！同时还看到，澜沧江、怒江、独龙江、伊洛瓦底江流域的民族研究不再寂静，因有越来越多专家学者、莘莘学子融入而热闹起来，对话学术，携手前行，人生何其乐！瞻望明天，云大民族学学科建设未来可期，以一份微薄力量继续薪火相传于课堂教学中、在田野调查间，人生再何求！

在原地行走的人类学之路[1]

葛荣玲

葛荣玲,人类学博士,厦门大学社会与人类学院副教授。美国哈佛-燕京学社访问学者。发表论文多篇,出版专著《景观的生产——一个西南屯堡村落旅游开发的十年》《东南地区的村寨景观:历史、想象与实践》。

---

[1] 此文是在《我的厦大人类学之路》基础上修改而成。《我的厦大人类学之路》收录于《群贤领航:厦门大学社会与人类学院的老师们》一书,待出版。

一、初识人类学

20年前,如果有人跟我说,有一天你会去厦门大学,有一天你会学人类学,有一天会在厦门大学教人类学,我一定会张大了嘴巴问,厦门大学是什么样的大学?人类学是什么?我怎么可能教得了大学生?

20年前,也即2001年,我正在山东师范大学读本科二年级,专业是汉语言文学。按照常规的发展,我应该在下一个学年里好好练练普通话,写写粉笔字,找一些中学做实习单位,积累教学技能,然后在大四找一个理想的中学去当中学老师。我这样做了。下一年,普通话证书拿到了,板书教仪也练习了,在大明湖南畔的济南艺术高中做了实习老师。该校师生介绍说这是季羡林曾就读过的正宜中学所在地。校舍风景优美,古色古香,教室北面窗外即是大明湖(现因公园规划校舍已搬迁)。还去了一些报刊社见习。我做好了充分的就业准备,自信满满就等毕业了。闲暇时间我就在校刊打打杂,偶尔去泉城广场发点问卷,去千佛山看看古迹,去黄河森林公园观瞻母亲河,日子平平淡淡。

正是在这一年,我选修了一门叫文学人类学的课程,任课老师是鹿国治,他的一个研究生做教学助理。鹿老师很随和,爱与学生一起玩;研究生学姐和我们也相谈甚欢。同一本文学作品里的男主人公和女主人公,在文学人类学的课上变得不一样了。英雄有了社会,美人有了责任。还学到一个颇能打动人的词,叫作文本间性。看过学姐的研究生课程笔记后,我推翻了以前按部就班找工作的想法,转而开始准备考研。

毕业那年,我顺利考取了本校比较文学与世界文学专业的研究生,鹿老师也成为我的指导教师。鹿老师带研究生有个习惯,不论去哪里参加学术会议,都会鼓励我们一起去。读研期间,我和同学安宁,一起跟他去开了两次会。一次去威海参加比较文学年会,一次去湘潭参加文学人类学年会。没想到,湘潭会议,竟成为我与人类学结缘的起点。

2005年5月,湘潭氤氲着一片瘴湿热气。高楼的墙面和树皮都长着苔藓,太阳遮遮掩掩。抵达那天我洗了一件衣服,三天后会开完要走了,衣服甚至比刚洗的时候还要湿。来自北方的我颇感不适。但是,会议意想不到的精彩,为一切打上了滤镜高光。参会的人既有文学研究领域的也有人类学方面的专家。其中,来自厦门大学的人类学教授彭兆荣,用仪式理论解读西方经典文学的主题发言,深得我心。当时我已经开始思考自己的硕士毕业论文,选题确定为对中西方古典神话英雄的反叛与阉割进行跨文化的比较,于是截取对孙悟空和哪吒的部分分析在会议上进行了展示。彭老师表示了他的欣赏,让我这一介硕士研究生颇为激动。

图 1 2005 年 5 月在湘潭参加第二届文学人类学年会,后排左四为彭兆荣教授,后排右二为鹿国治教授,前排右三为作者

会后,我基本上确定了考取人类学博士研究生的决心。然而,考去哪里呢?有几个与会的教授对我伸出了橄榄枝,我一时感到诚惶诚恐。想来想去,我最想到厦门大学读人类学,因为我听说厦门大学是中国人类学的发源地之一,也因为彭兆荣教授发言中展现出来的人类学之光彩。说起来好笑,在 2000 年初的山东,至少是我周围接触的人中,对厦门大学还几乎没有什么概念。身边大部分人都想尽力考取北京、上海、南京等地的高校。然而我已经笃

定了去厦门大学读人类学的决心。在我看来，博士期间专业比学校更重要，它将决定未来一生要走的路。既然决定走人类学之路，为什么不去有渊源的地方深造呢？

二、入门教育

我很幸运，2006年顺利考取了厦门大学的公费博士研究生。虽然在攻读硕士期间我读了一些文学人类学方面的东西，但是对人类学知识基本上还是浅尝辄止，田野训练更是谈不上。来到厦门大学后，我不仅展开了专业知识的系统学习与训练，日常生活中也处处感受到了人类学的涵濡力量。

开学的时候，在人类博物馆一楼的会议室里，蓝达居老师讲述了如何计算海潮涨落的时间，告诉我们去海边注意安全。时值中秋，人类学研究所给我们500元作为"博饼"的经费，当时作为所长的彭兆荣教授自己又补贴了300元。涨落潮时间的计算方法、中秋博饼的传统民俗，对我来说都是新鲜的"地方性知识"，我经历了来厦门之后的第一个"文化震撼"。厦大附近的沙坡尾，也即老的厦门港，有一个五年两次的"送王船"仪式，恰好也在那一年举行。师兄周典恩、钟毅锋等人与沙坡尾龙珠殿的仪式负责人进行交涉，争取到了让女生也可以参与仪式的权力。于是，我们穿上龙珠殿发给我们的仪式专用服装，参加了浩浩荡荡的送王船仪式。这是我学人类学之后的第一次"参与观察"。送王船仪式在2020年已经入选联合国教科文组织的世界非物质文化遗产名录。

彭老师带学生和鹿老师一样，鼓励我们跟他一起去参加学术会议，与此同时，也经常带我们一起去田野考察。他经常说，人类学家一只脚在书斋，另一只脚一定要踩在田野上。博士一年级是专业知识教学阶段，但我们几个博士新生仍然跟随他去了广东连南、广西贺州、福建永定和龙岩、贵州安顺等地，分别进行瑶族、客家和屯堡人的文化考察，也对考古田野有了初步接触。石奕龙教授在课余也带我们去泉州崇武古城和小岞村考察惠安女及海洋渔业文化。

图 2 2006 年 12 月,跟随彭兆荣教授在广西贺州考古挖掘现场田野(薛敬梅摄)

图 3 2007 年 5 月,跟随石奕龙教授在崇武古城田野考察,左三为石老师

2007 年,国家留学基金委首次开始将访学资助从高校教师延伸到博士生。在彭老师的介绍下,我去了他曾经访学过的加州大学伯克利分校,以联合培养博士生的身份在人类学系学习两年。我在伯克利的导师是 Nelson Graburn 教

授,他是国际旅游人类学方向的创始人之一。除了跟随他上课学习,我也经常跟着他一起参加或组织会议、演讲、调研,与来自世界各地的学者交流。从那时候开始,我接触到了世界上最大的人类学组织——美国人类学学会(简称AAA),和最大的社会学组织——国际社会学学会(简称ISA),并且开始参加这些组织的年度会议,展示自己的研究成果,也与来自世界各地的同行进行交流。2004年彭老师在厦大创办的旅游人类学研究中心,是中国最早建设起来的旅游人类学中心。在彭老师与Graburn教授的带领下,我开始专攻旅游人类学方向,与此同时,也开始进行非物质文化遗产研究方面的学习。直到今天,我们仍旧经常一起组织旅游人类学方面的学术活动。特别是在广西民族大学徐杰舜教授和韦小鹏助理的支持下,我们从2010年开始,每两年度组织一次全国范围的"旅游高峰论坛",并根据每年不同的主题,邀请国际上相关领域最有建树的专家进行主题发言。这个论坛虽然是个"民间"组织,但它的影响力非常大,每年都有三四百的旅游人类学或相关领域、跨学科研究的学者参加。Graburn教授曾说,旅游高峰论坛是他参加过的世界上规模最大的旅游人类学方向的会议。

图4 2014年5月,在乐山参加第三届旅游高峰论坛,中间为Nelson Graburn教授,右一为哈佛大学的Michael Herzfeld教授(徐洪舒 摄)

值得一提的是，在伯克利期间，除了与教授们交流，上课学习知识，我还与一些当地的博士生同学，特别是一些准备做中国研究的同学，开展了交换读书活动，这让我受益匪浅。我们选择中英文方面代表性的人类学基础著作，相互帮忙理解。正是这样的交流学习，让我克服困难，生啃了一些特别难读的人类学经典原著。这些参与交换阅读的同学，有的做宗教研究，有的做医学人类学研究，有的做教育人类学研究。从他们身上，我不仅巩固了自己的人类学基础知识，也看到了不同国籍、不同文化、不同研究方向的人对于中国研究的不同视野。

三、初识田野

2009年回国时，我的同级同学大部分已经毕业了，很惋惜不能再跟他们一起去曾厝垵摘草莓、去环岛路骑行、去大排档谈天、去鼓浪屿看夕阳、去集美瞻仰陈嘉庚故居和鳌园墓地……我也抓紧时间去贵州田野，选定的地点就是当年彭老师带我们考察过的一个屯堡村落。这个村落从2001年开始自发经营旅游活动，变得小有名气。一开始彭老师建议我做屯堡非物质文化遗产方面的研究。当地的国家级非遗"地戏"已经成为旅游资源之一，因此是考察遗产资源化的理想之地。但是，我做了几个月的田野之后，发现景观一词已经成为当地旅游经营活动的高频词。在各种政府文件、旅游公司管理策划、外地专业设计院的景观规划案中，景观一词频出迭起。当地的老百姓没有意识到，他们的日常语言里也已经潜移默化地增加了"景观"这个挺有学术术语意味的外来词。而围绕所谓屯堡传统景观资源所设置的景区规范，也在深度影响当地的社会生活，并且制造了很多社会矛盾。景观已经不仅是名词，在实际生活中它也具备形容词、副词、动词的功能。景观被生产，也在生产着当地社会。

于是，随着田野调查的推进，我的关注点逐渐转向了景观方面，开始重点关注村落旅游场域中的景观现象，也由此接触到了景观人类学这个新的研究方向。2010年10月，在徐杰舜教授和彭兆荣教授的推动下，首届旅游高峰论坛暨桂林金钟山旅游研究院成立大会在桂林召开。召开之前，我作为会议的协调人和学术委员参与了筹备工作，在最早的筹备会上大家先要商量确立首届会议主题。我略带私心地提议将"旅游与景观"作为主题,竟然得到了肯定和通过,徐老师还指定我做主题发言。准备主题发言论文的过程中,我了解到很多相关研究方面的成果,而其他参会学者的演讲,更是让我对景观概念和人类学可能切入的路径有了多元化的认识。这些对于我完成毕业论文,走上景观人类学研究之路提供了重要基础。

图5 2010年10月,在桂林和彭兆荣教授、Nelson Graburn 教授参加首届旅游高峰论坛(张进福摄)

近些年,师弟师妹以及学生们经常来问我一个问题,那就是如何确定选题,以及要带着什么样的问题进入田野。我总是跟他们说,先不用确定选题,直接去田野中发现即可。一开始有些人不太相信,可能觉得我在敷衍,没有用心提供建议。但是过几个月等从田野初步调查中返回的时候,他们才发现,原来事实真的是这样。预先准备的选题大概率都会被推翻,而田野中却发现了更切合实际也更有趣的东西。每个田野点都有自己的个性,每个地方的人都有让你出乎意料的惊奇。研究选题不是从书本上来的而是从自己与田野点的对话中来的。这正是我在贵州做博士论文田野调查得出来的最大心得。厦门大学人类学博士的培养方案,是第一年读书,修基础理论,第二年开始田野。我在厦大修完第一年基础理论课又去伯克利修了两年,按说基础应该够扎实了,然而,可以说,直到正式进入田野之后,我才真正开始领悟人类学到底是什么,人类学的思维方式有可能是什么。

田野中充满了苦和乐。我和其他同门跟随彭老师第一次去贵州安顺屯堡地区进行田野考察的时候是夏天，时隔两年我正式启动自己的论文田野的时候基本上还是秋天。不管是夏天还是秋天，安顺都爽爽的很怡人。然而，很快冬天就到了。安顺的冬天非常难熬，温度不管是白天还是晚上都在零度上下徘徊。有时候天上下着雨，快到地面的时候却变成了冰粒，当地人称之为"冻雨"。我开始缩减每天外出观察和访谈的时间，下午三四点钟太阳西斜的时候我就想着回屋了。回屋记笔记也是一样重要的，我这样安慰自己。然而屋里一样冷。村民们各自家中都有一个专用的炉子，有的用煤有的用电，中间是圆筒状加热用的，上下各有一个四方的炉台和底座，可以烤土豆、烤豆腐、烤手烤脚，很是方便。我租住了一户村民二楼到三楼之间楼梯边上的一间小屋，没有炉子，每天都冻得哆哆嗦嗦的。好在我还能缩在被窝里记笔记。直到有一天，笔记本电脑怎么也开不了机了。我一下子慌了神，所有的资料都在里面啊，这可怎么办！我抱着笔记本电脑缩在被窝里黯然失神。过了一阵子，又试了一下，竟然开机了！后来才知道，这个型号的笔记本电脑在5℃以下电池就有可能不工作。于是整个冬天，我每天外出回来第一件事就是给我的电脑暖被窝。后来一些熟络的村民知道我屋里没有炉子后，就经常叫我留下来烤火，反倒为田野访

图6 2010年3月，在安顺与屯堡女孩在一起

谈提供了更多机会,我心里暗自高兴。到了过农历新年的时候,好几家村民邀请我一定要去他们家里过年,这时我又开始犯难了,不知道该怎么选择或拒绝。真是祸福相依啊。

然而苦和乐并不是田野最有收获的地方。田野最大的价值,就是它让我了解到,从事人类学研究,最重要的一条就是永远不要带着预设去田野,而是恰恰相反,让田野来告诉你、引领你,甚至教训你,什么是你在"这个"田野中该发现、该调查、该研究的问题。第一次田野让我发现了景观人类学这个方向,日后的每一次田野对我来说也各有各的启发,后文还会提及。

四、原地行走

2011年毕业,在当时厦大人文学院和系领导及众多前辈老师的肯定和支持下,我得以留校工作,在厦大继续我的旅游人类学和景观人类学研究。在学校支持下,我的博士论文《景观的生产——一个西南屯堡村落旅游开发的十年》很快也出版了。入职次年我顺利申请到了一个国家社科课题,题目为"少数民族地区村寨景观遗产的人类学研究",在这个基金的支持下,我得以继续围绕民族村寨景观及其旅游发展经历展开调查研究,更重要的是,我的田野范围也大大拓宽了。在这个课题中,除了我熟悉的安顺的屯堡村落,我还选择了黔东南的一个苗寨、云南丽江的一个古镇、石林的一个彝村分别进行案例调查。这些地方其实都是我的师姐或师妹长期田野的点。她们是我课题组的成员,非常大方非常尽心地与我分享她们的研究心得,从这种合作交流、对话碰撞中,我体会到另外一种田野的乐趣。后来,我又从学校申请到两个中央专项基金课题,田野范围也从西南地区延伸到了东南地区。

厦大人类学是个特别注重学术基础和基本功训练的高校人类学培养基地。在学生培养上有人类学理论方法、实地田野、论文写作课组成的三部曲。余光弘教授从台湾"中研院"退休后,也专门到厦大人类学系帮助培养学生的田野调查。在他的带领下,尽管经费紧张,但每年夏天系里都必定安排两位老师带领研究生去一个村落进行为期约6~8周的田野调查,并将年度调查成果结集出版,成为厦大人类学传统特色的一个展现。后来这一方法渐渐也延伸到了本科教学阶段。我参加了2018年度在福安溪塔村的集体田野，深深感受到这种师生一同长时段田野的单纯快乐。除此之外，厦大也经常组织人类学暑期学校，在大学生创新创业计划上也很鼓励有实地田野调查的研究项目立项。此外，在外出参加学术会议的时候，我也像其他人类学同仁那样，利用点滴时间去做点实地观察，拓展我自己定点研究之外的田野知识。

课题经费、学生的田野课程和暑期学校、各种会议组织的实地考察机会，这些都让我将田野之路走得更远了。但是，我并未走出一个"小径分叉的花园"（博尔赫斯语），更多的时候，我还是更倾向于在原地行走，甚至原地踏步。

从开始读博士学位到现在，我的长期固定的田野考察点实际上只有两个，一个是博士论文所选择的贵州安顺的屯堡村落，另外一个是从2015年开始展开调查的云南石林的彝族撒尼村落。2009年刚回国后，在去安顺之前，我曾经先到云南个旧、元阳、建水、丽江、石林等几个地方游历了一番。当时正好看到石林以遗产保护为名而外迁村民，村民在村口拉白横幅集体抵制的状况；与此同时，美丽的撒尼导游阿诗玛，正在对当地的一草一木充满感情地进行解说。我对石林产生了浓厚的研究兴趣。但是，因为我已经延期了两年，迫切想要进入田野，赶快毕业，所以还是按照先前的计划，去更为熟悉的安顺屯堡地区调研了。毕业后，借着做课题的契机，我又回到了石林。这次，在与毕摩聊天的过程中，我被撒尼人的文字迷住了。在当地一家农家乐，一盘煎好的金黄色的羊乳饼，竟让我有一种吃到了前世味道的奇妙感觉。对于我来说，田野点是需要长期坚守的地方，我在犹豫要不要开辟这个新的地方。已经在这里做田野调查的师弟巴胜超、师妹史艳兰给了我全力的支持，云南大学的陈学礼老师也热心帮我建立与当地人的联系。他们的无私，让我得以安心在这里留下来。不过，安顺屯堡村落因为是在学生时代展开的调查，因而有一个长期持续的田野过程，成果很快也就出来了。石林的这个田野，我却一直到现在都未敢发表特别正式的成果。究其原因，是因为兼顾教学，田野是断续的，虽然整体时段长，但是单个时段短，总是觉得有未尽之处。没有成果，不代表没有收获。相反，我在这个新的田野中收获远超预期。因为采用的是短期、高频的反复田野法，反而对同一个事件有多次重复观察，而每一次观察都有不同的文化震撼。所以，我很乐意每次飞行千里，却都只去同一个村子待着。

在原地行走的人类学之路

一些朋友在听我大概讲述自己的工作内容后，都会很羡慕地说，你这个专业真好啊，可以到处去看、去玩。很多人看到我的朋友圈，会评论说，你又去贵州（或云南）了啊，你那里都走遍了吧，下次给我们当导游吧。然而，他们不知道的是，我虽然不断地去，每次却只是去同一个村子。如果他们来我的村子，我一定可以做个深度导游，但是，出了村，我其实也找不到北了。这种情况可能只有人类学家才能理解。有一次，我在石林做调查的村子里碰到了阎云翔夫妇。他们是在云南大学做完讲座后，被云大老师带来参观的。一聊天，发现我就在这里做调查，于是，云大的老师放心把他们交给我，由我来导游了。而我也毫不客气地把他们带去了游客不屑一去的犄角旮旯，并洋洋自得地进行了一番我自己的"文化的阐释"。

然而并非所有的犄角旮旯我都能进去。在旅游人类学研究中，主客互动、内外边界是一个重要的话题。人类学者最为高光的时刻，大概就是被当地人认可为自己人的时刻。做旅游人类学研究的人，这时候再看普通游客自然会暗自得意。然而，在石林撒尼人那里，我了解到另外一种事实，最不容易跨越的实际上并非是内外之间的边界。一般只要假以时日和真诚，人类学者早晚会从外人变为"里人"的。不管是在屯堡人还是在撒尼人那里，田野几个月后我都感受到了那种被划定为自己人的温暖。然而，撒尼密枝节时期的密枝林、火把节取火仪式时期的取火点，我却从来不被允许踏足半步。并非因为我是外人，而是因为我是女性。本地的女性，上至耄耋、下至孩童都不允许参与，观看也不行。很多学者都认为旅游开发使得当地的神圣地点和神圣事件世俗化了，变成了一种表演。也的确，很多仪式现场都有外来的游客、记者、自媒体带着相机拍来拍去，主祭人甚至会配合摆拍。但是，性别的界限却被坚守着。神圣世俗化，只能说是"部分事实"。与此同时，因为我是女性，我又获得了很多男性研究者不常获得的材料。比如在密枝节上，村里的男子都去密枝林打猎物吃汤锅的时候，同为禁忌沦落人，我就能听到妇女们在男性真空的村落社会空间里私密地议论什么。通过让男性村民帮忙携带相机进密枝林拍摄，我也通过相机的眼睛进行了现场观察，而且还是本地人视角的观察。通过长期交往，以及学习撒尼语言文字的努力表现，我也开始慢慢被允许接触毕摩（祭师）所从事的一些活动。田野有所为，有所不为；有所能，有所不能；重要的是坚持不懈地去观察同一个地方。这是我在田野中得到的另外一个启发。

五、一路同行

人类学者一脚在书斋,一脚在田野。人类学者的长期定点田野一般也是独自进行。与此同时,我觉得,人类学者绝不是也绝不应该是一个人孤独地行走。自从入门后,我就一直跟随彭兆荣教授从事旅游人类学研究,后来又在他的介绍下认识了很多做这方面研究的师长、同门、同行。在徐杰舜教授等人的组织下,我们形成了定期进行学术研讨交流的学术群体。这个圈子让我受益匪浅。每一次相聚都是一次头脑风暴,每一次风暴都把我快要走偏了的路拉正一些,把我快要看不到亮光的方向照亮一些。所以,我现在也经常带自己的研究生去参加学术会议,就像我做学生的时候鹿老师、彭老师、Graburn 老师带我去参加学术会议一样。我现在终于体会到他们的良苦用心。

景观人类学的领域比旅游人类学开启更晚,从事研究的人也更少,所以,近些年来我只好慢慢自己摸索相关的研究路径,寻找可能的交流机会,研究之路也因此展开得更慢些。景观人类学研究者多集中在欧美特别是欧洲地区,中文出版领域成果较少。2014 年,我在去日本参加国际社会学学会年会的时候认识了大阪国立民族学博物馆的河合洋尚老师。他在中国长期学习、工作、田野调查,硕士论文是建筑人类学研究方向,博士论文是景观人类学方向,已经发表了很多景观人类学研究相关的中文文章。河合老师比较注重景观人类学的综合论述、成果整合和方向建设方面的工作。2017 年,我系邓晓华老师请他来厦大做了一场景观人类学综述方面的讲座,2019 年,我又请他来做了一场后续讲座,介绍这个研究方向新的成果和未来可能展开的路径。这对于我自己以及学生们把握景观人类学的整体脉络有很大的帮助。我系王平老师通过他的微信平台也组织了景观人类学的专题专栏。虽然国内人类学界关注这个方向的人还不太多,所幸建筑学、风景园林、城市规划等学科的学者对拓展景观人类学领域非常热情。我时常被这些学科的人带动着前进,也体会到跨学科交流的快乐与难点。慢慢地我结识了一群对这个方向充满热情的年轻学者,香港中文大学的陈永明博士,同济大学的李颖春老师、潘玥老师,华侨大学的胡璟老师,本校建筑与土木工程学院的韩洁老师,等等。《中国社会科学报》的记者张杰组织了几次关于景观人类学新方向的访谈和讨论,我也通过他了解到同行研究的新视角。

彭老师退休后，我接手了他所一直教授的旅游人类学课程，除此之外我也继续开设族群理论、博物馆人类学、世界民族志等研究生、本科生课程。在教学过程中，我时常被学生们的热情、认真、勇敢与创新精神所打动，因而不仅在研究生课堂，也在本科生课堂上大范围增加了开放式研讨的比例，并从中受益。有的学生在自己选课一年后，也即我的课程下一年度选课前，还给我写邮件，提供他们看好的新的书目材料。有的学生毕业后去海外继续深造，也写邮件来告诉我他们的新发现，或者分享与我的教学和研究相关的新材料。他们的这些行为，也促使我不断学习新的知识。

现在想来，上天一定对我眷顾有加。在与人类学结缘的路上，我得到了那么多老师、同门、同行以及学生们的支持与帮助。如果没有他们，我的人类学之路一定会越走越寂寞。有一次，学生们对我说，老师，我们从你身上感受到一种对人类学的全心的热情与快乐。这恐怕是我从学生那里听过的最令人开心的评价了。然而学术之路，也有艰涩停滞、意志消沉的时候，这个时候，学生们也会变得沉默。学生是老师的一面镜子。希望我能把那份对人类学的热情、快乐与初心传递给他们，就像我的老师和同仁们传递给我的时候一样。

海外民族志研究的尝试与反思

龚浩群

龚浩群，人类学博士，厦门大学社会与人类学院教授。曾在多家核心刊物上发表论文，著有《信徒与公民：泰国曲乡的政治民族志》和《佛与他者：当代泰国宗教与社会研究》。

从我于 2003 年首次赴泰国开展田野调查至今，已经过去了十几个年头。在此期间，一方面，我自己经历了工作和生活中的许多变化，尤其是在 2010—2011 年赴哈佛大学人类学系访问期间，增加了对于美国社会的宗教与政治生活的认识，再回过头来审视过去的研究和现在的泰国社会，视角和思考点都发生了转变。另一方面，泰国自 2006 年的军事政变之后就一直处于接连不断的政治危机当中，当我分别于 2009 年、2013 年和 2015 年再回到最初的调查点曲乡时，我感到乡村生活中处处显露着人们的焦虑和迷茫。因此，在今天回顾十几年前的研究，总有些物是人非的感觉。尽管如此，我深信每个社会都有不同的面向，人类学者凭借在场体验而形成的叙述在很大程度上取决于自我与他者相遇的特定时空。

一、到海外去：兴奋与忐忑

2001 年，我来到北京大学社会学系攻读人类学博士学位，师从高丙中教授。当时我特别被费孝通先生的著作打动，很希望到费老年轻时代调查过的广西大瑶山地区做研究。为此，我和高老师谈起自己的想法，高老师让我先读书，博士论文选题可以稍后再定。2002 年初，高老师到加州大学伯克利分校人类学系访问，他在电子邮件中谈道："在这里的人类学系，师生们的田野调查点遍布全世界。在中国，你们年轻一代应该做一些新的事情，到海外去做田野。"高老师的话触动了我。可是，世界这么大，去哪里，做什么，怎么做，一连串的问题冒了出来。对我来说，泰国似乎是一个不错的选择。泰国是黄袍佛国，近代以来没有经历过大的战争，国民性情温和，国家也比较开放，总之，是一个让人感到亲近的国家。高老师对我提出了两点明确的田野规范要求：一是掌握当地语言，二是以一年为周期，做一个长时段的调查。2002 年 9 月，高老师回国，他当时正准备以"社会转型过程中公民身份建构的人类学实证研究"为题，申请教育部的重点课题资助，他希望这个项目能够资助我去泰国和另一位博士生宝山去蒙古国的调查经费。也就是说，当我们决定到海外做研究时，经费还没有完全落实。但时不我待，我马上开始了泰语学习，并且开始研读与公民身份相关的社会理论。后来，高老师顺利申请到了该课题，这笔十万元的课题费资助了我和其他几位同门分别到泰国、蒙古国和马来西亚的调查费用。

在理论准备过程中，我当时所接触到的经典政治人类学理论不足以用来解释后殖民处境中发展中国家的政治状况，而与公民身份相关的社会理论为我们提供了概念框架。不过，公民身份理论是在二战后西方福利国家的发展过程中提出来的，这样的概念体系在泰国能否适用，泰国在公民身份建构方面的特殊性又是什么？我的研究在一开始就充满了疑问。

至于泰语学习，我从2002年9月开始学习泰语，到2003年2月赴泰国调查之前，完成了《泰语基础教程》的第一册和《泰语三百句》的学习。泰语是拼音文字，字母较多，书写和发音规则比较复杂，学会拼读是最关键的一步。真正做到能用泰语交流和阅读泰文，是在后来的田野工作中实现的。现在想来，当时到海外做田野的各种条件并不成熟，我是在老师的鼓励下凭借初生牛犊不怕虎的勇气迈出了第一步。

二、进入曲乡：我的田野工作

2003年初，我前往泰国开展田野工作。承蒙北京大学东语系傅增有教授的引荐，我顺利成为泰国朱拉隆功大学政治学院的访问学生，并有幸得到该院院长阿玛拉（Amara Phongsapich）教授的指导。阿玛拉教授从华盛顿大学人类学系获得博士学位之后回泰国任教，她在20世纪70年代编著过关于泰国农民人格研究的文集，从90年代开始关注泰国的公民社会。在读了我的研究计划之后，阿玛拉教授问我是否愿意到泰国南部研究穆斯林社会，或者到泰国北部研究山地民族，或者研究性别平等问题。我感到我们之间对于公民身份研究的理解视角有所不同。公民身份以基于一般性和平等性的成员资格为基础，如果采取从边缘看中心的视角，有利于检验公民身份的实现程度以及少数族群与主流族群之间的差距和矛盾。但我更希望了解泰国的普通民众如何理解和实践他们的公民权利。阿玛拉教授得知我的意愿后，建议我在泰国中部的乡村进行调查。阿玛拉教授的同事素丽娅（Suriya Veeravongs）研究员帮助我与曲乡的一户人家取得了联系，素丽娅在20世纪60年代做社会调查时，就认识了这家人。

曲乡位于泰国中部的阿瑜陀耶府，距离曼谷只有一个多小时的车程。平姐后来对我说，泰国人"同情心泛滥"，他们觉得我一个女孩子只身在异国他乡不容易，愿意帮助我。事实上，同情这个词常常被我遇到的村民挂在嘴边，尽管我为自己做的事情感到自豪，充满历史使命感，可是村民们更关心我是不是想家，爱不爱吃泰餐，整天骑车到处转累不累，会不会遇到坏人，学泰语是不是太难，钱够不够用。在他们眼中，我就是个值得同情的孩子，他们为我设想了田野调查中可能遭遇的一切困难。

语言学习是一个由表及里的过程。第一次和平姐去寺庙的时候，我问平姐要不要带上礼物，平姐说去寺庙不是送礼物，而是做功德。在后来的日子里，我参加了数不清的各种礼仪和节庆中的做功德仪式。功德这个词对于中国人来说并不陌生，但是，泰国人却以此来判定人与人之间的所有关系。在我的田野调查中后期，我已经能够和当地人较为深入地交流。平姐问我为什么选择到曲乡来，我有些奇怪平姐为什么这问，因为素丽娅研究员认识平姐，是她推荐我来的，平姐对此完全知情。平姐又问，素丽娅研究员在很多乡村做过调查，为什么非让我来曲乡呢，要知道，全泰国有7000多个乡。我被平姐问住了，平姐这时才说"这是因为我们在前世曾一起做过功德"。在当地人看来，无论朋友关系还是亲属关系，这辈子人与人之间的情谊或瓜葛都是前世功德的衍生结果。

平姐的父亲元大爷是村里最活跃的人物，他既是寺庙替僧人办事者、仪式主持人，也曾担任过村长、乡议会主席等职务，还是老年人协会、火葬协会、灌溉协会等各种社会团体的负责人。我在田野里的最初两三个月经常跟随元参加宗教仪式和各种会议，元的外甥领兄因为失业，就暂时担任了元的司机的角色，并充当了我的泰语老师。在曲乡生活了三四个月之后，我逐渐可以与当地人进行日常语言交流，并开始独立和村民接触。所幸的是，泰国早在20世纪初期就开展了义务教育，大多数村民都可以担任我的泰语老师，教会我对话中关键词的拼写。从调查中期开始，我的调查范围逐渐从宗教生活扩展到社会生活的多个层面，包括政治选举、乡村自治实践、公民教育、合作社、医务志愿者等。

图1 2004年初，作者与平姐夫妇的合影

在曲乡，我遭遇的最深刻的文化震撼来自宗教。人们对于佛三宝的虔敬之心融化在一言一行之中。对于前世的设定，对于来世的肯定和憧憬，引导人们避免在当下与自我和外界的纠缠，这表现在人们面对死亡时的淡定，面对人际冲突时的沉默，以及对身外之物的舍得心态。在温情、和善和通过语言与身体姿态表现出的礼仪秩序的背后，是人们对于人与人之间的适当距离的小心维系，执着和过于强烈的情感体验——无论大悲或大喜在当地人看来都是不合时宜的。另外，曲乡寺不仅是举行葬礼和节日庆典的场所，几乎所有的公共生活都以曲乡寺为中心：集市、公立学校、乡卫生院、乡自治机构都设在寺庙的地盘上，寺庙凉亭也常常是社会团体开会的场所。可以说，现代社会机构是以寺庙为基点生长出来的。当地的社会精英除了官方机构的领导，还有德高望重的僧人。当时的县僧长是一位博学之士，我到曲乡后不久，平姐的家人认为我应当去拜见僧长。诲人不倦的僧长为我讲授佛教教义，无奈我的泰语水平十分有限，佛学术语对我来说实在是佶屈聱牙，不过我记住了一句话："世界有两

个部分：一部分是看得见的，另一部分是看不见的"。我常常想起这句话。实际上，田野调查不也是为了把握看得见的现象背后那些看不见的事物之间的联系吗？

在我调查期间，正是2001年上台的他信政府最辉煌的时候，他信带给乡村农民发展的信心和现代化的蓝图。他信政府推出乡村银行计划、免费医疗计划，增加乡自治机构的预算，还许诺要让所有的乡村孩子用上电脑；同时，在警察严厉得近乎恐怖的打击措施下，毒品和毒贩几乎在乡村绝迹。这一切都成为村民们的谈资。村民们参与选举投票的热情高涨，"不使用权利就失去权利"成为选举宣传时的口号，当时全国性的选举投票率高达90%以上。当8岁小男孩阿满以崇拜的口吻与我谈论他信的时候，当10岁男孩更向我"普及"泰国民主与宪法的时候，我切身感受到民主政治的理念在当代泰国是如此深入人心。而此时，关于贿选的批评也不绝于耳。我的一位在曼谷的朋友就曾对我说乡下人不懂选举，谁给他们钱他们就选谁，这和主流媒体的说法如出一辙。但是，通过我对曲乡的地方议员、票头和村民的观察，"贿选"行为实际上是地方政治家、村民和法律权威之间的博弈，而"贿选"成为与社会分层相对应的社会话语则反映了中产和精英阶层对于大众民主的兴起所抱有的保守心态。

我在田野调查中时刻感受到各种张力。我的主要报道人之一元大爷常常在早晨去寺庙主持仪式，上午回到家中换下正式的泰装后，马上又要去县城或府城参加政府机构或社会团体的会议。宗教、地方政治和社会团体的各种活动在他的生活中交织在一起，他也自如地在宗教与政治社会的场域之间转换，可是，对我来说，如何解释不同社会生活领域之间的联系却是不容易的事情。在曲乡，宗教是构造人们日常生活中时间与空间维度的最重要因素，宗教与政治、现代性与传统之间的关系十分暧昧，如何从公民身份的概念出发来进行分析？人们如此看重功德，敬奉王权，这与人们的民主观念和政治生活之间又有什么关系？

2004年2月，我在曲乡的调查结束。在最后几个月里，我能够比较自如地用泰语和当地人交流，做了不少访谈，也阅读了地方文献。一天，在我向客人行合十礼的时候，平姐的妹妹称赞我的行礼动作柔和得体，"像泰国人一样"，我才意识到自己在模仿当地行为规范的过程中身体姿态所发生的改变。但是，另一件事情却让我强烈感受到自己与他者之间无法克服的文化距离。

2004年初，曲乡的卫生院要举行施布礼（原为信众为僧人布施僧衣的仪式，泛指公共机构的募捐仪式），筹资扩建卫生院。为了表达我对曲乡乡亲的感激之情，在与乡卫生院院长商量之后，我向卫生院捐赠了一台冰箱。施布礼非常热闹，许多在外地工作的曲乡人向同事和好友散发施布信封（信封上面写有施布礼的时间、地点、目的等，愿意捐赠的人在信封里塞钱），大大扩充了捐赠数额。当僧人们准备在卫生院大厅念诵吉祥经时，我正和各个村的医务志愿者们（大多为女性）为施布礼准备食物。这时，元把我叫到大厅，让我在僧团对面席地而坐。元用白色的吉祥纱系住我的手腕，再用这根吉祥纱在新冰箱上缠绕，接着吉祥纱经过佛祖塑像前，最终被前来诵经的僧人们一一握在手中。元告诉我，我会因为布施冰箱而获得功德。僧人们念诵吉祥经时，我产生了时空的错置感。在我看来，捐赠冰箱只是一种世俗行为，是我为了回馈曲乡父老而赠送的礼物。可是，在当地人看来这却是宗教行为，我所布施的物品最终会在来世回到我这里，这是功德而非礼物。

三、民族志写作：文化翻译及其问题

民族志写作的第一步是整理田野工作中的各种笔记、访谈资料和地方文献，面对的主要问题在于：近乎一年的田野调查汇聚了点点滴滴无数的场景与细节，如何使之成为连贯的、具有内在关联的表述对象。第二步才是通过阅读和分析其他文献，来思考如何用民族志研究回应前人的相关讨论，并对民族志资料进行裁剪和阐释。第一步越快完成越好，不宜被打断，这样能尽量将头脑中鲜活的田野感受融入文本中，也能比较好地获得民族志文本的整体性。在曲乡的长时段田野调查成就了我的第一部专著《信徒与公民：泰国曲乡的政治民族志》，可以说，我对泰国社会的理解是以曲乡为基点展开的。此后，尽管我的研究地点拓展到泰国的其他区域，但是曲乡始终作为一个参照点，让我不断在城市与乡村、中心与边缘、平原与山地等不同范畴之间进行比较和对照，从而获得对于泰国社会内部的差异性与一致性的多维度理解。

（一）地方知识中的核心概念

民族志写作可以被理解为文化翻译的过程，对于地方知识中核心概念的选择和阐释构成了作者看待他者的特定视角，也是作者开展理论讨论的基础。我在写作过程中突出了当地人的功德观念。在当地人看来，功德是个人生命价值的终极追求，任何一个社会共同体——无论家庭、社区、学校、公司还是国家，都应当是一个功德团体和道德共同体，这也是当代泰国民族国家意识形态的观念基础，当地人的公民意识离不开他们对佛教徒和臣民身份的理解。关键的问题在于，如何解释宗教观念与政治实践之间的关系。当地人一方面称赞极少数政治家的波罗蜜（代表佛教中理想的道德品质），另一方面认为政治通常是肮脏的，这体现了分裂性和竞争性的政党或派系政治与道德共同体观念之间的冲突。过去的研究者将泰国农民描述为"非政治的"，认为泰国农民在庇护关系下缺少进入政治空间的意识和机会。但是，从曲乡的案例来看，在当代民主政治体系的演进中，泰国农民面对的问题不是能否和是否积极参与政治实践，而是如何赋予政治实践以道德意义的问题。而泰国的中产和精英阶层对于乡村"贿选"现象的指责，从更广泛的社会层面反映了当代泰国民主实践中的道德困境。

（二）社会冲突与社会变迁

2005年1月，在我的博士论文答辩会上，答辩委员郑杭生教授、景军教授和麻国庆教授都指出论文中描述的乡村生活十分温情，佛教似乎成为促进社会整合的重要因素，那么，该如何理解当代泰国社会中的冲突呢？这个问题我多年来一直放在心底。我在论文中谈及城里人和乡下人的政治分歧，但我没有预料到一年多以后发生的军事政变，更难以想象在接下来的十年里泰国所经历的街头暴力和政治动荡——至今仍余波未平。不过从近年来泰国的政治情形来看，虽然他信仍流亡海外，但是后来的各届政府都延续了他信政府开创的某些惠民政策（比如免费医疗），他信的政治遗产影响深远。

2009年7月，我在泰国国内新一轮的政治抗议浪潮中回访了调查点曲乡和朱拉隆功大学。相当多的曲乡人参与了百万人签名活动，向国王请愿要求赦免前总理他信。我的房东一家在一次晚饭的时候就关于他信的不同评价发生了激烈的争辩，这种情形在我曾历经近一年的田野调查中是没有遇到的。阿玛拉教授此时已经从朱拉隆功大学退休，刚被任命为泰国国家人权委员会的主席。2006年2月，阿玛拉教授作为朱拉隆功大学政治学院院长在知识界率先发起倒他信运动，她联合政治学院的其他教授签名，要求他信总理辞职，成为倒他信运动的舆论先声。然而，在我见到阿玛拉的时候，她坦言曾以为他信下台后国家形势会好转，但是现实不仅令人失望，还有可能变得更复杂。

在曲乡和曼谷逗留的五个星期里，人们对于现实的焦虑和关切，再加上媒体激烈的政治言论都令我的心绪跌宕起伏。我所查阅文献的关键词虽然还包括佛教，但是我开始关注反叛的丛林僧人和新兴宗教运动；我仍关注社区研究，但是社区权利运动更加引起我的兴趣；在泰国的传统政体之外，前共产主义知识分子和左派思想家开始在我的耳边发出他们的声音。此后几年，我试图从多个方面理解泰国社会内部的异质性和社会冲突。为此，我考察了泰南马来穆斯林社会对文化同化政策的抵制，在泰国边远的丛林地区发生的宗教、政治和文化权利运动及其对主流意识形态的影响等。从2013年开始，我在曼谷等地开展田野调查，研究城市中产阶层的修行实践，体察到在追求入定和内观境界的身体化宗教实践的背后，是人们基于全球经济风险和国内政治冲突的不安，以及中产阶层试图以个体化方式寻求精神解脱的努力。

最近一次回到曲乡是在2015年初，这时距离我在曲乡的调查已经过去了十余年。曲乡最大的变化在于，乡行政自治机构从曲乡寺搬离，机构专属的两层办公楼成为曲乡的新地标，寺庙不再是当地社会唯一重要的公共空间。泰国全国青年佛教协会在曲乡建立了一个内观中心，曼谷等地的城里人可以在这里打坐修行。这些都是意味深长的历史性转变。

（三）作为方法的他者

我的第二本专著《佛与他者：当代泰国宗教与社会研究》尝试在民族志研究的基础上，在更广阔的时空背景中考察社会变迁的过程。我希望这一尝试有助于讨论人类学研究当中的认识论和方法论的问题，即如何在后殖民语境中认识文明化进程，以及如何通过呈现复数的他者来理解由诸多矛盾因素构成的社会发展轨迹。

人类学是一门通过对他者的研究来进行文化反思的学科，他者具有重要的方法论意义。泰国与中国都属于发展中国家，都面临处在各种社会与文化张力中的现代性问题。泰国所面临的宗教的现代转型、国家与社会的关系、山林与庙堂的关系等等问题，都可以在中国听到回音。发挥泰国个案对中国社会研究的意义将体现作为文化批评的人类学的应有价值。随着中国的世界性和世界的中国性的不断加强，中国人类学学者将越来越普遍地主动参与关于世界的知识生产，近年来海外民族志研究在国内的兴起就体现了这一历史趋势。那么，中国人类学应当如何呈现世界？我在反思自身研究经历的基础上，试图强调中国人类学的海外研究应当以他者为方法，而非仅仅以他者为对象。这包含三个方面的含义：不是简单地将研究对象建构为具有内在一致性和整体主义风格的静态的文化，而是看到研究对象内部的异质性、冲突和文明化的过程；突出研究对象内部不同社会群体对文明与他者的划分，并呈现文明与他者之间的转化机制；通过融入历史视角和语境分析，正视研究者与研究对象之间的同时性问题。

  在人类学研究中，研究者通常将研究对象视作"他者"，即与研究者所代表的社会文化极为不同的社会文化类型。自20世纪后期以来，尤其随着后现代主义思潮的兴起，人类学内部对于学科自身建构他者的策略及其背后所体现的权力关系进行了深刻的反思，人类学对他者所采取的本质化、差异化和总体化的研究路径受到了知识论和认识论上的批判。可以说，整体主义方法论所塑造的单数的他者已经失去了知识上的可靠性，我们需要呈现的是复数他者，即研究对象内部的异质性以及不同社会行动者的主体性。从中国人类学的现实状况来看，尽管我们已经通过译介和学习西方人类学理论获得了对于学科的反思性维度，但是在研究海外社会文化的过程中，我们面对异文化时产生的震撼往往会带来对他者进行总体化描述的努力，或者说，在确立研究对象的过程中，我们可能倾向于将他者塑造为具有整体一致性且与中国社会迥然不同的异域。关于单数他者的描述具有两个方面的后果：一是对于作为社会事实的他者的简单化，忽视了研究对象内部的复杂性；二是在研究者与研究对象之间造成了知识上的沟堑，也就是说，关于单数他者的研究无法成为对中国社会进行反思的知识基础，因为他者与我们是"如此不同"。

图 2 2019 年，作者带着学生考察泰北的克伦人村落

我的努力方向之一在于通过呈现当代泰国宗教与社会的内在复杂性，来探讨泰国社会与我们所共同面对的文明化问题。如何定义他者，如何处理自我与他者、他者与文明之间的关系，是文明化实践的重要内容。要理解当代语境中的泰国宗教与社会，需要看到文明与时间上的他者——前现代传统之间，以及文明与空间上的他者——丛林社会之间的巨大张力。从时间的维度来看，泰国在以西方文明为参照的现代化进程中，国家通过对传统的辨析，亦即通过区分传统中的精华与糟粕来界定他者，展示出文明的阶序性特点，并试图由此来确立泰国在现代世界文明中的位置。可以说，没有他者，就没有文明的显现。从空间维度来看，文明与他者的关系在一定意义上对应着社会空间中的中心与边缘的关系，丛林——边缘化的宗教、政治与社会力量——象征着文明内部的他者。

文明与他者的关系有可能在新的现实语境中发生逆转，这体现为当代泰国宗教领域的价值重塑与阶序转换。例如曾经被视作宗教异端的丛林佛教逐步获得了主流社会的认可，成为推动社会进步的力量。他者与文明、边缘与中心之间的空间关系也是可以转换的。从 19 世纪后半期到 20 世纪早期，丛林在暹罗知识界被认为是野蛮的、脱离正统秩序的空间，而城市代表文明或进步的方向。但是，自从 20 世纪后期以来，在文明话语中丛林与城市的关系发生了倒转，城市被看作是现代性的堕落的表现，而丛林被视为生命的源泉和文明的未来。这种文明与他者之间的空间转换为社会的变迁与进步创造了动力。因此，他者与文明之间的张力是多维度的，其中既有冲突，也有包容。包容性为文明价值的转换和重塑提供了空间和机会。他者对于主流社会的挑战并不总是能获得成功，但是，这却为探索社会变迁的方向提供了可能性。因此，他者对于文明是不可或缺的。

我们可以看到泰国社会与中国社会经历了相似的历史阶段，包括古代以朝贡体系为特征的政体模式，以及后来相继出现的殖民主义、共产主义和全球化的影响。通过融入历史视角和语境分析，我试图建立起基于同时性的理解，即强调研究者与研究对象之间同时代特性的人类学阐释。中国与包括泰国在内的东南亚存在历史与现实中的诸多联系，尤其在当下，中国与泰国之间广泛的政治、经济、社会与文化交流凸显出"你中有我，我中有你"的格局，这将成为未来我在中泰之间开展进一步研究的重要背景。我确信，基于同时性理解的海外社会文化研究不仅将扩展中国社会科学研究的经验研究基础，还将深化中国与世界之间的彼此认知。

跨界游走中的渐与顿——我的人类学成年礼

郭永平

郭永平,山西忻州人,人类学博士,山西大学文学院副教授。在核心期刊发表论文20余篇,出版著作3部(包括合著)。

读一些学术之外的故事，也算是我们人类学的一个另类传统。人类学家爱讲故事，从巴利的小泥屋到拉比诺的摩洛哥田野，再到近几年京城学界大火的鹤鸣九皋、鹿行九野，故事看多了，也会反思自己的成长历程，但分享自己故事的底气却不足。虽然从硕士、博士到高校工作，也算是一直在圈内，但我的硕博经历是在本科毕业工作5年后才开始的，总觉得"半路出家"，一直在"补课"，学业未精，没有底气。在这儿只好赶鸭子上架，为大家提供一点不成经验的经验。

一、入门的前奏：从民俗学视角参悟田野

2003年，我从汉语言文学专业本科毕业，正赶上那年春季肆虐的"非典"。因为工作不好找，加上父母希望离家近，我就参加了选调生考试，后来被省委组织部选中，毕业就回到了山西省忻州市忻府区，接着被安排到忻府区董村镇政府工作。那几年主要工作是征收农业税和抓计划生育。时间长了，在乡镇不仅仅是孤独，也常常陷入焦虑。当时有两条路，要么等待提拔，要么继续学习，考出去。2005年参加山西省公务员遴选，过了初试，但之后，我还是着手准备硕士研究生的复习。因为本科阶段学过钟敬文《民间文学概论》，最终确定报考辽宁大学民俗学硕士专业。2007年4月，我被提拔为西张乡副乡长。一直到2013年6月我博士毕业，才正式离开。

如果说在工作的4年中，对中国底层社会、边缘群体有了更多的较为深入的了解，那么从学科的角度来讲，对人类学的真正理解是在攻读硕士研究生期间。2007年9月进入辽宁大学开始硕士研究生学习后，我才算正式踏入人类学之门。确切地说，是在杨太、江帆、周福岩诸位老师的课堂上，我开始系统接触人类学。江帆教授是我的导师，她主要讲述民俗学原理、民间文艺学、生态民俗学、田野调查与研究方法等。江老师的田野调查课颇受学生欢迎，她的

田野实践与教学经验后来总结成《民俗学田野作业研究》出版。

辽宁大学民俗学专业的老师们都以不同的方式强调要有多学科、跨学科的视角开展研究。我清晰地记得，江老师在上第一次课的时候就说："20世纪后半叶以来，'理论共享''方法互用'已经在学界达成共识……"他在课上经常提及费先生的"各美其美，美之人美，美美与共，天下大同"，以及阐释人类学家格尔茨的观点："人类学对文化的分析不是一种探索规律的实验科学，而是一种探索意义的阐释性科学。"今天想来，上述观点都潜移默化地对我后面从事人类学研究产生了影响。

在辽宁大学的三年里，江老师要求我先读经典，再做田野。2007年和2008年并没有特别的选题方向，因此泛读了民俗学、人类学、社会学、哲学等很多相关书籍，我的基本功也就是在这两年打下的。2008年，中山大学周大鸣教授申报的2007年度教育部哲学社会科学重大课题《城市新移民问题与对策研究》获批。该课题的样本区域选择了6个城市，分别为广州、东莞、沈阳、郑州、成都、杭州，样本类型为智力型移民、劳工型移民、投资型移民。其中，沈阳子课题由江老师负责，我全程参与。2008年11月至2009年4月间，沈阳子课题组，共发放了550份问卷，回收528份。问卷调查主要通过"滚雪球"的方式获取调查资料，为了避免调查对象过于相似，沈阳课题组在调查的过程中及时保持对样本类型的监控。在此基础上，调查人员对三类新移民中具有典型性的个案做了深入访谈，充分了解并掌握了城市新移民的移民经历和对相关问题的一些看法，做了许多深度访谈的个案，确保研究内容的翔实与可靠。在此基础上，沈阳子课题结项报告，把对于问卷所进行的定量研究与针对个案进行的定性研究结果结合起来对沈阳这一老工业基地城市的新移民生存现状及所面对的困境进行阐释并提出建设性的意见。沈阳课题调查结束后，在江老师的建议下，我回到忻州市忻府区解原村进行调查，写出《晋北民俗文化及其变迁研究——以解原村为个案》的硕士学位论文。解原村位于城乡接合带，是乡政府所在地，也是新农村建设的示范村，受政治环境与现代化影响较为显著。当时的研究可以算是我进入人类学研究的初步尝试，主要是发现了民众对文化所具有的自我调适作用。只有尊重民众对文化的调适，注重在沟通中的创造性改造，才能重建乡村和谐文化、展示人类生活的新境界。

二、成为正式学徒：课堂与田野的双向体悟

2010年5月，我有幸被中山大学周大鸣老师录取为博士生，7月份就随段颖老师提前进入田野，开启了这段崭新的历程。中山大学人类学注重实践，要求本科生的田野调查不少于1个月，硕士研究生不少于3个月，博士研究生不少于10个月。此次和段颖老师的梅州之行就是提前进行踩点，这也算是真正人类学田野调查的开始。

（一）侨乡之旅

历史上梅县南口镇并没有侨乡村，在1958年人民公社化运动合并自然村的过程中，侨乡村诞生了。由于村里几乎每家都有华侨，因此三个村合并后的新村被命名为侨乡村。7月8日，周老师带着本科生到达梅县。这是跟着导师第一次学习。中大本科生的田野调查主要有以下特点：一是对调查区域要有整体的了解。一个月是四周时间，在第一周内，老师带着学生先熟悉侨乡村的基本情况，比如村庄有多少户、多少人，占地面积多大；村民的生计方式；村庄的历史发展脉络；村庄的政治结构；信仰状况等，对这些问题每个调查者都要掌握。在此基础上，也要搞清楚村庄的自然边界、社会边界、文化边界。二是明确研究方向。到了第二周，在前一周对调查点情况有了大致了解的基础上，学生们按照各自的兴趣开始分组调查。按照各自调查内容分别撰写调查提纲，凝练研究主题。三是进行专题调查。到了第三周，按照老师的建议，完善调查提纲，继续进行专题调查。四是收尾阶段，整理资料，查缺补漏。五是严格遵守学术伦理。在不明白地方状况的情况下，感情用事，过度介入地方政治是不可取的。

（二）上课与学习

2010年9月11日，来到中山大学报到，博士研究生生活正式开始了。感受最深的有六点：第一，除了人类学理论，民族学概论等必修课外，很多都是选修课。人类学系学科体系健全，授课老师也很多，开了很多门选修课，研究生可以根据自己的兴趣与研究方向选课。第二，相比起硕士，博士期间更忙了，这倒不是说上的课多，而是由于要看的书更多了。第三，老师们上课方式

各异。很多老师以讨论的方式上课，这就需要学生们在课下准备很多。但周老师上课不是这样，他为博士开了两门课，分别为"人类学与中国研究"和"族群与区域文化"。就以"人类学与中国社会研究"为例。这门课一共是六讲，分别是中国人类学发展史、乡村社会与变迁、宗教范式和乡村研究、象征与民间信仰研究、族群与族群研究、人类学与当代社会应用研究。周老师上课强调有的放矢，上述六个方面他都有相关的研究。同时，周老师在课上也强调不能述而不作，但是一定要遵守学术规范；做研究先从学术史开始，这是捷径；要有多学科的视野，历史的训练很重要；要紧跟时代脉搏，把握学术前沿。总的来说，给的感觉是上周老师的课充实而又轻松。第四，多学科的研究。从人类学学科来说，中山大学人类学系学科分支体系健全，体质人类学、考古人类学、语言人类学、社会文化人类学。每个分支下面都有老师在进行研究。从学科外部来说，历史学、社会学、文学等学科的课程也可以兼修，使得研究生可以有较为宽广的视野。第五，学生之间有着良好的交流沟通。我们那一级（2010级）招了20多个博士，同学之间关系很好。学生自己组织了读书会，每周四晚上7点半在华南农村研究中心那栋小楼内进行学术交流。此外，那个时候QQ已经比较盛行，午餐11点半，晚餐5点半，大家在群里互相通知，一块去吃饭。不要小看吃饭，大家在一起畅所欲言，不仅可以减轻学习压力，互通学术信息，而且可以就自己研究心得、论文困惑等问题进行讨论。我两篇文章的题目以及构思就是在吃饭的时候大家讨论出来的。第六，培养机制较为健全。就以博士为例，除了课程学习合格，中期考核外，还要经历开题、预答辩、论文外审、正式答辩四个阶段，每个阶段环环相扣，且要至少发表一篇核心期刊论文，才可能毕业。

（三）学位论文

我的学位论文做的是大寨研究。2011年5月中旬，周老师把博士、硕士叫到办公室，讨论学位论文选题的事情。周老师名下2010级博士生有两人，我和周人花。我报的选题是大寨研究。这个选题在很大程度上是受博士生入学复试时何国强老师关于大寨发展现状问题的启发。周老师说："大寨研究很多了，脉络很清楚了，尤其是集体化时代的，基本问题也清楚了。你可以写改革开放后，把改革开放后的情况讲清楚，不要写得太学术化了，最好是将来能在飞机场候机楼售卖。开展这类学术名村的研究，你可以参考一下周怡的华西村研究。"周老师基本上同意了我的选题。我就加紧进行学术史的梳理与文献整理、田野调查，两年后完成博士学位论文《再造大寨——对改革开放后大寨的研究》。我的田野调查主要在2011年和2012年两个阶段进行，2011年7月16日到10月24日是第一阶段，2012年2月1日到11月24日是第二阶段，两次调查时间加起来超过了12个月。对大寨研究运用的是"从外向内"与"从内向外"结合、"由上而下"与"由下而上"结合的双重视角。民族志的参与式观察法要求研究者"在那里"，并且积极地参与当地人的活动，在此基础上以"局内人"的视角对这些"文化持有者"进行研究。一开始认为如果住到村干部家里，可能在调查中很难真正地进入。事后发现，把问题想严重了：大寨是一个旅游村，村民对外来人也没有特别的好奇，并不会出现戴蒙德在台头村调查时所遇到的"观察者反被观察"[1]的问题。不过，住在村干部家里毕竟视角单一，因此在2012年2月到11月这9个月时间里，经常在村民家里和大寨镇政府这两个驻地之间转换，在这不断转换过程中，接触了不同的群体，对大寨的了解也逐步丰满起来。博士论文综合运用了深度访谈与参与观察法。在访谈个案的选择上，主要是从两方面着手：一是从《大寨村志》上找访谈对象。《大寨村志》上有农业学大寨时期23个铁姑娘和50条好汉的名字。我首先从这些人物开始，可惜他们中很多已经故去，只能对他们的亲属以及仍然健在的进行访谈。二是通过"滚雪球"的方式进行访谈。在当面访谈后，这些被访谈者介绍访谈对象：因为他们更清楚在村里哪些人对某个事件较为熟悉。由于得到了这些访谈过的人的介绍，我的下一次访谈从来没有被拒绝过。这些被调查者对我长时期的调查一开始很不理解，后来清楚所从事的人类学研究后，他们觉得人类学"同吃、同住、同劳动"的调查方法与集体化年代知识青年、下乡干部一样贴近群众，只有这样才是真正做学问。在村民家里、在田间地头、在虎头山上，我与他们进行了大量的接触，并且与许多村民结下了深厚的友谊，我的调查也得到了他们的肯定。

2010年，我从关外的沈阳远赴华南的广州，有幸能在中山大学人类学系体验人类文化的异彩纷呈，然而，时间过得飞快，我还没有来得及欣赏这座迷

---

[1] 潘守永：《一个中国的村庄的跨时空对话》，《广西民族学院学报》2004年第1期。

人的城市,博士生活也就快要结束了。2013年开始,我就在犹豫回到忻府区工作还是再找新工作。在徘徊与犹豫之际,周(大鸣)老师推荐我回山西大学,何(星亮)老师推荐我到中国社会科学院民族学与人类学研究所,在这个时候我的乡土观念显现了出来,我觉得北京压力大,且"半路出家",难以胜任工作,以后见之明来看,我是多么目光短浅。2013年7月1日,我到山西大学报到,正式入职山西大学中国社会史研究中心。

三、在社会中找寻文化根脉:从历史学审视田野

虽然山西高校中没有人类学的相关研究专业及研究机构,但是我也没想到我会进入山西大学中国社会史研究中心工作,因为从人类学到历史学的跳跃并非容易。但是这几年回过头来再看走过的历程,我觉得当初的选择是正确的,在此,要感谢周老师的推荐,也感谢社会史中心领导同事对我的接纳与帮助。

山西大学中国社会史研究中心成立于1992年,是国内最早以社会史命名的研究机构,被誉为社会史研究的重镇。主要研究方向为四个方面,分别为"人口资源环境与社会变迁""晋商与地方社会""集体化时代的乡村社会""三晋文化与地方社会"。社会史中心之所以能够在国内外产生重要的影响,很重要的原因就是中心研究方向特色鲜明,团队作战,一代一代持之以恒,坚持不懈开展山西区域研究。根据博士论文以及已有的成果,我被归入了"集体化时代的乡村社会"研究团队。我在社会史中心的6年时间基本上就是围绕这个研究方向开展的研究。

(一)走向田野与社会

行龙教授提出了"走向田野与社会"的理念。走向田野与社会,"可以说是史料、研究内容、理论方法三位一体,相互依赖,相互包含,紧密关联。有时先确定研究内容,然后在田野中有意识地搜集资料;有时是无预设地搜集资料,在田野搜集资料的过程中启发了思路,然后确定研究内容;有时仅仅是身临其境的现场感,就激发了新的灵感与问题意识,有时甚至就是三者的

结合"¹。在"走向田野与社会"的过程中经历了一个从自发到自觉的转变过程。如今,走向田野与社会已经成为中心三代学人从事社会史研究过程中的一种学术追求与实践。在此过程中,山西成为区域社会史研究的重镇。²20多年来,行龙教授带领研究团队在"走向田野与社会"的过程中已经回答了这样的问题。那就是在走向基层、走向民众的过程中,进行资料收集、口述访谈,在开展研究的同时秉持服务地方社会的理念,践行着学以致用的现实关怀。³这样的理念其实有着久远的历史渊源。早在20世纪50年代,山西大学历史系教授乔志强先生就倡导走出校园,走向田野。进入21世纪,在行龙教授的带领下,"走向田野与社会"向常规化发展,成为山西大学中国社会史中心的基本理念。在20多年的田野调查中,中心收藏了数千万件集体化时代山西农村社会基层档案资料,首创了集学术研究和教学于一体的"集体化时代的农村社会"综合展,并把集体化时代的中国农村社会研究推向了学术最前沿。2014年,"三晋文化传承与保护协同创新中心"成立,准备对沁河流域展开研究。在进行田野调查之前,首先是阅读文献,做好做足案头工作,然后工作坊集中学习,行龙教授、文学院田同旭教授、社会史中心张俊峰教授先后主讲《鸣锣开张:走向沁河流域》《沁水古村落漫谈》《获泽河畔:阳城古村落历史文化刍论》等4场讲座。7月29日—8月8日,在"三晋文化传承与保护协同创新中心"学科召集人、副校长行龙教授带队下,山西大学"沁河风韵"学术工作坊的专家学者一行30余人来到沁河流域,开展了为期11天的田野考察,我也参与了这次的调查。集体调查结束后,各位老师根据自己的方向多次去沁河流域考察。最后出版了31本专著⁴,我的成果是《搜神记——沁河流域的村庄神明》。

(二)教研相长

根据我自己的研究以及中心的发展方向,行龙主任让我为研究生开设了"口述史"的相关课程。"口述史"采取了理论讲述和实践调查相结合的方式,

---

1 行龙:《走向田野与社会》,生活·读书·新知三联书店,2007年,第7—8页。

2 李金铮:《社会史重镇何以炼成?》,山西大学中国社会史研究中心编:《风华正茂:中国社会史研究中心成立20年》,山西人民出版社,2014年,第97—99页。

3 行龙:《走向田野与社会》,生活·读书·新知三联书店,2007年。

4 "沁河风韵系列丛书"共31本,2016年由山西人民出版社出版。

我坚持每年 5 月带着研究生去大寨进行调查。同时，还带着本科生暑期进行社会实践活动，这实际上是一个教研相长的过程。2014 年 8 月 10—14 日，我和胡英泽教授，带领本科生到永济进行社会实践活动。广大师生不避酷暑，行走于永济的村落与社区，实践着走向田野与社会的理念。调查结束后，亲自指导学生进行田野报告的写作。后来，这本田野调查报告集被列入行龙教授主编的"教研相长七书"。[1] 2017 年，习总书记视察岢岚县扶贫工作。2018 年，为了深入了解党的十八大以来实施精准扶贫的历史进程、贫困地区乡村社会发生的巨大变迁，同时，为了践行领袖重托、决战深度贫困，我和胡英泽教授带领 8 位研究生多次奔赴岢岚县进行田野调查与口述访谈。在岢岚县，广大师生走村入户、了解民情、倾听民意，先后对 52 位调查对象进行了深度访谈。在此基础上，撰写了《我们这一年——岢岚县脱贫攻坚典型人物口述史》一书。[2] 上述都是在社会史中心教研相长的结果。

（三）我的研究

历史学家视野中的历史人类学主要是借用人类学的反思理念和方法来改造历史学，为史学的发展校正道路。于我而言，学习历史学的研究路径与方法，实现人类学和历史学两条腿走路，也是最优的选择。一是人类学研究。2012 年 9 月，中国人类学高级论坛主办的"维护文化遗产，发展城市文化"圆桌会议在介休举行。在会上，乔先生初步提出了"文化自觉、自觉发展"构想，并首次倡议开展"黄土文明，介休范例"这一致力于推进地方文化建设的研究方案。2013 年 9 月，由乔健先生总体设计，介休市政府、台湾世新大学与人类学高级论坛合作，厦门大学人类学研究所、中山大学移民与族群研究中心、四川大学文学与人类学研究所、复旦大学中国历史地理研究所共 4 个单位参与的《"黄土文明·介休范例——从文化自觉到自觉发展"合作协议》正式签订。

---

1 "教研相长七书"分别为《中国近代社会史》（乔志强主编）、《区域社会史研究导论》（行龙主编）、《近代山西社会研究——走向田野与社会》（行龙主编）、《集体化时代的山西农村社会研究》（行龙主编）、《在田野中发现历史——学生田野调查报告（永济篇）》（行龙主编、郭永平副主编）、《山西区域社会史十五讲》（行龙著）、《区域社会史研究读本》（胡英泽、张俊峰主编）。由中国社会科学出版社 2018 年出版。

2 胡英泽、郭永平：《我们这一年——岢岚县脱贫攻坚典型人物口述史》，山西人民出版社，2019 年。

该项目"以人类学的'黄土文明'研究为背景,从历史、民族、历史地理、文化遗产等多个侧面,围绕介休未来的文化发展战略展开,目的在于以介休本土的文化传统为资源,既从人类学角度总结出黄土文明的理论成果,同时为介休的未来发展提出独特而深厚的文化方案"[1]。我参与了周大鸣教授为子课题负责人的"历史篇"的调查与研究工作,2016年课题结项。[2] 二是历史学的研究。上文已经谈了我在社会史中心属于"集体化时代乡村社会"的团队。集体化时代是一个曾经影响了中国千千万万普通民众命运的年代,也是一个难以忘却的时代。直至今天,那个时代所形成的政策方针、理念思路,乃至革命传统依然在今天社会中发挥着一定的作用,而如何开展研究,以深化集体化时代的研究,这是我思考的问题。然而,2013年,当我入职的时候,对于历史研究可以说一窍不通,到今天我也只能说仍然在学习历史。同时,在社会史中心教学与研究,总要做点历史研究,才可能站稳脚跟。受制于社会环境的影响,继续深化博士论文的研究已经不太可能,我必须另想出路。党的十八大以来,贫困、扶贫、脱贫一直是社会的热点话题。在此情况下,我就思考,能否做一个关于贫困问题的历史学研究课题。有了这样的思考,我就开始进行文献检索和查阅史料,我发现由于20世纪六七十年代,社会主义国家不承认贫困问题的存在,所以对于集体化时代贫困问题,大多学者基本上是一笔带过的,可问题是集体化时代确实存在贫困现象。面对这样的问题,我想肯定可以做研究。但是又面临着时间、空间、研究内容等问题。社会史中心收藏着数千万件集体化时代农村基层档案史料,所以我将研究区域定在了山西,但如何体现研究区域的独特性是个关键问题。在行龙教授、胡英泽教授的启发下,我最后将研究区域定在了太行山区。这也就是2018年获批的国家社科基金项目《集体化时代山西太行山区的减贫研究》。课题从微观史的角度切入,归纳减贫的多元路径,构建减贫的相关理论,可以在理论层面上对集体化时代"国家—村庄"之间上下互动的复杂关系的学术积累有所贡献。太行老区在集体化时代一直走在时代的

---

[1] 《"黄土文明·介休范例——从文化自觉到自觉发展"合作协议》,2013年9月。

[2] 相关成果参见乔健、王怀民主编的《黄土文明·介休范例》丛书,该丛书一共四本,2016年由中国社会科学出版社出版。分别为《延续的文明——山西介休的历史透视》(周大鸣、郭永平等著)、《介休历史乡土地理研究》(安介生、李嘎、姜建国著)、《民族文化与多元传承:黄土文明的人类学考察》(徐新建等著)、《天下一点:人类学"我者"研究之尝试》(彭兆荣等著)。

前列，开展这一特色区域的研究，对建构本土化的社会史理论和解释模式也具有重要的学术价值。与此同时，我还参与了两项重大课题，分别为山西大学郝平教授主持的 2017 年度教育部哲学社会科学研究重大课题《中国传统村落价值体系与异地扶贫搬迁中的传统村落保护研究》和广西民族大学秦红增主持的 2018 年度国家社会科学基金重大项目《乡村振兴背景下中国农村文化资源传承创新方略研究》。随着研究的深入，我对太行山传统村落也有了一些思考。[1] 我认为，"路"是太行山研究的重要切入点，可以开展路学的研究。例如，可以开展太行八陉与山西传统文化景观构成的研究，将道路遗产这样的文化景观置于整体的、流动的、时空结合的状态中，考察道路与景观媒介、族群认同、宗教文化之间的复杂关系。在此基础上，进行"风景道建设"，在保护道路文化遗产的原真性、完整性的同时，提振地方经济、重塑族群认同，推动乡村振兴与区域复兴。针对乡村振兴，我在太行山区考察了长治市东、西黄野池这两个内地回族村庄的乡村振兴之路，研究指出：在新时期"民族互嵌式社会结构和社会环境"的理论背景下，需要探讨与反思具有少数民族特色的乡村振兴路径和模式。在发展主义的基础上，我提出了新发展主义，并指出构筑多元主体共同行动的路径，是推进生态文明建设、实现永续发展的必然选择。[2]

（四）几点感想

在社会史中心六年，感受颇多，仅举两点：其一，团队很重要。社会史中心现有专职科研人员 13 名，均为博士学历，其中教授 7 名，副教授 1 名，讲师 5 名，年龄结构以中青年学者为主，是一支极富活力和创新精神的科研团队。中心有总的研究方向，同时每个教师还有自己的研究方向，小的方向是大的方向的有机组成部分，充分实现了一加一大于二。其二，制度很重要。20 多年来，中心制度不断完善，例如不定期的"鉴知"名家讲坛已经举办了 104 期，每周三晚上教师的学术工作坊制度已经 122 期了，每年两次的学生"鉴知"论坛也举行了 23 届；《社会史研究》已到第八辑了；学术会议、学术交流

---

[1] 郭永平：《太行八陉与山西传统文化景观构成探析》，《广西民族大学学报》（哲学社会科学版）2019 年第 2 期。

[2] 郭永平：《发展主义视角下太行山区少数民族村庄乡村振兴研究》，《贵州民族研究》2020 年第 10 期。

更是早已常态化。此外，每年中心老师的国家课题申报，都会首先在中心组织评审，行龙主任坐镇，中心所有教师参加，从题目开始，一字一句修改标书，我想这样的做法在国内外也并不多见。

四、回归民俗学的再审视

2018年12月，我调到了山西大学文学院民俗文化与民俗文学研究所，新的岗位、新的起点、新的征程，也有了一些新的收获。上文已经提到过，我本来是汉语言文学专业出身、后步入民俗学研究，又从民俗学跳入了人类学，从人类学跳入了历史学，而学习了历史学6年后，我又跳入了民俗学，也可以说我是回到了本行，但是我自认为我已经回不去了。如今的我再看民俗学，再次从事民俗学的研究，和10年前已经完全不同了。我自认为解决民俗学问题的方法在民俗学学科之外。只要有人类的存在，民俗就不会消亡，但是民俗学研究如何被其他学科所接纳，在全球化时代民俗学这门学科如何站稳脚跟，这需要学界同仁有广阔的视野，有超越于本学科之外的格局。为此，我在讲授《民俗学概论》《民俗学原理》等课程的时候就有意识地对其他学科的理论与方法多有涉及。

除了教学外，我也参与到了项目研究中。2019年段友文教授申报的《山陕豫民间文化资源谱系与创新性发展的实证研究》成功立项。该课题下设4个子课题：山陕豫民间文献搜集整理与创造性利用路径研究；山陕豫民间组织习俗与和谐社会建构方略研究；山陕豫民间信仰与地域文化认同机制研究；山陕豫民间文艺与乡村审美培育模式研究。我主要负责民间组织的研究。2020年8月16日，民俗学团队启动了项目调研，集体调研计划分三期进行，第一期是黄河中游的上段，第二期是黄河中游的中段，第三期是黄河中游的下段。2020年8月，集体调查了黄河中游上段，主要调查点位于山西吕梁市临县黄河边上的古镇——碛口，及其周边李家山村、西湾村，以及与临县隔黄河相望的佳县县城，及其木头峪、白云山等地。此次调研对山陕黄河两岸的民俗文化、历史景观、宗教信仰、旅游发展、民众所生活等问题有了更加直观的了解，也有助于文献的阅读与研究的深化。

回归民俗学，我也写了几篇民俗学的文章。这几年，非遗运动客观上推动了民俗学科的发展，在此基础上，各地积极申报文化生态保护区。地处山西中部的晋中文化生态保护实验区是第四批国家级文化生态保护区。该保护区包括晋中市的11个县（市、区）；太原市的4个县、区（小店、晋源、清徐、阳曲区）；吕梁市的4个县、市（交城、文水、汾阳、孝义），共计19个县（市、区）组成。保护区以"一带（农耕文化带）一廊（晋商文化走廊）一区（方言文艺区）一圈（节庆文化圈）"为鲜明的地域特色，具有历史悠久、资源多样性的特点，现有国家级名录项目38项（保护单位46个）、省级项目87项。然而，各地的保护区从名称上看大多是文化区，但从管理来说是行政区。文化区要求跨越行政区域，实现资源的整合，但是保护区内组织机构建设存在制度性困境和冲突。为解决上述问题，山西省成立了"晋中文化生态保护区建设领导小组"，各地也有相应的机构成立，但在现实层面难以发挥实际的作用。现实管理与文化的生成存在很大的矛盾，保护区所要求的区域整体和资源共享很难实现。基于此，我撰写了《生成整体论视域下文化生态保护区的实践机制研究》的文章，提出以非遗空间再造为契机，将人的保护与空间的保护结合起来，并发挥多元行动主体的作用以实现区域共同体的再造。生成整体论赋予文化生态保护区以重要意义：从科学共识走向社会共识、决策共识、行动共识，以此逐步将文化生态保护推向新的阶段。[1] 山西寺庙众多，民间信仰发达，如今沁河流域依然流传着阳城县常半村（今山头村）兽医常顺被宋徽宗封为广禅侯，元太宗为其建立水草庙的故事。且村里至今还保留有清代重修的水草庙。2014年"广禅侯故事"被列入第四批国家级非物质文化遗产名录。然而对于谁是广禅侯，广禅侯与水草神的关系，及其历史发展脉络等情况，学界并没有做过详细的研究，为此，我围绕水草庙所形成的"层累的历史"进行了知识考古。[2] 在对水草神信仰考察的基础上，我发现民间流传的宋代常顺被敕封、加以"正统化"的故事反映了当时沁河流域作为边界地区的复杂族群关系；而元代，广禅侯庙的兴建，则与马在少数民族中的重要地位有关；明清时期，马、牛王

---

[1] 郭永平：《生成整体论视域下文化生态保护区的实践机制研究》，《西南民族大学学报》（人文社科版）2020年第8期。

[2] 郭永平：《从沁河流域水草神信仰看传说、历史与民众心理的关联》，《中原文化研究》2020年第4期。

神崇拜的高度发达,以及广禅侯"官祭"的程式化举行,这与农耕文明中农业的重要地位有关,同时也展示了普通百姓对于六畜兴旺、风调雨顺的期盼。而从广禅侯到水草神,再到其信仰圈的扩大,背后所体现的是民间信仰和国家意志的整合。

从历史学再回归人类学与民俗学,我以为开展山西区域研究,应该把握四个特征:第一,特殊的自然地理环境;第二,国家在场;第三,复杂的族群关系;第四,长时段的历史延续。金元时期山西籍著名学者郝经在向忽必烈上呈的《河东罪言》一文中高度评价山西的历史地位:

> 夫河东表里山河,形胜之区,控引夷夏,瞰临中原,古称冀州。天府南面以荏天下,而上党号称天下之脊。故尧、舜、禹三圣更帝迭王,互为都邑,以固鼎命,以临诸侯,为至治之极。降及叔世,五伯迭兴,晋独为诸侯盟主,百有馀年。汉晋以来,自刘元海而下,李唐、后唐、石晋、刘汉,皆由此以立国,金源氏亦以平阳一道甲天下。故河东者,九州之冠也。可使分裂顿滞,极于困弊,反居九州之下乎?[1]

山西地理位置重要,很多帝王在此建都,尤其是少数民族政权。因此,郝经提出河东是"九州之冠"。山西北靠游牧文明的蒙古高原,南临农耕文明的河南内陆,历史时期,这片区域是联系农耕民族和游牧民族的"桥梁"和"纽带"。

山西是体现中华文明延续性特征最集中的区域。以旧石器时代为例,在黄土高原上发现的遗址就达到了114处。[2]同时,这个区域从传说中的三皇五帝到今天,文化上构成了延续性,是中华文化延续性最为显著的区域之一。山西所在的黄土高原是中国,乃至世界古人类的故乡[3]。因此,立足山西地方社会层面的历史文化研究,无疑能够揭示更多契合中国古代社会史逻辑的社会科学一般法则。这些新的法则将不仅有利于深化有关中华文明起源的研究,也将极大补

---

1 〔元〕郝经:《郝文忠公陵川文集》(卷三十二),山西人民出版社,2006年,第447页。

2 刘东生:《黄土石器工业》,徐钦琦等主编:《史前考古学新进展——庆贺贾兰坡院士九十年诞国际学术讨论会文集》,科学出版社,1999年,第57页。

3 周昆叔:《黄土高原·华夏之根》,《中原文物》2001年第3期。

充和修正人类文明发展规律的解释框架。[1] 我想，上述山西区域特征是所有做山西区域研究都应该明白的。

五、结语：未来的学术规划

当年在广州攻读博士学位期间，周师经常说，当老师必须具备两点：第一是嘴皮子，第二是笔杆子。换言之，能说能写才是王道。我想，作为人类学学人，这两点也不例外。从参加工作到学习民俗学与人类学再到历史学，从忻州农村到辽宁大学与中山大学再到山西大学，不知不觉已经跋涉了14年。14年来，跨界太多，有时候也非常累，但是周师曾经说过："男人嘛，活着总要做点事！"我不能说做了多少事，但是在不断地跨学科过程中敢说确实学到了很多。虽然我也深知，学的太多，不免难以消化，但是假以时日，我相信会有开花结果的那天。最后，谈谈我的一些初步的学术规划。

其一，教好书。作为教书先生，育人是第一位的，所以老师必须要站稳讲台。而要站稳讲台，除了技能之外，我以为最重要的是广博的知识与宏大的格局。所以，我把大部分课题经费买了书。我的购书不设学科，只要觉得有利于教学、有助于研究的均收入囊中，多年来家里的书一摞一摞，都快放不下了，友人劝我处理掉一部分，可是我心里不舍。因为看到它们静静地躺在那里，我才觉得心里踏实。

其二，做好课题。我自己承担的国家社科基金《集体化时代太行山区的减贫研究》，由于以前积累少，做起来并不容易，单单梳理史料就很费工夫，但是必须啃下这块硬骨头。同时也要做好重大课题《山陕豫民间文化资源谱系与创新性发展的实证研究》中子课题部分"山陕豫民间组织习俗与和谐社会建构方略研究"的研究。此外，参与的重大课题《乡村振兴背景下中国农村文化资源传承创新方略研究》中山西部分也要加快研究进度。

其三，书写高质量的文章。在如今的高校，笔杆子极为重要。这倒不单单是为了评职称、拿课题，除此之外，写文章也是学术思考的过程，同时也是获

---

[1] 周大鸣、郭永平等：《延续的文明》，中国社会科学出版社，2016年，第10页。

得自信的重要途径。在此，我觉得读书、育人与做科研、写文章从来都是一体的。

未来很漫长，但也是有所期待的，我大致对未来三十年做了一个规划。花十年时间做好太行山的研究；然后回到晋中和晋南，再做十年的研究，把乔先生提出的"黄土文明"的研究推向深入；最后十年，返回晋北老家这个既熟悉而又陌生的地方，开展研究，以回报乡梓。通过对晋东南、晋南、晋中、晋北的研究，力图以整体的视野，为推动山西区域社会研究做出些许的贡献。

江帆老师曾说："要做有温度的学问，要写有质的文章。"周大鸣老师曾说："现在需要的是笨人，不是聪明人，能到中大读书的，哪个不是聪明人。"我要做的是"笨人"。行龙老师曾谈道："要在雁门关、娘子关内做学问，也不要在雁门关、娘子关内做学问。"我将秉承既要踏踏实实，又要志存高远的理念，在做好教书先生的同时，"将文章写在三晋大地上"。

教育学与人类学的结合——我的人类学之路

海 路

海路,四川隆昌人,人类学博士,中央民族大学教育学院副教授、《民族教育研究》编辑部主任,兼任中国人类学民族学研究会理事、教育人类学专业委员会常务理事兼副秘书长。

2021年2月春节期间，我的博士生导师徐杰舜教授专门告知，学苑出版社为人类学高级论坛成立20周年纪念大会筹划出版《新生代人类学家之路》一书，主要面向国内外人类学专业的博士学位获得者征稿。在此机缘下，人类学学界精英荟萃，群贤毕至，相互见文见志，而吾能跻身于其中，与有荣焉，幸甚至哉。应恩师之邀，执笔撰写此文，并非为了自彰自见，而是通过回首过往，实践恰如人类学研究之真意的反思自我，以砥砺自我在人类学的学习和研究中不忘初心、继续前行。此文谈不上是供他人参考的治学经验，若能对有志于从事人类学研究的后来者为学为人方面有所启迪，也算是"意外收获"了。

一、初涉学术之途：教育与文化

1993年，我从广西民族学院（现广西民族大学）高中部保送至广西师范大学中文系学习汉语言文学专业。广西师范大学虽不是全国重点大学，但彼时广西师范大学中文系被教育部批准为中国语言文学学科点"国家文科基地"（全国仅有14个该学科重点基地），是广西唯一获得教育部批准的文科基地。广西师范大学中文系不仅有优良的教风学风，而且在中国古代文学、文学概论、中国现当代文学等专业有较丰厚的学术积淀。在广西师范大学中文系期间，一方面，我系统学习了汉语言文学专业的一些基本课程，比如《古代汉语》《现代汉语》《古代文学》《现代文学》《当代文学》《文学概论》；另一方面，作为师范生，我在普通话、书法、实践能力等方面也得到了一定的培养和锻炼。大学是学术专业的开端和起点，师范大学汉语言专业的学习，不仅为我积累了一定的汉语言文学和写作功底，而且也培育了我一定的教育情怀和教育理想，为我今后从事教书育人工作奠定了重要基础。

大学之后7年的初中教师工作经历，启发了我对"教育与文化"关系的初步思考。1995年，从广西师范大学毕业后，我开始了为期7年的初中语文教师和班主任工作。我任教的学校是南宁市第二十四中学（初中部），虽然是广西壮族自治区首府直属学校，但学校位于南宁市城郊接合部，地理位置相对偏僻，更重要的是学生生源质量普遍不高。九年义务教育阶段学生随户口所在地段就近入学，学校初中生源主要来自附近的农村（如北湖村、秀灵村、苏卢村）、厂矿（如南宁重型机器厂、广西建筑机械总厂、广西建工集团第一安装公司）、小区（如北湖小区、北湖大板小区）家庭以及部分进城务工人员随迁子女。由于学校周边的家庭、社区环境整体上缺乏良好的人文教育底蕴，多数学生入学后学习基础普遍较差，教学质量提高难度大，而且初中生正好处于青少年发展的"青春期"，学生生理和心理变动较大，同辈文化、流行文化等对他们有很大影响。在担任初中老师期间，我对教育教学工作给予极大的热情和投入，不仅花费大量时间给学生进行学习上的义务辅导，而且几乎每周都利用晚上和周末时间到学生家里（特别是后进生）进行家访，调查了解或反馈学生的情况，希望得到家长的积极配合。现在回想以来，我作为一个在城市家庭环境中长大的教师，在7年班主任工作期间，以"陌生人"的视角长期深入农村、厂矿、随迁子女的社区、家庭基层进行家访并与学生及家长深度交流，在某种意义上就是人类学进行田野调查收集第一手资料的雏形。

然而，尽管我和学校的其他老师教育教学工作非常努力，一部分学生学习也很认真，但在初中每三年毕业的一届学生中，学校能培养出考上重点高中、出类拔萃的"精英学生"仍然凤毛麟角，而学生中存在的"反学校文化"现象和行为则屡见不鲜。由此，我在中学工作五六年后开始认真反思学校基础教育的现状与问题。实际上，学校基础教育质量的整体提高并非仅仅取决于部分班级或教师在师德师风、教学方法、教学能力、教育资源等方面的局部提升（虽然当时偶尔也有某个班或某一届学生中考成绩相对突出的），而应该从更广泛的"教育的社会文化土壤"[1]中进行整体性的考察。因为在学生、教师、教室、学校的背后还存在着一个更为广阔的社会文化背景，它制约着家庭环境、社区氛围、教育公平、文化传承、心性塑造、生活习惯、知识基础等各种复杂的内部因素和外部因素，对学生的学习成绩和学校表现产生根本的内源性影响。因

---

[1] 刘谦：《教育的社会文化土壤：基于美国费城安卓学校的教育人类学观察》，光明日报出版社，2016年。

此，我所工作的学校文化与家庭文化、社会文化在本质上是割裂的。学校文化传授的是全国统一的、普适性的"国家课程"和"法定知识"，而对于普遍缺少文化资本和社会资本的"农村儿童""厂矿子弟"和"随迁子女"等底层群体来说，他们所生活的家庭文化、社区文化和同辈文化等的影响，在很大程度上消解了学校和教师的诸多教育教学投入，也制约了教学质量的整体提升。对于工作现状的深刻反思导致我对个人的未来职业发展有了新的规划。我决定报考硕士研究生，提高学历层次和理论视野，对自己在教育实践工作中的诸多困惑、思考寻找真正的答案。

基于对语文教育工作的热爱和追寻，2002年，我考上了广西师范大学课程与教学论（语文）专业的硕士研究生，导师是北京师范大学课程与教学论专业毕业的余昱博士（余昱老师的博士生导师是裴娣娜教授）。余昱老师是广西师范大学文学院的年轻教授，主要研究方向是课程教学理论、教育研究方法、课程文化，她的著作《走向学校语文》（2003）[1]及论文《学生作文的"创伤记忆"——一个文化学视角的检讨》（2002）、《对语文考试话语范型的重新解读——从文化研究的视角剖析》（2002）等对文化学、教育文化学多有关涉。受余昱老师的影响，文化研究成为我的一个重点研究方向，我开始注重教育与文化的结合，尝试从文化学的角度来审视和研究教育问题。我的硕士学位论文《校园文化：一种重要的语文课程资源》（2005）也是希望能从教育与文化结合的阐释角度，探析学生文化、教师文化、课程文化、大众文化这些与校园生活休戚相关的校园文化，从而挖掘教育问题中更深层次的文化根源。

二、敲开人类学之门：两位恩师的引导

20世纪80年代初至21世纪初，是中国人类学得以重建和兴起的时期，特别是进入20世纪90年代中期以后，中国人类学研究呈现出一派欣欣向荣的景象。我读硕士期间是2002—2005年，适逢人类学在广西人文社科学界传播的一个"黄金时代"。在广西师范大学，以王杰教授、覃德清教授等为代表的

---

[1] 余昱：《走向学校语文》，广东教育出版社，2003。

"审美人类学"研究在全国也有一定的学术影响。在研一期间,我有幸认识了广西师范大学中文系覃德清教授,旁听了他开设的《文化人类学理论与方法》《审美人类学》等与人类学相关的研究生课程,初步阅读了《文化人类学理论与方法研究》[1]等人类学著作,还经常和覃老师及其师门弟子在一起聚会、交流。覃德清教授是中山大学人类学系文化人类学专业博士,师从著名人类学家黄淑娉教授,他是广西第一位获得人类学专业博士学位的"科班"出身的学者,长期担任广西师范大学民间文学与民族文化学科带头人,主讲《文化人类学》《民间文学概论》《审美人类学》《壮族文学史》等课程。覃德清教授治学严谨、学识渊博,特别是为人随和谦逊、平易近人,热心提携后学。我在旁听覃老师讲授人类学课程的过程中,开始接触了文化人类学的经典著作,从英国文化人类学家泰勒(Edward Burnett Tylor)的《原始文化》(1871)[2]中,看到了"文化"是一个复杂的总体;从美国人类学家摩尔根(Lewis Henry Morgan)毕生最重要的一部著作《古代社会》(1877)[3]中,看到了人类社会从蒙昧时代经过野蛮时代到文明时代的发展过程,看到了早期的社会进化思想,而且摩尔根的社会进化思想是马克思构建人类社会从原始社会到奴隶社会、从封建社会到社会主义社会再到共产主义社会这一宏伟大厦的一个重要思想来源。在人类学理论的初步学习中,我敬佩于诸多长期扎根田野致力于实地调查工作或是在书斋中孜孜不倦地追寻着理论之花的人类学大师的学术经历及其重要的理论贡献,这些理论在很大程度上推动人类社会在回顾历史、了解他者、反思自我中不断前进与发展。在跟随覃德清老师学习人类学的过程中,我感受到人类学理论的博大精深、方法的扎实深入,这一理论视角和研究方法对于从事任何具体研究领域(包括教育与文化、教育与社会研究)的学者来说都有重要的指导和借鉴价值。从人类学学科知识系统学习的角度来说,覃德清教授可谓是我在人类学学术道路上的启蒙者和引路人。多年以来,我与覃德清教授交往笃深、亦

---

1 黄淑娉、龚佩华:《文化人类学理论方法研究》,广东高等教育出版社,2004年。

2 [英]爱德华·泰勒:《原始文化:神话、哲学、宗教、语言、艺术和习俗发展之研究》(重译本),连树声译,广西师范大学出版社,2005年。

3 [美]路易斯·亨利·摩尔根:《古代社会》,杨东莼、马雍、马巨译,商务印书馆,1977年。

师亦友，积累了深厚的学术和私人情谊。[1]

硕士期间，我最终决定选择人类学专业作为我的博士阶段学习和研究方向，完全是受到我后来的博士生导师、广西民族大学徐杰舜教授的深刻影响。我父母是广西民族学院的教职工。我的小学、初中、高中都是在广西民院度过的。1995—2002年，尽管我在南宁二十四中学担任语文教师和班主任，平时在学校住宿，但每逢节假日特别是寒暑假，我都回到民院和家人相聚。从20世纪90年代中期起，广西民族学院开始大力加强民族学、人类学的学科建设，学校的宣传工作、科研导向、教学重点也每每突出民族学、人类学方面的重要成果。我每次回家一有空闲时间，往往会驻足于美丽的校园，感受高校浓厚的人文气息，这个时候我经常能看到校园里关于民族学、人类学学科建设的宣传栏、讲座海报以及各类学术信息。在2000年左右，我开始直接或间接了解到广西民族大学老一辈的知名民族学、人类学学者，比如东南亚民族文化专家范宏贵教授，瑶学专家、全国人大常委会委员张有隽教授，以及我的博士生导师、汉民族研究专家徐杰舜教授等。在读研期间，对我选择学习人类学专业影响颇深的一件事是喜欢翻阅和拜读徐杰舜老师主编的《广西民族学院学报》（哲学社会科学版），我特别喜欢《学报》上的名家论文以及人类学学者访谈录，老一辈学者费孝通、林耀华、乔建、李亦园、钟敬文以及中青年学者马戎、庄孔韶、杨圣敏、彭兆荣、王铭铭等的优秀作品和学术生涯，激发了我对人类学专业的浓厚兴趣以及学习愿望。20世纪90年代至21世纪初广西人文社会科学出版界有两个"奇迹"，一是广西师范大学出版社在全国学术出版界拥有较高的地位和影响力，二是《广西民族学院学报》（哲学社会科学版）在全国民族学、人类学、社会学以及相关学科领域中发挥着引领作用。徐杰舜教授不仅是学报的执行主编和编辑部主任，而且他的学术成就在全国人类学、民族学界也有较大影响。同时，徐老师积极致力于推动人类学在中国的发展。我在研二期间通过罗柳宁（现在广西民族问题研究中心工作）认识了徐老师，得知徐老师在中央民族大学带人类学专业的博士。经过慎重思考，我向徐老师表达了希望跟随他在中央民族大学攻读人类学博士的愿望。徐老师不仅对我的想

---

[1] 覃德清教授不幸于2019年9月病逝。听闻此消息后，我立即辞掉手中所有事务，专程赶到广西师范大学参加覃老师的追悼会。

法表示特别欢迎，而且在以后的数次交流中，还给我赠送了《雪球：汉民族的人类学分析》(1999)[1]、《从磨合到整合：贺州族群关系研究》(2001)[2]、《本土化：人类学的大趋势》(2001)[3]、《人类学的世纪坦言》(2004)[4]、《人类学教程》(2005)[5]等书籍，鼓励我选择人类学作为博士学习专业并热情给予指导，坚定了我报考人类学专业的信心并树立了从事人类学研究的理想。可以说，如果没有徐老师的接纳和指点，对于作为跨专业学习人类学（本科汉语言文学、硕士教育学）的我来说，是绝对不会那么顺利走进人类学这个专业性学术队伍中的。

三、探求人类学之路：族群研究与教育人类学

2005年9月，我进入中央民族大学民族学与社会学学院攻读人类学专业博士学位，有幸成为徐杰舜教授的博士弟子，李富强（现为广西民族大学教授）和罗彩娟（现为广西民族大学教授）均为我的同门。徐杰舜教授是中央民族大学的兼职博士生导师，基本上一个月或两个月来中央民族大学一次，其余大部分时间还是在广西民族大学工作。除了理论学习之外，我跟随徐老师读博的最大收获是进行田野调查。收到博士录取通知书之后，徐老师就安排我和一位硕士师弟吴政富利用暑假时间（前后近一个月）前往广西、内蒙古、北京等地开展中国民族教育政策的田野调查，在调查报告的基础上形成了《希望：中国民族教育政策研究报告》(2011)[6]一书。2006年暑假，我和我们徐门的博士研究生、硕士研究生团队（罗彩娟、林敏霞、孙亚楠、黄兰红、吴桂清）跟随徐老师去浙江省武义县做了一个关于新农村建设田野调查，在当地吃住，前后调查了一个多月，在此基础上，后来出版了《新乡土中国：新农村建设武义

---

1 徐杰舜：《雪球：汉民族的人类学分析》，上海人民出版社，1999年。
2 徐杰舜等：《从磨合到整合：贺州族群关系研究》，广西民族出版社，2001年。
3 徐杰舜：《本土化：人类学的大趋势》，广西民族出版社，2001年。
4 徐杰舜：《人类学的世纪坦言》，黑龙江人民出版社，2004年。
5 徐杰舜：《人类学教程》，上海文艺出版社，2005年。
6 荣仕星等：《希望：中国民族教育政策研究报告》，黑龙江人民出版社，2011年。

模式研究》(2007)[1]一书，总结了浙江武义县新农村建设的一些重要经验，其中我撰写的两篇文章《工业园区论——新农村建设武义经验之三》《政府服务论——新农村建设武义经验之五》均收录于《百色学院学报》。

族群认同研究是我读博期间的重点研究方向。我的博士毕业论文以《孤岛上的清真寺——广西临桂县旧村回族认同研究》为题，部分是源于我在攻读博士学位之前的一次田野调查经历。2004年7月，我在广西师范大学攻读硕士学位期间，有幸参与了广西民族大学民族学与社会学学院组织的"当代广西各民族发展丛书"课题调查，得以赴广西桂林地区开展回族（古尔邦节、开斋节、圣纪节）调查工作。我在临桂县旧村从事的田野调查中发现，旧村并非地处中国三大回族传统聚居地区之内[2]，周围也没有其他回族村落，它就像是置身于汉族文化"汪洋大海"的包围之中的一个"孤岛"。然而，旧村自明初以来的数百年间，历经各种社会沧桑，其内部仍然保存了相当完好的伊斯兰教文化习俗。斋月期间，这个仅有210多人的小村子就有100多人去清真寺礼夜拜。旧村回族在饮食、丧葬等也保持其"清真"秉性，如不吃猪肉，用"殡盒"送亡人，这些都与周边的汉族村子截然不同。在节日风俗方面，旧村回族只过回族的三大节日，春节只是"顺带过的"。[3] 在广西汉族中盛行的七月半"鬼节"、四月清明节，在旧村都是不存在的。我在调查中进一步了解到，这个当时仅有42户210多人的小村子是广西壮族自治区仅有的两个回族自然村之一[4]，村民全部信仰伊斯兰教，祖祖辈辈都是回民。与广西其他一些地区回族"教门"观念的淡薄和弱化相比，旧村回族坚守伊斯兰教信仰的共有文化形态引起了我极大的兴趣。

2005年9月，我来到中央民族大学攻读人类学博士学位，导师徐杰舜教授把我引入了当代人类学研究的前沿领域——族群理论（ethnic theory）研究，其中族群认同（ethnic identity）研究是我学习的一个重点。在阅读了大量的族群研究文献，特别是在阅读了美国学者杜磊（Dru C. Gladney）的《中国

---

1 徐杰舜等：《新乡土中国：新农村建设武义模式研究》，中国经济出版社，2007年。

2 中国回族传统的三大聚居地区分别是西北（陕、甘、宁、青、新）、华北（京、津、冀、鲁、豫）和西南（云南）。

3 回族的三大节日是圣纪节、开斋节和古尔邦节。

4 另一个是临桂县四塘乡的厄底村，全村26户157人（2003）。

的族群认同——一个穆斯林少数民族的制造》(*Ethnic Identity in China: The Making of a Muslim Minority Nationality*)之后，我对中国回族的认同问题产生了浓厚的兴趣。回族是中国第四大民族，也是中国最为散居的一个少数民族，中国回族内部存在着显而易见的地域性差异，用一种典型化或概括性的理论来解释回族的认同的企图是难以达成目标的。20世纪80年代以来，随着中国人类学学科的恢复和重建，西方人类学的族群（Ethnic group）和族群认同（Ethnic identity）理论逐步被介绍到中国内地的民族学、人类学、社会学等研究领域中，越来越多的中国学者开始运用族群认同（Ethnic identity）视角来关注包括回族在内的中国少数民族认同问题。然而，诸如此类的少数民族认同研究往往把宗教、地域、宗族、政治等方面作为族群认同这一概念之下的一个要素或者是族群认同的一个子内容来考虑，并没有把它们单独列为与族群认同相等的一个认同层面。实际上，族群认同某些"要素"的重要性和影响甚至往往超越了族群认同本身，比如回族的宗教认同在历史上一直占据着"回回"认同系统内部的主导地位，对"回回"的形成和发展具有决定性的影响。如果我们只是把宗教作为族群认同的一个部分，在族群认同的框架之下解释是很难概括和解读伊斯兰教对回族认同的巨大影响的。在研究中国回族认同问题的时候，我们不应该仅仅局限于族群认同这一单一视角而忽略了中国回族认同的其他方面或者说是其他层次的认同现象，诸如宗教认同、地域认同、宗族认同、民族—国家认同。因此，在中国回族的认同研究中，超越族群认同的单一视角，在一个较长的历史时段之内考察一个回族社区认同体系内部多重认同之间复杂而微妙的互动关系，便成为我饶有兴趣的一个关注重点。

在开题报告通过之后，我先后分别4次前往旧村进行了为期6个月的田野调查，期间有近2周时间分别在南宁市、桂林市及临桂县对有关单位和个人查阅了相关文献资料，具体时间分别是2007年3—4月，2007年9—10月，2007年12月中旬，以及2008年2月下旬（补充调查）。如果再加2004年7—8月硕士期间进行的调查的话，我田野调查的时间合计不少于7个月。

2008年5月18日上午，在中央民族大学文华楼东区1304室，我顺利通过博士学位论文《孤岛上的清真寺——广西临桂县旧村回族认同研究》答辩。答辩委员会主席是庄孔韶教授，答辩委员会其他专家是郭星华教授、王建民教授、潘蛟教授和徐杰舜教授。如果没有徐老师的精心指导，我是无法完成这篇论文的，是徐老师把我带入了人类学的研究领域，在博士三年期间对我进行了耐心的指导和严格的学术训练。特别是徐老师对田野调查的高度重视，使我投入更多的时间在田野中漫游，丰富了博士论文的民族志材料。

读博期间，也是我学习和积累人类学理论知识的重要阶段，这进一步开阔了我的学术的视野，也开辟了我探求人类学的道路。中央民族大学自1999年被确定为"211工程"重点建设大学，尤其是2004年成为国家"985工程"重点建设大学后，迎来了中央民族大学民族学人类学学科建设的"黄金时期"，人类学的学术氛围也十分浓郁，国内外一系列著名人类学专家学者当时纷纷到学校讲学，如《礼物的流动》（1999）的作者、国际著名人类学家阎云翔老师，著有《华夏边缘》（1997）、《羌在汉藏之间》（2008）的台湾人类学家王明珂老师，以及英国社会学家安东尼·吉登斯（Anthony Giddens）、美国多元文化教育理论学者班克斯（James A. Banks）等。而且，当时的中央民族大学人才培养理念也依托于当代的人类学名家的传道授业及其坚实的研究基础。中央民大校内共有4位人类学博导（杨圣敏老师、王建民老师、王铭铭老师和徐杰舜老师），对博士生的培养要求较高，尤其是王铭铭老师的课程，平均每周阅读一本中英文学术原著，并撰写书评。我成为硕士生导师后，也继承了指导学生读书、撰写书评的优良学术风气。杨圣敏、王铭铭、王建民、潘蛟、张海洋等老师的授课，使我从一个陌生的人类学跨专业学生，逐步"走进"人类学研究园地并领略到其中的真谛。而中央民族大学民族学与社会学学院"985工程"以来形成良好的人类学学术研究氛围，使我有幸参加了诸多Seminar（专题讨论会），在读书与探讨中丰富了个人的人类学素养，加强了自身的人类学学术积累。

读博期间，除了族群研究之外，我另一个主要学习和研究方向是教育人类学。其实，与滕星老师相识也是基于徐杰舜老师的牵线搭桥。徐杰舜老师委托我参加中国民族教育政策研究课题时，就帮我联系访谈滕星老师，相应的成果《新中国民族教育政策的回顾与思考——教育人类学学者访谈录》刊发于《内蒙古师范大学学报》（教育科学版）2007年第7期上。读博期间，基于我个人的专业背景、生活及工作经历，我特别希望今后能从事与教育相关的研究工作，因而产生了将人类学与教育学结合起来的想法。于是主动联系滕星老师，希望能旁听他的教育人类学（Educational Anthropology）课程。中国大陆地区的教育人类学肇始于20世纪80年代，于90年代以后获得初步发展。2014年，我与巴战龙、陈学金对滕老师进行了一次关于中国教育人类学新进展的访谈。滕星教授指出，"中国教育人类学目前仍处于'初步学术化'的发展阶段，但正在迈向组织化和专业化发展的新阶段，并随着与国外学术交流的增多、学术共同体的构建和学科知识的积累，该学科很可能在今后一段时期内会进入'井喷式发展'的黄金时期"[1]。滕老师读博师从林耀华先生，是最早将教育人类学理论引入中国的大陆学者之一，也是教育人类学学科发展历程的亲历者和促进者。其博士学位论文《文化变迁与双语教育：凉山彝族社区教育人类学的田野工作与文本撰述》（教育科学出版社，2001年）是中国教育人类学的代表作之一，其主编的《民族教育学通论》（教育科学出版社，2001年）和《教育人类学通论》（商务印书馆，2017年）是中国民族教育学、教育人类学研究领域的重点教材。多年来他致力于教育人类学理论在中国的推广、发展和本土化实践，先后主持和参与了国内外10余项重要教育课题项目，并取得了丰硕成果，提出了在学界颇具影响的"多元文化整合教育理论"。滕老师为人正直，性格爽朗，对待学生有教无类，他通俗易懂而又风趣幽默的课堂教学风格能将深奥的学术知识转化为娓娓道来的生动话语。当时，我与2005级中国少数民族教育专业博士研究生、硕士研究生巴战龙、李素敏、张霜、张苗苗、白红梅、岳永杰、何瑜、韦理、陈慧中等一起在滕老师家中上课，学习了《文化人类学理论》《国外多元文化教育》《教育人类学的田野工作与研究方法》等多门课程。下课后，我们师生一起在中央民族大学附近的小餐厅聚会，学习、人生无所不谈，其乐融融。课后，我们也将彼此所购买的书籍、复印资料、课堂录音共同分享。从此，我和滕老师的研究生结下了"不是同门，胜似同门"的深厚情谊。滕老师也经常请当时我们这些学生吃饭，你来我往，日子渐长，我逐渐与滕老师及其弟子结下深厚的师生、同窗感情，在教育人类学方面的学术积累也日益丰厚。在我读博期间，滕星老师申请到了教育部人文社会科学重点基地重大项目《中国少数民族新创文字在教育教学中的应用调查研究》。我和张霜同学作为这个项目助理统筹规划有关工作，我具体负责子项目"侗族新创文字在

---

[1] 巴战龙、海路、陈学金、滕星：《中国教育人类学新进展——人类学学者访谈录之六十九》，《广西民族大学学报》（哲学社会科学版）2014年第2期。

教育教学中的应用"，于2006年6月赴贵州黔东南地区进行了一个多月的调查并完成了调研报告。有了滕老师的指导和帮助，我在学习教育人类学的道路上如虎添翼，更加明确了将教育人类学作为今后研究和工作的重点方向之一。

读博期间的一个重要收获就是学术上的交流与建构。在中央民族大学开启"985工程"建设项目的初期，我们不同学科、不同领域的博士、硕士研究生能在民大这个学术共同体里，充分进行学术交流、学术分享，实现学术互惠。例如，2007年，王铭铭老师创办了《中国人类学评论》学术评论集刊，内容以社会及文化人类学（民族学）为主，兼容并包社会学、历史学、民俗学、文学等学科的作品，在学界影响较大。我的人类学专业博士生同学李富强、罗彩娟、菅志翔、王泽民、张原、汤芸、覃慧宁、李小敏、马丹丹、刘统霞、徐小江等在专业学习上给了我很多的帮助和启发。在学习之余，我与巴战龙同学一起合办了16期的内刊《教育人类学通讯》，这成为我后来负责编辑学术刊物的一个基础。与我同级的拜在王建民老师门下的李小敏同学的论文《村落知识资源与文化权力空间——永宁拖支村的田野研究》就被我们选录收入其中。

临近博士毕业之际，摆在我面前的有几个就业选择：一是在浙江师范大学从事文化人类学研究；二是在中南民族大学民族学与社会学学院从事散杂居区回族研究；三是回广西高校从事教学研究工作；四是在中央民族大学跟随滕星老师从事博士后研究。最后，我决定继续留在中央民大做博士后研究工作。

四、开启科研工作之旅：双语教育研究与教学

2008年，我进入中央民族大学中国少数民族语言文学学院博士后流动站，开启了我博士后的双语教育研究之旅。我博士后从事双语教育研究原因有三：一是想把"语文教师""课程与教学论专业硕士""人类学专业"这几个重要的学习、工作身份联系起来，实现自己从事教育研究工作的理想。虽然当时我以人类学博士的学位能够成为某一所高校的老师，但我曾经做了7年的中学语文老师，硕士3年又学习了课程与教学论专业，拥有10年"教育研究"的宝贵经验。所以，我希望将工作经历、学术经历和人生经历进行结合，而且我在广西壮族自治区生活、工作多年，充分感受到广西的民族多样性、语言多样性和

文化多样性，有一定的方言和民族语基础，从事壮汉双语教育研究具有相对优势。二是滕星老师的为人为师为学境界较高，特别是在民族教育学、教育人类、双语教育研究院等学方面学养造诣深厚，我希望跟随滕老师在相关研究领域取得一定学术成果。三是在同一个学校，由博士专业进入博士后流动站必须要跨一级学科。我读的人类学专业隶属于民族学一级学科，中央民大当时只有中国语言文学、历史学和民族学三个博士后流动站。我和滕星老师商议之后，最后选择了在中国语言文学学科博士后流动站之下从事少数民族双语教育研究工作。

博士后阶段，我与滕老师合作的是国家社科基金教育学国家一般课题"文化多样性与壮汉双语教育发展研究"（已结项）；2009年，我申请立项教育部人文社会科学青年项目"壮族新创文字应用调查研究"（已结项）；2011年，我申请立项国家社科基金教育学青年课题"壮汉双语教育现状调查及对策研究"（已结项）。这里需要特别提及的是，在我从事博士后研究期间，中央民族大学少数民族语言文学系王远新教授与滕星教授共同对我进行指导。王老师学术规范、观点犀利、要求严格、指导细致，在语言学和双语教育研究等方面给我提供了重要指导和帮助，也是我学术道路上的重要导师之一。从2008年到2014年，我主要围绕广西壮汉双语教育进行研究。其间，我也参与了一些合作项目，如承担中国人民大学人类学研究所刘谦教授主持的国家社科基金项目"北京市随迁子女社会融合现状及对策调查研究"子课题"北京市少数民族随迁子女社会融合现状及对策调查研究"。基于这段时期的项目研究，形成了双语教育、教育人类学为核心的初步成果，如《民汉双语教育规划论》（2019）[1]。

2011年3月博士后出站后，我留在了中央民族大学教育学院工作，先后担任讲师、副教授和硕士研究生导师。古人云："师者，传道、授业、解惑也。"我同时担任学科教学（语文）专业（专硕）和民族教育学专业（学硕）导师。专硕以语文教学实践研究为主，毕业后，多数同学从事中小学教师工作。学硕则是以教育人类学、民族教育学的理论学习和研究为主。我的第一届民族教育学专业学术型研究生仲丹丹同学（蒙古族）现已是中央民族大学教育

---

[1] 海路等：《民汉双语教育规划论》，知识产权出版社，2019年。

学院中国少数民族教育专业的在读博士生。无论是专硕还是学硕的培养，我都特别强调"交流与建构"，为学生搭建各种学习、学术、实践交流的平台，使学生在学习共同体的交流和互动中取到较大进步。

2014年，我协助滕星老师创办了中国人类学民族学研究会教育人类学专业委员会，滕老师担任第一届教育人类学专享会理事长，我担任常务理事兼副秘书长。每两年一届的教育人类学专业委员会年会是中国教育人类学学科发展中非常重要的学术活动，也是团结广大教育人类学同仁，传播教育人类学知识的重要平台。众多高等院校和科研机构的专家学者和研究生同学纷至沓来，对教育人类学领域的学术热点问题进行热烈讨论。作为中国教育人类学学科的重要学术组织，我衷心希望这一学术组织能在总结教育人类学的理论、方法与应用研究等经验的基础上，不断取得教育科学研究理论和方法的创新，从而为铸牢中华民族共同体意识、发展民族教育事业、实现教育公平、促进社会发展做出积极贡献。

2016年12月，中央民族大学学术期刊《民族教育研究》前任编辑部主任娜木罕老师推荐我担任刊物的编辑部主任。我当时请示了教育学院的主要领导，希望在教育学院继续担任课程教师和研究生导师并得到同意。2017年4月，我正式进入《民族教育研究》编辑部工作。办好学术刊物，于某种意义上而言，是徐老师主编的《广西民族大学学报》（哲学社会科学版）和滕星老师主编的《民族教育研究》的优秀办刊经验的传承与发扬。我主持《民族教育研究》编辑部工作4年来，刊物得到了一定进步：一是重视栏目策划和栏目建设，先后组织策划了"构建民族教育研究的中国话语""改革开放40年民族教育研究""铸牢中华民族共同体意识研究""民族团结进步教育"等重点专题栏目，产生了良好的学术影响和社会影响；二是刊发论文的转载率明显提升，刊物2018—2020年所刊论文被《人大复印资料》转载多篇，首次入选"复印报刊资料重要转载来源期刊（2020版）"；三是刊物的影响因子翻倍提升，中国知网最新复合影响因子从2018年的0.719、2019年的1.027到2020年的1.482，综合影响因子从2018年的0.452、2019年的0.680到2020年的0.976；四是刊物于2021年4月入选南京大学中文社会科学引文索引（CSSCI）来源期刊目录（2021—2022），根据多数专家、作者、读者及相关网站反馈，刊物注重质量、用稿规范，特别是通过科学的审稿机制在作者、专家、编辑中建立了学术共同体的良好协作机制，读者反馈满意度和社会认可度不断提高。

《民族教育研究》是国内权威的民族教育理论期刊，编辑部在把关好刊物编校质量的基础上，努力打造学术精品，从学术性、创新性、理论性、规范性上引领教育人类学、民族教育学等分支学科的研究，使《民族教育研究》成为民族教育学、教育人类学及相关研究领域优秀研究成果展示的重要平台和阵地，更好地促进科学研究、团队建设、教学改革和人才培养的协同发展。

五、回溯人类学之路：四点思考

我的人类学之路经历了初涉学术、探求人类学、科研工作等阶段，从教育学到人类学，从广西师范大学到中央民族大学，多年跋涉，难以全部浓缩于纸端。现以关于自身人类学之路的兼容性（跨学科）、人文性、应用性、反思性四点思考，与各位同仁共勉。

（一）兼容性（跨学科）

从本科阶段到博士阶段，我跨越了汉语言文学、课程与教学论、人类学三门专业，博士后阶段所学的双语教育，也是一门交叉学科。可见，我本身的学习经历，也呼应了人类学的学科特点。人类学是一门具有丰富内涵的学科，在研究视野上兼容并蓄。从进化论学派、文化历史学派、法国社会学年鉴学派、传播论学派、功能主义和结构主义学派到文化心理学派到文化唯物主义学派等人类学理论学派，乃至人类学的四大传统学科（文化人类学、语言人类学、考古人类学、体质人类学），均体现出鲜明的跨学科性。从人类学的不同发展阶段、不同理论流派的涌现、不同分支领域的研究来反观人类学的特征，无一不是具有兼容性、对话性的跨学科研究。

（二）人文性

探求人性，关切人类群体命运，达成科学与人文的结合是人类学研究的永恒主题。美国历史学派的创始人、民族学家博厄斯及其弟子赫斯科维茨主张文化相对论，倡导尊重每一个民族的文化，这或许是后来人类学者逐渐走向尊重人类多元文化人文共识的思想先导。现代人类学开拓者马林诺夫斯基在坚持人类学的科学实证研究的同时,也对人类学注入了人文主义的思想,以科学研究和人文关怀共同支撑起对异文化世界的探索。费孝通先生的《江村经济》（1986）[1]亦饱含着其浓厚的乡土情结和家国情怀。这正如王铭铭教授在《人类学是什么》（2003）[2]中所言的"迈向人文世界"。沿着人类学前辈所开辟的道路,个人的为学为人自始至终努力践行着人文关怀:学术上,探索人性本质及其和谐发展;思想上,求真务实,尊重文化平等与多元;生活中,践行真善美的人文理念;教育上,培养人文性格,有教无类,循循善诱。

（三）应用性

人类学研究并非纯粹理论的学习,还需要与应用相结合。特别是在当今社会,人类学已然从传统的书斋研究走向了基于田野调查的应用性研究。人类学家对人类、文化、社群、社会等进行研究为的是从整体性的角度了解人类世界,从而将知识转化为实际成果,应用人类学视角、理论和方法来关注人类群体命运、改善人类社会现状和促进人类社会发展。秉承应用性的学术理念,人类学研究必须与实际相结合、与社会发展相结合,不负学以致用、用以促学、学用相长的知识目标。我主持的研究团队先后承担的壮族新创文字应用问题调查与对策研究、广西壮汉双语教育现状调查与对策研究、北京市维吾尔族务工人员随迁子女学校适应状况调查研究、中华民族共同体意识融入民族地区中小学课程的路径研究等多个项目,都属于应用性研究。

（四）反思性

孔子云:"学而不思则罔,思而不学则殆。"人类学理论学说和田野调查中凸显反思性,文化人类学反思文化的起源、演化、本质和规律;后现代主义人类学反思和质疑传统人类学的理论与方法;教育人类学反思教育本位、以教育论教育的问题。民族志研究曾一度被置于反思性的审视中,才有了从书斋到田野的走向,才有了民族志书写从描述性到反思性的转变。对于人类学家自身

---

[1] 费孝通:《江村经济:中国农民的生活》,戴可景译,江苏人民出版社,1986年。
[2] 王铭铭:《人类学是什么》,北京大学出版社,2002年。

而言，则体现由自我到他者，再由他者到自我的反思，正如费孝通先生所说的"我看人看我""推己及人，将心比心""自知之明"。总而言之，中国人类学的继续开拓，离不开反思性的思考与实践。

若从2005年读博正式进入人类学专业算起，我的人类学之路走了16年。一路上，我认识了许多学识渊博、德高望重的前辈，非常感谢这一路上引领我前行的各位恩师。自了解《广西民族学院学报》（哲学社会科学版）的影响力和徐老师的学术经历之后，我很早便对徐杰舜老师产生了深厚的敬仰之情，我在人类学上的点滴进步皆乃徐师的恩泽所致。此外，我在教育人类学研究上取得的些许成绩离不开滕星老师的耳提面命、谆谆教导。同时，我非常感谢人类学，是人类学让我与他者在田野中邂逅，让我收获了田野经验，体验了百态人生；也是人类学使我更具有人文关怀，更悦纳和理解他人；亦是人类学帮助我解决自身教育实践的困惑，让我从广阔的社会文化土壤中看到教育更加美好的未来和希望。我的学生曾问我："海老师，您的性格养成与人类学有何种联系？"对我而言，人类学于我的人文情怀、学术追求、人生理想、教育教学等诸多方面，都是双向互惠的。

人类学本是西方的舶来品，它从西方至东方，进入中国扎根落户，已有百余年，过程中几经波折。而20世纪80年代至21世纪初中国人类学的重建与复兴，离不开众多先辈的付出与努力，自己能够加入21世纪中国人类学研究的行列，荣幸之至，愿为人类学学科特别是教育人类学的学科建设和发展贡献绵薄之力。

（感谢广西民族大学熊冰同学对本文初稿的整理工作）

为什么是人类学呢?

何 菊

何菊,人类学博士,华中科技大学社会学院副教授、硕士生导师,武汉大学人类学研究所研究人员,人类学高级论坛青年学术委员会委员。研究成果发表在多家一流学术期刊上,多次获得湖北省社会科学优秀成果奖三等奖。

法国人类学家列维-斯特劳斯在《一个人类学家的成长》中解释自己如何转到人类学领域，算不得初学者最好的启蒙，却是启发自我探索的绝妙文章。在这篇"20世纪最伟大人类学家"书写的神话里，我只想知道人类学家的诞生是天生禀赋所致，还是后天勤奋打磨而成。现在我作为一名青年学者在人类学之路上疾行，经受考验的同时也要拷问自己：为什么是人类学呢？怎样才能走出属于我自己的路呢？偶尔驻足，反观这一路求学与科研，渐渐理出一点线索：田野工作是生活的基本模式，经验与理论的对话是求问的灯塔，而个人情性是能够在人类学世界里自立自洽的根茎。为什么所有教科书都说田野工作是人类学的灵魂呢？因为田野工作可以托起理论对话，更能将个人情性化于无形。所以，我的人类学之路，也必须由田野工作来讲述。

　　目前，我有两个主要田野工作点，一个在云南大理周城白族村，另一个在大理州以南约200公里的镇沅县。我随导师在周城村接受了最初的田野工作训练，在镇沅县的苦聪山寨我开辟了独立工作的田野点（特别感谢昆明学院青年学者熊开万提供了关键的田野工作对象信息）。面对苦聪人我才真正地离开老师的庇护，摸索着田野工作的个人风格。第一次田野前导师就跟我们交代"一个包走天下"，并转身写下一行字："打倒两个包！"这几个字占满了整个黑板，也刻到我们每个学生的心里。迄今为止，我每次做田野都是一个背包。他接着解释："背一个包，两只手可以腾出来做别的事。"我后来知道这腾出来的手不仅可以做田野笔记还可以救命！

一、生命即田野

　　我的田野工作成年礼没有跳出人类学传统的远行和惊险，但我拒绝复制教科书上的奥德赛神话和英雄式浪漫主义。这是一次没有到达原定目的地的田野工作，却是促使我实现生命蝉变的珍贵经历。2009年12月底，我第二次到镇沅，调研的目的地叫木场村。因路途遥远、交通不便，我先从县城出发到者东镇，然后在一个叫"老虎洞"的地方请人用摩托车载我去"小河坡"找田叔。他是事先熊开万替我联系好带我去木场村的向导。

当天晚上12点我才安全达到田叔家。第二天一大早田叔忙得团团转，有人来约他一起挖木薯，然后去酒精厂，但他决定还是按之前说好的时间亲自送我上木场。吃罢早午饭，田叔叫来一辆摩托车载我们去木场。我坐中间，田叔提着我唯一的行李——书包，坐到最后。我想太好了，今天坐上这辆摩托车，花不了多长时间就可以到达目的地，然后赶快进入田野，不然在路上消耗的时间和精力太多了。田叔家住在河滩附近的山梁上，旱季出门走捷径的话要蹚过浅浅的河水就能插上公路。过河后，摩托车的后轮明显有点打滑。其实，在摩托车准备爬上一座嵌桥的时候，我已经觉得很危险了。车轮在河滩的石头堆里拐来拐去，车头也甩来甩去难以控制，而骑手依旧骑得飞快。上了嵌桥，他稳了一下。我心里希望他慢点，再慢点。驶出桥头不到十米有一个大弯，他转得很急，车身突然大角度倾斜。我心里刚刚在想"糟糕"两个字的时候，我们连人带车已经翻出去了。后来回想，如果我还有更多行李，也许车子更不好平衡，会害得大家伤得更重。

翻车的瞬间我并没有什么特别强烈的感觉，脑子空白了至少十秒以上。田叔最先站起来，骑手第二个站起来。我清醒后发现自己没有力气爬起来，觉得仿佛四肢已经不在了。田叔过来扶我也没能帮助我站起来。我就平躺在路上，并没有觉得哪里痛，转头才看见右手大拇指关节破了，心想可能只是手破了吧。当田叔把我拉起来的时候，我立刻被裤子上手掌大的破洞吓呆了。右腿膝盖处两层裤子都磨破了，从里到外浸满了血。

田叔一边揭开破布，一边咕囔他们这里经常有人坐车上山下坡就摔跤。他问我痛不痛，我只是摇头。然后他在伤口周围按了一下，我就感到钻心地痛。怎么办？骑手说赶快拉我去卫生所包扎。我不能走路，他们把我重新抱上摩托车。这次骑手以大概10码左右的速度慢慢驶向镇上的卫生所。医生用酒精和棉花迅速处理了伤口，敷上纱布就完成了简单的治疗。田叔的手指擦破了，只用碘酒消毒。骑手的手腕扭伤，田叔说回家帮他针灸消肿。走的时候田叔给我买了很好的云南白药，还有青霉素。我看到他付了50元。这下我铁定是去不了木场了。田叔问："那你打算怎么办？"我说可能要休息一下。于是，骑手把我们带回田叔家。安顿好后，我还不敢跟导师说遇到意外，只跟师姐简单说明了情况。谁知她觉得事情严重，立马就跟导师汇报，不得了了，何菊出事了！结果导师又是担心又是着急，恨不得马上飞到小河坡来解救我。给这么多人添了麻烦，我彻底明白，出门做田野，最重要的是人身安全。一旦出门就不是一个人的事情了。

我这次坐摩托车摔跤，没法按计划达到田野点，但却是"种豆得瓜"。田叔本来把我当作一位过客，留宿一晚第二天把我送走就可以了。哪知道我这一摔，就要在他家住下来。那小河坡也不是一个中转站了。事情已经发生，那就见招拆招，人在哪里，就在哪里做田野吧。

其实我这个人平时生活当中很在乎自己哪里受一点伤，一定会小心处理。我自己也没有想到我摔跤后的这种处事态度。我心想摔了就摔了，反正伤口已经有医生处理，就安心养伤。田野工作嘛，还是要做的。受了伤，我的心好像更容易沉下来。一个人端板凳坐在院场里休息，我反而觉得很轻松，像是在享受生活。于是我开始写日记，主题是"坐摩托车摔跤怎么就能变成一次田野工作"。

下午大概3点半到4点之间，村子里就有人来看我了。先来的是两口子，50多岁的样子，不会讲普通话。两人走到跟前第一件事情就是凑近了查看我的伤口，此时血已经把纱布全部浸透了。看过之后，那位妇女就一直叹气道："大意了，大意了！"盯着纱布又说，"光跤了（摔跤了），光跤了！哎呀呀，妈妈呀！"从这个下午开始，至少3天，上午一拨下午一拨，总有村民来瞧我。有的人直接一点，走过来就要瞅瞅我的纱布，随意一点的村民进了院子就是拉着田叔家里人围着我话家常。只要看过我伤口的人都禁不住要感慨"光跤，哎呀呀，妈妈呀"，就这么三个词语反复念叨。乡亲们的举动告诉我，摔跤，居家养伤，反而成为我打开山寨大门的秘密钥匙。

导师听说我在山里翻车，立即打电话过来，要把所有细节都问清楚才肯放心。晚上其他同学也打电话来问伤势如何。我一遍遍描述，一遍遍解释，安慰大家不要为我担心，唯一的请求是一定不要告诉我的父母。山里面信号不好，谁都猜不到田叔家通讯无阻的地方居然是猪圈的平顶。都说猪很聪明，那我的话是不是统统被它们听去，还遭它们嫌弃？不过这几日朝夕相处，它们会理解我的吧。

这一次摔跤，大家觉得我吃了苦头，其实在我自己看来真没什么大不了的。伤口愈合期间，病情有些反复，持续发炎，结痂很慢。困在山里，去镇上检查换药很不方便，我也不想耽误田叔干活，麻烦他下山帮我买药。有一天他放工回家就问我："如果有草药摘回来，你愿不愿意试？"我说没关系，我相信你们，你就给我试试吧。他说那好，我明天给你敷草药。我确实想把自己拿去做实验，决定尝试下苦聪人土方子。田叔拿着摘回来的草药给我解释，他们祖祖辈辈都在这个地方，只要是砍伤、摔伤，就用这种草药，叫"打不死"。用药的时候要把它在手里面揉烂，揉出汁水，然后用酒精做引子，把混合后的药水滴到伤口上面擦拭使用。这个草药跟青霉素一样，也做皮试。田叔在伤口周围滴一点汁水，叮嘱我："如果第二天发泡了，你就不能用这个草药，就要另外想办法，也许换一种草药；如果没有发泡，就说明你跟它是合的，合的话就可以继续用这个药。"田叔用苦聪人土方法医治我的事在寨子里传开，有人就到家里来瞧病问药，我也见到田叔在院子里给人打针挂点滴。尽管伤口还是有点化脓，但确实在一点点好转。有一天，一位村民发烧来找田叔拿点草药，顺便问起我的情况，围观的人也七嘴八舌聊起来。田叔乘着热闹跟乡亲们说我用的这种草药，有个法子可以使药效发挥得更好，伤口会好得更快些。大家都吵着问是什么方法。他盯着我的眼睛说，其实按这个草的习性，需要服用的人拿自己的尿液做药引子，肯定好得更快。因为这个药很猛，皮肤结痂更快，但新肉长得慢，可能还会有脓水。只要注意消毒就还好。这一番说明把在场的人都打动了，想知道我敢不敢试试。大家站的站、坐的坐，就像聊着家长里短，不在乎我是外乡人，也不管我是一个姑娘家，害不害羞什么的，反正就一直叽叽喳喳说着。我第二天用了新的药引，一天后伤口表面就结出了硬硬的壳子。田叔是谨慎的，他小心掀起结痂的一角，轻轻挤压，果然还有脓水。一切都在他的掌握中。

我养伤期间活动范围有限，猪圈的平顶是我爬得最高的地方。猪圈所在的位置地势高、视野开阔，站在上面可以直望到河滩，能见度高的时候，还可以看到镇上的街市。摔跤当天夜里我打完电话后猛地一抬头，望见头顶那么明澈的夜空，无数的星星在闪耀。在这个绝妙的地点，这个奇妙的夜晚，我就那么站着，天似乎也没那么遥不可及了，爬上猪圈便可以亲近。这是一个我平日从未见过的世界，漆黑的伪装下面是湛蓝的本色。退后一步，点缀在幕布上的光亮就连成一道银河。一句惊叹的声音从我的喉咙窜出来,我听见它是说:"啊,生命!"啊,对,生命,生命即田野!这就是"坐摩托车摔跤也能做田野"的奥秘了。摔跤那一刻我的确觉得很惊险,害怕生命在一瞬间就消逝了。摩托车转弯的地方,来往的重型货车很少减速,谁都不知道它什么时候会从弯道里面冲出来。如果翻车后又无法避让其他车辆,我们三个人铁定逃不过……然而,回到寨子里一切就恢复常态,田叔继续在田里坡上勤劳干活,骑手做短工补贴家用,而我一个人在院场里就和鸡鸭猫狗做伴。每天困在方正的院场里我就不停地想,这一路对于我来说到底什么最重要?有一点是确定的,无论我经历什么样的事情,不管有什么样的感想,都是我在做田野。并不是说我只有在木场村才能调查苦聪人,现在我的周围就全是苦聪人啊,人类学也没有规定必须到达调研目的地才能做研究呢。夜空里闪烁的星星像是在提醒我,从县城出发到小河坡养伤,不管我吃什么、说什么、做什么,所有的东西都是田野的内容,田野无处不在呀!这个想法像火把突然点亮了我面前的洞穴。未来的路也仿佛清晰可见:我从人类学专业博士毕业,然后从事人类学的科学研究和教学工作。无论是去周城还是苦聪山寨,一路上所有的东西都会在我身上留下痕迹。那么,在我这个人的一生当中,人类学、田野工作就和我的生命完全融合在一起了。

二、生活即田野

女性开展田野工作的性别问题,我在首次田野训练时没有碰到,没能积累相关经验,只是听导师讲了很多师姐们在田野里的遭遇。最初,这个问题没有引起我的重视,在苦聪山寨的经历迫使我反思:第一,经常被人称为"娃娃脸",所以我在生活中容易忽视自己的性别;第二,从学生时代的心理和经历来讲,心智不够成熟、阅历太少等原因导致我没有觉得性别非常重要。但是寻找木场村的这一次田野,改变了我的想法。在村寨接触了各色各样的人,我突然意识到一个人必须对自己要有清楚的认识。如果说田野工作是人类学家生活中的一种阈限,那么人类学家能够始终保持对自身的清醒认知吗?就算人类学家自以为能够明确一种自我认知,但是在田野当中如果除他以外的所有人都不这么看待他，那么他就必须要面对这个问题了。只不过有时田野和生活为他奏出的是和弦，有时唱的又是反调。

达到田叔家之前，我在者东镇老虎洞找到联系人王大伯，拜托他送我到小河坡。不巧他那天很忙，必须去村里办酒席的那家帮忙。考虑到安全问题，他建议我跟着他们全家去吃酒，还鼓励我说：不是来采风吗？你去吃酒就可以看别人怎么办婚礼呢。婚宴结束后，我着急什么时候才能找到田叔家落脚。客人们渐渐散去，年轻人就留下来闹酒。我心想，闹酒一般容易乱，还是要谨慎一点才好。我找到王大伯家的大婶，问她能不能把我带走。她说："小姑娘，多热闹啊，他们待会儿还要跳歌，你不是来做调查的吗？你就是应该看的。没关系，我跟着你。"转了一圈之后，大婶被叫去收拾厨房。我就坐在厨房外面的长凳上等她。有几个姑娘围在那里说笑，都是20岁上下，有的抱着小孩，有的互相挽着胳膊，我就跟她们坐在一起。她们问了我的来历，还给我介绍本地的婚礼风俗。

我和姑娘们谈笑间突然瞥见一个年轻男子跟跟跄跄地向这边走来，一看就知道已经饮酒过量。他嘴里咿咿呀呀，说不清话。见他往这边过来，我准备离开。他拍拍我的肩膀，打出手势，意思是让我跟他走。我暗自琢磨，要是挣脱的话，是不是不太友好；再说他已经喝多了，如果反抗，或者没有顺着他的话，会不会出现我控制不了的情况？他手舞足蹈比画着，暂时没有发生什么事情。他的行为吸引了几个青年男子，他们嘻嘻哈哈地围了过来。其中一个看着更老成些，有25岁的样子，被他们勾肩搭背挤在中间。这个男子和他们推搡、逗笑，只发出"哎哎哎"的声音。我猜想，难道他是位哑巴？后来他就跟旁边的人一边比画一边望向我，围观的人就冲着我怪笑。那时候，我突然感觉全身上下的汗毛都竖起来了。按当时的情景，不能说他有什么恶意，但是那种气氛我平时很少遇到，所以很不习惯。他们凑在一起嬉笑打闹，我也不知道他们在讲些什么。不过，如果仔细看着那些女孩子脸上的窃笑，男子们那种幸灾乐祸的表情，大概就可以猜出是什么意思了。但是我总不能因为别人的笑就大惊小怪吧。

大家前呼后拥地都集中到长凳这里来，男子找来笔和纸，示意我写下自己的信息。旁边的人帮他翻译："你不愿意说吗？那你是读书人，你肯定会写，他也会写字的。"他在空中用手指来回画着，像是画出自己的名字，然后他指指我面前的纸，让我也写下名字。见我没有立刻明白他的意思，他抓起桌上的笔抖动着写出歪歪斜斜的字，大家就念："陈……"后面的字他写得潦草，我们都认不得。写完之后他就把纸和笔递给我，非要我写。凑过来看热闹的人开始评价他写的字到底好不好，又猜测他到底叫陈什么，吵吵嚷嚷地就把让我要写名字的事情盖过去了。但他不依不饶地就想把手里的笔递给我，我一直没有接过来。谁知道他突然拉住我的手，不让我走啦！我就踮起脚，伸长脖子到处张望，眼巴巴地盼着王大婶过来解围。紧挨着我坐的是两个20岁左右的姑娘，还有一个抱着小孩的少妇，她的丈夫就坐在我的对面，和写字男子、另外几个少年挤在一起。那些小姑娘可能认为这是婚宴闹酒的寻常场面，年轻人在一起又觉得很有意思，她们带着那种煽风点火、怂恿的表情，直勾勾地盯着写字男子和我。但是那个少妇的表情和其他人不同，也许是她结婚了就显得要谨慎一些。她不停地打断其他人的说笑，喊住她丈夫，叫他们赶快把写字男子带到别处玩，但是她丈夫并不理会。这时候写字男子一直在拽我不松手，他还让人告诉我，一定要请我到他家去，今晚就要去。看下时间，差不多已经是夜里10点，我就使劲儿摆手说去不了，不能去，明天就要走，我还反复强调是要去木场村做调查。大家乱起哄的时候，我的解释根本没有人听得进去。还是那个抱小孩的少妇冲他们喊，都喝多了，不要闹了。中间有一段时间她也走开了。我看不见她，心里更着急了，也不知道她是不是去叫王大婶。

不管闹酒的年轻人怎么折腾，我就是不松口，哪里也不去，就坐着等王大婶回来。写字男子也是不松手，一直拽着我，反正一定要我去他家。时间越来越晚了，打打闹闹的人也不见少。我就可怜兮兮地望向人群，心里想："谁帮我说一下呢，我的妈呀！"终于王大婶出现了！她拉着我悄悄说："不怕，他是哑巴。"转身她就哎了一声，叉腰冲着哑巴一指，死死盯着他，然后指一下我，再用左手食指轻轻打一打右手的小拇指，最后在空中比出右手的五根手指。按我理解，也许在说我是他们家的幺姑娘。哑巴使劲儿摇头，横竖不听也不认。跟我挤在一起的那几个小姑娘加入进来，依样画葫芦，又给他比画一遍。见他听不进去，姑娘们又继续跟他说："哎呀，不行的！人家是来做调查的，是外面的人，不是我们这儿的人。"他不停地摆手，表示没关系。有人帮忙翻译他的手语：他这个人很实诚，很会干活，是个能干的人。他见帮腔的人没有达到效果，急得跳，嘴里"哇哇哇"地发出声音。这时候旁边起哄最厉害的一位小姑娘反应特别快。她嗖地一下蹿起来,指指我的头发(为了田野期间好打理,我当时留着超短发),然后用手比画了一圈周围的人,突然又指到我脖子男性长喉结的那个位置,让哑巴看清楚。真是出乎预料,哑巴瞬间双手捂脸,一下子就逃跑掉了。我僵在那里,说不出话,而在场的所有女性已经笑得前俯后仰。我整个人已经懵坏,什么都没有反应过来。等她们笑完了,刚才指我的那位小姑娘就拉着我讲出原委:"我刚才告诉他,他搞错了,你是个男的,不是女的。所以他就落荒而逃啦!"

每次提起苦聪山寨的奇遇,导师必然会用哑巴的事来和我开玩笑。而我回忆起哑巴和那些姑娘们时,心里瞬间涌出的词只有"哎呀呀,妈妈呀!"

三、人最残忍

我在院场里晒太阳的时候,跑来跑去的鸡、鸭和我最亲。在很偶然的一次电话里我跟导师说,我去了之后田叔家死了三只鸡,一头小猪,还有两头大肥猪。导师劈头就说,你怎么不早点讲这些情况!我一时间想不明白这个事的重要性。导师提醒我,你有没有想过他们那个地方常年没有外人进去这个问题?我这才恍然大悟!我一个人从外地进去,也许真的带了什么病菌给他们。平日里我会做点力所能及的事,比如帮他们喂鸡、喂鸭,也拿芭蕉树叶喂过猪。这些家禽家畜吃了我喂的东西,说不定就受感染生病致死。除了牛和猪,鸡是田叔家最重要的财产之一。平时家里都舍不得吃鸡蛋,更不用说鸡肉了。如果拿去镇上,一个鸡蛋卖一块钱。死的那三只鸡,按照当时的市价大概可以卖到五六十块钱一市斤,那就至少一百多块呢!我问过田叔,那头小猪已经三四个月大,值三四百块钱。两头大猪最贵,能卖四千多块钱。鸡嘛,一旦发现它不吃东西了,就会把它杀掉,变成人的盘中餐。吃鸡,田叔是高兴的,心情不错还要整上一瓶烤酒。我知道他干活最多,最喜欢吃肉。吃鸡的时候我只夹一两块,家里不管大人小孩都把鸡肉留给田叔吃。平时田叔出工前我们烤木薯当早饭,中午只有我跟阿奶在家就用猪油炒剩饭,晚上田叔回来可能带上一点新鲜的边角猪肉。头一年的腊肉已经剩下不多了,家里吃得很节约。有几日,田叔约了朋友一起摸黑去河里捞小鱼,打牙祭。所以,田叔家吃鸡有点过节开荤的味道。

2010年1月6日晚上七点，田叔挖了木薯回来，阿奶着急地奔到他面前说，两头大肥猪不吃东西了。鸡和小猪刚刚死没多久，肥猪又病了，田叔皱紧了眉头。因为快要过年了，进入腊月二十号左右就要开始杀年猪。死了小猪，他们已经很郁闷了，在这个节骨眼儿上大猪有事，他们更是焦心。晚上大家一起吃晚饭，平时嘻嘻哈哈很欢乐的气氛一下子就凝固起来。天色暗下来，邻居都聚到田叔家，一起去猪圈查看。两头大肥猪病恹恹地趴在那儿，阿奶和田叔弄来各种饲料、食物，它们都没有兴趣。田婶小声问了一句，要不要打针？田叔说，如果要医治它的话，第一就是打针，第二就是拿草药喂它。一旦打了针，这个猪肉就不好吃了，也不好卖了；如果喂草药，至少三天才能见效，况且也不知道到底能不能好。不管是打针还是吃草药，一个是耗时间，一个是肉质不好，也不能卖了，那就是白白浪费时间，损失惨重。看大家一筹莫展，邻居李大伯就说："我给你提一个建议，你今天晚上就把它弄（杀）了。"田叔开始是不愿意的，猪莫名其妙地生病，就要杀掉，他很难受。最后一家人商量了一阵，晚上七点半的时候田叔说："没办法了，那就今天晚上杀！"可是，今天晚上该怎么杀呢？这一天刚好是镇沅县计划停电的日子，整个夜里天空是亮的，寨子是黑的。小河坡村主要有两道山梁，每道山梁上住着三四家人，背阴处还住着三四家人。要杀猪，最大的问题就是人手，要赶紧去找人。一头猪大概是三百多斤，两头猪杀下来是六百多斤。还有水啊、火啊、灶啊，这些物资、器具……全部都要准备齐全。后来我补充调查时数清楚寨子里一共是12户，每家常住算4—5个人口的话，大概50—60个人。这个黑夜，所有的人都出动了，包括我。

我也加入了杀猪的行列，身体上忙着干活，可是脑子、头皮却总觉得冰冰凉。笔记里我记下了自己的劳动细节：抬水、抬柴、烧水；借锅、递电池、搬凳子……家里面手电筒不够，柴火也不够，他们拿不到、找不到的东西，我就马上跑起来。7点半的时候，田叔赶紧扒了最后几口饭，叫上那位摩托车骑手，去各个山梁、背阴地叫人。不到一刻钟时间，男男女女，老老少少全部都来了，大约30人，成年男子有20人左右。捆猪的时候，我清点了人数：捆第一头猪是9个人，捆第二头猪是11个人。我一直埋头帮忙，院场里那种混乱该如何描述呢？人挤人、人喊人，到处都是火光，到处都是刀光。水泥地面流淌着猪血，呼吸到的空气都带着那种酸酸的血腥味道。酸味儿，这是杀猪夜留给我最浓烈的记忆。但是当时我脑子里想过什么别的事情并不是最要紧的，只是看看如果他们缺柴，我就去捡柴，如果他们因为没有灯看不见，我就拿电筒给他们照……我自己的电筒确实派上了大用场。厨房的柴火很快要烧完，田叔家电筒虽多但个个缺电。头一天我就知道要停电，特意把电筒充满了电，杀猪的时候我的电筒坚持到最晚。杀第二头猪的时候，我站在离它大概30厘米的地方把电筒举到最高点，给屠夫们照明。主刀的屠夫把尖刀吱地一下插入猪的颈脖，这时突然飙出一股血，从头到脚——还有到我的鞋面，溅了我一身。眼见着这股散着热气、带着酸味的猪血向我喷溅过来，我没有移动，还是坚持举着电筒，也许是被这突如其来的情景吓得呆住。盯着全身上下的血迹，我只觉得自己是个杀人凶手。那种罪恶感一直无法从我的脑海里褪去，成了一道永远的印记。

伴着酸气、臭气和吵闹声，全寨的人就这么慌乱地忙碌着。杀完猪后，有人提议要把刚刚分割的肉做烧烤吃掉。那些肉都是猪身上的精华呀，马上就有人响应。有人去厨房烧水焯肉，有人立马在院子里搭起烧烤架。噼里啪啦、叽叽喳喳，院场里又是另一种声音了。吃不完的肉、皮、骨头，还有边角料，全部堆在田叔卧室的地上，等着做成腊肉留着过年，再熬过又一年。

第二天我给导师发短信，汇报田叔家和寨子里发生的这件具有重要人类学意义的事情。讲述完之后，我就开始一边回忆，一边写日记，心里堵得难受。我一直在回想，杀猪的时候自己到底是什么样的感觉。我根本想不出其他的形容词，就只有一个——"难受"。我突然记起导师在课堂上曾经讲过的一个故事。他年轻的时候看见正在田里低头耕作的牛，赤日炎炎的夏天，农夫用鞭子抽打那头牛，他觉得很难受，从那以后他就再也不吃牛肉了。直到现在几十年过去了，他依然不吃牛肉。杀猪夜我的难受也许没有导师曾经的感觉那么强烈，但这确实都是难受呢。我仿佛瞬间明白了他那时的感受，于是拿起手机连续发了四条短信给他，其中第一条就是："人最残忍！"

四、经验之内、理论之外

　　杀猪夜从头天晚上七点半一直进行到第二天凌晨两点。乡亲们渐渐散去之后，田叔就和留下的两位邻居聊天。他们一边喝酒一边讨论问题，比如，从杀猪开始谁帮忙谁不帮忙，谁带来什么东西谁拿走什么东西。我坐在旁边静静地听。这个杀猪夜究竟有多复杂呢？原来啊，不要看表面很混乱，其实每个人心里面都装有一把尺子，用来衡量谁是最出力的人，谁是在里面混的人，谁才是真心实意的，谁在里面还带着恨——就是他还会用那种可以说是阴险、可以说害人的那种心，参与到这个里面。我一边听他们讲话，一边在我脑子里马上把所有的画面像剪辑胶片一样地再回顾一遍，然后把所有的细节都拼接在一起，杀猪夜又变成另一番模样。人的心就像明镜一样，无论说什么做什么，明镜都能照见。以我为例，一个武汉来的学生，我在寨子里跟他们说过什么话，每天在院子里面怎么走路，和每一个人目光相对的时候是用什么样的眼神在看他们……这所有的一切都在他们心里照着。人与人相处的秘密就在这些细微之处。

　　因为是集体杀猪，所以我还对"人为什么会联合起来"这个问题有所领悟。小河坡村是一个形态比较简单的社区，一个山梁只住三四户人，劳力有限。某一户要杀猪的话就要联合寨子里很多人，把人都召集起来才能办事。家户之间互相帮忙，可以看作是一种馈赠、互惠。接受帮助的家户就要去回馈它，要回赠予人。那些在平时生活中有隔阂甚至有仇恨的人，在这样一个时刻也同样来帮忙，就是基于这一点。如此说来，群体的确存在一种聚合的力量。我发现人结合起来，又存在着离心的力量；而看到了离心力量之后，又发现他们还是一个群体。有人也许不是出于自愿过来帮忙，有人甚至在其中为自己谋私利，可他们仍旧在一个村庄共同劳动。

　　在小河坡的日子尽管只有十几天，生和死，确实是每日最重要的议题。我不禁要问，人除了生存，还有没有别的更加看重的东西？还有没有别的更重要的事情必须去做？院场里的一方天地使我的生活变得极为简单。如果早上特别饿，碰巧有人来聊天，那么就可以舀出一碗米酒兑热水一起吃，微醺一整天，访谈的效果会更好。田叔家最香的调味料是自己炼的猪油，猪油苦菜汤是最甜的汤，猪油炒饭是最酥的米。最迷人眼的景色是清晨山谷间层层薄雾折射的色彩。最动听的天籁是树林里飘出的各种飞禽走兽的噪鸣。当我们被手机、电脑、互联网信息、烦人琐事淹没的时候,是否还能分辨出这些维持基本生存的美好事物呢?

如果这就是我计划向读者讲述的人类学之路,那最后这一段叙述才蕴含着人类学最深的意义。那是激烈的杀猪夜前后的日常,是最平凡的生活点滴。有一天,田叔家三个月大的小牛犊在院场里和我一起晒太阳,突然它"哞——"地叫了一声,惊得我居然哈哈哈大笑起来。猫和阿奶那时候都在墙根晒太阳打瞌睡,他们被我的笑声吵醒,莫名其妙地看着我。还有一天傍晚,阿奶剁碎芭蕉茎叶喂鸭子。六只白鸭子吃饱了就一只跟一只排队去水塘喝水。鸭子"嘎——嘎——",很有节奏地昂首齐步走院场里,把我和田叔家的小儿子逗得笑个不停。这不就是列维-斯特劳斯说过的那种本质吗?"对着一块漂亮的矿石深思","闻一闻一朵水仙花的味道","与一只猫短暂的互相注目"。[1] 鸡啊,鸭啊,猪呀,牛呀,我想这一刻我明白了它们的意义。

在苦聪山寨的这次经历,导师安排我在武汉大学人类学研究生课堂上分享过好几次。2020年我在剑桥大学访学,新冠肺炎疫情肆虐,居家隔离很是苦闷,导师又提起苦聪山寨的经历来鼓励我。受到他学术人研究、民族志实验的理论感召,我向他讲述了个人论文写作发表和学习经历的内容,与苦聪山寨经历的口述文稿整理成一章,一字不改地编入他最新的一本"主体民族志",探讨一个青年学者的学术成长与学者、知识分子的一般性问题。本文基于2010年我整理的口述文稿为底稿,隐去报道人真实姓名,做了较少的修改和润色。借这篇保留大量口语表述的文章,邀请各位同道与作者一起领悟玄又妙的"人类学感觉"。

---

[1] [法]克洛德·列维-斯特劳斯:《忧郁的热带》,王志明译,中国人民大学出版社,2009年,第522页。

人类学者的自我发现之旅

黄剑波

黄剑波,华东师范大学人类学研究所教授。出版《四人堂纪事:中国乡村基督教的人类学研究》和《乡村社区的信仰、政治与生活:吴庄基督教的人类学研究》等专著,编写《人类学理论史》《人类学概论》和《人类学通论》等教材,译介《洁净与危险》《仪式过程》《论著与生活》和《科学的文化理论》等人类学经典作品。

人类学者的自我发现之旅

回顾过去20余年的人类学生涯，或许可以如此小结：

人类学于我而言，不仅仅是一个饭碗，一门学科，或者一个角度，一种方法，更是一种生活方式，可以跌跌撞撞地穿梭于自我与他者之间，在文化、观念、价值的碰撞中破碎，也在破碎后的废墟中重建。同时，我也越发能理解威廉·亚当斯（William Adams）的那句话："人类学最令人欣慰的悖论，也是它最激励人的特征，就在于研究他者的同时也是一个自我发现的生命旅程。"[1]

1997年，我在糊里糊涂中进入民族学/人类学领域，上了"贼船"。作为硕士导师，张海洋教授是引导我进入人类学浩瀚天地的第一人，其治学之严谨、思想之深邃令我受益匪浅。3年的硕士课程完成后，我才算对人类学/民族学多少有点儿感觉。但说实话，我对学术研究的真正理解和真正地投入可能是在完成博士论文，拿到了那张博士证书之后的事情。硕士毕业后，我有幸被列入林耀华先生名下继续人类学之路，惜乎林先生年事已高，不过半年即仙逝而去，然匆匆几面、寥寥数语之间即已领略先生对学术的终生追求之精神。作为林先生的大弟子，庄孔韶教授成为我博士期间主要的实际指导者，其孺孺学风、飘逸文章及随和品性使得这3年的学习成为一种享受，如沐春风。

一、廿年回首：我与博士论文

当年旧作，近日重读，显然不过是一些阶段性的想法。不过，粗糙之中不乏真诚，间或还有若干有意思的点，当时无力展开，如今看来倒是仍有继续探讨和深入的价值。或许，可以于此再补写一个后记。事实上，这本完成于2003年的博士论文，在经历种种艰难之后终于在2012年借道香港得以出版，文末附录了至少四份后记。

---

[1] ［美］威廉·亚当斯：《人类学的哲学之根》，黄剑波、李文建译，广西师范大学出版社，2006年，第394页。

说不定，也可以参照玛丽·道格拉斯在《制度如何思考》(1988)中所说，为其成名之作《洁净与危险》(1966)撰写一个"事后的理论性前言"。

民族志研究有两个必须回答的简单问题，一是田野调查的时间长度，以此表明一项研究的可靠性和可信性（尽管这显然存疑）；二是田野调查的地点，似乎存在着一种越遥远或差异度越大就越好的"纯正级序"。

我在2000年入读博士课程之后，在田野点的选择上很快就取得了导师的同意。最初的想法很简单：其一，寻找一个村庄，村庄往往是经典的民族志研究单元，利于展开研究；其二，与基督教相关，这是我个人兴趣所在；其三，汉人社会，因为当时庄师正在北方布点，以期展开对于北方汉人社会的相关研究。因此，地处西北腹地的天水吴庄似乎满足了前述的全部条件。

以吴庄基督教作为我博士论文的选题，最初的理论关怀相当模糊，只是隐隐约约地觉得中国基督教在20世纪八九十年代的快速发展需要有扎实的实地调查，同时（北方）汉人社会在近代以来的各种政治、社会、文化的冲击之下如何存续需要得到一些建立在现实个案之上的分析和解释。对此，我在2010年9月的"补记"里有一个简单的交代：

> 就我个人的研究线索来说，从博士论文研究的乡村教会，到博士后研究时期的城市教会，再到计划于今年内完成的考察城市化过程中的从乡村到城市转移的"民工教会"，前后十年，我意识到自己对于中国基督教的"面上"的研究已经可以告一段落了，尽管我的进路其实是"点上"的个案研究。我同意一位前辈的指点，认为我的研究似乎缺乏一种理论上的一致性，但我同时也意识到，正是这个进路使我在研究过程上区别于那种以某种理论为指导下的求证式调查研究。与之相反，我所期待的是在这种田野经验的积累过程中逐渐获得一种对现象世界的"感知"，并进一步期待在此基础上抽取出一些观察，或所谓理论。之所以说是一种感知，我想要强调的是这个研究过程不仅仅是一种认知上的了解，也包括了对于活生生的人和群体的感受及体察。

在这篇"补记"中我也提道：

我所理解和从事的中国基督教研究具有三层意义，它首先是一个"中国研究"，也就是说，我对中国基督教的研究乃是放在中国社会，尤其是迅速变化和转型的中国当下的处境中来展开讨论，试图要理解的是中国或中国社会这个或许过于庞大的议题。其次，它是一个"基督教或宗教研究"，也就是说，我对中国基督教的讨论乃是试图更为深刻地认识普世意义上的基督教，更进一步，则是试图探讨宗教之本质，或者说"宗教是什么"这个看似简单却复杂无比的问题。最后，它是一个"人类学或文化理论研究"，也就是说，我对中国基督教的观察是一种宗教人类学的进路，还要试图对普通人类学的理论关注和议题做出回应，特别是其中的文化理论。

因而，整个论文实际上是试图去处理三个方面的较大问题：其一，中国研究特别是汉人社会问题，涉及中西之争还是古今之变的问题；其二，是基督教及宗教问题，包括了人们生活中的信仰、实践中的神学及社会中的教会等议题；其三，则是人类学的问题，即文化变迁。

我想说的是，我们不能将基督教或宗教仅仅视为政治性的抵抗，经济性的反应，文化性的偏离，而是要将宗教当成宗教。当时还没有读到英语人类学刚刚兴起的基督教人类学作品，罗宾斯（Joel Robbins）的 *Becoming Sinners* 也是在2003年我完成博士论文后才出版，但在这一点上算是契合了他所强调的：基督教理当作为人类学研究的正当内容，而不仅仅是某种其他事物的反应、呈现或扭曲。这样看来，我当年的一些想法在无意中回应了时代性的议题。

作为特定年代下的产物，我的博士论文也是一项社区研究。我的一位朋友曾以"可怕的全面性"来评述我的论文，这当然受制于英国式结构功能论的社区研究套路，与当时的学术训练有关。如果说有一个统摄整部书稿的逻辑和线索，大概可以这样说，"将各个章节勾连起来的是处于吴庄这个乡村社区中的基督徒及其教会，所希望展现的是基督徒个体与教会群体是如何与自己、与他人、与社区进行互动的"。

在论文的写作上，个人性的写作与有温度的文字也是当年我动笔论文时一直考虑和试图去尝试的事情。博士论文完成至今，多种文体写作、书写有温度的文字、做自己真正关怀的研究一直是我践行的一个基本理念。在博士论文之后，我还完成了一部对话体的民族志——《灵宫》，算是我实验性写法的一次尝试。

从 2000 年思考选点、选题开始，博士论文至今已过去了 20 年。在 20 年后回头看当年的第一部完整意义上的民族志作品，汗颜之余，有不少感触和反思。借用我在《人类学理论史》中倡导的写法，可以从社会史、思想史及个人生命史三个方面对我的博士论文略做一个总结：

在社会史层面上，世纪之交的中国仍然在努力进入以世贸组织为代表的全球经济体系，"富强"以及相应的带有强烈方向性的发展话语成为最具有凝聚力和号召力的概念。研究乡村社会，尤其是研究在快速变化和强烈冲击下的中国乡村如何自处和回应，是在纯粹的学理性思考之下暗含的一种社会关怀，某种意义上说"救亡"（或发展）的叙事和情结引导了当年的这项西北乡村汉人社会研究。尽管我很清楚这么说来难免给人一种老气横秋的感觉，但我在阅读和思想上确实一直更为接近"50 后"或"60 后"早期的一代，实属严重"早熟"或"错位"。

在思想史层面上，可以说在很大程度上并没有脱离如何与西方、与现代性以及与自身文化传统相适应和和解的问题，而作为一门现代社会科学的人类学所提供的学术训练则一方面继续强调"迈向人民的人类学"这一经世济民的应用性，同时也越发强调学科规范和学术性。借由费、林诸老引入的英国式结构功能论及社区研究构成了我当年的基本学科性训练，虽然已经接触到一些新的理论和方法，甚至包括不少后现代作品，而这也奠定了这项研究的基调和整体格局。

在个人生命史层面上，我对宗教（特别是基督教）的兴趣与业师其时正在北方展开汉人社会研究的设想在西北一个汉人村庄那里取得了巧妙的契合，在民族志的写作中也得以纳入了在当时来说具有一定实验性的写法，将一些相当个人性的感受和体验以随笔的方式嵌入到学术性文本中。人生种种机缘，确实意外远远大于规划。尽管也有不足为外人道的苦痛和挣扎，倒也说得上是"痛并快乐着"，尚不至于落入"甜蜜的悲哀"那种本质上彻底的无望和无奈。

简言之，这项研究的展开和完成于我个人来说无疑是学术人生之初现，也开启了下一段继续思考和摸索何为中国，什么是宗教（基督教），以及怎么做人类学研究的旅程。

二、从"修/修行"到人类学的中国思想资源

尽管前文提到我希望我的研究可以关照到中国研究、宗教研究和人类学研究三个维度,但扪心自问,可能最深层或最根本的问题,或者说于我个人来说最为切身的问题反倒是一个与自身经历相关的问题,即何为基督徒,何为基督教?从这个意义上来说,对"成为"的关注并不是近年来在参与推动"修/修行人类学"研究时才有的新奇想法,而是早早地就内在于作为一个活生生的个人的生活经验之中。

回顾自身的思考和研究进路,可以说,最开始我是在比较社会的层面上进行的探讨,无论是博士论文阶段完成的乡村基督教研究,还是后来做的关于城市教会以及农民工教会的研究,基本上都还是在这个层面上的调查研究,与宗教社会学的路子比较接近,因此我也与该领域的学者来往和互动比较多。不过,从2004年前后我就有意识地增加了与历史学和哲学/神学相关领域的交流,试图在历史的脉络中展开研究,在哲学的深度上有一定的思考。当然,我一直也有意识地将人类学所强调的"地方/地方性"(local or locality)作为我的关键词切入到宗教(学)研究中去,例如我出版的《地方性、历史场景与信仰的表达》(2008)、《地方文化与信仰共同体的生成》(2013)等等。

谈到地方性,显然就不能不提到格尔兹那篇著名的论文《地方性知识》。就我的理解来看,他所探讨的地方性并不仅仅是一个空间上的概念,而是指某个地方、某个人群、某一时段,其知识乃是local的。我一直觉得,将local译为地方性实在是一个无奈的选择,因为似乎还找不到一个更能贴切地表达其完整意义的中文词汇。事实上,中文的"地方性"一词本身就会直接让人将其与地理空间关联起来。术语的翻译暂且不论,格尔兹这个洞见的意义在于指出了一些所谓的常识或普遍性知识可能不过是被推广,甚至意识形态化的某种"地方性知识"。因此,我在使用"地方性"一词的时候,所强调的不仅是说基督教或任何宗教都发生和存在于某一特定地方社会场景中,也隐晦地指出所谓统一的基督教实际上存在着诸多不同的理解,地方社会的理解,特定人群的理解,某一历史时期的理解,即我在书中所提到的多元中的统一(unity in diversities)。至于对历史场景的强调,则是对我自己这些年来的"当代"研究的一个反思,我发现在关注现状问题的时候,常常忽略了将其放置于历史过程

中进行考察,就算有些时候也提到所谓的历史背景,但常常不过是将其作为一种"布景",或米尔斯所说的"摆摆样子"(formality)而已。

沿着这样一个思考的路径,大概在2013年前后,我们进而试图去处理到底一个宗教信徒是如何体认其信仰,如何实际感受和"成为"(becoming)一个宗教实践者的过程。这也就是最近几年和杨德睿、陈进国等人一起在尝试的一个研究方向,即对于"修"或"修行"的探讨。我想要说的是,我们所讨论的"修行"与当下流行心理学的或者是宗教神秘性的"修行"不同。我们是要通过对"修行"的研究回应人类学的问题。而这个问题是什么呢?那就是表面上透过研究文化的差异,最终来探索"人何以为人"。

在过去几十年中,我们越来越意识到的问题是人类学尤其应该关注普通人是如何去做的,而不像其他学科的传统研究视角,往往去找某个获得某种神圣地位的、模范性的"大师"进行研究。人类学关注一般人怎么去理解、领受经典并内化为自己的一部分,并且在宗教生活中将其应用出来。我们能看到被教导的宗教,与一般人感知到的宗教,以及一般人如何具体地进行实践,这三个是有差距的。我们会格外强调普通人、平信徒如何去理解修行、如何去实践修行。有关"修/修行"的这些思考我们已经付诸实践。从2015年我们正式倡议"修/修行人类学"以来,短短数年间已经得到不少同道的积极回应并撰文参与,迄今为止,我们已经成功举办了六届研习工作坊。我们还将继续践行这一思考,期望能有更多的收获和启示。

其实我已经提到,我们关注"修/修行"的最终目的是想要去探索"人何以为人"的问题。从这个层面扩展来说,有关"修/修行"的问题,也就是"学以成人"的这个哲学问题。简言之,我们的研究虽然目前主要集中于宗教领域,但确实并不仅仅是关注"修身成道"这样的"宗教"问题,而是"成人"这样的问题。如果我们对于汉语"修"字进行一个简略的知识考古[1]就会发现,"修"可以被看作是一个渐进完美的过程。"修"是一个去除自身污秽使其洁净,再饰以美好之物以达到完美的过程。那么这一过程便隐含了"修行"所带来的"成为一个更好的人"的假设和诉求。

---

[1] 参见黄剑波、张真瑞:《"文"的意义与"化"的过程:作为一种文化实践的语言与言语》,《社会学评论》2020年第4期。

虽然目前我们是从宗教的角度切入，探讨所谓的修的问题或者修行的问题，但是我们希望能够透过作为一个个人（注意不是 individual，而是 person），他如何成为一个更好的人（perso）？当然，我们现在的切入点主要是一种宗教性的，无论是佛教、道教，还是基督教，或者是现在还有新儒家的那种抄经典。甚至扩展一点来看，可以看到很多是通过一种行动、行为、实践，最终帮助一个人能够更好地成为一个 better man 或者说是一个 better person 的过程。从今日到明日，从昨日能够成为今日的我，今日的我成为明日的我。所以刚才已经提到，不仅是在个人意义上的"好"甚至是"更好"（better），如何成为一个社会意义上的"好"，其实也应该在这样的一个过程当中能够得到反馈。尽管我们目前做的研究主要还是从个人的层面上，更进一步来说，人类学其实还需要问的不仅仅是社会意义上的"好"（这个可能更多是社会学关注的问题），我觉得人类学可能有一个更大的关注，是说人类意义上的"好"。这个可能就可以超越不仅仅是一个社会结构的问题、社会制度的问题，它也包含的是一个人类作为种群的问题。

当然，我们的这些思考和设想还处在初步的阶段，但从人类学学科的角度来说，一个基本的背景就是我们对于，至少是对宗教人类学研究中的政治经济学进路和结构功能论的统治地位的感知。这些研究当然产生了一大批重要的学术成果，并且仍然会是一个有益的研究进路，但如果仅仅局限于此，显然是不够的，很多问题难以触及。其中一个比较显著的问题是，在我们的民族志作品中，具体的人基本被隐藏甚至消失于一些概念、框架及理论的分析之下，留下的是一个被抽空了的"人"。

另一个显而易见的问题看起来则是相反的方向，那些看起来非常抽象化的理论讨论、学理分析，其实在很多时候又是非常琐碎的，纠结于一些细小的、局部的，甚至无聊的辨识和争论，而无法将民族志的写作提升到人类学的层面，从根本上放弃了经典人类学的最终关怀，将自己囚禁于对具体文化的描述和分析，闭口不谈对于人之为人的这样最为根本的探索。当然，奢谈人或人性的问题容易沦为流俗和空洞，并且也不是每一项具体的研究或文章都必须扯到这里去，但是，我坚持认为，这过去是，也理当继续是学科性的最终关怀。

这样一种对于"修/修行"，"成人"问题的关注也就联系到了当下我对于"人类学的中国思想资源"的相关理论话题的探讨。我一直强调"人类学的中国思想资源"是一个不可忽视的层面,是对于日常生活的关注。学人类学的人都知道,像玛纳、萨满、图腾等一系列词业已成为我们人类学知识体系当中重要的术语。但是只要我们稍加追本溯源便会发现,这些概念、术语是原来学者们在做研究的时候,在他们的研究地找到的一些词。后来,这些词慢慢成为一种学术性的、分析性的概念。但是我们认为,它们并不是真正意义上的学术性的分析性的词汇,更多的是一种描述性或比喻性的说法。那么在这个意义上,我们想要说"日常生活与人类学的中国思想资源"的一个可能的进路,就是在我们中国人的日常生活里面去发现他们的"日常语言",发现那些真正深入人心的词汇、概念、术语。我们想要通过这些"日常生活的实践"去了解并理解普通的中国人到底是怎么生活的;他们是如何理解、组织自身的生活的。

联系到前面我提到的"修/修行"的问题,我们知道"修""修行"等词在中国的传统文献中用法极其广泛,同时,这类词所蕴含的意义也处处体现于普通民众的日常生活之中。另外,它也关涉到我们人类学所关注的文化习得、文化传承的议题。那么,我们对于"修/修行"的关注和思考,就是想要去通过这样一个话题去探讨普通民众"日常生活实践"的问题。同时,我们也要注意关涉中国文化中的"修"及"修行"特征。所以,我们强调既要在历史文献中去寻找那些"沉默的修行",从修的字形和字义梳理进行具体的考辨,对于"修""修行"等词本身的意义及其延伸加以研究和辨析,考察古人的修行实践及其意涵等等。也要从实际田野出发,寻找当下社会中被普通大众实践着的"修"与"修行"。我想这既是我们倡导"修/修行人类学"的初衷,也是我对于"人类学中国思想资源"思考的具体尝试。

要而言之,我对于"人类学中国思想资源"的考量中,着重强调的是日常生活经验性研究进路和历史文本进路的结合。我们知道,按照萨林斯在《甜蜜的悲哀》中的梳理,西方人类学以及整体的社会科学(包括经济学)其实在其思想底层是一种深厚的基督教人论的观念,其关于人之罪性与人神绝对差异的看法从根本上引发了西方资本主义经济的发展。这当然只是一家之言,但如果我们能加以借鉴,或许也可以从这一角度来审视中国文化的深层逻辑。

就中国来看,性善论可以说是对人性的一个主导性的基本认识,天人合一、阴阳五行、太极八卦等可以说是关于人与自然关系的理解,而天下观、孝悌观以及仁义礼智信等则是关于人与人、群与群之间关系的概念和规范。我们都知道，中国学者在这些方面一直都在探索，自费孝通以来，一些学者已经在讨论一些可能具有学科意义的中国概念，例如"面子""关系""无为""中庸"等等。我想，这里值得提到的是庄孔韶在20世纪90年代明确提出的"文化直觉主义"。他试图将中国思想中所蕴含的情感、体认、直觉等传统纳入在当时一般被认为是更强调科学、客观、理性思考的人类学研究和写作之中去。另外要提到的是王铭铭老师，他在他的一系列讨论中国古代思想和文明史的研究中，也不断强调"天下"这一类中国古代的概念之于人类学理论思考的挑战和意义。

在我看来，这些概念的深入探讨才有可能使中国人类学不再仅仅是"关于中国的人类学"，也是对"中国的人论"的讨论以及"中国的人类学"的真正建立。更进一步来说，这也才有可能使中国人类学对于中国自身的研究能够综合并超越西方学术意义上的汉学或地区研究意义上的中国研究，以及单方面强调本土意识的国学，从而具有真正的世界意义。

当然，我们都知道在中国社会研究中对历史文献的（以汉文文献为主）重视，已有很多学者指出。但我们还要进一步强调，对于历史文献资料的重视并非简单地削足适履，去套用、迎合西方理论。我们对于历史资料的利用，同样要做到在其具体的时空语境中对其加以理解。因为我们都知道很多具体的概念、术语，需要回到其产生的历史过程当中才能明白它在它那个时候的"意义"，由此才能更好地理解其所经历的变迁，明白它在我们今天所代表和包含的意义。

这在一定程度上表达了我所要强调和重视的历史文本的研究进路。另外，我还要强调前面已经说过的对于日常生活经验的重视，这也是我们人类学所擅长的。可以说，"日常生活与人类学的中国思想资源"的表述表达了我所主张和强调的历史文本发掘与日常生活经验研究相结合的思考、研究进路。但是我也要在这里做一个澄清，我所强调的人类学研究的经验性（empirical），而绝非经验主义（empiricism）。我在这里的这种重视和强调，就如同格尔茨（Clifford Geertz）在他的文集《烛幽之光》的序言中所说的那样，在他看来，人类学正是不折不扣地在执行维特根斯坦的著名呼吁：回到粗糙的地面。他说，冰面虽然理想，却无法行走，因为那里没有摩擦。我想可以再进一步说，人类学一旦失去其植根于日常生活的感知能力或经验性，也就不再具有其回应人类核心问题的知识冲击力，不过是沦为另一种思考和言说的游戏而已。

三、未说完的话，继续做的事

学人类学的都知道，国际人类学界近年来最为引人关注的一个动向即为对于伦理行动的高度投入，构成了一个所谓的"伦理转向"。当然，除了这一个转向外，另外一个转向，本体论转向也是近年来国际人类学讨论的热门话题。在一定程度，我们也可以说这两大转向在很多方面有共同之处，它们都试图去颠覆人类学既有的一些思想和概念。当然，这些尝试将会带给人类学自身多大的冲击和改变，我们现在还未可知，但是这些都值得我们进一步的思考和关注。

再回到我们自己当下的生活，在中国当下的经验现实中，我们也可以清晰地感受到在社会文化转型的过程中出现的种种纠结和疼痛。这也成为我们对于这些问题的关注和关怀，如何更准确地理解中国，以及如何回应和贡献作为一门现代社会科学的人类学。我想这与我强调的"人类学的中国思想资源"是并行不悖的。

我还想说的是，经验是生成性的，不断涌现的，同样，理论就更必然是生成性的。越是去思考这些所谓理论的话题，就越发现其实生活才是更真实的现实，所有理论都不过是在试图描述、解释或阐释我们的生活经历。这也就意味着并不存在一个能够解释所有现象的通用理论。当然，反过来说，从来不存在一个"过时"的理论，只有理论有没有解释力的问题。用我时常在课堂上给学生讲的一句话来说，理论是拿来用的，而不是拿来背的。理论是被生产的。每个人在实践上其实都在进行理论生产，只不过理论确实有高下之分。这也一直是我在"人类学理论史"课程多年教学中反复向学生们强调的一点，这个课程不是为了给大家一些理论或人物的知识点，而是希望大家能揣摩出理论是如何被生产出来的过程和方式。具体来说，是希望学生们能通过系统完整的阅读，可以从具体的人类学家如何在其具体的历史社会场景中生发出什么样的研究问题，援用了哪些思想资源并由此而完成其民族志及理论写作。换言之，我们要从社会史的宽度、思想史的高度以及个人生命史的温度三个维度来考察这一过程，因为一项理论的产生直接与人类学家的生成过程相关，这一点是我一直以来强调和坚持的。

其实，不管是我们对于人类学中国思想资源的思考，还是对于人类学伦理转向等的关注，我们所有的努力和思考均旨在一方面回应人类学的理论问题，另一方面试图更深入地理解中国现实。经验和理论，无论是从哪一端开始都从来不是，也不应该是一种单向关系。相反，它们从来都是彼此交互刺激，最终旨在帮助我们理解我们的生活现实。

山穷水尽到柳暗花明——我的学术前半生

姬广绪

姬广绪,人类学博士,广东外语外贸大学新闻与传播学院副教授,中山大学移民与族群研究中心兼职研究员。在《民族研究》《学术研究》《广西民族大学学报》等学术期刊发表文章十余篇。

山穷水尽到柳暗花明——我的学术前半生

2020年底在都江堰举办的第19届人类学高级论坛上，徐杰舜老师宣布要集结中国人类学界的年轻学者出版一本《新生代人类学家之路》，本人有幸忝列，可谓出乎意料。我不能算一个合格的人类学家，甚至也不是一个从一而终的人类学者，从本科的经济学跌跌撞撞进入到硕士阶段的民俗学，再到博士阶段的人类学，可谓一波三折。每一次的波折都经历了巨大的学术视野和价值观挑战，所幸的是每一个阶段都有恩师提点，指引前行。之所以说我的学术前半生是从山穷水尽到柳暗花明，就是这一路走来的人类学之旅让我多了一些不同他人的曲折经历和故事，借这个机会将这些故事整理出来变成文字，也算是给自己的前半生一个阶段性的总结吧。

我的本科是学经济学的，之所以填报这个专业是因为它是我本科报考学校招生手册目录上的第一个专业。我的父母都是国企工人，他们不懂专业是什么，家里唯一一个在大学工作的亲戚是后勤处的姑父，我们家所有亲戚子女的志愿都是他帮忙填报的，自然他也全权负责了我的。大学期间，除了学习专业课以外我们有好多同学到社会上去兼职，当时家境不好的我也想在假期赚点生活费，就和同学商量着一起去考导游资格证，希望能够做导游赚点外快。准备考试的过程中我接触到了很多东北地区的风土人情和节庆民俗，非常有趣，我就顺着这些读了很多有关东北地区民俗的文章和书籍，这些阅读也成为我日后转读民俗学的基础和兴趣来源。就这样，我报考了辽宁大学民俗学的硕士研究生，并顺利被录取。2004年本科毕业后，我拜读在辽宁大学江帆教授门下，开始了民俗学专业的硕士生涯。江帆教授的专业方向是民间文学，其出版的《民间口承叙事论》在民间文学研究领域有很大的影响力。江帆教授也是引领我通往人类学之路的恩师，是她让我知道做研究要严谨，而且同他人的交流也是学术生产的重要方式。江帆老师的课程用现在很时髦的话来说就是"翻转课堂"，她带领我们从民间故事中理解文化，邀请民间故事传承人到课堂与我们进行面对面的交流和讨论，将人类学的田野调查带进课堂。在《生态民俗学》的课程中，她用自己的科研经费带领我们到辽北山区进行田野调查，手把手教我们如何收集资料写文章。每当我开始一段新的田野调查时，总会想起江帆老师带领我们坐在老乡家的炕头上访谈的情境，想起为了不给老乡添麻烦，老师和我们学生同睡一个铺炕的田野经历。江帆老师严谨的治学理念影响着我，至今我还记得在完成硕士论文的田野调查回到学校的第二天，老师就把我叫到她家里分析田野材料、组织论文写作框架的情景。她甚至在我的毕业论文答辩通过后，还在和我斟酌二级标题的表述如何能够更加精确的问题。难忘师恩，更难忘每次在老师家围桌畅聊的情景。

辽宁大学民俗学专业由著名民俗学家乌丙安先生创办，至今仍是国内民俗学人才培养的重要基地。我读书时乌先生已经荣休，但也偶尔会回校做讲座交流。先生和蔼可亲，亲慕后生，我们亲切地称先生为爷爷，每与先生说话都觉得心中充满暖意。所以有人戏称辽宁大学民俗学专业是一个大家庭，有爷爷（乌丙安先生）、有慈母（江帆教授），还有严父和长兄。严父和长兄就是系中的杨太教授和周福岩教授，这两位老师对我的影响也是极大的。杨太教授学识渊博、风趣幽默，课堂教学生动可谓一绝，每逢本科生的课程绝对是座无虚席，当年我就是蹭课杨老师的中国民俗学才决定报考民俗学的研究生。杨老师个性大气，护犊之情溢于言表。毕业若干年后我回校参加学术会议，会上偶遇杨老师，他拍着我的肩膀说："广绪，老师永远就在你身后，你随时招呼，我随叫随到。"这句话我这辈子都会铭记于心。

周福岩教授是真正让我感受到人类学的理论魅力的人，他是中国民俗学泰斗钟敬文先生的关门弟子，也是我们硕士期间所有人类学理论解读课程的领路人。硕士期间虽然我的专业是民俗学，但几位老师都非常重视人类学理论知识的传授和引导，当时我读了大量的人类学著作，也算是种下了人类学的种子。周老师在我眼中是一个真正的学者，他是当时辽宁大学少有的具有国际视野和格局的学者，同时也是一个非常有艺术造诣的古典吉他家。他带着我们读涂尔干、韦伯、吉登斯，用他学贯中西的理论造诣深入浅出地引领我们理解今天的社会和文化，每次上完周老师的课，我们都觉得既烧脑又过瘾。我硕士论文中的理论框架就是在几次和周老师课后边走边聊的过程中逐渐清晰明确的。

读硕士期间，我一直都在拼命追赶课程布置的作业和书目，因为专业转换跨度太大，我需要尽快适应文科的思维方式和写作，所以三年里我唯一一次去正儿八经参加过的学术会议就是2005年自费跟随老师去北京参加的民俗学年会,并见到了书中才能读到的刘魁立先生、高丙中老师、孟慧英老师、万建中老师等这一大帮中国民俗学的顶梁柱。参加学术会议让我受益匪浅,见识到老师们神采飞扬高谈自己研究的那份自信和洒脱,令我下定决心继续攻读博士。2007年硕士毕业,在导师江帆教授的引荐下我考取了周大鸣老师的博士生,开始了中山大学人类学系三年的求学之路。初次见到周老师,并不是在面试考场上,而是在西藏拉萨。周门有一个沿袭多年的传统,新考取的博士生要在入学前的暑假跟随周老师做一个月的田野调查,这也是入门前的田野训练。2007年8月,我和同门一起跟随周老师来到西藏,参加格勒博士的"加快西藏地区现代化建设"的课题调查,我被分到了海拔最高的那曲地区做牧区生活方式变迁的田野调查。这是我永生难忘的一次田野调查。我第一次接触到神秘而独特的藏文化,第一次坐在帐篷里吃糌粑喝酥油茶,第一次参加藏族的赛马节,也经历了第一次一个月不洗澡,一个月吃泡面和压缩饼干的田野考验。

入学后的课程紧张有序,我就好像一块遇到水的海绵一样拼命地吸收老师们的知识和理论,也感觉自己的专业状态越来越好。周老师给我们提供了大量的参与课题调查以及学术交流的机会。2008年我参加了周老师教育部重大攻关课题"城市新移民问题及其对策研究"的田野调查工作,负责东莞和郑州的问卷实施以及督导,在调查中对于城市新移民的接触和访谈让我对珠三角的移民以及城市化有了更深的体会,这是对课堂知识的理解和深化。周老师经常说学术需要交流,他也身体力行地带领我们加入学术交流的氛围中。读博期间,我得到老师的资助和鼓励,在台湾清华大学和美国纽约州立大学分别参加了两场学术会议,报告了自己阶段性的研究,这都让我受益匪浅。我的博士论文当时选择了"手机的文化和社会影响"作为主题,在当时是一个非常具有前瞻性的研究领域,国内几乎没有研究的先例。而周老师意识到这会是一个未来非常有潜力的研究领域,鼓励我从事这方面的研究。2007年正值中国互联网发展如火如荼,所有人都在欢欣鼓舞地迎接互联网的到来,网络的商业化应用如雨后春笋,但没有人对这个现象进行冷静而细致的思考,所以当时我对这个话题并没有太多把握。在拿到这个题目后,我进行了大量的文献检索,发现西方对此问题的研究早已开始,并已经积累了相当多的学术成果。而中国互联网的发展同西方从一开始就走了两条不同的路径,是一种国家强力监管的政策语境,因此需要对相关的理论进行本土化的改造和修正。就是在这个国内研究近乎空白的领域，我开始了长达十余年的探索。

我的博士论文的田野调查，是在东北老家的一个城市社区开展的，因为地缘和文化优势，我的进入并不困难，然而该如何着手，搭建一个什么样的理论框架，收集哪些资料是让我最发愁的。在不断地摸索，反复的推敲后，我总算是有所发现。当地的居民利用手机构建了一个虚拟的社交网络，从而抵消单位制社区向封闭社区过渡中产生的社交区隔。这个发现让我如获至宝，我也顺利地通过这个线索整合材料，搭建论文框架。因为是一个全新的研究领域，自己对于理论和材料的把握也欠火候，所以博士论文的写作并不是一帆风顺，好在在周老师的鼓励和支持下，我最终顺利毕业了。我清楚地记得在我陈述和答辩结束后，周老师在走廊上鼓励我说："别担心，你的外审专家评价很好，说明你的研究很有价值。"毕业后，我回到了老家的一所大学任教，一转眼就是五年。对于大多数的青年学者来说，刚刚毕业的五年是最关键的，科研成果会有持续的产出，课题和经费也会有相当的积累，职称评定也会上一个台阶。而这五年对于我来说漫长而痛苦，因为不确定自己的研究是否有价值，周围的同事没有人从事相关的领域，让我一度觉得自己是不是不适合人类学这个行当，我甚至在想放弃这个专业，转行其他。从2010年到2015年，我几乎没有学术产出，一度灰心丧气。

正当我觉得走投无路时，2015年周老师的一个电话带给了我改变一生命运的转机。那是2015年初的一天，周老师的助理韦小鹏打电话问我暑假是否有时间参加课题"西藏的传统社会整合方式与和谐社会建构研究"的田野调查。在此之前，我一度觉得自己已经被学术圈放弃了，而这个电话让我感觉到了回归的可能，便毫不犹豫地答应了。正是这次田野调查之后，我发表了两篇相关的学术论文，也正是这两篇论文，让我开始找回了一点自信，思考未来的学术方向。2016年我痛下决心辞掉了老家的工作，回到中山大学开始做专职副研究员，这也是我人生的重要转折。在周老师的充分信任和鼓励下，我开始全面负责中心互联网人类学方向的学术工作，开始了4年与腾讯研究院的全面合作，期间发表了数篇学术文章，重新回到了偏离已久的学术轨道上。

从山穷水尽到柳暗花明，这一路我都在思考人类学之于我的意义，它是我能够在技术主导的互联网场域中立足的武器，是我的研究区别于他人的秘籍，当然也是在我不断思考的终极话题。"人类学是什么"在王铭铭老师的那本经典著作中早已被细致地解释过了，但是对于我来说，人类学将会是我终生奋斗的力量源泉，也会是我不断反思人生的一面镜子。如果从硕士阶段算起，一转眼，我已经在这个专业中摸爬滚打17年了。这17年里，我感恩遇到了江帆教授和周大鸣教授两位恩师，一位领我入门，一位待我恩重如父。他们在我人生中每一个重要的阶段都给了我莫大的关怀和支持，我很庆幸这一路走来有老师的提携和教化，才让我有了今天的这一点点学术自信。今年恰逢周老师从教40周年，学生感恩老师多年的栽培和关怀，无以为报，谨以此文献之。

一场永无止息的过渡仪式

李 菲

李菲,文学人类学博士,四川大学文学与新闻学院副教授、博士生导师,教育部人文社科重点研究基地四川大学中国俗文化研究所副所长,中华多民族文化凝聚与全球传播省部共建协同创新中心常务副秘书长。美国伯克利加州大学访问学者。兼任中国比较文学学会文学人类学研究分会副会长,人类学高级论坛青年学术委员会副主席,《文学人类学》辑刊执行主编。

一场永无止息的过渡仪式

从1998年我进入四川大学攻读硕士学位,开始接触文学人类学,到现在已是第23个年头。说实话,即使今天有人问我究竟什么是"文学人类学",我仍然难以给出一个明确的答案。有人说,文学人类学是一种跨学科的研究视域和方法;有人说,它是中国本土人类学(抑或是比较文学)学科发展的一个分支学科;也有人说,它是一个由一批具有相似学术背景和志趣的学人所聚成的一个(民间性)学术共同体。对于我来说,从文学到人类学,则是一条通往多重可能性和多元世界的探索之路。在这条路上,博采而不从众,坚持而不固守;珍视学缘而不奉为圭臬;努力思考更自我反思。因此,从学路师承来说,文学人类学已然是一个与我相伴20余载的学术标签;而从我内心来说,超越这个"标签"才能复归于本——实现人类学所能赋予一个思考者最为宝贵的自在与自觉。

人类学启发了我的精神世界,契合我反思独立的叛逆性格,拓展了人生新的可能和边界,也在田野行走与书斋宅居的两端之间包容了种种无处安放的我的另一面——强迫拖延、矛盾迟疑、贪吃好玩,乃至三心二意……

人类学之路于我而言,好比一场永无止息的过渡仪式,日日行在路上,时时重新出发,自在、新鲜、充满挑战。

一、硕士转行:从文学步入人类学

23年前,我与人类学在锦江河畔不期而遇。这个过程却颇有些阴差阳错的味道。那在1998年秋天,我以专业第二名的高分考入四川大学文学与新闻学院比较文学专业攻读硕士学位。没想到入学后,由于导师调整的缘故,我被分配去跟从刚由贵州社科院调来四川大学的徐新建教授读文学人类学方向。这样一来,在几乎没有思想准备的情况下,我从比较文学与世界文学这门"洋气"的学问,一下子转去研究西南少数民族这个在当时的我看来颇为"土气"

的领域。[1] 懵懂之余，我心中少不了有些怨言，而对于"文学人类学"究竟是什么，更是无暇深究。

经过近两个月的自我心理建设，再加上徐老师的耐心引导，我开始认识到，倘若对"中"之中华多民族多元一体的基本问题都没搞清楚，遑论"中"与"西"之比较？于是，学中文出身的我，跌跌撞撞地尝试着迈进民族、历史和人类学的门槛。

那时候的四川大学和现在一样，没有开设人类学专业。历史学院有民族学专业，但主要研究方向是西南民族史。身边的大部分师友甚至没有听说过这个学科。身处文学院中，这个学科自然更加冷门。因此，人类学相关知识的学习除了徐新建教授所开的人类学课程和历史学院能蹭的为数不多几门课之外，就只能从大量的课外阅读中去完成。

当时学校图书馆还不具备完善的线上检索条件，因此入学头个学期临近期末的一天，我早早去了东区图书馆的检索大厅，计划把所有馆藏的人类学相关书籍都耙梳一遍，为三年奋战备好粮草。我把随身的背包寄存在图书馆的存包柜中，然后拿着笔记本开始逐一记录检索信息，整整搞了一天。我所记录下来的，包括绫部恒雄的《文化人类学的十五种理论》、林慧祥的《文化人类学》、弗雷泽的《金枝》、本尼迪克特的《菊与剑》、弗洛伊德的《图腾与禁忌》等等。其中有概论、教程，有专论，也有个案研究，大都是今天看来再普通不过的入门书籍。我很快发现，这些书籍零零散散，除了数量极少归于文化人类学专类之下以外，许多都极为分散地被归于社会学、文化研究、心理学、民族学、历史、地理等检索类别之下。回想起来，这次检索对我来说是有特殊意义的：一方面，这是我这个初学者从零开始盲人摸象般尝试建立一个自己的人类学学习框架；另一方面，尽管当时我还不明白人类学作为人文社会科学"元方法"的地位和重要性，却也令我一开始就直观地体会到人类学与人文社会领域各学科之间错综复杂的关联，对其兼容性和开放性留下了极为深刻的印象。临到晚间闭馆，我匆忙拿着检索笔记和借出的十几本书奔到存包柜跟前，结果一看就傻了眼——柜锁被撬，我的包和辛辛苦苦完成的所有学期论文一并被

---

[1] 参见徐杰舜、李菲：《人类学的快乐与幸福只有少数人能体会》，《百色学院学报》2019年第5期。

盗！看来想要进入人类学的门，我这个头开得有点艰难。

说来惭愧，虽然我本科念的中文，但思维比较理性，对文学作品一直缺少天然的亲近感。我很少有耐心把一本小说细细读完，大概情节人物翻一翻就觉得差不多了，反倒是比较喜欢去揣摩到底作者为什么这么问，这么想，这么写，如果是我，我又会怎么想，而不善于跟着描写的情节和画面去体会。但读人类学著作，就很对我胃口，逻辑性强，分析深入，而且田野材料开阔纵横，广涉七洲八洋，远远超出比较文学与世界文学所关注的东西方主要文明、文化和文学视野，真正体现出宏阔的世界性，令人大呼过瘾。

当时徐老师正在做民歌与国学研究，从民间歌谣小传统来反观"国学"大传统。他强调我们虽身在成都，但一定要心怀"西南"的大视野，要看到除了成都平原的汉族以外，还有藏、羌、彝等众多的少数民族和他们的文化和文学。而且他们的"文学"，也不仅仅是写出来的文字作品，更要用人类学的眼光来关注民间的多元的、口头的世界。因为徐老师主要关注民国时期的歌谣传统，我也在徐老师的指引下从自己相对比较熟悉的川边康藏区域入手来考虑选题，最终确定了做民国时期康藏民歌个案研究。回想起来，那时的川大真是思想开放，包容并蓄，学风浓厚。很多时候师生们直接把课堂和讨论搬到隔壁望江公园或培根路的简陋茶铺。我也很感谢学院各位前辈老师们的宽容和鼓励。因为自己早早明确了研究方向，所以除了觉得真正有收获的课我会去听，其他时候我常常翘课去图书馆恶补人类学、民族学知识，或者泡在民国期刊室里耙梳康藏历史文化资料。与此同时，原来不论是街巷传唱的"跑马溜溜的山"，课本中写的"飞夺泸定桥"，还是我曾到过的川西康定、松潘、理县、黑水、红原等地方，都在我这个长期生活在平原的城市人眼前展现出一种前所未有的厚重历史意味。"康"和"西南"也第一次在我头脑中有了全然不同的概念。[1]

经过三年学习，最终我以《空间观念与族群认同》为题完成了我的硕士学位论文。论文以康区民歌"弦子"为对象，考察清代以来的300年间，在汉与藏纠结的历史文化背景下，康区藏族这个处于生态、民族、文化三重边缘的人群，如何通过弦子的口头传统实践来组织、选择某些特定的历史记忆，构建起

---

[1] 徐杰舜、李菲：《人类学的快乐与幸福只有少数人能体会》，《百色学院学报》2019年第5期。

自己独特的空间观念并将它传递下去,其独特的空间观念及象征表达对康藏族群认同又产生了哪些深层次影响。[1]

总体而言,硕士阶段是我从文学转向人类学世界所迈出的第一步。尽管研究对象是以弦子为代表的康藏民间口头传统,但重点则不在于歌谣传唱被记录下来的"文本化"内容、形式本身,而将其作为一个材料基础和分析入口,力图窥见其背后清末民国时期康区藏族认同架构的历史脉络、情境和策略。简言之,由此跳出"民歌"作为"民间文学"的狭义圈子,转而关注历史现场中的西南族群文化和互动关联,是自己最大的收获。康藏弦子不仅是口头传统,也是折射民族国家近现代转向的"心灵地图"。

二、博士下田野:迟来的成年礼与文学人类学的再思考

再次回到锦江河畔的川大校园,已是五年之后。在徐新建教授的鼓励和支持下,我继续跟从他攻读文学人类学专业的博士学位。

作为一个新兴交叉学科,中国的文学人类学在萧兵先生、程金城教授等前辈的开拓下,由叶舒宪教授、彭兆荣教授和徐新建教授三位老师从神话学研究、人类学和多民族文学等多角度出发,"拉着"文学人类学的战车锐意进取,不断开阔视野,深化文学人类学的研究理论和方法,吸引了一批志同道合的研究者,渐渐开始受到关注。但即使在这样的情境下,文学人类学在人类学这门本就非常小众的学科中,仍然只能是小众中的小众,边缘外的边缘。就学科设置而言,尽管中国社会科学院、四川大学、兰州大学、厦门大学、陕西师范大学、吉首大学等已经聚集了一大批从事文学人类学相关研究的学者,开设了文学人类学研究的系列课程,中国文学人类学研究会作为凝聚队伍的重要民间学术平台也召开了多届年会,但其学科建设仍任重道远,全国范围内也仅有四川大学拥有唯一一个教育部备案认可的文学人类学专业博士学位授权点。不过值得庆幸的是,新兴、边缘,也意味着少约束、无疆界。并且当时叶舒宪与彭兆荣两位老师都在川大任职外聘博导,都在文学人类学博士点教学招生,使得川

---

[1] 李菲:《空间观念与族群认同》,四川大学硕士学位论文,2002年。

大文学人类学学科点的校际交流活跃,课堂教学和读书会相得益彰,学术氛围极为浓郁,经常火药味十足,令人非常怀念。

  博士阶段,在理论学习和田野调查的双向轨道上前行,压力也大了许多。在理论学习方面,硕士阶段为我打下了人类学、民族学基本理论和知识谱系的基础,我当时的关注重点主要还是在西南民族历史研究方面,是将民族学史料与20世纪末在国内还较为前沿的族群认同理论相结合来进行微观的个案讨论。到了博士阶段,理论学习的广度、深度和难度陡然增加,加上当时随着《写文化》《摩洛哥田野作业反思》等一批实验民族志的引入,我开始试着站在学科的层面去思考文学人类学的"人类学性"到底是什么?在文学人类学的发展过程中,从原型批评、神话研究、文明探源到少数民族(族群)的文学与文化研究等,都非常明显地体现了文学人类学之于人类学的交叉重叠。但在我看来,这些交叉主要还在于领域和对象本身的相关性,与人类学研究方法的自觉吸纳还有不小的距离。而人类学研究的方法论核心始终锚定于田野和民族志。尽管读了一大堆民族志经典,可什么才是我的人类学田野呢?当时的我写下了几句诗:

方法论

如果去田野
我需要
一个方法论
像竹竿、水果刀或者筷子什么的

让眼睛
在看见之前先闭嘴
仪式、植物、气味和地方
都很坚硬

我并不是
很确定——
背包里有个方法论

如同方法论是有效的

但至少不同于游客、商贩或
他者
我确定暂时我是
安全的

就这样，我揣着读来的人类学方法战战兢兢地下了田野。

在田野中与他者相遇，由研究者身体在场、感同身受而唤起的文化整体观、文化多样性、相对主义立场、跨文化互释，人类学者的这个成年礼说起来容易，做起来则个中甘苦万千。庆幸的是，我的博士学位论文延续了硕士阶段对汉藏边缘区域的兴趣和关注，再次聚焦于康藏，使我的田野成年礼虽姗姗来迟，与"他者"少了几分文化震惊的意味，却多了几分久别重逢的亲切与期待。

这一次，我的研究对象是康藏北部地区嘉绒藏人的"跳锅庄"文化事象，田野地点主要集中在甘孜州丹巴县的梭坡、格宗、巴旺、巴底、太平桥等几个乡，也就是嘉绒地区信仰核心的墨尔多神山周围地区。带着对文学人类学"表述"议题的思考，我来到墨尔多神山脚下、大小金川河畔，在田野中与当地嘉绒人打交道，亲身经历了嘉绒藏地村落、城镇中婚嫁、建房、转山耍坝子等诸多场景和事件。这个时候整体观、多样性、相对主义、跨文化互释等等，就不再是悬置的科学法则，而涌现为血肉丰满的生活世界，也使我得以将"跳锅庄"重归于地方性知识脉络之中——

不论是甲居神秘的"玛尼"，梭坡、中路欢舞的"卓"，还是巴底、太平桥庄严肃穆的"达勒嘎"……这些鲜活的地方性族群传统与世人所熟知的汉语指称"跳锅庄"，不仅是民族民间文学与民俗学现象中"我称"与"他称"的区别，也不能轻率地理解为"类比性总称"与"个别专名"的类属关系。它们之间的不同是根基性的——至少在丹巴，"玛尼""卓"或者"达勒嘎"，是一个名为"嘉绒"的人群共同体在神圣与世俗之间践行的一套族群文化表述模式：在以"歌"与"舞"为表征的身体实践系统中，联结着嘉绒的历史记忆与当下现实，分辨出"我"与"他"的异与同、远与近。对于嘉绒人来说，"跳锅庄"不是游客"凝视"下的民族风情展演，而是一个族群在藏彝走廊多元文化互动的历史进程和现实情境中形塑认同、维系传统的重要方式之一。[1]

总体而言，我的博士论文以大量田野民族志材料为基础，将"嘉绒跳锅庄"从一般意义上的民族民间文学、民俗学研究传统模式中释放出来——既不简单视其为某种"民族传统歌舞"或"民间文艺活动"，也拒绝将其降格为西方人类学仪式、族群理论的注脚，而是把它放置于康藏和藏彝走廊区域的社会历史视野和文化关系之中，探索它与地方社会、神山信仰、村落日常生活空间等多层面的共生互涉，它的意义与功能，以及透过它的变迁折射出的嘉绒社会历史进程，从而理解走廊内外部多元文化互动、融合、冲突的复杂关联。

与此同时，在学科和方法层面我强调应该对文学人类学研究关于"文本"/"本文"历史关系的预设进行理论再思考。在实验民族志、新史学等当代西方人文社会学科"表述"危机的启发之下，"表述"也在当时成为文学人类学研究者的核心议题之一。包括"表述"以及与人类表述行为相关的如"书写""叙事"等概念在文学人类学研究中出现的频率都相当高。然而，研究者们对这些概念的使用往往是在类比修辞的意义上进行的，即以语言的生产方式——包括话语言说和书面刻写来类比一种文化的外显方式。值得注意的是，这种类比方式背后隐含了某种逻辑预设的潜在危险，即将文化表征、符号等视为文化内涵的直接和透明外显。许多研究也因而理所当然地从外在的文化"文本"直接读解、阐释内在的文化"本文"。这在很大程度上直接跳过了二者之间的关键环节，忽视了文化表述行为本身的动态实践过程，也忽视了其中可能存在的呈现与遮蔽、情境与选择、权力与博弈等复杂问题。因此，我提出将二者之间的关键环节，即文化表述实践的动态历史过程置于学术考察的焦点位置。以文化整体观为枢纽，嘉绒藏人的跳锅庄就不仅是一般意义上的"口头传

---

[1] 李菲：《嘉绒跳锅庄：墨尔多神山下的舞蹈、仪式与族群表述》，北京大学出版社，2014年，第2—3页。

统",而揭示出一个既包括口传实践也包括刻写实践和身体表述实践在内的历史性生成的"族群表述"系统,需要进行整合研究。[1]

从关于研究对象和现象世界的问题意识提升至关于学科和方法的问题意识,可以说是我在博士阶段最重要的磨炼和最大的收获。

三、回炉博士后:厦大海滨与人类学的华南传统

2010年7月我从川大毕业获得文学人类学专业博士学位,8月底便赴厦门大学进入博士后工作站,有幸在合作导师彭兆荣教授指导下开启人类学学习的又一段征程。

说起来,早在硕士阶段我便与彭老师相识。那是2000年前后,彭老师正在川大攻读博士学位,叶舒宪老师更早些也在川大攻读博士学位。文学人类学所谓"三驾马车"都与川大有学脉渊源,这也是川大成为文学人类学重要枢纽的契机之一。空闲之时,我们一帮学生常跟着几位老师去培根路泡茶馆,就着三两元一杯寡淡的"三花"茶,听老师们学术问道,蹭八卦龙门阵。我的硕士论文有幸得到彭老师的指点和肯定,彭老师也说将来有机会的话让我跟他念书。没想到十年之后,我真做了彭老师的弟子。

初到厦大,下午到校,当日傍晚我便办完手续拿到博士后公寓的钥匙,而且在市人事、社保等各部门办理事务过程之顺畅、便捷也超乎我的想象。在成都被内陆城市习以为常的"官僚作风"折磨惯了,厦门大学迎面吹来春风化雨、开放包容的滨海城市之风令我颇为讶异。日后厦大在图书资源、博士后事务管理和科研支持等方面显现出一贯的高水准,也令我在历史学博士后流动站和人类学系的博士后学习和工作受益良多。当然,同样令人难忘和感动的,是彭老师和师母从学习、工作到生活中对我无微不至的关怀。

阳光、沙滩、鼓浪屿和凤凰花相伴,我在厦大海滨度过的两年博士后生涯成为我最珍惜的一段学术时光。除了必不可少的田野考察、听课开会、跟老师同学一起做项目研究之外,"回炉"和"闭关"是我在这个阶段最为重要的任

---

[1] 李菲:《嘉绒跳锅庄:墨尔多神山下的舞蹈、仪式与族群表述》,北京大学出版社,2014年,第24、27页。

务。厦门大学拥有优良的人类学专业传统和深厚的历史底蕴，是中国人类学华南学派重镇，有林惠祥、陈国强、陈支平、曾少聪、蒋炳钊、郭志超、石奕龙、彭兆荣等学者承前启后，在南方民族文化、历史、考古等方面成就卓著。林慧祥先生的墓园，就在博士后公寓穿过山顶芙蓉隧道那头的芙蓉湖畔。印象深刻的是，每年清明时节都可见墓园中有清雅的花束，这早已是厦大人类学系师生一个不成文的传统。更重要的是，厦大人类学兼顾田野调查和民间历史文献材料的学术传统与我自己一直以来对历史学的兴趣相契合。这些都有助于我在加深对人类学的理解，吸纳新知，同时更全面地认识和思考人类学这门西方学问进入中国百年来的本土化道路。不过，硬币总有两面，全身心投入的大量阅读、学习和写作也使我一直以来的不良作息在厦大期间迅速进一步恶化，熬夜工作到半夜两三点是家常便饭，还经常连续一周多不出门、不下楼，结果导致我甲状腺侧切，后续健康状况也因此受到颇大影响。

在田野方面，这期间我先后分别前往云南、西藏和青海藏区进行田野调查，包括在中甸香格里拉的民族旅游考察，经盐井、芒康、波密、南迦巴瓦，折向雅鲁藏布大峡谷和中印边境地区，再经由林芝、鲁朗墨竹工卡至拉萨贯通滇藏茶马古道全程考察，以及参加彭教授的团队赴青海热贡做唐卡专题调研。这一系列田野考察使我从北到南对青藏高原及其东缘，尤其是藏彝走廊形成了全局、切身的体认。在这样的整体历史文化语境中，我对之前康藏作为"汉藏边缘"与"边"的位置也有了新的理解——这片河流深切、山峰耸峙的土地，可以跳出"汉—藏""中心—边缘""国家—地方"等二元文化观的制约，在"地方中心性"的地缘政治框架中瓦解华夏中心"天下观"，也更需要在方法论上超越空间意义上的区域研究，将"藏边社会"视为一个多元互动的历史综合体来加以考察。[1]

与此同时，在彭教授的引领之下我开始以人类学的理论和方法来切入文化遗产研究。我的博士后研究再次回到藏彝走廊，这一次不仅关注嘉绒人，也关注藏彝走廊多民族/族群的文化传统，力图跨越汉/非汉的二元桎梏，将多民族/族群的中华文化视为一个整体来反思西方世界主导的非物质文化遗

---

[1] 李菲：《心像·物像·绘像：阿尼格冬与藏边社会地方历史的图像隐喻》，《西南民族大学学报》（人文社科版）2015年第12期。

产体系所隐含的"文字（语言）"和"物质"双重中心主义。受人类学本土化历程的启发，我在研究中提出非物质文化遗产知识跨文化移用与体系建构过程中的"中国性"问题，尤其重视中国本土传统中文化的形塑与传承与"身""体""践""行""习"等一系列"身体"命题的密切关联。以人类学的整体观和相对主义立场来看，西方非遗体系的分类逻辑和核心话语"非物质"（intangible）与"口头"（oral）的互为表述其实已经制造了一套新的障眼法，使得"口头（oral）"曾经作为反抗西方遗产话语体系之物质/文字文明中心主义的革命性力量，在与"非物质"的结盟之下却成为非遗体系中新的权威话语。"口头"因此完成了对"身体"及体现、体知、体悟这一系列核心命题的遮蔽。因此，我认为有必要重返本土"体知"范式，经由"身体"的去蔽迈向更具生命关怀的非遗本体论和更具历史深度的非遗中国话语。正如我在《身体的隐匿：非物质文化遗产知识反思》一书中写道：

> 当前"身体转向"已经成为社会科学研究领域的一个热点。本研究无意在遗产研究领域为"身体"复制一次这样时髦的翻身，只是力图将身体作为一个新的考察视角引入当前的非物质文化遗产研究，寻找其话语体系中身体隐匿的印记，也在西方与中国本土两种不同的身体观念、身体经验、身体实践的对话互鉴中，唤起对遗产持有人作为"人"这一肉身性、物质性、在场性与能动性主体的重视。[1]

总之，从人类学视野出发，当"身体"经过一系列有意识的问题化过程之后，即从作为"客体"之身体和作为"物"之身体转化成为一种作为"方法"之身体，"身体"便成为重新思考人与自然、宇宙万物的源生性纽带，从而重返"文化作为生命存在"的原点。

---

[1] 李菲：《身体的隐匿：非物质文化遗产知识反思》，民族出版社，2017年，第4页。

四、海峡彼岸：华人人类学与世界眼光

在厦门大学做博士后期间，还有另外一桩对我的学术成长影响深远的事情：2012年初，受人类学高级论坛的委托，我在徐杰舜教授和台湾"中研院"民族学所时任所长黄树民先生的支持下，前往民族学所访学，主要任务是抓紧时间对著名华人人类学家李亦园先生和乔健先生在他们晚年的最后阶段进行口述史访谈。这是人类学高级论坛当时所策划的特别项目"海峡两岸暨香港、澳门人类学家口述史研究"的启动项目。这个特别项目由徐杰舜、彭兆荣、徐新建三位教授发起，首次以跨越区域的眼光来回顾中国人类学的跨世纪发展历程，计划以学者主体的生命史来透视学科生命史，将海峡两岸暨香港、澳门人类学家的生命体验、学术交流与对话整合为中国人类学研究者共享的学术和精神记忆遗产。

初春2月底，我抵达台北，经过短暂适应和磨合便投入到工作当中。接受访谈时，乔健先生年届78岁高龄，已从东华大学荣退，受邀于世新大学继续从事研究、顾问及指导研究生等工作。乔先生在台北的寓所位于南港区"中研院"附近，而他世新大学的研究室则位于文山区。从"中研院"到世新大学，需先从南港搭乘公车或捷运至忠孝东路的捷运市政府站，再换乘公车或转乘捷运至文山区世新大学管理学院大楼，单程耗时一个多小时。虽然路程颇为周折，但一周里乔先生总坚持有2~3天前往研究室工作。为了配合乔先生的工作习惯，我们的大部分访谈都是在他世新大学的研究室中完成的。同时，乔先生还是"中研院"民族学研究所的资深客座研究员，因此他在民族学所也拥有一间研究室，保存有大量照片和资料。为了查找资料的便利，有时乔先生也会约我到民族学所进行访谈。从3月初一直持续到5月末，我与乔先生的访谈前后进行了约30余次，每次时长约两到三个小时。乔先生年事已高，长时间接受访谈又是一件极耗精力的事情。但乔先生每次总会事先做好相关的资料准备，认真梳理口述线索，细致严谨地查证每一个细节，并始终对我的才疏学浅予以最大限度的谅解和包容。[1] 在后期口述史出版过程中，乔先生多次认真审读，也耗费了大量的心力。

---

[1] 李菲：《乔健口述史》，云南人民出版社，2014年，参见"后记"。

对乔健先生的口述史访谈工作进展十分顺利,而对李亦园先生的访谈则面临较多的实际问题。一方面,"中研院"近代史所黄克武教授所撰写的《李亦园先生访问纪录》已于 2005 年出版,为"中研院"近代史所"口述历史丛书"第 86 种。该书无法在大陆看到,我赴台前也就无法参考;另一方面,当时李先生的身体状况本已大不如前。在向时任"中研院"近代史所所长黄克武教授和近代史所前辈学者张鹏园先生请教后,在黄树民所长和乔先生的建议下,我对李先生的访谈计划做了调整,主要接续 2005 年之后李先生的晚年学术思想展开。3 月中旬的一天,在紧张与期待中我随乔先生前去拜访李先生。李先生面容清峻,严谨而宽厚,考问了我一些人类学专业问题,又提笔赠书与我。由于李先生重听,看东西也比较吃力,与他交谈需要讲话比较大声。我在李先生家中对他进行了几次简短访谈,都围绕"泉州学"而展开。最后形成的文字也由我逐字逐句读给李先生听,经他逐一口述修改后确定。令我十分难忘的是,当时李先生身体状况已很不理想,访谈过程中每隔 10 分钟左右就要停下来休息,但为了这场"迟到的访谈",李先生仍坚持了下来,令我由衷感佩。[1]

后来,《乔健口述史》有幸得到云南人民出版社的支持顺利出版,而由我修订和增补的黄克武先生所撰《李亦园先生访问纪录》简体版则由于种种原因至今未能出版,实属憾事。

在台北期间,我有幸耳濡目染李先生和乔先生的为人、为师、为学,深受教益。这成为令我终生难忘的一段特殊学习经历。访谈之余我的主要时间用于查阅"中研院"丰厚的图书资料、参加民族学所、史语所史以及台大、新竹清华等的讲座和各种学术活动,对台湾的人类学、民族学等有了基本了解。抽时间从淡水、绿岛到日月潭在台湾各地游走,当然谈不上什么"田野",却也收获良多。从李先生和乔先生横跨海峡、游历欧美的学术生命史梳理之中,我更清楚地看见了民国以来百年华人人类学发展的两岸脉络和世界关联,极大地拓展了胸襟和眼界。

"中研院"位于台北市南岗区。靠近民族所一角的院区大门外,斜对街不远处是一处不起眼的小小街角公园。拾级而上不多几步,便是胡适先生的墓

---

[1] 李菲:《人类学家的还乡:李亦园先生与"泉州学"的桑梓情——记为李亦园先生晚年所做的口述史补充访谈》,《青海民族研究》2018 年第 3 期。

园。临近离台之前，我又去了一趟墓园，并写下几句小诗作为留念：

在台北

在台北我做了件可耻的事情
捡石子
一块、两块、三块

没人瞧见 我想我总得留下点什么是吧
胡适先生
三个月里天天来看您

需要嫁接上吗
民国以来生长的或者剪掉的那些枝桠
您会怎么做

我带走的石子
至少越过了那片海
您的墓园
是我的田野

结语、永无止息的过渡仪式

  自 2012 年起，我从厦大博士后工作站到台湾"中研院"访学，继而出站，重返锦江河畔的川大校园任教，再于 2015 年到加州大学伯克利分校中国研究中心和人类学系访学，主要跟从尼尔森格拉本教授进行人类学、旅游和遗产研究，2016 年再次回到川大……这样连续而密集的时空转换成为我人类学道路中又一场重要的过渡仪式。

　　这个过渡仪式，不仅在于我完成了从学生到独立学者的身份转换，还在于我对自己将要走的人类学道路有了新的领悟：这些年来系统的人类学学习、理论提升和田野工作使我跳出了文学人类学的"圈子"视野，不再焦虑自己的研究是否足够"人类学"，而是能够运用内在的人类学眼光和方法来切入需要研究的对象或现象。也就是说，人类学于我，不再是一个外在于我、门禁森严的"学科"，而已经内化于我，成为我的方法，更成为我的"眼睛"和"身体"。我不再为自己对文学的缺乏亲近感而刻意回避，也不会因为某个领域不那么"人类学"而踟蹰不前。因此，近年来我持续深耕文学人类学、非遗研究和口述史研究，继续在川西走廊藏羌彝多民族地区做田野。同时，我进一步拓展了民族文学生活与民族文学志、旅游与景观、川西乡村研究、科幻与数字人文等研究方向，努力不受制于"硬核"人类学的学科界限或边缘"文学人类学"的外在标签，更重视根据对象或现象所揭示的问题意识来构架最为恰适的路径和框架，从而使人类学真正与身处其中的生活世界碰撞激荡，时时生发新的可能，开启未知的转换。

　　学路无尽，"过渡"不止。这是我的人类学学术箴言。

不想做基因的老中医不是好人类学家

李　辉

李辉,复旦大学生命科学学院教授、博士生导师,现代人类学教育部重点实验室主任,复旦大同中华民族寻根工程研究院院长,中国人类学学会理事,上海人类学学会常务副会长。在 Science、Nature、PNAS 等期刊发表论文270多篇,出版(含合著)《Y染色体与东亚族群演化》《人类起源与迁徙之谜》《来自猩猩的你》《茶道经(译注)》与 Languages and Genes in Northwestern China and Adjacent Region 等。

我从没想过要做人类学家。真的!

高考前填志愿的时候,我只报了复旦大学生命科学学院,因为真的喜欢生物学。又受到谈家桢先生的鼓动,选择了遗传学专业。喜欢生物学,是从小受到家庭氛围的熏陶。我们家一直是行医的,从小就被家里长辈带着在野外采摘各种草药,读烂了家里的中医书籍,对丰富多彩的生物界充满了兴趣。选择遗传学,是知道认识物种之间关系最靠谱的方法是从遗传距离来分析。所以,当时的我,一门心思地想做一个植物学家。现在想起来,还是不无遗憾呢!所以20年以后我出版《复旦校园植物图志》,多少有一点圆梦的意味。既然想做植物学,又怎么做了人类学呢?人生总是在意想不到的地方给我打开一扇扇门,而童心未泯的我总会好奇地走进去。

一、一不小心进了人类学实验室——入宗师之门

大一暑期实践,我结识了一大群志同道合的小伙伴,在研究生师兄张蔚鸽的带领下一起去沂蒙山做生态考察。一大群本科新生,第一次用科学的眼光去审视神奇的大自然,是我们科研生涯中走出的第一步。虽然当时我的关注重点还是草药,但是对于其他相关的领域和知识,我也是来者不拒地疯狂吸收着。师兄说:"你这么热爱科研,到我们实验室来一起做啊!"我当然说好,于是一开学就跟着他去了实验室,根本不知道这个实验室是干啥的。在遗传学楼五层的一个小房间,里面又隔出了一半是他们的实验室,门口贴了一张A4纸打印着"人类群体遗传学与多基因病实验室"。在这半个实验室的一个角落,坐着一位敦厚的青年教授。

图 1 1997 年在沂蒙山做生态调查

"这是我们的金力老师。"张蔚鸽介绍。

那天金老师一回眸的微笑,一直荡漾在我脑海里,至今都是我对他最基本的印象。此后他指导我学习研究的 8 年时间中,我从没看到过他生气,总是这样微笑着。

他饶有兴致地跟我摆起了龙门阵,天南地北地谈起来,主要的话题是谈家桢先生刚刚给江总书记上书。谈先生提议保护中国的遗传资源,得到了总书记的高度重视和重要批复:"人无远虑,必有近忧,我们要保护我们的遗传资源。"金老师提议我们再组织一次暑期实践,去民族最丰富的云南,调查少数民族的遗传资源。我们谈起了民族历史文化,一个下午居然一下子过去了。金老师拉着我的手:"你对民族历史这么熟悉,以后就做人类学吧!"原来谈家桢先生到美国来请他回国,就是要他接上复旦大学人类学的衣钵传承。而金老师的春风化雨的人格魅力,使我根本无法拒绝这个提议,就毫不迟疑地放下了植物学的理想,投入到人类学的研究中。

1998 年暑假的实践还是张蔚鸽带队的,我们选了滇南的两个民族进行遗传调查:澜沧县最原始的黑拉祜和中国最后一个识别的民族景洪县的基诺族。拉祜族是我第一个真正开展人类学调查的民族,选择从这个民族入手,是因为我们分析了很多流行病学资料,发现云南各民族中拉祜族的健康状况和婚配方式问题最多。到了澜沧以后,当地的拉祜族干部也这样认为,所以特别欢迎我们调查研究,以期对他们民族发展有所帮助。在澜沧县的几个星期,我们跑了很多深山老寨，做体质测量，采集血样，学习民族语言，建立助学扶贫档案，还看到了千年古茶树。当时农委在考虑要不要把古茶树更新成新树以提高产量，我说古茶树是不可再生的珍贵资源，千万不能破坏，其价值迟早会体现的。果然20多年以后再去澜沧，景迈山的古茶树已经成为澜沧脱贫致富的宝藏。拉祜族因为有近亲通婚的习俗，各种遗传疾病的发病率较高。我们在调查过程中也配合科普宣传，但是对成年人的作用有限。所以社会发展还是靠青少年教育，我们为数百名贫困儿童在上海建立了一对一的帮扶关系，20多年以后，我去回访，这些孩子大多已经成了县里村里优秀的人才，很多已经在大城市成功发展了。多少年前这些小小的工作，做的时候只是一种希望、一种信仰，但是只要种下了种子，才有希望长出大树，不是吗？

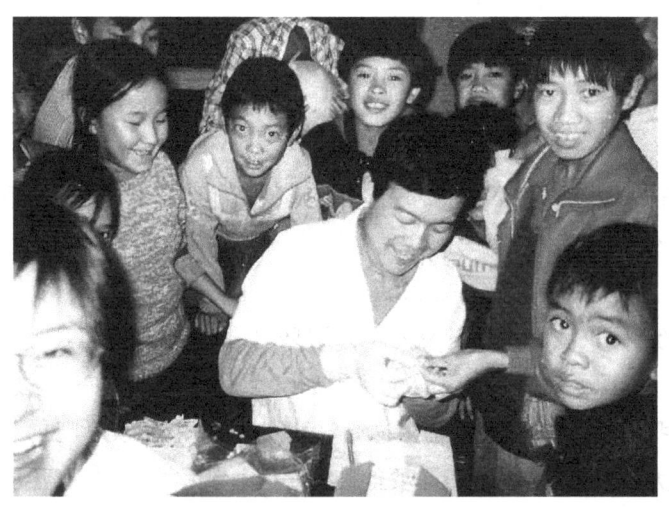

图2 1998年在澜沧拉祜族自治县采集遗传资源

从澜沧到景洪，虽然距离不远，但是民族生活条件差别很大。傣族的生活水平比拉祜族高了很多很多。拉祜族的语言属于汉藏语系，我们学习的时候从古汉语引申过去还可以找到很多规律。傣语属于侗傣语系，虽然也有大量汉语借词，不过语法结构和基本词汇差别比较大，但是我惊奇地发现，很多词汇居然与我家乡的方言特别类似，上海和版纳相隔万里，这是什么道理呢？从那以后我的大脑里开始有这个疑问，为了这个疑问不断探索。

我们去景洪北部的攸乐山茶区调查基诺族。到达攸乐山寨的时候是傍晚，我们在乡长家火塘边吃过晚饭，开始交流。我旁边坐着乡长的妈妈，一个基诺族的老太太，完全不会讲汉语，她一直用基诺语跟我叨叨着，然后我用汉语不时回答两句。正在讲着话，旁边的向导突然反应过来，惊讶地说："你怎么听得懂基诺话？你以前来过吗？"对啊，我不是第一次来吗？居然与她对答如流。其实，刚开始听她说话我是听不懂的，听着听着发现，基诺语是汉藏语（有点像拉祜语）和侗傣语的混合，我半听半蒙基本能理解个八九不离十。中国的各个民族的语言文化，并不是孤立形成的，而是有着千丝万缕的关系，这些关系有的是来自共同祖先，比如基诺族和拉祜族，有的是来自共处历史中的交流，比如基诺族和傣族。所以这些关系，也应该可以用基因来呈现，来定量地观测，这就是金力老师提的分子人类学的研究方向。

二、发现掌纹奥秘 —— 破经典之锢

我们在滇南采集了大量的生物人类学样品和数据。回到实验室以后，我们就开始投入大量精力进行实验和数据分析。其中最麻烦的是肤纹的分析。张海国教授亲自教我们怎么从肤纹标本上提取参数，怎么分析写论文，用这些材料我发表了自己的第一篇人类学论文《拉祜纳人肤纹研究》。但是学会方法容易，真正工作却特别耗时耗力，几百张印模，密密麻麻的纹线，看得头晕眼花。别看自然科学的结果和结论有时候那么有趣但是这些重复枯燥的工作，往往才是自然科学研究者的日常。当其他同学以各种借口回避肤纹分析的时候，我却在千丝万缕中看出有趣的奥妙了。指纹、掌纹、足纹，从达尔文、高尔顿时代就明确是高度遗传性的，但是遗传模式是什么，什么特征是显性，什么特征是隐性，却从没搞清楚。甚至20世纪60年代以后，遗传学界就明确放弃研究肤纹的遗传模式了。这也太不合理了。我在几百份肤纹标本中发现了一个奇怪的问题，那些被用了上百年的统计分类标准，其实并不能很好地对每一个样本进行分类。很多标本的形态，往往落在两个标准类型之间。因此我怀疑，这些经典的分类标准，很可能是学科创立之初，没有足够的统计调查作支撑，临时主观定下来的，并不一定符合性状特征的自然分布规律。以这些非客观的分

类方法来研究遗传模式，那不是缘木求鱼吗？

于是我用指间区纹（手指根部的掌面纹路）作为切入点，放开原有分类方法进行探索。我把几百张手印根据纹型相似度进行排列，发现有的类型很常见，有些很罕见，有些是渐渐过渡变化的，有些是完全没有过渡联系的。这些或连或断的分布，形成一个个离散的正态峰，这才是纹型分类的客观标准，与经典分类完全不同。这种客观分类能否呈现明确的遗传模式呢？我需要足够的家系去验证。说干就干，我回到奉贤老家，从自己的家族开始调查，把老老少少每一个人的手印都拓下来，一直追溯到6代以外的远亲。邻居的家族也被我调查了个遍，这样收集了十几个家系的数据。把他们的指间区纹按照新的客观分类，放在家系图上研究，结果很容易看出来哪种类型是显性，哪种类型是隐性。看上去，至少有两个特征是显性的，当两种显性基因同时存在，就会形成一个特别的混合类型。这种表皮特征的混合遗传规律，不就是谈家桢先生在抗战期间研究异色瓢虫色斑遗传提出来的"嵌镶遗传模式"么？看来这种模式是有普遍性的，在人体上也存在呢！那么，在其他灵长类上有没有呢？我又去上海动物园调查了各种猴子和猩猩，去看指间区纹的这些特征是怎么进化的。我们实验室的卢大儒教授还支持我把指间区纹的基因进行染色体定位，在七号染色体上发现原来与手指分叉发育畸形相关的基因，正是指间区纹类型多样性的基因。这个研究发表了好几篇论文。谈家桢先生看到了以后也特别高兴，经常请我去他那里喝茶谈心。谈先生还是上海茶叶学会的创始人，有太多好茶，从那以后我开始喜欢上了茶。在几位老师的鼓励支持下，我用这个项目参加了"挑战杯"全国大学生课外科技项目大赛，这个项目体现的"挑战精神"特别突出，被评委一致评定为第一名。这给我的鼓励非常大，使我在此后的科研工作中坚持这种"挑战精神"。"吾爱吾师，吾更爱真理"，没有什么经典理论是可以与客观实践抗衡的。有时候，坚持实证，需要破除太多固执的观点和"经典"的理论，动摇一些"学派"的根基，让很多人非常不高兴，但是我从不畏惧。确实，有一些老先生刚开始很乐意与我们合作交流，做着做着发现思想上接受不了那么多的变革，开始用理论来批评我们实验做出来的结果。我想，这是学科发展必然要经历的吧。回顾历史上的那么多重大学科进步，哪一次没有阻力，哪一次不是少数人甚至一个人在挑战整个领域呢？

三、踏遍千山万水——溯民族之源

中华民族的遗传谱系研究还是我的主要研究方向，所以从 1998 年到 2005 年，我踏遍千山万水，走访各个民族的村寨，去收集各种群体的体质特征、遗传样本、历史文化信息。从一开始研究民族渊源，金力老师就教导我们要牢牢抓住最稳定的特征信息，不能犯"捡芝麻丢西瓜"的错误。民族群体有着特别多样的特征，包括遗传基因、外貌形态、生理病理、语言口音、服饰生活、社会习俗、心理素质等等。但是有些特征很难定量分析，分类的边界模糊，在群体发展过程中特别多变而不稳定。那样的特征就不能用来说明群体之间的关系，不然就闹了"盲人摸象"的笑话了。比如，2001 年我去海南岛调查，同行的一位日本学者在返程路上兴奋地对我说："我有个重大发现！黎族与日本人是同源的！"我尤为诧异："你找到了什么证据啊？""你看！黎族和日本人一样，都有吃鱼生的习惯……"我看他侃侃而谈，挺严肃，并不像说笑话的样子。我不爱吃生鱼片，我的肠胃接受不了。但是靠海吃海，沿海很多地方的人都会吃生鱼片，从北极到南太平洋。这种文化特征，更多的是受环境资源的影响，任何民族迁到这种环境都可能需要演化出这种特征。所以，有这种特征，不可能推导出这些群体是同源的。这是一个比较极端的例子，其他一些例子就可能需要更多专业认知才能判断了。比如广西西部有一个小群体，文化上与周边其他人群完全不同。解放初民族识别的时候遇到了难题。只能根据他们戴比较大的花头帕，认为与瑶族很像，就归入了瑶族。后来语言学家们仔细研究了他们的语言，发现与贵州和云南的仡佬族的语言非常接近，属于黎仡语族仡央语支。花头帕和语言，这两个特征到底哪个更准确地反映了群体的渊源呢？人类学家应该选择语言，因为换一个帽子可能很容易，让一个群体换掉所有的语言词汇难度要大得多。所以语言系属的稳定性更高，特别当同组群体大而分支多样的时候，让所有同类群体都改掉语言，难度就更大了。所以在调查之初，金力老师就告诉我们，人家调查民族群体是按照身份证的，那是社会属性，我们调查群体为了符合自然属性，要按照语言来分。我调查的群体都以语言来标记，比如勒墨语人群、怒苏语人群、仡隆语人群……后来我们调查了全世界那么多的群体，果然发现，在所有的外在特征中，语言谱系是与 DNA 谱系相关性最大的，几乎是同步演化的。

1999年的田野调查特别难忘，溯着拉祜族、基诺族所在的藏缅语族群体迁徙路径，为了调查藏缅入滇的遗传结构，我们系统调查了滇西北的8个民族群体：独龙江的独龙族、碧江的怒苏语怒族、福贡傈僳族、兰坪的勒墨语白族、兰坪普米族、维西傈僳族、中甸的康巴语藏族、中甸白水纳西族。当时的独龙族，是全国56个民族中，最后一个居住地没有通公路的民族。贡山县城在怒江峡谷中，而独龙族住在西边的独龙江峡谷中，去那儿要翻越原始森林密布的高黎贡山。我们带着砍刀防野兽，带着盐巴防山蚂蟥，带着大蒜防过敏，就勇敢地进入了莽莽的丛林高山。从贡山县城到巴坡村，在山林里走了三天三夜，穿过溪流溜索、悬崖绝壁、沼泽菁丛，猎人的小道极其难行，有时候还需要手脚并用地攀爬。风餐露宿，还睡过山洞。到达巴坡的时候，我的两脚已经被淤泥兽粪包裹得没了形状，脱下鞋，在山泉水中一冲，小脚趾的整个趾甲掉了下来。艰苦的跋涉获得了丰厚的回报，一个多月以后，我带着满满五大箱的调查资料和标本，一个人坐着绿皮火车硬座回到了上海。来到实验室，金力老师围着我转了一圈，指着我完全看不出底色的套衣上的一个洞说："你这是从伊拉克回来的吗？"行万里路，读万卷书，这一路实地调查，我明白了人类如何在东南亚和东亚之间的山林里迁徙，藏缅群体的文化多样性是一种怎样的感受，那些民族和语言之间到底有多少异同。这些是无论如何都不可能在书本上学明白的。

图3　1999年在独龙江调查滇西北民族

2000年升入研究生之后,我又策划了好几次的"大扫荡"式的田野调查。2001年,配合《瑶族通史》的编撰,我从广西东部一路往西,进入云南一直到勐腊最南面的出境口岸,调查了数十个瑶族的分支人群。2002年,为了调查侗傣语系的各个语种人群,我从湖北进入贵州,从黔西北到黔东南,从桂北到粤西,一路调查了能够查到的所有仡央语支和侗水语支群体。那一年还走遍了台湾。从1999年到2003年,我几乎把云南、广西、贵州、海南、台湾的每一个县都跑遍了。不仅仅是南方的民族,我的兴趣是所有的民族群体。因为研究任何一个方向,最忌讳的是"画地为牢"地把自己框死在一个小范围里面。研究秦汉的绝对不看唐宋,研究东北的绝对不去西南,那样做出来的结果和结论就容易闹笑话。比如勐腊县最南边有一个村子的人与中国其他民族都不一样,叫作克木人。有的学者只研究中国民族,就觉得克木人太稀有、太独特了。可是越过国境到老挝境内,就知道克木人是老挝的三大民族之一。虽然我最感兴趣的是南方的侗傣语系和南岛语系的族群,但是不知外,何以知内,其他民族也是一定要调查了解的。所以北方各省从新疆到东北我都调查过。因为古代很多民族系统的迁徙是不以现代国界止步的,我的调查采样还不得不顺着民族迁徙的道路走出国门。2003年走遍了越南,2005年走遍了老挝,东南亚的很多国家都去做了田野调查。空间的跨度不断拓展,时间的跨度也需要延伸,我还跑了很多考古工地收集古人类遗骸来分析DNA。分子人类学的田野调查与其他人类学分支完全不同。一般人类学田野调查,往往会在一个村子住很久,深入了解当地人的生活方式、风俗习惯、思想文化。而我们是以大量采集数据和标本为目的的,所以在一个地方以最快的速度完成采样工作,就要换下一个地方。对群体的理解,是建立在数据呈现的很多群体之间的渊源关系上的,其他特征的演变规律就在DNA分子所构建的关系上考量。一次次的"大扫荡"调查,使我对东亚的族群源流如数家珍。

四、复杂的百越情节——攀语言之巅

在早期的田野调查中,我发现南方的侗傣语系的语言,与我家乡上海奉贤的方言有很多相似之处。在文化习俗、心理习惯上,两个人群也有奇怪的相似之处。这是什么原因呢？发现问题得不到解答，有时我会浑身难受。我想很多人遇到这样与自己有关的问题都会有这样的感受。这个问题就开启了我的博士阶段研究的课题。根据民族学研究和历史记载，分布于广东到泰国、印度之间的侗傣民族，源于中国古代记载中的百越。而历史上最著名的百越政权，无疑是春秋时期江浙的越国。侗傣语系和南岛语系的族群据民族史学研究都源于百越。而语言学上，著名语言学家白保罗也早就提出侗傣与南岛的语系同源关系。问题在于，百越是如何起源的，如何分化成南岛和侗傣，南岛从哪里扩张，侗傣又为何分为仡黎和壮侗两个语族。这些问题从1998年开始，成为我脑海中挥之不去的浓雾，甚至让人觉得像魔怔一样。金老师说："李辉只感兴趣百越的研究！"但是这一块的问题实在太多了。

1998年秋天开始，我组织了一大群志同道合的本科同学，一起研究上海郊区的群体。因为同学们来自历史、中文、文博等等各个不同的系，所以大家从不同的学科去挖掘上海郊区人群中的人类学"地层"。我们发现，上海郊区的人群主要由四个部分构成，新石器时代以来留下的底层"土著"越人居民（比如我自己）、商周时代西部来的吴人移民、古代北方来的移民、近代各地移民。这些成分在遗传基因、体质特征、方言类型、服饰文化等方方面面都体现出明显差异。而且，与其他地方的混合比例不同，这些群体在上海郊区的组成整体上比例接近，但是地域分布上非常不均匀，这可能与上海历史上靠近又偏离京杭交通主干道有关。这一系列研究集结成了一本论文集《上海郊区人类学综合调查》，作为集体项目，又拿了一个"挑战杯"全国特等奖。

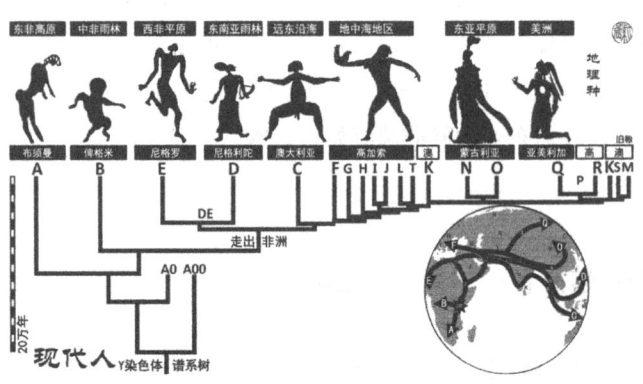

图4 全世界人群的Y染色体主干树（显示一级分类）

读研以后的主要工作就是全力调查百越源流。有了基因组的数据作为群体关系的刚性尺子，就可以很好地丈量各个群体之间的距离，摆脱了以往人类学调查只能定性不能定量的尴尬。特别是父系遗传的Y染色体，可以构建严谨无歧义的谱系树，从而很好地记录了父系社会以来的家系分化历程。如果人类历史主要都是父系的，它就记录了整个现代人发展的历史，实际上全世界人群Y染色体谱系树的完美性，让人不得不怀疑这一点。在这棵谱系树上，人群的差异非常明显，现代人的不同地理种有着最大的分支差别，同一地理区内的不同语系群体也有着明显的类型差别。当我整理提出这一相关对应现象的时候，西方很多学者顿生反感，这与他们长期坚持的现代人内部没有显著的生物学差异的观点严重背离。但是地理种是长期适应不同地理气候的必然产物，与物种、亚种的大概念不在一个数量级上。20万年以来的分化，必然会产生地理种。承认地理种的生物学差异，才能否定其间的进化程度差异，进而破除种族主义。生硬地否认地理种间的生物学差异，显然不符合常识，只能让公众对学者失去基本的信任，从而更催化了种族主义，美国的现状就是如此。

在Y染色体谱系树上，东亚的大部分民族类型都是O型单倍群，这说明整个东亚人群的主体起源是一致的。还有一些C、D、N、Q等类型，代表着不同的移民地层或分支。侗傣语系和南岛语系的群体都有着特别高频的O1亚类型，当时以突变M119为标记，现在有了更多的标记。而中国其他语系的人群中，O1类型就特别罕见，无论是苗瑶还是汉藏。可见得，之前的民族学研究把侗傣和南岛两大系民族追溯到百越的论点是对的。当然，侗傣与苗瑶、汉藏之间也有很多共享成分，属于中华民族共同体形成之初的交流融合，所以把这三大系归为一类的做法，从另一个角度也是存在合理性的。

百越民族的分化历程，就记录在O1类型的内部谱系中。从这个谱系中首先就破除了台湾某些学者长期坚持的南岛民族台湾起源说。一般来说，科学研究应该是严谨而独立的，不是为政治服务的，但是台湾地区有些人类学者却毫不掩饰自己研究的政治性，一定要把台湾与大陆的群体割裂开来。他们认为台湾以外的南岛语系马来语族，都是起源于台湾岛上的南岛语系其他语族（泰雅、排湾、邹），与大陆人群没有关系。甚至认为台湾的本土汉族从遗传上与越南人更近，而不是接近大陆同样讲闽南话的汉族群体。这些观点还会用各种数据来论证，但是证据都是筛选，甚至有明显漏洞的。例如为了证明台湾的汉族来自百越，去和越南人找亲戚关系，殊不知越南主体京族是南亚语系的，不属于侗傣语系的百越。而使用的 HLA 标记，是受环境选择压力最大的遗传标记之一，只有地理和气候相关性，而几乎没有历史相关性。当然，一些学者认为马来族群起源于台湾岛，也未尝不可，但是整个南岛语系族群都起源于大陆的古代百越民族，却也是不争的事实。问题在于，台湾岛是迁徙路线上必需的吗？即便分子人类学界，也是争议颇多。马来族群中被认为来自台湾岛的一些 Y 染色体和线粒体类型，后来发现最源头的类型在印尼西部。在我读研期间分析的 O1 类型谱系中，我做出来的结果非常清晰，大陆的侗傣族群处于整个演化谱系的正中，而台湾少数族群和马来族群分别处于两端。这说明，至少在三个族群主流的这一父系类型中，马来和台湾的族群分别起源于侗傣，而不是从侗傣经台湾到马来。当然，在其他谱系中也有经台湾向南岛迁徙的类型，人群的演化从来都不是单线的。

整个百越后裔民族的演化树，也通过 DNA 谱系分析建立了起来。南岛语系的马来族群是最早从大陆族群中分出去的，此后是台湾的少数族群，大陆的原始侗傣族群再分出了仡黎族群，最后是壮侗族群。这些研究成果汇集成了我的博士论文《澳泰族群的遗传结构》，我把南岛语系（Austronesian）和侗傣语系（Kra-Tai 仡傣）族群合称为澳泰族群（Austro-Tai）。当时觉得完成了人生一个大事件，现在回头去看，只想把这本论文烧掉！因为随着研究的深入、技术的发展，里面有太多需要修正和改进的部分了。不过这就是科学发展的必然规律，不断地更新和进步。我觉得一个真正优秀的学者一定会羞于谈自己五年十年前的成绩，如果成天讲自己中学时候成绩如何如何，高考如何如何，甚至自己的祖辈师承如何如何，那他的学问发展就堪忧了。

我的论文中构建的框架是对的，但是当时的技术无法精确地估年。十年以后，我们完成了 Y 染色体多样性全测序，构建了精细分子钟，终于可以精确地计算各族群之间的每个类型的分化年代。结果有意思了，百越的各个族群都是从江浙分化出去的，大约5900年前分出了南岛族群（主要是 O-N6 类型的证据），大约5300年前分出了仡黎族群，大约4400年前分出了壮侗族群。而百越的基础人群始终留在江浙沪一带，我的家乡人口就主要来自这一遗存。这几个年代数据，对于民族学研究者来说可能只是数据而已，但是在考古学家眼中就完全不同了。在江浙地区，7000多年前开始的本土马家浜文化，在约5900年前结束，继以带有明显江北特征的崧泽文化。约5300年前，崧泽文化又被良渚文化取代了。约4400年前，辉煌的良渚文化突然灭亡，而在广东和陕甘地区，又出现了与良渚有关的文化群体。这些时间点是完全吻合的，难道是巧合吗？我认为，一个区域内的文化变革，不会简单地从内部发生，更多的是因为族群之间的冲突和文化融合。约5900年前，来自长江以北的大溪文化—大汶口文化（苗瑶的祖先）南侵，使得马家浜文化的上层阶级南迁，演化成了南岛语系。约5300年前，中华大地上一场史无前例的大融合，使得崧泽文化的上层阶级南迁，后来形成了仡佬族和黎族。仡黎语族属于侗傣语还是苗瑶语，曾经长期争议。如果他们本来就是苗瑶的祖先统治了侗傣的祖先形成的，那这种语言混血现象就很合理了。甚至我猜测，传说中的"九黎"就是仡佬族和黎族的祖先崧泽文化的人群。仡佬（Glao）和黎（Hlai）的发音与九黎（Golai）真的挺像的。大溪是三苗，崧泽是九黎，大汶口是东夷，凌家滩是三大群的都城，当然这只是猜测。

所以，上海郊区有大量的人口是从远古遗留下来的，包括我的乡亲们。怪不得我在傣族、水族等地调查时能找到那么多相似处。后来，在语言学家潘悟云先生、钱乃荣先生、陶寰先生、胡方先生等的帮助下，我们又对上海奉贤的方言做了深入的调查分析，结果发现其中有大量的侗傣特征语音和词汇，包括复杂的缩气音（紧喉浊塞音）系统。更有意思的是，因为陶寰告诉我松江方言有特别有趣的十九个韵部，我就格外关注了元音系统。结果发现，传统音韵学对发音体系的描述，与我们使用者对发音体系的认知是有脱节的。传统的音韵学是基于官话方言系统的认知，而吴方言的发音认知是完全不同的。比如把间元音放在韵母部分，而在我们使用者耳中，有没有间元音是不会改变一个韵母的。有些音节的差异，传统认为是辅音差异，而在使用者耳中辅音没有差异，可以随意换，差异在于元音。这就呼吁真正的语言调查要从人类学的角度出发。因此，与当年的肤纹研究一样，我抛开了原有的经典体系，重新客观地去调查我们的方言。这一次真的得益于我是母语使用者。结果发现我们的方言有21个元音，合成20个音位。我告诉潘悟云、陶寰等老师，他们说一个语言有那么多元音还怎么说话？我本来不知道一种语言是不可以有那么多元音的。于是开始收集全世界的语言语音体系来建库，这个工作从1999年一直持续到2008年，足足做了10年，有些资料还是在美国的各个大学图书馆里获得的。陶寰也拉着胡方去奉贤找老人们采集录音。通过分析，我发现元音数量的分布是有规律的，大部分语言是5元音的，少数简化了，高加索地区有的语言甚至只有一个元音了（不区分元音）。而有一些经济发达、社会发展快的地区的语言就元音增加，元音最多的地方是两个，欧洲的日耳曼语族和中国的吴方言区。日耳曼语族元音最多的是丹麦语和瑞典语17个，而吴语普遍在12个以上，在上海郊区普遍在17到19个，奉贤西北部又多出一个［œ］变成20个音位。这个有20元音音位的方言使用者都自称为［dɒŋdæˀ］，因为与侗傣族群有渊源，我翻译成了"侺傣"。我们写成了论文，还没来得及发表，*Science* 上首先登出了新西兰团队的世界元音分析论文。但是我们一看他们的分析数据是极度简化的，所以得出的结论严重偏差。于是我们把我们的结果以技术评论的方式发表在 *Science* 上，证明现在大部分语言的扩散中心并不是非洲，而是中西亚，反映的不是早期的人类非洲起源，而是较晚的人口亚洲扩张。奉贤那边特别高兴登上了世界元音最高峰，为此设立了一个元音公园，并把方言教学作为校本课程进入了学校教育，科普语言学知识。这又回到了人类学意义上，真是个大好事。

图5 锦带书和侺傣话

在进一步的研究自我族群过程中，我还发现了我们独特的"文字"。我小的时候，曾祖母经常在家中织锦带，上面会有各种纹样，她告诉我每个纹样都是有意义的，可以拼在一起表达完整的话语。她还把她妈妈留下的两条锦带给了我，上面各织了一首诗。30多年过去了，当傣僳话受到了广泛关注，我又想起了那两条锦带。我把它们从箱底里翻出来，拿给古文字学家刘钊教授看，他觉得特别有研究价值，2019年初就约了各个研究单位的几位文字学家一起到奉贤开了一个研讨会。会上，当地很多老人又拿出了好几条锦带。大家听我翻译出几首诗，其中一首现在已经作为奉贤有名的民间诗歌了，全文是："吾盼花开，中心惟惟。吾入园圃，有蝶纷飞。喜（目吾）君子，愿为双对。幸甚至哉，永得祥瑞。"其中的字符形状很特别，双叉代表"吾"可能与楚篆有关；一双眼睛是"目"，上下加上双书名号"分"的变形，就成了"盼"，上下加上双叉"吾"，就成了"晤（目吾）"；"君"字是双手下加一人。很多符号都似乎有历史渊源，但是又与现代汉字走上了不同的发展道路。这种符号是过去当地女性表达情感用的，或用于情书，或用于婚礼，仅仅用在锦带上，所以我们命名为"锦带书"。这与湖南的女书有点像。古代女性没有上学读书的机会，要表达记录就只能靠自学和自传，从社会上零星学来的字符经过不同的传播发展，又适应编织而变形美化，渐渐形成了这里独特的"锦带书"。这种书写体系对于研究汉字的发展，可能有着独特的价值。我们的身边真的藏着好多宝藏。在民族调查中，我发现锦带书的有些字符，也会出现在黎族、壮族、傣族、侗族的织锦中，或许有传播吧。

五、赴耶鲁留学——观天地之大

2005年博士毕业以后，我就去了耶鲁大学医学院，在Kenneth K. Kidd的实验室做医学人类学的博士后研究，后来转了助理研究员。Kidd教授曾是著名的人类群体遗传学泰斗Luigi Luca Cavalli-Sforza在斯坦福大学的第一个博士后，而金力教授也曾在斯坦福大学Cavalli-Sforza的实验室求学过。在耶鲁的四五年时间里面，我一方面学习了很多新的基因检测分析技术，一方面接触到了更广泛的样本数据和资料信息。为此，我到了拉美、非洲、欧洲、亚洲各国做田野调查。我研究的主要方向是若干医学和健康相关基因在世界人群中的多样性，以及自然选择的信号和原因。重点分析的是两大类基因：酒精代谢相关基因和味觉受体相关基因。

酒精进入人体以后的代谢过程是两步，从乙醇脱氢变成乙醛，再从乙醛脱氢变成乙酸，其代谢中间产物乙醛对人体有严重危害，终产物乙酸是众多代谢反应的底物，所以在人体代谢系统中极为重要。乙醇脱氢酶在人体多个器官中有不同的版本，一共有7个基因分别生产。乙醛脱氢酶则有2个基因分别生产。这些基因在世界各地的人群中变异特别大。我分析了全世界当时所有报道过的几十万人的基因数据，并用类似Y染色体谱系树的方式构建酒精代谢基因的进化树，基本理清了酒精代谢在世界人群中的演化过程。

乙醇脱氢酶基因中最关键的变异 *ADH1B*47His* 被证明与酒精中毒、胃癌、肝癌等数十种严重疾病的抗性或易感相关。过去的研究发现这一变异分布于西亚和东亚，但是具体的分布规律完全不清楚。我通过极详尽的基因地理学调查，研究了数千个群体数十万个体数据，绘制出了最精细的世界性地理图谱，成为空间流行病学分析的重要依据。这一变异在西亚西部和东亚东部都达到了极高频率，两地的变异有完全不同的进化历史。通过分析东亚不同群体中这一变异受到自然选择作用的信号，发现自然选择都出现在农业民族中，变异频率随着农业的发展而增高。在古代样本中检测这一基因突变，发现频率升高发生在商周之间，可能与金属农具推广引起的粮食增产有关。这是基因变异与社会发展相互作用的最典型例子之一，被英国教科书 *Ethnicity and Drug Response* 引为教材内容。

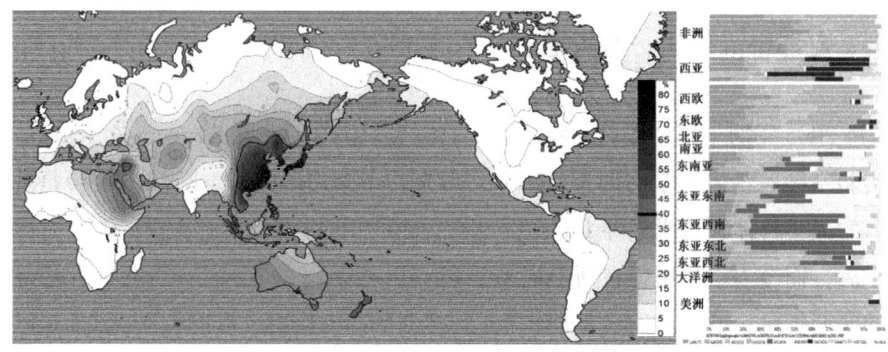

图6 乙醇脱氢酶47His变异精细地理图谱和单倍型分布（*Am J Hum Genet* 2007，2009）

我还绘制了另一个重要变异乙醛脱氢酶 *ALDH2*504Lys* 的精细地理图谱，通过微进化分析发现这个变异产生于汉族祖先中，并随着汉族的扩张而扩散。这一变异对酒精中毒、肝硬化、肺结核等诸多疾病都有抗性，可能是促使汉族扩张的遗传优势。另外，这一变异又有强烈的诱导食管癌的倾向。这个变异在中国的四个高频地区对应了食管癌的四个高发地区：太行山区、粤东闽南、巴东、苏北。随着纬度的增加，诱发食道癌的基因变异频率阈值降低。这揭示了食管癌发病的基因地理学规律，以及基因变异、气候环境和流行病之间的相互作用，是个典型的空间流行病学模板。这系列工作发表以后在学术界广为关注，被刊登于包括 *Nature Genetics*、*Cancer* 等重要期刊论文引用。

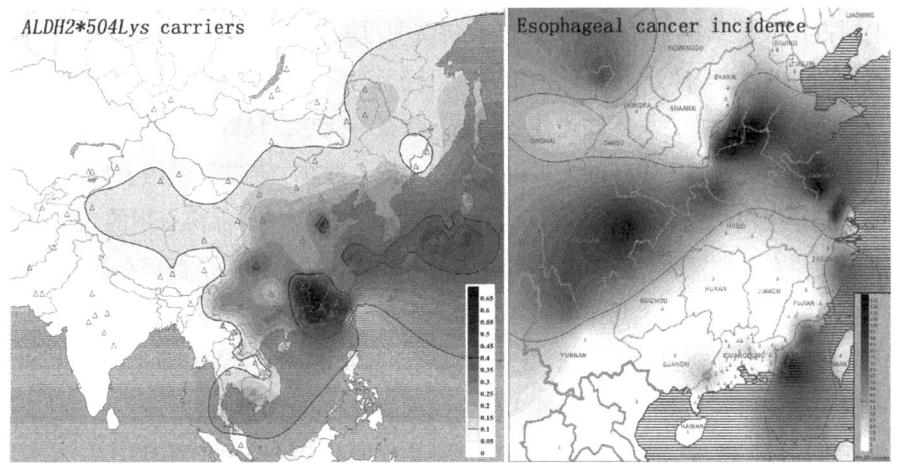

图 7　乙醛脱氢酶 504Lys 变异精细地理图谱和食管癌发病率的对应关系
（*Ann Hum Genet* 2009）

苦味受体基因的调查更有意思，我发现中国有更多的人对"苦味"特别敏感，敏感程度远高于其他人群。"*TAS2R16*"这个基因在所有味觉基因中对毒性的识别力最强，而中国人群的"*TAS2R16*"基因显现出超强的能力，使中国人普遍具有充分敏感的苦味感觉，能够通过味觉判断食物是否含有毒性。我计算出对中国人"苦味"基因突变的自然选择出现在五六千年前，与传说中的"神农尝百草"处于同一时代。这是不是说明，所谓的"神农尝百草"确有真实的历史背景？

人类的味觉基因生产了包括"酸""甜""苦""咸""鲜"五个大类的味蕾受体，最近又发现了"腻"味蕾受体。有人喜欢吃酸，有人嗜糖如命；有人讨厌西兰花的苦涩，有人嚼起来却浑然不觉，这都是源于人体内味觉基因不同所决定的。味觉差异在世界人群中十分普遍，据统计，世界上大约有四分之一的人口在吃西兰花或者孢子甘蓝的时候，不会对这种食物特有的苦涩味道有觉察，而另一部分人群则对苦味十分敏感，这就是早期生物人类学调查的苯硫脲味觉性状。我在本科时期就调查过苯硫脲基因变异的遗传，发现指间区纹与苯硫脲有明显的连锁遗传，都在7号染色体上，到了耶鲁以后自然很有兴趣继续研究苦味基因。经过研究，我发现约在五六千年前，中国人群与世界其他人群相比，在"*TAS2R16*"基因上出现了明显的变化。值得注意的是，这一时期，中国古代人从采集、渔猎生活正向农耕文明过渡。可以想象当时的场景：伴随着人口的迅速增长，传统的渔猎方式已经无法满足人类对食物的需要，由于当时的人缺少食物，又不知道什么能吃，什么不能吃，只得尝试各类食物。在尝试过程中，苦味不敏感的人被淘汰，使中国人群在"苦味"基因上具有的优势，能够很快识别有毒的植物，他们抛弃了有毒的物种，保留有用的农作物，进而促使农业的发展。这不就是传说中的神农时代吗？神农是否真有其人在这一项研究中没有证实，几年以后我却踏上了继续追踪他的征程。但当时通过基因研究证实，"神农尝百草"确有其事，也许神农不是一个人，而是一个群体。中国人"苦味"基因的优势，使古代中国人的食物种类远超过欧洲，中国人口增长也超过了欧洲，这也许是中国创造灿烂文明的另一个重要原因。

六、回复旦工作——寻中华之根

我热爱中华民族和中华文化，还是想好好研究中国，把生命的价值实现在中国。2009年，在金力教授的召唤下，我毅然回到了复旦，从副研究员做起。2011年升了教授，2017年金老师又把现代人类学教育部重点实验室主任的大任交付给我。

基因谱系可以精确地重建人类个体与个体之间、群体与群体之间的血缘关系，无论地域或者时间上距离多远，都可以为历史研究提供一把精确的尺子。

构建基因谱系最便利的遗传材料就是父系遗传的 Y 染色体,全世界的 Y 染色体都可以准确地组成一棵谱系树,谱系树的根部是在 20 万年前的东非,全世界所有的现代人都起源于东非。怎么研究中华民族,不同于万年尺度的现代人起源问题,对于千年百年尺度的历史时期,我们需要更精细的尺子。因此必须发展 Y 染色体的精细标记系统,要对全国的人群进行 Y 染色体的全序列深度测序来寻找更多的标记。用这一套精细标记系统,就可以很精确地分析历史渊源很近的两个家族、两个人物之间的距离,就可以研究历史人类学了。传统的历史学研究范式是从文本到文本,限于文本的来源局限,以及文本鉴定精度局限,对历史还原的准确性也有很大局限。把自然科学的方法引入历史学研究,可以突破两种局限,形成从文本到实证(基因谱系和考古发现)再到文本叙述的历史人类学研究范式。2016 年的 *Science* 上,对我们的历史人类学研究做了专门的报道。

有了距离,还需要有速度,才能换算成时间。这个精确的速度怎么得到呢?以往的速度,是通过人类与黑猩猩的序列差异计算出来的,误差非常大,对人类历史阶段没有分辨力。我们需要寻找可靠的大家系,在家系中跨度很大的个体间分析序列差异,计算突变速率。通过与历史学家韩昇教授合作研究,我们锁定了曹操这一家族。他们有特别的优势。历史上普通人的家族太小,在现代很难找到后裔,所以只能研究帝王将相的家族。比曹操远的家族,传承往往缥缈。后期的大王朝的后代,准确率又不高。曹操不远不近,后代容易找,在民间因为声明被污而很少有冒认后代的。我和韩教授合作,在我的第一个博士生王传超(现在是厦门大学人类学研究所所长)的辛苦奔波下,找到了 9 家有记载是曹操后代的家族,检测了他们的 Y 染色体序列,结果发现他们中 8 家都是很少见的类型 O2-F1462。如果不是曹操后代,这种巧合的概率几乎不存在。因此确定了他们的曹操后裔身份。我们也研究了全国夏侯家族的基因,因为传说曹操的父亲曹嵩是他爷爷曹腾从夏侯家收养的。结果发现夏侯家主要是 O1 类型,和传说与夏有关的各个姓氏(如姒)是一样的。那就否定了曹操与夏侯家同源的说法,韩教授证实这是东吴政权当时造的谣。我们还从亳州曹操祖辈的墓葬中检测了人骨 Y 染色体,也是与曹操后代吻合的,进一步确认了曹操家族血统传承没有变,曹操与其祖辈血缘一致。在我们的项目进行到中途时,新闻报道了曹操墓的发现,舆论把我们的项目与曹操墓连在一起,还轰动一时。通过这一大家系的分析,我们成功计算出了精确的Y染色体突变率。再从全国大人群Y染色体全序列中寻找到了几万个新的标记。一把精确的尺子就做好了。

有了这把精确的尺子,就可以精确测量谱系树上的每一个分枝。在谱系树上任何两个人的共同祖先年代都可以精确到100年内。故而,历史上无论多久远的人物,只要他子嗣众多,在基因谱系中就很容易被检测出来,特别是文明之初的帝王,其后人在人群中占有极高比例。这不就可以检验我们中华文明起源之初那些传说中的帝王了吗?我的目光终于可以聚焦到中华文明起源上了。

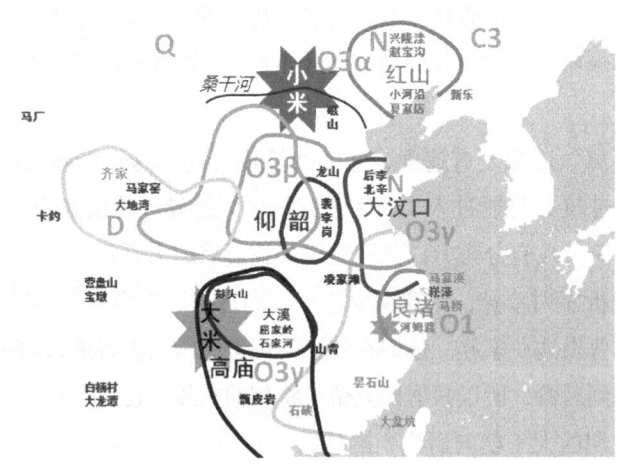

图8 基于分子人类学研究成果制作的中华民族遗传迁徙图

通过基因组进化的动态模拟,我们发现,文明的起源,是人口增长的结果。人口增长的基础,是12000年前末次冰期结束,全球气候变暖,动植物繁盛。10000年前人口增长后,又发明了农业,进一步促进了人口增长。约8000年前,人群向农业中心聚合,形成了最初的民族和语系。

约7000年前,在人群聚合基础上,最初的国家起源,四大文明古国纷纷建立。所以文明是建立在农业基础上的。中国农业有两大主要起源:11000年前南方沅江流域的大米,及10000年前北方桑干河流域的小米。由此聚集成了南方的苗瑶语系和北方的汉藏语系,并催生了周边农业区的南岛—侗傣、孟高棉、匈羯、满蒙、芬乌等语系。

图 9　李辉教授被 Science 以《复活传奇》为题专版报道（部分）

那么上古子嗣众多的人物找得到吗？真的有！在中国的 Y 染色体谱系中，发现了三个急速扩张的个体节点，其直系后人各占现代中国 Y 染色体的二成左右。估算其年代，分别距今 6800 年、6500 年、5400 年。按照人口动力学分析，他们的后代在三四代内就增长到数千人，这样的扩张需要消耗特别多的社会资源，所以他们必然有着至高无上的政治地位，很可能是传说中的中华始祖。他们会不会是传说中的三皇呢？为此我搜寻了中国新石器时代的各个遗址，与各地考古部门合作去检验那些高等级墓葬骨骸中的基因。结果发现湖南高庙文化的城头山古城、河南仰韶文化的西水坡大墓、辽宁红山文化的牛河梁陵区，始建年代与基因谱系中三个大扩张年代基本符合。而相关样本的基因鉴定，也把三个扩张谱系定位到了这三个文化中。有趣的是，高庙文化中出土大量八角星纹（据研究是八卦的原始造型）、凤鸟（风姓标志）和夔龙图案。仰韶文化中出土大量太阳纹、阴阳双鱼纹、花草纹。红山文化出土大量龙凤玉器、玉人练气模型，以及大量的玉礼器，牛河梁陵区目前出土的十六个金字塔形积石冢似乎排成轩辕星座的形状。基因、年代、文化……各方各面的证据都指向：天皇太昊伏羲氏、地皇炎帝神农氏、人皇黄帝轩辕氏，这三个神话一般的中华人文始祖，恐怕不是空穴来风。

历史人类学的研究，把自然科学的实证引入了历史学研究，增加了历史分析的精度和深度，突破了古史研究中文本匮乏的局限，应该可以对中华文明起源的研究做出全新的解析。为此，我将继续穿越古今，走在田野中，把论文写在祖国的大地上。

七、撰写《茶道经》——演中华之道

如果三皇是中国真正的人文始祖，他们不但是我们中华民族谱系的始祖，还是中华文明精髓的始祖。中华文明最早的核心理念，记录在《易经》《神农本草经》《黄帝内经》里面，归纳起来最重要的是"阴阳平衡""天人合一""五行生克"等和谐共存、辩证统一的观念。虽然很多历史学家认为有些文本是春秋到秦汉才出现，是后人伪托的，但是人类学的观点在此可能与历史学恰恰相反，没有成熟文字的民族，对于重要文本往往有专职口传的传统，口传文本还会不断多样化，到了文字成熟以后才可能成为书面文本。所以对于中华文明中的这些基本体系的形成历史和原因，我也是尤为好奇。特别是与我家传有关的中医文化，经络和穴位到底是什么？君臣佐使各有何用？2018年，金力院士开创了人类表型组国际大科学计划，人体基因之外的各种特征都属于表型，中医表型是其中必不可少的一部分。正好又中了我的第二个兴趣点，也是我自幼的理想。

在浩如烟海的中草药中，茶叶是第一种中草药，据传是神农尝百草而中毒时用茶叶解的毒。茶叶的历史，有很多的历史记载和研究考证，近年又不断有考古证据和进化遗传学研究，揭示这一片神秘的东方树叶的悠久历史。我们一直知道茶叶是因为其医疗效果而被选择出来的，但是近千多年来，人们对茶叶的医疗效果越来越迷茫，品茶渐渐变成了一种文人雅士把玩的艺术。发展到极致就成了现在所常见的"茶道"，变成类似于一种文化人类学的仪式。但是我一直不觉得那种"茶道"是"道"，因为道是形而上的，是一种哲学规律，而不能仅仅是一种艺术形式，即便赋予这种形式以精神理念，譬如"和敬清寂"。

所以当我听到"禅茶一味"之类说辞的时候，内心是极端抵触的。我希望看到茶的明确的科学分析、清晰的哲学逻辑，而不是说不清道不明地打"禅机"。岩茶有"岩韵"，猴魁有"猴韵"，白毫银针有"毫香蜜韵"，这到底说的是什么意思？毫毛有什么独特的香吗？这是多么荒诞啊！倘若用这种"茶道"来指导茶叶生产技术，怎么能保障茶叶的健康？

茶的质量问题关键并不在于农药残留，这是可以简单控制的。关键在于生产工艺的科学性。茶叶的生产制造是各种生化反应过程，如果方式不对，会产生各种有毒有害成分。但是怎么才能知道方式对不对呢？这必须建立在深入的科学研究和系统的哲学分析的基础上。

20多年前，当我进入复旦大学读本科的时候，谈家桢先生就对我说到了这个问题。谈先生是中国遗传学的奠基人、复旦大学生命科学学院的创始人、上海茶叶学会的发起人。因为各种渊源，谈老特别关爱我。常常打电话给我的老师，让我有空去他住处。我在谈老这边开始品尝到真正的好茶。有一次他说起茶学，提到近来从台湾传来的各种说法非常忧心。他说茶叶分类的"发酵程度假说"完全不合逻辑，各种茶的香味与功能不同，显然是内含物质根本不同，这必然是完全不同的生化反应生成的，怎么是反应程度不同呢？复旦大学的茶学宗师陈椽先生开创了六大茶类的分类，本来就是根据工艺流程分的，与发酵程度有何关系？这种假说必然会错误指导生产！我现在回过头来看，果不其然，半发酵的工艺变迁几乎毁了铁观音。谈老说他是个爱茶人，虽然很想研究清楚，奈何已经老了。他说弟子中也没有喜欢茶的，只有我祖上有一点渊源，问我以后有条件能否研究清楚。我很诚恳地点点头。

博士毕业以后我去到耶鲁大学医学院学习工作，一晃到了2008年，突然传来谈老逝世的消息。悲痛之余，我想起谈老的嘱托，虽然一直放在心底，还没有一点眉目。于是立即联系回到了复旦。2009年开始，我在教学科研工作之余，开始了茶学探索的历史。认真品鉴了上百种好茶以后，我渐渐发现了茶叶的奥秘。不同的茶汤，会调动身体不同部位的热流，在不同的区域流汗，这不就是经络的效果吗？当2012年青浦区朱家角古镇重开七百年历史的老茶楼"江南第一茶楼"的时候，我设计了一幅茶类对应经络的挂图，提出了六茶对应六脉的规律，开始触及真正的茶"道"。

此后，我继续积累素材和资料，准备深入研究。陆陆续续做了一些动物实验、化学分析、生理检测，渐渐证实六大茶类的不同成分、不同功效，更重要的是证实了不同的经络效应。很多重要的工作还是在家里做出来的，我和我夫人一起不断调整实验方案，分析实验结果，最终把经络的影像都拍摄了出来。原来经络就是体液定向流动的细胞水通道。喝12种茶可以分别激活12条经络，体液带着各种离子流动产生电流并发热，从而被红外镜头捕捉到。在这一系列研究过程中，我发现中医的早期理论体系背后隐藏着特别重要的科学原理，现在那些辱骂中医的所谓科普团体是多么浅薄荒谬啊！我还专门用一周时间辟谷，让身体排除食物影响，然后让我夫人帮我每个时辰扫描经络状态，结果发现中医经络的"子午流注"的生物钟几乎分秒不差！我似乎打开了一个科学殿堂的门缝……

原来，六大茶类的分类，是不同的加工流程，让茶叶经历了不同的化学反应，从而生成了完全不同的主要成分，绿茶酚、青茶酸、红茶胺、白茶酯、黑茶苷、黄茶酮。茶叶加工中杀青是重要一步，就是把茶叶的生物活性杀死。六类茶，黑白黄三种是杀青后再转化的，红绿青三种是杀青前就已经转化好了的。杀青后就是死，杀青前就是生。死为阴，生为阳。所以六类茶，实则是"三阴三阳"。阴、阳各分三类，则是根据转化步骤的能量来源来分的：绿茶、白茶，日光曝晒，能量来自天。青茶、黑茶，摇撞揉捣，能量来自人。红茶、黄茶，渥堆包闷，能量来自地。"一阴一阳之谓道……有天道焉，有人道焉，有地道焉，兼三才而两之，故六。"这就是《易传》里面讲的天地人"三才之道也"，也是《黄帝内经》里讲的"三阴三阳"人体六根正脉，茶的性味配伍又符合《神农本草经》的基本原则。这就是中华文明核心理论的奥妙所在啊。

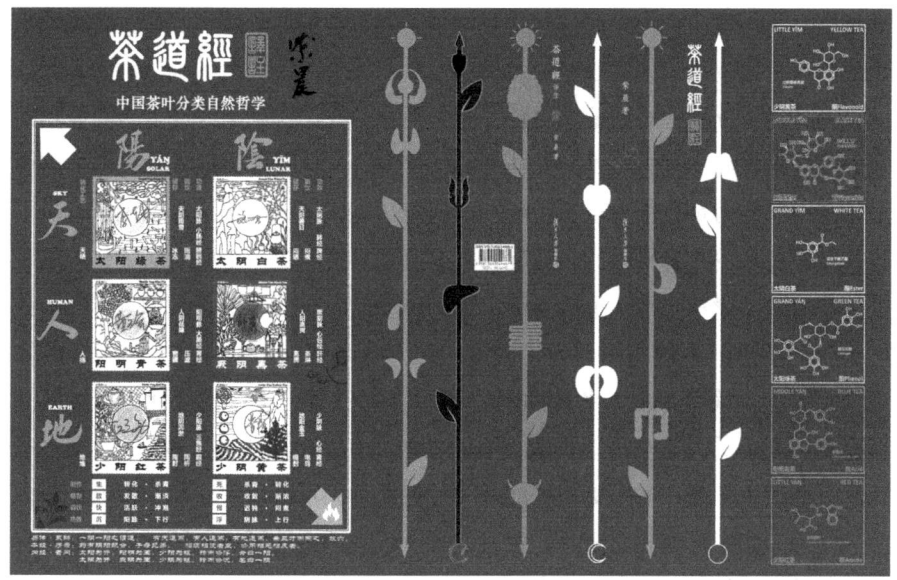

图10 《茶道经译注》封面挂图

摸到了茶哲学的"道"和茶科学的"法",如何证明这些是真理?那必须要实践来检验。在收集整理各种茶品种的过程中,我发现大部分经络的茶,我都能找到几近完美的,除了少阴脉的黄茶。所以,我一直想通过这套理论,发展出合理的制作黄茶的"术",做出黄茶的完美少阴气来,形而下到"器"。各种机缘都自动地找到了我。2016年,因为浦东干部学院对口扶贫贵州江口县,朋友请我到梵净山指导茶叶生产。我说要脱贫,必须开发有市场价值的新产品。绿茶的市场是饱和的,黄茶的市场最稀缺,当然要做黄茶。何况武陵山区历史上就是黄茶产区。于是就在梵净山中试验了无数次,终于在翌年成功做出了真正完美的少阴心经黄茶。

这款黄茶真的入心经吗?能治疗什么病?带着无数的问题,我继续做了大量试验。从自身,然后身边的人开始尝试。大家纷纷反映喝了以后心口特别热,特别舒服,而且会迅速饥饿。饥饿感不就是血糖降低的效果吗?那就是黄茶可以清理心血管,降低血糖。那能不能治疗糖尿病呢?许多糖尿病人自告奋勇地尝试,结果太喜人了,凡是因为饮食和衰老引发的糖尿病,疗效特别显著。温州的一位朋友的父亲,糖尿病晚期的烂脚,本来必须截肢的,居然奇迹般地愈合了，现在行走自如。她给我寄来了喝黄茶前后的病脚照片，我感觉比她还高兴！这就是黄茶入心经的效果！

　　用各种茶分别针对性地解决各种健康问题。我们得到了许许多多的成功案例。其中很多病症过去根本没有合理的治疗方法。这是多么重大的突破！这就是茶"道"的力量！谁说茶不是药？如何能让这些知识尽快地普惠大众？科学论文是没有多少人看得懂的，何况每一篇论文只能解决一个科学问题，太零碎了。我想到了著书立说，用最简明的语言来传播真正的茶道。2017年中，我写出了《茶道经》的初稿，为了表示"道"是真理，用了文言文，经文的体例。还配上了简明易懂的各种插图。2019年初在复旦大学出版社推出了第一版，意料之中的，影响迅速扩散，全国各地都有人在诵读《茶道经》。很多茶人联系我改进工艺，做出更完美的茶种。然而，大家都反映这本《茶道经》内容太简练，读了不过瘾。于是，我又做了一版白话文的译注，稍微详细地解释每一句话后面的原理和案例，出版了《茶道经译注》。

　　而我的衷心，也就是《茶道经》的初心，在于造福大众，在于让中华智慧造福全人类。《茶道经》的英文版草稿已成，其他各语种也在翻译中，我相信这一理想在大家的助力下必然会实现。到时候，全世界的人们都会知道"阴阳平衡""天人合一""和而不同"等中华文化概念，都会用茶和经络技术调理身心健康，那会是多么美好的图景啊！这不就是人类学家的初衷吗？不就是费孝通先生提出的"美美与共，天下大同"吗？

　　我从一个中医的家庭走出，抱着对中草药植物的由衷爱好，一不小心踏入了人类学大宗师的门下，走上了研究人类基因的道路。但是打破学科的藩篱，融会贯通生物学、考古学、语言学、历史学、统计学、地理学等综合知识，不忘初心地追寻中华人文的源流，坚持服务大众的信念，我相信自己终会是一个"好人类学家"。

我与人类学的十年

李陶红

李陶红,云南大姚人,人类学博士,大理大学民族文化研究院副研究员,硕士研究生导师,人类学高级论坛青年学术委员会委员。发表论文 20 余篇,著有 *Urbanization of Rural China*、《咸的历程——明清以来云南石羊古镇城镇化研究》《三步之外是田野》。

自己走入人类学的路子，算来已经有10年。10年时间，与在人类学之路走了一辈子的长者来说算不上长，但将10年放入我既有的人生中，已然占据了我三分之一的时间。有了人类学，我的人生多了些色彩，多了些改变，节奏也并非平铺直叙。自己切身感受到了人类学带给自己的变化，且是向好的变化。因此，自己与人类学，自己有话可说。

一、人类学的启蒙

自己初识人类学，是在我的本科时期，本科我在云南师范大学学的中国汉语言文学专业，当时开设有《人类学概论》的选修课，上课的具体内容已经很模糊了，但这门选修课上的专业观点，自己很是受益。后来一次偶然在看小说的机会，记得是《消失的地平线》，小说中蹦出了"民族学"的字眼。民族学三个字对我充满了诱惑力，自己是彝族身份，但自小因为上学等原因，已经与生我养我的彝族土壤渐渐割裂了，当逐渐长大，自己的彝族身份与指引自己成长的彝族文化，成为我内心想要去找寻的部分。而民族学人类学的诱惑力，就在于我可以以专业的知识，来重新深刻地认知自己成长的文化土壤。适逢2009年第16届国际人类学与民族学大会在昆明召开，从会前的志愿者招募到会中的各种议程，自己都有关注，对人类学民族学有了浅层的了解。也正是这次大会的促动，让我坚定了想要考个人类学民族学硕士研究生的想法。2010年，我顺利考上了云南大学民族学的研究生，这算得我人类学入门的标志，自此，我在人类学之路上一点点行走至今。

硕士研究生的启蒙阶段，人类学的认知并非顺风顺水，而是经历了文学与人类学的对撞与对决。文学是我的本科专业，自己也喜欢文学，文学为自己建构起了文艺与烂漫的空间。但是，身边有优秀的文学爱好者，自己和他们相比，似乎少了一些天赋，因天赋的匮乏，自己索性从文学中出走了。硕士研究生阶段来到人类学，也算有些意气用事，因为对人类学能给自己带来什么的认识还是比较迷糊的，仅仅是为了自己当时考研的那个最个人化的动机，去寻找另一个我的彝族身份。硕士研究生阶段，我三年主要的学习经历就是在做学科思维方式的转化。在这期间，我身边的一些同学已经在玩转理论了，而我需要大把的时间完成我学科思维的调适。学了几个月的人类学专业知识，自己的内心是痛苦的，这种痛苦源自既有的学科思维需要被清洗、被置换。文学在人文社科科学中是偏人文的，是非实证的研究，文学需要发散，需要大脑创造性的发挥。而在初学人类学的过程中，我感受到的人类学是偏社会科学的，是需要实证来开启研究的，研究中散发着科学性、逻辑性的味道。从文学的经典文学作品与人类学的经典民族志两类大的学习文本来看，就显示出文学与人类学之间显著的差异性。二者的差异摆放在我的面前，原有的文学思维在人类学这里无所适从，而新的人类学思维还未建构出来。因此，我用了大把的时间精力，进行人类学的学科思维摸索与建构，将自己的研究变得有人类学的味道。

  这一转换过程中，我首先要学会用人类学一脉的科学性语言进行说话。因此，我摒弃了文学性发散式的、力求唯美的语言方式，而走向了就事论事、不滋生旁枝末节，尽可能呈现科学、严谨的语言。我用写论文的方式来训练自己不蔓不枝的人类学式语言，一句话能说清楚的语言绝不多用一句。其次，我要学会用人类学的理论与方法来生成新的专业话语。人类学是非常强调理论性的学科，不同的民族志文本都有其特定的理论主张。人类学理论纷繁复杂，跟随时代性，理论有不同的成长与转向，且同一理论在不同的时间段会有延续性与变通性。同一理论之间的不同流派有不同主张，不同理论之间的对决与对谈，都是理论学习需要打通的节点。对人类学一无所知的我，只能硬着头皮一点点领悟，一点点打通。

  在自己懵懂上路的日子里，自己因为有畏难情绪，还产生了硕士研究生专业随便读一读，继而捡回文学饭碗的想法。还好，这一路上有我的硕士导师张实教授的支持，她一直在鼓励着我，对我一直投以欣赏的眼光。我提交给张老师的田野调查报告，她说写得很好，让我再接再厉，她类似的鼓励消弭了很多我对人类学的不自信。硕士二年级的时候，张老师对我说，陶红你读博吧。这是我万万没有去想的，也是不敢想的，自己一直认为是天资愚钝之人。很奇妙的是，张老师的提醒算是在我心里种下了一颗小小的种子，在人类学的学习过程中，我不知不觉感受到人类学以一种强大的力量在改变着我。人类学的民族志作品，为我打开了一扇扇理解不同人类文化的窗口，这些文化闪烁着光，还点亮了我。在人类学的田野调查过程中，我沉浸于以观察、访谈的方式去了解他文化，比之既有的文学将我带入一个个虚构世界中无法自拔的时候，人类学将我带入了活生生的、可触可感的现实世界中。这样的世界充满着力量，给了我很多可解的答案。学习文学的阶段，我独自沉浸在自我建构的文学世界里，将文学过成了真实，用与文学的对话代替了人与人之间的交流。而学习人类学的阶段，人类学将我从自我封闭的空间带出来，这让我惊喜地发现，自己还有和人打交道的能力，并且还乐此不疲。

当然，回望自己初学人类学的路子，其实并不是简单人类学思维代替文学思维的过程，而是人类学与文学的互为契恰。起初，自己接触的人类学不免初浅，对人类学的认识也未免狭隘。其实，人类学一直兼罗并包，对不同学科具有不同程度的包纳性。不管是文学作品，还是人类学民族志，都是一本本田野之书，不管是文学，还是人类学，都在寻找人的意义与价值。因此，现在自己的人类学研究，已经从学什么就像什么是什么的阶段，走向了对不同专业、不同研究领域的涉猎，这开拓了我对研究对象的认识视角。因此学科变得不重要，重要的是理解事物多维度多面向的视角与方法。

二、人类学的学步

当张老师再一次用笃信的语言告诉我，陶红你很优秀，陶红适合读博，我竟然信以为真了，就此开启了我的考博之路。当然，张老师对我更多是鼓励为目的的赞许。在人类学之路上，我也并未有什么先天的才华，而仅仅就是坚持二字。在人类学之路的坚持与成长过程中，主要得益于我的博士阶段。在我的人类学之路上，硕士阶段算得在人类学门边琢磨的阶段，而博士阶段，我已经入门，并且已经朝着一个独立的人类学者的路子迈进。硕士毕业那年，我如愿考取了中山大学的人类学博士研究生，师从周大鸣老师。以周老师为师，我是幸运的，我身边有不少的同学，备考了几年还未能考进博士，而要成为周老师的学生，就又难上加难了。我凭着仅有的运气，入列人类学者的培养进程中。

因为经历了硕士阶段的摸索，我对人类学的理解已经从懵懂的状态走出来，对其认识变得越来越清晰，对人类学也就有了目标与期待。为期3年的博士研究生学习生活，虽然紧张，却也乐在其中。

博士新生还未入学，周老师就已经带着我进入到湖南通道县，进行侗族民族文化的调查，就是在这次田野调查过程中，我得以全程跟随老师具体感知人类学的田野调查流程与方法，也学习了作为老师身份如何带好学生田野实习的经验，这些经验于我现在带学生田野调查实习非常有效。为期一个月的田野调查之后，我将撰写好的田野调查发给周老师，周老师看后，建议以此为基础，写成三篇学术论文。于是，在老师的帮助下，我学会了将学术成果从田野调查报告到学术论文的转换，并且论文得到顺利发表。从田野调查，到学术成果的产生，我感受到了人类学自带的魅力。在田野里，我分享当地人的生活，同时与自我的认知形成对话。田野里，我得以走出自我的文化舒适区，不同文化、不同观念形成交流与对撞，这是难得的奇妙感觉。而学术成果，是集自己的观察、思考和学术训练所结出的果实，成为检验学术能力的重要形式。人类学田野调查的路子，就犹如播种与收获，在一次次的田野调查中，自己的专业性得以形成。

周老师坚持每年都带学生的田野调查，他是学院带学生田野调查的老师里，年纪最长的一位。他一直向学生强调，田野调查，是人类学的学科之本，是万万不可以懈怠的。周老师在历次的田野调查中，都能敏锐感受到学术的研究点。当学生在为各种论文选题发愁的时候，周老师也总能很好地点拨学生。周老师还乐于为学生搭建科研的平台，为学生提供各种学术研究的机会。我就是在周老师的分享型学术下成长起来的，在这样的环境下，有科研费用的支持，还有田野调查的机会，更有周老师和学术团队的指导，这样的环境对我的学术成长非常有利，我因此得以快速成长。周老师在学生培养方面，一定亲力亲为，大到博士论文的指导，小到一篇学术论文的修改，周老师都会一一进行指导。最难得的是，他还以每个学生的兴趣与意愿为出发点，以欣赏的眼光对待每位学生。能够以周老师为师，我是幸运的，我博士毕业之后，周老师还一直惦记着我的科研与工作，担心我进入到生活舒适区就懈怠了学术，因此不断地督促我。记得当时我向周老师汇报我的博士论文田野点的时候，他说有机会一定去我的田野点走走，周老师并非说说而已。去年，周老师不辞辛苦，专门去到我博士论文的田野点,并现场给了我很多研究的指导,更是坚定了我继续耕耘的决心。

在博士3年的时间里,最主要的科研工作就是博士论文的写作,这一工作耗时两年的时间。我的博士论文关注云南盐业社会,具体以云南白盐井——石羊古镇为个案,来做云南历史上以商业类型为依托的城镇化类型研究,以形成对城镇化历时性的、本土性的思考。我的研究是典型的家乡人类学研究,选择该研究也是为了达成心底的一份夙愿。我的家乡石羊古镇,历史上以食盐生产而出名,在盐业经济基础上形成区域内的经济、文化、政治中心。因石羊古镇的特殊性,不乏外地的学者前来关注石羊古镇的研究,北京大学的赵世瑜老师,云南大学民族研究院的师生等,都有来过此地调查。而我作为当地人,之前并未有意了解当地,自然有面对一片文化富矿而一无所知的羞愧感。学习了人类学,自己就会从专业的角度来重新理解家乡的重要性,及其研究主题的学理意义。一想如果可以通过研究,为自己补上对家乡未知的面向,那就再好不过了。于是,与周老师专门聊了以自己家乡作为博士论文田野点的想法,经由周老师把关,商定研究选题后,我得以通过博士论文的研究完成重新认识家乡的夙愿。这样一种以科学研究促进的对家乡的认识,与基于日常生活需要对家乡的认识是有天壤之别的。基于研究的需要,我批量看了家乡的各类历史文献,充分收集口述史,在全盘了解的基础上开启城镇化的专题研究。我以家乡作为我学术研究的一份样板,家乡,也就具有了多重意涵,有乡愁的意义,也有学术谈论的意义,更有自我成长的内涵。

三、人类学的行走

2016年6月,我博士毕业,来到大理大学民族文化研究院工作,这标志着我身份的转变。我自3岁开始接受教育,到28岁博士毕业,期间都是学生的身份,未曾有工作的经历。身份的转变,意味着我从学生身份走向了教师身份,这种转变,有重要的两个维度,一是我从有导师指导与监护下的学术研究,转而为独立的学术研究;二是身为教师身份,身上自然肩负了厚重的责任。不过,我既有人类学的成长之路上,有各位老师的指导,他们的经验都汇聚到我这里，成为我独自科研、独立为师的安定力量。

学术研究方面，我作为一名有着完全思考能力的独立人类学者，继续延续了云南盐业社会的研究。这一主题的研究，出于我对学术有始有终的态度。也正是博士论文对云南盐业社会研究的机缘，对云南盐业社会的关注我现在还在继续。就现在既有的研究，我将我的云南盐业社会研究总结为云南盐业社会的三部曲。第一阶段以博士论文为代表，专门讨论云南盐业社会的城镇化，从历史人类学的视角对既有的城镇化理论做出一些探讨。第二阶段以国家社会科学基金"滇盐古道周边区域经济共生与民族融合"为契机，专门探讨云南盐业社会由经济共生形态带动的民族融合样态，对此，我专门提交了20万字的专著，完成了国家社科基金的结项。第三阶段以我在云南民族大学博士后工作站从事民族学博士后科研工作为契机，我的博士后出站报告关注云南盐业社会盐业生产中的生态问题，此报告已经顺利完成，并获得顺利出站。综观我云南盐业社会三部曲的研究，后一研究问题都是在前一问题的研究中产生的，研究也正是在答疑解惑中一点点变得明朗。就现在的研究来看，我希冀在专题式的研究基础上，能够对云南盐业社会形成全观式的认识，力求在问题的理解中一点点对研究对象变得明朗，进而跳脱具体的研究对象与研究议题，对较大的研究区域有新认识，对学术探讨点有新回应。

身为人师方面，自己以专业教师和硕士研究生导师的身份，实现着学科知识的反哺。自己身为人师的过程也有我学生时代帮助我成长的老师的影子，正是他们给了我理想老师的模样，我才得以模仿他们，老师的价值与内涵才得以传递。看着学生一脸的求知欲，我将我所学的知识传递给他们，他们接纳了并能够与我对话，我深感欣慰。我清楚，与学生发生连接的人类学知识已经内化为他们的理解，且将会指引着他们的方向。而自己现在作为硕士研究生导师的身份，就更能懂得换位思考，深知导师的良苦用心，懂得作为每位学生独一无二的存在。此时，我能做到的就是，如我遇到的老师一样爱他们的孩子。

身为人师，自己丝毫不敢懈怠，深感知识更新换代的速度，因此，自己随时深化经典，探索新知。为了让自己在人类学的路上不要止步停歇，我于2017年申请了云南民族大学民族学的在职博士后，因此，我的学术路上又多了一位良师益友——博士后合作导师沈海梅老师。她用她博学的智识与丰富的学术经历告诉我，对学术一定要有兴趣与野心，现在在关注云南盐业社会的研究，以后就扩展到全国、全世界的盐业社会的研究。她还提醒我，研究不是简单数量的堆积，不是重复的而实质没有进步的呈现，一定要看到自己的学术成长。她的这些话，一直在激励着我，让我时刻扪心自问，作为一位人类学者的真正意义为何。同时，学术精进也让我能够自信而坦然地面对学生，不断优化自己的知识体系，无愧课堂，无愧学生。

四、人类学与个人成长

　　遇见人类学至今10年，我感谢这份遇见，这10年里，人类学渐渐改变着我，向着我喜欢的、越来越好的方向改变。人类学于我而言，不仅仅是一个专业，一份工作，更与我的成长紧密联系在一起。人类学带给我的神奇之处，在于沁入我的个人成长之中，给我的认知，我的日常生活带来重要改变。我现在的工作就是作为一名人类学者，做着人类学家的研究工作，这是我乐意的，这份工作就不仅仅是一份工作，而且是可以实现我人生成长的通途。人类学，黏合了我的工作与生活，在此我不愿意将工作与生活决然二分，人类学在于通联了我的工作、研究与生活。

　　人类学的魅力，在于兼具了读书与走路的个体诉求。人类学的知识获取来自读书与走路。读书主要是对人类学理论与经典民族志的研读，人类学以人作为研究单元，在读书中，可以获知不同文化体系下人的特殊性与普遍性。而走路就是人类学的田野，田野，是人类学的诗和远方，是人类学家对文化理解的主要途径。人类学家的工作与生活，就在读书与走路之间切换，这种切换正好也满足了个人对求知、对体验的诉求。我喜欢读书与走路的状态，读书将我带到未知的文化情境中，虽然一些文化已然消失，一些文化暂时无法体验，但书本这一文化的承载物，姑且弥补了遗憾。而田野，将人类学关注的文化带入到身心可感的情境中。田野，带给我一种自然而然外推的力，一段时间未能去田野，心也就痒痒了。

　　田野调查作为人类学专业的源头活水，自己未曾懈怠，或短或长的田野调查，自己都很珍惜。硕士研究生期间的第一次人类学意义的田野调查，我在两位师姐的陪同下，去到了云南大理的鸡足山下的沙址村，开展地方宗教文化的调查研究。自此，我与这个田野点已经有近10年的交集，我会定期进行回访，感受村落的点滴变化。其后有陆陆续续的田野调查，构成我人类学学习与体验的重要部分。记得湖南通道县侗寨的田野调查，我们师生一行与当地建立了深厚的联系，临行前，师生与全村村民进行了聚餐与晚会。我们离开的那天，村民吹着芦笙向我们告别，我在村里认识的一位姐姐老早就等在我们的车前，一定让我带上从地里现摘的西瓜。我在山西介休洪山村关注水生态议题的研究，我向朋友说起，我在一个没水的地方待了一个月，但是，当地人将他们最好的环境给了我，他们为我提前打好了水，为我解决了用水难的问题。我虽然对北方面食还不大习惯，但当地的云南媳妇时不时邀请我到她家，专门为我做了米饭和蔬菜。虽然离开了田野，但我们还保持着联系，去年，田野里的一户人家来大理与我相聚了，那一定是亲人的相聚。张国信老人是我博士论文调查过程中的关键报道人，老人生于民国，是地方文化精英的典型代表，有时代赋予的沧桑与厚度。我田野调查的重要资料多是张老师的慷慨提供，可惜我的博士论文还没出版，老人就已经离去，成为我的遗憾。在我跑云南各个盐井地的田野时，因为交通不便，地方的朋友就放下工作，带上家里的娃娃，陪我去田野调查，看到车里难受的小朋友，我感激他们对我所做出的牺牲。在田野调查过程中，地方的民众多是我第一次与他们打交道，但他们不计较我能带给他们什么，愿意花费时间参与到我的调查研究中，而我却不敢保证我能再一次回去与他们再聚。这些都是我要感激的，学术研究在我这里，就不仅仅只是一份工作，更成为我内心的一种使命。研究的成果是我与当地人一起合作完成的，也是我作为一个研究者，需要回馈给当地人的。

人类学的魅力，在于它是面向大众、面向日常生活的。人类学是研究人及其文化的学科，并且专注于人的整体性，在于对完整的人的研究。因此，人类学并非是束之高阁的学问，而是与每个鲜活的个体，每个人的日常生活紧密联系。这正好是人类学作为一门学科，却能带给我关于生活的良好体验的原因。人类学，让我在生活的体验中既是参与者，又是旁观者，这种带着学者气质的旁观反倒让我对生活多了理解，也多了从容。

人类学，给我带来了很好的体验，这种体验涉及我的整体性，包括我的工作、我的生活、我的所思所想。神奇之处，在于人类学帮我打通了在很多人看来需要严格区分的工作与生活。在我这里，工作与生活融为一体，我享受这样一种圆融的状态。我在生活中感受人类学、思考人类学，生活中的很多场景也就变成了我的人类学田野，所谓无处不田野。在生活中人类学式的田野反思，让我的生活有了厚度与着落。以人类学的研究作为我的主业，工作本身也就具有了开创性，这种开创性是集专业知识、田野体验、感官表达于一体的综合性表达。人类学作为工作，并非是简单的唱着重复歌曲的工作，而是富有创造性与成长性。我喜欢人类学作为工作给我带来一种向上的生长力。

感谢学习工作的路上，有人类学与我同行。未来的路，与人类学同行，一切可期。

浸润人类学：冲突、融合与公共性

李伟华

李伟华，湖南永兴人，云南大学民族学学士，北京大学人类学博士，耶鲁大学历史学访问学者，目前就职于云南大学民族学与社会学学院。

一、"民族"还是"民族学"

我于 2003 年进入云南大学读本科，专业就是民族学，当时还划归在史学类，所以我毕业拿的历史学学士。其时云大民族学处于动荡时期，四年换了三个院系，不过学生受的影响并不大，学生训练还是完整的，只不过没有太多经费让学生参与调查实践。我对民族学的兴趣只在于"民族"而不在于"学"，所以我上课并不认真，辜负了很多老师们的辛勤教学，打牌做社团的精神头更足。不过我参加的社团叫唤青社，是国内最早出现的一批环保社团，云南生物多样性和文化多样性资源丰厚，国内外都很早投以关注的目光，在环境保护方面走在了全国前列。我为自己加入了"全国前列"社团感到开心，做起社团活动来就像打了鸡血一样。当时的环保非政府组织非常讲究，会筹措不少的资金进行田野调查，而且田野调查之前会做培训，我心想这跟课堂上学的大同小异啊，不同之处是培训后马上带你下田野。所以唤青社是我民族学学习的第二课堂。大一上学期的寒假，唤青社社长就带着我们五六个人去怒江做怒江大坝建设可行性分析，从大理经保山到六库，直至丙中洛，我作为湖南人，第一次见到少数民族，满眼都是光，充满了文化震撼。在六库县城买到一张傈僳族"亚哈巴"组合的 CD，从此学会了第一首少数民族歌曲傈僳族"酒歌"，到现在都还是我的拿手曲目，从此还养成了一个习惯，就是每到一个少数民族调研地，我一定要争取学会一首歌。后来做老师之后，也给学生灌输这一理念，2016 年我带学生去盈江景颇族村寨时，直接拍了一首歌的 MV，大家印象无比深刻。

怒江之行我们完成了一份报告，大意当然是建设大坝会对当地人文生态产生很大的负面影响。后来怒江大坝果真停掉了。我们当然还是有自知之明，不认为自己起到了多大的作用，但是在历史的滚滚洪流中哪怕只有尘埃般的成就，也够让人兴奋了，这件事让我很早就觉醒为一个行动者。如果有机会，我不会在事件中置之度外。大三时，云大开始首批本科生科研训练项目申报时，我报了一个题目，是针对滇池东岸普自村失地农民的调查，被批准了，班上似乎只有我一个人申报成功。这让我又膨胀了，觉得应该可以继续学业，比我从事的三三两两失败的小生意更加顺手一点。于是拼命复习，浑然不顾自己学习成绩从来没有进过班级前十名的惨淡现实。不过后来竟然也考上了北大。考上之后我反而变清醒了，觉得自己太垃圾，应该补课了。所以跟着杨慧老师上研究生的人类学理论课，从《科学革命的结构》听起，收获极大，好像自己真的开始读大学了。

二、融合：学术训练与博士论文选题

在北大读硕士研究生的时候师从王铭铭老师（老王），那会他还兼着中央民族大学民族学人类学理论与方法研究中心主任，两边都带学生，师门规模空前庞大。我在师门校友录里面翻页，发现我的名字序号是59，于是就给自己起了网名叫李五九，偶尔也叫李缺一。王老师极其鼓励讨论，热衷于上完课师生聚在一起吃饭聊天，继续课上未竟的话题，学生之间一旦有学术争论时，便有隔岸观火般的窃喜。但明显地，学生并不能收放自如，尤其是低年级的学生，不仅要面对老师的死亡凝视，还要面对高年级师兄师姐的智力碾压。如亚辉师兄之流，不只是他当老师的时候才有天师之谓，还在读书时就四海八荒纵情遨游了。这种场合下的开放式讨论，即使自己不出声，收获也会很大。在思想碰撞中的灵光一现，通常都会成为某篇文章或者论点的钥匙，老王是随时可以拿起火柴为你点燃的人。这还不够，他心想应该还有另外的平台来让大家说话，并且不能局限于师门内部。在他当中心主任那会，延揽全世界顶尖人类学家和新锐与国内社科学者交流与讨论，掀起人人皆谈人类学的热潮。这种交流与讨论的成果大部分都会在他主编的《中国人类学评论》，这套书以书代刊，很多议题新颖刺激，引风气之先，可能到现在都还没被完全消化。依托这套书，他吩咐我建立了"中国人类学评论网"网站，同时建立起"中国人类学评论网"论坛，希望线上线下都能有持续的讨论。那几年读书如饥似渴，但也囫囵吞枣。我几乎有点沉迷了。后来就自然而然地想留在北大继续读博。

其时周云老师刚从人口所调来社会学系，开设文化研究类的课程。她治学严谨，讲究逻辑清晰，程序规范，文字简约精当。这对于习惯飘逸的我来说是一个拨乱反正的好机会。当我有可能跟她读博时，我没有丝毫犹豫。我成了周老师在社会学系的开山大弟子，就我在北大的经历来说，李五九缺的那个一就这样补足了。

读博士面临选题的问题，因为必须要做一个长期调查，我是带着"发掘另一个自我"的使命去考虑这个问题的。最后打算去缅甸，寻找"疯狂的石头"，这个题目会出现，宁浩那部同名电影是第一个刺激。电影对我来说太重要了，我第一篇 C 刊论文是讨论《嫉妒的制陶女》，标题叫"大侦探斯特劳斯"，明显就是从大侦探福尔摩斯化用而来。做人类学田野调查，其实跟看电影是一样的，一部好的电影，把你的生命延长了一倍，一个完整周期的人类学调查，其实也是如此。做博士论文的那个田野，对我来说，不是几十年生命当中的"一年"，而是我另一个生命。

当然从学术上来看，对这个选题有几大考虑。其一，那会儿跟着师兄师姐读书，读了《物的社会生命》，接下来还读《树的社会生命》。我心想小时候算命，"树"就跟我生命纠缠不休啊。因为这个原因，我对于物与人的生命交融以及社会模仿极其痴迷，特别想做一个物的研究，而且舒瑜师姐的《微盐大义》已经出版，颇受好评，这也进一步刺激了后学者的努力。翡翠这一行当有句行话叫作"赌石"，意指通过观察一块翡翠矿山的原料的种、底、色等来判断里面蕴含的经济价值。这里面有很大的运气成分，"一刀穷一刀富"，坊间流传着很多这种宿命论的说法，有人走投无路了，然后切下家里拴马桩的石墩，发现里面是满翠，立马翻身；也有人势头正劲，拼上全部家当买下一块宝料，结果输得内裤都不剩。自明末清初，一代又一代冒险家进入这个行业，成为极少数成功者的垫脚石。但是这些话语其实大多源自汉语文献，而几乎全部翡翠矿石出产自现在缅甸克钦邦一个叫作帕敢的地方，那里是景颇族，也就是学界更熟悉的克钦人世代居住的地方。考察中缅之间的翡翠贸易，如果忽略克钦人的社会情景以及行为逻辑是完全不可能。我打算从克钦人身上入手。其二，列维－斯特劳斯、埃文斯·普里查德、埃德蒙·利奇排在我喜欢的人类学家前三，前两者的田野在我读博的时代没办法企及，但是重新进入利奇的田野还是完全有可能，这是一个迷弟非常朴素的想法，但是人类学的再研究向来也不失其理论探讨意义，当然这里就不详细展开。其三，云南大学人类学系创系主任王筑生老师所做的景颇/克钦研究，后来张文义尝试做，文义的硕博论文都是关于景颇研究，但他两个阶段的角度完全不同。我当然还可以从更多角度来认识理解景颇。我个人很享受这种隐性的学术延续。最后，人类学中的他者固然是一个情境性非常强的概念，但在民族国家的讨论框架内，这个他者理应是中国之外的世界。我关注克钦，当然也是在可操作性上，它最大限度符合了我心目中人类学他者的理解。

想想啊，当一个选题能够同时满足生命体验、个人癖好、学理关怀、时代热点，还有什么理由可以放弃，简直是欲罢不能。

三、四海八荒，知识翱翔

我一直学民族学与人类学，其他学科都有他者光环。2011年，在开始正式田野调查之前的暑假，我马不停蹄地参加了一系列多学科交叉的短期研习营，储备能量为田野点燃火花。先是参加社科院社会学所在内蒙古举办的人类学田野调查工作营，与一群日本年轻人在沙漠上种树，探讨生态治理，由罗红光老师和已经成为社会学所博士后的郑少雄师兄带队。这个营的最后一天，马上赶回北京，参加北大哲学系主办的第五届通识教育核心课程讲习班，由甘阳、张旭东、陈来、吴飞、吴增定五位老师授课，讲习班虽然中西贯通，对我来说，启发我思考的还是人类学怎样进入中国经史传统的分析。上完之后我坐上火车去成都，参加台湾"中研院"与四川大学合办的2011两岸历史文化营，以巴蜀文化为阅读和讨论对象，台湾的李孝悌、林富士等史语所派老师和大陆的罗志田、王东杰等老师给我们上课，学生们大都来自史学领域，人类学的似乎只有我一个，大概因为这个原因，李孝悌老师对我翡翠的研究很感兴趣，他建议还可以从中国典籍里面寻找相关的东西，因为玉的观念变化跟地方教化也会有关联，帝国中心与云南边陲的教化连接点会在什么地方呈现？我对杨慎的兴趣就此生根发芽。那个暑假的最后一站是广州，我又参加了"海与中国及周边社会"研究生暑期高级研讨班，尝试寻找国别与区域研究的跨越性视角。研讨班原计划要赴南海岛屿调查，最后好像只能去佛山，这也是一个遗憾。这个假期过得疯狂，除了上述几个工作坊，我还穿行于青海与宁夏，从沈阳去丹东,经昆明去瑞丽,还去了一趟琅勃拉邦,脚下真是虎虎生风。这么一轮走下来之后,我要进行正式的田野调查了。

四、冲突:土豆与挖机

北大上课时,中央民族大学的袁长庚经常在朱晓阳老师"马克思主义人类学"的课上出现,我俩时常在课上争论得面红耳赤,看起来长庚特别"左",我就特别绥靖主义。与他的争论反而唤醒了我的行动主义。2010年暑假我顶着光头从拉萨下来,到了昆明就赶上了宏仁村的拆迁运动,朱晓阳老师带着北大社会学系一帮本科生在村子里和地方基层跟各种人讲事实摆道理。朱老师觉得有必要把这个过程录下来,就把这个任务交给我了。我刚进北大时就跟朱老师分享过我本科在普自村做调查的经历,普自村其实就在宏仁村旁边,相隔不过几公里,想不到时隔几年又要重逢了。我向来看热闹不嫌事大,兴致勃勃地接受了这个任务。拍纪录片其实没有巧劲,完全靠笨功夫,摄像机最好能够手持,方便你自己能够快速移动,第一时间选好拍摄角度。其次摄像机在电源和存储介质许可的情况下,尽量不关机,以保持素材的完整性以及最大限度应付各种意外出现的美好镜头。我像一只苍蝇一样跟着朱老师到处走,一天中午跟官渡区政府官员讲道理时,两个人被灌得酩酊大醉,丢盔弃甲地回到朱老师住处休息。等猛地惊醒时,已经过了跟村子里自发形成的五位民意代表开会的时间。我们匆匆忙忙赶到,我头昏脑涨的同时也架起了摄像机。那个场景记录下来他们讨论的最重要一环:如何抵制拆迁队。后来想想,如果那天的镜头不在,后来的纪录片说服力就会减弱很多。

村民们后来商量的策略说起来也简单,就是"拖"字诀。当挖机在村子里轰隆隆地碾过时,有几位老大妈甚至敢躺到挖机下面去,以身抗命,让挖机冒着黑烟干咆哮。大部分的时候,挖机安静地停在废墟上,废墟旁,村子里的老人们生着火堆,烤上土豆,边吃边笑。挖机一旦有动作,村民们马上嚷嚷起来,呼朋唤友来到挡住挖机前进的道路。鸡蛋碰石头变成了土豆抗挖机,村民们胜利了。我的摄像机从2010年7月跟到2011年10月,在整个团队的配合下,基本上记录下来宏仁村保卫村庄的过程。这些素材在我2012年10月底做完田野调查，2013年1月初前往耶鲁的短暂间隙，在社会学系251那间没有窗户的办公室里完成了剪辑，名曰《滇池东岸》。

五、难民营的李大光

做博士论文田野调查并不顺利，在滇西南小镇瑞丽蹉跎了两三个月，眼看着从冬天就到了春天，从缅甸政府军与克钦独立军的战事进程来判断，我知道要进入翡翠的原产地，一个叫帕敢的地方做调查基本上不可能了。边境穿梭所见大量的克钦难民营与枪炮的轰隆声刺激了我是否要重新更换选题。胆量已经变得很大，我只需要思考的是如何学理性地思考。要抛弃一个比较成熟的选题重新更换方向，对于财务状况捉襟见肘的苦逼博士来说不是一件容易的事。这时缅甸某处难民营的负责人恰好向大哥求助，看能否找到一个人愿意去难民营教孩子们中文，大哥说要不你去？我想想一拍即合啊，虽然还没想清楚怎样进行难民营与战争的论文写作，但是与难民同吃同住同劳动，而且还能帮到他们一点，对于我的好奇心来说是暴风诱惑。另外就是这并没有离开我中意的克钦研究，只是角度更新了。我二话不说就答应下来。大哥说你先去待待看看，一个月后待不住我接你回来。

然后就待了半年，直到那个难民营消失不见。下去的第一天，难民营管理委员会极其欢迎，一位牧师马上赐了我一个克钦名，Mwihpu Gam Htoi，Mwihpu 对应景颇语姓氏的李姓，Gam 指家庭中排行老大，Htoi 是发光的意思，因为他手上当时正在阅读创制景颇文的牧师欧拉汉森的传记，里面形容他是光，顺口就让我的名字也带光。所以直译过来就是"李大光"，比我原来的名字好听。我心想一下来就跟大人物关联在一起了，心情无比激动。上课很用心，嫌一般对外汉语的教材不接地气，就尝试着自己来编，每天声嘶力竭，最多的时候200个学生一起上，小到6岁，大到18岁。看着他们兴奋又惊慌的眼神，感觉自己像李阳。有了这个Sara（景颇语老师之意）身份，我做调查也比较顺利，处处都有人帮忙，获取资料的丰富性和有效性最主要取决于我的景颇语水平。地方政府当时并不愿意有外面的人进入难民营，并且随时巡查，抓到了比较危险，难民营的朋友们得随时带着我四处躲藏，从情感上也很轻易地接受了我。缅北克钦人原本居住分散，一个村落通常只有几户四五十个人，不管是缅甸政府，还是克钦独立组织，对他们的管理都极其松散，正如斯科特所说的管理成本过高。当大家从战事爆发地区集中到难民营时，变成几千人的大社区，给他们的管理带来了极大的冲击。克钦独立组织联合他们庞大且深入基层的教会系统（缅甸克钦人95%以上信仰基督教或者天主教），从教育、卫生、文化等方面对难民进行民族主义启蒙。我后来将难民营称之为民族主义的"温床"。将难民营与民族主义，以及边疆阻隔与交换的特点结合起来，便成了我之后不成熟博士论文的重点。

六、纽黑文，醒与睡之间的梦醒时分

我时常为自己不愿意好好学英语找借口，幼稚地把自己封为民族主义者，说英语就是自我殖民。2010年的暑假，我跟着老王和伦敦大学学院的考古学家和人类学家迈克尔罗兰教授一起去西藏，我们在拉萨待了三天，在山南桑耶寺又待了近一个礼拜，整个过程我几乎都不跟罗兰说话，老王可能到现在都知不道为什么。我也有考虑过是否读书期间要去国外交流学习一下，当初给自己定的底线就是，去交流可以，但是我绝对不考雅思托福之类。

2011年10月底我回到北京，愁肠百结。在人类学家斯科特所谓的Zomia山区做了11个月的调查，眼之所见，尽是当地族群纠结于国家统治与自身发展的关系，斯科特的"文明难上山"从何种意义上才成立，或者是不是不成立。这时候邮箱收到了一封邮件，关于耶鲁大学东亚研究院和北京大学历史系的研究生访学项目申请，北大一共两个名额，人文社科学生皆可，不需要雅思托福成绩，只需要说服考官证明英语水平就行。我顿时就心动了，不要英语成绩很符合我的期待啊。我又细细查了一下，结果发现斯科特恰好就在耶鲁。我一边急急忙忙整理申请材料，一边琢磨着怎么跟斯科特套磁。我给斯科特发邮件诉说了我的思想困惑，尤为渲染我在难民营半年的经历，然后跟他讲了这个访学机会，提到如果成行，要跟他细细探讨。很快我就接到通知，我真的被录取了。我竟然也不丝毫感到诧异，心想这不就是为我准备的吗？当然事后我才明白，能拿到这个名额可不是容易的事。我初试的时候其实只排到第五，但名额只有两个，考核委员会还没做决定。这个项目耶鲁方面的主持者是金安平老师，她的丈夫，是史景迁先生。斯科特收到我的邮件之后，对我极感兴趣，马上联系了安平老师，他与史景迁同为耶鲁斯特林教授，与他们夫妇往来甚多。北大方面当然乐见其成，于是我就从第五变到第二，可以去耶鲁了！现在想想一路真是受益历史学良多。

我和另一位入选者杜华在2013年1月一个冬雨绵绵的深夜赶到了耶鲁小镇纽黑文，在瑟瑟发抖中等来了两个身影。天啦，是慈眉善目的史景迁先生和安平老师夫妇本人，他俩不顾凄风冷雨，坚持要在第一时间见到我们两个后生，体贴到甚至为我们带来了浴巾。直到现在我还保留着这条浴巾。

之后就经常见面，或者在他家，或者在纽黑文最好的披萨店。我和杜华乖得像两只兔子。与斯科特的第一次见面，就发生在安平组织的家宴上。安平是个美食家，变着法子做世界各地的大餐。那一顿我们主要吃西班牙海鲜饭Paella，香气弥漫了整个房子。斯科特穿着牛仔裤毛线拉链衫就来了，这是他最喜欢的姿态，要知道他最喜欢做农民，纽黑文也有他的家，鸡羊成群。那天他对安平家的开瓶器爱不释手。我如睡如醒，犹在梦醒时分。我跟杜华后来给史景迁先生做了一个访谈，发表在《时尚先生》杂志。

第二次跟斯科特在办公室见面，他就签名送了我那本 The Art of Not Being Governed，叮嘱我尽快明晰自己的研究思路，充分利用好耶鲁的一切文化资源。他在春季学期都不开课，所以我选了其他三门课。一是"Southeast Asia since 1900"，历史系 Benedict Kiernan 教授开设的这门课，有助于我思考如何将我的缅北克钦族群研究放入到整个东南亚宏观历史视野中去理解。这门课内容非常丰富，24个主题，当然上课强度很大，一周开两堂课，再加一个小时的讨论时间。这虽然仅是一门本科生课程，但是阅读书目之多，让我叹为观止。我在课余，也经常找 Kiernan 教授讨论我的论文，他为我的论文框架提供了非常实质性的帮助。第二门课是"Development of the Discipline"，这是人类学系 Kalyanakrishnan Sivaramakrishnan 教授开设的这门课，试图对人类学学科进行理论与方法的系统梳理。我在北大已经上过类似的课程，但我恰好想有个比较，可以借此认真审视我在国内9年的人类学学术训练。整个学期上下来，除了人类学的发展脉络清晰可见，对国内研究者并不太花力气的人类学新思潮，我也有了更多的理解。第三门是"Ethnicity, Indigeneity, Mobility"，由人类学系老师 Sara Shneiderman 开设的，看起来是最接近我缅北克钦族群研究的专题课程。她是一位 2009 年才从康奈尔大学毕业的年轻学者。除了课程内容非常契合我的博士论文选题，我还想从这位老师课上感受一下康奈尔大学南亚东南亚人类学研究者的学术风范。

这三门课都是历史学人类学与东南亚区域研究的结合，而我的博士论文选题的着力点也在这里。半年的访学，我的学习气质有了较大的提升，在难民营逐步淡化的狭隘民族主义此时变得更加理性。

耶鲁给的奖学金也比较丰厚，管吃管住每个月还有 1500 美金，有了这笔钱，我在买买买的同时，也可以自费直接从纽约飞往伦敦，去参加 2013 年在曼城举办的第 17 届世界民族学人类学大会。我的两部影视人类学作品《滇池东岸》和《克钦难民》都在那里进行学术放映。

七、浸润人类学

毕业之后只想在北京和云南寻找机会，来云大面试何明老师说了一句话，我们的孩子长大了。云大这个平台也能极大促进我所关心的缅甸研究以及关于宏仁的影像记录，这两块一直是它的强项。当我试图把宏仁和克钦的研究结合起来时，我基本确定了我自己的学术取向，那便是关于冲突与融合的所谓"浸润"人类学。还是看热闹不嫌事大。从学理上来说，这是深受利奇与格拉克曼以及之后所谓曼城学派的影响。就实际经验来看，浸润人类学其实还是公共人类学的一种尝试。无论在哪个人类学领域，我都期待感受到"人"的呼吸，一种关系的呈现。在这个思路下，学术工作就是围绕这几件事：

一是在何明老师的支持下，主持"人类学之滇"微信公众号，试图让学科与社会更亲近。自 2015 年以来，人类学之滇已累计发布超过 3000 余篇推文，为推进学科发展与智识交流做了些微贡献。

二是制作了学术史话剧《魁阁时代》，以话剧进行学科史甚至社会思想史教学的探索，让学生体味学术的多重可能性。我们通过话剧，生产包括书籍《青年魁阁》，纪录片《一群戏精的诞生》，音乐电视《星转魁阁》，微电影等全媒体作品。

三是深入缅甸克钦难民营半年，以缅甸克钦人的民族主义生成为起点，讨论缅甸各少数民族的政治参与与社会建构。博士论文正在修改出版，纪录片《克钦难民》入选2013年曼彻斯特第17届世界民族学与人类学大会影展。

四是与朱晓阳教授一起，十余年来坚持对昆明市宏仁村的公共政治参与。这个村从某种意义上来说，是反常识的。2011年，在大家都认为村子肯定会被强拆的时候，这个村子保住了。2013年，在大家普遍认为村民自治已经形同虚设的时候，经由反拆迁运动成长起来的一位村中长者被高票推选为村民小组组长，开始了一段艰辛但极富意义的乡村治理之路。2020年，在大家都认为宏仁村100年以上的老宅肯定没法保留的时候，通过我们的直播人类学推动，成功地被政府认定为"不可移动文物"。

京桂求学路,缘起人类学

林敏霞

林敏霞,人类学博士,浙江师范大学文化创意与传播学院副教授、硕士研究生导师、MPA专硕导师,人类学高级论坛青年学术委员会副主席。发表论文20余篇,出版专著《文化资源开发概论》。

为了纪念人类学高级论坛成立20周年，论坛开展了《新生代人类学家之路》特别策划征稿活动。是否要参加此次征稿，我内心颇有一些矛盾。此次受邀写文的作者人数大概有五六十人，这五六十人应该是中国中青年人类学学者中能够承上启下的扛把子式人物，我自认不属于其中。然而，我又是人类学圈子中一分子，受到太多人类学的滋养，也受过太多人类学前辈的教导、关爱和提携，尤其是我的人类学授业恩师徐杰舜老师，以及徐老师所创办的中国人类学高级论坛。因此，在论坛成立20周年之际，我自觉有义务参加这次的征稿活动，以表达我对恩师、对人类学、对人类学高级论坛这个平台的谢意。同时，也借这个机会回顾梳理个人人类学学习之路，代表如我这般乐于做人类学教书匠、为传播人类学默默耕耘的人类学学人的一点心声。

一、前缘：与人类学相遇之前

在中国，人类学不是经济、法律这样的显学，也非如历史、文学这样有着悠久传统的学科，因此，绝大多数进入人类学领域的人，都具有相当大的偶然性。对我而言，尤其如此。

我出生在浙江东南小海岛一个普通的渔民家庭，家就对着大海，生活虽然不宽裕，可是在年少不知愁的时光中，每天都是"面朝大海，春暖花开"的日子。这也无形中养成了我天真烂漫、喜欢自由自在的性格底色。

小学的时候，举家搬到了小镇生活，父亲和母亲都忙于赚钱养家，和大多数的家庭一样，子女的教育和未来都交给学校，就看孩子自己能不能读好书，考好试。而我却是那种喜欢读书却不太会考试的学生，成绩不属于出类拔萃的那种。我是凭着自己的兴趣爱好，在有限的条件下，找自己能找到的各种书看。在高中紧张的高考压力下，我花了大量时间看《红楼梦》《简·爱》《复活》，以及鲁迅、金庸、古龙、三毛、蔡志忠等作家的作品。整个高中，其实都处于忧伤、敏感、叛逆的状态，再加上不是天资聪颖的类型，结果也只能考上一个普通的师范院校的一个思想政治教育专业。

虽然是一个普通的师范大学，但幸运的是我遇到了极好的老师，教授我们《中国哲学思想史》《宗教文化》《西方艺术史》的吾敬东老师、教授我们《美学》的马德邻老师。他们身上严谨、耿直、和煦、温良、恭谦的气质和品行，不仅让我继续保持着对知识本身的纯粹喜爱，也让我深深地感受到了一个好老师对学生的巨大影响。

大学期间，我的母校上海师范大学实行了两年的本科导师制，我幸运地成为吾敬东老师的学生，在大学的三、四年级享受到了研究生才能享受到的"师徒带"。吾老师不仅组织我们读书，还带我们几个学生到他家里喝茶、听西方古典音乐，坐而论道，还和师母亲自下厨做饭菜招待我们。整个大客厅三面是书柜一面是音响。除了文史哲方面的书籍，最深刻的便是各类彩色的绘画书籍和正版古典音乐CD。如果说我这个完全没有艺术修养的人在往后的生活和学习中还抱有对艺术的兴趣、抱有对知识的广泛好奇，都和大学这段师从有关系，而且这种影响持续至今。

大学毕业后，在老家一所民办大专里教书，虽然名义上是民办，实则是县教育局所主导，所以是一份有着教育局正式编制的工作。我在这所大专里面教授马哲、政经、毛概、邓论等课程。这是一种安逸的、满足于现成知识的生活和工作状态，是许多大学毕业生所渴望获得的。然而，大学师从吾老师和马老师的经历早已在不知不觉中启蒙我对精神哲学之"文化"的探索欲望，我觉得大学毕业只是刚刚开始。可是，地方的安逸和世故却时时给出"大学毕业就可以了"的一种压迫感，甚至当手中拿着《艺术哲学》这样子的书翻阅时，都会感受到周围的异样。这令我不安和失落。我渴望可以不受拘束自由自在地在知识的海洋中徜徉，渴望世俗的超越和精神的提升。

当时这所县级民办大专刚刚初创，县里聘请了担任过浙江工业大学教务处处长、享受国务院特殊津贴、在机械设计与制造研究领域享有盛名的学者贺兴书教授担任院长。贺教授温文儒雅，处事公正，公私分明，教学管理经验丰富。不仅凭借他个人的号召力和影响力从全国各个著名的高校聘请了退休教授来这个偏安一隅的海岛为学生授课，还为老教授们配备青年教师做助教，以培养本地的师资力量。古语有云，"建国君民教学为先"，而教学之本在于教师。

贺兴书教授用战略性的部署，把他在浙工大退休后的最好时间和精力都奉献给了我家乡的这所民办高校，使得这所偏处浙江东南海岛上的大专，一度在当时浙江省内诸多民办大专中名列前茅。

然而，在一个县城创办大专院校的复杂和困难程度都是贺教授过去未曾经历的，但他总是尽其所能，竭其全力。现在回想起来，甚至有一些悲壮的感觉。

我人类学之路的开启与贺老师及同他一起来此教学的夫人何维玲教授有关。他们虽然是学院的领导和教授，对我却有着超乎一般职工的关爱，近乎师长，其诚挚令我现在回想起来都忍不住热泪盈眶。我在这所大专院校工作时候的彷徨和某种既和谐又清冷的格格不入被他们看得一清二楚。在几次与我交心的谈话中，他们鼓励我去考研读书，去更适合自己性格和秉性的环境中工作和生活。

正是他们的鼓励，我才有勇气在家乡工作三年后，放下这里的一切待遇和可能的各种晋升，离开了这个公职单位，只身一人重回上海，在我大学同窗好友所在的高中当了一位政治代课老师。这份工作非常自由，除了上课，什么都不用管，学校还免费安排了一间单人宿舍给我，所以非常适合我心无旁骛地一边工作，一边复习考研。

二、书缘：两本人类学书的预示

到此为止，可以说大学时候的吾老师、马老师在我心里播下了继续求学的种子，大学毕业后工作单位的领导兼师长贺老师、何老师则让这颗种子发了芽。至于，为什么会走上人类学之路，却也似乎冥冥之中有安排。

我在大专工作之余，喜欢跑到县城的新华书店看书，偶尔也会买几本。我说的偶尔会买几本中，最不可思议和传奇性的两本书是夏建中老师的《文化人类学理论学派——文化研究的历史》和费孝通先生的《江村经济》。这两本书对于人类学专业的学生来说都是入门必读、耳熟能详的。然而，对于我这个从来没有听说过"人类学"三个字的人来说，走进县城偌大的新华书店，在千千万万的书中，买下这两本，只能归结为"不可思议"或者"冥冥中有缘"。

或许是大学时听社会学的老师提到过费孝通先生,我先看的是《江村经济》。我并不懂我所翻阅的这本书在中国人类学历史乃至世界人类学历史上的特殊地位,对于在前言中介绍的伦敦经济学院、马林诺斯基、人类学实地调查和理论发展工作中的一个里程碑等字眼丝毫没有在意和领会。我只知道这本不是小说,却像小说一样好读,又比小说深刻的书读起来令我愉悦十分。记得有一段关于送礼回礼的描写,回礼的时候要回得比收到的礼多一些,表示相互欠着,以便后续有来有往,如果等额回礼便是表示不想欠着,也不想被欠着,便是绝交的意思。我当时读到这里,是拍案叫好,豁然明了般的喜悦。这个原本在我心目中抽象的、高高在上的"文化"东西,竟是这么日常的、活生生的生活细节和智慧。

我也看夏建中老师的《文化人类学理论学派——文化研究的历史》一书,只是当时看不太懂。我非常清楚地记得,我之所以买这本书,不是因为这本书的正标题"文化人类学理论学派",而是因为这本书的副标题"文化研究的历史",我甚至在模模糊糊地读完整本书之后,也还没有一个"人类学"学科的概念,我只知道这本我看不太懂的书里讲的那些和"文化"有关的东西很有意思、很吸引我,是另外一种启迪生命智慧的方式。我往后要求学的方向,一定会是和"文化"两个字相关的。

三、学缘:从上海到广西

我是2003年就读广西民族大学民族学专业文化人类学方向的硕士研究生的,师从在汉民族研究领域最具影响力的学者、被誉为"中国人类学推手"的徐杰舜教授。他是我研究生人类学的授业恩师,也是我博士生阶段的导师。依师六年,六年时间耳提面命的教导、敦促和鞭笞,缘分不可谓不深。

这种缘分,也可以在我报考硕士研究生时的几重戏剧性巧合中体现。这些戏剧性的巧合,硬是把看上去完全不可能联系在一起的人和地方捆绑在一起。

在上海一边兼职、一边复习考研的时候,我的目标还是比较明确的,就是要考上海的学校。我原本想继续师从吾老师,读中国哲学思想方向的研究生,只是吾老师和马老师都觉得女孩子读哲学不太适合。想一想伟大的哲学家和思想家中，确实鲜有女性。大学时候涉猎过的经济、政治和法律都不是很合适或喜欢，唯有社会学是除了哲学之外最喜欢的。当时的任课老师陈川先生就是毕业于上海大学社会学系的，她上课时为我们描述过费孝通先生在上海大学给他们做讲座的情景，一位大家风范和蔼可亲的老者形象跃然眼前（当然，陈老师没有去强调费老首先是科班的人类家）。再加上当时上海大学社会学系是改革开放中国社会学学科恢复后成立的第一个社会学系，是上海市的重点学科等等背景，我当时就准备报考上海大学的社会学专业。

很巧的地方是，当时的招生方向里有"文化社会学"，我其实并不清楚文化社会学在很大程度上与人类学共享相同的理论基础和体系，尤其是负责这个方向的老师是张江华教授。如果当时真的成功考上，我即便是在上海大学的社会学系，也更多可能性是成为偏重人类学的而非社会学的学生。我只是看到有"文化"两个字，便更加毅然决然地报考。

而说到刚刚提到的张江华老师，就更是巧合了。他就是那一年从广西民族大学（彼时还叫广西民族学院）调到上海大学社会学系的。我虽然是冲着上海大学社会学系"文化社会学"几个字报考他，却最后辗转去了他曾经工作多年又刚刚好离开的广西民族学院就读。用人类学的语气来说，这是一种结构性的时空交错。

而连最后成功地去往广西民族学院就读，也带着某种巧合。2003年，是一个特殊的年份。那一年是发生在广东的SARS向东南亚乃至全球扩散，导致很多工作在时间和程序上都做了调整，比如原本在三四月份基本结束的研究生招生工作，一直持续到了5月份，使得我基本要放弃的研究生调剂得以可能。那一年，我对于我的研究生入学考试，颇有信心，志在必得，却不料在政治英语都不错，总分也高出分数线许多的情况下，因为一门专业课少2分而与上海大学的社会学失之交臂。我的分数是可以申请调剂的，但是当时执拗的我，想着除了上海，哪里都不去，大不了明年再考一次，或者就在上海待着。我一直到5月份都没有为申请调剂做任何的努力。直到一位家乡单位的同事打电话给我，问我近况，知道我明明可以读书的成绩，却如此就放弃，实在太可惜，便一日连打数个电话，劝我去做调剂，并强调今年情况特殊，还来得及。

我被他的执着和关心所打动，试着在网上查看可以调剂的学校，发现全国只有三所学校还有调剂名额,一所是云南的院校,一所是贵州的院校,还有一所就是广西民族学院。因为小时候读金庸武侠小说《天龙八部》的缘故,我对云南的幻想比较多。但看到广西民族学院的民族学下面有一个叫"文化人类学"方向的,我就决定调剂到这个学校的这个方向,因为它是所有可以调剂的方向里头唯一带有"文化"两个字的。我想读不成"文化社会学",那么读个"文化人类学"应该也不错,总归是和"文化"有关系咯。

看到这个方向的导师名叫徐杰舜,祖籍是浙江,是从浙江调到广西民族学院的——又一次"结构性的时空交错"——我就直接写信给他,毛遂自荐,希望他能接收我做他的学生。彼时,我完全不知道他的鼎鼎大名、他的学术成就以及他在人类学所推动的事情。另一边,我又联系民社院的研究生招生办,争取公费名额。这里有一个细节,也是后来徐老师和我说的,他说:"你好大胆,居然说不能给你公费名额,就放弃了。好在当时你电话打过来的时候,这边正在开会,领导当场拍板同意了。"

现在想来,这些行为和举动,不是犯"右倾"消极,就是犯"左倾"冒进。然而,不管是"右倾",还是"左倾",似乎是冥冥中安排好的,都刚刚好把我送到一个更加适合读人类学的地方读人类学,所师从的老师对我人类学学习之路以及人生的影响也远远超出了我的想象。

四、师缘:从门内到门外

这位我所师从的老师就是徐杰舜教授,我的人类学授业恩师。关于徐老师在汉民族领域所取得的研究成果和影响以及他为推动中国人类学发展所做的贡献,已经有很多论文书籍报刊登载,我不在这里一一赘述。作为学生,我更想从师生互动的角度、从徐老师给予我的人类学滋养来回顾。

徐老师是我硕士阶段和博士阶段的导师。他培养了许多人类学的硕士研究生和博士研究生,有不少已经是其所研究方向和领域的佼佼者,也有不少已经在其所教学研究机构中担任领导职务。2003年他一共带了6个人类学方向的研究生,也算是他带研究生生涯中人数最多的一届。在我眼里,徐老师是一位坚毅卓绝、富有战略、运筹帷幄、与时俱进、雷厉风行、行能成效,既严苛又慈爱的师长，他一生所取得的成就是我这个学生再怎么努力也无法企及一二的，是高山仰止，景行行止。

徐老师带研究生的方式是"要立志读博士，以写作带学习，以实践带理论，以参会带提升"。徐老师当时还不是博导，但他对于师从他的研究生有一个不成文的规定，就是希望他的学生不要只满足于一个硕士学位，而要志存高远攻读博士学位。在徐老师的要求下，门内学生学风良好，没有一个"混日子"，徐老师所带的20多位硕士生里，后来几乎各个都成为人类学博士。

徐老师的"以写作带学习"执行起来也颇严，他要求学生写完的东西是要发表的。写作并发表这种在当时看来远远超出一般硕士培养要求的要求，在徐老师那里贯彻得特别彻底，当然徐老师也善于运用他的资源条件来帮助我们贯彻。徐老师要求我们这一届和下一届一起阅读100本人类学原著，每读一本都要写读书报告，所以我们人均手上有5~7篇的细读经典的报告，这和一般的研究生学完一学期的《文化人类学概论》后只要写一篇读书报告是有着量上的极大区别，也使我们根本没有时间在读研期间参加学生社团活动。我们这一届还承担了徐老师《人类学教程》的修改和增补工作，通过对老师写作初稿的修改和增补的方式，来促进人类学的学习，巩固和提升人类学的知识。其他各类论文写作要求就更不在话下了。在徐老师的要求和鞭策下，我在硕士研究生三年里写作并发表的大大小小各式各样的与人类学相关的文字居然有17篇，成了一个"准人类学者"。

徐老师把他"以实践带理论"的教学方法冠名为"游泳理论"。他说，在岸上是永远学不会游泳的，必须要到水里才能学会游泳。所以他要求他的研究生必须要做田野调查，而且尽可能多次。我的硕士研究生阶段在徐老师的要求下，数个寒假、暑假甚至春节都在广西南宁的位子渌、细樟岭、林屋等汉人村落做调查。这些调查当时觉得异常辛苦，尤其是大过年也没让回家，独自一人在田野中度过，但回过头来看，我这个既没有海外经验，也没有少数民族田野调查经历的"土鳖"，徐老师在研究生阶段对我的这些"苛刻要求"，实实在在地磨炼了我独当一面的田野能力，也塑造了我能对他者共情和对自我反思的人类学态度。

应该说多数的人类学导师都会重视学术写作和田野调查，不唯独徐老师专属,只是徐老师要求得尤为严苛。而他"以参会带提升"的教学方式,则几乎可以说是彼时徐老师带学生非常独特的方法。这正是得益于徐老师所创办和推动的"中国人类学高级论坛"。论坛首届是2002年在广西民族学院召开,汇集了海峡两岸暨香港、澳门的人类学顶尖学者。我们这一届入学的时候,刚好参加2003年召开的第二届,地点在中央民族大学。当时,我们都没有意识到我们站上了一列至今都没有停运的中国人类学火车的首发站上。尽管没有意识这将会是中国人类学历史上被大大书写和铭刻的一笔,但我们都在徐老师的带领下成为这一历史过程自发的参与者:从硕士研究生开始一直到现在,几乎每一届都参加。在徐老师看来,参加会议可以带动学术写作,也可以当面亲近人类学界最厉害的前辈,开阔眼界,增长见识,要求我们"善财童子五十三参",向这些老师广泛地学习。

于是,以中国人类学高级论坛为媒,所亲见的、有缘的人类学前辈都成了我的老师。大陆的彭兆荣、王铭铭、范可、徐新建、周大鸣、赵旭东、郭志超[1]、朱炳祥、张小军、张海洋、王建民、潘蛟、孙九霞等,台湾的李亦园、乔健、王明珂、庄英章、黄应贵等老师和前辈,都曾经在会议期间当面求教过,他们个个学富八斗,著作等身,或和蔼、或智慧、或犀利、或幽默,引领着我领略人类学的无数风光。这其中,王铭铭老师和彭兆荣老师分别在我人类学博士生阶段和博士毕业工作之后给了我重要的帮助和引领,亦是我的人类学学习路上的恩师。

我硕士研究生二年级的时候,徐老师被中央民族大学聘为博士生导师。得徐老师厚爱,他希望我能跟随他读博士。在这一点上,我特别感恩徐老师——我是一个从小抵触考试,也不太会考试的学生。跟徐老师读博士,虽然也要考试,但多少受他护犊之情的照顾,这帮助我大大减少了考博路上的风险。

因为是外聘博导,徐老师在中央民大给我们的授课是集中式的,不能像硕士阶段可以天天见到、耳提面命。徐老师一如在硕士阶段一样,鼓励我们要多多借助中央民族大学这个平台,向各位老师多多学习,博采众长,为己所用。

---

1 郭老师于2019年3月23日仙逝,其弟子王道、蒋俊主编了《郭志超教授追思集》,我为追思集撰写了《三次聆听 一生敬仰——纪念郭志超教授》一文,在其中细述了在人类学高级论坛上与郭老师的三面之缘及这三面之缘他给予我和我的同学们的关爱和帮助。

当时北大的王铭铭教授也是中央民大的外聘博导，并被聘为中央民大人类学研究中心的主任，每年给予充分的经费开课、办讲座、办会议。王老师亲自给我们开设了《当代人类学理论》《历史人类学》等课程，并邀请萨林斯、王斯福、苏国勋[1]、马戎、渠敬东、刘铁梁、梁永佳、赵炳祥等国内外知名的学者和老师为我们做讲座。这些课程和讲座吸引了民大和北大的民族学人类学硕士博士研究生纷纷前来，期间往往座无虚席。与课程和讲座相关的作业、讨论和内容也及时发表在中心资助出版的《中国人类学评论》上。

我有幸在课程学习期间得到王老师的许多指导和照顾。首先是对人类学的理论学习更深入，树立了历史人类学的思维向度，用文明的视角来看待中国的文化，提交的两篇课程作业得到王老师的指点修改，并推荐发表在《西北民族研究》（笔名林沐衍）、《中国人类学评论》上。王老师还邀请我参加主要是他自己门内弟子参加的会议，一次是2007年主题为"人类学视野中的'他者'"的北京香山国际人类学会议，还有一次是2008年在香山举行的民间宗教主题相关的会议。和中国人类学高级论坛不一样，这是专题性的小规模会议，会议参加的人数少，议题集中，讨论时间更长。在这些会议上，我既进一步领略到人类学的精深，也认识到自己在人类学理论和知识上的不足。于是，王老师在课上说的"博士毕业也只是学问的开始"便成为往后人类学路上的一句座右铭。需要提的是，也是在后一个会议上，得以认识中国社科院宗教研究所的陈进国老师，并在后续毕业论文的写作中得到他许多指导。正是徐老师兼收并蓄、宽容大度的教学理念和态度，才能使我在中央民族大学读博期间能直接和间接地受惠于这些老师。

2009年博士毕业后，我应聘到浙江师范大学文化创意与传播学院的文化产业管理专业当专职教学科研人员。这是一个全新的学院和全新的专业。浙江人有"敢为天下先"之风气，浙师大虽然地处浙中金华小盆地，却早早地嗅到了"文化风气"之大转变，在师范类院校中创建非师范类的"文化创意与传播学院"，并于全国范围内最早一批创办了"文化产业管理专业"。

然而我的人类学知识如何在这么一个新的工作环境中得到应用和发展？研

---

[1] 记得苏国勋老师为我们充满激情地讲完韦伯后，中央民族大学民社院会议室济济一堂的大博士小硕士们都情不自禁站起来给予他持久而热烈的掌声，此情此景也是人类学学习路上难以忘怀的一幕。谨以此缅怀和纪念2021年2月1日刚刚辞世的苏国勋老师。

究什么？怎么研究？我都没有找到定位，无从入手。入职两年多的时间里都处在迷茫不知所措的状态。把我从这种状态中逐渐拯救出来的是从参加徐老师和彭兆荣老师在2010年创办的"旅游高峰论坛"开始的。

我在2003年的人类学高级论坛上便瞻仰了彭老师的学识和风采。论坛的每一届他都参加，他和徐杰舜老师、徐新建老师一起被誉为"人类学高级论坛的铁三角"。彭老师在仪式、族群、饮食、旅游、遗产、现代性等各个方面的人类学研究都取得丰硕的成果，其旅游研究师承国际著名的旅游人类学专家纳尔逊·格拉本教授，2004年便出版了《旅游人类学》一书，是国内最早系统介绍旅游人类学的著述。2010年，他借用自己旅游人类学方面的国内外资源和徐老师一起创办了"旅游高峰论坛"，设定两年开一次，迄今为止，也已经举办了5次。正是这个"旅游高峰论坛"，使我以"旅游"为中介，在人类学与文化产业之间建立起了关联，在教学和研究上有了一个相对合适的方向。在彭老师的指导下，先后撰写过5~6篇旅游人类学方面的论文，主持过1项与旅游相关的省部级项目，也在专业里为学生开设了《旅游人类学》课程，深受学生欢迎，并以这方面的初步累积，被学校评聘为副教授。

2013年中国人类学高级论坛在台湾清华大学举办了一次主题为"全球化、文化多样性与地方社会"的"海峡两岸人类学论坛"，我在台湾桃园机场与彭老师偶遇，得以面对面更加详细地向他请教旅游方面的研究。彭老师有教无类，即一语中的指出了我学术上的问题，又开了"方子"——以后不要太见外，有什么问题随时可以和他交流。我原以为这个"方子"会形式胜于实质，后来才发现是实质胜于形式——彭老师在往后的几年中，在他百忙的时间里，无论是论文写作还是课题申请甚至个人事务，只要有求教，必然会详回、必会帮助。彭老师喜欢唤他的学生为"弟子"，我有幸也被彭老师以"弟子"呼之，此生感恩铭记。

我也要感谢"人类学高级论坛铁三角"的好传统：三位老师之间没有门户之见，不仅彭老师对我如此，徐老师对彭老师、新建老师的学生亦是如此，彼此的学生与学生之间也常互帮互助、其乐融融。我想正是因为前辈老师们之间有这样的铁杆子情分，我们做弟子的才能如此得益良多，人类学高级论坛也能如此长盛不衰。

五、续缘：我的人类学变奏

在音乐上，一首乐曲在经过一个完整的主题陈述后，继之以若干次从头至尾的重复，但每次重复都有新的变化的情况被称为"变奏"。我想我的人类学之路一直是这样子的变奏，而且往后也会如此。

"文化"是人类学研究的对象，也是冥冥中吸引我走上人类学之路的原因。她虽然宏大庞杂，但对我的人类学之路而言始终是主题。我从读大学时候为形而上的哲学思想之"文化"所吸引，到硕士研究生阶段为医学、乡民面向之"文化"所吸引，到博士研究生阶段为宗教、历史面向之"文化"所吸引，再到工作后逐渐投身于旅游、遗产、文化产业之"文化"，乃至于我所在单位和部门的名称也以"文化"两个字冠之，"文化"始终是我兴致之主题，并不断地在各种变奏中重复而变化。

虽然因为多重的变奏，使我没有"一门深入"，至今都尚未成为专门一个领域的专家，但这种变奏的好处是可以继续领略到不同的风光，感受到不为太直接的目的所束缚的探索的自由和快乐。比如，在给文化产业管理专业本科生授课《文化人类学》数次后，我发现"文化产品及其生产、流通、消费所形成的文化产业体系已经构成了全球流动的景观，并成为深嵌于人们生活的社会文化现象，是长时段人类社会文化变迁和转型的重要组成，是文化研究的重要语境。此种现象挑战了传统意义上人类学的研究对象和内容，也因此为人类学的发展提供了新的研究领域和方向。文化产业作为新兴交叉综合研究领域，也一直在吸纳着相关学科的研究理论、思想和方法。人类学与文化产业之间有着文化概念上的辩证性、研究本质上的共通性、理论方法上的互补性。人类学的整体性整合性、跨文化比较和文化相对论等基本研究视角及其参与观察与民族志研究方法能够为文化产业的研究提供其独有的支撑，并能够就文化产业与社会文化变迁、群体认同、地方文化再生产、文化本真性、文化霸权、媒介景观、文化产业内部生产管理等关系领域提供理论资粮和研究视角，丰富文化产业的研究，也在此过程中开拓了有关人类学文化研究的新领域。"[1]这种发现，让我

---

[1] 林敏霞：《人类学视域下的文化产业研究》，《徐州工程学院学报》（哲学社会科学版）2020年第6期。

感到快乐，也促进我思考与写作，去进一步走属于自己的人类学之路。

　　总之，我的人类学之路，萌发于大学时候对"文化"的兴趣，冥冥中预示着两本人类学的书，被某种叫缘分的东西牵引从浙江、上海跑到广西民族大学投于徐杰舜老师门下，一路从硕士读到博士，又借助老师所创办的中国人类学高级论坛和旅游高峰论坛的平台结缘了彭兆荣、王铭铭、范可、赵旭东、周大鸣、徐新建等老师，不断汲取营养，也不断成长。如今，在自己的工作岗位上，我快乐地教授传播与人类学相关的知识，把学生送到厦门大学、四川大学、南京大学、中央民族大学、广西民族大学、云南大学、云南民族大学等学校的人类学相关专业继续深造，自己也依旧贪婪地求索着，继承前辈老师们的教导和学问，弹着自己的人类学变奏，走着属于自己的人类学之路，为人类学的开花散叶与多元发展添砖，为中国人类学更好的明天加瓦。

走出人类学的畛域

刘朝晖

刘朝晖,湖南衡阳市祁东县人,人类学博士,浙江大学社会学系教授、博士生导师,人类学高级论坛青年学术委员会副主席。曾为美国伊利诺伊大学香槟分校等高校访问学者。发表系列论文60余篇,出版专(编)著5部。

1988年9月，我进入厦门大学人类学系就读，成为厦门大学复建人类学系后人类学专业招生的第二届学生。今年是2021年，恰逢大学毕业30年，回头一望，感慨最多的就是自己一直在"吃人类学的饭"，不仅硕士和博士阶段学习的是人类学，三十年来在厦门大学和浙江大学也是一直从事人类学的教学和科研工作。徐杰舜老师策划出版《新生代人类学家之路》文集旨在纪念"人类学高级论坛"成立20周年，嘱我写一篇万字长文，名之曰"我的人类学之路"，心里不仅咯噔一下，难道荏苒岁月促我撰写"学术自传"的时机悄然来临了？我自然明白自己的学术"修炼"没到"人类学家"的程度，当然也已不是人类学的"新生代"，权且以"学术为志业"的"中生代"自居吧。于我而言，借此契机，既可静心梳理自己的学术历程，又可感恩长期以来给予我知识营养的师长、同仁、朋友、学生们和家人，更愿以此鼓励自己在人类学之路上继续坚定前行。

　　大学毕业后，我先后在厦门大学修读硕士，在中山大学完成博士阶段的人类学学习，套用一句曾经风靡一时的俗语，我是一枚科班出身的人类学"土鳖"。尽管期间多次在海外高校游荡过，也曾从事过一年有余的"海外民族志"研究，但我既不愿自诩为"海龟"，更不愿以此炫耀自己多么了解"海外人类学"，因为恰恰就是这些域外游学，让我坦然地走出了人类学的畛域，让我在更广阔的学术空间里，审视作为学科，作为知识，以及作为视野的"人类学三调"。回望自己的人类学修行，用一句形象的话来概括就是"一步三回头"。厦门大学和中山大学的人类学研读开启了我的人类学启蒙"第一步"，接下来的"三回头"就是：村落研究是我的学术原点；行走田野是我的旨趣追求；学以致用是我的生活实践。

　　可以说就是这样的"一步三回头"规训了我的人类学思维，"下一步"的路如何走下去，我在拷问自己，也在拷问这个学科本身的生存与发展前景。与其他愿意培养更多的以人类学为志业的学界同仁相比，我更愿意教导和教育"人类学之外"的人们，能够像人类学家那样去思考，去生活，去重新认知各自置身其中的文化、社会和个人的世界。一名学生选修我开设的"文化人类学"课程后，给我写了一封长信，其中一句话录于此，可以说折射出我所崇尚的人类学教育的目标。她说："我必须要承认的是，我以后从事的领域可能跟人类学课堂上的知识内容完全不相干，但是这门课对于我来说的确是非同寻常的体验，人类学或多或少地潜移默化地影响甚至改变了我的思考方式。"

一、我的人类学启蒙

什么是人类学？这个问题一直到现在，至少在中国大陆，都是被追问的大问题，其量级等同于哲学意义上"什么是人"这样的"元问题"。三十多年前的我却根本没有意识到这是个问题。

1987年我报考大学，第一志愿是中山大学的"酒店管理"。我母亲说，酒店管理不就是端盘洗碗，铺床叠被，我都可以教你，还要去读什么大学！但我听说酒店管理专业毕业后可以分配到"白天鹅宾馆"工作，那还了得，于是坚持己见！可惜那年我只上了大专线，与作为"重点本科"的中山大学无缘。没想到2001年我却进入中山大学修读博士，与中大"再续前缘"，这是后话。复读一年后的1988年，再次填报志愿，看到厦门大学有"人类学"专业，就毫不犹豫地选择了它。多年以后，我留校任教，母亲才问我：什么是人类学？我反问她，为什么你都不知道"什么是人类学"，当时没有反对。她说，她觉得只有像"人类学"这样的"大专业"，才是男儿要追求的学问。接着，她长叹一声："到现在我才知道这个专业既不挣钱，也不可能当官。"我莞尔一笑。

三十年后的今天，依然有不少学生和学生家长追问我：什么是人类学？我无法给他们在很短的时间内上一堂"什么是人类学"的课程，于是模仿浙江大学竺可桢校长的"两个问题"[1]，向他们发出是否专修人类学的"灵魂二问"：你希望大学毕业后不赚大钱吗？你真的对人类学感兴趣吗？如果回答"是的"，就学人类学；如果"不是"，就不要专修人类学。我以此"灵魂二问"劝退了不少"人类学爱好者"。欣慰的是，很多选修我的"文化人类学"课程的学生

---

[1] 这两问是：诸位在校，有两个问题应该自己问问，第一，到浙大来做什么？第二，将来毕业后要做什么样的人？

毕业多年后还愿意跟我联系，告诉我说他们大学期间印象最好，影响最深的就是人类学，因为人类学教会了他们如何以他者反观自我，如何整体性地思考问题，如何换位思考，如何同情弱者，如此云云。什么是人类学？这就是人类学！

厦门大学和中山大学是中国人类学的重镇。我有幸在此接受了完整的人类学训练，系统地修习了"美国式的"文化、体质、语言和考古等四个人类学分支学科的知识。本人愚钝，除了文化人类学，其余三个分支学科都是"浅尝辄止"。我的第一堂人类学课程是范可老师的"文化人类学"，记得稍晚进入教室的我只能靠后就座，因为前排早就被外系选修的美女学生占据了！邓晓华老师的"人类语言学"课程上，面对他抛出来的"古文字"，我只能感叹自己"没文化不识字"；曾惜惜老师的"人体测量学"课堂里，我始终分辨不出男性和女性的盆骨；在考古实习的工地里，耳边至今还留着吴诗池老师看到我在探方里"挖土式的"发掘而发出的温怒斥责声。可以说，厦大的人类学给予我的训练是那么的"全域"，那么的"学术"，那么的"纯粹"，我又是那么的"心无旁骛"。

2001年，我进入中山大学系修读博士。在国人眼中，这两所大学的"人类学光谱"是同一的。因为这两个机构在学术渊源上同出一脉：中山大学人类学系的创始人梁钊韬先生曾经是厦门大学人类学系"系主"林惠祥先生的学生。1937年抗日战争全面爆发，师从林惠祥的梁钊韬回到中山大学，师从杨成志先生继续学习。[1] 当人类学在20世纪80年代初期的中国大陆恢复办学时，同时又秉承中国人类学"南派"风格，注重历史视角和田野调查，甚至连学科设计也一样的"四大分支"。因此2001年当我负笈来到中山大学求学时，就好像有回家的感觉：亲切、浓情。时至今日，这两所大学曾经教育过我的师长，有些已经仙逝，有些"退而不休"，更多的仍活跃在人类学的教学一线。在此讲述对我人类学启蒙教育影响至深的三位师长的故事，既为感恩，亦为怀念，更为薪火传承。他们是厦门大学的郭志超老师、彭兆荣老师，中山大学的周大鸣老师。

---

1 [美]顾定国：《中国人类学逸史：从马林诺斯基到莫斯科到毛泽东》，胡鸿保译，社会科学文献出版社，2000年。

在厦大从读书到工作，前后 20 余年，我一直接受郭志超老师的"锤炼"。郭师是一个全身充满故事的人。遗憾的是，2019 年 3 月 23 日，郭师以他惯有的"猝不及防"的方式告别了我们。我曾撰文缅怀郭师，以表达我的哀思。[1] 在别人眼中，郭师的教导始终和风细雨，循循善诱，而我感受最深的却是他那种醍醐灌顶式的教育。常有熟悉郭志超老师学界同仁问我：你个人怎么看郭志超？我知道这个问题背后的"潜台词"是什么，因为郭师身上所特有的那种鲜明、张扬的个性，一度引起人类学圈一些同仁的"腹议"，但我的回答始终不变：他是一个"天真的人类学家"。我得到过他天花乱坠，近乎肉麻式的吹捧，也接受过他狗血喷头式的训斥。但我更多的是体会到他对学问的严谨、对学生的怜爱、对责任的担当及其对人生的豁达。遗憾的是，这一切都已成为永恒的记忆！

1994 年下半年，郭师让我代他参加闽南知名的侨商回乡省亲的欢迎仪式。任务就是把整个欢迎仪式的过程，用照相机记录下来。行前，郭师反复告诉我如何安放胶卷，如何选择角度拍照，如何抓拍最重要的"历史性镜头"等等。连续三天，我拍完了带去的全部四卷胶卷，回到学校后，交给吴进通老师冲洗出来。我至今还清楚地记得那是返回学校的第二天上午，吴进通老师打电话给我，告诉我说：你闯大祸了，郭胖子要"撕裂"你。因为除了第一卷有成影，其余的三卷都没有！我马上就意识到了，第一卷是郭师自己装好的胶卷，后面三卷是我自己安装的，根本没有卷进去。我整整三天待在凌云楼的研究生宿舍里，不敢到系里去，到第四天上午才敢给郭师打电话，接通后，电话那头的郭师直喘粗气，无奈地轻声叹息说："你是历史的罪人，这些镜头是无法补拍的。"下午我到系里去，碰到了郭师！他余怒未消，大声训斥，我一直试图躲开他"愤怒的唾沫"，他严厉地说：不要躲开，沾了我的唾沫，你就记住了这个教训，以后不会再犯同样的错了。诚如师言，到现在我都没有再犯类似的错误了。

彭兆荣老师是我在厦大的硕士导师。我每次的学术追求和研究旨趣都深受彭师的影响。我的硕士论文就是在彭师指导下关于贵州瑶族生计模式的人类学

---

[1] 刘朝晖：《天真的人类学家：追忆郭志超老师》，王逍、蒋俊主编：《郭志超教授追思集》，厦门大学出版社，2020 年。

研究。彭师认为，作为从事人类学学习的学生，首先获得对"异文化"的参与观察，从感性上直接感受到"文化震荡"后，再回到"本文化"的社会情景，才能参悟社会文化的多样性。硕士毕业后留校任教，彭师引导我从事"客家学"的研究，客家研究从某种程度上而言，是我回归"本文化"研究的开始，以至于后来博士求学选择对厦门附近侨乡村落的民族志研究，亦是遵循这个学术路径。彭师有深厚的神话学和比较文学的学术底蕴，因此能带给我们无尽的田野欢乐。1995年暑假，彭师带我和同门牟小磊到贵州荔波瑶麓乡调查，有一次夜访后返回住地，月明星稀间，师徒成三人。彭师问我们看到什么了？我们都说，没有什么啊，就是月亮而已。彭师笑曰：没有看到没穿衣物的嫦娥吗？原来他想赞美的是这里纯净的自然环境，这样的戏语只有彭师才有的"人类学想象力"！

彭师"爱生如子"，更是一个纯粹的学者。硕士期间，伴随彭师跨省调查，又出访泰国和中国香港，见识到光怪陆离的大千世界，这样的"待遇"在那时的学生时代是不可思议的事情。其时非常感恩，直说无以为报，彭师笑曰，不要你报答我，只要你像我一样对待你以后自己的弟子就行了。此话一直留存吾心，如今我亦为人师，对待自己的学生，努力传承彭师的风格。1997年，我硕士毕业留校工作，薪水实在太低，随时准备"逃离学术"。迫于生活压力，一度在校外兼职，赚的钱超过自己的工资收入，心里不免自鸣得意，但彭师严厉告诫我，要么上岸，要么下海。我知道他是希望我能全身心地回到大学，过着著书立说，教书育人的"学术生活"。然我生性懒惰，不喜写作，不像彭师才思敏捷，下笔有神，每年的学术著述丰产高产。说实在的，这种纯粹的学术生活对我是一种莫名的压力。直到2000年后，我才逐渐找到适合自己的人类学之路。

2000年7月，第五届中国社会学人类学高级研讨班在厦门召开，作为承办方的中国人类学会承担了这个学术盛事。其时我作为青年教师参与学术会议的接待工作，去机场接机的时候，碰到来自中山大学的周大鸣老师，于是毛遂自荐，表达希望可以报考他的博士生的意愿。2001年，幸投周师门下，开始了我的博士求学，此后我的人类学"学术生涯"行稳至今。周师以他自己特有的方法，把我"带出"了人类学领域，让我在更为宽广的天地驰骋，也影响和塑造了我至今坚守的人类学理念和人类学思维。当时周师刚从哈佛燕京学社访学归来，担纲中山大学人类学系主任，其时，中大人类学系正面临被撤并的危机，其实这样的"撤系事件"我在1994年就遭遇过了：厦大以学生找不到相应的工作为由，撤销了人类学系。周师一上任就大刀阔斧地调整发展方向，一方面延续中大人类学的学术传统和比较优势；另一方面，把学术研究与社会实践相结合。中大人类学系在周师主政期间不但实现了凤凰涅槃，也因此走上了发展的快车道。

于我而言，周师对我因材施教的直接结果就是人类学的应用研究及其学术价值的反思。我曾经参与周师主持的一个世界银行贷款项目的"社会评估"调查工作，这是一个纯粹的应用项目，但项目结束后，我认为可以从文化保护的视角反思发展项目对地方社会的影响问题。我以此申报国家社科基金项目，并得到资助。这个研究已经完成，已经出版专著。[1] 周师在其题写的序言里这样说道："这种应用人类学的训练一直影响了他日后的教学和研究工作——他在学术研究和应用研究之间有了自己的思考和实践。"如果说周师及其门生所延续的应用人类学研究只是承担了"可以赚钱的项目"的话，那就太狭窄地理解周师提出的人类学的"应用性格"的学术价值。他说：

> 任何学科都是理论与实践的统一。以理论指导实践，在实践上发展理论，学科才能永葆青春，才能更好地发挥本身的作用。强烈的社会责任感和自我牺牲的精神是学者们过分注重学科的应用，以致忽略了学科的理论探讨，进而限制了学科的进一步应用。所以中国人类学要想在新的世纪更有作为，就必须在坚持应用研究传统的同时，加强学科的理论研究。也唯有如此，方可造出更全面的应用性格。[2]

可见，人类学的"应用性格"既彰显在具体的实践项目中，更镌刻在学科本身所蕴含的学术价值和理论贡献上。应用性格不能简单地理解为世俗意义上的"实用价值"，而应是约翰·杜威"实用主义哲学"所倡导"经验的能动性"，旨在把实证主义功利化，强调生活、行动和效果，强调将知识转化为行

---

1 刘朝晖：《望乡：被安置的移民和他们的文化心念》，浙江大学出版社，2017年。
2 周大鸣：《中国人类学的应用性格》，《光明日报》（理论版）2002年4月28日。

动的实践。"应用性格"的观点直接影响到我的人类学教学宗旨和研究旨趣，一直探求打通所谓的"学术"与"应用"之间的边界。

厦大的"人类博物馆"，中大的马丁堂，这里既有高山仰止的学术前辈，也有默默付出的行政职员，它们共同塑造出来的学术传统和浓厚的学术氛围，不但给予了我，而且还给予了所有现在，以及将来的学子以人类学的熏陶！

二、我那魂牵梦萦的村落

可能是出身农村的缘故，我对村落研究有种莫名的依恋。本科、硕士、博士都是选择村落作为研究对象。大学本科毕业论文，是基于人类学田野实习的调查资料，研究的是福建南靖县塔下村的婚姻和家庭制度，讨论的是客家人和闽南人的族际婚姻和族群融合问题。硕士研究生期间，研究的是贵州荔波县瑶麓乡（村）青裤瑶村民生计模式的社会变迁，讨论的是他们如何从游猎社会向游耕最后到定居社会转变的问题。博士期间研究的是福建厦门海沧区新垵村的城镇化历程。

我的博士研究从三个方面记录了村落变迁的社会历史过程：（1）代表物质文化的生产生活方式，比如从农耕到集镇化到都市化的谋生方式的变化；（2）代表社群文化的社会制度，比如宗族组织、婚姻家庭、海外移民、社会控制等；（3）代表表达文化的"小传统"和"大传统"的互动，比如民间信仰中的迎神赛会、基督教的传入以及国民教育的普及等。这个研究立足于都市化背景，说明传统社会变迁的实质是一个"乡土性—去乡土性—超越乡土性"的社会历史过程，通过对"乡土性"的反思，延伸我们对现代社会结构变化的思考。在此基础上我提出了"超越乡土"的概念，并主张"超越乡土"并不单纯地意味着与乡土社会的"决裂"，相反，它更多地反映出对传统"乡土性"的依恋和对现代都市化进程的艰难调适，反映出村落边界的突破和对现代性的文化选择过程。

2004年博士毕业后，我先后去了挪威奥斯陆大学和马来西亚理工大学访学。2005年奥斯陆大学的访学主要延续博士期间对新垵村的外来农民工研究，分析外来农民工求职、从业和工作场所等方面遭遇的一系列不平等待遇背后的

"制度性歧视"问题。2006年马来西亚理工大学的访学其实也是为了延续博士期间对新垵村宗族社会的研究,调查和分析新垵村邱氏宗族在马来西亚槟城如何"复制"在中国福建厦门新垵村的宗族社会及其"告别中国"的社会历史过程。这个研究其实想回答海外华侨的国家认同、文化认同与族群认同之间的多元复杂关系是如何生成,并对其时的所谓华侨爱国爱乡、寻根问祖等问题做了回应。我当时提出海外华人,至少是我研究涉及的马来西亚槟城华人社会其实在政治上已经与中国告别,文化认同与族群认同的建构与对中国的国家认同没有关系,而只是为了他们在所在国面临的多元族群社会以及政治经济制度的背景下,作为国民所必须建构身份认同的标识。

2007年来到浙大任教,2008年到文化部非遗司挂职。这个经历促使我的学术研究逐渐聚焦于文化遗产的视角。由于先前乡村研究的惯性,我尤其关注村落非物质文化遗产的研究。从对云南丽江少数民族文化保护的研究,到对俄罗斯"塞梅斯基人"的调查,也都是选择进入他们的村落,调查和研究他们的非物质文化遗产。云南丽江的少数民族村落文化研究涉及两种类型,一类是原住民居住区的移民安置与文化遗产保护问题;另一类是水库移民导致新村建设与文化权利缺失的问题。这个研究对我影响最大的是不把非物质文化遗产作为独立的研究主体来看,而是坚持如果没有物质遗产和非物质遗产合一的价值观,非物质文化遗产的学理研究和保护实践毫无意义,俄罗斯的"塞梅斯基人"的研究更进一步证实了我的这个理念。

另一个学术转变就是研究地点和研究对象的改变。我逐渐从以前的全国各地的乡村社会转到浙江的村落调查,并且开始关注由于国家和地方对乡村建设的强力推进,导致千年村落数年间就发生"断裂式的"的变迁问题。近代以来的乡村社会变迁的"原动力"是国家建设、社会治理、村落规划,以及环境恶化等带来的村落社会从自然环境到人文环境"去乡土性"的变化。近五年来的主要研究课题和成果也就集中在这些方面。我依然还是选择从村落切入,调查和讨论分析"耕读分家""村落规划""村民环境意识",以及从环境人文的视角,关注当代乡村振兴给村落社会带来的生态恢复、文化重建以及村落空心化带来的人的流失等问题。这些研究要突破了传统人类学的民族志研究主线,就必须建构新的跨学科、跨文化、跨时空的研究路径。

三、乡村田野的诱惑

田野调查是人类学收集资料的重要手段，也是人类学作为学科存在的显性标志。曾有一戏语说：人类学家不是在做田野，就是走在田野的路上。我的人类学经历可以说就是在田野中成长的。大学期间的田野训练长达近6个月，其中2个多月是考古田野作业，3个多月是人类学田野调查。硕士期间，导师带我们在少数民族的村寨里，一住就是30多天，博士期间的田野调查更是长达12个多月。就是这些连续的乡村田野调查，才让我后来阅读马林诺夫斯基《一本严格意义上的日记》时会深刻地感受到那种"学术田野"和"生活田野"之间的"人格分裂"。不过幸运的是，过去20年来，我一直保持与我博士期间的田野村落紧密联系，跟我的关键报道人形成了人类学意义上的"拟亲戚关系"。

2001年寒假期间我来到福建厦门新垵村"探点"。选择新垵村作为研究对象可以说"很学术"。我当时的博士方向是都市人类学，周大鸣老师当时对广东珠江三角洲的乡村都市化研究已独树一帜，更重要的是，周师对广东凤凰村的"追踪研究"直接影响了我的研究选题。周师引导我阅读社会学家陈达的《南洋华侨与闽粤社会》一书，从中寻找学术启发。陈达于1934—1935年主持了一个对福建和广东两省的华侨调查研究项目，1938年出版的《南洋华侨与闽粤社会》一书就是这次调查的研究成果。他选择了四个点做详细的实地调查，其中提到的（乙）点："在厦门西北，其地临海，自厦门坐小汽轮经两小时半可达，为一大姓所居。同宗有许多人在近一百年以内，不断地往南洋迁移，但亦随时有回乡者。"[1] 此次"探点"获得证实后的第二年（2002年），于十一国庆节后，我就开始博士阶段的田野调查，正式进驻新垵村开始长达一年有余的民族志调查。

新垵村是一个典型的宗族村落，其时大约有7000余人，到2003年底田野调查结束的时候，包括外来的农民工在内，我对姓名籍贯、社会关系、宗族房支，甚至较私人的"亲密关系"等信息都了如指掌，以至于多年后我再赴马来西亚槟城进行"延伸研究"时，面对他们海外宗亲的"寻根之问"，我还

---

[1] 陈达：《南洋华侨与闽粤社会》"引言"，商务印书馆，1938年，第3页。

可以如数家珍，帮助他们"链接"百年前的亲缘脉络。田野关系（fieldwork rapport）只能证明研究者在身体上的"物理进入"，不过，田野调查更需要的是"走出村落"，实现学术意义上的"问题研究"。从方法论而言，人类学的田野调查属于质性研究的性质，这种研究更多的是一种基于时间/事件的叙事范式，而要深切地了解和分析隐匿于时间/事件发生的逻辑性和合理性，则需深究其背后的结构和机制的关系。[1] 若干年后，再回头思考新垵村的价值和意义，我更愿意是这样表述：新垵村的研究与其说是探究乡土社会变迁的都市化历程，更不如说帮助我们思考近代以来以侨乡为代表的中国乡土社会在现代性的冲击下而发生的旨在"超越乡土"的"文明化过程"。

于我而言，这种"迟到"的自悟，直接导致了我探究和实践村落研究的"两个转向"：一是把原来对单体村落的民族志研究，转向与当代中国传统村落保护振兴相结合，通过与规划学科合作，探究如何从文化价值重构的视角，实现村落保护和发展规划的空间再生产。因此，我们应该将传统村落的空间变化视为一个自然形成的社会历史过程，历经数百年甚至千年的代际传承，累积成为一种融合山形水势的物理空间，也反映出村民集体无意识的空间伦理秩序；二是把传统村落社会视为"可持续发展"的聚落空间，从环境人文的视角，研究村落文化和文化遗产保护的可持续发展问题。当代传统村落社会变迁的动力来自国家力量和市场经济的迅速推动，在很短的时间内改变了传统村落的物理空间和社会结构，不可避免地造成了"空心村"现象；另一方面，城里人或者说一般民众涌现出来的"乡愁情节"如何关照传统村落社会形成的"乡土性"。这是一个需要从人类学本体论层面寻找答案的问题。

田野之于大多数人来说是"诗和远方"的文化想象，而作为严格意义上的学科训练，田野调查的魅力，不仅仅在于发现"外在文化"，更要发现"文化的内在方面"，亦即如何从日常生活的实践中发现"史诗"。在田野调查课程上，除了方法论讲授之外，更重要的是与学生一起生活在田野中，共同参与、观察、讨论和体验民族志研究带来的"文化震荡"，通过"外在文化"去分析和思考"文化的内在方面"。譬如我们通过调查浙江建德市某"空心村"的重建实践，提出"类共同体"（analogy community）的概念，来分析和反思新村

---

[1] 赵鼎新：《机制解释的诠释学挑战和回应》，《社会学评论》2020年第6期。

民生态社区实践模式的行动逻辑和学术价值。与传统村落社会形成所依存的血缘和地缘性特征。不同的是，当代由政府和市场力量推动的乡村振兴，使得村落社区的各利益相关群体，缺乏共同的价值认同，因而无法形成社会学意义上的"社区共同体"，只是一种"类共同体"。尽管这种初步的调查研究和学术反思可能暂时无法形成系统性的学术成果，但因此而可能形成的思维方式和批判精神无疑不彰显田野调查的无限魅力！

四、像人类学家那样去思考

最后我想通过自己最新国际合作项目的研究设计，谈谈如何像人类学家那样去思考。一如前述，人类学既是一门学科，也是一种知识，更是一个视角。所谓的人类学思维就是主客位的视角，整体观的思考，相对论的立场，以及底层社会的人文情怀等。在具体的实践中，尤其是在与其他学科和学者的合作研究中，才能真切地领悟到"人类学三调"的价值和学术贡献之所在。

2014年4月，浙江大学与挪威奥斯陆大学两校启动合作项目 *Airborne: Pollution, Climate Change, and New Visions of Sustainability in China*。该项目立足于从自然科学、人文科学和社会科学的跨学科视角，组成了15人的联合研究团队，团队成员的学科背景涉及大气科学、环境工程、人类学、历史学、政治学、公共政策和媒体科学等领域。项目团队成员从社会调查到环境监测，从资料收集到数据分析，最后采取"驻访研究"的模式，合作撰写研究论文。2019年，本人（通讯作者）作为三位作者之一，在 *Environmental Science and Policy* 发表论文：*The Hidden Hazard of Household Air Pollution in Rural China*，这是一篇人文科学学者、社会科学学者与自然科学学者共同合作的跨学科论文，我们基于共同的研究主题，从研究方法、研究路径和研究发现上，在学科话语和问题意识层面进行跨学科的对话，以推进对乡村空气污染，尤其是普遍忽视的室内空气污染问题的关注。

2018年，本人作为共同第一作者和通讯作者，在 *China Quarterly* 上发表 *Air Pollution and Grassroots Echoes of Ecological Civilization in Rural China*，可以说是"纯人类学的"成果。这篇文章通过对浙江省多个村落的村民进行调

查，比较研究他们十年来面对不同的空气污染源，与地方官员、工厂老板协商阻止和缓解空气污染的环保抗争及其行动结果。我们发现，除了"依权抗争"之外，在与官方和老板协商过程中，村民运用科学知识的能力成为他们成功的重要手段。在学理上，我们提出生态文明建设是一种自上而下的对未来中国发展的"国家想象"，它把环保抗争有效地纳入科学发展和社会稳定的制度框架里，为环境保护行动打开了一个新的空间。"国家想象"概念的提出，与国际环境人文研究领域"社会技术想象"（social-technology imagination）观点进行比较和对话。

2020年底，再次启动新的跨学科研究课题：*Transcendence and Sustainability: Asian Visions with Global Promise*？这个新课题成员由挪威、印度、中国大陆和台湾地区等四方组成的跨学科研究小组构成，旨在回应和讨论全球环境危机下的生态重建问题。进入21世纪以来，全球性的可持续性发展问题日渐凸显，尤其是发展主义影响下的环境危机问题。在联合国"变革世界的17个可持续发展目标"（SDG2030s）中，至少6个是与生态环境直接相关，尽管全球性的"国家行动"正在努力改变这种窘境，但这些依靠国际合作、行政管理、技术手段等"工具理性"的措施很难，也无力从根本上解决全球性的可持续发展危机。我们认为主要原因在于这些目标背后存在两个结构性的悖论：一是全球化和"地方全球化"（local globalization）之间的对抗性；二是生态环境的普世价值观与民族/国家主导下的"国家主义"或"地方主义"（localism）的陷阱。

在整个课题的研究设计中，我们通过全球生态实践案例的国际比较，结合当代中国的生态实践回答这一问题。中国项目组提出两个研究问题：一是作为国家意识形态的"生态文明"建设如何从"想象"的话语体系转化为生态实践的动员力量？二是在全球性生态可持续危机的背景下，如何在社会权力的介质层面理解"生态文明"，并在全球生态实践中审视其与经济、军事、民族国家和政党的关系？较之此前在airborne项目中的"生态文明"研究，本研究进一步提出"研究假设"："生态文明"概念在中国虽然是国家话语，然而随着其自身的演变，以及与国际上的各类生态理念的结合，正在形成一种超越民族国家和种族的世俗意识形态权力，从而可能影响社会历史的变迁。这种"国家/社会/生态"的架构可能更易于否思杜赞奇所谓的应对全球现代性危机的"东方智慧"。[1]

在具体的研究实践中,我们选择从"乡村振兴"的视角切入,因为它受到这样的意识形态权力的影响更加直接和显著,从而产生了不同于西方的自上而下的国家行为和自下而上的实践活动。中国项目组一方面对浙江乡村振兴中的一些生态实践进行田野调查,结合台湾地方政府对原住民"在地观念"形成的森林合作管理模式,印度自然农法,以及韩国新村运动等案例,形成一个"亚洲传统"的比较研究;另一方面,结合欧美的环境运动及其演变,将当前生态文明指导下的乡村振兴运动放在全球生态实践中考察其背后的社会结构性力量,从而回答"生态文明"是否对于全球可持续发展具有中国启蒙或超越意义。

---

[1] Duara, Prasenjit, 2015, *The Crisis of Global Modernity Asian traditions and a sustainable future.* Cambridge: Cambridge University Press.

人类学的亲昵

刘 珩

刘珩,云南昭通人,首都师范大学外语学院教授,人类学高级论坛青年学术委员会主席,哈佛－燕京学社访问学者。发表论文30余篇,出版专著《迈克尔·赫茨费尔德:学术传记》,译著《人类学:文化和社会领域中的理论实践》《戏剧、场景及隐喻:人类社会的象征性行为》。

几年前，承蒙徐杰舜老师的抬爱，说是做一个访谈，说说自己的学术经历。可我觉得资历尚浅，我的人类学之旅既乏善可陈，也没有什么新奇的故事可以分享，所以没有接受访谈。我学的是人类学，可是在外语院校工作，所以我想我的经历可以归纳为在一个缺乏制度和组织支撑的环境中，努力保持一种人类学身份认同意识的过程。如果接下来的这些文字能够对处于相似境地的同仁提供几分借鉴作用，则善莫大焉。

一、读博

我本科和硕士都是英文专业。硕士阶段的方向是英语诗歌，具体研究对象是英国浪漫主义诗人雪莱。导师当时对我们的要求是每周都要大段大段地背诵华兹华斯、济慈、拜伦等浪漫派诗人的诗作。不知自己在文学方面是缺乏灵感，还是每周的背诵过于枯燥乏味，我现在仅仅能够记住几首诗歌的标题，与其他人对这一领域的常识无异。不过好在这几年各专业的研究生学习的氛围非常浓郁，加之贵州大学所在的花溪远离市区，我们戏谑地将推开窗户就能看见的几座喀斯特地貌的山峰叫作"笔架峰"，山峰下的校园就是专心读书的场所了，就这样心无旁骛地读了三年书。临近毕业，我身边的同学都纷纷考博。由于来自云南这一少数民族省份，我的很多同学都是少数民族，当时懵懵懂懂地觉得应该去读民族大学。至于专业呢，我觉得不能再读英美文学了，因为我觉得文学太偏执于理论和文本的阐释，我想读一个实证性强一点的学科。

抱着这一想法，我联系了中央民族大学的邵献书先生。没想到很快就收到先生的回信，两页信纸，竖排书写，大致介绍这一专业的研究范围，并罗列了一些需要阅读的书目。这一时期老派学者待人接物的真诚热情，书写回信的一丝不苟，汉语表达的严谨凝练，恐怕再难以在学界中复制了。我很庆幸自己能在当时收到这样一封让人非常鼓舞振奋的回信，并且承蒙先生不弃，收入门下，成为一名中央民族大学99级西南民族研究方向的博士生。邵老师是方国瑜先生的学生，我们几位同学私下里认为，西南民族史地研究已经被方先生以及他的学生们（包括云大的尤中教授）做到了极致，后人恐怕难以再有作为。因此，学习民族学和人类学的理论方法，以便为博士期间的田野调查做好准备，是当时民族学系很多同学的普遍想法。

我在民大主要跟着庄孔韶老师和张海阳老师学习人类学，庄师的"席明纳"善于启发学生畅所欲言，海阳老师则几乎一有闲暇，就跟我们"混"在一起。我们在课堂外跟老师们交流的时间更多，几瓶啤酒、一碟花生米，大家围坐侃侃而谈，直至夜深方散。这确实与英美文学老师指导学生的方式大相径庭，这种人类学"浸染"式的学法，让人耳目一新。此外，通过杨圣敏老师的"关系"，我得以去北大西门外的社会学人类学研究所蹭了王铭铭老师一年的课。这一年中见识了学界很多大佬，他们应邀到王老师的课堂给学生们做讲座，其中就包括蔡华老师、纳日老师和杨念群等老师。到了2001年春天，学校规定的田野时间到了。我领到了500元的调查补助，3月份去往云南大理，准备开始为期三个月的田野调查。我之所以去大理调查白族的本主崇拜，首先因为我是云南人，回家乡调查比较方便。其次是因为大理地区的历史记录比较完整，无论是南诏、大理国的族群关系互动、中央王朝在此区域的经略，以及战争、制度、物产、风物的记述都可以在史书上进行查阅，同时也方便邵先生在历史部分的写作上加以指导。按照当时的设想，这些都是论述白族本主崇拜不可或缺的历史语境。最后，本主崇拜作为民间宗教，它又具有杨庆堃所谓的普化宗教的特点，是一种浸润在日常生活实践中的宗教形式。这样，历史与现实都可以在这一研究话题中得到关照。

我将田野调查点选在喜洲边上的庆洞村，这里是苍山脚下、洱海边上白族各村寨本主信仰的"神都"，本主庙内供奉着本主之主——南诏大将军段宗榜的塑像。这里既然是都城，也当然是本主的中心了。我想当然地以为占据中心，就能掌控一切。在庆洞的日子倒也自在，我每天在各自然村走访，白天大多待在本主庙内，晚上整理笔记，试图与阅读过的理论书籍相印证。两个多月一晃而过，我才开始觉得这个"神都"有点远离人间烟火，我当初应该将田野地点选在喜洲镇内。等我气急败坏地搬到喜洲，已经感到囊中羞涩的压力，调查工作千头万绪，一时不知从何入手。此时，本主崇拜的档案文献仍需查阅，我又掉头去大理市档案馆，翻看档案。面对堆积如山的档案资料，我草草地翻看了5天，匆忙记了些现在看来无关痛痒的东西。总之，我的第一次田野调查始终被焦虑、仓促、疲于应付所支配，最终难免有点草草收场的意思。唯一可以安慰自己的就是，不要着急，下次等时间和经费都充裕时再来。然而，一晃20年过去了，我也没有再回去调查过。博士论文写成，通过答辩之后，我也一直没有修改和出版的打算，至今仍然是一本白色封皮已经泛黄的A4纸打印稿，躺在书柜的底层。从这一点而言，我始终觉得愧对邵先生以及我的博士论文答辩委员之一的胡鸿宝老师，前几年胡老师还一直鼓励我将论文修改出版。我始终觉得自己还没有为下一次的调查准备好，可是时间却由不得你从容规划，转眼就将人裹挟着进入下一段旅程。毕业之际，我面临两个选择，一是去社科院民族学人类学研究所；二是去首师大外语学院英文系，造化弄人般地重操旧业。为了一套40平方米的住房，我选择了后者，多多少少也就意味着游离于人类学组织之外了。

二、哈佛访学

2002年，我来到首都师范大学，在外语学院任教，又干回了老本行。在两门学科之间游走，感受到了前所未有的孤独和彷徨。我不知道到底该往哪个方向努力，做文学研究似乎没有什么感觉，做人类学似乎又缺乏学科平台的支撑。从2002年到2007年，长达5年的时间，没有发表过一篇文章。院系里边的质疑之声四起，很多人都在背后嘀咕说，听说是学什么人类学的，当初就不应该作为博士引进。如果这种状况不发生改变，大有背着老讲师头衔退休的可能。转机出现在2006年夏天，中山大学历史系和哈佛燕京学社联合举办的一次题为"亚洲无边界"的历史人类学研讨会。我能够去参加这次会议缘于我从2002年起，同其他两位译者翻译的赫茨费尔德教授的人类学著作《人类学：社会和文化领域的理论实践》一书。我第一次接触到这本书是在2001年，大多数中国读者对此书的兴趣可能在于作者在前言中将其称作教科书，所以认为这可能是一本可以便捷、迅速地补充人类学知识的教材，并且期待这本教材可以分门别类地涉及人类学各个研究领域，当然也包括各种概念的梳理和界定。此外，由于该书2001年出版，其内容必定涉及近20年人类学研究的前沿领域，因此这是最近"更新"并且不会很快"过时"的教材。我阅读此书时，也抱着同样的目的，一是要看人类学在哪些领域内进行延伸并具备了跨学科研究的能力（比如该书涉及的历史、经济、文学等领域）；二是要看人类学在当下或者后现代语境中的反思批判能力、问题意识和研究旨趣，以免自己的知识体系总停留在亲属关系一类概念上，而显得过于"陈旧"。现在回想起来，赫茨菲尔德是研究希腊的人类学家，他能"幸运"地进入中国读者的视野，看来应归功于他在21世纪初这个节点上，写出了一部教材。

赫茨费尔德老师邀请我参加这次研讨会，我最初也抱着见见哈佛学术大佬的心态，顺便也去广州玩一趟。可是赫老师在写给我的第二封邮件里，让我准备问题，可以做一次访谈。原本轻松的心态，瞬时凝重起来，我也不知道该问些什么问题。将《人类学》一书又仔细读了一遍，准备了30多个问题，然后惴惴不安地出发去了广州。此次会议的阵容果然强大，参会的学者大多是哈佛燕京访问学者，三位重量级嘉宾分别是傅高义、赫茨费尔德以及时任哈佛人类学系主任的贝斯特（Ted Bestor）。傅高义先生是我们那一组发言人的评议者，为人随和，颇多勉励之词。贝斯特则穿着夏威夷式的花衬衫，仿佛刚从某个热带岛屿赶回来，显得潇洒自在，赫老师说这是典型的美国做派。会议间隙，我和赫老师一共谈了三次。起初预计时间不会太长，可是赫老师特别健谈，30多个问题的录音加起来将近3个半小时。总之，广州也没有时间逛了，回到北京，我将访谈中的几个关键问题比如"民族志""社会诗学"整理之后，命名为"民族志、小说、社会诗学"，并以访谈的形式发表在《文艺研究》上。这篇访谈尽管发表在文学批评的刊物上，但对其加以引用的文章几乎无一例外都属于人类学的研究领域。"社会诗学"这一概念最为详尽的论述应该在《文化亲昵》这本书当中，后来由纳日老师领衔翻译成中文。可惜当时我没有读到这本书，只是从《人类学》的翻译中，隐约觉得这是一个非常重要的概念。此外，广州之行收获颇丰，赫老师将自己的一些论著赠送于我，其中就包括《文化亲昵》（*Cultural Intimacy*）、《阳刚之气的诗学》（*The Poetics of Manhood*），还有一本是赫老师的老师坎贝尔的著作《荣誉、家庭以及庇护》，在此书的扉页赠言中，赫老师将坎贝尔视作父亲，把自己比作孝敬的儿子，我当时不太清楚，只觉得他们师生之间的关系如同父子一样，后来才理解这大概是要强调希腊人类学研究的学术继承关系。坎贝尔是这一领域的奠基人，他曾经动情地告诉赫老师:"正是因为有你,我才不致湮没无闻(you save me from oblivion)。"¹ 也就是说,正是因为赫茨费尔德的加入,希腊的人类学研究事业被进一步发扬光大。

有了这次经历,似乎也有了努力的方向。《人类学》一书中很多似懂非懂的概念,通过一系列相关著作的阅读,渐渐清晰起来。现在回过头重新看《人类学》,才意识到这不仅仅是一部教科书,它事实上是以其他学科作为一种参照来反思人类学近半个世纪以来的理论与实践。作者以一种理论即实践的视角,重新厘清了民族志的研究和撰述在认识论层面的三个维度,分别是"经验的反思""理论即实践"以及"事实的虚构"。我认为这三个维度分别指向了民族志研究和撰述的三个依次演进的阶段,并且以《民族志认识论的三个维度》为题不知深浅地投给《中国社会科学》,文章几经修改刊出之后,似乎才有了一点继续做人类学研究的信心。这两篇文章都发表在2008年,都是参加广州中山大学会议的结果,都缘于赫老师布置的"任务"以及慷慨的赠书。

之后,我觉得我的研究方向应该沿着民族志理论这一线索。正好当时"自我"的民族志研究(后来国内有学者将其称作"主体民族志")成为学界关注的兴趣点之一,我设计了一个"自我民族志"(auto-ethnography)的研究计划,2009年作为合作访问学者,到哈佛燕京访学一年,合作导师就是赫老师。访学有两个任务,一是读书,二是听课。拿着燕京学社每月3200美金的资助,日子倒也过得逍遥自在。我一直觉得我以前上过的人类学课程太少,所以到了哈佛之后,选过很多老师的课,其中包括Arthur Kleinman, Mary Steedly以及Ted Bestor教授开设的课程。在选课的过程中,我发现人类学系很多年轻老师开设的课程经常出现爆棚的情况,他们的话题非常前沿,研究的内容可能也贴近现实,似乎是人类学系吹进的一股新风。其中的一些话题,比如食物与消费,给我留下颇为深刻的印象,觉得可以作为下一阶段的研究方向。哈佛访学

---

1 2009年,坎贝尔辞世,赫茨菲尔德在《美国人类学家》杂志发表纪念文章,谈到这一事情的经过。坎贝尔的性格决定他不会在学界大肆宣扬自己的著作,他也从来没有认为自己是一个了不起的理论家。这些因素无疑使他的作品的学术贡献不会很快被认知。赫茨菲尔德在这本纪念文集的文章标题是"作为理论家的民族志者",认为历史深度以及对希腊语的熟练掌握,再加上简洁的语言以及埃文斯-普理查德的学生们一贯具有的民族志研究非凡的学术洞察力,这些都体现在坎贝尔的著作之中。坎贝尔的学术研究表明,历史叙述完全可以挣脱民族主义以及大人物、大事件的束缚。在这一意义上,赫茨菲尔德认为他的老师是一位真正的跨越史学和人类学的学者。

期间比较开心的事情就是去赫老师家品尝他做的川菜。赫老师每学期都会搞一次家宴，将自己的学生、好友召集在一起，他亲自下厨做川菜款待大家。鱼香肉丝、红烧茄子、宫保鸡丁都是他的拿手菜。在大家相聚的时候，这位人类学界的大佬穿着围裙，笑容可掬，平易近人。我们在旁边喝着红酒聊天，突然滋啦一声辣椒爆锅，屋里瞬间升腾而起的辣味让众人咳成一片。2020年受到疫情影响，赫老师和爱人（Nea）在 Harvard Street 的家中深居简出，做菜的手艺大有长进。上个月收到他发来的几张川菜照片，果然色香味俱全，看着都让人馋涎欲滴。更为重要的是，他在自家厨房延伸了"文化亲昵"的含义，在居家隔离期间，赫老师写了一篇题为"隔离期间的反思：自由与文化亲昵"的文章，发表在《人类学在行动》（Anthropology in Action）期刊上，反思自由主义与诸多公共健康的强制规范之间的关系。对于赫老师来说，处处都是田野，处处都是激发人类学思维的场所。

访学回国之后，我继续"自我的民族志"这一主题，陆续在《民族研究》《文艺研究》以及《思想战线》等刊物发表多篇文章，感觉这一年的光阴并没有白费，也对得起学社的资助。与此同时，我筹划着在自我民族志研究的基础上，写一部赫老师的学术传记。我当时的想法是，如果将人类学家的学术和人生截然分开，只专注于提炼他的学术观点和归纳其学术思想，不但也是一种二元论，而且可能会产生误导和偏差。因此，让赫老师的学术观点在人生的各个阶段的研究语境中加以"展演"，自然地呈现出来，在某种程度上是个体的思考获得意义和合法性（legitimacy）的重要前提。打个比方，个体的思想犹如一盘录像带中摘出来的很多张静止的照片，而特定时期的人类学学科动向、研究的语境以及背后的各种思潮以及人文社会科学理论正是这样一盘录像带，它为个体的观念和行为赋予了一个动态的、可以持续考察和把握的背景。因此理解某种"静止"的观点的困难之处就在于必须尽量呈现这种动态的过程，而且这种动态并不仅仅是个体的动态，它还包括个体置身其间的更大的文化景观这一动态过程。书稿于2016年完成初稿，经过四年时间的审阅和修改，终于在2021年由三联书店出版，被列入三联哈佛燕京学术丛书第17辑。书稿的其中一份盲审意见这样写道："本书固然是一本传记，不妨也可同时视为一本知识社会学的著作，以一位人类学家为个案，展示了近半个世纪西方人类学知识形成和演变历程的一个侧面。"总之，让人类学理论具有更大的可读性，多少是这本书写作的初衷。

三、关于人类学的几点思考

从2014年开始，我决定从事与食物相关的人类学研究。这次的田野地点在顺义诸多小型农场的田间地头，是名副其实的田野。之所以选择食物的人类学研究，是因为全球范围内兴起的"公平贸易"的生活方式，以及近期在北京周边出现的一种"社区支持农业"的新型消费模式所衍生的地方性食物运动，传递出因食品安全、转基因食物以及生态环境恶化所引发的危机意识，因此有必要从人类学的角度进一步思考消费者对购买的食品赋予道德意涵的方式，以及食品安全与社会信任的重建等诸多重要问题。我也不知道这次调查会将我引向何方，我觉得只要有足够的时间泡在田间地头就好。我几乎每个周四就会离开喧嚣的城市，坐地铁再转公车，经过近3小时的路程到达顺义，同时在几个小型农场之间赶场式地游走。白天下地劳动，晚上和来自世界各地的志愿者喝酒打牌，周末则到农夫集市帮着农场小老板练摊卖农产品，和众多的农场消费者们闲聊，有意无意地倾听他们的流言蜚语，觉得人类学正是一门赫茨费尔德所谓的"有关八卦"（the study of gossip）的学问。我不再依靠书本的既有概念体系和理论范式来引导我，我靠着我的田野经验来引导我，让从容不迫来引导我，看看我最终会在什么地方停下来，通过写作来整理这一段时间的田野经验。

说到人类学未来的发展，我想起2015年赫老师和《写文化》一书的编者之一马库斯在复旦大学的一次辩论。辩论的主题是"人类学有未来吗？"，马库斯认为人类学在20世纪八九十年代与传统的人类学发生了一次重大的转折，他认为从那以后，人类学已经有了一个完全不同的发展方向。而这个方向可能多少能够保证人类学会有一个好的将来。赫老师不同意马库斯的观点，他并不认为人类学会发生一个研究范式的根本转型。他坚信经典人类学的学科训练方式，以及长时段的田野调查中文化浸润的重要性。他以是否在"异文化"中做田野，以及是否熟练掌握一门非母语的语言作为判别"经典"或者"正统"人类学研究的主要标志。这一严苛的标准似乎部分否定了使用母语在自己的社和文化中从事人类学研究的"正当性"。

我想，马库斯提出的人类学的这一转变多少与20世纪80年代兴起的STS研究息息相关，因为科技时代以前所未有的方式不断推动人与物的组合以及重组的过程，很难想象未来还有学科仍然在泾渭分明的范畴和实体之间（比如个体与制度、行为与结构等等）作循环式的反复论证。科技时代已经塑造了全新的社会关系，社会不再是解释一切的给定性实在，它自身也是需要阐释的对象。未来的人类学研究实在应该以人与物的交染状态为考察对象，考察各种社会的以及非社会的能动性因素，如何借助各种运输和转译的工具，被输送到每一个面对面的互动场所。文化不再是阐释他者如何观世界的方法论体系，民族志也如同马库斯所言那样，"与其在认识论层面凭兴趣不断设计和打磨民族志研究的问题，认真思考人类学家和他者之间所谓的主体间性（inter-subjectivity），不如从本体论层面来生成复杂事物研究的问题意识和空间"。未来人类学的权威性的获得恐怕不再以马林诺斯基树立在野蛮人村落的那顶帐篷为标志，未来人类学的研究场所如同拉图尔在《重组社会》一书中描述的那间教师授课的教室一样，透过它我们得以考察诸多行动者通过在场的以及经过输送之后在场的能动性，所形成的客体间性（inter-objectivity）。我设想未来人类学的田野工作如同拉图尔描述的一幅二维地图，我们则应该像"颇为固执、略微愚钝却又脚踏实地的蚂蚁一样"去追寻行动者的轨迹，描述它们延伸、变化、组合与重组的各种形式。不能急于寻找可以通约和阐释的概念体系和理论范式。因为"蚂蚁们"寻求联系的工作是如此的执着，他们行进的路上容不得任何具有环形视角的制高点，一切都在一幅扁平的社会景观中进行。

参考文献

Michael Herzfeld, "Lockdown Reflections on Freedom and Cultural Intimacy", *Anthropology in Action*, 27, no.3（Winter 2020）: 44-50.

Michael Herzfeld, Obituaries, 2010, *American Anthropologist*, Vol, 112. Issue 3, pp. 497-500.

George Marcus, "The Legacies of *Writing Culture* and The Near Future of The

Ethnographic Form: A Sketch," *Culture Anthropology*, Vol. 27, Issue 3, 2012, p.431.

Bruno Latour, "On Recalling ANT", in John Law ed. *the Editorial Board of the Sociological Review*.

London: Blackwell Publishers, 1999.

认识他人,认识自我——我的人类学之路

刘 琪

刘琪,人类学博士,华东师范大学社会发展学院副研究员,上海市"中国特色的转型社会学研究"社会科学创新研究基地研究员。曾在《民族研究》等期刊上发表论文十余篇,出版专著《包容与凝聚——中华民族共同体意识在云南迪庆的实证研究》《命以载史——20世纪前期德钦政治的历史民族志》等。

一、与人类学之"缘":初识到博士

我进入人类学的历程,现在想来,可以用一句网络语言来形容:是缘分,也是注定。看起来是个偶然的选择,但实际上,也与我一直以来想要寻找的答案有关。

20年前,我作为高考千军万马中的"幸运儿",被北京大学社会学系录取。现在回想起来,本科那几年,我并没有好好学习,基本在社团中"荒废度日"。但那几年,有几门课给我留下了深刻的印象,王铭铭老师的人类学概论,便是其中之一。我记得,王老师每次上课都会戴顶帽子,抽根烟斗(是不是那时候北大还没有禁止老师在课堂上吸烟?也或许是我记岔了),人类学那些知识,就在他略带沙哑磁性的声音中娓娓道来。后来,我才知道,原来那时候王老师也注意到了我——那个总是迟到,进来了就基本在睡觉,然后下课后为了洗白,就拼命缠着他问问题的学生。从小学到高中,我从来就不是老师眼中的乖孩子,上了大学,在北大那样自由的环境中,我更加不守纪律。还好,社会学系的老师给了我这样的学生足够的宽容。那门课,我最后竟然还拿了个不错的分数,这也让我在懵懂中,对"人类学"留下了个不错的印象。

到了大三那年暑假,按照当时的规定,每个社会学系的学生都要找一个老师带着去实习。我就怯怯地找到了王铭铭老师,问他有没有什么计划,能不能带上我。没想到,他竟然一口就答应了。就这样,我被带到了四川平武的白马藏族地区。那是2004年夏天。

那一次不算正式的"田野"经历,给我带来了极大的冲击。作为在城市里长大的孩子,虽然之前我也去过一两次农村,但并没有真正在那里生活过,而那一次去平武,不仅去了农村,而且是"异文化",让我第一次对所谓的"文化震撼"(culture shock)有了体验。我发现,原来真的有那么一群人,他们所吃、所穿、所信、所想都和我们不同,而人类学家要做的事,就是把他们的生活记录下来,然后讲给别人听。这难道不是一份很神奇的工作么?反正我是迷上了。

那次田野的经历之后,我开始阅读一些人类学的书目。我发现,这门学科的理念,和我从小以来经常在脑子里转的一些稀奇古怪的念头不谋而合。比如,我经常会想,究竟什么东西是人类天生的,什么是后天学到的?我也会想,为什么我们要遵守很多社会规则,这些规则背后究竟是什么?为什么这个世界上会有那么多不同的人?当然,我从小就是一个喜欢旅行的人,所谓"背着包就出发"的田野工作,对我实在有莫大的吸引力。

实际上,在填报高考志愿的时候,除了第一志愿报了那时候所有人都会填的管理/经济类以外,对于第二志愿的挑选,我本来也有颇多纠结。当时,我最想报的是哲学,因为很喜欢那些对人性、对世界的抽象思考,但家里人坚决反对,说一个女孩子,去学什么哲学。于是我就选择了没那么"玄"的社会学。记得读博期间有一次,王老师还半开玩笑地跟我说,幸好我当年高考搞砸了,第一志愿没被录取,不然,就会误入经济学的"歧途"。或许,这也算是冥冥中的缘分吧!

四年本科读下来,我一直觉得社会学对我来说不够"刺激",最喜欢的部分,是涂尔干、福柯、韦伯这样的社会理论。后来,接触到人类学,我对它在理论与现实中的"游走"非常迷恋。它所追求的,是对人类普遍性的思考,而这么"高大上"的追求,又是从实实在在的田野经历中来。它不会像哲学那样局限于书斋中的冥想,又不会像社会学那样通过数据和统计来分析,它接触的都是真实的人,是鲜活的生命故事。这样的学科特征,让我没有办法拒绝它的吸引力。

就这样,在拿到社会学系保研资格的时候,我毫不犹豫地选择了人类学。此后,硕博阶段,就跟着当年好心"收留"我的王铭铭老师学习。

硕士阶段,我执迷于宗教人类学的研究。当年,吸引我进入人类学的,有一本薄薄的小册子——萨林斯的《甜蜜的悲哀》[1]。在这本书里,萨林斯以一种纵横捭阖的气势,分析了犹太-基督教宇宙观对西方社会,尤其是经济学的深层影响,得出了一个让人惊叹不已却又不得不服的结论:西方的消费者,其实

---

[1] [美]马歇尔·萨林斯:《甜蜜的悲哀》,王铭铭、胡宗泽译,生活·读书·新知三联书店,2000年。

就是一个个亚当。从本科到硕士,我一直对基督教很感兴趣,也读了很多神学的书,但从来没想过,宗教除了信仰、仪式,还有宇宙观的层面。这种宇宙观,不仅是怪诞的关于世界起源的故事,而且会成为整个社会的思想基础,或者说,普遍心态。相较而言,中国一直被认为是一个没有宗教的国度,那人们又是如何认识自身、认识世界的?对这个问题,我产生了强烈的兴趣,也对"世界宗教在中国"的形态产生了好奇。刚好,当时有机会接触到北京的一些农民工基督教徒,我发现,他们对于基督教的理解与实践,就跟我此前在神学文本中读到的很不一样。我在这些民工基督徒中做了好几年的研究,本来想以此为题目写作硕士论文,但后来又申请了直博,就免去了硕士论文这一项。

2007年,我进入了博士阶段的学习。当时,王铭铭老师正关注西南民族地区,主持了一个关于"藏彝走廊"的课题,这也恰好是我的兴趣所在。综合课题需要和我的个人兴趣,老师建议我对走廊的西南象限——云南迪庆州德钦县进行研究,研究主题是地方头人的生命史。于是,我终于实现了多年前的理想,背着一个大包,就到了德钦,前前后后在那里住了大半年的时间。

如果说,此前白马藏区的田野还只是浮光掠影,这段德钦的田野工作,便真正成了我在人类学界的"成人礼"。我经历了从陌生到熟悉的进入过程,感受到了浓厚的"异域"风情,一次次为报道人的回答而抓狂,也结交了很多藏族好友。直到今天,我仍旧与其中的不少朋友保持着密切的联系,也一直把德钦视为我的"第二故乡"。在具体研究上,我发现,在地方上能够出人头地的人物,基本都是懂得如何跨越"边界"的人物,他们穿行在结构的罅隙之中,内外皆通,写就了地方历史的精彩,也成就了自己的人生。

对于地方头人的研究,后来汇集在我的博士论文之中。[1]在博士的田野期间,我一方面完成与论文相关的田野调查,一方面也感受到了这里浓厚的地方特征。我发现,德钦以及它所在的迪庆藏族自治州,是一个多民族"和谐共处"的地方。当我的报道人讲起他们祖上的故事时,很多人都有着两个甚至多个民族的血统。在日常生活中,不同民族的人常在一张酒桌上喝酒聊天,一起出去游玩,并没有我想象中"民族隔阂"的存在。更为有趣的是,在一些多民族聚居的村镇,可能一个家庭里面,便有两个甚至多个民族的成员,而村镇的

---

[1] 刘琪:《命以载史——20世纪德钦政治的历史民族志》,世界图书出版公司,2011年。

文化，更是"民族杂糅"的产物。多民族杂居，并没有带来民族之间的矛盾，反而在不同文化的基础上构成了和谐多彩的地方社会。

虽然我的博士论文没有直接涉及这一主题，但这种多民族、多文化共生的现象，仍旧给我留下了深刻的印象，并成为我博士毕业之后关注的领域。

二、生活中的"宗教"与"民族"

前文中，我已经写到，我最早做的研究是宗教方面的，然后是民族。这两个领域，今天都被视为敏感话题。但在我看来，无论是宗教，还是民族，都并不是我们想象中的样子，在实际的社会生活中，它们会呈现出非常丰富的样态。

例如，在对农民工基督教徒的研究中，我发现他们对于自身信仰的理解，就很有"中国特色"。从直观上看，他们认为"耶稣基督"就是比他们以前信仰的神魔鬼怪更加灵验的神灵，他们会拿耶稣的神迹和观音菩萨进行比较，也会因为前者满足了他们的愿望，后者没有，而果断抛弃自己原有的"民间宗教"，改为信基督教。刚开始，我为这种信仰表达方式困惑不已，但逐渐地，我找到了门道。我认为，不能简单地用"嫁接"或者"迷信"来理解他们的信仰，而是他们在新的城市环境中，结合自己的传统经历与现实处境，对基督教进行的一种"地方性阐释"。经过改造与重新阐释后的基督教，为他们的日常生活提供了重要支撑。[1]

再举一些与"民族"有关的例子。我在迪庆调查期间，曾以为"民族身份"是个再正常不过的东西，但一次次真实的田野经历，却让我大跌眼镜。

比如，2014年夏天，我带着两个研究生来到香格里拉县金江镇吾竹村。在当地人的介绍下，我们找到了一位"懂行"的老人。本来想好好跟他聊聊，没想到，才刚认识，便闹出了不愉快。按照事先想好的调研提纲，我们很自然地发起了谈话："请问您是什么族？"

---

[1] 参见 Qi Liu, A Close Look into an Immigrant Workers' Home Church in Beijing, in *Nova Religio: The Journal of Alternative and Emergent Religions*, Vol 12, No 4, University of California Press, 2009.

出乎我们意料，老人不愿意回答这个问题，而是反问我们："干吗要问这个？"

"我们是来了解民族情况的嘛，就是问问。"

（沉默）

"可以告诉我们吗？"

"我母亲是纳西族，父亲是白族。跟着妈妈就是纳西，跟着父亲就是白。"

"那您的身份证上又是什么族呢？"

（沉默）

老人的沉默，让我们没有再问下去的勇气。后面，我们发现，"跟着妈妈是××，跟着爸爸是××"，是这个地方人们对于民族身份的标准回答。至于身份证上登记的是什么，大多数人都觉得这不是什么重要的问题。更为神奇的是，一位中年男子对他的民族身份做出了如下的阐述：

——我的老祖（外婆的父亲）是汉族，曾祖母（外婆的母亲）是来自四川的彝族。他们这代从四川举家搬到金江。后来，他们为自己的女儿招了个傈僳族的上门女婿，也就是我的外公。他们的女儿，就是我的母亲。母亲结过两次婚，有三个子女，我和我的姐姐是母亲第二次婚姻的孩子。在身份证上，我的哥哥是白族，姐姐是汉族，我是纳西族。

——你家里好像没有纳西族的血统啊，为什么你身份证上会是纳西？

——那是随便就填上去的。

——那为什么想到是纳西？不是白族或是汉族？

——当地有纳西族，感觉不那么排斥就填了纳西族……最关键的是高考少数民族加三十分，汉族加二十分，所以就填了纳西族。

……

一两次这样的情况，还能让我们用"例外"来解释，但在迪庆地区跑多了之后便会发现，类似这样的案例比比皆是。在所有的案例中，最让我惊叹的是德钦县升平镇的"藏回"。所谓"藏回"，按照当地人自己的解释，就是"藏化的回族"。他们的祖上是雍正年间从内地迁到升平镇来的回民，经过百余年来与当地人的融合，生活习惯与信仰都已经发生了很大的变化。现在，回藏通婚已经是普遍的现象，如果一家人里面有回民，那么，在家户内部便不吃猪肉，除此之外，他们可能和当地藏族一样说藏话、穿藏装，甚至像藏族人一样去转白塔、转神山、烧香拜佛。他们中间的大多数已经不再去清真寺参加日常礼拜，但逢伊斯兰三大节日的时候，还会一起聚在清真寺庆祝，而他们的藏族亲戚也会乐意前去帮忙。在伊斯兰"斋月"期间，他们自己遵守不了持斋的规定，但会争先恐后地请从外地来到升平镇，能够持斋的"阿訇"们吃开斋饭，因为这些人"帮他们守了斋"。记得有一次，我在跟一位"藏回"姑娘聊天的时候，她还略带自豪地告诉我："我们把斋月过成了狂欢节。"

这样的群体，这样的信仰，让我不得不开始思考，是不是我之前心目中"宗教"和"民族"的范畴出了问题。我逐渐意识到，关于这些概念，我在此前的学习与阅读中早已形成了一个刻板印象，比如，我会认为宗教就应该是神圣的，是需要人牺牲并委身的；我也会以为民族是确定的身份，会伴随一个人一生，不能随意改变。而实际的社会生活却并非如此。我之前学到的很多理论，都无法解释这些现象，但这种对"宗教"和"民族"的处理方式，却恰好是他们能维持"民族和谐"的原因之一。这些鲜活的事实，逼着我重新去寻找可以理解这些事实的框架。事实上，这也正是人类学的魅力所在——永远相信，生活才是最大的真实。

后来，我接触到了美国人类学家阿斯图蒂（Rita Astuti）写的一篇论文，这篇论文对我启发很大。这通常被认为是一篇"建构论"的代表性论文，发表在人类学顶级刊物《American Ethnologist》上面。[1] 文章讲的是马达加斯加的维佐（vezo）人，这群人生活在马达加斯加的西海岸，主要任务就是出海打鱼。阿斯图蒂到了那个地方之后，发现了与我在迪庆类似的事情，即他们没有我们想象中的族群身份，或者说，他们对于自己族群身份的界定，是按情景而定的。在维佐人的观念里，只要你出海打鱼了，你就是维佐人，如果你哪天不出海打鱼了，你就不是维佐人了。

针对这个案例，阿斯图蒂给出了她的解释。她说，在维佐人看来，"成为

1　Rita Astuti, "The Vezo Are Not a Kind of People": Identity, Difference, and "Ethnicity" among a Fishing People of Western Madagascar, in *American Ethnologist*, Vol. 22, No. 3, 1995, pp.464–482.

维佐"不是一种生存状态（state of being），而是一种行动（activity），一个人的身份，是根据你的行动，尤其是在某个时刻的行动来定义的。这句话听起来很简单，但是仔细去琢磨，就会发现其中的有趣之处。我们通常会觉得，族群身份是一个 being 的状态，用哲学一点的话说，就是，它属于"所是"的范畴。但是在迪庆和维佐人的案例中，族群与宗教身份是一种 becoming 的状态，是一个可以不断去生成、不断靠行动去界定的状态。当他们某一天需要按某种身份行事的时候，他们就说"我是××人"；当某一天换了一个社会情境，他们又会觉得自己是另一种人。就好像有一个迪庆的姑娘曾跟我说过："我本来是纳西族，嫁到这里就变成藏族了。"这里的"变"，就是我说的这种状态。

阿斯图蒂的文中有一句经典的话："The goal is to investigate other people's ethnotheories, rather than to assume that there must be ethnic theories."[1] 这句话看起来很绕，但按照我的理解，她的意思是说，我们不能前提性地假设，自己所研究的人群一定有与"族群"有关的理论，而是要去考察他们与"族群生成"有关的理论。所谓"族群生成"，还有一个更专业的词叫"ethnogenesis"。这个词的意思就是说，族群并不一定是本质性的身份，而是在不断地生成变化之中。

在我看来，破除关于身份的本质化的观念，是理解宗教/民族现象的第一步。我们当然有一套关于宗教的知识，也知道在我们国家，民族是一套官方的分类范畴，但在实际的社会生活中，它的表达方式可能与书本上的知识有很大距离。我在跟别人讲迪庆的故事时，曾经有人说，那个地方"宗教不像宗教，民族不像民族"。这句话，恰好蕴含了普通老百姓的生活智慧。

事实上，如果我们反观自身，也会发现，我们自己在社会生活中，也不会从头到尾只有一个身份。我们也会不断地根据生活中发生的各种事件，为自己的不同身份形成整合。

比如，就拿我自己来说，我生在中国，我是中国人，我父母是汉族，我是汉族人，我还是一个女性，一个"80后"，我读书的时候是学生，现在，我是一所985高校的老师。这些都是我的身份。在成长过程中，这些身份有些可能

---

[1] Rita Astuti, "The Vezo Are Not a Kind of People": Identity, Difference, and "Ethnicity" among a Fishing People of Western Madagascar, in *American Ethnologist*, Vol. 22, No. 3, 1995, p.465.

会被淡化，有些则可能会有更明显的表达。当我去到国外的时候，我对"中国人"这个身份可能会更敏感，当我在少数民族地区调查的时候，自己和别人都会更加注意到我的"汉族"身份。在不同时空中游走的时候，我需要不断进行自我调和，把所有这些身份综合成一个"我"。我不能让它们相互打架，即使有矛盾冲突，也不能持续太久，不然，就会陷入自我分裂的状态。在未来的人生历程中，我还会获得各种新的身份，每一次，我都会有一次新的整合。这些整合，是在内部完成的，完成之后，在不同的社会情境下，我都会选择一个身份（或几个身份）进行外在的表达，用前面的概念，就是把 being 展现为 becoming 的过程。所以，在本质上，我很难说清自己到底"是"谁，别人对我"是"谁的判断，也是基于我的行动展开的。

然而，在遇到"宗教"或者"民族"的时候，这样的认知似乎会失效。我们总是会有一个假设，好像一旦一个人成为宗教信徒，或者是某个少数民族的成员，这个身份就会变成他唯一的身份，他所有的社会行动，似乎都可以用这个身份来解释。这本身就是有问题的。就好像我们在街上看到有两个人打架，只会说，哦，有两个"人"打架了，但如果其中一个人是维吾尔族，一个人是汉族，马上就会变成"维吾尔族打了汉族"。其实，打架的原因可能和民族身份并没有直接关系，但这种认知，往往会变成民族冲突或宗教冲突的根源。

在这方面，阿玛蒂亚·森（Amartya Sen）也曾有过精辟的论述：

> 即使不是那么明确，这个世界已日益被视作各种宗教或文化的联盟，而人们的其他身份则被完全忽视。隐含在这种思维路径之中的是这样一个古怪的假设，即可以根据某种"单一而又涵括一切的标准"来将世界上所有的人加以分类。对世界人口的这种宗教或文化分类导致了一种人类身份的"单一主义"（solitarist）认识，这种认识将人们视为仅仅属于某一单个群体（或是像以往那样按照民族和阶级来加以区分）……暴力往往孕育于这样一种认知，即我们不可避免地属于某种唯一的——并且往往是好斗的——身份，该身份可不容置疑地向我们提出极其广泛的要求（虽然有时候这些要求是那么不易接受）。通常，将某一唯一身份强加于一个人是挑

拨派别对立的一个关键的"竞技"技巧。[1]

阿马蒂亚·森把这种认知称为"单一的幻象",他强调,对于人类生活而言,最关键的莫过于承担起选择自己不同身份,并进行推理的责任。若对他的论述进行些许延伸,可以说,最关键的是不要在涉及自己的时候,便认为自己有这样的能力,在涉及他人的时候,便认为他们只会被包裹进单一身份之中。身份作为标签,往往可以简化我们的思考,但有些时候,这些标签也是禁锢我们思考的牢笼。

三、追寻智慧:学科感受与未来规划

不知不觉,从接触人类学的那一天算起,至今已有将近20年。2010年博士毕业之后,我便来到了华东师范大学就职,近10年来的工作,都是从教学与科研两个方面展开。关于科研,前面我已经谈到了许多,这里,更多地谈谈我从教学中得来的学科感受,以及我对人类学、对自己未来的期待。

从2013年起,我承担了我们学校社会学系的本科选修课"人类学概论"。这本是我很乐意做的一件事,但上了很多年之后,我日益感到授课的困难。最大的困难在于,我在硕博士阶段阅读的人类学经典人物、经典著作,都离现在学生的现实生活很遥远,这样的"知识",除了极少数人以外,大多数学生都不感冒。最近两年,我尝试在授课方式上做出一些改进,试图把很多"经典"带入到他们的生活之中。比如,在讲到莫斯《礼物》的时候,我会举一些现代社会中礼物交换的例子;在讲到文化相对主义的时候,我会提出一些现实中的案例让他们讨论;在讲到象征主义的时候,我会说,你们情人节送巧克力,其实送的就是一种象征。这样,学生们的兴趣就可以被激发起来。

另外,我也发现现在学生的阅读量和知识面越来越广,很多基础性的知识,他们自己在网络上就可以查到,已经不需要我再去讲了。于是,这便需要

---

[1] 阿马蒂亚·森:《身份与暴力——命运的幻象》,李风华、陈昌升、袁德良译,刘民权、韩华为校,中国人民大学出版社,2009年,第2—3页。

作为从业者的我们，不断地学习，不断进行知识更新。比如，在今年的课程中，我讲到了赛博格，讲到了人工智能未来可能带来的对人类的挑战，我能感觉到，学生们对这样的话题就很有兴趣。此外，我也尝试引入更多的讨论，让学生更多地参与到对问题的思考中。比如，我会跟学生讨论，现在的文化越来越多样化，内容越来越丰富，但是在这个越来越个体化，越来越碎片化的社会中，有没有一些共识存在？那些古往今来人类共同的需求是否得到满足了，或者说这东西已经不存在了？再比如，我在第一节课的时候就问学生，真的觉得现在人过得很幸福、很满足吗？看得出来，他们对于这个问题并不是那么自信的。由此，我就引导他们去反思现代社会。我说，现代社会有太多琐碎的、功利性的，或者说工具性的、目的性的东西充斥我们的生活，但是人们越来越少去关注内心，关注满足、充实等等感受。这是由什么原因引起的呢？那些"原始人"的生活，是不是真的就像看上去那么野蛮呢？我们是不是可以从他们那里学到些什么？这么一说，学生们就会觉得人类学的知识离他们没有那么遥远了。

或许与我的教学经历相关吧，在我看来，人类学的学科定位应该分为两个层次，一是人文普及，二是专业研究。专业研究属于学科内部的范畴，而人文普及，则应该面向公众。

人文普及层次的人类学，在我心里更接近 humanity，而不是 social science。它最重要的方面，在于价值体系与思考方式方面的培育。所谓价值体系，指的当然是我们所熟知的文化相对主义。今天的学生与大众，看起来似乎知道的东西更多了，但在我看来，很多基本的价值理念，比如宽容、尊重、平等，仍旧只是停留在口头上，实践起来却并没有那么容易。这两年以来，疫情带来的国与国、人与人之间的隔绝，也会对学生的视野及跨文化理解产生长期的影响。人类学作为跨文化沟通的鼻祖，在这方面还有很多工作可以做。

所谓思考方式，在我看来是一种反思性。在本科授课中，我不断告诉学生，人类学就是要用各种各样的故事，让你去思考生活中那些"习以为常"的事情背后的道理，让你知道，你所熟悉的世界还可能会是另外一个样子。用专业一点的话来说，这叫"拓展认知边界"。有时候我也会给学生讲这样一个比喻，比如蚂蚁在一张白纸上爬，这纸是二维的，它就永远不会知道有三维空间的存在。我们只有把纸颠倒了，把蚂蚁扔出去，它才会知道还有另一个世界。

人类学家，扮演的就是扔蚂蚁的角色。蚂蚁被扔的那一刻虽然痛苦，但一旦被扔出去了，它的视野就会极大地拓展，就会发现世界跟以前不一样了。

在多年的本科教学中，我总是在课程一开始就强调，我这门课没有教材，也没有固定的答案，只是希望给同学们提供一种不同的看世界的角度。这种反思，可以让学生在疯狂的年代保持一份冷静和理性，这也是我认为人文教育应有的题中之义。

回到人类学学科诞生之初，在著名的《开放社会科学》一书中，沃勒斯坦（Immanuel Wallersterin）曾经写道：

> 现代世界体系的建立牵涉到欧洲人与世界其他民族的相遇，并且在多数情况下还伴随着对这些民族的征服。按欧洲人的经验范畴来说，他们遇到了两类截然不同的民族和社会结构。有些民族生活在相对较小的群体中，他们没有书写系统，他们似乎也没有共同的、覆盖广大地区的宗教系统，与欧洲人所拥有的技术相比，在军事实力上也较为薄弱。用以描述这些民族的一般性术语开始被采用：在英语中它们通常被称为 tribes（部落），在其他一些语言中则被称为 races。对这些民族的研究构成了一个新的学科领域，称为人类学（anthropology）。正如社会学在很大程度上开始于大学校园以外的各种社会改革协会的活动，人类学在大学校园以外也主要是从探险者、旅行者以及欧洲列强的殖民机构官员的活动开始的；如同社会学一样，它随后也作为大学里的一个学科而被制度化，然而它又是一个与其他研究西方世界的社会科学完全隔绝的学科。[1]

无可否认，人类学在诞生之初，是根据研究对象来定义的。正如沃勒斯坦所言，在19世纪，当作为总体的社会科学刚获得合法性的时候，历史学、经济学、社会学和政治学首先瓜分了"社会"的研究领域，而人类学，则拾起了另一类截然不同的研究对象。人类学家如同传教士一般，经常按捺不住地要替他或她所研究的民族充当调解人。他们的首要任务，是为他们所从事的差异性

---

[1] [美]沃勒斯坦等：《开放社会科学：重建社会科学报告书》，刘锋译，生活·读书·新知三联书店，1997年，第22页。

研究提供正当理由,捍卫"未能成为欧洲人"的道德合法性[1]。

原始人的研究,成就了人类学最初的名声,也奠定了人类学的学科基调。纵观学科史,在"全球化"尚未达到深入之前,人类学家扮演了沟通"两个世界"的角色,也在很大程度上成为原始人的代言者。然而,时至今日,"原始人"已经走向消失,至少,若继续以"发现原始人"为使命,人类学将面临巨大的学科危机。那么,人类学的未来又将何在呢?

在2010年发表的一篇"The end of anthropology, again"的论文中,当代美国人类学大咖约翰·卡马洛夫(John Comaroff)曾经写道,在百年的学科史上,人类学曾经面对过数次"将要灭亡"的威胁,在他看来,这些威胁都源自同样的问题,即用研究对象与研究方法定义了人类学。事实上,人类学不仅如此。卡马洛夫认为,人类学真正的价值在于它跨越学科边界的能力,在于理论与现实世界相互对话的原则,在于它独特的认识论与方法论。[2] 它或许不是一门严格意义上的学科,而是一门在不同学科中游走的学问。

不约而同地,英国著名人类学家帕金(David Parkin)也指出:"我们应该庆贺人类学处于多种身份之间的事实。因为这正是人类学的特殊之处——方法上不囿于主流,研究对象不在社会中心而在边缘;不描述社会的线性过程,而描述其曲折的、蹒跚的运动。"[3] 换句话说,今天的人类学,已经可以研究大千世界中的任何事物,它的"非主流"特性,反而可以持续不断地成为活力的来源。

也正是基于此,在我的理想中,人类学应当成为所有高校、所有专业本科生的通识类课程。回首我的大学生活,我已经忘记了大部分知识性的内容,但真正能影响我一辈子的,是思维方式和价值观的培育。这正是人类学所能提供的。人类学的价值观,是包容的,尊重的;人类学的思考,是反思性的、开放性的。最近有一本新出版的书,叫《人类学为什么重要》,我觉得写得特别

---

[1] [美]沃勒斯坦等:《开放社会科学:重建社会科学报告书》,刘锋译,生活·读书·新知三联书店,1997年,第22页。

[2] Comaroff, John, The End of Anthropology, Again: On the Future of an In/Discipline, in *American Anthropologist*, Vol.112, Issue 4, 2010, pp.524–538.

[3] [英]大卫·帕金:《身处当代世界的人类学》,王铭铭编,北京大学出版社,2017年,第8页。

好，王铭铭老师也写了一个导读。这本书的作者是当代著名的人类学家英戈尔德（Tim Ingold），他直截了当地指出，历史上还没有哪个时代像今天这样，有如此多的知识和如此少的智慧，而人类学的任务就是要恢复这两者的平衡。书中有一段话我特别喜欢，引用在这里：

> 我所提出的人类学是要求意识到并接纳他人的存在，学习他们的生活经验，并且将这一段经历带回到我们的想象图景当中。这一图景乃是关于人类生活应当是怎样的、未来状况如何、存在何种可能性的。于我而言，人类学建立在这种想象力和经历的结合之上。它所带来的并不是一定数量的知识，而是要去增加其他学科的贡献度，因为这些学科以往都只致力于挖掘世界，以便将信息转化为知识成果。的确，我所提出的这个人类学，根本不会涉及任何"知识生产"。它渴望与世界建立一种完全不同的关系。[1]

在我看来，如果说知识是确定的，那么人类学恰好就要反对这种确定性，在此基础上，让人们获得真正的、与"认识你自己"有关的智慧。正如英戈尔德所言，人类学"渴望与世界建立一种完全不同的关系"，这种关系，既是与自我的，又是与他人、与社会的，在更广泛的意义上，还应包括非人之物。英戈尔德也写道，人类学的真正贡献不在于它的文献，而在于它改变生活的能力。我始终相信，这是人类学在当今时代最大的价值，也是它永远不会褪色的学科魅力所在。

---

[1] ［英］蒂姆·英戈尔德：《人类学为什么重要》，周云水、陈祥译，北京大学出版社，2020年，第13页。

生活、职业与人类学——一场盛大而平凡的编织

刘　谦

刘谦，北京人，人类学博士，中国人民大学社会学理论与方法研究中心、人类学研究所教授。主要著述有专著《教育的社会文化土壤：基于美国费城安卓学校的教育人类学观察》《面对艾滋风险的自律与文化：对低交易价格商业性行为的人类学研究》和数十篇中英文论文。

一、写在前面

2021年1月，应学术前辈徐杰舜先生之邀，参与到《新生代人类学家之路》的自述活动中。自己作为晚辈，答应徐先生时很痛快：一是徐老师一直对我的学术成长给予关注和支持，参与徐老师主办的活动责无旁贷；二是作为人类学学术部落成员，这也是在践行社区参与精神吧。

2021年2月，在欢度春节喜庆气氛的余热中提笔写作，方才意识到这道题太难。以白纸黑字的形式剖析自己的经历，需要多大的胆量啊？但思量一番，觉得还是应当保持言行的做人原则，也就坚持写出来。描述这段求索历程，呈现一个对人类学进行追求的个案，来展示人类学的灵动与开放。它可以包容平凡的我，以如此感性的方式，将它和日常生活、职业生涯编织在一起，形成一幅21世纪中国人类学传播者个案的全息图像。

人类学是一门神奇的学问。它以人们无处躲藏的"文化"为凝视对象，如此贴合日常生活，又如此试图和她保持距离，给以批判和审视。于是，追寻人类学女神那影影绰绰的旅途，和漫漫的个体生命历程、职业的教书科研活动形成了一场潜移默化却深入骨髓的盛大编织。这场编织有四条经纬线：读书、读人、教书、写作。如果说读书和读人更多是汲取智慧和思想，那么写作和教书更多是和同行与学生之间的阶段性分享。一边汲取，一边分享，一边是书本知识，一边是真实生活，这场编织有基于生活与求知的平实，也有追求智识的挑战与磨炼。

二、惊鸿一瞥，遇见人类学

2000—2006年，我曾经在中英性病艾滋病防治合作项目办公室（简称"中英项目"）工作。这个以艾滋病防治为主题的国际合作项目，在中国开辟了一系列技术先河，比如在性工作者中开展同伴教育、在吸毒人群中进行美沙酮替代治疗试点、为鼓励艾滋病感染者回归社会，提供小额贷款支持等等……它将社会的另一番面孔如此真实地推到眼前，正想要知道怎样看清它，也许是天意，庄孔韶教授和景军教授作为人类学的载体，进入了我的世界。

当时，庄老师和景老师，是项目办最希望邀请到的人类学专家。英国政府在资助和设计中英项目时，突出强调艾滋病防治作为一个社会问题，而非单纯医学问题，必须纳入社会学、人类学等多学科参与。这是这个国际合作项目在21世纪初中国疾病防控领域独树一帜的特色。每一次两位教授来到项目办提供咨询建议，都展现了广阔的视野和对边缘人群切实而深远的关怀。这使我关注到两位老师共同的学科背景——人类学。本着好奇，我壮着胆子请庄老师推荐了两本人类学入门书籍。清楚地记得，烦琐的项目管理工作之余，打开《人类学通论》《文化人类学理论学派》，似有清泉注入心田的清新与宁静。虽然并不能完全读懂，但那里囊括了社会生活和人性思考的方方面面：文化规则是人类社会为适应自然而披上的秩序外衣么？那些充满神圣感的宗教、礼仪为什么如此具有吸引力和凝聚力？弗雷泽对金枝的探索，简直比小说描述的气氛还神秘，还有世界各地奇风异俗……这些闪烁着智慧和灵感的问题与讨论，点亮了世俗生活之外，精神世界的渴望。在项目办工作之余，兴之所至，我会手捧《文化人类学理论学派》里面的一些段落朗读出来和项目办的同仁分享。然则，绝大多数同事常常对我看到这晦涩的文字却如此兴致勃勃，感到不解。彼时，我默默地思量，自己也许真的属于人类学这门学问。就这样，毫无防备地惊鸿一瞥，一见钟情，被人类学女神吸引。

三、举步蹒跚，取得学位

经过认真备考，自己有幸于2004年进入中国人民大学人类学庄师门下，和范长风、冯跃一起，成为人大人类学研究所建所以来的第一届博士生。说起庄师对学生的教诲风格，使我感受最深的，是润物细无声的熏陶和温和亲切的鼓励。我于1994年获得哲学学士学位，2000年获得经济学硕士。浅尝辄止的哲学，让我欣赏它在辩证流动与艰涩深奥之间的游走趣味；刚刚入门的经济学，却令我从学科前提上不敢苟同，即"经济理性人"的假设。作为跨专业的学生，人类学基本文献阅读和学科话语体系建立，无疑具有直接的挑战。庄师总鼓励我"别急，慢慢'熏'"。庄师的教学也是以熏陶方式进行的。记得人大红楼4号楼那间"教室"，是用来放置影视人类学教学器材的一套小单元房。庄师把客厅腾出来，我们围坐在庄师身边听导师讲《金翼》《银翅》的书写历程：林先生当年感到单纯依赖功能主义的理论工具来解释跌宕人生是那样不充分、多年后希望自己的弟子以年轻旺盛的精力和人类学武装的头脑进行回访，不仅展现黄村的变迁，而且进一步推进解释性理论和方法。庄师连续两年在古田度过春节，当地人自然很亲近地对待这位与"小哥"有着渊源的学子；在《银翅》中庄师也认真提及直觉在研究中的作用。想来，这和庄师的潇洒儒雅一脉相承，是为人、为学的难得境界……除了著名的《银翅》，庄师在博士阶段还同时，甚至更早完成了另一篇博士论文《教育人类学》。这一切，都让庄师在学生心中是那样遥不可及却又亲切自然地存在着。当然，因与人大和庄师的结缘，在读书时代见识了北大、社科院、台大、民大等院校诸多人类学风云人物的风采。沐浴在这样的学术熏染中，人类学女神在半遮半掩中，不断展现着她的魅力和矜持。不知不觉，进入了博士论文写作阶段。寝食难安、内心紧张，是常态。有段时间，心里似乎装着马上要爆炸的火药桶，和周边的亲友嘱咐着"别问我论文！"以免"引爆炸药"。唯一安慰的是，每每和庄师的讨论，不仅得到庄师从学理上的点拨，还有坚定的鼓励，就像即将淹没在飘摇冰冷的海洋里，有一盏明灯在那里为你点亮。奔着这盏明灯，我只有奋力向前、向前。

　　博士论文的第一关便是选题，艾滋病领域的研究几乎成为我不二的选择。曾经作为中英项目办工作人员的身份，带给了我和那些更多暴露在艾滋风险的人们直接接触的网络和机会。这个条件得天独厚，可以说弃之可惜。同样重要的是，我心里一直有着一个放不下的问题：为什么总有一些女性要用绝大多数女性"金不换"的性与身体去赚钱？为什么那些男人偏要去寻花问柳？希望真正做一次田野，和性产业里的女人和男人认真相处一段时间，来回应心中的问题。这个最初直觉式的问题，得到了庄师的支持。庄师一向尊重学生们的兴趣，而且在春风化雨般的讨论中把这些最初兴趣转化为学理问题，并从一开始就提醒我关注在国际合作项目中特别推崇的安全套推广策略所暗含的西方语境,及其与中国本土文化的适应性问题。

于是带着这样的好奇,我进入了四川 LZ 市性交易场所——"板板茶"。当地老防疫工作者告诉我,他第一次听到"板板茶"这个词是 1986 年。"板板"是四川方言门板的意思,暗含着在门板上进行极其便宜的性交易的意思,"茶"就是茶馆的意思。"板板茶"被当地百姓理解为有性交易的茶园。在当地疾控中心的介绍下,见到了"板板茶"老板,Y 姐。远远看到她,丰满的体型,一身大花人造棉衣裤,手里拿着个蒲扇,笑容亲切,五官端正,乌黑的头发利索地在头后盘成一个髻儿,这完全就是一个在街上买菜的大姐嘛!就这样,开始了和那里的小姐、客人相处的日子。闲散地坐在茶馆里,难免不被刚来的客人误认为来这里"工作"的女人,于是,这份远离家乡的田野,不仅是"风尘仆仆"而更有了"风尘"的意味……

回到北京,和庄师讨论阶段性发现时,发现实在无法把"板板茶"田野里那些肉感而直接的对白从自己嘴里讲给庄师,于是和庄师约定用书写的方式汇报心得。在庄师的引领下,我注意到"板板茶"中类家族的组织方式,汉族的家族文化以这样神奇的方式无声地繁衍与弥散,即使在如此鲜有示人的情景里。和"板板茶"中人们的相处,也让人对"买春"有了更多层次的理解。它不能简单粗暴地用生理需求来解释,其中包裹着人们对风险的考量、对生活秩序的维护,和长期以来社会性别角色的束缚与鼓动。于是,文化的力量有望作用于买春活动中的诸多文化密码,去激活自律的力量,在中国场景下弥补源自西方世界的以物理隔绝病毒为出发点的安全套推广策略。

当年的博士论文保持着她的青涩的定格在那里,却抹不去论文写作时挣扎痛苦的记忆。现在想来,这份痛苦是"博士"光环理所应当的付出。尽管如今高校职业体系里,"博士"似乎已成为司空见惯的"标配",但是,跳出我们的职业圈子,纵观历史,横看大众,"博士"头衔依然被视为知识精英的象征。为成为"精英",受到挑战与折磨,心甘情愿;作为掌握更多知识的群体,以各种方式为社会提供更深远的理解,责无旁贷。而对于人类学的求索来说,博士阶段的训练是田野工作基本功和人类学研究范式的重要启蒙,是医学人类学问题域的探索,也是自己将对人类学学问的追求和人生问题探索相结合的研究策略初探。

四、教育与传承：充满希望与自觉

博士毕业后，我有幸留在人大任教。随着博士论文研究路径的惯性，继续在艾滋病防治领域开展研究。2013年主持中国疾病控制中心委托的关于老年艾滋病易感人群的研究项目，为几年后关注老年群体、临终关怀话题无形中埋下了伏笔。然而面对艾滋病领域研究中，田野工作的"风尘"感，扪心自问，自己可以承受一时，却无法持续一世。于是，想去寻找更具持续性的话题。

36岁的年纪，陪伴儿子成长，也是当时生活的重要版块。面对欣欣向荣的儿童，尽管稚嫩，但他们从不缺乏灵气和洞察。如何规训与传承，是一个严肃的问题。作为北京市民，经常看到和儿子年龄相仿的流动儿童随父母卖菜、收购废品，想象着他们和儿子不一样的童年。这份生活的触碰，适逢与拉鲁那本著名教育社会学作品《不平等的童年》相遇，点燃了面向不同阶层教养方式进行深入研究的明确启迪。这也追随了庄师当年教育人类学的研究脉络。这份学术的关注，更离不开21世纪的中国伴随着工业化、城市化步伐，在商品经济浪潮驱动下，中国正在经历的前所未有的人员流动，以及由此带来的城乡文明、工业文明与农业文明的碰撞与转换。2006年起，温家宝总理以"同在蓝天下"倡导流入地城市对流动儿童的接纳。相信对流动儿童的关注，既是观测21世纪中国正在经历的文化碰撞与孕育新希望的鲜活切口，也能够激活自己母性的本能与自觉。

于是，在一系列国家社科基金、北京市社科基金的支持下，从2011年开始带领学生在北京市随迁子女集中的利民学校开展田野工作，至今已经将近10个年头。2011年时，北京市教委为解决随迁子女入学问题，将这所曾经的农村小学转型为这所民办公助学校。时至2019年6月，伴随着北京市针对流动儿童的政策演变，这个校区生源不断萎缩，直至停摆，把仅有的30多名流动儿童合并到其他流动儿童集中的校区，我们的田野工作也跟着利民学校最后一届毕业生到了另外的校区。

记得坐在四面透风、窄仄的出租屋里，辅导利民学校孩子们的功课，感受着他们的父母对大学师生所代表的文化资本符号深深的期许，书本上讨论的"结构性力量"，就是这样直击身心，如此鲜明地刻画着广阔社会生活的横断面。从田野中逐渐浮现出的主题词：社会融合、教育愿望、儿童游戏……

成为引领一系列教育人类学论文思考与撰写的引擎。对流动儿童的研究使我受益良多。第一，必须承认，它首先是对自己的直接影响。研究的经历明确提示自己，作为家长需要更自觉于"看门人"的角色：将阶层处境，切实转化为跨越阶层、理解世界的智慧，注入孩子的成长。第二，在这一研究议题的推动下，促进对教育人类学基本文献的研读，归入滕星教授引领的教育人类学队伍中，结识很多教育人类学领域同仁，并得到大家的帮助和鼓励。第三，收获了一众农民工朋友。更欣慰的是，从孩子们小学三年级起，一直看着他们长大。如今，他们已经有不少在读大学了。当然，也有中途辍学的孩子，有的在教瑜伽，有的在酒店做服务员，有的和家里人在做蔬菜生意。社会结构的惯性是否像布尔迪厄笔下那样窒息？鲜活的见证，反而没有带来明确的答案。理论作为对世界运行的抽象解说，总有它干瘪的一面。而这，也正是激发更多学者在现有解释体系中添砖加瓦的根本缘由。第四，几乎每个学期都有学生深入利民学校延续田野工作，不仅保持了和利民学校的持续合作，而且让学生们在田野实践中体会人类学意蕴。学生们毕业后总说，田野经历训练出的洞察能力，帮助他们在职场中具备更敏锐的观察和感知。这当然要归功于人类学的神奇功效。

五、访学宾大，异国田野

带着在北京随迁子女学校开展田野的经验，2013—2014学年，有机会去美国访学。在联系导师阶段，我心驰神往地给隔山隔海、素未谋面的宾夕法尼亚大学社会学系安妮特·拉鲁教授发去了我的请求。在邮件中，我认真谈了对其代表作《不平等的童年》[1]的感受，并表示希望能和她学习。非常惊喜的是，拉鲁教授就这样接受了我，而且在我到达美国之前，亲自帮我挑选了住处，还垫付了第一个月的租金。拉鲁教授当年还是美国社会学联合会的执行主席，在这样繁忙的情况下，如此细致、周到，让我深为感动。在访学期间除了参与宾大社会学系的学术活动、每周修课之外，一开始我就和拉鲁教授提出，希望能在费城做一年的田野。为此，拉鲁教授不仅帮我联络了费城贫困社区的一所学

---

[1] ［美］安妮特·拉鲁：《不平等的童年》，张旭译，北京大学出版社，2010年。

校开展志愿服务和田野工作，而且引领我完成了在美国学校开展研究必经的复杂伦理审核程序。

在异国他乡的田野，是艰难的。一种深深的文化隔膜感，使得田野工作充满忐忑、迟疑甚至挫败，直到离开之前，和学校秘书的聊天，看到她惊异于我对学校"底牌"的了解，这才算是给自己的田野工作一份稍稍安心的肯定。而回国后的写作过程，和异乡的田野同样艰难。面对十余万字的田野笔记，原先设想的将中国随迁子女教育和美国非法移民子女教育进行比较策略，完全不适用。两国的教育政策框架、社会场景、历史传统相差甚远，连比较的基点都无从定位。这一点，其实在费城学校的田野工作过程中，已非常明显，也是当时贯穿当时田野焦虑的直接原因之一。这份焦虑自然延续到了写作过程。直到有一天，突然想到一个办法和这份焦虑和解：先抛去那些所谓"理论抱负"，真诚地面向中国读者介绍自己所经历的这所学校的教育景观是怎样的？作为一名在中国接受完整学校教育的学人，印象深刻的场景有哪些？于是"日常教学""考试场景""特殊教育""心性塑造"渐渐作为四个核心主题浮现出来，成为组织写作的框架。但是，缺乏理论关照的材料，是没有灵魂的。一边写作，一边思考和阅读：个体主义，无疑是需要的理论支撑。这方面，已有海外民族志同行的作品有直接借鉴意义；教育人类学中的多元文化教育人类学学派、哲学教育人类学学派理论，肯定需要汲取，用来诠释田野观察；还有富有美国特色的哲学、教育研究传统，实用主义，也应当是绕不开的分析角度……但似乎还是不够充分、明晰，缺乏一条贯穿始终的线索。直到有一天，还记得是2016年寒假，那天在国家图书馆北区闲散阅读，随手拿到汪天文的《时间理解论》[1]。那里关于时间的哲学论述，似乎一下打通了任督二脉：是啊，我们穿行在时间里，时间的节奏，以及我们怎样分配时间，都是出自内心的价值观，并深受历史传统、现代性话语体系的影响。时间，可以成为文化表达的载体，在教育实践中，也是体现教育理念的一面镜子。回想美国小学田野中，自己确实惊异于老师可以花这么多的课堂时间让孩子们做植物主题的手工，只为理解什么是"根、茎、叶"；我们所熟悉的肃穆、安静的课堂时间可以被各种事项，包括小朋友的口疮和眼泪，打断这么多次；那里没有思想品德课，却

---

[1] 汪天文：《时间理解论》，人民出版社，2008年。

弥散在所有时间环节的对学生礼仪、心理、心性进行影响……那正是自己作为中国学人置身在美国学校教育场景中的文化震撼，只是它以散漫的方式存在，不像所谓文明人遇到部落酋长那样新奇刺激，却别有韵味。于是，按照社会时间的线索追踪阅读，渐渐将田野素材和理论分析串联在一起，终于形成了这部海外教育人类学民族志《教育的社会文化土壤：基于美国费城安卓学校的教育人类学观察》。庄师在为这部作品作序中，不仅对全书的核心观点进行了评述，而且也看到书中透露出的不安：每一个国家都会通过教育捍卫所在社会的主流价值观，但希望这份捍卫同样兼具对多元文化和社会阶层的开放性。这使我再一次想到阿什利，费城学校里那个瘦小的拉丁裔小姑娘。她的父母是来自墨西哥的非法移民，爸爸在餐馆打工，妈妈照顾一家六口的生活起居。她的学习相当吃力，我经常去她家辅导功课。当我和孩子们告别时，阿什利说："Ms. Liu, I will miss you."。看着她，我知道她长大以后有相当大的可能，会停留在父母的社会阶层，即使她出生在美国，拥有美国国籍。就是这样，我们相遇、相处、然后天各一方……稍稍心安的是，把阿什利带回了中国的书里，让更多人看到她在费城学校的生活……

隔山隔水，种种观察，细细想来这份触动来自中美两国很多共同的教育议题：少数族裔学生学业成绩差距、社会阶层对教育资源分配、教育愿望的驱动、日常生活对人性的深层塑造……当这些反复盘旋的教育议题，依托异邦文化得以展现时，促使我们进一步探究自身所处文化对它的模塑。正如每一种文明必然包含着种种压迫与张力，才使得世界总在斗争中无法掩盖人类的苦难。附着在具体文明形态之中的每一番教育实践，也一定有其促进人类福祉的意义，同时，又都不可能尽善尽美。在每个国家有意而为的教育实践和无心插柳的深入影响中，以怎样的方式向下一代传递怎样的文明，既是一个面向未来，欣欣向荣的话题，也应当是一个需要审慎回顾，充满自觉的文化过程。这便是教育人类学的深切关注吧。

六、临终与尊严：生命承诺与期许

不知不觉间，已然步入中年。大学校园里，肌肤娇嫩、轻盈中透着些许迷茫的大学生，一拨拨驻留又离去。课堂上，我总会自称"中年主流大妈"，在呈现多元文化的同时，讨论对社会主流价值观的理解与践行的可能性及其多样性。

忽然抬头间，才清楚地意识到父母已步入古稀。照顾父母也成为一项郑重的生命承诺。虽然爸妈依然康健优雅，但是眼见一点点衰老的趋势，令独生女的我，心生戚然。2019年自己也经历一场不大不小的手术，着实让年迈的父母心生担忧。如何看待衰老、消退与离世，成为迫在眉睫的话题。记得2017年在一次芝加哥大学北京中心举办的医学伦理学研讨活动中，协和医院老年科专家分享的案例中，提到了缓和医疗、临终关怀的概念。那时，便在心里埋下了种子。翻过年来，适逢国内缓和医疗、安宁疗护事业渐兴。所谓"安宁疗护"指倡导和实施对临终患者给以"全人"的照护，以"帮助患者舒适、安详、有尊严离世"。中国正面临着人口老龄化及癌症、老年痴呆等疾病高发的多重压力。2015年我国人均预期寿命已达到76.34岁。这虽是国民健康水平提升的重要指标，但也必须看到，老年人失能率约为10.48%~13.31%。[1]恶性肿瘤为我国2017年城市居民死因首位，占死亡总数的26.11%。这意味着维持临终状态生活质量需要极大的照护能力和社会支持系统。加之以新冠肺炎为代表的新发传染病作为现代风险的隐喻依然无法避免。这幅复杂的死亡图景，为中国临终质量提出巨大挑战。同时，在社会转型背景下，人们对生命尊严的追求充满多元、富有个性的主张，而传统社会照护伦理受到撼动。如何依托医院体系，而不局限在生物医学范式下，为临终者提供具有品质的服务，实现生死相安，释放社会的共情能力，是当代中国在生死领域具有迫切现实意义和生命力的重要议题。从自身学术脉络上讲，也算是对早年间医学人类学轨迹的回归，并相信它可以更好地回应自己人到中年的人生叩问。

2018年8月开始，我有幸在协和医科大学同仁的引介下，带领学生深入到北京一所三级医院安宁疗护病区开启了病房里的田野工作。这次的田野，是另一番坚硬和忐忑。传统的田野工作方法在安宁疗护病房遇到巨大挑战。第一，在临终状态下的"日常生活"是一种非常态下的"日常生活"。它被包裹

---

[1] 张文娟：《中国老年人的失能水平到底有多高？——多个数据来源的比较》，《人口研究》2015年第3期。

在极大的生死压力之下,"外人"很难触及。第二,医学处置及其效果对于临终质量有着关键性影响。而医学具有相当的专业壁垒,各种术语阻隔了人文社科工作者擅长的"日常生活"观察与解读。第三,医院是一个有着严格科层秩序的理性结构,这类机构建制很难容纳非医非患身份者以"日常生活"的方式融入。在这样的情况下,需要借助医生的角色支撑与专业支持,进行跨学科的田野工作,显得十分必要。这一点,也是来自景军教授的点拨。景军教授在2019年人文清华讲坛上的两次演讲"我们将如何老去""我们将如何离去"受到社会广泛关注。景老师就此将全国对这一研究领域主动提出参与的近百名医学和社会人文研究者联络起来,形成学术联盟以推动研究。他提出"合作的社会学,共情的人类学"。兜兜转转,继作为项目办工作人员与景老师在艾滋病领域合作后的20年,如今以人类学学人的身份加入景老师号召的学术联盟,共赴安宁疗护事业,也是一份人生机缘吧。

  周围的亲友和同行,听说我在临终者床边开展研究,通常会略带安慰地接一句"那可能蛮沉重的哦"。是的,见证生死绝不是一个轻松的话题,但却不仅仅是萧瑟与衰颓。那是一个充满浓烈情感与展现深层人性的场域。生死交接,难道不是一个特殊的社会时间范畴么?滤去红尘繁华,恰恰在这样的生命节奏中,展现着人们对生命价值的本质理解。就像我们都知道秋日落叶是自然规律,以前只会把它当作一个背景存在而依然穿行在自己的人生中。如今,有机会去看每一片叶子是怎样陨落,会发现每一片叶子本身就是那样不同,而陨落的轨迹也是各异人生故事的续写。在探索中,如果能对患者和家庭形成温暖的支持,那是弥足珍贵的生命之缘;如果能为当今中国正在经历的安宁疗护事业提供一定的理论解说,那是人类学学人的本分;如果能对和自己一起工作的年轻学子们超越青年的生活轨迹视阈去理解生命,提供一些参考,那是教学相长的境界;如果通过积累更多临终案例经验,为家人和自己在未来某一天获得更有尊严地离世锻炼更好的能力,那都是对生命的尊重和深切期许。我想,这也是人类学最为亲切的色彩。

七、一场盛大而平凡的编织

必须承认,自己的学术经历和生命历程如此明确地关联在一起。在这篇自述中,没有更多引用同行作品,也没有更多谈论具体学术观点和源流。当然不是因为这些不重要,而是在此真诚面对支撑自己持久研究热情的深层动力。它不仅仅出于对理论的求索,更重要的是源自对广阔生活的膜拜和借助人类学眼光与之不断对话的兴趣。将自身作为感受时代脉搏的容器,生发出社会的关切和学问的修炼,是自己追求的境界。虽然经常会为经典理论的凝练与抽象气质折服,但也总会看到其中缺失的论证链条,或者并不能覆盖漫漫历史与生活的局限。社会,太遥远,需要想象,才可以触摸;个体,太渺小,无论怎样,难以逃脱结构与命运的笼罩;理论,太精致,以文字的方式,试图覆盖生动的世界。而生活本身,总是那样坚硬、琐碎地存在着,又像一条河流,以自己的节奏流淌。它承载着抽象的"社会";既是"个体"沉浸其中,生成"理论"的源泉,却并不理会"理论"的严密与精彩,也不在意"个体"命运的无常与慨叹。人类学,是一门直接从生活中摄取营养的学问,不仅允许研究者将自身对生活的发问转换为研究问题,而且,研究的过程也需要直接观察、体验他人的生活,从生活中抽绎出各色文化脉络,提供给人们对多彩世界的认知。而人类学的治学方式本身,作为学术生活的一种表现形式,允许多样的方式和创造力构造。

回顾与人类学女神的初识,至今16年,对于职业生涯来说,不长也不短。对于人生阶段而言,已步入中年。叔本华对人生阶段有过非常贴切的描述。他说:"我们还可以把生活比之于一幅刺绣品:处于人生前半段的人,看到的是刺绣品的正面,到了人生后半部分的人,看到刺绣品的背面。刺绣品的背面并不那么美丽,但给人教益,因为它让人看到刺绣品的总体针线。"适逢中年,既曾经被刺绣品的美轮美奂所吸引,充满了对这图景从何而来的积极探索,也在时光的推动下,开始移步到它的背后去试图理清那些针脚。这是一场盛大的编织。每个人都是自己的作品。很多同行用博闻强记、放旷才情、生花文笔、精准高效……来穿梭、编织。真美,真好!回望自己的这场编织,则是将对生活的感悟和人类学方法与学理努力进行着结合。它同时定位在读书科研、教书育人的职业体系中。高校教师的身份,既为身处21世纪的个体生命提供了纷繁多彩的宏大背景，也为人类学学人按照个人兴趣与风格进行创作提供了相对自由的空间。作为研究者，在学术共同体中"交作业"，需要不断挑战智识极限；作为一门学问的传播者，要将这门学问的意蕴传递下去、传播开来。希望人类学女神的光晕可以照亮更多的人生。这份将生活叩问、职业伦理、人类学知识汇聚在一起的编织，是平凡的，源自作为尘世间微小颗粒的点滴感悟和职业操守，也是盛大的，源自一叶知秋的美丽和对积少成多的坚信。

与人类学共舞

刘志军

刘志军，湖南武冈人，人类学博士。浙江大学社会学系教授、浙江大学社会调查研究中心副主任。入选浙江省首批"之江青年社科学者"。发表论文60余篇，出版《乡村都市化与宗教信仰变迁——张店镇个案研究》等著作6部。

自 2003 年进入浙江大学社会学系任教以来,我就已游走在人类学与社会学之间,基于扎实的人类学田野调查的学术研究,还得追溯到写作博士论文的那段时间了。好在人类学的方法和视角或者说人类学训练带给我的思维模式一直影响着我的学术之路,因此不揣鄙陋略说一二,期望能从反思的角度给后来者提供一些启示。

一、初识人类学

如同不少的人类学同行那样,我与人类学的相遇也具有很大的偶然性。

高中期间,因各科成绩都名列前茅,毕业考试还是湘西南十五所省重点中学的第一名,当时中国科技大学校长因此来信给出了优先录取的承诺。不过,年少懵懂的我受到好友的影响选择了文科,并在高考改革的背景下失利,最后进入中南民族学院中文系就读。在民族学院的就读经历,让我对多姿多彩的少数民族民俗文化有了初步的了解,每逢节庆,学校里组织的文艺演出中的民族歌舞、民族服饰等都会一次次地带来文化上的冲击。而日常生活中与班级里各少数民族同学的接触和交往,也进一步激发了我对于民族问题的好奇心。因此,在大学毕业工作三年后选择考研专业时,我没有经过什么思想斗争就选择了民族学,并在 1997 年以总分第一的成绩返回母校就读。

硕士期间的导师为南方民族史研究方面的权威吴永章教授及时任民族学系主任的青年才俊孙秋云教授。吴老师出身北京大学历史系,学术功底深厚,治学相当严谨,以学术为乐,至今仍笔耕不辍,早已著作等身。吴老师讲授的《南方民族源流史》等课程给我留下了非常深刻的印象,让我对民族文化有了特别浓厚的兴趣。我至今仍然喜欢去民族地区调查或旅游,也特别关注来自民族地区的学生,并深藏着今后能开展与西藏等民族地区的相关研究的热望,应该说主要受到了吴老师的影响。孙老师思路开阔、思维活跃,为我提供了系统的研究方法训练。记得第一学期,他就给我和同门师弟崔榕(现为中南民族大学教授)布置了搜集阅读文献的任务,指定的研究主题分别为关公信仰和观音信仰,我负责关公信仰的相应文献的搜集整理。当时便和崔榕两人成天泡图书馆,初步掌握了如何通过书籍和期刊做研究的方法。这一经历直接影响了我的硕士论文选题(《关公信仰的文化解读》),也间接影响了三年后的博士论文选题(《乡村都市化与宗教信仰变迁》)。虽然此后因宗教信仰主题的研究受到一定限制,我没有继续这方面的写作,但零星的调查一直在开展,以后也有望重拾这一主题的研究。

攻读硕士期间,另一位对我认识和了解人类学有着深刻影响的是董珞老师。董老师性格爽朗、和蔼又热情,对我们几位学生关爱有加,深受学生爱戴。记得她给我们讲授文化人类学专业英语,用的是美国的原版教材,要求我们轮流朗读原文并翻译成中文。我的英文成绩虽然很好,但口语很差,董老师听了很着急,后来便特意给我开小灶,每次课后单独留我辅导一小时左右。按照董老师的说法,我的口语要从 ABC 开始,我便乖乖地从字母发音开始跟着董老师练习。为了不辜负董老师的良苦用心,我特意购买了《新概念英语》,从第一册开始学习发音,并坚持每天早起到南湖边及民族博物馆周边的树林里晨读。得益于董老师的悉心指导和督促,我的英语口语以及阅读理解能力突飞猛进,并在当年的全国大学生英语竞赛中获得湖北省二等奖,在我校仅次于一位通过了专业英语八级的研究生。后来在 2000 年的博士入学考试中也取得了 89 分(满分 100)的最好成绩,在 2004 年的托福考试中获得 633 分(满分 677)的高分。当然,更重要的收获是增强了阅读学习英文文献资料的能力,为今后阅读吸收海外人类学研究成果奠定了良好的基础,也间接帮助我获得了去哈佛燕京学社访学一年的机会。

此外,在三年的民族学硕士学习经历中,同一师门的诸多同学也对我初识人类学有着深刻的影响,其中的田敏师兄(现中南民族大学教授)、程瑜师兄(现中山大学教授)、崔榕师弟(现中南民族大学教授)、赵玉燕师妹(现湖南师范大学教授)后来都是人类学界的翘楚,在与他们的日常交往中,人类学的知识、理论与方法逐渐在我心中生根发芽。

二、人类学进阶

虽然民族学与人类学并称，但在中国语境下依然有着部分差别，而身处民族院校的民族学则更偏向于民族研究这一领域。为了系统学习了解人类学的理论方法，我便在硕士毕业的那一年决定报考人类学专业位居全国前列的中山大学。如果说在中南民族大学民族学系就读的三年让我初识人类学的话，在中山大学人类学系就读的三年则帮助我登堂入室，逐步成长为一名专业的人类学者。

记得在下定决心报考中大以后，便南下广州拜访心仪的导师周大鸣教授。周老师那时刚从哈佛燕京学社访学归来不久，意气风发，是新任人类学系主任，也是第一次招收博士研究生。虽然是冒昧求见，但周老师依然热情地接待了我，仔细询问了我的情况和未来打算。作为一个懵懂后生，当时留给周老师的印象应该是不佳的。最后的博士生入学考试，全靠英语成绩遥遥领先才得以录取。

不过，在入学就读以后，周老师就给予了全面指导，并尽其所能在学习、生活等各个方面为我提供条件和便利。在周老师的鼓励和推荐下，我申请了美国 Urban China Research Network 的课题，获得了将近3000美元的资助，以开展乡村都市化背景下的宗教信仰变迁的调查研究。2000—2003年期间，我间断性在山西省平陆县张店镇做了田野调查，完成了研究项目，并基于项目资料撰写了博士论文。就读博士期间，经周老师允许，我也获得了去南京大学—霍普金斯大学中美文化研究中心（Hopkins-Nanjing Center）交流学习一学年的机会，在那里与来自美国的学生和学者开展跨文化交流，进一步拓展我的文化视野。此外，自2000年冬季起，周老师便陆续带领我们参加世界银行贷款项目的社会评估，评估的过程也是实践教育的过程，让我们对于人类学的社会应用价值及其应用方法有了深刻体会。当然，在完成评估任务之余，周老师也不忘犒劳大家，常常带领我们品尝地方美食、考察地方文化、走访名山大川，让所有参加调查评估的同学都愉快乐相随。多年以后，回顾这段求学的日子，我内心一直很感谢周老师给我提供了十分宽松的成长环境。先生渊博的知识、务实的学术精神、敏锐的学术洞察力、因材施教的指导方法也使我受益良多。可以说，自此以后，我的学术之路就深受周老师言传身教的影响，也影响了我对待自己的研究生的培养模式和师生交流方式。

博士期间，我也曾受益于黄淑娉教授、容观琼教授、刘昭瑞教授、陈华教授、张应强教授、邓启耀教授等老师课堂内外的教诲和指导，他们的热情鼓励和无私帮助也成为我学术探索路上弥足宝贵的精神动力。此外，当时一起在中大人类学系就读的博士和硕士同学众多，学习氛围良好，与同学们的互勉共进也为我的人类学进阶提供了多维度的帮助。还留有深刻印象的同学包括程瑜、李安民、金志伟、刘志扬、秦红增、刘华芹、刘朝晖、陈晓毅、何向、高崇、杨方泉、向春玲、梅方权、周建新、谌华玉、余冰、王琛、牟翔、杨小柳、李溱、范涛、殷㻑、王强、白志武等，其中大部分依然活跃在学术界，不少已成长为各个大学的人类学学科带头人，分布在中山大学、广西民族大学、南开大学、浙江大学、香港树仁大学、广州大学、中央党校、深圳大学、汕头大学、华南农业大学等高校。

2003年6月，我顺利通过博士论文答辩，并于当年8月进入浙江大学社会学系任教，以硕士论文为基础拟写的论文《对于关公信仰的人类学分析》也在当年的《民族研究》发表（刘志军，2003），这是我发表的第一篇人类学专业论文，由此标志着初步迈入了人类学的大门。

三、我的人类学研究

大学在中文系、研究生在民族学系、博士生在人类学系、工作在社会学系，这种跨越不同专业系的经历，使得我的人类学研究也走过了比较曲折的历程。由于硕士论文以文献研究为主，这里主要围绕我的博士论文及工作以后出版的两本著作谈谈自己的人类学研究。

（一）博士论文的研究过程与思路历程

我的博士论文题目为《乡村都市化与宗教信仰变迁——张店镇个案研究》（后以同名出版），关注的主题是中国传统宗教及基督教在改革开放以来发生在乡土中国的乡村都市化这一社会进程中的兴衰浮沉，及其带给人们的启示。希望以一个中原乡镇为个案，运用人类学的田野调查与历史学的文献研究方法，结合文化主位与文化客位的角度，以理解默会的人文科学方式与理性分析的社会科学方式解读新时期乡土中国的宗教信仰及其动态发展，以期达到对这一文化现象的"深度描述"，并找寻宗教信仰在乡土中国发生变迁的深层原因。该文集中论述了以下几个方面的问题：乡村都市化对农村经济结构、就业构成、社会结构、生活方式、人际关系、大众传播及思想观念、价值取向等方面产生了哪些影响；这些变化如何引发了当地的宗教信仰变迁；能否从中梳理出乡村都市化与这种变迁的内在关联。此外，还关注传统的"普泛化宗教"中国民间信仰与西方"制度化宗教"基督宗教在乡村都市化背景下的冲突、交融和互动，比较了宗教信仰的大小传统及其变迁，并对内陆与台湾在宗教信仰变迁方面的不同情况进行了比较和理论分析。

1. 研究经历

我于1999年7月首次造访了本研究的目标社区——张店镇，当时我在运城做关于关公文化的实地调查，调查的空闲时间里便听了刚刚认识的两位家在张店的朋友的劝说去他们的家乡看高原景色，无意中到当地的福音堂做过逗留并结识了张店教会的负责人和几位执事。当年的8月，我从西藏赶回武汉，途中在张店镇做过十多天的停留，主要在福音堂访谈了部分信徒和教会负责人员，收集了一些粗浅的资料。2001年春季获得"Urban China Research Network"的课题资助后，我利用暑假的时间在张店做了为期两个月的前期调查，并收集了一些统计资料和地方文献。2002年4月，我又趁南京大学中美文化研究中心放春假的时机，到张店镇做了小规模的问卷调查，并于6月中旬应邀到纽约州立大学Albany分校参加会议并宣读了用英文撰写的调查报告。当年暑假，我在张店生活了50多天的时间，主要进行个案访谈和参与观察。10月中旬至12月，我又回到张店继续进行田野工作，并完成了155份的问卷调查。

调查并不是从一开始就很顺利。与大多数的研究者一样，我在本课题的参与观察与实地调查过程中，也有过彷徨、迷惘、不知所措、被迷惑、被误导的种种经历以及敷衍、退缩的念头。同时也经历了一个从陌生到熟悉、从不知所措、无从入手到慢慢摸到就里的过程。

初次进入田野，引起我集中关注的对象主要是基督宗教，即基督教与天主教，而对民间信仰则有欠关注。一来是因为早就听人说起这里没有庙宇，二来自己一直没有看到庙宇的存在。于此，我虽然心生纳闷，但思考的主要还是乡村都市化如何催生了西方制度化宗教的兴盛和引起传统民间信仰的衰落这样一个问题。当时的想法可以说代表了第一层次的一个并不全面的思考。随着对基督教和天主教的调查告一段落，我把目光转向了民间信仰。当时的本意是想了解一些残存的事象，了解其到底衰败到何种程度，以及对当地的民间信仰进行口述史式的历史人类学调查。岂料通过对当地神媒人物及部分关键人物的调查，我了解到了一个令人意外的事实，那就是近年来各村兴修的小庙已不在少数，几乎是村村有庙、村村有神婆或神汉之类的人物在积极活动。这一发现令我对自己以前的主观臆断深深自责，也同时庆幸及早发现了这一问题，来得及纠正研究的思路和调查方向。以往单纯依靠部分报道人说本地无庙的事实，便切断了在这方面进行实地调查的思路，实在令人警醒。至于这些人为什么提供了"此地无庙"的信息，又值得我去进一步思考。

　　这里既牵涉到调查方法的问题，又关系到所谓"地方性知识"的问题。由于我对这一问题的调查依赖于部分报道人的信息，导致了偏差的出现，假如不是偏听偏信，而是去寻找关键人物如神媒之类的报道者了解情况，结果就应该是另外一个样子。那么，为什么我首先所询问的这些报道人会提供这样一些"虚假"的信息呢？虽然我们并不能先定地排除被欺骗或他们不知情这两种可能性，但问题并非如此简单。为弄清就里，我后来又重访了这些报道人，谈及我所发现的情况与他们的报道不一致的事实，结果出现了两种情况，一种情况是确实不知情，这一类中以年轻人、经常外出者居多。年轻人社交圈中大多为同龄人，大家所关心的信息往往不会包括庙宇之类，平时也难得参加烧香拜神之类的活动，经常外出者则由于眼光向外，加上在村内停留的时间较短，也时常没有获知这方面的消息。另一种情况则是报道人确实知道有这些小庙宇的存在，但却认为这些建筑物称不上庙宇，因为规模太小，又很不正规，没有定期的活动，没有正规的神职人员如和尚、尼姑等。因此，当我问及当地有没有庙时，他们的回答就在情理之中了。这里就有一个"地方性知识"所导致的信息不对称的问题。由于我所使用的"庙宇"的所指对象与他们观念中的庙宇概念出现了不对称，在没有进一步沟通的情况下，就出现了上述信息的失真。

　　前期调查中发现的这一问题，使我不得不重新审视了调查中所使用的概念名词与当地人所理解的内涵之间的可能差别。比如"观念开放"这一问题，怎样算是观念"开放"呢？一些人理解为"大胆、敢冒险"，一些人理解为在男女关系上放得开，还有人认为就是反对传统，凡是上一辈所教导的都守旧、不开放。考虑到诸如此类的问题，我在以后的实地调查就开始尽量避免使用比较抽象的、容易招致理解偏差的概念名词，而尽量使用一些具体的说明进行替代，并请报道人在回答时对自己所使用的一些概念名词做出进一步的解释。

2. 卷入社区

首次进入调查社区，我的角色是当地人的朋友，是一个偶尔路过的观光者，我对福音堂执事和信徒的即兴采访也被视为一种好奇，并没有为他们带来心理负担，反而引起了他们极大的参与热情，因为从来还没有外人对他们的还有点不敢张扬的活动表现出如此的兴趣，更何况是一个大学里的研究生，听说他们事后还向不少人谈起"一位研究生（某些人更说为大学教授抬高我的身份）对他们有滋有味的询问"，一些人在向他人传讲福音时，也时常引用这段故事，以说明基督教信仰的高尚地位和如何的吸引城里人和有知识的人的浓厚兴趣。

但从2001年暑假我长期待在当地进行调查以来，人们开始对我调查的本意做出了不同的猜测，有些人起了疑心，由于近些年对"法轮功"的打击，人们对于外来人员如此深入和长时间地调查了解他们的宗教信仰问题，自然免不了心生疑忌。即便在后来，经过了长时间的多频次的接触和交往，他们心中或多或少的疑忌从始至终没有完全消退，这也是导致本次研究留下的缺憾之一。

但是，由于长时间的参与式的实地调查，我也与为数不少的当地人包括关键报道人建立了友谊，并在一次偶发事件中加强了和他们的联系纽带，为本次研究的顺利进行铺平了道路。

怀特在波士顿科纳维尔贫民区进行调查时，曾深有感触地指出，"研究者也和向他提供资料的人一样，是一个社会动物。他也要扮演某种角色，也有他自己的个性要求，如果他要成功地行使功能，就必须在某种程度上满足这些要求"。因此，如果"研究者走出大学，每次仅仅到实地去考察数个小时的时候，他可以把个人的社会生活与实地活动分开。他的角色问题也不十分复杂"。但是，"假如研究者在他所研究的社区中生活一段很长的时期，他的个人生活就会与他的研究纠缠在一起"（怀特，1994：318）。对于这一点我深有同感，当我与当地人混熟以后，我渐渐发现自己已成为他们的组成部分，几位房东在我后来的几次告别时，都很关切地问我何时"回来"，他们口中的"回来"，听来就仿佛辞别故里时的那种乡亲的叮咛。这种长期接触所建立的密切关系正如一位房东所说，"你在这里住了这么久，天天和我们在一起，就好像自己人一般，这一走还真是舍不得"。

更值得一提的是，2002年暑假发生在华北张村镇张村[1]的村民与镇政府、县政府的土地纠纷直至冲突，使我更为深入地卷入了当地人的生活。事情的来龙去脉如下：

> 人民公社期间，张村镇政府计划建一个农机站，于是向县革委会请示，县再向地区革委会汇报，后地区革委会给县革委会发了一个批文，同意占用一块集体用地建设农机站。农机站停办后，改为面粉厂，面粉厂倒闭后，镇政府便将所有房屋分散出租，收取租金。2001年高速公路建成后，由于该地处于从张村进入高速的入口道路旁，镇政府便将该地卖给县几位领导建设加油站。消息传出，村民哗然，认为这块地是该组的集体土地，镇政府自己使用倒罢了，现在卖给别人，又不给任何形式的补偿，难以服众。于是大家自发组织起来抵制该项目的施工。前两次皆以施工队的退却而草草收场，7月29日，上级有关部门进驻现场，我当时正在现场，本准备拍照，也被相关人员制止。当晚公安局传唤了四人，第二天又传唤了多人，后其中数人改为行政拘留十五天。

当我因为在现场拍摄照片而被县巡警带去住所查验身份证时，村民们蜂拥而至为我撑腰，几位村干部也前来对我的情况进行介绍。虽然警方在确知我的身份后没有采取进一步的行动，但这一小小的插曲成了我在后来获得当地人认同甚至好感的契机。

此后，每逢这一事件有了新的进展，他们当中的领袖人物都想着来征求我的意见和支持。不过，由于对相关情况和法律法规不太熟悉，我在这场行政纠

1　因学术伦理需要，张村为化名。

纷中也难以为村民提供关键性的帮助，但村民们对我的信任和期待使我不得不认真地去查验相关的事实和法规，以谋求适当的解决方案。尽管我能提供的帮助相当有限，但由于我在这一事件中与村民们走在了一起，共同经历了冲突，并在与政府的交涉中为他们说话，后来又为他们出谋划策，使我获得了村民们的认同，从而使以后的调查进行得颇为顺利，在很多时候，到一个地方后不用自我介绍，报道人就开始谈论起当天的场景，话匣子就由此打开了。

3. 思路历程

本文的研究可以说经历了从模糊到清晰、从困惑到逐步明朗的过程。从形成的观点来看，也经历了一个假设、论证和推倒重来的过程。

当我首次选择这一研究方向时，心里所设想的只是一个抽象的框架，试图去寻找乡村都市化与宗教信仰变迁的关联，考虑的重点是西方宗教的兴盛与传统信仰的没落这种二元对比的社会背景问题。当时还没有觉察到传统信仰在当地得以部分地复兴这一事实，因而思考的重点则落于都市化对传统文化的冲击和对西方文化的引进这些层面。随着调查的深入，我开始全面考察宗教信仰在乡村都市化场景下的现代命运问题，并参考前人对宗教变迁和社会转型的关系的研究成果，试图做出归纳分析和补充。随着研究的进一步发展，我开始认为并不能笼统地谈论宗教变迁和社会转型的问题。首先，宗教信仰各种各样，各有特点，有新兴的、有传统的，有近代从外国传入的，有古代从外国传入的，有本土化的外来宗教，有土生土长的道教、祖先崇拜，有正宗，也有变异，有大传统中的宗教，也有小传统的"海纳百川"式的民间信仰。假如笼而统之地谈论宗教信仰在社会转型中的变迁问题，往往会出现自相矛盾、难以统一的悖论。例如，经济发展到底是促进了宗教的发展，还是减弱了人们的宗教信仰热情呢？我们不可能得出划一的结论，因为有的信仰是发展了，有的则没落了。

为此，我区分了不同种类的宗教信仰，分别考察它们的历史命运，从中勾画乡村都市化场景下的宗教变迁轨迹。这种勾画不是单线的，而是多元的。因为宗教信仰种类繁多、千差万别，乡村都市化也内涵丰富，有着方方面面的影响，各个方面对某一宗教发展的作用方向也并不一定相同，或正作用、或反作用、或无作用，作用力也不同，有强有弱。因此，具体的考察就需要特别细致。

面对上述种种繁复的问题，我一度倍感困惑和无能为力，认为问题太复杂、太难以理清头绪，因而曾经动过改弦易辙的念头。在调查全部结束后进行资料整理时，也时常有"被一大堆乱糟糟的资料所淹没的体验"（怀特，1994：318）。期间曾有过苦闷、彷徨和不知所措时的无助，时常会有那种写不下去的"山重水复疑无路"的困惑，或许这些都是作为一个人类学者所面临的多少带有普遍性的问题。

（二）漂泊之伤：关于流动人口家庭的调查研究

我综合多个项目的调查资料写成的《漂泊之伤——流动人口家庭亲子关系调查研究》一书（刘志军，2018），代表了我从人类学的底层视角出发，对于社会相对弱势群体的一种关怀。

在博士期间对乡村发展变迁的研究过程中，本人深切感受到人口流动是改革开放以来乡村发展的最主要特征，流动人口是乡村发展中最需要关注的社会群体。因此，在第二次获得"Urban China Research Network"的资助后，便在杭州等地开展调查，描述和探讨处于城市边缘的农民工的主要特征及遇到的主要问题。后续的研究，则开拓性地从亲子与家庭视角对事关流动人口生存发展的社会保障、子女教育、居住权益、权利维护及社会救助等基本公共服务议题进行了系列调查与分析。在通过调查描述他们的具体处境和遭遇的问题以外，还基于依恋理论、互动理论，分析了流动人口家庭的家庭动力学特征，系统描述了流动对儿童发展带来的影响。

作为从亲子视角对流动人口遭遇问题的一项开拓性研究，本书重点关注流动对亲子关系造成的冲击，也兼及因这种流动而带给子代的种种困扰。与普通家庭不同，流动人口家庭更像是一艘漂泊的船只，核心家庭成员中有人停留在岸上守望，有人远航出海打鱼，做钟摆式的流动，或许还期待着找寻到另一个可以长期停泊的港湾。由于流动人口家庭的特殊性，其亲子关系对其家庭成员、对其家庭整体较普通家庭有更为特殊的影响和表现。本书基于第一手的调查资料，探讨了流动人口家庭的亲子关系及与之相关的若干问题尤其是子代所面临的成长问题，并致力于找寻影响其亲子关系的重要因素。其主要目的是希望将这些家庭所遭遇的问题呈现给社会各界，引起大家的关注和思考，并寄望于政府和社会从制度改革、公益慈善、民众参与、家庭能动应对等方面采取相应的支持性行动，为流动人口家庭中的儿童等"处境不利儿童"获得更好的成长环境创造良好的社会条件。这充分体现了本人因修习人类学而获得的面向人民、面向社会现实问题的一种人文关怀。

此外，我还特别注意了该书能否引发普通读者共鸣的问题。为达到这一目的，提高内容的可读性，调查所得的大量访谈个案就派上了用场。因此，我们在本书中原生态地奉上了大篇幅的个案访谈资料。这些访谈个案，是一个个流动人口家庭的鲜活现实的近景写照，其中蕴含的酸甜苦辣、人生况味、纷繁世事以及复杂沧桑的心路历程、让人悄然动容的生活点滴或小确幸，都可能从某一点上触动读者柔软的心灵。我想这应该是人类学著作最重要的特色吧。

（三）一花一世界：对于继母群体的调查研究

我从人类学底层视角出发对社会弱势群体的另一项研究事关继母（俗称"后妈"）群体（刘志军，2020）。虽然人们身边不乏继母的存在，但对于她们的专题调查仍比较缺乏，我组织完成的这项调查，为大家透过表象了解她们的内心世界打开了一扇窗户。

正如多数同年代朋友所经历的那样，我在小时候也听闻过不少关于后妈的故事，当时幼小的心灵充满着对于妖魔化的后妈形象的畏惧。但限于生活圈子的窄小，身边并没有现实中的后妈让我有机会去观察了解，因此，这样的畏惧一直停留在想象当中。成年以后，走入社会，才逐渐接触到了现实生活中的继母们，我惊奇地发现，她们原来与其他的妈妈们并没有根本的差别。我不禁疑惑，小时候大人们讲述的为什么总是恶毒后妈的故事？这是后妈们在改变，还是社会变了？

正是怀着这样的疑惑，我希望能通过阅读一个个鲜活的故事，来了解后妈群体那真实的世界。2014年底，我拟定了以继母为主题的本科毕业论文选题，朱月同学选择了这样一个题目，并开始了初步的文献研读和调查。2015年3月，电影《灰姑娘》上映，关于后妈的话题引发网络热议，这进一步触发了我们做大范围个案调查的热情。5月份，这样的想法终于借着上全校大类课《文化人类学》的机缘得以实现。这是一个有着来自浙江大学不同院系的185名优秀学生的大课堂，学生们源自五湖四海，还有部分是外国留学生。我拟定了访谈提纲，请每个学生寻找自己身边的继母或准继母，据此开展个案访谈，聆听她们的故事，感受她们的内心世界。集体的力量总是很强大，短短1个月，同学们就完成了对185位继母或准继母的访谈，并整理了对话记录，提交了各具特色的个案材料。这些案例，除8%来自网络平台之外，其余均取材于访谈者的周边生活（78%来自熟人好友，13%来自亲戚，1%为自身所在家庭），可信度很高，是非常宝贵的来之不易的第一手资料。

基于这些访谈材料，辅以在天涯论坛中采集的60个与继母相关的帖子，我与朱月同学合作撰写了题为《继母的当代类型、身份认同与社会认知》的论文，后在《浙江大学学报》（人文社科版）发表。然而，论文的篇幅终究有限，相对于总字数超过100万的众多鲜活丰满的故事而言，一篇1万来字的论文不能反映其万一。因此，我们便筹划着精选其中部分案例结集出版，期冀让更多的人通过阅读她们的故事来了解、理解和体会当今后妈们的现实生活与本原形象。由于书本容量的限制，我们分类做了筛选，留下其中的100个案例呈现给读者。

在书稿于2019年暑期初步完成之际，恰逢《哪吒之魔童降世》热播，其中的一句台词"人心中的成见是一座大山，任你怎么努力都休想撼动"击中了千千万万观众柔软而无奈的心，也折射了普罗大众要移除这座大山的热望。佛云，"一花一世界、一叶一菩提"，这些继母们坦诚公开的个人生活与内心世界，为读者们打开了认识人性、体悟人生的一扇扇门！经受过系统的人类学训练，我已经深深认识到，所有的群体性偏见和成见，都是遮蔽人们视线和心灵的烟尘和乌云，它们都应随着现代文明曙光的照射，成为历史云烟。我所做的关于继母以及其他学者所做的边缘群体的研究，都有助于吹散那些遮蔽人们视线和心灵的烟尘和乌云，还她们一个天朗气清的世界！笔者认为，这应该是人类学的天然使命。

四、余论：中国人类学发展的体制瓶颈及其破解

虽然人类学具有积极的社会价值，但中国的人类学发展一直处在艰难前行的阶段。对于这一问题，乔健、周大鸣、徐杰舜、王建民、麻国庆等学者已从学科名称、学科归属、学科关系、学术价值、学科本土化与国际化等诸多维度

有过论述，都切中肯綮。笔者认为，从当前来看，则学术体制是制约中国人类学发展的最关键因素，亟待重视和应对。

（一）当前的发展困境

在大学或研究机构从事人类学教学科研工作的人员，常常会感叹人类学学科归类的混乱以及由此导致的尴尬身份。由于大多数地方没有专门的人类学系所或中心，人类学出身的学者常常因所归属的分支机构而自觉或不自觉地偏向社会学、民族学、民俗学、考古学、语言学或历史学等相关学科。这一无奈的现实使得众多的人类学者深感苦恼。但除此之外，我十多年来在社会学系从事教学科研的实践，也让我常常慨叹由于现实学术体制的制约，要开展一些传统的民族志式的人类学田野调查实在过于艰难，甚或成为一种奢望。

作为以异文化研究起家的人类学来说，不深入实地进行调查，无异于纸上谈兵，因而，田野调查（Fieldwork）被誉为人类学家研究的基石。依照国际学术界的惯例，通常要求受过专门训练的人类学者在所研究的民族或地区生活上一年或一年以上的时间，用参与观察和亲身体验来获取充分、翔实的民族志资料。即便是研究本文化或者研究自己生长村落的"家乡人类学"，同样需要高质量的田野调查。我国在进行人类学学科训练时，虽没有严格执行这一时间标准，但一般也要求人类学专业的硕士研究生做够3个月以上的田野，而人类学博士研究生为毕业论文所做的田野则至少在10个月以上。如中山大学人类学系就有此规定（周大鸣，2009），国内其他设有人类学专业的高等院校所定的相关时间标准也基本相同。虽然考虑到具体的研究课题、研究对象和研究者本身具备的条件不同，我们不能生搬硬套具体的时间要求，但从人类学质性研究的特点来看，要想达到预期的人类学研究效果，除了观察的准确性和深度以外，时间仍是一个最为基础的要件。

然而，当人类学专业的研究生获得硕士、博士学位，以后依次成长为讲师、副教授、教授的时候，他们由于种种现实工作条件及学术评价机制等方面的现实制约，却往往忙于短平快的课题研究和论文写作，甚少能再抽出时间和腾出精力，开展如求学期间那般耗时费力的民族志式的人类学研究了。一般做的多是以短周期项目为主的研究，迫于研究进度的压力，在方法上日益倚重问卷调查。虽然人类学的深入访谈还能坚持，参与观察也在做，但由于时间约束导致的深入程度不够,这种观察所得的深度和说服力也就比较有限。而选择一个社区进行传统的民族志调查研究,则往往停留在设想层面,难以付诸实践了。

(二)发展困境的体制解析

之所以陷入上述发展困境,大致有以下三方面的原因。

其一,长期外出的职业发展机会成本高企。大学教师都有教学任务,有的还需要兼做学生工作或行政管理工作,很难腾出成块的时间,更不用说半年一年的时间来做民族志调查了。科研机构虽要好些,但也因有研究生教学任务和统一安排的科研任务,时间安排上也有不少困难。更为重要的是,由于常年都有各种项目申报、奖项评定、学者遴选等方面涉及学术资源获取和分配的事情,使人难以或不愿意长时期外出。由此可见,在现有的科研管理与学术资源分配体制下,人类学专业的人员要全身心外出开展民族志式的传统人类学田野调查,或者因时间安排上的困难而几乎不可能,或者将因此付出比较高昂的职业发展代价。

其二,从事传统人类学研究很难获得政府和社会的各种资金资助。虽然在当今时代,人类学获得了很广泛的应用,工商界对于应用人类学的资金资助也在日益增多。但很多应用人类学研究顺应需要,只侧重运用人类学方法快速地获取资料,得出结论,而一般不进行长期的深度研究。与此相反,那些针对传统的人类学主题所进行的民族志研究,由于直接应用价值不太凸显,与工商业也难以直接对接,所以常常无法获得各种社会资金资助,因而为很多人类学者所冷落。

其三,进行长时间人类学田野研究的周期很长,研究成果的获得与发表具有很大的时间滞后性,从而使人类学者在职业竞争中处于不利地位。我国现在的学术评价重在论著发表的数量和级别而非同行评价,加上各种工作考核、荣誉称号、奖励计划、学者计划和职称晋升等也与此直接挂钩,这就迫使很多年富力强的人类学者们不得不适应这种体制,以尽快出成果为第一要务,选择耗时更短、产出效益更高的研究主题和研究方式,不再愿意从事前期工作时间长、后期成果产出也较慢的民族志式的人类学研究。

这种现象导致的一个普遍问题,就是我国的多数人类学者在为撰写学位论文做了一次长时间的民族志研究以后,往往就此止步,难以再次开展类似的人类学田野调查了(笔者也不幸成为其中之一)。这种现象并非中国独有,在国外也经常存在。一个比较直观的证据是,很多人类学名家的代表作都是其博士论文或以其攻读博士期间所做的田野工作为基础撰写的著作。

(三)突破体制瓶颈的对策思考

要突破中国人类学发展的体制瓶颈,无外乎三种路径,分别对应国家学术制度、机构管理体制、个人学术经营三方面的内容。

其一,根本性地突破这一瓶颈的途径是改革我国的学科管理与资源分配体制。其中,最为重要的是要在国家层面上争取人类学学科的独立地位,从而获得制定游戏规则的话语权,这种话语权对于人类学学科的独立自由发展将有着十分深远的意义。人类学在西方是显学,一般的综合性大学都有人类学系或人类学专业。但在中国,一方面在社会学下面有二级学科"社会人类学",另一方面在民族问题研究下面又有二级学科"文化人类学与民俗学",可见人类学在人类学的地位很尴尬,基本上是被冠以不同名称分割设置或者说重复设置在其他学科的屋檐下生存(徐杰舜,1997)。诚如乔健先生所言,人类学名称上的混乱对于一个新学科的发展将产生不少阻碍(乔健,1995),而学科归属上的错位更无异于雪上加霜。因此,如果不从战术层面而是从战略层面来谈论中国人类学的未来发展,则谋求人类学学科的独立发展空间和独立话语权利,以便设置适应自身学科特点的发展路径,就是最为关键的基础性工作。这方面,我国人类学界已做出了初步的努力,如果成功,将对我国人类学学科的发展起到根本性的推动作用。

其二,从中间层次来看,大学和研究机构等实行灵活的学术评价、科研管理、工作安排和职称评聘机制是解决这一问题的有效途径。虽然在国家层面的体制机制没有改观的前提下,由大学等研究机构来进行制度改革,会遇到很多的阻力。但在国家学术体制机制既定的情况下,由人类学系、所、中心向学校争取特别的政策,应该是最切实可行的一种途径。因此,设有独立的人类学系、人类学所、人类学研究中心的大学与科研机构是具有这方面的潜力的,也应当在今后的人类学民族志方法的坚持方面发挥领头雁、排头兵的作用。

其三,从个人层面来看,在学术职业发展到相对稳定的阶段以后,人类学者也就可以适时对自己的人类学研究生涯做出中长期规划。可选择一两个核心领域，围绕设定的人类学研究主题，以若干个地点的田野调查为支撑，进行深入的民族志调查研究，为拓展个人的学术空间和学术影响力奠定基础，也为推动整个中国人类学的发展做出一些力所能及的贡献。笔者也期待能在后续的学生生涯中实现这一目标。

杨成志早在1948年撰写的《国立中山大学设立人类学系建议书》中，就提出了我国人类学学科发展的远大理想，意在选择世界各国人类学的理论与方法作为我国人类学发展的借鉴，并与国际人类学齐头并进，对我国一切物质文化、体格、各民族现状及其文化、侨民等进行实证研究与理论思考，以增加人类了解互动合作的意义，促进世界大同的理想。历经70多年的曲折发展，中山大学人类学系在新的时期提出了结合中国国情，立足田野、经世致用，开拓人类学学科新领域，加强与国外人类学的对话与交流，走向世界的发展目标（周大鸣、吴宁，2009）。徐杰舜先生则在综合考察了中国人类学学科100多年来的马鞍型发展历程以后，提出了我国人类学发展开始进入"从本土化拐向中国话语"的新拐点的论断（徐杰舜，2009）。

上述设想、规划和热望，无论时间久远，抑或言犹在耳，都无疑是对中国人类学未来发展的一种美好期待与向往，也应是我国未来人类学学科发展的努力方向，但在当前学术体制的现实制约下，要实现这一目标，还需人类学界的同仁在不同的层面做出艰苦努力和深入探索，并以各种形式推动其一步步成为现实。

五、结语：与人类学共舞

"每一个不曾起舞的日子，都是对生命的辜负"，尼采的这句名言曾在网络上热传。对于我们人类学者来说，应该就是要一直与人类学共舞吧！当然，这种共舞，不仅仅包括从事人类学研究，更应该包括以人类学的视角、思维和方法来看待人类社会以及我们的生活。

愿以此与从事人类学研究的学者及有志于人类学研究的后学们共勉！

参考文献

［美］威廉·福特·怀特:《街角社会：一个意大利人贫民区的社会结构》,商务印书馆,1994年。

刘志军、徐蕾蕾:《漂泊之伤——流动人口家庭亲子关系调查研究》,知识产权出版社,2018年。

刘志军、朱月等:《她们的世界——100位继母的访谈故事》,人民出版社,2020年。

刘志军:《对于关公信仰的人类学分析》,《民族研究》2003年第4期。

刘志军:《乡村都市化与宗教信仰变迁——张店镇个案研究》,社会科学文献出版社,2007年。

乔健:《中国人类学发展的困境与前景》,《广西民族学院学报》(哲学社会科学版)1995年第1期。

徐杰舜:《中国人类学的现状及未来走向》,《广西民族学院学报》(哲学社会科学版)1997年第4期。

徐杰舜:《从本土化到中国话语——中国人类学发展拐点初探》,《怀化学院学报》2009年第3期.

周大鸣:《中国人类学的学术关怀》,《西北民族研究》2009年第3期。

周大鸣、吴宁:《中山大学人类学系与中国人类学的发展》,《中山大学学报》(社会科学版)2009年第6期。

书之岁华 其日可读——我的非典型人类学之路

罗安平

罗安平，文学人类学博士。西南民族大学新闻传播学院教授，硕士生导师，校学术委员会委员，入选教育部与宣传部的高等学校与新闻单位从业人员互聘"千人计划"（2016年挂职《成都日报》）。出版专著《杜鹃花与弓弩手：民国时期美国国家地理的中国西南》，该书增补版《相机与戏台：美国国家地理与中国西南》拟于2021年12月出版。

六月的阳光下，菜地里的莴笋叶绿油油的，泛着清新光亮。菜地一端，是我爷爷奶奶的祖坟。今天这里很是热闹，因为我们在"装修"祖父母年久失修的墓地。风水先生——我的堂哥们背地里笑称的"科学家"——严谨认真地测方位看时辰，同时指挥村民安墓石，装新土，立新碑。亲戚们和本村老少陆续聚拢过来，像朝贺邻居装修家宅一样悠闲欢快，全无半点墓地前的阴沉之气。

人们聚在一起开始聊家长里短，我也饶有兴致地问东问西，看似漫不经心却下意识地想着不妨趁机做个家乡田野呢！自从1985年父亲率我们全家离开农村搬迁到县城——此后又到省城，30多年过去，这是我第一次见到如此众多的老家亲戚和乡亲。村里颇有威望的一位大爷，许是见我一天都跟他们待在一起，一会儿撮土一会儿拍照，冷不防夸了我一句："安平，你们知识分子，对这些事还挺有兴趣？嗯，没说我们在搞迷信，看来你还不是忘本的人。"

时光闪回，2009年我在四川大学攻读文学人类学博士学位。记得在第一次课堂上，徐新建老师向我们抛出一串问题：如何理解"礼失而求诸野"？真实的生活如何离我们而去？如果"礼"是人类追求和建构的一种规矩、一种文化，那么规矩与文化最初是否来源于民众的日常生活，来自与天地相通的精神实践？当我再次忆起徐老师的一连串追问，我深知，"不忘本"里，确乎蕴藉着"礼失求诸野"的况味。这句来自家乡长辈的称赞很厚重。

那一天，我站在土埂上，看着墓前新立的碑，题刻着我一个堂兄自拟的碑联：

先贤留青山常青
后俊守秀水永秀

祖坟被菜地环绕，菜地边缘是几排翠竹，竹林后面，有一条已经荒芜了的下山路。放眼望去，在对面一座山的山脊间，我辨认出了一条也被灌木覆盖着的山路。山顶平坝上,有一所插着国旗的小砖房。小学一、二、三年级,我就读于此。那时,村里小孩每天的上学路正是此刻的目力所及:先下一座山,蹚过山脚小溪,再爬上另一座山。父母带我们进城读书之后,这条下山又上山的路我再也没走过,近年来村里修通公路,山路也被村民们弃之不用了。

但这条山路从没在我的记忆里消失,它是我构建意义之网的起点与象征。

一、读博:文学人类学

遍布地球的道路网,既是大自然的鬼斧神工,也是人类对未知世界无休止探索或征服的结果。不同的人,为着不同的目的,在森林里披荆斩棘,海洋上泛波扬帆,陆地上开山辟途,天空中翱翔展翅。每一次出发,脚下的道路便将一个文明与另一个文明相连,一个族群与另一个族群相系。道路与视野一同延伸,新世界亦在地平线之外渐次扩展。[1]

考博选专业时,从新闻传播学转到文学人类学,我的未知世界随即开出一条新路,道路与视野豁然转变,我遇见了不同寻常的风景。这首先要感谢我的导师曹顺庆。曹老师致力于中外古今文学与文化的比较研究,而比较的要义在于知己知彼,所以这就要求学者既能立足本土,更要放眼世界;要回应当下,须首先返身传统并着眼未来,换言之,做学问如同穿行于时空隧道,对异质时间与空间中的人类智识进行鉴别学习与思考。读博期间,曹老师给我们开了三门必修课:《中华文化元典》、《历代文论选》与《文学理论导论》(*Literary Theory: An Introduction*),在课上不仅系统诵读"十三经",还要背诵《文心雕龙》、陆机《文赋》、司空图《二十四诗品》、严羽《沧浪诗话》等典籍的部分篇章。

曹老师的教育理念呼应了严羽在《沧浪诗话·诗辨》中的开篇之旨:"夫

---

[1] 罗安平:《杜鹃花与弓弩手:民国时期美国国家地理杂志里的中国西南》,花木兰出版社,2016年。

学诗者以识为主：入门须正，立志须高。"在最近接受媒体的采访中，曹师也讲到，在各种概论和空论大行其道的大环境下，实实在在的经典阅读太少，所以老师的用心，"就是试图做一个教学改革尝试，让同学们直接进入元典文本，获得实实在在的知识与智慧，而不是大讲空论，凌空蹈虚"[1]。时光荏苒，十年过去，虽然记忆或已不逮，但当初背记过的大珠小珠，已经一点一滴浸润到我的学术与生活中。

记得当年我最喜欢背诵的，其实是司空图的《诗品》。"大用外腓，真体内充。返虚入浑，积健为雄。""落花无言，人淡如菊。书之岁华，其曰可读。"这些诗论，与其说是在论诗，何尝不更意在品评人生？雄浑、典雅、绮丽、缜密，这难道不是人生的不同境界与气度？我在学习传统文学理论的时候，不意间却似乎借得了看人间的一面透镜。

而人类学作为另一面透镜，实实在在地启明了我的求学之心。美国人类学家詹姆斯·皮科克把人类学明确称之为透镜，论述极为精到。在他看来，透镜类似于视角，两者都是想要确定一个人看到了什么，只不过一个是光学上的，一个是思想上的。如果用摄影学来比喻，对人类学有指导意义的图像，应该是强光和柔和的聚焦，要寻求视域的深度，包括前景、背景和对象自身。皮科克说："人类学会柔和地而不是猛烈地，也不是狭隘地聚焦对象，而是会让对象和周围环境之间的界限变得模糊些，以便不仅包括对象，也包括它的背景、边景和前景；对整个背景的感知我们称为整体论。"[2]

每次读到"整体论"这个词，我都会有一种特别的内在认同。想来原因应该在于，我的老师徐新建教授倡导的"回向整体人类学"。入门时我们便已知，与西方知识谱系相对应，人类学在起源时即大体分为三大范式或面向，即生物人类学、文化人类学和哲学人类学。徐老师特别警惕的是，在中国语境中，离散的人类学将使这个学科跌入被实用主义者任意肢解的陷阱。无论是主张召回失落了的哲学人类学，[3]还是对"自我民族志"表述范式的建构，[4]整体人

---

[1]《四川大学杰出教授曹顺庆：加强美育，诗意栖居》，《封面新闻·名师堂：师说》2021年2月13日。

[2]［美］詹姆斯·皮科克:《人类学透镜》，汪丽华译，北京大学出版社，2009年。

[3] 徐新建:《回向"整体人类学"：以中国情景而论的简纲》，《思想战线》2008年第2期。

[4] 徐新建:《自我民族志：整体人类学的路径反思》，《民族研究》2018年第5期。

类学希望冲破仅对于中观族群或社会的聚焦,将目光转向作为整体的人类和作为个体的自我,激发对整体与终极之"人"的讨论。

对于从新闻学跨学科考博的我而言,要想尽快掌握人类学的整体论思维与方法,谈何容易!虽然几乎所有学科都宣称要重视历史与理论,但毋庸讳言,新闻学的确是更加注重当下、前台、冲突性与反常性的信息获取与处理,对于社会热点自然更为敏感,而人类学需要我沉下心来关注日常、恒常、背景甚至"边缘"社会。如何实现学科思维的转变呢?是徐老师布置的一次次工作坊式学习任务,让我渐悟门道。

记得入学不久,徐老师布置的一次专题是"国族建构",我分到的任务是领读沈松侨的三篇文章:《我以我血荐轩辕:黄帝神话与晚清的国族建构》《振大汉之天声:民族英雄系谱与晚清的国族想象》以及《近代中国民族主义的发展:兼论民族主义的两个问题》。这几篇文章虽然不是典型的人类学作品,但它们带给我的文化震撼至今仍记忆犹新:我第一次了解到民族主义可以是人为建构出来的文化产物!由于我们采用的是 Seminar 方式上课,除了领读主讲,其他同学还要评议与提问,所以我花了很多时间来梳理"国族建构"的关联知识。当我做完阅读报告,徐老师夸了我一句:你现在算是华丽转身了。不经意而夸张的一句表扬,极大地鼓舞了我。我也更加明白,其实只要关注的是基本性问题,很多学科都是相通的,正如我读的是文学人类学,却经由历史这一入口,旁涉了族群、建构论、根基论、主位客位等人类学的经典概念,后来读《想象的共同体》《写文化》等著作时,就轻松多了。而且当我再次拿起塔奇曼的《做新闻》,此前看不懂的这本新闻学名著,一下也晓畅贯通起来。

二、博论:《国家地理》与中国西南

运用人类学的整体论思维,从多学科门径对研究对象及其背景进行"强光与柔和的聚焦",这样的方法论对我写作博士论文启发极大。我的博士论文是研究美国《国家地理》杂志的中国西南表述。这份在西方世界里非常重要的文化地理期刊,自1888年创刊至今,对中国的报道文章有300多篇,而西南一隅即达40有余。在浏览完相关报道文本后,我将杂志的西南表述分为四个主题：花卉王国、西南道路、香格里拉和多样族群。每一个主题，可以说都涉及生态、地理、文化甚至政治与经济等学科，涉及地方性知识与全球化浪潮的交汇，涉及自我与他者的跨文明相遇，不把各个主题的整个语境纳入进来，又怎能看清这一百多年里东西方道路上的你来我往、台前幕后呢？

举例来说，比如"花卉王国"这一主题，关注的是20世纪初期，一些西方植物猎人在中国的行走考察、植物采集与文化书写。当时，来自世界各地的植物漂洋过海，到欧美大花园里落地生根、春华秋实，可以说，这场浩浩荡荡的植物奥德赛之旅，正是西方列强海外殖民势力的生动隐喻，这一时代的世界舞台大背景，即探索发现、殖民掠夺、博物科学与文化帝国等，都是需要重新检视的话语与修辞。然而当植物猎人们（被称为园艺里的哥伦布），行走在异国他乡的农田旷野、勾栏巷陌，他们对于自己的所遇所见所思，是否都必然带着自己身后拖曳的那个世界，是否全然都投射出东方主义的眼光呢？采花领事乔治·福雷斯特（George Forrest）卷入到怒江民族政治考察与中缅边界之争，但他在《国家地理》上留下了最早的弓弩民族身影（1910年2月），成为弥足珍贵的民族志档案。同时期的约瑟夫·洛克（Joseph Charles Francis Rock），与纳西族、木里王、卓尼喇嘛等的不解之缘，是他自称为"人类学家"的资本。而博物学家欧内斯特·威尔逊（Ernest H.Wilson），正式提出"中国——园林之母"的论断，为一个植物王国的形象生成，奠定了首当其冲的功劳。

再转换一下视角，我们看一下威尔逊1913年出版的著作《一个博物学家在华西》（*A Naturalist in Western China*: *with Vasculum*，*Camera*，*and Gun*，*being Some Account of Eleven Years' Trauel Exploration*，*and Obeservation in the More Remote Parts of the Flowery*）。这本书有一个长长的副标题：带着采集箱、照相机和枪支，对花卉王国偏僻地区十一年的旅行、探险与观察的描述。采集箱、照相机和枪支，既是看得见的实物，又是看不见的象征，它们既是植物猎人的装备，但更可被视为帝国权力的隐喻：采集箱代表的是科学，有了它，全世界的植物才能在西方帝国花园里绽放，由此建立的博物科学话语使原住民知识患上失语症；照相机代表文化，通过帝国之眼（或上帝之眼）给人类建立民族志档案，在进化的阶梯上将之各置其位；枪支，不言而喻，它是帝国主义的权力源泉，是征服他者的威胁与强制力。当所有这些图像交织重叠，在西方海外殖民扩张的大背景下，我们看到，植物猎人与花卉王国，这一组兼具征服性与浪漫性的意象，恰好构成了跨文明相遇的一体两面——文明与野蛮。

带着人类学的透镜看世界，我们并非就能看到一个所谓的世界全景图，但至少，我们能少一点自我中心主义，获得跨文化知识的支持，自觉确认人类社会的多样性与多元化，从而推动我们审查自己的价值观和行为模式。这样的学术研究，何尝不是在助益我们构建一种更为理想的生活？

三、访学：在美国做田野

2017年，我获得国家留学基金委的资助，到美国俄亥俄州立大学的民俗研究中心进行访学。为期一年的访学经历，把我的记忆匣子装得满满当当，其中的学术收获，我还需要用很长时间去消化吸收。

我的访学导师马克·本德尔（Mark Bender）教授，是俄州立大学东亚语言文学系的主任，也是研究中国民间文化与民族文学的专家。近十年来，他每年都带学生到我校（西南民族大学）进行国际交流与合作，跟彝族诗人阿库乌雾（也是我的博士师兄）的友谊，如兄弟一般真挚浓烈。我受惠于此，在美国期间，受到马克老师热情接待，他为我安排了很多学习与考察活动。马克教授多年来关注亚洲边地的文化、地方与诗歌，他的研究方法也是集文化学、地理学、生态学和人类学等于一体。见证了多年来全球范围的生态变化和文化变迁，马克教授提出了"地方胜任力"（place-competency）这一概念，以研究当地人吸纳地方知识与经验，与其栖居之地的环境依存与文化适应能力。[1] 马克知道我的童年来自中国西南一个小县城，从小被山间氤氲所沐育，对山地文化有特殊的亲切感，所以力荐我参加了民俗文化中心的一门地方建设田野课。

这门课程实际上是一个长期田野调查项目：俄亥俄阿帕拉契亚的地方建设（Place-Making in Appalachia Ohio）。项目由两位民俗学教授牵头，以学生团队为基础，浸入式地记录一个社区在面临经济、环境与文化变迁时，表达并葆育地方感的方式。阿帕拉契亚地处美国东部山区，幅员辽阔，在美国人的认知图

---

[1] Mark Bender, *The Borderlands of Asia: Culture (Place) Poetry*, Amherst and New York: Cambria Press, 2017.

式里却算"另一个美国",总体带有贫穷、传统、保守等标签。近年流行的一本畅销书《乡下人的悲歌》(*Hillbilly Elegg: A Memoir of a Family and Culture in Crisis*),书中讲述的乡下人即美国阿帕拉契亚人。放眼全球,哪个国家又没有自己的"阿帕拉契亚"呢?所以能参加对该地区的田野调查,我很兴奋,这样的地方感调查对于理解我们身处的时代与社会很重要:在变迁社会里,人们对地方感有怎样的需求?地方感的意义何在?如何葆育地方感?

我们的实地田野调查以"服务－学习"(Service-learning Projects)田野合作项目为主,师生驻扎在阿帕拉契亚的一个县里,连续10天,每天跟随联系好的社区合作人,边协助其工作,边学习与记录。而我的任务即是与我的田野伙伴弗兰克一起,跟随护林员乔什,每天一起去林中巡山,同时写日记、做访谈、建网页等。

乔什的工作范围包括巡查11个自然保护区,清除林中入侵性物种,诊查林木健康状况,整饬林中道路,清理污染垃圾。除了每个月定期写巡查报告给上级主管部门,他必须要能独自处理管辖区内的日常维护和突发状况。乔什与自然环境的直接关联培育了他强烈的地方感。在阿帕拉契亚的山谷里,他对我说了这样的话:

> 你回到中国,当然可以把你拍的照片与家人分享,甚至每个人都可以在网上看到成千上万的风景照。但是你看,你拍下的那个洞穴,瀑布,那块岩石,仅看照片,怎么能闻到它呢?它清凉的温度呢?怎么会有触摸感?俗话说,一图胜千言,但是生活,生活才是四季更替,可感可触,恒常且新的。

3月中旬的北美大地,仍处在冬春之交,天气乍暖还寒。林子里树木萧疏,浅雪覆盖落叶。而在黄叶与白雪中,青草已经冒出头。在巡山的过程中,乔什总能一眼辨认出早春的各种野花:雪延龄草、报春花、雪割草,还有各种各样的地衣与青苔,因为它们是环境气候变化的征兆,所以乔什更加留意它们。

十来天的密切接触,我认识到,乔什的地方感,体现在对自然环境的直接感知、理解与行动几个层面,其关键点在于亲身经历与身心卷入。经历不仅是个体的,也是社会性的,如果当地人的参与感与分享感被剥离掉,没有事件、集体记忆与情感可以储存,则很难积极主动地葆育地方感。

地方感的葆育在全球化的当今有何重要意义?人文地理学家段义孚用"空间"与"地方"两词的差异道出其中奥妙,他认为空间意味着自由,地方意味着安全。[1]既可自由驰骋于广阔空间,又能诗意栖居在安全家园,这难道不是人最基本的需要与追求?

四、新课题:媒介化社会与流动的认同

然而,时代在变。空间与地方的观念也在变。

那些曾让我们念兹在兹的"地方""家园",在这液态社会里,似乎也已流动不居难以停驻了。栖身于闪闪发亮的电子空间,也许反而能给现代人更多安全与自由感?媒介学者曼纽尔·卡斯特多年前就预言过,网络社会崛起引发新的社会变迁形式,在另类的电子网络里,新的认同力量已经崭露头角,现代人有了另一个"共同体的天堂"。[2]

这是一个什么样的"天堂"?又有怎样的认同呢?

三年前的一个冬日,我和两位朋友在学校附近一家藏族风味餐厅吃饭,遇到餐厅里的服务员阿依姆,二十岁不到的藏族姑娘,有点害羞的样子,但很快就在我主动的攀谈中和我热络起来。那天正好是藏历年,所以阿依姆邀请我们饭后参加她们餐厅里的"新年晚会"。阿依姆与餐厅的老板、厨师、服务员们一起,身着绚丽的藏服,唱歌跳舞,还有人表演藏族传统戏。观看表演的藏族男女老少,无不跟着或大笑,或叹气。看着阿依姆和伙伴们开心的笑容,我记录下这一刻,心里想,有来自共同体成员的相互庆祝仪式,共享一段家乡的歌声和笑话,这样的共同体,是否足以慰藉这群"城市里的陌生人"[3]?

然而,两个月前,阿依姆回去了,回到了她有蓝天白云的丹巴老家,在那

---

[1] 段义孚:《空间与地方:经验的视角》,王志标译,中国人民大学出版社,2017年。

[2] 曼纽尔·卡斯特:《认同的力量》,曹荣湘译,社会科学文献出版社,2006年。

[3] 此命名来自人类学家张鹂,她研究流动人口的著作:《城市里的陌生人:中国流动人口的空间、权力与社会网络的重构》,江苏人民出版社,2014年。

里进了一家藏餐厅，继续做服务员。她最终没有在这个城市留下来。我倒也不惊讶。从阿依姆的微信朋友圈，早已看出端倪：

> 没回你微信的那个人，可能也在等别人微信，所以愿意搭理你的人秒回，不想理你的人，看不见你的消息。
>
> 希望生活有惊喜，希望喜欢有回应。

如果微信朋友圈可以视为阿依姆向外人呈现的情感空间，那么在这个空间里，她的等待与期盼，更像是一种喃喃自语。但是在同一条街上的藏族男孩塔瓦，在我认识他的两年内，先后开过茶餐厅、卖二手车、卖虫草，现在他干的事情是开车送货，在成都与他的家乡甘孜之间来来回回。在抖音里，他经常一边开车，车里放着藏歌，很多视频，总有一个成都街道的路标一闪而过：棕竹街、红牌楼、洗面桥……他也在朋友圈里说："生活掌握在自己手中，而非让生活来掌握你！再见2020，你好2021！"

在我认识阿依姆和塔瓦们后，我申报了国家课题"新媒体语境下城市少数民族流动人口社会共识研究"。然而两年过去，我感到更多的挑战与不确定。在媒介化社会里，我"研究对象"的情感与生活飘忽不定，他/她们的"认同"或"共识"，也如其在朋友圈设置的"三天可见"，在电子空间中闪现、隐匿、流动、液化、熔炼……网络共同体的天堂中，须臾不再能见永恒，每个人似乎都承受着不可承受之轻。

> 在"流动性"的状况下，一切都有可能发生，但一切又都不能充满自信与确定性地去应对。这样就导致了不确定性，同时导致了无知感（不可能知道将要发生什么）、无力感（不可能阻止它发生），以及一种难以捉摸和四处弥散的、难以确认和定位的担忧、一种没有靠山却绝望地寻找靠山的担忧。[1]

齐格蒙特·鲍曼在《流动的现代性》里这段话，不仅适用于我的研究对

---

[1] ［英］齐格蒙特·鲍曼：《流动的现代性》，欧阳景根译，中国人民大学出版社，2018年。

象,更是直戳我心。这就是我们时代的普遍状况——或曰特征,谁能确保幸免?即便如此,在不确定性中,人,一种"待完成的生命",总是要重新悬挂于自己编织的意义之网上(不断掉落不断悬挂)。下山,再上山,那条童年的上学路,既是起点,也是象征。做研究的目的与乐趣,难道不正是回应新时代的新问题?拿起人类学透镜,对新的社会现象、学术观念与研究方法,调整聚焦,延伸视角:数码人类学、网络民族志、虚拟社区、城市新空间、媒介化社会、流动的认同、情感研究……

五、在路上:慢慢学习

2018年5月,我在美国俄亥俄州立大学访学时,结识了在该校攻读民俗学博士学位的田纳西女孩西德尼,我们成了好朋友。西德尼邀请我去她家度夏假,她家就在美丽的大烟山里。到了家,西德尼带我参观各个房间,上到二楼,我不禁惊叹起来,一个小型动物陈列馆!墙上、扶梯与房梁上,白尾鹿、麋鹿、浣熊、黑熊、郊狼、土拨鼠、红尾鹰等动物的标本,或悬挂或站立,琳琅满目,栩栩如生。原来西德尼的父亲是一位打猎高手,也酷爱制作标本。在各种动物饰品里,我看到一顶浣熊皮做的帽子,便拿起来戴在头上,让西德尼帮我照相,然后笑问了一句:"你看我像不像 Davy Crockett?"

西德尼的爸爸此时正上楼来,听到我的话,很惊讶:"你竟然知道 Davy Crockett?!"

大卫·克罗克特是19世纪早期一位美国民间传奇英雄、边疆将领和政治家,他的典型形象便是手持长猎枪,头戴一顶浣熊皮帽。克罗克特的传奇故事至今还在偏保守的中西部中老年人中流传,但年轻一代可能很多都不知道他了,所以当我将克罗克特的轶事摆出来时,我和西德尼的父亲便一下找到了共同话题,拉近距离简直得来全不费功夫。

感谢大卫·克罗克特,感谢文学人类学,感谢徐新建老师!原来在我们读博的时候,很多人都对"文学人类学"有学科怀疑,于是徐老师找来一本英文原版选集 *Literary Anthropology: A New Interdisciplinary Approach to People*,

Signs and Literature[1]，让我们每人认领一篇翻译出来，了解这门新的跨学科，对于研究人、符号与文学有着怎样的方法与视野。我翻译的正是由 Lucy Jayne Botscharow 写作的《大卫·克罗克特和迈克·芬克：关于文化延续性及其变迁的阐释》。[2] 这篇文章采用结构分析法，从横组合轴与纵聚合轴两重维度，综合考虑民族志语境与历时情境变迁，讨论个人与社会的关系，以及关于文明与野性的四组范畴（野蛮、文明、过渡文明、低度文明），互为对立又辩证转换的关联。这篇论文并非人类学的经典大作，但作者在文本田野与历史情境中的迷人穿梭、对研究对象既理性又感性的分析讨论，让我心有戚戚，心向往之。

博士毕业后，我依然回到我的西南民族大学，在新闻传播学院教学生新闻学的课程。我从未以一个"人类学家"自居过，因为我没有"自己的田野点"，也没有拿得出手的人类学成果，把自己拔高一点，我也只能以一名"非典型人类学者"自称（嘲）一下。

但有一次，一名新闻学学生，在记者节那天写了一篇对我的报道，里面有一句话，让我无比感动：

> 我没接触过别的人类学家，但她常常给我一种笃定的"人类学家的气质"。多元的、温和的、好奇的，很多。

大千世界，感谢相遇。溢美之词，受之有愧。好在这条路还长，我还可以慢慢学习。

1　Fernando Poyatos, Ed. *Literary Anthropology: A New Interdisciplinary Approach to People Signs and Literature*, John Benjamins Publishing Company Amsterdam/Philadelphia, 1988

2　[美]露西·杰恩·波兹嘉柔:《大卫·克罗克特和迈克·芬克：关于文化延续性及其变迁的阐释》，罗安平译，《文化遗产研究》第8辑。

未信此身长坎坷，细看造物实玄微
——我的人类学之路

罗彩娟

罗彩娟，人类学博士，广西民族大学民族学与社会学学院教授、博士生导师，民族学系主任。美国波士顿大学人类学系访问学者。2018年入选"广西高等学校千名中青年骨干教师培育计划"第一期培养对象。发表学术论文50余篇，出版专著4部。

回顾我从硕士阶段进入人类学之门至今的18年光阴,我不禁想起曾经风靡一时的文章《我奋斗了十八年,才和你坐在一起喝咖啡》。这篇文章讲的是一个贫寒家庭出身的作者奋斗了18年,在完成了硕士学业,有了一份年薪七八万的工作的时候,终于可以和城里人坐在一起喝咖啡。跟作者不同的是,我并不是想要表达生活的苦难。但是也有相似之处,那就是回首过去这18年的学术之路,并不算一帆风顺,反而是充满曲折坎坷的人类学之路。在这曲折的人类学之路上,既有迷茫失意的时候,也有收获喜悦的时候,正所谓"未信此身长坎坷,细看造物实玄微"。

一、邂逅人类学

在大学本科阶段,我并没有如愿进入我填报的第一志愿——汉语言文学专业,而是被调剂到历史学专业。不曾想,这阴差阳错的安排竟让我与人类学有了美丽的邂逅。在大学四年里,给我影响较大的课程是刘祥学老师的《中国少数民族史》和廖国一老师的《民族学概论》。这两门课程不仅系统讲述了民族学专业的基本概念和理论体系,还详细介绍了全国各地55个少数民族的历史、地理分布以及有关民俗文化,打开了我的研究视野。原来竟还有民族学这样一个饶有趣味的专业,遂对它产生了浓厚兴趣。临近毕业,我报考了广西民族学院(今广西民族大学)的民族学专业硕士研究生,从而幸运地成为徐杰舜教授门下的硕士生。

在培养研究生方面,导师徐杰舜教授的方法是首先确定学术方向,挖好一口"井",然后做到多下田野、多读书、多写作、多讨论、多参与,从素质上锻炼和培养研究生的学术能力。"作为民族学家人类学家如果不到田野里去,这个研究生培养是没有用的,那就要让我们同学尽量多地到田野里实践。所以凡是考上我这个方向的研究生,拿到通知书的那一天开始,就到学校里跟他见面，给他一份调查提纲，给他布置调查任务，告诉他你到什么地方去做田野调查。还没有报到，这个暑假基本上就在那里做田野调查。要求他来报到的时候要交一篇调查报告和一份田野日记，每天都必须记。"[1] 他说是要把我们这些学生放到大海里自己学游泳，这样才能更快地学会游泳。

徐老师就是用这个方法来指导我的。本科毕业后的暑假第二天，我就带着硕士生录取通知书赶来南宁他的办公室，他交代我那个暑假的任务是到武宣县开展伢人（平话人的一支）历史文化的田野调查，同时给了我一份调查提纲和1000元调研经费。这是我第一次下田野，在武宣的第一个星期有文学院的盘美花老师做伴，她做伢人语言的调查。一个星期后变成我一个人，我去了武宣县2个乡镇7个自然村开展调查。每天写田野日记，找人访谈，晚上整理录音，积极主动参与到当地人的生活当中。一个多月后我回到南宁，在9月入学前完成了徐老师要求的一万多字的田野调查报告，后来这篇调查报告发表在《广西民族学院学报》的增刊上。

我之所以能够顺利完成初次的田野调查，一个主要原因就是徐老师给我的调查提纲非常全面，我基本按照调查提纲逐个问了个遍。这个方法也影响到我后来在指导研究生时，让他们带上一份调查提纲，有备而去开展调查。另外就是我尽可能融入当地人的劳动和生活中，跟房东一家坐牛车去砍甘蔗做家务等，他们很快接纳了我。这次是在完全没有人类学田野调查的知识背景下完成的。最初无法理解徐老师的良苦用心，但是多年之后，我终于意识到这样的训练对我们来说多么重要。

在指导我们这些研究生上，徐老师既有他严厉的一面，他对学生严格要求是大家公认的，我们不少同门都有过被他骂哭的经历；但同时又有他和蔼可亲的另一面，与我们是一种宽严相济的亦师亦友关系。记忆犹新的是每年9月，新一届硕士生入学的时候，徐老师都会请所有同门一起吃一顿饭，以此促进师生以及同门之间的了解。这个传统我也延续至今，每届硕士生入学，我就请自己带的所有学生一起吃顿饭，交流感情。

我的硕士论文是关于一个壮族的家族超度亡灵仪式的研究。我选择了一个

---

[1] 徐杰舜：《从素质上锻炼和培养研究生的学术能力》，《广西民族学院学报》（哲学社会科学版）2004年人文科学专辑。

融汇了道教、佛教和自然宗教、神灵崇拜为一体的亡灵超度仪式为研究题目，并抓住了大化县壮族在丧葬和超度仪式中的"家族"性文化表演和表述这样一个特点，对家族超度的具体仪式程序、仪式的原因、功能和象征意义等多方面进行全面的民族志研究。顺利完成了硕士学业，从一个人类学的门外汉，摸到了一点门道，我算是进入了人类学的大门。

二、读博：我的历史人类学研究

硕士毕业当年，徐老师在中央民族大学具备博导资格，他鼓励我们报考他的博士生。于是我又顺利考上，继续在徐老师的指导下攻读人类学博士学位。在中央民族大学人类学专业读博三年期间，我的最大收获就是跟着老师们读了不少书，听了很多国内外著名专家的讲座，受到了较为系统的训练，也开阔了学术视野和增添学术自信。

我就读的那三年里，王铭铭教授和徐老师一样被聘为中央民族大学的博导，他给我们开了《人类学案例研究》课程。印象中王铭铭老师的课备受欢迎，会议室里总是被围得水泄不通，甚至门外走廊上还有不少学生站着旁听。我们确实从他的课上受益匪浅。除了本专业书目之外，他经常给我们列出许多看似不相干的阅读书目，大大开阔了我们的学术视野。除了上课，还有听不完的讲座，既有国内各个高校的著名学者来做讲座，更有国际上享有盛誉的人类学家来做讲座，比如王斯福、吉登斯、斯科特，等等。在这样一种浓厚的学术氛围之中，我的学术积淀也逐步加深。

在博士论文的选题上，我一开始是带着导师交代的课题任务到云南省马关县进行有关南部壮族的调查研究的，但却对我后来的选题影响极大。我于2005年暑假第一次进入云南省马关县，按照该县民宗局的建议，到了最有特点的壮族侬人大寨子马洒村调查。后来几次来到马关县马洒村调查，当地人一年一度最为隆重的纪念侬智高仪式和节日——"六月节"引起我的关注。而在访谈中，村民们谈得最多的就是有关侬智高的故事传说，所以最后确定了以当地壮族有关侬智高的历史表述和纪念实践作为博士论文选题。

为完成博士论文，截至2007年，我先后4次进入田野点开展田野工作，累计田野时间为6个月。当时的马关县马洒村交通非常不便，由于山路崎岖，很少有车辆进出这个偏僻的小山村；在十多年前，那里的通信条件却仍然跟不上时代的发展，手机几乎没有信号，与外界保持畅通的联系成了一种奢望。印象最深刻的是，我们要把手机挂在村委会二楼办公室的大门上，才偶尔收到微弱的信号，可以发一下短信。我常常在周末跟村支书到县城她家里住两个晚上，可以趁机跟家人和朋友联系。在饮食方面，由于长期的贫穷，导致当地村民已习惯于一日两餐的生活，很少有新鲜肉类可以食用。老百姓拿出陈年的油泡肉来待客已算是最隆重的礼节。另外，马洒村依山而建，从一家到另一家走访经常要爬坡、走山路才能到达，这是对体力的挑战。当然在田野中，也不全是苦闷，当地人具备一种文化的自觉意识，村前的山顶上有一座文史宝塔记录该村的发展历史；已退休的高天眷老师写了该村的村史以及介绍六月节、侬智高崇拜方面的文章等。所以他们非常理解和支持我的研究工作，主动给我提供各种研究资料和各种帮助。我同样坚持写田野日记，在田野调查结束不久就完成了20多万字的访谈整理资料。这些丰富的资料对我完成博士论文提供了坚实的基础。

从田野中回来，我全身心投入到博士论文写作当中。徐老师给予耐心的指导和提出他的建议。尤其要提到的是，我同时还得到了王建民教授的精心指导。那段时间我常去办公室找他，他不厌其烦地听我讲述，指点我一次次修改完善写作提纲。在我拿出论文初稿后，他又一遍遍地给我指出存在的问题，甚至连标点符号错误的地方都不放过。我非常感激王建民老师对我这个非及门弟子的学生付出同样的心血来指导。他为人宽厚仁慈，又具有敏锐的学术洞察力和严谨的治学方法等都对我的学术之路影响至深。

学术界尤其是壮学界有关侬智高的研究成果丰富，但基本是从历史学的角度开展研究，集中于对侬智高的出生地、国籍、下落以及侬智高起义的性质等方面问题的讨论和争议。然而我这篇博士论文跟传统历史学的定性历史研究方法不同，不在于通过历史考据法寻找"历史真相"，而是基于对云南马关县壮族的田野调查，讨论侬智高历史事件和故事传说对于今天的壮族群众意味着什么，具有怎样的意义，以及为什么壮族群众至今还在持续地以节日的方式来纪念侬智高？从文化实践和表述两个层面来审视侬智高事件对地方民众的影响以及地方民众如何认识和表述侬智高事件，最后得出自己的观点和结论，指出：

并不存在真正意义上的侬智高事件真实性的统一答案,在不同的历史脉络梳理下,将会呈现出不同的侬智高"意象"。只有把侬智高事件还原到具体的时空背景里,才能解释侬智高事件在当今社会的影响和意义。

值得一提的是,在博士学位论文答辩过程中,我的这篇论文得到了庄孔韶、王建民、潘蛟和郭星华等多位知名教授和答辩委员的赞赏。郭星华教授认为这篇博士论文和我在答辩中的表现"非常令人满意",大家一致同意这是一篇"优秀的历史人类学论文"。这是对我三年博士学习成果和毕业论文调查研究工作的肯定和好评。记得在答辩会上,作为答辩委员之一的潘蛟老师问我本科学的是什么专业,我说是历史学,他评价道难怪有历史功底。而在参加工作后,我所做的课题研究也偏向于从历史人类学的角度展开研究。这样看来,我在考大学时,填报的是汉语言文学专业,后来被分到历史学专业,阴差阳错地也算是给我打下了一定的历史学基础。

三、参加工作:暂时游离于人类学之外

原以为博士毕业之后,我能继续在人类学的领域里畅游,在本专业取得更大的成绩。然而命运却跟我开了一个玩笑,现实让我不得不暂时游离于人类学之外。在博士论文答辩结束后的谢师宴上,郭星华教授问我毕业了去哪里工作,教什么专业。我回答说去广西师范学院(现更名为南宁师范大学)工作,教社会工作专业。他不无遗憾地说可惜了。是的,毕业后我找到的工作竟然跟我所学的专业不对口,而且从事这份工作长达8年时间。一开始,我也有过沮丧消沉,但总得面对现实,适应新的环境。

第一,为了在新单位能够胜任另一个专业领域的工作,我努力投入社会工作专业教学与科研之中。我花费大量时间边学边教,先后主讲了《民政工作实务》《社会工作概论》《社区工作》《社会工作伦理》《现代社会福利思想》等全新的课程,逐步提高教学质量。我还积极参加社会工作、社会学专业的各种学术会议。尤其是参加工作后不久,我于2008年11月前往南昌参加"中国社会工作教育协会2008年会暨职业化背景下中国社会工作研究与实务发展学术研讨会"和"社会工作课程改革与实务研究高级培训班"的培训学习活动。而我

提交的会议论文《民政工作与社会工作关系辨析》，后来发表在《华东理工大学学报》，又被人大复印资料转载。此后我还发表了数篇社会工作方面的教改和研究论文。

然而，越是参加社会工作专业的会议和指导社会工作专业学生，我越是感到这是一门极为强调实务性的学科，自己并没能做到真正的转型。在某种意义上，社会工作跟我所学的人类学专业在学科理念上确实是有一定的不同。正如我在2008年参加会议后的总结和反思里所写的那样：

> 本次研讨会所提交的论文，大多是实务性和操作性强的经验介绍方面的论文，讨论的几大议题也没有离开社会工作的实务经验问题。这说明社会工作作为一个专业还依然存在遭受质疑的地方，因为要成为一个专业，首先就是它要有一个理论体系。但是很遗憾，我们依然没有找到社会工作独特的理论体系，我们的讨论仍然停留在经验层面，这并非说经验不重要，而是说仅仅依靠经验积累是无助于建构一门学科和一个专业。

第二，在完成本职工作之余，我继续在人类学领域做课题研究，写论文。参加工作后第二年，我第一次申报国家社科基金项目，顺利获得了立项，项目名称是"壮族的族群认同与国家认同研究"。这给我从事人类学研究带来了更大的动力。此后，我一边从事社会工作教学工作，指导学生，一边抽出时间从事人类学的研究，完成课题任务。

同时，我每年至少参加一次人类学的学术会议，从学术会议了解人类学的学术动态，通过提交论文与专家学者们交流也促使自己的研究能力得到提高。我参加最多的是由我的导师徐杰舜教授推动创立的中国"人类学高级论坛"。这算是由民间发起的人类学学术交流平台，它为青年学者提供了非常难得的学习和交流机会。其中，2011年10月在江西赣南师范学院召开人类学高级论坛成立十周年颁奖庆典大会，是人类学高级论坛的一大盛事。当时评选出人类学高级论坛"新世纪（2000—2010）人类学终身成就奖""新世纪（2000—2010）人类学杰出成就奖""新世纪（2000—2010）人类学杰出成就提名奖""新世纪（2000—2010）人类学杰出成果奖""新世纪（2000—2010）人类学杰出成果提名奖"等奖项，共有19人获奖。而我在2009年第八届人类学高级论坛做的主题演讲论文"成吉思汗与侬智高的比较研究——基于蒙古、壮两个民族性格特征的分析"喜获"人类学高级论坛优秀成果提名奖"。当看到其他18名获奖者都是人类学界大名鼎鼎的重量级专家学者,只有我本人是无名小辈之时,我不禁感受到这是一个莫大的荣誉。这又一次激励着我坚定地从事人类学研究。

第三,我的工作也不能说是跟人类学毫无相关,我同时参与多个专业的硕士生指导工作,从而培养了一种跨学科研究的意识。我先后被遴选为宗教学、社会工作、社会学三个专业的硕士生导师。我既感到压力重重,又借机逼迫自己涉猎宗教学、社会学领域。在指导硕士生的过程中,我结合自身的学科背景,指导他们开展跨学科的研究,倾向于让学生在宗教人类学、民族社会工作、民族社会学等方向进行硕士论文的选题和研究。并带领研究生参与到我的课题中,采用人类学田野调查的方法进行研究。培养效果较为满意,其中1名宗教学硕士和1名社会工作硕士在毕业当年考取了博士。

另外,黄桂秋教授当时是同校文学院民俗学硕士点的负责人,在那段时间里,他经常邀请我参与到他们民俗学硕士生的开题、答辩的培养工作,特别感谢他的扶持。他本身是壮族,更是研究壮族民间宗教的专家,所以我在做壮族族群认同与国家认同研究的时候,多次向他请教。有一次我和学生对他进行了访谈。在访谈中,他提到当时他们并没有壮族的意识,而只有什么什么人的称呼。他本人到高考填志愿要填民族一栏,才知道自己是壮族。最终促使他走上壮学研究道路的,是在大学期间,过伟和其他老师开设的壮族民间文学等课程深深地吸引了他,他也从大二开始立志在少数民族文学及民间文化方面学习研究。他认为语言是一个民族文化的载体,语言的消失也意味着民族的消亡。他会说壮话,熟悉古壮字和拼音壮文,这使他的壮族研究工作如虎添翼。他说要让我们壮族的同胞都以说壮话为荣,都以身为壮族感到自豪,这样才可以说是对壮族有高度的认同感。[1] 他对本民族文化传承发展的危机感溢于言表,我深深体会到黄教授对自己民族的热爱以及他那坚定的民族使命感。这次访谈不仅使我打开了壮族认同研究的思路,也让我深感壮学研究任务之艰巨。

---

1 罗彩娟:《壮族的民族认同与国家认同相辅相成——广西师范学院黄桂秋教授访谈录》,《民族论坛》2014年第9期。

四、博士后研究：回归人类学

如同2005年徐老师鼓励我考取中央民族大学博士生一样，2013年，正当我在职场上感到才思枯竭之时，徐老师又鼓励和支持我进入中山大学民族学博士后流动站广西民族大学科研基地从事博士后研究。于是，我成为徐老师和刘志伟教授共同指导的博士后。也因此，我的人生迎来了一个新的重要转折点。

在做博士后研究期间，按照原计划，徐老师希望我协助他做汉民族文化史研究这个主题。由此，我像是又回到学生时代一样，再次得到导师徐杰舜教授耳提面命的机会。徐老师是汉民族研究的权威，著作等身，让人难以望其项背。随着年龄的增长，他孜孜不倦地追求学术的精神亦有增无减。据说他每天保持正常的作息，坚持写作，即使是在春节期间也只休息一天。每当一个假期过去，他的一本大作又出炉了。他一年发表论文少则十多篇，多则数十篇，非常高产。在徐老师的学术感召和指导下，我第一年以汉族文化史为主题申报中国博士后基金项目，但由于基础不扎实，没有获得立项。经徐老师同意，第二年，我改了题目，最终以比较擅长的壮族布洛陀信仰与族群认同研究为题申报获得中国博士后科学基金面上资助项目。

作为我在中山大学的合作导师——刘志伟教授，也给了我很多悉心指点。他是历史人类学华南学派的代表性人物，他在历史人类学领域成果丰硕。在刘老师的指导下，以及阅读了他的书之后，我进一步了解到人类学视野下的历史人类学和历史学视野下的历史人类学有很大的不同。但刘老师并不要求我能够做到历史学家笔下的历史人类学那样注重史料和地方文献的研究，反而认为我要发挥人类学田野调查研究的长处。他比较倾向于以小见大，认为我没有能力驾驭汉民族文化史这么宏大的一个题目。所以经两位导师同意，我的博士后研究主题就改为壮族的族群认同研究，并于2016年顺利出站。

因为是在职做博士后，所以我每次到中山大学见刘志伟老师，除了请教博士后研究课题和报账（我拿到的中国博士后基金项目经费是由中山大学管理）之外，我并没能系统地在中山大学听导师刘老师的课，更没能参加到他的学术研究活动之中，这是一大遗憾。刘老师对学生关爱有加，记忆深刻的是，有一次我在中山大学联系了他，到吃午饭时间，打算请刘老师一起吃顿饭，这本来是学生应该做的，谁知刘老师执意说要由他来请。这让我受宠若惊，感动不已。后来听师妹黄瑜说，学生跟刘老师一起吃饭，基本都是刘老师请客。

就这样，在博士后期间，我很幸运地得到了两位风格不一的导师的指导，我从他们身上学到了不同的治学风格。但他们又有相似之处，那就是都在各自的领域里笔耕不辍，一直走在学界前沿，引领学术发展。他们这种持之以恒的治学精神，让我受益终身。

2016年9月，博士后出站之后不久，我非常顺利地调入广西民族大学民族学与社会学学院工作。从这时开始，我算是从社会工作、社会学专业的教学工作中彻底解脱出来；也是从这时开始，我的人类学学术之路才可以说算是真正步入正轨。离开了8年，虽然我积极参加人类学的会议、坚持写论文、做课题，但是感觉还是与学界有脱节。所以面对这个既熟悉又陌生的领域，我感到自己还需要努力补课；我同时也感到无比欣喜，因为在这个新的平台上，我终于能够以同行的身份与民族学、人类学界同仁进行更多的学术交流。在新的工作单位里，有较为浓厚的学术氛围、丰富的学术会议、充足的学科经费，还有频繁举办的各类学术讲座，也让我对人类学的前沿把握更为有利。特别是自从2016年11月担任民族学系主任和民族学本科专业负责人以来，我有更多机会参与到民族学、人类学的专业与学科建设工作当中。这使我不仅仅关注自身的教学和科研能力，而且还能以一种更为宏观和全面的视角关注人类学这个学科的发展命运，也更进一步地意识到一个学者的学术命运离不开所在学科专业的发展前景，从而拥有了对人类学这门学科的一种使命感。

五、赴美访学：人类学的新征程

2018年，我经过申请并顺利获得"广西高等学校千名中青年骨干教师培育计划"第一期培养对象的经费资助，有机会在2019年3月至2020年3月赴美国波士顿大学访学一年。我又一次感到很荣幸，我在波士顿大学人类学系访学的指导老师是著名的中国研究专家魏乐博（Robert P. Weller）教授。

第一次在办公室见到魏乐博教授，他和蔼可亲的学者风范给我留下深刻印象。他对我这一年的访学安排提出了几点建议，首先是他认为我可以好好利用这里世界上最集中的最好的大学和图书馆资源，去图书馆可以扫描想要的书籍资料。其中哈佛燕京图书馆的资料最丰富，他可以给他们写信介绍我过去查资料。其次，我可以去听课，他的课是关于仪式研究的，另一个学期还有关于田野方法的。第三，我可以做自己的研究，他说他也不研究壮族，只研究汉族，所以由我支配时间。第四，他问我要不要在美国做田野调查，也由我决定。在魏老师的指导下，这一年的访学期间，我的主要活动包括参加各类有关人类学的学术交流活动，听课和听讲座，充分利用波士顿大学图书馆、哈佛燕京图书馆等资源搜集研究所需文献资料，外出考察等几个方面。关于我在美国访学的情况，我回国后在2020年9月26日我们学院第八期"相思湖田野大讲堂·美国田野行"进行了线上与线下同步分享。[1] 在美国访学一年，一开始面临环境适应的问题，觉得时间过得很慢，越到后面越感到时间的仓促，一年过得很快。但这一年在异国他乡学习生活的经历，确实让我大开眼界，是一笔宝贵的财富。

这一年里，在学习和项目研究过程中，我也在思考自己新的研究方向。早在2017年，一个偶然的机会，王柏中院长让我承担自治区民宗委的一个委托项目"广西各民族交往交流交融的特色和经验研究"。而我多年前曾经完成过民宗委的委托项目"广西民族关系现状考察"，具有一定的研究基础。加上近些年来研究壮族的认同问题，仅仅探讨壮族本身的历史和文化是不够的，它自身的认同问题离不开壮族与汉族、瑶族等之间的密切往来之历史事实。我按照要求在半年内完成了该项目研究报告，这份研究报告还有幸在2018年获得广西优秀社会科学成果奖三等奖。2018年，我又以"广西民族团结和交往交流交融研究"为题申报获得国家民委服务国家战略服务民族工作重大现实问题研究项目的立项。这些前期研究基础，让我进一步深入族群关系和民族交往交流交融的研究领域。我注意到民族交往交流交融不是简单地党中央提出的民族工作指南，还是一个值得进一步深入研究的课题，与人类学的族群关系、族群认同、中华民族多元一体格局、中华民族共同体意识等研究议题是一脉相承的关系。于是，在2019年申报国家社科基金项目的时候，我注意到民族学类课题指南里的一条是"中国古代民族交往交流交融史研究（断代、区域）"。根据这条指南，加上突出民族学人类学倾向于现状调查研究的特点，我拟定了"岭

---

[1] 代梦雨：《我院第八期相思湖田野大讲堂顺利举行》，广西民族大学民族学与社会学学院网站，http://msy.gxun.edu.cn/info/1087/8917.htm。

南民族交往交流交融的历史与现状研究"为选题申报,顺利获得当年的国家社科基金一般项目立项。我从壮族研究,逐步扩大到对壮族与周边其他民族关系的研究,也就是民族交往交流交融的研究。这种转变,既是一种努力避开"分族写志"弊端的做法,又是对新时代备受关注的民族工作重心的一种呼应。这并非突然进入的一个领域,而是我长期从事关于族群关系、族群认同研究的进一步深入和延续,它同时更得益于我近年来承担的一门选修课"族群理论与族群关系"。在课堂中,我不仅阐释各个流派的理论体系,还加入自己的最新研究成果,引导学生开展实证研究,努力提高教学质量。这使我更加认识到教学与科研相辅相成、互相促进的关系。要想同时抓好教学和科研两样工作,并非不可能。我想,这也将成为我未来几年继续努力的研究方向。

六、初心与使命:以后的路

　　回顾这18年的学术历程,我从一个充满迷茫、前途未卜的人类学入门者,走到如今,成为具有比较稳定的研究方向的人类学者。这18年来的学术之路,是曲折坎坷和让人百感交集的。我刚参加工作的时候,学院办公室的老师当时问我学的是什么专业,我说是人类学。他们说不懂什么是人类学,没听说过这个专业,我当即给他们简单解释什么是人类学。而我所在的单位"广西师范学院"在全国也没有什么名气,多次被外人误以为是广西师范大学。我在刊物上发表论文,曾收到编辑部寄给我的邮件地址是对的,但却把单位错写成"广西师范大学"。可以想象,在这样的环境里,在这样一个几乎没有人从事人类学、极少有人知道人类学的地方,我要坚持人类学的研究,是会感到多么地孤独和郁闷。想起乔健先生在台大人类学系念书时,是一班一个人形影孤单地唱独角戏唱到毕业。而这种"寂寞的人类学生涯"是比较普遍的,正如李亦园先生所说的那样,学人类学的人不但在学校里十分孤单寂寞,毕业后去做田野工作更是寂寞。乔健先生的《漂泊中的永恒——人类学田野调查笔记》[1],就是把他30年来在北美洲、中国大陆做田野时所遇到的种种震撼、辛苦与寂寞娓娓

---

[1] 乔健:《漂泊中的永恒——人类学田野调查笔记》,山东画报出版社,1999年。

道来。马林诺夫斯基《一本严格意义上的日记》中描述的他在特罗布里恩德岛做田野工作时烦躁到要发疯的情景更是经典代表。然而，我不仅是在田野工作中感到孤独郁闷（在云南马关县做博士论文田野调查时的体会尤其突出），而且在参加工作以后，我仍然深刻感受到了这种心境。

但是因为对人类学的热爱，我才在这样的孤独寂寞中坚持了下来。人生没有白走的路，每一步都算数。虽然时有孤独寂寞之感，但是我的原单位广西师范学院也给了非常广阔的舞台，任由我发展。纵使一路坎坷，但我在曲折中不断前进，终于看到了曙光，取得了一些成绩。

另外，人类学从一开始就被认为是一门应用性很强的为殖民服务的学科。所以，在我看来，人类学不仅要进行基础的理论研究，更要回应现实的关切，进行应用研究。费孝通先生倡导迈向人民的人类学，"我从正面的和反面的教育里深刻地体会到当前世界上的各族人民确实需要真正反映客观事实的社会科学知识来为他们实现一个和平、平等、繁荣的社会而服务，以人类社会文化为其研究对象的人类学者就有责任满足广大人民的这种迫切要求，建立起这样一门为人民服务的人类学"[1]。这对我们今天人类学的发展仍然有重要的指导意义。其中人类学的分支学科"应用人类学"表现最为突出。

近年来，我也致力于走出课堂，走出学校，使个人的研究体会和研究成果能够服务社会。其实，我此前也多次参与导师徐杰舜教授有关服务地方社会的委托课题研究，比如2006年参与浙江武义县新农村建设经验总结的课题研究，完成有关章节的撰写，出版的著作《新乡土中国：新农村建设武义模式研究》引起广泛的反响；后来还参加了徐老师主持的龙胜成立60周年民族团结经验总结的课题研究。此外，我在2020年两次受邀分别到广西壮族自治区气象局进行民族团结培训班讲课和到自治区文化和旅游厅做专题讲座[2]，我讲课的主题是"民族交往交流交融的广西经验及理论思考"，从党中央民族交往交流交融思想的提出与内涵解读，到广西民族交往交流交融的特色与经验、地方实践，以及加强民族交往交流交融的理论思考等方面进行了阐述。这些工作都让我意

---

[1] 费孝通：《迈向人民的人类学》，《社会科学战线》1980年第3期。

[2] 广西壮族自治区文化和旅游创新发展中心：《自治区文化和旅游厅开展"民族团结进步"专题学习》，广西壮族自治区文化和旅游厅网站，2020-10-22，http://wlt.gxzf.gov.cn/zwdt/gzdt/t6749493.shtml。

识到了自己的研究对其他行业所具有的重要现实意义。

我近几年还承担了地方政府部门的横向委托项目。当村民满怀期待地问我什么时候能完成写他们村的一本书时；当象州县最有影响力的公众号以题为《一个人类学教授从象州纳禄村看到的"命运共同体"》隆重推出我发表的一篇学术论文[1]时，我感到了这是对我从事人类学研究工作的肯定和期待。当我采纳中国人民大学赵旭东教授的建议，与他一起到象州县军田村，跟象州县政协文史教卫委主任廖才兴、象州县文史学者陆干斌以及军田村干部在军田村会议室以B站直播的形式开展"文化遗产与乡村振兴系列对谈（一）"的线上对谈会[2]时，我又一次感受到我们研究工作的重要价值无法比拟。我们在直播中对网友们提出的军田村的文化遗产如何与乡村振兴结合、传统文化如何转化为乡村振兴的内生动力等问题，一一做出回应。这次对谈取得了意想不到的效果，引起线上观众热议，备受好评，超乎我们的想象。人类学的知识和理念还可以以这样一种接地气和广受欢迎的直播对谈方式向社会群众传达和普及，想到此，我从事人类学的价值感和自豪感油然而生，并对自己未来的人类学之路满怀信心。

---

1 《一个人类学教授从象州纳禄村看到的"命运共同体"》，微观象州公众号，2020年4月20日，https://mp.weixin.qq.com/s/fnonyppzUTJKijSkbVypeg。

2 蓝蔚铭：《我院罗彩娟教授与中国人民大学赵旭东教授赴象州县考察并在B站直播军田对谈》，http://msy.gxun.edu.cn/info/1004/9656.htm。

学问做一生　不问道所长

罗士洞

罗士洞，人类学博士，北京体育大学马克思主义学院讲师，北京体育大学中国体育战略研究院研究员。发表学术论文20余篇，《中国社会科学文摘》转载1篇，参编著作2本。获2018年、2019年教育部博士生国家奖学金。

一、走向学术之路

2014年5月16日，中国人民大学社会与人口学院人类学研究所赵旭东教授前往西北农林科技大学进行了题为"为何而发展——文化的转型与社会的新观察"的讲座。彼时坐在北秀山报告厅听讲座的我，还是一名即将毕业的大四社会学本科生。讲座之后，我的班主任兼毕业论文指导教师张世勇副教授特地给我打了一个电话，推荐我去人大之后可以跟随赵老师读书。早在2013年10月，我已经顺利保送至中国人民大学社会与人口学院，攻读社会学硕士学位。从张老师那里得知，赵老师不仅招收人类学硕士，还可以同时招收社会学硕士。我很快通过邮件与赵老师取得联系并得到了让我当时看来算是"好消息"的反馈，即入学之后前往他的办公室面聊。2014年9月9日，已经顺利入学的我又给赵老师发了一封邮件，一来是向老师表达教师节的祝福，二来也是进一步确定自己硕士期间的导师一事。巧合的是，赵老师第二天刚好要携带赵门的学生们爬香山，并告诉我如果愿意参加的话就在人大西门的大树下集合。接到此消息之后，我当然非常开心，不过依旧没有忘记之前的"面聊"一事，便将自己的本科毕业论文打印好放在背包里以备不时之需。意外的是，在爬山过程中似乎并没有想象中的那种正襟危坐的"考验"环节，大家谈天说地，聊的话题纷繁复杂，这样的气氛让我那颗悬着的心稍微有些落定。爬完香山之后，众人一块在人大西门外一家餐馆聚餐，老师向大家介绍我的时候，我清楚地意识到那一刻算是正式进入了赵门。

虽然我硕士的专业是社会学，不过在赵老师的带领下，实际上研究的方向以及研究旨趣更偏向于人类学。我的硕士论文就是在他的建议下研究徽州的墨块生产和历史，大体可以说是在人类学"物的研究"视野下展开的。老师信奉有教无类的教育理念，因此对于不同的学生他往往会从不同方面予以鼓励、培养与指导。每周一次的读书会，每个公正读书小组的成员都有机会分享自己的读书心得，这种分享有相对正式的汇报形式，也有面对面的即时分享。公正读书小组是老师组织起来的读书会,"公正"一词取自费孝通先生在赵老师博士论文《权力与公正——乡土社会的纠纷解决与权威多元》[1]上的题字,即"公正和平"。我想,公正读书小组的组训:"共同学习,一起成长。追求卓越,实现公正",在一定意义上来说也是为了实现老师所说的"公正小组因读书、求知而聚为一体;以逐公正、卓越之心处之多元"。更关键的是,老师在此期间会进行点评与指导,令我时常生出醍醐灌顶之感。赵老师是一个笔耕不辍之人,无论是每天早上使用毛笔字写作,还是利用旅途间隙在微信或者是其他随手可得的稿纸上面记录,他都会记下自己的所思所想。当然,有他微信朋友圈的师友们都知道,近几年他很热衷于通过涂涂画画的方式表达他的所思所想。他经常跟我们提起的一句话就是,每天必须要写东西,不能偷懒。与此同时,他给出了每天3000字的标准,让我们一直处于写的状态中。虽说很少能够达到老师的这个标准,这却成为我衡量自己每天学习状态的一个重要指标。实际上,从如何看书、如何做笔记、如何记录个人的所思所想、如何做田野,到如何撰写学术论文、如何撰写学位论文,他都手把手地教每个学生。我的书架上不仅存放着他送给我的专著、书籍、期刊,同时还保存着好几篇他用毛笔修改后的学术文章的初稿,我的多篇文章正是在他这涂、改、写的指导模式下一篇篇正式见刊的。老师是一个对于新事物永远保持着好奇心与学术敏锐度的人,他愿意在不同的场合将他的想法分享给我们,并且始终鼓励我们要保持学术热情,多看书,多参加各种对自己有用的学术活动,而他也愿意带着我们参加一些正式的或者非正式的学术活动。

在导师的带领下,在公正读书小组组员的督促下,我对于"学术"越发感到亲切与亲近,觉得自己与它的距离并没有想象中那么遥远。自研究生一年级下学期开始,我就坚定了继续攻读博士学位的信念,随即在导师的指导下修改本科论文,最终顺利刊发了两篇文章,其中有一篇发在《江苏社会科学》。这两篇文章的发表无疑给了我极大的信心,并让我体会到文字变成铅字的无比喜悦。硕博连读申请成功,也意味着我的身份正式从社会学硕士生转入人类学博士生。趁着不用奔波于各个求职场,利用既毕业又尚未最终毕业的充裕时间,我又在导师的指导下顺利发表了两篇CSSCI文章。我始终记得,在硕士毕业

---

[1] 赵旭东:《权力与公正——乡土社会的纠纷解决与权威多元》,天津古籍出版社,2003年。

的欢送会上,老师提到,我将是人大第一批四年制的博士生,四年比以往的三年多了一年,他希望我能够利用这多出来的一年时间更加踏实地将论文做好,将学术做好。我始终铭记着他的叮嘱与教诲。正式进入博士生涯之后,即便是多了一年,可是内心却总觉得时间不够用,尤其是在博士一年级的时候,上课、办会、开会、外出调研、读书、写作,让人恨不得一天掰成两天来用。不过,正是这充实的一年,为我即将开始的博士论文调查打下了很好的基础。

二、我的"道路人类学"田野

2017年2月9日(农历正月十三)早上8点15分,我乘坐G671高铁从北京西站出发,9点50分左右便抵达了石家庄火车站。河北科技大学的李老师,一位具有多年拍摄经验的摄影师,正在东边的出口等着我,随后我便乘坐他的海南马自达牌汽车从石家庄出发前往井陉县桃园村。印象特别深刻的是,我们从高速路口下来的地段实际上是处于山西的,在我清楚地看见"山西人民欢迎您"的省界牌之后,不到5里路,我们抵达了河北的桃园村。此次行程的主要目的,是为了完成导师主持的文化部民族民间文艺发展中心的一个项目。我们选择该村作为拍摄点,以完成一部元宵节的节日影像志。在随后的几天里,作为项目组成员的我,主要对该村的元宵活动进行了影像的记录以及一些专题性的访谈。在访谈中,当地村民经常强调的一个事情就是秦皇古驿道从本村穿村而过,该村处于晋冀交界之地,是河北的西大门,地理位置非常特殊。

根据我后来的田野观察,每个前来本村参观的人基本上都要被当地人领着走一条固定的线路,那就是从村东头的层霄阁沿着驿道向西走,一直到村西头的大慈阁(或者从西开始往东走)。一东一西的阁楼,实际上也是当年进出本村的唯一孔道,阁楼下方至今仍保留着深深的车辙印迹。这条曾经的古驿道,虽说已经不再发挥着原本的道路功能,但是在元宵节期间,他们的"拉街"与"耍社火"等重要活动还是沿着这条东西走向的道路进行,而沿街的一些车马店至今仍可见踪迹,就连每十天一次的乡村集市亦是沿着这条街伸展。换言之,古驿道已经从原本的内外通道变成了一条村庄内部的主要街道。与之相对应的是,在驿道的北边,一条运输繁忙的国道将该村划分成南北两部分。我们当时暂住的地方就是国道旁边的一个饭店,车来车往的汽车声即便在夜晚也不绝于耳。然而,与其说是划分,还不如说是由于道路的开辟而导致居住格局的变化。村庄原本是沿着古驿道延伸而开,随着1968年道路路线的更改,人们纷纷在新修的道路两侧盖房,因此形成了目前的主要居住格局。当地村民介绍,要不是路边的煤场被关停,很多人都外出务工了,甚至在二月份的时候还要像正月一样"闹红火",即当地所称的"耍正月、闹二月"。驿道、煤场、国道以及交通运输等字眼使我脑海中不时想象着村庄的历史画面,而一条新的道路所带来的变化也让我兴趣十足,我隐约觉得这条穿村而过的国道对于村庄的发展就正如以繁华一时的驿道一样非常重要。这次停留的时间虽然非常短暂,却使我正式与桃园村结缘。

2017年8月17日,我跟随导师以及当地政府的几位官员,再次返回到桃园村。在正式进入村庄之前,我们在距离该村不远的龙窝寺遗址前面驻留了一会儿,听说了一些有关龙窝寺的传说及历史纠葛。当年的盛况因为寺庙的拆除而早已不复存在,除了仅有的两张照片之外,如今所能见到的也就只剩下山壁上的那些摩崖石刻以及一些破损的佛像而已。时隔半年,桃园的变化让人耳目一新。村东边竖起了一个用水泥涂抹而成的新牌楼,与原来的牌楼相隔不足十米,牌楼附近的河沟正在被修整,计划修建一个游客旅游中心以及停车场,村内古驿道两旁的房子都被贴上了青灰色的仿古砖。这些工程的实施得益于该村获得了河北省美丽乡村建设项目的支持,将逐渐对民居进行立面改造、院墙改造;实施无公害厕所改造,修建公厕;垃圾治理以及清理杂物、拆除违章建筑;在村外实行绿化等。实际上,该村在2016年就进入了国家传统村落保护名录之中,不过传统建筑的修复工作还需要等到美丽乡村建设项目结束之后才正式开展。当地村干部兴致勃勃地向我们讲述村庄的发展规划以及未来的乡村旅游发展计划。而项目中试图将原本的古驿道形态再次复原的规划尤其引起我的关注,并产生如此疑问,这样一个去而复归的过程究竟意味着什么呢?由于此次调查时间也就十天左右,我将主题放在了美丽乡村建设的地方实践这个主题上,重点观察在项目实施的过程中一些外来的经验及设计在具体的操作与落实过程中是如何与地方经验发生龃龉。

返回学校后,我在相当长的时间内尝试着从"乡村建设"的角度思考与准备博士论文的选题。在我的判断里,这些所谓的美丽乡村建设以及传统村落保护等借助"项目"方式进行的村庄社会面貌的改造与空间的重塑,大体都可以被划入到自民国以来国家或者地方社会针对乡村发起的乡村建设运动的脉络之中。而尤其是在2017年10月,党的十九大报告明确提出了乡村振兴战略,地方社会必将在今后的具体实践中出台一些政策去落实这项战略,这显然为我已经关注到的类似美丽乡村建设以及传统村落保护等项目提供了进一步观察的空间。如何在百年的乡村建设运动中把握此类新的乡村建设运动,成为我当时的主要关切点。

在与导师商量之后,我于2018年3月1日第三次返回村里,正式开展自己的博士论文田野调查。然而,令人意想不到的是上述提及的美丽乡村建设的规划项目已经基本完成,施工队也很快就撤离该村前往下一个点去了。想要观察所谓的美丽乡村建设项目的进展已是不太可能,只能等到下一阶段开展的传统村落保护项目。这进而带给我一个强烈的感觉,即中国乡村就好比是海边的沙滩,那些针对中国乡村所发起的"建设运动"就恰如一波接一波的海浪,中国乡村在一次又一次的此类"建设运动"中不断受到洗礼。海浪的每一次到来都意味着乡村社会的一次改变,这种改变也许在真正意义上阻止了乡村的衰败从而实现了某种程度的复兴,也许只是一些基础设施的更新与观念的传入而已。

很显然,不同的道路形态让人有一种完全不同的道路体验感。2017年,我第一次进入该村之时,那条村内主干道是习以为常的水泥硬化的路面,以至于它在我的摄像机里根本没有多大的存在感,我更多的是拍摄了东西两阁下面遗存的驿路。等到第二次进入村庄之时,施工人员已经开始切割水泥路面,准备在底下铺设用于排放污水的地下管道。及至第三次进入该村,原本用混凝土硬化的村内主干道在项目设计过程中被复原到石头路(亦即"复古路")。不过,为了便于村内老年人行走以及电动车的行驶,仍在道路的最中间单独铺设了平整的石板。1913年,一位外国记者沿着修建好的石太铁路旅行,一路拍摄了大量的照片,其中有一幅便是桃园村的层霄阁。当我站在那位外国记者当初的取景点试图拍摄一张百年对比图之时,便不由得惊叹,即使村庄历经百年的沧桑巨变,那条清晰可见的穿村而过的道路以及承载着当地村民诸多记忆的层霄阁依然存在于村庄的实际生活之中。只是层霄阁在这百年的历史中不知道经历了多少次维修,而这条古驿道也在不断地维修、翻修的过程中失去了原来的古韵，只遗存了两截路面供人们瞻仰与怀古。结合三次进入村庄的不同经历，引发了我的诸多思考：道路的变化轨迹与村庄的变化轨迹是交错并行还是相互悖谬而各走一端？道路与村庄自身的传统之间有什么联系？人们在道路上的空间实践是如何使道路成为一个可供观察以及进而展开理论思考的空间？村庄的未来发展与道路有着何种联系？是否存在一种可供观察的道路文化，它们是如何体现在人们的日常生活实践之中？这些问题始终萦绕在我的脑海之中，并构成我思考博士论文写作的核心线索。

我的博士专业是人类学，人类学对于田野时间的要求相比于其他学科来说要长很多。我们需要在自己的田野点里头待够一年的时间，利用参与观察的方式亲身去体验、记录当地人的生活，最后通过民族志的写作方式来获得自己的学术"成年礼"。正是基于上述经历与思考，我的博士论文最终敲定在了"道路人类学"这个方向上，并且选择了河北井陉的这个山村作为我的田野点。作为一个南方人，虽然在北方生活也有多年，但是以往的冬天，我都是在有暖气的室内度过。头一遭在北方的农村里过冬，可以说让我有点狼狈不堪。当地的生活条件还没有好到家家户户可以使用暖气的地步。我寄居在当地村委的办公室里头，村委的干部们不敢让我在熟睡后依然点着煤炉子，深恐煤气中毒的事情发生在一个来自北京的博士生身上，最终我只能依靠两层厚厚的棉被来度过这个让我至今印象深刻的寒冬。这种来自太行山深区的寒冷，不仅逼迫我穿上了当地生产的厚厚的棉裤，以至于我在白天都恨不得一直待在访谈对象家中的煤炉子旁边，因为那是一个家庭中最暖和的地方。寒冷是有的，当地人热忱的心却将这份外在的寒冷迅速融化。在村子里头长期的生活，我慢慢跟村子里所有接触的人熟络起来，并彼此建立了深厚的关系。甚至还有相当一部分我不太熟悉的人，他们知道村里住着一个博士生，对于我的造访、询问都表现得非常热心与积极。在村子里长住的这14个月，我跟着村里的卡车司机们去运输煤炭，跟着村里的男女老少们一起参加闹元宵的"红火"活动，跟着我的田野报道人去赶集卖东西，跟着村委的干部们去迎接上级领导的视察与检查，等等。村里人很认真地说，我已经是这个村的荣誉村民，而我也将那里视为我的第二故乡。

长期的田野调查，意味着每个人类学学者都需要准备一笔数额不少的田野调查经费。这在一定程度上逼迫大家在外出做田野之前就得解决好田野经费的问题，用"兵马未动粮草先行"来概扩实在是再恰当不过了，否则你可能会困窘到连往返的差旅费都捉襟见肘。我在博士期间申请了多项调查经费，一是2019年南方科技大学社会科学高等研究院提供的第七届"中国人类学研究生田野调查奖助金"，我以"道亦有道——太行山区一村落的道路民族志"为题申报并成为12个资助项目之一，这对于自己的这项道路人类学研究也带来了很大的鼓舞。无疑，这里需要感谢周永明教授，他的"路学"研究给予我极大的启发。而中国人民大学拔尖创新人才资助计划以及中国人民大学社会与人口学院卓越研究生调研类资助，极大地缓解了我田野调查初期经费紧张的困窘状况。此外，我在博士一年级期间还申请到2017年度"中国田野调查基金·腾讯互联网人类学科研支持计划"，这项研究让我关注到微信等媒介所带来的新的社会变化，并进而启发我在博士论文田野调查过程中注意到手机在卡车司机群体中的具体运用。另外，我还以《使用两部手机的卡车司机》为题，申请到2018年的澎湃研究计划"中国网民20年，形成了怎样的社群"的项目资助，在这项经费的资助下，我有更多的精力投入到博士论文中涉及的卡车司机的专题调查。可以说，正是有了较为充足的经费支持，我才得以无所顾忌地往返于不同地点的田野点，并前往南京、上海等地查阅相关的资料。

这一年多的田野，不仅让我顺利完成了博士论文的田野材料的搜集，并在此基础上完成了一篇26万字的博士论文。更主要的是，经过田野的历练，我对于学科的知识有了更充分的认识，也能够更好地将理论与实践结合起来。此外，在田野调查期间，我坚持田野笔记的撰写以及学术文章的写作，有8篇文章正是在这段时间积累并最后发表出来的。人类学向来强调田野调查的重要性，正是得益于这段长期的田野调查经历，让我更熟练地掌握了访谈的技巧，看待问题的角度，思考问题的深度，而这也将深深地影响到我今后的学术生涯。人类学最擅长的就是将田野中看到的、听到的事情通过讲故事的方式讲述出来。一篇好的民族志就是给他的所有读者很好地讲述了一个吸引人的故事。更主要的是，人类学的民族志写作方式也越发为其他学科所感兴趣并借鉴。通过人类学这门学科的熏陶，我已然掌握了一套可以通过讲故事来做研究的学术话语。如果有人说读博仅仅意味着读书与写作，除此之外别无其他，我想既不能说完全对也不能说完全错。只是，学人类学的人，不是躺在摇椅上的书斋之人，而是要求其迈向田野，直面所见所闻所听的现实。对于想要从事人类学研究的人而言，长期的学术积累与田野调查经验的获得，二者缺一不可。

三、体育人类学：新的开始

2020年5月18日，博士论文答辩主席周大鸣教授向我宣读答辩顺利通过那一刻的激动之情，依然萦绕于心。受新冠疫情的影响，我的答辩、毕业、找工作基本上都是通过"云端"进行的。而就在答辩前几天，我已经正式决定前往北京体育大学工作。从那时候起，我清楚地知道自己将不可避免地走上体育人类学的研究道路。7月，北京体育大学启动"青年骨干人才培养计划"，并举办了首期青年骨干人才交流与培训营，其目的就在于进一步提升青年教职工主动快速进入体育战线和学校发展主战场。虽然尚未正式入职，但是我积极参加了此次为期一个月的培训，为的就是能够早点熟悉体育、进入体育战线。培训营对于我而言，绝非简单的讲座、培训、讨论的综合体，而是思想层面的启迪与学术方向的明确指引。如果没有这次培训营，我估计需要花费几年甚至更多的时间来探索这条学科转向与学科融合的学术道路。而在培训期间，我脑海中产生出诸多"随想"。之所以将其称之为"随想"，是因为所有灵感的迸发都是在交流与学习过程中的所思所想，还没有形成一个深入的思考。但是我特别希望能够用文字记录下来，无论成熟与否，这都将是我思考体育人类学研究的开始。

硕博期间，导师受费孝通家人的委托编撰《费孝通年谱》，我一直参与其中，所以接触费孝通先生的文字自然也就比较多一些。而在这个过程中，我发现费孝通的诸多文字当中也有一些关于体育与体育精神的论述。因此，在培训期间，我尝试着撰写、修改、打磨出一篇名为《费孝通的体育文化观及其实践启示》的文章。在这篇文章的撰写过程中，我感觉到一些人类学、社会学大家虽然可能并没有专攻体育人类学或体育社会学，但是他们在一些场合或者话题中还是触碰到了相关议题。从费孝通先生的体育文化观开始按图索骥，我发现潘光旦先生同样是一个很重要的人物，可能之后会有更多的发现。因此，我想以近代以来著名的人类学、社会学家为重点考察对象，分析他们的体育人类学或体育社会学思想。当然，西方社会学与人类学有关体育社会学与体育人类学方面的研究成果相较而言会丰硕很多，布尔迪厄、埃利亚斯等为我们所熟悉的社会学家也有很多有关体育方面的论述与研究，同样也值得去关注与思考。因此，完全可以从国内与国外两条线同时进行，展开理论层面的梳理与思考。

1932年，帕克教授（Robert Park）在燕京大学讲学时一再教导包括费孝通在内的想学社会学的年轻学生："学社会学是最方便的，因为我们自身的生活就是最好的社会学素材，而我们每个人都成天在社会里生活，研究社会的资源到处都是。"[1] 如今，体育强国以及健康中国作为国家战略正在有序地推进，体育锻炼项目类别多样，参与健身锻炼的人数众多，人们对于体育的参与热情高涨，这实际上为我们研究体育提供了广阔的田野机会。人类学一直以来强调田野工作的重要性，而我们经常说的一句话是"下田野"，这个"下"字，实际上很值得琢磨。因为这意味着我们将要告别书斋，告别一种图书馆式的研究方式，告别我们所熟悉的生活、工作场所。在做研究的过程中，你需要将熟悉的东西陌生化，陌生的东西熟悉化。然而，进入北京体育大学工作之后，很大程度上来说，你不用"下田野"，因为你已经"在田野"之中。在你的身旁就有很多国家级运动员，他们可能是学生，也可能是退役后从事体育教学的老师，也有很多国家培训基地。对于不熟悉体育的人来说，你要想了解体育，这里天然就是一个很好的田野点。因此，我特别想对那些从小练习体育，从事体育项目并最后走向体育项目教学身份转变的老师们展开一项研究，书写他们不同的生命历程当中体育赋予的人生意义。在这其中，可能涉及一个非常值得关注的点就是人类学的情感研究，或者更具体地说，个体的情感如何被一种集体的情感所形塑，比如运动员的私人情感与国家以及国家队的集体情感。在他们的训练场上、赛场上、领奖台上，个人的情感是如何展示与表达？至少现在可以明确的一点是，每一个站在领奖台上的体育人，他们在向世人宣告自己的夺牌身份之时，也是在向支持他们的家庭以及背后的团队、国家表达一种情感。这种情感绝非一个简单的感激或者感谢就能表达出来，其中有太多值得反复咀嚼的点以及深入研究的方向。2022年北京冬奥会和冬残奥会已经进入不足一年的倒计时阶段，而我则被学校派往冬奥组委总体策划部挂职工作，在那里我将

---

[1] 费孝通：《补课札记——重温帕克社会学札记》，《费孝通文集》第17卷（2000—2004），内蒙古人民出版社，第46页。

有更多的机会接触到体育人、体育项目与体育遗产,不能不说这更是一次千载难逢的田野调查机会,让我能够有机会深入体育一线进行参与式观察。人类学向来以研究"异文化"著称,因为我们从异文化的研究过程中往往可以反观自身。而对于我来说,体育以及体育文化虽然不能说是"异文化",但至少是我不太熟悉的。我很想借助这样的机会与平台促成自己成为一名广义上的"体育人",而我也强烈期待今后能够在体育人类学方面做出一些有趣的研究。

我的博士论文做的是有关道路人类学方面的研究,通过对一个村子的观察来发现道路对于人们的生产、生活、政治、文化的重要性。更为关键的一点在于,无论是文化层面还是政治层面,道路都具有非常重要的象征意义。在北京体育大学南办公楼与北办公楼的东西两侧分别有一个极具重要发展节点意义的牌楼(中央体育学院、北京体育学院),从东往西走,步入的是北京体育大学的"冠军之路"。看着这一个个不同年代的冠军脚印,感慨颇多。这既是北体荣耀的象征,更是一条筚路蓝缕、艰苦奋斗的北体道路发展史。如今,我也成了北体一员,行走在北体的发展之路上,虽然我没有办法像那些冠军们一样在这条路上留下清晰的脚印,但是我希望在以后能够通过自己的为人、为师、为学,在北体的道路上留下自己的脚印。

四、结束语

我们应该很清楚地明白,选择做一名研究者就意味着将要承受别人难以想象的一些痛苦,当然也会享受到别人难以理解的学术快乐。2019年的中秋佳节,我与诸多同门一块前往导师新宅共度中秋。在书香飘溢的书房中,导师为我题写了十个大字:学问做一生,不问道所长。这是对我的劝勉,亦是对我学术之路的期待。这句话一直勉励着我前行,也将是我学术生涯正式开启的行动指南。

学科史的研究转折——毕业须臾十三年

马丹丹

马丹丹,上海大学社会学院人类学与民俗学研究所副教授。福州大学严复社会学者,中美富布赖特访问学者。著有《在理性与幻想之间——中国中产阶级兴起的制度话语考察》《两次世界大战前后的现代人类学简论》。

"理解，就是首先理解一个场，一个人与这个场一起并通过反对这个场而形成。"[1] 布尔迪厄给自我分析提供了一种可能的分析工具。他的外省人出身和高等师范学校高傲伪善氛围的最初不和，变成与大学事物的虚荣的果断决裂。他痛苦地剖析了他从事学术事业的分裂生活。读书时代如此，20世纪60年代声名鹊起亦是如此。他坦言，"这种关于自我分析的纲要，若不为与出身地位相关的配置之形成留有一席之地，就无法进行，我们知道，这些配置与它们在其中形成的社会空间相关，它们有助于决定实践"[2]。从布尔迪厄的非自传的写作中受到启发，我打算做一个工作小结，回顾工作十三年来的学术轨迹，有点像论文花絮。

博士论文答辩结束后，在等待秋天去上海大学入职报到的时候，受郑州大学非物质文化遗产中心之托，我到洛阳调查河洛大鼓。由于很多草根河洛大鼓艺人大多生活在偃师，我又根据洛阳市文化馆老师提供的线索，到偃师寻访河洛大鼓艺人，了解到河洛大鼓这一曲艺的来源和老艺人过去"撂地为场"的经历。[3] 伯夷叔齐的传说发生在首阳山，漫山遍野的野谷子，我才知道这是粟，饥荒时候的粮食。河洛大鼓并不是孤立的一种曲艺门类，在田野寻访的过程，我还了解到它和王屋琴书有着亲缘性，于是又一路到王屋山，辗转找到了老艺人，当地祈雨还愿，请琴书师傅到他们村里唱戏还愿。我以学徒的身份跟着师傅跑"台口"，录制了他一个人一台戏的王屋琴书表演现场。一直唱到夜里戏散了，师傅和人们叫作"小花"的神婆来到一户人家，给这家患有神经病的儿子做法治疗。这场仪式我曾经写成一篇文章，论述"迷狂"的田野真实经历，我发现王屋琴书艺人还兼有巫觋的角色，合二为一，王屋琴书不能决然按照艺

---

1 ［法］布尔迪厄：《自我分析纲要》，刘晖译，中国人民大学出版社，2017年，第4页。
2 同上书，第85页。
3 马丹丹：《流动的艺人：豫西社会与河洛大鼓》，《文化遗产》2011年第1期。

术理解，它是民间信仰的一部分，与社会整体概念息息相关。[1]

一、初涉人类学大课

　　刚参加工作，经过实习期，有机会任教《文化人类学》大课，选课人数100人规模左右，在一个梯形教室，开始了我的执教生涯。

　　这段经历维持两年便结束了。有一次在办公室收拾资料，发现一本在打印社自行装订的《文化人类学讲义》，十万字左右，就是这段经历的印证。我发现没有合用的教材，就自己编写，常常是下周二的课，这周还在读书，记笔记，临上课前完成撰写。这种时间的紧迫很好地锻炼了我的写作能力。后来学院教学负责人告诉我，因教务处对我评价甚低，经过讨论，不适宜担任必修课的任教，就这样匆匆结束。在寂静的办公室翻阅着这本土黄色封面的讲义，我的心中泛起一种奇异的喜悦，也许继续下去，还可以写得更有意思？那是一种和读者维系在一起的基础课程宣讲的快感，强迫用自己的话撰写人类学经典理论和以民族志经验的方式论述文化多样性。那种奇异的喜悦还包含了一种和制度评价完全相反的自我雀跃的声音，它总是以沙沙的写作声音，敲击键盘的嗒嗒声，在耳边响起，而且它不断地敲击、沙沙作响，就像一夜的雨，淅淅沥沥地沿着屋檐，耕织不辍。

　　但我心情实在太糟了，所有课程几乎停顿，课题申请屡挫，我扔了纸笔，带上小本子，收拾行李，在别人学期教学进行正酣的时候，到江南、湖南、贵州等地漫无目的地游历。有一次在凤凰打算停留一个星期的时候，接到张敦福老师的电话，可否给他代一次课？我说"可以"，临时购买回上海的车票。我去了无锡的东林书院，"风声雨声读书声"澎湃不已，在凤凰的苗长城上大喊"他者何方"，那段游历的日子像极了流氓无产者，后来在撰写"丁玲在上海"的文章时，丁玲、胡也频、沈从文等人在魔都感受到的消费诱惑和内心禁欲的挣扎，这些"亭子间"小知识分子的矛盾心态，自己也感同身受。[2]

1　马丹丹：《迷狂的家户经验：王屋山巫医仪式的一项考察》，《北方民族大学学报》（哲学社会科学版）2009年第5期。

2　马丹丹：《丁玲的都市生活及城市体验》，《渭南师范学院学报》（综合版）2014年第21期。

在仇立平老师的带领下，我作为助理协助仇老师组织"费孝通学术论坛"，邀请同事轮流分享自己的研究成果。[1] 在这期间，我的讲座通讯撰写能力锻炼起来。学术通讯是一种有趣的文体，它可以写得很机械，但也可以写得很鲜活。它保持一种极其重要的品质：诚实。当容纳这种文体的学院派空间不断萎缩时，"澎湃"等自由媒体，很好地承续了公共空间的载体。2020年底，我执笔的学科史会议纪实发表在澎湃"新闻"，获得学界微弱的回应。[2] 入职的学徒阶段以打杂和服务为多，也许会持续很长时间，但它孕育了明天的写作风格。

我想法开设其他选修课，一直到2013年开设《人类学史》选修课后，才在讲义的基础上，按照学科史方向进行专题撰写，加大了现代人类学经典读本的撰写力度。这本书就是2016年出版2017年发行的《两次世界大战前后的现代人类学简论》。[3] 写作利奇章节的时候，是在监考《人类学史》课程的两个小时考试时间里，守着选课的零星七八个考生，我奋笔疾书，挥洒自己对《缅甸高地的政治制度》夹叙夹议的见解。这本书出版后反应平平，可能因为现代人类学的知识结构已经相对稳定、研究基础相对夯实，著述依赖已翻译过来的西方人类学经典，创新特色不显著。[4] 不过它就像一粒种子，伴随《人类学史》课程一同生长。该选修课从晚上6点开始，改为早上8点开始，从平均10人到三四个人的选课规模，在本科生教学制度多样变化的变量条件下，坚持下来。

二、依然是一个空缺

2013年春，巫达老师给我打电话，告知他要调到中央民族大学工作，《人类学史》研究生课程暂时移交于我。

---

[1] 仇立平、马丹丹：《费孝通学术论坛讲谈录（2008—2009）》，上海大学出版社，2011年。

[2] 马丹丹、谭翔鹏：《希望与困境同在："中国人类学重建四十年"会议纪实》，《澎湃新闻》2020年12月15日。

[3] 马丹丹：《两次世界大战前后的现代人类学简论》，中国社会科学出版社，2016年。

[4] 具体回应参见何国强对拙著的中肯批评。何国强：《教学相长的结晶体：我看马丹丹的新著》，《生态经济评论》第8辑，北京：中国社会科学出版社，2019年；何国强：《一本发人深省的新著：〈两次世界大战前后的现代人类学简论〉》，《青藏高原论坛》（社会科学版）2018年第2期。

这一开设，不觉到现在。

2014年，我申请到国家社科青年基金《学科重建以来的中国民族志实践与书写研究》。由于科研时间有限，研究生课程和课题研究总是交织在一起，这既是教学与科研兼顾的权宜之举，实际上又有任教者"自我便利"的倾向，对研究生的人类学史学习不一定公平，各有得失。而我的学术事业初步有了气色。有好几篇论文先是在课上研读，学生讨论，再打磨。其中学术产出最为亢奋的文章是比较尹绍亭的生态人类学和斯科特的政治人类学关于刀耕火种的讨论。[1] 2017年是我学科史研究渐入佳境的年份。那年夏天最热的时候，拿着编辑反馈的修改意见，我疯狂地查找、研读Zomia的英文文献，一个下午伏案写作，一气呵成，试图将此概念的西文学术动态尽可能呈现出来，搭建起两位学者的比较桥梁。等到2018年秋我到了伯克利初识劳拉·内德尔（Laura Nader），研读她的《反向人类学》大作，其中有一篇回应斯科特的书评看着眼熟，翻看自己的旧作，我才恍然大悟，原来2017年引用过，闻声而来不识人，不禁唏嘘。

2016—2017年，我访问厦门大学、云南大学、中山大学等南方高校的人类学学科点，了解中国人类学重建工作。同年，国内诸多人类学者来上大讲学，有许多老师都是第一次打交道，例如同门师兄杜靖。社会交往、社会关系是学科史田野的基础，杜靖说起他做学科史的渊源，以及他转战体质人类学史的研究经历，可谓最合适的学科史撰写人，因他的犹豫，阴差阳错地被我拾起来。自知资历浅薄，我做"书记"这件事有生计所迫——坐了多年冷板凳，终于等到了教学制度的一个补缺机会。在上大的学术生存环境，我内心极度卑微而敏感。来自学生群体的一点点不满和怀疑，都会成为扰乱我心的风吹草动，我时常有不安全感，不知道何时这个空缺就不再需要或者被替换。也许等我完成中国人类学重建40年的记述，将来合适的机会，杜靖会撰写一部更坚实的学科史著作，因为他是最合适的人选。这样看来，我是为完成课题任务而尽本分，在昆明期间给杜靖打电话听他在电话那头滔滔不绝地灌输云南人类学学人群体的学术讯息，我在内心绝望而无助地呼喊，"为什么是我"。学科史

---

[1] 马丹丹：《"生态艺术"与"逃避艺术"：尹绍亭、斯科特关于刀耕火种的"对话"》，《中央民族大学学报》（社会科学版）2017年第6期。

田野的开展是与外部环境的互动，"职业人"角色的自我赋予却是完成于"刀耕火种"那篇长文，我从尽本分的职责中挣脱出来，进入一种知识创造的自律性舞蹈中，那是自由的知识创作过程，我找到了自己言说的位置。

2017年下半年是艰难的下半年，《人类学史》研究生课的选课受到重创，这一届的研究生竟有三分之二的同学拒绝选这门课，这是以前没有发生过的情况。至2018年我出国前，情况仍未好转。2019年出国期间，情况还在继续恶化——我精神极度痛苦，不小心把左膝盖韧带摔断，坚持到回国才做手术。而今重新回想2017年的冬天，就好像多米诺骨牌的噩梦开始，它在学生群体的发酵影响会持续如此长时间，是我没有想到的。

2017年的冬天，所幸门下召集的读书会还能继续。我带领学生读了Tim Ingold的两篇文章：《人类学不是民族志》和《够了，民族志》。我感谢这些学生，正是读书会上讨论不下的问题，才有了我和Tim Ingold的书信往来。回想这段几近窒息的日子，读书会结束后回家的一个雨夹雪夜，一篇日记道出了真实心情：

> 校园周边的路，走了一圈又一圈，如果一圈是年轮，我的心境转变到只剩下一个人的天地万籁中，只剩下命运的轮廓向着信念的方向打着漩涡渐渐显现。

那个时候不知道命运的轮廓是什么样，只是模糊觉得会有一天发生改变，但是哪一天，什么时候，具体又是什么改变，皆是茫然。联系布尔迪厄所说的"双重距离"："把开课、完成一项制度仪式并由此在承担角色的过程中建立与角色的距离这种做法，当作我的课程的对象。"[1] 放在自己的情境中，则可以隐约看到两条评价体系在有条不紊地进行着，一是行政的支配和分裂力量，一是学术共同体的自律实践力量，不过学术共同体不是一个制度的概念，它作为非正式关系具有极度的不确定性和流动性，因此它只有已有活动的概念，而无法保障下一次的活动进行。当然，它不是靠意念和理想而活着的。尽管如此脆弱、没有独立的实体，不过学术的自律与行政的统治几乎是可以放在一个平行

---

[1] ［法］布尔迪厄：《自我分析纲要》，刘晖译，中国人民大学出版社，2017年，第110页。

线上的。另外还有第三个因素，那就是性别。卑微的出身，鲁莽的性格，社会关系单一，再加上性别，我在舆论形势不利于自己的小环境里，很难有被信任和支持的依据。这样有很长时间，我是在外在环境"不相信"的情况下开展对学生的学业指导，当这重关系发生循序渐进的裂变时，我没有想办法让自己与角色拉开距离，而是义无反顾地卷入了进去。

在最痛苦的时候，我去求助学校提供的心理咨询服务，接待我的心理医生安慰我自我调整。从心理咨询的办公室出来，像游魂一样，心里空荡荡的，我没有得到任何自我重建的正向信息。

尽管学术的自律和行政的统治是平行的关系，不过学术的自律是一条隐性的存在，近似隐秘的呼吸，它不是鲜花或者金钱奖励，极度的恐慌和恐惧，让我失去了对学术实践的理性判断，就是在这种两极化的"配置"中，求生本能发挥了微弱的作用。我完成了喜洲重访的学术史批评。[1]

那种久违的趋向自由的舞蹈在幽暗里舒展，在视角主义的实验上，我拾级而上，沉醉于万花筒一般的模棱两可美学。可是我的矛盾性格也就在此，我在文章里试图用模棱两可缓解知识受制于立场的局限所在，但是在生活里，对于处理生活矛盾的模棱两可的实践智慧，我却不能相容。近期整理在加州访谈葛希芝老师的性别专题的录音稿，我意识到视角主义的问题所在，视角可以带来解释的多样性，但性别作为秩序基础，它是社会的根本所在，这是无法以人的意志而转移的政治经济基础。我以前厌恶反思，因它总以反思之名而牵绊人们前行的脚步，而今对视角主义的反思多了一些真切的感受。

这篇文章发表后，杜靖师兄对视角主义作了回应，他认为我指出视角主义本身亦是给认识论的"一锅粥"增加了一种元素而已。[2]尽管有批评，他还是在他的文章中加以引用，这给了我很大的鼓励。

整理改革开放以来中国中产阶层的民族志综述发表后[3]，刁统菊师姐在她的

---

1 马丹丹：《模棱两可与理解差异：喜洲的文本及回访文本阐释》，《青海民族研究》2018年第3期。

2 杜靖：《知识人类学何以成为一种可能：试论知识人类学的哲学基础》，《青海民族研究》2019年第1期。

3 马丹丹：《中产阶层"不可统计"的生活经验：民族志书写城市的新路径和可能性》，《民俗研究》2018年第6期。

文章中加以引用,这再次给了我鼓励。[1]

张光直说过,要做脚注人物(footnotes)。年事渐长,经过一番努力,我对这句话方有了体会。

不过学业的努力与我在学生学业的指导关系的失败形成鲜明的对比,至于后者,也让我认识到,教育再生产(reproduction)是一个极其复杂的学术生产活动。去年与一个学生学术合作,合作不畅,我想到了出国前过度卷入信任危机的教训,果断中止合作。我懂得了自我保护。

2020年学院组织一年一度的员工优秀考核,这一年,我破天荒被评为"优秀",打破了入职以来年年都是"及格"的结果。

三、公共写作

2019年秋回国不久,我在河南老家的医院做了韧带重建手术,出院休养3个月。出国一年因为发表文章、教学工分不够,影响到2019年和2020年连续两年的收入,回国后就面临"度荒年"的经济现实。

那3个月,我只得伏案写作,期间完成了回顾格尔兹的早期东南亚田野调查的论文。11月,我可以戴着支具走动了,回到学校恢复教学工作。为了增加收入,好朋友张经纬帮我找了《晶报》编辑,帮我推荐了刚刚翻译过来的人类学新书。《晶报》"深港书评"栏目发表了我撰写的第一本书评是《人行道王国》。米切尔·邓奈尔将多点民族志运用到他的第六大道田野中,演化为"诊断式调查"。[2] 撰写书评无法保证固定周期的产出,教学工作一忙起来,就被放在一边,经纬给我开出的书单,我只完成了三分之一。但是它有一个好处:我可以将少量合适的英文文献夹带进去,创造阅读的距离间性。我不得不把学科史的储备调动出来,将单篇书评嵌入理论与方法论的对话当中。这一副业激发了教学的时效性,建立了人类学新书动态与教学介绍之间的最短反馈链条。进

---

[1] 刁统菊:《感受、入户与个体故事:对民俗学田野伦理的思考》,《民俗研究》2020年第2期。

[2] 马丹丹:《露宿街头也是工作:评〈人行道王国〉》,《晶报》2019年11月26日。米切尔·邓奈尔:《人行道王国》,奥维·卡特摄影,马景超、王一凡、刘冉译,华东师范大学出版社,2019年。

入教学材料的包括《在逃》开辟的"向上研究"的田野路径和政策批评[1],《别睡,这里有蛇》中语言受制于文化的特点。[2] 在专业的学术语言的容纳度和可接纳的批判方面,《澎湃》要稍微宽容。我开始揣摩通俗写作的灵活度的把控,甚至考虑应景的因素。例如疫情刚有缓解,政府鼓励群众摆摊儿开夜市自谋生路,在草根经济上稍微放开了些,一时间摆摊儿如雨后春笋、花絮层出不穷,那个时候刚好在研究生课堂上讨论沃尔夫的《撼动大地之子》,沃尔夫对墨西哥的环节市场的活灵活现的再现,触动了我和时代的连接思考。于是抓紧时间撰写了书评,虽然是1958年"旧书",但在新的现实条件下激发了乡民社会的理论活力。[3]

到了12月底,遵从医嘱,我终于可以摘掉支具了。我忽然记起《人类学史》本科生选修课之所以可以从晚上调至白天,是因为腿疾不便,跟学院教学秘书申请,金桥老师把他的课和我对调,他的课转入晚上。好在他的课一直保持在40~50人的选课规模,这样还稍不那么不安。就是这个冬天,出国前选我做导师的三位本科生给了我温暖的欢迎仪式,伴随研究生的迎来送往,曾经的教学体制留下的巨大裂痕伴随时间的流逝和新人(freshman)的报到,发生点点滴滴的修补。摘掉支具走路,时间一长就感觉不行,鲍医生建议我拄拐。于是我在网上买了一个简易拐杖,敲击在办公室长长的大理石铺就的地面上,发出笃笃的声音。此时的我为生活奔波、教书、业余写书评,颇有"卖文"的意思,虽不至于"等米下锅",生活忙碌而充实,有它真实而朴素的那一面。2018年夏离开时,办公室窗户望过去,对面小河边的草木尚且稚嫩,等到一年多后再回来,却看到秋日河水萧瑟,草木已经长高了一大截,绿树成荫。走之前手绘的"一帆风顺"花朵还正怒放,回来看到花木依旧,阔大叶子烧焦了

---

1 马丹丹:《义海情天:费城第六街区黑人小伙们的在逃人生》,《澎湃·思想市场》2020年5月17日。爱丽丝·戈夫曼:《在逃:一个美国城市中的逃亡生活》,赵旭东等译,中国人民大学出版社,2019年。

2 马丹丹:《扑朔迷离的皮拉罕语,被上帝遗忘的语言:评〈别睡,这里有蛇〉》,《晶报》2020年3月11日。[美]丹尼尔·埃弗里特:《别睡,这里有蛇:一个语言学家和人类学家在亚马逊丛林深处》,潘丽君译,新世界出版社,2019年。

3 马丹丹:《沃尔夫:市场和国家之间的印第安小商贩与墨西哥乡民社会》,《澎湃·思想市场》2020年6月22日。Eric R. Wolf. *Sons of the Shaking Earth*. Chicago: The University of Chicago, 1959.

斑斑点点。

　　大楼长长的走廊，冬天夕阳西下的时候，总是有很长的红光斜照在地面上，照出豁然明亮的房顶轮廓。我久久伫立在走廊尽头，心中凄怆，却仿佛见到刚从中央民族大学博士毕业的模样，踌躇满志，好恶写在脸上，刚入职申报"优青"项目，学校还没有发联想笔记本，到学校西门的网吧填写申报书，临走时走得慌张，白裤子被桌子"嘶拉"划开了一个长口子。回想起来，恍如昨日。而今已步入中年行列，我的博士论文没有出版，晨光、曙光学者从未申报成功，2019年评选"上海学术新星"落选，2020年参加浦江人才计划面试再次无一例外地落选，高水平论文从未发表一篇，按照上海学术资源标尺的任何衡量，我都是极其边缘化的存在。而今开发书评副业，美其名曰"公共写作"，不乏经济压力的驱使，且自由媒体在学术圈里还是远远排在《信睿周报》等新兴刊物之后，只是学院派"闲庭信步"的花絮，哪像我？我的卑微和敏感，十几年如一日，在结构的夹层中积淀而耕耘不辍，但依旧是维持生存线之上多一点的政治经济水平，和学术斐然的青年才俊相去甚远。

　　久久伫立在走廊尽头，看着夕阳的余晖匍匐身子向走廊拉长它的红色弓背，时光的列车轰轰从黑暗中开过来，又消失在山洞里。那一刻，我曾经浸入学术生产的实质环节、踩踏思想"隐秘的声音"早已碎一地。那种骄傲，那种悸动，那种不顾一切地突出文献重围的快感，早已黯然失色。

四、人生如逆水行舟

　　2017年的冬天，是难熬的冬天。无心教学，我名下的读书会难以为继，我躲在学校的教师公寓，不再去办公室。喜洲回访的稿子遭遇"滑铁卢"，心情低落。无论是哪一种撤退，都是极其愚蠢的做法。

　　和上海海洋大学的张雯看了一部电影《至暗时刻》，讲述丘吉尔在敦刻尔克大撤退时最艰难的处境和抉择。当老爷子在电话里找美方、找法方等盟友借飞机援助皆遭冷遇时，那种绝望的处境，我深有触动。2016年冬天评职称时，经过第一轮专业小组审，我被安排到学校二审，和全校其他老师一同参加述职答辩、差额竞争。我们被安排到会议室旁边的一个小房间里。等待似乎是一个生死攸关的考验，当我看到几个男老师脸色煞白，因为过度紧张而呈现出快要虚脱的神情时，我忽然平静下来，我对自己说：如果不是我在这里，那么就是学院另一个老师在这里了。以我的出身和并不算出众的成绩，在这里是合情合理的。这样自己劝自己，我的心情平复下来，下一个就轮到我了。

11月收拾行李，稍做准备，买了去北京的车票，参加2018—2019年富布莱特全国面试选拔。面试结束后，我回到安阳。

《中国马达》的译稿经过这个夏天的酣战，小组分工的章节汇总，已经归拢到一起。那个夏天，这项浩大工程在蹒跚前行时，我不得不抽出时间应对"刀耕火种"文章的修改。那个夏天，啃完了译稿，鼻炎、支气管炎发作，我去小诊所挂了三天吊针，仿佛大病一场。

虽然归拢到一起，但是还需要细细打磨、全书统稿，我不想再碰，弃甲而逃。后来在家花了两个星期，完成了统稿和校对。之后看到露丝·贝哈的《到得了远方，回不去故乡——一位女性主义人类学家的跨国成长旅行》（*Traveling Heavy*），她将自我的情感看作是一个理解自我和他者的重要载体。她的家族、她的成长经历、她的童年记忆成为后来牵绊她半生的"我是谁"的归属追问。[1]家对我同样有深入骨髓的影响。高中为了强化数学，清晨参考练习册，练习几何、代数的解题，练习，不断地练习，看着日光从桌子这头移到那头。心静止水。少年时，桌子的玻璃板上映过飞鸟的影子，我耳边总是浮现《平沙落雁》古琴曲旋律。而今还是在这里对着葛希芝的《中国马达》英文稿，一字一句地校对译稿。[2]复印的英文著作早已脱了皮，边边角角磨得破烂，圈圈画画如蚁群。命运又回到了高中练习数学题的时候。

2018年刚过完年，葛老师从台湾途经上海，落塌三日，即将去浙江大学高等研究院做半年的访问学者。这真是一个好消息。自《中国马达》的译稿启动后，这是她第二次访问上海大学。她的到来就像是一道煦日播撒到荫翳而孤独的学校高墙里。就像是春天的消息从岩石的裂缝中泄露出来。宴请她的时

---

[1] 马丹丹：《人如候鸟，模糊了乡愁：评〈到得了远方，回不去故乡〉》，《晶报》2020年2月21日。露丝·贝哈：《到得了远方，回不去故乡——一位女性主义人类学家的跨国成长旅行》，广西师范大学出版社，2019年。

[2] Hill Gates. *China's Motor: A Thousand Years of Petty Capitalism*. ithaca: Cornell University Press, 1996.

候,席间有一盘菜,我忘记是什么植物,吃掉果肉,留下核,葛老师把几个核用纸包起来,想要把它们种到加州农场(ranch)的果菜园里。但不确定是否能成活。不过离席间,我最后离开,发现她还是忘了收起来。

3月,我和好朋友——《中国马达》的译者之一绍蕴绮,即诺娃,一同去杭州看望葛老师。我们吃土菜,在浙大附近的"朴墅"和定宜庄老师一同吃了杭帮菜,第二天又去了法喜寺,葛老师带领我们观察民间宗教的商业交换逻辑混杂在佛教教义之中却怡然自得的田野细节。回来的路上,乘坐公交车,我们挤在车厢里,车子在绿荫中从开阔田地徐徐步入闹市深处。

葛老师是我欠缺教养和学术教育的粗野底子里所汲取的极为珍贵的生命的养料与热情。从翻译聆听作者的典雅书面语,生活中实际相处中通俗易懂的口语,无时无刻不在从语言的相通中提升我的悟性。卑微而敏感的出身在我思想上的芥蒂,渐渐地从学术讯息的提供、学术观点的理解以及学术价值的针砭等等生活与学术"血浓于水"的关系中,逐渐让位于启发、鼓励和适当的辩证法教育。在伯克利访学之余,造访农场,农场宅邸环绕在群山之中,生活的恩惠尽收眼底。偶尔野猪从不远处的大树经过,早上出去爬山时,还能看到鹿。在小木屋里,我学会了做意大利面,苹果炖猪肉,种种葛老师发明的中西合璧的菜肴。葛老师对房屋布置和装饰有一种独特的审美,那种审美是在笨拙的实木家具之中弥补的轻灵朴素的装饰之趣。

厨房也是我们的工作间,吃饭、谈话、喝茶,冬天给壁炉生火,去柴房抱柴火,壁炉上的风向标滴溜滴溜地转着,火炉里发出噼里啪啦的声音,葛老师谈我的学科史课题,谈她的读书新发现,以及我和她之间维系了两天的访谈。有一次谈及国内学术界的敬老传统,葛老师告诉我,抛去一切身份、地位和名誉,是学术思想是否有创新和洞见。一种相对论的价值观试图穿透中美文化差异的壁垒而传递说真话的力量。她掷地有声,我们心潮起伏,我仿佛又听到她说这话时唤起如万鼓激鸣的灼热情感。在性别访谈中,葛老师说,女人要自信,因为男人总是要打压女人,以最低成本让女人成为牺牲品。我后期和学生一起整理访谈的时候,在清冷的书桌上才燃起迟来的烟花。

五、我喜欢你全力以赴的样子

2019年初，诺娃来纽约开会，顺道赴加州看望诸多老朋友。和诺娃去三塔罗萨（Santa rosa）看望葛老师的妈妈时，大概我的课题要六月份交稿的事情大家都知道了，她问我："你的作业写完了吗？"

我很惭愧，心里发虚。这种关切的询问就好像母亲一路的陪伴和叮咛，她虽然不知道我最后到底是怎么糊弄地发表或完成任务指标的，但是她知道还有哪些工作没有完成，以及工作在哪个地方卡住了。

诺娃回国后，我没有再拖延逃避的理由了，且日子一天天临近，我出国前已经完成的工作似乎还是一盘散沙。我住在湾区的阿尔巴尼，是一个海边小镇，公寓在山脚下，沿着山脚，有一道小河弯弯曲曲地流过，这条小河的源头是旧金山。沿着小河修建了修葺的座椅和鹅卵石铺就的小路，街心公园是一棵大树。走到河道尽头，一转弯，穿过十字路口，就到了peet's coffee。我常去这里，从ranch带来的长住娘家的资料分类和统计在这里完成了40%。等到课题吃紧的时候，我受伤的腿稍微结实的时候，连续一个春天，我每天吃过早饭后，骑上自行车，在山路上下穿梭20分钟，来到附近的wholefood，进去咖啡区，通常总是能够占到我的固定位置，打开工具，去前台点一杯摩卡，开始上午的写作。午餐在wholefood解决，买墨西哥玉米片当作零食，买一大瓶鲜榨橙汁。等到下午四五点时候收摊，再采购一些蔬菜鱼肉等食物，骑着自行车回家。有一次我买了车厘子，放在公共卫生间的洗手台，出来的时候被人拿走了，我还跑去服务中心说明情况，工作人员看了我的小票，又让我去随便拿一袋出来。这个信任的细节给我留下了深刻印象。日子一长，咖啡吧台的服务生的轮流值班表我已掌握，那个笑起来灿烂的亚裔姑娘也认识了我。那段写作的日子，不只是环境熟悉，我还认识了诸多"同桌"。这里聚集了一小部分伯克利学生。一个已经是两个孩子妈妈的心理学博士在那里撰写她的博士论文，最后一次我见到她，对她说："我的作业写完了。"她很高兴。在研读马库斯的多点民族志文献时，遇到一个关键术语"Para-ethnography"，我拿捏不定，于是问旁边的男生，给了我一个相当不错的母语教学，后来和国内朋友反复商榷，最终我们敲定"类民族志"的翻译。有一次我的笔不能用了，旁边那位拿着无数复杂工具绘图的老兄，本来是借他的笔，他走的时候说送我了，我不好意思地道谢不迭。就这样在随时有"英语助教"请教的环境中，我完成了马库斯的多点民族志文献综述的半成品，制作了尔湾访谈的访谈大纲，发给马库斯本人审阅。[1]外事活动一结束，再次归队wholefood，进入紧锣密鼓的写作。因为这种特殊的环境，和国内的纸本文献切断，迫使我利用手头的英文文献完成一项中英文语境可以衔接、对话的"相对论"后续工作，以及寻找一种语言，对国内民族志生产工作进行二次评估与批评的可能。访学刺激了英文文献引用的时效性，和"刀耕火种"的隔空对话不同，我竭力创造可对话的现实空间，它给我的能力提出巨大的挑战，同时挑战当中也埋藏了伏击的机遇，面对中国人类学囹圄殖民主义塑造了既依赖又反抗的矛盾学术性格，这项反向的联结运动在自我瓦解人类学本土化方面起到了支持作用，"不破不立"，就这样，中国人类学重建40年的学科史撰写冲动逐渐转化为清晰的问题意识。

结语：萤火虫之光

"我们要与理论和方法论的正统观念进行斗争。"[2]布尔迪厄在总结他的社会学理论的时候，将实践理性落在小人物身上，依然是和他的外省人小公务员家庭出身息息相关的那些容易亲近的小人物。在农场的蔬果园里，葛老师让我看一种奇怪的植物，它的花朵可以吃，她说这是饥荒时候可以充饥的植物，春天采摘，吃起来苦，咽下去又有一种回甘。《定西孤儿院》里面也记载了很多大饥荒岁月里可以充饥的甘肃黄土高原的植物，其中最救命的是"大跃进"之前埋在地里疏于收获的土豆，土豆吃完了就是树皮。我想起了在首阳山吃过的粟。回国后，学生推荐我一部电影：《矿民、马夫、尘肺病》，通过撰写影评，初次认识了蒋能杰导演。[3]我尝试将公共写作向公益事业靠近，邀请蒋能杰导演

---

1 马丹丹：《当代著名学者乔治·马库斯"合作人类学"元方法论述》；马丹丹、马库斯：《文本、民族志与在地化：关于文化的整体理解——人类学学者访谈录之九十》，《广西民族大学学报》（哲学社会科学版）2020年第1期。

2 [法]布尔迪厄：《自我分析纲要》，刘晖译，中国人民大学出版社，2017年，第76页。

3 马丹丹：《以纪实为笔、以时间为线：〈矿民、马夫、尘肺病〉影评》，《棉花沙影像工作室》公众号2020年6月12日。

和云南大学的林超民教授、陈学礼老师打破"文野之别",进行一场影视人类学的对话。我按照内心的诉求在美、英、韩、中等人类学同行之间展开对中国人类学嵌入世界的距离间性的探索。

现实是理论激发创造力的来源,而对文化的追求是否能替代现实主义的理论关照?而现实主义的理论风格与不平等的阶级现实又有何实质的联系?这不是我像反复练习数学题那样努力就可以回答的。地心引力将万事万物与土地相连,身体作为生物性的本质无法被文化建构掩盖,"我们生活在一个物质世界,我们无法在天空中铸造天堂",2018年初春,作为《中国马达》的演讲结束语,葛希芝老师说。

> 晚上起风了,Ranch图书馆白天打开的窗还没有关。
> 我怎么关也关不上。
> 只好唤Hill来帮忙,原来是把手松动了,葛老师转动把手的时候,手一使劲,那个铁把手一下子从窗户缝里飞走了,掉到了楼下的草丛里。
> 于是一起下去找。
> 出门的时候,葛老师让我把手机的照明关掉。
> 一条闪闪发光的小路出现在眼前。
> 是那些鹅卵石的光。

它们汲取了白天太阳的热能,到了晚上,就发出盈盈之光。学科史的转向发生在我身上的故事,也许亦是一个仅有问题意识还未形成凝聚力量的黑暗中的轮廓,但尚未绝望的是,黑暗中的萤火虫,在湿润的河丛中发出黄绿色的荧光。

徐杰舜
韦小鹏 主编

新生代
人类学家之路
下

学苑出版社

一位魔都人类学者的自述

潘天舒

潘天舒，人类学博士。曾任教于美国华府名校乔治城大学和约翰斯·霍普金斯高级国际问题研究院。现为复旦大学人类学民族学研究所教授、所长，复旦－哈佛医学人类学合作研究中心主任，长三角人类学共同体创建人之一，《复旦－哈佛当代人类学丛书》主编。代表作是《邻里上海》(*Neighborhood Shanghai*)。

我要感谢徐杰舜老师的慷慨大度，将我这个年过半百的"老面皮"忝列为《新生代人类学家之路》的作者，以此提醒我不忘来时路。虽有"超龄"之嫌，但我从入门到成为一名专业人士，始终追求的是一种新生代的人类学样式和风格。如果新生代的"新"可以理解为历久弥新的"新"，那么新生代的"生"就是生生不息的"生"。在这个意义上，我算得上是一名身处魔都，心怀祖国，放眼世界的新生代人类学者。

一、入门和师承

我最早接触到"人类学"，应该是在高中学英语时遇到的生词"anthropology"。这个源自希腊语的学科名称，使我产生了好奇心。后来听说有语言人类学（linguistic anthropology）这个分科，似乎比单纯的语言学要有趣得多。在1987年到1988年期间，我作为复旦大学英美语言文学专业的本科生在英国利兹（Leeds）大学留学时，对文化差异和族裔身份认同有比较强烈的感受。在异域的首次体验带来一定的冲击。我明显地意识到自己对文化语境的兴趣要大大超过文学经典。在大四毕业后留校工作的几年里，我曾经借阅了几本美国大学赠送的人类学和社会学教科书，开始有了初步的专业认识和学科直感。但正式开始学习人类学专业课程，则始于1994年在哈佛大学攻读东亚地区研究硕士学位时，先后选修了人类学系华如璧（Rubie S. Watson）、华琛（James Watson）、努尔·雅尔曼（Nur Yalman）、梅伯利－路易斯（D. Maybury-Lewis）、撒利·莫尔（Sally Moore）、比尔·费舍尔（Bill Fisher）和乔治（Kenneth George）等讲授的课程，内容涉及博物馆研究、文化与饮食、人类学理论、政治人类学、发展人类学和民族志叙事等领域。奇妙的人类学入门之旅就这么不知不觉地开始了。

我在读研时的硕导和博导分别是华如璧和华琛这对当时哈佛人类学系出

名的夫妻档。华如璧当时是以毕波第（Peabody）博物馆为主要办公地的一位兼具策展人和教授身份的学者，后来成为哈佛人类学博物馆首任女性馆长。1995年秋季我转入人类学博士学习时，华琛教授是我的博士论文委员会负责人，凯博文（Arthur Kleinman）和赫兹菲尔德（Michael Herzfeld）自然而然地成了指导老师。他们三位在20世纪90年代是哈佛人类学系最具活力的中生代力量，互帮互助，"互享"各自的学生。因为这个原因，我的哈佛同学人数至少扩大了两倍。凯博文和赫兹菲尔德只要不出外旅行，必定出席华琛组织的学术活动和家庭聚会。2002年我毕业后，在华府的乔治城大学（Georgetown University）和霍普金斯高级国际问题研究院全职和兼职任教三年。在我做出海归决定时，华琛又邀请我回哈佛进修一年（原定是在燕京学社和亚洲中心交流各一学期，后来是在复旦张乐天教授的"催促"之下，于2006年春提前回国）。回国之后，我和四位导师继续保持着关系。在2011年前后，华如璧和华琛先后荣休，回到美国中西部家乡继续他们的研究工作。凯博文和赫兹菲尔德几乎年年来中国访问，直到2020年疫情暴发。凯博文老师和我在2007年成立了复旦-哈佛医学人类学合作研究中心，一直以各种方式保持着有质量的教研合作。2017年开始，我和凯博文的合作有了更具挑战性的内容。我有幸作为凯博文领导的哈佛跨学科团队在中国的代表，与江苏产业技术研究院合作，于2021年3月正式担任适老社会科技创新中心主任。赫兹菲尔德老师在2014年夏天，作为主授，与我合作开设了《21世纪人类学》等复旦研究生院FIST课程。可以说，我和四位哈佛老师的师承关系在我2002年拿到博士学位之后，一直保持至今，可以说是人生之大幸。

二、难以忘怀的哈佛求学体验

如上所述，我的人类学求学经历始于哈佛东亚地区研究专业硕士班。1995年秋天我正式进入哈佛人类学系博士项目。读博的经历，总的来说非常顺利（听美国同学说起芝加哥大学的社会科学训练的残酷性，觉得自己哈佛的读书体验还是愉悦有余，吃苦不足）。印象比较深刻的是赫兹菲尔德的民族志批判阅读课程（Critical Readings in Ethnography）。他非常强调修课学生的主动参与，常常会当场点名要一位学生做讨论课的主持，一位学生做民族志案例的内容陈述，一到两位学生做评论，一到两位学生做总结。他面露微笑，坐在一边看着学生激辩，非常享受。现在想起来，赫兹菲尔德的教学方式是让我们尽早地进入一种实战状态，为今后独当一面提前做准备。另外不得不提的是，在哈佛读博期间做研究生助教（在哈佛称 teaching fellow，即 TF）的难忘经历。博导华琛当时教的核心课程《中国亲族》(Chinese Kinship)和《饮食与文化》(Food and Culture)与某生物人类学教授的《人类生殖行为》一起，被哈佛本科生简称为 Dating & Mating、Eating 和 Sex 的热门课程，吸引了大量修课学生，常常是一票难求。我至少为华琛做了三次助教，其中两次是助教主管(head teaching fellow)，要管十几名助教。本科生中不乏名人或者名人的后代。我都是事后得知。另外，我还有幸担任过麦克法夸尔（Roderick MacFarquhar）教授的《文化大革命》和杜维明的《儒家人文精神》两门通识课程的助教，有了较为深刻的跨学科体验。哈佛研究生院似乎规定博士生至少要有一次助教经历。而事实上，人文和社会科学专业的研究生常年边写论文边担任助教的，比比皆是。如果说哈佛博士在拿到学位之后比其他名校的博士在找教职时有什么明显优势的话，那就是独立设计和讲授课程的能力和经验。

此外，就个人专业发展而言，在哈佛读博经历给予我至少三大"财富"：1. 有缘结识众多文化和族裔背景不同的同学并且成为同窗益友，亲身体验了什么是"同辈学习"（所谓 peer learning）；2. 在哈佛庞杂的图书馆系统不知疲倦地遨游，看了不少趣书和闲书，实实在在地体会到什么是"开卷有益"，至今难忘 Widner 和 Tozzer 图书馆内新旧藏书发出的历史气息；3. 以学生身份参加的从哈佛校内系所、中心到美国人类学学会年会等各类人类学和相关学科的研讨会、工作坊和论坛。尤其值得一提的是，在参加 AAA 或者 AAS 等年会时，可以按自己的喜好随意进出各个分会场，如果觉得讲题有意思的，就驻足逗留一两个小时，没意思的话就赶往下一个去处，或者干脆去看一场民族志电影，逛逛书市，偶遇新老朋友，如与著名人类学家西敏司（Sidney Mintz）连续三年在 AAA 上不期而遇，参加华琛师门餐聚（这已经是多年的仪式），尽享在不同的场景中穿梭的自由（这种学生时代的自由，如今已被"合情合理"地剥夺了）。

三、与人类学结缘：在上海的田野体验

我最初的博士论文选题是票证经济时代上海普通市民的日常生活实践。这一研究兴趣源自我担任华琛讲授的饮食文化课程助教及其"饮食与革命"专题研究助手的经验。我在哈佛-燕京学社图书馆查到与此议题相关的不少档案材料，但停留在纸面上一些史实轶事，毕竟缺少来自田野的鲜活气息。在1997年夏天，我在上海档案馆查阅了上海粮食局等单位开放的案卷，又走访了普陀粮食局的一位退休科长，并在"两湾"初步落实了田野地点。在1997年秋季，我花了大半个学期的时间申请田野研究经费，到1998年春节学期结束前，终于得到了NSF（国家自然科学基金会）、Wenner Gren基金会和丰田基金会的正式资助，加上哈佛亚洲中心提供的旅行补贴，这好运气让我难以置信。然而，等我马不停蹄地飞回了上海，准备启动田野研究，却发现：一年之前确定的田野点，上海城内一出名的棚户区（与人类学想象中的"都市村庄"完美契合），在推土机的轰鸣声中被夷为平地。在20世纪90年代，处在"一年一个样，三年大变样"进程中的上海可能是全世界最大的建筑工地。对此变化，我只能坦然接受。华琛教授常常跟我们说：人生就像田野研究，什么事情都会发生。

在亲朋好友的建议和帮助之下，我在上海东南部寻到了一块可以进行"硬核社区研究"（华琛称之为hardcore community study）的宝地。在我的博士论文《邻里上海》（*Neighborhood Shanghai*）里，我给这块宝地起名"湾桥"。从1998年至2002年以及2010年世博会期间，在位于上海东南部湾桥社区所进行的田野体验和实地观察显示：上海的普通民众在话语实践过程中，仍然以自己居住场所在城区的所属地段来喻指自己的社会和经济地位并借此抒发文化优越感或者自卑感，甚至会在不经意地运用早该过时的"上只角"和"下只角"陈旧说法。不无惊奇地发现：这种理应存入历史语言学档案的老掉牙的空间二元论，在特定社区和特定场合，还具有相当茁壮的生命力，仍然可以作为一个象征符号，来探讨今日上海城区结构调整和公共生活变迁在具体空间的体现形式。不久前由于闸北和静安两区合并在网络论坛和微信朋友圈引起的众说纷纭，即是明证。在田野描述、事件重构和分析过程中，我尝试运用了历时与共时模式，以确保数据来源的丰富性和可靠性，通过对于尘封达半个世纪之久的

地区档案的发掘利用、个人和集体生活和工作的口述史记录以及在此基础上进行的深入社区基层的参与观察、实地深访和话语文本分析等多种社会人文科学方法的综合使用,将"城市里的人类学"(anthropology in the city)和城市的人类学(the anthropology of the city)两种技术路线的有机结合,准确记录和分析了发生在20世纪90年代处在产业调整、城市空间重构和社会分层等结构性变革进程中上海邻里从普通居民到社区干部和基层官员身上的系列事件以及他们面对巨变的心路历程和采取的策略。自下而上和自上而下两种视角的融合,力图实现费孝通所强调的社区研究"见微知著"的理想。

如今湾桥地区因为2010年世博会的举办,发生了翻天覆地的变化。短短几年之间,以前的棚户、旧厂和老宅基本消失,在重构的空间里出现了高档的A门禁小区、创意园区、咖啡馆和特色餐馆,这一切是我在1998年进入湾桥时始料不及的。然而,我一年多的田野体验对我从观察视角到为人处事的方式,产生了巨大的影响。海归之后,我无论是以项目负责人的身份参与英特尔公司、微软-中国和上海精神卫生中心进行的团队合作研究,还是在杨浦区和黄浦区开展的士绅化(gentrification)进程中和老龄社区照护实践的跨学科田野考察时,都在提醒自己务必接地气、讲人话和从当事人的视角来看待他们的生活世界。

四、海归复旦后学科建设的十大行动亮点

从2006年海归复旦到现在,我以医学人类学和商业和技术人类学为教研重点,在发展和完善以前瞻性、公共性和植根性为导向的复旦人类学学科方面所取得的成绩,大致可归纳为以下十大教研行动亮点。

第一大亮点是2007年10月成立的复旦-哈佛医学人类学合作研究中心,美方名誉主任为凯博文教授(复旦大学名誉教授和上海白玉兰奖获得者)。他积极支持我海归复旦。2007年秋天刚好他利用学术假访问上海。在我的资深同事张乐天教授的倡导下,凯博文欣然同意成立合作研究中心,这也是我和张老师一起做的第一件让我们人类学这个小圈子里的师生有获得感的事情。

第二大亮点是围绕着复旦-哈佛医学人类学合作研究中心,我和张乐天老

师与上海译文出版社合作，从 2008 年开始，出了一套国内复旦-哈佛当代人类学丛书，非常及时地介绍了一批包括哈佛大学人类学教授专著在内的当代人类学民族志作品，在国内同行中引起了较好的反响。这套丛书的《序言》中凯博文有这么一段话：

> 国际人类学界正在发生的一次最值得注意的变化就是学科关注的对象正在转向当代主要社会和地区，如中国、日本和欧美各国等等。这一动向显示出人类学家们正转向对影响当代社区的重点社会问题的研究，而且还开始表达出努力转化人类学研究成果，使之能为政策辩论、项目实施和普通传媒所用的意愿。

我认为这段话到今天，仍然可以用来为我们的学科发展定位和定向。我至今难以忘记麻国庆老师在黄山会议期间对这套书的谬赞（我认为他一定是"酒后吐真言"）。

第三大亮点是从 2010 年 3 月开始到 2020 年，我组织策划了《当代人类学讲坛》（45 期）、《质性研究工作坊》（45 期）和《应用人类学与中国研究系列》（16 期）等学术活动，旨在提高当代人类学学科在学界内外的认知度、介绍国内外人类学和相关学科研究动态并且以田野案例为基础讨论如何在不同语境中运用人类学的方法和技巧。可以说办了 100 多场之后，我和同事们已经初步实现了既定目标。讲座嘉宾包括国际人类学领域的权威专家，如凯博文、古德（Byron Good）、赫兹菲尔德、沃尔奇（Wertsch）等行内高手，也有中生代人类学和相关领域的学者以及在商业领域进行应用人类学探索的先行者。值得"自夸"的是，我是本着花小钱或者不花钱的原则，来办成这些大事的（可能是因为我人缘和人品都还不错吧）。

第四大亮点是持续举办十年的复旦人类学日。2011 年初我向复旦大学金力副校长倡议，联合复旦生物和人文两块以从事各种人类学研究为志业的师生一起来办一个学术节，一个每年秋天与上海人类学学会年会同时举行的复旦人类学日。在复旦人类学日上，以美国人类学四分支（four field approach）为代表的这样的一个学科各个分支学科的最新的成果得以展示，同时我们每年还会给一个终身成就奖给享有国际声誉的人类学家，来自文化人类学领域的就有乔健教授（2015年）和美国哥伦比亚大学的孔迈龙（Myron Cohen）教授。复旦人类学日从一开始就吸引了国内外的人类学和相关学科的嘉宾，如圣路易斯华盛顿大学的人类学系主任基德（Kidder）教授、复旦历史地理研究所所长胡松弟教授、南京大学人类学研究所所长范可教授、中央民族大学的王建民教授、UC-Irvine的詹梅教授以及长三角地区的中生代人类学者。

第五大亮点是我在复旦研究生院的支持下，从2018年开始，每年举办以"适老科技与社会发展：多学科的视角"为主题的研究生暑期学校，来自医学人类学、社会学、老年学、社会工作、社会政策、人口学、信息科学理论以及医学人文等领域的专家组成跨界和跨学科的授课团队，与学员分享来自田野体验、实证发现和应用实践的洞见，同时通过专题讲座、课堂讨论和课后问题思考相结合的方式，将理论探索和人文关怀落实到不同地方语境中的医疗科学技术实践中，力图在地方语境中构建科技应用、政策服务和社会创新的模式。去年的暑期学校在秉承去年多学科和跨界多元的特色的基础上，将疫情造成的困难充分化解为课程讲授技术手段的变通和创新。线上授课的模式，在很大程度上突破了人数和场地的制约。授课教师人数也比前两年翻了一倍，年龄层次从"50后"到"60后""70后""80后"和"95后"，既有识途老马，又有初生牛犊。原计划用于田野考察和机构访问的时段全部用作上课时间，由此带来了更多的线上"跨界"互动机会。社政几乎每个专业都有研究老龄化的老师参与教学。同时通过暑校的教学合作，我们和江苏产研院、哈佛大学、清华大学国内主要的研究院校，形成了一个制度化的合作关系。与江苏产研院的合作，也将在疫情后为我和范可老师于2013年创设的人类学长三角学术共同体注入新的活力。

第六大亮点应该是我们团队已经开出了20门左右具有复旦人类学专业特色的课程，其中绝大部分是我和同事朱剑峰老师从零开始，共同合作的产品。其中最有成就感的是从2008年开始讲授的《中国文化与商业实践》全英语课程（获上海市教委留学生教学示范课程），修课学生中除了复旦正式生（包括中国大陆、港澳台和留学生）之外，还有来自欧美、拉美和亚洲近30个国家的学生，可以说是我的商业人类学教学国际化和专业化的第一个标志性成果。

第七大亮点从2012年开始与美国名校圣路易斯华盛顿大学医学院教授Polites（急诊科专家）进行的教研合作，每年秋季学期与朱剑峰（本课题组成员）一起为华大医学预科生（premed）讲授医学人类学和田野研究方法（由于疫情关系，课程合作不得不中止）。从2017年开始，我们又代表社政学院参与复旦大学上海医学院医学人文通识教育核心课程教学，并参与编写医学人文导论教材（复旦大学出版社2020年3月出版）。最近我们在教务处副处长徐珂老师鼓励下策划人类学的课程（2+x人类学）。以上这些都是强调内涵发展的实事。也是未来我们是不是能走到金力副校长所说的复旦"大人类学"这一步的关键节点。

第八个亮点是复旦人类学公众号。它缘起我的学生陈相超在2011年办的一个复旦人类学之友博客和微博，有相当扎实的内容基础。我坚信以"每周一书"、"每周一文"、课程作业、论文选编和讲座回顾等专栏为核心的推文，能给人类学界内外的有识之士足够的新鲜感和获得感。在保证学术品位的同时，公众号能有这样的关注度，已经是值得欣慰的成绩了。

第九个亮点是我在办了多年的《复旦人类学之友》（学术通讯）的基础上，在华东师范大学出版社顾晓清老师的热情鼓励下，出了《复旦人类学评论》（试刊号）。在人力、物力和时间都不够的情况下，我们即使无法把它做成C刊，也至少可以从引领人类学话题和激发研究热点以及吸引读者这方面做起来吧。

第十个亮点在2020年1月，我们在洛杉矶加州大学（UCLA）的阎云翔教授的倡议下，举办"田汝康纪念讲座"系列。阎教授担任第一期纪念讲座的特邀嘉宾。这个讲座策划从思路和方式上，将效仿以美国人类学家摩尔根讲座系列（Morgan Lecture Series），结合中国国情，尽可能做好做实。

在"后疫情"时代，我和人类学团队成员应该至少还有三大"潜在"的教研合作亮点：首先是与上海教育出版社储德天老师合作的"医学人文"系列的策划工作，目前已经出版了考夫曼（Sharon R. Kaufman）的《生死有时：美国医院如何形塑死亡》，在推出本人的《发展人类学十二讲》（重版）之后，即将出版朱剑峰老师的《医学人类学十二讲》（拟）。随后我们将深化与睿丛文化的合作，努力把复旦商业人类学基地和上海人类学学会应用人类学专业委员会建设成全国范围内的一个知名平台；作为哈佛团队负责人凯博文和陈宏图教授的代表，参与江苏-哈佛适老社会科技创新中心的建设和运行工作。假设我能够像徐杰舜、景军和余成普老师那么勤奋和专注，我相信亮点会更多，甚至于还要可能把亮点转为热点。

有亮点，就必定有"槽点"，而且还真不少，有些是我不谙世事，刚海归时跟着一些大佬瞎折腾，经常是事倍功半，最后忍不住发牢骚，得罪不该得罪的大小人物；最大的"槽点"或许来自 2014 年底匆忙建立人类学民族学研究所。现在看来，这是一件完全由不了解人类学和民族学学科发展特点的校领导和急功近利的院领导，为了满足某位专家的私欲办的一件得不偿失的"好事"。在一无经费，二无人员配置的情况下成立人类学所，在国外大多数高等院校都是难以想象的。从 2015 年开始，我和同事剑峰不得不以损失科研工作为代价，时不时应付一件件"琐"（所）事。

五、人类学者应该是脚踏实地的哲学家

记得哈佛人类学系前任系主任张光直先生曾经说过："人类学"就是研究"人之所以为人"的学问。作为一门专业学科，现代人类学是启蒙运动、工业革命和殖民扩张的产物，其学科特色在于其独特的观察、描述、分析和阐释生物多样性和文化多样性的文化视角，以及兼具科学态度、人文情怀和反思精神的研究风格。在过去的一个多世纪里，人类学学科在北美研究型大学里，以生物（体质）、考古、文化和社会以及语言人类学四大分支（four field approach）的格局得以存在和发展。可以说这一独特的制度结构赋予了人类学其他学科少有的整体全观视野。就人类学教研人员、学生和开设课程人类学院校的规模而言，第二次世界大战之后蓬勃发展的美国人类学学科在专业进程中所积累的"美国经验"和教训具有一定的典型意义。

在美国人类学的"黄金岁月"博厄斯（Franz Boas）、米德（Margaret Mead）和本尼迪克特（Ruth Benedict）曾经是家喻户晓的名字。他们的学术作品对于引导公众意见，尤其是纠正学界外对于种族、性别，以及国际关系问题的种种偏见和谬误，起到了令人难以想象的引领作用。在进入 21 世纪之后，日益成熟的美国人类学学科却失去原有的蓬勃朝气，在专业化、细分化和产业化的合力作用之下，学理探讨与应用实践之间产生无法逾越的鸿沟，使得该学科渐渐成了"表演才华的戏台"和"一种智力的操练或游戏"（费孝通

语），失去了对公共领域，尤其是政府决策部门、大众媒体乃至公民社会应有的影响力。如今美国人类学者几乎完全淡出公众视线。2016年特朗普就任美国总统之后的四年间，白人至上主义死灰复燃，种族仇恨和经济不平等等新老问题在2020年初新冠疫情期间得以放大，在美国国内和国际上造成了罕见的灾难性局面。而在此期间，包括人类学者在内的美国知识界人士所做的疫情观察和评论基本上是局限在自己所在学科领域之内，在线上论坛和工作坊内"自说自话"，真正利用公共媒体来表达观点和分享洞见的学者，寥寥无几。人类学学科发展和建构的"美国经验"让我看到：人类学研究成果一旦受到公众关注，成为公共话题，必将有助于人类学者将目光投向象牙塔之外真实世界中的芸芸众生，而不是拘泥于对某个仪式、习俗或范式的反复论证和争辩。更重要的是，凡是超越经院藩篱和摆脱精英意识的人类学家，常常具有前瞻性的视野，不但能够使学科与时代的变化同步，而且能及时甚至超前地调整研究思路和目标。植根性是人类学公共性和前瞻性特征的方法论基础。它不但是对田野研究这一人类学核心方法本质的形象概括，也是当代中国人类学学科在"大国崛起"语境中赖以立足和发展的必要条件。

我2006年海归回到母校复旦大学，带着发展和充实人类学科的初心。毋庸讳言，当时看到复旦大学人类学学科存在的状态，与国际人类学学科在专业化的理念和认知方面存在着明显差距。如果说，当代欧美人类学者还在为过度专业化和"后现代困境"而烦恼的话，那么困惑中国人类学者（尤其是海归）则是另外一种状况。人类学学科由于历史的原因，在1949年之后没有经过与国际同步的专业化和制度化过程。一直到20年前，复旦大学最为"正统"的人类学实际上是以某种19世纪初带有种族科学痕迹的体质人类学，作为一种制度性记忆，存在于生命科学院。在我刚回到复旦时，看到那里不少与国际主流人类学格格不入的玩意儿，不免哑然失笑。后来，我逐渐认识到这貌似不合理中的某种"天意"。吴定良院士创建于抗战期间的体质人类学学科，是出于保存中华民族种族，免于亡国亡种的初衷，有它不容抹杀的历史价值和积极意义的，尽管其理论和认识的前提早已不复存在。然而，到了21世纪，整个国际人类学的发展的人文走向已经不可逆转，处在全球化和地方转型语境中的复旦人类学发展需要有新的方向和新的内容。在学科发展方面，2014年年底匆忙成立的复旦人类学研究所不可能做到面面俱到，只能量力而行。至于能不能像其他兄弟学校一样，成立人类学系还真得取决于天时地利人和。目前我觉得地利和人和应该都已经有了，因为金副校长始终是觉得复旦大学是中国最好的最理想的一个可以完善美国四分支人类学学科特色的大格局，每个分支专业的专家在复旦大学的院系里都可以找到，而且整个复旦的学术氛围也有利于做金力校长说的"大人类学"，这应是我们具有的独特优势。

我认为：在中国现有的学科格局下，文化人类学尽管"屈尊"为社会学二级学科，仍有着相当大的发展空间。国际化视野是复旦这所魔都高校存在的一个前提，也是我目前负责的这个微型人类学研究显而易见的优势。我们所里的老师清一色海归，要么具有海外长期工作的经历，要么就是海外名校拿的博士，要么就是兼而有之。我意识到：在上海这个现代医学的发源地，我们应该优先发展医学人类学和医学人文研究。选择商业和技术人类学作为突破点也是理所当然。近年来，"自由而无用"成了复旦大学的非官方校训。我们不必否认学术自由对于学者的重要性，但是以此为由强调"无用"，继而变相鼓励和滋长懈怠的风气，就有违初衷了。我和同事们所想象和建构的复旦人类学必须是好玩有趣，而且有用实在的一个脚踏实地的社科专业。这也是我们学科发展孜孜以求的一个目标。

具体来说，我们的研究取向选择一定要坚持"前瞻性、植根性和公共性"的学术思想，具有前沿问题意识和国际视野，植根于中国城乡社区，服务于大众福祉和公共利益。本人在医学人类学哈佛学派的导引下，所进行的针对全球性公共卫生突发事件的跨学科议题研究，便是极好的例证。如何在项目进行过程中真正发挥出学科交叉的优势，选择合适的医学人文和公共健康视角，在实时和实地将民族志研究方法用到实处，将针对流行病瘟疫的研究放置到全球化和地方转型的大背景中，与公众关心的健康保障、老龄社区日常秩序的维护、公共卫生基本建设的必要性、国家治理能力等热点问题联系起来进行综合实证分析，是一项必须应对的挑战。疫情期间我通过参与云南大学的新冠疫情应急研究项目，有机会通过微型民族志文本的写作方式讲好中国故事，凝聚中国问题意识，力争提出具有操作性的解决问题的中国方案，寻找走出学术舒适区的必由之路。

人类学让我最大程度地满足了我对世界的好奇心和猎奇心，让我有了意想不到的地缘和人缘，让我的人生变得无比精彩。从上海到波士顿和华盛顿的求学和任教体验，最后又回到上海进行人类学创业的历险，都让我对这三座城市产生了强烈的地缘情结。更重要的是，我能有缘结识形形色色的同道中人，形成绵长的师承关系和深厚的同窗情谊。我的老师不仅包括有着契约关系的华琛夫妇、凯博文和赫兹菲尔德以及摩尔等哈佛人类学系的元老，还有来自我曾经任职过的乔治城大学的迈克尔（Mikel）、拉伯波特（Rapport）和特里欧（Terrio）等。我的新老同学中，有继续来复旦访问和担任特聘教授的阎云翔、罗力波（Lozada）和冯文（她的学生张聪现在已经是我的年轻同事），也有像法默（Paul Farmer）、金墉（Jim Kim）和徐一峰这样在全球健康和精神卫生领域内的权威专家。

我心目中的人类学，是一门有长度（人类学思想的历史源泉）、厚度（人类学学科的"复杂"架构）、广度（对于文化多样性和生物多样性的维护）、韧度（经得起自我颠覆和外在冲击）、鲜度（对于新鲜事物和当下议题的敏锐认知）和温度（对于底边人群命运的关注）的学科，有着包容性、哲理性和务实性。人类学者必须像脚踏实地的哲学家（philosophers with feet on the ground）那样生活和工作，始终具有无穷的想象力、批判性和重塑自我的力量。

人类学、文学与民俗学：我的"三尖两刃刀"

邱 硕

邱硕，四川乐山人，文学人类学博士。四川大学文学与新闻学院副研究员，教育部人文社会科学重点研究基地中国俗文化研究所副研究员，中国比较文学学会文学人类学研究会理事会理事、青年学术委员会委员，四川省民俗学会会员。

一、初窥学问门径

  我们步行回家。半路上,狂沙突起,以排山倒海之势向我们袭来。广袤的土地上,可清晰见到铺天沙尘的移动气势。老陈挡在我旁边以防我被吹走。风沙间隙,可看到黑土地边缘黄沙积成舌状。我亲睹了黄沙舔蚀土地的过程!……我简直担心这里的农民怎么生存下去!风沙在他们脸上雕琢出深黑的皱纹,在孩子的小手上啃咬出红肿与干裂。他们拼命种地、"抬钱"(借高利贷),觉得苦、再苦、更苦……我与老陈在风中谈起了毛主席和他的《湖南农民运动考察报告》。他老人家说得多好啊:没有调查就没有发言权!……

2004年5月4日夜,在吉林与内蒙古交界的科尔沁沙地,听着屋外呼呼的风声,我写下当天的调研日记。当时我在北京师范大学念大二,已经多次参加"农民之子"社团的乡村调研活动了。我所在的人文社会科学实验班,学习人文社科领域的各种专业课程和通识课程,要到大三才择定专业,因此我听课漫无目的,参加社团活动也是随性所至。

  人没有选择是痛苦的,有太多选择也很痛苦。我被困在选择专业的"鬼打墙"中:中文系给我们班开了《古代汉语》《文学概论》《中国现代文学史》等课程,我发现自己爱读文学作品,但感觉分析文本好虚浮;历史系开了《中国历史与文化》《世界历史与文化》,我觉得历史很有意思呢,但历史学好像离现实社会有点远;哲学与社会学学院开的《哲学概论》学得我晕晕乎乎,而赵孟营老师上的《社会调查研究方法》课程将理论与实践相结合,令我心折,但社会学要解决社会难题和做量化分析,好头疼;我还自己去修了教育学院的一些课程,对特殊教育学心有所动,但爱心和耐心似乎又不很够……

随着见闻日渐丰富，有一个想法慢慢浮上心头：我要选择一个既与社会人群密切联动，又与文学和文化有关的专业。恰逢其时地，民俗学闯入了我的视野！彼时，施爱东老师在敬文讲堂做民俗学讲座，侃侃而谈，风度翩翩。我按图索骥，找书看，找课听，发现这个学科正好符合我的期望。于是我大三选择进入文学院，修完了所有关于民俗学、民间文学的本科课程，并在董晓萍教授的指导下参与了一些项目。其中有北师大数字民俗实验室与文化部的合作项目"《中国民间文学三套集成》（谚语卷）数字化基础资源数据库"。为深入理解数据库框架和分类原则，文化部李明老师顶着烈日带我们到谚语研究专家、中央民族大学教授李耀宗先生家拜访，董老师对整个入库工作都予以细心指导和严格管理。还有一项是协助香港科技大学洪长泰教授进行"北京的空间政治"课题的口述史整理和档案转录工作。这一次学术助理经历，对我之后的学问生涯很有助益。洪教授是费正清先生的关门弟子，治中国现代文化思想史，每年都会利用暑假到北京来做访谈和搜集资料，我在大三结束的那个暑假里和一位研究生学姐一起协助他把访谈录音整理为文字，并且跟随他去北京市档案馆查找资料。记得当时录音整理都有统一的格式要求，需要逐字逐句转录，洪教授当时访谈的是延安时期的一些艺术家，他既能与对方侃侃而谈，又能很细致地问问题，有的老人家口音很重，我们转录起来很是吃力。而北京市档案馆的档案不能拍照和复印，只能手抄或电脑录入，我们一早就去，闭馆才出，一字不落地做录入。偶尔在吃午饭或坐地铁的间隙，我们还向洪教授提一些很幼稚的问题，比如如何评判某位历史人物，我至今还能回忆起他严肃对待和细致答复的场景。在那个溽热的夏天，学术规范、深度访谈、史料搜集这些日后将经常接触的概念以一种有声有色的形态浸入了我的认知。

在北师大自由朴实的学风影响下，我成为一个独立自主、豪情满怀、关心世情的青年，在日记中常自比仗剑的独行侠。到大四做毕业论文时，我已经可以一个人蹲在乡村做长达一个多月的田野调查了。通过社团学长的关系，我来到一个鲁中南村庄，考察这个经历了若干年恶性运行的村庄如何依靠复兴传统龙灯会来重新整合社会。我借住在村小的一个小房间内，天天走村串户，观察龙灯会动员、开会、筹款等过程，逮到年龄大的男的就叫"大哥"，女的就叫"大姐"，时不时与村里的小年轻切磋乒乓球技，和孩子们说笑玩闹。整理调查日志时，我常常从房间窗口远眺北边地平线上的一个山头，据说那是我所爱的诗人徐志摩的折翼之处。所以，这初次独立的民俗学田野调查，在我的回忆中始终氤氲着与大哥大姐们言谈时的茶味酒香，村小运动室里乒乒乓乓扣球的回响，孩子们的粲然笑脸以及远山的霭霭烟霞……

二、"海上风"的学术训练

本科毕业后，我被推免到华东师范大学师从田兆元教授攻读民俗学硕士学位。华师大民俗学团队有个非常浪漫的名字——"海上风"。被海上风吹拂的日子里，总有阡陌纵横的田野可做，总有俯拾皆是的书本可读。我们厕身老城厢的豫园新春民俗灯会、旧社区的腊八节民俗活动以及市区博物馆、文化馆的各式文化展览和非遗宣传活动，也在浦东三林塘看绕龙灯、宝山洛和桥拍道士铺米、金山枫泾赏农民画、嘉定南翔古猗园吃小笼包，由此深味上海绝非是从文化荒漠一跃而为开埠后的风流繁华地，而是上承久远的崧泽文化、得名于战国公子春申君、儒道佛文化极其兴盛的东南"壮县"。本科时，虽然对京味文化有一些感知，但对"地方性"的体悟到了上海方才慢慢深切起来，尤其是田师还带我们南下浙江湖州调查含山蚕花节，北上内蒙古调查蒙古族民俗传承，由近及远地有了区域的比较，地方性的认知就更明显了，这为我后来从事地方文化和都市研究奠定了基础。

2008年读研二时，我和几位同门一起申请到了学校的一个社区服务项目"颛桥古镇历史文化资源调查"，在将近一年的时间中，我们每周抽出半天的时间赴颛桥镇进行田野调查，最后编撰了《颛桥风土记》一书。在这个过程中，我进一步习得了田野技能、认识了我们的学科对象"民"。

有一次，我们在一个居民小区的停车棚内碰到十来个老太在用钩针做编结。我们早就知道钩针编结是当地一项有名的传统技艺，当下就想了解一下。听了我们的自我介绍和来意说明后，一两个老太抬抬眼皮，问："侬有礼物伐啦？有，阿拉就讲讲，么就伐讲。"别的老太随声附和。我们支支吾吾，说意外碰上，没有礼物。于是，没人再搭理我们。尴尬中，我们还是厚着脸皮问了几个问题，都遭到老太们的嘲笑，说这些问题有啥好讲的。

其中一个老太问："侬上海言话讲得来伐？"

我们笑："不会，我们是外地人。"

"侬是撒地方宁啊？"另一老太问我。

"我是四川人。"

"个么地震侬屋里厢哪能啊？"

我老老实实地答："单元房裂了两个小口。"

"哦哟，侬房子伐可以住了呀，到吾屋里厢来。"她一本正经地说。

我有点听不懂她的颛桥土话，怕自己听错了，说："您说什么？我去您家？"

"对额，吾屋里厢有倪子呢！"她边说边露出诡异的笑容。

"哈哈哈……"一群老太都大笑起来。

我半响才反应过来，她是在说她家里有个儿子呢！慌乱之中，我和同伴匆匆逃出来，大眼瞪小眼：我们被一群老太婆捉弄得够呛！

回校后，我们愤愤不平地给田师讲了此次遭遇，他不但没有发表一通人心不古的讲话，反而批评我们不会做田野："人家问你们有没有礼品，你们就问'您想要什么啊，我们去给您买啊'；她说她家里有个儿子，你就问'长得帅不帅啊，一个月挣多少钱啊'。要懂得民众的冷幽默，要和她们'耗'！"

"懂得民众"与"耗"的精神，在后来的调查中，我们终于慢慢领悟与消化。那些形形色色的田野对象，强势的、高冷的、木讷的、狡黠的……各种各样的田野情况，一约再约不肯接受访谈的、访谈中大倒苦水寄托期望的、小庙关门需要逾墙而入的、途经流莺聚集处难掩尴尬的……都被我们一一应对了下来，方才明白：做田野并不是愉快轻松的采风之旅，而是人为制造一个世事人情皆需历练、酸甜苦辣都要品尝的浓缩人生；"民"不是铁板一块，而是由学术话语将千千万万个体强制化约的一个概念，"俗"也并非都需要几十百把年时间来沉淀和变更。

课堂之外我们快速积累田野经验，课堂之内阅读写作也没有落下。除了研读各种民俗元典和民俗学著作之外，我们也修习文化人类学的课程。那时，庄孔韶教授的高足范长风老师刚好入职学科点，带领我们阅读了许多人类学书籍，从学科早期的名著《原始文化》《宗教生活的基本形式》，到科学范式确定后的《萨摩亚人的成年》《努尔人》，再到《斯瓦特巴坦人的政治过程》《洁净与危险》，还有一本让人颇为头疼的文化人类学英文教材，等等。

文化人类学的学习给我理解民俗学树立了参照系。从研究内容上来说，民俗学研究的民俗其实可以内含于文化人类学研究的文化之中，无民俗不是文化，其中的故事传说为民俗学研究之特殊长项。从理论和方法上来说，民俗学对文化人类学的借鉴颇多，像中国民俗学早期先行者们对西方人类学的文化进化论、遗留物说、图腾学说的吸收，当代民俗学家对参与观察法的运用。但是文化人类学和民俗学又有各自的学科史，在各方面存在差异性，比如在研究对象上，人类学多研究他者而将自我的反观隐藏于其后，而民俗学以研究我群为主；在气质风格上，人类学民族志大都客观冷静，科学主义傍身的人类学家就像旁观者或科学家，而民俗学作品多热情洋溢，民俗学家秉承浪漫主义和民族主义传统，更有民众的或民族的立场站位；在田野调查上，人类学讲求一年的浸淫、整体的观察，而民俗学更灵活，不在乎时长和全面，只要田野材料能解决某个研究问题即可；在研究取向上，如果研究同样的民间叙事，人类学会将叙事作为分析地方社会的背景材料使用，而民俗学则更偏重于研究叙事本身。当然，当代文化人类学与民俗学交叉融合的趋势越来越明显，以上差异越来越模糊，但两个学科大体上还是同中有异地作为兄弟学科并行着。

三、文学人类学的跨学科历练

硕士期间，我曾有过继续念博士的想法，但挣钱与安家的诱惑让我最终回到四川，在成都的一所中学做了语文教师。从教期间，田师曾到成都开会，专门约谈我，鼓励我继续读书。终于，在生完孩子后，我考入四川大学文学与新闻学院，师从徐新建教授攻读文学人类学博士学位。不可否认，选择川大的主要原因是离家近，可以就近照顾家庭，而与自己以前的专业最接近的就是文学人类学了。没想到这求仁得仁的开始，冥冥中注定了我后来的学术志业。

博士阶段的学习生活是很紧张的，不仅要读书写作，而且要协助处理学科点相关项目的各项事务，几乎一刻不得放松。徐师的课堂往往围绕他近期关注的课题展开，每一次课都精心设计教学主题，精准安排发言和评议，博士生们除了完成相关书目和论文阅读，还要就课程主题来写作业。上课时，徐师始终激情澎湃，总能针对学生的作业、发言以及课程话题发表高妙的见解，说得人心服口服。经过这样几年训练，我们的阅读、写作和事务能力都大大增强。其间，我从学科点的其他老师那里也受到诸多教益。李菲老师带领硕、博士生一起到嘉绒藏区做田野调查，以身示范并严格要求，还经常点拨我们的论文写作。梁昭老师指导我们细读人类学经典原著，挖掘文本中蕴藏的深意和诗意。此外，我还得益于学科点经常举行的学术活动，有幸聆听乔健、徐杰舜、蔡华、王建民、彭兆荣、周大鸣等前辈人类学家的高论。

然而，文学人类学是一个新兴的交叉学科，关于它究竟是什么、有什么样独特的理论和方法，我经历了一个比较漫长的理解过程。文学人类学研究作家作品、神话文本、口头表述、仪式展演，与民俗学的研究内容有很大重叠，我一开始不太明白这个学科存在的缘由。当老师反复强调文学人类学要打破文字中心主义、汉族中心主义的文学观时，我却并不觉得树立一种口头的、活态的、多民族的文学观有多么艰难，并不了解文学人类学研究者们在文学这个体系内部打破主流学术话语需要付出多大勇气和精力。至于理论和方法，不管是原型批评理论、"表述"理论，还是跨文化比较、"四重证据法"，都无法覆盖文学人类学辐射的所有领域，文学人类学所谓的"田野"，除了较专业的人类学田野调查之外，更是包容了玉石之路式的"踏查"[1]，传统采风式的现场行走，甚至还有以考察文献资料为"文本田野"的。尽管有很多论著和文章谈文学人类学是什么、做什么，但要把文学人类学的版图合理地拼贴在一起，却是我在三年半的博士研究生学习中乃至留校任教后都在不断完成的工作。

从宽泛意义上讲，在古典时期的人类学研究里，就已经包含了文学人类学的因子，换句话说，文化人类学的诞生即文学人类学的开始。泰勒、弗雷泽这些早期人类学家将世界各族群的神话、传说等文学形式进行广泛比较，排列整个人类的进化序列，还原人类社会的原始样态，这在事实上就是"文学人类学"研究。以这样一种对象本体观来看，列维-斯特劳斯探究神话背后的人类心智结构，马林诺夫斯基研究特罗布里恩群岛神话与社会的关联，都可以算作是文学人类学研究。不过，科学主义主导下的社区研究范式在人类学中渐占上风之后，神话传说研究便渐渐淡出人类学主流或者说部分让渡给了跨学科研

---

[1] 玉石之路式的"踏查"是指叶舒宪对中国古代玉石之路"西玉东输"文化现象采用的多点、多时段、多证据的调查方法和技术。参见李菲、邱硕：《"田野"的再概念化：兼论文学人类学跨学科研究方法的同一性问题》，《民族文学研究》2019年第3期。

究。在作为口头传统的民间文学叙事研究这条脉络中，口头诗学、表演理论、民族志诗学都处于人类学与民俗学、语言学等学科的交叉领域中了。与早期人类学只重视神话传说等叙事文本的社会功能价值不同，这些研究都关注情境中的文学展演本身，即这些叙事文本是在什么情景下如何讲述的，诗学意义和社会价值怎样、如何被记录和分析，这就既把僵化的文学文本还原为生动的文化过程，又兼顾了其诗学和人类学意义，这自然也可视为文学人类学的研究。

在作为文字写作的文学方面，到了 20 世纪 60 年代，学科边界已经非常明确的文学与人类学开始打通，人类学学科内部萌蘖出向文学伸展的新枝。在人类学表述危机中，科学民族志中诗学的一面被发现，科学主义荫蔽下的民族志其实并不能客观复刻文化，只能阐释文化——这种对经验的个体化理解、阐释的表述方式，恰好是文学的特性，所以寻求意义阐释的阐释人类学在理论上把人类学与文学联结在了一起。之后，我们看到很多人类学家放飞了自我。《摩洛哥田野作业反思》《妮萨》这些后现代民族志独特的叙事方式自不必说，人类学家们还搞起文学创作来，只是他们的创作动因不同于一般文学家，主要是追求对异文化体验的主体性把握和有效传达。故而我们才能有幸读到庄孔韶教授为了"不浪费的人类学"写下的诗歌、随笔、散文，为"我模仿美国人/寄给在中国的妈妈一封信……她回信说/这一套我永远也不习惯"而莞尔。另外，人类学内部还有一支自我命名为"文学人类学"的研究力量，把作家文学文本看作是某一人群在某一特定历史时期中文化知识的反映，研究文学中的非语言现象。这一派实际上是抽空了文学的诗学面向，仅把作家文本作为人类学的研究素材，与古典人类学对口传文学文本的利用异曲同工。

文学人类学当然不只是人类学向文学的迈进，还有文学对人类学的亲近，其中突出的引导者当数加拿大文艺理论家弗莱（Wolfgang Iser）和德国接受美学学者伊瑟尔（Northrop Frye）。弗莱的神话原型学说主要是运用人类学和心理学的"集体无意识"理论进行文学研究，从不同时代的文学作品中发掘体现人类生存经验共同性的神话原型意象，从而为文学批评找到了一种共同的模式。伊瑟尔提出的"文学人类学"实际上更偏哲学人类学，他认为虚构是人类的一种行为，想象是人类的一种能力，文学是虚构与想象的产物，要从超越性上去理解文学之于人类的独特性。在中国，伊瑟尔曲高和寡，而弗莱的神话原型学说却星火燎原，在 20 世纪 80 年代末开启了中国的文学人类学研究，流响至今。当时一批文学研究者苦于以文字审美为中心的传统文学研究桎梏，神话原型学说裹挟着人类学的观点和材料奔涌到他们跟前，民国时期受西方神话人类学派影响的神话研究也被打捞起来，于是他们重新又采用人类学工具来解读《诗》《骚》《老》《庄》等中国经典的文化意涵。

自此以后，人类学在文学的各个亚领域中开花绽朵：比较文学研究者们看到了文学与社会各领域深广的交互，同时借了人类学"人同此心，心同此理"的宝钥，在古今中外的文学园地中进行广泛的跨文化比较研究；少数民族文学借助人类学的口传研究扩展"文学"范围，在民俗学对少数民族民间文学、民间文化研究的基础上再加把力，使少数民族口传文学更加能够与少数民族作家文学平起平坐；在文学创作上，作家们研习人类学知识，将原始艺术、异域风情、神秘崇拜、地方知识等纳入文学写作，相应地，现当代文学的研究者们也就要通过"文学民族志"式的田野调查和人类学阐释，方能准确解读出这类作品的内涵和价值……总体上看，文学出身的文学人类学研究者，都不认为文学人类学只是为人类学提供文学素材，而是关于文学——这种人类智慧造物自身的批评研究。

四、"成都，都成"：文学人类学博士论文写作

我认为，文学人类学所涉领域极广，与人类学、民俗学、文学等学科共享论域、理论与方法，但它所讨论的问题和角度又难以从属于任何一个学科，那么就把它作为一种致力于从新角度解决新问题的学术利器，岂不美哉？

这个观点在我写作博士论文过程中体会最深。徐师一身武艺，又胸怀学术布局，他会根据自己对学生秉性特长的判断，在学生的学位论文选题走向穷途末路时给予一个合适的选题。我就是这样与我的博士论文选题"成都形象的表述与变迁"狭路相逢的。徐师对这个选题酝酿已久，他一直认为全球的城市时代早已到来，中国城市在政治、资本的把控下发生着巨变，但中国人类学对此重视还不够、研究尚不足。我们所在的城市成都体现着城市社会转型的普遍性和特殊性，它在百年时间中经历了从传统农业社会形态向现代工业城市、综合型现代化大中心城市的快速转化，其形象被不断表述，从而创造出价值，影响

城市本体的发展，尤其在当代，其形象的操弄令人叹为观止。若对古今成都形象的表述变迁进行全面考察，将对都市人类学做一个推动，并且能够让我们的研究更加"在地化"。

选题中几个关键词都需要进行基于人类学的跨学科理解。比如"成都"，作为一个人类学的人文地理研究单位，它可以上承施坚雅的自然生态区域和城乡连续经济体，也可以接续王铭铭教授笔下作为地方古城的泉州，还可以对照都市人类学普遍关注的当代城市。然而，我要研究的又并非是能与以上任一人类学地理单位完全对应的"成都"，它是位于中国西南的成都平原中心、涵盖城乡而又以城市为核心的、从宝墩文化时期延续至今的、被人长期称为"成都""蜀郡""益州""成都府"的复杂地域概念。而我也不是在以上区域经济、地方历史转型、城市化问题等人类学学术脉络中进行延伸研究，而是对关于成都的"表述"进行纵向探讨。后现代思潮中各学科通过对"表述"（"叙述""书写""表征""再现"等）的探讨，对语言文字工具进行了反思，重新认识了客观与主观、真实与文本、知识与权力之间的关系。人类学"表述危机"也在此脉络中，人类学家们对社会现实本相和表征的关系进行了重新梳理。[1] 文学人类学对"表述"的讨论，其实没有超越以上框架，不过将"表述"聚焦于一个地方，能将所有关于它的书写、言谈、实践全部收入麾下，辨析其中蕴含的人的情感、意图与认同，从而使我们常常说的某个地方的气质、精神、个性这些统而言之为"形象"的东西变得具体可究。关于"形象"，一方面，"形象"是文学学科的一个传统范畴，一般指文学作品对现实生活的形式化反映；另一方面，都市人类学把城市形象分解为象征符号、空间形态、具体物象等多种形式，围绕着权力、阶级、阶层、社会运动、城市建设等视角来讨论。我的成都"形象"兼容二者，但又逸出了二者的范围，我必须从传统文学学科只针对文学作品的对象范围跨到广阔的生活世界，并将研究内容从文本的审美阐释向文化分析转化，还必须越过都市人类学基于视觉特征的形象分类，将城市名号、感知修辞这类软性的城市形象纳入考察范围。

这样看来，我做的是人类学研究吗？不是，又是。做的是文学研究吗？是，又不是。那么，我做的就是文学人类学的研究了。

---

[1] 王明珂：《反思史学与史学反思》，上海人民出版社，2016年，第77页。

接下来要解决最棘手的问题：论题所涉时间太长、形象太多。成都，仅在"花名"方面，就有"蜀都""龟化城""锦城""蓉城""天府之国""熊猫故乡""第四城""东方伊甸园""历史文化之都""休闲之都"等此消彼长的名号；在不同的人群那里有不同的形象面向，它是中原人眼中的僻远之地和危急时刻的避难所、藏彝走廊民族眼中的汉地中心、外地人心目中的悠游乐土、本土居民依恋的温柔富贵乡……每一种形象都涉及成都自然、环境、政治、经济、文化等方方面面，一篇学位论文如何装得下如此庞杂的东西？我曾考虑只写某个形象的古今流变，或某些形象自近代以来的发展，但都被徐师驳回，他认为这是打基础的课题，能够最大限度地迫使我了解相关材料和信息，宁可博而不专。我最后也认同了他的看法，勉力选取了几个具有代表性的成都形象来进行考察，包括成都的原生形象"天府之国"，中央与地方管理体系中的边缘形象，国家、精英和民众眼中的休闲风俗形象，空间、性别、饮食方面的经验形象，以及当代成都在城市转型中利用各种遗产再造出的形象。在具体的研究中，我尽量对每个形象的起源做文献考据，对其现状做田野考察，还原每个形象的意义生产过程和缠绕在形象表述之上的社会情境本相，呈现出成都城市认同的形成过程和当下城市形象重构中的内在矛盾冲突。

这个研究的田野调查也是很"文学人类学"的。我是乐山人，从2009年开始定居成都，所以把自己当作局内人，在平日里"浸入""成都式"的生活，同时也把自己看作局外人，用参与式观察的方法体悟成都人、外地人对当代成都的感知、表述、实践。所以，在成都"非遗节"举办时，我会作为某环节的协办人员而忙碌地工作，或者在空闲时间里携家带口去游览非遗博览园，同时也会择机访谈参加非遗节的非遗传承人、志愿者、游客，以及主办、承办、协办"非遗节"的官员、公司职员。在考察成都宽窄巷子的当代形象变迁时，我会作为被邀者参与到巷子中的某个活动中，一边扮演自我，一边悄悄观察周遭的所有动静，并适时进行访谈。在问卷调查方面，对机器操作很不在行的我，也逼自己学习"问卷星"的设计和统计，回收和分析了上千份关于成都形象认知的调查问卷。

当然，对本研究来说，文本资料的"田野"更是必不可少的，阅读文学作品、史志、政府文件、网络文章自不在话下，物象资料也需时时在意，"吞进"脑中并拍摄下来。2016年春节期间，我去金沙遗址博物馆参加金沙太阳节。这届太阳节以秦汉成都与罗马帝国为主题,举办了"永恒之城——古罗马的辉煌"展览。在展厅外,摆放一组"同一时空下的成都与罗马"展板,成都被设计为一个身着汉服的年轻女子形象,取名"都都妹";罗马被设计为一个身着戎装的年轻战士形象,取名"罗姆哥哥"。当时我觉得这个设计有点意思,但并未有意思到须把它拍下来。等我论文写到"成都美女:城市气质与文学想象"一节时,需要用一张图片来显示成都惯以女性形象示人,我遍寻图片而不得,简直为当时的漫不经心而后悔不迭。

当我的写作进入冲刺阶段时,正是里约热内卢奥运会进行得如火如荼之时。奥运会前,舆论充斥着世界各地人们对这个南美都市的想象:"寨卡"病毒横行、海湾被严重污染、经济衰落、满街劫匪、人浮于事;及至奥运会开幕,人们态度一百八十度大转弯,纷纷赞叹里约是高科技、绿色环保、热情洋溢、努力专注、美丽优雅的"新世界"。好个"地图炮"!这不与我们用"蜀犬吠日""粤犬吠雪""黔驴技穷"嘲讽四川人、广东人、贵州人是一样的么?习惯为某地及其人群刻画上固定的脸谱,实在是人类的共同习惯和认识世界的本能啊。成都形象的表述变迁史就是一部人类对某地形成刻板化认知的历史!因此,在论文的最后,除了讨论城市本相与形象表述的关系、形象表述变迁与城市认同建构的关系之外,我还试图通过成都的案例去发现人类"地图炮"现象背后的心理原因、权力逻辑、认同焦虑以及抗争反转。尽管鲜有评阅者注意到这部分内容,但我窃以为地方研究的意义在于由地方特殊性上升到人类普遍性,这一节是在人类学整体观和反思性指引下做出的有意思的讨论。

五、后续的跨学科研究:我的"三尖两刃刀"

博士毕业后,我幸运地留校任教。刚入职时,乐山市档案馆通过朋友关系联系到我,希望我能承担《老乐山》系列丛书中的一本,写一写乐山城坊的历史。当时工作任务比较重,但我还是一口答应下来,一是不敢忘记以前田师的教诲:民俗学者为家乡做研究是义不容辞的;二是这个项目可以让我把视野拓展到蜀地的另一重要城市——乐山,接触到第一手的档案资料,深化我对城市发展史、地方文化史的认识。于是,我马不停蹄地投入了资料查阅、实地考察的工作。我把书名起为《乐山城记：一座古城的生命史》，"生命史"的概念当然来自人类学。初一下笔，我就联想到施坚雅关于宏观区域生、老、病、死的比喻，所以很自然地把人类社会变迁的有机体观念挪用到这座城市身上。这次，不同于写成都时仅偏重文化概貌和表征，我要写出一座中国内陆古城诞生、成长、鼎盛、衰落、新生的生命历程，关联起区域政治、经济、文化、社会各方面的变迁，去折射中国传统城市的兴衰，而且还要写出乐山城在中国传统城市普遍命理之下的特殊命数。因此我对中国传统城市与乐山城的城址移动、城墙建毁、坊市聚散、街巷变化、祠庙兴废、庭楼增减等城市物质形态的变化都尽量予以考察，对乐山城的历史典故、地方传说、人物故事等文学文本也尽量搜集。

现实之骨感总是胜于理想之丰满的。由于水平和精力有限，学术写作与通俗写作之难平衡，我的写作尽管大体不差，但仍未达到自己的预期，更无法望尘我所佩服的王笛对成都城的书写。两年多后，该书出版，陆续收到一些本地文化人的意见，在肯定中有一些细节的商榷。读者反馈最多、反响最好的却是我以小说笔法写成的"引子"与"尾声"，其中半虚半实地撰写了两个人的故事：抗战时期举家搬到乐山城的叶圣陶和生卒于乐山城的、我素未谋面的姑公。我想让一座城市的生命史与外来人和土著的个人生命史形成同构的映射关系，表达出城市与内外人群的普遍联系。我在全书结尾时用第三人称把作为书写者的自己对象化，其中的意趣也被读者灵敏地捕捉到："呈现了自己既作为观察者、又作为客体融入城市的古今变迁中的画面——人与城、写者和被写者，从来都是如此血脉相连。"[1] 幸好，人类学与文学的结合最终给我生涩的写作涂抹了一丝亮色。

在着手研究乐山城的同时，我申请到一项教育部人文社会科学研究项目"新媒体时代的城市形象与民间叙事：以成都为个案的民俗学考察"，试图把对成都形象历时性的考察聚焦到当下，把表述主体定位于以民间为核心，研究像"成都，一座来了就不想离开的城市""在飞机上听到麻将声，就说明成都到了"这样一些依靠新媒体的力量而流传于世的城市新形象。在研究的过程

---

[1] 梁昭：《从"生命史"的视角书写乐山——评〈乐山城记：一座古城的生命史〉》，《华西都市报》2019年9月8日A8版。

中，成都还在不断推出它的新形象：科幻之城、公园城市……我写作了《城市与科幻的双向赋予：科幻文学的成都书写》予以回应。

有人认为这样的研究是跟风投机，但不研究新事物新现象，自己的好奇心就得不到满足，研究也无益于社会和时代；也有人认为这样的研究总是滞后于社会实践，没有用，但研究的价值正在于对实践进行学理上的认识、反思、批判，形成人文牵引价值——所以我愿意在学术的象牙塔中研究学科缝隙中的新鲜问题，用上人类学、文学、民俗学的方法武器。人类学，给研究以万物关联的整体观、理解他人又反观自我的反思性；文学，赋予研究广阔的话题、蓬勃的想象力和诗性的表达方式；民俗学，让研究葆有善意和热情，让人成为对人有爱、对社会有关怀的研究者。它们三者之于我，不是十八般兵器中任何单独的一种，而是像二郎神的三尖两刃刀——一种另类的奇门兵刃，名"刀"实"剑"，刀尖分三叉，皆双刃，可大大增加劈杀功力。我需要不断练习使用它的技术，使自己成为一位有修为的修习者。

人类学作为一种解法：
我的"中–非相遇"修炼记

邱昱

邱昱，人类学博士，现任教于中央民族大学民族学与社会学学院。曾担任荷兰莱顿大学非洲研究中心"亚洲与非洲的链接项目"博士后，美国社会科学基金"中国–非洲和平项目"特约研究员，德国马克思普朗克研究所宗教与族群多样性分所客座研究员。

人类学作为一种解法：我的"中—非相遇"修炼记

人类学高级论坛的组织方希望我以"新生代人类学家"的身份谈一谈自己的人类学探索之路。然而不得不承认的是，经过了十年人类学训练，从某种程度上说，我似乎还未与人类学达成"和解"。这并非出于我对该学科的游离。于我而言，人类学不是安身立命之"职业"，而是提供了一种参与世界的方式。它给予我们理解世界与自身的思辨工具，以为社会与时代所面临的困境与挑战提供可能的解法。以下，我仅从个人的经验和体会，谈一谈人类学对我意味着什么，以及它赋予了我们怎样的解法。

我一直对中国与非洲交往过程中的移民、婚姻、亲密关系与慈善等问题感兴趣。在剑桥的博士阶段，我主要研究在粤中国人与西非人的恋爱婚姻关系。博士毕业后，我先后在荷兰莱顿非洲研究中心、德国马克思普朗克研究所和中国中央民族大学从事研究教学工作，并将研究重点转移到非洲的道德与慈善问题，希望以中方在坦桑尼亚的慈善活动为出发点，探讨来自中国与非洲不同地域的人如何践行跨边界跨宗教的"善"，并以此为基础探索去政治化的"亚非团结"可能性。

与诸多在新禧年后成长起来的人类学同仁类似，较为宽松的政治社会风气使我们得以以较为纯粹、开放的态度探索，并逐步将研究视角从地方转移到世界，希望以亲身实践的、体验般的方式去处理自身、国家与世界的关系。这种愿景的出现有其现实基础：第一，发展中国家之间的交流与合作逐步出现。我的浙商亲友里，就有不少从传统欧洲国家转移到南美、非洲等之前不被"看好"的国家淘金。第二，国内的社会科学界早已开始大量地翻译海外研究作品。一方面，我们批判西方社会科学理论与中国现实之间的鸿沟，以及单纯套用西方理论所带来的诸多问题；另一方面，我们开始不满足于"中国特殊论"，或者"中西对话"，而希望将中国现实并置到更为广阔的世界发展中，将研究触角延伸到世界各地：南亚、东南亚、拉丁美洲、北美、非洲等。大约2000年后，在中国国内有一大批学者开始从事海外民族志的研究。与很多纯粹做海外社区的学者不同，我对中国与非洲的民间相遇问题感兴趣。一个很直接的疑问是：这些来自不同地域的普通人之间有怎样的关系伦理与政治？我将以博士期间的求学、田野和研究经历为主要线索，讨论相遇民族志以及其何以可能。

一

从清华社会学系本科毕业后，我阴错阳差地去剑桥攻读社会人类学。这一步棋走得我战战兢兢。当时，我跟从罗卡老师（Jean-Louis Rocca）、沈原老师和景军老师的指导，刚刚完成本科的毕业论文，讨论的是浙南地区农村妇女的自杀问题。在从浙南乡镇级医院急救科搜集的自杀抢救数据中，我发现试图以农药自杀被抢救回来的人群里，农村女性比例很高。这说明，很多人自杀时服用的剂量不大，并且存在因"赌气"而危险自杀的可能。于是，我挨家挨户地搜集自杀未遂的案例，试图展现农村女性为何以死为威胁，以及由此牵出的家庭政治与正义问题。做完本科毕业研究后，我隐约地感受到，人类学的叙述和视角更能以鲜活的故事捕捉微妙的亲密家庭中的道德与政治。于是，仅仅带着"我要讲个好故事"，却无任何理论准备的我，放弃了去其他欧洲高校社会学系的深造机会，决定转专业，投奔剑桥人类学系。

毋庸置疑，初来乍到的我，受到的冲击是极为巨大的。那时，作为英国人类学启蒙之地之一，剑桥人类学一直保持着迅猛的学术发展势头，且有极为稳定的学缘继承：从现代人类学的开创性始祖亨利·梅因（Henry Maine）、詹姆斯·弗雷泽（James Frazer）、阿弗莱·德哈登（Alfred Haddon），到20世纪的梅耶尔·福蒂斯（Meyer Fortes）、埃德蒙·利奇（Edmund Leach），到新一代掌门人物玛丽莲·斯特拉森（Marilyn Strathern）和卡洛琳·汉弗莱（Carolyn Humphery）。当时系里一方面积极地对话行动者理论（Actor-Network-Theory）、实体论转向（Ontological Turn），并以詹姆斯·莱德劳（James Laidlaw）等为代表开启了人类学的道德转向（Ethical Turn）。

因为本科并未就读人类学，我首先进入了硕士研读项目（M.Phil），后继续申请博士项目。这个以教学为主的项目旨在集中较短的时间，将人类学的理论与各分支学科的知识一股脑儿地传授给我们。但是，初来乍到的我像是跟大家完全不同的生命频道物种，根本抓不到他们说的内容核心。诚然，形成这种困境的原因是多方面的，而问题首先出在我的阅读习惯。在清华博雅教育般的社科实验班里，我只是放纵地沉浸在"狐狸式"的读书大法中，浅尝辄止地扫读各类的社科书籍。由于缺乏严格的学术训练，我的读书、论证与写作能力都很薄弱。而更为糟糕的是，我对欧美人类学界的问题意识和问题域把握不清晰，时常摸不到头脑，不知为何如此讨论，以及有何讨论的必要。于是，在剑桥传统的小班讨论课（seminar）上，大家滔滔不绝地发问，而我时常处于游离状态，只有在不得已的时候，似懂非懂地发表自己的看法。以致到了阶段性考核时，我接连几篇小论文都写得非常糟糕，没能过博士录取线。我的导师乌·额·宝力格（Uradyn E. Bulag），一位极为传奇的民族学、历史人类学家[1]，则劝慰我说，人类学这门学科需要一种感觉，感觉到位了，方可上手。谁知这一劝慰更让我摸不着头脑，不知从何用功努力。后来我才体会，我当时的困难可能恰恰是对阐释型、批判型论证方法的生涩以及人类学想象力的贫乏。直到递交学位论文前夕，我搬进了Woflson学院的宿舍，每天起早贪黑地钉在学院图书馆里，苦读思索，终于找到了一点人类学写作的"感觉"。直到8月30日心惊胆战地提交了一篇关于中华人民共和国早期婚姻法实践的论文后回国，我都不知自己是否能有机会重返剑桥。9月中旬的一天，在家的我突然收到宝力格的越洋电话，恭喜我学位论文获得高分，非常惊险地获得了博士录取资格。又惊又喜之余，我慌忙收拾行李，再次飞往剑桥，开始博士研究之旅。

我以为有了硕士的铺垫，博士阶段的研究道路会走得平稳一些。但实则非也。届时，剑桥人类学发展虽然已经借助非西方的文化概念和意象开始进行跨知识和认识论体系的比较[2]，但我却觉得，其讨论的主要概念群以及推演路径仍鲜明地印刻着西方哲学和西方社会理论的烙印，似乎还不够带劲。在我博士研究的后期，在牛津剑桥的学生群体内部，已经出现了去殖民化课表（de-colonizing curriculum）的运动浪潮，对于以西方为中心的知识生产模式开始彻

---

1 《从鄂尔多斯到英国剑桥：人类学的蒙古探索——乌·额·宝力格教授访谈录》，https://www.douban.com/note/251485401/.

2 Strathern, M. *The Gender of the Gift*. Berkeley: University of California Press, 1988. Strathern, M. Partial Connections. Walnut Creek: Rowman Altamira, 2005. Candea, M. *Comparison in Anthropology: The Impossible Method*.（New Departures in Anthropology）. Cambridge: Cambridge University Press, 2019.

底反思和讨论。更有甚者，开始对牛津、剑桥等传统学府"白男"长老统治展开激烈辩论。课堂内外，我都被多种试图超越既定范式和传统所包围，这让我感到振奋。暂且搁置对这些运动、思潮和讨论的评价，我感激如此具备反思性、批判力和活跃度的学术共同体，让我从学识上开始正视、反思自己的学术立场和目的：若是不想一味地沿袭所谓一套西方学术知识模式，我们这一代青年学者的"出路"在何方？我们已经鲜明地意识到，不理解、对话西方人类学理论脉络，只做"本土化"理论，是无法建立自身理论立足所需的相关性，更无法产生超越区域研究的影响力。但是，我的"出路"在哪里呢？

当时的我非常迫切地想去到一个跨文化的田野地点，做一个刺激有挑战性的"第三世界"田野，以发现独有的民族志理论范式。而当时我的一位亲戚声称他开始跟尼日利亚总统做生意，并宣称非洲将是下一个淘金地，直到后来这个总统换届下台了，他的生意也受到了致命打击。这让我感到很惊讶。由于我始终保持着对家庭、婚姻和性别政治的研究兴趣，我很快便确立了博士研究的议题：从中－非跨国婚姻与亲密关系出发，审视和理解"中非跨国友谊"这一意识形态的底层政治、经济和亲属关系实践。一切似乎都以完美的方式开始了：我的导师宝利格（Uradun E. Bulag）主要从事族群政治、蒙古族、中国与内亚研究、历史人类学，他给我带来了民族学的关系视角，将友谊政治的关系学互动从以汉主体民族与少数族群的互动与团结机制，延续到中国与非洲大陆的民间关系互动。而我的二导亨利·英格伦德（Harri Englund）届时兼任人类学系高级讲师（后来在我博士阶段后期升为教授 professorship）和非洲研究中心的主任，主要从事非洲语言的政治和伦理思想、政治人类学和道德人类学等研究。

二

后来的事实证明，博士期间如此贸然更换田野地点与对象，真是一场十足的冒险豪赌：在开始博士田野前，我从未到过任何非洲国家，对非洲一知半解的知识都来自英文世界里的非洲研究，也从未到过广州，更不认识一位在广州的非洲朋友。因为考察的大多数尼日利亚商人都具备国际移民经历，且尼日利亚曾为英属殖民地，英文仍为尼日利亚族群间的通用语言，系里对于我在田野中使用非洲语言要求并不高。在田野开始前，曾经试图学习尼日利亚的伊博族语言，但憾于伊博语远没有豪萨语和尤罗巴语广泛，我在剑桥的语言中心获得的语言训练支持极为有限，我只能在紧张的第一年博士理论文献积累之余，通过仅有几本教材短暂地学习了解伊博语的基本情况。幸运又不幸的事情发生了：在博士的第一年时间，我一直在准备前往尼日利亚拉各斯的田野计划。但临到开题前，导师才找到我，说考虑到当时尼日利亚北部面临恐怖主义的风险，建议我将田野改为从中国广州开始，如此方可顺利通过田野前考试中的安全性评估。我只好将田野地点改回广州，再转战尼日利亚。

刚到广州的田野最开始的几个星期，我没有稳定的住所，寄居在几位父母朋友的远方亲戚家中。他们对于我要开展的非洲移民研究也表示十足的担忧。他们始终以"危险"来形容我的田野调查。在田野中，我的很多近亲也曾短暂来广州看我，我则邀请部分非洲朋友与他们一起吃饭。饭局上，曾有护士经验的一位亲人，看着非洲朋友黝黑结实的皮肤，提出想摸一下他们的皮肤，确认是否需要大一些的针头，才能刺进他们的血管中。这些极为"幼稚"而又"带有某些生物性种族色彩预设"的好奇，一方面让我极为难堪（但很肯定的是，我的大多亲人与社会上的很大部分民众，甚至都不能理解为何这样的预设是有问题的），一方面又让我意识到在普遍的中国百姓里，这样的"遭遇"仍然在不断发生，并不新鲜。庆幸的是，我的尼日利亚朋友对此并没有表示出特别的怒意。他事后笑着告诉我，来到中国之前，他对中国的想象都来自功夫片，以为中国人个个身怀绝技，留着长辫子，穿着大袍子。直到来到了中国，才发现原来广州等大城市跟拉各斯等非洲大都市并无差异。但毋庸置疑，这样的异域化想象以及因"无知"而产生的偏见，形塑了在广州的非洲移民群体与中国人群体相遇所面临的种族关系底色。

没有任何关系网络的我，只好采取最为笨拙的方法：随机蹲人。我到非洲人聚集的地点——圣心大教堂、小北市场、三元里市场——去偶遇和闲聊。显然，这是一种自下而上的滚雪球方法，没有熟人网络所带来的信任过滤。我马上发现，街边拉人被证明是一个极为鲁莽且有风险的决定。我曾经跟随着一个认识没几天的尼日利亚青年人去他们内部的一个小型聚会，地点在佛山的一个酒店。去之前的我坐在他安排的车上，对于要去哪儿，有什么活动安排毫无线索。我连对这位青年能有多大的信任，都持有怀疑。尼日利亚群体普遍的聚会都安排在市场生活结束后的深夜，当菜肴上齐已经是午夜11点。原本应该昏昏欲睡的我却始终不敢有任何放松，一方面在仔细观察在场的人，一方面在警惕是否有人给我的饮料、饭菜里投迷魂药。当天的活动证明只是一次普通的聚餐，而我的这位青年朋友只是负责摄影。当我们从那所大排档式的餐馆出来时，里面的聚会仍在进行。走在凌晨的大街等车，我一点都不觉得自己身在中国，孤独、害怕、担心，诸多情绪都涌出来，但又故作镇定。好不容易找到了一辆出租车，我执意要独自一人回到将近100多公里外的市区，而这位朋友则借故要上车，且去他的住所。我不知其用意但确实感到脊背发凉。当时害怕却坚定地表示，我有点害怕，相信你在尼国也有亲生姐妹，你会明白我的意思。最终他才放我离开。当我重新回到夜深却依然热闹的广州街头，不禁放声大哭。

我对采访对象抱有不信任，但我并没有料想到的是，其实他们同样对我不信任。后来才知道，尼群体坊间对我的身份有诸多说法。起初，他们怀疑我是间谍，混进他们中间刺探尼群体内部的商业机密、移民状态、亲密生活等不为中国大众所知的"秘密"。我曾经有好几次在市场的访谈，被临时打断和终止，因为突然出现"好心"的非洲人在一旁提醒被采访者要小心。我的中国护照、身份、当时剑桥学生证也多次被要求拿出来。当我放下心理包袱，将证件一股脑儿摊开以证明自己的"清白"时，得到的效果却不好。因为处于"世界制造中心"的非洲商人们熟谙假货制造之道。他们甚至声称他们知道某些工厂有"魔法"能仿造出世界上任何一份正式文件。所以，对于我身上携带的介绍信、护照等官方文件信息，他们持半信半疑的态度。后来，我慢慢在圈子里打开局面，获得一部分人的信任时，我的"名声"又变了：一方面，这批漂泊在中国的尼商对于英国这个过去的宗主国带有混合而复杂的后殖民想象，他们对我身上的大不列颠性（Britishness）十分好奇和向往。在日常聊天对话中，他们常常向我问起在英国生活的见闻，甚至在很多人的日常服饰打扮中，英国国旗仍然是很重要的图案。另一方面，他们视我为那些与尼人相爱、帮着做生意，打开在中国生存致富之门的"那些市场上的中国女人"。作为田野的"甜蜜负担"之一，我经常收到诸多非洲同胞们饱含甜言蜜语的告白，甚至求婚。

无心插柳柳成荫——如此狼狈且没有很好"进入"策略的田野，反倒给予我独特的视角和立场，以理解身处在极为流动且国际化的广州都市，这批来自非洲的淘金客们如何与中国女性相遇、相爱和经商。我逐渐认识到，对这种相遇的理解，不能仅将其放置在"第三世界"内部的经贸来往和跨区域流动的背景里。毋庸置疑，2000年初以来，中国与非洲的跨区域进出口商贸量日益增长，到达广州的非洲淘金者往往为了切掉中间商而直接到货源地采购，进而发展出依赖中-非商贸的致富手段。但是，他们的全球网络绝非仅停留在非洲本国或者非洲大陆，而遍布欧洲、北美、南亚等诸多地区。既往的移民经验、在欧美世界的亲友网络、经商与移民的策略等都无时无刻不影响、指导着在粤非洲经商群体的日常生活与交往。

我意识到，亲密关系和婚姻关系虽然只是这批非洲商人试图移民的副产品和手段，但这种亲密关系并非处于其移民生活的次要位置：从日常起居到生意合作，"中国女人"在这个以男性为主体的跨国尼日利亚商人中起到了不可忽视的作用。故这种男女关系和交往让我们得以窥见，除了强调经济实用主义化的中-非商贸硬关系之外，中-非交往仍有诸多软关系，且我们需要探索这些软关系是如何由情感、文化观念、生活方式、交流沟通、个人利益和全球化想象等日常的个体经验形塑和发展的。我逐渐发现，深受基督教文化的影响，爱构筑了他们的行为准则的前提和目的，在市场、地铁等公共空间里，他们用"我喜欢你""我爱你""我想娶你"等直白的语言来调情、嬉笑和表达内心渴望。但是一旦进入亲密关系，尼人爱情与利益并不形成对立和分割，在"爱"包装下，很容易地将实际利益考量包装进去。

其次，我发现，这样的中-尼跨国亲密关系和婚姻关系是全球化下的跨国婚恋关系中的独特现象。它挑战了沿海一线城市以女性"上嫁"到西方国家为荣的婚姻市场逻辑。在中国性别比例愈发失衡、中国男性面临"老婆慌"的背景下，关于"非洲男性"以及其在华的亲密关系的讨论，都会引出第三方参照面，"西方的白人男性"。这样的中-非婚恋关系更是引发了公共（网络）空间里围绕着基于种族、肤色与性而形成的文化阶层和等级关系观的激烈辩论。但我们看似非常敏感的"种族边界"，其实并不是一个显然的问题；对于这批夫妇们，他们的关系如同任何其他跨国情侣一样，既有一种基于好奇、真诚而形成的亲密感，又有因市场和利益关系而包裹起来的"共赢"。这相互纠缠的经济和实用性，让这批边缘化、深受中国主流社会歧视的两拨人群，形成了一种特有的亲密联盟。

在冥思苦想很多之后，我意识到单纯地踢开"西方"是不可能的。这由多重欲望、狼面想象、现代性而构筑出的中-非爱情与私人关系里，所谓的"西方"它若隐若现地成为人们交往、比较和联系所需要的"第三方"参考系。在认识到这一点之后，我所讨论的"中-非相遇"问题就变得豁然开朗了。我发现，西方并非是一个单数，也并非是固定符号化的存在，而是叠层于嬗变的、历史性的文化思潮和权力斡旋之后的诸多力量。于是，我转而重点关心在某些特定外交叙事、经济联盟和文化政治的作用下，具体的鲜活的个体间相遇里的文化关系学：身处中-非民间交往空间中的个体们，他们如何运用、投射特定的文化知识和全球化的社会关系想象以构建彼此关系的相处之道。随着这个思路的打开，当我再回顾广州市场里一个个鲜活的男女故事时，他们身上那些看似"平常的"举动——日常强调的清洁、看似极为矛盾的"爱"与"利益"的关联、对我的"英国故事"的关切等——都有了意义，因为这些举措，在对于很多没有"第一世界"跨国经验的中低层女性们来说，对于那些没有选择不去欧美移民国家却同样希望淘金满载而归的浪子们来说，他们之间的联盟掺杂了诸多不同于诸多非本土的价值观念，这些价值观念形塑了中-尼关系内部的微观身份关系与婚恋联盟性。

当我从广州离开，又来到了尼日利亚拉各斯这座西非大都会。我看到那些关于"去中国淘金"的梦如何在市场、街头闲谈、中资工厂和排长队等签证的中国驻尼日利亚大使馆门口等大众空间中被编织起来。我也才明白，拉各斯社会语境里，"外国老婆"在尼人跨国淘金梦中扮演的"典型性"角色——她们通常被认为是 paper-giver（给签证居留的人），是尼人通往欧美移民生活的一个捷径，虽然这样的便利型婚姻（marriage of convenience）受人诟病且是欧美移民体系中被高度监管的领域。相比较而言，在中国，外国公民以嫁娶中国公民来获得在华（长期）居留权的方式尚在逐步缓慢地执行。在我开展田野的几年里（2012—2015 年），很多在粤非洲商人面临的困境是即使与中国公民结婚，其在华居留身份也多半是临时的（2013 年 9 月 1 日《中华人民共和国外国人入镜出境管理条例》开始执行后，情况有所好转），他们需要一次次前往配偶户籍地所在的公安局申请，且随时面临申请被拒的风险。而对于很多已经滞留中国多时的在粤非洲商人来说，通过婚姻的方式来洗白自己在华的居留"污点"更是难上加难。在很多精明的尼方家庭眼里,对比很多欧美国家的婚姻移民路径,"中国老婆"在婚姻移民的国际交换市场中不占优势,因而以其所内在的"价值交换"而言并非最优选择。为了更好地利用因联姻而拓展的社会关系,很多尼方伊博族家人偏好族内婚,他们以"family interests"(家族利益)为由,阻止尼日利亚年轻男子正式迎娶中国老婆。一位在粤的尼日利亚已婚男性笑着对我说,他若衣锦还乡,在自己的村庄盖了大房子,不管他是否在中国结婚有了老婆小孩,家里亲人们仍会安排尼日利亚年轻姑娘与他相识。而我也曾受到一些中国女性采访者的重托,拜托我去"侦查"一下,她的爱人在尼国究竟有没有其他的老婆。更有由于诸多文化语言交流之苦,中-尼双方的延伸家庭间更是极少有交流。我逐渐明白,在广州观察到的中-尼婚恋之临时性、计谋性和不稳定性,其实是在中国、尼日利亚多种法律、文化和移民现实等因素制约下形成的。两次赴尼日利亚的短期田野调研,则让我看到其实践如何植根于西非的婚恋和移民盘算之中。

三

虽然完成了田野调查,但我从尼日利亚回到英国剑桥开始了后田野时期的分析与写作时,仍带着一堆尚未完全弥合的问题线索:我收集了一堆男女故事,但如何理解国间友谊关系与民间亲密关系之间的张力呢?我的理论突破点在哪里?当时,一批已经在海外执教的中国学者对我影响颇大:牛津大学人类学系项飚、法国远东研究中心汲喆、剑桥东亚系的周越(Adam Yuet Chau)和我的导师宝力格。来到剑桥访问的汲喆老师曾经非常语重心长地指导,说只有从西方哲学层面把握其人类学的问题命脉,才可彻底地理解西方学术体系的核心以求"走出"和跨中西社会理论的"比较"。这些谆谆教诲至今依然牢记于心。受益最大的自然来自宝力格。虽然我的研究并未直接涉及区域间民族主义和民族研究,但他广阔的政治人类学视野、睿智而深刻的洞察力,以及他对东亚、东北亚族群间"友谊关系"的分析,都深刻影响着我,使我去思考"中-非"国家关系中(去性别化)的友谊叙事以及民间交往里(性别化)的亲密婚姻关系之间的张力。我无法忘记宝力格老师多年来的个人辅导(supervision)。

他每次滔滔不绝地讨论蒙汉关系与历史，都让我这个"汉族"学生深感学识浅薄，学海无涯。记得有一次，我的论文写作陷入了瓶颈，我们曾连续"高能"讨论长达6小时之久。我从午饭前进入他的办公室，到讨论结束后下楼才发现，系门早已关闭，全楼只回荡着我鞋底触地的清脆声音。虽然我那时已全然头昏脑涨，但走在系门外 Free School Lane 的路上，仰望夜空中的璀璨星辰，心中却激荡着酣畅淋漓讨论后的充实和愉悦。

谈及博士期间的写作，不得不提来自哈佛大学的迈克尔·赫兹菲尔德（Michael Herzfeld）老师。他当时来到剑桥 King's College 访学半年，我们因对于多语言的爱好而成了好朋友（更明确地说，我教他汉语，他教我法语，我们以混说多种语言为乐）。赫兹菲尔德曾以他一名学生的成功经历为例，教给我们"博士生酒精写作大法"，以解决写作速度慢的问题。他指出，针对满脑子都是田野细节却无写作冲动的情况，最为见效的办法是全身心放空后，借着微醺的酒劲，回到书桌前迅速写下脑子里即时的想法，事后再从头开始整理。他的学生在拖沓好几年后，靠此办法半年内完成了博士论文顺利毕业。我也跃跃欲试地尝试了几次，结果要不就是酒劲上来昏昏欲睡，或就是写出的文字结构不清，很难纳入论文的整体逻辑中。于是自叹"人参果吃不到"，只好老老实实地采取"提纲—细化提纲—初稿—再稿—审稿和终稿"的老办法，前后写作花了近两年的时间。

反观博士阶段的人类学田野和写作经历，我深刻地意识到，人类学的田野工作像是一场充满谜团的探案过程。某个田野观察、某场采访、某个不经意的细节都可能成为形成研究的逻辑线索中至关重要的一块拼图，帮助我们梳理看似复杂、多线路的田野材料里的内在关键问题，形成好的分析线索。而我们作为人类学从业者，需要培养的就是这种"探案"能力。当然，不同于破解凶杀案的探案手法，即"真相只有一个"，我们的探案可能产生多个同样精彩的谜底。但是，这并不意味着学术"探案"没有高低之分。从我的经验来看，好的人类学田野研究需要对民族志写作者有几个基本的"探案能力"要求：第一，能否清晰地判断获得的访谈和观察材料的质量，以及它们在构建民族志理论叙事（不论是机制性解释还是意义型阐释）的位置。这一点需要我们具备足够的理论想象力，以透彻地看清材料，以生发出基于田野的民族志理论。第二，是否有独特的判断力，得以看清貌似前后矛盾的言辞和表象背后的"真相"。第三，需要有足够的耐心，等待豁然开朗前长期的黑暗的摸索状态。这三点对于做多点跨国民族志的我们来说，特别需要好好把握，因为我们所需要找寻的拼图块儿，可能跟随着报道人遍布全球，而我们则需要小心翼翼地将其都采集齐，构成一套完整的民族志叙事。

四

回到文章的开始。若将时光回溯到去剑桥开始人类学训练之前，我以为一部好的民族志作品就是"讲一个好故事"。而经过了长期的理论和田野训练过后，我同样意识到，一部好的民族志作品就是"讲好一个故事"。而差别就在于，"好故事"的标准变了。如果之前，我以为有社会学式的发展关怀即可，那么我逐渐意识到，一个好的故事需要有血有肉的人与故事，而支撑它的骨架是足够宽广、足够独特却又有普遍性的民族志理论。这种民族志式理论生成，正如项飚所言，是基于一种"民族志式的抽象化"，即"从具体现象出发，通过在具体场景下的不同现象之间的实质性的联系的梳理，呈现某现象的整体形态（configuration）"[1]。但是，民族志式理论范式有其自身的局限，最大的局限来自它的跨案例比较。因为民族志式理论范式有其内在的概念和比喻系统，往往是启发型的，它造就的是开放而非封闭的类比似的比较路径。而我个人认为，恰恰因为结构主义、功能主义等被认为是"经典"人类学理论的抽象化过程是外在的，基于它的跨案例比较较为封闭且完整，且系统性的解释能力更强。毋庸置疑，经过欧洲大陆社会理论的洗礼和人类学自身理论的发展，人类学更多地以阐释"如何"（How），而非以解释"为何"（Why）为中心，且重视"批判"和"反思"。这固然是人类学发展至今的一个显著特色，但人类学也因其着重于过程的阐释取径而慢慢失去其建立宏大解释理论的抱负。作为后果之一：虽然人类学的研究方法被简化、改造之后应用到诸多社会科学领域和工业界，但是在诸多社会议题的讨论上，人类学学科的影响力大不如从前。我认为，故不是非此即彼地看待"民族志式理论"与"人类学理论"，而是恰当

---

[1] 项飚：《全球猎身：世界信息产业和印度的技术劳工》，北京大学出版社，2010年，第50页。

地处理"内在抽象化"与"外在理论化"之间的关系,可能是让人类学学科的思考重新获得更大议事权和更广阔的社会关联的办法。

最后,我想以"中-非相遇"为引子,以畅想未来的多元化(非西方理论中心主义)的人类学知识生产的可能。"相遇",毋庸置疑,是最为普通的人类学时刻,它为人类学知识构建提供了结构鲜明的典型的"浪漫"故事:民族志写作者(往往是来自西方的白人男性)到了异域、遇见了土著居民,以此写一部关于他者文化与社会的民族志。这种民族志者和报道人之间的"相遇"可能带来的隐含的认识论上的中心主义、权力关系等问题已有诸多批评[1]。而我们关心"中-非相遇"所指向的是另一种"相遇",即它作为政治性的、历史性的文化交融时刻,记录了报道人和所在的社会因为"相遇"所带来的一系列社会变迁[2]。对于第二种相遇情况,我认为比较经典的人类学时刻是殖民相遇问题(colonial encounter)和基督教相遇问题(Christian encounter),前者所讨论的是因殖民权力体系而衍生出的一系列制度的、经济的、文化的、婚姻和亲属关系问题,后者则讨论在基督教到来后,对于在地社会道德和宗教观念的冲击。这两个相遇时刻可以说构成了"中-非相遇"的可类比结构,但是却不完全吻合。在目前针对"中-非相遇"西方媒体和很多学者的研究中,很多讨论都或多或少地以"中国是否为新的非洲殖民者"这一问题作为隐藏的讨论开端。显然,这样的提问是有其结构性偏见,而若是简单对照而答,则会陷入不但没有削弱反而强化"殖民相遇"的怪圈。以我的博士研究为例。若是回应其"殖民相遇",那么在"中-非相遇"跨国婚恋关系里,我们的焦点则会天然地落在种族和阶层这些殖民时刻所隐含的母议题上。显然,在我所研究的中尼夫妇身上,他们婚恋所跨越的族群边界远没有殖民相遇那么大。"中-非相遇"给予我们新的民族志理论化的机会,以新的理论范式来突破既有的老的叙事惯性,创建新的理论化可能。

那么,这种新的理论化可能在哪里呢?这一追求可能需要我们这一代从事"中国-非洲"研究的同仁们共同努力而完成。在全球化发展到今天,我们

---

1 Clifford, J. & G. E. Marcus (eds) *Writing culture: the poetics and politics of ethnography; a School of American Research advanced seminar*. Berkeley: Univ. of California Press. 2008.

2 Robbins, J. *Becoming sinners: Christianity and Moral Torment in a Papua New Guinea society*. Berkeley, Calif: University of California Press. 2004.

可能比任何时候都清楚地意识到，蒙蔽和单向的交流状态不可取，我们需要的不仅仅是基于自身文化的自信和自觉，而更需要建立不同文化之间的关联性[1]，以求得"人美其美，美美与共"。否则，若丢失了这种关联性的探索和稳固，我们则会再次陷入文化相对主义所带来的"自赏"却无法达成"共赏"的困境。而我们可以把"中-非相遇"看作亚非联结的个案，邀请开展"南南对话""南北对话"的学者间对话，更是在民族志层面，在具体的政治交往、民间交往、外交交往、经贸往来机制，邀请学者们探索关于"关联性"的人类学知识和设计共同体的制度框架，以此为出发点，我们方可进一步创建更为广阔的共同体意识。我想，这可能是我们这一代在全球各地从事田野研究的中国学者们最为深远的使命之一。

2021 年 2 月 28 日于清华荷清苑

1　Zerubavel, E. Horizons: On the Sociomental Foundations of Relevance. *Social Research* 60, 1993. 397 – 413.

祖辈的目光,人类学的路

石 甜

石甜,上海交通大学-比利时(荷语)鲁汶大学社会文化人类学博士,发表了20余篇中英文学术文章,撰写了《非苗非汉:湖南沅陵明中村的人类学考察》(合著)、《龙河桥头:桥头双村生活的人类学考察》(合著)等学术著作。

祖辈的目光，人类学的路

2015年6月底，博士论文开题后，我把微信头像换成了菲莱。菲莱是一款着陆器，欧洲航天局为了探测67P/楚留莫夫-格拉西门克彗星而设计的，欧洲航天局还制作了关于菲莱的科普动画系列短片。其中一个短片中，看着彗星近在眼前，菲莱跃跃欲试，而地球上的专家们仔细研究彗星地表，寻找一个最适合菲莱降落的地方。这一幕与当时的我实在心有戚戚焉，因为我当时处于开题后的兴奋与迷茫中。兴奋的是，快要进入田野了；迷茫的是，我连研究对象的具体在哪都不知道，去哪儿找他们呢？偌大的欧洲，我要降落在哪儿呢？

我的博士论文是关于欧洲苗族的认同。我在开题报告中写道，我想知道被安置在欧洲的苗族同胞们现在怎么样了。但是，中文学术界基本上没有关于欧洲苗族社群的学术研究成果，云南省民语委的熊玉有老师写过拜访法国苗族社群的短文[1]，以及徐杰舜教授写过与欧洲苗瑶难民短暂交流的文章[2]。英语世界关于这个选题也是著述寥寥，零星两三篇论文以及Faith Nibbs对比美国得克萨斯州和德国苗族难民安置情况的博士论文[3]。总之，可参考的信息屈指可数，我也不知道他们有多少人[4]，住在哪儿，怎么才能找到他们。

正如地球上的专家给菲莱选定位置一样，我在欧洲的田野调查也得到了专家和前辈们的"指路"。彼时，王富文（Nicolas Tapp）还健在，我发邮件问他，他在电话里提醒我要特别关注法国苗族社群的亲属关系。我告诉他，我马上要去文山学白苗话，回来之后再向他请教。没想到这是永别。2015年8月，中国社科院的石茂明老师帮我联系了资深苗语专家张元奇老师，张元奇老师也答应了教我白苗话和RPA苗文。每天早上到他家，张元奇老师让我把白苗话的八个声调念一遍，张元奇老师一脸无奈地说："小石呀，你这只有一个调

---

[1] 熊玉有：《美、法、泰苗族人考察报告》，《世界民族》1996年第2期。

[2] 徐杰舜：《法国尼姆苗族考察》，《广西民族学院学报》"特别报道" 2001年。

[3] Nibbs, F. G. 2014. *Belonging: The Social Dynamics of Fitting In as Experienced by Hmong Refugees in Germany and Texas.* Durham, NC: Carolina Academic Press.

[4] 法国立法禁止进行族裔背景的人口普查。

呀！"我说："我明明念了八个调！"一周后，张元奇老师建议我到苗寨里进入那个语言环境，更有利于掌握白苗话。在砚山县民宗局熊国斯主任的帮助下，我来到了响水龙青海村吴贵光老师的亲戚家。吴叔吴婶待我像自己女儿一样，我每天跟着他们上山干农活，摘小米辣、摘玉米、割稻子、打谷，还有傍晚回家以后带孩子、做饭、喂猪。村里的小孩子见到我都跟我聊天。

2016年2月，告别了云南的苗族同胞们，我回到学校，开始学法语。杜燕老师的法语课是每周两次，周六是听力课。就这样，经过半年苗语、半年法语的密集学习后，带着语言工具和理论工具，我来到了欧洲。

一、欧洲苗族的家国愿景与族群情感

出发时，对于如何找到欧洲苗族同胞，我全无底气。而寻找过程中得到了全球苗族社群的帮助和支持。出发之前，我去贵阳拜访了苗学专家张晓教授。在听我描述目前存在的困难后，张晓教授建议，先去德国苗族社群看看，他们人数少，地点固定，比较容易找到。张晓教授的这条建议非常契合实际，所以从联合国难民署抄完档案后，我在Facebook上的苗族小组里发帖，介绍我的博士论文题目以及寻找德国苗族同胞。刚开始，收到的私信都是间接信息，包括曾驻扎德国的美国苗族士兵等，都给我发来有用的信息。德国苗族兄弟阿贵[1]直接私信我说欢迎随时去访问他们。就这样，我跟德国苗族社群联系上，并且跟他们一起度过了几个星期，了解他们的安置情况和当下的生活，而他们的好客、热情、关心，让我一直心存感激。

这份好客、热情与关心，一直伴随我的整个田野调查。我的报道对象都是在Facebook上联系的，他们允许我走进他们的生活世界，跟他们住在一起，分享喜悦，也分担忧愁，一起欢笑，一起痛哭。在各种场合，很多苗族同胞听说我是中国来的苗族，纷纷围住我，七嘴八舌地问，中国苗族过得怎么样？年轻人都做什么工作？"中国苗族"这个自带流量的标签，让我进入田野异常顺利。但作为不是外人的外人，不是自己人的自己人，我与同胞们持续地互相

---

[1] 此处以下涉及报道对象均为假名。

"吐槽"。

"哎哟，Zeb（我的苗名）连煮饭都不会哦！""我会！但是我们用电饭煲哎，你们这种沥饭做法（先煮到半熟，再蒸熟），我只在电视上看过！"

"Zeb 听不懂苗话哦！""我会白苗话，你们说的是青苗话！"

"Zeb，这个辣椒酱很辣的！你少放一点哦。""没关系，我不怕辣，我是苗族。"几分钟后，听见我问："婶婶，有牛奶吗？这个辣椒酱太辣了！"

"叔叔，这是什么呀？为什么要在丧礼上扎这个？""你是苗族你不知道吗？""呃，我没见过哦……"

"Zeb，在中国，大米多少钱一斤？""呃，等我想想，我们一般都是一袋一袋的买吧？一袋米是多少斤来着？5公斤？"

"Zeb，中国苗族住在城里还是在山上？""呃，中国太大了，有住在城里的，也有住在山上的。"

"Zeb，这种植物，中国苗族叫它什么？""我不知道哎，我们不吃它呀，连它中文名叫什么都不知道啊。"

"Zeb，你还好吗？怎么不说话了？""我很好……每分钟都像是在做法语听力题，好累……"

这些对话其实是欧洲苗族社群在离散（diaspora）语境下渴望族群情感的反映。在博士论文里，我分析了欧洲苗族社群如何在超多元化的欧洲社会背景下运用各种策略来应对不断变化的社会语境。实际上，欧洲苗族社群在享受西欧社会福利政策以及资本主义国家经济优势的同时，也承受着弱势社群遭到的排挤。虽然并不像非裔群体遭遇那么明显的歧视[1]，也并不常遇到警察盘问和邻里排斥，但离散带来的教训和经验让欧洲苗族社群选择了不同策略去回避、周旋和合作。他们这些经验让我无论作为学者还是作为苗族一员都受益匪浅，也促成我在博士论文里比较了欧盟多层治理框架下各国苗族社群的不同实践。[2]

---

1 Fassin, D. 2013. *Enforcing Order: An Ethnography of Urban Policing*. Polity Press.

2 详见石甜：《文化融入与族群认同：以欧洲苗族节庆活动为例》，《湖北民族大学学报》（哲学社会科学版）2020年第3期。

但是，做田野调查的过程，不仅是学习当地文化，更是成长为人。在田野里，我学习了如何互相照顾、互相陪伴、互相支持。每次进入新的报道对象家里，对方总说："跟你父母讲，让他们不用担心，我们会照顾你的。"在田野里，我见证了新生儿呱呱落地，优秀的年轻人考上大学，年轻的夫妻开始新生活，毕业生入职或跳槽，一大家子相互照顾。我也目睹了病痛的折磨、分手的心碎、失去亲人的悲痛。凯博文（Arthur Kleinman）写道："照护，意味着陪伴左右，一起经历惊慌与伤痛的旅程。"[1] 我跟法国苗族同胞们一起，半夜出发、横穿半个法国去参加仪式，看着车窗外的黑夜慢慢变浅直至朝霞染红天边，我开始思考这些漫漫长路的陪伴，到底意味着什么？每个周末几乎都奔波在高速公路上，星期五晚上出发，通宵开车赶到各种仪式现场，星期天返回，往返十多个小时，持续四十多年，它到底有怎样的意义？

第一次收到丧礼报信时，我完全不敢相信，高叔就这样突然离去。本来回国之前我还见过高叔，我还告诉他，我暑假要回国啦！没想到那就是最后一面。在他的葬礼上，我突然意识到，如果我的田野做得足够久，我将来会一一送走他们。我遇到七叔时，他已经查出结肠癌并动了手术。即使这样，他还热情接待我，带着我到处去参加各种做鬼招魂仪式。我回国之前，七叔病重住院了，他在医院挣扎着说他要回家，要回中国去。

根据苗族西部方言各支系的《指路经》，苗族人在去世后，芦笙师吹奏芦笙曲，由鬼师指引亡魂沿着生前经过的地点，一站一站地往回走，直到跟祖先们在一起。在葬礼上，鬼师念起法国境内的地名，阿维尼翁、里昂、巴黎；念起泰国境内的地名，曼谷、Ban Vinai；念起老挝境内的地名，最后听到了"Suav Teb"（中国）。这些地名所编织的不仅仅是个体的人生经历和记忆，还有那些四下逃难的悲痛，那些"人生不相见、动如参与商"的思念，那些"相见时难别亦难"的惆怅。这些情感让他们渴望与族人在一起，在过去的四十多年里，搬家到族人所在的城市，或者每个周末都奔走在与族人碰头见面的路上。有一次，七叔打电话问我："Zeb，你一个人在比利时，孤独吗？"并且发出邀请，让我一放假就去尼姆跟苗族社群再聚。

基于民族情感，欧洲苗族社群接纳了我。对于我来说，难题不再是如何进

---

[1] 凯博文：《照护：哈佛医师和阿尔茨海默病妻子的十年》，姚灏译，潘天舒校，中信出版集团，2020年，前言第4页。

入田野、如何找到研究对象,而是如何分析他们这四十多年的安置经历,他们这些年的挣扎、努力与奋斗的意义何在,继而与其他离散族群的经验进行比较,与理论对话。写博士论文时,我将《伊隆戈人的猎头》读了数遍。伊隆戈人的一位老者临死前,把弓箭送给他的"兄弟",而这把弓箭代表了浓浓的思念,表示了"此生再无重逢日"[1]。在我的田野里,我收到过法国苗族同胞馈赠的各种礼物,七叔从泰国带回来的苗族文化工艺品,花婶亲手缝制的苗装背心,金姐母亲留给她的银饰,以及在美国苗族社群访问时,陶婶赠送的苗绣靠枕和银项圈。这些物品都凝聚着祝福与念想,我带着它们回到布鲁塞尔,陪伴我度过异国他乡的每一天。又或许,在记忆的花园里,在沉睡的梦境中,我们可以再次相遇。

二、遇见人类学,最初的心动

降落到欧洲之前,我已经进入人类学领域九年了,仍然感觉人类学的一切都那么新鲜,那么迷人。威廉·亚当斯在回顾了人类学史后感叹:"人类学家是天生的……由于我们人生经历中的一些控制因素的影响,我们早在听到人类学这个名字之前,就已经预备好要成为人类学家了,甚至连成为某个特定类型的人类学家,都已经预定了。"[2]听上去有几分宿命论的味道,但它其实强调的是,我们个体的成长经历与生活经验塑造了我们的视野、思路、偏好和品位。许多人类学家起初并不是人类学专业,博厄斯是物理学博士学位,A. L. Kroeber原本学英文和戏剧,露丝·本尼迪克特是文学专业,玛格丽特·米德是英文和哲学双学士学位,而种种际遇促使他们最终选择了人类学。

至于我,我父亲是苗族,母亲是土家族,这样的跨族联姻在武陵山区很常见,但无疑是进入民族认同议题的天然指引。武陵山区指的是湖南、贵州、湖北、四川(重庆)的交界地带,它既是进入云贵川的通道之一,又是历史上的兵家必争之地之一。西南本地民族与中原王朝的冲突在这里频频爆发。乾嘉苗

---

[1] 罗纳多·罗萨尔多:《伊隆戈人的猎头:一项社会与历史的研究(1883—1974)》,张经纬、黄向春、黄瑜译,北京大学出版社,2012年,第141页。

[2] 威廉·亚当斯:《人类学的哲学之根》,黄剑波、李文建译,广西师范大学出版社,2006年,第390页。

民起义失败后，一部分石姓先辈沿着八面山逃难，与本地居民通婚定居。"改土归流"后，本地的土家族、苗族基本上都失去民族语言，只能在仪式空间中找到一些民族文化的痕迹。

在贵州读大学时，我趁空闲时间去了西江苗寨、朗德上寨以及雷山、黄平、榕江等地的一些苗寨。一个疑问油然而生，我们都是苗族，为何如此不同？而且在六枝的跳月节上，目睹了盛装的苗族女孩们跟着DJ音乐跳街舞，一时五味杂陈，我开始琢磨传统文化变迁现象背后的诸多因素。

2005年，在贵阳的西西弗书店里，我邂逅了《走进竹篱教室——土瑶学校教育的民族志研究》，这是袁同凯老师在香港中文大学人类学系的博士论文，讨论广西瑶族的教育问题，字里行间透露了浓浓的人文关怀。自此，人类学那种对弱势群体的关怀与共情，对文化的关照与犀利的问题意识，彻底把我拉入这个学科。此后，在书店里不断发现人类学书籍，包括《安达曼岛人》等当时刚刚出版的经典著作，我欣喜若狂地捧着它们来回翻看，这就是我一直追寻的，我想了解一个民族语言、经济、社会组织、政治制度、信仰等全部内容。再之后，还在书店里发现了哈维兰的《人类学》教材，华艺出版社的"原生部落"丛书，广西师范大学出版社的"原始文化经典译丛"等等，就一发不可收拾。我兴趣太广了，什么都感兴趣，而人类学包容我的好奇心，释放我的激情。

刚进入人类学领域时，是"痛并快乐着"。一方面，我在人类学知识的海洋里畅游，从尼安德特人到红毛猩猩、从尖状器到万物有灵论，疯狂吸收各种营养。我纵容自己无限的好奇心，各个分支的课程都想学，同一周内的阅读材料跨度之大，最后果然"选课一时爽，考试火葬场"。但是，在饱览人类文化魅力后，我开始学习用人类学的眼光去重新检视以前熟悉的内容，我的家乡，我的祖辈，我们的过去和现在。那些主流描述中的落后愚昧，实际上又是怎样一套本地文化逻辑；而那些"文明缘何不上山"的提问，实际上又代表了怎样的权力话语。在汉文文献里读到关于我们的描述时，总有一种吊诡的感觉。苗族被贬低为"南蛮"，行为粗野、不服教化，而我们这一区域的苗族则被表述成"熟苗"，已通教化。但是，正如台湾原住民学者孙大川评论鸟居龙藏拍摄台湾生蕃的照片所说，如果没有这些记录，我们的历史将会缺失很大一片。所以，即使这些文献材料是权力话语和王朝统治的产物，我们也许可以从我们自己的视角去解读和阐释，寻找一些历史的线索。

在人类学知识的海洋里，我还了解人类学家如何运用人类学知识来尝试解决现实问题，Paul Farmer 揭示了海地人民如何遭受疾病和体制的双重暴力；Mercedes Doretti 协助拉美前殖民地人民鉴定大屠杀受害者骸骨，John-Andrew McNeish 为声张原住民权益而奔走。对于我而言，这些人类学案例有一种治愈的力量，确保不在作为弱势族群的自怜自艾中迷失，这也是威廉·亚当斯所说的："人类学最令人欣慰的悖论，也是它最激励人的特征，就在于研究他者的同时，也是一个自我发现的生命旅程。"

另一方面，海量知识犹如冰山般迎面砸来，由于本科不是人类学专业，读起理论，那是倍感痛苦。《人类学理论》这门课一开始就讨论三大奠基人：马克思、韦伯和涂尔干。对不起，当时的我只听说过马克思，而且还是高中政治所学的那些内容。在被各种理论无情碾压后，我开始逐渐领悟到理论的重要性。马林诺夫斯基也说过，没有理论的田野材料，不过是一堆志怪传说。诸多优秀的人类学前辈撰写过非常精彩的民族志，但如果没有理论工具，不了解人类学理论谱系中范式变换，读者容易陷入猎奇的沼泽之中。无论是 Barth 的"流动边界"、布尔迪厄的"惯习"还是福柯的"治理术"，都有助于读者去理解人类社会与文化。

我求学过的三所人类学系/所都有一种海纳百川的风格，引导学生去熟悉这个学科的光辉与黑暗，从它的历史纠葛中思考人类社会的过去、现在与未来。在香港中文大学人类学系获得的基础知识，在上海交通大学文学人类学所进行的跨学科训练，在（荷语）鲁汶大学人类学系跨文化、移民与少数族裔研究中心（IMMRC）养成的关注现实问题、学术面向公众的思维模式，都让我在完成课业的同时，可以有更开阔的视野去理解当下的文化现象和社会问题。在香港中文大学的《人类进化》这门课上，我了解到利基（Leakey）家族数代人在非洲大峡谷的考古发掘，灵长类人类学家珍·古道尔（Jane Goodall）数十年对黑猩猩的观察，感受到做学术要有激情，也要耐得住寂寞，更要面向公众，让大家明白这个星球是属于所有生物的。人类学研究的是人类，而人类的历史与社会是不能割裂的，比如说，走出非洲的那些祖先是怎样到达这里，是怎样与周围的人群互动，是怎样生存下来形成今天的群体，群体之间如何互动，这些都需要我们用一个宏大、整体、长时间段的视野去考量。了解我们的祖先，了解人类的兄弟姐妹们，了解人类自己，知来路，识去路。

三、做人类学：在场、聆听与书写

人类学并不是完全"孤芳自赏"或"自娱自乐"的学科，爱德华·泰勒到处演讲，拉德克里夫-布朗游说基金资助，玛格丽特·米德致力于推动"公共人类学"，把公众包括进来；珍·古道尔四处奔波介绍黑猩猩的故事，激发公众对动物保护的意识。不管是四大分支，还是学科定位模糊的应用人类学，向公众介绍人类学研究成果、推动跨文化交流，是人类学一直以来的职责之一。

"人类学的任务，"迈克尔·赫茨菲尔德写道，"是透过那些自称为永恒真理的华丽辞藻，去揭示隐藏其后的种种我们所熟悉的实践行为……人类学有悖于常情的胆识和批判的力量，它来自自我检验，不惜毁灭自己……人类学敢于否定被普遍接受的观点，这一点本身就具有重要的价值。在知识结构越来越被武断地归并为单一和同质结构的失衡，我们越发需要人类学这样一个砝码使知识平衡……人类学有一个独特的立场，它惯于做边缘化的社会调查研究并利用这种边缘性向权力中心发出诘问……人类学能够充当一种批判性的话语，专门批判那些被贴上'合理'和'常识'等标签并日益在全球散布的观念，以阻止其形成概念上的霸权地位并普及开去一发不可收拾。"[1]

实际上，在写这篇文章的时候，我又重看了一遍迈克尔·赫兹菲尔德的这本《人类学》，这些让人怦然心动的金句，不仅是作者沉浸在这个领域几十年的经验提炼，更是呈现了数代人类学家前赴后继、披荆斩棘时秉持的信念。在香港中文大学读书时，我时常追问"那又如何"（so what）。是的，结构功能主义；是的，《甜与权力》有马克思主义视角；是的，仪式有"前-阈限-后"三个阶段；但是，那又怎么样呢？在宗树人（David Palmer）教授的课上，指定阅读书目包括布尔迪厄的《世界的苦难》（The Weight of the Earth）。这本论文集并不属于布尔迪厄那些举世闻名的佳作之列，但它所描述的那种小人物在日常琐碎中挣扎的场景，一再将我拉回到记忆中的武陵山区，人们在贫困、冲突、争吵、暴力中日复一日地挣扎。我总觉得，理论有助于理解现实，可现实问题又如何解决呢？

所以，硕士毕业以后，我在短暂地担任某刊物的试用编辑后，跳槽到桂林

---

1 ［美］迈克尔·赫兹菲尔德：《人类学：文化和社会领域中的理论实践》（第二版），刘珩、石毅、李昌银译，华夏出版社，2009年，第3—6页。

金钟山旅游研究院,协助徐杰舜教授完成一些应用类型的项目,尝试把人类学的知识运用到实际生活中。我们在漓江沿岸对渔民的访谈,聚焦在旅游开发带来的变化以及他们的诉求;在广西龙胜、南宁、贵州荔波的项目聚焦在民族团结,当地各族人民为了构建和谐生活做了哪些努力;在湖南沅陵、麻阳的项目关注民族的历史互动与认同感,和而不同。

工作三年后,在徐杰舜教授的推荐下,我到上海交通大学王杰教授门下攻读博士学位,之后又通过交大-鲁汶的双学位项目到鲁汶求学,并且在法国、德国和荷兰进行田野调查。在此期间,我陆续参与过其他学者和NGO组队的一些项目,以访谈员的身份去记录中国社会不同群体的生活。

这些项目的最后落脚点都在"发展"上,而运用人类学知识到发展项目中,在资源枯竭、环境恶化、社会分配不公等问题中表达当地社区和个体的声音,这是人类学知识的常见应用场景之一。亦有更多的人类学家投身于发展人类学领域,从人类整体性的立场出发,采取更宽广的视角来看待当下的矛盾与问题,思考可持续发展的解决办法[1]。

在这些项目中,我大部分时间都处于在场聆听状态,无论是村民小组会议的七嘴八舌,商界精英口授成功经验,HIV/AIDS感染者的号啕大哭,还是道士师父的示范演绎,我大多是默默地听着,就内容提问而不进行价值判断,以局内人视角尝试去理解他们的生活世界与选择。有些时候,在场与聆听,但让对方有被尊重感;而这种被尊重感,对于很多弱势群体而言,已寥寥无几。一位报道人说:"小石,你把我说的都记下来,让别人也知道我们的文化。"作为道士师父(白事)的他,日常生活中为村民们所敬畏,也被排斥。我的在场,不仅记录了科仪内容,也聆听了他如何成为道士师父的前半生,那些莫名其妙或是机缘巧合的人生选择。也许这些故事已经被当地人熟知,也许从未有机会倾诉。个人故事太过隐私了,我并没有把它写进最后的田野报告,但无论如何,在那一刻的分享里,道士师父有几分释然。有时候,甚至是简单的陪伴,也被一些群体视为甘霖,因为他们被污名化太久了。我陪着一位报道人去医院问诊,他一直在焦虑和恐惧中,不敢去医院,害怕自己的同性恋身份被发现,会遭到歧视甚至辱骂。这样的担心和焦虑,是诸多弱势群体在日常生活中每天都面对的;而社会正义、多元、关爱和包容,也一直需要大家共同去争取。

---

[1] [美]约翰·博德利:《人类学与当今人类问题》,周云水等译,北京大学出版社,2010年。

为弱势群体"代言",去跟外界沟通、交流,这也是 Paul Farmer 在海地时被当地人所寄予的期望。当地人告诉他,我们不想你变成我们这样,我们希望你穿上西装,去代表我们,去争取我们的权利。[1] 这种无与伦比的学科魅力,吸引其他专业的学生将激情和才智都献给这个"立志成为'世界的良心'的学科"[2],即便意味着自己在这条路上的纠结、难受与辗转反侧。露丝·贝哈甚至宣称,"不能让人心碎的人类学,根本不值得再继续"[3]。而我所参与的一些项目,也有心碎时刻,更多的则是带来一种无力感,面对结构暴力和生死攸关时,感觉到纯学术研究的无力和作为个体的无力。在一个对 HIV/AIDS 感染者访谈的项目,访谈结束后,我关掉录音笔,开始收拾东西。对方问,听说现在有一种新药出来了是不是啊?看着她眼里跳动着的希望,我一时语竭词穷。现在都想不起我到底是怎么回答的,但时常想起她那双眼睛中对活下去的渴望。

那些渴望被理解、被记住、被认可的眼神,也一直提醒着我,进入这个领域时的初心。我们的一些项目也只是代表了我们曾经做过的努力。就像 Field 他们说的,这些应用人类学个案对于现在的研究生,也就是未来的人类学家们并不一定适用,我们只是尝试告诉大家,我们曾经在哪些方面做过怎样的事情,有成功的,也有失败的,希望未来的学者能够吸取经验,开辟更多方法上和实践中的道路。[4]

在完成这些项目时,我自己也对不同民族的历史与文化有了更深入的了解。我们的项目先后涉及了侗族、瑶族、壮族、苗族、土家族、水族等十多个南方少数民族,有助于我自己有一个更开阔的比较视角去思考我们苗族的问题。而且,在田野里也遇到了诸多前辈和同行,阳朔、龙胜、西江苗寨、施洞、凤凰、大理喜洲这些地方早已是人类学田野常驻点,几乎可以赶得上纳瓦霍人每个家庭都有一名人类学家的那种规模了。每次与前辈、同行和朋友的愉

1　Tracy Kidder. 2013. *Mountains Beyond Mountains: The Quest of Dr. Paul Farmer, A Man Who Would Cure The World.* adapted for young people by Michael French. Ron Haviv/VII/Corbis. p. 127.

2　[美]威廉·亚当斯:《人类学的哲学之根》,黄剑波、李文建译,广西师范大学出版社,2006年,第378页。

3　[美]露丝·贝哈:《动情的观察者:伤心人类学》,韩成艳、向星译,北京大学出版社,2012年,第163页。

4　Les W. Field, Richard G. Fox. 2007. Introduction: How Does Anthropology Work Today? in *Anthropology Put to Work* edited by Les W. Field and Richard G. Fox, Oxford & New York: Berg.

快交流都是智识的提升和灵感的迸发,吾辈不孤也。路过别人的田野,围观他人的世界,在不同的时空中遇见彼此。人类学家拎着大小不一、形状各异的灯笼前行,那些淡淡的光线,穿过沉沉的黑暗,照向不可知、不可见的未来。

四、未来,一路同行

真切感觉到时光如逝水,是灵魂被击穿的某些时刻。比如亲戚骤然辞世,田野里不断穿行在葬礼中,听着逝者亲属唱 nkauj tuag,拉长的尾音道出了克制的悲痛。死亡一直在终点等待每个人。王明珂老师在汶川地震后追问,除了"学术贡献"外,人文社科学者能为社会做些什么?这个追问促使他开始整理过去的笔记、照片和田野的记忆。[1] 在 Facebook 上,我看到美国苗族年轻人写的一段话:"我们为先辈而骄傲,我们迟早也是别人的先辈。我们要给他们留下些什么呢?"是啊,要做些什么呢,留下些什么呢?

在欧洲做完田野调查后,我才意识到我大概有四五年没有回老家了。去年回老家过年,哥哥家的孩子已经窜到近一米八了,弯下腰喊我孃孃(姑姑)。我说,坐下说话哈,坐下说话。我们寨子里,水泥楼一栋接一栋,考上大学的年轻孩子也越来越多。妹妹们告诉我,可以在手机 APP 上点外卖,镇上的外卖小哥骑摩托车送进来,奶茶、烧烤,什么都有。吴燕和老师写道:"人生就像是火车之旅,一站过了一站,似乎坐着不动,但景色转眼全非。"在寨子里,我也突然有一种"转眼全非"感。开心的是亲人的生活越来越好了。传统的吊脚楼是好看,但阴冷潮湿,光线暗,对身体健康并不好。某年春节,村里电压不稳,大年三十夜都停电了。我跟哥哥们点着蜡烛打扑克,蹲在炭火前,胸口炙热,背上冰凉。寒风从木板缝里卷进来,从头顶呼啸而过,第二天又是重感冒。而现在,我们在舒服的水泥房间里,烤着炭火刷 Wi-Fi,生活多美好呀。但伤感的是,老人去世时带走的知识宝藏是不可能再有了,一些传统文化也一去不复返了。

这种"一去不复返"的遗憾也是我跟其他学者交流时所感受到的。但是,

---

[1] 王明珂:《寻羌:羌乡田野杂记》,中华书局,2009年,第186—187页。

除了"学术贡献"外，我们可以做点什么呢？传统文化在当代社会中左支右绌，是很多原住民群体、少数民族/族群、印第安部落都遭遇到的现实状况，一些语言甚至成为濒危语种。每一种语言实际上代表了一类独特的知识、历史和世界观的合集，是不同的视角去思考生活、解决社会问题、理解宇宙世界、探索生命的本质，也为当下一些社会问题提供新颖、深刻、有用的参考方法。记录、传承、传播民族文化，需要学者、志愿者、社群成员的共同努力，也需要政府的支持和尊重。[1] 显然，这个工作任重而道远。在求学问道的过程中，与其他民族的交流、访问原住民部落、阅读不同的保护案例，都让我对未来多了几分信心。

图1 芈岚创作的《百苗图·群芳谱》

---

1 参见[美]丹尼尔·埃弗里特：《别睡，这里有蛇：一个语言学家和人类学家在亚马孙丛林深处》的讨论。

目前，我跟一些朋友运营的微信公众号"苗文翻译局"也在做尝试，借鉴欧洲语言共同参考框架标准，把苗语结合当下社会现实来翻译新术语，面向更广泛受众群体，包括非苗语母语的读者。我还跟杨祖卫团队合作，借鉴美国苗族同胞们制作苗语小视频的经验，拍摄了苗语短视频，在快手APP上已经有3万多的点击量了。同时我们也在招募新生力量加入，吸引更多本民族以及其他民族的年轻人来学习苗语和苗文，了解苗族文化。

那些教导我的人，帮我指路的人，带着我前进的人，有些已经不在了。可是，他们给我的火把，照亮了我的道路，我会保护它，然后把它传递下去。很开心看到越来越多的苗族年轻人对自己的文化感兴趣，尝试用各种方式来拓展和传承。安红姐发起的河湾苗学院，陶兴昌发起的苗疆公益活动，王石丹收集整理了苗族服饰，芈岚绘制了CG版的苗族群芳谱，叠贵用苗语进行民谣创作，央格里、金梦春他们的民族文化乐团……这条路上的同行者越来越多，也期待更多人的加入，一起探索民族文化在当代的多元交流形式。在祖辈的目光注视下，我们继续在人类学这条道路上前进。

在这篇文章中，我回顾了这十多年的求学问道，如何受到人类学的召唤，进入人类学领域；如何在各位老师的关心和提携下，进行知识的积累，理解民族身份与问题；如何在同胞们的关照和帮助下，完成学业的同时，与大家一起尝试将学术知识运用到现实中。在这篇回顾里，我预想的读者是对人类学感兴趣、非科班出身的普通大众，所以重点介绍了这些年的人类学学习与训练教给了我什么，让我有什么领悟，从理论知识学习到应用项目实践，我的人类学道路是怎样走到现在的。我希望以我自己的经历为例，提供一些参考，可以吸引更多读者走近人类学，走进人类学；不见得必须要完成某个学位，但通过了解人类学不同领域的研究成果，理解人类社会，构建更美好的生活。

初心未改,跨界传承

孙九霞

孙九霞,中山大学旅游学院教授、博士生导师,珠江学者特聘教授,广东省社科研究基地中山大学旅游休闲与社会发展研究中心负责人,兼任《旅游学刊》《地理科学》编委、中国人类学学会理事、中国地理学会旅游地理专业委员会委员、人类学高级论坛青年学术委员会主席。在国内外重要期刊发表论文100余篇,出版著作5部,并多次获得省部级奖励。

初心未改，跨界传承

2000年，我有幸以"青年人类学者"的身份受到徐杰舜教授的访谈；而今，徐老师依然为筹备人类学高级论坛20周年纪念大会的特别专题而乐此不疲，并要求我作为"新生代"的一员分享自己的学习与工作历程。从年龄上看，我早已不是新生代，但因为前辈未老，所以吾辈正青春。且就所从事的跨学科研究而言，的确是人类学的新生代。借此机会，回顾我与人类学的跨界故事，既能盘点来时的路，也可远望归去的道。

一、第一次跨界：陌生的人类学偶然闯入者

我与人类学的缘分充满偶然性。我的本科就读于山东师范大学教育系，并修教育学和心理学专业，1992年拿到教育学学士学位。那时见识较浅，总认为国内心理学的本土化不足、教育学的学理化不够，尽管综合成绩第一也放弃了保研机会，这一决定为我的研究转向预留了契机。大学毕业后我到山东医科大学（今山东大学医学院）担任辅导员，并开始寻找感兴趣的学科准备考研，随后与彼时的男友曹孟君相约一起报考中山大学。他毕业于中山大学哲学系，自然选择考本专业。而我的选择就有些尴尬，本专业此前已被放弃，新的专业尚无头绪。后来他说起曾与人类学的同学住在同一幢宿舍，并说："人类学特有意思、特别好玩，你就报人类学吧！"我便被"好玩"二字打动，尽管并不清楚如何"好玩"。于是，我这个从未听过"人类学"三个字的人决定报考人类学专业。一旦确定了考研的方向，便不再有任何纠结。我迅速将这份盲目的新奇转化为清晰的目标，在距考试极短的时间内与人类学的复习资料死磕到底。1993年10月底才拿到曹先生托哲学系的师妹帮忙"拼凑"的考研材料，内容繁杂，形式多样，有正式出版的、有油印的，有32开的、有16开的……可谓五花八门。看到这些参考资料，内心更乱了，更加弄不清人类学的完整样貌。也意识到人类学并非边界清晰的单一学科，而是从多角度对人类进行全面

研究的"学科群",仅一门《人类学概论》的考试课程,就涉及中国历史、考古、体质人类学等各种内容,很多知识点愣是看不懂。总共两个月的复习时间,为了考试着实是拼了命,并做好了来年再战的打算。极其幸运的是,我最终成为当年中山大学人类学系录取的两名硕士生之一。

作为陌生人的我,对于人类学的研究生导师选择同样出于偶然。曹先生咨询了人类学的师兄,对方推荐了周大鸣老师。反正谁也不认识,师兄推荐就具有极大的可信度,于是义无反顾地选择了周老师及其区域经济与文化研究方向。当时电话通信尚不发达,更不要说互联网了,于是我写了一封自荐信给周老师。不料,一个多月后信被退了回来,说周老师彼时正在美国,归期未定,这给我的考研之路又增加了一分不确定性。到了八月底入学后导师依然未回国,系领导告知我周老师不一定回来,可以考虑另选他人。但我坚持了自己的初衷,继续等待。所幸开学一个多月后,我终于见到了周老师,有幸成为他的开门弟子。对于这份偶然选择成就的必然事业,我由衷感谢当年出主意的亲友,也佩服自己勇于打破"专业界定一生"的观念。

来到中大,我便一头撞进学术的大门,在前辈的指引下渐入佳境。研一时,《中山大学研究生学刊》向在读研究生征稿,本着"练笔"的心态,我把课程论文修改后投了过去。很快收到录用通知,我颇有几分得意,交给周老师做最后审核并请他签名。未曾想,看着似乎有理有据的归纳分析和洋洋洒洒的概念阐述,周老师生气地质询:"孙九霞!你能不能回答我、能不能告诉我,这一篇文章中哪些是你自己的,哪些是别人的?!"我顿时脸红脑涨,直接就哭了,接下来的一个月都没敢找老师,见到老师恨不能躲起来。那个从来没做过研究的一个教育学门外汉,回身深刻反思,摸索着走向学术之路。我在接下来的一个月迅速展开关于粤澳族群的调研(彼时周老师正在进行澳门文化司署的相关课题),去斗门区的乾务镇调查并完成初稿,规范引用、再三斟酌后交给了周老师。这一次,老师终于没有生气,一句"你这不是挺会写的嘛",让我重拾信心。后来这篇文章也发表在了《广州社会》。事实上,当年国内学术规范并未完全确立,引用、摘录、编写经常被混用,而我半路出家来到陌生的田野,尝试着研究和探索。回想当年跌跌撞撞但又坚韧不拔、随时准备重新扬帆的情境,我由衷感谢我的导师:您是那根操控索,时刻提醒我,人类学的路没有捷径。

初心未改,跨界传承

我们因为"师多生少"而得以亲近人类学大家。那时的人类学课程训练虽没有严格的结构,但却充满张力。由于硕士人数极少,多是两三个年级一起上课,一起在课堂上展开深入而有趣的讨论。容观瓊先生、黄淑娉先生的课堂,每一节课都很充实、开放、有趣。我们经常每个人学懂一个理论,然后用 seminar 的形式给同学们分享,不仅互相拓宽知识面,也培养了每个人独立思考和勇于表达的习惯。研究方面,大家也没有太多"发文"的概念,对知识与研究的热爱驱使我们抓住一切可以学习的机会。起初做族群研究,我面临巨大压力——国内尚未形成"族群"的概念,从下定义到搭框架乃至田野实践皆是困难重重。我的硕士论文研究的是澳门族群与粤澳族群关系,因缺乏中文的族群概念和文献,于是斗胆对"族群"做出界定,并试图厘清"族群与民族""族群与族群性"的概念关系。其中认为族群是指"在较大的社会文化体系中,由于客观上具有共同的渊源和文化,因此主观上自我认同并被其他群体所区分的一群人,即称为族群。其中共同的渊源是指世系、血统、体质的相似;共同的文化指相似的语言、宗教、习俗等。这两方面都是客观的标准,族外人对他们的区分,一般是通过这些标准确定的。主观上的自我认同意识即对我群和他群的认知,大多是集体无意识的,但有时也借助于某些客观标准加以强化和延续"[1],该文的引用率至今已经超过 300 次。

概念的界定和领域的创新是需要时间检验的。当时在硕士论文答辩时,黄淑娉先生担任答辩委员会的主席,她并不认同"族群"这一概念,并建议用"民系"替代,后续修改时我并未采纳。值得欣慰的是,一年后"庆祝容观瓊先生从教 50 周年暨族群与族群关系学术讨论会"得以召开,两年后黄老师出版了《广东族群与区域文化研究》,"族群"也渐渐成为人类学的热点话题。

周老师对都市人类学的超前眼光,让我有机会及早参与珠三角外来工的研究,并见证了跨国企业的生命历程。在老师的推荐下,1995 年 1 月 13 日,我趁寒假之际第一次来到了深圳宝安区西乡镇九围工业村的达诚文具厂。该厂隶属于香港文具有限公司,厂长及核心管理层为香港人。厂长张永权先生学识渊博、中英文熟练,爱好古诗词,尤其偏爱读书人,由此我得以在工厂内的任何领地畅行无阻。其间除一周时间回广州过春节外,我整个假期都生活在达诚,

---

[1] 孙九霞:《试论族群与族群认同》,《中山大学学报》(社会科学版) 1998 年第 2 期。

确实做到了与农民工"同吃、同住、同劳动",切身感受到人类学工作者的苦与乐,也从打工者的眼神中读出人类学研究的价值。但我与达诚的故事并未至此结束。同年7月,张永权先生让我协助在中山大学组织一次培训活动"达诚文具厂全面优质管理启发营",聘请中大的老师为厂里拉长以上的管理人员做了管理学方面的培训报告。此后,张厂长开始邀请我每月2次定期到厂里为职员层讲授管理学的有关知识,并穿插国家时事、地理历史知识、政治经济常识等。每次去讲课需要从学校坐公交车到省客运站乘坐大巴,到达深圳宝安再转到西乡镇,下车后再转小巴或摩托车去九围村的达诚厂,在人口管理无序的90年代,一个还算年轻的女孩子,奔波着大巴变中巴、中巴变面包车、汽车变摩托,实在不行还得走路,来来回回都被"卖猪仔",何其艰辛!幸好厂里为提供一切便利,特意在职员宿舍楼给我安排了一间小宿舍,我可以吃管理层的小灶,也可以吃工人的大食堂,当然我大部分选择前者。随后我逐步更加深入到工厂的各个部门和宿舍的各个角落,密切地接触员工并取得大家信任,还常常为他们从广州"带货"(多为外来工为自己和弟妹购买的书本、磁带等学习资料)。年底我又在达诚开展心理咨询活动,利用自己原先学过的心理学知识帮助职工纾解压力。1997年1月、1998年9月底累计一个多月,我又在达诚做了一段时间的田野。直到今天,我与达诚的部分管理层乃至普通职工依然保持非常好的关系。

可以说,在达诚的经历是我第一次真正意义上进入了人类学的田野,让我积累了丰富的田野资料和深切的田野经验。《珠江三角洲外来企业中的族群与族群关系——以深圳中成文具厂为例》一文就是达诚调研的浓缩,徐杰舜教授在容先生的庆祝会上听了我的宣读,便直接向我邀稿。2001年《广西民族学院学报》以上下连载的方式,将那4万多字发表了出来。同年,这篇文章获中国都市人类学会组织的"中国都市人类学研究十年优秀论著评奖"一等奖,由中山大学黄达仁校长亲自颁奖。

在丰富的田野实践中,我学会融入他人的生活世界,读懂他者的文化,带着同理心表达他们的所思所想。如果人类学人不能成为社会人,研究必将带有距离,思想必将设立边界。回想这一幕幕,我由衷感谢所有恩师和被研究者,尤为感恩前辈们的不拘一格和包容信任,让我能够航行万里,不问来处。

二、第二次跨界：偶然的旅游管理直觉选择者

进入旅游研究领域，同样缘缘自偶然。硕士毕业后我本来打算到香港读博士，考虑到生育年龄问题而在即将拿到offer时决定放弃，遂到广东省民族研究所工作。待孩子一岁多我又开始寻找新的学习机会，2001年初周老师到所里来谈起说有位管理学的老师想招个人类学背景的博士生，我感觉专业跨度太大就没多问。次年四月下旬的某一天，我偶然翻开了中山大学的招生简章，突然发现旅游管理专业的招考科目中竟然有一门"文化人类学"！当时就非常吃惊，速速询问周老师是否听说过此事，他说："前一段去你们所里问你时你不感兴趣呀！"我哪里知道这位导师如此看重人类学的价值！于是，我迅速决定再次开启突击式的复习模式。这是旅游管理首次招生，而我只剩一个月的复习时间！对"旅游"学科和"旅游管理"专业依然是闻所未闻，对于这位认识人类学价值的保继刚教授同样知所未知。后来才知道，1995年保老师到加拿大访学，接触到Peter Murphy的著作 *Tourism: A Community Approach*，开始关注社区的旅游参与；其间他还结识了著名的旅游人类学家Valene Smith。回国后又参与桂林龙脊梯田的规划调研，村民对旅游开发的不配合、消极抵制让他认识到研究社区旅游参与的紧迫性。正是他的远见卓识为我打开了学术新天地的一扇窗，开启了一片新的研究领地。2001年，幸运的我通过了博士招生考试，得以成为旅游管理专业的第一届博士生！保老师不仅学识渊博，而且极富人文情怀。在他的引领下，我顺利完成从人类学到旅游学的学科转向。而他对景区与社区关系、可持续的社区发展、弱势群体处境等等的关注，让我深刻感受到学者的社会责任和使命。博士在读三年，导师的为学、为人给了我太多启迪与教益。

入学后，我的目标很明确，即是开拓旅游人类学的学科领域。但首先要克服的困难是在最短的时间内对旅游学科和旅游行业有真正的了解。用保老师当时的话来说："我希望你做的既不是学旅游的人所做的，也不是纯粹人类学的视角，我需要你实现跨学科，做的是真正的旅游人类学研究。"因此，我这个旅游的门外汉常常是诚惶诚恐、如履薄冰，相比地理背景甚至旅游背景的同窗们，简直是个"无知小白"。对于年龄比我小很多的师弟师妹们，我也虚心讨教，希望能够尽快入门。我所参与的第一次旅游规划是阳朔的遇龙河项目，我

一方面负责社区调控部分，一方面展开遇龙河沿岸20多个村庄的调研。在村落调研中，人类学的训练让我如鱼得水，扎实的调研报告得到师门的认可也获得了自信。后期的学习过程中，保老师的策略是"放养"，即使在开题等重要环节，他也云淡风轻地宣告："孙九霞，你这个领域我不熟悉，你自己好好努力！"我只能顶着保老师送的"带艺从师"的帽子，自己多琢磨、多下田野。极其幸运的是，我赶上了保继刚老师做规划的黄金时期，他承担了西南部六省区旅游投资规划、川滇藏大香格里拉规划、桂林、黄山、张家界、喀纳斯等重大项目，我都有幸参与并了解了中国旅游业的最新方向，也把握了旅游目的地的"他者生活"。最终，我把摸着石头过河的论文初稿交到保老师手中，跟另两位同门战战兢兢等在一旁时，听到了肯定的评价："你俩还要好好改。孙九霞的论文，讲故事讲得好！"心中一块石头落地的同时，还是有些失落。硕士阶段都有理论诉求的我，博士论文居然被表扬"会讲故事"，实在心有不甘。后来自己成了老师，看着学生翻来覆去说不清楚事实的文稿，才知道原来叙事是田野基础的反映，是社会认知力的体现。博士在读三年，人类学知识给我丰富的营养，保老师给予我自由生长的空间，让我能在逆风中飞翔。

一件事不可以成为另一件事的借口，否则"平衡"就无从谈起。我是在职读博，上班的时候必须全神贯注，提高效率；下班后才是学习时间。每天傍晚我用羡慕的目光送走下班的同事们，自己返身回到办公桌，点上一份外卖煲仔饭，然后继续阅读、写作到十点。三年的时间，我在研究所的值班、出差、调查研究从未落下，甚至完成了正常工作量的三倍还多。我的孩子三岁开始上"全托"幼儿园，只有周末才回家。在他备需母亲呵护与陪伴的年龄，承受了太多的分别与思念，这也是我深切而永远的歉疚。当年我们家中的保姆大多数时间不是照顾我们，而是自己照顾自己，后来在先生和我的引导与鼓励下，她在家学习、参加全国自学考试，考取了专科、本科，最后考取了律师资格证！

学业和研究方面我参与的研究课题兼顾人类学、民族学、人文地理、旅游规划与管理。在博士期间先后参与了"中国西南族群生物遗传多样性与区域文化研究"（国家社会科学基金，2000—2002年）、"海岛型区域文化的形成及发展研究——以海南岛为例"（国家自然科学基金，2004—2006年），主持"海南三亚民族关系研究"（国家民委，2001—2003年），还参与了广西阳朔、贵州赤水、大香格里拉、新疆喀纳斯等地的旅游规划。其中，"西部旅游投资规划（西南片）""西双版纳在澜湄次区域旅游合作中的战略研究"和"阳朔遇龙河景区旅游发展总体规划"为我的博士论文提供了绝佳的案例，并解决了田野调查的可进入性。最终我选择了西双版纳傣族园、阳朔遇龙河和世外桃源三类目标社区进行田野调查。

在整个博士论文的调研过程中，人类学的基础知识是我的制胜法宝。良好的学术训练和规划者的身份，让我能够同时深入到发生冲突的两方乃至多方，探索其各自社会文化系统与旅游参与之间的逻辑关系，从地方性知识中寻找居民对自身生活的表达和解释，逐渐接近社区居民旅游参与的真相。"天不亮起床，踩着泥地一家一家叩响居民的门；天黑了再花三元钱坐着人力三轮回到住处……"下田野的画面历历在目，生动的故事跃然纸上。尽管这篇论文没有达到预期的理论高度，但阶段性地回应了适合中国旅游实践的社区参与模式，为国际旅游人类学界提供了中国经验和社区参与的有效框架。最令我欣慰的是，直至今天，这些框架依然适用。

三、跨学科的旅游人类学代际传承者

2004年中山大学旅游学院成立并招收第一届本科生，我也于2005年从广东省民族研究所调入旅游学院。我开始在存量知识基础上不断追求增量，从研究视角、理论框架和科学方法等多方面，推动人类学对旅游研究的知识溢出。其中，对案例地进行持续性的跟踪调查是人类学研究的有效方法，我就读硕士至今也一直秉持这一道路。我到三亚回族村、西双版纳傣族园、川藏沿线、新疆喀纳斯、桂林阳朔、丽江和大理等案例地开展了近20年的追踪调研，多次研究转向正好契合国内旅游人类学的发展脉络。长期以来，人类学作为一门关注"人的文化"的社会科学学科，其经典理论和研究视角对旅游情境中的诸多现实问题极富解释力。而我站在人类学宽广的肩膀上精心耕耘，开拓创新，努力想把旅游做成一个有学问的学科，终于积累了一些研究成果。

总的来说，我的系列研究大致延续了"整体的把握—文化的关注—细化的分析—对象的转换"的视角演变路径。早期关注的"乡村都市化"和诸如雨崩村社区参与及其增权意义的问题，主要是从整体把握社区旅游发展过程中所呈现的丰富社会现象与矛盾。再以三亚的回族村[1]为例，我对三亚回族村的关注始于2002年，此后的十余年不断追踪调研。最早的探索性研究是从涵化及发展视角切入，运用巴斯的族群边界理论，关注现代化背景下当地人的民族认同及民族关系。[2]随着旅游成为推动社会变迁的重要力量，我们研究的聚焦点转变为旅游对目的地族群认同和族群关系的影响，发现不以回族族群文化为吸引物的回族社区，依然在旅游的作用下发生了宗教意识强化、传统文化改变及职业认同分化等方面的变化。[3]2012年，为了突破传统的研究视角，我的研究再次转向：从整体研究转向对部分主体的特别关注，试图通过更细致的分析、更多元的视角、跨学科的理论打破惯常思维的局限。因此我将研究对象从族群整体聚焦至社区精英，并纳入个人经历转换视角，又将对象从内部主体拓展至外部主体，譬如对旅游移民的社会适应研究。[4]理论方面也逐渐突破传统人类学经典理论的限制，引入了社会空间和空间生产理论，将旅游所涉及的多向复杂的社会因素经由空间这一视角串联起来，结合社会发展的时间维度[5]，打破了"国家—社会"的二元框架及"经济、环境、文化"传统研究范式[6]。

云南西双版纳傣族园的系列研究也是如此。除了博士论文中关于社区旅游参与模式的比较分析外，早期我还关注到旅游发展背景下，傣族园景区居民在人口结构、经济结构、生活方式、大众传播、思想观念等方面发生的深刻变化[7]。随后，我和我的团队从人类学涵化及发展、社会空间、洁净与危险、身体

---

1 回族村指的是位于海南省三亚市凤凰镇的回辉村和回新村，目前约有回族人口8000人，他们的先人于宋元期间迁移至此。相对稳定的聚居生活使这里的回族村民较完整地保持着传统的信仰和习俗，如在日常生活中，村民主要使用自己独特的回辉话，在书写时才使用汉字；笃信伊斯兰教，并保留了具有独特风格的建筑样式和传统的服饰文化等。

2 孙九霞：《现代化背景下的民族认同与民族关系——以海南三亚凤凰镇回族为例》，《民族研究》2004年第3期。

3 孙九霞、陈浩：《旅游对目的地社区族群认同的影响——以三亚回族为例》，《地理研究》2012年第4期。

4 孙九霞、黄凯洁：《旅游发展背景下民族社区宗教精英的权力变化研究——以三亚凤凰镇回族为例》，《青海民族研究》2016年第4期。

5 张品：《空间生产理论研究述评》，《社科纵横》2012年第8期。

6 孙九霞、张士琴：《民族旅游社区的社会空间生产研究——以海南三亚回族旅游社区为例》，《民族研究》2015年第2期。

7 孙九霞、保继刚：《旅游发展与傣族园社区的乡村都市化》，《中南民族大学学报》（人文社会科学版）2006年第2期。

象征等概念视角出发,对旅游社区的社会文化变迁展开分析。在物质文化方面,傣族竹楼作为傣族园典型的物质文化,其外形和功能在旅游发展过程中均发生了变迁,逐渐由村民的私人活动空间转换为景区景观,且经历着由单纯的景观向村民的经营空间的转变。[1] 在社会交往方面,傣族园的交往空间在居民与游客的交往、居民与企业的交往、游客与企业的交往三个层面上发生改变,各种变化相互影响、相互牵制[2]。在精神文化方面,傣族集体性节庆仪式(如"天天泼水节")与村寨集体性节庆仪式(如"送寨子")在旅游情境下均发生了变迁,从封闭转向半开放或完全开放的仪式空间。由此,我们运用身体象征理论解读傣族园"送寨子"这一仪式空间的展演与变迁,关注地方仪式中行动主体的"身体在场";通过与人类学的阈限理论进行对话,将研究对象从游客拓展到当地居民,深入剖析傣族园天天泼水节活动中,泼水演员日常生活和类阈限体验的关系、类阈限体验的特征及其动因。[3]

近年来,多元化、小众化的旅游流动方式层出不穷。学者们开始注意到,旅程本身和目的地一样,也是重要的吸引物,正如川藏线不仅是帮助旅游者实现空间移动的物质载体,也是旅游者可能参观体验的"地方"。因而我们于2004年开始关注川藏线旅行者在道路旅行中的流动体验,还运用了自我民族志人类学研究方法,将亲身体验和自我意识作为数据来源,加深对旅游体验的描述与批判性审视。[4]

人类学不仅为我的旅游研究提供知识给养,也指导我如何脚踏实地完成规划项目与社会实践。自任教以来,我累计主持国家自科基金2项、国家社科基金3项(包括两项重大项目),国家民委、国家文化和旅游部相关项目共2项,省级规划和研究项目3项,主持或主导不同尺度和不同类型的旅游目的地规划50余项。2020年,受到昌都市旅游局委托,我带领团队再次以人类学的理论与方法优势为指导,启动了西藏江达县夏乌村乡村振兴行动计划与旅游发展

---

[1] 孙九霞、张倩:《旅游对傣族物质文化变迁及其资本化的影响——以傣楼景观为例》,2010年旅游高峰论坛。

[2] 孙九霞、张皙:《民族旅游社区交往空间研究——以西双版纳傣族园景区为例》,《青海民族研究》2015年第1期。

[3] 孙九霞、李毓:《双版纳傣族园泼水演员的类阈限体验研究》,《旅游学刊》2016年第5期。

[4] 孙九霞、王学基:《川藏公路与鲁朗社区的旅游中心化》,《广西民族大学学报》(哲学社会科学版)2017年第6期。

综合规划。此次规划也是一场新时代乡村实验,希望运用"规划即实施""乡村即主体""村民即主人"的超前理念,由规划团队深度介入调查研究,并全程派员跟进项目的落实情况。为激活乡村发展的内生动力,我们在实地入户调研、规划与设计、专家座谈论证、市场调研、社区发展和村落品牌营销等一系列行动计划中,均加入"社区参与和组织能力培养"的要素(以项目带动老百姓发展、以项目促进老百姓发展),再系统从产业、文化、生态等方面深耕夏乌村乡村振兴发展实践,以期实现"内源式"援藏效果。而每一次规划中,我也延续周老师和保老师的育人方案,要求团队中的研究生在全心参与规划的同时,尽量多的思考研究问题,将理论创新与实践进步相协调。因此,我的学生在空间生产、社会时间、目的地信任、消费地理、社会关系等命题中不断开拓新的旅游人类学研究领域。

同时,长期的乡村研究让我更加确信,探索村落保护与现代化发展的平衡点和多元路径需要更多青年群体的参与。因而自2015年起,在国家社科基金重大项目"中国西南少数民族传统村落的保护与利用研究"的支持下,我的团队联合地方政府与社会组织公益性地发起并组织全国大学生"发现传统村落"调研大赛。大赛举办5届以来,受到全国大学生的热烈响应,共收到来自全国300余所高校的700多份作品,调研对象涉及超过400个传统村落,覆盖乡贤、乡建、乡治、乡风、乡业等十余个主题。参赛者通过调研积极地参与传统村落的调查与保护,认识了中国的传统村落和乡土文化。为将新生代的目光引向田野,这项活动还将持续下去。

2020年,作为高校老师面对突如其来的疫情,我预见到封闭隔离中的学生将对疫情快速蔓延感到恐惧和焦虑、居家学习氛围不足、学习条件有限等问题,于是立即组织导师组全体博士、硕士、本科生开启"居家学习"模式,也是我将所学知识充分运用到青年学生培养中的又一次教育实验。我根据不同学习阶段的要求为不同学历、不同年级的学生制定了专门的学习方案,尤其针对最年轻的2017级同学开展每日"读书会",让学生们在疫情之下完善危机认知,通过阅读和分享寻求心灵慰藉、回归学习本质,以更加从容的心态面对突如其来的困难。在2017级本科生的读书会模式中,我要求同学们找到感兴趣的学科领域和学术原著开始仔细阅读,每日写作1000字以上的读书笔记与心得,并将书中核心内容、拓展思考、延伸问题形成文字发到微信群,大家一起相互学习、讨论。我希望学生能够挑战原著晦涩的文字和学科壁垒,汲取不同学科的营养,因此他们的选书读书并没有"限时限量限学科"的诸多限制,同学们将视野放宽,沉浸在哲学、历史学、社会学、人类学、经济学、管理学、教育学著作中汲取营养,转而又回到专业领域思考讨论;从乡村的到城市的,从现实的到理想的,从"超专业的"到"超学科的",每天从民族的到世界的,从历史的到未来的,从人文关怀的到科学理性的,广泛涉猎。从第一位学生发出打卡内容,到晚上 12 点后,我需要一直守候在电脑、手机旁,尽量"秒回"每一个提问、关注并组织每一次讨论,主动了解学生在实习、上课中遇到的困难,关心每一位学生及其家人的动态。同学们也积极响应,逐渐养成了平等交流、勇敢发问,相互吸纳的优秀学习品质。除了坚持每天准时甚至提前打卡、"超量"分享,他们读书笔记越来越长、打卡逐渐成为习惯;在阅读时,也开始或结合已学知识、或关注时事、或回归日常生活,形成自己的思考,将学术专著逐渐内化,学会与理论和现实对话;在相互监督提醒中,学生间的互动也越来越多,在讨论中解决疑点难题、相互补充或启发更多思考,还能针对某一话题进行全员参与的深入讨论,一次次完成了"以为自己无法完成"的事。看到同学们从疏离到团结,到善于与人沟通和自我表达,我深感欣慰。疫情之下的读书会"干货"满满,2020 年 2 月 15 日开始,86 天的写作打卡活动几未中断。17 级 7 位导师组内本科生共计阅读 31 本不同学科领域的书;打卡与讨论内容丰富,形成 5 个思考讨论专题,共得到超过 71 万字的阅读打卡—点评笔记。为了纪念这一次不凡的体验,我最后按书籍分类将同学们的笔记整理成册,制作了成为他们的毕业礼物。

而正如我在"人类学对旅游研究的知识溢出"(《旅游导刊》2015 年第 5 期)一文中所说,从人类学角度考察旅游,既是学科间的交叉互补,又是学术研究应对现实挑战的一种方式。以人类学视角考察旅游与社会问题已经成为学界的新风向,但仍存在诸多问题需要被质疑和反思。从世界观和方法论的角度看,人类学的学科视角为解读旅游情境下的社会现象提供了研究思路,引导旅游学者关注社会文化变迁和社区的微观现实,关注外部与内部主体。大量经典理论也为旅游研究拓展了新视角,其对典型案例的长期追踪和民族志方法在旅游研究乃至旅游情境中得到了广泛应用与发展。其中,多元的民族志方法为旅游研究者深入他者的世界、书写他者的文化等提供了有效工具。但是直到今天，旅游人类学依然是边缘中的边缘。一些其他学科背景的旅游研究者常常认为基于旅游特殊情境和案例的研究对于理论创新并无贡献，以阐释主义为基本研究方法论的操作缺少客观性。而实际上，许多研究往往只是运用了访谈或参与式观察等人类学研究方法，相较于传统民族志而言，既没有扎实的田野调查和深度的参与，也没有长时间对案例地的持续研究；既缺乏对人类学理念及立场的基本理解，也未深入了解人类学的经典理论。这些研究大多未经过反复推敲和三角验证便形成结论，对于概念的理解也存在主观臆断和误读等问题。在当前学术界论文快速生产、"不发表就出局"的"学术资本主义"现实下，功利导向和经济理性，与旅游人类学研究需要慢节奏、长时间、深层次的田野调查之间的冲突凸显，生存危机导致部分学者抛弃学科本位，旅游人类学日益被边缘化，人类学的知识渗透难以发挥应有的效果。因此，旅游学者应该回到人类学经典原著而非借助译介盲目提出观点，严谨地展开与母学科的理论对话，在此基础之上，进一步拓宽知识溢出的应用领域，深化知识溢出的理论水平，加强知识的吸收与创造，最终实现学科之间的知识互哺。

人类学的未来发展离不开"学科的本土化"和"新生代的渗入度"两个命题。今天的人类学已不再局限于对原始部落的考察，许多社会文化背景值得以人类学的方法进行研究，研究视野也扩展到工业化和后工业化社会。在多元的世界格局中，人类学研究的主题更加多样化、专门化，深度和广度都有所进益。况且由于政治、经济现代化的全球扩展，即使是研究小村庄、小城镇，也离不开分析其所处的国家与社会大环境。除少数极同质和孤立的文化群体以外，文化群体之间的接触及互动必然产生形式多样的族群关系。正如吴燕和先生所说的："动态的文化分析与解释，动态的文化传承与蜕变，乃是文化人类学继续不变的工作目标。"因此国内人类学也应坚持这一目标，从研究对象本地化、理论体系中国化、研究目的实用化三方面追求的本土化，从封闭的社区转向动态研究，最终走向世界。同时，人类学也应该更加去边界化，继续实现跨学科乃至超学科发展，以其丰富的内核推动整个人文学科的发展。当然，人类学的崛起和振兴需要一代代学者坚持不懈地努力。而今，正值全球局势变化，研究者新老代际交替，青年研究者对"是什么"的准确把握和"为什么"的钻研精神至关重要。以我自身的经历来说，人类学研究者需要以足够的热爱和坚韧，来支撑这份辛苦却充满温度的事业；既要融入学科、融入社会，又要跳出边界、强化批判思维；既要继承传统，又要以更快速的学习能力和新兴技术武装自己。

回顾过去，中国的人类学在众多前辈的努力下方兴未艾。我很幸运，能把职业和兴趣结合在一起，并接过前辈们的重担，继续为继承和发扬这份事业踔厉奋发！风斯在下，无论是人类学还是旅游学，我一直在路上；无论是为人后学还是为人师者，我一直在奋力。

将人类学作为生活

孙亚楠

孙亚楠，人类学博士，任教于青岛大学。出版有著作《磐石荔波：中国民族团结县域样本研究》《大象：中国民族团结南宁经验研究》和《葵花：一个民族自治县的人类学研究》，译著有《文字系统：语言学的方法》和《美洲印第安人图画文字（第二卷）》。

将人类学作为生活

最近在看韦伯的《学术作为志业》，很是喜欢这样的表达。又恰逢《新生代人类学家之路》征文，可谈谈个人在人类学这门学科上的成长。细究起来，真是谈不上什么成长，但是人类学确实是一经接触便须臾不离，常伴左右。所以上升不到志业的高度，但是却实实在在是一种作为生活的方式。

这个角度，让我不由得想到"客位"这个概念。

主位（emic）与客位（etic）这两个概念指称人类学研究中对文化表现的不同视角。这对概念是美国语言学家、人类学家肯尼思·派克（Kenneth Pike）于1954年由语言学中音位的（phonemic）和语音的（phonetic）这一对术语类推而来。我的求学过程亦是经历了从语言学到人类学的转向，因此遇到任何根源于语言学或者与语言学有关系的术语、概念总能产生莫名的喜悦与亲近。

主位研究强调研究者从当地人视角来阐释文化现象，要对研究对象深入了解，熟谙其知识体系与分类系统，尽可能像当地人那样思考与行动。

客位研究的研究者则立足外来观察者的视角理解和阐释文化，用比较和历史的眼光看待民族志材料，研究者从学科系统知识的站位来开展研究。

简而言之，在看待所研究的文化现象时，主位研究采取了"局内人"的立场，而客位研究则是"局外人"的立场。

此外，我的学术成长经历中还有一段语言符号学的学习过程，这得益于攻读语言学硕士学位时，硕士导师对我的专业训练。符号学带给我的重要旨趣倾向在于总是试图寻找对称的互指对象，关系对实体的决定性作用往往会遮蔽实体的本质。有了这样的渊源，看到"主位""客位"，以及与之对应的"局内"观、"局外"观，都会让我莫名喜悦。但在这里仍有必要阐明，本文将主位、客位简单对等与局内与局外的做法实在是流于表面化和简单化，请不要用严谨的学术研究的观照来规约。

之所以将"客位视角"拘泥在"局外"观的层面，跟我接触人类学这十多年的成长经历不无关系。

带领我跨进人类学的门槛，让我对人类学心驰神往的学术领路人是我的博士生导师徐杰舜教授。讲到这里，需要明确，我进入人类学领域比较晚，又兼个性懒散，悟性不够，并没有打下坚实的人类学基础，但也许正因如此，我对人类学始终充满 layman（门外汉）的憧憬和 amateur（业余爱好者）的热忱。

诚然，作为人类学从业人员，我自认为远不够格。首先，在职业上，获得人类学博士学位之后，我还是回到了原来的单位，继续从事大学英语的教学工作，这跟人类学似乎毫无关联；其次，在研究旨趣上，经过几番尝试，我似乎更喜欢从事文字与文化研究成果的翻译工作，这在某种意义上跟人类学似乎也并不相关。然而，人类学并未曾淡出我的世界。在我的教学中，从教学内容、教学方法到构建教学共同体，无不带有人类学的色彩；另外，目前为止我独立完成的两部译著，都离不开来自人类学视角的诠释和理解；还有，徐老师一路提携，数年来我跟随徐老师在浙江、广西、贵州等地做了深入的田野，对人类学调查方法、社会理论、民族团结问题的思考不断求索，愈加深化了人类学情怀。

一、Being there：从新农村建设到民族团结的十年田野路

2018 年我从美国访学回国的第一个暑假便接到徐老师的召集令，跟随老师参加了贵州省荔波县民族团结调查的田野。当时，我跟徐老师开玩笑，以从零起步为开端，十余年我跟随老师做这样的团队田野已经是第四次了。这些田野带着我从东部的新农村建设转向西南的民族团结经验思考，带给我不断凝视又不断抽离的人类学眼光。

（一）武义新农村："豪华版"田野的冷思考

我的第一次田野经历是在接到博士研究生的录取通知书之后。

那是在 2006 年的夏天。徐杰舜老师带领师门几位兄弟姐妹一起到浙江武义县做新农村建设的田野调查。彼时，我对田野调查的知识为零，惶恐又忐忑着就一脚迈进了首次的田野。

因为对"下田野"一无所知，道听途说的一些支离破碎的奇闻逸事就先入为主了。我觉得"田野"得苦，就像是奈吉尔·巴利（Nigel Barley）在非洲喀

麦隆的多瓦悠田野所经历的那样，崩掉了牙、患上了疟疾与肝炎、财物尽失、伤痕累累；我还觉得"田野"得累，像是去了西南和西北做田野的那些传闻，磨坏了几双鞋子，跑细了一双腿；当然，"田野"还得孤独，毕竟，据说村子里常常只有狗与人类学家为伴。

然而，迎接我的首次田野让此前的不安、惶恐与莫名的期待统统落空。因为，这次田野经历后来被很多博士同学戏称为"超豪华、高规格"版田野。谈不上苦与累，也没有能称得上"惊心动魄"的故事与见闻。此次调查驻扎在武义县城，大家入住有空调的宾馆房间，每日三餐在当地县委的食堂解决，若去稍远的调查点还能享受到车接车送的待遇。此外，导师和师兄师姐都在团队中，我可以"弱小又无助"，他们几乎有求必应，有问必答。可以说，这次田野是一次物质生活有保障，精神层面有支撑的田野体验。

然而，这次田野初体验绝对不是浮光掠影的美好游客观感，该来的总会到来。很快，对想象田野的"幻灭"就被个人学养与理论框架的局限带来的沉重压力与无力感所掩盖。仅仅是好奇的目光解决不了调查不充分的根本问题，天真派的调查总要遭遇学术无能的打击。

一片空白地进入田野，既不能在"幽微处"发现意义，也无法将散落的材料汇集成体系，难免造成研究者与研究对象之间的割裂，既没有田野深度，又没有理论阐释，材料的价值难以得到合理升华和讨论，此类研究只能沦为末流。武义的田野，让我深刻认识到的是理论匮乏对田野实践的局限，这对于随后的博士阶段学习是很重要的启示，同时也无情击碎了此前对于人类学这门学科浅陋的认识。这次田野让我清醒地认识到，学问一事总是艰苦，不下一番苦功夫，难成一事。说起来有些滑稽，我确实是在田野初体验中感受到理论学习的巨大压力。

压力只是我个人的，诚如前述，"超豪华"的田野团队足以保障此次调查的圆满，毕竟我仅是团队的一个弱兵。在先期团队调查的基础上，同年，题为《新乡土中国——新农村建设武义模式研究》的研究专著就获出版面世。这是研究共同体合作的一次成功示范。共同体概念也就此在我的研究思想中扎下根来。

于团队而言，这次田野调查完成既定目标，成果获得出版，所有成员收获宝贵的田野经历、团队作战的经验、共同体意识的树立，所以，这是一次圆满的田野工作。于我个人而言,田野初体验,没有被导师一下推进"泳池"挣扎扑腾求生的经历,体力上既没有受累,也没有受苦,甚至也没有经历各位前辈和师兄师姐们所说的"酒""肉"问题的困扰。这是幸运。另一方面,田野调查找不到方向和重点,更加缺少深度思考,这是让人十分心虚、倍加慌张的地方。

回头去看,首次田野让我认识了个人学业的局限,也并没有打下扎实的田野基本功,这些都堆积成为此后庞大的"补课"内容。

(二)龙胜田野:民族团结研究的转向

兜兜转转,在博士毕业之后,又跟随徐老师做过几次田野,跟武义的田野相比,后来的几次田野都是在西部民族地区进行,且关注的视角从新农村建设转向了民族团结的问题。

龙胜的调查是在2010年,这次田野给了我来自"异文化"的新鲜,独守田野的孤独以及后期琐屑文字工作的沉郁。

龙胜各族自治县常常被龙脊梯田的大名所遮蔽。龙脊其实仅是龙胜县和平乡的一个景区。梯田盛景源自艰苦卓绝的大山垦荒,壮、瑶民族齐心协力在龙脊山上留下绝美的梯田画卷。虽龙脊并非龙胜全景,但是龙脊梯田上苗、瑶、侗、壮、汉长期共存,相濡以沫、团结一致的状态正是整个龙胜各族自治县民族团结样式的具象呈现。

这次田野虽然也是团队作战,相比第一次集体田野的不同之处在于,我不能再作为后进的弱兵参与集体智慧凝结的进程,而要担负更多责任,不仅要理清并顺利完成自己负责调查点的田野,还要树立全局观,学会拨开层层现象的迷雾,追根溯源,形成思想框架。

头脑风暴必须来自对现实的认知,特别是真实的观感,这是人类学的生命力所在,也是区别于其他学科的一大特点。所以,此次田野既有东奔西跑的行走,也有驻足凝神的思考,更有无时无刻不在的田野惊奇。

龙胜对民族传统的保护做得很好,县城的大街小巷总能遇见身着民族服装的妇女和儿童;而且他们也保留着使用自己民族语言的习惯。相比之前武义的田野和在青岛做旅居韩国人的调查,这次田野在视觉上的"异文化"冲击,似乎增加了田野的味道,让我第一次产生强烈的"being there"的感觉,或许

"文化的可见性"才是人类学田野吸引人之处。

苗、瑶、侗、壮、汉,聚居此处的五个民族在衣、食、住、行上皆大为不同,但是大家却又和谐共存,这构成一幅特别美好的图景。

当下的田野,民族志的描写仅仅是一个部分,更关键是要在追根溯源之外提取出可资借鉴的经验,这需要两个方面的考量,一是历史史料的掌握,二是理论升华的能力。

历史的记忆不仅在史料中,还累积在口述、节庆、服饰、习俗等方面。在考量历史脉络与现实积累时如何能寻找并寻得主线,不会被绚丽多彩的文化视像牵制了焦点?毕竟"身在此山中",很难有全局观的视野。必须不断在"局内"与"局外"之间做转换,不断从田野的具象转求理论的抽象,再由理论来观照现象,才能走出一条靠谱的思考之路。

龙胜的调查让我在修完博士学业之后才真正完成人类学的成年礼——fieldwork。说实话,我至今仍不敢说就完成了人类学的成年礼。因为问题总在不断涌现,挑战无处不在,没有哪次田野跟上一次会相同,所以,我们一直在做田野的路上,就像在升级打怪的路上不断前行。

(三)南宁到荔波:民族团结问题的城市与县域再思考

从龙胜的田野调查到田野调查成果结集出版历时两年。在《葵花:一个民族自治县的人类学研究》(2012)出版的同年,南宁市的民族团结调查课题就开始了。这次调查在我看来是对之前民族自治县民族团结调研的有益延伸,有着从乡野到中心的意义,也是村落县域研究到城市研究的转向。

有了前几次田野调查的基础,这次依然团队作战,深入南宁。在南宁市区和所属六个县区进行为期数月的多次田野算得上一次愉快的体验。田野调查的发起人徐杰舜老师的个人魅力,汇聚了志同道合又能力卓越的团队成员,是这次调查学术保障;南宁市民委对此项调查高度重视,在调查过程中给予自上而下的协调和帮助,极大促成调查的深入与细致。

南宁田野调查凸显的是短时间大规模调查中团队协作能力与高质量成果的产出能力。如同此次调查的成果中梳理出来的利益满足、制度保障、教育为本、文化认同、国际视野等南宁经验,可以为其他地方的民族团结进步提供宝贵参考一样,这次田野在之前调查经验上形成了独特的田野模式,这个模式向下可以深入田野的细微处获取真实的一手材料和田野观察，向上可以快速形成文本，提升经验，进入理论思考的层面。

同样的田野模式在2018年再次成功实践在贵州的荔波县。荔波的田野调查用时更短，获得资料更全更细，理论升华更具有理论高度和普适性。

十数年间，我的田野成长路其实都是在徐杰舜老师的带领下一步一步坚定地走下来的。田野是人类学成长中的重要部分，但是比田野更重要的是经典阅读与理论关怀。前面提到过，进入田野之前，我对人类学和田野存在浅陋的认识，认为人类学更多侧重在应用层面，解决现实世界的问题。我记得读书时有位师兄说过，"人类学最终是要具有理论观照"。当时颇不能理解。后来经历了数次田野，从最初的田野困惑，到后来顺利完成各个调查任务，我反而更加意识到理论观照对于田野工作的指导意义，或许不在于具体的如何开展调查，如何步步深入，而是该如何审视、如何阐释分散的现象。从何种角度、用何种目光去看，会不会比如何一步步看清楚更重要？或许是。"读万卷书，行万里路。"古人诚不欺我！田野之路走得越远，对理论探究的目光就越充满渴望。田野中的无力就在于理论观照的欠缺，这是我在田野之后的思考。田野之后的行动就只能是阅读。从人类学的早期经典，到当下的不断涌现的新思想，都应该涵盖在致力于人类学思索的人的阅读范围内。我们常说critical thinking，任何时候所谓形成批判，首先要认识批判对象，倘或根本没有读过学科经典著作，所谓学科认同和学科感觉都无从形成，那么要谈在学科领域的成长只能沦为空谈。

徐杰舜老师出身历史学，是做汉民族史研究的专家。在汉民族研究的基础上，他对民族团结问题总能有着独到的见解和理论关怀。就我个人而言，徐老师为我打开了人类学的大门，让我知道这扇门背后的多姿多彩。我更加认同的是徐老师作为师者，对人类学后继力量的培养功不可没。我最大的遗憾是没能跟随徐老师读硕士，他对硕士研究生的要求极为严苛，须完成所谓的"五个一"工程。我记得其中一个是深挖一口井，做好一个点的田野；另一个便是至少读100本人类学经典著作。我常常想，如果在读博之前我就完成了100本人类学经典的阅读会怎样？时间不可逆，我并不知道会怎样，但是阅读经典属实重要。

徐老师将我从语言文学领域带到人类学的世界，跟随他完成一系列民族团结的调查研究，照理，我应该是循着这条路继续走下去。但是，我却又走回到语言文字的领域。

二、Coming back：学术翻译的方寸天地

说起跟徐老师的师生缘分，缘起一次文明与文字的国际学术会议。那次会议，我跟随自己的硕士生导师以翻译的身份参加。那是2005年的夏天，我记得除了在会议现场做汉英的口译之外，还曾在会议之前为文字学专家弗洛里安·库尔马斯（Florian Coulmas）在会议上宣读的论文做过英汉的笔译。回头看这场会议，常会感叹，它从一个方面来说带给了我人类学的视野，为我打开了通往人类学的这扇门；从另一个方面又让我跟文字与文明相关著作的英汉翻译自此结缘。

完成博士学业之后，我回到青岛大学继续做大学英语教师的工作，这时候我要思考自己未来的学术方向。在我看来，"去田野"就有些"玩票"性质了，和我的工作了无瓜葛。而翻译的工作跟英语还是有着密切关联，这是我走向学术翻译这条道路的起点。

大约在龙胜的田野结束后不久，有幸参与到商务印书馆立项进行的"文字与文明"译丛的翻译工作。该项目是在文字学家黄德宽教授关怀下，在国内外文字学专家的充分论证后开展的翻译工程，致力于译介英语世界中文字与文明领域的代表性论著，以推动中外学者在该领域的交流合作。交流与合作的前提是信息的互通，从这个意义上说，该译丛正是肩负这样的使命。

2011年，"汉字与文明"译丛正式启动，第一批图书共六部，而我有幸参与其中《文字系统：语言学的方法》与《美洲印第安图画文字》（第二卷）两部书的翻译工作。《文字系统：语言学的方法》自2011年着手翻译，从通译全文到出版社三审三校，于2016年出版；《美洲印第安图画文字》（第二卷）从2017年开始翻译，现在审校过程中，预计2021年底出版。

可以说过去十年，在田野调查之外的大部分时间里，是这两本书带我在文字系统的世界徜徉。

《文字系统：语言学的方法》是一部关于世界上几乎所有现存的和历史上

文字系统的梳理，材料丰富，涵盖广阔。这本书几乎带我认识了世界上所有现存与历史上的文字系统，包括汉字、古埃及文字、楔形文字、玛雅文字、闪米特文字、各种字母文字，甚至是布利斯符号系统。阅读和翻译的过程中，不断在脑海中闪过的一句话是：浩如烟海的知识海洋中，个人真是微不足道。

在第一本译著完成后，我接着转入第二本著作的翻译。这本书相对于第一本而言是从 general 开始走向 specific。前一本讨论世界文字系统，第二本书讨论美洲的印第安图画文字。《美洲印第安图画文字》带我走进印第安人图画文字的世界，书中 1400 余幅图画文字提供了前文字、史前文字研究的宝贵一手材料。遗憾的是，国内对印第安图画文字的研究尚有待深入，这对于这本书的翻译着实是很大的挑战，当然也提供一个新的研究视角，希望未来印第安图画文字的研究能够有所发展。

就在第二本书已经完稿，进入审校流程的时候，欣闻"文字与文明"译丛将启动下一轮的翻译工程，我的下一本翻译也会继续围绕着文字与文明的话题进行下去。

翻译的工作让我更加沉浸于关于文字与文明话题的广泛阅读，带着我徜徉文字学的世界；同时作为译者，享受翻译宁静的同时也无法规避文字的挣扎，这种挣扎或许就是翻译作为志业的生命力。

无数个夜晚，我对着看不懂的文字符号绞尽脑汁思索一个合适的对等词；更有无数的时刻，对某个英语概念有了"只可意会不可言传"感悟，却搜肠刮肚都找不到合适的汉语表达。做翻译的时间既快也慢，有时翻译到兴起，可以一口气译出好几页，不知不觉就过了一个晚上又一个晚上。有时就会觉得时间很慢，思想拉得很长，可以在任何一种文字的世界里细细体味。只要踏实下来，日拱一卒，功不唐捐。译稿总在一行又一行，一页又一页地增加。我想每个静心做翻译的人都能体会那种宁静与满足。

与翻译过程中心境的宁谧相对应的就是翻译中落实到笔端的挣扎。"推敲""斟酌"，是我在翻译过程中时时身体力行的两个词语。

比如，在翻译中，我遇到过一个词语——phonological complement。这个词用作汉字系统的术语时，就是"声符"，但是国内埃及学和亚述学的文字专家则将这个术语确称为"音补"。那么，作为译者的困惑就来了，究竟该如何处理这个术语的汉译问题？这个小问题究竟如何落实在这里的讨论中其实不重要。重要的是这样的一个小小案例中牵动着译者的伦理，如何在达意和讹传之间把握住方向。

无数这样的琐细问题累积起来就是译者的负担，这种负担是责任。而要负起这个责任，对译者的要求很多。要有敢于去寻找方家请教的热情和能力，要有不停补习欠缺知识学养的动力和坚持，要有对文字生产的强烈责任感，还得有承担错漏的勇气。

十年田野跟十年翻译差不多重合，可以想见，过去十年，我的学术生活就是"出于田野，归于翻译"这两个大部分。田野带来的是"入世"的思考，翻译则更多享受"逃离现实"的文字游戏。

三、保持热爱：将人类学作为生活

无论下田野还是做翻译，十数年过去了，我始终没有认为自己有什么成长，不过是走了一个个城市乡村，读了一本又一本专书著作而已。

下田野让我感受人性的本质，最终良善总是胜出；做翻译让我认清身体力行，一颗匠心会将一切不被看见的努力视为理所应当。

无论"客位"还是"局内"，接触人类学已经十多年，不敢轻易妄言所谓学术之路，且谈谈人类学带给我的惠利。首先，人类学赋予我更多包容，接纳差异的存在，他者能提供参照不同的镜像；其次，人类学对差异的认同提供了多维视角考察事物，更崇尚全局观和整体性；再次，学科方法论之根本的比较研究提供了人类学的反思性，基于反思，人类学更具有人文关怀。

想来，我断没有资格对人类学这门学科指手画脚，也不敢说以人类学为志业，但是，我始终觉得人类学是可以作为生活的，它提供的养分塑造了我的精神世界和现实生活。

田野归来，翻译完稿，唯希望生活中留着人类学的影子。

学科交融共探人类源流——记我的人类学之路

王传超

王传超，厦门大学人类学研究所教授、博士生导师、所长，兼任中国人类学学会秘书长。以第一作者或通讯作者在 Nature、Science、Nature Communications、Current Biology 等国内外期刊上发表SCI、SSCI或A&HCI论文40余篇。担任多份SSCI、SCI期刊的副编或编委以及《人类学学报》编委等。

接到徐杰舜教授邀请在《新生代人类学家之路》一书中介绍自己的人类学求学和研究经历,忐忑之余也开始回忆我这十年来的心路历程,既坎坷又充满挑战。

我本科阶段就读于中国海洋大学,选报专业时,我们当时都知道21世纪是生物的世纪,同时又说21世纪也是海洋的世纪,所以我最后选择了海洋生物学专业。由于有着经常参与老师和师兄师姐们的实验的科研经历,在大三时成功入选了复旦大学优秀大学生夏令营,暑假里我如约坐上了去上海的动车,清楚地记得当天还正好碰上了日全食。我不知道我的未来会由此而改变,当时只是憧憬着传说中的复旦大学,同时担心着如果复旦不收我,那该怎么办?

7月的上海,闷热而潮湿,同学们的热情却丝毫不减。卢大儒老师给夏令营安排了紧凑的活动,其中包括请金力老师来给我们做学术报告,我第一次如此近距离地感受到了大科学家的风采,原来我们人类的源流可由体内的DNA来追溯,原来做科学是如此的美好!夏令营最后一天组织了推免复旦大学的面试,余龙老师是我们那一场的主席,我也第一次见到了李辉老师,他刚从耶鲁大学结束了博士后研究回到复旦。我清楚地记得当时李辉老师提了一个问题,他说你本科是海洋生物学,研究的是底栖生物线虫,与我们做人类学有何关系?我回答说我觉得做人类学研究也主要是观察和描述人与人之间或人群跟人群之间的统一性和差异性,而做线虫研究也是去观察和描述线虫之间的异同,其实研究的原理和方法都是相通的,只是研究对象的差别。李老师还问了我喜不喜欢旅游、怕不怕辛苦、知不知道某个少数民族在哪里,我记不清具体哪个民族的名字了,当时回答说可能在云南吧。我说卢老师还带我们去上海科技馆,我在馆里的DNA双螺旋模型前留下一张照片,此生也就与双螺旋结缘。

面试结束后我拿到了复旦大学的保送资格,但由于中国海洋大学校外保送名额限制,我只能选择考研。李辉老师说我们给你留着名额,你努力就好。但可想而知,那时候我的压力是非常大的,一方面担心自己考不上,辜负了复旦老师们的期望,另一方面也不知道自己的出路在何处。当时每天早晨背着书包，拿一包牛奶和面包，去图书馆门口排队占座。复习的知识点现都已模糊了，只是记得，青岛的冬天，海风一吹，很冷，而图书馆里的暖气又不热，仅有余温，我在一楼接一杯开水抱着暖手。我经常在阅报室复习，累了就站起来看看报纸，翻翻最新上架的学术期刊，也憧憬着有一天自己能在上面发表论文。考研之后，忐忑地过了一个寒假，成绩还没有出，我就在2010年2月，还没有过正月十五就提前进入复旦大学做本科毕业论文。因为课题项目很多，能够尽快地参与进去有利于锻炼实验和数据分析的能力。最后万幸的是，考研成绩惊险过线，我终于松了一口气。还有一个小插曲，我父母一直觉得我不可能考上复旦大学，于是我去实验室和金力老师、李辉老师合影发给他们，证明确实在复旦大学参与科研。在这样一个人生转折点上，我非常感谢李辉老师，在我推荐免试遇到困难时，李老师并没放弃我，仍是一如既往地关心支持与鼓励。在我流露出希望到人类学实验室做毕业论文的想法后，李老师即悉心办理各种手续，亲自解决了我在复旦的食宿问题，使我能专心投入到实验室工作。我在复旦还遇到了严实博士，到上海的第一天，严实博士即为我住宿的事情奔波，之后在严博家暂住的几日也让初来乍到的我有了家的温暖，有了犹如亲人般的关心。

在复旦的五年半是我人生中最快乐的时光。正如校歌里所唱到的"无羁绊前程远，向前，向前，向前进展"，复旦就是一个让你突破局限、尽情探索和发挥的地方。人类生物学研究是与历史学、语言学、考古学交叉为回答一些"玄而又玄"的问题提供实证，比如中国人从哪里来、全世界的语言在哪里起源扩散、三皇五帝的传说在遗传学上有无证据等等。这些研究也只有在复旦这块土地上才能很好地开展起来。俗话说隔行如隔山，跨界做研究总会遇到各种各样的问题，而几乎所有问题我都能在复旦找到专家学者去请教，我们的许多想法都来自多学科的交流、碰撞。比如做家族宗姓遗传研究，我们和历史系的韩昇老师合作；做语言起源，我们去和中文系的陶寰老师讨论；做农业驱动人口扩张，我们向文博系的陈淳老师请教；做西北人群的遗传混合，我们向姚大力老师请教。做研究的人大致都会遇到这样的情况，研究越做越深却也越做越窄，最后可能找一个能听懂自己想法的人都没有，而学科交叉让我们的研究越做越宽，可对话的朋友也越来越多。在复旦，无论你做什么，总能碰到知音。复旦这片沃土就是为我的梦想这颗种子的生根发芽和茁壮成长提供了可能。

我的人类学之路的第二个转折点出现在 2011 年 4 月 15 日。那天，新西兰奥克兰大学的 Quentin Atkinson 教授在 *Science* 上发表一篇题为《语音多样性支持语言从非洲扩张的系列奠基者效应》的论文，将遗传学上追溯人类起源所用的系列奠基者效应模型应用于全球的语音多样性上来考察现代人类语言的起源和扩张过程，他通过分析世界范围的 504 种语言，发现元音、辅音和声调的多样性与非洲的距离有着最强的负相关关系，认为这支持现代语言的非洲起源。读到 Atkinson 教授的这篇论文，我的第一个反应就是太不可思议了，语言竟然能追溯到几万年的人类起源历史！惊讶之后，我开始怀疑，怀疑语言的非洲起源是他简化数据处理后得出的假信号。我和李辉老师，还有当时一个本科生丁琦亮（现在康奈尔大学读博士）马上组队，重新搜集了世界范围的 95 个语系的 579 种语言的元音、辅音和声调的数据，整理成新的数据库，保留各个语言所有真实的音素数值，利用这一没有被简化归并的数据库分析世界语言的语音分布规律。我们发现当语音数据未简化时，最适起源地是亚洲而不是非洲。我们把论文写成了两页的技术评论（Technical Comments）投稿给了 *Science*，而后是历经 9 个多月的多轮审稿，不断修改和完善，我们的论文终于于 2012 年 2 月 10 日发表在 *Science* 上。论文发表当天，李辉老师高兴地请我和陶寰老师去学校东门口的小东北吃饭，那天下着小雨，天气阴冷，而我们的热情高涨驱散了寒冷。我也因这篇论文成了复旦的"学术之星"。

我在复旦还完成了许多其他研究项目。我和严实博士改进了 Y 染色体全测序技术，极大降低了成本，通过 Y 染色体捕获测序精确估算了东亚族群的父系三大支系扩张于新石器时代，正好与中国北方全面转入农业阶段的时间相吻合。我还对汉藏起源和演化的关键地区西藏东部和四川西部的羌藏人群、仫佬族、茶洞人、回辉人、各地的回族和海南黎族的五个分支侾黎、杞黎、润黎、美孚和加茂黎族等进行了分子人类学调查，发表了一系列的论文。

我的人类学之路的第三个转折点是在 2014 年。还有一年就要博士毕业，我在踌躇着以后的研究方向，几经考虑之后，决定去做古人类 DNA。这其实在 2010 年就埋下了伏笔。我清楚记得那年的 5 月 7 日，我正趴在实验室桌上睡午觉，突然被电脑里的邮件提醒叫醒了，朦胧中看到邮件推送：德国马普所在 *Science* 上发表尼安德特人全基因组！要知道尼安德特人可是 3 万年前已经灭绝的古人类啊，当时的惊诧程度不亚于眼前突然站了个外星人。分子人类学开始进入了古基因组时代。我当时想如果我以后也能够进行类似的古人类DNA研究该多酷啊！我是在毕业前半年的时间开始申请国外的博士后，当时集中申请了国外古人类DNA方向的一些学校，其中德国马普所和哈佛医学院都接受了我的申请。在这个领域，全世界有几家顶尖的单位，德国马普所是全世界古DNA技术水平最高的机构，哈佛医学院是有非常强的对数据的分析和处理能力，丹麦哥本哈根大学是与丹麦国家博物馆合作获取丰富的古代样本。由于德国马普所和哈佛医学院之间密切的合作关系，两家单位的导师商议后决定让我去做共同的合作项目，在两边做联合培养的博士后，所以我就成了空中飞人，这几个月在德国，后几个月又跑到美国。我既接受了马普所实验技术的培训，又在哈佛医学院提高了数据处理能力，在国外学习这几年已经掌握了古DNA领域最前沿的技术和方法，而中国的古DNA研究非常少，现在全世界发表的古人类全基因组的数据有3000份到4000份，我们中国的数据几乎是零，且运用的多是二三十年前的技术手段和方法，未运用二代测序技术的大数据分析方法。现在是希望在中国这么一片古DNA的空白区域能多做一些中国的古代样本。

在德国和美国的两年半的时间是我压力很大的时期，一方面是来自研究课题的压力，时间上的紧迫感，另一方面担心自己以后的工作怎么解决。熬夜到凌晨两三点钟处理和分析数据已成习惯。我到德国后刚一个月就被派到高加索地区参与考古发掘和样本处理，当时因我在德国的居住证还没有办下来，我还飞回上海办了去俄罗斯的签证。我来到了一个叫"矿水城"的俄罗斯小城，我和几位考古学家主要做的事情是把欧亚草原核心地带的考古墓葬进行人骨清理、鉴定和取样，这些墓葬的时间跨度从距今6000年到3000年，横跨3000年时间尺度。我们取样了五六十个来自不同遗址、跨越3000多年时间的古DNA样本进行全基因组测序，通过分析我们发现，大高加索山并不是阻挡人群流动的屏障，山麓南北的古代人群可以观察到遗传上的相似性。另外非常重要的发现是青铜时代早中期的草原游牧人群，颜那亚（Yamnaya）和阿凡纳谢沃（Afanasievo），都有10%到20%的遗传成分来自欧洲的安纳托利亚（Anatolian）农业人群，这对解析印欧语人群的早期起源和扩散具有极其重要的意义。做博士后期间我还参与了非常多的项目，美洲人的起源问题、古埃及木乃伊全基因组DNA、距今3000年前鼠疫杆菌比较研究、匈牙利国王DNA

研究等。

我在博士后期间还主导了重构东亚人群历史的项目，我们从中国陕西新石器时代五庄果墚遗址、中国台湾新石器到铁器时代汉本和公馆遗址、蒙古国50余个考古遗址、俄罗斯远东地区 Boisman、Yankovsky 和黑水靺鞨等遗址、日本绳文人遗址等采集了数百个跨越8000年的人骨，进行了古DNA的提取和测序。其中最关键的是数据分析，尤其是东亚人群形成图如何绘制，这也是我耗费了近4年时间反复思考的。在波士顿的时候，我记得多次在大雪里徘徊在家门口的查尔斯河边思考怎么解决这个问题，整个世界白茫茫一片，虽然很冷，但现在回想起来却觉得温馨美好。正如歌德所言："痛苦留给的一切！请细加回味。苦难一经过去，就变为甘美。"从2015年到2021年，经过了6年的努力，我们的论文终于在2021年2月22日正式发表在 Nature 上，这是目前国内开展的东亚地区最大规模的考古基因组学研究，此次所报道的东亚地区古人基因组样本量是以往国内研究机构所发表的样本量总和的两倍，改变了东亚地区尤其是中国境内考古基因组学研究长期滞后的局面。

而我也早已在2017年迎来了人类学之路的第四个转折点，我当时等不及东亚这篇重磅论文发表就联系了厦门大学的张先清老师，在2017年5月3日，我给人类学与民族学系主任张先清教授发邮件，介绍了个人的情况，表达了希望尽快回国开展古人类DNA研究工作的想法，希望来厦门大学开展体质人类学学科交叉研究。张先清教授收到后，在5月4日连发两份回复邮件，邀请我加盟厦大，鼓励我尽快在人事处网站填报应聘表格。张先清主任的积极回应以及热情的鼓励和支持坚定了我选择厦大的意向。其实我当时已经错过了厦大的春季招聘。厦大人事处2017年南强青年拔尖人才选拔的时间安排是3月1日前完成申报、3月8日前完成初审和院长提名，5月初早已错过了南强青拔的申报时间，但2017年第一批次南强青年学者候选人送审材料报送截止时间为5月8日，张先清主任和学院人事秘书哈飞飞老师在了解情况后，向学校人事处申请将我也作为本批次的候选人一起送审。哈飞飞老师在5月5日邮件通知我加急申报南强青年拔尖人才。厦大对人才的重视让我非常感动。在得知还有两天时间可以申报人才计划之后，我赶快联系导师及领域内知名学者 Johannes Krause 教授、Martine Robbeets 教授、徐丹教授、吴瑞奖委员会孙晓红教授写推荐信，并火速按招聘要求准备材料和研究计划，在5月7日完成了网上申报。在申报书中，我希望厦大能给予 200 万元启动经费来建设实验室、支持开展项目。在收到我的应聘申请时，厦大人类学系正在筹办 6 月 23—25 日召开医学人类学国际研讨会，张先清主任向我发出邀请，希望我到时能到厦大参会，进一步实地了解厦大情况，并做一场有关古人类演化的学术报告。

在 6 月 22 日，我如约由德国来到厦门参加探讨会，这也是我第一次来厦门。在来这儿的前一天，学校人事处收到了南强青年拔尖人才计划五位外审专家返回的评审意见，五位专家全票通过我的申请，建议厦大聘任。在原定的会议报告之外，人类学系又给我临时增加了一场试讲，由教授委员会就讲课情况来打分，教授委员会也一致投票通过了我的申请。在厦参会期间，我和人类学系老师们有了第一次深入的接触交流，详细了解了厦大的各项绩效考核政策、教学科研要求以及人才政策的落实情况等。负责人事的老师也详细回答了我关于启动经费、办公和实验用房、团队建设和周转房问题。人类学系所在的思明校区是本部老校区，空间紧张，如何协调出我开展研究所需的实验用房成了第一个关键难题。人类学系和人事秘书向学院王炳华书记和朱菁院长汇报了引才过程中的这一难题，学院领导又向学校申请，决定将联兴楼的一间教室改造成考古人类学和生物人类学实验室，支持新引进的 Augustin Holl 教授和我开展学术研究。学校人事处发布的南强青年拔尖人才支持计划规定对人文学科入选者提供 30~50 万元，对社会科学、数学学科入选者提供 50~100 万元，自然科学、工程技术以及医科入选者提供 100~300 万元启动经费，人类学按学科划分属于人文社科，但我从事的是跨学科研究，需要用到分子生物学、科技考古的技术手段和方法，启动经费需 200 万元。能否按照理工医科的启动经费标准来支持人类学的人才引进成为第二个难题。人才办老师充分尊重我填报的研究计划和经费需求，向学校校长办公会提交请示报告，校长办公会批准了人才办的请示，第二个难题也迎刃而解。我随即辞去了在德国马普所的工作，于 2017 年 8 月 21 日来厦报到，正式加盟厦门大学。

我联系厦大是由中国人类学学会作为纽带的，学会是联系国内各高校和研究机构的人类学教学和科研力量的纽带，邓晓华教授多年来一直担任学会的秘书长和副会长，张先清教授也是学会的副会长。学会每年的年会是中国人类学界的学术盛会，全国各地人类学学者及青年学子们将会欢聚一堂，就人类学各领域的前沿成果进行专题报告和研讨。我也正是通过学会的年会深入认识和了解了厦门大学人类学的情况。厦门大学人类学科自林惠祥先生创始就始终坚持人类学"四分支"即文化、语言、考古和体质协同发展，现有研究队伍也是跨不同学科、不同方向。体质人类学为人类学四大分支之一，体质人类学的发展和建设对于完善人类学学科建制以及促进厦门大学人类学学科发展至关重要。因为历史的原因，体质人类学一直是厦门大学人类学比较薄弱的一个环节，2017年之前只有胡荣助理教授一人从事体质人类学方面的教学科研，校内的体质人类学实验室（目前在历史系考古专业）并没有人类学跨学科研究的条件。自2017年9月入职以来，我建设实验室，夜以继日开展研究，在解析汉藏同源、南岛与壮侗同源、反驳泛欧亚语的农业传播假说、印欧语的起源和扩散等科学问题上有重要贡献，以厦门大学为署名单位以第一作者或通讯作者在包括 *Nature*、*Nature Communications*、*Current Biology* 等顶尖期刊在内的 SCI 和 SSCI 期刊、人文社科最优期刊上发表论文 20 余篇，以共同作者在 *Cell*、*Nature Communications*、*Nature Ecology & Evolution* 上发表论文 5 篇，通过在国际重要期刊持续发表一系列研究成果来助力一流学科建设，得到了学界的广泛关注和认可，也是回报了厦大领导和老师们的支持和关照。

十年时间，一路走来，诸多坎坷与艰辛，同时又充满着奋斗着的美好。十年中，我由海洋生物学到人类生物学，再到生物考古和古人类基因组学，如果让我总结出我的人类学之路上感受最深的一句话，那就是现在挂在我实验室墙上的：

> 自然科学与人文社会科学在百余年前分道扬镳，而在这个实验室，我们希望把两者再带回到一起。

在"底边"中前行——我的人类学之路

王 华

王华,江苏南通人,南京大学人类学博士,南京邮电大学社会与人口学院副教授。美国波士顿大学人类学系访问学者,人类学高级论坛青年学术委员会副主席。

2021年新年伊始,我接到徐杰舜老师的微信语音通话。他声音高亢地告诉我,《新生代人类学家之路》一书正在组稿,邀约我参加进来,谈一谈关于自己的学习和从事人类学的经历。说句心里话,我虽然从事人类学的学习和研究已有12年了,但是心里却从未敢将自己定位为人类学家,顶多算是一个刚入门者。而徐杰舜老师作为中国人类学发展的重要推动者,在推动人类学的本土化研究中发挥了重要作用。他邀约的人选必定是学界知名的专家学者,正如本书所呈现给读者的这样。反观自己的研究尚无什么建树,还要忝列其中作为新生代的代表来谈人类学,着实令我感到有些忐忑和自惭,因此迟迟不肯书写。然而,徐老师却先后四次通过微信的方式饱含热忱地鼓励我。盛情难却之下,我只好硬着头皮写下了以下的文字,以袒露心迹、抒写求道之路。

一、负笈金陵入范门

时间应该退到2009年的春天。闷热的下午,我去找我的硕士研究生导师余瑾教授,向她咨询考博士一事。余老师是国内知名的语言学教授,一直从事汉语文字学的研究。即使担任了领导职务之后,依旧抽出大量时间,持续地在给本科学生上课,并指导研究生。她对语言学的一腔热血,让我不敢造次贸然地提出要跨专业报考博士的想法。当我端坐在椅子的一角上,紧张不安地向她陈述计划跨专业深造时,没想到她不但没有一丝的反对,反而鼓励我要敢于跨界去做研究,这令我大喜过望。在后续轻松愉快的交流中,余老师对我的计划做了一点修正,说报考专业应当结合自身的特点和所处的研究环境,并建议我报考她的母校南京大学。在谈及报考推荐人之时,她立即联系上了自己多年的老友徐杰舜教授,央请徐老师帮助指导一下。

在余老师的鼎力引荐下,我于翌日上午便迈入了徐杰舜老师研究所的大门,见到了正在埋头查阅文献的徐老师。徐老师停下手中的工作,站起身来到隔壁的房间里取了三本书籍送给我,其中有一本叫《田野上的教室》,其余两本不太记得了。激动之余,我认真听他讲了很多有关人类学的研究、趣闻和心得。可以说,徐老师是第一个向我非正式地授业人类学的人。在后来的日子里,也是他提携我参加人类学的会议、安排发言、撰写文章等。毫不夸张地说,他是我走上人类学之路的启蒙老师。这次初次见面,他就滔滔不绝地讲了近两个小时,足见他对人类学的热忱和对晚辈的期待。以至于到后来,兴奋不已的他似乎忘记替我联系报考推荐人的事情了。出门之前,我提醒徐老师,他非常爽快地答应了,并当场用电话联系了南京大学的范可教授。就这样,在几位老师的提携下,我顺利地走上了人类学的求学之路。

经过笔试和面试考核,2009年9月我如愿来到了南京大学,跟随人类学家范可老师学习文化人类学。在南大学习的那会儿,我每天都感觉到有无形的巨大压力。这些压力主要是来自学习方面的。由于是跨专业,太多的知识需要我及时去学习弥补,因而在课堂学习上有些落后。幸运的是,范师不但不嫌弃,反而列举了跨专业的一些优势来鼓励我。最终在他的引导下,我这个人类学的门外汉终于找到了一点儿感觉。在社会学院的几年中,我选了人类学所范可、邵京、杨德睿、谢燕清、褚建芳、杨渝东等老师的课程,还有社会学的周晓虹、翟学伟、风笑天、成伯清、彭华民、张玉林、张鸿雁等老师的课程。除了这些学期内的课程之外,暑期的时候还有台湾学者叶启政、石计生等老师的课程。因此每天有读不完的中英文阅读材料,撰写读书报告,第二天上课还要结合阅读内容回答问题,个中辛苦自不言待。而且,鼓楼校区的空间又极其紧张,每天早上8点前,若挤不进图书馆,那就只好背着书包屈身南园教室看书了。陶二的舍友张航见我每天都要为座位大费周章,便主动提出他数学系有一个空位让我使用,然后我就在西大楼的阁楼上混迹了一年多。后来,范可老师得知此事后,专门腾出管理科学楼13楼的办公室供我安心研习,令我感动不已。

除了学院的课之外,范师还得教授中美中心的学生,因此他常常从中美中心穿过一条叫金银街的小马路来学院取信,偶尔到13楼办公室找同事聊天,顺便来看看我,问问我的学习情况。有时候,我俩约了在曾宪梓楼前面的茶舍里讨论我的田野资料。实际上,老师的言传身教不完全是在教室里的课堂上,很多收获往往就在平时的闲聊之中。在我茫然无所适从的时候,他的一句话就足以让我有一种拨云见日之感。在平时学习中，范师时常督促我多读资料，并不时地将研究的相关信息转发给我，并安排我参加了三次社会文化人类学研究所举办的"谋思谈"（内部学术研讨会）上发言，以听取师生的建议。尤其到了博士论文阶段，范师从我论文选题、田野工作、资料整理，到写作、修改都给予了悉心的指导。为了开拓我的研究视野，他一直鼓励我去参加各种学术会议，加强与学界的交流。毫不夸张地说，范可恩师给了我全新的学术视野，让我去寻找当代人类学的学术真谛，探索自己的研究兴趣。同时，他教会了我如何迈向学术世界，成为一名心系现实、关怀弱者的人类学研究者。

二、飞越重洋访人学

在南大读书期间，我认识了来学院做讲座的魏乐博（Robert P. Weller）教授。当时，他是波士顿大学人类学系的系主任，并且受聘于哈佛大学费正清东亚研究中心任联席研究员。魏老师的学问高深、为人谦和，深受学生们的爱戴。交流的时候，他常常用一口流利的普通话，慢声细语地讲解人类学的研究。在我做博士论文的时候，他曾提出了很多中肯的意见，包括论文的结构框架、田野资料的运用等。论文出版之前，他不厌其烦地为专著的题目提供了地道的英译版本。在平时，我也常常发 Email 向他咨询学术问题，他从来都很认真地回答，他的指导使我受益匪浅。

在南京讲课时，他邀请我去波士顿访学，并详细介绍了波士顿大学的概况和学术魅力，这令我无比向往。2018年的夏天，也就是我赴美访学前的一个月，他来苏州做田野，研究的对象是苏州的"香头"群体。我帮他开车，有幸跟他一起在田野里度过了一段时间。那时候我跟他住在西交利物浦大学的教师公寓里，见证了他严谨求真的治学态度和乐观开朗的生活理念。每天清晨按时起床之后，端坐于书桌前用电脑写作，等我打开房门去洗漱时，他已经在自己的房间中工作很久了。如此自律的作息令我辈自叹弗如。临别时，他问我届时需不需要他来洛根机场接我。我说放心吧，人类学者不会迷路的，他会心一笑。就这样，我们握手约定波士顿再会。

2018年9月，我乘坐海航的飞机赴波士顿访学。经过14个小时的飞行，我顺利抵达了波士顿。过了海关后，便见到了等候我多时的房东贾育红大姐。她是当地一家中学的教师，为人谦和又热情。她已提前为我的到来准备了很多，包括房间的布置、床铺的准备等。出机场时，阳光灿烂明媚。虽然此时是中国的午夜，但我却一点也不困，有的只是兴奋。在车上，贾老师问我晚上吃什么？我说还没想好呢。她便带我去了 Super 88 Market 买了蔬菜和面条等，然后又去了附近的 T. J. Maxx 买了日用品。为了克服时差带来的睡眠问题，好友陈荆晓博士建议我喝酒助眠。正好来自广州的谭广鑫博士晚上造访时，给我带了一瓶 bourbon whiskey，我便一下子喝掉了半瓶，醒来已是阳光明媚的早上了。来美的第二天是周日，陈荆晓博士约我出去走走，熟悉一下生活环境。一路上我们参观了约翰·肯尼迪总统的故居，也去了波士顿公园和唐人街。在回来的路上，我们不知不觉地走到了波士顿大学，便兴奋地去人类学系的办公楼留影纪念。

在波士顿大学的访学经历，令我终生难忘。在我去系里将访学手续办完之后，魏老师便约我去他办公室。他跟我简单介绍了人类学系的一些基本情况，并询问了我是否有什么生活上的困难。他对我的访学提了三个指导意见，一是学校的资源，包括随堂听课、利用图书馆等，都可以使用；二是充分利用访学机会多阅读、学习，多请教一些老师，包括去一河之隔的哈佛大学听讲座、找资源；三是有机会的话，多出去走走，接触感受一下美国的社会。这次入学谈话，是魏老师作为我的指导老师对我的宝贵建议，但我看来是对自我的要求，因此在日后的访学生活中我都一一遵照。而且，我几乎每两周去一次他的办公室，汇报近期的研究进展，同时也请教一些问题。魏老师每次都不厌其烦地为我解答各种困惑，对我的学业上的指导和生活上的关怀，令我感动不已。

既然是访学，那么随堂听课是最起码的要求。魏老师大概要讲授五门课程："Theory, Method, and Techniques in Fieldwork" "Contemporary Anthropological Theory" "China: Tradition and Transition" "Symbol, Myth and Rite" "The Ethnography of Taiwan and China"。每次上课我都提前去教室占位置，因为若去晚了就只能坐在地毯上了。课上常常遇到两个白发苍苍的老爷爷也来占位置听课。熟悉了之后，其中一个老爷爷对我说，他是本校生物学的教授，退休了后没事干，就想来听听关于中国的一些研究。事实上，课上的很多内容，作为中国人都很熟悉，但魏老师往往从这些熟悉的社会事物中，能提出耳目一新的学术观点，这就体现大咖的真功夫了。课堂上学生们争相提问，与老师互动。魏老师一边思考一边解答，学生们一边提问一边记录，教学相长当如此吧。值得一提的是，这门课是由两个老师同时授课的，另一位老师是宗教学系的，名叫 Adam Seligman，是个胡子很长的胖爷爷，每次上课都带着犹太人的小帽子。他俩的观点基本一致，因此课上解答学生们的问题时，常常互相补充。但也偶尔会互相争辩，这时候就没有学生们的事情了。大神掐架云里雾里，我们都听不太懂了。

除了上课，我还参加了系里的很多讲座，也参加了一些 Lunch Talks。这些活动不但给你精神食粮，还能提供实实在在的口粮，吃完饭还有甜点，尤其记得有一款冰激凌超级好吃，也是魏老师极力推荐的。课余时间我常常去图书馆。尽管波士顿大学的图书馆很大，但学习的人实在太多了，因此座位比较紧张。在没有课的情况下，我常常前往寓所附近的波士顿学院。沿着 Chestnut Hill Reservoir 公园，步行大概 20 多分钟，那里的图书馆提供的座位数量很充足，尤其是二楼的借阅厅。宽大的单人沙发、半封闭的阅读台，让你可以完全沉浸在自己的阅读世界中。有时候一待就是一天，累了就在沙发上小憩片刻，渴了就去倒杯免费的咖啡。不过，晚上回家要经过一段黑漆漆的林荫小道，着实让人胆颤。也曾遇到一个开车人，朝我大喊大叫，我一下子被怔住了。然后他狂笑不止，既而呼啸而过。我的室友王躲生（在波士顿学院做有机化学的博士后）告诉我，他也遇到过几次，估计是同一个人。后来有了波士顿学院校车班次的 APP，我就坐免费校车往返了，免去了天气、时间和安全的顾虑。

学习之余，我会约上厦门大学的黄向春教授（当时他系哈佛大学燕京学社的访问学者）见见面，请教一些问题。他率真又亲切，带我进了哈佛大学图书馆，又去了大名鼎鼎的哈佛大学燕京学社，见到了著名的宋怡明（Michael Szonyi）教授，还在 Harvard Ave 上的 Shanghai Gate 吃了一顿美式化了的上海菜。值得一提的是，2019 年 8 月，复旦大学的潘天舒教授来波士顿重访他的母校哈佛大学。作为成长于波士顿的准土著居民，他非常热情地带我在他的第二故乡游历，并向我讲述他在哈佛读书的点点滴滴，令我既感动又羡慕。而且，他一定要带我去那家令他魂牵梦绕的咖啡店，让我也品尝一下他认为的世界上最好喝的咖啡。为了铭记这美好的时刻，潘老师提议在波士顿公共图书馆内和三一教堂（Trinity Church Boston）前合影留念。假期来临，大家终于可以轻松一下了。我跟广西民族大学的罗彩娟、中国社科院的李华伟、杭州电子科技大学的刘涛、上海的欧阳华兵等小伙伴们一起，领略了这座美国最古老、最具文化价值城市的风貌。

当然，在美国的访学故事远远不止这些，想必留过学的人都了解，此处无须赘言了。总的来说，在美国的短短一年，是充实而忙碌的一年，不但学业上有所精进，也体验了北美多彩的异文化，而唯一闹心的却是体重增加了不少。

三、太湖渔村说田野

我目前的田野地点在太湖湖畔的渔村，大概在此持续"挖掘"了四年时间。从刚开始对渔船、工具、生活景象的好奇开始，追着渔民不知疲倦地问东问西，到后来有学术圈的朋友过来看望我，我反倒成了在地的"主人"，向他们滔滔不绝地讲述渔村故事。由于整天奔波于船上、走街串户，他们送了一个"流窜分子"的绰号给我。给别人起绰号，是渔村的一大特色。诸如"臭皮蛋""猪宝河豚""大南瓜""捣糨糊""喷水壶""老铁匠"等，皆是渔村响当当的人物。绰号不但概念化了一个人的特点，还是一种定位社会网络坐标的方式。从这一意义上看，我也算是被渔民朋友圈认可接受了。一次我跟渔民朋友把车停在一户农民的地界上，主人非叫我们挪开不可。见我们磨磨蹭蹭的，她不耐烦地冲我发了一通火，又开始数落我作为一个渔民怎样的不是。我用普通话对此反驳，但她却依旧摆脱不了成见，只跟我理论，而忽视了真正的渔民就在我身旁的事实。

对我而言，浸沐的文化、面对的访谈者，无一不在影响着我头脑中的预设。我有一个不恰当的比方，认为田野工作其实是类似一个立体的拼图智力游戏，每一天所记录的田野日志就是一个个零片。在调查初期，由于零片不多，自然会产生毫无头绪、无所适从的感觉。当零片积累得越来越多之时，也是我们对该群体了解越多之日。然后从田野中跳出来，根据研究目的和旨趣，思考整理这些零片的"榫头"和"卯眼"，用学术的方式将所有零片"全面互锁"起来，这样我们就可以说清楚田野里那群人到底是什么样儿的了。这样所得的拼图已经不是我们下田野前所预设的那样了，而是来自田野里鲜活而真实的图景，因而也有可能对以往研究有所突破。于我而言，在下田野前，我对渔民的印象仅仅定格在小时候见到的渔翁。他们驾着狭长的扁舟，吆喝着几只黑漆漆的鸬鹚，在家附近的小河里游荡。直到来到了太湖渔民社区，我才见识了真正的渔民本色。他们的作业方式、水上生活的习惯、对世间的认知和对自我的解读，让我有了一种全新的认识。可以说，通过田野工作，我认识到渔民群体是怎样的一群人，看到了渔民劳作的方式，见识了渔民的异样生活，体验了渔民艰辛与乐观，感悟了渔民生活的道德意义。

诚然，我的生命仿佛被他们的生活经验扩展延长了，感觉自己也似乎是一个地道的渔民。这种生命的体验感若不是拜田野工作所赐，那我原先的陆人的人生观世界观恐将永远无法突破。可以说，田野工作给我的人生增添了另一种生活的情趣。同样，当地人对我的看法也在发生变化。刚进入田野，作为外来人的我常常遭到他们异样的目光，偶尔的几句对话不失客套，但又有些警觉。随后问我做什么的，家庭情况……逐渐将收集来的点滴资料拼成一张有关我的全貌"画像"，然后摆放到他们认知中的某一空间。在我之前，记者和摄影人让他们出现在媒体上，他们的生活就这样遭遇到了"暴露"。然而，这种曝光的语调总是显得那么一丝哀婉，因为主题常常跟渔民后继无人、渔文化走向衰落不无关系。由于我的到来，渔民社会逐渐被学界关注。同时，他们也开始思考他们的处境，也意识到他们的文化并非一无是处，至少还是有一些人对此感兴趣，这在一定程度上改变了他们自我矮化的自卑心态。这些似乎表明了人类学者与田野之间存在着一种互嵌关系。

当然，田野也提供了自我与心灵的对话的机会。从事过田野工作的人通常都有这样一个感觉，田野工作不是简单的"别人说、我们记"的二元化的被动程式，而更多的是所见所闻让我们所悟所感的经历，是对自我的审视和与心灵的对话的过程。换句话说，田野工作不再是人类学者和当地文化之间的"表述与被表述"关系。我们不能把两者之间的关系看成主体与客体的对立关系，而当把田野客体从田野工作者主体之外拉进来，将田野工作者和文化之间的关系描述为，田野工作者与对象主体（当地文化与人）之间互相对话、互相影响的共在"互嵌"关系。

四、心系社会写底边

在读博士期间，范师问我想选择什么主题做博士论文。我结合自己的背景和研究的兴趣，选择农民工这个群体。我跟范师说，如果我考不上大学，那我一定就是建筑工地上的泥水匠人了（南通特产除了高考模拟试题之外，还出产建筑工人，美其名曰"南通铁军"）。我的亲戚、中小学同学、朋友都是干这一行的，我对这个群体有着天然的特殊情感，因此选择农民工作为我的研究对象。稍微不同的是，我研究的是城市劳务市场中求职的农民工。正如博士论文中所写的，在城市的角落里，眼前这一群体的具体生存样貌可能尚缺乏细致的审视，倘若我们从劳务市场这种特殊的场景来考察农民工群体，或许是一种崭新的尝试。[1] 因为"农民工"一词，虽然体现了这一群体的总体身份，但却掩盖了他们内部的多样性。换言之，这一群体绝不是由同质性的独立个体所构成。如果我们将该群体视为一幅画面的话，那么群体内部的多样性个体就是构成这幅画面的不同元素。因此，研究他们将有助于我们从不同的角度来理解他们的复杂与矛盾，及其与众不同的内心世界；同时，也有助于我们认识另类的个体的身体是如何被卷入到社会转型的漩涡里，并被日益商业化的社会和市场所锤炼、形塑，甚至淘汰的[2]。并且我以为，在当代中国，人们凭借不同的资源来参与并得益于眼下正不断增长的经济，而农民工们没有权力、资金和社会关系等资源，只得依靠自身的体力作为资源挤进这个经济。因此，我紧扣这个"最大"的身体政治的主题，来考察当代中国社会结构中的"底边社会"，揭示他们被权力宰制、被社会抛弃的异样经历。

工作以后，研究的主题发生了一些变化，开始从事太湖渔民的身份转型的研究。学界有些同仁可能觉得奇怪，研究主题怎么跨越这么大。在重庆永川的会议期间，一位台湾学者还特意问我这个问题。对的，没错，一个是农民工，一个是渔民，两个群体看似风马牛不相及，但是这两个群体都有一个共同特

---

1 王华：《门槛之外：城市劳务市场中的底边人群》，知识产权出版社，2016年；王华：《空间的底边与底边的空间——对南京安德门民工就业市场的研究》，《江苏行政学院学报》2011年第5期。

2 王华：《"身体政治"与女性农民工》，《云南民族大学学报》（哲学社会科学版）2012年第1期。

征——底层边缘。从这个意义上看，两者的学术关怀是相同的。农民工，对于整个社会而言，他们何其轻，犹如尘埃无声无息，但他们的存在却与我们一直息息相关。而太湖渔民是另一处的底边。准确地说，他们在过去被视为社会的底层和边缘，如果使用乔健的"底边"概念来看的话。他们的确界定了一个社会的经济、文化、道德的底线，从而影响着每个社会人的生活。他们不应该被忽视，更不应该被误解、被歧视。

我以为，在一个农业文明的国家里，人们普遍认可和秉承"安土重迁""坞堡可凭"等农耕传家的观念。对于迷茫浩瀚的江湖、动荡不安的人生，陆人（land people）觉得唯有远离，方觉安生。不过，也许正是因为这样的动荡和流动，一些重要的主题才会在我们的文化中激起浪花。尤其对于生活中水上的人们而言，生活习惯的不同导致他们的社会网络和流行也存在差异。这在农耕文化的视野中却显得粗鄙、原始，甚至是疯狂的。正如福柯所指出的那样，水之疯狂揭开了人们隐藏内心深处的恐惧感，左右着对周遭事物好恶的看法。从这一意义上看，那些经年在水上漂泊不定的"水上人"被视为隐潜威胁的说法似乎是恰如其分的。在话语关系上，陆人拥有压倒性的言说权力。他们称呼太湖渔民为"网船上人"，这在当地语境中是充满歧视意义的字眼，暗示他们是一群贫困、神秘且野蛮无礼的低等人。[1] 可见，作为陆人的"另类"，渔民群体被农耕文明的主流社会所排斥，沦为社会的底层和边缘。如果沿着这样的分析脉络，渔民研究也是一部关注底边社会的历史人类学的课题。

诚然，对底边人群境遇的考察，在一定程度上体现了学界的人文关怀和学术良知，而不是在冷漠地消费他人的苦难。毕竟，他们被研究得越深、问题揭露得越多，让更多的人得以了解，能够加深我们对社会和时代的整体认识，并携手共同推进社会的进步。无论是城市里的农民工还是太湖上的渔民，他们不是孤立的"底"，他们是社会共同的"边"。这也许是我们研究他们的最终目的与意义。相对地，每一个社会都有中心和边缘，而且每一个人心目中也都存在中心和边缘的逻辑图式，只不过两者在不同的时空下对社会的作用力或强或弱而已。换个角度看，底边社会及其所属人群往往会呈现正统社会之外的"边

---

[1] 王华：《幻象与认同：历史上太湖流域渔民身份的底边印象》，《云南民族大学学报》（哲学社会科学版）2018年第1期。

缘历史",甚至存在有悖于主流社会的潜藏事实。因此,我以为,对底边社会的研究,如同对中心社会研究一样,"二重性"的复线历史有助于充实、丰富、或修改正统典范的文本,也有利于人们全面充分地认识整体社会及其变迁。

这便是我当前研究的基本色调。事实上,人类学之路是对人类本身的探索之旅,也是自我成长成熟成就的人生之旅。从跨界学习到遇见恩师的求学经历,从穷乡僻壤到异国他乡的流动飘摇,从城市底层到社会边缘的研究旨趣,见证了我的人类学历程。这一路走来,既有坦途大道也有崎岖小径,但人生纵有限,功业总无涯,只要心中有理想,这条征程皆为坦途。

追寻人类学家的写作之路
——我的文学人类学历程

王 璐

王璐,文学人类学博士,西南民族大学教授,硕士生导师。发表论文20余篇。出版专著2部,其中《文学人类学之间——20世纪上半叶西南民族志表述反思》,获四川省第十八次社会科学优秀成果三等奖。

追寻人类学家的写作之路,简直有点妄想!但当人类学家格尔兹将列维-斯特劳斯《忧郁的热带》看作思维的万花筒时,他解读的文本又是那么迷人。它还诱惑你总想重走书中之路。因为列维-斯特劳斯还在这本伟大的书结尾写道:去闻一闻一朵水仙花的深处所散发出来的味道,其香味所隐藏的学问比我们所有书本全部加起来还多。我想就是这样一种文本的力量,推动我从文本中来,到田野中去,推动我进入跨学科之门——文学人类学。十年来,我还在追寻人类学家如何写作的过程中。在此,我有些忐忑地呈上自己的心路历程,在人类学还处于发展之中并需要再扩展的情况下,就算把自己作为一面镜子,期望照会同时代的有缘人吧。

一、跨入文学人类学

可以说,与人类学的相遇是我学术人生中最重要的事了。我硕士学的是文学,由于徐新建老师经常出席文学相关的会议,因此有缘得见。2001年的时候,我的硕士导师徐其超教授与罗布江村等主持编撰了《族群记忆与多元创造——四川新时期少数民族文学》,首次提出"族群记忆"与"多元创造"等许多原创性观点,当时似乎在民族文学界影响很大。徐新建教授写了一篇研究阿来《尘埃落定》的文章被收入其中,观点颇为人类学,题目叫《权力、族别、时间:小说虚构中的历史与文化》[1]。2003年11月25日是巴金诞辰100周年纪念日,当时在西南民族大学举办了研讨会。徐新建老师在会上称《族群记忆与多元创造》为第三度写作,给我印象很深。他观点新颖,思维活跃。不过当时的我还完全没有进入学术状态。毕业后,觉得工作无聊又想继续读书。偶

---

[1] 徐新建:《权力、族别、时间:小说虚构中的历史与文化》,《西南民族大学学报》(哲学社会科学版)1999年第4期。

然之际，我读到徐杰舜老师采访徐新建老师的《走向人类学》[1]，其中的观点于我心有戚戚焉。我极其赞同他说大学就是社会里的文化孤岛，光读文学文本，无论理解什么都是不够的。随后我又看到徐杰舜老师采访叶舒宪等老师的一系列文章[2]，兴趣大增，决定负重前行。那个时候我女儿生下来还不到一岁，我却开始了紧张的复习生活。四川大学（以下简称川大）要考古文原典需要大量时间背诵，人类学的书我也要从零开始，英语更需复习。还好，坚持了半年，我终于考上了徐老师的博士。人类学简直有一种鬼使神差的力量，现在想来还能感觉到当时的热血沸腾，但我其实毫无积淀。

第一年的课程极为紧凑，任务很多，主要是要读的书太多了。学习简直如打仗一样繁忙，对于我们在职的来说更是如此。每一门课程启动，徐老师都会提前布置一堆阅读书目和每次的讨论主题。这就算比较轻松的了，按照这个程序来貌似也很顺利，但是任务远不止于此。徐老师经常"多变"，常常在灵感触动的地方甩给我们要增加的讨论话题，也就是可能在上课前一两天，其实很多时候是上课的头天晚上甩给我们，我们常常挑灯夜战来应对。我是个很容易失眠的人，这下更要失眠了。好不容易睡着还常常梦到徐老师的QQ头像在闪动（那时候基本上都用QQ联系）。每一个人在课堂上都要轮流当主持、评议、主讲，每堂课上每个人都有明确的任务，所以你要是想偷懒是门都没有。徐老师上课特色鲜明，学生中有专门写过有关"文学人类学工作坊"。[3]不过课外他都很随和，我们有时当面抱怨他多变，但他说："你们错了，我根本就没有定过，所以谈不上变。"我们只得哑然。但说实话，现在非常感恩徐老师的强迫与督促。

除了上课，文学人类学班上搞得很成功的是讲读会，常常是硕士博士一起搞，讲读会的收获很大。每位同学的研究进展都被放在那里供同学老师审读批评，言辞从不客气，讨论气氛热烈。徐老师只要没出差几乎都参加，他激情的

---

1 徐杰舜、徐新建：《走向人类学——人类学学者访谈之二十九》，《广西民族学院学报》（哲学社会科学版）2004年第5期。

2 见徐杰舜主编：《人类学的世纪坦言》，黑龙江人民出版社，2004年。荣仕星、徐杰舜编：《人类学世纪真言》，中央民族大学出版社，2009年。

3 刘维邦：《"剧场设计"到学术空间——四川大学"文学人类学工作坊"的参与观察》，《文学人类学研究》2018年第1期。

点评与总结也具特色，由于临场发挥止不住，常常让楼下关门的大爷很恼火，只有声嘶力竭吼一声"关灯了"才能阻止他。这是川大文学人类学非常好的传统和风格。望江校区文科楼的251会议室是我们的学科据点，那里不是偷懒的地方，那里是思想碰撞之处。在那里我还得到了川大其他如曹顺庆、段玉明、赵毅衡、李祥林、李春霞等老师，以及校外的乔健、叶舒宪、彭兆荣、王明珂、徐杰舜、王建民、彭文斌、蔡华、杨煦生等学者的智慧启迪。

第二年开始，我们就经常会出去田野考察了。一次是2010年1月22日去西昌调查"团结话"，当时参与的有师姐安琪、我和罗安平，最后形成了一本厚厚的《凉山地区双语使用（团结话）情况调研资料》。记得去西昌跑了好几个地方，在喜德县待的时间较多。我们一共找了25个重要的相关人进行调查，白天访谈，晚上当天就整理录音，很忙很充实。同时也非常开心，因为带我们找人的彝族小伙子一路上给我们讲了很多团结话的笑话。有时我们的师兄罗庆春也一起参加，他本来就是彝族诗人，西南民族大学的教授，所以相当于在田野中给我们上彝族文化课。田野课程真是生动活泼令人难忘。

另外一次是2010年7月31日开始的普格火把节调查。我们分开行动各有任务。主要任务是通过彝族火把节的发源地普格的普通民间火把节的个案，提供"现时"火把节的分析和研究。具体目标是了解目前民间对传统"火把节"的认知情况，考察彝族"火把节"在现代化进程中的原生性与变异性，然后根据田野内容形成有主题的考察报告。我是去普格老乡的家里住，记得除了全程参与观察西洛的火把节和普格的火把节外，印象最深的就是我找毕摩访谈。当时为了搞清楚火把节时间的选择缘由，就找到了当年算时间的吉木，他曾经干（凉山彝族人很多动词都用"干"，意为"做"）过毕摩。但访谈完觉得还不够，又请他带我去找更老的毕摩。我们翻山越岭去找他，终于在一个山坡上找到了，他正在放牛。遗憾的是，我的录音笔又装满了，天又下起了雨，我没办法打开电脑导出去，我也没录到他们关于星象的一些彝语对话，只得匆匆记录。当时觉得田野真的很难，找人难，突发情况无法预料。但我也算领略了田野生活，吸取了一些经验，当然离人类学要求的田野功力还差得太远。

我的博士论文选题是导师命定的，有关20世纪中国西南的民族志研究。这个题目很大，开始我很懵，民族志有哪些我都需要寻找，还别提如何研究了，何况100年的，但导师觉得是一个很好的题目。一切如他所言，这就是一个学术宝库,人类学现有的西南研究几乎都囊括进去了。开题后我的研究框架还是很模糊。适逢我工作单位成都信息工程大学要求在读博士报国家课题,我一心只想着博士论文怎么做,于是就将博士开题的一部分,民国时期的西南民族志研究取出来申报。我第一次申报国家课题青年项目,没想到居然中了,感谢当时学院蓝鹰院长的英明"逼迫"。这下好了,我借着国家课题的理由跟导师商量,要求把博士研究题目缩小,先做民国时期的,他同意了。徐老师自己对民族志与西南研究都有深刻的思考。在他看来,20世纪中国的民族志还是在国族建构的框架下。20世纪90年代初,他就参与"西南研究书系"的策划,他的《西南研究论》的西南视角启发了我的研究。在徐老师的指导下,我开始关注对同一个田野点本族知识分子与中原知识分子表述的差异性问题。最后我的目标就是在西方"表述危机"与"写文化"的学术语境下,探讨在民国时期,中国知识分子在西方科学理念下如何利用现代民族学、人类学知识,去发现和表述西南的少数民族与文化,以及这种表述对于认知当时中国的重要作用。本土知识分子又是如何借用民族志来抗争与妥协的。

这个题目以文献文本为重,兼及相关的人物访谈,于是我首先开始搜集各种资料。我在川大图书馆查询了一个月报纸,又在川大港台图书馆、川大博物馆、四川省档案馆、民研所等搜寻资料,云贵各省相关机构也去了,但还是不完整。民国时期关于西南少数民族的官方调查,主要是当时中央研究院的史语所牵头。但国民政府迁台时,带去了大批文物图书,当时的故宫博物院、中央博物院、中央图书馆和中研院史语所四家机构所藏物品被全部装箱,由李济负责押运到台湾了。整个中研院就史语所所长傅斯年最积极,史语所资料全部迁走(但人员并没有全部迁台,另外还有半个数学所也搬到了台湾),因此去台湾找资料是最好的办法。

二、台湾与民族志文本体例研究

恰是机缘巧合。2012年4月7日,四川大学中国藏学研究所邀请了台湾史语所的王明珂研究员来讲座。王老师的《羌在汉藏之间》《华夏边缘:历史记忆与族群认同》在人类学界影响很大,所以讲座很受欢迎,座无虚席,我们都站着听。听完以后我挤上去问了关于黎光明《川西民俗调查记录》的资料，随后萌生了想去台湾访学的愿望。于是我回家给王老师写了邮件，希望去台湾跟着他学习并查资料。他回信欣然同意。我工作单位的蓝鹰院长也很支持，于是我申请了学校的一个海外访学项目。入台手续办起来比较麻烦，几经周折总算成行。但原计划的半年时间，只剩下了三个月。

当时王老师正在台中的中兴大学任文学院院长，我一边等他帮我申请台北"中央研究院"的住宿，一边听他的课。过了一个月左右，我到了"中研院"，开始争分夺秒查资料。"中研院"非常开放，只要你有身份证，所有资料，除了容易损坏的现场阅读外都可以借走，任意拍照复印不收取费用。而不像在川大港台资料室，拍照一张两毛，复印还得工作人员拿去复印，上班时间又短。川大博物馆很多资料也未整理。在"中研院"的时间有限，我常常看不过来，晚上只得把书抱回去在宾馆的卫生间里拍照，因为那里灯亮一点。每天晚上拍得腰酸背痛，倒头便睡，也不失眠，第二天吃过早餐又去图书馆。最后我的资料搜集算是比较满意。

这期间我得到了很多人的帮助。一位是台湾"中研院"近代史研究所资深研究员张朋园[1]先生。张先生是贵州人，主要研究梁启超，曾被导师请到川大讲座。当时他已近九十高龄，但还带我去研究所查资料。在我完成出书之后，寄赠给他还帮我审读修改，着实让人感动。

另外一位是跟着王明珂老师做博士后的王鹏惠女士，她是台湾大学谢时忠老师的学生，研究民国时期的西南影像民族志，博士论文写的是《失意的国族/诗意的民族/失忆的族/国：影显民国时期的西南少数民族》。鹏惠与我一起谈了很多有关西南的民族志，并与我分享自己的资料和思想，实在友善慷慨。最后必须要说的是在台湾去拜访学习的几位前辈，何翠萍、陈器文、林淑蓉、潘英海老师。何翠萍老师做西南景颇族研究，她短发、干练、美丽，气质像我喜欢的演员秦海璐。她很客气地请我在"中研院"吃饭并接受关于西南研究的访谈，我很受启发。陈器文老师很优雅，一边兴奋地给我讲如何喜欢莫言作品《红高粱》（那年莫言获诺贝尔文学奖），一边给旁边的学生讲大陆现在如

---

1 张朋园，生于1926年，曾任台湾"中央研究院"近代史研究所研究员、所长，台湾师范大学历史系教授等。著有《梁启超与清季革命》《立宪派与辛亥革命》《梁启超与民国政治》等书。

何好。林淑蓉老师研究侗族，她邀请我去台湾的清华大学参加课堂讨论"身体与性"，逼我读了好些英文资料。在美丽的暨南大学校园，潘老师抽空给我讲了好几个小时的诠释人类学。每位老师都非常亲近随和，还坚持请我吃饭。令人痛惜的是，林淑蓉、潘英海老师如今已经离世。

在台湾，我不间断地参加各种学术与考察活动。总的感想是台湾的学术个案做得极细，极认真，相比之下大陆学者更喜欢宏观思考。另外就是开会几乎中午都是简餐、便当，有荤素两种选择。中午休息加吃饭一般一个小时，吃完后马上开始，很紧凑。中兴大学的讲座很多。杨南郡与他妻子徐如林讲古道探险很精彩，听后是一种折服和崇敬的心情。资料搜集得差不多的时候我就开始考察。一起听课的龙如凤师姐带我们访问学者到高雄左营眷村、最南端垦丁、卑南文化遗址公园、前历史文化博物馆，几乎跑了半圈台湾。印象最深刻的是参加学校组织的雾社考察，非常受益。当年上映的电影《赛德克·巴莱》，刚好说的就是雾社事件。正好一路跟我们讲解的郭明正老师是赛德克族人，族名为Dakis Pawan，是导演魏德圣选中的电影顾问。《赛德克·巴莱》播放后，他更被台湾人熟知。他写了还原电影历史真相的《真相·巴莱》。我一路跟着他听他讲自己的身世，颇为传奇，后来忍不住想写出来。回来完成毕业论文后，我整理出录音资料并借鉴了中兴大学为我提供的讲座录音完成了一篇《雾社考察记》并发给郭明正老师审阅。他为我纠正了一些族称，还写邮件感谢说：我从来没想过懂得历史（虽然只一点点）竟让我如此地沉重……不论如何我代表自己以及我的族人感谢您（报道本族的历史)!

到台湾最重要的收获是跟着王明珂老师的研究生一起听他的课。有人称王老师的研究是历史人类学（他自己认为与西方的 historical anthropology 是有所区别的），他的历史课跟一般的历史课不同。他重视在历史文本中做田野，与传统的史学研究很不一样。他分析《史记》的文本体例，讨论为什么会出现这样的书写框架而被后世模仿，分析《华阳国志》作为志书的体例及成因。王老师很会讲田野故事，他课上的案例很多都是有关西南研究的，所以对我的启发很大。他也随时解答我的研究困惑，我非常感激他。可以说我的研究框架是在听课的过程中逐渐形成的。我没有将要研究的文本进行类型研究，而是就民国时期的典范民族志文本如《湘西苗族调查报告》的体例进行研究，讨论当时民族志的结构是如何形成以及为何形成的问题，也是受他的影响。

我博士论文的主体部分就是讨论为何当时的典型民族志体例有异于英国皇家学会编写的《人类学的询问与记录》内容，以族源追溯、地理交通、文化记录等内容为主。我认为溯源研究承袭了方志传统，在民族志表述中带上了中原史观，并与民族史相结合，目的是重建一种纳入少数民族的中国历史。这是从时间上的西南认知；同时，他们通过地理、交通等客观知识来对被调查对象进行初步分类并识别，这是从西南的地理空间解释他们的差异性，这种差异性表述其实是为了与中原汉族相区分；最后重要的是民族志的文化记录，民族调查中的宗教、服饰及少数民族婚恋观表述，目的是为了纳"他族"于"我族"。宗教体现了"拯救"他们成为"新国民"的思路，而女性的思想观念却体现了他们具有成为"我们（中国）"的"新国民"之可能。在讨论过程中，我也不排斥广义的民族志（对异族异文化的描写均为广义的民族志），并加入本族"自表述"与上述的"他表述"进行对照，讨论各自的立场与诉求。我的分析也跳出民族志文本，从与民族志文本有关的日志、行纪感谢、相关时评、照片等副文本入手分析作者的表述动机。总的来说，当时的民族志在田野实践中本应该有这样的面向：文本规范，科学方法以及对他者的认识论。但是在当时的情势下，文本中隐含或表征着不时游离出上述规范之处，随处可见作者的主观判断。这样的表述正是引向了一个中心的议题，即（西南）民族与国族建构问题。这是我探索人类学家如何写作的一次努力。

三、美国访学与多重视野认知中国西南

从台湾回来后，我又花了一年的时间写博士论文。终于在 2013 年 12 月顺利通过了博士毕业答辩。第二年，国家课题也如期结题。适逢台湾花木兰出版社要出一套《民国历史与文化研究》丛书，四川大学李怡教授在文学人类学点向徐新建老师征集，徐老师推荐了我的博士论文。2015 年 9 月，《民国时期的西南民族志研究》（上、下）出版（后来国社基金还有出版预算，我又修改后在中国社会科学出版社出版了《文学与人类学之间——二十世纪上半叶西南民族志表述反思》）。至此，我的博士研究暂告一段落，五年多时间也过去了。课题结题以后接着我又开始按单位要求申报国家课题。心里还记挂着博士开题

报告的另一半,加之写博士论文的时候看到资料也注意收集,于是顺手申报,出乎意料又获得国家西部项目资助。这个项目助我在2017年评上了教授。两申两中,看来我与人类学的缘分还得再续下去。

这个时候学校单位鼓励我们出国访学,想到我课题计划的一部分是国外对中国的西南研究,于是我联系了在台湾一起听课的王明珂老师的项目合作人,美国华盛顿州立大学的王秀玉老师。他是美国卡内基梅隆大学(Carnegie Mellon University)苏堂栋教授(Donald S. Sutton)的学生(我在彭文斌老师编的《人类学的西南田野与文本实践海内外学者访谈录》看到过一篇访谈他的文章),王老师主要研究晚清中国边疆及西康,著有《中国最后的帝国疆域:四川藏族边地在晚清的扩张》(*China's Last Imperial Frontier: Late Qing Expansion in Sichuan's Tibetan Borderlands*)等。他治学严谨,在台湾时我也曾请教过他,他提供了好几本对我有用的英文资料,对我很有启发。王老师同意当我的访学接收人,于是2017年我到了美国。华盛顿州立大学就坐落在华盛顿州温哥华市的半山腰上,悠远、广阔,远处可见雪山,一年四季风景极美。这里是四季常绿的美国西部,人口不多,环境舒适宜人。王老师妻子也是美国华裔,所以跟他们交流起来很方便,衣食住行方面的问题他们都帮助我解决得非常好,我很快就适应了。

王老师是一个非常有计划的人,他为我规划了每学期的讲座及学习任务。我2月份到,他就在学院帮我申请了一场3月底的学术讲座。当时我非常紧张,英语也不好,更没有用英文演讲过,我给了王老师一个题目,他最后修改为"The Rise of Hybrid Ethnography and Modern Minority Representation in China, 1912–1949"。题目定好后,我就一边看书一边抓紧时间准备。我的讲座以民国时期对少数民族女性调查为例,讨论调查者如何通过描述她们的服饰、举止等来表述他们的婚恋观。与过去方志相比,他们对女性婚恋观的表述极为不同。民国之前以汉族男女授受不亲的思维将其描述为"淫乱",民国之后受西方影响将其描述为"自由恋爱"。从"淫乱"到"自由恋爱",这正是标志性的"历史翻转",这种翻转正是因为主流社会对文化或文明认知发生了变化,导致了对女性行为从一种被表述到另一种被表述,隐含着调查者表述目的转换。从前的淫荡,被修正为现代,现代意味着进步,意味着可以将其团结为新国民。而开放的婚恋观，正是当时中国现代化努力的方向之一。[1] 讲座时来了很多人，教室后面都站着老师。还好，在王老师的帮助下，讲座顺利完成。讲座之后我迫使自己每天必读英语资料，但无奈语言就是这样，年龄大了提高很慢。不过第二次讲就没有那么紧张了。

王老师在暑假前后到中国做田野，安排我给他的学生上课。王老师上的中国历史研究，于是我以1964年新中国成立15周年之际献给国庆庆典的大型音乐舞蹈史诗《东方红》为例，讲中国的多民族是如何第一次在舞台上展演的。我主要与学生讨论了有关时间的叙事如何放入有关空间的舞台、舞台上如何将文化元素进行政治阐释，以及如何通过这样的表演展示各民族融合达到国家整体形象认同等问题。美国学生上课期间都是很认真的，只要选修了这门课都会很认真对待并力求通过，而且他们确实也感兴趣。老师的课程计划提前准备得非常充分，比如我要给王老师的学生上课，是开学前都写入计划中的。每个学生都非常明确这一学期需要读什么书，讨论什么问题，老师全部会提前发给学生准备。有的老师把所有资料和计划都会放在网页上，比如我上过 Edward H. Hagen 的人类学课 Sex, Evolution and Human Nature，每一节课的讨论都根据提前布置的任务进行。

除了学习，还有田野考察。作为民族志的研究者，必不可少的是读地方知识。我开始以 Chinook 为线索，作了当地一个较为完整的考察。去部落遗址，翻阅美国西部探险的历史资料。利用暑假时间，我寻找到一些路易斯和克拉克当年探险到过地方，我也去看美国大峡谷（Grand Canyon）国家公园里美国西南的原住民表演。并开始有意识思考美国东西部差异与中国东西部差异的问题。指导老师告诉我上课穿着也不必刻意，与东部不同，西海岸地区的生活方式更加随意。从与当代人的交往与体验中感知，美国人的精神价值认同体现在美国西部，那种精神就是查尔斯·曼恩（Charles C. Mann）在《1491：哥伦布时代美洲启示录》所言的原住民文化中的自由、民主、随意。[2] 而美国的东部，更像菲茨杰拉德在《了不起的盖茨比》中所描述的那样，它是扭曲的，它毁

---

1 王璐：《传统服饰与观念表述——民国时期民族志中的西南少数民族女性表述之考察》，《民族文学研究》2017年第2期。

2 [美] 查尔斯·曼恩（Charles C. Mann）：《1491：哥伦布时代美洲启示录》，胡亦南译，中信出版社，2014年，第1000页。

灭了盖茨比。在中国，经历过20世纪上半叶到西南去到西北去的热潮，再到新世纪的西部大开发，中国东西差异与美国东西差异的认知异同很值得对比探讨。

在美国的收获除了上课之外，我有了更多时间读人类学的书，查阅研究资料，并跟老师汇报讨论西南研究，这是一个非常难得的学习机会。回国之前，我明确了新课题的研究框架。这次的研究用以前的方法就不合适了。20世纪下半叶民族志的情况更为复杂。中华人民共和国成立之后，中国共产党史无前例地将少数民族与汉族并列，并提出"各民族一律平等"。这一时期形成的各类文本是之前民族志文本范式的变体，并不符合人类学民族志规范，但却是中华民族共同体意识形成的重要依据。在此基础上，所有民族对照着五种社会形态，进行了社会性质的认定。民族志成为认知中国境内族群的有效新工具，代表了受苏联模式影响的重"民族问题研究"的民族志特征。新时期之后到20世纪末，人类学重新在中国大陆复兴，学科本身的建设与发展得到关注。这一时期中国一方面总结消化大调查时期的民族资料，另一方面重视西方理论的学习，紧跟西方，消化西方理论，同时也探讨人类学本土化。这一时期的民族志文本形式较为多元，西南也得从多重视野进行认知。这部分我打算从三个方面分析：一是中西对话，如国外人类学家如郝瑞、路易莎等西方学者怎样在中国进行田野调查，如何与中国学者进行了一定程度的对话；二是前后对照，例如民国时期的民族志与后辈学人对同一田野点进行回访后产生的民族志有何异同；三是学科的关联，尤其是"写文化"之后的民族志变化，中国人类学界开始讨论"主体民族志""自我民族志"[1]等话题，20世纪下半叶的新兴学科文学人类学对此是如何讨论的。确定了基本思路，回国就是田野调查和写作了。回国之后，我重点在凉山及云南芒市进行了课题相关的田野调查。但由于回国教学的繁忙以及工作的调动，加上疫情的突如其来，还有一些回访仍未完成。

---

1 朱炳祥：《反思与重构：论"主体民族志"》，《民族研究》2011年第3期。《三论"主体民族志"：走出"表述的危机"》2014年第2期。《事·叙事·元叙事："主体民族志"叙事的本体论考察》，《民族研究》2018年第2期。徐新建：《自我民族志：整体人类学的路径反思》，《民族研究》2018年第5期。

四、人类学高级论坛与我的学术之窗

2009年我刚进入川大博士学习就参加了8月在内蒙古召开的第八届人类学高级论坛，规模很大，人很多，将近100人。记得有一次吃饭的桌子巨大，感受到了在草原上吃饭的广阔气势，很震撼。后来才知道这是民间发起的论坛。适逢2010年6月，第五届中国文学人类学年会在广西南宁召开。在会前，导师安排我和安琪师姐去访谈论坛发起人徐杰舜教授，说是有一个关于人类学高级论坛十年报告的项目让我们去做。但那次访谈后安琪师姐就到英国去了，所以后面的事情我来接着做。徐杰舜老师说打算人类学高级论坛举办十周年的时候出一本书，要做一个很好的总结，收入书中。我领了任务，开始关注这个论坛。

虽然只是一个总结报告，但却是开启了我了解中国人类学动态的一扇窗。由于总结需要，我访谈了很多历年参加论坛的学者，如王明珂、彭兆荣、周大鸣、关凯、范可、邓启耀、孙九霞等教授。通过这次总结，我对中国人类学尤其是新中国成立之后的整体状况有了初步了解。乔健先生称人类学高级论坛为"脑力激荡的平台"，我认为这一论坛凝聚了一个学术共同体，将中国东西南北有志于人类学研究的学者聚集到了一起，并且连接了国内外学者。论坛还出了文集多册，书目多种。最后总结报告《人类学的开放平台——中国人类学高级论坛十年报告》写完后，我在杭州举办的研讨会上向乔健等专家学者汇报，听取他们的意见，报告最后收入2012年出版的《中国社会的文化转型：人类学高级论坛十年论文精选》[1]。因为有这次报告，2019年徐老师又让我继续写了一个广西民族大学学报名栏"人类学研究"的考察，后写成《人类学的评论与反思》一文发表。可以说，徐杰舜老师给我的任务使我迅速地获取了很多中国人类学当下研究的情况，对于我目前的研究起到了非常好的铺垫作用。学术交流也让我有幸访谈到了很多西南研究的专家比如庄孔韶、何明、王明珂等教授。徐杰舜老师是一个有魄力的实干家，只要他说要干的事情他一直会坚持完成绝不半途而废。我也佩服徐老师等人的人类学开放精神，能把中国人类学

---

[1] 徐杰舜、关凯、李晓明主编：《中国社会的文化转型：人类学高级论坛十年论文精选》，民族出版社，2012年。

高级论坛做得比1981年成立的中国人类学学会、1995年开始举办的北京大学社会人类学高级研讨班规模更大、时间更久。他特别善于约稿和催稿,粉你几句,你就得快马加鞭。参加论坛会议感触最深的是老师和前辈的学术激情,他们常常为一些学术问题与学术策划讨论到深夜,让我们这些年轻的后辈汗颜,但也鞭策着我们前行。

五、十年研究与感悟

真可谓林花谢了春红,太匆匆。一晃十年已过。回望相伴我十年的人类学民族志研究,归结起来就是我在做关于民族志者的田野,关于人的田野,从中我一直追寻一个问题:人类学家如何写作,以及他们为何要如此写作。

研究民族志就是要在三层民族志文本中不停转换、对比补证。按照格尔兹的观点,人类学的书写本身就是解读,而且是添加的第二层和第三层的解读(按照定义,只有"本土人"才能做第一层次的解读,这是他们的文化)[1]。如果将民族志看作第二层解读的话,我做的工作就是第三层的解读(这里的"三"也意味着"多")。阅读从田野归来的民族志,要不时想法回到第一层,还要对照别人对其解读的第三层,再深入对比第二层的文本呈现,不断反复出入,力求理解研究对象。

读民族志就是要把民族志读活。方法是通过读人,读过去的人类学家如何读人。我不知道有几个人会认为民族志文本是引人入胜的。马林诺夫斯基在做民族志的时候就天天躲着看小说,然后内心自责没好好写田野考察。在我最开始接触人类学民族志时,我对那些文本不知所措,那些像方志一样的文本,排列着一些民族的来源、地理位置、文化习俗,它们哪里有小说一样充满着悬念?然而,在这十年的民族志阅读与研究中,尤其受"写文化"的影响,我的想法发生了变化。我认为民族志是活的。我想我为何钟情于人类学,大概是因为我曾经被民族志深深地吸引过,除了呆板的记录,里面也有作者非常美妙的体验,刺激和惊险。在里面,我看到鲜活的人的情感。我曾经在专著里举例的

---

[1] [美]克利福德·格尔兹:《文化的解释》,韩莉译,译林出版社,2014年,第19页。

《水摆夷风土记》及《广西猺山两月观察记》，还有徐益棠的报告，他们在调查过程中的记录很生动，这些文本让我常常忍俊不禁。读现在的人类学家就是读有关人类学的访谈以及自己对人类学家的访谈。我的研究是一种总结性的，带有学术史的味道，我觉得做好太难，因为要越过前辈"高山"的视野，岂非易事！所以我只能通过一个个的学术访谈，不但可以慢慢建立起学术发展的时代脉络，重要的是可以鲜活地呈现人类学家的情感、痛苦、挣扎与奋斗。我常常被前辈、同行的人生经历所震撼，被他们的学术热情、责任与担当所感动。

另外是民族志里读人也读己。我最大的收获是通过民族志的学习提升了对自我的认知。我想大多数人也会认同：从广义来讲，田野是无处不在的。人类学就是生活，就是生活的艺术。民族志也绝不仅仅是文本，它是方法论、是认识论。它让我们反思西方、重新发现东方的智慧。它是孔子的"己所不欲勿施于人"，它启发我们领悟惠能在《坛经》中云：若轻人，即有无量无边罪。它是智慧的贯通。人类学与文学都是关于人的学问，这也是我导师说文学人类学精髓就是"使人成人"。

民族志本身就体现了学科的综合性，自然它也是文学人类学的。从20世纪晚期的跨学科提倡，到目前的新文科建设，我相信文学人类学将再次沐浴发展的希望之光。人类学也将继续启发各个学科的发展创新，推动跨学科繁荣。

写到最后，我发现写自己的同时其实也是在写别人。明月照我行，他们就是明月，送我至人类学这个有趣的学科中。但十年勤学习，仍在半道中，实地田野仍是我最大的不足。还好人类学是一生的事业，行的乐趣永远都在诱惑我走人类学之旅。感谢导师徐新建教授的严厉与鼓励。他认为每个人自身都有佛性，所以他教学生的厉害之处在于像发现佛性一样发现每个人的潜力。再就是他在忙碌之中也保有生活与学术热情的感染力，深刻地影响到我们。最后感谢徐杰舜教授用人类学高级论坛的开放视野来接纳分支学科里的文学人类学。在已开满红花朵朵的人类学界里，我当回衬托他们的绿叶，感觉也极快哉。

在人类学的田野里"游泳"

温美珍

温美珍,浙江温州人,澳大利亚国立大学人类学博士,香港科技大学人文学部博士后,浙江师范大学非洲研究院助理研究员。

在键盘上敲下"我的人类学之路"这几个文字时，内心充满着惶恐。一来虽然刚刚拿了人类学博士学位，但是内心仍然惴惴不安，自己断然是称不得人类学家的，至多也就是一名人类学从业者；二来是因为自己虽然在人类学的世界里遨游了很久，是否真的已经摸清了人类学这一浩瀚大海的一部分？带着这样惴惴不安的心情来回顾自己入门人类学从而把人类学作为终身职业的过程不仅是对自己过往的回顾，也是对自己未来继续走这条道路的一种激励。

一、"父亲的田野"与我的人类学入门

比起一些科班出身的师长学友，我入门人类学稍微晚一些，大学三年级才开始接触人类学的内容。然而，在这之前，因为父亲的关系，其实自己已经接触了关于人类学的很多"田野知识"，只是限于自己对于学科知识的欠缺，并不知道这些是自己以后将要接触和学习的内容，更是没有从学科的角度来思考自己的所见所闻。

我出生于浙江温州，在这个商业氛围很浓的城市，我的父亲也属于游走到全国各地去的一名小商人之一。他从70年代开始就带着家里的亲戚到全国各地去推销生产螺丝刀柄的机器，机器卖出去之后，他还要和我的某一位表哥或者堂哥待在当地帮忙培训当地人自己生产和销售。父亲丰富的人生经历，不仅仅给了我一个比较富足的童年，也把他在全国各地所见所闻分享给我。他就如人类学发展初期的那些收集材料的传教士之类的人物。他的经历让我对不同的文化有了了解和探知的机会。比如他有一次在宁夏回族自治区的吃猪肉事件就给了我很大的触动。1992年，父亲有个项目是在宁夏回族自治区，他和我大堂哥一起到当地培训回族工人。但是这次培训因为吃猪肉事件，他和堂哥受到了回族群众的围攻，幸好当地政府出面才让事件平息。这件事情使父亲受到了很大的触动，他自认为见多识广，也去过很多地方，知道各地的文化和习俗差

异很大，但是第一次遭受到了生命的威胁。此事之后，父亲每到一个地方都会先了解当地的文化，然后才开始培训工作，因此我们家里一下子多了很多关于各地不同风俗文化习惯的书籍和资料。这些书籍和资料为我打开了了解不同文化的大门。

等我稍微懂事之后，父亲就很乐于和我分享他在各处的经历。所以小小年纪的我，虽然未到过西北的戈壁，东北的鸭绿江，未见识过西南的白族，也没尝过广东的美食。但是听着父亲的描述，我感知了外面世界的浩瀚和多样。无形中，他的分享在我幼小的脑袋里植入了文化多样性和不同群体存在这样的概念。在无意识的状态下，父亲不仅自己对不同的文化进行了"田野"，同时也把他的这种田野带入了我的生活。

人类学这门学科第一次以非常正式的方式进入我的生活则是在大学三年级选修民俗学这门课。当时的民俗学老师简略介绍了民俗学，民族学和人类学的不同。然而好奇心强盛的我当即就搜索了三个学科的各种具体不同之处。当时第一个搜索到的人类学家是费孝通先生，接着是马林诺夫斯基。照着这些名字我开始在图书馆上搜索他们的书籍，记得当时借的是费孝通先生的《乡土中国》，马林诺夫斯基的《西太平洋上的航海者》。作为一名没有受过任何学科训练的大三学生，我纯粹是猎奇式地去阅读。因为书里的内容，特别是《西太平洋上的航海者》里谈到的社会生活，刺激着我继续去阅读其他不同的人类学著作。经过了一个学期的阅读，当即就决定报考人类学的研究生。而我所在的本科院校没有人类学专业硕士，只有民俗学专业硕士。这就面临着需要报考外校。于是通过网络就知道了中山大学（以下简称中大）的人类学专业很好。然而，在网络上联系了中大的同学之后，他们给我的意见是我非科班出身，中大竞争很激烈，可能会考不上，所以建议我考一所一定能上的学校。当时我的师兄建议我报考广西民族大学，他觉得这所大学专业训练不错，主要还是因为当时广西民族大学报人类学专栏在国内很有名气。就是在这样的情况下，我报考了2002年广西民族大学的硕士研究生并顺利考上，于当年的9月份入学，师从徐杰舜教授。

二、初次田野

人类学从业者离不开田野生活，犹如鱼和水的关系。在我硕士入学后，我的导师徐杰舜教授尤其强调田野的重要性。他反复和我们说，人类学想入门就必须先知道怎么做田野，要做他的学生就先要到田野里去"游泳"才行。因此，在我之前入学的师兄师姐们，在入学前的暑假就已经开始自己找田野点做田野，入学后把自己的田野报告交给导师。而我们这一届有点特殊，入学后才开始田野。于是，在2006年的寒假，我开始了人生的第一次田野调查。田野地点位于广西贺州的一个小村子。

在关于田野的课上老师已经把具体操作过程和可能遇到的问题都详细说了一遍，但是真正到自己做田野的时候才发现，课上的理论知识和实际操作还是存在相当大的差异，真如"游泳"一样，非自己实践不行。这次调查内容主要是关于当地村子的文化变迁问题，时长为一个月时间。对于此前没有任何田野基础的我来说，第一次田野不仅仅是操作上的挑战，更多的是心理上的挑战。短短的一个月时间真的是让我在人类学的田野里"游泳"了一次。虽然做的是"文化变迁"的主题，但是在下田野之前，导师就交代一定要认真观察，多多接触，把自己每天看到，听到，想到和接触到的东西都记录下来，这次写东西用不上，将来可能就用上了（这也成为我后来做田野时一直坚持的原则，真正呈现在文本中的东西或许只是田野中实际记录十分之一都不到）。我就是带着这样事无巨细记录的任务走向陌生的田野。

人类学者大概都有着初次下田野的不知所措和无所适从，我当然也不例外。最初和村里的人是处于相互试探的阶段。村民对于我们是干什么的，为什么来到村里很好奇。而我对于村民的生活也是摸不着头脑，处于一种非常混乱的状态，一直无法进入到"田野"当中。咨询师兄师姐，他们都笑话说先在村里晃荡，等晃荡到大家习惯你的存在了就好了。于是我真是每天都在阴雨寒冷的冬日里到处晃荡，看到人就笑着打招呼，不闲聊，但让大家知道我的存在。这种僵局一直持续到第十天的晚上——当地村支书请我们吃饭才被打破。村支书说通过他们的观察，觉得我们不是坏人，确实只是来做调查的，刚开始他们还很担心我们是不是来调查村里木材砍伐的记者。这顿饭之后，自己和村民之间突然有了一种打开天窗说亮话的感觉，之后的田野都比较顺利。

这次寒假田野最深的感受就是田野的引路人和守门人（gate keeper）是谁非常重要。作为人类学田野中的守门人，直接影响了后续的调查。他们作为社区中的能人，不仅仅打开了大门，同时也是主要的信息提供者。这次的经历在此后的多次田野调查中都给了我很多的启发，成为后来田野的范本，后来的步骤都是这次的复刻加修正。到了一个社区之后，我都会先观察，找到潜在的守门人，再慢慢进入田野的状态。

三、在家门口做陌生人的研究：博士论文田野与写作

荷兰莱顿大学的 Frank Piek 教授在其 2012 年发表关于中国移民的文章中指出，中国未来将会成为世界移民研究很重要的一个国家，如果忽略中国而去讨论全球人口流动是有所欠缺的。[1] 然而，中国作为非传统移民接收国，不管是政府还是普通的民众，并未做好充分的准备。在读博士之前我并未意识到这一点，而我在香港科技大学的硕士导师 Barry Sautman 早已经看到了这样一个情况。在读硕士期间的一个暑假，我作为他的研究助理帮他整理关于在非华人是如何在网络上表达他们在非洲的生活和对非洲人的感受和看法。我的工作内容就是搜索他们发表在论坛、个人微博和博客的相关内容，然后根据不同的关键词整理成 Excel 表格发给导师。在整理的过程中，他每个星期都会和我见面聊一聊，不仅是我搜集到的内容的讨论，他也会跟我介绍他自己看到或听到关于在非华人的一些情况和最新的文章。在一次像往常的见面汇报中，导师突然说，要不你博士论文就做来华非洲人吧。但是你不要做像广州这样的大城市，你做义乌的吧。将来这些小城市的非洲人会越来越多，但是这些城市无论是对外国人管理上还是普通民众日常交往都还没有做好准备（他说这话时，Frank Piek 还未发表他关于中国移民的文章）。而当时的我还没有做好继续读博士的准备，因为自己已经读了两个硕士学位，想要尝试一下学术之外的生活，很想接触学术之外的世界，所以也没有接导师的话茬，就打哈哈过去了。

我依然按照自己的节奏生活，但是导师似乎对于我读博的事情很上心，经

---

[1] Frank Piek. Immigrant China, *Modern China*, 2012, vol. 38, no. 1, pp. 40–77.

常和我分享关于移民的文章和会议以及世界各个大学博士奖学金信息。在导师这样"潜移默化"之下，我于2014年着手开始申请博士项目。第一年申请博士项目时，我选择继续申请硕士导师，可惜因为他已经到了退休年龄，我没有被录取。当时我也没有当回事，所以就继续第二年的申请。第二年申请了新加坡南洋理工和澳大利亚国立大学，两个学校都录取了我。因为自己没有体验过南半球的生活，所以最后选择了去澳洲读书。

我当时申请的博士项目是做义乌的非洲人。当时陈述的理由是广州的非洲人已经有很多研究者关注，但是作为小城市的义乌还没有受到学者的关注，最多也是作为在华非洲人暂时停留的城市被提及，但是义乌作为亚洲最大的小商品市场正在吸引着越来越多的非洲人聚集，就如 Frank Piek 所说，义乌是没有经验的城市。所以义乌的外国人现状将会是未来中国一些城市都会面临和需要解决的。

在没有下到田野之前我一直坚信自己会做义乌的非洲人研究。然而，到了义乌之后，无论是走在街上，还是在商场里闲逛，都能遇见很多来自中东和北非的阿拉伯商人，于是，我就动了想要改做阿拉伯人的研究。而在我到达义乌十天之后，我当时的导师 Andrew Kipnis 刚好到义乌来看我的田野点。他在义乌待了两天后也觉得在义乌阿拉伯商人的影响在直观上比非洲商人更强些。而且当时对于来华阿拉伯商人的关注也并未引起国内外学者的很多关注，他认为是个值得做的领域。于是，我就开始把研究对象从非洲商人转向了阿拉伯商人。但是，从2015年11月到2016年12月的博士田野并非顺利，也是一次"游泳"的过程。

（一）在一个全都是监控的埃及人公司上班

虽然我做的是阿拉伯人的研究，但田野的开始阶段我并没有直接接触他们的机会，而是待在国际商贸城叔叔的店里，说好听点是看店，实际上是在不同的店面晃荡、闲聊。来自叙利亚的默罕默德是我在义乌近距离接触的第一位阿拉伯人，这已经是我到了义乌一个多月后的事情了。但我们一开始并没有建立很好的关系。默罕默德和我叔叔有着十几年的合作关系，算是老朋友。亲戚介绍说我想了解阿拉伯人在义乌的生活，也想看看他们是怎么做生意的，而且愿意在他们开的公司里无偿帮忙做些事情。默罕默德觉得自己虽然在中国待了很多年，但是在自己的群体里影响并不大，所以就把我介绍给另一个他认为有影响力的人——埃及商人萨姆。但是萨姆也拒绝了我，他公司里已经有四位员工了，公司生意又不好，2015年接近年底了，不会有什么客人来中国下订单，我待在他的公司里并不能学到什么东西，最后他又把我介绍到了另一位埃及商人萨米尔的公司上班。萨米尔是2000年到的义乌，他曾做过好几届的商会会长。在电话中我告知萨米尔我的意图，他毫不犹豫地就答应了我的请求，叫我第二天就到他的公司上班。

萨米尔50岁出头，满脸的络腮胡，由于长期吸烟和熬夜的缘故，满嘴的黄牙配上通红的眼睛，让我有种见到了神话故事中邪恶的恶魔的感觉。我跟他介绍了自己想做的研究，希望能得到帮助以及自己希望能为他做点什么。他很欢迎我到他的公司学习，说我算是找对了人，他了解义乌的一切，认识所有的埃及人，跟当地的政府以及本国的大使馆关系都非常良好（后来我才知道，他的话大部分都是吹牛）。他说只要我都听他的，他保证能让我在3个月之内熟悉所有的外贸流程并且成为一名优秀的员工。之后，他叫他的员工把我领到了隔壁的办公室，把靠窗的位置分配给我，并允许我使用办公室那台1998年买的最老的电脑。

在办公室安顿下来之后，我试图和同办公室里的另外两个女孩子交流，但是她们极其冷漠，稍微看了我一眼算是对我打招呼和自我介绍做出一个回应。我自我安慰说，她们估计是不愿意我打扰她们的生活，并且害怕自己有可能成为研究对象吧。但事实上是萨米尔的"办公室政策"惹的祸，他在办公室的门口、走廊，以及每个房间都装了监控，理由是防止公司被盗窃，实际是对员工的一种监视，他规定员工之间不能在上班时间进行任何交流，并且不能同时离开办公室出去吃饭或回家。

刚开始的两个星期，萨米尔不需要我干任何事情，唯一需要做的就是每天早上到办公室给他泡上一杯红茶。除了泡茶外，其他时间我都是无所事事地在办公室里闲坐，或看看书，或学学阿拉伯语。这种情况一直持续到第十五天——萨米尔叫我和其中一个叫Carol的员工去仓库收货。这一次，我为自己能真正地接触"外贸业务"而兴奋不已。可实际情况是，这次的收货成了Carol对萨米尔的控诉会。因为平时在办公室我们不能随便聊天，在仓库就无所顾忌了。Carol历数了"老头"（办公室员工私底下对萨米尔的称呼）的种种

"罪状"：色，小气，贪财以及等级观念森严。

在萨米尔的公司无所事事待了1个月之后，我基本上熟悉了外贸流程和一个外贸公司的日常运作，于是离开了他的公司，流连在阿拉伯商人聚集的咖啡厅和饭店。我的研究对象是一个流动的群体，所以随着他们一起流动成了我田野的常态。我跟随他们到过广州、宁波、绍兴等城市。这不仅仅可以看到他们在中国的整个商贸网络的建立，同时也可以窥视到他们在整个流动过程当中是如何协调中国和阿拉伯文化之间不同的处理商业的方式和手段。

作为女性学者，性别也是我关注的一部分。我接触的阿拉伯商人基本上都是男性，这和他们本身的文化（男性作为商业主体）有关。我所能接触到的主要还是和阿拉伯商人通婚的中国女性。后来成为我博士论文很重要的章节，也是我的论文评委们高度评价的一个章节。这不仅仅因为群体接触的难度，更为重要的是，我从私人空间看到了阿拉伯商人在中国的生活状态。但是，整个博士论文的田野也充满了很多的禁忌和趣味性，记录在此，也希望给后来从事同类研究的学者有所借鉴。

（二）田野中"需要谨慎的事"：商业秘密、女人、宗教

在自己觉得已经把外贸的流程了解得差不多的时候，我离开了萨米尔的公司，之后再也没有在哪家公司持续待上几个月，都是一两周一两周地待着，更多的时候是在咖啡馆里，饭店里，或者跟着阿拉伯商人跑市场，跑工厂，"跟着他们跑"这个过程相当艰难。他们对于货源及价格的保密工作做得相当好，有些时候很担心我会和做同类商品的其他阿拉伯人透露货源和价格。比如小龙的爸爸在也门经营着一家销量排名第三的服装店，而中国是他们家服装店最主要的采购点（他们家也同时在印度、土耳其、韩国、日本等其他国家进货），小龙的工作就是在中国负责给他爸爸买货，从中赚1个点（总货款1%的费用）的中间费，而小龙的好朋友Memo的客户也是为也门做服装生意的采购商服务，而且和小龙的爸爸是在同一个城市萨那开店。虽然他们俩是好朋友，但是从来不会分享商业上的信息，也从来不过问对方订的是什么样的货，货源在哪里。我跟他们两个人都是朋友，而且和他们都一起跑过店面和工厂。但是最初他们两个人都是抗拒的，几次答应我带着我一起去，但是最后都是临时变卦，找各种借口爽约，在我保证不把双方的信息透露给对方的情况下，他们才

带着我跑店面。几个月之后，他们看我确实从来不在彼此面前谈论他们的生意才放心带着我去工厂。

在整个田野过程中，除了商业信息，阿拉伯商人也很怕我泄露关于他们妻子的事情。小龙给我的解释是，商业机密是他们的饭碗，是在中国待下去的理由。而作为他们家人的女人是他们最珍贵的财产，需要珍藏，不能和别人分享，即使是语言上的也不行。有一次阿迈德的太太邀请我到她家里去庆祝她儿子法德的生日。在生日的第二天我去咖啡馆，吃早饭时另一个也门人发哈姆问我昨晚是不是在阿迈德的家里给他儿子过生日，我说是的。他问我是否拍了照片，我说拍了很多。他就问我能否给他看一下，我说绝对不能，因为我拍的照片里有阿迈德的太太，绝对不能给他看的。我很快就忘了这件事，但我没有想到这样一次拒绝最后变成了我是个很值得信任的人这样的结果。发哈姆把我拒绝让他看照片的事情告诉了来咖啡馆的每一个人，每个听说这件事的人都觉得我做得非常好。后来想想都觉得后怕，万一我当时无所谓地把照片给发哈姆看了，是否会闯祸。但这件事给我的警示就是，从此之后我不会在我的报道人中分享任何敏感的信息。

我的研究对象都是穆斯林，他们中有很虔诚的教徒，也有来到中国之后不那么受教规约束的人，但是无论如何，这是整个田野中好奇而又非常小心翼翼地把握尺度的话题。有一次我甚至因为宗教问题差点和我的访谈对象决裂。阿德是我在田野中交往到的一个很好的朋友，他给了我很多的帮助。每次他们群体里有什么事发生而我又不在场，他都会告诉我，而我和一群人坐着聊天聊得忘乎所以的时候，他会不时提醒我这个对我的研究重要吗？需不需要记下来？他一直强调我是他的妹妹，但是我这样的关系竟然差点因为一次讨论而崩掉。

有一天晚饭后，我和抽着阿拉伯水烟的阿德东拉西扯地聊着天，我无意地问阿德他生意做得这么好，有没有什么技巧或者是经验可以和我分享的。他说不需要任何技巧，全都是托靠万能的安拉。我以半开玩笑半认真的口气跟他说，你不能这么说的，如果你天天坐在家里不动，或者天天坐在咖啡馆里抽水烟，安拉怎么可能靠得住，你自己的努力才是最重要的。我当时自认为这是一句好朋友之间可以开玩笑说的话，没有想到阿德听了我这番话后，气得满脸通红，呼吸都有点急促了。看到情势不对，我赶紧跟他说对不起，并且转移了他即将到香港去可以吃什么的话题。但是那天之后接连三天阿德都没有再来咖啡馆，我以为他出差了，要不然他是每天都会来咖啡馆抽上一管水烟和我闲扯一番。后来才知道他是为了避免和我碰面才不来咖啡馆。通过我们共同的好朋友苏坦才知道问题的严重性。苏坦问我是不是和阿德之间发生了什么不愉快的事情，我说没有啊，他大笑着说怎么会没有，阿德说了，如果我不是女孩子，又是他的好朋友，那天他绝对是要把我打倒在地的，因为我亵渎了至高无上的安拉。

一年的田野发生了很多事情，在各种情绪当中收获了很多东西，它不仅是个收集资料的过程，更是一个不断思考和重塑自己想法的过程。首先，一名女性研究者，当研究对象主要以男性为主的时候有利有弊。最主要的是性骚扰的问题，包括肢体上的骚扰和语言上的骚扰。就比如我在萨米尔公司上班，他会通过握手，有意无意的碰触来骚扰你。而另外一些人是通过语言的方式，他要追求你，让你做他的女朋友，直截了当地问你是不是喜欢外国男人，如果不是为什么不做中国男人的研究，一定要做外国男人的研究？也有单身男人深夜邀请我去他们的办公室或者家里。从这些方面来说，女性研究者是处于极其不利的地位。但是同时，女性也会有些便利，比如可以去到他们的家里和他们的太太聊天，可以和他们的太太一起出去烧烤，逛街，带孩子去游乐场。有时候我的男性研究对象也很愿意跟我分享他们认为不会跟其他人说的事情，因为我是女孩子。其次，在一个自己熟悉的场域里做异域文化的研究是否有不同。就如前面所说的，很多的亲戚和朋友在这个城市做生意，这个生意场所和他们做生意的手段我是熟悉的，但是，我的研究对象——阿拉伯商人，他们的生活和文化对于我来说是陌生而又遥远的。熟悉的场域给我的便利是我更容易接触到我的研究对象，我最初的报道人都是我亲戚或者朋友的客户，如果没有他们的搭桥牵线，我想我是很难接触到他们的。但是当我走近我的研究对象的生活之后，又有一种恍惚，我是在中国吗？这种陌生感和不熟悉感经常会让我产生一种错觉。整个田野过程总是在这种熟悉和陌生之间恍惚着，也正是在极大反差的情绪中，让我看到了彼此的生活和行为的差异。比如，中国的男性老板们在下班后更多的会去酒吧、KTV或者是聚众打麻将或打牌，而阿拉伯男人更多地会聚集在各种咖啡馆或者饭店里抽水烟聊天喝饮料。这就会让我看到他们不同的文化模式中的男人休闲和社会交往过程。

（三）博士论文写作

我的田野时间刚好1年，记录了几十万字的田野日记。说实话，在结束田野时，我对自己论文到底要写什么完全没有想法，要写的东西太多，但是没有一个脉络。所以田野结束回到澳洲后，我整整3个月都没有动笔写任何东西，每天的工作就是看书，整理田野笔记。因此也躲着不敢见导师。3个月没有收到我任何东西的导师按捺不住了，他发邮件问我到底在干什么？和他说了我的困惑和挣扎后，他叫我好好静下来反思一下，在整个田野以及现在的笔记当中最让我印象深刻和提及最多的是什么内容的东西。我先写出这章内容来，即使将来不能作为论文的其中一个章节，也将会是很好的一篇文章。如果一直停滞不前不提笔写的话，我是无法完成论文的。

和导师谈完之后，我花了好几天时间看田野笔记，回味之前的一些田野里的事情，最终发现"信用"是我在田野当中被提及最多的词。我第一天到国际商贸城逛店的时候，家里的亲戚就和我说，这些阿拉伯商人根本就没有信用观念，不值得信任。之后，在和阿拉伯商人接触过程中，也不断被提及信用关系的建立如何艰难。"信用"涉及了整个跨国贸易，甚至是日常的亲密关系也急需建立信用。而信用关系之所以如此重要和中国商人与阿拉伯商人之间的贸易形式——赊账模式有关，即阿拉伯商人在中国做生意并不是直接用现金支付，而是预付一定比例的定金（有时是货款的10%，有时是200元人民币）就可以从店面买走所需要的商品。剩余货款是否能够支付是基于不同的条件，比如是否能够顺利收到和卖完所有的货物，买货人和中间商的可信度等等。而这样的贸易方式最需要的是双方的信任。沿着这样的思路，我发现信用是贯穿整个田野的关键，也是阿拉伯商人的跨国商贸网络和日常生活至关重要的一个词，于是，我的博士论文就沿着这样的思路展开写作。所以我决定第一章先写阿拉伯商人和中国商人之间的贸易模式。

然而，当我真正开始写作的时候又遭遇了一个巨大的挑战——我的语言问题。我对自己的英文一直都很不自信，而我的两位主导一起做了15年的杂志主编，对英语有种近乎"洁癖"。也听之前的师兄说过因为英文不好，导师直接把他所写的章节扔到了地上。带着这种恐惧我真的不知道如何下笔。后来我硕士时期很要好的一位导师叫我不要怕，先写出来才是最重要的，不写出来永远都不是你的东西，写了才是属于你的东西。于是在这样的忐忑之下我就写了阿拉伯商人如何到中国来，市场如何开始有了赊账，赊账存在哪些问题，为什么这种模式可以在市场上存在？虽然谈的是一个信用的问题，实际上是一个低端、可取代性很强的市场所面临的问题。义乌的小商品一直以价格低廉取胜，但是这些随着中国劳务成本、土地价格、原材料价格的增加，成品价格最后也在一路攀升，那么，一直作为优势的低廉价格就无法实现，只能通过其他方式来挽回逐渐失去的市场价格优势，所以就会有这种看似无法实现的赊账模式的存在。

我自认为自己这一章节写得不错，于是就直接交给了导师。过于自信的后果就是又受到了一次巨大的打击。导师说语言根本就无法过关，连基本的要求都没有达到，更别说要比 native speaker 写得好。他觉得我的材料和逻辑都很好，就是语言上让人无法接受。听了他的评价之后，我很沮丧，语言似乎成了无法跨越的鸿沟，我感觉自己博士是要退学了，因为根本没法自信地写下去。幸好我论文委员会里有其他导师，另一位也是我的主导，Luigi Tomba，他看完我的第一章跟我聊的时候，他问我觉得这一章节有什么问题？我跟他说自己的语言是最大的问题，因为根本无法表达清楚自己的材料，说着说着我就哭了起来。他可能也没有遇到过这样的情况。等我平静下来之后，他跟我说，其实很多时候，作为非母语写作的人，都会觉得是语言的问题，实际上是逻辑的问题，你的逻辑还没有好到能够说服自己和读者，你所写的东西还未能让人忽视你的语言问题，所以就归结为是语言问题。他说语言确实很重要，但是当你的思路非常清晰，内容结构非常严谨，你觉得自己的故事是非常有说服力的时候，你会觉得语言是可以叫人修改、润色。但是你的故事是无法叫人润色，所以最后还是要回到你需要讲一个什么样的故事的问题。更为重要的是，语言是可以通过不断的阅读和写作来提高，但是作为一个写作者的逻辑是很难一下子得到提升。和 Luigi 聊完之后，我又停下来好几个月没有写任何东西，把自己的整个章节，以及整个论文想要写的东西再思考一遍，是否能够说服我自己，是否能够说服读者。有时候碰到我英文真的无法表达清楚的，我就先用中文写出来，看中文写的时候自己是否顺畅，因为这是我的母语，如果连母语都表达不顺畅，那么根本就不是语言的问题，而是我自己根本不知道要怎么讲好这个"故事"的问题。经历了第一章的痛苦之后，后面的写作还比较顺利，因为知道自己想要写什么,也知道该如何更好地去把事情讲清楚。

整个博士论文写作的过程其实就是一个自我肯定和自我否定又自我肯定的过程。即使是论文外审拿到了不错的结果的时候,我对于自己所写作的东西依然是不自信的,觉得自己仍然没有讲好自己想要讲的"故事"。也没有在自己的论文当中呈现出田野当中刺激和触动我的很多东西。只能说路漫漫,抓紧机会把博士论文当中未呈现的东西写出来,给自己和调查对象都有个交代。

四、未来的路

进入人类学行业已经有十多年的时间,看着身边曾经一起求学的伙伴很多已经有了非常出色的成果,取得了很多的成就,自己依然还是没有什么可以拿得出的作品,偶尔会非常沮丧。但是,就如我的研究一样,一直关注边缘群体,从边疆的少数民族文化变迁,到他们流动到城市之后如何融入城市生活的同时又保持自己特有的文化,到来华外国商人的日常生活,自己也一直是处于这样一种学术边缘的状态,也一直在流动,在寻找"融入"的机会。这种融入不仅是一种学术共同体的融入,更是自己心理上的一种自信和自我认可。在未来的时光里希望继续关注自己感兴趣的群体,虽然做不到为他们发声,但希望能够在学界留下一些东西以慰自己多年的学习。虽是微光,依然希望能够照亮前路。

我是一株行走的草

夏循祥

夏循祥,湖北监利人,人类学博士,中山大学社会学与人类学学院副教授、博士生导师。出版专著《权力的生成:香港市区重建的民族志》,译著(合译)《米德与萨摩亚人的成年》和多篇论文。

一、荒原

1995年7月,我以糟糕的学业结束了我的大学生活——糟糕到让我的大学同学都无法相信未来我会去攻读博士学位。但始终自以为是个读书人的我,在内心对自己发出了承诺:"五年之后重返校园。"本应去当中小学教师的我,由于对当教师心有担忧——自己都不是个好学生,怎么去教孩子?本应去当中小学教师的我,在国有企业武汉建工集团找到一份文职工作。大哥黄明儒那时已经在武汉大学读研读博,我经常去看望他。在珞珈山水间流连之际,我才明白自己有多么渴望校园生活,有多么渴望读书。他也一直鼓励我考研,我也被慢慢激起了雄心。然而那不明不白流走的五年,险些或者说已经把我变成了一个迟钝之人。我第一年的考研成绩惨不忍睹。2001年,我"二战"侥幸成功,进入当时尚隶属武汉大学法学院的社会学系(现在的武汉大学社会学院),跟随朱炳祥教授学习文化人类学。

二、珞珈山

在武大社会学系,在"社会人类学"方向招生的朱老师是少数派。第一次和朱老师聊天,我就表明了我想要继续攻读博士学位然后以某所校园终老一生的想法。这也让朱老师非常欣慰。朱老师交代我说,"读完100本书,你基本上可以毕业了;读完300本书,你应该可以读博了。"

我在武汉大学图书馆里翻到的第一本书就是浙江人民出版社的《萨摩亚人的成年》。本科学中文出身的我,特别喜欢这本书飘逸、清新的写作风格。而里面弥漫的青春期话题,让当时还年轻的我嗅到了很多的荷尔蒙气息,所以印象特别深刻。朱老师后来说:"人类学民族志的书写和叙事,对文字功底的要求都很高。你本科学中文,然后来研究人类学,简直太好不过了。"我写的第一篇人类学的课程作业就是农村女孩跳橡皮筋歌谣的内容分析，朱老师给了很高的分数，而我也从此就以为自己是个不错的人类学者候选人了。朱老师当时拿到国家社科的资助，我理所当然地以他的课题为选题。朱老师为我提供了十分详细的访谈提纲，我去到黄陂区的屏风村做调查就可以了。2002年暑假，我有幸在现场全程跟踪了当年的村民选举，并以此为窗口，写出了让朱老师基本满意的硕士论文。

大学时代，我算不上是个好学生。但在读硕士期间，我读书还是非常认真的。比如在刘祖云教授的《原著选读》课程上，我选读了费老的《乡土中国》，着重选取了"无讼"概念进行讨论，写出了2万多字的读书报告。后来，我结合自己的田野调查经验，在这篇读书报告的基础上写出了两篇论文，都获得了发表。后来我又写出了《屏风村龙灯文化变迁中的国家与社会》，并经由朱老师修改后也联署发表了。算下来，我读硕士期间发表了5篇正式论文——以至于我后来工作多年达不到"每年一篇发表"标准的时候，经常以此自嘲或自励。

然而，我硕士毕业时，社会学系还没有单独的博士生招考资格——导师们要在法学院的法学专业下面进行招生，朱老师也还没获得博导资格。因此我毕业只能报考外校。我在国企工作期间，有幸在办公室见过高丙中老师，于是找担任过我的领导的沈烈风先生写了一封非学术的私人推荐信，去找高老师"拉关系"。高老师和蔼可亲地接待了我这个湖北老乡和湖北大学中文系的"小学弟"，并鼓励我好好考试。2003年冬天，我在北大租住了一个月，跟听人类学专业的研究生课程，并报名参加了北大的考博英语培训班。然而，第一年考博因为过线人数太多，我连面试资格都不曾获得！2004年从武大毕业时，有家广东的地方高校愿意聘用我，但在征求朱老师意见后我决定放弃。朱老师告诉我，他已经获得博导资格，社会学专业也能够单独招收博士生了；如果我能够通过考试关，他肯定录取我。2004年暑假，我跟随去深圳打临时工的女朋友南下，也找到了一份私企秘书的工作，一边工作一边准备"二战"。2005年3月，我辞了职专心备考。我对第一年过线却没有面试资格也很不服气，于是在朱老师向我"打包票"的情况下再次报了北大。也很奇怪，可能是工夫到了，也可能是效率高了，我在两边都考上了所报考导师的第一名。朱老师知道我也能上北大后特地找我聊了好几回，以他自身的经历来鼓励我，并殷切地希望我能够留在武大跟他学习。然而，我还是"背叛"了他，选择了自从读文科之后就念念想想的北京大学，跟随高丙中老师学习。回想起这一点，我总觉得特别对不起朱老师。

三、未名湖畔

2005年暑假，还未入学，我就和高老师一行前去内蒙古阿拉善地区进行生态环境的调查。这次调查以及其后的写作，也成了我后续在生态人类学研究、教学的一部分。

北大社会学系的硕士生和博士生是一起上课的，课程也都采取seminar的形式。每位老师的课上，总是会读很多很多的书，还包括不少成本的英文著作，很多理论也都是我之前不曾接触过的。我感觉压力很大，毕竟与那些年轻许多、出身也好很多的同学们相比，我底子显得特别薄弱。但我觉得自己最大的优点就是从不畏难，学习目的很明确，学习动力也很充足，学习方法也算得当。我尽可能地克服语言能力不足与基础薄弱问题，尽量跟上同学们的节奏，最终坚持下来了。北大的入学考试，我的英语居然鬼使神差地考了个免修。但我的英语确实不好——口语到现在也很不好。好几位老师都推荐 The Age of Wild Ghosts 这本书，我用三天的时间翻着词典啃完了这本书。虽然对我而言，理论和语言依然有些晦涩，但这是我第一次成本地阅读英文著作，阅读体验非常好，以至于我后来又多次带领学生阅读这本书。

当时国内的译著尚未像现在如此遍地开花。北京大学人类学专业毕业的博士生（甚至很多硕士生），似乎都要独立或参与一本人类学著作的翻译才能出门。我也不例外。高老师可能知道我的英语并不好，人类学功底也浅，以"版权快到期了"的理由，劝说我重新翻译相对薄、背景相对简单一些的《玛格丽特·米德与萨摩亚——一个人类学神话的形成与破灭》。我有些无奈地接受了这个任务。翻译一般都有试译这个阶段。大概一个月后，商务印书馆的李霞师姐要试译稿的时候，我给出的2000字译稿是很糟糕的——因为我那时疲于课程，基本上没有在上面花工夫。李霞师姐因此对我是否能够完成该书的翻译表示了严重的担忧。高老师很生气，在电话里批评我说："你看你翻译的这是什么玩意儿！我只知道你英文不好，没想到中文也不好。"我也无力辩解，表示要退出翻译任务。可能也实在找不到别的译者了吧，高老师还是让我继续，但为了保证翻译质量，他协调了北大本科出身的硕士生师弟徐豪加入。我和徐豪的分工是，他翻译弗里曼逐章反驳米德的第八章至第十八章，其余的我来翻译，然后我来校对全书。2006 年 4 月，我们俩完成了初稿，然后在 8 月去香港中文大学联合培养之前，向李霞师姐递交了第一次的全文校对稿。2007 年 3 月，我再次完成了最后的校对。这本书于 2008 年 11 月正式出版前，李霞师姐问我要不要写个译者说明。我想了想，因为不知道翻译会被如何评价，决定不写任何文字。前几年，在翻阅了豆瓣读书频道对该书的评价后，我觉得我的翻译初体验并不算差。

四、山海之间

致力于倡导海外民族志的高老师偶然提过一次，可能有机会派我去非洲进行田野调查。所以我博士一年级时选修了法语，每周四节课，我去听两遍，准备成为第一个开赴非洲进行人类学研究的中国学生。但机缘巧合，高老师在和香港中文大学社会学系陈健民老师商量之后，让我申请了"北京大学—香港中文大学联合培养研究生项目"，于 2006 年 8 月进入香港中文大学社会学系博士班学习——据说我是两所学校第一个参与此项目的文科生，期望我在 2 年时间内利用学生身份完成一个香港社区的调查。2006 年 10 月至 2010 年 3 月期间，在陈老师的建议下，我"断断续续"地在香港进行着田野调查，并在此基础上完成了博士论文写作。研究对象是发生在香港岛湾仔区一个有关市区重建（即城市拆迁）的居民社会运动。

进入田野之前，我通过短时间高强度地观看粤语学习音像资料，并参加中大的粤语培训班，能够听懂一半以上的港式粤语并进行简单会话。通过旁听一些粤语讲授的课程，我慢慢地了解香港社会并提高了粤语的听说水准。进入田野后，我一直尽量用我蹩脚的粤语来与街坊们交流和沟通。遇到非常本土的方言词汇，我也会向街坊们求教。他们也以教我为乐。香港实行"两文三语"教育。香港居民基本上都能听懂普通话，并习惯会话中夹杂一些英文单词。对于具有中文专业背景和一定英文水准的我来说，和他们的交流基本上没有障碍。

通过几次出席居民会议，我给街坊们留下了认真、真诚的个人形象。2007年1月初，位于湾仔石水渠街的圣雅各福群会负责利东街重建项目的社工震音介绍我进入H15关注组的每周例会。我向街坊们介绍了自己的学科背景和个人背景，表达了长期跟随他们进行活动和行动的愿望，也表明了写作博士论文的目的。他们对我这个大陆人来研究香港的社区运动表现出相当大的兴趣，并一致同意接受我参加他们的例会。关注组有不少受过高等教育的人士，如北京长大的维怡还可以充当"翻译"。这样，从2007年1月4日起，我每周三晚7点（有时候一周多次，2008年后因部分成员的时间要求而改为每周四晚）都会参加H15关注组在圣雅各福群会7楼会议室（2008年6月后会议地点改为关注组租用的办公室）举行的例会，并参加他们不定期组织或参与的各种活动与行动，如利东街节、重建区居民游行等。长期的联系和互动中，由于"友善的局外人"形象，街坊们基本上将我当成一个支持者；到后来更是将我当成关注组的一名正式成员，一个"内部人"，对内对外活动的所有计划、策略的讨论与争执，都没有避开我，行动时也会将我包括在分工中。街坊们也会介绍我以关注组成员的身份出席一些场合，如蓝屋项目在城规会上的申述。每次活动或行动，我都尽可能地进行录音、照相和记录，掌握了大量的一手材料。每次回到宿舍，我都尽量再听一次当天的录音，做一些关键信息的记录。通过发达的资讯系统，我获得了大量的二手研究资料：一是来自香港的大众媒体，包括官方的网站和宪报、各类商业媒体和网站、各种公开出版物；二是我同H15关注组及义工、其他组织的电子邮件往来，以及从博客等各种小众媒体（alternative media）中获得的资料。

头两年，我以全日制研究生的身份从香港中文大学领取全额奖学金——这也是我田野调查的资金来源，因此必须与其他博士研究生一样按期完成所有课程并获得B+以上成绩，再完成两门博士资格考试，提交开题报告并通过答辩。除此之外，我必须要完成奖学金所要求的每周12小时的助理工作。因此我一直在以利东街为主的"田野点"和中大之间奔波，不仅"搭地铁去田野"，而且是个"兼职的"田野作业者。2008年7—9月，我在H15关注组位于湾仔的办公室里住了一段时间，继续参与关注组的各种行动，并通过回顾关注组以往的资料、观察湾仔街头不同时段的居民活动，以及与关注组成员的一些共同生活环节（如喝茶、吃饭、闲聊）和工作来获取更多的经验材料，使各种资料更具社区感。我还通过关注组所进行的乐施会扶贫项目工作，对利东街项目的受影响者进行了一些参与观察和深度访谈。每次和街坊们行动结束后又无处可去时，我常常一个人在湾仔街头漫步，去体验香港。

2008年9月后，我按照联合培养计划返回北京大学进行毕业论文的写作，通过电子邮件来获得后续资料。但由于写不出论文，我又于2009年8月至2010年3月期间，在香港中文大学亚太研究所公民社会研究中心从事兼职研究助理工作。每天我都会和10多位年轻同事在午餐的时候进行讨论，以便能更多地了解社会运动领域之外的香港人对政治和时事的一些看法。他们帮助我解决了一些资料问题，也提出了很好的建议。其间，我继续参加H15关注组的一些活动和会议，如接待来自内地的访问团、市区重建策略检讨工作坊、年终总结会等。

五、从田野到论文

我本意是希望能够在香港选择某一社区或者社团作为民族志研究对象，以"市民社会"及其相关理论为研究框架，通过陈述社区或社团生活世界与政治世界的结构，指出它们不同的各个方面如何内在地联系在一起并构成一个一致的整体。在此基础上，该民族志能够为大陆的公共政治和社会发展提供有益的借鉴。在陈老师眼中，我是两个学校不同专业联合培养的第一位博士研究生，"一方面要满足北大人类学专业的期望，做出地道、细腻、具反思性的民族志研究。另一方面要应付中大对分析框架和方法论的严格要求，必须提炼个案的理论意义"。因此，如何获得一个有意义而且值得研究的问题或概念，使在训练相对粗放的国内人类学专业成长起来的我，对田野作业始终怀有深深的自我警惕与焦虑。

以往的乡村田野作业的经验，督促着我几乎本能地积极地"做"田野。用研究对象的话来说，那就是"净做咯"，才有可能克服这些焦虑。因此我尽可能地去进行一手资料的收集与理解。在获得有意义的问题和理论框架之前，我尽可能地按照各种思路来整理材料，在梳理和分析中让材料自己说话；坚持写作，在写作中让思考本身显现解释的深度。

首先，我以市建局、湾仔、利东街、天星码头、皇后码头等为关键词收集和整理各类信息，并综合政府公报、报纸新闻和个人田野笔记，写成了10万余字的"利东街运动田野报告"，以历史的脉络来比较完整地展示了1998年以来与利东街有关的香港事件。初稿完成之后，我还请关注组义工和街坊进行了阅读并提出相关意见，并以事实为基础、以学术为目的地进行了适当的修改。

其次，我尽可能地逼迫自己围绕每一个小主题来写文章。我曾分别以公共领域、社会运动、公民社会、社会表演等为核心概念来整理文献综述和田野材料，总计在50万字以上。《海外民族志与中国社会科学》（谢立中，2010）组稿时，我以"一个公民社团的诞生、发展与延续"为题基本介绍了H15关注组的历史、行动机制与网络机制（夏循祥，2010）。后来，这篇文章扩充、修改为毕业论文中的三个章节。台湾某高校曾经发出一个有关"公民教育"的会议征文，我便以"论公共参与作为一种公民教育"为题介绍了关注组的工作，后来也得以修改发表，并成为论文的一小部分。这些文本都能够督促我从不同角度去思索那个能够决定解释深度的关键性问题，也成了支撑博士论文的水面下的冰山。

长时间的浸淫与思考，总会让人找到灵感。2010年3月，"无权者（即普通老百姓）之权力"这一曾经被我放弃过的概念，在阅读《斯瓦特巴坦人的政治过程》中与"生成性的"（generative）这个分析性概念一起跳出来，合成了"社区里如何生长出权力"这样一个问题。由此，我提出"权力是生成性的"这一新观点，即权力的获得是一个不断生长的过程。而"无权者之权力的生长"既能从"无权者之权力"这一社会理论概念来谈社会运动，又能从过程人类学的角度来谈"权力的生成"。围绕着权力生成（生长）这一概念，我构建起民族志的基本研究框架，分析了权力生成的一般前提和原则，并具体展示了利东街居民组织权力生长的机遇与限制、权力生长的社会戏剧（过程），分析了权力生长的组织机制、行动机制、网络机制和生长途径，并讨论了权力生成之后与既有权力形成的政治生态及其功能。而"对抗性的合作"这一概念能够使研究跳出抗争模式来讲社会运动，能够为国内公共政治带来有益的启示。

2010年6月，我以《论无权者之权力的生成——香港城市拆迁的民族志》为题通过了北京大学人类学专业博士毕业论文答辩。2010年9月，我按照中大社会学专业的要求进一步修改了论文，并于10月以《论无权者之权力的生成——香港市区重建的政治社会学考察》通过该校毕业论文答辩。答辩后，香港的几位老师也都认为我已经成为香港市区重建的研究专家，应该更加自信一些。但我依然因为田野作业时期的种种困惑和焦虑而处于严重不自信的状态。我偶然看到台湾政治大学出版社首届"思源人文社会科学博士论文奖（2011）"设立的公告，便抱着试试看的态度按规定进行了申报。该奖设9个"学门"，各学门评选首奖和优等奖两名。首届总共有92篇论文申请，其中申报社会学门的有17篇。2011年，我正受到踢球时手腕骨折的疼痛与不便的折磨，论文获得社会门优等奖的消息传来，才让始终不自信的我确信，我用一个还算不错的民族志文本挽救了长期被我视为"失败"的田野作业。在博士论文基础上修改出版的专著《权力的生成：香港市区重建的民族志》虽然直到2017年才得以出版，但出版当年即三次印刷，并于此后荣获社会科学文献出版社第九届"社科文献十大好书（2017）"、第四届"中国社会学会年度推荐十大好书（2018）"。

六、"资深青椒"

2011年，在麻国庆老师和周大鸣老师的帮助下，我来到了中山大学人类学系任教，从此驻扎在拥有100多年历史的马丁堂，算是初步实现了"择一所高校终老"的愿望。一晃，我已经从教10年，算是深刻地领会到什么是"教学相长"。

目前，我最有心得的教学，是在人类学民族志研究方法的课程。香港中文大学社会学系研究生班只有五门课程，但就有 Advanced social research、Advanced quantitative research、Advanced qualitative research 三门涉及方法。我虽然都"蒙混过关"，但方法论和学科专业界限等方面，一直存在着很多疑惑。鉴于此，我开设的第一门课就是《人类学与质性研究方法》，研读了不少的质性研究方法教材，试图补回从读研开始就缺乏真正理解的方法论课程。后来，我接管了《民族志研究方法》课程（起初与余成普合上），开始慢慢建立自己的课程体系。2017年和2018年，我还组织了两届《民族志方法教学》工作坊，与年轻的同行们一起学习、交流经验，提高教学技术，并努力使其成为艺术。

由于接受过社会学专业的训练，我成了一个理论与方法上的实用主义者，或者说"博爱主义者"，在专业差异方面没有太多的偏见。因此在理论援引、问题设计、概念分析方面，我都希望学生不要局限于人类学领域，有意识地督促学生向定量研究学习，进行定量研究和质性研究两种思路的结合。比如我经常提醒同学们对流传甚广的定量研究的相关表格进行研究和分析，处理好"从一般概念到操作化概念再到问卷设计"的细节，来促进人类学学生对概念框架和支撑性问题的思维训练，做好以质性研究方法为主的民族志研究。我始终认为，民族志研究方法是一门必须要在实践中寻找感觉的课程——你必须"做"田野，因此我的课都有很多作业。当然我尽量把这些作业布置得有趣一些，更有操作意义一些，要求他们回到中学生记叙文的状态来写自己（的田野故事）。

由于研究方法是一门基础课程，我必须以不断扩张的知识储备应对当代大学生越来越广泛的研究兴趣。此外，中大人类学系的教学队伍近几年愈来愈单薄，我不得不承担更多的新课程，不得不在新的领域进行基础性的学习和教学：陈华老师退休后，我开始独自承担原来和他合开的《生态人类学》。2016年，我接手研究生必修课程《中国人类学史》；2019年，我接手本科生必修课程《政治人类学》；2021年，《政治人类学》又被更换为《法律人类学》。一方面是为了应对这种不同领域的课程教学任务，一方面是主动进行有意识的串联，我开始围绕暑期田野实习来进行上述课程的教学规划，一是尽量与同事们联合，在多门课程中尽可能使用相同的阅读材料，促使学生们从不同角度精读人类学原著，进行不同角度的思考和深度分析；二是尽量督促学生在研究方面进行深耕，认认真真做好同一个主题或一个领域内的研究，而不是狗熊掰棒子，捡一个丢一个。通过带田野实习，向同事们学习和借鉴，我的教学经验不断增加，我已经告别最开始的惶惑不安，开始在做研究或者指导学生的过程中感到得心应手。学生们的反馈也算是差强人意。

七、慢生长

朱老师当年在挽留我的时候,为我讲述了他自己的人生历程。当朱老师说他自己是个"天生的人类学家",我当时只觉得他很可爱,但并未认真思考其中的真意。到现在教书以后,我开始慢慢地理解朱老师的这句话。或者说在第四个本命年头,我开始深深意识到,我自己也是一个"天生的"人类学家!我是农民的儿子,来自草根社会,经历过计划经济时代,在国有企业从事过思想政治工作,又在深圳私企部门担任过总经理秘书,算得上社会经历丰富,有助于培养"人类学的想象力",去思考当下的中国社会转型。比如,2009年起,我开始关注国内的垃圾焚烧、垃圾处理等问题,自2013年开始关注人与狗的关系问题。这两者现在都已经成为日常治理中的大问题,是学术界的热点。2013年在台湾访学期间,程瑜邀请我一起筹组医学人类学团队的时候,我也积极应允,并协助团队的教学任务。因为我觉得这必将成为人类学研究的热点——只是后来我不得不退出。

作为社会科学学者,我认为个体的成长无外乎阅读与调查。这也是我一直都在坚持的。我觉得自己最大的优点就是对学习和研究始终保持很强烈的兴趣,学术感觉很好。跨越人类学与社会学两个专业,使我能够在较短的时间内找到理论的突破点,能够迅速理解所阅读的理论,也能够迅速找到材料中所蕴含的力量,在概念框架的搭建方面也具备较强的能力。然而,繁杂的教学任务和烦琐的家庭任务,导致我最为欠缺的就是单个领域的研究和学习不够精深。学术感觉再好,也很难深入发展,因此发表一直寥寥。虽然也很享受"慢生活",但我也知道对于"不发表就出局"的青年教师来说,这是个很严重的问题。近几年,我一直都在云南省凤庆县的团山村、广东省的乐明村进行扎根,开始通过在同一地点的多次跟踪田野调查来夯实研究材料,并用以往积累的研究经验来打通理论和概念之间的关节,从而做好应该有的发表。

我遇到的几位导师,朱老师、高老师、陈老师的学问、人品皆属一流。我尚未得学问之真谛,但做学问、做老师的态度和方式或许已窥几分堂奥。我眼中的人类学,除了抽象的、晦涩的理论与问题,还要有"温度"——对全部生命都有着超越时空距离却不脱离实际的爱。无论是课堂教学,还是带学生做研究,我都敢说自己是一个好老师。我每给一个班级第一次上课都会介绍我的成长经历和学术之路，目的是为了鼓励大家：像我这么过去不够优秀的人都能够在中山大学立足，足以说明，只要努力，你们的成就将会更加巨大！但我也知道，我离优秀还差得远，离自己想要的高度也还差得很远——从教7年后我才评上副教授。我唯一的优势就在于我出身农村，浑身带着野草的韧性和旺盛的生命力，只要给我机会，我就能够在任意地方扎根，蔓延出一片自己的天地。

在路上，在期待之中，我是一株行走的草。

人类学观茶——我的学术历程

肖坤冰

肖坤冰,人类学博士,西南民族大学民族学与社会学学院、西南民族研究院副教授。出版有专著:《茶叶的流动——闽北山区的物质、空间与历史叙事(1644~1949)》《人行草木间——贵州久安古茶树的历史人类学考察》《人类学观茶》。

一、从民俗学到人类学的求学历程

我是在 2017 年被厦门大学人类学系录取,正式成为一名人类学博士生,师从彭兆荣教授。但要说对人类学产生兴趣,却是在成都的西南民族大学就读硕士期间逐渐形成的。

2014 年,我成为西南民族大学民俗学硕士学位点的学生,师从杨正文教授。当时西南民族大学的民俗学和民族学的两个硕士点的导师组几乎是重合的,两个专业经常在一起组织各种讲座、读书会等,学生之间的来往也非常频繁。除了西南民族大学的杨嘉铭、杨正文、张建世教授给我们授课以外,四川省民族研究所的李绍明教授和袁晓文教授、李锦教授也给我们授课。

虽然我们的专业是民俗学,但却开设了一门《人类学通论》的课程,由张建世老师授课,用的教材是庄孔韶教授主编的《人类学通论》[1]。我们这一届一共只有四个同学,大家都是初次接触到人类学,都觉得这门课特别难懂。因为人少,在课堂上每个人都免不了要被老师提问,上课的压力也很大。但张建世老师很有耐心,总是不厌其烦地给我们讲解,和我们一起进行讨论。这门课可以说为我慢慢开启了人类学的大门。在课堂之外,杨正文教授经常组织一些讲座,邀请一些人类学大家到学校举办讲座。现场聆听这些著书立说、主编教材的"大咖"们的讲座,总是让初入学界的我们感到无比兴奋。彭文斌老师虽然没有正式给我们授课,但他偶尔从加拿大回国时也在西南民族大学举办讲座。他还从国外带回英文资料,指导我阅读,指点我的硕士论文,对我的帮助也很大。那几年,西南民族大学民族学和民俗学两个点上的学生互动频繁,大家还自发一起举办读书会,展开对经典民族志的讨论。硕士期间,我还跟着杨正文教授到了贵州黔东南苗寨进行过田野考察,在跟随老师学习的过程中,逐渐对田野中观察到的一些现象产生了思考,逐渐培养出田野中的问题意识。可

---

[1] 庄孔韶:《人类学通论》,山西教育出版社,2003 年。

以说，西南民族大学民俗学专业三年的学习经历，为我打下了一定的人类学基础。特别是有幸遇到杨正文老师，将我从一个懵懵无知"混文凭"的学生逐渐引导上了人类学的"正道"。多年以后，当我回到西南民族大学工作时，当年的老师们依然给予我诸多帮助。蒋彬教授和杨正文教授，可以说在我工作以后再次成为我的"导师"，指点我的项目申请、如何进行教学等。

要感谢我的博导彭兆荣教授将我引入厦门大学。还记得到厦大报到时已过晚上8点，彭师得知我抵校后还和师母一同来寝室"探望"，看看我们住的宿舍条件如何。此情此景，恍若昨日。而事实上，厦大的博士宿舍条件太好了。不仅每个公寓有独立卫浴，如果运气好，楼层够高朝向刚好面对大海那就俨然成了"海景房"。在这座被称为"海上花园"的大学学习三年，不仅是视觉的盛宴，更是接触不同的学术风格和流派的知识融汇之地。我的博导彭兆荣教授为我们开设了一门遗产研究的课程。那几年，国内的遗产研究才刚刚发端，彭师在课堂上介绍国外最新的遗产研究动态和理论，和学生们在课堂上就国内遗产保护现状进行热烈讨论。不同于国内的遗产研究在当时还大多停留在现象介绍、资料整理和宣传保护必要性等方面，彭师介绍的大多为国外的"批判性遗产研究"（critical heritage studies），这种"思辨"的精神对我的学术研究影响至今。除了课堂上的学习之外，彭师还带我们参与过好几个项目，不仅走遍了福建省的东南西北，还通过彭师主持的"滇越铁路"项目走遍了云南省红河州，一直走到中越边界的河口。这让当时还没有过太多旅游经历的我大开眼界。田野中的点点滴滴更增加了我们的师徒情感。

除彭师以外，郭志超、石亦龙、宋平、余光弘、邓晓华教授也为博士生授课。郭老师的风趣幽默、石老师堪称闽南民俗文化活字典，传承着老厦大的风骨，影响着一批批的学生。

宋平老师和余光弘老师开设的课对我此后的研究影响甚大。宋老师从荷兰阿姆斯特丹大学取得博士学位，长得美而气质优雅，学术发言却又十分犀利，是学生心中的"女神"。宋老师为我们开设的课是有关"全球化"的，在她的课堂上我第一次接触到了白银帝国、轴心时代、资本主义大众文化研究等，事实上跟我后来对茶叶的全球贸易和茶叶消费文化的研究有很大关系。另外，宋老师上课的方式与众不同，常常是泡一壶闽南人最爱喝的铁观音，自带一些小点心与大家分享，在海风吹拂的教室里与学生们一边品茶一边讨论问题——

这恰好也是我现在经常与学生交流的方式。余光弘老师的课不是必修课，我是旁听去"蹭课"的。余老师允许蹭课，但蹭课也得遵守他定的规矩，即必须参加小组讨论问题。余老师自美国密西根大学获得博士学位，他的课是关于各种专题研究的介绍，布置的阅读材料大都是 Annual Review of Anthropology 上的综述文章。现在回想起来这门课像是为我打开了一个人类学的宝库，每个人都可以根据自己的兴趣爱好挑选某个具体的人类学分支领域。在"饮食人类学"这一专题上，余光弘老师挑选了 Sidney W. Mintz 的 The Anthropology of Food and Eating[1] 和 Ellen Messer 的 Anthropological Perspectives on Diet[2]。这两篇文章非常清晰地勾勒出了饮食人类学的发展脉络。我至今仍保留着当时阅读这两篇文章的笔记。

二、田野调"茶"，追溯武夷茶的流动

2007年10月，因为参加导师彭兆荣教授的一个有关海峡西岸文化遗产的课题，我和几位同门跟随导师先后在闽东霞浦、闽南漳州、闽西永定以及闽北的武夷山对当地的文化遗产资源进行田野考察。武夷山是我们此行考察的最后一站。也正是这次在武夷山的初步"踩点"，我跟彭师讨论了想以武夷茶作为我博士论文研究对象，得到了老师的肯定和支持。从此以武夷山为起点，我开启了十多年来的人类学田野调"茶"和观"茶"。

在武夷山短短几天时间里，我们考察了当地的几个主要文化遗产点。九曲溪丹山碧水的美景，山间禅院的暮鼓晨钟，似乎仍回荡着悠悠诵书声的宋代书院，粉墙黛瓦的古村落、静静躺在古窑址里的建盏残片……武夷山的文化遗产使我赞叹不已。它是那么安静质朴，也许只是一片断瓦、几块残砖、一面字迹模糊的摩崖……不声不响地在这深山中沉寂了几百年；然而它又是那么地厚重，随便推开一扇禅院的木门，随手捡起的一片建盏残片，背后就是一段惊

---

1 Mintz, Sidney W., and Christine M. Du Bois. "The anthropology of food and eating." *Annual review of anthropology* 31.1（2002）: 99–119.

2 Messer, Ellen. "Anthropological perspectives on diet." *Annual review of anthropology* 13.1（1984）: 205–249.

心动魄的历史。

1000年前,朱子理学从这里发源影响了整个亚洲,如今,这里又凭借着"世界自然与文化双遗产地"成为蜚声中外的旅游胜地,然而最引起我关注的还是武夷山那无处不在的"茶"。事实上,因为我的硕士论文做的是关于手工造纸的研究,因此我也想要延续自己已有一定基础的人类学物质文化研究。来到武夷山之前,我曾考虑过将云南普洱茶作为研究对象,因此当听到从武夷山回来的同学提到武夷茶曾漂洋过海远销英国和俄罗斯,已然十分好奇和心动。在武夷山那几天,无论是在度假区三姑卖茶的商铺里,还是在寻常人家的院子里,随处都能听到"亿达"(武夷山话"喝茶")的招呼声。只要是和武夷山人聚在一起,他们最爱的就是品茶,有时还要展开热烈的争论。作为一个外来者,若是对"茶"完全不懂,插不进话,是很难被当地人接受和认可的。而要想融入武夷山人的生活,最好的方式就是和他们一起喝茶聊天,倘使你还能说出一些茶的来历,能够和当地人聊聊"山场",他们则立马会对你刮目相看。可以说,武夷山的整个社会生活空间都是围绕着"茶"而运转起来的,即使是在当地的另一支柱产业——旅游业中,"茶"也是最核心的文化符号。为此,武夷山景区专门开辟了一条"大红袍"茶文化的旅游线路,而我对武夷茶产生研究兴趣,正是始于这"大红袍"之旅。在金秋的阳光里漫步于三坑两涧,景区管委会世界遗产监测中心的俞建安主任自豪地向我们介绍当地的茶文化,从"晚甘侯"到"石乳留香",从一树千金的"不知春"到半壁江山的"大红袍"……武夷茶的历史画卷在眼前渐次展开;而路上时常可以碰到的头戴斗笠、肩扛锄头的采茶工人又表明了这里的茶叶产制并不仅仅停留于过去的历史。

17世纪至19世纪的两三百年间,茶叶一直在东西方的交往中扮演着极为重要的角色。而武夷山就是近代早期西方社会最早饮用到的茶的源头。到19世纪以前,此地的茶叶主要有两条流通途径:一条通过陆上茶叶之路北上,经晋商之手,最终抵达俄罗斯的首都莫斯科;另一条则通过海上茶叶之路南下,最初由荷兰商人辗转贩卖,后来主要通过英属东印度公司抵达英法等欧洲国家。这恰好与我的研究兴趣——人类学视野下的"物的传记与世界过程"相吻合,我对武夷茶的"全球流动"(global flow)产生了强烈的研究兴趣。此行结束,回到厦门以后,我即决定将武夷茶的贸易与流通作为自己的研究对象。

没想到这一决定，确定了我此后整个学术生涯中的一条研究主线，成了同行与茶叶圈朋友眼中的"茶博士"。也正是沿着武夷茶的流动这一线索，我后来去了红茶飘香的英国访学，而在博士后研究期间，则进一步将田野考察延伸至19世纪中叶以后英国红茶的新的供应地——印度。

我在武夷山进行田野调查的时间主要集中在2008年和2009年。如果说在厦门的三年是无忧无虑的"未央歌"，那么在武夷山的田野调查经历则又是整个厦门三年求学期间最美的回忆。幽静的慈恩山庄、热热闹闹的天心村、似乎总在层层雾霭中的桐木村……被当地朋友带着去攀登"武夷最高处"三仰峰、一个接一个地方"探险"、喝茶、许多叫不出名字来的奇奇怪怪的岩茶……从稀里糊涂乱喝一气，到可以用"行话"和朋友们论茶。也是因为这样特殊的田野中的友谊，我现在虽居成都仍时常能喝到武夷山的朋友寄来的茶。2019年秋，我还曾作为BBC关于中国茶叶纪录片的中方顾问，与BBC的岩茶项目摄制组一起到武夷山进行拍摄，重新与我当年在田野中认识的田野报道人"同框"出镜。因此，就博士论文的写作而言，或许我在武夷山的田野算不上成功——因为大多数时光都浪费在与当地朋友的喝茶、吃饭、聊天、探茶山等"无意义"的活动中，但这些无心插柳而与武夷茶结下的缘分又何尝不是宝贵的人生经历？

2008年左右的武夷岩茶还没有今天这么高不可攀的身价，"金骏眉"的神话才刚刚开始，在我的主要田野调查点——武夷山天心岩茶村和武夷山桐木关，当地茶农们大多淳朴、热情待人。在武夷山，我非常幸运地得到了瑞泉岩茶厂的创始人黄贤义师父及金骏眉的创始人梁骏德师父的帮助和支持。虽然两位师父都是武夷山茶叶界的知名人物，两家茶厂现在都是茶界的知名品牌，但我第一次与他们打交道却都是纯属偶然的"误打误撞"，颇有些像武侠小说中的主角无意中拜了前辈高手学了绝世武功的幸运。

我称黄贤义师父为"老爹"——茶厂的员工、他带的徒弟、武夷山茶界的人都这么称呼他，可见黄老爹在当地的威望与口碑——这是一种尊称。记得大概是在天心村住了10来天以后的一个傍晚，晚饭后，我在村里溜达，路过"瑞泉岩茶厂"时隔着玻璃窗瞥见一位小哥正在里面操作——后来我和这位小杨师父也成为朋友，友谊持续至今，这是后话。小杨师父见我好奇打量，问我要不要进来看看。难得被人主动邀请参观，这么好的机会我自然不想错过。小杨于是引我进门，带我参观萎凋间、青间、焙间……逐一向我介绍岩茶的制作工序。在天心村居住的这些日子，虽然村民都很好打交道，但是这么热情地邀请参观，这么认真地讲解岩茶制作工序的茶厂却几乎没碰到过——况且我一望便知不是目标"客户"。聊到最后，小杨说他其实也才在学习做茶，如果我想了解得更多，明天他可以把我介绍给他师父，师父懂得更多。第二天，我如约来到茶厂，见到一位精神矍铄的老人——这是我第一次见到黄老爹。老爹出身岩茶世家，可谓一部武夷岩茶的活字典。此后，我常跟随老爹在武夷山寻访古迹、看茶山、做访谈……在一起喝茶一起吃饭的日常交流中，我不仅从老爹那里学到很多关于岩茶的知识，更佩服老爹为人处世的原则和经营品牌的理念。我们虽然从未有过师徒之名，但事实上他是引领我进入茶界的师父。可惜的是，黄老爹因为染上肺癌于去年疫情期间离世，我的第三本书《人类学观茶》[1]即在扉页上题有"献给黄贤义先生"。

在武夷山另一位对我帮助很大的茶人是金骏眉的创始人梁骏德师父，我在桐木村田野调查期间就住在梁师父家。2018年的夏天，我从武夷山市区搭上一辆面包车，第一次到了向往已久的桐木自然保护区。已经记不清楚是谁将我带到了梁师父家，下午一群人围着梁师父家的茶盘不停地泡茶、聊天，晚上一大桌人又一起吃饭喝酒。那时的金骏眉已经开始在市场上走俏了，因此梁家几乎每天都有慕名而来的客人。第一次"踩点"，我在桐木村的招待所住了两晚，和梁师父及其家人算是有了初次接触。从桐木回到武夷山城里后，我开始考虑去桐木村调查住在哪里的问题。桐木村唯一的一所村招待所一是条件比较差，二是对于学生而言长期居住也不算便宜。因此虽然觉得冒昧，我仍决定与梁师父联系试试。没想到很快得到了梁师父的回复——他的大孙子刚好进城里读书了，因此有一间房空出来，梁师父说我若是不嫌弃可以住下来——我自然是喜出望外。搬去梁师父家后，正是骏德茶厂的初创时期，资金有限、人员短缺，也没有考究的品茶室，偶尔来访的客人多，忙不过来的时候我还帮忙泡茶。和梁师父一家人也在一日三餐、吃饭喝茶中越来越熟悉，在此过程中我也了解到了桐木村的制茶史。最后离开时，梁师父不仅没有收我一分钱，反倒让我带了一些茶叶回学校喝。直到现在，我依然和梁师父一家人保持联系。这

---

[1] 肖坤冰：《人类学观茶》，民族出版社，2020年。

些无心插柳、细水长流的人情味大概才是我在田野中最大的收获吧。

三、牛津大学，从"大茶"到"小茶"

2013年4月，因为参加王铭铭教授在成都组织的"不同文明中的祭祀"国际学术工作坊（International Workshop on Sacrifice in Different Civilizations），我有幸认识了牛津大学的David Parkin教授。Parkin教授是牛津大学人类学所的第七任所长，在英国人类学界颇有影响力。我向Parkin教授表达了我想要申请访问学者的意愿，没想到Parkin教授非常热情地表示愿意帮助我。在他待在成都的几天时间里，他向我介绍了牛津大学人类学系及几个教授的研究方向。因为他自己已经退休了，不能再接收访问学者，根据我的研究方向，Parkin教授向我推荐了Elisabeth Hsu教授，同时也跟Hsu教授发邮件介绍了我的情况。就这样，经过大半年的准备、申请，我终于在2014年9月顺利来到了牛津进行了为期一年的访学。在牛津的一年中，我将关注17世纪以来的中国茶叶向西方的流动的宏观视角，逐渐延伸至更微观的个人在饮茶中的身体感受，以及品茶所涉及人、物与环境之间的关系，风土（terroir）与地景（landscape）之间的关系等。换言之，这是一段从"大茶"到"小茶"的转变。

David Parkin和Elisabeth Hsu两位教授在我访学期间给予了我很大的帮助和支持。我的合作导师Elisabeth Hsu是在医学人类学领域颇有造诣的一位学者，她父亲是中国人，博士论文的田野调查又是在云南昆明完成的，因此对中国学生有一种天然的亲切感。我旁听了她开设的"医学人类学"的硕士课程，对身体研究和感官人类学很感兴趣。但英国的冬天室内温暖如春，室外却刺骨地寒冷。要一大早起来听课对我而言有些挑战，再加上觉得自己反正是旁听的访问学者，并没有考试的压力，因此我有段时间直接放弃了没去。没想到却很快收到了Elisabeth发来的邮件，说她注意到我最近都没来听课，非常直接地问我是不是因为天气太冷了？我感到异常惭愧，此后也不好意思缺席了。"感官人类学"研究对我有较大的影响。我抽取了博士论文中的部分内容，从"感官人类学"的角度重写了英文版。两位教授都在仔细阅读后给了我非常详细的修改意见，David还花了很多时间更正我的英文。在此基础上，Elisabeth和我一起组织了在 2015 年春季学期（Hilary Term）的 ArgO-EMR Seminar（牛津大学东方医学和宗教人类学研究小组系列研讨会）[1]。除了我作为一个演讲者以外，我们还邀请了伦敦大学亚非研究院的 Kristin Surak、牛津大学的 Merlin Willcox，以及剑桥大学的 Alan Macfarlane 围绕着"品茶与养生"的主题举办了四次讲座。在我的讲座结束之后，针对互动环节听众的反馈，以及 David 和 Elisabeth 给我的建议，我又进行了多轮修改。这篇文章最终发表在 *Journal of Material Culture*[2] 上，这对于我的科研生涯是一个很大的鼓励。

在这座"梦幻的尖塔之城"（city of dreaming spires），我度过了一年的美好时光。自中世纪就高高耸立在此的哥特式建筑、烛光摇曳的正式晚宴（formal diner）、钱锺书笔下的"饱蠹楼"（Bodleian Library）、让人心生敬畏的万灵学院（All Souls College）、泰晤士河的波光倒影及阵阵教堂钟声……电影《哈利·波特》里的场景在这里成为现实。

牛津大学最为有名的当然还有它的贵族传统，formal diner 即在培养绅士淑女的社交礼仪。而追踪茶叶在西方社会的影响，牛津自然也成为我感受英式下午茶的理想之地。至今还记得，David 第一次邀请我去万灵学院下午茶时的那种"震撼"：闪闪发亮的两把银茶壶里盛放着两种不同的红茶、同样银质的糖罐、奶罐、印有学院徽章的茶杯茶碟，另一张桌上则摆放着各式下午茶糕点……当然在万灵学院的 common room 享用下午茶的优越感并不在仪式或者环境，而是每天下午 4 点钟，学院的教授们——来自各个领域的世界顶尖学者们在这里饮茶聊天、交流信息，这是收费再高的豪华酒店也无法比拟的。David 帮我倒上一杯茶，刚呷了一口，明显的烟熏味立刻让我意识到这正是我博士论文的研究对象——来自中国的正山小种！苍翠的武夷山、罗伯特·福琼的"盗茶"之旅、19 世纪横渡大西洋的飞剪船、公爵夫人在乌邦寺用茶打发下午的漫长时光……文本和现实都在此刻，在这一杯茶中交汇了。

---

[1] Tea-tasting and Well-Being, ArgO-EMR SeminarHilary Term 2015, https://www.isca.ox.ac.uk/argo-emr#tab-418981.

[2] Xiao, Kunbing. "The taste of tea: Material, embodied knowledge and environmental history in northern Fujian, China." *Journal of Material Culture* 22.1（2017）: 3-18.

四、上海纽约大学：环球亚洲视野下茶叶的流动

2016年夏天，印度作家阿米塔夫·高希（Amitav Ghosh）为宣传自己的小说"朱鹭号三部曲"中的第二部《烟河》[1]在中国的发行，在中国几个主要大城市进行了系列讲座和签售活动。《烟河》的故事背景为鸦片战争前夕的中国广州，与我已经出版的《茶叶的流动——闽北山区的物质、空间与历史叙事（1644—1949）》[2]的时代背景有一定重合性，因此我非常荣幸地被邀请为在成都的活动主持人。阿米塔夫·高希此次中国行的实际邀请组织方为上海纽约大学环球亚洲中心，故中心主任沈丹森（Tansen Sen）教授也作为系列活动的谈话嘉宾与高希一起在各大城市巡讲。在成都的活动现场方所，我第一次见到了阿米塔夫·高希与Tansen。当晚的讲座非常成功，听众也很热情。在活动结束以后的第二天，由我做向导，我们驱车去了离成都不远的世界遗产地都江堰。正是在这次都江堰之行中，我有机会向Tansen介绍了我关于茶叶贸易的相关研究，也相对有比较充裕的时间和两位"大牛"交流。

非常巧的是，阿米塔夫·高希在牛津大学人类学系拿到了博士学位。但在田野调查的过程中，他发现自己真正喜欢的可能是写小说。于是毕业以后放弃了继续做科研，而成了小说家。他的"非虚构小说"也是建立在田野调查基础之上的。事实上，通过阅读《烟河》，我的确找到了与我的研究相关的线索。那时我刚从牛津回来一年，因此我们还聊到了牛津人类学系的一些共同认识的教授。Tansen似乎非常喜欢我的茶叶研究题目。他向我推荐了几本和早期茶叶贸易有关的书，其中包括他的博导梅维恒（Victor H. Mair）的《茶的真实历史》（*The True History of Tea*）[3]。临别时，Tansen告诉我上海纽约大学环球亚洲中心每年都会招收一个中国籍的博士后，我明年可以试试。一年以后，我非常幸运地成了纽约大学与复旦大学的联合博士后，工作单位为上海纽约大学环球亚洲研究中心。

环球亚洲研究中心强调以全球化的视角去研究亚洲，比如历史上中国与亚

---

1 [印]阿米塔夫·高希：《烟河》，郭国良、李瑶译，人民文学出版社，2017年。

2 肖坤冰：《茶叶的流动——闽北山区的物质、空间与历史叙事（1644—1949）》，北京大学出版社，2013年。

3 Hoh, Erling, and Victor H. Mair. *The True History of Tea*. Thames & Hudson, 2009.

洲各国的交往和联系等。联系、比较和全球视角是该中心研究的关键词。我向来喜欢历史，硕士论文和博士论文都比较偏向历史人类学，但也一直深感由于缺乏科班的历史学训练，实际上已使我现在的研究受到掣肘。大部分中国学者对中国之外的历史其实知之甚少，尤其是中国之外的亚洲。因为我们现在生活的世界，包括在国际交流中占绝对统治地位的英语，都是最初以英国为中心，后来以美国生活方式为圭臬发展而来的一种现代化。在这一过程中，我们的衣食住行都已经在不知不觉间"西化"了，一旦到了欧洲和北美国家反倒并不觉得全然陌生，无非是去印证自己在中国消费过的品牌，通过媒体看到的形象。就好像不管有没有去过纽约，我们每个人通过好莱坞的电影和大众传媒已经对纽约城建立了一种"印象"，这是一种熟悉的"陌生"。而在2020年初，当我在距离中国更近、同属于亚洲的阿曼苏丹国旅行，眼前的沙漠和骆驼却比我曾经去过的最远的加拿大更为"异国"。对于在近代全球竞争中逐渐衰落的亚洲其他地区，我们反倒缺乏了解的欲望与"想象"，但我们的历史却是交织在一起的。

在上海纽约大学，我旁听了 Tansen 开设的全球史课程，自己的阅读兴趣也大多与全球史（或全球史视角下的亚洲）和物质文化研究有关。在"四季书评"2018 年春对我进行的一个读书采访中，我列出的书单包括 *The Paper Road* [1]，*Empire of Tea* [2]，*Empire of Cotton* [3]，*India，China and the world: A connected History* [4] 以及《极简亚洲千年史——当世界中心在亚洲（618—1521）》[5]。这些书单大概可以体现出我那时对全球亚洲史的热情。在博士后研究期间，我还参加拍摄了英国纪录片《白银帝国》。虽然纪录片的主角是 16 世纪以来白银在全球的流动，但在早期的中西贸易结构中，茶叶却是最大的"吸银"商品。我参与拍摄的中国外景地包括贵州雷山县——因为那里有极具视觉效果的苗族

1　Mueggler, Erik. *The Paper Road: Archive and experience in the botanical exploration of west China and Tibet*. Univ of California Press, 2011.

2　Ellis, Markman, Richard Coulton, and Matthew Mauger. *Empire of tea: The Asian leaf that conquered the world*. Reaktion books, 2015.

3　Beckert, Sven. *Empire of cotton: A global history*. Vintage, 2015.

4　Sen, Tansen. *India, China, and the world: A connected history*. Rowman & Littlefield, 2017.

5　［美］斯图亚特·戈登：《极简亚洲千年史——当世界中心在亚洲（618–1521）》，冯奕达译，湖南文艺出版社，2016年。

银饰。在过去几年的时间里，我曾多次到雷山县就苗族文化和旅游发展等进行田野调查，并在此拍摄了一部影视民族志《咱当苗年》，万万想不到有一天竟然是因为茶叶和这里再次发生联系。2019年秋，在英国伦敦的BBC办公大楼，当我与负责茶叶纪录片的部分人员见面交流时，又再次见到了当时在中国一起拍摄《白银帝国》的英方制片人。茶叶、鸦片与白银——这些看似不相关的物、包括我自己看似不相关的经历如果从一个较长的时间段，用全球的、联系的眼光来看，却总是通过多次"交换"发生着千丝万缕的联系。

在环球亚洲研究中心一年的博士后经历中，最为难忘的经历大概是2018年在印度新德里参加完AAS-IN-ASIA会议后，与几位中国和印度学者前往大吉岭的旅程。此次旅程中，我们访问了泰戈尔的故乡"寂静之乡"（Shantiniketan），参观了泰戈尔创办的国际大学，与国际大学中国学院的印度学者进行了交流。在加尔各答，19世纪殖民时代遗留下来的维多利亚风格的建筑、脏乱的贫民窟、华人区的人力三轮车使我联想到高希笔下的那段加尔各答的历史。当然，对我而言最大的收获是在大吉岭的"茶旅"。去之前我匆忙阅读了Sarah Besky的Darjeeling Distinction[1]，对大吉岭的茶庄园已经有了一个初步的认识。我知道大吉岭的茶工说的是尼泊尔语，虽然我们就住在当地最大的一个茶庄Chamong Tea Estate，但我并没指望能和茶工交流。事实上，我连我的印度朋友们和酒店服务员说的是些什么语言都不知道。孟加拉语、印地语、乌尔都语夹杂着尼泊尔语……当然还有英语——使我非常直观地感受到了大吉岭在历史上族群和政治的"复杂性"。与中国的茶店和茶厂相比，国内茶厂参观的最后也是最重要的一步——品茶和买茶——在这里却没有。当我们参观完茶叶加工车间，我满怀期待地想要试茶并买一些茶叶时，没想到接待人员宣告参观到此结束。在大吉岭镇上，我们的当地朋友兼导游带我去了镇上最考究的一家茶叶店——大概是专做外国人生意的店。店里的小哥给我介绍完各种茶类后，终于在我的要求下泡茶来试，而他使用的茶具竟然是高脚红酒杯——小哥解释说因为红酒杯便于观汤色、看上去高雅、客人喜欢。第一口大吉岭"头春茶"（first flush）入喉后，我怀疑小哥是不是搞错了，因为这对

---

[1] Besky, Sarah. *The Darjeeling distinction: Labor and justice on fair-trade tea plantations in India.* Vol. 47. Univ of California Press, 2014.

我而言不管是汤色还是味道，根本就是绿茶，而我对茶中香槟大吉岭的头春茶抱了太多美好想象。但小哥坚定地告诉我没错，这就是最好的头春茶了。回国后，我把在店里买的 Golden Tips 的大吉岭头春茶寄了一些到武夷山的骏德茶厂，小梁总（梁师父二儿子）和我的反应一样，同样认为味道怎么这么淡，是不是绿茶？这一大吉岭的品茶经历印象太深刻，在这之后，有人向我咨询大吉岭茶时，我总是推荐二春茶（second flush）——味道更醇厚、价格更便宜。

五、一切才刚刚开始

　　回望自己就读民俗学硕士以来十多年的经历，我非常庆幸一路走来得到各位学术上和田野里的"师父"的照顾和指点。西南民族大学是最早启发我对民俗学/人类学的兴趣的学术摇篮，过去的老师现在仍在工作中给予我帮助；在福建厦门大学和武夷山，我找到了自己的研究兴趣和研究对象，这是我成长为一个独立研究者的起点；牛津大学让我领略了学术金字塔顶端的风景，从不矜不伐的英伦绅士身上明白了什么是"学无止境"；而上海纽约大学"让世界成为你的课堂"（Make the World Your Major）的精神则提醒着我，无论身处何处都不要忘记自己其实是一名地球村村民。

　　凡是过去，皆为序章。愿此后余生仍能"赌书消得泼茶香"，在书香茶香中，继续与人类学同行！

（修改于 2021 年 3 月 3 日）

择径：一个青年人类学者的求学拾忆

谢林轩

谢林轩，广西桂林人，祖籍广东潮州。中山大学博士，华南师范大学旅游管理学院博士后。出版《越南人类学田野笔记》《草苗纪实：湖南通道大高坪村民族志报告》（合二）。

应硕士导师徐杰舜教授的邀请和建议，作为一个尚算年轻的人类学人，我将通过这篇简单的文章回顾自己的人类学求学经历，或有按部就班的学历介绍，也有记忆深刻的研究过往，还有对人类学的粗浅感受。在经历过2020年"新冠"疫情之后，借这个机会做一次对自我人生阶段的总结也算是颇具意义的幸事，此外，如果能在读到这篇文章的读者心中，偶然间种下一枚人类学的种子，那更令人倍感荣幸。

一、结缘人类学

我与人类学结缘，似乎冥冥中自有指引。

越南语是我本科期间（2006—2010）的主修专业，根据往年东南亚小语种毕业生就业去向的经验，无论在国家公职部门、公共事业单位还是私营企业中，都能看到越南语专业学生的身影，大家或任职于外交、国安、海关、公安、边防等部门，或就职于高校、电台、电视台等处成为教师、记者、编导、主持人等，抑或在公司企业中从事进出口贸易、担任项目经理或者同传翻译，简而言之是各展所长，处处精彩。原本我也设想过毕业后按部就班，在这些职业中择其一以谋生，却没想到机缘巧合下走上了一条跨专业的学术之路。论起与人类学的缘分，我一直认为大二那次与本系罗文青老师共同前往越南河内，进行论文材料的调查访问和搜集整理工作的经历，是自己与人类学的启蒙性接触。这是我首次体验到人类学式的田野调查方式，也算是接触到质性研究工作的皮毛，初次萌生出对学术研究的好奇。

促成河内调查之行的前因，缘于我们准备与远在美国攻读博士学位的赵永飞老师，一同报名参加由斯坦福大学举办的"汉民族研究反思国际学术研讨会"。经过沟通后我们决定以越南河内的华族为研究对象，合作文章。先由罗文青老师与我进行田野调查，搜集整理中越双语的访谈以及调查材料，再由赵永飞老师完成参会文章英文版本的主体内容以参加会议,然后由罗文青老师将参会文章修改润色为中文版本以发表。我在过程中主要负责录音转译、材料整理与校对工作,这也是当时从未涉足学术研究的幼稚学生仅力所能及的事。

文章《和平与认同:小觑越南河内华族的民族认同感》就是此行的研究成果,之后发表在《南洋问题研究》期刊上,我以第三作者的身份分享了喜悦,这对于一个懵懂在学术研究门外的本科生来说,具有很大的激励作用。这篇文章的研究对象是生活在河内市区还剑湖旁老街区域内的华族,主要讨论的主题是这个群体的民族认同感,文中的研究材料主要通过结构性访谈搜集获得。由于当时受到时间、资金以及调查对象数量等限制,我们只能在河内市区内进行有限的接触,最后搜集整理了14户华族家庭的访谈样本以供讨论,很明显这并不能非常全面地反映整个河内地区华族民族认同感的全貌,因而文章只做"小觑"以提供部分调查经验和初步观点。

通过对访谈材料的分析,文章认为生活在越南首都河内的华族,其民族认同感的形成与变化相较于其他大部分东南亚国家以及越南南部地区的华族而言,存在着一定的差异。与其他东南亚国家的华族同时受到政治压力与(来自原住民的)社会压力的情况不同,河内地区华族相对幸运,受访的华族基本上都承认在特殊历史时期受到政治压力时,均或多或少地得到过越南普通民众的帮助,而这种原住民与移民族群之间的友善交往所创造出的相对宽和的社会环境,又将对华族的生活习性和认同变化产生影响;这点又在语言与文化认同层面表现得较为明显,因为在政治压力袭来时华族不得不做出应对,就我们所采访到的对象而言,他们普遍主动地学习与使用越南语以积极融入当地的社会环境,并希望通过展现对当地社会文化高度的认同寻求一种具有政治意味的保护效果,这是他们应对政治压力的手段,而当压力退去时,华族又会尝试重拾对其族群本身的文化认同,这既是其生存策略又影响着该群体民族认同感的构建与变迁;最后,在调查的过程中并没有发现华族家庭的经济地位和民族认同感变化的程度存在着必然联系。[1]客观地说,这篇文章提出了一些颇为有趣且确实值得探讨的观点,但是囿于调查深度以及田野案例数量的限制,因而在论文分

---

[1] 罗文青、赵永飞、谢林轩:《和平与认同:小觑越南河内华族的民族认同感》,《南洋问题研究》2008年第4期。

析与观点成形方面仍然有改善的空间,这也在斯坦福大学举行的"汉民族研究反思国际学术研讨会"上被一些专家学者所指出。

谈及斯坦福大学的研讨会,令我不得不再次感叹自己与人类学之间冥冥中的缘分,因为正是这次会议让我结识到自己的硕士导师徐杰舜教授。实际上,我前往广州办理赴美签证时就在美国领事馆见到了徐教授,当时我们恰好坐在一处等待办理手续,见彼此都拿着斯坦福大学的邀请函不禁觉得凑巧,寒暄几句后没想到对方竟然也是来自广西民族大学的同校人,真是又亲切又巧合。后来在四月底的会议上再次见到徐教授,并聆听了他的主题演讲,题目为《汉民族研究的雪球理论》,第一次了解由徐教授提出的汉民族研究雪球理论的内涵与结构,及其总结的汉民族"一大、二杂、三认同"的基本特征等诸多学术观点,令人如沐春风,受益匪浅。这场学术会议是我第一次比较正式地感受到民族学、人类学的学术风采,令人大开眼界,当时我的内心逐渐生起对学术研究的敬畏之感。会后我又与徐教授做了短暂的交流,我得到了读研的建议,徐教授表示越南语的本科专业背景与人类学学科能够产生很好的契合度,因为传统且经典的人类学研究,需要研究者熟悉被调查对象的语言文化,语言畅通对人类学而言应该算得上十分必要的先决条件和优势,不仅利于调查者与被研究对象之间的沟通,更不用说对当地文献以及其他文字材料获取上的帮助。

读研的种子在我内心种下之后一直慢慢地生长着,终于在本科毕业后促使我决定考研,即便当时我已经通过南宁海关的公务员考试和面试,离上岗只剩一步之遥,但是在和父母沟通以及自我内心的反复权衡下,最终还是决定跟随徐教授学习人类学。导师曾经认真地与我谈及培养目标,并表示希望我能够充分发挥自己越南语专业背景的优势,通过人类学、民族学的系统性学习以及研究方法,对越南社会及其民族文化进行深入研究。就这样,我在考入广西民族大学民族学与社会学学院后,正式开始了自己的人类学之旅。因为徐老师的研究专长是汉民族研究和族群文化研究,因而我在硕士求学阶段曾多次参与导师的项目,获得了许多田野调查的机会,积累了比较丰富的田野调查经验。

二、结识人类学

结识人类学，笔者是通过田野调查进行的。

从对人类学一无所知，到考入民族学系成为硕士研究生，我也算是抓住了自己与人类学之间冥冥中的缘分，接下来顺理成章地进入了彼此熟悉的阶段。在硕士研究生期间（2010—2013），除了课堂上与书本上学到的专业基础知识，另一项人类学学生必不可少的专业训练——田野调查，成为了这个阶段学习生活最为重要的主题之一，而我也是在多次的田野调查实践过程中，一步一步加深了对于人类学的认识，逐渐萌生出一些感悟。

在我正式开始研究生学习前的那个暑假，我参与了徐老师在桂林漓江流域进行的一个田野项目"百里漓江保护与发展"，走访了桂林至阳朔段漓江流域的多个自然乡村，就村民们在该段流域内对漓江的开发与保护、村民私开竹筏与桂林旅游公司游轮之间的博弈、桂林大漓江景区的规划与发展等问题进行了田野调查。过程中令我感触颇深，虽然自己生于桂林、长于桂林，并且漓江没少游，阳朔没少去，但是始终都是以游客的身份走马观花，第一次以调查者的身份进入一个以往目之所至皆是美景的地方，才逐渐发现视角、心态、目的之不同，人们对于同一事物的理解将天差地别。游客们悠闲地乘游轮徜徉于漓江之上，看江波翻涌甩出洁白的浪花，两岸凤尾竹苍翠弯垂倒映水面，在旅游者眼中这里是碧波蓝天、山明水秀、茂林修竹，一派自由洒脱洗净铅华的山水美景，而生活在漓江两岸的普通村民要考虑的则是游轮带来的江水环境污染，浪花拍岸击毁的岸堤，竹林过深占用的土地等现实问题；有的村民开启的私人竹筏旅游项目备受好评，因为有的人认为这更符合渔樵江渚上的意境，乘坐竹筏才显得对味，但是时有发生的落水意外以及价格不一或霸王推销的偶发事件，又使得有关部门不得不考虑旅游安全以及市场规范的问题因而与村民们发生冲突，更无须提私人竹筏与公司游轮间的利益矛盾，以及漓江上下游村庄之间的水路归属等权益问题，这些都是秀丽风景以及旅游开发背后的故事，田野调查也着实让笔者重新认识了家乡，明白现实生活中的许多事物，都是需要抽丝剥茧细心观察的，往往事有多面，且不能一味肯定与否定，不同的视角与不同的出发点都会带来对事物不同的解读，而这正是人类学带给我们的整体的、多面的、反思的思维，它既揭示出这样的道理，又启发你我应当谨慎。这次短期的调查最终形成了一篇小型会议文章《竹筏：漓江的形象符号》，发表在《旅游与景观（旅游高峰论坛2010年卷）》会议集上。

相较于漓江调研而言，读研期间第一个暑假的田野经历，对我而言或许才是更为正规的人类学田野调查训练。回想起来，那一个月在湖南通道大高坪村的田野实习，让我第一次感受到来自山村的魅力，也是第一次让我对人类学田野调查的实际操作有了比较全面的认识与亲身实践，因为过去的调查几乎都是住在小型的旅店之中，而在大高坪村我得以住在村民的家中，与他们"同吃同住同劳动"并践行着生动、朴素、直白、专业的人类学田野调查。

大高坪村是一个草苗村寨，其历史约为三百多年，在我前往调查时仍保持着相对传统的男耕女织的生活形态。当然受现代社会影响，不乏外出打工、读书、经商的村民，但总体而言村中人热情质朴，依然呈现出较为传统的乡村生活状态。在大高坪调研的一个多月，我深刻地感受到异文化与传统乡村所带来的冲击。

异文化冲击主要来自族群文化间的差异，作为一个汉族人，深入到草苗村寨，语言自然成为首要问题。大高坪村的村民们仍然保留着使用草苗语言的习惯，但是随着调查的深入，我了解到他们所说的草苗语是能够与附近的侗族村落之间沟通的，这值得思考；所幸这个村子并非完全封闭，因而普通话仍能满足沟通的需求。此外在衣食住行各个方面草苗也都不同程度地保持着自身的特点，例如油黑发亮的草苗传统服饰、咸酸浓重的酸肉和酸鱼、高挑宽阔的排楼等，对笔者而言都是独特的民族文化，更不用说村中的一些民间仪式、历史传说和风俗习惯了。在传统乡村中，人们的相处与城市里人与人的社交不太一样，在大高坪这样传统的草苗村寨中能够体验到同姓亲族里一家有事全族出动的团结氛围，给我印象最深的就是建排楼，除了亲族几乎全部出动外，左邻右舍甚至邻村好友都赶过来帮忙，众人抬木起高楼的场景至今仍令我感慨。

这次调研使我体会到了来自少数民族传统乡村的特色文化与蓬勃活力，如果没有那一个月的田野调查，我或许会永远错过草苗村寨凌晨三点的璀璨星空和林子里不知名动物偶然的低吟，错过草苗青年骑着摩托迎着夕阳奔驰在山野间前往其他村寨寻求恋情的激动，错过朝阳升起时火红日光照耀在新排楼上梁仪式人们脸上的喜悦，错过与精壮的草苗男子一同前往几十公里外山林里砍树抬木并意识到自己手无缚鸡之力的差距……人类学借助田野调查散发出引人注目的魅力，并通过真实生活吸引着笔者逐步深入。欣然想来，大高坪调研经历给我留下了许多美好回忆，但同时也留下了一些遗憾，因为这是我首次进行较长时间的田野调查，在一定程度上缺乏经验，所以在田野调查报告中难免出现粗糙与疏漏之处。目前，在调研计划发起人刘冰清教授的修改增补下，由我所撰写的民族志报告已经出版成书，题为《草苗纪实：湖南通道大高坪村民族志报告》，希望读者对书中出现的不足多加包涵，不吝批评与指正。

除大高坪村的调研外，我在寒暑假期间还陆续参与了其他田野调查活动，包括徐老师"南宁市民族团结经验课题"项目的短期调研，以及自己的硕士研究论文调研等，积累了较多的田野调查经验。其中，我对自身硕士毕业论文的调研经历颇值一提，这部分经验主要包含踩点调研与深入调研两个阶段。踩点调研的目的是前往拟调查地区寻找合适的田野点，一个较好的田野点意味着调查者能够在当地进行较长时间的停留，并同本地人保持良好的人际关系，以保证田野调查的可持续深入，同时该地还应当存在可供调查的具体事物与自身特点，例如特殊的社会组织、民俗仪式、文化现象等，诸如此类能帮助人类学者更快地锁定调查对象与研究主题，但是这些往往是可遇而不可求的，很多时候我们都处在一个长时间的观察阶段，因而只能力求先了解调查地点的整体情况，再寻找值得探讨的话题进行研究。我曾在许多场合介绍过自己前往越南做踩点调研的经历与遇到的难题，其中最受关注的是进入田野时的"身份"问题。

一般在国内进行田野调查时，调查者依托自身所在的单位、机构、组织等，都能够比较顺利地获得正式的官方介绍信以保证对其身份的确认，尽可能地降低田野点相关人员的疑虑，并且还能通过国内的人际关系寻找熟人以减少陌生感，使得调查者能够通过阻力较小的方式进入田野点，笔者之前去漓江流域以及大高坪村等地的调查经历就提供了这样的经验。然而，笔者忽视了在国外进行田野调查时可能发生的变数与阻碍，即使前期已经做了自认为比较充足的准备，也通过熟人介绍进入到越南宣光地区的乡村尝试进行踩点工作，但最后仍以失败告终。

宣光省位于越南东北部地区，在当地的山区分布着一些越南民族文化语境下的少数民族如山由族、白裤瑶族、红瑶、华族等，笔者在踩点调研阶段通过在宣光工作的中国同学介绍，认识了当地的京族朋友，又通过京族朋友的介绍曾有机会进入一个白裤瑶村子，并在一天之内与该村德高望重的师公建立了较好的友谊，原本以为能够顺利地留下进行田野调查，没想到第二天就被本地公安"请"出了村子，同时删除了笔者笔记本电脑中几乎所有的调查资料，并且还罚了款作废了签证，当时越南的公安部门给出的解释是，笔者的签证类型属于旅游签证，因此不能进入山区的少数民族村落进行采访调查，于是勒令笔者在几日期限内迅速离开越南境内，事后想来就像是被当成"间谍"一般，好笑又无奈。

宣光之行把我从浪漫的人类学学术幻想拉回到现实世界中，被驱逐出境的遭遇令我非常遗憾地错失了一个具有调查潜力的田野点，因为在那个白裤瑶村子里，村民的语言、服饰、饮食、屋舍、习俗等都保持着一定的民族特色，并未完全京族化，而且师公与笔者闲聊时所介绍的各种驱鬼、祈福的民俗仪式，都令人兴致盎然。更让人意外的是在这个村子的附近还有一个红瑶的村子，只是红瑶村子显得要贫困些，一条道路通向山边，两旁并排着泥墙草顶的屋棚，就像是集中安置的样子。我在红瑶村中了解到，历史上，他们的先辈从中国迁入越南后定居于此。像这样紧挨着的两个不同族群的村子原本在人类学视野中是极具价值的田野调查点，而且仅短短一日我所了解到的信息就已经非常令人兴奋，遗憾的是迫于当地政权的压力，只能无奈地挥手告别这样具有潜力的人类学田野点，从长计议，再做打算。

从宣光的经历来看，我忽视了在中国境外进行人类学调查时的国籍和政治因素，即使在出发之前设想过可能遭遇的阻碍，却没想到结果竟然是以勒令出境告终。有此前车之鉴，我决定重新物色一个相对开放的地区进行田野调查，抱着这样的想法，最后在越南南部一个叫作美奈的地方，我停下了脚步。美奈原本是越南潘切省东部沿海地区的一个渔村，当地渔民利用该地特殊的地形躲避不同时节的海上风浪，后因西方旅游业者的进入，在其周边逐步发展起以滨海休闲旅游为主的市镇而在越南旅游路线中享有盛誉。

我选择美奈作为田野点主要出于可操作性的考虑。因为当时的现实是无法轻易办理所谓以调查访问为目的的签证，所以仍然只能持有旅游签证在越南境内活动，而我想象中的越南传统村落实在难以进入，更不用说那些远在山区林间的少数民族村寨，所以不得不将目光转向具有旅游业的地区。当时的考虑是，在这些发展旅游的地方，一方面交通相对发达，另一方面氛围较为开放，当地人对外来人员的戒备心与敌意或许相对较小,交流起来可能更加顺利,而美奈基本上符合上述条件,而且当时该地仍处在发展阶段,地域分布仍呈现出比较明显的渔村与景区划分,所以我心里认为这或许是个可以尝试进行调查的田野点。经过努力,我曾在靠近当地坟场与垃圾场的某个村子里住过几天,但最终又因为地方公安的问题不得不离开村子,最后只能挑选一个小型的旅社栖身。迫于资金与签证时间的限制,我不得不加快寻找田野亮点,以求在最短的时间内搜集硕士论文的素材。经过一番调查,我决定重点关注当地一个较为独特的民间组织——义谱会。义谱会最初创立时,主要是为了解决村子里的丧葬问题,类似于中国东南沿海地区的善堂,旨在帮助当地无力安葬亲人的民众,也负责一些孤寡老人的公益性丧事,以及在当地发生意外的外地人的丧葬事宜。实话实说,我回顾自己有关义谱会的调查以及论文,仍感到有许多的不足之处,但是囿于在海外进行田野调查的种种阻碍以及个人水平,只能期待在今后的研究机会中有进行完善的可能。

  总结起来,我在硕士阶段所做的田野调查,是自己与人类学结缘之后在实践中逐步熟悉这门学科的重要过程。在田野里,人类学的相关理论与研究方法不再是课堂上的讲义和书本上的考点,这些内容转而变成需要仔细斟酌运用的工具,使用得当便能让整个田野调查过程事半功倍。不同的田野调查经历让笔者对人类学强调的参与观察的研究方法有了生动的认知,体会到在田野中与被调查对象逐渐建立起来的情感及社会关系,对调查的深入有着多么重要的影响。参与观察要求调查者在学习如何成为当地人的同时,也要保持客观完整的旁观者身份,因此人类学者需要锻炼自己能够随时在当地人与旁观者之间精确切换,将自己想象成一个既能融入当地社会文化背景,又能跳出当下文化规训的独立个体,尽量对田野点客观存在的人、事、物做出忠实的记录与中立的思考,当然这需要经过长时间的训练和经验积累才能熟能生巧,在硕士阶段的笔者并不能很好地掌握其中的分寸,即使现在,我也不认为自己已经能够在田野调查中顺滑自由地切换田野身份与调查思维,因为人总是很难即刻从其主动进入的文化情境中跳脱出来。

三、现实生活与人类学

选择以人类学为业的人,可能或多或少都有点浪漫主义情结。

记得硕士阶段曾有熟识的老师问我为什么要选择读研,还要选择人类学?我当时的回答尤为单纯:我认为越南语始终只是一门语言工具,希望能利用语言技能做一些除了翻译之外的事,以前没接触过人类学,接触之后感觉很契合。接下来我又被问道:那硕士毕业之后想找什么工作?我说自己或许比较适合在高校或者研究机构任职,搞搞研究、做做调查、写写文章。这些都是我一直以来未加修饰的想法,现在想来确实是未曾仔细考虑过人类学、民族学与实际生活之间的关联,以及如果以人类学为业,凭自身的能力需要面对怎样的就业前景的现实。在浪漫的设想中,我带着上述职业规划决定继续深造,攻读博士学位(2013—2018),于是在徐老师的推荐下考入中山大学社会学与人类学学院,成为麻国庆教授的博士研究生。当时麻老师的研究兴趣集中在中国的岭南地区以及环南中国海区域,团队里有博士生正在对马来西亚、新加坡、印尼等东南亚国家进行相关研究,到我博士毕业之时,同门中已经增加了对泰国、老挝等国家的研究,形成了一定规模。

攻读博士学位远比我想象的要困难许多。学业压力是一方面,因为博士研究生的培养目标,要求其必须掌握学科内众多国内外的经典文献与最新研究信息,学习、消化相关理论与研究成果是一个漫长的积累过程,这种既定的压力属于"小火慢炖",相比之下,博士阶段的田野调查才是几乎令所有人都头疼的拦路虎,尤其是对我这样需要前往中国境外进行人类学调查的人员而言,无论在时间、精力、资金还是可操作性层面都是不小的挑战。一般来说,人类学博士的田野调查皆力求规范,希望能够满足马林诺夫斯基所规定的一个自然年的时间标准,以求对田野点的社会进行相对完整的一个周期的观察,因而长时段的调研活动不得不考虑许多现实因素。为了前往越南做田野,我申请了国家留学基金委为期一年的联合培养博士项目,在麻老师的帮助下联系上胡志明市人文社会科学大学的阮玉诗教授,经其引荐同该校文化学研究中心的陈玉添教授结识,并办妥了联合培养博士的相关手续,以此方式获得在越南进行长期学习生活调研的可能。

另一种让普通博士生感到无所适从的压力,大概率来自家庭和社会。相信人类学专业的博士不止一次被人询问过类似的问题：人类学是干什么的？人类学是解剖人体的吗？学人类学有什么用？人类学好找工作吗？博士毕业以后准备做什么（工作）？人类学专业的学生都在哪里工作？面对诸如此类不胜其数的疑问，刚开始我还会感到尴尬，但是之后慢慢开始学会轻松地正面作答：人类学研究人类社会的方方面面，包括行为、制度、组织、文化、习俗、心理、衣食住行等；与人体相关的人类学研究属于体质人类学，属于人类学传统四分支中的一支，其余三支是文化人类学、语言人类学与考古学；人类学综合性比较强，能够与其他学科进行跨学科合作形成新的分支学科，提供新的研究视角和方法，比如历史人类学、旅游人类学、饮食人类学等；人类学专业学生和其他专业的求职路径相似，有的考公务员，有的去公司，有的读研继续深造，只不过可能相比大家耳熟能详的专业显得小众一些，但是这个学科在许多西方国家的高等教育中是属于必修的，有助于培养学生比较包容和多元的思维与心态；人类学博士通常在高校或研究机构工作，因为要求高学历的职业和岗位类型相似，数量和种类不能与要求本科、硕士学历的职位相比，一些具有年龄及工作经验要求限制的职位，大多也不需要博士学历，所以读完博士之后做老师、研究员的不少，有时也会有一些公务员职位招聘博士，然而并不多见。每当比较熟练的回答完对方的疑问时，接下来就会面临个人生活的规划问题，这种流程在我读博期间数见不鲜，见怪不怪。慢慢地，在面对这类问题时，我开始笑而不语或转移话题，因为你会发现对方其实并不关心答案，而只是在寒暄，他们关心的是身为（准）博士的你，是否符合他们心目中的想象，你的生活及未来规划是否和其他人不同。当然，除了人际交往的压力，生活费用问题也困扰着许多博士生，无须赘述。网络上曾经出现过一阵戏谑的风潮，有网友将本科、硕士和博士期间的证件照放在一起进行对比，讲述追求高学历的人群从青涩少年走向秃顶中青年的变化过程，一句"我变秃了，也变强了"的调侃在网友心目中达成幽默的共识。不过对人类学博士生而言，秃头的困扰远远比不上田野调查和毕业论文的完成进度重要。

为了前往越南完成博士毕业论文，在导师的帮助下，我以国家留基委的联合培养博士项目为依托，凭借留学生的身份在越南进行了为期一年的学习与调查。有了硕士阶段赴越南调查的经验，我深知前期准备工作的重要性，于是同时准备了两份介绍信，一份由中山大学社会学与人类学学院开具（中英越三语版），另一份由胡志明市人文社会科学大学文化学研究中心开具（越南语版），并且与陈玉添教授商量后，听取他的建议，前往庆和省芽庄市与其学生黎文华联系，拜托黎先生帮助我在当地寻找合适的田野调查地点。可以说从我到达胡志明市直至前往芽庄市的这段时间，一切手续和进展都很顺利，陈教授竭尽全力为我提供的帮助令我感怀至今，到达芽庄市之后，身为省文旅厅宣传办公室副主任的黎文华先生，也无私地提供了非常多的帮助与建议，令我非常感动。

当时，黎主任亲自骑摩托车带我在芽庄市周边的村庄寻找合适的田野点，简单走访了几个据说具有传统手工艺的小村子，但都以无缘进入村庄调查而告终。之后，由于黎主任工作上的安排经常出差，我便开始自己寻找田野点。现在想来，或许当时寻找田野点的方向存在问题，因为我一直希望能够通过相对正式的途径和熟人介绍，进入仍然保留着越南传统特色的京族或少数民族村落，因而目光一直落在这种类型的乡村上。我还曾独自前往芽庄市附近的好几个渔村和一个埃地（或埃德）族村寨，与这些村子的村民有过简单交流，甚至在埃地族的寨子里已经与当地公安和村长打好招呼，几乎已经决定在当地做校群文化调查，第二天准备动身前往时，被一个电话告知所有的计划都被"上级"驳回，禁止外国人擅自进入村子。我只好面朝大海，呜呼哀哉。

在芽庄市的踩点非常不顺利，我前后至少写了三四次入村调研实习申请与调研提纲，还拜托远在胡志明市的陈教授一次又一次地为我开具介绍信，每封介绍信还配有黎主任为我开具的证明，实在是劳师动众。遗憾的是，每次将这些材料提交给负责管理村务的村委会、村公安局，以及庆和省公安厅等相关部门，结果都是石沉大海或者拒绝，一时间所有我了解过的村子都闭门谢客。最后，黎主任决定干脆将我带去他父母所在的村庄，并将我安置于自己的姐姐家。黎主任表示自己的家族在当地颇有名望，父亲是村中德高望重的长辈，家人与当地公安非常熟悉，只要我在村子里不乱走动和引发问题，在当地调查些风土人情应该不难。我感激万分，直接答应了这样的安排，当即随黎主任前往村子，拜访黎主任的大姐，并怀着感激的心情借住在她家。

那是个被公路一分为二的村庄，初看起来并没有什么特色。黎主任父母与姐姐的家建在公路一旁，这个地块是村民们集中建房的一侧，道路的另一侧分布着一些小型的工厂，村民们有的利用交通优势做路边生意，同时也在屋后的田地中继续种着农田、果树；有的人工作在芽庄市区，每天骑摩托车往返于城市与农村之间；有的外出打工或者做司机跑运输……我待了一天后细细品味，发现这是个处在城市扩张边缘的村子，直通芽庄市的大型公路划破了传统乡村的田园诗意，带来了轰鸣的车流与城市化的影响，村庄的形态被改变了，村民们的生计有了更多的形式，村民的身份更是悄然发生着变化，"变迁"历来是人类学的经典主题，于是我非常自然地认为只要在这个村子继续待下去，一定能够找到有价值的研究主题。黎主任对这样的安排也比较满意，他说这样就不用担心我的安全问题，因为村中有熟人照应，离芽庄市距离不远，有什么问题也好解决。

一两天后，正待我准备静下心来着手实施调研时，村子里的公安又上门了！还是相同的理由！村公安表示我身为外国人如果想在村中进行调研，需要向村级以上的政府部门申请，他们建议我向县政府打报告，否则不能允许私自进入村子并住在村民家中。在黎大姐夫妇的再三协调下，村公安同意我即刻进行申请并暂住在黎大姐家中，但是不能乱走和私自行动。于是我赶紧联系黎主任说明缘由，并联系陈教授开具介绍信，以最快的速度将申请递交至县政府，可惜最终等来的仍然是一纸拒绝。黎主任也感慨我在当地的踩点调研阻碍重重，似乎进入农村调研根本没有可操作的空间，最后，陈教授打来电话建议我返回胡志明市，示意我放弃在农村调研的计划，转而试试研究胡志明市的华族。于是我兜兜转转地又回到了胡志明市，即将"回归"对华族的研究。

坦白地说，我最初没有考虑做胡志明市的华族研究，而希望前往越南乡村进行调查，不得不承认的是受到之前调查经验的影响。一方面，大高坪的调查经历让我认识到在村子里做田野相对简单且更容易发现研究问题；另一方面，之前在越南所做的田野调查均未能成功进村也让我生出了心结，自以为这次的准备已经足够充分，应该能够弥补过去的遗憾，却没想到事与愿违。虽然心有不甘，但是面对既成现实也只能兵来将挡水来土掩，于是在京族朋友的帮助下，我认识了当地的华族朋友，并尝试着在华族聚居区——堤岸，进行人类学田野调查。

堤岸原本是当地华族聚居而成的独立所在，后来受到法国殖民统治的影响以及西贡城市建设的发展扩张，西贡与堤岸被合并在一起，逐渐形成如今的胡志明市。作为越南南部的第一大都市，胡志明市的人员流动性强，身份构成十分复杂，即使是在堤岸这样的华族聚集区，也很难像乡村一样形成人类学意义上较为封闭的社区环境与规模，因而在此地做田野必须改变调查策略；另外，普通城市居民的作息时间与日常生活安排也与农村不同，变得更加丰富多元，而且城市居民更注重隐私与个人空间，因此与被调查对象的接触往往比较被动，更无法像在乡村中调研一样随意前往他人家中做客与观察，所以在城市中做田野调查的逻辑和方式，都要根据实际情况做出相应改变。

自从决定做胡志明市的华族研究之后，我就在华族聚居区内租房居住，积极地让自己尽快熟悉当地环境，结交华族朋友，观察堤岸华族的日常生活与族群文化，参与华族民间组织的各种活动。在这个过程中，我逐渐融入当地的华族社会，有时候恍惚间甚至觉得自己就快成为胡志明市华族的一员，与历史上迁居当地的华族先辈们有了些相似之处。或许是受到关注视角以及平时参与的活动性质的影响，又或许这确实是堤岸华族的族群特点，我认为堤岸华族比较注重自身的族群文化，存在较强的华族文化认同，这在华族的饮食、习俗、节庆、信仰、语言、社会组织等层面都有所体现。当地华族对族群文化的重视、构建以及传承，展现出该族群在群体层面拥有一种凝聚力，这种凝聚力的具体表达其实是华族族群的凝聚机制在发生作用。堤岸华族生活在以京族为主要民族的社会之中，越南国家宏观的政治环境以及文化环境，使得来自京族的主流文化无时无刻不冲击着华族的族群文化，因此"京族化"或者"越化"的现象难以避免，为了应对这种情况并保持本族群的文化特点，华族群体通过语言、信仰、宗亲会、会馆等方式实践自身的族群文化，以此唤醒与构建本族群的文化认同，凝聚同胞，这些观点出自我的博士论文拙作。现在回顾起来，我必须承认由于调查程度、思考深度与田野材料利用比例等原因，论文仍然存在较大的增补以及改善空间，例如在华族的生计方式、家庭结构、人生礼仪等方面都能通过增加后续调查加以补充研究，以便更好更完整地展现华族的凝聚机制并进行相关探讨。

学习人类学一路走来，从本科懵懵懂懂接触质性研究的皮毛，感受到学术研究的超凡脱俗；到硕士阶段初识人类学并通过田野调查一点一滴熟悉这门学科，设想着今后的学术之路；再到博士阶段磕磕绊绊地完成人类学的通过仪式，成长为一个且行且合格的人类学人，并意识到今后学术之路将与生活之路交缠融合——整个过程可谓从无到有，酸甜苦辣，五味杂陈，痛并快乐着。

四、心目中的人类学

人类学默默地观察并实验着人类社会的真实，因而其学术理论与人们的生活实践密切相连，所以到目前为止，人类学在我脑海中的印象是隐秘而显著的。

说人类学隐秘，是因为其学理的沉淀与成型往往藏匿在各式各样的人生细节以及田野材料之中，人类学者们必须擅长从某个并不引人瞩目的生活碎片开始，慢慢地抽丝剥茧，小心地拼贴黏合，耐心地刨根究底，最终才得以梳理总结出一套观察人类社会的具体思想和方法，并最终形成理论。在人类学世界中，某个眼神、某类图案、某种习惯、某场仪式等，都有可能是那把划破某个宏大理论坚壁的利刃，故而人类学总是带着一种以小见大、见微知著的独特气质，隐匿于人类社会的方方面面。

说人类学显著，存在着一个前提，那就是接触主体对人类学有些许了解。通常接触过人类学的理论知识，尤其是那些有关于人类社会、族群、文化等经典主题的讨论，再回过头来观察和体会生活时，就会发现人生中处处映射出人类学的影子，现实里的事物都不约而同地挂上了来自人类学的釉彩。那些萌生于人类学的启示，既让人们更容易察觉人类社会的本质，同时又使人类学自身获得更易被发觉的机会。

无论是隐秘还是显著，我的主观感受在他人看来或许是一种失之片面的真实，所幸在现当代人类学气质的帮助下，自我与他者观点上的差异，很多时候并非意味着彼此间绝对的对立，人类学从中斡旋，提供了合理的平台，使得各不相同的人们存在和谐相处的可能。了解人类学的人都知道，除了见微知著以外，人类学更强调互相交流与彼此理解的重要性。所以，人们在与人类学接触时，总会在无形中感受到自我生活范畴和心灵视界的扩宽，而现当代的人类学也有着自己的野心，即通过无数人类学者们的努力，春风化雨般地促使人类社会形成更加宽容和谐的社会氛围，毫无疑问，这在如今几乎人人都感觉到巨大压力的现实之下，具有许多积极的意义。更难得的是，这种正面影响是人们能够通过主动接触人类学而获得的,要想打开生活中发现人类学的开关,只需要合适的契机便可达成。

那么,无论我对人类学有着怎样的主观感受,对能够耐心阅读于此的你而言,这也都是他者的阐释。既然如此,为什么不试着亲自接触人类学,掌握自己的第一手感觉呢?

曲径通幽——我与人类学的结缘

辛允星

辛允星，生于鲁西南济宁市汶上县刘楼镇辛海村。2006年考入中国农业大学人文与发展学院，硕博连读，师从赵旭东教授。2011年进入浙江师范大学法政学院工作，现为绍兴文理学院商学院公共管理系讲师。

因为总是混迹于中国人类学圈子，所以我经常被学界友人"误认为"是一名人类学博士。每当此时，我都会忐忑一番，欲言又止，总觉得自己"名不正、言不顺"，既不好直接否认，又不敢欣然接受这个头衔，最后只得在一番"曲折的解释中"表明自己的真实身份，而这种尴尬的处境皆源于我所走过的一条崎岖求学之路。2000年至2004年，我就读于山东农业大学经济管理学院，所学专业是农林经济管理，之后经历两年的北漂生活，于2006年考入中国农业大学人文与发展学院，成为一名社会学专业的硕士研究生，一年后，又以"直博生"的身份进入博士学习阶段，师从赵旭东教授，2011年夏毕业，获得博士学位。人们似乎很难从我的求学履历中发现我与人类学的直接关联，然而，事实却是我"误打误撞"地走进了人类学的领地，又顺其自然地成了一名经常被贴上人类学标签的所谓"治学者"。这样一种略显奇特的"身份建构"工作，我是如何做到的呢？若要回答此等"艰难"的问题，就必须从我的求学心路历程谈起了，这其中有着太多的曲折反转与机缘巧合。

一、曲折的求学之路

清楚地记得，从中学时代起，我就表现出了"重文轻理"的倾向，特别喜欢学习历史、地理、政治等课程，而对数学、化学等课程一直没有太大的兴趣，所以在高一年级进行文理分科的时候，我毅然选择了文科，尽管班主任老师也曾好言相劝，但在我的成绩单面前，他最终还是默认了我的选择。进入文科班之后，数学也就成为我的最大短板，几乎每次考试都是"拉低总分数"的科目，于是，我总是盼着早点升入大学，迎来再也不用学习数学知识的那一天。但是偏偏天不遂人愿，由于我的高考成绩刚到本科线附近，所以，班主任指导我填报的"志愿"是录取分数几乎最低的农业大学，而农科大学中的文科专业又很少，只好在粗略对比之后填写了"农林经济管理"专业的代码；入学后，我才发现自己的无知——这个专业需要学习很多数学知识方面的课程，比如微积分、概率论与数理统计、线性规划、会计学、生产管理学等。带着一种失望的情绪，我"混了四年"，每年的综合测评结果几乎都是全班三十人中的后三名，唯一幸运的是从未"挂过科"，而且英语四级也是顺利通过，所以最终还是顺利拿到了管理学的学士学位，尽管是以"差等生"的形象毕业的。

在四年的大学时光里，我似乎很少对自己所学的专业有过好感，颇有一种"包办婚姻"的感觉。因此，在浑浑噩噩过了两年之后，大三时，我好像突然顿悟了——不喜欢学本专业的知识，可以自学其他知识嘛！跨专业考研不正是一项优越的选择？于是乎，我开始频繁进出学校图书馆，寻找自己真正的"兴趣点"，除了两个假期，平均每周都会借两本书出来阅读，不管能否真正读懂，只要看着书名还算喜欢，就会尝试翻阅。在这个过程当中，我初步领略到了社会学、政治学、哲学等学科的魅力，关注到了韦伯、涂尔干、帕森斯、马基雅维利、萨拜因、马汉等当时还觉得很是陌生的"名字"；与此同时，我还选修了人文学院教师开设的《社会学》《当代世界经济与政治》等相关课程。在抚摸过近百本社科著作并聆听了相关课程之后，我确定在政治学与社会学两个专业之间选择一个作为我的考研目标，最后报考了中央党校的"国际政治"专业，但结果是名落孙山（英语仅41分）。大学毕业之后，我先是经历了一段迷茫时期，然后决定"北漂"问路，前往北京一边谋职一边学习，准备再次参加研究生考试，而且决定放弃政治学（觉得与之无缘），专心攻读社会学，甚至暗下决心，要以社会学专业实力最强的北京大学或者中国人民大学作为自己的奋斗目标。

理想是丰满的，现实是骨感的。来到北京之后，我才深切感受到了生活的艰辛，一是谋职艰难且工作待遇微薄，二是可用于专业知识学习的时间有限，因此而错过了2005年的国家研究生考试，一种强烈的紧迫感时时催我奋进。值得庆幸的是，自己经常可以出入于北大、清华、人大等校园，逛书市、听讲座、会朋友，所以对学术的那一腔热情从未消退，加上已经储备了半年的生活费，可以安心备考，我终于顺利参加了2006年的研究生考试，只是由于北京大学和中国人民大学的参考书目有很大更新，我只好"退而求其次"地报考了中国农业大学的社会学专业，最终以382分（第一志愿排名第二）的成绩被公费录取。当时万万没有想到，这样一个"意外选择"竟然成就了我与人类学之间的"终生之缘",而在这其中发挥"关键作用"的力量正是我的博士导师赵旭东教授,他亲手把我领进了这片我之前还很少踏足过的学术园地,悉心教导了五年的时间,并在我博士毕业之后仍然处处提携,让我得以顺利融入中国人类学的学术圈子,从而在诸位学术前辈与同仁们的思想熏陶中慢慢成长。可以这样说,如果没有结识赵老师并成为他的博士弟子,我可能会与人类学擦肩而过,在粗略了解它的一点皮毛之后便知难而退,继续沿着社会学的"路子"探索前行。

二、"一入赵门深似海"

2006年秋,我正式成为了中国农业大学人文与发展学院社会学专业的一名硕士研究生,导师为叶敬忠教授。当时,刚从北京大学调来工作不满一年时间的赵老师是社会学系主任,承担着社会学专业一年级硕士研究生《西方社会学理论》这门核心课程的授课任务;他带领我们品读十多部社会学与人类学经典著作,安排我们课前仔细研读,然后在课堂上进行总结与体会讲述,因此,霍布斯、韦伯、涂尔干、迪蒙、吉登斯、布尔迪厄等世界顶级学者的专著摆上了同学们的案头。次年,在叶敬忠教授的推荐下,我有幸成了赵老师门下的一位博士研究生,所以有更多的机会得到他的读书指导,同时,还自然地成了他为自己所带研究生组织的"公正读书小组"骨干成员。在此后的四年时间里,参加读书会的活动成了伴随我整个学习生涯的一件大事,每个周末的定期读书会(因老师外出等原因,个别周末停开)和每个学期末的集中读书会(经常命名为冬令营或夏令营)让我大开眼界,很多之前从未接触的人类学经典著作陆续进入了我的视野,比如《礼物》《宗教生活的基本形式》《中国农村的市场和社会结构》《结构人类学》《文化的解释》《帝国的隐喻》《礼物的流动》《古代中国的节庆与歌谣》《缅甸高地的政治制度》《努尔人》《忧郁的热带》等。

总的来说,跟随赵老师读书的五年时间基本上就是我的"阅读成丁礼",在这段时间里,我开始觉悟、自省、产生兴趣、找到方向。在读书会上以及平常的学习指导或交流中,赵老师经常教导学生如何选好书,如何读书,如何把阅读到的知识转化成为自己的,如何规范引用读过的文献等。我至今还记得他经常提到的一些重要观点，比如："要高起点，读经典，不要在没意义的书上浪费精力。""对于一些外文著作，要尽量尝试读原典，翻译过来的文字可能不准确，甚至是错误的。""可以尝试多写书评，这有利于逼自己更好地理解一本书。""要写一篇文章，应该对相关参考书目有所了解，尽量都蹚一遍，不要错过最重要的参考文献。""引用文献不是为突出别人的东西，而是为了论证自己的观点，在这方面不能迷失方向。"……这些让我记忆深刻的观点已经渗透进我的脑海深处，使我这么多年来一直受益匪浅。与此同时，赵老师还偶尔向我推荐一些新出版的学术专著并鼓励我写出书评，以训练阅读理解能力；正是在这种"优渥"的环境中，我才得以在"第一时间"认真阅读《小镇喧嚣》与《人类学的询问与记录》两本书并写成书评发表在学术期刊上，从而拥有了最早的学术成果，而这些收获又给我带来了选择"学术道路"的信心，让我不会轻易在困难面前退缩。

然而，不得不说，跟随赵老师学习特别是参加公正读书活动，我并非只有美好的记忆，也有一些充满压力乃至尴尬的经历，而这又与当时我对人类学的认识有着很大的关系。记得是2008年下半年，赵老师要出国开展学术交流，读书会停办两周，他提前给学生安排好了阅读任务，我分到了英文书 *How we think they think*，倍感压力；果然，在汇报会上，赵老师听我讲完阅读总结与理解后说道"基本能理解核心观点，但博士生还是要加强对英文文献的阅读训练"，让我忐忑不已。还记得有一次读书会上，我坦言对列维-斯特劳斯的《忧郁的热带》一书找不到感觉，难以理解作者到底想说什么，赵老师听后大为光火，认为这是不能原谅的事情！后来仔细反思，我才发现自己当时之所以"读不进去"一些人类学经典著作，主要是因为对它们所讨论的话题还没有产生兴趣，甚至觉得那些文字"太过玄妙"，对理解当前的世道人心提供不了多少帮助，某种过于强烈的"经世致用"思想让当时的我对人类学产生了一种疏离感。对此，赵老师似乎早有觉察，所以，他时不时提醒我，与社会学等其他学科相比，人类学关心的理论问题更为"根本"，一旦能掌握从这些根本问题背后的各种理论视角理解社会的能力，做出来的学问就会更加深刻……当时的我对这些观点还有些似懂非懂。

回顾跟随赵老师读书的那段学术训练经历，我蓦然发现，他当时对我讲过的很多见解都是很有道理的，而自己却未能及时理解和吸收，幸亏后来的学术阅读与思考让我逐渐认识到这一切，才没有造成更大的遗憾。研究生时代的我虽然也时常会对一些人类学著作产生抵触情绪，但还是"硬着头皮"进行了认真阅读，从而在潜移默化中开始接纳人类学，并尝试着从人类学的学科视角来思考周遭的社会现象，当时产生的那种"一入赵门深似海"之感受也逐渐从"五味杂陈"转变为"受益匪浅"。如今，我已经很深切地感受到，赵老师所钟爱的人类学确实有其独特的思想魅力，他曾经推荐给学生们阅读的那些人类学经典也的确很值得认真考究，正是这些作品指引我不断走出思维的"偏狭"，以更加宽阔的视野来认识与理解那些社会科学的核心话题，比如，社会秩序何以生成、国家政府何以诞生、文化变迁何以出现等等。我在参与由某民间学术机构组织的"图书推荐"活动时，曾经为约翰·格莱德希尔所著的《权力及其伪装——关于政治的人类学视角》一书写下过这样一段推荐语：

> 西方主流的政治学往往集中关注现代民族国家形成以来的政治议题，而对前现代政治形态缺乏深入的理解，以至于对"无政府的社会秩序"等问题深感迷茫。在这种背景下，人类学家们对所谓原始社会的研究提供了新的政治理论观点，从而形成了政治人类学的学术传统。《权力及其伪装》一书正是该学术传统的一部集大成作品，它系统梳理了人类学家对政治议题的诸多研究成果，可以帮助读者更深刻地理解人类社会中的政治现象。

通过这段评语，我们不难发现——我已经可以借助人类学的视野审察人类社会中的一些重大议题，开始懂得从人类社会的"深层运作逻辑"这种根本问题出发来理解特定历史时期所发生的一些独特现象，而不再纠结于那些似乎已成为"学术常识"的意识形态争论，以及某种"必然性"基础上的价值批判，在此，我必须感谢赵老师和他赠送给我的人类学。可以认为，正是人类学让我逐渐走出一种"愤青"状态，以更加理性的态度面对人类历史与当下社会中发生的种种"真善美"与"假恶丑"，冷静处理价值评判与事实分析之间的复杂关系。

三、一场蹩脚的"田野作业"

将时间拨回到2008年春，当时我已经修完了所有的博士课程，如何进行博士论文选题开始被提上议事日程；而正当我与赵老师尝试讨论此事的关键时刻，地处中国大西南的四川发生了震惊世界的汶川"5·12"大地震，这似乎在冥冥中预示着我要与这片区域产生某种关联。随后，中国学术界便开展了关于"灾后救助与重建"议题的一系列探讨，在赵老师的带领下，我多次参加由人类学与社会学界同仁组织的相关学术研讨会，并于地震发生仅一个多月之后即跟随中国社会科学院的罗红光研究员前往地震灾区进行实地调查。再后来，赵老师又相继承担了与之相关的研究课题，并派我作为实地调查的领队参与课题研究工作，并对我说，你可以考虑将博士论文的研究对象定为"汶川地震灾区的羌族"，具体研究内容可以慢慢寻找，但要先有一个总体性关怀，那就是中国的这个少数民族遭遇如此灾难，他们在如何面对，又如何走以后的路。对于赵老师的这些看法和建议，我都深表认同与接受，所以，在积极参与相关研究课题调研工作的同时，努力寻找开展进一步研究的"突破点"，并最终将灾区羌族民众对"社会发展"的认知以及相应的社会行动作策略为自己博士论文的核心研究问题；而在后续的田野调查过程中，我与地震灾区的羌族朋友们结下了一段可能持续终生的缘分。

从2008年夏至2011年春，我曾先后七次前往汶川5·12地震灾区的一些羌族村落进行田野调查，将汶川县的阿尔村、理县的桃坪羌寨作为核心调查地点。每次调研归来，赵老师都要求我做田野工作汇报，然后对我提供的各种素材进行质量点评，提出需要进一步细化、深化、强化的内容，指出我本应该收集却尚未提及的一些素材，并对我加工这些田野资料的思路进行"适当的矫正"。我可以明显感受到，自己正在接受人类学的系统训练，只是当时的我还没有养成人类学的思维方式，所以尚未充分理解这种训练的宝贵价值；甚至向赵老师提出了这样的问题："我是农村发展与管理专业的博士，按照人类学民族志的写法来写毕业论文，是否合适？"对于这样的问题，他给出的回答是："不必考虑这个，只要把论文写好，在哪个专业里都是好文章……"此后，我不断努力完善自己的田野资料，直到可以通过这些资料来讲述和论证一个恰当的"学术问题"；而在这个过程当中，我和赵老师之间进行过很多次的对话，甚至还产生过不小的分歧，但最终还是拿出一篇长达20余万字的博士论文稿。

进入博士论文的撰写阶段之后，赵老师曾反复告诫我，要多读几本人类学民族志作品，要有丰富的田野素材和把握这些材料的理论洞察力，既不能空谈大道理，也不能让调查资料沦为"琐碎的堆砌"状态。我能基本理解这些告诫的合理性，而且确实朝这个方向做了很多的努力，但是由于自己当时还没有形成宽阔的理论视野，无力将错综复杂的田野资料编织成相互关联的知识体系，所以总想尽快"聚焦于"特定的学术问题，而尽量压缩论文所涉及的知识面，这就导致我的田野工作很难深入开展。因此，我自认为这篇博士论文不尽如人意，未能写出多少"人类学的味道"，正如我在由博士论文修改而成的专著后记中所写到的那样："坚守了近十年的一项研究，浸透着我的无数精力和血汗，印证着我的'学术成丁'历程……这个果实很可能是苦涩的，我自己也有太多的不满意，但是……希望它能够在外表丑陋的同时内含一点思想的营养，能够成为我走向下一科研站点的稳固平台。"必须承认，其主要原因就在于，我做了一场蹩脚的"田野作业"，那时的我还没有真正踏入人类学的门槛。

带着许多的遗憾，我于2011年6月博士毕业了，而且毕业论文还有幸被答辩专家一致评为学院优秀。因为母校中国农业大学当时还没有"社会学博士点"，所以，即使是正统的社会学与人类学专业老师指导的博士也必须挂靠在"农村发展与管理"这个专业招牌之下，我最终也只能获得管理学博士学位；这时候我才发现，自己的本科和博士学位都是管理学类，而因为"硕博连读"，又不可能拿到社会学的硕士学位，我与自己最钟爱的社会学始终没有在学历与学位证书上"搭上关系"，这也许注定是自己终生的遗憾了！然而，在赵老师前往中国人民大学人类学所工作之后，我发现了一个让我"有点欣慰"的巧合——他早我一年到农大教书，又晚我半年离开农大，他指导的第一批硕士生就是我读研的那届学生，我本人又是他招收的首批博士弟子，他到农大之前是北大的教师，离开农大后是人大的教师，这两所学校又曾经都是我"梦想的去处"，所以，他似乎通过某种"奇特"的方式帮我完成了一桩不好说出口的小心愿，特别是当自己被误认为是人大博士的时候，这种感觉尤其明显。如此想来，我与赵老师的这段"师生缘"真是颇为难得，更为关键的是，我因之而与人类学结缘。

四、从教之后的人类学情怀

博士毕业之后，我来到位于金华市的浙江师范大学法政学院社会工作系执教，慢慢认识到了博士生导师对学生的影响是多么的深远，自己的那份"人类学情怀"正是最有力的证据。每当系里讨论"专业培养方案"修订事宜时，我都会提出，应该为社会工作专业的本科学生开设《人类学概论》（或《文化人类学》）这门课程，并指出"理由"——社工专业的毕业生若不能深切理解文化差异及其重要性，就很难将诞生于西方国家的社工理念与方法很好地运用于中国的社会生活实践当中，自然也就不可能做好"服务于他人"的工作。令人遗憾的是，由于各方面因素的制约，我的这个主张始终没能落实，工作十年来一直未能获得为学生系统讲授一次《人类学概论》课程的机会，这已经成为我经常对外公开提起的一个"心结"。当然，没有机会开设专门的人类学课程并不代表我没有机会把自己的人类学情怀表达出来，在自己负责的《中国社会思想史》《中西文化比较》《社会科学导论》《社会调查研究方法》等课程的讲授过程中，我会把人类学的很多理论、理念、研究方法等知识点穿插于其中，让学生领略到人类学对"文化""社会""权力"等社会科学核心概念的独特理解。

值得一提的是，在为我校文科实验班同学开设的《社会科学导论》这门课程中，我专门安排了一次课"民族学及其他"，我在授课时大胆提出了这样的观点：中国所谓的民族学其实就是西方的人类学，而从学科起源的角度来看，西方人类学又可以视为一种"理论史学"，其早期的理论建构主要是通过对主流史学不够重视的"史料"进行理论提升而实现的；之后随着对所谓"原始社会"的调查研究不断深入，人类学逐渐成为如今的模样，日益褪去史学的色彩，而成为与社会学更为亲近的经典社会科学。另外，2020年夏季，我再一次获得了弥补遗憾的机会——被负责社会学专业研究生《质性研究方法》课程的同事邀请，录制一次线上视频课，主题是"田野民族志"，我欣然接受，并在精心准备一番后，第一次作为主角坐到了镜头前。经过多年努力，我已经把人类学"带给了"很多学生，而且功夫不负有心人，不少同学都曾经向我表达对人类学的兴趣，特别是当有学生发来信息，说他们考上了某大学的社会学、民族学专业研究生时，我会产生一种发自肺腑的喜悦感，觉得自己为中国社会学与人类学的发展贡献了一点力量；在与身边的好友闲聊时，我甚至还"调侃"道：我相当于在浙师大这片土地上撒下了几粒人类学的种子，期待他们陆续发芽、结果吧！

回望自己十年的从教生涯，我最大的成就感主要就来自于从未间断的"经典阅读"和"知识传播"过程，一边不断吸收学术前辈们的思想和理论营养，一边把自己所推崇和认同的学术知识传授给身边的年轻学子们，而自己更是在此过程中得到了锻炼与成长。如今，书籍已经成为我的挚友，阅读已经成为我的一个生活习惯，以至于一旦连续一周没有读书，我的内心深处就会产生一种莫名其妙的"负罪感"，但是我很乐意养成这样的"惯习"，也很享受阅读量不断增长所带来的心理感觉过程。其中，之前还没有产生多少"好感"的人类学经典著作逐渐成为带给我最多灵感的读物，有时候我还会生出某种"读之恨晚"的感慨，当然理性分析之后，我还是能够理解这种"心理反差"出现的原因，那就是：有些人类学作品的阅读需要特定的知识背景，在思维深度尚未达到一定水平的情况下，自然就难以把握住这些作品的理论洞见，因此，对它们的阅读兴趣也就要大打折扣了。总而言之，我如今已经深刻感受到了人类学的魅力所在，它对于提升我们的深度思考能力和扩展我们的理论视野都可以提供很大的帮助，尤其是它"特别乐于突破常识"的学术追求特别有助于创新意识的培养，尽管也可能会导致某些学习者因此而产生"人类学很善于猎奇"的一种复杂印象。

五、关于人类学"学科特性"的反思

在十几年的学习和教学生涯中，我对人类学曾有过各种各样的感受和评价，但始终都没有放弃对这个学科之"特性"的关注与思索，尽管至今我似乎还是难以真正说清楚它与社会学之间的本质区别到底何在。带着多年的思考，我在2020年秋季给社会工作专业本科生开设的《社会学经典原著选读》这门课程中专门为学生讲授了一节关于"人类学"的专题内容，第一次公开表达了对人类学"学科特性"的整体认识：

它最初的问题意识来自哲学，最早的素材来自史学，所以，它的核心理论关怀注定是"偏宏观"的；而伴随着人类社会的现代化进程，其主要研究对象也不得不从"原初社会"转向"现代社会"，研究对象日益发散，学科定位更加模糊，因此而与社会学等学科日益融合，整体而言，它正在表现出"哲学化"与"社会学化"的双重发展趋势；但与此同时，其宏大的理论关怀与独特的理论视角对很多学科都产生着强大的影响力，因此才产生了政治人类学、经济人类学、认知人类学、宗教人类学等很多交叉研究领域，从这种意义上来说，人类学可能不再适合被界定为一门学科，而应该被视为一种独特的学术视角，它以一种"综合与整体"的思维方式对人类社会进行系统深入的探究。

基于以上的思考，我似乎对人类"社会结构"产生了更新的认识——如果说经济、政治、社会构成了宏观社会结构的三个"实体部分"的话，那么，文化就是渗透于它们三者之中的水分，弥漫于它们周围的空气，它虽然可能"看不见、摸不着"，但却是那三个实体部分运作的"深层密码"，其功能十分类似于电脑中的软件系统。因为人类学是以"文化"作为核心研究对象，所以它必然会"显得"缺少独立的研究领域，而总是与其他社会科学有着紧密的关联；然而，正是因为对人类文化现象有着超乎寻常的理解力和极为宽阔的理论视野，它才得以带给了其他学科无数的灵感与启发；显然，这些理论见解主要都是基于我对人类学知识的学习而获得的。可以说，如果没有走进人类学这片学术田园，我很可能会像很多经济学者那样用"价值规律"来理解商品交易，像很多政治学者那样用"阶级统治"来理解国家权力，像很多社会学者那样用"科层效率"来理解社团组织，而丝毫考虑不到更深层的文化逻辑。回望自己走过的学术工作路线图，我觉得，人类学好像已经成为激发自己学术灵感的一服良药，而自己与人类学的结缘过程则完全可以用"曲径通幽"这个成语来加以概括，它虽然充满了婉转与曲折，却最终将我带入到了一片繁华盛景之中，让我看到了学术大花园里的那些"美不胜收"。

田野之间,学问存焉——我的人类学之路

邢海燕(丹兰索)

邢海燕(丹兰索),美国佛罗里达大学文化人类学博士,上海师范大学教授、博士生导师,社会学系系主任,社会学一级学科负责人,上海市"东方学者"特聘教授。

一、引子:走出"田野"

我出生在青海民族地区的一个小县城,父母亲都算是当地比较有文化的人,父亲曾在北京和西安读过两个大学,因为毕业那年爷爷去世,就回来在家乡的医院当医生。母亲中专毕业,在当地一个初级中学当数学老师。因为他俩都是学理科出身,又经历了"文革"等特殊时期,所以在我们很小的时候,就一直教育我们姐弟几个"学好数理化,走遍天下都不怕",也不管我们是否对理科感兴趣。在我读到高中的时候,本来对文学兴趣很大,一心梦想着要读中文系,但在父母的强烈反对下,只好选了理科,最后硬着头皮考上了大学。读大学的时候,学习成绩还算不错,能够在班级名列前茅,但个人的兴趣仍然在文学方面,我除了整天痴迷于读那些文学著作,还因为喜欢写作,加入了校广播站当记者,一年后又担任了校广播站编辑部主任。

大三那年,校广播站的部分编播人员跟着宣传部的老师一起去了新疆的一些少数民族地区,做了为期半个月的调研。这次调研让我大开眼界,不仅让我领略了祖国大好河山的壮丽,也体验了少数民族多元文化的精彩。同时为了要完成调研报告,去采访了很多锡伯族同胞,从此与少数民族研究结缘,直到现在。在大四毕业之前,我又跟着班主任在自己的家乡做了当地少数民族畜牧业发展现状的调研。在调研中发现,影响当地人经济收入的不仅仅是政策或者资金的制约,而且还有文化观念的影响,这个发现引起了我的浓厚兴趣,但当时并没有做深入的研究。后来这篇调研报告在我本科毕业前还发表了,是我人生第一篇公开发表的论文。现在想起来,应该就是从那时候,在心里已经朦朦胧胧地种下了人类学的种子,但自己当时并不知道还有这么个学科罢了。

大约在毕业前,我有了一个工作机会,可以回青海省卫生厅上班。但突然接到学校的通知,问我愿不愿意留校。当时每个系要推荐一名学生作为留校的候选人,我因为综合测评成绩第一,所以就有这个机会。但当时甘肃比青海工资要低一百元,我犹豫再三,最后还是听了母亲的建议留校当了老师。她说当老师挺好，一年还有两个假期呢。于是我留下来并在校办做行政工作。上班不久，办公室主任来找我谈话，说现在全省在搞支教下乡活动，你刚上班又单身，就代表我们去锻炼一下吧。就这样，我稀里糊涂地和另外两个同事到了甘肃省天祝藏族自治县的岔口驿中学，开始了为期一年的志愿支教工作，任务是给这些学生授课。当时给学生教了些啥，现在都忘了，但这一年支教经历带给我最大的收获是开始思考自己的人生，想着自己未来的路该怎么走。我记得当时支教的民族中学条件很差，我和姓丁的一个女老师住在这个中学的广播室里，屋顶漏风漏雨，还要自己劈柴生炉子。在冬天漆黑的夜晚，我躺在硬板床上，听着齐秦悲伤的歌，看着雪花沿着炉筒子飘进屋里来，丁老师在旁边的被窝里小声哭泣。但学校里的学生和老师们都很淳朴很热情，有时候藏族学生会突然给我们带来些土豆，男老师们也会常常帮我们生火做饭，有时候我们还会把学生带到附近的山坡上，晒着太阳给他们讲故事。就这样，在夏天结束支教回到学校时，我心里突然有了新的想法，感觉行政工作没有太大兴趣，干脆考研吧。但要考什么专业，又有点犹豫，记得本科的老师建议我考原来的专业，但我在仔细思索以后，最终以自己的兴趣出发，决定要考民俗学。当时感觉这个专业一直在研究少数民族的衣食住行，看起来很好玩的样子。可是第一年考研失利了，英语没过线，我只好边上班边准备。最后终于高分飘过，我也从校办转到社会学系，开始了我的教学和科研生涯。

读研的时候，非常幸运碰到我的硕士生导师，人称"西北王"的郝苏民先生。他是回族，学的是蒙文，后来因为研究八思巴文而出名。几十年间，他从几个人的西北民族研究所，发展成后来几十人的社会学系，再到几百人的社会学与民族学学院，一手把这个学科发展起来，还主办了《西北民族研究》杂志，使其成了研究西北少数民族的重要阵地，当时我还在《西北民族研究》当了三年编辑。与此同时，郝先生教书育人，培养了多名硕士，为国内外的高校输送了很多人才。我进入郝先生门下的时候，他年龄已经比较大了，但仍活跃然在一线教学中。他对学生的要求非常严格，那时候我们同学去见他的时候总是很紧张，因为他一聊天，就能够从非常小的事情，一直聊到国际局势，我们经常跟不上他的思维和逻辑，不知道该如何接话。

当时跟着郝先生读书，最大的收获是关于田野调查的系统训练，他会经常要求学生深入田野去观察、去记录。因为我是土族，郝先生就让我做土族的研究。研一的冬天我准备回老家拍一个关于土族婚礼的视频。出发之前我去请教老师，下田野需要注意些什么。他当时建议让我先拍村落布局，再拍院落，房屋里的陈设，包括猪圈的方位等，当时我觉得有点好笑，心想猪圈跟婚礼有啥关系呢？虽然心存疑问，但老师说了，我还是照做了。最后我在连续几年间拍摄了大量的土族生活及民俗的影像资料，这些后来成了我研究中最宝贵的一手原始资料。因为这种参与式观察的训练，从读硕士的时候我就开始有了从整体的视角去观察一个社区的意识，关注并且不放过生活中的每一个细节。但在当时并没有非常清晰的学科意识，后来才理解这就叫人类学的整体关照，和我们所谓"深描"的研究方法。

此外，在读硕士的时候遇到的老师大多是资深的老先生，而且是著名的民间文学和民俗学家，像研究西北花儿学的郗慧民教授、魏全鸣教授等，同时像柯杨教授、乌丙安教授等这些国内知名的学者也会经常来给我们授课。受这些老师的影响，我对民间文学的兴趣也非常浓厚，硕士毕业论文写了土族的口头传统研究，但不是单纯的文本研究，而是实地做了田野调查，把这些活态的传承回归到它原来的生活场景中去，从人类学的角度去关注土族历史上流传的口头文学，去研究口头传统与社区文化以及族群身份认同之间的关系。

记得读硕士的时候，就知道有"人口较少民族"的概念，因为导师郝苏民先生一直有个心愿，希望能在甘青特有的几个人口较少民族，诸如东乡族、保安族、撒拉族、裕固族和土族中，至少每个民族要培养一名博士。后来他的确招收了这样一批学生，我知道的像裕固族的大师兄贺卫光博士毕业了，在其他几个民族中，不知道大家有没有最后读完博士，而我自己算不算先生眼中的那个弟子，也不得而知了。但从考上大学读本科，再到读硕士，我算是走出了家乡的那个田野，生活中开始有了不一样的一片新天地。

二、求学美国：异域的"田野"

硕士毕业后的一天，我在学校图书馆碰见了来自西藏的一个朋友，他听说了我下乡支教的经历后，就说现在有一个国际奖学金你可以申请啊，他们很看重这种社区服务经历的。而他自己本人就是这个奖学金的获得者，在亚利桑那大学读的人类学。我听了后觉得很厉害，然后听从他的建议，也试着去申请。在经历了大概半年时间的四轮面试后，最终幸运地入围，得到了福特国际奖学金的资助，并得到了美国佛罗里达大学人类学专业的录取通知，登上了飞往美国阳光之州的飞机。然而，直到那一刻，我的未来还是充满了不确定性。

和从小在大城市长大的孩子不同，在我读中学的当年，青海民族地区的基础教育水平很差，其中一个很大的制约就是没有英文老师，因此在考大学之前，我都没怎么学过英语。到了大学，有很多来自民族地区的同学都面临这样的问题，学校就把学生按成绩分为英语慢、中、快三个班，其中慢班是从ABCD开始学起的。我最初的英语水平主要是靠大学两年的学习积累，后面为了考研，又自学了应试的英语。再后来为了申请美国的学校，也考了托福和GRE，但那时候的英文基本上还属于散装水平。

到了佛罗里达大学，又很幸运地碰见自己的博士导师施传刚教授（Chuan-Kang Shih）。施传刚教授属于正宗的名门之后，博士毕业于斯坦福大学人类学专业，是世界著名人类学家施坚雅（William Skinner）和武雅士（Arthur Wolf）的亲传弟子。施老师本科历史学背景出身，自幼国学功底极好，英文也极好，做事非常严谨，所以对学生的要求也很高。到了美国，施老师发现我有一些研究的底子，但外语不是很有优势，就着重培养，因材施教，给我教了很多有益的学习方法。在他的建议下，我第一学年选了 Introdution to Anthropology、Ethnicity in China 等课程，虽然学习辛苦，但是拿到了全 A，4.0 的 GPA，学校的国际留学生中心还给我发了一封祝贺信。他还推荐我去当地一个高档社区的老年大学做一个学术报告，本来这个报告是请他去的，但他给主办方说我今年来了个新学生，她研究的东西非常有趣，然后就推荐我去了。我那是第一次用全英文做演讲，给这些美国老人讲青海的少数民族，结束后对方反馈很好，说讲得很生动。现在想起来，非常感谢我的导师，在我刚入学的时候，就提供了这样的锻炼机会给我，让我有了非常不一样的体验。

和美国相比，在欧洲或者其他一些国家读人类学博士，修的学分会相对比较少，甚至听说有人大概一年就能把课上完。但在美国这是不能想象的，要读完博士的话，最终要修满90个学分，其中有36个课程学分是人类学领域的必修课，这至少需要两三年时间。而且因为美国的人类学是 four disciplines，要拿到博士学位，就必须在研究生的基础课程中学习体质人类学、文化人类学、语言人类学和考古人类学四门课，哪怕你将来做的研究方向不是这些领域，这些课也都是必修。记得我刚开始修考古人类学、体质人类学这些课程的时候，因为作业要求都很高，觉得压力很大。这些学科的很多专业名词，像什么蝶窦、颞窦的，翻译成中文都不太明白，所以觉得难。有时候作业不会了，我就跑去问施老师，他就很耐心地讲给我听。但这种训练对我开阔视野很有帮助。以前我没有思考过考古人类学、体质人类学会对我的文化研究有什么太多的用处，但学完这些课程以后，再去做自己的田野或者研究的时候，就会刻意地关注到这些维度，思考问题的时候也会关注时间与空间的概念，也会有历时的纵向比较或者现时的横向对比的意识。

美国对研究生的学术训练很严格，尤其是对学生的理论和实践要求都很高。美国大学的研究生培养体制，特别注重培养课堂上学生的互动和思辨能力，这也让我大开眼界。记得比较有意思的一段经历，是刚去美国读书的时候，因为英文听力有限，加上害羞，我就不太敢在课堂上发言，光听着班上的其他同学口若悬河，滔滔不绝地讲啊讲，就觉得他们好厉害啊，什么理论都知道的样子。后来到了第二年，听力和口语都好了很多，再听他们的发言，就发现也有部分同学纯属在胡扯，这时候自己就大方自信了很多，也敢于加入他们中去讨论，甚至是争论。

学术写作也是美国研究生项目中重要的训练内容，刚去读书的时候，人类学的很多理论我熟悉，但在写东西的时候，就不太会用批判式的思维去对待一些经典的理论。当时在国内，觉得翻译过来的理论都是最时髦最先进的，人家的观点引用就好了，并没有批判的意识。但是到美国的课堂，就颠覆了这种观念。老师让我们写的作业，哪怕是阅读经典，也一定要说它哪里不足，一定要有你自己的观点。我从东方思维到西方思维的转换，在刚开始费了很大劲。有时候洋洋洒洒写了一大篇东西交上去，老师给我的分数并不高，甚至有时候会要求我重写，我很受挫，觉得自己很下功夫了啊，为什么这样？老师就说，你没有自己的观点，你的创新点在哪里？慢慢地，就接受了这种逻辑，就是再大牛的学者，他研究的东西也不一定都是完美的，我们有没有超越他的可能性？或者他做的研究是不是有什么不足的，有没有补充的可能性？要敢于跟经典对话，这种思维被训练出来后，在此后自己做研究、写课题、带学生的过程中，都受益匪浅。

佛罗里达大学的人类学是老牌院系，有很多知名的优秀学者，比如著名的人类学家马文·哈里斯（Marvin Harris），我进校的时候他已经去世了，但他的学术遗产被佛大人类学系传承得非常好，每学期系列的马文·哈里斯讲座，都是我们必修的经典。还有人类学界的大牛罗素·伯纳德（Russell Bernard）教授，他的人类学研究方法教材和课程都是全美闻名的课程。还有我的导师施传刚教授，是做摩梭人研究的世界知名专家，也曾经是第二个拿过美国国家事业科学奖的人类学家，这样的教授还有很多，这种顶级的学术资源带给我的影响是终生难忘的。

此外，多元的学习环境也是佛大的特色。因为佛大的人类学系国际学生很多，和我同班的除了美国人，还有加拿大、法国、墨西哥、索马里、厄瓜多尔等不同国家的同学，当时我这一级只有我一个中国人。因此，我无意识中也把课堂当作了异文化的体验中心。在跟来自不同种族、不同国家的同学们互动的时候，感受他们和我之间的文化差异，再去反思他们的行为和我自己的研究。因为有些课程作业需要小组合作完成，在和同学合作的过程中，我也体验到了非常有趣的社会化现象，发现有些人的做事方式真的和其文化背景及成长经历有关。当不同文化背景的人们在一起讨论问题的时候，大家的思维方式和解决路径是完全不同的。作为一个来自中国的少数民族，我可能对自己这个民族的很多文化现象司空见惯了，认为这是一种常识，大家都已经接受这样的东西了。但对很多的外国人来讲，他会完全不理解，站在陌生人的角度上，他们理解和关注的视角和我是完全不同的。这个时候，作为一名人类学工作者，对多元文化的容忍、宽容，或者是彼此之间不停地碰撞和交锋，是非常有益的，其中最大的好处是会帮助你反思自己。后来觉得我对很多研究问题的灵感来源于我异国的老师，或者与同学、同行之间的交流。在这种多元文化的学习氛围中，我对文化人类学中"他者"的视野也有了更深刻的理解和体会。

基于这种奇妙的体验，我决定学期结束的时候，去世界各地旅游，去更多的国家体验，去感受这个时代的变迁。在读博的很多个假期中，我去了欧洲、加拿大、墨西哥等地，一共差不多走了20多个国家。每到一个地方，我不仅仅是好奇的游客，更多的时候，我会去接触当地的居民，跟他们聊天，聊中国，聊他们的生活，因此也收获了许许多多有趣的经历和故事。

很快，在佛大读书的前两年愉快时光就过去了，这个时候我可以拿一个硕士文凭毕业,也可以继续把博士读完。但那时候福特国际奖学金提供的资助期已经结束了,要继续读书,只能争取学校的奖学金,而当时竞争非常激烈。我入学那一年大概有 109 名学生,只有 20 多名学生能够拿到奖学金,剩下的学生都要自费。也许是因为我学习成绩还不错,很幸运地,学院同意给我奖学金让我继续读博,所以我在佛罗里达大学提供的奖学金资助下完成了后面几年的学业,条件是我要当助教。

值得一提的是,助教的工作又开启了我在美国的新经历——我的人类学教学生涯。记得刚开始,我最想做的助教工作是 grader,就是帮老师改改卷子什么的,不用上讲台。但学院的秘书说,你在中国都已经是 Associate Professor 了,还是要上讲台的,然后没办法,就硬着头皮当了 TA(Teaching Assistant),负责给本科生教人类学导论的小班讨论课。到第二年,又让我教一门课,叫 "Language and Culture"。但语言学对我来说是比较陌生的,我是民俗学出身,后来才读了人类学,所以语言人类学的课就得从基础开始学起。因为要带这门课,我就边学边教,从国际音标开始学起,到语言的规则,语法的结构、语音语素都得熟悉。教材上有很多原始部落的语言,在读的基础上还要分析它的语法结构,还要讲给学生听。我担任助教的老师是个很著名的语言学家,教学非常认真,记得那时候他会在一天之内给我发六七封邮件,指导学生的课程设计和安排,所以当时压力也很大。但这段教学经历,也让我获得很多,跟美国本科学生直接面对面接触的机会,把知识传递出去,让我对自己的专业多了一份理解和热爱。

到了第三年,要通过博士候选人资格考试(Qualification Examination),才能有资格去做田野调查和写毕业论文。考试由导师委员会组织,我的导师委员会有四个导师,要考四个方向,包括族群、宗教、性别、中国研究等。当时我准备考试的时候给老师交的阅读书单就有几十页,是非常大的挑战。要通过考试,就意味着基本上每个领域里的研究现状你都要掌握。我的导师委员会除了施传刚教授,其中有一位曾是世界民族学会的主席 Dr. Harrison,她是一个女性主义研究的专家。我以前做研究时对性别的领域是比较忽略的,但因为她在我的导师组,有关性别的研究就是必考的一个方向。当时,她要求我熟悉全球领域内关于性别研究的最前沿成果,比如女性主义的思潮、东西方的差别、中国现在的研究成果等等。另外一个导师是搞宗教人类学的杰拉德·莫瑞教授

（Gerald Murray），他本科哈佛毕业，是哥伦比亚大学的人类学博士，会18种不同国家和地区的语言，对我影响也非常大。莫瑞教授在全世界很多个国家都做过研究，尤其在应用人类学方面非常有建树。他一直强调关注现实的问题，要考虑你的研究能够给社会解决什么样的问题，这点在我近几年的项目研究中有所体现。后来，莫瑞教授也多次来过中国，我们也有合作发表一些文章，但他一直感叹了解中国太迟，招收中国学生有点晚了，不然，他会在中国开启一个很深的研究领域。实际上，莫瑞教授已经是快80岁的人了，2018年到中国后还跟我去了青海果洛、玉树等高海拔的藏区，还去了临夏回族自治州等地方。不管走到哪里，他都带着录音笔，一路走，一路问，还在飞机上写田野笔记。他还一直坚持自学中文，这种活到老学到老的学习精神让我颇为汗颜，以至于自己后来想偷懒的时候，想到莫瑞教授勤奋的样子，就又动力满满。我导师组还有一名老师叫王岗，是芝加哥大学的博士，做中国研究的，是一位非常温和的教授，记得很多时候论文写得很痛苦，王老师就会给我鼓励，让我坚持下去，现在想起来，也是非常温暖和感恩。

在佛罗里达大学读书的时候，人类学系的氛围也非常好。人类学的田野调查很费钱，但系部、学院和研究生院有很多的 funding 可以申请。老先生们也特别关心后学，有些知名教授荣休以后，就会以自己的名字设立研究奖学金，如果你的研究项目被委员会评上，就可以得到一笔奖金，大约一两千美金不等。记得我读书的那几年，拿过 John M. Goggin Award、James C. Waggoner Jr. Research Award、Polly and Paul Doughty Research Award 等，差不多系里的各种研究奖学金我都拿了一遍，还拿过研究生院的 Travel Grant。这些奖学金对一个人类学工作者来说，是很好的鼓励，你会看着前辈学者们的贡献，又拿到他们资助的奖学金，就会感知到这是一种期许，就会对自己的事业有很好的传承信心。就这样，在考完博士资格考试后，我带着满满的自信，回到中国，又去土族地区开始做为期一年的田野调查。

其实在这次回国田野之前，我断断续续地在青海和甘肃地区已经做过差不多十年的田野，积累了不少的资料，也发过一些以描述性研究为主的小文章。但这次下田野，和以往感觉完全不同。再次回归田野的时候，已经带着"他者"的视角，把自己的身份从中抽离出来了，而且经常会有意识地拿土族的个案和海外的一些族群做比较。因为在美国读书的几年间，思维是非常开放的，在课堂讨论和各种会议交流中，经常会发现，相隔十万八千里的文化居然有相似性，这会让你脑洞大开。作为一个少数民族的学者，我也学会了时时刻刻提醒自己要跳出来，以他者的眼光客观地看待问题。因此，当我再次走进土族社区，发现不同地域的文化差异性和相似性真是令人着迷，这在我后来写的文章"Religion and Climate Change: Rain Rituals in Israel, China, and Haiti"中也有提及。

我博士论文研究的是土族民间宗教研究，当时主要是为了田野调查比较方便。刚开始跟我的导师组讨论的时候，他们都对我这个民族很感兴趣，因为是个很小的民族，族群内部文化差异又特别大，最初我想做一些节日仪式方面的研究，但往深层挖掘以后觉得民间宗教是核心，所以就以这个为题写了下去。但后来一直到博士论文完成，总觉得自己的研究才刚刚开始，还有很多问题值得深究和探索。青海有三个土族自治县，互助、民和和大通，这三个地区的土族在语言和服饰上都有差别。大通和互助的土族基本上是比较接近的，但在语言上互助的土族保留得比较完整，民和的土族语言和互助稍微有些差别，而黄南藏族自治州同仁县的土族在文化上和其他两个地区差异却非常大，它更加接近藏族文化，这也是人类学上特别有意思的一个现象。因为同仁地区土族的语言和互助、民和的语言都不一样，却和甘肃一个信仰伊斯兰教的民族——保安族的语言是完全一样的，所以我在同仁做田野调查的时候需要请翻译，请了我的一个保安族朋友给我当翻译。我想以后有机会，就这个现象一定要做一个语言人类学的调查研究。

除了论文的研究，在异域的另一个收获就是参加各种国际学术会议。第一次是导师带我在加拿大蒙特利尔参加美国人类学年会，投稿后参加了一个poster的展示。后来又去参加了几次AAA的会议，每一次都很长见识。看到全世界几千名人类学家聚在一起，几百个分会场，几十场展览，简直就跟过年一样，热闹非凡。再后来我去AAA开会，就让我做分论坛的主席，让我来主持会议，和各国的学者在一起交流，也是特别宝贵的经历。

众所周知，在美国读人类学专业很难，比较费钱还不太容易毕业。据有关统计数据显示，人类学是美国博士专业中耗时最长的专业之一。所以后来有国内的小师妹想出来读书，问我这个专业的前景的时候，我总是会先吓唬一下她们，让她们有个心理准备，告诉她们至少要花十年的青春在学业上的现实。做人类学的田野调查，不仅需要花时间，还需要花钱，因此常常被人们称为是有钱又有闲的阶级才会去读的专业。而且，和工程类或者商科的专业相比，人类学又不是很好找工作，所以最后去选择这个专业并读下去的，大多还是出于兴趣。我记得当时班上的博士同学好几位都是年龄很大的，其中一个美国女生已经有法律博士学位了，本来在华盛顿做律师，但后来工作了一段时间，差不多快退休了，又来读一个人类学的博士。但也有同学博士学位读不完，中途就退学了的。和我当年一起进校的同学，经常是读着读着就不见了，据说有的人是做田野做不下去就退出了，有些人是田野做完了，论文写不出来就退出了。好在我坚持下来了，最后也顺利毕业了。我之所以能够顺利毕业，要特别感谢我的导师施传刚教授，他对我学术上的严格要求，让我时刻不敢怠慢，而且他在我遇到困难时候的鼎力相助，又让我有持续下去的动力和勇气。施老师个子不高，但身体中蕴含着极大的能量，往往在关键时候，有着化腐朽为神奇的力量。他对待我们几个弟子，都是在学术上极其严格的规训，但在生活中又是非常的关照，还经常会为我们争取各种资源。回想起施老师的学品和人品，这辈子都值得我景仰。

三、回归：城市中的"田野"

在我毕业前夕，也有人劝我留下来，但那段时间估计是写毕业论文写的，感觉郁闷死了，特别想逃离，觉得逃回国的日子会更加有趣。再后来全球范围内发生了很多事情和变化，证明我选择回来是对的。

回国前，最想去的地方是成都或者云南，因为好吃的很多。但阴差阳错，很偶然的机遇，我来到了魔都上海，现在这一切都可以归结为缘分。当时刚到上海的时候，对这个城市并不是特别了解，心里想着待着要是不顺心，就抓紧逃。结果我从来的第一天开始，就再也没有离开，而且深深地喜欢上了这个城市的一切。

上海的包容、开放、有秩序，绝对走在全国前列。记得我的老师鲍鹏山先生曾经说过，相比较于其他城市，上海是个相对公平的城市，有很多发展机会，可以不用凭关系就可以把事情做好，但上海也是个凭本事吃饭的地方，你必须得有两把刷子才能立足。后来在我生活中发生的许多事情，证明了这个论调的正确性。刚回来的时候，发现自己已经和国内学术界脱离太久，很多东西都不熟悉了。但同时也欣喜地发现，相比90年代末，国内人类学的发展已经有了非常大的进步和很好的前景。从前给别人介绍你是学人类学的，人们会用奇怪的眼光看着你，然后问你什么是人类学。而现在，各地的人类学家们活跃在各种学术阵地中，彼此之间有着密切的互动和联系，一个良好的学术共同体正在形成。我回国后在魔都的学术生活，也是受到了人类学界各路大咖的关照，像南京大学的范可教授、复旦大学的潘天舒教授、纳日毕力格教授，广西民大的徐杰舜教授，以及学界其他高校的各位好友都给予了我很多的支持和帮助，在此要感谢他们。有一年，徐杰舜教授让我主办人类学高级论坛，那年的议题是都市人类学，大家觉得这个会在上海召开是最合适不过的了。但主办一个学术会议，往往是一个学校或者院部承担的任务，我一个人如何操作呢？我试着去找了学院领导和学校社科处，谈了我想办人类学高级论坛会议的想法，令我非常意外的是，他们居然全部表示支持，并承诺给经费资助。当时的社科处处长马英娟教授，后来还表示从她自己的个人经费中再给我一点支持，而研究生院的院长陈昌来教授在会议结束后给我说，如果还有经费差额，就由他全部包了。我们哲法学院的院长蒋传光教授也是鼎力支持，记得当时他们法学学科也有一个全国性的学术会议同时举办，但听说我需要学校会议中心的会议室，就把自己预订的会议室让给我，把法学的会挪到外面宾馆去开了，给我们的人类学论坛提供了最好的空间。就这样，在上海师大各部门的给力协助下，那一届的人类学高级论坛举办得非常圆满成功。这件事令我非常感动，因为当时的我只是一名普通老师，既不是领导也没有财务的权力。这种事情，我想放在其他学校也许不一定能办成，但上海师大对人类学学科的重视和支持让人非常欣慰。同时也感谢徐杰舜教授对我的信任，让我通过办会又结识了很多人类学的师友，彼此有着非常好的交流和友情，再次觉得自己回来很值。

之后，在上海师大工作的日子应该是忙碌但愉快的，因为申请到了国家社科基金项目《西北人口较少民族的民间宗教研究》，作为之前研究基础上的一个推进，我一边继续着自己的项目，一边教学。社会学在上海师大是一级学科，下设有社会学、人类学和民俗学三个二级学科硕士点，我回来的时候正处在成长阶段，又正好碰上好几个教授退休，学院就让我做学科负责人。考虑到上海的地理环境和已有关于城市研究的学科基础,我就把自己的研究方向也转向城市,开始关注城市移民群体,尤其是城市里的少数民族和新海归群体。而且,受二导师莫瑞教授应用人类学方向的影响,我一直在考虑学的这些知识能解决什么问题?希望能用自己的人类学知识为社会服务做点什么。由于我是少数民族,又有海归的身份,回到上海以后,就被学校统战部纳入侨联组织,成了被统战的对象。我也就干脆以此为契机,开始了关于上海华人华侨群体的研究。近几年,受各级政府的委托,我先后承担了中国侨联、上海市侨联、上海市统战部、徐汇区统战部、奉贤区统战部等多个部门的研究课题,和我的团队一起,就上海市的华人华侨群体和少数民族群体的研究出版了一系列成果,为全球化时代上海城市治理中海归人才的战略发展,以及外来少数民族群体的社会融入问题,提出了相应的政策建议。我们的部分成果获得了上海市统战部、上海市教育工会等部门的奖项,有的报告还被政府采纳为政协的提案,也算是做了一些接地气的人类学工作。

但人类学的发展仅仅耕耘自己的一亩三分地还不够,我觉得培养人才是更加重要的事业。因此,我也一直在思考如何把我在外面学到的一些理念和知识传递给我的学生们。经过一段时间的实验后,我在本科和研究生的教学工作中,秉承PBL(Project Based Learning)项目制教学的理念,把项目研究和教学统一起来,让学生参与实践,走向田野,从实地研究中获取知识。这个教学方法实施后,取得了非常好的效果。

在课堂实践中,有些内容我会开放给学生,告诉他们要运用他们的想象力、创造力和研究能力,针对问题进行一个设计。本科生我会要求他们做一些比较有趣的实践活动,在理论和实践层面结合起来,在查资料读文献的基础上,把学到的东西结合现实做成各种各样的项目展示出来,同时也特别注重培养他们的思辨能力。在研究生培养中,不管是社会学专业还是人类学专业,都会特别强调两点,一是大量的阅读,二是扎实的田野调查。有些学生不注重田野,喜欢宅在书里头,看看书,做想象的人类学,但我一定要求他们走向实际生活中,去接触现实,再发现问题。人类学的理论课比较枯燥,我就让学生将理论和现实结合起来,带领他们研读国外最新的前沿理论成果,让他们自己撰写书评,并开设"SHNU社汇学思"的公众号,让学生有自己的学术交流平台。现在,社汇学思的书评已经成了上海师大社会人类学专业同学的一个品牌。

与此同时，针对课堂内容，我会把学生分成小组进行团队合作，要求每一个人必须深入地参与到课堂当中来，每个小组最后要完成一个项目，并在课堂上展示。我会先教学生怎么查资料，怎么上图书馆找文献，再带领他们进入田野，然后由他们自己完成研究任务。这个实践效果特别好，学生们非常有才华，主动积极性也很高。我也会让学生加入各种项目小组，跟着老师做研究，鼓励他们自己申请学校的各种课题立项，每年寒暑假还会带着他们到青海、甘肃、新疆、河南等地做田野调查，让他们把论文写在祖国大地上。这几年，亲眼可见的，大部分学生的科研意识得到了良好的训练，从田野中收获了很多，有多位同学上完课程以后，就对社会人类学产生了浓厚的兴趣，并走上了学术科研的道路。部分同学赴澳大利亚、美国等攻读社会学的研究生，还有20多位同学考入了中山大学、华东师大、云南大学等高校攻读相关专业的博士和硕士研究生。在此基础上，还有多名研究及本科生团队立项国家级大创项目和市级大创项目。2018年，我的两个学生团队获得上海市"挑战杯"大学生课外学术竞赛的一等奖和二等奖，2019年又带领研究生团队获得全国"挑战杯"大学生课外学术竞赛二等奖，被评为"挑战杯"优秀指导教师。

除了教学中与学生的实践互动，我也非常重视和国内外同行的互动，和国际学术界的交流保持着密切的联系，所以每年都会有机会去海外参加各种学术活动，了解世界的前沿都在做些什么。2018年，我和王建平老师合作，用中英文双语出版了哈佛大学馆藏的民国时期土族的珍贵影像资料。之后，又翻译并出版了哥伦比亚大学人类学教授墨菲的著作 *Body Silence*（《静默之声》）。同时，把一些关于中国西部少数民族的研究成果发表在英文的学术世界中，与国际同行对话。2019年，我赴纽约联合国总部，参加了联合国第63届妇女大会，并代表太平洋地区教育与发展组织，分别在跨文化的老年女性对话和女童教育两个分论坛进行了主题发言，我在发言中结合自己的项目，就中国女性养老保障和中国少数民族女童教育的问题，分享了上海的经验和中国的实践，与来自全球各地的领导者和杰出妇女代表进行对话，收获颇丰。尤其开心的是碰见了来自加拿大等国的一些优秀的女人类学家，并与她们相谈甚欢。这是我首次就性别的话题在国际学术论坛发言，在后来发表的文章"Gender and Folk-Religion in Western China: A Case Study of the Tu of Qinghai"中，对中国少数女性的问题有所探讨，实际上也是受了我读博时候导师们的启发。

　　写到这里，不知不觉已是今天。回想过去，有悲有喜，仿佛一场电影，我一直在不同的"田野"中成长，最最记忆深刻的，就是在佛大读书时候接受的那些严格训练，在我后来的人类学之路上留下了深刻的烙印。有人曾经问我，读人类学是一种什么样的体验，我说是一直行走在田野中，痛并快乐着。

从故乡到异乡：我的人类学跨界之路

熊 迅

熊迅，中山大学传播与设计学院副教授，广州美术学院视觉文化研究中心兼职副研究员，美国南加州大学访问学者。中国高校影视学会纪录片专业委员会理事、人类学高级论坛青年学术委员。

感谢徐杰舜教授邀请参加《新生代人类学家之路》的出版计划,徐老师是我的硕士生导师,也是在我从一个人类学的"门外汉"的身份在人类学的入门之路和初试田野的尝试中给予莫大帮助的恩师。我在本科阶段学习航空专业,毕业后在机场工作,工作之外,我当时热衷于徒步、背包旅行和人文摄影,经常走到那些"著名的远方"住上一段时间,蹲在街角或行走间碰到和善健谈的人,聊天凑热闹的同时好像也能收获一些别样的人生经验。打卡上班的工作之余,我也作为合作摄影师,为人文杂志提供一些组照或图片故事。其时,中国西南地区旅游开发正在发端,传统文化也开始进入现代性的话语体系。在以这种浮光掠影的"小资情调"的方式跑马观花一些地方后,我很快也发现,各种"当地"和"当地人"正在变得一模一样,而所谓的"独特体验"也正在成为一系列套路化的叙事方式,以及某些群体乐在其中的文化资本。

一、返景:作为异乡的故乡

在旅游产业在各地开始兴起的同时,我在三峡库区的故乡也正在经历迅速的变化。原来的老城被推倒,新而陌生的城市也在水面上涨之前建设完成。每次回家我都会找时间,到正在清理的老城库岸的残骸地界,去尝试拍摄组照。通常在挖掘机走后,工人们就会站在房顶挥舞大锤砸着门框,总是有锤击的声响持续在河谷回荡。还有一些没能迁走的人们,在层层叠叠的断垣残壁之间淘米洗菜,也总是有人蹲在连绵不断的废墟小山上,沉默地眺望无言大河。童年生活其中,遍布巷道的建筑曾经是充满迷宫和故事的大世界。拆除而成的空地,却显得不可思议地小,和所有的拆建工地没有任何区别。

此后数年,随着江水渐起,库岸、故乡和记忆都没入越来越高的水面。那个始建于汉代,在近两千年的历史中凭借井盐采制一直贯通三峡水道连接湖广、穿越秦岭山脉直达汉中的制盐重镇,也逐渐成为文本中可删可改,可咸可甜的几段故乡符号。只有那些在废墟上匆匆拍摄，因为自制暗房漏光冲印得有些问题的照片，反倒超越了话题渐少的家乡同学聚会，成为故乡持续存在的一种潜影。因此，我开始积攒更多的假期时间，沿着长江的支流溯水而上，去看那些从没有看过的故乡肌理，听从没见过的人的故事。行走其中，既有运盐古道上落魄小镇的傲气生命，也有小河源头漫山野花中的灵气少年，还有夜间停电后村中老人的精彩龙门阵。当暗夜凉风吹过后颈，扑灭蜡烛之时，大致就能感受活在当下的历史，以及那些千年传说的体感和味道。

后面，我知道它们是宏大历史变迁和国家进程的组成部分，也是存在其间的个体生命不可避免的结构性格局。比较之下，我自己故乡的变化或者消逝并不特殊，也不严重，甚至还有集举国之力于一地的幸运。但在当时，在这些行走和体验之中进行解释和记录的本能冲动，以及以另一种看待他乡的方式来观察故乡的经历，使我开始意识到"母体"的存在。我开始主动去查找文献、阅读理论、寻找学科，从而了解到一些之前的本科课程中从没有接触到的人文学科内容。

二、田野：人类学的门与窗

千禧年之初，中山大学人类学系在周大鸣教授的大力推动下，正处于蓬勃发展的时期，经常会有"大咖"的讲座和交流。我那时还在机场工作，在业余时间常常跑到中大，蹭了不同专业的一些课程和讲座，才开始真正接触到人类学这门学科。由于之前看过邓启耀教授主办的《山茶人文地理》（至今来看，这仍是一本具有真正人文情怀和学术深度的杂志），印象深刻的是当时邓老师做的影视人类学系列讲座，听到不少田野调查和反思自我的有趣故事。记得有一次邀请他的老师赵仲牧先生来交流，我和另一个学计算机系的朋友还在讲座上"双双发难"，虽然幼稚得好笑，但印象中这是唯一见到先生的机会。

影视人类学是通过影视表达手段来表述人类学现场和文化认知的一个跨学科领域。在影视人类学的学科领域中，影像语言体系、影像制作技术、扎实的田野调查和人类学的视角是几个基础的组成部分。也为人类学家的学术交流、人类学专业教育、社会历史文化的影像文献、人类学知识的普及提供了可供保存、传播、可感可知的媒介材料。我在后来参加的多次国际人类学大会中，影视人类学会场常常是交流最丰富，也是学生们参与最多的版块之一。

而在当时"蹭讲座"的过程中，对影视人类学了解也越来越多，似乎看到了可以连接个人经验和认识世界两方面的理论关照。我开始越来越多自学和接触人类学。得到邓老师帮助，我还参加了2003年云南大学影视人类学国际会议，在林超民教授的组织规划下，云南大学从1999年就开始和德国联合创办东亚影视人类学研究所，聘请世界一流的影视人类学家来培训学生、制作影片、举办国际会议。后来，邓老师又请德方专家为我们上课拉片，讲解人类学经典影片中的亲属制度、性别关系、社会平衡和代际传承等。那些经典的人类学电影所传达出来的文化细节、整体关怀和伦理关照，使得"野路子"的我进一步看到了动态影像传递复杂信息的能力，以及超越文字表达的意义所在。

在广西民族大学的研究生阶段，有了较为系统的人类学训练，徐老师对田野调查也非常强调，长期全力支持学生去做田野。很多同门在进校之前就开始做调查，"一脚踏进游泳池"，有基本的感性经验后再进校学习，这种导向使得同门们都练就了较扎实的田野基本功。硕士就读期间，广西民族学院更名为大学，学生们也有了更多的教学资源和项目机会。我参与了广西龙州中越边境族群结构、合浦珠疍群体、贵州屯堡地戏、南宁平话人等的田野调查。带着任务的田野调查既需要部分融入对象世界，又要能搜集到系统性的信息。阅读到的抽象理论和方法，在田野的观察和行走中逐渐内化为自己的理解。那时，徐杰舜教授和秦红增教授先后主编的《广西民族大学学报》已成为中国人类学研究的重要阵地，也是我们得以近距离学习的优秀刊物。

千禧年之后的中国，正是经济飞速发展，迎来巨大变革的主要时期。人类学研究的对象也正在从传统的"异族"开始向具有不同特质的"文化群体"转向。在方法上，也从传统的"外部视角"，开始走向"内外交织"，并开始强调在地主体的能动性。参与式发展研究便是在这一背景下发展起来。如何看待经济发展和旅游开发下的传统变迁，有效记录和呈现文化持有者和地方性知识，以及通过赋权的方式挖掘行动者的主动性，成为当时参与式发展研究的主题。

十多年前的安顺屯堡正好是一个多方交织的文化场域，在田野的地戏表演中，历史和现实相遇，国家和地方互动，中心和边缘共振，虚构和真实同台。总之，一个封闭和自足的村落社会并不存在。而上述的研究视角在屯堡田野中带给我很多的思考。我还得到秦发忠先生一家和周姓家族温暖的接纳和帮助，开始认识到人类学文本和发展话语背后，人我之间的联结才是理论得以成长的真正土壤、动力和营养。当时拍摄的以屯堡地戏为主题的影像习作入围了"云之南"记录影像展，获得过影视人类学学会奖，第二版则在制片人、南加州大学沈雅礼（Gary Seaman）教授的指导下，重新剪辑后入选了英国皇家人类学电影节。回头来看，这一时期的经历，是我步入人类学之门的基础，而田野训练和理论学习，就好像这个殿堂中的两扇窗口。

三、聚焦：参与式影像的实践

传统人类学重田野，虽然我接受了一些学术训练，但将田野与影像实践相结合，并生产出具有人类学内核的影像作品，对我来说仍旧有着相当大的挑战。

研究生阶段，我入选了吴文光主持的"青年导演计划"。该计划支持十名年轻人制作纪录片，多是国内电影、传媒专业的学生。难得的是，同期还有一个基于参与式影像方法的"村民影像计划"，在全国范围内寻找10个村民拍摄自己的村子。在接受培训，完成自己"作业"的同时，还近距离感受到有"中国独立纪录片之父"之称的吴老师对影像表达的激情和制作立场，更从村民的影像行动中看到了参与式影像的力量和意义。

此后，在不同场合下观看纪录片，参加影视人类学的会议和纪录片放映渐渐成为一种常态。还记得在黑暗的放映厅中，看到关于三峡工程的纪录片如李一凡、鄢雨的《淹没》、冯艳的《秉爱》时，深深感受到的呼吸相通的温度，以及屏幕上不远故乡的微光。不少纪录片的工作方法和观察视角，和人类学田野的旨趣几乎一致。而一些纪录片制作者，在拍摄地工作的时长和深度，其实远远超过包括我在内的号称在做田野的学生。他们的现场观察水平和与人相处的共情能力，也常常令人感佩。

过去，主流的中国电视纪录片往往依靠旁白加画面的方式来表达一个具有逻辑性的结构，其实多少放弃了活动影像的核心优势。而主题先行的制片过程，又使得现场和事件的完整性被打破，甚至进入了模板化车间生产的"内卷式"过程。在 20 世纪中叶,美国人开始尝试"直接电影"的方式,不干预现场、不控制拍摄对象、无旁白的影像背后,是对影像叙事手段和生活原貌的最大发掘。而屏幕中发生的人和事,不一定是极端的戏剧化,但却保留了个体和具象的细节,既有文献价值,也有传播意义,还给善于观察和思考的观众留下了可供多方解释的开放文本。在 20 世纪 90 年代,这一取向开始成为中国纪录片从业者尤其是体制外的作者开始主动拥抱的范式,人类学因其系统的方法论和价值观,也成为影像作者们多少会触碰到的学术脉络。

反之,人类学家们也开始意识到,影像除了可以普及或宣传人类学之外,本身也具有文化阐释的能力。中国社会科学院民族研究所影视人类学研究室、中国社会科学院社会文化人类学研究中心等机构也在同时期就开始、并一直持续进行具有人类学学理性的影像民族志制作实践。

参与式影像则使人类学方法和影像结合更为紧密,也从另一方面挑战了直接电影的缺失:直接电影忽略了摄影机在场这一明显的权力过程,因此,需要揭示制作过程本身,并允许多方参与者在影片中的自我发声。这一范式来自法国人类学家让·鲁什,他本人既是法国新浪潮电影中的一员,也是极其优秀的民族志电影制作者。在他之后,"反身性""赋权""参与式""共享"和"多音位"成为人类学电影制作中的高频关键词,

我在博士阶段得以继续随邓启耀教授学习视觉人类学,由于一个禁毒防艾的项目的契机,我进入到云南腾冲中缅边境傈僳族村落。项目组安排我以村民影像培训者的身份,赠送相机给当地人,收集相关的摄影作品并收集口述材料,以此挖掘和强化传统文化的自信心。这种具有"参与式"特点,且与"影像"相关的实践我很感兴趣。随着工作时间越来越长,视觉内容具有的结构性引起了我的好奇,我决定把这里作为博士论文田野点,开始着重了解这个传统上无文字、善于迁徙的边境群体中的仪式系统和文化结构。

其间,我申请到一个国际艺术基金的资助,开展名为"组装故乡"的参与式影像的实验。用多媒体形式呈现村民在老家的故乡景观、人和故乡的关系,以及故乡内外的联系等等,也讨论和反思村民作品的形成过程。很快,村民就学会了摄像机和录音机的基本操作,并开始主动介入制作。参与式影像通过制作电影的行动产生意义,作品形成过程也成为一种有意思的互动交流过程。之后不久,村民们的老家河谷的水库修建完成,河面上涨淹没聚居地,我和村民

一起记录的影像大致成了唯一留下的视觉文献。

在博士论文中，我讨论了影像制作、传统中的视觉性、文本的采借、仪式展演和空间、族群形象等如何在文化表征和影像制作两个层面呈现出来，并和文化地理、迁徙史、身份认同、族群特征整合为一体。在腾冲的田野中，我也常常穿着傈僳族服装，跟随报道人在国界边缘穿行，爬坡上坎，跳石过河，体会到了一些游走在国界、社会、族群等结构之间的群体的情感和智慧。过往对傈僳族分布区的南部较少有成体系的研究，我发现当地傈僳人具有多重边缘的状态、流动和复杂的认同结构、灵活多变的文化系统。后来论文得到了不错的答辩评价，也使我在参与式影像方法的尝试上获得了信心。

在尝试参与式影像方法的研究实践中，我与广州一些艺术机构产生了联系，接触后发现艺术界有相当一部分人也具有人类学视野。有了这层关联，我得以和一些有影响力的国际艺术家合作完成作品。这些作品多是从文化碰撞和感知交流的角度，来探讨华南的全球化、地方性和流动性。学科不同之外的尝试，我发现在地艺术的部分旨趣居然和我曾经参加过的历史人类学训练营的主旨相似颇多。"不务正业"的实践背后，反而使我看到了的共通之处：反思全球化、地方性的重新发现以及文化之间的互视，它们不仅仅是概念和书写，也是人们在时代洪流中自处、表达和连接的方式。

四、跨界：学术"异乡"的可能性

如果说"参与式影像"制作是方法论和生产主体的双重跨界，那我后来的研究目标，可能更多的是期待达到跨界之后的融合与回归。与人类学领域里的其他方向一样，影视人类学也在经历着突破、创新、跨界等种种研究面向上的尝试。我早年的理工科学习背景以及人类学的学习和田野经历，使得"跨界"做影视人类学研究很早在我心中埋下种子，并在后续阶段生根发芽。

视觉人类学在影视人类学基础上更进一步，除了制作和传播影像之外，也要讨论作为人类文化和文明要素的"可视化"部分，包含传统艺术、空间认知、身体形象、文化展演等超越文字的表达方式，也包括但不限于在当代社会中不同层级的群体（包括传统村落）的影像产品、艺术聚落、建筑景观、可视性产品、媒体生产、视觉群体的民族志研究。

当代中国的社会变迁中，流动、离散、开放、互动早就是生活常态，人类学视角也以能够应对和揭示现代生活而自居。在书写和口述之外，视觉呈现和自我传播也成为日常经验。"媒介化的世界"也正在变成"媒介构筑的世界"。如果要对群体、文化和周遭世界进行整体性的理解，忽略该部分是有失偏颇的。邓启耀教授在这个方向上做出了突破性的探索和推动，当我博士毕业留校在传播与设计学院任教后，这也成为我继续尝试的方向。

实际上，"跨界"在国际和国内人类学界中绝不鲜见，而影视人类学和视觉人类学则本来就是跨学科领域，因此更是来自不同专业背景和学科领域的同仁们求同存异、美美与共的"集散地"。哈佛大学感官人类学实验室以开发身体和空间的微妙关系著称；柏林自由大学的芭芭拉·艾菲教授一直强调研究视觉社区和视觉文化；曼彻斯特大学早就在教学中融入多媒体和视觉艺术方式进行民族志文本的实验。我访学的南加大视觉人类学中心是全美唯一的视觉人类学研究中心，在蒂姆·阿什负责期间就和南加大电影学院进行了较深度的合作；现任的主任沈雅礼早在1997年就把经典民族志电影制作成人类学细节非常丰富的多媒体作品，而他最新的影片，就是用林耀华先生的文本和他在台湾拍摄的素材结合制作的、具有实验性的虚构民族志电影作品。

在国内，除了中国社科院、云南大学拥有建制化的影视人类学学术队伍外，中央民族大学的教学研究有来自人类学和电影的双重基因；清华大学则在新闻传播教育体系中有效融入人类学的方法论；还有中国人民大学、南方科技大学、兰州大学、广西民族大学、华中师范大学等机构中，身处不同的院系中的学者多年来对影视人类学的孵化和坚守；中山大学在视觉人类学和媒介人类学上有持续的拓展和推进；广州美术学院也建立了视觉文化研究中心等。还有国家图书馆和文博系统对民族志影像体系和人才队伍的培育；文化和旅游部连续发起的中国节日影像志、中国史诗影像志、国家级"非遗"代表性传承人纪录工程等大型影音文献项目中大量的跨学科合作等等。另外，视觉人类学和动画、游戏、VR、三维建模、交互等等新媒体制作上的合作越来越多，也更为关注当代时空中的视觉现象以及相关方法论的探索。

毕业之后，可能也是由于这样的"跨界"实践和研究经验，我得以进入新闻传播学院并继续"跨界"。此时的"跨界"，相较于之前，需要处理的"沟窒"也许更为宽阔,但能创造的可能性也更多。与此同时我发现,不少学科都在和人类学碰撞出新的方向。如新闻学中的民族志新闻、新闻生产社会学、传播学中的阐释学路径和社会传播网络、新媒体研究中的人类学取向、民俗和非遗研究中的田野影像和影像志、视觉研究中的图像人类学、当代艺术中的在地化趋势等等。因此,人类学从民族志反思阶段就已经赋予了影像以更多新的可能,也更应该成为对思想发展有所回应的基础性学科。当然,所谓的可能性,只能是来自学术共同体的认同和突破。

从个人角度,我最先做的尝试,是将田野点挪到了媒体生产机构。此时正值传统媒体经历着前所未有的变革,而视觉生产成为重中之重,我对某著名报业集团的视觉部门进行了长时间的田野调查和跟踪拍摄。内容从办公室的空间利用到记者群体的焦虑感,体验从选题会到影像完成的全过程、从同侪之间的日常交流到重要仪式的参与观察。以此来考察当代社会中传播者群体的意义呈现方式和认同建构的过程。目前,相关的观察和研究还在继续进行。

另一部分的尝试,是在原有的村落社区单位和民族志研究基础之上,讨论社会群体如何通过视觉和互动来建构意义。除了持续地在博士田野点进行参与式影像的制作外,我也开始带新闻学和传播学的学生,使用视觉内容分析和框架分析的方法,讨论大的时空跨度下不同媒体对少数民族的形象描述和建构,并使用人类学方法来研究村民们对手机视频、微信朋友圈,以及平台媒体的使用。其中的部分发现,也解释了多年前摄影项目中村民们下意识中所采用的形式,以及对自身形象的描述方式。

此外,在人类学电影、纪录片和新媒体视频的制作上,我结合教学工作,延续人类学对文化整体性的关注和对田野调查的强调,以及反思性和实验性的影像制作,进行影视人类学的拓展和方法尝试。我同时也在广州美术学院视觉文化中心兼职,来尝试讨论视觉性、视觉社区和视觉文化之间的关系。这些研究上的尝试和讨论,背后仍然是人类学的基本问题:人如何连成网络来适应世界,又如何编织文化的意义之网。

在变化的世界和流动的认同中,故乡和异乡融为一体,人类学基于传统社区发展出的整体性关照、具身性的洞察、文化相对论的善意理解,以及相对应的田野调查方法和背后关于理性和个体的观念,可能会面临较大的挑战。同样,在不断融合、重组和圈定的学科边界中,跨界的方式和效果本身也在面临考验。不过众所周知,边界并非固化的本质,而是流动的建构。如果说人类学是人文学科的基础,是人文关怀、价值建构、知识生产意义上的"原乡",其他不同学科是多少隔着一些沟壑的"他乡"。那么,人类学可能性也许就隐藏在互为"异乡"的跨学科结构互动之间。

自我、角色与世界:
一个中国女人类学者的非洲探险

徐 薇

徐薇,人类学博士,研究员,浙江师范大学非洲研究院副院长,硕士生导师,国家民委民族研究优秀中青年专家,浙江省高校领军人才培养计划首批高层次拔尖人才。出版有《自我·角色与乡土社会:对民间二人转艺人及其生活世界的个案研究》《博茨瓦纳族群生活与社会变迁》《南非种族与族群关系变迁研究》。

2010年8月，刚刚获得人类学博士学位的我选择到地处金华的浙江师范大学非洲研究院工作，迄今整十年。十年间，我从对非洲一无所知的学生，转型成为指导学生的教师，独立承担国家级、省部级课题的科研人员，独自赴非洲国家开展田野工作的女人类学者，国家级高端论坛的组织者参与者，教育部《中国—南非人文交流年度报告》的主编，分管研究院科研与教学、人才培养、学科建设、平台建设等行政管理工作的院领导……一步步走来，有徘徊，有骄傲，有沸腾，有不安，还有很多的追求与希望，我想这就是人类学这门学科带给以她为志业的学者的礼物——在认识理解他者中更清醒地认识自我，在发现自我与他者的差异中更理性地看待周遭和世界。事实上，人类学就如同人生一样，是一门永远在变化和形成中的学问，因为我们与人类学所关注的社会生活一直在变化之中，所以，人类学属于那些对自我不断怀疑反思、对人类社会充满好奇、对未知世界充满渴望、对人性与故事感觉敏锐的一小群人……回到那个初始的问题，是人类学选择了你，还是你选择了人类学？我想，是冥冥中，二者互为因果。

一、人类学给予我的：在他者中发现与认识自我

正如当代著名人类学家和思想家蒂姆·英戈尔德（Tim Ingold）在《人类学为什么重要》一书中所言："人类学最根本的目的不是民族志，而是教育。"[1] 从我个人的求学经历来说，正是通过导师和人类学的教育，才改变了我自己和我在田野工作中所面对的人的生活，正是在认真对待他者中，我学习收获到了很多为人处世的道理与哲学。

时光回到2004年，我以一分之差与考研的第一志愿——辽宁大学民俗学

---

[1] ［英］蒂姆·英戈尔德：《人类学为什么重要》，周云水、陈祥译，北京大学出版社，2020年，第21页。

专业，擦肩而过；谁知，北方不亮南方亮，我调剂到了广西民族大学的民族学专业；在这个与家乡相隔三千三百多公里、纵跨六省的完全陌生的城市里，寻寻觅觅、懵懵懂懂间，我有幸投到著名人类学家徐杰舜教授门下[1]，开始了我对于文化人类学的学习。在最初的三个月里，我读的第一本人类学著作是《金翼》[2]；第一次参加了在中南民族大学召开的人类学高级论坛；在南宁的杨村做了人生的第一次田野调查[3]……徐老师培养学生很有自己的一套方法，他首先让大家多读经典，厘清人类学这门学科的发展脉络和理论方法，其次经常带着大家围绕一个主题展开讨论，印象较深的一次是他带领学生讨论人类学的门在哪里，徐老师所谓的"门"应该是对人类学的一个最基本的认识，只有掌握并理解了这个认识，才能真正开启人类学的大门。徐老师让每人用最简单、直接的一句话来概括人类学之门在哪里，我自己的表述是一塌糊涂，但吴政富和梁冬平的表述得到了徐老师的肯定。

吴说："人类学要研究的就是人的文化，文化的人。"

梁说："人类学是人对文化的体验。"

其他人的表述比较模糊、复杂。徐老师在最后总结时高屋建瓴地说道："人类学要研究的就是人类的文化！抓住了文化，就抓住了人类学的门！"徐老师又进一步阐述了他的观点："人类学中的各个理论流派的观点无非就是对文化的不同表述而已，人类学的核心就是文化。"徐老师这番言简意赅的概括一下子就让对这门学科懵懵懂懂的初学者找到了豁然开朗的感觉。我记得那次讨论之后，我回到宿舍马上总结了各个理论流派关于"文化"的不同表述，加深了我对人类学究竟研究什么，为什么重要的理解。而徐老师培养研究生更是手把手、心比心地进行实践教学，他会大力支持学生去参加高层次的学术会议，开阔眼界，也会让学生参与课题设计、调研和结题，正所谓"做中学"、教学相长。他关于培养文科研究生的"游泳理论"，更是简明直白地告诉学生，做田野就像游泳一样，只有自己亲自下水去实践去体验，才能真正领会其

---

1 关于徐老师为什么会同意收下我这样一个对人类学全然无知的白丁学生，徐老师后来给我的解释竟然是因为我也姓徐！人生总是充满偶然与必然。

2 林耀华：《金翼：中国家族制度的社会学研究》，生活·读书·新知三联书店，2000年。

3 关于这次田野调查的记录与反思，参见附录。没想到自己仍然保留着17年前初次做人类学田野的稚嫩文字。

中的奥秘与方法。[1] 徐老师以他"人类学传教士"般的慷慨与激情,点燃了我对这门学科的认知与热爱。随后的日子,我被他直接推进了东北二人转的茫茫田野中[2],抱着生存的本能与信念以及非常多的贵人相助,我完成了自己人类学的成人礼[3],同时也以总分第一名的成绩考入中央民族大学人类学专业,师从王建民老师攻读人类学博士学位。

从西南边陲到首都北京,带给我的震撼和影响是巨大而深远的。如果说硕士三年激发了我对人类学的兴趣和以学术为业的雄心与抱负,博士三年则让我在实现这个追求和梦想的道路上步履坚定而扎实。北京的学术氛围与思想启迪不言自明,仰慕已久的学术大师们触手可及。在北京的三年,我不只在中央民族大学听知名教授的课程,还去旁听清华、北大、北师大教授们的课程,真是让自己脑洞大开,对人类学理论与方法有了更加系统完善的认知和感悟。可以说,在北京的三年时间,我一点儿都没有浪费,不是在各个高校里听课、听名家讲座,就是在图书馆里读书,觉得每一天都过得充实而快乐,这是我最想要的生活!

因为师从王建民老师做艺术人类学,也为了能在硕士论文基础上延续深化对东北二人转的研究,我最终将博士论文的主题定为对农村二人转艺人的研究,通过对一对艺人夫妻的生活世界的田野调查,来了解二人转与农民生活之间的联系,演绎并传承二人转的艺人在乡村社会中扮演什么样的角色。这是我博士论文主要回答的问题。仍是几个寒暑假的田野调查,与艺人们风雨同舟、同甘共苦,结下了深厚的情谊,也为自己的博士论文搜集到很多宝贵的一手资料。在写作论文之前,我就已经整理出 20 多万字的访谈和田野资料,为自己的博士论文撰写奠定了坚实的基础。同时我也要感谢中央民族大学民族发展与民族关系问题研究中心,该中心不但给予我田野经费上的资助,还为我出版了博士论文,即我的第一本学术专著《自我·角色与乡土社会——对民间二人

---

1 徐杰舜等:《田野上的教室》,黑龙江人民出版社,2008年。

2 有关我人生的首次独立田野调查参见拙文,徐薇:《田野:文科研究生的实验室》,《广西民族学院学报》(哲学社会科学版)2005年增刊。

3 历经三个寒暑假、累计四个多月的田野调查,我完成了自己的硕士论文:《从戏班到乐队:东北农村二人转的人类学考察》,广西民族大学研究生学位论文2007年。该文获评当年校级优秀硕士论文。

转艺人及其生活世界的个案研究》。[1]

相比于硕士导师徐杰舜红日一样的火热激烈，博士导师王建民如明月般清朗克制，王老师的学生缘极好，特别受到很多艺术生的敬仰和青睐，大家对他的一致评价是：谦谦君子、儒雅睿智。他对学生的教诲是和风细雨般的润物无声，至今仍然怀念每周二晚上的 office time，那是王老师为所有学生答疑解惑的时间，无论他有多忙，学生的课程论文、开题报告、毕业论文都能得到他认真细致的指导和帮助，大到文章思路与框架，小到句子通顺与标点。跟随王老师读书三年，没见他跟人红过脸、发过脾气。我常暗自感叹，今生何其有幸，能得到徐杰舜和王建民两位恩师的栽培和教导，带着热爱与理性寻到了自己的毕生所求——人类学之路。

二、我给予人类学的：探索耕耘中国人类学的非洲研究

如果说田野工作是一个人类学学者的成人礼，那么博士毕业后的研究方向选择、学科归属与科研平台，就是决定一个人是否走得快走得稳走得顺的基础设施。又是何其有幸，我选择了一个适合自己的平台和研究方向。2010年我博士毕业，刚刚入职浙江师范大学非洲研究院仅三个月，就参与了国内高校首个非洲博物馆的建设工作与"中国驻非大使访谈录"项目，让我在实践中学习领悟到很多非洲研究的价值与意义，坚定了自己做非洲研究的信心与决心。有关我个人从事非洲研究的经历和故事参见《我在非洲做人类学的田野考察——访浙江师范大学徐薇博士》[2]，再次感谢恩师徐杰舜，给我机会梳理反思自己早期从事非洲人类学的研究体会。而今看来，我虽然是29岁博士毕业之后才开始做非洲研究，在很多非洲研究学者看来是半路出家，即"一瓶子不满半瓶子晃荡"的外行人，然而硕士博士六年的人类学专业训练，却让我在面对

---

[1] 徐薇：《自我·角色与乡土社会——对民间二人转艺人及其生活世界的个案研究》，中央民族大学出版社，2011年。

[2] 有关我个人从事非洲研究的经历和故事参见徐杰舜问，徐薇答：《我在非洲做人类学的田野考察——访浙江师范大学徐薇博士》，《民族论坛》2015年第5期。再次感谢恩师徐杰舜，给我机会系统梳理反思自己从事非洲人类学的研究之路。

新的研究对象与区域时，少了困惑与迷茫，因为只要你能走进田野并长期待在田野里，你自然就会发现好多问题，也自然会去努力弥补自己的不足与欠缺。人类学的问题是在田野中发现和感悟到的，而不是坐在书斋里凭空想象的。也正因为我一直以来都坚持自己的人类学归属与本位，才没有让自己在由政治学、历史学、经济学、教育学等传统大学科所主导的非洲研究领域中迷失自我和方向。

首先，我在非洲的田野调查中发现了对于当代非洲国家重要而敏感的实际问题——族群关系与社会变迁；其次，在研究这些问题的过程中，我先后得到了教育部、国家留学基金委与国家社科基金的支持，同时也得到了浙江师范大学（以下简称浙师大）非洲研究院赴非田野调查项目的支持，有了经费与时间的保障，就只剩下踏踏实实地去做田野。事实上，做田野和做人做事一样，最重要的是真、实、诚，真诚地面对自我和非洲人民，诚实地表达自我和他者的生活与诉求，就能创作出好的作品与文章，用细节与故事去观照宏大的理论与叙事——这是我仍未达到却心向往之的理想境界。

此处，我想引用浙师大非洲研究院创始院长刘鸿武教授最初打动我的《非洲研究：中国学术的"新边疆"》这篇宏文中的一段论述，来指明人类学之于中国非洲研究的重要性与意义所在[1]：

> 非洲研究这一"学术新边疆"的开垦，对中国学术现代品质锻造——诸如全球视野拓展、主体意识觉醒、中国特色形成等等，当有特殊增益作用。如果将来的某一天，在那遥远落后的非洲内陆深处的某个村庄，在那贫穷闭塞的非洲热带雨林世界的某个小镇，我们也能发现有中国学者潜心研究的身影，我们也能发现有来自中国年轻学子在那里不计功利不畏艰辛地做着仅仅只是基于个人学术旨趣、知识好奇心的田野考察、异域文化研究，那时，我们或许就可以说，中国学术的自主意识与现代品格获得了更大的成长，有了值得世界给予更大尊重与敬意的品质了。

很荣幸，在国家与平台的支持下，我成为最早走进非洲乡村的中国人类学

---

[1] 刘鸿武：《非洲研究：中国学术的"新边疆"》，《光明日报》2009年11月9日08版。

者，我从自己研究的南部非洲开始梳理了西方国家、非洲本土以及国内非洲人类学研究的历史与现状[1]，深入剖析了博茨瓦纳、南非的族群关系与社会变迁[2]，也在共建中非新型战略伙伴关系的背景下，探讨了中国企业在非洲的成败得失[3]与非洲华人华侨的辛酸苦辣[4]。随着研究视域的不断扩大，我相继出版了两部国别研究专著：《博茨瓦纳的族群生活与社会变迁》[5]、《南非种族与族群关系变迁研究》[6]，均聚焦非洲的种族与族群关系问题，并将该问题放置在长时段的历史脉络中进行追溯与分析（借鉴西方学者文献），同时也做出有中国学者主体性与研究旨趣的田野调查与比较研究，试图为非洲国家民族问题的解决提供更多的选择与思路（中国经验），也为中国人深入了解非洲社会与文化打开了一扇门（地方性知识）。

这便是我为中国非洲人类学所做的一点点贡献与努力，然而在欣喜之余，我又时常陷入担忧与焦虑中，特别是走上一个综合性研究机构的领导岗位，我的学科能为我的管理工作带来什么？我是否有能力担起学科建设与人才培养的重任？我在得到中失去了什么？……个人学术研究与平台发展之间的矛盾与张力无处不在。

三、得到中失去：一个人类学者的跨学科跨区域成长

2020年在国内人类学界引起小小轰动的事件，是一本集结了30多位青年

---

1 徐薇：《南部非洲人类学研究综述》，《国外社会科学》2013年第3期；《人类学的非洲研究：历史、现状与反思》，《民族研究》2016年第2期；《南非人类学的传统与贡献》，《中国社会科学报》2018年9月7日085版。

2 徐薇：《非洲博茨瓦纳叶伊人社会研究》，《广西民族大学学报》（哲学社会科学版）2012年第2期；《博茨瓦纳民族问题研究》，《世界民族》2013年第2期；《南非阿非利卡人的身份政治与"理想国"》，《世界民族》2020年第3期。

3 徐薇：《中国与非洲：能否跨越制度与文化的边界——基于某中博合资玻璃厂的工商人类学考察》，《青海民族研究》2016年第3期。

4 徐薇：《华侨华人在非洲的困境与前景展望》，《东南亚研究》2014年第1期；《南非华人的历史、现状与文化适应》，《广西民族大学学报》（哲学社会科学版）2018年第3期。

5 徐薇：《博茨瓦纳的族群生活与社会变迁》，浙江人民出版社，2014年。

6 徐薇：《南非种族与族群关系变迁研究》，社会科学文献出版社，2020年。

人类学者从事人类学研究的自省集——《成为人类学家》的出版，可谓一群青年人类学者的集体反思与分享，让更多人感受到人类学作为一门研究人的现代学科的魅力和温度。这些有血有肉的经历与故事，再次印证了亚当斯在《人类学的哲学之根》所言："人类学最令人欣慰的悖论，也是她最激励人的特征，就在于研究他者的同时也是一个自我发现的生命旅程。"[1] 在这部文集中，我反思了自我同学科与平台的关系[2]，突出了时代与平台的重要性，并介绍了我院在非洲研究领域中的一些创新做法，比如拍摄纪录片与推动智库服务等，这是我们作为一个综合性跨学科研究机构的生存发展壮大之路，凝结了不同学科学者的智慧与行动，亦是近年来国内国别区域研究兴起、相关研究机构不断成立背景下的一个成功案例，来访参观交流的大学与学术机构的学者、领导们络绎不绝。在这篇自述中，我感恩非洲研究院的平台，感恩国家与时代的滚滚洪流，给了我个人施展才华与实现学术理想的机会……

然而，在实际的学术研究与学科建设中，越是受到关注与赞许，就越是让人感到不安与忧患，特别是在传统学科（政治学）与新兴学科（非洲学）的发展建设上，人类学出身的我时常感到心有余而力不足。于是，我开始了艰巨而漫长的跨学科跨区域的上下求索，试图在新老学科中找到更多的结合点与平衡点，开拓新领域与新视角，解决实际工作中面临的新问题。做国际关系的同事常常提醒我说，我需要学习了解更多政治学；同时在关注中非减贫合作研究时，我又深感经济学知识与工具的不足，学术阅读越来越出于实用与工具理性，而不是就某一个学科问题展开持续系统的研究，更无暇由着自己的喜好去读书。是守在自己的学科里深挖一口井？还是做一个"非驴非马""半吊子"[3]的区域研究学者，和不同学科的人自说自话？还是有更好的学术选择和出路？

随着近年来国别区域研究在中国的兴起，很多学者在探讨借鉴反思西方的区域国别研究得失中，努力创建符合中国发展需要的有着新时代中国特色的国别与区域研究的范式。这方面的讨论大都由国际关系领域里的大家提出，比如

---

1 ［美］亚当斯著：《人类学的哲学之根》，黄剑波、李文建译，广西师范大学出版社，2006年。

2 徐薇：《我与非洲人类学——时代、学科、平台与个人》，黄剑波、龚浩群、李伟华主编：《成为人类学家》，华东师范大学出版社，2020年。

3 清华大学沈卫荣先生在2020年6月澎湃新闻上发表的《"非驴非马"的汉学家和"半吊子"的区域研究》一文引起国内区域研究界的不小争论。

浙师大非洲研究院刘鸿武院长从历史中溯源中国区域国别研究的知识传统与思想价值，强调中国有着深厚的区域国别研究的学术传统与实践积累[1]，需要当代知识分子进行深入挖掘与思考。云南大学李晨阳教授建议中国学界宜统一使用"国别与区域研究"这个规范性的名称，指出中国的国别与区域研究要服务于国家战略、地方需求、社会需求和高校自身的发展需求，才能获得持续的发展动力。[2]北京大学牛可亦强调，蜚声国际的美国区域研究深深嵌入在美国高等教育和学术体系，其组织形态首先表现为在大学内部普遍设立了实体性的区域国别研究系、所、中心。[3]以我所在的浙江师范大学为例，因为在非洲研究领域的长期耕耘与实体化运作，在2021年新一轮一级学科申博工作中，诸如外国语言文学、世界史、社会学、地理学等一级学科都将非洲学作为一个重要的研究方向去支撑其学科发展的特色和亮点，出现了我院高级科研人员被其他学院"瓜分殆尽"的局面，而我本人亦成为我校法政学院社会学申博的骨干成员，支撑起非洲人类学这个特色方向。面对国际形势的复杂多变、时代浪潮的汹涌澎湃，国内很多人类学者似乎仍缺少主动服务国家与社会需要的意识与勇气，事实上，中国人走向世界的脚步和了解世界的求知欲将越来越快、越来越强，需要大量以研究他者和异文化的中国人类学者走出国门、走向海外，从中国视角来认识理解海外的世界，以满足中国政府、企业与人民的需要。这也是老一辈人类学者所积极倡导的服务于民、"志在富民"的学术旨趣，即学术研究不只是个人的追求，更是对国家与社会的影响与贡献。

四、失去中得到：从小我到大我终至无我的学术人生

如果把人生看作是做田野，那么田野中我们面对的问题就是生活给我们的问题。经过六年人类学的硕博专业训练之后，我在一所综合性的区域研究机构中成长历练，从专注于自我学科和研究的普通青椒到负责学院三个一级学

1　刘鸿武：《中国区域国别之学的历史溯源与现实趋向》，《国际观察》2020年第5期。

2　李晨阳：《关于新时代中国特色国别与区域研究范式的思考》，《世界经济与政治》2019年第10期。

3　牛可：《区域和国际研究：关于历史和"原理"的思考》，《国际政治研究》2018年第5期。

科——政治学、世界史、教育学的建设与发展的双肩挑领导,就必须要建立起自己跨学科的知识体系与研究视野,积累不同学科的理论和方法,尽管时常陷入一知半解的窘境和距离人类学学科越来越远的焦虑,但在具体做事的过程中,我也似乎找到了某种价值与认可。

2017年10月,在学院支持下,我成立了国内首个区域性的人类学研究中心,高丙中教授在中心成立大会上满怀豪情地说:"社科院的区域研究所,我希望每个所都有我们培养的人类学博士在那里工作!也就是说,人类学自己的点的研究一定要到那个面去做区域研究。"熟悉高老师的人们会了解,他自2002年开始推动中国人类学的海外研究,至今已有15年,培养出很多优秀的海外研究人才并出版了一系列海外民族志专著。正如他所说,他开始提倡海外民族志研究时,实际上没有太多人对这个感兴趣,很多同事还善意地提醒他,你这个太超前了……然而他带着"自以为是、自得其乐"的精神与信念带领学生们坚持了下来,直到中国"一带一路"倡议的提出,中国社科学界才觉得恍然有悟,压力倍增,因为长期以来,我们对海外、对他者的认知与了解实在是太少了……随着中国的崛起,中国对世界的影响日益增大,中国必须直面自己在世界中的位置与作用,那么对海外特别是"一带一路"沿线国家的认识与了解就是我们的刚需,也是中国人类学大发展的一个契机。从学科发展的角度看,试问如果没有西方列强对世界的殖民,会有人类学这样一门研究"他者"文化、提倡文化相对与反观自我的学科吗?当然,我并不是指中国强大了就要去殖民非洲,中国自始至终没有这样的企图,中国对非洲还缺乏真正的了解,中国人需要学习和补课,这是国家发展交给人文社科学者的迫切问题,也是我们今天做人类学研究的使命与责任。

非洲人类学中心自成立以来,举办了十场"阿非利加人类学讲座",邀请了不同学科不同领域的学者来讲学交流,大大开阔了师生的研究视野;与坦桑尼亚尼雷尔基金会开展联合调研、交流互访;举办"尼雷尔纪念日20周年暨中坦建交55周年学术月"、坦桑尼亚宝棋比赛等内容与形式丰富多彩的活动来推动国人对非洲历史与文化艺术的认知与了解,特别是丰富了浙师大的校园文化,也给在浙师大留学的非洲学生们提供了展现他们自身风采与能力的舞台。随着国别与区域研究日益成为"显学",中国高校的国别与区域研究人才培养亦是重中之重。怎样培养既精通对象国语言和一门通用语,又掌握一个或多个学科的理论和方法的复合型人才，这是国内很多高校都在尝试与探索的新时代的新问题。

在国内首位非洲研究领域长江学者刘鸿武教授的带领下，浙师大非洲研究院在国别与区域研究和人才培养方面做出了创造性的努力和贡献。首先，构建了专门化的"非洲学"学科体系，开展有特色的"非洲学"理论探索，提出了"中非共享知识体系需要双向建构""非洲研究是行走和实践的学问"等极具个性诗性又富含理论深意的"非洲学"学科理念，出版了首部集理论与实践于一体的"非洲学"著作《非洲学发凡——实践与思考六十问》[1]、基于我国对非实践的比较政治学著作《从中国边疆到非洲大陆——跨文化行与思》[2]以及以《非洲研究文库》大型系列丛书为代表的著作百余种，形成了从不同学科理念方法来建构较为完整的"非洲学"知识体系与实践案例且兼具学科系统性、理论性、实践性的学术成果[3]。其次，构建了跨学科的"非洲学"人才培养体系，打造多学科的人才培养方案，架构起跨院系的人才培养机构群，比如我院交叉学科"非洲学"硕士点，横跨教育学、世界史两个一级学科，由我院与教育学院、人文学院联合培养。经过多年建设，《服务国家战略的非洲学人才培养理论创新与实践探索》因其开拓性和创新性，分别获浙江省高等教育教学成果一等奖、浙江省研究生学教育学会教育成果一等奖。再次，以扎根非洲为前提，用"一线体验、一手资料、一流人脉"来丰富本学科的研究视域，在研究之初就将"学科性""区域性"相衔接与统一。2021年初，我院成功获批国家留学基金委创新型国际人才培养合作项目，每年资助十余名学生赴南非纳尔逊·曼德拉大学与尼日利亚伊巴丹大学进行硕士半年、博士一年以上的联合培养，必将有力推动我院乃至全国的国别区域研究人才培养模式的创新发展。

从人类学学生到普通青椒再到独立做研究培养学生的导师、副院长、研究员，一路走来，似乎都是顺理成章、水到渠成，尽管在实际工作中，我越来越缺少同人类学同行的对话交流，但在政治学、世界史、教育学等传统大学科的

---

[1] 刘鸿武：《非洲学发凡：实践与思考六十问》，人民出版社，2019年。

[2] 刘鸿武：《从中国边疆到非洲大陆》，世界知识出版社，2017年。

[3] 单敏：《国家教育部批准设立549个交叉学科 我校"非洲学"与"非洲教育与社会发展"双双获批》，浙江师范大学非洲研究院网站，2020年8月30日，http://ias.zjnu.cn/2020/0830/c6141a329647/page.htm，访问时间2020年9月6日。

熏陶下，学术研究中的宏观比较视角和对历史纵深的探究已成为我读书写作的必经之路。事实上，一项好的研究成果必须是历史、理论、田野缺一不可，且要具备一定的文学素养和文字能力。[1] 我时常跟学生讲，我们学习了解前人与国外的理论、方法，不是为了学习而学习，而是要借他人之梯，登自己之峰，发展自己的学术思想，这样才能创造与国际一流学者平等竞争的局面。还要知道，任何一种社会文化现象/问题，仅用一种理论去研究，都是不够的，应该提倡多角度的综合研究。人类学就是这样一门强调综合与整合的学科，同样的，日益成为国内显学的国别与区域研究亦是一门强调综合与整合的仍在建设中的学科。在此背景下，浙江师范大学的"非洲学"交叉学科硕士点、"非洲教育与社会发展"交叉学科博士点的建设，开启了国内国别与区域研究人才培养的新模式、新阶段。

展望未来，身为人类学者的我，或许会逐渐淡化人类学的学科属性，根据实际工作需要而调整自身的位置与角色，把更多的精力投入到新兴学科非洲学的建设中去；或许我会回归到自己的本学科，为中国人类学的非洲研究添砖加瓦。不论是什么样的选择，我都会甘之如饴，因为做学术，是我人生最大的兴趣和追求，成为一个独立的研究者，每天读书写作，亦是我儿时的梦想和人生价值所在。走到不惑之年，我会尽量慢下来，想想当初是为了什么而出发；与此同时，我会忘记小我和自我，去做"大我"和"无我"，更多地与人协作、为青年学者和学生搭建平台，让自己对他人和社会更加"有用"；我也会尝试做些更加公益性与公共性的工作，比如在教学上投入更多的时间与精力让自己的课更加有趣、编写一本《非洲人类学导论》教材、翻译一本经典的非洲人类学研究著作、参与更多的公共对话与讨论等等，目的就在于让公众更加了解真实的非洲社会与文化以及人类学这门学科到底有什么用。

人类学最大的闪光点就在于不断地反省与超越，跟随它所关注的不断变化的世界，将不同地域、文化的人们更加紧密地团结在一起！

---

[1] 徐薇:《海外民族志研究的南部非洲田野与书写》,《广西民族大学学报》(哲学社会科学版) 2020 年第 2 期。

附录：人生第一次田野调研实录与反思[1]

杨村祭宗祠活动调查报告

杨村祭宗祠活动时间： 每年的阴历九月二十八日—九月三十日。

杨村祭宗祠活动场所： 位于杨村中心位置的有着上千年历史的庙堂。

庙堂文字简介：

整座庙堂规模不是很大，整体形状是一个长方形的院落，长约25米，宽约16米。庙堂坐北朝南，只有一个正门，门两侧贴着对联。从正门进入庙堂，是一个很宽敞的院子，师公在这里搭台唱戏，道公在这里设台作法，村民们在这里准备祭祀用品和全村的饭食。院子左、右两侧是厨房，院门口两侧各有一个小屋子，左手边的屋子是师公队的化妆间和更衣室，右手边的屋子被用来堆放杂物。经过院子，正对大门的就是供奉着祖宗神仙的祠堂，祠堂正中位置供奉着杨村的祖宗——华公，华公左侧是王母娘娘，右侧是文昌公。供台上摆满了各式各样的祭品。

庙堂场景图： （略）

现场活动流程：

8:00　村民们陆续来到庙堂进行祭祀活动的一系列准备工作。

10:15　庙堂里大约有85人，大部分是妇女和老人。

10:35　现场有95人。祠堂左侧有二十几个老人围坐在一起编花，折纸钱；院子里一些妇女、小媳妇也围坐在一起折纸钱。大家一边忙着手里的活，一边有说有笑地聊天。院子左侧，师公队在搭建舞台；右侧，五六

---

[1] 写作这篇文章时，无意间发现了我在2004年9月初入人类学之门、在杨清媚师姐带领下第一次做人类学田野调查时所写的田野笔记。我像个抄写记录员一样按时间顺序写下了杨村祭宗祠活动的整个流程，极尽所能地把自己看到的一切记录下来。然而，我却对记录这一切深感茫然，因为我当时没有自己的问题意识，于是乎，我被严厉又有点焦虑的师姐教训了一顿，不爽中写下了自己对这场活动在当地人生活中的意义与影响的分析……17年后，读到这些稚嫩却很真实的文字，杨村调研的场景历历在目，仿佛又回到了懵懂无知的岁月，让已经成为专业学者的我和师姐都感慨颇多。事实上，不论是哪个学科的学者，观察记录与写作，都是最基本的素养与能力，让我们在写作中思考，在思考中写作，生命不息，笔耕不辍。

个男人在准备饭食，有切肉的，有切菜的。

11:45 人数增加到120多人，这时，师公表演的舞台已经搭好，并且开始演唱。院子右侧，有16个女人在做酸。男人们在忙着搬桌子、凳子，准备吃午饭。

12:10 增加到110多人，村民们仍在井井有条地忙碌着。

12:30 开始吃午饭，院子里摆了12个圆桌，有将近200人在这里吃饭。中午的饭食很简单，主食是米粉，浇上由西红柿、碎肉、韭菜熬制的汤汁，味道很美。

13:10 午饭过后，在祠堂左侧的王母娘娘祭台前开始举行"还花"的仪式。所谓"还花"，是指去年在这里求得儿子的人家今年这个时候回来报答王母娘娘的恩德。师公们在旁边唱还花歌，还有乐队配乐，每唱完一家，都要放一次鞭炮。

13:20 突然下起了小雨，不过时间不长，雨点不大，几分钟后雨就停了，丝毫没有影响这次活动。据村民们说，每年的阴历九月二十八，华公诞辰这天，都会下雨的，以表示华公对村民的恩泽。

13:30 院子右侧的厨房里，三四个男人在准备晚饭，把早上切的肉煮熟。

14:00 现场有60~70人，人数减少了很多，好多村民没什么事做，或者回家，或者围坐在外面聊天。留下的人中，有18个女人在洗碗，12个女人在折纸钱，二十几个老人仍在编花。师公在环花，道公在院子里为一个杨姓的村民做法，这个村民有50多岁，虔诚地跪在一张席子上，腰间还系着一条红绸子。他说，这是要保佑全家人平安、发财。

14:35 院子里有60多人，这时，还花仪式结束，师公们开始换衣服。这一天，大概有四五家来还花。

14:45 村主任杨某，开始在神像上挂"彩虹"（即红色的绸布），得子的人家把"彩虹"挂在王母娘娘头上，其他人家可以把"彩虹"挂在华公和文昌公头上，以保佑全村人平安，保佑子孙后代香火不断。

16:40 院子里有70多人，还是妇女老人孩子居多，因为村里的一些男人们一早就上山去祭山拜祖了，到现在还没回来。院子里师公们在演戏，有20多个60岁以上的老人坐在舞台的对面津津有味地看戏，其他的40岁左右的妇女们则坐在旁边很随意地看戏聊天，对师公的表演，兴趣显然没有那些老人浓厚。

17:35　院子里突然多了好多人，一些小媳妇也带着孩子进来看戏，看来师公戏的趣味性、生活性真的很强。

18:00　晚饭开始，人数比吃午饭时的又增加了许多。

现场访谈实录：

1. 杨华森，男，45岁，本地人，师公队成员。据他介绍，每年的这个活动能有将近1000多人来参加。活动经费由各家各户集资，每口人最少2块钱。一些人来到这里还花，还有来求花的，想生儿子就求一只白花，想生女儿就求一只红花。不管是否灵验，人们都会来参与，有心就灵，没心就不灵。

2. 雷某，女，60多岁，本地人，年轻时在外做工，因此还会说些普通话。她说今天大部分村民都来了，只有一些在外地工作或是忙农活、搞养殖等副业的人没来，但基本每家都会来个代表。

3. 杨某，女，64岁，归国华侨。她的爷爷是杨村人，年轻时去了越南，她本人在越南出生，回国后，现居住在南宁市内，为了完成爷爷的遗愿，她每年都会和爱人一起来参加这次活动，以表示对祖先的崇敬。据她介绍，杨村的祖先是从山东省北满县迁移到这里，这里大部分人都是汉族。她一早就来，拜过祖宗就离开，不在这里吃饭，她捐了多少钱，我忘记问了。

4. 杨宇亮，男，22岁，本地人。杨主任之长子，下面还有两个妹妹，现在南宁打工，这几天刚好有假期，就回来参加祭祀，他在现场好像没什么实际的事情可做，晃来晃去，不过正好给我做翻译和导游。小伙子实在又热情，有问必答，尽管很多都是不知道，但还是热心地帮我用当地语言问年老的人。他说，在村子里一般都不会说普通话，偶尔说两句就会被老人骂，骂他忘记祖宗。他还带我去看了村里的大榕树，原来榕树都是一对一对长的，两棵树，枝干互相交织在一起，都分不开了，一棵树死掉，另一棵也活不下去，看来榕树也是有情之物呀！

5. 梁某，女，29岁，是嫁到杨村的媳妇。带着两岁的儿子来参加，对于这个祭祀,像她这样的年轻媳妇不是很了解,只是来看热闹罢了。她说,杨村大部分人是汉族,而且在这天,前后几天都会下雨,很灵验的。她也帮着折金元宝,但显然技巧还不是很熟练。她说,这里吃饭用的碗筷都是全村人集资买的,平时不用了就放在庙堂的厨房里。

6. 杨某,男,年龄不详,本地人。别人都在为祭祀忙碌的时候,他却一个人在悠闲的钓鱼,因此引起了我极大的兴趣。我走过去主动和他搭话,他好像不太爱说话,我问他为什么不去参加活动,他说没心情就不去呗,而且家里还有其他人去,年年参加也没什么意思。他钓鱼的鱼塘是自己承包的,现在已打过鱼了,所以鱼不多。他在家里排行老二,有两个孩子,都在读书。

7. 杨某,男,50岁,本地人。一直在厨房帮忙,主要工作是做肉菜,这里诸如切肉、做菜的工作都由男人来做,女人主要负责洗菜、择菜。看来男女分工还是相当明确的。他说每年只要有时间都会来这里帮忙。

8. 四个年龄在40~50岁之间的妇女们,姓氏不详,都非常淳朴热情,看我听不懂师公戏就主动给我翻译。她们说每年的阴历九月二十八,是全村人祭祀他们共同的祖先,阴历三月初三,是各家各户祭祀自己的祖先。她们对于师公戏不如60岁老人们感兴趣,但还是会坐在旁边,边聊天边看。她们认为,这个传统肯定会一直持续下去,而且并不担心不会有接班人。她们家里都是一女一仔,而且都在读书,供孩子念书很吃力,因为在农村实在是赚不到什么钱。

一点反思:

师姐(指杨清媚),这是我在杨村记录下来的一点点信息,相信你一定不会觉得满意,因为连我自己都觉得好像没什么价值可供你参考。不过,我确实按照你提纲要求的在做,虽然我直到现在还不是很清楚你的最终目的是什么。可我也只能做出这些了。

在鱼塘边,你劈头盖脸的一连串问题,问得我哑口无言,好像自己大半天什么都没有做,对于我人生的第一次田野调查而言,让我有一种很强烈的挫败感。不过,这样也好,也让我长了很多见识,你说的那些问题好多都是我闻所未闻的,我会努力提高自己在这方面的素质和能力。

回到宿舍，真是觉得身心俱惫。心情有点郁闷，看来这种挫败的感觉会持续一段时间，不过我会注意调整自己的。

对于杨村的这种每年一次的大型祭祀活动，我是从小到大第一次见，对于他们为什么会如此虔诚隆重地祭祀他们的祖先，我想最初可能是由于老一辈人的迷信思想，为了求得平安，为了生儿子，大部分人都是对神仙有所求才会来到这里的，还有就是中国人根深蒂固的祖先崇拜思想。但发展到现代社会就不能单纯地说他们在搞迷信活动了，相反我觉得这一天好像是个盛大的节日，对于杨村的村民来说，这个节日越来越成为他们生活中的一种习惯，这种习惯会被杨村人一直保留下去。因为在祭祀的三天，村民们可以放下手里的农活，相聚在一起，在整个活动的筹备过程中，每家每户都有参与，都在享受着同样的一种心情，孩子们在这几天也最开心最轻松了，他们从小耳濡目染，渐渐地也会形成一种习惯。

还有就是祭祀活动中所体现的强烈的群体认同感，他们都姓杨，都是一个村子的成员，为了突出这一点，村民们可以说是无怨无悔地无私奉献着自己。他们中的一部分，我想，现在对于神仙可能已经是无所求了，可为什么还要来参加，还会拿钱出来做这件事，也许就是为了体验这种群体认同感。再有，我认为，他们中的大部分人，尤其是年轻一些的，现在已经把活动当成了生活中的一种娱乐，现在村民的物质生活都有了保障，他们就会自然而然地去追求精神上的愉悦，而这个祭祀活动恰恰满足了他们精神上的需求。从准备祭品到参与祭祀，从准备全村人的饭食到大家围坐在一起吃饭、聊天、看师公戏，每个人都在高兴地、尽心尽力地做，他们从中体验到一种愉悦，正是所谓的娱乐生活。通过这几天的活动，村民们不仅沟通了情感，加强了了解，还愉悦了内心，这样才能把精力更好地投入到接下来的生产劳动中去。

师姐，这只是我个人的一点非常粗浅的看法，凭我现在的认知能力也只能发现这些了。你看了有什么不对的地方可不要笑话我，有时间我们可以讨论一下。

总之，我人生的第一次田野调查还是圆满结束了，虽然有很多遗憾在里面，可我还是觉得很有收获的。

行无尽处 学无止境——我的文学人类学之路

杨 骊

杨骊,文学人类学博士,四川省社会科学院神话研究院副研究员,中国比较文学学会文学人类学研究会副秘书长,四川省民间文艺家协会副秘书长,传统村落立档调查四川项目组专家。

2020年11月,我趁着到徐州开文学人类学理事会的机会,从山东、江苏、河南、陕西一路考察下来,一口气跑了十多个博物馆,总算赶在新冠疫情暴发之前,揣着将近20G来之不易的考察照片打道回府。不知情的朋友看见我发的朋友圈以为我的工作就是日常旅游,表示羡慕嫉妒恨,其实,只有我自己才知道,人类学的田野之路有多少酸甜苦辣。幸运的是,我与文学人类学相伴而行十余年,回首来处,我无数次扪心自问,庆幸自己选择了一条虽然迂回曲折却无怨无悔的学术道路。

一、去我执与它心通

我和文学人类学的缘分,说起来有点曲折。我的考博经历特别复杂,在遇见文学人类学之前考了不同学校的四个专业,从西方哲学、政治哲学到现代文学、通俗文学,其实我自己也在寻寻觅觅,我到底想学什么。

我读硕士学的是哲学,还一直是个文青,对文学念念不忘。因为偶然的机缘结识了四川大学的徐新建老师,才知道有一个学科叫文学人类学。经过考博的各种试错,我终于成了2009级四川大学文学人类学博士生。机缘巧合,我的导师是叶舒宪先生。然而,叶老师只是四川大学的外聘博导,并不驻校上课,跟我的交流多是通过电子邮件。在读博期间,指导我日常学习的是徐新建先生。长久的考博磋磨之后,我突然被幸运"大礼包"砸中了,一下子得到了两位老师的指导,两位老师不同的学术风格和理路都对我产生了极大的影响。

2009年冬天,我读博士的第一学期,正好叶老师要到陕西师范大学去讲学。于是,我到西安去见导师,也是我第一次听他现场讲课。刚一见面,叶老师就带我去吃西安的特色美食羊肉泡馍,说这是关于异文化的人类学初试。那满满一大海碗油光四溢的羊肉泡馍放在面前,对我来说实在有点多了。不过,为了给导师留一个好印象,我这个四川妹子终于拼着"老命"吃完。然而,叶老师扫了一眼碗底的汤，笑着说，泡馍吃完了还不错，但是剩了汤没喝完呢，只能得80分。

叶老师讲的是比较神话学，但完全不是我以往听过的文学课讲法，他从神话研究的各种流派讲到了当代的神话研究，极大的信息量早已溢出纯文学的范畴，如知识的巨浪铺天盖地奔涌而来，让我沉溺其中，既敬畏又欣喜。身边听课的硕士生和本科生听不太懂，甚至窃窃私语说叶老师讲的不是文学课。然而，我被深深地震撼了，原来文学还可以这样研究！那种纵横开阖令人脑洞大开的学术视野，在我面前打开了一个美丽广阔的新世界。

西安之行，叶老师还送了我一本《现代性危机与文化寻根》，是他在非典时期闭关写的。书中反思了现代性危机，探讨人类精神家园如何重新找回与宇宙自然的和谐状态。现代性问题是我一直关注的，我的硕士论文写的是《尼采哲学在中国》。虽然中国的思想先哲们都把尼采当作建设现代性的思想资源，但实际上，尼采对现代性有着深刻的反思和批判，他罢黜的不仅仅是宗教的上帝，还有理性的上帝。现代性所衍生出来的工具理性同样可怕，科学主义正在成为第二个上帝。所以，在尼采推倒的那一片价值废墟上，他想让生命不再被奴役，迸发出强力意志，让生命的多元价值自由舞蹈。正因为我比较认同这种多元文化价值观，所以才被人类学所吸引。

然而，对人类学价值观的深刻体认，真正训练出自觉的人类学思维，于我则是一个渐进深入的过程。某次课后闲聊，徐老师问我，如果让你去选一个宗教田野点，你会选什么教？我想了一下说："也许是佛教或者基督教，感觉比较高大上。"徐老师了然一笑："不会选伊斯兰教对吗？""是啊，似乎感觉不太好。""你看，你的文化偏见又来了！"我惊出一身冷汗。难怪徐老师说学人类学需要重新进行自我启蒙，这个启蒙首先就是去掉我们的文化中心主义。我读硕士时对弗朗西斯·培根的四假象说尤其印象深刻，这四种人类认知的假象包括"族类假象""洞穴假象""市场假象"和"剧场假象"。"族类假象"和"洞穴假象"就是典型的文化中心主义。有道是知易行难，纵然我接受了人类学的价值观，原有的思维定式依然有强大的裹挟力。

徐老师是我见过的人类学者中非常有哲思和道性的一位，他经常在课堂上讲一些天马行空的形而上思考，也经常用各种匪夷所思的方法因材施教地点拨学生。有一天，徐老师建议我去了解中医和佛学，说是训练人类学思维的好办法。我半信半疑地跑去听宁玛派僧人讲经，还跟朋友学习中医，甚至尝试了中药辟谷……乱七八糟地学了一圈，我一天突然福至心灵，发现佛学与人类学竟有相通之处。佛家所讲的"去我执"，不就是人类学提倡的多元文化主义吗？无处不在的"我执"（自我中心主义）阻碍了我们对大千世界的观照，想要改变"我执"，就必须换一种方式来看世界，"他者之眼"就是跳出"我执"的视角，换言之，人类学的"他者之眼"不就和佛家所谓六神通之一的"它心通"殊途同归吗？有了人类学思维之后，我骤然发现无数伟大的智慧都有相通之处，如同月映万川一般，一轮明月当空朗照，在大千世界的江河湖海映射出不同的色相，不同的表述其实都指向同一个宇宙真理。大到婆娑世界，小到个人学问，一旦执着于自我中心主义，都难免偏狭。解决办法就是跳出"我执"，拥有"它心通"。有了这样的认知，当后来叶老师提出文学人类学反对"三大中心主义"（文本中心主义、中原中心主义、汉族中心主义）[1]时，我接受起来没有丝毫隔阂，简直就是于我心有戚戚焉。

学了人类学之后，曾经性格内向的我，竟然变得越来越"open"。有趣的是，我的身体也开始"去我执"，在田野里，吃百家饭，睡百家床，逐渐爱上人类学的田野生活。2011年深秋，叶老师给我布置任务，要我去汶川考察到底有没有《山海经》里所记载的"白珉"，跟金沙、三星堆的玉器是否有关联。这次田野考察更像是探险，我一个人背着背包去陌生的汶川羌人谷。对于女性来说，田野考察的安全问题确实无法回避的。看了《天真的人类学家》之后，作者的田野经历，让我不免生出各种负面想象。去之前，一位朋友得知我竟然没有采取任何保护措施的时候，发来淘宝网相关救生和自卫用品的链接，让我赶紧去网购。但终因时间来不及，我只好拿出探险的精神赤手空拳地上路了。好运再次眷顾了我，我先后两次踏上寻玉之旅，一路上遇到不少热心淳朴的人，误打误撞竟然找到了羌族采玉人，拿到了十多种玉石样本，亲眼见识了传说中的"龙溪玉"[2]，完成了任务。我在回家的路上想，心无挂碍，路就没有阻碍。萨特说的"他人是我的地狱"，也许应该换个说法："有我执，他人才是我的地狱；去除我执，这世界就是我的家。"

---

1 参见叶舒宪：《文学人类学教程》，中国社会科学出版社，2010年。
2 参见杨骊、段宇衡：《三星堆及金沙玉器的玉源初探——四重证据法的实验》，《百色学院学报》2015年第3期。

二、文学人类学何为？

刚开始读博士不久，同学们集体陷入了一种学科合法性的迷茫。文学人类学是什么？文学人类学何为？上个世纪末，萧兵、方克强等前辈进行了文学人类学的探索。最早从理论上探讨文学人类学的是叶老师当年的博士论文《文学与人类学》，出版于2003年，但这本书中更多是引进西方理论，一些本土独创性因素才初露端倪。文学人类学界的"三驾马车"：叶舒宪、徐新建、彭兆荣，他们自己的学术历程也经历了一个渐进探索的过程，这和2010年前后文学人类学研究理论与方法的逐渐成熟大致同步的。作为学生，我幸运地见证了这一学术史进程。

给我印象最深刻的是2010年，徐老师申报国家重大课题"文学人类学的理论与方法"，我作为学术助理参与其中，这时候师生们才对文学人类学外延和内涵进行了系统厘清。文学人类学的研究视角可以用三组词来表达：文学的人类学、人类学的文学、文学与人类学。2010年，叶老师中标立项国家重大课题；第二年，徐老师和彭老师也同时立项国家重大课题。那段时间大家都很振奋，觉得这是文学人类学理论与方法影响力重大突破的标志之一。再后来，叶老师进入学术爆发期，先后提出了"大小传统""N级编码""玉成中国"等理论，在学界引起了不小的关注。

我曾经和刘壮师弟从西方的古典学讨论到为什么文学人类学会在中国兴起，我们为什么要研究历史。他说，你别忘了，中国是文献大国，不就是一个巨大的文献田野富矿吗？没有文学，我们如何能进入文献田野。我突然领悟到，对我们的研究来说，异文化不仅仅是共时性的，更是历时性的。除了面对当代的异文化，当我们凝眸历史时，历史也同样是异文化。

徐老师组织过一次对斯诺的"两种文化"说的讨论。斯诺指出：现代性知识范式导致了科学与人文的隔绝，这样一来造成我们认知世界的困境，这是整个西方的问题。斯诺认为弥合这种分裂是非常必要的。[1] 后来叶老师又组织我们

---

[1] 参见 [英] C.P. 斯诺：《两种文化》，纪树立译，生活·读书·新知三联书店，1994年。

读了沃勒斯坦的《否思社会科学》和《开放社会科学》,[1] 这两本书也对现代社会科学范式和学科制度造成现代知识体系的诸多偏狭和学科分割进行了深入的批判,指出当代需要建构一种"整体性的科学"。一通学习之后,让我在读硕士时的朦胧认知逐渐清晰起来了。我们现代人受困于这种分裂久也!我的求学经历从文学到哲学再到人类学,也许在冥冥之中为我那个呼之欲出的"求打通"的学术理想埋下了很多伏笔。

那么,如何打通学科壁垒实现文化通观? 20世纪末各大学科都出现了人类学转向,出现了历史人类学、医学人类学、音乐人类学、体育人类学、文学人类学等等,这不是一个偶然的学术风潮。究其原因,人类学理论中非常重要的一个哲学核心就是考察异文化的"他者之眼",这是实现文化通观、打通学科壁垒的重要方法论。在某种程度上,这跟西方哲学后来兴起的主体间性哲学思潮,消弭主客之间的二元对立不谋而合,这也是我后来把四重证据法的方法论价值定位为"在实证与阐释之间"的思想基础。

三、证据法?证据法!

2020年初,得知我和叶老师编著的《四重证据法研究》一书获得国家社科基金中华学术外译项目立项的时候,我不禁感慨万千,回想起研究证据法的酸甜苦辣,宛如昨日。

记得刚进师门不久,同样在川大读博的祖晓伟师姐就找到我,跟我一番长谈,中心思想就是转达叶老师的意见:因为我硕士学的哲学,所以博士论文选题最好选方法论,也就是文学人类学的多重证据法研究。然而,证据法研究对我绝非易事,每一重证据都涉及不同的学科,尤其是民俗学和考古学证据,等于要重新进入新的学科,我才刚有一点人类学学习的心得,跨学科的学习对我而言,难度太大了。

---

[1] 参见[美]伊曼纽尔·沃勒斯坦:《否思社会科学——19世纪范式的局限》,刘琦岩、叶萌芽译,生活·读书·新知三联书店,2008年。伊曼纽尔·沃勒斯坦:《开放社会科学:重建社会科学报告书》,刘锋译,生活·读书·新知三联书店,1997年。

更何况，我当初对灾难人类学很感兴趣。2009年，电影《2012》上演之后，"2012现象"异常火爆，勾起了我中学看《诺查姆丹玛斯大预言》时萌生的救世情结，就跃跃欲试想去研究"灾难与末世"的文化现象。徐老师得知我的想法之后，鼓励我做一次讲读，讲讲自己关于灾难与末世的思考。可惜那次讲读做得并不成功，师姐们和老师的点评意见惊人的一致，选题不错，但我的准备不够。我沮丧了一段时间却并不死心，直到有一天做了个梦。梦中看见叶老师一手拎了一条蛇，一大一小，一黄一黑，他意味深长地看着我说，你选一条去驯养吧。我左右掂量，选了一条小的，心道这条小蛇不会咬人吧。刚战战兢兢地接了小蛇，就被蛇咬了一口。我惊叫着从梦中醒来，辗转反侧之间领悟了梦境的暗示，常言道"条条蛇都咬人"，在学术的道路上，大概没有捷径可选吧。于是，我认命一般地拿起了多重证据法研究的选题。

20世纪初，王国维提出的"二重证据法"翻开了中国古史研究新篇章。其后，郭沫若、郑振铎、闻一多、顾颉刚、徐中舒、孙作云等人运用民俗学、神话学、人类学的理论和方法研究古史与文学问题，成为"三重证据法"的早期实验。20世纪80年代，饶宗颐、杨向奎、汪宁生等从各自的历史学和民族学领域对"三重证据法"进行了理论和实践的推进。20世纪90年代，叶舒宪将"三重证据法"明确提升到方法论的高度。新世纪初，叶舒宪将"三重证据法"发展为"四重证据法"。"四重证据法"是指采用传世文献（第一重证据）、出土文献（第二重证据），人类学、民族学的田野材料（第三重证据）以及考古和图像证据（第四重证据），整合成证据链和证据间性视角重新进入历史与文化研究。我很庆幸这个选题给了我一个梳理中国现代学术史的机缘，从二重证据法到四重证据法，勾勒出了中国学者在一代又一代学术思潮中建构本土方法论的努力，也让我由此反观中国学问与世界潮流的联系与差异。

中国文学人类学的"四重证据法"是一种"求打通"的方法论。记得我萌生出对"四重证据法"的这一认知，是在2010年。那一年，文学人类学研究会在南宁召开年会。会前，叶老师要我围绕证据法来发言，那时我才博士一年级第二学期，压力颇大。我憋了好久，终于在一天凌晨4点给叶老师发去邮件，结结巴巴地讲述了我的年会发言思路，最后一段是这样写的：

> 四重证据法在知识范式转型中，无疑开启一条文化通观的希望之途，

但是，在这条学术探险之路上，肯定有着无数险阻与陷阱。反观四重证据法，笔者认为有两个问题值得深思。第一，证据间性的处理。每重证据的信度效力如何？在处理证据的关联性时依据什么做出判断与阐释？这对于四重证据法实践者将是极具挑战性的考验。第二，既重实证不唯实证。对证据的追求容易导致实证主义的沉溺，在实践中应避免过分倚重多重证据的列举而忽视证据关联性的有效阐释。比如，实证科学的思维无法进入的神话知识世界，却是心证可以抵达的。笔者认为，四重证据法的价值恰恰在于其创造了实证与阐释之间的巨大张力。

清晨7点坐在去南宁的飞机上，关手机前几分钟，心情忐忑的我收到叶老师给我的回邮：

以你的短文看，最后四行字，最具有原创性，也是很重要的理论问题，值得就此写成两万字来。人文学被人诟病不是科学，不可信、不可验证，就是因为缺乏实证的说服力，而纯粹科学又解释不了人文问题，心灵和信仰问题，谁都希望调和人文主义和科学主义的矛盾，但是口号多，而实绩稀少，难免空疏。我们之所以少谈理论而用心做案例，就是以实践积累为先，避免空谈。四重证据法的学术追求，已经被你看出来了，那就锲而不舍，深究下去。

四、我的"卧底"经历

自从选定了多重证据法研究的博士论文题目之后，摆在我面前的首要问题就是如何去理解第四重证据——考古学证据。然而，对于一个文科生来说，对考古学的了解比看《盗墓笔记》好不了多少，一通考古学教材看下来，弄得我晕头转向，什么地层学、类型学，怎么我看着那些瓶瓶罐罐都长得差不多？

有学者把当今各自为阵互不通气的学科门类比喻为"学术部落"[1]，那么，我要解决问题就得去"考古学部落"卧底。

幸运的是，我结识了四川省文物考古研究院的高大伦院长。于是我向高院长毛遂自荐，要求去考古队做义工，借此一探"考古学部落"。2011年，我先后三次赴宜宾糟坊头酒坊遗址发掘工地进行田野考察。整个田野考察亲历了考古发掘的最主要阶段：从清理浮土到布方发掘、发掘完成以及全国专家论证会，参与了一个较完整的考古发掘过程。田野期间，我起早贪黑地跟着考古队，既协助管理探方发掘，又参与文物采集清理和田野资料整理，还全程观摩了全国专家关于遗址的发掘论证会。刚开始考古队的小伙伴们都不理解我跑到考古队来做什么，到后来我跟他们结下了深厚的友谊，连考古队长都夸我，你比我们队员还敬业。通过一系列参与式观察，我总算对考古学方法论有所了解，认识到考古学证据作为第四重证据的实证意义。

此间，还有一个特别的收获，让我对第三重民俗学证据的价值理解更深了。我发现糟坊头遗址发掘出的陶瓷酒坛酒罐不多，倒是各种碗碟杯盏不少，那么以前的人们用什么来装酒呢？这个问题在我去当地酿酒车间考察时找到了答案。车间主任拿出一个布满灰尘的竹篓子给我看，"二十年多前我们都是用这个装酒的"。因为宜宾地区盛产竹子，所以当地人就地取材，用竹子编成酒罐，里面用多层草纸加上蛋清、米汤等物糨糊，非常结实，这样一个酒篓子可以用好多年。我大开眼界，感叹古人之聪明之环保，同时恍然大悟：民间的"酒篓子"一语，也许就由此而来吧。想当年，顾颉刚先生就是在黄河岸边看见人们制造渡河的牛皮筏子，从而领悟了"吹牛皮"一词的来历，我这也算是亲身体验了第三重民俗学证据以今证古的作用。

我的另一个卧底经历，就是为了学习玉文化知识"混"进古玉收藏圈。跟着叶老师读博士以来，叶老师用了各种办法，软硬兼施地"逼"着学生们学习玉文化。用叶老师的话来说就是，玉文化是华夏文明的特征之一，是一部中华民族的"物的民族志"，是中华文明探源的一把钥匙。

2013年6月，我完成毕业答辩之后接到叶老师的飞邮传书："榆林会议，

---

1 ［英］托尼·比彻、保罗·特罗勒尔：《学术部落及其领地》，唐跃勤等译，北京大学出版社，2008年。

考古界盛会,学习机会难得!"原来,老师要我去参加在榆林市召开的中国玉石之路与玉兵文化研讨会。开会的人一半是古玉收藏界的大咖,一半是考古界的"各路诸侯",简直是一派"玉林大会华山论剑"的架势。叶老师风尘仆仆地赶到会场,永远都背着一个超大的双肩包,一副老田野的样子。他犀利的眼神把学生们扫了一遍,然后,把目光停在我脖子上挂的翡翠小玉坠儿上面,一脸嫌弃的样子:"戴什么新玉?没文化!要么别戴,要么好好买块古玉来戴!"我跟叶老师读了四年博士,对他那种吹毛求疵的风格早已见怪不怪,没心没肺地回了一句:我就喜欢这个……

多年之后,我也结识了不少古玉收藏界和玉学界的朋友,当我写作《玉路心史——玉文化田野考察》一书时,回想起当初的情景不觉莞尔。在那种藏家云集的场合,我敢于大大咧咧地戴着个翡翠小玉坠儿,这种无知无畏的心态也真够强悍。因为按照古玉收藏圈的游戏规则,你身上戴的东西就是你的身份证和级别证,明眼人一看就知道你是什么段位的藏家。更让我佩服的是,叶老师为了学习古玉文化,上至顶级藏家,下至地摊小贩都混得像老朋友一样。他说,古玩市场就是我们的田野点,学习古玉等于从零开始,一定要放下身段,虚心学习。

开会期间,叶老师兴致勃勃地召集学生和朋友赏玉。有个甘肃文玩商,拿出一对齐家文化大玉璧,叶老师反复摩挲连称好货,然而一问价钱却要5万,把我们三个博士生惊得连连咂舌。叶老师犹豫再三,终究还是没有出手。古玩商又拿出几件马衔山料的齐家玉残件,每件报价几百元。叶老师满怀期待地看着我说,你跟他讲价便宜点,可以买两件回去做研究样品啊!我苦笑一下,好吧,反正叶老师早晚要把学生拉下水的,今天终于逃不脱这个"下水仪式"了。不过话说回来,如果真要进行古玉文化研究,没有真金白银地投入又怎么可能深入其境呢?于是,我生平第一次花钱买古玉,2000大洋买了玉璜、玉斧、玉芯各一件,从此走上了研究玉文化的"不归路"。最近几年,我手头日渐宽裕,买起玉来也有点大手大脚。叶老师却再三告诫我要谨慎下手,别被古玩商宰了,还给我推荐了一些价廉物美的古玉网店。

五、"博物馆控"养成记

完成了博士论文，我的文学人类学之路才刚刚起步。四重证据法是新生的方法论，其效力和边界还需要到实践中去运用和检验，而第一步则是要大量采集证据。中华人民共和国成立以来，一系列考古发现给了当代学者重新深入历史渊薮的机缘。20世纪末到21世纪初，全中国如雨后春笋般建立的博物馆则为我们提供了空前丰富的物质文化证据。文学人类学研究方法的透物见人，恰好可以弥补自傅斯年以来考古学证而不疏的传统弊端[1]，用四重证据法把立体释古的效力充分发挥出来。

王国维的时代还没有现代考古学，虽然他当初在提出二重证据法时，刻意用"证据"二字体现出当时中国学界对科学实证思潮的一种接受和向往。但那个时代只给他提供了从地下发掘出来的甲骨文、金文一类文献材料，而其他的地下物质材料，他没有机会看到。所以，我才在《四重证据法研究》一书中感慨，20世纪下半叶在四川出土了不少汉画像百戏砖和汉代说唱俑，这些材料的出土，印证了王国维在《宋元戏曲考》中关于古代倡优与戏曲发端的论述。只可惜王国维在写《宋元戏曲考》时，主要采用的是文献资料，如果王国维能看到现在发掘出来的汉画像砖和说唱俑，想必会有更精彩的论述吧[2]。

2015年，叶老师出版了《图说中华文明发生史》，这本书给了我很大的触动。经过多年的积累，书中数百张照片，从国内到国外，从博物馆到民俗现场，绝大部分出自叶老师之手，如此扎实的田野功夫让人不得不服。从那时起，我就暗自发誓：也许终我一生都达不到叶老师的博学，但我至少可以学到叶老师的勤奋。不管三七二十一，背起背包，田野目标就是博物馆！这些年下来，我还真成了名副其实的"博物馆控"。

从最北面的内蒙古赤峰博物馆到最南面的广州南越王墓博物馆，我在全国300多个博物馆里留下了自己的足迹，收集文物照片多达400多G，10多万张。我最痴迷博物馆的时候，曾有一个月参观20多个博物馆的纪录。从长江下游的上海市博物馆一路跑到长江上游的泸州市博物馆，结果还真把鞋跑坏了

---

1 参见杨骊、叶舒宪编著：《四重证据法研究》，复旦大学出版社，2019年。

2 同上注。

一双。无数次的博物馆考察，有时是我先生陪着我自驾，有时也与同门姐妹结伴，但更多的时候还是我自己做独行侠。考察博物馆真是体力活儿，又观察又拍照，一天下来经常累得腰酸背疼。如果遇上有的博物馆正好装修，不得其门而入无疑是最大的田野悲剧。2017年，我在开封开中国比较文学年会，不幸遇上河南博物院和虢国博物馆都在装修，直到三年后才有机会登堂入室。

让我欣喜的是，观千剑而识器，器物看多了就会慢慢培养出一种感觉。跑多了博物馆，中国的玉文化版图也逐渐在我眼中从模糊混沌变得立体清晰起来。每个时代的器物，都有自己的独特神韵，无言地讲述着那个时代人们的精神生活。虽然时空阻隔，却可以通过不同时代的遗物去触碰不同时代的精神脉络。那是一种很奇妙的感觉，当我隔着玻璃静静地凝视那些红山文化玉龙或者良渚文化玉琮的时候，我似乎真的有了一点"它心通"，对远古的异文化精神世界有了更多的感应。

为了完成我的教育部课题"文学人类学视野下的商代玉文化研究"，我开始了对全国商文化遗址的考察。一遍遍对比商周玉器之后，从商代玉器的巫气氤氲到周代玉器的天子之象，我终于从器物上印证了王国维先生所言的"殷周之变"[1]。经由玉器的造型、纹饰研究，与王国维相遇在历史的拐角，这大约就是物质文化田野考察的魅力吧。在写《玄鸟生商：商代玉文化三千年》时，书中的200多张图片80%都是自己跑博物馆考察所得，交稿的那一刻，我终于在心里升起一点小小的成就感，天下真没有白跑的博物馆！

六、玉路千里从头越

除了博物馆田野考察，我的另一个田野功课就是跟着叶老师的团队进行"玉帛之路"考察。从2014年起，叶老师先后组织了15次"玉帛之路"考察，堪称八万里路云和月，踏遍中国的千山万水，用文学人类学的理论与方法重绘中国玉文化地图，进行文学人类学的中华文明探源。我有幸参与了其中四次，受益匪浅，终生难忘。

---

[1] 杨骊：《从商周玉器管窥"殷周之变"——以象生玉器、人形玉器为文化读本》，《百色学院学报》2020年第3期。

2017年8月底，叶老师、《丝绸之路》的冯玉雷主编和我在玉门市开完学术会议后，踏上了去敦煌的第13次"玉帛之路"考察旅途。敦煌当地的线人就把我们接上一辆越野车，一路向西，朝着沙漠狂奔。我到了车上，才知道这次神神秘秘地是要去考察敦煌三危山沙漠里的一个玉矿。很可能是古玉矿！

我们的线人董杰是敦煌当地的画工，他指着一处峡口说，这就是著名的旱峡，是历史上敦煌与西域之间的要道。再往里走，路没有了，这是真正的无人区，一望无际都是起伏延绵的戈壁沙丘。烈日当空，沙漠里的风把沙子呼呼地刮到脸上，这世界单调得只听见风声和我们的喘气声。叶老师已经60多岁，我和冯主编都怕他在烈日暴晒下中暑，然而他看见玉矿十分兴奋，手舞足蹈的精神头儿比我们还足。一个下午的踏勘，我们看到了玉矿洞穴，找到了碧玉料、白玉料、黄玉料、戈壁玉料（石英石）、陶片以及打制石器。

顾颉刚先生在《西北考察日记》中就曾提道：相传西域道路未通，和阗玉未能尽量东运时，中国之玉皆酒泉所产，盖美石之次于玉者；雍州"贡球琳琅玕"即此[1]。叶老师指出，"早在《尚书》的《尧典》和《禹贡》里记载出自三危'球琳琅玕'，应该就是三危山的地方玉"。其实，敦煌三危山旱峡一带产玉在民间早有传说，却鲜有学者进行实地踏勘，以致古书的记载被我们完全遗忘。田野归来，我们分别写了考察记发表在《丝绸之路》上，成了关于旱峡玉矿最早发表的田野考察。[2]

后来的考古发掘证实，这里的古玉矿年代上限距今4000年[3]，对于研究河西走廊地区史前"玉帛之路"具有重大意义。2020年，甘肃敦煌旱峡玉矿遗址入选"中国考古十大发现"。回想当年经历，我还曾因过敦煌石窟不入而抱憾，现在看来，却在不经意间涉足了一个考古发现。

2019年4月，我参加了叶老师组织的"玉帛之路环太湖考察"，旨在调查长三角地区的史前玉文化。没想到，一个关于蚂蟥的考察花絮让所有的成员都

---

1 参见顾颉刚：《西北考察日记》，甘肃人民出版社，2002年。

2 参见叶舒宪：《玉出三危——第十三次玉帛之路文化考察简报》，《丝绸之路》2018年第1期。冯玉雷：《三危藏美玉 光耀映敦煌——第十三次玉帛之路文化考察》，《丝绸之路》2018年第1期。杨骊：《三危山古玉矿考察纪实》，《丝绸之路》2018年第1期。

3 旱峡玉矿的考古调查参见陈国科，丘志力，蒋超年，王辉，张跃峰，郑彤彤：《甘肃敦煌旱峡玉矿遗址考古调查报告》，《考古与文物》2019年第4期。

震撼了。

考察团成员之一汪永基老师是新华社的高级记者，也是骨灰级的玉文化发烧友。我们在赵陵山遗址田野考察的时候，一只蚂蟥钻到汪老师的脚里，他回到酒店才把它挑出来。不幸伤口已经感染发炎了，汪老师为了不给同队的女孩子造成心理阴影，一直谎称感冒发烧，直到最后考察总结时才说出真相。

大家知道后又是震惊又是感动，叶老师却分享了一段自己更为惊心动魄的隐秘经历。那是叶老师还在海南大学执教的时候，海南大学举办了一场诗会，会后大家一起去登五指山，叶老师不幸跟大部队走散了！天色将晚，叶老师无奈之下在原始森林里凭着野外生存经验爬到了一棵树上。然而，因为穿着短裤和短袖，脚上和手上都爬满了旱蚂蟥。终于等到天蒙蒙亮，他听到远处有汽车开过来的声音，才凭着最后的意志跌跌撞撞跑到山路上求救。当叶老师满身是血倒在公路上，可真把司机吓坏了。叶老师被救起来之后一个多星期才恢复。这段经历叶老师从来没在圈子里讲过，被汪老师触动才说出来。他笑着说："自从经历了那一劫之后，我从此就不怕死了！"

大家一边听得后背冒冷汗，一边又被叶老师点燃了学术激情。望着他清澈雪亮的目光，我终于明白叶老师做学问为什么总有一股舍生忘死的劲头：这一双看透了生死的眼睛，才有穿透历史的犀利。

中国社科院考古所的王仁湘老师把话头接过去不紧不慢地说，其实对于做田野考古的人来说，被蚂蟥叮咬是太平常的事情了。但是要注意，被叮上之后千万不能硬拽，越拽它越往里钻。年近七十的王老师说得轻描淡写，他这一辈子都在田野考古，经历了太多的事情，已经到了举重若轻的境界。在湖州小结的那晚，王老师同样轻描淡写地告诉我们：一个人做学问，当你觉得孤独的时候，你就成功了一半；孤独之后，还能找到同行者，那你就成功了大半。他的话引起在座同行的深刻共鸣，这就是所谓的"大道不孤"吧。叶老师最后总结说，"玉成中国"——玉这个中国文化里最美好的象征物把大家聚集在一起，一群比德于玉的君子，共同为了探源中华文明的事业而行走……

追随着师长们的足迹，这条探源中华文明的学术之路对我来说还很长很远。行无尽处，学无止境，士不可不弘毅，任重而道远！

路远兮：我的人类学之旅

杨丽娟

杨丽娟，博士，四川师范大学历史与旅游文化学院教授。四川省学术和技术带头人，首批四川省旅游业青年专家，四川省人力资源和社会保障厅"专家服务团专家"。出版专著3部，共发表论文35篇。

一、篱落 —— 篱落疏疏一径深，树头新绿未成荫

2006年9月，我被四川大学文学与新闻学院中国语言文学学科文学人类学专业录取，师从徐新建教授。

文学人类学专业的研究目标是什么？如何研究？对于本科是管理学，硕士是历史学的我来说，感觉是雾里看花，在课堂上老师讲的都是汉字，但是自己却听不太懂，不明白是什么意思。管理学、历史学、文学与人类学尽管同为人文社会科学，但各自的研究话语体系和方法路径还是差异颇大。跨入一个新的学科中，若想尽快熟悉，对我而言，除了阅读大量的专业经典著作和论文外，还需时常将其与社会生活相联系，构建起理论指导实践，实践修正理论的双向互动，而讲读会就是一个多元又迅速的构建通道。两星期一次的讲读会多半在下午和晚上举行，时长约在3小时左右，报告人、评议人、主持人是必备的标准构架，通常由学生轮流担任，会前准备；来自参会同学的临时发言则是自由选项，更是出其不意地提问，需要报告人有充分的理论和实践准备，所以常常是惊喜与惊吓并存，幸好有夜色作为掩护。同门讲读会真的可以快速让学术菜鸟在话语的"刀光剑影"中茁壮成长。我对于讲读会是又爱又怕，怕的程度更多一些，经常都是拖得不能再拖了，才排号。

讲读会的高阶版则是学术会议，相当于将自己放入全国的该领域的学术共同体中试炼。来自全国的学者们带着自己的博士生和研究生参会，唇枪舌战、针尖麦芒，倒也呈现出学术交锋的自由与激烈，颇有武侠小说中各门派掌门人带领自家弟子比武的风范。青年论坛则是为学术小白们准备的练兵场，常常在晚上举办，如若议程时间宽松一点，调至傍晚时分也是极好的。我连续参加的"人类学高级论坛"是对我帮助最大的一个学术会议。2008年贵州年会、2011年赣州年会、2013年重庆年会、2019年昆明年会，我都以青年学者的身份参与。参加学术会议，能使青年学者通过选题、撰文、讲述、回应等环节得到学术能力、素养与情怀的深刻训练。

人类学的研究旨趣和方法为自己以前的旅游研究打开了一扇窗。管理学的旅游研究主要是探索旅游领域的企业、产业、行业、政府的各种管理现象和规律，研究议题也集中在资源优化、竞争模式和发展态势等，常常以社会化大生产为前提，凭借自然科学和社会科学的技术和理论发展。人类学的旅游研究则多以定性研究为主，多从文化的角度思考旅游中东道主、游客和旅游目的地的各种形象和关系的规律，主要议题是主客关系、仪式、遗产、真实性、现代性、移动性等，并更加注重微观视角的观察。如果从文化层面分析游客的出发动机，管理学会分析不同人口学特征的游客具备怎样的文化动机，这些文化动机和旅游目的地的匹配度是如何的，属于比较中观的层面；而从人类学的角度则需要探讨的是游客的文化动机是来源于怎样的"他文化"的吸引，并在"我文化"的凝视下，游客如何完成自己的"通过仪式"，实现自己的"原我"到"转换中的我"再到"新我"的过渡。所以相比较而言，如果说管理学的研究特点是客观性、概括性、系统性的，那么人类学的研究则是真实性、微观性、特定性的，二者研究特点的表述意义是彼此并非对立面，而是侧重面不同。在这一时间段，我完成了《"寻根祭祖"游的人类学解读：中国传统魂魄观的仪式化》《盐文化旅游的根隐喻：古代科技文明之现代朝圣》《悲剧式浪漫：从文本叙事到精神书写——三亚婚庆旅游地的景观符号学解读》，大都集中在游客文化动机的人类学分析。其中《寻》一文还入选当年《旅游学刊》一年一度的英文版。

2008年汶川"5·12"地震发生后，全国从上至下都迅速投入到了艰巨但众志成城的救灾工作中，身为人文学科的科研工作者的我们能做什么？被誉为文学人类学"三驾马车"的徐新建教授、叶舒宪教授已在成都，彭兆荣教授立刻从厦门飞到成都，带领着各自的学生和研究团队，组成"文学人类学救灾工作组"，在被相关救灾机构允许的前提下，进入到现场，"在没有什么资助的艰苦条件下义无反顾地投入到抗震救灾行动当中……以各自在第一线的亲历，尽可能全面客观地实录灾难影响与救灾情形"[1]。2009年出版的《灾难与人文关怀："汶川地震"的文学人类学纪实》，以三种"在场"的视角"沉重与

---

[1] 徐新建主编：《灾难与人文关怀："汶川地震"的文学人类学纪实》，四川大学出版社，2009年。

敬畏""关怀与反思""声音与对话",涉及"文学中的灾难与救世""人类与灾难""灾难与文化遗产""灾民安置与灾区重建"等主要内容。这次学术团队的工作,让我具身感受到了常被视作"诗与远方"的文学,也可以如此济世当下;更感受到了人文学者的家国情怀与使命担当。我对文学人类学的学科气质有了更加深入的理解和喜爱,打一个不恰当的比喻,就是"始于颜值、陷于才华、忠于人品"。

博士学习期间,我怀孕了,导师的很多团队项目我都未能参加,孕吐、嗜睡几乎伴随整个孕期,吐得最严重时,感觉心、肝、肺都要吐出来了。自己觉得孕期已经很辛苦了,但生活的真相是孩子出生以后,辛苦的 plus 版才上线。很多师姐们也有这样的体会,一些师姐不得已和孩子分开,尽管完成了博士学位,但或在闲聊或在论文的后记中,都充满着自己未能在孩子身边陪伴的愧疚之情。导师徐新建教授当时考虑到我刚生完孩子,需要常和孩子在一起,在完成博士学位论文中,为了收集资料和实地田野的便利,建议我可以从文学人类学角度研究成都形象。成都,生我养我之地,熟悉和情感都在,但如要从专业的角度来分析,我甚感压力,觉得自己还没有储备好知识来分析成都,也尝试写了三级大纲,没有达到要求,于是只好另寻题目。后面我也尝试着准备了其他几个选题,都一一被否定了,连续的挫败感让当时的我颇觉萎靡。工作、学业、孩子三座"大山"压在身上,纵然工作有团队、学业有同门、孩子有家人帮忙,但自己仍然会时时充满沮丧、焦虑和无力。负面情绪宣泄以后,冷静下来发现这也怨不了任何人,自己既想获得博士学位,又想别太晚生孩子,在一个时间想要完成两个任务,那自然压力翻倍,自己选的路还得慢慢走。导师也让我不用着急,对于选题给予我充分的自由。我当时工作的学院离洛带古镇特别近,大约只有几公里的距离,洛带也是 AAAA 级景区,于是到古镇转转是件方便和惬意的事。洛带打着"客家"的文化牌吸引游客,我也开始关注客家文化。随着相关资料的慢慢收集,以及经过前几次的失败锻炼出的学术直觉,我感觉这里面也可以挖掘些东西出来。向导师汇报以后,导师也认为学术厚度尚可,几经琢磨,确定了选题《地方传统与身份表述——东山客家的人类学研究》。后来顺利成文,获得博士学位,并出版成书。学生学生,需要先"学"而后"生",充分学习知识、技能与素养,再进行模仿、提高、演化与创造。

虽然博士毕业了,但我知道这只是刚刚入了人类学的门,心觉其路远兮。

二、立根 —— 咬定青山不放松，立根原在破岩中

博士毕业后，短暂的轻松过后，我又陷入了迷茫。不再有导师盯着你，同门伴着你，学术之路全凭个人兴趣与毅力了。兴趣是否得当？毅力能否持久？一切未知。于是自己选择了两个前进的方向，一是将原来的客家研究继续深化；二是从个体经验出发，关照旅游中的导游群体。这一时期所做的客家研究有《萎缩与坚守：客家话传承的文化认同变迁》《人地关系与信仰流变：客家妈祖传说地域分野的文化阐释》《表述下的呈现：客家研究的身份内核——兼论客家研究发展》《身份识别、家族记忆与族群历史：客家神榜的人类学阐释》《祠堂兴衰与国家历史——以成都龙潭寺范氏祠堂为例》，其中，《祠》文获得了中国文学人类学研究会2012年"首届优秀青年论文"二等奖，对自己是莫大的鼓励。还记得当时虽然只是二等奖，但当自己登上领奖台时，脑海当中竟然浮现的是"春风得意马蹄疾，一日看尽长安花"的诗句，被认同是对科研工作者坚持的最好回报。此外，我所做的导游相关研究有《真实与幻象：导游词的好客表述》《导游：旅游人类学的缺场》《西学东渐之后：旅游人类学在中国》等。

从事物的具象验证研究拓展到具象的反思研究，从事物具象研究拓展到事物研究现状的研究。研究对象的变迁蕴含着学术能力的上升。在学术研究的能力体系中，"模仿"是初级能力。我在这个阶段就是将所学的理论找一个实地的案例进行关联分析，大部分时候是在验证该理论的正确性。在验证的过程中，学术的提炼、分析、表述等能力得到了训练。当验证的越来越多时，也出现了一个现象，理论的一部分条件不能被验证，甚至一些现实不太能找到已有理论来分析。学术的反思、建构能力在此阶段就会被激发出来，"反思"是学术研究中的中级能力。

要想学术能力获得提升，我感觉有两个着力点。一是要不断"深挖一口井"，这是徐杰舜教授在介绍他的学术经验时提及的。"深挖一口井"的好处就是在一个固定领域，不断深入探索，假以时日，总会推进该领域的现有研究，那么自己身为科研工作者的价值也在学术共同体中被呈现。当然，在这期间可能受到多种因素的影响，会困惑、会怀疑，但如果真的"板凳原坐十年冷，文章不写一句空"，这份坚持，终会被看见。国家社科基金现在的专项项

目越来越多,"冷门绝学"类也在其中。二是聚焦中国。中国悠久的历史和多民族共同发展的现状已经蕴含了多种研究的可能性,全球化的紧密联系与互动更展现了多种研究的必然性,中国"五位一体"协调发展的布局更加快了多种研究的紧迫性。所以如果哲学社会科学的研究,能体现继承性、民族性、原创性、时代性、系统性和专业性,那么在打造中国特色哲学社会科学的学术体系和话语体系时,也为世界范围的学术贡献了一份多样性。

一想到如何能更深入进行人类学研究,便觉其路远兮。

三、岭峰——横看成岭侧成峰,远近高低各不同

2013年我进入到四川大学工商管理学科博士后科研流动站继续学习,导师为揭筱纹教授。刚刚习惯了人类学的研究范式,现在又得转换到管理学的研究范式上。不断的转换研究学科,这的确给自己带来了不小的挑战。一方面需要按照管理学的范式来进行学术研究;一方面在学术思想的深处,人类学学科已经播种、生根和发芽。自己唯一可以做的就是:面对、接纳、适应、克服。为了顺利出站,博士后研究报告采取了管理学的研究范式,完成了《游客满意度、行为意向与古镇民宿旅游产品创新——基于成都的实证研究》。同时,在人类学研究中,我引入管理学的理论和图情学的可视化技术,完成了论文《民族旅游研究的知识图谱分析——以国外期刊为例》《知识图谱视野下的中国旅游人类学研究现状的可视化分析——基于CITESPACE软件和CNKI数据库》《学术合作:人类学中国化的学者探索——以徐杰舜教授为例》。通过跨学科的研究,的确比较快速地找到传统学科范式不容易发现的学术现状,探索到前沿的新的学科增长点。但跨学科研究不是易事,挑战不仅在于研究者需要掌握不同的学科范式,更重要的是,要在学术共同体内搭建一个接受跨学科的学术氛围。衔接了另一学科,会不会干扰本学科的学术范式,从而导致自身特色的消减,甚至影响到学科传承?一个学科的组织、制度、知识等已成的传统,需要找到一个巧妙的平衡点来衔接另一学科的组织、制度和知识,否则就只能成为厚厚的壁垒。成"岭"与成"峰"看似不同,其原因在于人们观看的角度差异,但岭峰本身还是它自己的模样。

文学人类学也是有着跨学科的意味，从人类学的角度探索文学。教育部提出的高等教育的"新工科、新医科、新农科、新文科"建设，这是高等教育创新发展的趋势。战略性、创新性、融合性、发展性是"新文科"的特点。学科导向的转向也预示着学术研究的转向需要发生。

从不同的学科进行交叉研究，自己也才刚刚试水，究竟能做到怎样的程度，不可知，更觉其路远兮。

四、长风——长风破浪会有时，直挂云帆济沧海

2018年我获取国家留学基金委公派留学的机会，前往德国慕尼黑大学访学。慕尼黑位于南德，是巴伐利亚州的州府，分为老城和新城，总面积约为310平方公里[1]，伊萨河（Isar）从城中穿过，全德第三大城市，1972年夏季奥运会在这里举办，奥林匹克公园（Olympiapark）至今都是慕尼黑的体育锻炼中心和游客打卡点，安联足球场（Allianz Arena）更是足球迷们心中的圣地。城市中心是玛丽恩广场（Marienplatz），其经济和国际化地位有些类似于上海。一年一度在特蕾西亚草坪（Theresienwiese）举办的慕尼黑啤酒节[2]颇负盛名，因每年十月举行，所以又被称作"十月节"（Oktoberfest）。宝马汽车（BMW）的总部也在这里，除了工厂，还有宝马博物馆。在慕尼黑和中国相关的，有提供领事服务的中国驻慕尼黑总领事馆、提供中国传统文化学习交流的中国慕尼黑孔子学院、提供信息和通信建设服务的中国华为慕尼黑办事处，以及民间的文化和经济交流中心、众多的生活超市和中餐馆、中药店，甚至还有辣度改良但仍可缓解乡愁的四川火锅。

慕尼黑对我比较有吸引力的是它的文化传承与展现，其中皇家建筑群穿过历史的长河熠熠生辉。这里有被誉为"巴伐利亚历史书"巴洛克风格的宁芬堡宫（Schloss Nymphenburg），有艺术才能远大于执政才能困于童话世界的国王修建的虽未完成却被视作"迪士尼城堡原型"的新天鹅堡（Schloss

---

[1] 与成都相比，成都的面积差不多是46个慕尼黑。
[2] 2020年由于新冠疫情，啤酒节停办。

Neuschwanstein）。慕尼黑的市徽是一个穿黑袍的僧侣像，慕尼黑这个单词在德语中有僧侣之地的含义。12世纪中叶慕尼黑有了建立城市最早的文献记载，13世纪开始隶属于巴伐利亚公国，18世纪被哈布施堡王朝控制数年，19世纪巴伐利亚公国上升为王国，慕尼黑也升级为王都。1914年的第一次世界大战和1939年的第二次世界大战，慕尼黑都损毁严重，1945年开始重建。如果说大家对慕尼黑还是没有什么印象，当提及这里就是电影《茜茜公主》（Sissi）中茜茜的出生地，可能就会觉得有丝亲近感了吧。"全城有3000多家画廊、50多座博物馆、4座歌剧院、3个世界级交响乐团、众多书店……仅有130多万人口的慕尼黑，却享有如此众多的文化艺术设施。"[1]可见整个慕尼黑的文化艺术氛围十分浓厚。博物馆中让我印象深刻的是德意志博物馆、五大洲博物馆、儿童博物馆、交通博物馆、BMW博物馆。博物馆都是星期一闭馆，星期二至星期天开放，其中星期二至星期五价格高，星期六和星期日的价格最低，为平时的20%，主要为方便家长带领孩子们来观看。在参观完众多博物馆后，我感觉比较有意思的特点是"三种观念"的丰富呈现。第一，世界观。很多博物馆都会标注本期展品在全世界的地理位置和历史时期，部分还会和关联度紧密的其他国家、其他洲进行比较，加深理解。第二，社会观。比如交通博物馆在介绍交通工具时，除了各种交通工具的实物呈现外，还将这种交通工具的各个历史时期与社会的关联进行呈现，如人口的增长、城市的发展、能源的变化、企业的责任、人们的感受等组成社会的重要元素。第三，体验观。对于很多事物的理论知识和工作原理除了文字介绍外，最重要的就是现场通过游客的具身体验来感知。如儿童博物馆在介绍建筑的抗震程度，会用文字介绍各种建筑类型后，让游客用小石块在一个平台上来搭建不同样式的房屋，平台下面有振动仪，来模拟不同震级的地震，来观察房屋的抗震裂度和时间。这种具身体验在很多博物馆都会运用，并根据不同年龄设计了差异化体验，德意志博物馆运用最多。认识是一个在实践活动中的建构过程，是身体与环境互动的结果，简而言之，心智在大脑中、大脑在身体中、身体在环境和世界中。脑、眼、手、嘴、心、神、意需要互动感知。具身体验也越来越得到人们的认同，学术界也

---

[1] 《慕尼黑：欧洲都市森林中的一方绿洲》，http://fao.sz.gov.cn/ydmh/ztzl/lszt/gjmcszft/201410/t20141019_2601085.htm。

涌现出了一批在不同学科领域的"身体转向"思潮。

慕尼黑大学（LMU），全称是路德维希-马克西米利安-慕尼黑大学（德文：Ludwig-Maximilians-Universität München），是首批入选德国精英大学的三所之一，位列 2020 年 THE 世界大学排名德国第 1 位，世界第 32 位；2021 年 QS 世界大学排名第 63 位。始建于 1472 年的慕尼黑大学与全球许多大学开放合作，目前与中国的十所高校有合作。

我所访学的学院是地球科学学院，具体合作的是经济地理系教授 Schmude Jürgen 教授，其专注于旅游经济与地理的研究，并负责该系的教学事务。我选修了秋季学期的硕士课程 Lecture 形式的 "Geography and Sustainability"，并在 2018 年 11 月 27 日的此课程上用全英文进行了 "Confucian Ren&Li View and the Construction of Ecotourism Environmental Ethics"（儒家仁礼观与生态旅游环境伦理的构建），时长 90 分钟。在缘起的相关性介绍中，为了让学生们熟悉背景，我以 *"Walden" "Silent Spring" "Something New Under The Sun—An Environmental History Of The Twentieth century Word"* 为线索，梳理了环境伦理从人类中心主义到生物中心主义再到生态中心主义的理论背景演变，再结合到旅游产业带来的水、噪音、空气、光、审美污染等实际情况，提出了环境伦理在旅游发展中的合理性、合法性和紧迫性。随后，我阐释了生态旅游环境伦理（Environmental Ethics on Ecotourism）内涵的两个关键词 "Rational principle" 与 "Normative behavior" 的含义，又从"文化多样性"（Cultural Diversity）的角度提出中国传统文化的代表：孔子和儒家文化，并介绍了其经典作品和对中国的政治、社会、教育、经济等方面的影响，以及对周边国家和世界的文化影响。特别介绍了慕尼黑孔子学院（Konfuzius-Institut München），并提出了儒家思想的核心代表之一"仁礼观"（Ren&Li View）在 "Rational principle" 和 "Normative behavior" 内涵展现以及当代生态旅游的价值。此分析路径是从汉字的字形、字义以及文化内涵演变来综合探讨，为了方便听课学生理解，还加入了一个 PPT 链接 "Chinese Characters"，从中国汉字的发展、历代演变、结构、造字类型等方面用 flash 动画生动介绍。最后指出，这场讲座的目的是为了了解不同文化的共通性。

修完整个硕士讲座课程后，我发现其特点如下：第一，由学院协调各个教研室的优秀老师进行轮流讲座授课，围绕同一主题，涵盖广泛，涉及旅游、社会、乡村、企业、个人生活等领域，拓宽了学生对可持续发展的途径理解；集自身所长，教学风格多样，训练了学生在不同教学风格的适应化训练。第二，全球化视野的展现，举例常常进行洲际比较，帮助学生树立开阔的世界观念。第三，文化自信与反思并存，在很多德国本土化的案例分析中，在浓厚的文化自信下也对目前传统文化适应时代变化进行调整，这种风格真是"生于忧患"的代表。第四，互动性强，学生可随时打断教师教学，进行提问，教师也会立即进行回答，学生之间如有不同观点也会现场提出并加以探讨。第五，课堂学习严格，不能对教师授课的PPT进行拍照，所以学生上课必须专注于记录笔记。第六，勇于提问，学生对数据或者与自己认知不符的地方敏感，常常就此提问。第七，课件引证规范，观点来自谁、发表在哪一本书/期刊、页码及卷期；图片来自自拍还是哪一网站都清楚标识。第八，采集前沿信息，关注近一两年学界对相关问题的说法和观点。

访学期间，我完成了学术论文"The Metaphor of Sadness: Hakka's Bean Jelly as Culture and Consumption through Tourism"发表在 *Tourism Geographies*（SSCI 二区），同时也作为 Reviewer 评审了一篇英文论文。此外，还对慕尼黑大学的国际化教育、中国海外旅游的领保机制进行了思考和研究。通过在慕尼黑的学习和生活，我发现其实很多外国民众并不了解中国现状，他们对中国的形象还停留在积贫积弱的阶段，主要原因一是自己并没有来过中国，二是受传媒偏颇报道的影响。其实我们需要更多的渠道，展现真实的、立体的和全面的中国形象，所以我近期的研究就是分析中国本土化的案例，找到普遍性或独特性规律，希望可以借此为中国与世界对话做一些尝试和努力。

这一路走来，助教、讲师、副教授、教授；教育部基金、博士后基金、国家社科基金、国家公派留学；成都市哲社奖、四川省社科奖、国家教学成果奖；四川省旅游局首批青年专家、四川省文化和旅游厅文旅产业专家、四川省学术和技术带头人等悉数获取，颇感欣慰。然而这并非我一开始进入学术之门就立下的目标，而是走一步看一步试一步的结果，甚至很多时候需要多次重复那一步。我自己没有常立远大目标的志向，因为孟子说过："天将降大任于是人也，必先苦其心志，劳其筋骨，饿其体肤，空乏其身，行拂乱其所为。"苦心志、劳筋骨这些，自己未必能承受，仔细想来，能有所获原因有三。其一是国家对旅游前所未有的重视。在党中央和国务院多年发布的中央一号文件和五年规划里，旅游都被提及并赋予了重任，旅游已成为满足人民群众美好生活追求的途径；当国家旅游局调整成国家文化和旅游部，文旅融合战略为旅游提供了更广阔的空间；当旅游逐渐承担展现国家形象、促进国际沟通、彰显大国担当的多种功能时，旅游外交的作用日益显现并被认同。其二是众多师长的提携与栽培。博士导师四川大学徐新建教授、导师之友厦门大学彭兆荣教授和中国社科院叶舒宪教授、博士后导师四川大学揭筱纹教授、访学导师德国慕尼黑大学 Schmude Jürgen 教授、人类学高级论坛发起人广西民族大学徐杰舜教授、旅游前辈香港理工大学肖洪根教授等等，都给予了我无私的帮助和指导，让我从学术小白慢慢能知其一二。其三是家人的情感与经济支撑。不满三岁的女儿在五凤溪的田野调查中表现出超乎年纪的勇敢，11 岁时懵懂地与我一道远赴德国访学，在陌生的环境中从零开始学习没有最难只有更难的德语，还要孤单地学习与并不了解中国的外国小朋友相处。在德期间，女儿完成了 5 万字左右的日记，教会了德国、英国、意大利、克罗地亚、希腊、澳大利亚、伊拉克等国的小朋友用筷子，临走时赠予同学和老师们大熊猫图案的冰箱贴与感谢卡，回国时面临落下的课程抓紧时间弥补……女儿面对困难时展现的担当与独立、感恩与善良，都深深地感染着我，换作同年龄的我未必做得像她一样好，所以如要跟得上她的成长，我自己必须更加努力才行。我们在培育女儿的同时，女儿也在影响着我们，生命的互动与馈赠总是充满着神奇。德国访学期间，国家留基委给的补助是每月 1300 欧元，我租的房子恰好也是每月 1300 欧元，所以剩下的花销全部由我的先生赖斌教授来承担。先生不仅在经济上成了我坚强的后盾，在我的学术路途中也一直陪伴左右。在我生气时，给我包容；在我迷惘时，给我方向；在我退缩时，给我信心；在我懒惰时，给我鞭策。他始终鼓励我在学术中注意理论与实际的结合，世界与国家的结合，个人与社会的结合，经验与创新的结合，一起走过的 1/4 的甲子岁月已然缓缓淬炼成了光泽的水晶。自己的努力若无前三种基石，将是无源之水和无根之木。因此对于我这内心并不强大的人来说，有所获，颇感幸运。

人类学之路在我的脚下慢慢展开，到达一站，见过了新天地，又奔赴下一站；这一征程宜进取、宜欢乐，定是其路远兮。

我的人类学朝圣之旅

杨青青

杨青青,中央民族大学民族学与社会学学院硕士生导师,民族学系副系主任,西城区社科联专家库成员,英国世界主义研究中心荣誉研究员,*Cambridge journal of Chinese studies* 期刊论文外审专家。主要代表作为专著 *Space Modernization and Social Interaction*。

一、步入社会 理解人类

每一所大学都有这样两个门，一个是正门，代表着外人眼中学校的样子。通常这个门学生们使用得并不多。反而是那不怎么显眼大气，通常被加上"小"字的门是大学生活丰富的写照。这个门是学生弥补食堂饭菜单调的出口，是自习至深夜后捧回热乎乎夜宵的必经之门，是暂时回避死线和各种课业压力的出口。在民大这所门就是西门，虽然现在的小西门已经没有了往日的热闹。我从西门外买了一杯 CoCo 莓莓果茶，走进文华楼来到办公桌前，借着这杯饮料把自己的思绪带回到学生时代。

步入人类学是经由社会学的门，准确说是中国农业大学社会学系的诸位恩师领我入门。当时只在实事新闻中听过"社会学家"这一说法，但对于这样一门专业究竟研究什么，毕业后可以做什么则一头雾水。2002 年 9 月，带着期许和憧憬我如愿成为中国农业大学社会学系 2002 级的一名本科生，入校时的班主任是吴惠芳老师。她陪我们一起军训，一起在男生的大寝室开第一次班会，在操场共度中秋节。十几年过去了，现在见到吴老师还是当初的模样，看来学术的滋养是可以让人永葆青春的。对社会学的认识从读郑杭生先生的《社会学概论》这本教材开始，书中提到，社会学是研究社会良性运行和协调发展机制的一门学科。此时的社会学将社会类比作一台机器，社会学家的要务就是要及时发现问题并纠正引导，同时也要不断改良社会机制，保证机器良性运转。对于初入学门的我总觉得这是无比遥远，又宏大的事情。该门课程由何慧丽老师主讲，记得在第一堂课上何老师和我们说："社会学是什么你别问我，我也不知道。"当时我们哄堂大笑。后来的学习中得知何老师去兰考挂职副县长，帮当地农民卖大米，用双脚做学问，探索乡村建设模式。何老师用行动告诉了我们社会学是什么。再后来跟着朱启臻老师到大峪沟参观京郊农家乐，跟随张大勇老师到养老院探望老人，书本上的理论观点和身边现实生活犹如蜘蛛网一般逐渐勾连起来，作为学生的我也被这种走出书本，知行合一的学科精神浸染着。因为看到自己智识的匮乏,泡图书馆成了课堂以外的主要旋律。现在回想起来那段可以专心做一件事情的时光真是幸福,本科的社会学训练让我感受到迈向书本以外的世界才是学科的生命,坐在课堂,捧起书本,是为了有底气走得更远、更久。夯实专业理论和方法,充实自己对于本学科的认知,同时也要迈开脚步,将每一次田野的见闻通过观察、记录纳入学术视野中进行思考和梳理,在对于"行"的思考和归纳基础上,充实和丰富"知",如此循环往复,在"知"与"行"的交叠中不断反思、进步,才能开启独属于自己的学术研究之旅。

二、恩师引路 走向他者

2005年赵旭东老师从北京大学调入农大社会学系,这一年正值中国农业大学建校100周年,社会学系10周年系庆,我便有机会参与到学校和系里的各项活动中。当时赵老师担任社会学系主任,负责筹办系里"乡土中国研究的新视野——庆祝中国农业大学百年校庆暨社会学系十年庆国际社会学论坛"。我主要负责接待和陪伴美国人类学家Sherry Ortner在京的活动出行。感谢赵老师的信任,这是第一次近距离接触世界知名的人类学家,切身感受到人类学家的谦和与友善。第一次见面是在酒店大厅,Prof. Ortner微笑着和我说可以叫她Sherry,如果我愿意。会议以外的时间,我陪Sherry游览北京。每次到景点她都会帮我照相,用餐前会询问我有什么喜欢吃的。还鼓励我英语很好,应该继续出国深造。短暂三天的相处充满暖意,让我至今回想起来都记忆犹新。这里也讲一则Sherry的小故事。在她即将结束中国之旅的时候,想要买一些中国摇滚乐的CD,我带Sherry来到中关村图书大厦,她发现这边的图书价格很低(和美国比),相较而言CD的价格并不便宜,而在美国刚好相反。她说她的先生是一个musician,想要买中国的摇滚乐CD给他做礼物,尽管觉得花比图书还贵的价格买CD有些silly但是她还会这样做,因为先生一定会喜欢这份礼物。小小的举动让我感受到了Sherry和先生之间的情意,想必生活中她一定是个幸福的人。

在系庆活动和会议期间,我也和赵旭东老师渐渐熟络起来,我眼中的赵老师随性洒脱，仗义行仁，善于革旧鼎新，不拘一格。对于做学问老师更是认真严谨，追求极致。记得有一次我在做一个章节的英文翻译，读完后就用自己的语言将原文大意转述出来，老师看后告诉我，你先一个字一个字地翻，踏踏实实地翻，从此以后谨记老师的教导。印象中，赵老师每天七点多就会来到位于主楼的他自称为一间半斋的办公室开始工作，从不间断，我暗自心里佩服。开始选择毕业论文指导老师了，我虽然心里打鼓，自觉老师要求很高，但还是想试请赵老师指导我的本科毕业论文。赵老师将《"拆北京"：记忆与遗忘》一文分享给我，并问我是否感兴趣北京胡同，读过文章后我被文中的思考和社会关怀打动，和老师说决定试试。于是就跟着几个胡同中长大的老北京每周六在即将消失的胡同中拍照记录胡同的日常点滴，由于一同前去的伙伴都是搞摄影的，而我内心则有无限的渴望同我拍摄记录下来的人聊聊他们在胡同里的故事，所以下决心以此为题开展田野调查。本科毕业后，我继续留校攻读硕士学位，自然也就投到了赵老师门下。感谢老师当年接纳我的愚笨，让我在公正读书小组（赵门每周的读书会）中饱饮知识的甘霖。在赵门众多弟子中，虽不是最优秀的，但却侥幸成为老师的开山弟子，是公正读书小组的第一批参与人，我颇感荣幸也深感压力。

2006年3月，在赵老师的召集下系里又举办了"乡村文化与新农村建设"国际论坛，邀请国内外专家学者共议中国乡村振兴。我作为会务组协调人和联络人得以同国内外一批前辈学者通过电话、邮件等方式沟通参会细节。那段日子的感觉就是曾经在书籍和文章中读到的作者名字，从书里走了出来。虽然忙碌但各种惊喜不断。记得和潘年英老师第一次碰面是在电梯中，他当即从书包里掏出一本最新出版的著作赠予我，并对会务的辛苦表示感谢。第一次承担会务的任务，场地、食宿、财务、对外联络、新闻报道头绪颇多，好在有老师在背后坐镇，最后圆满结束。论坛期间老师们的精彩发言和点评让我眼界大开。那次论坛后也深感一个人可能走得更快，一群人才会走得更远，做学问亦是如此。

硕士阶段的第一次田野是跟随老师到江西遂川县进行关于林权改革的田野调查。该项目共同的参与者是北大的王铭铭老师和朱晓阳老师。这是我第一次真正意义走向田野，浸入到异文化中。2006年8月4日，赵老师带队，熊春文老师、师妹王敏、同门何利利、訾小刚和我，一行六人踏上了前往赣南遂川的路。先从北京乘坐绿皮火车来到吉安市，又辗转来到遂川县。当时记忆犹新的是下火车在路边摊吃的炒粉，真是美味，那是对异文化最深切的触动心灵的感受。当地的森林覆盖率很高，在这样的乡野感受生物多样性也算是田野异文化的又一深切体验，特别是在城市中长大的我，第一次感觉和大自然如此接近。刷牙的时候有咕咕的青蛙陪伴，房间里偶尔出现体形硕大的蜘蛛，20天的田野，每天都有惊喜和惊吓。8月份的赣南酷暑难当，赵老师头顶树叶遮阳，汗水浸湿了红色T恤，却一步不停地穿梭在乡间。有老师做榜样，吾辈更当迎难而上。每天田野归来，大家身着T恤拖鞋，盘坐床头，分享田野见闻和收获，完全没有师生之间的拘束，只有思想的碰撞和坦诚的交流。熊春文老师的家乡也在赣南，在语言上毫无障碍，熊老师访谈得到的信息总是比我们丰富又细致。"打禾场"和李祚浩的林权纠纷事件就是熊老师给我们抽丝剥茧地捋清楚来龙去脉。更让我钦佩的，是跟从随熊老师一起田野让我看到深厚的理论功底如何助力田野调查。现在回想起来可以和老师同门一起田野真是一件幸福又奢侈的事情，不仅田野中多了许多乐事增进彼此的感情，同时也由于师友们的智慧和洞见而备受启发。在知与行的求索中不断进步，"知行合一"的力量在这次田野经历中有了深切体会。

  当时农业大学实行硕士生学制改制，从三年变成了两年，所以我的硕士生活也就显得更加短暂。硕士论文仍然选择了北京前门地区的鲜鱼口作为自己的田野点，当时每周末从中国农业大学西区梅园乘坐特4路经过1小时40分钟来到前门。每次出发前内心都会挣扎一番，一来路途遥远，来回需要花费将近4个小时，二来每次来到前门调研都要进行一次入场，面对陌生的人总是需要不断给自己打气。但是每次调研结束，坐车返回时我的内心都是甜美的，为自己田野的收获和感动而满足。恨不得赶快回到宿舍打开电脑把自己今天的录音见闻整理记录下来。而这满载而归的感觉成了下一次调研的动力支持。就这样整理出了10万字的田野笔记，成为我硕士论文的基石。至此，我算是迈入了人类学的大门。

三、求学圣安 深耕田野

转眼来到了研究生学习阶段的末尾，我放弃了申报直博的机会，想接受新挑战。摆在我面前有两条路，要么工作，要么出国攻读博士。当时已经找到一份自己满意的工作，同时也在有一搭没一搭地准备出国材料，算是两条腿走路。那时申请英国学校似乎比较容易，不需要 GRE 成绩，也没有申请费用，所以就准备用雅思成绩申请试试。记得用时最短拿到 offer 的是爱丁堡大学，中国时间的前一天晚上把材料通过电子邮件发送去，第二天早上打开邮箱就收到了电子版的录取通知书。这一次被英国人的办事效率着实惊讶到。最先收到的无条件录取通知书来自圣安德鲁斯大学社会人类学系。对于出国读书这件事情自己没有特别刻意强求，所以也自然没有提前联系导师。后来就自己手中的几个 offer 询问了伦敦大学伯克贝克学院（Birkbeck College, University of London）的 Frank Trentmann 教授，听取了赵旭东老师的建议后，我就决定选择圣安德鲁斯大学作为自己博士的开始。回国工作后，我曾和学生开玩笑说当时选择圣安是想到威廉王子买过白菜的地方也买下白菜，但其实我出发前并不知道这是王子的母校。

2008 年的初秋我阔别亲人，来到圣安。飞机落地到爱丁堡机场是晚上九点多，乘车来到圣安并没有特别看清楚外边景色，当出租车停到我的宿舍楼前，已经是夜晚十一点多了，由于时间比较晚，负责开门的宿管一时没有联系到，我向司机付款道谢后示意他可以离开了，司机说："不，我不想留你一个人在这等，我在你顺利进入宿舍后才离开。"短短的一句带着苏格兰口音的回答让我瞬间被温暖。由于时差的缘故，第二天清晨早早醒来，透过窗外，看到庭院中绿草如茵，天空湛蓝，不由得想出去走走。散步到老球场 old course 当时却不自知，原来这里是高尔夫球运动的发源地，每年高尔夫全球公开赛的举办地。继续前行便看到西沙（West Sand），海天相接，宁静而壮阔。整个海滩没有什么游客，也没有商业化场所。仿佛这片海的存在意义就是它本身，不为取悦别人。散步在海滩上可以嗅到海风的味道，听到海浪和海鸥的声音，我为这洒脱和恬静的氛围着迷，激动地掏出电话拨给远在山西太原的父母，心中的激动难以按捺。想到自己可以在如诗如画的圣安度过 4 年的博士生活何其幸运。圣安并不大，整个小镇加学校总人口也就 1 万多人，从北边走到南边只需要 50 分钟，镇上只有一个公交总站，没有火车站，据说为了避免太多外来的打扰，小镇将原来的火车站迁到了 15 分钟车程以外的 Leuchars。圣安虽然很小，但是却有一种 down to earth posh 的魅力。600 年建校史、和皇家千丝万缕的联系、宗教历史种种交错在一起，形成了圣安独特的气质，质朴、宁静、庄严、圣洁。在圣安的求学生涯，平和而踏实，精彩又喜乐。

我在圣安的博士导师是赖波涅[1]（Nigel Rapport），出国前对导师的了解来自《社会人类学的关键概念》一书，由张亚辉老师翻译为中文。第一次和导师见面是在他的办公室，办公室门口写着名字，非常好找，门半开着，似乎随时准备迎接访客，从门里传来悠扬的古典乐，我轻轻叩门，门里传出了 come in 的洪亮声音，推门进入。我看到 Nigel 身着板正的西装，清澈目光中透露着睿智，一脸温暖的笑容迎我坐下问我旅途是否顺利，住处是否满意，对我说"I am glad you are here"。一番寒暄之后起身在书架上把仅有的几本中文图书拿给我，似乎在尽一切努力打消我的不安和陌生感。随后 Nigel 带我来到图书馆向我介绍如何使用图书馆资源，介绍学校各个与学生息息相关的职能部门。然后走到方院门口，向我讲起了学校的一些传统活动，PH 的诅咒和 May Dip，Raisin Weekend 和 Foam Fighting。9 月的苏格兰天气微凉，我见太阳晴好，出门时便只着了单衣，对海洋性气候毫无防备，走在路上只觉得阵阵海风吹来不禁打了个哆嗦，Nigel 看到立马把自己的西装外套脱掉披在我身上，让我很不自在，但又不知道如何拒绝。接着 Nigel 带我来到一家咖啡店，进门时他主动走上前将门拉开示意我先进。或许有点思乡，我点了茉莉花茶。Nigel 帮我把茶包放到茶壶里，泡好后又帮我倒在茶杯，第一次面对如此绅士的导师有点不知所措。日后的相处发现 Nigel 绅士的举动是他对学生发自内心的尊重的外在流淌。转眼步入冬季，圣安的冬天虽不比北京严寒，但仍需要暖气供热，当导师得知我的屋子不够暖和，便执意要我拿走他办公室的电暖器。我和他解释道宿舍不允许使用电暖器，他说："你的住宿费包含了取暖，你就应该享受温暖的环境，你放心，有什么问题我会和宿管谈。"Nigel 就是这样一位可爱、温暖的导师。每年圣诞节的时候，他都会邀请留校学生去他家中做客，即使有时他

---

[1] 该中文译名为赖波涅教授于 2016 年人民大学讲座交流时赵旭东老师提。在其中文译著《社会文化人类学的关键概念》中又被译为奈杰尔·拉波特。

要去异地和其他亲人相聚，他也会在临行前邀我们去家中短暂一聚。师母伊丽莎白做得一手好吃的甜点，更让我触动的是师母对家人无微不至的照料和关怀，对孩子和丈夫的耐心。我在后来给本科生开设的社会性别研究课上常常会提到师母的例子。有时导师全家外出度假，便会把他房子的钥匙给我们几个学生，笑着说："You can have party here."。有段时间 Emilie（Nigel 的女儿）养了一只小仓鼠，Nigel 走前并不忘了贴心地嘱咐我："小仓鼠的生命周期不长且生命脆弱，如果死了千万不要觉得是你做错了什么。"

刚刚来到英国的时候在语言和学习方式上都面临和以往不同的体验，我则想要尽快适应，好好充实自己的博士生活。Nigel 似乎感觉到我时刻紧绷着的弦，后来见面时总不忘了叮嘱我："应该有自己全面的生活，而不仅仅是读书。"为了引导我做一个完全的人，而不仅仅是学生，Nigel 将我带入他学术以外的生活。和我讲他小时候如何被母亲严厉管教，透过窗子看到小伙伴在街上玩耍，他却要坐在书桌前学习的无奈，聊他在剑桥读本科时鲁莽的趣事。在一次学术旅行中，他遇到吉登斯和他的女朋友也在度假，他非常不识趣地上前去请教问题。Nigel 还和我分享过 Emilie 最近写的小说中有一个拯救宇宙的女战士，这个战士就是她自己。有一次他带我和他的女儿一起去镇上的一家百年历史的冰激凌店 Jannettas，我们各自点了自己喜欢的口味，他的女儿很快吃完了，还想要尝试另外一个口味，就问爸爸可不可以。Nigel 说："我不会同意的，但是青青说你还可以再吃一份，所以我就再给你买一份吧。"Emilie 用湛蓝的眼睛望着我，喜悦的心情溢于言表："really？"我会心一笑。

罗素曾经说过："一个理想老师的必备品质是爱他的学生，而爱的可靠征兆是具有博大的父母本能。"在导师 Nigel 的身上我感受到了罗素所说的如父母般的爱。这种爱那么纯粹，照亮我前行的路。

导师 Nigel 对学生在生活上无微不至，在专业指导上非常舍得花时间和精力去认识、发现和鼓励学生。有一次我去他办公室，谈到之前写的一篇读书笔记，他随手打开抽屉，抽屉挂杆上挂着整齐的文件夹，他拿出来标着我名字的夹子，很快地找到我提到的那篇读书笔记。学生看到老师如此，自然对待读书和学问不敢马虎。每次提交读书笔记心中都充满忐忑，尽管老师除了教学科研，也有行政事务在身，但都会在三天内给我细致的修改意见，然后见面商谈如何持续改进。在面谈的过程中他总是十分从容和专注，从不看手机、回消息。导师和我约见面通常是在咖啡馆，谈话氛围轻松又避免了谈话被办公电话打扰。整个一年级的博士都是在读书、鼓励、共同探索的循环中度过。记得当时读得最多的是斯德哥尔摩大学 Ulf Hannerz 的著作。很巧的是博士论文答辩老师之一便是 Hannerz 教授的妻子 Helena Wulf。看书累了就从办公室出去到方院后门，沿着海边散步，思考消化自己从书中汲取的营养。听着海鸥的鸣叫声任思绪如海浪般翻滚。没有文章、科研项目等外在压力，简单纯粹，一心钻研自己感兴趣的著作论文，每一步都感觉脚踏实地，每一天都感觉头脑和心灵被滋养着。

开题答辩通过后，我准备回到北京做田野。博士论文延续了本科和硕士都市人类学的研究方向，田野点都是在北京的胡同，但是由于前门地区拆迁改造，没有租到房子就转到幸福大街。在回国调查的期间，Nigel 给了我充分的信任和自由。记得我在即将出发奔向田野的时候，他说如果你发现了更有趣的话题，不要被开题报告限制，追随让你兴奋的东西。临行前的见面，他目光中充满了父亲般的关切，掏出手机指着手机上的屏幕告诉我，这是他的手机号，有任何事情随时给他打电话，需要什么资料也可以告诉他。14 个月的田野并没有觉得漫长，通过邮件定期和导师反馈收获与感想，老师常常在邮件中夸我是个 good ethnographer，不知道是否真是如此，但导师的鼓励让田野中的我倍感踏实，朝着自己前方的路坚定地前行。老师不止一次告诉我不要拘泥于开题报告的文字，他不会因为我修改题目而不高兴，相反，他会为我高兴，因为我在田野中找到了自己的真正兴趣，也更多地认识了自己。14 个月的田野有忙碌有惊喜，也显得格外短暂。田野归来再次重返圣安感觉得一切都那么亲切。对于着笔撰写论文跃跃欲试。在和老师见面拟定了论文大纲后，我就迫不及待地投入了写作，完成一章就发给导师，每次收到 Nigel 的批注反馈都让我感动不已。除了内容的评阅，老师也将我的语法句法错误一一批改，每次的批注修改记录都超过 5000 处。当我充满歉意地表达感谢的时候，Nigel 总是风轻云淡地说一句"这就是我存在原因"。导师用鼓励肯定的方法来建造学生，用认真严谨的态度影响学生。现在走向工作岗位，每每遇到教学的问题总会想起导师的榜样，用生命影响生命的力量是持久而深远的。

回顾导师 Nigel 在我整个博士期间，并不是在一味关心我是否好好学习，能否顺利毕业，而是在我求学的过程中，用行动让我感受到了支持和接纳，帮助我发展更全面的人格。这让我回味起博士生活眼前的景象是那样的清澈明媚又充满暖意。以至于同宿舍楼的硕士舍友都说，看到青青学姐读博士的状态，我都想读了，博士的日子很滋润啊。

第一稿的论文写起来畅快淋漓，以每个月一个章节的速度完成。第二稿、第三稿乃至更多稿的不断打磨是很考验人的心性。那份耐得住寂寞、超越庸常的坚守，字斟句酌、不离不弃的执着是让论文最终可以呈现给外人的必经之路。直到有一天 Nigel 发邮件和我说 "I think you are ready to submit"，让我觉得有点恍惚，这就要提交了。论文答辩的早晨，阳光明媚，Nigel 早早就在办公楼门口等我，我从方院大门走进去，一眼就看到他满脸微笑地向我挥手，好像父亲在门口迎接自己的孩子，心中觉得暖暖的，答辩的紧张也忘在了脑后。答辩过程一切顺利，大概一周后就收到了研究生院发来的同意授予学位通知书。那一刻我的内心五味杂陈，有欣喜，因为没想到论文答辩如此顺利，我可以顺利毕业了。又有些失落，因为我的博士生涯就要结束了，我再也不能享受做 Nigel 学生的幸福了。当我在好友 Fiona 的陪伴下取回从打印店打印装订好的论文，手触着滚烫的纸张时心里说不出的复杂。

人类学鼓励我们用自己的脚踪探求远方，于我而言它亦是自我向内求索的过程。斑斓的世界像一面镜子，让我更好地看清了自己。在探求远方的路上我也越发感受到人类诸多外显差异的背后都深藏着对真善美的相同诉求。远方与自我，差异与趋同，人类学是一门处处充满反合性的学科，于我而言，这正是学科魅力所在，也是推动我不断前行的动力。走在人类学的道路上就是与他者为伴走向自我心灵深处的旅途。

四、薪火相传 心存感念

博士毕业后选择在大学工作。大学是真、善、美的集合，自然科学探求大自然的真理，人文社会科学关怀他者彰显人性的良善，艺术类专业转译和创造着自然与社会之美。中央民族大学不同于其他大学的地方就在于文化多元，美美与共，和而不同，在这里体味大学的真善美就有更丰富的意味。回国面试的第一个单位就是中央民族大学，如今站在民大讲台上已经 7 年有余，虽然没有什么建树，但自问可以对得起老师这个职业。民大是真正有民族学人类学积淀的阵地，十分荣幸能够在许多老先生教书育人的地方薪火相传。

回望自己来时的路，深感自己十分幸运，何德何能配得这世间的美好。

教育是为了让受教育者生活得更好，这种好是不同于仅仅物质生活的提高和自我满足，更多的是让受教育者感受到生活之美。人类学就是这样一扇通向美的大门。我可以在自己的三尺讲台上，将这份美好继续传递下去，将更多年轻的生命带入洗涤心灵的朝圣之旅。

结尾我想借此文感谢我的母校中国农业大学和圣安德鲁斯大学，感谢我的工作单位中央民族大学。特别感谢我的恩师赵旭东老师带领我入人类学的门，感恩老师给我严厉的批评督促我上进，又为我搭建扶梯助我向上攀爬。恩师不仅在知识上给我引领也给予我充分的信任，让我在非办公时间使用他的办公室自习，准备申请面试。也是常常听老师讲起他在 LSE 和荷兰莱顿大学访学的经历，让我对海外求学一事心生向往。更要感谢赵老师用自己豁达又严谨的学术态度感染着我。感谢博导 Nigel 为我树立老师的榜样。2016 年我邀请 Nigel 来民大讲学，在他给我的一本赠书中称我为他的世界主义的同事（cosmopolitan colleague），但在为学为人上他是我永远的老师。要感谢的还有伦敦大学 Birkbeck 学院的 Frank Trentmann 教授。认识 Trentmann 教授是在他受北京大学的邀请来京学术交流，我作为学生去旁听学习，讲座结束后的交流聊起了我的田野点北京前门的胡同，他当时是做消费相关的研究，就提出要去胡同看看，我自然就当起了胡同导游。在我准备申请出国读博的时候他也慷慨地帮我写了推荐信。在我第一次去伦敦旅行的时候，他和太太无私地向我敞开家门接待我，和他的女儿一起在院子里堆雪人，小儿子奥斯卡为我画了一把小提琴，成为在伦敦最美好的记忆。使得出国留学成为可能的是国家留学基金委提供的资助以及英国政府和圣安德鲁斯大学联和提供的 ORS（Oversea Research Scholarship）全额的奖学金。让我在英求学的日子可以实现英国国菜"炸鱼薯条"自由。至今仍然怀念坐在海边吃着炸鱼薯条，海鸥跑来和我抢食物的日子。那是人生中最美好的记忆。

最后唯愿自己在知与行的求索中不断进步时，也不忘这收获是我继续前行的基石和动力、是我们更好地服务他人与社会的理由，而不应成为自己骄傲的资本，那样知识也就成为绊脚石了。希望自己可以不辜负来时的路。

基于人类学家的人类学：我的人类学经历

杨清媚

杨清媚，人类学博士，曾就职于中国社会科学院社会发展战略研究院，现为中国政法大学社会学院副教授。出版专著《最后的绅士——以费孝通为个案的人类学史研究》，发表论文20多篇。曾任《中国人类学评论》《社会发展研究》编辑，参与主编文集多部。

基于人类学家的人类学：我的人类学经历

2003年初，据说有79万人考研，录取了30万，准备3~6个月就能考上。当时的我并不知道自己已经占了这么大的便宜，我在为一门2个多月前还从来没听说过的学科"人类学"准备考试。那时候时间短得没有也不敢仔细去想放弃中文转考人类学是不是太仓促了。事情缘起于我特别喜欢的当代文学课唐韧老师，考研前有一次聊天她提到，广西民族学院有一位徐杰舜老师马上会有个招生宣讲活动，他是教人类学的，很有趣的一个学科，大家可以去看看。我和同学好像是坐公交车到了城乡接合部，在民院的科研楼里看到了徐老师。这位短发花白、满面红光、声音洪亮、笑容灿烂、谈吐风趣的老先生跟我们几个来咨询的学生叨叨了一下午。说了什么记不太清了，只记得人类学家可以走遍全世界，全世界都是他的朋友。最后他给每个人都送了很多的书，我和同学不得不打车回去，奢侈了一把。

就冲着这个"全世界"的可能性，我当时就决定要考。考上以后去拿录取通知书那天，徐老师说，趁着暑假，你去做个田野试试吧，到宾阳去看看平话人。我拿着介绍信去了，到当地找了一个村委会，说我想在这儿做调查，了解一下当地的文化风俗。村委会主任想了想，让我住他家里，跟他女儿一个房间。那段时间正是收早稻的时候，主任夫妻俩——我跟着村里人管他们叫二哥二嫂，都在田里忙，晚上回家都八九点。做过田野的都知道，白天村子里只有狗和做人类学的。其实开头那两天我就把事先准备了解的当地有什么节日、主要仪式都了解了（自以为），不知道还该问些啥。我给徐老师打电话，徐老师说，你问问人家家庭谱系，上三代下两代。然后这项任务我又做了好几天。后来我觉得总这样接触不到人，就跟主任说要不我在村委会帮帮忙吧，整理一下档案之类也行啊。他同意了，我于是整理了几天村里的人口、土地、粮食之类的统计资料，一边也不管它有用没用，抄了一些。村委会经常有三三两两的人在，村里男人有事没事会过来聊闲天；有的人来办个什么登记之类的事情，办完一般不马上走，他们也没有什么具体目的，似乎有意无意等着碰上熟人聊几句。他们都说平话，我听不懂。偶尔有人看到我，问一下我是谁，来做什么的，然后我也问他们问题，姓名、家庭、工作、有没有参加或组织过村里的祭祀活动之类的。大概不出10分钟左右，他们就会彻底对谈话失去兴趣。下次再来看到我在旁边，有时打个招呼，就开聊他们自己的，反正我听不懂也插不了嘴。我除了忧心资料不够，写不出田野报告，其他都很好。一天三顿饭都是扎扎实实的新米饭——太香了，早饭我能白嘴吃两碗。晚上漫天低垂的繁星，夜风送来新割的稻茬的清香。我显而易见地胖了。离开的那一天，二哥二嫂带我到公路上等大巴，送我上车还坚持给我买车票。二嫂说家里没啥好的，看我很喜欢吃她炒的油醋青椒——他们平时当作下饭的咸菜，就把那辣醋给我装了满满一矿泉水瓶。可惜那时候我的手机没有拍照功能，没有留下我们的合照。

这样算不算田野呢？我和同学们在三年的时间里，只要是假期甚至有时候不管是不是假期，都在村子里。有一次一个城中村举办了特别大的仪式活动，从白天唱戏到晚上祭阴兵，系里的本科生、研究生都来了，每个人都拿着小本本在现场记录，就着熊熊火光写得飞快，那个场景真是难忘。如今回想，那时候边疆上的人类学教学总体上带着一种泰勒时代的文化理想，在某种文化分类的表格里展开"询问与记录"，对学科怀有巨大的热情。也有老师反对这种把文化处理成一堆松散关系的观点，比如曾教我们方法课的黄世杰老师。他是少数民族科技史方面的专家，最早带我们读马林诺夫斯基（Branislaw Malinouwski）《西太平洋航海者》。这本书对于我们来说还是太难了，完全不知道马林诺夫斯基事无巨细写土著人的巫术、经济和技术的目的是什么，每个人发言的时候都绞尽脑汁。可想而知，当时黄老师对着一群都没听说过"人类学"的学生讲民族志时候的心情有多绝望。徐老师则希望我们能有人领悟到他这条脉络的东西，所以一入学就要求我们读他的《汉民族发展史》。他深耕的专业领域是汉民族史，擅长从文化史的角度讨论制度、器物和民族精神之间的关系，关注文化的流动如何突破部落社会边界，凝聚一个更高级的复合社会形式。平话人某种意义上是由屯军制度造成的前现代国家的想象共同体。遗憾的是，我写毕业论文的时候没能领会这些，把它硬是做成了一个社区研究。我想徐老师对此大概是不满意的。

2006年我考上了王铭铭老师的博士，来到首都。到中央民族大学报到那一天，从北京西站坐公交车到魏公村，发现自己听不懂售票员报站，于是一站一站数着过来。后来和南方同学聊天发现这是一共同槽点。那时候北京还有沙尘暴。沙尘暴来的时候，窗外笼罩着一片黄灰，沙子跟子弹似的密密麻麻击打在窗台上，即使关着窗门，也能闻到一股土味。王老师是作为中央民族大学"985"工程的特聘教授在民大招了五届学生。他的课通常是他在北大、民大两校带的学生，包括硕士和博士乃至本科生一起上。一切考核要求也都一致。经常还有不少旁听的人，来自其他专业的学生或者非学生。王老师往课堂上一坐，点燃烟斗，带着果香味的烟雾从鸭舌帽下边喷出来，遮住了他脸上的表情。后来我每次读到费孝通写他在英国参加马林诺夫斯基的席明纳的情形，脑海里就会浮现出这一幕。对于课上选读的中英文文献，王老师的学生每个人都要发言是不成文的惯例。这种课堂的压力很大。我印象中第一次到北大上课读的是葛兰言《古代中国的节庆与歌谣》，第一次在民大的课读的是《屠猫记》。

和课程相配合的是大量读书会、讲座及夏令营活动。读书会是在王老师指导下，同学们自己组织的，已经毕业的师兄师姐经常带着我们一起阅读。那时没有微信，大家在Chinaren上建立了班群，有很多讨论。读书会主题我记得的就有宗教人类学、杜蒙读书会、艺术人类学、西南中国的人类学研究、物的研究，等等。此外，我和几位同门还有幸参加了渠敬东老师、周飞舟老师和应星老师共同组织的民国读书会，以及渠老师组织的黑格尔读书小组。在北京读书期间，因为这些学习活动机缘，与许多老师和朋友结下终身的友谊。

王老师建议我毕业论文做费孝通研究，结合费孝通的人生史及其作品，分析费孝通对汉人社会、民族社会和海外这"三圈"的社会理论。"三圈说"是王老师的文明理论的早期版本，意图解释汉人社会在处理自己与非汉诸社会关系时，如何基于一种共同宇宙观——"天下"来运作，而知识分子作为这种神圣知识的解释者，能够沟通不同的政治结构。王老师希望我处理的是，费孝通作为中国社会学人类学学科奠基人之一，也是少有的对三个区域的文明都有思考的现代知识分子，在他身上，士人的知识传统和现代性的追求是如何结合的。当然，回忆难免有自我美化的成分。在我拿到这个题目，直到我开始写作时，是理解不到王老师真正的意图的。王老师说，把费孝通当作一个社会来写。说实在的，在我这不成器的学生眼中，还不如反过来"把社会当作一个人来写"这句话能让我听懂。

我就这么糊里糊涂地开始写了。所幸在过程中得到很多师兄师姐的帮助，如赵丙祥师兄、梁永佳师兄、张原师兄、汤芸师姐、张亚辉师兄，都曾与我讨论过，给予我指点。如今再去看博士论文，仍旧可以看到我试图用力捏合这些观点的痕迹。论文中谈到两点，对后来我的思考和研究可以说构成了某种动力，又构成了负担。一是对费孝通与韦伯之间存在对话关系的猜测；二是费孝通晚年对新儒家持较正面的态度。对于第一点，为何说是猜测？因为当时费孝通读韦伯的《新教伦理与资本主义精神》的佚稿还没有发现，仅从《禄村农田》里讨论的消遣经济问题里，显示了一些端倪。然而，费孝通自述在魁阁时期与陶云逵之间的争论，却有明显痕迹可循。沿着费孝通与德国文化理论之间的张力这条线索继续探索，成为我接下来的博士后研究首先想考虑的问题。

于是我转去做陶云逵的学术史，想结合陶云逵西双版纳的田野再研究，去破解文化精神的一元性。这个问题与前述说到的费孝通与新儒家的关系有关。我想从这个华夏文明的"边缘"或说交界处入手，借助佛教来突破儒教宇宙观。内地佛教因为被儒家意识形态消化得很厉害，所以那些保留有佛教政治根基的社会，就成为优先考虑的选择。我和张亚辉师兄讨论，设想我去做一个上座部佛教社会个案，他去做藏传佛教社会，看看能不能攒出一个比较研究的框架。王老师认为我去版纳做田野没问题，但非常反对背后的研究设想，认为这个讨论方向很危险，是在"给自己挖坑"，我们的假设前提就是错的。他认为青年学者不应该消耗在一条明知道不会有答案的莫比乌斯环道上，而应该真正考虑中国人类学这个学科需要的真问题，面临的真环境。

另一方面，我的博士后导师李汉林老师非常支持我的研究，但他也同样提醒我，考虑到中国社会学和人类学的密切关系，以及我是在做社会学博士后，我应该在研究中对社会学关心的问题有所兼顾。其实本质上和王老师提的问题差不多。于是我想，可能把问题落实为版纳的现代化转型研究，能找到更好发力的角度。有时候问题越简明，它可能的层次越丰富。就像费孝通一直所做的工作，归结起来他的宏观问题就是说，社会的发展不仅是经济的发展，也是人的发展；但是要在社会经验中呈现和归因的时候，有太多的工作要做。

版纳堪称人类学田野宝地，文化多元，宗教活跃，在这里做调查的中外人类学者也不少。我所在的傣族村寨附近，在我去之前刚刚有一位外国调查者来过。在这个地区，佛寺是不可忽略的景观。看到佛寺金色的屋顶，往往就能看到村落。史拜罗（Melford Spiro）根据在缅甸的研究，将上座部佛教按实践分为消灾、业力和涅槃三种。[1]和他的观察相似,在版纳,涅槃佛教的追求也是僧团内部的事情,社会更欢迎消灾佛教和业力佛教。2000年以来,版纳村寨重建、新建寺院的热情高涨,有寺无僧的情况变得突出,且僧团的知识和仪式水平参差不齐。国家因为担忧民族关系的稳定,一直严格控制境外僧团进入。可是事实上人们大多认为,有大能的佛爷更多集中在缅甸和泰国;本地僧团自己也逐渐以巴利佛经为尊,以巴利文考试认证来衡量僧人的知识水平。实际上巴利文考试是泰国、缅甸等国的僧侣等级考试,属于其国家教会的教阶制度。这些大教会组织对我们的边疆社会形成了强烈的文化吸引。陶云逵当年所说的"天朝为父,缅朝为母"的双重政治结构,依然存在。田汝康在20世纪40年代关于芒市的研究曾揭示,社会对业力佛教的巫术性的追求,曾经一度被土司对于现代经济的理性追求所抑制。但如今,我们看到它与市场结合:茶叶、旅游、橡胶……,人们继续将财富乃至更多财富投入仪式之中。国家取得了监管僧团的法权,但似乎没有真正约束教会的法。这里真正的问题出在哪里?很遗憾,我的田野因为种种原因中断,没能持续推进这些讨论。

我并没有放弃它,但是从版纳回来之后,有一段时间比较迷茫——事实上迷茫总是会周期性降临,而且有时候会一直持续。我在想自己如果在做人类学研究,那我所有已有的研究和将来可能的研究,有没有可能汇总为一个问题?我也许应该继续做版纳的田野研究,做一个很长很长的田野,至少把自己培养成一个标准的人类学者。我需要花几年时间学习傣语和傣文,还需要钻研佛学知识,对这2万平方公里区域了如指掌,对我的傣族朋友们所有的社会生活和相互关系熟悉到令人发指的程度,也许才能应对业界对民族志的苛刻标准。这样一种民族志,中国人类学真的有实现过吗?一方面是与地方社会的直接的大量互动,这种经验无可替代;另一方面,民族志真正困难的还不是这些,而是一边行走一边在脑子里对经验的反馈与高度综合。连我都鄙视自己逃避这项苦差,更不用说学生。愿意做田野的学生越来越少,老师也越来越不愿意承担这个指导风险。

版纳田野的中断,和我对自己未来研究方向的迷茫也有关系。人类学经典

---

[1] 史拜罗:《佛教与社会——一个大传统并其在缅甸的变迁》,香光书香编译组译,嘉义:香光书香出版社,2006年,第50页。

理论往往诞生于偏远的小规模社会，美拉尼西亚、波利尼西亚、巴布亚新几内亚、澳大利亚……但是在文明传统如此之久、如此之深的中国，基于这样一个偏远的民族地区小社会，它的理论意义会被允许放大到多大？在人类学这个小学科之外，它会被要求放在中国思想经典的大传统里考察，是否能够说明中国文明的某些特征。我意识到自己还缺少对人类学经典理论和基础理论的深层了解，缺乏对这个学科问题意识源头的系统的把握。中国人类学从20世纪80年代学科重建以来，学科基础就比较薄弱，很少能有将其某个脉络讲得通透的，对于马林诺夫斯基之前的人类学尤其如此。这些年，学界也意识到这个问题，开展了不少工作，比如对莫斯和涂尔干学派的思想脉络做全面整理、王权的研究等。我希望在为自己补课的同时，能为学科补课做一些工作。从这个意义上，学术史研究是必需的。

所以徘徊是心态上的，写作其实并没有停顿。我接着博士论文的问题继续做费孝通研究。先处理的是燕京学派的知识社会学问题。这篇文章是配合版纳的田野思考而写的。为了解决版纳的经验研究对于中国文明问题的启发性在哪里，实际是以费孝通及其学术团队为桥梁，讨论他们怎么用知识社会学来理解整体中国。也就是，汉人社会和非汉人社会的知识人，基于各自社会的经验生成的文化意识，进行相互理解，使两种社会之间呈现出礼教和宗教的对话关系。这个稳定的知识结构同时也构成了政治结构的二重性。

之后，我又重新转向汉区的经济人类学问题。版纳的现代化转型最关键的时期是20世纪50年代的土地制度改革和民主改革，但这部分材料不容易获取，禁区也多。而汉区研究相对好很多，而且费孝通绝对是不可绕过的人物。

近年来，不断有费孝通的新材料出现。先是2010年发现的费孝通读韦伯佚稿，它一直尘封在吴文藻先生留下的一批文献资料里，默默无闻地藏在北京大学社会人类学研究所。这批资料被作为建筑垃圾清理出去的时候，被潘乃谷老师抢救回来。之后在2016年，北大研究生孙静在伦敦政治经济学院的"弗思档案"中发现了费孝通的英文小说《茧》(*Cocoons*)；2021年初由三联书店出版。还有据说芝加哥大学保存了一批费孝通在访美期间的档案资料，目前为止还没有很好地整理。这些都是推动费孝通研究的好消息。

费孝通在新中国成立前夕关于乡土经济、城乡关系、土地制度的思考，是有理论意义的。他的作品流传度广，语言通俗易懂，研究专家也多。对于他的这一时期的研究，学界有一种观点认为，他的经验研究大多是基于新中国成立前的中国社会情况来写的，在今天，这些经验的情境已经成为历史；改革开放以来，中国社会历经了新时代、新制度，面临着新条件、新问题。因此，费孝通第二学术阶段（学科重建至卸任政治职务）和第三学术阶段（20世纪90年代中期至去世）更受到重视，而早年的江村、禄村研究等，作为"史"的意义更为突出。

所有的经验都是历史。人类学史家史铎金（George Stocking）对英美人类学学科历史的考察，擅长从学者周遭的条件、学者身处的"生态群落"、学者提出的重要理论主张，以及某个观点思想史的关联入手，反思人类学家提炼问题的方式和角度。他消解人类学自我塑造的学科"神话"，如民族志、理论范式，揭示这个自诩人文主义理想的学科内在充满了各种意识形态冲突。史铎金是历史学家，他负责鞭笞我们企图蒙混历史的那些虚假性。除此之外，他没有义务为这个学科提供援手。他不关心人类学理论的经验来源和经验比较研究，以及在此基础上所设想的理论对话的问题本身，比如特罗布里恩德岛人的巫术与等级制度的关系，更关心马林诺夫斯基如何有意无意将自己塑造成田野英雄。[1]

我们需要借鉴史铎金，但又要不同于他。对学术史的梳理，最终服务于开展经验研究的需要。所以我们还是得关心，中国老一辈社会学人类学家提出的问题本身。费孝通的现代化理论是一种后发现代性国家的社会转型理论，他的问题来源是古式社会向现代社会过渡阶段的社会结构和社会心态，这个过渡阶段的主题是经济学的，大量关键的政治、社会和文化生活要以经济为载体来表达。在此之前的古典人类学，处理的是部落社会向封建社会的过渡，这个阶段的主题是法学的。无论是边疆还是汉区，这两个阶段都没有完成，它们在近代政治过程中的纠缠和叠加，增加了政治学上的混乱。

费孝通的优点（在某种程度上，可能也遮蔽了问题），是竭力排除法学问题的干扰。西方是先处理了家、共同体、城邦的法权问题，再处理王权与城市、贵族与乡村的问题，中间涉及大量的特许权、土地法、庄园法关系。费孝

---

[1] ［美］史铎金：《人类学家的魔法：人类学史论集》，赵丙祥译，生活·读书·新知三联书店，2019年，第61页。

通几乎绕开了在西方需要法权关系支撑的结构重点，硬是要靠家和乡村的经济与伦理链条推出一条路来。我们几乎是集体在费孝通的现代化理论的轨道上滑行。

费孝通敢于这么做，是因为他通过托尼（R. H. Tawney）、韦伯等经济史学家，对欧洲发展经验的几个关键类型有所比较和选择。他善于抓住全局的重点和比较的关键问题，而不纠缠于理论细节，并且下判断很果断。所以这几年，我主要关注他和经济史的对话。从这个角度，尝试重新深度分析费孝通的经验研究。

2016年夏天，应云南士恒教育基金会邀请，我在"士恒精品讲座"上首次尝试讨论托尼与费孝通的江村、禄村研究的关系。后来又在几个学术研讨会上吸收了批评意见，最终成文。托尼对英国现代化的总结，以及比较英国与中国经验写出的《中国土地与劳动》，给了费孝通不少启发。16世纪英国的现代化是以农民失地为代价的，费孝通想避免中国出现这种情况。托尼在其《宗教与资本主义的兴起》中指出，在英国，基督教会的宗教伦理承担了公共道德和保卫社会的责任，不遗余力地谴责圈地运动，而清教运动配合个体主义的发展，则使企业追逐利润的动机被合理化，这种冲突的结果产生了新的经济伦理，要使财富和利润为公共所服务，道德的动机要高于对利润的欲望。因此虽然英格兰乡村共同体破产，但它的社会团结依赖基督教会和道德化的个体主义来维持。[1] 此外，圈地运动并不是一个工业为争夺劳动力而"针对"茅舍农的经济运动。它起因于不同领主、庄园之间为争夺公地的诉讼，这里领主开始有基于私人的土地所有权主张，因此遭到农民的激烈反对，因为过去领主和佃农同属一个教会团体，没有什么教会之外的生活和财产，双方有合作的义务。费孝通很清楚，没有教会基础的中国乡村如果照搬英格兰的经验后果将会是什么。对此，托尼也持同样看法。但是，在圈地同时，英国的园艺改革和英国乡村纺织工业的发展是费孝通关注的重点。他设想中国乡村如何避免以土地市场化为代价，同时借鉴园艺改革和乡村纺织，来重建乡土经济，保护社会。这个改革过程需要费达生这样的新绅士带来资本、技术和组织；乡村也要经历伦理和心

---

[1] 托尼：《宗教与资本主义的兴起》，赵月瑟、夏镇平译，上海译文出版社，2006年，第153—156，172—173页。

态的变化与调整。

费孝通的现代化理论重心在乡村,他把乡村作为现代性的载体。一个重要原因是,他认为中国城市作为食利者的天堂,无法产生现代性,这在费孝通1949年以前的讨论中比较明显。韦伯说"城市的空气使人自由",是指欧洲的城市有特许法权,产生市民团体,是现代性诞生的源泉;而这些特点中国城市付之阙如。费孝通也承认中国城市只是生活方式和消费方式的表面现代化,它不作为生产中心,它的经济活力来自大小买办的金融活动。所以他的小城镇思路,是去追逐那些与乡脚经济有千丝万缕关系的工业生产活动,看看这些实践中,人可能发生什么变化,社会以何种方式能够重新规定财富的道德性质。

其实不止费孝通,社会学"燕京学派"的其他脉络也引起我们关注,比如林耀华、史国衡、田汝康等。他们在不同地区的经验研究,相互构成了比较,在一些共同问题前提下展开对话。我已经毕业的学生仇文硕和刘正英分别在福建的宗教和宗族问题上尝试与林耀华的研究进行对话,将要毕业的王佳钰做的是史国衡的研究,想看看史国衡如何处理费孝通回避的大工业与大资产者问题。衷心感谢学生们的支持,为这些乏人问津的冷门题目付出宝贵的时间。

除此之外,我也尝试去体会费孝通晚年的文化自觉讨论。这部分与他对待经济史的态度密切相关。在他看来,全球化语境设定了一个每个社会必须和其他社会面对面的场景。在这种场景下只有两种表现,一种是民族主义,一种是不计成本的持续沟通。民族主义本质上是把自己作为目的,把他人作为工具。而不计成本的持续沟通意味着双方的相互理解没有停止的一天,这是理想状态。所以文化自觉不会出现完成时。某一个文化主体(个体、社群、政治团体等)的文化自觉,随时可能会面临政治的、经济的甚至自然的风险,因为它会强烈冒犯民族主义的边界。

从费孝通这一代学人身上,如果说有什么具体的人类学教诲,大概是非西方世界的人类学者往往背负了太多自己社会的启蒙责任,这是他的白人同行所没有也很难理解的——他们更习惯人类学充当启蒙主义的批评者。我们总说在社会学燕京学派学人这里,社会学与人类学不分。从方法意义上、思维意义上,确实是综合的;但是从学科意义上,我倾向于认为费孝通实际先社会学后人类学。学科重建以来,费孝通大部分的精力花在如何使社会学学科更快地追上社会建设的惊人速度。这个选择无可厚非。但他也为人类学保留了火种,无论是对青年学人的善意,还是在机构和学科建制上。这个学科现实中的理论薄弱程度,也许超出我们自己的想象。他说社会学需要补课,那么人类学更是如此。

  博士毕业 12 年来,我自认为是人类学的边缘人,没有什么像样的人类学作品,也远没有形成什么体系。所幸一路遇到的都是好老师、好同学,可以说是因为人类学家而产生了对人类学最初的兴趣,后来兜兜转转,基于一位人类学家的世界来探索人类学。徐老师命我写一写我与人类学结缘的经过,我不敢辞,只好绞尽脑汁把自己包装一下。不过尽管如此,我依然无比热爱人类学。在我心目中,人类学作为一门人性的科学,应该坚持以田野的原创性作为学科技艺的最高理想,坚持文化多样性的意义大于自我保全,坚持捍卫人的理性与尊严。通过人类学家们的眼睛,展开诸世界中的冒险——这样老土的浪漫主义,至少在我看来,还是充满了吸引力。

提炼发展研究的中国理论
——学术人生中的问题意识

杨小柳

杨小柳,浙江衢州人,中山大学社会学与人类学学院教授、博士生导师,国家社会科学基金重大攻关课题首席专家,广东省高等学校特聘教授。兼任国家民委民族理论政策研究基地、广东省人文社会科学重点研究基地中山大学移民与族群研究中心主任。发表论文近50篇。

发展是硬道理，大家耳熟能详，但一旦进入学术研究，就没有那么容易了。无数的政治家、企业家、学者为之不断探索，也没有一个放之四海而皆准的范式。发展研究是一个以人为本、以创新为魂的学术领域。发展绝不是一个简单的经济问题，而是一个需要统筹考虑各方面因素、理论与实践有机统一的学术命题。尤其对于文化差异较为巨大的不同文明体、不同国家民族而言，国际视野、人类学视野中跨文化比较的发展研究就显得非常迫切。

对于每一个年轻的人类学研究者来说，你研究的问题意识是什么？恐怕是一个直击灵魂深处的拷问，更是一段上下求索知行合一的探索历程。读大学之前，最打动我的一段话是马克思《青年在选择职业时的考虑》中讲的："如果我们选择了最能为人类而工作的职业，那么，重担就不能把我们压倒，因为这是为大家做出的牺牲；那时我们所享受的就不是可怜的、有限的、自私的乐趣，我们的幸福将属于千百万人。"但是，最能为人类而工作的职业究竟是什么？怎样去实现？当时还没有清晰的判断。

自1997年入滇求学，在云南大学开启人类学之路，当时我就想，人类学以文化研究、人性研究为己任，颇有为人类而工作的雄心，与马克思主义以及天下大同、天下为公等思想异曲同工，值得期待。20多年，时光飞逝，不觉已从一个懵懂学生成长为一名职业学者。回首自己这段不算太长，但也绝对不短的学术之路，除了本科求学阶段专注于专业基本功训练外，对学术问题意识的追寻和思考，可以说是贯穿于自己整个学术成长历程的一条主线。借新生代人类学追寻之路的平台，与大家分享自己这20多年探索中的些许心得，以祈抛砖引玉之效。

一、研究起步：博士论文的问题意识

我于2001年来到中山大学，师从周大鸣教授继续深造，第二年便获得了硕博连读资格进入博士阶段的学习。康乐园求学的5年，是我学习作为学者的一个研究起步阶段，也是学会从知到行、寻找具体研究切入点、问题意识逐渐明朗的5年。

与大多数的博士生一样，研究起步阶段的我懵懵懂懂，每天在各门专业课老师耳提面命下，填鸭似地逼自己读一堆半懂不懂的文献，既不知道这些文献对自己的研究有什么用，也不知道自己究竟该如何理解这些文献，读书读得真是万分痛苦，在图书馆打盹睡着实在是常事。万幸的是，我的导师根本没给我太多时间纠结自己到底该怎么读文献，他将"知行合一"作为学生培养的核心要义，既然光读书读不懂，那就到田野里体会学术吧。2001年入学后，我就开始大量参与导师的课题。这些课题与一系列发展援助项目的实施紧密结合，涉及农业、交通、扶贫、教育、环境、移民等各个方面。最初主要是帮忙做一些入户访谈、做问卷、整理调查资料等具体的辅助性工作。在我完成专业课学习之后，这种科研实践训练的强度更大、要求更高。印象里有一学期，我在田野中泡了差不多三个月，调研足迹遍及东西南北中。同时，自己独立科研作业的能力也获得了极大提升，不但能够在工作中有效地与各方人员沟通协商，开展合作研究，还开始承担撰写申请书、执笔课题报告、课题评审答辩等任务。这种高强度、高频率、高要求的科研训练，令后来的我受益匪浅。在我还是一个博士生的时候，我就全面习得了作为学者必备的学术技能，很早就意识到了问题意识对研究的重要性，并主动尝试提炼自己参与的各项具体研究的问题意识，极大缩短了我作为一个学术新人摸索、迷茫和碰壁的阶段，在这些科研经历的激发下，博士阶段的第一个学期，我就明确知道了我的博士论文大致定位在人类学的发展研究领域，并开始围绕这一领域，进行理论文献和田野实践的积累。

在学理上明确自己研究的领域，这只是迈出了博士论文研究的第一步，至于博士论文具体要做什么，还得进一步明确。当时的我，在参与大量发展项目之后，发现发展项目在现实中总是达不到最初的发展预设，总是面临着这样那样的失败。这顿时激起了我"志在富民"（费孝通等许多前辈学人奉行的这四个字一直深深打动着我）的理想，很想通过论文研究去分析项目为什么失败，并提出提高项目效果的路径。再加上看了一堆学者对发展理念和模式的反思批判，我很快就打算从发展进程中农民弱势化、边缘化的问题着手，解释项目失败的原因。导师听了我的汇报之后,很认真地提醒我:"小柳,你该多看看书了。"在这之后的很久,我才意识到导师当时的这句话,分量有多重。我才明白,博士论文既不是解决现实问题的调研报告,也不是借个理论帽子讲田野故事的学术小论文,而是一个在学理上真正有机整合理论研究与田野资料,从而形成学者独立研究判断的学术创新文本。

在导师的鼓励下,我暂时结束了田野调查,申请了学校专门资助研究生海外访学的凯思奖学金。2004年9月,我顺利通过博士中期考核,如愿来到加拿大卡尔加里大学(University of Calgary)人类学系学习交流。导师将我托付给了在中国研究领域颇具影响的学者 Smart 夫妇。Smart 夫妇为人亲切和善,又极其认真负责,无微不至地关怀我的学术和生活。在他们的指导和鞭策下,我每天早上8点入图书馆,晚上11点睡觉,心无旁骛、认认真真地看了10个月的英文文献。记得刚进入图书馆之初,一下子搜索到数千篇来自各个学科的发展研究,第一次感觉到科学研究攻坚克难、勇攀高峰的压力。接下来的几个月时间里,我每天都在搜索、筛选、分类、阅读、分析各类文献,常常是充满希望地开始读一篇自己千挑万选出来的文献,读完后才发现它似乎没什么用,伸个懒腰叹口气,接着又开始下一篇。就这样,读着读着,慢慢发现了些门道,一系列我从未想过的问题进入我的视界,一开始觉得没用的文献似乎也并非如此,我对各种文献之间的隐约联系也变得越来越敏感。这样的探索大约持续了半年,我终于锁定了关键学者,找到了关键概念,人类学发展研究的理论图谱逐渐在我的脑海里变得清晰。原来,发展者与被发展者、西方和非西方的权力关系是贯穿人类学发展研究的核心问题。围绕这一问题,我梳理出了发展话语的分析和解构、立足本土知识平衡权力关系、多样性的发展话语分析和反思三大人类学发展研究的主要脉络,一下子意识到了我在田野中看到的中国发展模式的独特性,以及中国案例在发展研究领域的缺乏。于是,我推翻了出国之前的研究设想,将自己博士论文的问题意识聚焦到西方参与式发展模式的中国化问题上,尝试讨论在中国发展实践中,国家力量对西方发展研究热衷讨论的"西方"与"本土"、"中心"与"边缘"二元权力关系的颠覆。回过头看,自己之前讨论农民边缘化问题的思路不能说完全不对,这也的确是发展研究不可回避的问题。只是这个问题意识的形成,主要来自自己的田野认知,却经不起理论上的深入推敲。只要认真阅读发展研究的文献,就会发现农民边缘化的问题几乎在全世界的发展案例中都存在，是整个发展研究的问题起点。也就是说，这个问题是发展研究的常识，发展研究的理论目的不在于证明这个问题的存在，而在于对由此衍生问题的讨论。放弃对这一问题的专门论证，使我成功避免了在博士论文中讨论学术常识问题的危险。

一旦明确了问题意识，后面的一切就顺理成章了。回国前夕，我用英文重新撰写了我的研究计划，并在 Smart 夫妇的鼓励下，申报了美国 Wenner-Gren 基金，幸运地获得了差不多 8 万人民币的研究资助。这笔资助，不但让我回国以后得以相对奢侈地在凉山地区继续田野调查，更是我学术生涯中第一次获得除老师与同学之外的学术同行的认可，算得上是我后来学术成长中虽多番碰壁，却仍充满自信的源头。海外 10 个月理论探索的成果，后来成了我博士论文导言的核心部分，也是论文中最吸引人的部分。留校工作后，我把这一部分提炼修改，形成文章，发表在《社会学研究》杂志上，还得了广东省优秀成果三等奖。这些，都成了自己学术起步阶段重要的印记。

二、转型拓展：城乡整合视野中的基础研究

2006 年博士毕业，我顺利留校，从一个博士生转变为年轻的讲师，学术历程进入了一个新的阶段。得益于博士阶段导师的指点和训练，我从学生到学者的身份转换无缝对接，积极主动地投入开展上课、写论文与报课题这三大核心工作中。博士阶段丰富的田野调查，为我的课程提供了大量素材，从未出现过上课不知道讲啥的情况；我将博士论文的各个章节分别进行修改，形成文章陆续发表，保证了工作头三年的发表量；我还深化和拓展了博士论文中的某个部分，形成课题申请书，在工作的第一年就获得了教育部课题的资助。

职业起步虽然相对顺利，但我却不得不面对研究过程中自己无法忽略的各种需要进一步思考的问题。第一，田野经验一再提醒我，哪怕是最偏远的少数民族村落，也已经通过人口迁移与遥远的城市社会紧密联系在一起，人们日常生活的"家"在空间上跨越了城乡和地域的界限，由此带来了"人"和村落社会最基本的社会结构的全面改变。这种现实意味着仅仅从欠发达地区着手，根本不可能说清楚欠发达的问题究竟是怎么回事。

第二，人类学的发展研究作为我博士研究的理论基础，主要关注的是发展进程中的权力关系问题，这是在大量有关发展的政治经济学研究基础上形成的一个理解发展的路径，却并不是发展研究的全部。发展研究从根本上来说，是对欠发达地区市场化转型的动力、权力、财产、社会关系的政治经济学研究，其中融合了多个学科的研究成果。这一现实告诉我，需要在理论上将人类学的发展研究嵌入到整个发展研究领域中，重新思考自己研究的理论定位。

第三，我在博士阶段的研究中感觉到西方发展研究理论讲的发展，在很多时候与中国现实中的发展根本不是一回事，中国发展实践所具有的独特性，是西方发展研究理论解释体系无法涵盖的，而且发展研究中对中国案例的研究经验也相对缺乏。那么如何开展中国经验的研究？从中国经验中能否推演出发展研究的新问题和新概念？不可否认，在那个时候，对这些疑问的思考已经成为自己跃跃欲试的"学术野心"了。

最后，自己在博士阶段积累大量的应用研究，虽然应用研究周期短、见效快、经费多，可解经济上的燃眉之急，但我无法忽视自己的应用研究正变得越来越模式化和简单化。应用研究的问题明确，主要来自委托方要解决的现实问题，需要通过对问题调研和分析，最后提出解决方案。我发现，数次应用研究的经验积累，自己就很快习得了某种研究模式，之后的研究中自己不用太费力，就能提出一套套的问题分析和解决方案，根本没时间、也没动力就相关问题进行学理上的深入思考。我也曾多次尝试将应用研究的咨询报告转化为高质量的学术论文，发现简直是比登天还难。这种经历提醒我，我需要回到探索性的基础研究中，夯实自己的研究能力，构建自己的理论体系，在此基础上才有可能对各种现实问题提出独到的见解。

反思驱动转型，考虑到人口迁移是最直接地将东中西部连接在一起的线索，我决定跟着人走，将目光聚焦于城市转型，开始围绕移民与城市化发展问题开展研究。我的导师是国内最早开始都市人类学研究的学者，自20世纪80年代中期就开始关注了珠三角地区的农民工迁移和乡村工业化，提出了乡村都市化、二元社区、钟摆理论等一系列具有影响力的理论框架。在学术转型的过程中，导师给予我最大的支持和帮助。我通过与导师开展合作研究，积累自己在新领域的学术成果和研究经验。特别是在参与导师主持的教育部重大攻关课题"城市新移民问题及对策研究"过程中，基于导师提出的"移民与城市化"

的研究框架，开始将人口迁移作为引发城乡社会结构变迁的主要动力，一方面在研究中用"城市新移民"取代农民工概念，把握人口迁移的新动向，另一方面从社会融合的角度入手关注城市的移民化进程，分析中国移民城市结构的形成过程、动力和机制及其对构建新型城乡关系的影响。

同时，自己也逐步开始在珠三角开辟田野调查点。特别是从2009年开始，我带领学生进入佛山市南海区西樵镇开展调查，持续至今，围绕乡村都市化的研究主题，形成了跨越十余年的社区追踪调查。围绕这一调查点，我已在CSSCI期刊发表论文8篇，指导答辩通过硕士论文6篇，并出版著作1部。围绕西樵镇等调查点展开的珠三角研究，让我在中国最早改革开放的地区中，看到了村落从农业村到工业村，再从工业村到城市社区的转变历程，是一个涉及经济、社会、制度、文化等各个方面变革的微观缩影。如何对这一复杂的社会转型历程进行理论总结，并与我之前发展研究的经验整合，最终回答"什么是中国的发展"的问题，既是我研究的动力，更是摆在我眼前的挑战。那种研究起步阶段的迷茫感又重新袭来，而且这一次感受更加强烈，因为我要寻找的问题意识，并不是一本论文的问题意识，而是构建一个具有自我特色和创新价值的研究体系的问题意识。

2010年初，我获聘副教授，自己也进入了一个潜心基础研究、构建研究体系的学术转型阶段。我先是以西樵调查为基础写了一份研究计划，从传统文化的角度解释了当地都市化进程中城乡要素整合的必然性，隐晦地表达出珠三角的城乡接合地区不是都市化的过渡阶段，而可能就是一种城市社区类型的观点。这份视野宏大、主题宽泛、笔调生涩的研究计划，很幸运地获得了哈佛-燕京学社的青睐，让我入选了当年的哈佛-燕京学社访问学者计划，于2010—2011年赴哈佛大学访问一年。哈佛-燕京学社的认可以及国外一年的同行交流，让我真正见识到了基础研究对学者成长的重要性，并坚定了从新领域着手，围绕根本问题开展基础研究探索的信心。

令我没有想到的是，接下来研究探索会是那样的困难重重，我经历了至今看来最为挫折和迷茫的几年。2010年，我信心满满地以哈佛燕京项目的申报书为基础，开始申报国家社科基金项目。国家社科基金强调研究的明确性和可行性，这与哈佛-燕京学社注重研究的基础性和长期性的要求有很大不同，我的申请肯定过不了。换句话说，社科基金项目成功的关键在于对问题意识及其价值的明确表达。从 2011 年开始，社科基金申报成为我每年寒假的主要任务。如此这番，反复修改又连续失败五次，直到 2015 年第六次申报才成功过关。在第六次申报中，我基于前期的田野调查，最终提炼出了"村中城"这一来自当地人表述的概念。我以"村中城"为一种城乡接合社区的类型，意在证明城乡要素的融合是西樵城镇化的本质属性，并厘清西樵作为大都市边缘地带的乡村都市化地区，其区别于大都市中心"城中村"的特点。我文章发表的情况也与课题申请差不多，那几年我发表的都是与导师合作课题、与博士论文后续研究相关的文章，只要我脱开导师和自己博士论文研究的框架，谈自己研究探索的新问题和新想法，文章就会被拒稿，真真是令人无可奈何！

寻求研究突破的这几年，也正是自己人生的转折期。我和多数女性一样结婚生子，组建家庭。我是学者，同时也是妻子、母亲和媳妇，家庭成为我人生的另一个重心。2010 年开始，我的丈夫赴异地任职，至今已有 10 年。夫妻长期分居，期间虽有公婆鼎力帮忙，但我仍需要花大量时间，亲力亲为地哺育孩子、经营家庭、处理家事。研究转型和人生转折的交织，已时常令我感到力不从心，期间遭遇的各种失败和挫折，则更是令人沮丧。正是在那段时间，我深刻体会到了学界有关婚姻、母职、性别关系等一系列主题研究的现实意义，更是由衷敬佩包括我自己在内的一大批坚韧不拔地在职场和家庭中同时努力着的女性。这种自我敬佩和认可，让我从未放弃过对事业进步和家庭幸福的追求。

三、在城市转型框架中理解中国的平等发展

学术转型的阵痛大约持续到 2015 年左右。这一年，在历经多次失败后，我终于获得了社科基金资助，这意味着我基本厘清了珠三角城镇化研究的问题意识，新领域的研究探索逐渐成形。2015 年我还在《民族研究》杂志上发表了一篇题为《从地域城市到移民城市：全国性城市社会的构建》的文章，系统提出了构建自身研究体系的重要概念。这篇文章从人类学乡土中国的研究脉络出发，以人口迁移为理论推演的线索，提出了以"城市社会转型"的概念，概括中国社会转型趋势的思路，并指出城市社会转型就是从以乡村为中心的地域型社会向以城市为中心的移民型社会的转变。这一概念的提出，意味着我终于

找到了有效整合博士阶段的发展研究与新拓展的移民与城市化研究的路径，在回答"什么是中国的发展？"这一萌发于博士起步阶段的研究初心上，终于有了自己的研究思路。这篇文章在发表后，受到了学界的关注。文章被"人大复印报刊资料"《社会学》2016年第3期全文转载，并于2017年获得了广东省第七届哲学社会科学优秀成果奖论文一等奖，是记录我个人学术成长的一个重要标识。

除了厘清研究的关键概念，我还对如何开展城市社会转型研究的方法进行了系统思考。2014年在《民族研究》杂志上发表了《整体观的延续和拓展：都市民族志范式的构建》一文，借对都市民族志发展历程的梳理和评述，实际上思考的是立足整体观，人类学如何超越微观层面的村落和社区，推演开展宏观层面研究的问题。《从地域城市到移民城市：全国性城市社会的构建》一文则是将2014年这篇文章在方法论上的设想推进到了研究现实中，在大量微观案例的基础上，形成了我对中国社会转型宏观趋势的判断，并在方法上提出了以人口迁移为线索，整合城乡和东中西部开展研究的路径。

与学术探索的突破相应，我在平衡家庭和事业方面也变得更加得心应手。虽然生活仍然忙碌，事业仍具挑战，我养成了经常锻炼的习惯，以锻炼调节情绪、强健体魄、保持精力；通过协调时间、提高效率，我尽力统筹安排家庭和事业，时刻要求自己工作的时候好好工作，在家的时候认真管娃；更是适应了自己承担的多重角色，多数时候大脑能在理性的学问和琐碎的家事之间实现无缝转换。这种积极向上的生活态度，让我持续性地处于学术研究的状态，哪怕是高龄生育二胎，也没有中断对学术问题的思考。

2017年1月，我升任教授。同年，论文获得省级成果一等奖，并入选广东省珠江青年学者计划，前面艰辛的学术探索成果获得了学界的认可，并鼓舞我在更高的层次上追求学术的突破和创新。

中山大学校长罗俊院士在多个场合鼓励青年学者，立志一辈子只做一个问题，把它做到极致，使其成为自己的标签。罗校长用最简单的话，点明了高水平学术探索的路径，也就是选择具有价值的问题意识，以自己的方式展开探索，解决问题，实现突破。然而对从事人文社会科学的学者来说，要清楚明确的表述自己研究的是什么问题，以及自己的研究有什么价值并不是件容易的事。我花了十多年的时间，在大量具体问题研究和微观案例研究的基础上，提出了"城市社会转型"的概念,以此整合了自己先前的研究,并明确了自己今后系列研究的主题。这就是我研究完整的问题意识了吗？以罗校长对高水平学术研究的定位来看,显然还不够。"城市社会转型"概念的提出,只能说明我形成了自己的学术探索路径和概念工具,但这种学术探索究竟要解决什么有价值的问题,还不够明确。我的研究初心起于"什么是中国的发展",但这不仅是我一个人的学术初心,更是整个中国社会科学研究的核心命题。显然,这样宏大的一个问题不可能直接作为我个人学术标签式的研究问题。因此,如果要进一步提升自己的研究层次,我必须尽快弄明白自己围绕"城市社会转型"开展的研究能解决有关"什么是中国发展"大命题的什么关键问题。

我的经验再次证明,科研的突破总是孕育于失败中。评上教授后,我随即着手申报国家社科基金重大攻关课题。社科基金重大攻关课题都是"命题作文",选题都是涉及国家发展各个领域,且亟须进行深入研究的重大问题。申报人需要围绕选题,形成将现实问题转变为学理研究的方案,明确核心问题,提出关键概念,厘清概念的内涵及逻辑联系,并保证研究在操作上的可行性。只有构建了成熟的研究领域、具备丰富的研究经验、拥有强大的学术统筹能力的申报者,才能找到选题与自己研究的结合点,形成有价值的核心问题,通过有效的概念工具和方法工具开展科研攻关,最后形成研究突破。攻关课题的申报是对一个学者研究水平和研究能力的全方位考量。

从2017年起,我先后三次围绕不同的选题展开论证,试图通过课题申报找到自己的研究与重大现实问题的连接点,前两次均告失败,直到2019年第三次申报才获得了成功。三次申报意味着三个暑假的忙碌,每一次都要拿出十多万字的申报书,每一次都是精心构思、仔细论证,又反复推敲、苦心修改。如此这般,到第三次写申报书的时候,我已经豁然开朗,总算找到了自己能解决的中国发展的关键问题是什么了。

第三次申报的选题是"中国特色社会主义少数民族经济发展及其国际比较研究"。这一选题与我博士阶段的少数民族发展研究直接相关,课题的申报促使我在"城市社会转型"概念框架中,重新检视了自己在中西部贫困地区开展的一系列研究。在城乡整合、东中西部整合一体的视野中,我看到了东中西部在不同的阶段、以不同具体路径融入了中国特色社会主义的市场经济体系,并在此基础上开启了向城市社会转型的历程,基本实现了全国的同步发展。其中民族地区在不同的阶段，分别通过农业市场化、人口迁移及新型城镇化发展等路径融入中国特色社会主义市场经济体系。其中，人口迁移开启了少数民族经济层面的城市社会转型，近十年来的城镇化的跨越式发展则标志着少数民族进入了一个综合经济转型、制度转型、文化转型的全面构建城市社会的发展阶段。与此同时，通过对包括人类学在内的整个发展研究理谱系的系统分析，我发现整个发展研究虽然涵盖了诸多学科和理论，但学者们大致都以发展的不平等和发展的特殊性两大基本认识作为研究的起点。综合现实和理论的分析，我发现中国特色社会主义市场经济发展的特色正是在于打破了"中心"和"边缘"区隔的平等性，以及有机整合多元经济类型（不论是类型差异还是阶段差异）的包容性。这一认识助我破题，论证主要围绕少数民族经济与全国经济平等的一体化发展，以及少数民族基于自身基础和特点形成的特殊性发展展开，顺利通过评审，获得资助。

通过攻关课题的论证和实施，我愈加清晰了"城市社会转型"概念的学术价值，它不再仅是我个人学术经验和观点的总结，而且是一个能解决有价值问题的概念工具。而这个有价值的问题，就是中国特色社会主义的平等发展，这正是"什么是中国发展"大命题中需要通过科研攻关来解决的关键问题之一。虽然自己的研究离大事业、大学问还有很长的距离，但我确实在探索中感受到了"众里寻他千百度，蓦然回首，那人却在灯火阑珊处"的意境。从四川凉山到珠三角，再借攻关课题重回民族地区，一路兜兜转转，我在自己研究最开始的地方，让发自本能的学术初心落了地，简单的一句"中国特色社会主义的平等发展"，背后包含了多少尝试、多少挫折、多少思考。经此过程，我知道自己正在逐渐成长为一名真正的学者。

"读万卷书、行万里路、识万个人。"在发展研究的道路上，我开始明白了、体悟到：发展，不仅是个人、家庭、村落社区的问题，更是整体区域经济、国家甚至国际的大问题；发展，不仅是企业、产业的问题，更是产业背后的金融、科技的问题；发展，不仅是个体教育、文化、技艺的问题，更是潜意识、发展理念、生活习惯等方面的问题。而人类学研究发展，最大的优势可能就是跨文化比较、对人（经济人、社会人、文化人）、人群思维和行为模式的多重洞察和反思，在此基础上，融汇百家之长，成一家之言。这又回到了"博学、审、问、慎、思、明辨、笃行""会泽百家，至公天下"这两个起点上。

看来，过去学的，都不会是白学，迟早有一天，都可以融会贯通。

探索永无止境，我明白有关中国特色社会主义平等发展的研究绝不会是我学术人生问题意识追寻的终点。围绕平等发展问题开展的研究，回答的是欠发达的民族地区中国发展的关键问题，而东部沿海发达地区的城市社会转型研究能回答什么样有价值的问题仍并未十分明确。

这两年在集中精力开展攻关课题研究的同时，我并未停止对珠三角移民与城市化问题的思考。我指导博士生，在广州和深圳的城中村开展研究，追踪这些社区在新一轮城市改造和产业转型过程中的变迁。在城市社会转型的概念框架中，同时对推进珠三角案例的持续研究与对民族地区平等发展的思考，二者千丝万缕的联系吸引我进一步思考它们之间的相通性，相对贫困的民族地区和经济发达的珠三角地区发展的关键都在于对社会主义要素和市场经济要素的有机整合，而处于城市社会转型基本完成阶段的珠三角地区与起步阶段的民族地区正是代表了两种整合社会主义要素和市场经济要素的典型模式。如果说两大要素的整合在民族地区呈现的是平等发展，那么珠三角地区构建的又是怎样的发展？如果二者都研究明白了，我是不是就能突破经济层面的表述，弄清楚什么是中国特色社会主义市场经济，从而对什么是中国发展做出自己的解释呢？一幅更大的学术研究蓝图正在我脑海中徐徐呈现。生命不息，探索不止，维系学者学术生命蓬勃生机的动力，正是来源于日新月异的伟大祖国，以及自身对学术初心的坚持和追求。

四、结语：什么是问题意识

回顾自己围绕中国发展问题展开的学术探索历程，如果说我的学术经历对年轻学者有所启发的话，那就是我对问题意识的执着追求。

在学术成长的过程中，我们需要经历从博士阶段的专门性、具体性的论文问题意识，上升拓展到一种能够引导自己研究方向、布局自己研究规划、构建自己研究特色、形成自己研究创新的体系性的研究问题意识。研究问题意识决定了学者研究的独特性和创新性。在研究问题意识的引导下，学者才会形成对各种社会文化具体问题的独到见解。可以这么说，具备明确的且有价值的问题意识是学者学术思想成熟的标志。

我资质中等，缺乏慧眼识珠的敏锐性，追寻问题意识的每一步进展总要经历颇多曲折才能实现，到今天总算对什么是合适的问题意识形成了自己的一些看法。

综合我自己的感受，我认为合适的问题意识一般有以下几个特点：一是体系性。每个学者在学术生涯中都要写许许多多的论文，做许许多多的具体研究。这些研究不应该是相互分割独立的，而应该是承前启后、紧密相连的，构成一个研究体系，连接这些具体研究的线就是问题意识。因此支撑起一个学者学术研究的问题意识，应该是一个相对较大的问题体系，其中涵盖了各种相互联系又具一定独立性的具体问题。二是主体性。我们常常将理性作为学术研究的根本要求，事实上，就其探索过程来讲，却充满了学者主体性色彩。问题意识没有统一的模板，围绕什么样的问题、以什么样的路径进行探索，与学者的研究经验、学术偏好、思维层次、成长历程等方面要素紧密相关。从这个层面看，问题意识是学者研究特色的标签。三是学科性。对问题意识的探索一定要立足于自己学科的传统，才能兼容并包地吸取各家之言为己所用，形成自己独立的判断，而不是人云亦云，或是通过标新立异来吸引他人的关注。因此，对学者来说，扎实的专业基本功是有效开展学术问题探索的基石。四是价值性。我们追寻的问题意识不能是自娱自乐、自己觉得有意义的问题，而应该是既与现实发展的重大问题紧密相关，又是学术研究的根本性问题。只有经得起理论和现实两个层面考验的问题意识，才是真正有价值的问题意识。

总而言之，学术研究是一场人生的自我修行，一点一滴的进展都离不开自己的努力、老师的引导和同行们的互鉴。个人也好，学术也好，其实就是获得基本知识前提下，循序渐进地做人，做事，做学问。最后实现理论与实践的统一，做到真正知行合一。以上心得，与大家共勉！

三级两跳：我的二十载人类学之路

尹 韬

尹韬，哈尔滨工程大学人文与社会科学学院副教授。挪威奥斯陆大学社会人类学博士。正在修改出版英文民族志专著 Grafting: Opera and the Translation of Women's Laws in Rural China，以及撰写理论性著作《论局部性社会：人类学"社会"研究的谱系》。

从 2000 年进入中央民族大学到现在,我学习人类学的时间过去了整整 20 载。回首往昔,成果寥寥,两手空空,愧对栽培自己的老师和前辈。不过,作为学科史的从业者,希望这个自述能为后来的学术研究提供一点来自边缘人的素材。

我这 20 年的学习经历主要分成三个时期:第一个时期是在中央民族大学,从 2000 年到 2004 年,所接受的理论主要是马克思主义的政治经济学;第二个时期是在北京大学,从 2004 年到 2007 年,这个时候我的思想主要受象征理论的影响;第三个时期是在挪威奥斯陆大学,从 2008 年到 2020 年,这个时期主要关注的是过程理论。

我借用费孝通先生晚年形容社会形态变化的"三级两跳"来概括我这 20 年的学习经历。"三级"就是上面所说的三个阶段,"两跳"就是指从民大到北大和从北大到奥大的两个转变。

一、民大时期

我于 1983 年出生于贵州省正安县土坪镇一个"耕读世家"。我的父亲是一名中学老师,母亲是地地道道的农民。直到进入县城读高中之前,我过着背起书包上课,放下书包务农的生活。我父母都认为,读书是唯一能够改变自身命运,脱离土地劳作的方式。如同农事,学习也是一分耕耘、一分收获,这是我从小学五六年级就慢慢懂得的道理。

2000 年 9 月,我侥幸以全县第一的文科成绩考入中央民大。填报专业时,我选择了民族经济和民族政策这两个专业。学习经济可以挣钱,学习政策可以从政,这是当时很实际的想法。由于分数不够,我被调剂到了民族政策专业,来到了马克思主义民族理论和民族政策教科部。民理部和民族学系组成了民族学与社会学学院。这个学院的前身是中央民族学院 20 世纪 50 年代初成立的研究部,汇聚了当时中国人类学、社会学、考古学和历史学等领域的学术大家。

民理2000级是个24人的小班。由于民理1999级没有招生,1998级的师兄师姐看到我们时十分兴奋。在民大,我这个来自黔北汉族地区的学生感受到了民族文化的多样性,这既体现在生活习惯的方面,也体现在一些同学的体质特征方面。

我们所学的民族理论是一种带有中国特色的政治经济学理论。其核心是讲历史上不同民族之间权力的不平等关系,比如新中国成立前帝国主义和中华民族的不平等关系,而中华民族内部又有大民族和少数民族的不平等关系,单个民族内部又有统治阶级和被统治阶级的区别。为了实现各民族平等团结共同繁荣的目标,中国境内的各个民族主要按照斯大林民族四个特征的定义划分成56个民族。这些不同民族又依据经济文化发展水平的不同,排列在奴隶社会、封建社会、半殖民地半封建社会等社会发展的序列上。总的来说,各个民族之间的关系是"三个离不开":少数民族离不开汉族,汉族也离不开少数民族,少数民族之间相互离不开。除了学习中国的民族政策和民族理论,我们也选读一些马克思、恩格斯、列宁和斯大林关于民族研究的经典论述。

我们的系主任金炳镐老师是中国马克思主义民族理论的代表人物,总是耐心细致地给我们讲解这些抽象的民族理论。金老师不仅是我们的任课老师,在相当长一段时间也充当了我们班班主任的角色,大事小事都亲自过问。可能是处于世纪之交的缘故,这个班的同学个性鲜明,冲突矛盾常有发生。这个时候金老师往往亲自出面处理。2003年上半年北京暴发非典疫情。由于我们宿舍的一位同学是非典疑似病例,全班同学被隔离于校医院背后的小院子里。我们走的时候太过匆忙,内衣带得不够。金老师得知,到商场买了之后给我们亲自送来。我清楚地记得内衣的牌子是三枪牌。

除了给学生讲课,金老师多是在办公室做研究。他那主北楼五楼办公室的灯总是亮得很晚。每当我在楼下的草坪晃荡,看到那里的灯还亮着的时候,一股虚度光阴的愧疚之情油然而生。金老师治学认真严谨,从以下小事就可以看出。有一次,听说中国古籍上早在秦朝就有"民族"这个词汇,他花很长时间去查找印证;还有一次,他以林耀华先生为例,鼓励我们认真做学问,因为林耀华的硕士论文在半个多世纪之后,仍然有学者一字一字地誊抄出版,这说明好的作品经得起时间的考验。

不过，在逐渐学习的过程中，我懵懵懂懂地感觉到，抽象的民族政策和理论分析不符合我的学术爱好。所幸，民理部的课程具有相当开放的一面，也涉及民族学和社会学。在上学的第三年，我上了一门叫作民族学基础的课，任课老师是金老师的大弟子陈烨，我们的大师兄。上课用的教材是林耀华主编的《民族学通论》。具体内容我已忘记。只记得陈烨讲到，民族学这门学科很重要的特点是田野调查，就是要和当地人一起生活以更深入地了解他们的文化和习俗。这一下子就吸引了我。因为田野调查与只是从经典著作和政策文件去认识一个文化的方法非常不同。

在接下来的时间里，我有意识地偏向民族学和人类学方面的学习。有三位老师对我本科阶段的人类学学习有着深远影响，分别是，王建民老师、张海洋老师和兰林友老师。王老师是中国民族学人类学史的权威。他给我们讲的课是"中国跨界民族"。王老师总用他那富有磁性的嗓音给我们介绍不少中国人类学民族学的逸闻趣事。有一次他讲到新中国成立前民族学状况的时候，从书包里拿出一件泛黄的原始档案，让我们惊叹不已；另一位对我有影响的是张老师。张老师没有上给我们班开过课，但我常跑到他的课堂上去旁听。非典时期，学生被困在学校不让出去，情绪不稳。张老师主动请缨，在中主楼500人教室给全校学生开了一堂人类学的通论课。张老师讲课神采飞扬，板书左右手都能开弓，极富感染力。他用"血水倒流"和"亲上加亲"等本土词汇来帮助学生了解亲属制度的运作机制。晚上，张老师总是在主北楼六楼的办公室里看书写作到深夜。这个时候我总是带着一堆人类学问题去向他请教。他并没有因为我是人类学的新人，问一些天真幼稚的问题而将我拒之门外，相反却总是耐心地解答。不过，晚上去他的办公室也需要一些胆量，因为他的办公室里有一副人体骷髅，用于体质人类学研究之用；兰老师给我们上的是专业外语这门课，用的教材是美国人类学家 Haviland 的 Cultural Anthropology。在他一字一句地讲解中，我不仅英语水平有所长进，更是了解了西方人类学的基础知识。也是在兰老师的课上，我知道了从林耀华到弗里德曼这一条汉学人类学发展的线索。

在这几位老师的影响下，我决定报考人类学的研究生。由于在民大已经待了四年，对各位老师的研究已经有大致了解，我决定报考北大人类学专业的研究生。我用了整整一年的时间来准备这次考试。这一年是我迄今为止最全力以赴、心无旁骛的一年。这期间我时常骑自行车到北大去听人类学的课。当时的北大社会学人类学研究所还在西门外畅春园里的一独栋小楼里。印象最深的是听了一位戴着帽子，抽着烟斗的老师的课。我在课堂上问了一个问题，学人类学有什么用？这位老师似乎很无语，但也耐心解答了。他后来成了我的硕士导师。

我在民大的学士论文题为《民族理论视野下的屯堡人》。它是基于我在贵州平坝区天龙镇的游历所获得的感受写作而成。我主要讲自明朝以来，屯堡人在与周围民族的接触中，如何凭借服饰、建筑和宗教等文化形式来构建自身的群体认同。很明显，这是受到上面几位人类学老师们所介绍的族群研究的启发。

我本科头两年的主要时间花在文艺活动上，曾参加过一次华北大学生歌手大赛，组织过一次中央民大的贵州老乡会，在第三年才认真开始读书学习。大好青春多是在睡梦中度过。对知识的理解多是照本宣科，很少阅读学术专著。认真读过的少数专著之一是我偶然在系里图书室发现的一本小册子，王庆仁老师翻译的 Edmund Leach 的作品《列维－斯特劳斯》。这本与政治经济学风格迥异的作品虽然深奥，我却读得津津有味。在这本书的序言中，吴文藻先生用他那带有时代特色的笔调，从马克思主义理论的角度批评了结构主义，但同时也指出结构主义有进步的一面，值得中国学者借鉴学习。我下一个阶段的学习正是与结构主义等广义的象征理论紧密相关。

二、北大时期

2004 年到 2007 年是我的北大时期。人类学是小专业，隶属于社会学系。不过，由于该专业的奠基人费孝通的强大影响力，人类学在北大也有一片立足之地。人类学专业每年招硕士生五名左右，博士生三四名。除了我之外，同届的硕士生同学本科都来自不同院校，舒瑜来自云南大学，刘宏涛来自兰州大学，唐晓春来自中国青年政治学院，章邵增来自本校社会学系。同届进入北大人类学专业的博士生有周歆红、李荣荣、张亚辉和朱靖江。他们现在都在从事人类学方面的研究。

人类学专业的老师不多。我们就读的时候有蔡华、王铭铭、高丙中、朱晓阳和赵旭东五位老师。麻国庆老师参与了 2004 届硕士生的招生，不过在开学后他南下中山大学,与我们擦肩而过。这五位老师各有专长,上的课也能相互补充。蔡老师开的课是亲属制度研究,王老师开的课是人类学经典选读,高老师开的人类学方法课涉及实验民族志等内容,朱老师开的课是发展人类学和法律人类学,赵老师开的课有认知人类学和政治人类学。从这些不同的课里,我都受益匪浅。

由于人类学专业人少,硕博士生往往一块上课。老师们采取的教学方法是席敏纳,也就是每次课大家阅读指定书目或篇章,由某一位同学主讲,其他人讨论补充,最后老师总结。我认真阅读专著的习惯在这时候养成。因为上课人少,总要轮到自己发言,如果讲不出个所以然,不仅老师会失望,自己也会懊恼。第一个学年课程比较重,加上要修社会学的课程,我们晚上总是加班加点地阅读。这种小班授课有助于同学之间,以及同学与老师的深入交流。人类学专业还有一个不成文的传统,就是任课老师在开课和结课时,会请学生出去吃饭。通过吃饭,学生和老师的距离无形中拉近了许多。

朱老师和赵老师这个时候还没有开始带硕士生,把我们"视同己出"。2005年暑假,由朱老师带队,我们硕士专业的五位同学和中央民大的两位同学到贵州六枝县唆嘎乡做了半个月的田野调查。在这个过程中,我们初步学习到如何与当地人访谈、打交道等技巧。赵老师给我们上课的时候留下了不少趣事。有一天正在上课,他说,天气这么好,何不去草坪讨论。当大家坐在湖边的草坪上开始讨论时,一位环卫工人过来,以践踏草坪为由要求我们离开。争执不过,我们只好怏怏而去。

这段时间对我影响最大的是硕士导师王老师。王老师本科和硕士就读于厦门大学的考古学和人类学专业,后来到英国伦敦大学亚非学院取得博士学位,曾在世纪之交作为访问教授在芝加哥大学交流一年。这样的学术经历使得他对英法社会人类学、美国文化人类学,以及中国的民族学人类学都相当熟悉。王老师强调我们应从中国人类学的传统如"北派""南派""华西学派"等前辈大家的研究中获取学术养分。我在北大那段时期,王老师关注的重心是人类学的物质文化研究,并探索如何从礼仪来思考中国式的社会理论。

我从王老师的正式课程上受益良多,但对我影响更大的,恐怕还是课下餐桌上的闲话和两周一次的读书会。北大人类学专业有一个优良传统,就是每两周老师会召集自己的学生开一次读书会。我记得在2004年10月左右正式地加入王老师所组织的读书会。当时参加的学生不多,硕士生有我和舒瑜,博士生有张亚辉,还有从本校社会学系保送即将读硕的两位本科生刘雪婷和刘琪,外加来自中文系的本科生韩笑和社会学专业的博士生陈波。当时阅读的书有Mauss 的《礼物》、Dumont 的《论个体主义》、Duara 的《文化、权力与国家》等。2005 年,王老师开始在中央民大做特聘教授,主持那边的"民族学人类学理论与方法研究中心",并招硕士生博士生。民大北大两边的学生加起来,读书会顿时热闹很多。

我们读书会的地点通常选在北大东门外的万圣书店。那里环境很好,一边是书,一边是咖啡厅。有些时候读书会也在王老师龙泽苑的家里进行。我们这批学生会一块从五道口坐地铁摇摇晃晃地过去。读书会会进行两个小时左右。大家边喝茶边交流读书心得,王老师做最后点评。正式的读书会结束后,王老师会请我们在馆子里撮一顿。对我这个家境贫寒,缺衣少吃的学生来说,此时正是放开肚子饱餐一顿的大好时机。

餐桌上的聊天内容,自然是天南海北,漫无边际。不过总结起来就是两点,学习和生活。我才参加读书会时,因为本科阶段没有阅读专著的习惯,知识面狭窄,只能听别人滔滔不绝地讲,而自己发言却吞吞吐吐,不知所云。王老师跟我说,你最好把书里好的内容用笔摘抄下来,加深理解。我按照他说的做,果然有所收获。这个时候我们经常聊到的 Levi-strauss、Mauss、Sahlins 等人类学家。

我有一次在饭桌上问王老师,为什么您有源源不断的灵感,写出那么多的著作来。他讲到,在他刚回国时,会从晚上一直写作到天亮,这个时候窗外的小鸟开始叽叽喳喳的鸣叫,感觉非常好;后来结婚后,他调整了作息时间,早上六七点就起来,未洗漱就坐在桌前,只喝咖啡,一直写作到中午。姑且不说治学的眼界和知识的广博,王老师的勤奋就让我总感到汗颜。

到研究生二年级的时候,需要定硕士论文的选题。王老师的学术历程是以闽南的民间宗教开启的,我在硕士阶段自然也读了一些中国民间宗教研究的著作。因为一个同学的介绍,我想到四川的农村去研究她家村子的一个庙宇。王老师听后没有立即反对,只是说,如果你研究民间宗教,那么和现在大家的选题不一样,无助于交流和相互帮助。

我的家乡贵州以酒闻名,民间有"无酒不成礼"或"无酒不成席"之说,把举办和参加婚丧嫁娶等仪式叫作"办酒"和"吃酒"。我跟王老师商量，说或许可以去研究一场婚礼中酒这种物质的意义。他觉得可行。我选取贵阳附近的龙里古镇做调查。在 2006 年 12 月初的一天，我从贵阳一路问人坐车，等到达目的地时，才知走错了地方，到了贵定县盘江镇。天已经黑了，我只好将错就错。在一个名叫竹林堡的寨子里找了一户人家住了下来。随后待了一个来月，收集了我硕士论文的基本素材。

我的硕士论文《无酒不成礼——对贵州一个寨子婚礼中"酒"的人类学分析》将近六万字，写作框架效颦 Geertz 的"斗鸡"那篇名著。总体方法是中西文化比较，通过东西方对"酒"的态度的比较，看到中国文明是在压制与释放之间达到"礼以制中"的目的，而不同于以"控制"为核心的西方文明。具体而言，我的思考受到了 Mauss、Levi-strauss 和 Dumont 等人的启发，把酒与粮食的区别与男人与女人的区别对照起来。我指出，酒是粮食精华，有水之外形，火之内涵，礼仪正是依赖这种刺激物来生成，以达到人与人之间其乐融融而又彼此有别的情形。

与本科所学习的围绕着权力展开的政治经济学理论不同，我硕士期间主要受到广义的象征理论的影响。这种理论往往把文化看成一个整体，通过与其他文化相比较，将该文化的特殊意涵展现出来。这种研究有其可取之处，但也存在费孝通晚年自我反思时所讲到的"见社会不见人"的缺点。这种研究还有一个缺陷，就是把研究对象从具体的政治、经济和历史背景中悬空出来，忽视该文化与其他文化的互动关系及其变迁历程。对这方面问题的实质性探索，构成了我博士阶段的核心思考。

硕士临近毕业时，奥斯陆大学社会人类学系的白苏珊（Susanne Brandtstädter）老师招收法律人类学方面的博士，我提交了申请材料，很幸运地被录取了。就这样我开启了下一个阶段的学习。

三、奥大时期

从 2008 年年初到 2019 年年底，这是我的奥大时期。奥斯陆大学是有着 300 年历史的北欧名校。它有两个主要校区，一个是老校区，位于奥斯陆市中心的皇宫旁，建筑风格呈罗马式；另一个是新校区，位于市区边上的Blindern，主要是现代建筑。法学院在老校区，自然科学和社会科学的众多院系在新校区。

奥大社会人类学系是北欧最大的人类学系，也是欧洲最大和最有影响力的人类学系之一。本硕学生加起来400多人。该系不少教授在自己的研究领域有着国际声誉，比如研究族群和国族主义的Thomas Eriksen，研究宇宙观实践的Signe Howell，研究性别实践的Unni Wikan，研究艺术的Arnd Schneider，研究人与自然关系的Marianne Lien等。总体来讲，奥大人类学的风格是欧洲社会人类学式的，但它不排斥从美国的文化人类学获取养分，其特点是注重扎实的田野调查，并以此为基础推进社会科学一般理论的进展。由于几代人类学家的努力，人类学已经成为挪威最具公共影响力的社会科学学科。有几位该系的教授是挪威著名的公共知识分子，经常就挪威和欧洲的公共议题在电视或报纸等媒体上发出人类学家的声音。欧洲学界有这样一种说法："社会学家影响英国，哲学家影响法国，人类学家影响挪威。"

社会人类学系的办公地点位于Blindern校区的社会科学大楼Eilert Sundts Hu的六楼和七楼。每位老师都有自己独立的办公室。这里的博士研究员（Doctoral Research Fellow）被视作独立研究人员，有单独办公室和固定薪资。挪威政府提供如此优厚的条件，其目的是让他们全心全意做好研究而无后顾之忧。

博士研究员所修的课程很少，总共六门。在上过的众多课程中，我收获最大的是每年一次的写作课。写作课的教学通常由系里写作经验丰富的资深教授担任。参加写作课的一般是做完博士田野调查的人。提前两周，同学们把正在写作的博士论文章节发给任课老师和其他同学。在集中两天的课堂上，每人都会给其他人的草稿提出批评意见。Geertz曾经说："民族志学者是干什么的？他写作。"可谓一语中的。

对博士研究员来说，更重要的是参加席敏纳，从中获得启发。席敏纳有好几种：一种是两周一次的人类学系席敏纳，主讲人多是欧美有所成就的人类学家；也有非正式的午餐席敏纳，在中午12点到1点之间，主讲人多是本系的老师或正在该系访问的学人，所讲内容多是还在进行的研究，讲者希望以此从同行那里得到回馈和帮助；还有一种是博士研究员自己组织的读书会，其主题是人类学界的最近动态及各自的研究。

白苏珊老师来自德国小城特里尔市，这也是马克思的故乡。她早年在德国柏林自由大学获得人类学博士学位，后到英国曼彻斯特大学人类学系任教，2006年到奥大工作。白老师曾在台湾、福建和山东做田野。我去的时候，白老师的研究方向正从亲属制度转向法律人类学，自然地，我的博士论文也受到她这一转变的影响。

我在去奥大留学之前就已经见过白老师几次。大致是在2006年上半年，她在中国做调查，有一天受邀到北大社会学人类学研究所做讲座，那是我第一次见到她。同年夏天白老师受邀参加王老师在贵阳组织召开的人类学暑期夏令营活动，我和她算是有了交流。2007年夏天，我跟着她来到山东聊城农村做田野。白老师和我商议博士论文的研究题目，她建议我去河南登封研究当地的一个农民协会。白老师去过那里并认识那里的负责人，觉得农民用演戏的方式来宣传法律的现象很值得研究。2007年9月，我跑到这个协会进行了半个月的前期调查，很快发现这个协会其实是三合一：祭祀村神为核心的社，宣传国家法律的文化协会和推广国际妇女法的草根协会。回来后，我写了15页的前期报告。在2008年1月到了奥斯陆。

相对于王老师"传道授业解惑"的师者角色，白老师的教育方式更多是"师傅领进门，修行靠个人。"她并不是指明一条明确的研究方向，而是只教给我一些查找最新研究的方法，要我自己探索怎么做。不过，白老师给我提出以下几条忠告：第一，不能只看中国的人类学研究，而要以学术问题为核心参考其他区域的人类学研究。换言之，我的定位不应该是中国研究，而应该思考如何在一般的人类学研究领域有所贡献；第二，不能把所研究的对象看成一成不变，而要在一定的政治、经济和历史背景中，看到具体的变化或者延续；第三，文本写作尽量做到每句话都有来历，不故作惊人语，充分掌握和尊重前人和同行所做的相关研究。

相对于王老师基于多年个案和学术史研究基础上高屋建瓴的宏观设想，白老师的犀利批评更多是教会我如何从具体的研究做起。王老师的设想具有破题性质，我作为初学者因为学力不够，如果一味模仿，最终可能适得其反。对我的学术成长来说，王老师大开大合的想象力和白老师的细致批评精神刚好互补，不可偏废。

我先有自己的想法去找白老师商量，她再给出相应的意见，提醒我应该注意最近哪位学者的研究。如果我自己本身没什么推进，整个研究多半就会搁置在那。总的来说，白老师在和我一起探索未知领域，而不是事先知道答案。我原来以为，这是白老师个人比较特殊的指导方式，后来我看访谈得知 Keith Hart 当年跟 Jack Goody 读博士的经历也与我大致类似。Hart 说，很长时间 Goody 都不知道他的研究进展到哪一步了。与美国"模式化"的博士培养机制相比，欧洲"放养式"的师徒制博士培养模式更多依靠学生本人的努力和天分。这种培养方式的坏处是，如果学生不努力和不够灵光，那么极有可能永远都毕不了业；好处是学生的学术独立性得到了充分发挥和尊重，从而能够做出一些有开拓性的研究。因此，我们看到在人文社科方面，学术新思潮往往从欧洲的几位学者开始，再慢慢波及大洋彼岸的美国学界。

我于 2008 年到 2012 年之间又回登封做了 3 次田野，前后加起来 1 年时间。前面已经涉及，我研究的这个协会不只是传统的祭祀组织，还跟外来的两种政治力量相关，涉及地方、国家和跨国非政府组织的三角关系。如何从这个协会普法剧的撰写和表演中，去探讨国家妇女法、国际妇女法以及农村习惯法这三者之间交错往复的关系，对一个学者来说是个巨大的挑战。鉴于该个案涉及戏剧、宗教和法律等多个领域，我不得不在这三方面都同时展开阅读，疲于拼命。

本科时期学习的以权力为核心的政治经济学理论似乎无助于我对该个案的解释。把一切现象都还原为权力的控制，对我来说，把现实看得太黑暗了。而我硕士期间所读到的象征人类学理论，无论是精致的结构分析还是瑰丽的意义讨论，也无助于解释该个案。王国维曾经就学术研究的两难困境有以下描述，"可爱者不可信，可信者不可爱。"对我来说，象征理论可爱，但是太过于精美，以至于让人不可信。权力研究可信，但不可爱，因为现实生活也有美学的层面。晚近 Sherry Ortner 有类似的划分，将 20 世纪 80 年代以来围绕着权力的研究概括成"黑暗人类学"，而把伦理方面的研究概括成"美好人类学"。

在长期思考如何对我的个案进行分析，或者说，如何就既有材料推演出理论概念的过程中，我逐渐认识到，人类学的过程研究或许可以解决"可爱"与"可信"、"美好"与"黑暗"的二元对立。人总是在黑暗中追求光明，绝望中寻找一丝希望。只有通过具体的人的行动，权力和意义这两方面才可能被连接起来进行总体讨论。我这里所讲到的过程理论，主要是指 20 世纪五六十年代 Max Gluckman 开创的曼城学派和 Edmund Leach 与 Fredrik Barth 师徒为代表的过程分析。过程理论不同于之前把社会看成是封闭整体的结构功能论和文化人格论，也不同于同期"消解"人的结构主义和强调整体文化意义的解释人类学，同时也有别于后来把所有社会现象都还原成封闭场域里"结构"和"能动性"二元关系的实践理论。过程理论将个人行动、文化意义、社会组织放在一个开放的区域进行研究，以探讨其中的种种变迁历程。这样的研究方式，对我们的田野调查有着很高的要求，在书写方面也极具挑战。

以上思考，一方面是因为我在探索一套合适的理论来解释我的田野材料，另一方面也与我的求学经历相关。众所周知，Fredrik Barth 是挪威社会人类学的奠基人，也是整个北欧社会人类学的奠基人之一。Barth 在 20 世纪 60 年代初创立了著名的卑尔根大学社会人类学系。90 年代后，他游走于欧美，长期在波士顿大学人类学系兼职任教。2008 年叶落归根，回到奥斯陆大学社会人类学系。他偶尔会参加系里的讲座，并参与讨论。Barth 个子很高，清瘦体型，总是穿着西装衬衣，一副儒雅的长者形象。我们在走廊里面碰见时，他总是面带谦虚而真诚的微笑点头示意。作为后生晚辈，我是首先通过具体接触了解这位传说中的人类学大家，回头再阅读他的著述的。另外，Max Gluckman 的学生，著名人类学家 Bruce Kapferer 于 1999 年到卑尔根大学人类学系主持工作。2008 年，Barth 和 Kapferer 联合另外两位人类学家在奥大社会人类学系给北欧的人类学博士开了一门短期课程 Newer Anthropological Theory。在这门课程上，我阅读到总结曼城学派理论贡献的最新文集 The Manchester School。

受到过程理论影响，我积极思考如何更为动态地去看不同法律的互动关系，以及文化中间人和戏剧在其中所扮演的角色。这个时候我读到美国人类学家 Anna Tsing 的著作 Friction: An Ethnography of Global Connection。该书以摩擦（friction）作为核心概念，描述和分析了印度尼西亚地方官员、跨国环保主义者与森林居民三者之间的互动关系。尽管没有引用早期过程理论的文献，但 Tsing 的分析和这些前辈的思考相当接近。受到 Tsing 的启发，我借用描述中国文化相互关系的"嫁接"一词来讨论不同法律的翻译过程。2012 年，我以嫁接为核心概念写了细致的博士论文导论，在其中将它与人类学里已有的法律遭遇和文化遭遇理论进行比较。白老师看了后对我说，"a big relief"（"长出了一口气"）。

从2012年把整体框架构思完成，到2019年初提交论文"Grafting: Opera and the Translation of Women's Laws in Rural China"（《嫁接：戏剧与妇女法在中国农村的翻译》），并在同年8月底顺利通过答辩，整整经历了7年时间。这期间我大部分时间在北京，过着不是读书就是逛书店的简单生活。半是出于懒惰，不愿直面博士论文的写作，半是觉得自己理论基础太弱，应该在工作之前进行更多阅读。由于担心泛滥无边的阅读会一无所获，我围绕着两个方面展开学术史的阅读：一方面围绕以民族国家为原型的"社会"概念在人类学的影响及其随后的反思进行；另一方面细致阅读我本科、硕士和博士所在院系的三位人类学大家林耀华、费孝通和Barth的作品，通过了解他们的学术生命来串联起对人类学的整体理解。这些阅读使我明白了一个根本道理，西方人类学和东方人类学必须得放在一起对照起来进行研究。由于对东方人类学的隔膜，西方人类学史的写作常常局限于西方人类学内部，反过来，东方人类学史的书写往往出于民族主义情感，有意无意地忽视西方人类学的外在影响。《红楼梦》有云，"不是东风压了西风，就是西风压了东风"。人类学的东西风不简单是这种压制与反压制的关系，但这两者的相互激发和彼此渗透毫无疑问应该成为学术史的核心。

四、来日方长

以上所述仅是我学习人类学的一家之言。每个人的学习和生活经历不同，开启人类学的研究方式自然有别，不可强求统一。"君子和而不同"应该成为我们看待他人学术的基本态度。

概而言之，我作为人类学学生的经历有整整二十载，所就读的学校从民大到北大再到奥大，所就读的院系从民理部到社会学系再到人类学系，所学习的理论从政治经济学到象征理论再到过程理论。与进化论式的"三级两跳"社会形态学不同，我的人类学经历不是直线式的前进，中间有徘徊、停滞甚至倒退。不过，我一直用Bakhtin的"在长远时间里"这句话来激励自己。来日方长！

英国读博六年的回忆——成长自述

张 慧

张慧,伦敦政治经济学院人类学博士。中国人民大学社会与人口学院人类学研究所副教授。发表多篇论文,专著《羡慕嫉妒恨:一个关于财富观的人类学研究》荣获2016年度"社科文献十大好书"。

虽然在国内读了4年的民族学本科，3年的社会学硕士，相关的概念理论也能说上几句，但是LSE（伦敦政治经济学院）的6年恐怕才算得上是真正的人类学成年礼。这个成年礼包含三个方面：1. 系统地进行了超过一年的田野调查；2. 完全被置身于一个异文化的环境，在文化冲击中（culture shock）不断反思自身、找到自己的立场；3. 虽然LSE的训练并没有要求我们上非常多的课（硕士一年三门，但这三门课要上一年，三个学期；博士第一年上一些田野、理论的课，田野结束有理论和论文写作课），但是从第一天第一篇论文就开始了被拆分打散进行理论重建的过程，虽然可能现在会用的理论还是不多，也不够新潮，但至少从此知道了要知其云，而不是人云亦云。

在我读博期间（2004—2010年）正好是博客兴起的时间，那时候还没有微信、公众号，微博也是后期才刚刚出现，所以得以在博客记录了相对完整的"成年礼"，当时的心境和感觉恐怕是现在无法复制的，所以原文摘录，与读者共勉。

一、序曲：参加系里举办的学术会议（2005年）

首先，我不得不感叹一下世界超一流的演员们对自己角色的深刻理解，并且能在强手如云的情况下找到自己突出的个性并引起导演和观众们的注意。其次，我不得不说整部戏考虑的问题比星球大战这类的片子可是有过之而无不及。看看咱讨论的问题吧：

> What does it mean to be alone?
> How, exactly, does the world work?
> What is going to happen next?
> What happens after death?

What are we here for?
How do we know what is true?
Why are some people powerful?
Why do people have to work?

每一个问题都直接关系到生存的意义，世界的本质，真与假，生与死……（这本书的每一个问题都已经收录在 Questions of Anthropology 这本书里，于2007年出版）

关于场景，我们可从来不用高科技大场面，咱都是小制作，取景地点也主要都是马达加斯加这种小地方，当然，其中还涉及中国，虽然在中国的拍摄真实性受到了其他亚洲国家演员的强烈抨击。

作为观众，我除了为其中不时闪现出来的想象力惊叹，为针锋相对的讨论而惊奇，为熟悉幽默的气氛感染，更为整个水准和以此作为对 Maurice Bloch 从教四十年的集体致礼而强烈的感动。应该没有什么比看到学术生命被自己的学生延续发展下去更值得骄傲的事情，也没有什么能比学生们用这样一种形式表达的感谢更让人感动，这样的人生不仅是我从未奢望得到的，甚至是从未奢望看到的。

作为观众，我是没有资格对内容评头品足的，而这，其实也一直是我在 LSE 上学的心态。我就是个旁观者，在惊叹的同时学习。学习看到自己的无知，学习纠正旁门左道，学习寻找可能的进步。除此之外，作为一个观众的另外一层含义是，我，始终，都把自己当外人。连群众演员都不是。虽然，不可避免地，作为群众演员我参与了很多场的演出。但是，仍旧，我还是觉得自己是外人。一直冷眼旁观。冷眼旁观别人，更冷眼旁观自己。冷眼旁观自己的面目可憎，面目可憎自己的惊惶失措，惊惶失措自己的一无是处。当然，我不再伤心，也没有不安，即使当了将近一年自以为观众的蹩脚的群众演员。一切不过是过程。我不打算再冷眼旁观。希望明年，LSE 会重新接纳我。而我会学着去做一个，演员。

二、上课（2006年）

（1）Kinship

不知道为什么，我一直对谱系图有一种近乎痴迷的热爱。所以，在上这节课以前，我兴奋的画好了我家的谱系，然后就热切的盼望着今天的到来。终于明白我为什么异乎寻常的痴迷了。因为这简直就是一个八卦大会，在学术的名义下！通过这个图和同学们的讨论，我们不仅知道谁结婚了，谁的孩子叫什么名字，还知道了谁的爸爸结过两次婚，谁的妈妈嫁过三次人，谁家的移民历史来来回回，谁有一半犹太血统，谁家五十多口人都住一个大房子里，谁的婆婆非让媳妇改名字，谁家的亲戚遍布世界各地，谁家的表兄妹太多都叫不上名字来，谁家祖孙三代上的都是一个高中，谁家为了继承土地争不出个头绪。在课程中间，我真想说：I love this game！

就像老师说的，咱今天把平时不好意思、怎么都问不出口的都问了，我们互相也就都知道了各自的大八卦！试想，如果我是跟一群明星做田野而不是在一个村子待一年，我将挖出多少惊天地泣鬼神的事情……这就是咱们人类学家的撒手锏！不过，故事并不一定都是开心的，所以重要的是，你要做好听各种故事的准备。而且，每个故事背后都是活生生的人。

（2）田野准备

今天的课也很有意思。讨论的是田野中遇到的危险。一个女的说她住的地方常有蛇，有一天醒来屋里地下就有一条。我是真吓坏了。这样的田野我是万万做不下去的。我们还研究了半天如何驱蚊以及避免感染流行病的问题。我真的觉得他们很牛，像印度夏天那么热，以前就听一个女的说过，在印度田野的时候有一个月热得脑子都是昏的。怎么忍啊?! 还有另一个打算做吸毒的，大家都开玩笑说他一定会被警察抓起来，还有那些吸毒 high 的人可能做的事。说起来也挺可怕的。我以前一直开玩笑说我想做演员，因为想体验不同的人生。其实人类学家也是另一种意义上的演员，花一年多的时间，去过一种别人的生活。有时候自己会在过程中蹦出来，有时候把自己丢了。快乐。痛苦。说不清。

......

田野工作注意事项：1.不管什么时候、不管发生任何事一定要坚持每天记笔记，务必事无巨细。2.注意整理保护田野笔记，打印一份、电脑一份、网上一份。3.犯了任何错误遇到任何挫折不要气馁不要恐慌，记笔记。4.任何时候注意安全、小心应对，记笔记。5.记录、照相、录音各项工作要妥善协调好。6.坚持给导师写信、汇报进展并跟同学们保持联系、沟通情况。7.不要失去自我，无论别人怎样威逼利诱，坚持自己的想法，该拒绝就拒绝。8.注意饮食、注意卫生、注意休息，健康第一，有事不要硬撑。9.不要忘记自己的身份和目的，不要装成自己不是的那种人。

（3）自我反思

我是越来越没主意了。你要问我对什么事怎么看，我是真不知道该怎么看。用张老师的话说：这事可就麻烦了。用渠老师的话说：事情可没那么简单。书读得越多，对一件事越没法下判断，要解释也完全是一句两句说不清。

前天听世界和平那个讲座的时候，一个经济学家讲了个笑话，说有人抱怨怎么没有一只手的经济学家，因为经济学家永远是 on the one hand 怎样怎样，on the other hand 又怎样怎样。做啥事都有利有弊，啥事都分怎么看，搅和了半天还是拿不定主意。要不好多人讨厌博士呢，学了那么长时间，一个准主意都拿不出来，还意见特别多，你这么做他说会怎样怎样了，你那么做他也横挑竖挑，你问他那你说怎么办吧？他也不好说。

我现在也开始往这条路上奔了。有时候就像陷进了一个深渊，你知道的越多就越知道你不知道的有多少，多么深不可测，于是就更不敢下什么结论了。任何一个概念，任何一个理论都有它的前因后果，起伏转折，并不是读了一本书看了两篇文章就明白了的。就像有时候大家也讨厌医生，明明一个简单的小病、小手术非给你说出无数种可能发生的状况来，让你觉得感冒发烧那都是要死人的。没办法，那是他们的职业操守。同样，对这些概念理论事实复杂化的研究，那也是我们的专业训练。有时候我想，我们到底要干吗呢？好好的日子不过，非把他们抽象成一个个自己都不明白的词和叙事方法干什么呢？所以，在说到中国的时候我经常是失语的。是，那些事情我知道我经历过，可是我还没学会用合适的语言去说它。我不想胡说。

有时候我觉得这也是人类学有魅力的地方，因为它并不停留在现实或理论的任何一边。它的现实是丰富和实在的，它的理论是极其抽象和本质的。在两者之间，哪一环都不容忽视。有时候你会想，我在思考的是人？是自己？是其他人？对自己都是完全陌生的。脑子的纠结。

三、田野（2007年）

终于从一个山沟搬到一个更加山沟的山沟。住在半山腰上并面对大山。我的作息时间改为：晚上九点睡，早上五点半起。原来的厕所简直是天堂，现在每天无数次担心掉进粪坑里。手机的功能沦为手表。信号比我还神出鬼没。洗脸需要自己压水，还好小时候用过，否则脸都洗不上岂不没面子。吃饭时间分别为早上六点和晚上六点。我也进入斋月啦！

趁着赶集来发布一下消息，从此我就不会走无数里来上网了。除此以外，一切都好。头晕，买块烤红薯回家了。

…………

先更正一下，赶集这个词总是被我用错。赶集实际上指的是开个小车每天从这村到那村的集上卖东西的行为。他们才是赶着集走的，我这种人，应该说上集上或者去集上比较合适。可怜的老乡们，经常听我说错也不好意思拆穿我。

…………

六月过得真快。有一天无聊的掐指一算，天哪，我的田野竟然快结束了！最近收到同学们的群发邮件，非洲已经是冬天了，Max 在南非跟着男劳力们十人一组的摘葡萄挑橙子；Liz 已经快结束在约旦的调查，八月就搬到斯里兰卡的沿海小村了；Eona 继参加了爱丁堡中国学校的合唱和学期颁奖以后，没能成功地在 Chinese Takeaway 找到工作，也是，谁见过金发碧眼的外国人（虽然她其实才是本地人）在中餐馆记菜单送外卖呢？！至于我，将成为我们这批最早回去的，想想都害怕。

今天，在离开待了不到一个月的第"三"个村的时候，竟然很失落。没有预想的解脱和开心，反而想着还有好多人没聊，好多想法不知道，好多人没成为朋友呢。我就这么走了啊？！

我害怕想我得到了什么，那是永远不够的；我也害怕想我要离开，因为已经开始怀念潮湿的泥土的味道；我更害怕想我要回去，那会是比三年前更陌生的地方吗……还记得离开伦敦的时候我还写要去农村不习惯，要知道，前一天还在泰晤士河边吃 Pasta 云云，真是又骄傲又矫情，现在我就不敢写，要知道，前一天还坐在石头上看石轮子轰然而过，卷起漫天的黄土呢……倒计时先放这，我先适应着，顺便珍惜所剩不多的"无聊"生涯。

…………

在农村 10 个月，一直都很困惑的是沿街叫卖。他们喊的什么我完完全全听不明白或者摸不着头脑。每每房东家的人循声出去买回各种东西我都自叹不如。因为，除了去小卖部，我啥也不会买。

这真的不能赖我。比如，遇到口齿清楚的会喊：妖逃嘞——妖逃嘞——，时间久了，知道是卖桃的。还有人下午卖豆腐脑、大果子。虽然后半句听不清，但逻辑上还能判断。但是某天家里突然开始讨论挑大粪这活不好干，我还纳闷呢，哪跟哪啊。原来，外面人喊的是：挑大粪，出来一趟，五块钱一挑！ 这天更牛，我在外面坐着，就听一个男的边开车边喊：哦——哦——哦——，吓得我赶紧不耻下问。你们猜怎么着？他是收破烂的！真是牛人，难道他的发音是这样的：收哦——破哦——烂喽——，然后重音全放后面。太神奇了……

暂时 Farewell，我的农村生活。我先翻到人生新的一页，过一段再翻回来。

四、写作（2008 年、2009 年）

我终于要开始写跟题目相关的内容了。那天我问导师，最近要不要开始看点书。他马上说：别看！他说我现在处在田野和论文之间的真空期，不让我受书的影响。

可是，我又迟迟不愿打开另一道门。我心里抗拒着把那些人、事、生活的片段和体验拆分、抽象并用某一种方式写出来。以一种疏远、陌生甚至让我有些害怕的方式。因为，这意味着，我要再次远离已经熟悉的、习惯的、舒服的自己和生活，再次去找我、他（她）、他们在世界或者简单地说只是人类学中的位置。又没法简单这么说，因为无论我还是他们都是活生生的人，有想法、有感情。我被抽象过，所以我知道这件事多么让人懊恼。后来我释然了，因为我知道抽象别人的人只会更懊恼。我原本就知道这件事情是这么复杂的，所以在心里我也把在农村的生活雪藏的，不敢把他们放在或者属于记忆或者属于朋友或者属于经历的任何一格里。不知道该放在哪。打开又太混乱。我知道我有些东西已经变了。我导师也知道。我说，我不过是想做个正常人，这有什么不对？！他大笑。

每个人类学家都这样。不这样的一定不爱人类学。

论文开始写了，最新的进展是126个字。目前的情况是，在考虑要不要全删掉。最新一批终于联系的是人类学的同学们，不可避免地还是有些小刺激。请让我感叹一下，这都是些什么人啊！！我之前说去巴厘做田野那个，人家还没去呢，而且缅甸澳门的一阵乱跑还差点把田野改到澳门。去年一个打算去海南研究 healer 的竟然完全改了题目要去埃塞俄比亚了。一个女孩的父母都是人类学家并且跟着去新疆住了半年不说，她的田野在西非的塞内加尔，这个国家的名字基本就是第一次听说，还是回家查了字典才弄清楚的。

我们要一起上课的同学们光用字典和世界地图是完全不够的，我不得不 google 外加 Wikipedia 才大致弄清他们到底在哪想干什么。第一周是个研究摩尔多瓦的，在东欧；有两个研究巴西的，不过是很神奇的两个地方/种人，这个还需要进一步了解。有一个是研究印度 Tamil 人的，据说这种语言是世界上最古老的语言之一，有两千多年的历史了。另外好像还有一个印度的一个研究俄国的，这些只是目前我知道的，我的目标是在一个月以内可以把这些人和他们的名字以及调查地点和题目正确无误地对上号……

……

今天我们来说说摩尔多瓦。不，我们来说说摩尔多瓦的水泥厂。或者，说说巴布亚新几内亚人做的梦？ 昨天一整天，我都被世界各地的事情折磨着，差点没累死。脑力劳动可真不是闹着玩的。直到 Friday Seminar，以及 George（酒吧）人类学家们的把酒言欢，我对于人类学的归属和认同才算完整。当我越来越把自己界定回这个圈子，与周围人的距离在变得更加遥远。这，一定要变成代价吗？

Maurice 还是像多动症的小孩，脑子聪明得难以置信；Chris 还是那么让人期待，问的问题心脏脆弱的人根本承受不了；Michael 从那个连信都收不到的田野小岛回来了，还变幽默了。老师们一点都没变，同学们全部物是人非。还记得当年大家在说一旦分开不知道什么时候再见，可这个梦想竟然被上一级的同学们实现了。几乎五个同一天出现在伦敦，十个同时再在一起上课，看着他们分别两年再重逢的亲切，真为他们高兴。自己有点小心酸，我的同学们还在世界各地散布着呢。所以，我只能告别南非、印尼、斯里兰卡、秘鲁、新西兰、突尼斯、马里，进入摩尔多瓦、巴西、东帝汶、乌克兰、印度、苏格兰的新时代……

所以，昨天一天脑子都在这些国家中转换，顺便跟很多人说在中国华北农村待了一年的我的遭遇，中间夹杂着摩尔多瓦水泥厂里面的俄国人、乌克兰人、罗马尼亚人、摩尔多瓦人、斯拉夫人还有混在一起说各种语言的人。也不怪他们找不到自己的认同，光一圈名字绕下来我都已然晕菜了。再加上后共产主义、新自由主义这些大帽子，不得不承认，我终于回到了学术世界。

……

写作的时候总是比较胡思乱想。没什么靠谱的，就先不说了。某天灵感一来，我打算这么安排博士论文。一章写羡慕与金钱，一章是羡慕与权利，接下来是羡慕与赌博，然后是羡慕与幻想。听着不赖吧，我正美呢，看到明天讨论的文章，人家的主题直接就是暴力与暗杀。不是成万上亿的贪污受贿就是带着一群一群的保镖暗杀与反暗杀。太刺激了，太有意思了！我马上对那种坐炕头上跟卖面条的老板唠嗑失去了兴趣。我们这群里好几个研究暴力问题的，大屠杀啊死亡啊血腥啊，我配不上抱怨。

……

大家知道，我跟一个西班牙女孩 Monica、一个葡萄牙女孩 Maria 住在一起。Maria 是 Monia 从网上找来的。我们仨都是 LSE 的博士。很有趣，因为我们一个是 anthropologist，一个是 political scientist，一个是 feminist。我们常常大规模的聊天。内容涉及世界、欧洲、殖民、政治、宗教、文化、学术、博士当然也有电影、艺术与日常生活。

最近一次的聊天发现，在学术上我们有相当不同的立场，一个是 post-modernism，一个是 positivism，一个是 post-post-modernism。很显然，political scientist 很 positivism，想着用科学的方法得出结论并产生影响。Feminism 根本就是后现代的产物，挑战怀疑反思一切。我有一个从 post 到 post-post 的转变，因为我内心虽然挑战怀疑反思一切但我倾向于 universalist，有一种世界大同的渴望。在生活上，Maria 一贯的 post-modern，Monica 也倾向于自我怀疑反思，我就更别说了，所以我们相处融洽是因为在根本上都有些后现代。在这个意义上，我们总结这是受了 LSE 的影响。

……

昨天跟 Maria 还有她的同学们一起去了 laughing in a foreign language 的展览。简单地说，就是把不同文化艺术家的幽默作品放在一起，思考笑料的跨文化根源和影响。这问题很复杂，我就是去笑一下的。

当然，我认为不同文化幽默的方式是不同的，让我们发笑的内容和语言都是受文化限制的。我倾向于那些简单能让人发笑的东西。比如，上楼的时候路过一个破纸箱子，这纸箱正好用很深沉缓慢的声音说：I'm a box. I have a passport……那效果意外地很搞笑。很多是一段录像或者一组照片，还有墙上的收音机，一按 joke 的按钮它就开始讲笑话。这挺逗的，我也想有一个。

之后我们去了 laughter gym 跟教练以及四五十人锻炼发笑的技巧，极傻。要一个小时。就是那种又蹦又跳或者划一根火柴把自己点着了的火苗一直蹦出来那类的。最后十分钟全体躺在地上 entertain ourselves。好不容易挤个地方躺下，听着周围此起彼伏鬼哭狼嚎的笑声我就在想，this is the most stupid thing I've ever done! Meaningless laugh for no reasons？地太凉了我提前坐起来。一眼看见了远处也坐着的 Maria，她看了看我，我看了看她，然后我俩就隔着地上无数横七竖八的身体不可遏制地大笑起来。根本停不了，笑得眼泪都流出来了，笑得所有人都莫名其妙。到教练说这训练结束了，都停不了。不知道是之前的训练突然起作用了，还是那一刻太好笑。反正很多很多年都没笑成这样了。还有那一刻跟 Maria 距离很远什么都不用说却什么都明白的默契。

真 magic。

……

到今年，Malinowski 纪念演讲已经是第 50 年了。离他最初来到我们系也快有 100 年了。每周五，我们还在继续他开创的 seminar；每年 5 月，以他命名的纪念演讲几乎是我们系最盛大的聚会。每年我都在想，这时如果有个炸弹飞来，英国的人类学力量几乎就可以全部灰飞烟灭了，基本没漏网的。

今天演讲的那人叫 Joshua Barker，研究印尼的。我心里老在想，我们真是一群怪人啊，还都怪得不一样。如果不是学人类学的，谁会跑到一个陌生的国家，在某条大街上晃好几个月，跟奇装异服的小贩聊半天并按指示第二天 7:30 就去某人家门口报到，就为了可能的聊天机会？！这可是个研究暴力和犯罪的，连是死是活都不知道。其实这样的事情已经听的不少了，同学们的担心从来都是五花八门的，比如怕炸弹扔过来，坦克开进村，得罪个黑帮啥的，还有让帮着贩卖黄金、毒品或者妇女的。借钱、勒索这些都算是小事了。说到底，我们不过就是想弄明白，这些跟我们这么不一样的人到底都是咋回事？

……

（经过无数篇日记抱怨写作如何折磨、痛苦之后）2010 年 9 月，论文终于提交并答辩通过了。

在过去的六年里，我从来没有像现在这么开心过。就像奥巴马说的，多希望就这样 "fly away with this moment intact"。我马上就语无伦次了。

我答辩通过了，并且 with no correction。我多想写一首诗来歌颂这美好的生活啊！

五、毕业之后的新开始

最后一个部分我只想摘抄一下不知道哪年看过的师祖 Boas 的两段话，以此自勉。这本书的书名也很好，叫 *Observers Observed*。

- I suppose it is true that I want external recognition for my achievements, but only in so far as I wish to be known as a man who will carry out his idea and act upon them. That is the only kind of recognition I can think of. Empty glory means nothing to me.

- I believe that one can be really happy only as a member of humanity as a whole, if one works with all one's energy together with the masses towards his goals. I think if one always felt that way it would be much easier to bear hardships and one could be more thankful to every joy.

人类学与法兰西的相遇——我的回顾与思考

张金岭

张金岭,中国社会科学院欧洲研究所研究员、社会文化研究室主任。出版专著《公民与社会:法国地方社会的田野民族志》《法国人文化想象中的"他者"建构:基于里昂的一项民族志研究》《多元法国及其治理》,译著《社会科学中的文化》。

人类学兼具人文科学与社会科学的双重属性，而且甚接地气，我喜欢得不得了。往大里说，它探究有关人类及其社会与文化的宏观结构及一般理论；往小处看，它关注个体与群体的生活体验及生命历程。无论大小议题，都是对人性的观察与省思。时至今日，我学习人类学、做法国研究已将近20年了。回头看，虽已年过不惑，却依然感觉自己在人类学学习与研究的道路上困惑重重，想探其究竟的问题多多，甚感遗憾不少，有些想读的书没有看完，有些想做的研究未能实现。

一、跟人类学与法国的不解之缘

在中国人类学界，多数学者都拥有较为丰富的跨学科学习、研究的经历，从人文社会科学其他领域转到人类学者大有人在，甚至也有很多人从理工科转来。我一直认为，人类学者一定要再修习另一门人文社会科学专业才好。我也是跨学科走进人类学大门的，本科、硕士阶段的专业与人类学关系不大，直到博士阶段才开始学习人类学。自大学以来，我先后学习过汉语言文学、新闻学专业，虽然没有学过理工科，但在上大学前，一直非常喜欢数理化。1997年在山东省东营师范学校毕业，被推荐保送到聊城师范学院中文系时，我还曾想过能不能转系到数学专业学习。2001年到中央民族大学攻读硕士学位时，我才开始近距离接触人类学。在民族大学，人类学、民族学一直是其校园文化的一部分，经常会有一些学术大家来演讲，学生社团的活动也有很多跟文化、民族等密切相关。

跟人类学结缘，似乎也比较简单，而这种简单直接，可能就是我们的缘分吧。硕士二年级时，在时任国际交流与合作处处长巴莫阿依老师、研究生院院长青觉老师的积极推动下，学校跟法国里昂第三大学（Université Jean Moulin Lyon 3）开展的交换生项目刚刚启动，其中硕博连读的双导师、双学位项目

（cotutelle）是一个重点。如今在中国法语圈里，中法之间的双导师、双学位培养机制已经很普遍。但在那个年代，中国高校选送学生跟法国高校开展此类合作的还很少。我有幸成为这个项目首批外派的三名学生之一。按照项目规划，我们可以同时在两校注册学籍，待学业完成时，可以同时获得两校学位。到了博士阶段，两校校长还专门就每位同学签订培养协议，以便在机制上设立制度性保障。受益于两校间的合作，我在硕士、博士期间，都很幸运地申请到了法国政府的奖学金，虽然不多，但对一个穷学生来说，足可以满足学习生活的基本所需，不必去打工刷盘子。

2003年9月，"非典"过后不久，我们便去了里昂。在里昂三大，我们学习的是"跨文化研究"，研究所里的老师们各有自己的传统学科出身，比如语言学、文学、历史学、哲学、人类学等，关注的国别也不同，但都致力于跨文化研究。我们的导师是长期致力于跨文化研究的利大英（Gregory B. Lee）教授。在这个跨文化研究所里，特别国际化，多数老师都精通至少两门外语，而学生则来自多个国家。2003年，法国正在推动LMD（本科、硕士、博士）学位制度改革，把原先特别多元、"碎片化"的学位体系一整合到各国普遍通行的LMD制度中。那一年，我们直接注册硕士最后一年，学年结束时须完成硕士学位论文并答辩。这一年的学习与训练，也算是预博士阶段吧。其间，除了要继续学习法语外，研究所专门为我们安排了以英语教学为主的课程，还有每学期都按主题安排的系列主题研讨会（séminaire）。转入博士阶段后，这种主题研讨性课程一直是同学们都很喜欢的。

按照校际合作协议，我们在两校修读的专业必须是相关专业，而且两边指导老师的研究领域也要相关。人类学是我的兴趣和理想，进入博士阶段，我自然选择了人类学。在研究生院的引荐下，2004年我拜到王建民老师门下。第一次见到王老师，他就给我开了一个特别经典的书目，并送我其中几本书，让我这个跨专业的学生赶紧补课。同时，王老师还鼓励我要把人类学、文化研究这两个学科的精髓学到家，并利用这样难得的学习机会做法国研究。王老师在学业上要求严格，指导学生也尽心尽力。有一年春节期间，里昂三大还专门邀请王老师作为资深访问教授去里昂待了一段时间，他在做学术讲座、同研究所诸位老师交流的同时，也现场指导我正着手开始的博士学位论文的田野调查。在我博士学习阶段的每一个环节，王老师的指导都使我终身受益。

2007年博士毕业后，我有幸拜到北京大学社会学人类学研究所高丙中老师门下做博士后，继续从事海外民族志研究。在高老师这里，我加入了一个更大的有志于人类世界社会研究的团队。经高老师指导确立博士后研究的主题后，我又返回里昂做田野调查。这一年，我在里昂第三大学申请到了Ater（相当于讲师）职位，一边教书，一边做田野。我在法国的导师也继续给予多方面的支持与帮助。2008年底彻底回国后，虽也时常再去法国，但每次待的时间都不长，而且往往是一种出差的心态，心境和感觉远不再是身为学生的那种感受了。高老师不但治学严谨、视野开阔，也特别注意帮助青年人在学术道路上的成长。在高老师的指导下，我逐步拓宽了法国研究的诸多领域，也就社会组织、文化遗产、公共文化服务等议题做过不少中法之间的比较研究，同时也越来越深刻地感受到中国人类学加深和拓展海外研究的必要性，及其参与中国学界有关世界各国、民族与文明、文化知识生产的独特贡献。直到今天，我在学术研究中依然持续受益于高老师的指导。

2009年，我参加了法国大学委员会（CNU）人类学学科教职资质评审，幸运地获得了担任人类学Maître de conference（即法国特色的副教授称谓）的资质。按照法国教育制度，只有首先拿到这个资质，才有资格在高校申请正式教职。博士后出站后，我于2010年春节前夕到社科院欧洲研究所报到，开始在多学科对话中继续拓展我的法国研究。

回顾我人类学求学、研究的历程，诸位学业导师给予的教诲使我受益无穷，这份感激深埋于心，也日渐内化为如今我指导学生的一些做法。

二、法国人"他者"之想象研究

自2003年到法国读书开始，法国便成为我学习和研究的主要对象。从民族志研究的角度来说，我在法国做过两项较为系统的田野调查：一是博士研究，二是博士后研究。这两项研究选题不同，但分别从不同角度回应了中国走向世界的知识需要。

我博士论文关注文化想象与认知的问题，具体而言是研究法国社会如何建构对作为其"他者"的中国之文化形象的。这个选题并不是传统的人类学研究议题，直到今天也少有人涉及。不过，我的这个选择得到了两位学业导师的支持，而且里昂三大的跨文化研究所就此研究拥有较为深厚的学术积累，可为我的研究提供重要支持。

2003年9月到达里昂当天，从机场到市中心的路上，我不但第一次见到了法国式的田园风光，也看到了历史悠久的城市街区，新鲜感让我颇为兴奋。而让我感到最为新奇的，则是一路上到处张贴的即将在当地上映的张艺谋导演的电影《英雄》的海报。那一年秋天，作为中外人文交流的创举，"中国文化年"在法国各地开启了一系列丰富多彩的展示中国文化的活动。历史悠久、人文气息浓厚的里昂，自古就在中法人文交流中扮演着重要角色，自然也就成为"中国文化年"活动的重镇。

在里昂安顿好进入到正常的学习轨道之后，我有更多的机会开始接触里昂当地的社会与文化，从而也更多地了解到当地长期存在的中国文化氛围。里昂悠久的丝绸文化与中国渊源深厚，20世纪初落户里昂的中法大学，以及日益壮大的华人社区，均在不同层面上推动了中国文化元素在当地社会的积淀。对于今日的里昂人而言，遍布城内及周边地区的中国餐馆、超市、商店等，早已成为一些人日常生活的一部分，即使是在非专门售卖中国商品的商店里，琳琅满目的中国商品也无时无刻不向人们呈现着中国及其文化的在场。另外，越来越多的人因旅游、学习、工作等原因，有机会跟中国有更深入的接触，也带给当地社会更多有关中国的表述与印象。更为重要的是，当地还活跃着众多以中国文化为纽带而成立的社团组织，聚集了一大批喜爱中国文化的人，他们与中国文化的各种亲密接触成为文化中国在当地形象建构的重要凭借。

正是在这样的机缘与背景下，到里昂后不久，我就开始斟酌是否可以把"法国社会如何理解和认知中国文化与文化中国"作为博士学习阶段的研究选题。中国文化与文化中国在里昂社会的在场，表现得既平常却又颇具异国情调，相较于本土的法国社会与文化而言，是一个十足的"他者"。而作为这一"他者"中的一员，我能够清楚地认识到，当地对中国文化的理解与认知带有某些历史积淀的刻板印象与基于法国式认知的想象。而作为一名人类学者，法国社会及其文化则是我眼中的"他者"。能不能以法国社会文化之"他者"的身份，来研究我眼中的"他者"（法国社会）对我所归属的"他者"（中国文化）的理解与认知呢？换句话说，相对于法国社会，这是一项来自"他者"的研究，而基于中国与法国两个民族文化的互动，从中国文化的角度来看，是"他者"对"他者"的研究。当然，这也是我基于文化间性与主体间性来理解法国社会与文化的一种介入路径。[1]

现在回想起来，对于这项研究的意义，我在当时并没有做出更深入的思考。随着中国日益深入走向世界，在建设人类命运共同体、"一带一路"等倡议下，我越来越认识到，中国要想融入世界，要想更好地让世界理解自己的思想与倡议，需要先弄清楚自己是如何被世界各民族在文化层面上所认知的。由此，用人类学的方法去深挖积淀在各国社会文化层面中的有关中国的文化认知，似乎是一项很重要的知识生产工程。后来，在我重拾博士论文，准备修订出版时，我进一步对此项研究的现实价值与理论意义做了梳理和思考。

正如我在《法国人文化想象中的"他者"建构》一书的前言中所说，在全球化逐步深入、多元化不断彰显的当下，不同民族之间的文化交流与互视也日渐成为人类社会的一种"日常"，并越来越表现为左右世界格局演变的重要因素。日益走向世界舞台与各民族全方位互动的中国，自然更需要深入了解自己的国际形象，明白自己是如何被其他民族所认知的，而文化认知则是其中更为基础的部分。鉴于历史原因，在里昂这一法国地方社会中，中国文化元素具有很深厚的积淀，渗透进当地人的日常生活中，人们也正是以此为经验来建构对中国的文化认知。如此现状突出了里昂作为上述议题个案研究的典型意义。探讨法国人文化想象中的中国，呈现出的不仅是他们对中国的文化认知，而且也包括法国社会文化的自我折射，是了解法国社会及其文化的一种方式。从学理上讲，这项研究最核心的议题就是人类社会关于"他者"的文化建构，而法国、中国仅是个案而已。具体到经验层面，研究法国人如何在文化范畴内想象和建构中国，既是我们理解和认知法国社会的一种方式，也是探讨中国国际形象建构的一种途径。[2] 这项研究不仅是一个在我看来很重要的研究议题，而且照顾到了我所修读的两个专业的研究兴趣，也为我后续做法国研究积累了有关法国社会与文化的经验知识。

研究法国人及其积淀在社会文化层面的有关中国的文化想象与认知，绝不

---

[1] 张金岭：《法国人文化想象中的"他者"建构：基于里昂的一项民族志研究》，社会科学文献出版社，2018年，第1—2页。

[2] 同上书，"前言"第1页。

能仅仅停留在话语与文字表述的层面上,必须要将之与涂尔干所倡导的对"社会事实"的考察密切结合。因此,在田野调查期间,我特别注意去发掘那些将想象与认知密切关联起来的社会事实,尤其是可以具体感知到的田野见闻、当地人的生活实践。后来,我就以一小部分喜欢和践行中国文化的当地人及与中国相关的社团组织为起点,一点点滚雪球,逐步拓展了参与观察的范畴,努力将沉淀于当地社会与文化实践中的有关中国的文化想象与认知挖掘出来,而不能只停留于对话语或文本的分析。

我博士论文的研究选题在一定程度上回应了法国人类学家阿兰·乐比雄(Alain le Pichon)先生早在 20 世纪 80 年代提出的"交互人类学"的理念。我也一直期待能有人去做类似的研究,研究其他国家/民族或文化背景下的民众对中国的文化认知与想象,哪怕是研究中国对其他国家/民族的文化认知与想象也行。若此,既可以从知识储备的角度丰富有关中国世界形象建构的知识,又可以从人类学学科或研究的角度丰富和拓展这一研究议题。几年前,我曾在高丙中老师联同多家机构发起并举办的几期"海外民族志工作坊"连续做过呼吁或广告,期待能有人做类似研究。我相信,在中国走向世界、融入世界的背景下,以人类学的方法研究不同民族之间的文化认知,一定会是中国人类学发展的一个重要方向。它有助于更有针对性地研究构建命运共同体、促进民心相通等宏大叙事所应寻求的社会文化基础。

三、法国公民社会研究

博士论文研究为我进一步深入法国研究打下了基础,它帮助我在社会与文化层面上建构了一个理解法国的总体框架,同时也在很多细节上理解了法国内在的理念诉求、文化逻辑及其相应的制度实践。

2007 年,当我开始在高老师指导下从事博士后研究时,他正致力于一项基于多国比较的公民身份建构的人类学实证研究,他指导的几位做海外民族志的学生也大都以此作为研究主题。高老师希望我能以"公民社会"作为关键词,做一项基于社区日常的法国研究,这样也可为整个课题团队提供来自法国的个案。巧合的是,这正是我自己下一步有关法国研究的想法之一。

自 2003 年到法国学习，我就一直非常好奇，像法国这样一个发达社会，我们今天所看到的它这种样态，到底是以一种怎样的逻辑建构起来的呢？宏观的政治、经济研究虽然提供了很多制度分析视角，但是并不能在人文层面上就其社会生活的日常经验提供更深入的分析。由此，我回到涂尔干"社会团结"的理论支点，借以理解法国社会是如何有机联结成为一个"公民社会"的。

在阅读中，我无意间读到了费孝通先生在《师承·补课·治学》中的一段话，获得了特别大的启发，直到今天它一直是我做法国研究的重要方法论指导。费先生说，"普通我们读的书，都是成品，从成品看不到制造的过程，而一项手艺的巧妙之处就在制造过程里。成品可以欣赏，却难于学习……"[1] 我一直认为，中国人类学海外民族志研究，首先应当立足于当下中国社会发展的知识需求。但是，如何来描述或概括我们面向世界社会尤其是西方社会的知识需求呢？费先生这段话恰就此给予我很大启示。我把这种知识生产称为关注西方"成品社会"的"结构过程"。自西学东渐以来，我们对西方社会的知识累积是不断加深的，可以说，中国知识界在各个学科领域内都掌握有丰富的关于海外社会的知识，但是很多知识大都是以理论或其他"成品知识"形态被引进的。尽管在各种理论知识的引介中包含有其成形的背景知识，对于海外社会的介绍也有很多丰富的现实资料，但这些知识更多的是被加工或转述而来的，告诉我们"所以"然，即使是其中有些来自国人的亲身经历，但从学术研究的层面上来看，深入海外社会内部去挖掘其"之所以然"的并不多，相较中国学界的需求来说，还远远不足。

"以参与观察为基础的对于外国真实而复杂的社会的知识"，如今已"成为国民越来越急迫的需求"。[2] 而要想真正了解海外社会、理解异文化，必须得对这些知识的"之所以然"有所探究。就此，我认为中国人类学的海外民族志研究，还应当注重剖析西方既有的复杂的"成品知识"与"成品社会"，以人类学民族志的方式展现其"制造"过程。由此，民族志的描述既要体现出民族志文本从资料搜集至结构成章的基本的研究过程与思路，更要体现出被研究对象成为"整体"的"结构过程"，即要体现出被研究对象何以成为我们所能看

---

1 费孝通：《师承·补课·治学》，生活·读书·新知三联书店，2002 年，第 35 页。
2 高丙中：《人类学国外民族志与中国社会科学的发展》，《中山大学学报》2006 年第 2 期。

到的整体状态，它是如何成形的。人文社会科学的研究要走进西方社会通过实地调查的方式来获取相关知识，这样才不至于只看到"成品知识"，更有助于我们理解西方社会的实践何以之所以然。以田野调查的方法进入到西方社会，观察其内部的互动，是一种剖析其"成品"的手段，是理解西方社会科学理论的一种经验方式，有助于解决"难于学习"的问题。[1]

在有关法国公民社会的研究中，我想借对当下法国社会的观察，寻找其社会结构化的内在逻辑，尽管这种逻辑难以在经验层面上一言以蔽之，更不可能过于抽象地对之做个哲学式的概括，但我特别想通过不同的日常生活领域来展现这样的内在逻辑，借以呈现费先生所说的法国社会这本"书"成品化的过程，同时也想把自己作为研究者探寻这一逻辑的过程展现出来。而且，还想借这样两种"过程"呈现，让读者能更好地基于中国文化视角去理解法国社会。

四、在国际问题研究圈里做法国研究

到欧洲所工作后，我一直在社会文化研究室。欧洲所在社会文化研究方面传统与积累甚为深厚，几代学人先后在多个方向拓展和深化了欧洲社会文化研究，并在学界产生深远影响。能够基于自己人类学与跨文化研究的学术训练，加入这样一个跨学科的学术团队，继续做法国研究，并适当将研究拓展至欧洲其他国家，是我感觉甚为幸运的事情。我希望能够在同其他学科的协作与对话中，持续深化对法国的研究。

虽然已无机会回到法国长期做田野调查，但我依然着重于开展有关法国的经验研究，此前田野调查的诸多积累，为我拓展研究领域铺设了基础。但是，曾经有过的长期田野经历并不能为我的法国经验研究支撑一辈子。所以，我一直特别期待能有像某些国家的高校或科研机构施行的那种学术假期，每隔几年就可以有一次再回法国从事具有一定生命周期的长时间的田野调查，这样才能及时更新自己有关法国的经验认知。

"社会治理"成为我近些年来法国研究的重要议题。围绕于此，我对法国

---

[1] 张金岭:《公民与社会：法国地方社会的田野民族志》，北京大学出版社，2012年，第6—8页。

多个领域内的"多元"表征及其治理做了探讨和研究，积累的成果后来在社科院创新工程学术出版资助下以《多元法国及其治理》[1]为题出版。

欧洲研究所的跨学科团队为我从事法国研究提供了很好的学术给养，但同时我也深刻地感受到，在我国国际问题研究领域，人类学学科的参与还有待进一步拓展。目前，中国学界的国际问题研究主要以国际政治、世界经济与国际关系为主，这些学科研究自然很重要，但是我们需要的有关世界的知识生产并不仅仅由它们所支撑，还应像欧美国家学习，把人类学、社会学等学科研究纳入其中，这样才能帮助我们更好地认知世界及其呈现的人性。我想，在近几年方兴未艾的国别与区域研究中，应当给予人类学更多的参与空间。

自从常跟欧洲研究及其他国际问题研究界同仁打交道以来，我常被问及自己所做的法国研究对中国有何借鉴意义，有时候论文投稿也会被编辑追问能否增加对中国借鉴与启示的内容。每每被问及此事，我总有些犯难，因为自己一直觉着，要想说清楚某个涉及法国的研究议题对中国有何借鉴与启示，需要对中国的情况也有研究才行，基于比较研究才能有针对性地讨论可能的借鉴与启示。可是，多年来我对中国相关议题，缺少研究性知识储备，比较研究做得少一些。这是我以后需要努力的方向，但我更希望首先要力争做到把关于法国的议题研究透彻、表述清楚，方便做中国相关研究的学者了解法国经验，以这种学术对话的方式为学界同仁之间的交流与协做贡献力所能及的力量。就此，人类学有关西方社会的研究有自己特殊的优势，有关前文所提两种"过程"的知识生产应当成为人类学者参与国际问题及世界社会研究的重要范式。

实际上，要想深入理解当代西方社会的转型及其制度调整，不深入其社会与文化的肌里去观察和分析，就难以真正地理解它所经历的变革到底意味着什么，推动诸多演变的原因到底是什么，以及他们在自己正在探索的新发展道路中投射了怎样的价值诉求与期待。应当说，西方国家推动的很多宏观议题变革是非常具有人文情怀的，远非是仅从国际政治、世界经济与国际关系学的角度所能全部理解的，只有深入其社会与文化内部才能找准其变革的内在原因，而人类学的参与可以帮助我们做好这样的知识生产。

我经常跟朋友们说，就我对法国、欧洲研究的观察而言，从人文社会科学

---

[1] 张金岭：《多元法国及其治理》，中国社会科学出版社，2019年。

的知识生产来看，西方学界对中国的了解，无论是就其深度还是广度，无论是历史还是现实，无论是宏观还是微观，他们总体上的知识生产远甚于中国学界对西方社会的研究与理解。究其原因，既由于此前我们对世界之知识需求的现实还没有达到今天这种程度，也因为中国人类学自身发展还不够充分。尽管西方学界对中国的研究与表达始终带着我们无法理解的偏见，但他们持续对其国内民众了解世界、为其国家走向世界提供着源源不断的知识供给。欧洲、美国和日本的人类学家对世界的研究与知识生产，更是为他们各自国家与民族参与世界互动提供了重要的知识贡献，我们应当借鉴学习。

五、我对法国田野的反思

在里昂学习的几年间，我不但接受了多学科的学术训练，而且也有更多的时间以更为日常的方式浸润在异文化的田野之中。但最初研究法国，我一直身负诸多困惑。比如，对于人类学介入法国研究，不知该如何把握，触及任何一个议题，总觉其社会表征甚为复杂，诸多社会事实背后还关联着庞杂的理念、制度与历史传统，不全面了解这些东西，就难以从整体上把握研究对象。同时，田野调查也不知该如何着手，甚至有些"进不去"，深感人类学所谓"向上"研究的困境。

在田野中，我时常感到自己作为发展中国家的人类学者所遭遇的一种"社会势差"，这有时意味着早期在田野中难以找寻到合适的报道人，并获取积极的信任，甚至有时也意味着非西方人类学者研究法国社会的某种"不合法性"。我常想，若是研究法国文学、哲学等，或许会好一些。不过，这种身份困境，我慢慢地克服了，并在田野中结识了很多朋友，他们成为我法国研究的重要帮手。

关于法国的研究使我逐步认识到，面对复杂的西方现代社会，社会生活中的参与观察应该触及被研究对象在三个层面上的内容：一是制度；二是观念；三是实践。只有立足于"宏观的历史、微观的社会"这样一种观察与思考问题的基点，才有可能把握好有关研究对象的整体感。然而对于法国社会内在的复杂性，尤其是若从制度层面来理解的话，跟法国人的访谈大多时候只能获取一些线索，他们对其制度的理解也往往是碎片化的。因此，自己想要探问的一些问题，通过参与观察、深度访谈往往是无法全面获取的，不得不通过"阅读式田野"来了解诸多社会事实背后的历史变化与制度规范。换言之，要理解诸多生活实践背后的社会与文化规范，总是绕不开对文字材料的阅读，要去看法律、规章及相关机构对某些规定的解释。不过，要想通过阅读材料来理解法国社会，也必须基于对社会事实的了解才有可能真正弄清楚。我感到甚有意思的是，由于我的研究涉及政治选举、社会保障、社团组织等议题，时间长了，也有法国朋友会反过来问我他们的有些制度具体是如何规定的。

做西方发达国家研究，跟人类学传统研究中的所谓部族社会或非发达国家的社区有很大的区别，前者甚为复杂，拥有特别发达的制度文化，以及嵌入其中的多元价值与道德取向，如何在现实生活中围绕自己的研究议题把这些要素给挖掘出来，甚为关键。而研究这些内容，又不能停留在哲学或理论层面上去讨论，必须将之放在"社会事实"的层面上去讲，所以特别困难。因此，我也特别提醒自己，田野调查切忌"捡到篮子里就是菜"，以至于总觉着碰上的事情不具有日常性与代表性，所以一直在找寻那种既能嵌入研究对象的日常生活又具有典型代表性的事项。

现代复杂社会的社会化过程永远都是处在快节奏的动态变迁之中，如何能够把握这样一种社会状态，始终是我在田野调查中的一个困惑。我逐步意识到借用法国思想家卡斯托里亚底（Cornelius Castoriadis）所提出的"institué"和"instituant"（其含义分别是指"已被型制的"和"尚在型制中的"）的概念来考察和理解社区生活的变迁或许有用。这对概念合在一起，展现了一种关注变迁的视野，其核心是指：我们所看到的一切社会事项，其中有的是已经成形的，或者说成为一种制度或是习惯，还有一些是正在慢慢地成为一种制度或是习惯；还有一层意思，任何社会事项都有其历史，并正处在变动的过程中。它让我意识到关注这样的问题，可以帮助我理解法国社会的"结构"过程。从这一把握动态变迁的视野出发，我们可能会发现在公民社会的自身发展中，其核心理念与具体实践之间的相互形塑，理解在法国地方社会中公民社会的结构状态与情境性的表征。如此就为我们提供了具体的法国经验。西方社会的诸多理念与实践，有着浓厚的政治、经济背景，又有着重要的社会、文化、生活基础，如果我们不了解这诸多社会要素在现实生活中的情境性表征，没有扎实的民族志文本作为公民社会讨论的资料支持,那么停留在观念上的讨论,只能是一种理想主义的思辨,于当代中国社会的发展,多少是有些空洞的。

在法国的田野调查中,我接触过众多不同年龄、职业与阶层的人,是他们帮助和引导我一步一步地走进至今我也不敢说能了解多少的法国社会。不过,我特别注意跟那些中年人打交道,年富力强的中年人往往对社会见解较为中肯、想法成熟。我曾经因为接触的报道人中有一些人有其他族裔血统,比如西班牙裔、意大利裔等,而感到自己的研究不够"纯正","地地道道"的法国人太少了。后来我了解到,法国居民中至少有四分之一人口具有外国血统。法国人拥有强烈的民族自豪感,但是他们不是从血统、族裔的角度来定义自己作为法国人的身份的,而是倡导"公民民族"的理念。无论其血统身份如何,我们接触的那些报道人都是土生土长的法国人,接受的是法国教育,即便他们在个人成长经历中或多或少地受到一些所谓其他族裔文化的影响,这也是当代法国社会的一种常态。所以,我慢慢地也就释怀了。而且,由此也更加深入地理解了什么是法国。正是类似种种经历让我意识到,若要关注人类社会现代性发展中的多元化,法国是一个恰好的研究对象。后来,我到欧洲研究所工作后,社会治理成为我研究的重要议题,重点关注的即是"多元"法国及其治理。

六、关于人类学西方社会研究的思考

由于长期关注法国与欧洲社会,我一直很希望能够就欧洲人类学家对其本土社会的研究与思考做些脉络性梳理,从中找寻推进人类学西方社会研究的经验借鉴。这样也有助于我们沿着西方人类学家对其本土社会的关照,基于西方社会事实,去理解他们对持续变化的人类社会的解释及其理论建树。高老师也一直鼓励我们几个做发达社会研究的人去做这项基础性的学术工作。遗憾的是,这项工作一直在断断续续进行中,至今在我这里还没有积累到可以出版或发表的程度。

西方人类学的经典著作一直是我们学习的重点,但总体来看,我们对这些经典的学习与研究,较多地顺着西方视角去透视和认知非西方社会,并对内在其中的理论思想有所反思,但对西方人类学就其自身社会关照与反思的关注却不多。就此而言,最典型的代表莫过于对莫斯《礼物》的学习与研究。我们对《礼物》的研读,基本上集中于莫斯对人类互惠体系的民族志阐释与理论分析,而忽视了他在"礼物"研究背后对法国与欧洲社会的关注。

实际上,莫斯研究"礼物"的一个重要落脚点是为西方社会保障制度的确立搭建道德基础,尤其是企业面向其雇工建立社会保障机制的道德责任。莫斯认为,在20世纪初法国及其他欧洲国家正在普遍建立的家庭津贴等社会保障制度,是向如同古式社会那样基本的群体道德的回归。在他看来,"礼物、礼物中的自由与义务、慷慨施舍以及给予将会带来利益等等主题,作为一种久被遗忘了的支配性动机的再现,又重新回到我们当中",这是一场"好的革命",他希望"我们的社会能够趋向于一种完全可以与之媲美的同样类型的道德"。[1] 在《礼物》一书中,与此相关的讨论虽不多,却很重要。莫斯既分析了"礼物"的人类学意义及其一般性的道德价值,也把"礼物"交换在现代人类社会生产体系变革中应有的价值坐标清楚地标记了出来。

在法国大学出版社于2007年再版莫斯《礼物》时,巴黎高师的弗洛伦斯·韦伯(Florence Weber)教授专门写了一篇导言《多样化的礼物:迈向一种非市场性呈献的民族志》,明确指出《礼物》是法国社会保障制度创立过程中的重要一环,书中最重要的政治议题就是对施舍的明确批判。莫斯为创建社会补助制度开辟了道路,他努力否定慈善原则,为基于道德的平等交换原则鼓与呼,鲜明地指出社会补助不再是恩典,而被看作是个体可对社会整体所要求的权利。由此,进一步阐明了莫斯在研究人类社会互惠交换过程中,对法国社会的强烈关照。

我坚信,关注人类学经典的传统研究议题,同样也是理解当代西方社会的重要视角。商务印书馆于2016年在"汉译人类学名著丛书"中再版的《礼物》一书,将韦伯教授的导言加入其中,但有关莫斯"礼物"研究对当代法国社会保障制度的影响等,在人类学界受到的关注与讨论并不多,而从事西方国家社会保障制度研究的其他学科的学者,则并没有意识到要从人类学研究这里汲取有关其理念与道德层面的诸多阐释。

---

1 [法]马塞尔·莫斯:《礼物:古式社会中交换的形式与理由》,汲喆译,商务印书馆,2016年,第115—118页。

对莫斯作品的研读，使我逐步培养了探究当代法国社会制度背后内在的价值诉求、道德定位及其实现机制的意识，并以此作为理解其社会结构化过程的核心。不过，我的研究跟以莫斯为代表的西方人类学家的关注点也不完全一致。尽管莫斯努力为法国相关制度建构找寻一般意义上的道德原则，但我认为，中国人类学对法国的研究，重点应当不是像他们那样寻找"之所以然"的道德原因，而是寻找现实"所以然"的实现与落实机制。这是我们了解和研究法国重要的知识取向之一。要想深入了解法国社会，更好地汲取其现代性发展中的经验教训，就需要我们了解其自身的"制造过程"——也就是其持续的变迁转型与结构化的过程，这样才能真正地理解我们所看到的法国社会何以成为今天的样子，才能真正地理解它在诸多领域一路走来呈现出的所谓"经验与教训"的意义，以及西方学界在相关领域诸多理论创新的现实基础是什么样的。

就此搁笔前，我想说，人类学可能是被赋予最多想象的一门学科，恰如它所特别关注的人类社会文化的多样性一般。人类学也是一门开放且与时俱进的学科。它具备跟其他学科合作的天然优势，而且也善于去捕捉那些无法被纳入传统学科视野之下的新事物、新现象。人类学的开放意识使之在坚守自己理论关怀与方法论基础的同时，勇于逾越既有边界，在跟其他学科的协作中，去发现新问题，并寻找可能的应对答案。由此，人类学可以成为时下各方正在努力推进的新文科建设的重要支撑与黏合剂。

融入的故事：我的人类学之路

张劲夫

张劲夫，人类学博士，云南民族大学民族文化学院副教授、硕士研究生导师。2020年入选云南省高层次人才培养支持计划"青年拔尖人才"。兼任云南民族学会拉祜族研究委员会副会长、中国少数民族双语教学研究会副秘书长、人类学高级论坛青年学术委员会委员。

人类学，它是我进入大学时所学的专业，也是我认知和融入不同文化世界之路上形成的一种世界观。融入的起点是我的"家乡"，今年因为疫情的缘故，连续两年没有回家乡和父母一起过年。也使得我跟家乡产生的"距离感"更加明显。正是这样的"距离"，才有了我的人类学"融入"故事。对常年在外地工作的人来说，"家乡"一词是他们抒发乡愁的根源。对我来说，"家乡"不仅包括了亲人生活的地方和童年生活的经历，以及"习以为常"的文化。同时，还是促使我思考、想象世界的依据和动力源泉，因此，我认为"家乡"是个人生活经历和学术之路的重要组成部分。

　　我出生在一个叫南博的拉祜寨子里，它位于中缅边境澜沧江支流黑河河谷中的木嘎乡。我的祖先辈属于从临沧、双江南下迁徙而来的拉祜人。从地名上看，"南博""木嘎"皆为傣语音译而来，南博意指出水之地，木嘎，意为"像勺子一样"的地方（坝子）。木嘎坝子由黑河上游的四条河流冲积而成，民国时期有团练，又名"营盘"，现为乡政府驻地。其中一条河源自境内最高峰"哈尼玛科"，"科"为拉祜语山峰的音译，海拔1800多米，差不多与昆明同高度。坝子、山这样的地理名称反映了傣族、拉祜族人居住的地理选择偏好和历史交集。当然，除了地名内涵值得探询外，还有当地的历史传说。木嘎原为清末民初拉祜"五佛之地"[1]，后拉祜人起义与清军战败，逃至今缅泰交界山区，他们一路逃一路回望，仍能望见故乡的山，但已成了难回的家园、伤心的故土。因此，木嘎乡的哈尼玛科山被人称为"令人伤心的山"。尽管如此，木嘎依然是云南澜沧县拉祜族支系拉祜纳聚居地之一，因其地生产制作的芦笙属于拉祜族标志性的乐器，深受拉祜人喜爱，被县政府命名为"芦笙吹响的地方"。

---

[1] 清朝中后期，统治阶级和拉祜族等各民族之间的矛盾较尖锐，来自大理的杨德渊等相继以传播佛教为名，在普洱、临沧等滇西南拉祜族地区组织反清斗争，以佛像为真传今澜沧县境内建立了5个佛教活动中心，即安康的南栅佛、东河的王佛爷佛、竹塘的东主佛、拉巴的尾帕佛、木嘎的勐糯佛等。

一、启蒙

我是20世纪80年代初出生的人，父亲是一所当地山区小学的老师，母亲是一名地道的农民。父亲初中学历，母亲没有上过学，但她在父亲外村教书的时日，一人持家务农，把家里家外打理得井井有条。父母是我人生成长中、融入社会的第一位老师，父亲在我入学的前几天就给我取好了学名，看出他对我的期盼。学校里的老师和一个人成为社会人过程中的"老师"是不同的，至少在文化习得方面，前者所传授的是抽离于地方的"知识"。而父母之所言，皆为在地所熟悉之物，讲道理亦然。不记得是几岁的时候，父亲曾说过一句话，今日犹记在心，他说：一滴水从泉水到河流，最后变成大江大河融入海洋，如此才不会被干枯；人也一样，只有读书，不断进步，才不会被时代淘汰。1988年9月，我抱着好奇心和充满希望走进了南博村小学，开始了我漫长的求学之路，也是我走出大山的第一步。同年11月6日澜沧发生了7级大地震，家里房屋是木板加茅草盖顶，所幸没有倒塌，但之后的几个月全家人都搬到院子中的帐篷里睡觉。地震使我记忆深刻：一个是自然世界如此令人恐惧；一个是外面（救援）的饼干特别好吃，赠送的军棉衣很暖和。这种来自部队的旧棉衣一直发放到小学六年级毕业。每到冬天来临，学校就发放给我们学生一人一件，只是我身材瘦小，坐在通风的教室里，大衣穿起来能保证全身暖和。

20世纪八九十年代，木嘎乡属于全国特别贫困的拉祜族聚居区。缺粮、自杀、妇女外流等经济社会问题突出，甚至一些村寨谣传着"世界末日"论，人心不安，影响到了在校学生，学校学风很差，学生学业成就低，辍学率高。我一年级入学的时候，全班有40余人，四年级的时候只剩11人坚持，考完试后，只有我和另一个男同学继续升学。五年级到初中三年，除了开学第一周，往后每一次课，全班同学从来没有到齐过。我之所以能够坚持，与父母的支持和鼓励分不开。尽管父亲不是我所在学校的老师，但他能够给我带来很多方面的知识和教育：他订阅的《奥秘》《故事会》等课外书籍，让我爱上了阅读，成为了解外面世界的渠道，同时培养了我读书能改变命运的萌芽思想；当其他同学放牛、挖地的时候，我却捧着书，同时在我的脑海里多了一分外面世界的想象。现在回头思考自身的经历，我对世界"多元化"的理念能够如此执着，怀疑就是来源于小时候的阅读。

我的母语是拉祜语，属于汉藏语系藏缅语族彝语支拉祜纳方言。直到今日，拉祜语是通行于木嘎各拉祜村寨家庭和社区日常交际语，轰轰烈烈的推普脱贫，并未影响当地的语言使用状况。语言的使用和能力极大影响了在校拉祜学生的汉语能力和语文水平，也决定了他们能走多远。当时校园和社区都讲拉祜语，语言的使用基本一致，即便在课堂上，老师也需要用拉祜语辅助讲解，学生方能理解。小学到初中，班里的同学基本上是拉祜族，间或有一两个外地转学来的其他民族学生。因为言语的原因，学生害怕跟老师说话（汉话），上课不敢回答问题；路上遇见老师，远远地避开，或绕着走开。一些外地老师以为学生不懂"礼貌"，实则是不懂学生内心的表达。何况在拉祜文化里，主张言必行，重实践，不喜欢夸夸其谈的人，在外人看来却成了羞涩、胆小、不善言辞者。当然，这并不认为我应该保持这种语言文化的特性，亦非为自己的汉语言能力找了合理的借口。我的口语（汉语）能力和写作一直是短板，至少在初中及之前的学习生活中是这样的。尽管我在课外生活中阅读了一定数量的书籍，但阅读能力和写作、言语表达并未在同一条线上。我亦害怕说汉话，上高中之前也从未完整、流利地讲出过一句话。小学语文考试从未及格过，看见作文题直接选择放弃，因为作文的主题涉及的是从未见过、也未从想象过的世界。一种语言内部深藏着一种世界观，而这个世界很复杂且多元，只讲一种语言的人，容易产生单一、浅薄、狭隘的文化见解。由于语言的缘故，小学语文老师亦未能带着学生穿行于不同的世界。

二、遇见人类学者

小学五年级开始，我转入乡中心完小，在这里学习生活了整整5年，一直到初中毕业。学校建在班利村，这是木嘎乡规模最大的一所寄宿制学校，有食堂、宿舍和教学楼，同时留下难以忘怀的记忆：拥挤的宿舍，单一、难吃的食堂饭菜，以及冬天干裂的手脚……多年后还时常梦到这些画面。幸运的是在这里遇到马健雄先生，那是1996年第二学期某一天，具体哪一天记不得了。那时我正读初三，一天下午，我正和同学打乒乓球，有一个叫张正保的同学带着一个外地人来到我们身边，介绍说他是"记者"，来学拉祜语的。当时令我们很惊讶的是，马先生能用拉祜语和我们交流，他说已经在班利村生活了好几个月。后来读了大学才知道，原来马先生是正在进行人类学"田野工作"。第二次再见马先生的时候，他搬来到学校一个空的教室里住下来，我们班英语老师有事请假，学校领导邀请他代课，给我们上了几次课。他发现我们的英语基础比较差，于是买了一本英语字典赠送给我们，因我是学习委员，这本字典由我负责管理，班里同学需要查字典找我要。可惜初中毕业后，转到县城一中读高中的路上丢失了这本字典，为此我自责了一阵子。

在代课期间，马先生时常与我们交流，他说通过他了解，我们这个乡中心完小最近几年都没有人考上师范学校，这对我触动比较大，想着好好努力争取考上。当时考上师范（师专）、中专学校毕业后国家包分配工作，是很多农家学子梦寐以求的结果。于是我积极准备参加中考，当时县教委规定，考师范、中专学校前提是通过体育关。然而，无论我怎么努力，由于铅球项目不及格，体育考试没有达标。为了这件事，我们的体育老师请求县教委派来的考官，费了很大劲才答应给我一次补考机会，遗憾的是，我再一次没有达标，最后只能放弃考师范的目标了。现在回头想想，这是多么幸运的一件事，否则怎么有后来的我读高中考大学、读博士，从而踏上人类学之路呢。但是，当时我们的老师们觉得这事非常的遗憾和难过，认为以我的学习成绩一定能考上中师的。

中考结束后，我以全乡第二名的成绩进入澜沧县第一中学（澜沧一中）就读高中。另外两个同学的分数已达到高中录取线，但他们放弃了，我成为那一年木嘎乡唯一一个读高中的人。高中三年，没有再见到马先生。班里以汉族为主体，拉祜、傣、哈尼、佤等多民族学生构成共同体班集体。随着遇见了越来越多的其他民族的同学，慢慢发现自己和别人的不同之处，这种意识产生直接由生活的环境促发，但最初是受到了马先生的启发。澜沧是全国唯一的拉祜族自治县，在政治上，县长必须是拉祜族。但在社会上，一些人仍沿袭旧时观念称拉祜为"倮黑"——一种拉祜族的他称，这个词汇具有的轻视内涵，无意识地从同学口中说出来时，我会感受到心里不舒服和生气。这种族群身份意识的自觉，也影响了高考志愿的填报。当我已是中山大学人类学系民族学专业一名新生，在《民族学概论》课上，陈运飘老师问我们为什么选择这个专业，当时我的回答是因为我是少数民族，所以选择民族学这个专业。现在想来，我之所以选择民族学专业，并非是对这个专业知识的了解，而是基于我个人的族群身份和族群意识。

高考敲开了大学之门,也让我有机会迈进人类学门槛,2001年我成为中山大学人类学系一名学生。我从西部边疆山区来到了广东沿海城市,从广州火车站出来非常明显地感受到了另外一种世界:喧嚣的街道,高楼林立,以及带有海腥味的热风……热情的学长学姐把我当成了藏族学生,而真正的藏族旦增同学,除了他的名字外,很少人想象到他真实的身份。好奇的同学问我哪里来的,我说"澜沧",他们听成了江西"南昌"。后来每次介绍家乡的时候都要从省、市、县、乡细细地说一遍,还要补上一句"住在西双版纳"旁边的地方,以便让对方能够想象到我来自哪里。在学院遇见一个老师还看了我的"面相":你这眉骨比较突出,像是北方人……我突然意识到,这是一个比较关注"民族身份""外貌(体质)"和"语言"的地方。经历了最初的由身份语言带来的尴尬"碰撞"后,在融入与适应间,自己被带进了专业训练与规范的学业轨迹中。中山大学人类学系中国人类学研究的重镇,它有悠久的学术传统,曾经历挫折命运,属于改革开放后复办最早的人类学系。我在中大本科的四年,正经历了人类学学科发展的转折期。本科基础课程包括了文化(民族学)、语言(少数民族语言调查)、考古学及体质人类学,遵循着博厄斯开创的美国人类学四个方向的培养模式,高年级学生的课程还开设有人类学理论与方法、历史人类学、政治人类学、都市人类学等人类学研究前沿相关的课程。大一、大二年级时,我们所用教材比较陈旧,有的老师教案材料多年未有更新。实际这种教学状况与中国人类学发展时势有关。大概2002年学院申报人类学国家级重点学科获批,办学经费充足,引进了几名海归博士。同时期中国人类学正值引入、译介了诸多经典人类学理论和民族志著作,我们手里的参考书目也逐渐丰富起来。福柯的"权力"、布尔迪厄的"实践"、民族志研究等关键词开始出现在学生论文和日常讨论中,学术氛围焕然一新。

八年之后,我再一次联系到了马先生,此时他在香港科技大学读博士,而我正准备结束本科四年的学习。马先生一直从事着拉祜族的历史人类学研究,并发表了多篇论文。一次偶然的机会,我在学院资料室看到他发表的论文《从'倮匪'到'拉祜族':边疆化过程中的族群认同》(2004),从作者信息里看到联系方式,于是便发邮件告诉我在中大读书的情况。此后,我们一直保持联系,他对我的学术思考和人生轨迹产生重要影响。以往我看到拉祜族历史都是

"氐羌后裔南迁"的说法,马先生通过零散的历史档案记录和丰富的人类学田野调查资料,结合边疆社会历史的过程,重新解构了拉祜族"历史常识",坚持认为"拉祜"并非先于国家而存在的族群共同体,也非一以贯之的社会文化同一体,拉祜之所以成为拉祜,是经历了深入持久的动员和社会文化整合的过程。[1] 通过马先生的研究,以及日常的沟通谈话,改变了我对"拉祜族"作为学术探讨对象的刻板印象,引导我关注本民族的社会与文化实践。另外,马先生对拉祜族现实社会问题关注、设立"树人奖学金"资助拉祜族学生的成长成才,促进我对本民族的社会责任感,以及思考人类学者如何回报田野调查对象等问题。

三、遇见他者:经历田野的"洗礼"

在中大人类学系读书,没有"田野"是不能毕业的。田野工作素有人类学家"成年礼"的说法,何谓"田野",现如今每个人类学者心目中都有一个"田野"的定义,也只有亲自做过实地调查的人,才能理解"田野"一词所蕴藏的丰富内涵。中大人类学注重"田野"之风,源于开拓者杨成志先生,他曾说"民族学(人类学)是用双脚从田野中走出来的",所以很多学者称"田野调查"为"跑田野";系里设立奖学金,鼓励学生积极开展田野实践。我对"田野"的理解就是要和人打交道,遇见和自己不一样的人及群体,并试图理解他们为什么有这样的生活方式。我的第一次田野经历来自本科田野实习,当时全班分成四个组,我所在组带队老师是朱健刚教授,田野点在云南省罗平县鲁布革乡的一个布依族村寨,成员包括三个云南籍的研究生。我之所以选择云南调查点,也是考虑到自己是云南人,语言上方便与当地老乡交流。然而进入村落之后让我很快发现我的语言优势没有了,我说的"云南话"不地道,当地人看着我外貌像云南人,说话像"老外地"。很多次的访谈"失败",甚至让我感觉自己不适合"田野"工作。带队老师朱健刚说我是"思想者",话不多,但"一鸣惊人"。我知道,他这么说是鼓励学生。这次的田野及后面多次

---

[1] 参见马健雄:《再造的祖先:西南边疆的族群动员与拉祜族的历史建构》,香港中文大学出版社,2013年,第29页。

经历表明，语言是沟通的桥梁，是与调查对象拉近关系的重要因素，一次田野调查的顺利与成功往往与是否使用合适的"言语"有关。

中大四年本科生涯，虽学术素养不高，但培养了专业认同感。记得大一、大二年级时与其他专业如行政管理学、法学等同学住同一间宿舍，总会与他们争论这个专业有多好、多重要。其实当时我自己对专业理论知识懂的并不多，专业书籍也读的少。或许是来源于中国边缘地区和少数民族的身份的缘故，我较之他人容易认同人类学尊重他者、欣赏多元文化的理念，所以有了考研继续深造的想法。当然，考研的想法得到马先生的鼓励，以及何国强老师的支持，两位老师都觉得在拉祜族高层次学历人才比较稀少的情况下，培养出一个硕士或博士生对于本人还是整个民族来讲都是非常有意义的。

四、"挖好一口学术之井"

好事多磨，后来由于考研英语分数不够，我只好调剂到广西民族大学民族学专业，师从徐杰舜教授。几年后，我再考回中山大学读博，导师何国强教授。硕、博时期两位导师研究旨趣、指导学生方式各领风骚，相同的是两位恩师对我关爱有加，同时兼有包容和严厉。何老师曾对我不爱主动联系老师的习惯提出了批评，同时又加了一句"你是少数民族，我能理解你的行为"。两位恩师如今都已退休，但他们仍然执着于自己的学术事业，孜孜不倦地追求高峰的精神不断鞭策着学生努力奋进。由于篇幅的影响和主题的限制，此处仅谈他们对我的田野点的选择和安排的影响。

我跟随徐老师读硕士研究生那几年，正处于他事业的黄金期。由于办学报刊物的成功以及对人类学的影响力，在中央民族大学、中南民族大学等多所学校兼任博士生导师。导师身兼数职，时常不能见学生，但是指导学生颇有独到之处且有效，正如后来他自己总结的：读经典著作，写好三篇论文——一篇综述，公开发表一篇论文，做好一篇毕业论文；先做田野实践，而后理论，即所谓"游泳理论"，强调挖好一口学术之井；同时利用参加学术会议之际，多向学界大咖请教。在这样一种培养模式下，我第一次参与导师的课题，发表了第一篇论文和参与编著并出版了课题成果。这课题是关于花蓝瑶的社会发展项目，花蓝瑶属于瑶族一个支系，主要分布在广西金秀县六巷乡，其居住地正处于"大瑶山"核心地带。花蓝瑶在人类学民族学界的关注和知名度，与1935年费孝通先生在六巷经历的田野遭遇以及后期持续研究有关。2006年我曾跟随课题组成员两次进入了六巷，这个被称为"田野圣地"的村子，位于陡峭的山腰上，一如很多山地民族生活地区，由于山高路远，自然风光秀美，但路途及其艰险，其惊险场面至今历历在目。便于再现场景，这里转引我们课题成果《接触与变迁：广西金秀花蓝瑶人类学考察》(2011)后记中的"路途遭遇"：

> 第二天，我们返回桐木镇，经中平深入大瑶山腹地——六巷。由于正值修路，没有客车载客，如果要等过路货车，可能要等晚上才能去到六巷。我们只好选择租用摩托车。在我们走了三分之一的路程时，一辆摩托车轮胎坏了。好在司机临时到附近的村民家借了一辆摩托车继续送我们，一直到六巷。
>
> 第二次到六巷就不是这么容易了。那是在过年后的半个月里，我们再次到六巷。由于从中平到六巷的路还在修整之中，又赶上下雨，连摩托车都不敢进六巷。我们听说有一辆卡车要回六巷，就在中平等了一下午。当车到的时候天已经黑了，我们是在黑夜里随着卡车一路进退，一路颠簸，几次险些失事。那夜我们基本上是在车上度过，不知道是黑夜笼罩着浓雾，还是浓雾笼罩着黑夜，寒风中还夹杂着时大时小的雨水。整个夜晚可能是我们有生以来最难熬的夜晚。[1]

这是有生以来最难熬的夜晚，当然，还有一些难忘的感受没有在上面的后记里记录，当时我们坐在货车上，与小猪、鸡一起，下雨盖着篷布，恶臭难闻，且看不见路面，一路颠簸真担心甩到路边悬崖。后来我在滇藏交界行走和田野，遭遇泥石流、沙石流，才发现"路途中的惊险"是田野的一部分，多次经历"惊险"后，再遇相似场面也能坦然处之。

有过六巷花蓝瑶这样的异文化田野经历后，我的硕士毕业论文选择了"本

---

[1] 覃锐均、徐杰舜、张劲夫、黄兰花：《接触与变迁：广西金秀花蓝瑶人类学考察》，民族出版社，2011年，第292—293页。

文化"——来自家乡拉祜的仪式治疗法——拉祜语称"哈空",汉语直译为"叫魂"。这种疗法有学者称为"信仰治疗"(罗宗志,2012),或"文学治疗"(叶舒宪,1998)。如今在新冠疫情背景下,独特的本土文化治疗法的讨论已成学术热点。在拉祜社会语境里,一个人生病了,不仅仅是身体本身出现了问题,不是送到医院治疗就完事了。要诊断病因,还要回归到病人所在社会、亲属伦理关系中寻找根源,甚至还要把生活周围的生态因素考虑进去。因此,治病是一个复杂的社会文化实践过程。不同于异文化的研究,作为文化内部人,我从小耳濡目染,非常清楚每一个仪式背后的象征意义。一开始,我是科学主义者,至少在接触人类学之前,我认为"哈空仪式治疗"是一种"迷信",是应该批判和拒绝接受的东西。因为每次做仪式,都要杀掉很多鸡,曾经有一次,看见鸡关在笼子里准备搞"哈空"仪式,我便偷偷放掉这些鸡,等家人要拿鸡的时候,笼子里的鸡早已跑得远远的了。但是,当我为硕士毕业论文参与观察这些仪式的时候,我的脑海里就会出现一种声音"这是文化,不能干涉他们,你要做的是去理解他们为什么这么做"。当然,在家乡做人类学田野调查,会面临着这样的困境:如何将熟悉的个体经验和社会习俗"问题化"?如何更客观呈现和描述事实,并纳入学术脉络中讨论和对话?当时我一时无法找到更好的办法来处理,后来阅读了埃文思-普理查德写的《阿赞德人的巫术、神谕和魔法》中译本(2006)以及其他相关主题的民族志材料,通过比较拉祜的和非洲巫医及其治疗仪式,尽管两者文化差异极大,但看书能够帮助我重视日常的事项,以及容易忽视的细节,然后逐渐从"自我文化"的迷雾中走出来。这难解的背后是涉及如何使熟悉的文化和人成为"远距离"的研究对象,使研究者抽离出"有情感"的文化场域中,达到理性境界。硕士论文的顺利完成,得益于徐老师的田野上教室和实验教学法(游泳理论),我得以在家乡和他乡的田野中,不断自我调整,为挖好自己的一口学术之井,在拉祜族研究事业上迈出了第一步。

经历几次挫折之后,于2010年9月再次回到中山大学读博士,成为何国强教授的入门弟子。而在这之前,我得到马健雄先生的帮助,在广州香港科技大学华南研究中心做研究助理。其间,受益于马先生不断的鼓励和支持,我才有决心报考人类学博士并继续深造。

很多朋友对我如此执着于何老师表示不解,其实我是跟随了自己的内心。

在本科大二时期，何老师刚从美国访学回来，第一次课上他梳着大背头，讲课引经据典，还不时蹦出一两个英文单词，绅士学者派头十足。课后喜欢与学生交流，如了解生活状况，鼓励我学习，如此给我留下美好印象。成为何老师的门生后，我们师生第一次见面，就把我和另一个同门叫到国旗下的草坪上开展入门教育，强调"先学会做人，后做学问"。

五、"到独龙江田野吧"

入学博士第一年，何老师就和我讨论起研究计划和田野点，这是他指导学生的风格，与徐老师不同的是，他主张先有理论模式，有成熟的调查设计后再下去田野，而且学生毕业论文设计到最后的完稿他都有全程参与。在田野点的选择方面，何老师提倡和鼓励学生到遥远的少数民族村寨去，他自己言传身教，常年在青、川、滇、藏交界地带开展人类学田野调查。他反对在自己家乡做田野和研究，因此，我读博士之前已经拟好的研究计划只好放弃，然后我们对着地图寻找滇藏边境地区适合的田野点，初步确定到中印边境墨脱县做珞巴人的文化研究，虽然墨脱这个地方听起来很陌生，路途也很遥远，田野肯定很艰难，何老师觉得我来自拉祜农村，人很能吃苦，相信能够克服困难。既然老师定了调，尽管之后做了几次噩梦，但我也相信我能行。为此，我查阅了相关的文献，做好了心理等各种方面的准备。可惜后面听闻通往墨脱县的路断了，一时半会难以通行。当时，何老师刚刚带着学生从独龙江田野回来，他说："那你就去独龙江吧，那里现在还比较闭塞，独龙文化保留较好，还有独特的生计方式，国家正在开发独龙江，过几年独龙族生活方式会有很大的变化……非常值得研究。"于是我调转方向，专攻独龙族研究。实际上我对独龙族并不陌生，但是要到独龙江田野，内心多少有点纠结和犹豫。毕业多年后再回想，何老师的学术眼观不得不让人佩服，他的判断非常准确，不论是社会还是学术界，独龙江和独龙族正成为当下讨论最热门的话题之一。

独龙族的调查和研究，最初是从杨毓骧先生的日记里见到的。杨先生是令人敬佩的，年轻时参加中国远征军，后加入地下党，中华人民共和国成立后，师从方国瑜、马曜等大家，后参加民族识别和调查工作，一直到云南民族研究所工作退休。杨先生令人敬佩之处,一是坚持写日记,目前还保留着20世纪40年代以来的所有记录,包括生活和民族调查;二是60岁高龄还能到独龙江、察瓦龙、察隅等滇藏交界调查民族文化,著有《伯舒拉岭雪线下的民族》(2000)一书,该书应该算是对民国学者陶云逵致敬,陶先生曾于1935年赴独龙江考察,著有日记式的《俅江纪程》;三是执着于家乡云南省保山市施甸县的契丹后裔人的研究,虽经历波折,最终成果得以出版。由于我在广州香港科大霍英东研究院华南研究中心主要工作任务就是整理杨先生的日记和调查笔记手稿的整理,多次到杨先生家里求教和访谈,得以了解上述情况。老先生曾动情地对我说:"是独龙族老乡救了我的命。"1982年7月,他从独龙江走到察瓦龙时遇到沙石流,杨老身陷沙石中,是独龙族向导奋力拉绳子把他从沙石中拖出来。后来调查结束后,他特意买了20斤酒致谢这位向导。当时的田野调查队长,也是云南民族研究所退休研究员蔡家麒说:"当时我们考虑杨老师的年纪,最初不同意他去察瓦龙调查,但是他意志坚强,坚持原计划不变,后来安排了独龙族向导一同随他去。"[1]靠着这种老兵的意志和英勇无畏的精神,杨先生成为改革开放后第一个从独龙江徒步到察瓦龙进行历史文化考察的民族学者。他对事业的执着和献身精神感染了我,也为我后来多次进入独龙江、察瓦龙田野调查确立了勇气和信心。

  2011年7月的一天,何老师推着他那老旧的自行车,驮着我的行李,不停擦着汗水把我送到地铁口。当时广州的天气非常闷热,走几步路全身都要冒汗不已。这是我第一次从广州中山大学出发去独龙江的情景,此情此景,至今难忘。当然,难忘的还有独龙江的经历。读博期间共有三次进入独龙江田野,以及两次进入西藏察瓦龙乡,循着杨毓骧先生的足迹寻找独龙族人家和文献中记载的"察瓦龙土司"。其中,滇藏田野之旅是一次心灵的磨炼之旅,沿着息怒不定的怒江水而上,在炎热干燥而陌生的河谷世界,遥望着高耸的卡瓦格博雪山,人类显得非常渺小。察瓦龙人热情奔放、即兴而作的歌舞让我觉得少数民族真的是能歌善舞;而村民上山挖药材时,又使你无法忍受留下的空寂。当然,这其中给我冲击最大和震撼感便属于独龙族的"鬼文化"。

---

[1] 2009年12月11日,昆明蔡家访谈记录。

六、感受独龙族的"鬼文化"

在我认识的独龙族朋友之中,李林高是比较独特的一个人。他中专学历,受从事本民族文学文化研究的叔叔的影响,平时喜欢文学、关注和记录本民族的习俗文化,可算是村里的知识分子。对外来研究独龙族文化的人有天然的好感,常常成为他们的地方向导和翻译,参与拍摄《独龙江最后的封山》等纪录片。他曾对我说:"我观察你一段时间了才跟你交往的。"原来当你进入村落,你在观察和试图了解村民,与此同时,村民也在观察你。不难想象,这种田野中互为观察对象,在以往的田野中也发生着,只是我未曾意识到,或成为一个讨论的议题。考察期通过之后,才建立了彼此信任关系即成为朋友。2011—2012年,我在独龙江乡迪政当村田野调查时,正值"整族帮扶"的政策实施,整个村寨都在拆屋建新房。因为房屋拆了,家里没地方睡,我的房东就把我的睡处安排在村委会楼房的一间办公室里面。有一天,我和林高从一纹面女家访谈回来,天色已晚,他就跟我一起睡在办公室。也就在那天晚上,他跟我讲了他们村的鬼故事,他说独龙江有"魔性",越到江边"魔性"越强,让身体虚弱的人失魂跳江而死。独龙江上游很多桥墩上涂写着"有鬼"两个醒目的大字,说明此地曾发生过掉江自杀或其他意外事故。当说到发生在我们所在这栋楼里的灵异事件,外面一片漆黑,楼下大门时不时被风吹发出"咚咚"拍打的声音,在寂静的晚上显得特别突兀。我当时突然有一种毛骨悚然的感觉,我不知道林高是不是故意的,反正当时黑夜也看不清他脸上的表情。他讲着讲着就睡着了,反倒是我一夜难眠,后来迷迷糊糊间,又被一个声音吓醒了,发现这是林高睡觉磨牙的声音。从那晚之后,我也不敢半夜出门上厕所了。

鬼故事在很多民族里通常以内部、隐秘的方式流传着,因为涉及本地人和寨子,一般不会轻易跟外人透露。在我们拉祜社会有一种说法,即"没有鬼不成寨",换句话说,鬼和寨子有某种联系,一个寨子不能没有"鬼"。小时候,大人们会以隐晦的方式告诉谁家"有鬼",不可跟他们家的小孩一起玩。有时路上单独碰到这样的人,心理感觉特别害怕。后来接触了人类学,知道"鬼"是一种文化。但是,不论在何种文化语境里,谈到鬼都能使人恐惧。林高跟我分享了他所知道的"鬼故事",意味着他把我当成了"自己人"。对于我而言,这样一个经历让我意识到这是理解独龙社会文化的一个窗口。

独龙族创世神话里提到人和鬼的关系，最初是人鬼住在一起，鬼帮忙看小孩，后来吃了小孩，惹得人类的报复，把鬼杀死扔到独龙江。后来引发了大洪水，人类只有爬到嘎娃嘎普山上的两兄妹存活下来。从此人和鬼分居在不同的世界。另外，从蔡家麒等学者搜集的材料中也有关于鬼的传说，其中，比较有趣的地方在于他们认为"鬼"是由人变的。故事内容大概讲述了几个猎人上山打猎，途中有一人失踪，后来发现他变成了"几卜郎"或"任木达"。[1] "几卜郎"在北部独龙语里意为"崖鬼"，人们生病治病祭拜的对象；"任木达"是"猎神"之意，独龙人上山打猎要先祭拜它，才能捕获猎物。这些故事尽管有些荒诞，但是却帮助我理解独龙人的世界观。故事揭示了"鬼"是自然的隐喻，人鬼之间有某种契约，通过祭拜和捕获（赐予）猎物方式建立了人与自然之间的互惠共生关系。人是自然的一部分，他们生活和价值观的形成离不开周围的自然世界。这种独特的生态观，在今天"生态文明"建设话语下非常具有研究价值和现实意义。

人和"鬼"（自然）之间契约、分享的互惠逻辑，以及独龙人的生态观的讨论，同样促进我理解当地独龙族历史和滇西北区域社会中的族群政治。传统独龙族社会通常以"分享"的仪式，包括分享牛肉、盐巴等物资，对内维系了平权的社会关系，对外与周边的察瓦龙土司和纳西土司确立一种债务关系（权力的隐喻），依据高黎贡山上雨雪形成开山和封闭两种不同的自然地理形态，构建出"平权"与"阶序"两种区域社会类型。当然，这一切随着中华人民共和国的成立而改变，特别是随着高黎贡山隧道的贯通，独龙人的生活和生计方式也发生了巨大的转变，独龙人不再"刀耕火种"，被禁止到山上打猎和挖药材，人与自然之间的关系出现了新的变化，这些变化由于时间关系没能在博士论文中给予讨论和呈现，因此留在后期的研究和田野中继续关注吧。

面对新的生活，李林高有时感到失落，有时变得很忧郁。在我即将离开独龙江的前几天，他常对我说："每当太阳落下去的时候，不由得感到孤独和恐惧。"或许是对生活的不满，或是酗酒的原因，林高多次试图自杀，最后他吃了毒草药离开了人世，回归到自然世界中。这是我离开独龙江五年后听闻的最悲剧的消息。2019年7月我因国家社科项目再次来到独龙江迪政当村，一排

---

[1] 参见蔡家麒:《藏彝走廊中的独龙族社会历史考察》，民族出版社，2008年，第159—161页。

排整齐规划的新房取代了原来老木屋，村委会也盖起了新的楼房，村容村貌已焕然一新。可是我的房东也不在了，他因巡山失足掉崖死了，他老婆另嫁外地人带着小孩离开村子。林高家的老屋也拆了，故人已去，只留空空的新房。每当我看着林高给我写的"肖像"手稿，总会想到他给我讲鬼故事的那天夜晚。这是在我离开独龙江的前夜，我跟他小酌几杯后，给我做的肖像题词，抄录其内容以示纪念故人：

题词：走过独龙的山山水水，以平实的态度，严谨的学术思维与风范，为一个民族记录着它的故事。住过农家木屋，喝过农家米酒，感受过农家人的艰辛与快乐。

现场还作了一首诗，题为《仙客至》：

笔触之处妙生花，又逢雪年难留客，但愿来年又见君。送君远至仙山口，梦里常把君迎来。（2011年10月1日）

七、语言生活与人类学研究

尽管2013年6月获得人类学博士学位，成为中国拉祜族第一个人类学博士，但我始终认为我的博士论文做的不是令人满意，所撰写的独龙族民族志也未能达到导师的期望。其根源之一便是语言问题不能得到很好的解决，特别是面对独龙族老人，我不能用他们的语言进行交流，由此也无法更好融入和走进他们的生活世界，此事对于学人类学的我而言甚为遗憾和感到惭愧；其次这种不满意的背后是希望给自己保留后续继续调查和研究的可能性。

2014年我在香港科技大学人文学部做博士后研究员，合作导师是马健雄副教授。当然之所以能去成香港，亦是马先生所促成的。一次偶然的机会，我遇到了来自云南民族大学的民族语言学家刘劲荣教授。刘教授亦是来自我的家乡木嘎，他早年就出来工作，而我又在外面读书，所以一直没有机会见面。他对我说："回云南工作吧，你是拉祜族的博士，在云南可以做一些拉祜族的事业。"或是漂泊多年思故乡的缘故，抑或是觉得刘老师说的有道理，一年后，我放弃了在外工作的机会,毅然回到云南,加入了云南民族大学,与刘老师成为同事。我所在的学院并非人类学系或民族学研究所,同事们所从事的研究和教学都是有关民族语言和民族文学、文献专业。但是这里有拉祜语教研室,有一批拉祜族学者正致力于培养拉祜族学生。我加入他们团队后,利用周末假期时间,整整5年,参与编撰完成了240余万字的《中国少数民族大辞典·拉祜族卷》,为拉祜族文化搜集、整理工作出了一份力。为了更好地融入学院的教学和科研中,我于2016年进入本校民族学博士后科研流动站,从事拉祜族语言与文化方向的研究,合作导师为刘劲荣教授。工作以来,一方面,我关注少数民族的语言生活,作为一种文化资源,民族语言如何传承与保护等课题。同时重新反思了我曾经历的教育模式,通过吸收语言学的方法和理论,意图揭示"语言背后的故事"(萨丕尔语)。实际上,在美国人类学家博厄斯及其门生看来,语言是文化的组成部分,根据他们的研究经验,我们可以从研究语言入手理解一种文化;另一方面,我尽可能发挥人类学专业的优势,给本科生上《民族学概论》,研究生课上承担了《文化语言学》或《民族语言与文化》课程。通过上课和指导论文,我有意让学生讨论语言时加入了人类学的视野,使他们关注语言的同时也关注到人及其生活。尽管从单纯的人类学转入到语言与文化领域之路有些艰难,但贵在坚持,期间也取得了一些成果。

工作五年以来,兼任了办公室主任、研究生教学秘书等烦琐的行政管理工作,但多年田野磨炼出来的心性,不论身处何种境况,始终保持乐观向上的精神。人类学的"韧性"也得到了回报。这五年,在科研方面,我完成了一项语言学方向的云南省社科规划项目,完成了一篇民族学博士后出站报告《拉祜族双语教育的人类学研究》,目前正在主持研究国家社科基金项目("滇藏交界独龙族可持续生计研究")。得益于读书期间"挖出的学术之井",我的省社科和博士后项目都是基于硕士研究生期间的研究基础,若没有博士期间的田野和成果支撑,我也无法获得国家社科项目基金的资助。

八、结语:在他乡与家乡之间徘徊

每个人都有属于自己的生活经历和人生故事。当然,我的人类学之路才刚刚开始。回望这一路,恰似一部"东游记",我从西部边境一个拉祜山寨来,到东部中山大学"取经",最后再回到家乡。本文回溯我这历程,非常感恩这一路走来给予很多帮助的老师和学界前辈。除了文中提到的几位老师外,这里还需提到一位老前辈,那就是民族学家黄淑娉教授。黄先生是我的博士导师何国强教授的授业恩师,因而我也算是他的徒子徒孙了。黄先生认识我,是因为马健雄老师的缘故,在黄先生访问香港科大期间,马老师向黄先生推荐了我。黄先生曾到过云南澜沧拉祜族地区,理解一个拉祜族学子的艰难。在广西读研期间,以寄明信片、寄书的方式给予我鼓励和支持,包括自己的书《黄淑娉人类学民族学文集》(2003),以及爱德华·泰勒的《人类学:人及其文化研究》(中文版2004),王铭铭的《西方人类学思潮十讲》(2005)等专业书籍。读博期间,当我跟他说起要去西藏察瓦龙田野调查,先生特意拿出珍藏的资料《西藏门隅地区的若干资料》(1978)送给我,以示支持。回到云南工作后,先生仍不断给我寄书,包括《黄淑娉评传》《黄淑娉自选集》,通过这些书,我了解到老前辈家国情怀、学术的一生,也是为人类学事业奉献的一生。从先生的身上看到中国女性人类学家的伟大人格,这种人格感染着我,让我坚持走人类学之道。在先生90岁高龄来临之际,我曾写了一篇文章《在他乡与故乡之间:浅谈黄淑娉先生的人类学田野实践》,发表在《青海民族大学学报》2020年第1期,以表对她的敬意。

通过我这不算太长的人类学之路,发现我总是在他乡与家乡之间徘徊。在我的理解中,"徘徊"意味着一直处于"融入"不同文化的过程中,同时"徘徊"也给我提供了观察文化的人类学视角和研究的张力。如此,我能够在亲近一种文化的同时,也能保持一份理性,一种距离感。就像小时候父亲给我讲的一滴水如何融入大江大河的道理,我也在不断试图融入不同的知识海洋中,从而获得多元的视角,包括马先生那里的"历史",以及何老师的"权力"和刘老师这边的"语言"。我的人类学之道,不是一时的顿悟,而是起源于"家乡"的一步步"田野"积累和多位老师鞭策促成的。在田野中发现的文化共同性和差异性,是我研究灵感的源泉。经历过"田野"的洗礼,让人的心态也变了,不再总是抱怨和不满,因为我们生活的世界处处充满着文化的价值和意义。

曲径通幽人类学路

张经纬

张经纬,上海博物馆古代工艺研究部副研究馆员。译有《石器时代经济学》《伊隆戈人的猎头》《二十世纪神话学的四种理论》《远逝的天堂》《改变人类学》和《人类学入门》。著有《四夷居中国》《博物馆里的极简中国史》《与人类学家同行》《从考古发现中国》《田野:一个人类学者的成长纪实》等。

曲径通幽人类学路

承蒙徐杰舜、韦小鹏两位老师的邀约，让我有机会回顾一下我不同寻常的人类学道路。众所周知，我没有读过博士。从厦门大学人类学系硕士研究生毕业后，就入职上海博物馆，从事少数民族工艺研究工作，至今12年了。但我在人类学这个领域里，摸爬滚打得还算久，参与的方面也还算多，所以，能拿出来说道一下。尤其是给人类学毕业，又有自己想法的朋友们，提供一个参考。

我是从历史学跨到人类学的，整个学习生涯，真正在人类学系里的只有硕士3年的时光。但我一点都不嫌少，觉得几乎已经学了一辈子人类学了。在和外界打交道时，我也一直脸皮很厚地以"人类学者""人类学家"自称，时间久了，别人也由我去把这个称呼坐实了。大概是因为我做的工作、做的事情和人类学始终保持联系，把人类学当作我生活的一部分来过。

之所以选择了这样的道路，或许离不开一个关键词，"任性"。换个说法，就是随性、随心所欲。对自己感兴趣的，有价值的，可以无所顾忌地深入下去，对不感兴趣的，可以及时认清，及时改变。只有这样听从内心的召唤，而不是现实的条条框框，才能将自己对学术真正的兴趣，和他人建构的评估体系区分开来。当然，任性也有代价，就是经常会碰壁，遭遇挫折。而经历挫败后的反思和选择，则推动我在学术道路上走得更远。

那么，接下来，就先从我在人类学路上遇到的挫折开始讲起。

一、我所遭遇的田野挫折[1]

2006年的夏天，我在福建闽东长乐市一个名叫"溪村"的村子里做田野。这是我唯一一次长时间的田野调查——28天——也是所有田野经历中最彻底

---

[1] 关于此事的详情，请见张经纬：《田野：一个人类学家的成长纪实》，百花文艺出版社，2021年，第73—106页。

的一次挫败。那时刚考到厦大人类学与民族学系读研究生，系里的黄向春老师在入学前的暑假招募了我，去参加他的"福建历史文化名村"项目调查。

我虽然是跨专业报考人类学专业，但凭着从本科时代就在人类学网络论坛的摸爬滚打，已经积攒了一些人气。现在还没入学就得到老师的邀约，自然激动兴奋，欣然前往。希望能把多年来从书本上学到的那么多纸上功夫，在真实的文化环境中好好实践一下，操练一番。同时也证明一下，自己确实是块天生学人类学的料。

贸贸然地，我从上海赶到厦门，又从厦门到了溪村。溪村的特点倒不是溪流多，而是桥多，一段150米的河道上，大概会出现四五座石桥。桥多碑也多，碑就立在桥边。一个叫大桥头的地方立着八九块碑，每块碑都有2米多高，上面写着密密麻麻的姓名。这些大多同姓的名字，加上中间的辈分字，留给每个个体的只有最后一个字。远远地看，就像一个无限循环的小数。

黄老师指着其中一块碑，开玩笑说，这就是你们这一个月的任务。后来，我发现，这不是玩笑，而是事实。与我一同接受任务的是一位研二的徐庆红师姐。除了拍碑之外，我们还有另一项任务，是去走访村里三个主要姓氏的不同宗支（细分为将近30房），问那些家系的负责人借来族谱，然后一张一张拍摄下来。

宣布完任务的第二天，黄老师把我们介绍给卸任村支书兼村里老人会会长后，就离开了。留下我和师姐在村里继续剩下27天的任务。拍摄碑刻的任务不仅限于桥头，还有各种田间地头、寺院宫观的门里门外。一边寻找越来越难寻的石碑，一边就要和村里人打交道，请他们提供族谱供我们拍摄，两个任务同步进行。

村里人都很友好，已经通过老人会会长知道了我们的来意，都很配合地拿出保存的各家族谱，让我们应拍尽拍。等到村民真的邀我们进到祠堂里，捧来厚厚的五大册族谱，我终于知道黄老师为何派了师姐之外，还要招我凑成一组。因为拍摄的时候需要一个人控制机位，保持焦距，而另一个人用来辅助翻书。

至今回想起来，拍族谱仍是一件灾难般的任务。费时费力，而且特别消耗耐心。每天都是一样的流程，早上吃了早饭，就出门寻碑，或者入户拍族谱，拍摄的时候，基本就是半天。中午午休后，下午继续上午的工作。偶尔和村里人用普通话聊上几句。一个星期以后，天气进入酷暑，我们把拍摄时间集中在上午。下午就在房内，整理拍摄的族谱和碑刻。等太阳落下去一点后，再出门尝试和村里人社交一下。

与移动硬盘越装越多背道而驰的，是我的热情急速流逝。这些资料收集工作没有给我更多的喜悦感。我每次想趁着拍摄的工夫看看自己到底拍了点啥，那些名不见经传的古代村民和族谱上看一眼就心烦的事迹，马上就让我打消了念头。桥头、路边的碑刻又永远都像无限循环小数那么令人无解。走在村里的水泥路上，看着一幢幢西式风格的新修小楼和门可罗雀的中式祠堂，我觉得普通游客都比我收获更多。那些晚间乘凉时，老年村民侃侃而谈、让我不知所云的闽东方言更加令人沮丧。只觉得自己是这个村里最无关紧要的人，我真的在做田野调查吗？这真的是我的特洛布里恩德岛吗？

夜深人静的晚上，我去楼下冲凉房冲澡。直接站在水缸边上，用水瓢从水缸里舀水，泼到身上冲一下。这时已经有了一点秋意，可我并不在乎，浇不尽的是我的烦闷。抬头看屋梁上，有时会有老鼠爬来爬去，我就半瓢水泼过去。老鼠被水吓到，又嗖嗖地逃回角落，等下出来，我又泼它，如此反复，有时能把洗澡这件小事，凭空拖延半个小时。这大概是我一天里唯一的乐趣。

我在溪村失去了方向，给我最后一击的，反而是唯一一次灵光闪现。在村里终于挨过20多天了，我想到还剩最后几天，不论有多沮丧，总要说服自己再坚持出门转转，混过最后的日子。我们在溪村的这些日子，差不多每隔一天就有闽剧团在村里演出。我只在刚进村还有新鲜感时，在观众席边凑趣坐了一下，因为完全听不懂唱词，看灯箱字幕又跟不上节奏，就匆匆放弃了，后来再也没去听过。

但晚上演戏时通常是村里老人最集中的时候，我和师姐也会在开场之前去刷一下存在感。这次，又是师姐和一个老先生攀谈上了，而我依旧在边上沉默不知要开口问些什么。只听她提出了一个一直纳闷的问题：为什么村里最近一直演戏，但最近又不是佛诞、神诞。

老先生微微一笑说，我是一直在外面工作的，不和你们忌讳说这个。我们村里还有七里八乡少数是去外面打工，大多数是去黑在外国打黑工了。黑在外面没有身份的，日子过得苦，不如有正常身份的。过了几年，等有了机会，就可以去移民局申请正式的身份。我们这里叫"上庭"。上庭是个讲究的事情，要请律师，要请神仙。对面在上庭，我们这里要去神仙面前许愿。对面要是上庭成功，拿到身份，就是神仙显灵，就要演戏三天，给神仙还愿。

这是我在溪村最后记得的事情。我非但没有为自己领悟到一项文化法则而欣喜，至少当时没有，反令我愈发沮丧：我竟是这个村里最后知后觉、最外行的人，却要代表这个村子所有的明白人，做他们的发言人，装作最了解他们的专家，解读他们的族谱、碑刻，一本正经地向外面介绍村里的一二三四，说得比村里人都还要自信百倍。

或许就在那一刻，改变了我的人类学路径。

二、初遇人类学的美好时光

我与人类学初相遇时，可不是这般光景，那是一段非常美好的时光。我至今依然记得那是大一下学期临放暑假前一个月的时候，我在兰州大学榆中校区历史系的图书室里，找到一本名叫《文化人类学理论学派》的书。

我读的是历史系的世界史专业，但在我们这届还招了一个民族学的本科班。系里专为本科生开设的资料室里，除了历史书外就还多了一批民族学的参考书。其实，稍微早一点的时候，我已经错过了一次和人类学的邂逅。当时的校区是个专门建在山沟沟里"流放"本科生的新校区，资料条件基本没有。刚开学的时候，系里为了培养专业兴趣，曾数着本科生的人头，选购了80多本专业书，一人一本随机发放，说是先看半个学期，然后再按个人爱好交换阅读。

发书的时候，我得了一本《论戴震与章学诚》，边上的哥们拿到一本《江村经济》。我们相互一瞥，发出无知的笑声。这两本书在我们各自的书架上积了两个多月西北的沙尘，然后上交，再无下文。此时的我还沉浸在历史的尘埃中，看了大学时代第一本学术书《金帐汗国兴衰史》，浑然不知人类学已经轻轻敲打过我的窗户。

《文化人类学理论学派》真正点燃了我心中的火。我蹲在资料室的地上，把这本书从头到尾翻看了一遍，如获至宝。然后把它借了出来，"占为己有"，因为此时借出的图书惯例可以经过一个暑假之后再行归还。

进化论、传播论、文化特殊论、功能主义、结构主义……那每一种观点都几乎是天然为我准备的重新认识世界的显微镜、放大镜、望远镜,光学显微镜、射电望远镜,一下子为我打开了生活的万花筒,任凭我用刚刚看到的理论,把头脑中所能想到的每一个文化要素、社会事实一遍遍地缩小、放大、拆解、组合,玩得不亦乐乎、兴奋万状。

那一年的暑假,我做了三件决定我未来学术道路的事情。第一件事是去上海的"图书一条街"福州路扫街,按着《理论学派》后面的参考书目,把能找到的书全都买回来,但后来发现范围太小(有的一时找不到,有的没有中译本),就发了个狠,把所有书名里带"人类学""民族学"的书都买了一个遍。因为如此,我还是错过了《江村经济》,这本名著要等我大三,辨识能力进阶之后才终于遇到。

第二件事,是开始疯狂上网,把网上所有和人类学有关的资料,全部搜罗了一遍。我看书非常快,对于自己感兴趣的书,更是翻页如飞,过目不忘。前脚买来的书,过一晚上,后脚就已经翻完(有没有完全消化,这个另说)。看完了书,吸收了新知识,就需要与人交流,便于消化、理解。

我一度流连人类学网络论坛,以"辄馨"这个 id,发帖无数。后来的几年里,在每个论坛都混成版主。这一嗜好虽让我日渐沉溺网络虚名,但也生出两个好处,一是令我通过网络保持了对学术前沿的敏锐;二是在网上传播人类学的乐趣,升华了原本从网络游戏中获得的短暂快感,避免了网瘾少年的悲剧。

第三件事实际发生在大一暑期过后。短短几个月时间,随着我对人类学之爱与日俱增、愈发不可收敛,我对历史的兴趣也就愈发涣散。于是,在欢迎新生的时候,去系办公室找书记谈话,提出我要换一个专业,从世界史换到民族学。书记不以为然,以换专业只应以转系为前提;民族学不过是本系内的不同专业,反正课程开放,不转也能听课。隐约感觉,书记只是心嫌麻烦。

可我主意已定,从此跟着民族学班的同学听课、做作业。有时嫌这不够过瘾,还去哲社系旁听,和社会学的老师、同学厮混往来,比历史系的还熟。至于世界史的功课,就随便应付一下。当然,这种任性不是没有代价,我的历史专业成绩都很一般,哪门功课好不好,全看脸。有的课上我常和任课老师有互动,下课能聊起来,这门的成绩就能看。遇到教思想史的,就聊几句福柯,遇到史学史的,就扯布罗代尔;这种"滑头",大多数时候都能管用,甚至能和老师混成"酒肉"朋友。只不过难免碰上老师不吃这套,那门课就只能勉强过得去。

当然,最大的代价是付出了"法律基础"这门课的教训。那时我正进入人类学阅读最如饥似渴的阶段,只要是人类学沾边的书,不通宵看完誓不罢休。也是我活该栽那儿,考前一天,我从图书馆里借到了《金翼》。这本书图书馆只有一本,我借了几次,都显示未归。这次好不容易借到,如饿犬遇食,哪管明天就要考试,一条重点都没翻看。《金翼》看得痴迷,总算在天亮前看完,直接裸考,结果可想而知。

于是,我当时就惹了个不务正业的名声,好在历史系的老师待我宽松,用一句"上海小伙儿嘛",把我放了过去——看来我也占了生为上海人的便宜。

尽管没有换成专业,但我基本就把自己当作一个民族学/人类学专业的学生来训练了。

三、感谢四位老师

回过头时,从世界史到社会学到民族学,有四位老师给我提供了各种各样的帮助,让我在这条"任性"的道路上走到了今天。

第一位是系里教民族学通论的杨文逈老师。我用"滑头"应付了历史专业的课程,是为了把所有的专注投入到人类学里头,这点我心里还是明白的。当我把在历史课上聊福柯、阿尔都塞的劲头,拿到民族学课上时,简直能从泰勒、摩尔根一直扯到格尔茨、马库斯。当民族学班的同学们用无辜的眼神眼睁睁地看我帮他们浪费掉一节专业课的时候,杨老师是第一个肯定我的人,他从我稚嫩的夸夸其谈中,发现了我的热情。

得到杨老师的鼓励,反过来给我增添许多动力。我开始把书上看来、头脑中想的东西落实到纸上,利用课程作业的机会,用理论知识讨论一些具体的问题。杨老师从我的作业中,看到我的阅读积累,并相信我还能读得更多。这种良性循环在后来一直持续发挥作用,让我在读研究生以前就对人类学全领域有了尽可能地涉猎。

第二位是社会学专业的邢海宁老师。邢老师曾在青海果洛做过常年的调查，经验丰富。我是因为和哲社系同学混熟了，就不止一次受邀去她家中聚餐，听她闲谈田野趣闻。虽然她总是谦虚地自称对田野调查理论一无所知，但又一遍遍不厌其烦地提醒我在甘、青调研的注意事项。

后来我真的有机会去甘南田野，她听说之后，特别将自用的黄军包拿来赠我。从如何搭车、换站，到县上和谁碰面，进村如何交流都逐一细细说明，怕我在村里走丢。后来田野回来，哪怕没有什么出奇的经历，还邀我去她的课上，辟出半节课分享。让我提前体验了研讨的氛围，也从此助长了自信。

第三位是教科技哲学的李创同老师。李老师对我的影响又与众不同。我只上过他两三次课，却意外投缘。他曾在渥太华大学攻读博士学位，听闻我对人类学无比投入，竟不拘一格，不顾我的本科生水平，拿了一本《二十世纪神话学的四种理论：卡西尔、伊利亚德、列维－斯特劳斯与马林诺夫斯基》，让我与他的学生一同翻译。

以我当时能力，毫无疑问辱没了使命，但翻译这件"小事"，从此成了我心里的一块试金石。李老师没有在意我当初糟糕的译文，而我觉得过意不去，真的"往心里去了"。以后的几年，只要一遇到翻译的机会就想拿来试试，看看自己有没有进步。退一万步讲，总不能比我当年还不如"在线翻译"软件的译文更差了吧。

工作以后我终于鼓足勇气，直面当年的自己，把《二十世纪神话学的四种理论》重新翻译了一遍，并在三联书店出版。这中间整整经历了10年。

最后一位，还得是历史系的杨红伟老师。其实几位老师里，和杨老师接触最多，我得多落几笔。杨老师一开始是教我中国近现代史的老师，属于和我在课上聊天混熟，经常能酒肉相待的。他当时还在职攻读系里的民族史博士，有一个"甘肃特有民族教育发展水平"的课题要做。他需要有人干活，我又总在课上展现对人类学的兴趣，很自然就被他招募麾下。

跟着杨老师，我确实去了不少地方，到了积石山保安族东乡族撒拉族自治县，去过肃南裕固族自治县，还有临夏州的首府临夏市。这期间，跟在老师后面，和州委分管教育的领导吃过饭，也进过民族中学发过问卷，在牧民的移民安置点上入户访谈。虽然每个地方停留的时间都不多，但这种"到过"的感觉，不但让一个本科生开了眼界，也让我的自信又无端端膨胀了起来。

虽然访谈做得不咋地，调查报告写得也不太合格，但我以为自己已经充分掌握了人类学调查的技能。只要假以时日，给我一个理想的调查地点，也能写出一本出色的民族志报告。

搭了杨老师的便车，轻易走遍了甘肃的民族地区，还让当时的我产生了一个天真的想法。我想走遍全国，把全国的民族自治地区全都走访一遍，觉得这是一件很"人类学"的事情，还找了一本小本子，把那些民族州、县、乡、村的名称都记了下来。不过，这种蜻蜓点水般的采风，倒是非常符合一个本科生浮夸的学科想象。

四、心沉则灵

这就是我在闽东遭遇挫折前基本的心态和困境。

当时我并不知道问题出在哪里，只觉得和溪村的格格不入。在地方知识上，所有人都比我更了解他们乡村的文化机制。经济条件上，那些依靠海外经商或者侨汇的村民，都远比我们这些学生富裕许多。甚至个人见识、经历和视野上，都可能比我开阔。作为一个毫不占优、"一无是处"的调查者，我不知研究这个村子的碑刻和族谱意义何在。

调查结束后，徐师姐因为毕业论文的需要，非常讲道义地把写报告的任务一人扛了下来，让我稍稍远离了受挫感。研究生入学近一个学期后，我成为蓝达居老师的研究生。这和溪村田野挫败的关系并不太大，黄老师后来依然和蓝老师一道，延续了对我的指导和启发。

最能代表我们合作成果的，是我研一时参与了这两位老师加上泉州海洋交通博物馆副馆长丁毓玲的合作翻译项目《文化之道：二十世纪晚期的旅行与诠释》(詹姆斯·克里福德)。本来预备收入到一个旅游人类学译丛中，但因为某些问题最终没有出版。如果说《二十世纪神话学的四种理论》让我第一次接触了人类学翻译，那么《文化之道》就是让我真正学会翻译的演武场。

或许是翻译工作让我浮躁的心渐渐沉淀了下来。利用翻译的空当，我还把自己在本科时兼顾人类学与世界史专业所写的毕业论文，改名《人类学、文化批评与欧洲启蒙运动》发表在《中央民大学报》上，这篇文章最初的版本是提交杨文逈老师的课程论文。

学术上的一些进展，让我稍又振作起来。这时发生的两件事情，对我未来的学术道路产生了真实的影响。第一件事，蓝老师给我介绍了一个美国哥伦比亚的宗教学博士Lisa，让我给她在泉州调查古代印度教遗迹的过程中，担任助手。因为Lisa只会简单的中文，所以我的任务就是负责查阅古代文献，把其中涉及印度教的条目找出来，并帮她翻译成英文。

工作差不多维持了一个月时间，帮她查找文献的过程中，我自己对文献内容的真实性也产生了兴趣。因为文献提到某些遗迹至今保留在泉州某寺、某地，又被哪些机构收藏，但提供的照片又不清晰。本着对照实物、实事求是的精神，我几次专门前往泉州，经过几番周折还都找到了遗迹或碑刻所在地。这段文献与实物结合的调研经历，给我带来的物质和知识体验上的双重报酬，很快就将体现出来。

第二件事，黄老师推荐我去中山大学参加了"历史人类学暑期学校"（2007）。这次为期两周的课程，课上和课后都对我有所启迪。课上，某位老师提及"王阳明与东南乡土社会形成"的只言片语，忽然让我心头一亮——并不是那些明白写着"民族"两字的材料，才是人类学唯一应该研究的素材。课后，暑期学校还鼓励学员回去选择一个地点，收集民间文献（族谱、碑刻、契约）提交，可以报销2000元差旅。

不知是差旅报销让我心动，还是学术的召唤，这一次的我竟然安安心心把师姐留下的几十个G的数码照片和整理材料一一翻找出来，开始了为期一个多月的研究。从一开始只是想凑成一份材料，把差旅报出来的朴素想法，到后来的猛然顿悟，都仿佛只在一刹那间。当我无聊翻阅族谱照片，晃见一个叫"世勋"的人名时，忽然想到在哪里见过，一时想不起来。就在随手的稿纸上记了一笔族谱的页数和照片编号。半个小时后，当我打开修桥碑刻照片时，这个名字赫然出现在"募集者"的首位。此时我如梦初醒，马上打开师姐整理好的word文档，搜索一下这个名字，一下出现了五六个结果，而且还有更丰富的活动信息。

这位生活在明代中期的溪村士绅彻底拯救/改变了我的学术生涯。围绕"世勋"的事迹，我找到了那个无限循环小数的内在规律。我终于明白，族谱、碑刻里面记录的内容，并不是无意义的套话和陈词滥调，只是因为我之前从未沉下心来，将它们读"懂"。我学会了区分，世勋和他那些叫世爵、世兴、世稠……的堂兄弟、从堂兄弟,他们每个人都是有着自己事迹的独立的个体,而不是那个小数里不断重复的循环节。他们曾经一起修建桥梁、铺设道路、开设私塾、延聘教师,为庙宇筹款,给某家失火的宗祠提供修缮。而这些活动不仅限于族谱,还在别家的诗集、地方县志的艺文志部分,甚至当时全国知名学者的诗文中,留下了自己的蛛丝马迹。

一通则百通。以前让我视为畏途的地方文献一下子变得对我友善起来,我如同得到密码本的破译员,疯狂地享受起把一条条散落在墙角、地头的线索,拼接成一张意义之网的解密游戏。最后我甚至查到,那个在闽剧团演出场地外面给我们提供信息的老人,和明代的"世勋"之间的亲属联系。这时,我也终于原谅了当时那个无比沮丧的自己。毕竟,这次我终于有了一些比村里人自信的底气——我至少比他们每个宗族分支的老人都更熟悉他们共同的祖先。

遗憾的是,当我兴致勃勃地把自己写下的"溪村历史民族志"寄给暑期学校时,对方觉得不合格,强调只要"原始资料",不要分析的结果。我在懵住之余,扒拉了一点师姐整理的碑刻信息,又勉强提交了一次,没想到这次给过了。师姐再次帮了我一把。

五、另一条道路

打开了文献的世界,或许是我在厦大学习阶段里最大的收获。有趣的是,这没有发生在我读历史系的阶段,反而是读人类学系的时候。而这让我走通了另一条相仿的路径。如果说解读古代文献、地方文献,实际上是一种将古代文化翻译现代文化的过程,那么将英文翻译成中文,也可以被视作类似的文化转译之路。读懂地方文献,甚至令我的英文理解水平也大幅提高,就是在研二到研三的暑假,还完成了《石器时代经济学》的翻译、统稿工作。

此时的我,已经有一个粗粗的想法。我意识到把所有民族地区都跑一遍的想法不太现实,可我又说不上对某个具体文化的特殊兴趣,不论是国内还是国外的;真正让我感兴趣的是作为总体的人类文化。我萌生了写一本从文献出发,以"文化生态学"角度,讨论中国历史上各民族形成的著作的念头。

于是,当我提交博士入学申请的研究计划和参加现场面试时,都提出打算把重写一本《中国民族史》作为博士阶段的主攻方向。因为，就这个粗粗的想法而言，也找不到其他比"中国民族史"更合适的词汇了。

众所周知，我没有得到继续攻读博士的机会。我的学院人类学生涯止步于2009年的春天。但很快，上海博物馆的工作，让我几乎没有耽搁地回到了研究的轨道上。我发现，既然我的最终目标是写一本有关中国所有民族的历史，攻读博士的目的也在于此（而不是简单谋求一个教职）。那眼前的选择，已经意味着我可以提前展开这个目标了。

2009年末《石器时代经济学》的出版，我同时也交出了与黄向春老师合作翻译的《伊隆戈人的猎头》。这让我愈发觉得，之前读博的打算（我宏大的中国民族史计划大概率无法实现，应该会代之以一本内容有限的民族志），在很大程度上，其实是我逃避开始独立研究的借口；而现下这份清闲的工作，反是逼我打消抗拒，催我走上研究之路的号角。

既然如此，我便决定遵从缪斯的指引，不再考虑读博这条回头路，而是继续任性地在博物馆人类学的道路上一条道走到黑。当初找工作时，我曾得到一家出版机构和上博两家的面试机会。我想着在出版社可以做些翻译和文字工作，可博物馆不但可以满足这些需求，还能更加自由。而另一个让我充满动力的理由，则是那些伟大的人类学家，包括博厄斯、列维－斯特劳斯都有过在博物馆工作的经历，与他们为伍令人倍感荣誉。于是就进了上海博物馆，古代工艺研究部。

事实证明，博物馆工作比设想的还要宽松。上博有一个专门陈列全国少数民族文物的展厅，有服饰、织物、金属、雕刻、漆艺、面具等六个类别。我只要逢年过节看一眼这些展品是否倾斜、褪色，就算完成了日常工作。此外，单位还支持申请假期和经费，安排自主的科研考察。更重要的是，完成这些微不足道的工作之后，其余时间，尽可自由支配。

机会与光阴都不可辜负。首先，兜兜转转一大圈下来，我觉得自己的英文翻译水平有了足够的提升。在得到李创同老师的授权后，《二十世纪神话学的四种理论》又一次被我翻出，经过大半年的光景，终以一己之力完成了这项绵延长达10年的翻译工作。接着又和北大出版社签了一项三种人类学教材的翻译合同，在之后的两年里，连续翻译出版了《远逝的天堂：一个巴西小社区的全球化》《改变人类学：15个经典个案研究》和《人类学入门：像人类学家一样思考》三本书。就以这样的方式回馈了不断给我启发的学术翻译事业。唯一的遗憾,是尚未有机会再次启动《文化之道》的复出。

接下来,我终于有机会启动我最初的念想。从 2010 年初,也就是入职上博的半年之后,我正式动笔,开始我的"中国民族史"写作计划。其中经历了四年时间,在 2014 年的时候最终以《四夷居中国:东亚大陆人类简史》这一名称,完成了我的初心。不过,该书的出版面市,还要经历四年时光。其中所有的故事,或许需要另一篇文章专门讲述。

六、做"任性"的人类学

海阔凭鱼跃,天高任鸟飞。比起学院环境所能给予的有限资源,其实分散在社会不同领域的机构,能提供更多的机遇和挑战。在我离开学院的十年期间,许是我学术能力和社会阅历成长最快的阶段。与《南方都市报》《东方早报》《新京报》等媒体的合作,让我有机会把人类学领域的知识,分享在一个学院体系以外,受众更多的平台之上。而与北大出版社、华东师范大学出版社、社科文献出版社等出版机构的合作,则使我得以串联人类学知识的生产与传播的体系。

而这些对不同领域的连接,也以丰富的成果回报了我。2015 年,我收获了中国图书馆学会阅读推广委员会、南方都市报颁发的首届"华文领读者"书评人奖。2017 年,《伊隆戈人的猎头》获中国东南亚研究会"海外东南亚研究译丛"编委会颁发,姚楠翻译奖(三等奖)。2018 年,《四夷居中国》获中国出版社集团、《经济观察报》颁发"年度好书"奖。

2019 年,我将历年所写的人类学随笔、评论编为《与人类学家同行》《从考古发现中国》两书出版。另有人类学田野随笔《田野:一个人类学家的成长纪实》,从人类学视角阐释中国古代思想形成的《诸子与诸国》即将出版。未来,我还将在出版策划、研究写作,以及媒体平台等不同领域继续关注、推动中国人类学从学院走向公众的历程。

从人类学到博物馆,再到公共领域,无论是做研究还是做自己,一种人类学思维始终指引着我。"(人类)历史中真正重要的,是人们的日常生活;日常生活中真正重要的，是饮食、睡觉、穿衣这些东西，而不是那些抽象的制度、礼教和儒学道德思想。"[1]正是这样的启迪，促使我在《博物馆里的极简中国史》一书的序言中写下这样的话："我想要让大家知道，这些博物馆中的艺术品，首先是我们的先民在历史上创造出来的'有用之物'。他们曾经使用过这些物品，通过这些物品的交换，古人可以建立友谊、结成婚姻，推动了人口的增长、文化的演变。"

不知何时开始，我从一个只知"人类学理论学派"的人类学初学者，陷入"看山不是山，看水不是水"的话语迷雾，重新又睁开双眼，成为"见山仍是山，见水还是水"的进阶者。这个顿悟的时刻，可能发生在翻译《石器时代经济学》的时候，也可能是在为博物馆征集民族工艺品的时候，我已经记不清了。但唯一可以肯定的，多年以来面对各种挑战时的积极应对与反思，最终让我意识到人类学所研究的"文化"不是各种空乏的习俗、制度，而是"假于物"的真实的社会联系方式。那么，还是那句老话，实践出真知。

回首过去 20 年上大学以来的时光，我真正在人类学系里的时间只有短短的 3 年，但人类学却几乎占据了这整段时间。我在求知的路上，遭受过挫折，甚至是怀疑自己选择的挫败。但人类学教会我悦纳了过去的自己，与挫折和解，最终从困境中走了出来。坦率地说，我对社区田野依然有所敬畏，但我相信不会再陷入那时不知所措的窘境。

如果要我从自己的人类学经历中总结点什么，我想，应该是"任性"。只有随心所欲，兴之所至地追求学术的方向和解答，才能让我们获得真正的知识和人生。

---

[1] 徐琳玲：《张经纬：博物馆里的"网红"人类学家》，《南方人物周刊》2019 年第 7 期。

我的人类学训练

张巧运

张巧运，人类学博士，曾为荷兰国际亚洲研究所博士后、牛津大学人类学与博物馆民族志系兼职研究员，现为北京师范大学－香港浸会大学联合国际学院通识教育部助理教授。在国内外重要期刊发表了10余篇文章。

我整个的人类学训练都是在美国完成的，时间前后差不多有十年，见证了美国人类学硕士、博士生培养的全过程。在这里，我从自己小小的既主位（作为人类学的学生）又客位（作为中国留学生）的视角，分享一些学习人类学的感受。

一、理念的培养：四分支研究方法（The Four-field Approach）

2007年秋天，我去到美国中西部的伊利诺伊州，开始了正式的人类学学习。我本科毕业于复旦大学英语语言与文学系。在硕士申请之时，我只上过两门与人类学有关的课：一个是耶鲁大学暑期课程中的文化人类学导论课，另外一个是在复旦大学旁听的潘天舒老师的饮食与文化课程。之所以选择了一所非常不知名的学校读硕士，是因为在复旦的课堂上读到了一篇我未来导师的文章，就大胆写信联系了他。他非常热情地回复了我，还安排我去学校实地考察。通过一系列的准备，我最终申请到了全额奖学金，得以成行。

去伊利诺伊之前，我给自己定的学习目标是，学习文化人类学，研究方向是饮食与文化。我的导师David E. Sutton是研究饮食人类学的主要学者之一。但是，我到了那边以后才知道，美国的人类学硕士训练刚开始时不会看学生的研究方向。它提倡的是教学生用四分支研究方法（four-field approach）学习人类学。美国人类学是一个由四个分支组成的学科，它包括文化人类学、语言人类学、考古学和体质人类学。我所在的人类学系的设置也遵循了这个四分支研究方法的原则。在教师的设置上，每一个分支都有四到五名老师。教师的招聘也会考虑到四分支教师数量的平衡。在不算大的文科楼里，我们系分别设立了颇具规模的考古实验室、生物人类学实验室，以及语言实验室，满足老师和学生的科研需求。而在各自分支做研究的师生，则会在每周举行的正式和非正式的讲座和茶话会上，就同一个话题展开激烈的讨论。

作为人类学的硕士生，我们需要分别学习每一个分支的重要理论与方法。

此外，还要上一门介绍整个人类学发展历史的课程。这五门课程是所有人类学硕士的必修课，要在硕士第一年的两个学期里全部修完。我们再根据自己的研究方向选修课程。系里的培养目标是让每一个学生通过四分支理论和方法课的学习达到可以去为本科生讲授对应分支入门课的水平。这些课对于我这样一个毫无人类学背景，也几乎没有任何相关学科背景的人来说是非常大的挑战。在生物人类学的课上，我不仅学习了分辨不同类人猿的进化方式，还了解到最新的 DNA 研究技术。在考古人类学的课上，我完成了一篇方法论的论文，分析碳 14 定年法的发展与局限；和一篇理论的论文，分析过程主义考古学与后过程主义考古学的异同。更不要说在课堂上学习辨认不同的考古基地，及其所呈现的不同文化类型。在语言人类学课上，我花了半学期学习语言学的基本理论，又花了半学期时间了解不同族群的语言与其民族身份的关系。在我自认为比较熟悉的文化人类学课程上，我第一次完整学习了人类学概念的基本历史。人类学历史与方法课则是把历史上著名的人类学概念及其主要倡导者做了一个系统的梳理与比较。硕士第一年的暑假，我还在包吃包住条件的诱惑下，参加了一个考古夏令营去挖掘伊利诺伊附近的一个印第安部落的遗址。在那里的一个多月时间里面，我学会了使用各种考古的工具，以及如何在没有电饭煲的情况下把生米煮成熟饭。

这种训练刚开始的时候是看不清楚方向的，我觉得自己好像在学很多不一样的东西，有的时候也说不清楚它们有什么关系，为什么都叫人类学。直到在美国人类学历史和理论课上读到博厄斯发表在《科学》杂志上的对人类学以及"原始人类"思想研究的论文时，我才理解了对人的研究是离不开这四个方向的。我们首先要把人当成生物体来研究，那么对人的进化，以及类人猿的研究就变得非常重要。我们要了解人的历史，那掌握基本的考古学知识也是非常必要。语言作为人类交流与文明形成的基本工具，也是人类生活不可忽略的一个部分。最后其实才到关于当下生活的文化人类学研究，以具体的人群为单位理解人类的生活习性和文化逻辑。至此，我们才可能开始进行整体的（holistic），以及比较的（comparative）人类学研究。

在这期间我逐渐了解并接受了美国人类学训练的一个基本思想。对人类学硕士的培养，是希望他们学成以后能完成一个基本的对人的研究的认识，然后可以到本科或者高中的课堂上为学生教授这四个方面的总体性的知识。这个可能是其他学科无法比拟的人类学的优势之一。人类学的研究可能从一开始就是跨分支的、比较性的研究。几乎所有在这个历史渊源中出来的美国人类学家，都对他自己所在分支之外的另外一两个分支有一定的了解。比如我导师研究的是饮食、记忆和历史，他在写作和教学中也时常引用考古学知识。当然他研究饮食也会引用生物人类学的研究成果。我认为这些都是一个好的文化人类学家应该具备的素养。以我个人的经验来说，我第一篇正经发表的论文就是一篇语言人类学的文章，运用语用学和元语言分析的方法探讨新奥尔良一个餐馆的历史身份。此后，我再从这篇文章出发，写出了我的硕士论文，讨论新奥尔良餐馆的重新开张何以成为卡特妮娜飓风后城市文化重建的标志性事件。

无独有偶，我在美国新奥尔良的杜兰大学进行博士学习时又接受了一次四分支研究方法的训练。在杜兰大学，博士一年级生都必须选择一个自己专业领域之外的分支，作为自己的第二研究方向。我因此又选修了两门语言人类学的课程，并继续深入地学习了新奥尔良本土的克里奥语。所有人类学博士一年级生还必须选修一门关于美国人类学历史与研究方法的课程。上课的教授遵照四分支的研究方法原则提纲挈领地给我们讲了一遍美国人类学的历史。他的讲义出版后成了一本很畅销的人类学概论书。直到我们入学之前，杜兰大学人类学博士生资格考试的设置还是按照四分支的研究方法原则设置的。具体来说，在此之前的博士生资格考试要考查学生四分支知识的储备情况。每一个分支都有一个题库，学生们学习这些题库中的所有问题来完成博士生资格考试的笔试。只有通过了这个博士生资格考试的笔试，学生才会在接下来的面试中和老师讨论自己研究计划里的具体问题。

在众学长学姐的羡慕嫉妒中，我考试那一年迎来了博士生资格考试的改革。每个学生在笔试中只用准备自己研究领域的相关问题。只是在面试中，我们要有能力回答另外两个分支中与自己研究相关的问题。以我的研究为例，我在博士二年级时因为一些特殊的原因，转而研究四川西南羌族地区的灾后重建情况。因此，我的博士生资格考试笔试的主要内容包括中国的民族研究、当代中国的政治政策研究，以及灾难人类学的研究。而为了准备接下来的面试，我特意跟系里的一位考古学老师上了一学期的自修课，学习中国西南地区的考古史，特别是民族形成的历史。为了应对另外一名语言人类学老师的挑战，我还跟她学习了一学期关于保护少数民族语言的研究。在最后的面试过程中，这两位老师都针对我的学习和研究分别提出了具体的问题。非常有意思的是，因为我自己安排的失误，我的导师没能在毕业典礼的现场亲自授予我证书，而是这位语言人类学老师欣然地给我戴上了博士领徽。

对学生来说，取消四分支考试也许是一次如释重负的改革。但对系里的很多老师来说，这也许是人类学训练"倒退"的标志之一。现在看来，我在美国求学的那几年也是美国人类学急剧变化的时期。在各分支积极发展的同时，它们之间的分歧和疏远逐渐代替了合作和交流。这可能也是时代对人类学整体性考察方法的挑战。当各分支日渐成熟、各自为营时，我们的训练和研究如何真正达成对人的科学研究？

美国人类学训练的另外一个特点是强调学生对异文化的研究。现在我们都知道，美国人类学建立的基础就是对他者即非西方文化中的人的研究。[1]但我当时完全不具备这方面的知识。我只知道我自己的导师，一个美国人，研究的是希腊一个小岛的历史与文化。为此，他专门学习了希腊语，还几乎每年都会去希腊做一些田野调查。他会兴奋地给我介绍他在希腊的妈妈、叔叔、姐姐和妹妹。我另外一个老师是来自厄瓜多尔的移民，他分别选择了在洪都拉斯和美国的新奥尔良做研究。系里另外一名美国文化人类学家研究的则是尼日利亚的电影文化及其与种族主义政策的关系。我们日常阅读的大部分文献也是关于非西方人群的民族志。唯一一个讲美国人的，还把他们异化成了一个名为Nacirema的部落进行颇有深意的嘲讽。[2]

慢慢地，我也暗下决心要研究一个非中国的文化现象，而当时最让我震撼的异文化就是美国文化。在系里老师的研究经费的支持下，我在研一的暑假和研二的下学期进行了田野考察，积累了大概半年多的资料，完成了硕士论文。我当时把研究美国当成了一件很酷的事。我一个来自中国的学生，可以在美国的一个城市单独做田野考察，跟当地人成为朋友，能够听懂他们的话，特别是听懂他们的笑话，以及他们的话中话。我能够对一个美国城市的历史身份做一些分析，特别是对美国的一些比较重要的灾害事件、种族冲突和移民文化做一番研究。这些对我来说都是非常新奇和特别的事情。

---

1 当然也有不少研究批评了美国人类学殖民主义的背景，参见 Asad, Talal, ed. Anthropology and the Colonial Encounter. Atlantic Highlands, NJ: Humanities Press, 1973.

2 Miner, Horace, "Body Ritual Among the Nacirema", American Anthropologist, Vol. 58, No. 3, 1956, pp. 503–507.

我个人认为，研究异文化是人类学训练的一个兴奋剂和突破点。做人类学研究的人通常是对人类经验有极大兴趣，而对当下生活有很多问题的人。我的老师 Roberto Barrios 曾经告诉我，人类学就是去考察人们为什么要做他们做的事情，以及他们是怎么做的。人类学研究中最让人兴奋的事莫过于发现一些有别于自己经验和认知的事物。我在新奥尔良时，就怎么也想不到当地人会在飓风过后缺衣少食的情况下，跨过半个城去看看自己喜欢的餐馆是否开门了。我在羌寨的时候，也花了很多工夫去搞明白村民们说的神都有哪些。人类学把我们训练成了习惯于通过比较经验来寻找答案的人。而最好的比较研究方法，则是让自己进入他者的生活，在强烈的冲击甚至于冲突中完成自我的改造。我想每一个研究者都在做调查的时候被知情人当成过"白痴"和"傻子"，提出过一些让他们嗤之以鼻的问题，受到不少的揶揄，甚至跟知情人产生一些争吵。然而，那每一次的嘲讽、争执、和解和再冲突，都成了珍贵的研究素材，也给文化的交流打下了更坚实的基础。

二、技艺的打磨：从田野调查到论文写作

　　人类学学习的重头戏是民族志理论和田野调查方法的训练。看似平常的田野调查其实需要不少的设计与技巧。在我的学习过程中，这样的培训首先开始于课堂上的"观察训练"。在有的学校，老师会让学生观察一个堆满了各种垃圾的垃圾桶（老师在学期中还会不定时地改变垃圾的内容），以此写一篇迷你民族志，分析扔垃圾的人群的基本特征。在其他的学校，学生会被要求对一个现象进行长达一学期的观察，再完成一个主题论文。研究者全程不参与活动也不进行访谈。现在回想起来，这种看似"肤浅"的田野观察实际培养的是人类学最基本但关键的技能，即寻找现象/事物与生活的关系。做到这一点需要我们不断地学习人类学的知识、对特定事物坚持长期的观察，以及培养一种人类学的想象力——在平凡事物中寻找生活逻辑和规律的能力。

　　在课堂内完成"观察训练"后，我们接下来就是在寒暑假时到广阔田野中去横冲直撞。我第一次去新奥尔良的时候问过导师要读点什么具体的书。他却告诉我，我需要先给自己"找一个题目"。我博士一年级去考察汶川羌区震后

重建的时候，甚至还不知道自己要研究这个题目。我的老师告诉我，不管在田野里面做了什么，每天都要详细地记录自己做的每一件事情。结果是，这两次的预调查都为我的硕士和博士论文提供了关键的启发。这些关键的启发，就是我在第一次田野考察中经历的最让我惊奇、震撼，或者匪夷所思的事。在新奥尔良，我最惊奇的是，人们为什么会花那么多的时间和精力去挽救一个小小的餐馆。为此，我几乎每天都去那个餐馆里面坐一坐，观察人们在里面做些什么，吃些什么东西，聊些什么事情。我想知道他们在飓风过后最关心的事情到底是什么。在羌区，我所惊讶的是为什么那些受灾的寨子，不仅很快被重建了，而且成了宣传羌族文化的旅游景点。我第一次在羌寨其实就待了两个多星期，每天就是跟着那些住在新家的主人接待客人，听他们给客人讲灾后重建的事情，听他们评价自己的新生活。我最想知道的，依然是这些村民在地震后最关心的事情是什么。这样的预调查，告诉了我一个最重要的田野经验，就是我永远无法预料田野中会发生什么事情。我唯一能做的就是忠实记录。带着自己的问题去询问，去观察，去体验，然后忠实记录自己的所见所闻所感。预调查结束以后，我回到学校做的第一件事情，就是整理自己的笔记和录音。我在录音和笔记中再进一步总结那些在调查中不断出现的人物，不断被谈起的事情，以及人们一直绕不开的话题。这些话题，最后就成为我研究的主要内容。

在真正进行为期一年或者更久的正式田野调查时，我还需要依赖自己总结的技巧，以及老师们不断的反馈。我博士论文田野点在四川省阿坝藏族羌族自治州汶川县的一个羌族村寨。我进入田野点没有语言上的问题，但有很大身份上的危机。我是一个从成都去的汉族美国留学生。如果不把身份上的梳理感和怪异性打掉的话？我得不到太多自己想要的东西。于是，我很愉快地选择了做一个"勤快的傻子"。"勤快"是指真正地下地干活、参与生活。我刚去的时候总是家里最后一个起床的，房东嬢嬢总还要留一碗面条给我。在吃了几天冷面条，哦不，是几天见不到家里人之后，我痛下决心晚睡早起帮阿姨打扫院子。我刚去羌寨不久就到了收玉米的季节。作为一个既没有掰过玉米也没有背过背篓的"无知"青年，我主动申请去把玉米从田里背回家。于是，我要一边弯着腰背着一个装了几十斤玉米的背篓艰难前进，一边还要跟旁边同样背着几十斤玉米的嬢嬢"谈笑风生"，说我"不累"。背了两三次后，嬢嬢终于说了一句："巧运，你还可以哟。"我趁势请嬢嬢给我拍了张背玉米的照片，发在了他们都能看到的QQ空间里，并配了一句毛主席写的"农村是一个广阔的天地，在那里是可以大有作为的"。那次以后，房东孃孃再也不跟我客气了，我早饭的面条都要自己下了。但我知道，我可以正儿八经地开始做田野调查了。

在田野里做一个"傻子"，是指对日常事物常有一颗好奇的心。一个基本的田野调查训练是不要让自己的问题具有引导性，但是要让一个做了充分准备工作的调查者问一个不具有引导性的问题是非常难的。因此，几乎我每天的工作，都是在知情人家里或者地里，用一种城市憨憨无知青年的语气，问一些"常识性"的问题，请他们当我的老师。而且，同样的问题，我会像忘记了似的，专门找另外的人再问一遍。类似的问题，我也会隔一段时间在另一个场合再问一遍。有趣的是，我会发现人们会在不同的时间和场合，以解惑的姿态，给我真诚但截然不同的答案。有时候我会故意说错，特别是一些关于神灵和毒药猫的故事，村民人就会竞相纠正我，还因此激烈地争吵起来。田野调查的训练告诉过我，不能只听村民们说什么，要看他们做什么。我自己甚至认为，不能只看他们这次说什么，还要看他们下次又说了什么。当然，我的这种行为还遭到过无情的嘲笑，特别是我的父亲。作为一个旅游爱好者，他经常跟我一起下田野，当然他也就听过好几遍我的问题。当我反复问不同的人同一个问题的时候，他就会非常焦急地打断我，说你不是知道的吗？当时我气得心里直翻白眼，只想他赶快出去抽烟。所以，我的经验是，没有受过田野调查训练的人是不能做调查的！

在田野调查中，我的老师们所提供的"第三只眼睛"也非常重要。有一次我只是在田野笔记中简单提到女性在羌寨农家乐中做了很多工作，我杜兰大学的导师杜杉杉老师马上给我打了个长途电话，非常详细地询问了女性具体做的工作、家里男性的反应，以及农家乐工作的具体内容，并指出这可能表现了农村旅游转型过程中女性的新角色。她的这段话为我博士论文关于农家乐的章节提供了重要启发。而且，在近几年的关于民族地区搞旅游的研究中，也有越来越多的学者注意到了这个问题。[1] 另一次，我在田野笔记里提到当地释比（羌族仪式主持人员）刚为一个纪录片专门做了一场仪式，我的合作导师Nicholas Spitzer老师马上就在邮件里说，让我关注释比自己创新的地方。结果，在后

---

[1] Chio, Jenny. *A Landscape of Travel: The Work of Tourism in Rural Ethnic China*. Seattle: University of Washington Press. 2014.

来的访谈中，释比们非常兴奋地跟我讲了他们在仪式服装、道具、舞步和唱经上所做的改变，从而把特定的习俗表演和实际的仪式过程区别开来。因此，我非常怀念有老师指导的日子。我毕业之后再去做调查的时候，总还是希望有老师和朋友能够给我提提醒、解解惑。

研究基金的申请和学位论文的写作也是人类学博士训练中非常重要的一部分。必须指出的是，在美国学习人类学对学生的英语阅读和写作能力有极高的要求。在获得博士候选人资格后，我花了一整年的时间申请田野考察的资助。虽然国外的田野基金，虽然可能所有地方的基金，都会要求大家写一种非常八股文的本子。但是，田野基金的申请要求学生很系统规范地介绍自己研究的内容、方向、方法和创新点。写作的过程会不停地逼迫学生去反思和考量自己的设计是否合理。它其实也是一个查漏补缺的过程。在这一年几乎不停地写作中，我慢慢地总结出了自己研究的大概框架，也有幸获得了几个国际性基金会的资助。我的论文写作也开始得非常早。从硕士二年级开始，除了回国做田野调查和生孩子的那两年，我每年都会向美国人类学学会年会提交会议论文。从最开始的250字摘要，到2000字左右的会议发言稿，再到10000字左右的论文，从最初参加学生论文比赛到在知名期刊发表文章，论文写作陪伴了我整个求学生涯。我一直记得刚开始写英语论文时，老师们还很直白地让我去找学校写作中心的学生教我基本的语法知识。但几年下来，我提交论文时已经不太需要文字编辑的帮助了。在这样的练习下，我可以在博士论文中用文学性的语言对田野地点进行描述。也是在这样的坚持下，我才可能做到在生完女儿的次年就完成论文答辩，顺利毕业。

三、职业的选择：研究与生活的共振

美国博士毕业之后，我幸运地获得了全额资助去到荷兰莱顿大学的国际亚洲研究中心做博士后研究。又在 David Gellner 教授的支持下成为牛津大学人类学与博物馆民族志系的兼职研究员。后来因为家庭的原因我回到了祖国，辗转之后留在一所中外合办的高校执教。博士毕业只是完成了一次工整的学术训练，毕业后的研究则要靠自己对学科和生活的思考。回国以后，特别是在从事相关研究的师友的帮助下，我学会更为审慎地选择研究的课题。我的兴趣点一直都在风险与灾难研究，尤其关注不同人群应对风险和灾害事件时所采取的不同方式，以及形塑不同灾害应对方式的政治、经济、社会和文化因素。我的田野点主要还是在西南的少数民族地区。我试图采取一种长期性研究方法，对每个阶段在该地区发生的重要事件进行跟踪分析，从而对民族地区的身份认同、区域经济变化和现代性生活的变迁有比较全景的认识。除了继续追踪汶川大地震十余年来羌族村寨的变化，我的研究课题还包括羌族地区非物质文化遗产保护与旅游发展、川西北多民族杂居情境下的资源竞争和关系塑造，以及新冠疫情暴发以来羌区民俗生活的恢复和变迁。非常幸运的是，网络民族志的发展也让我可以继续进行关于美国的研究。新冠疫情暴发以来，我有幸加入了一个研究团队，考察留美华人在疫情中的生活状况。理论上，我在努力探索风险文化理论与风险适应实践之间的勾连。

随着研究的深入，我愈发认识到风险认知的本质在于人群对未来的想象和预期。因此，我另外一个研究的兴趣点是关于未来的人类学研究，其中涉及人类学对希望、发展，以及美好生活的理论分析和实践探索。在羌区的研究中，我一直关注着震后灾民如何在原址重建的新家乡里、在原地保护的地震遗址里，过着"向前看"的生活。特别是新冠疫情之后，我试图分析人们被疫情防控常态化所规训的"扫码""戴口罩"和"不聚集"的生活方式如何改变甚至于颠覆以往的习俗和认知。我还准备把对未来和风险的研究延伸到个人所关注的教育和健康领域。

我认为的研究与生活的共振有两方面的意思。第一是说自己研究的东西刚好也是生活中所关心的问题，比如风险、未来、现代性和美好生活。这些都是一个想要过好日子的人需要面对和思考的现实。而日常生活的种种意外与抉择也给我提供了不少反思的素材。但我认为还有更重要的第二点，就是对我这样一个在外漂泊多年再回国的人来说，我很珍视在国内的研究、教学和生活中遇到的志趣相投的师友。如果没有老师同辈们无私的帮助，我万万不能在国内顺利地进行田野调查和落实工作。如果没有大家真诚的指教，我也很难发现自己的问题，找到并坚持有意义的研究课题。因此，我想借此小文，感谢多年来带领我入门和上道的老师朋友们，感谢本书主编和前辈们的支持和鼓励。我也想借此机会勉励自己，保持热情、刻苦求知，多发现一些生活的乐趣和意义。

水至清深,无问西东

张文潇

张文潇,人类学博士,现任职于北京城市学院,担任硕士研究生导师。发表学术论文、报告10余篇,参与编著1部,译著2部。任教以来,连续获得"双优教师"的荣誉称号。

水至清深，无问西东

接到《新生代人类学家之路》的征稿启事，邀请青年人类学者讲述其入门及从事人类学研究的历程和故事，恍然想到自己曾在博士毕业之际为给校园学习生活画上一道休止符而写作的论文后记，因脉络一致，故此沿用其标题，并以之为基础，结合个人毕业三年来由学生向教师的身份转型后的从学之悟，向学界同仁分享我在人类学旅途上的懵懂、莽撞与天真。

一、人类学之思或起源于天真时代

人类学家奈吉尔·巴利曾记录了他在非洲喀麦隆多瓦悠人村落开展田野工作的经历，将其如何克服乏味、灾难、生病与敌意的田野生活呈现在读者面前，以一个他者的眼光，展现人类学家的"天真"。那么，人类学者究竟是因其承担了探索异文化的使命，才变得像孩童般天真？还是在天真时代便已埋下了人类学的种子？于我而言，似乎更是后者。

在我年幼时，父母受工作影响不能常伴左右，因此在大部分时光里，我都是由祖母照看。从这个意义上讲，我成了村中最早一批的"留守儿童"。20世纪80年代末的华北乡民，可以去往何处工作呢？去邻村的树场帮工，去集市摆摊，或者租赁一辆货车倒卖山货……相对而言，我父母的工作稳定而体面，他们在供销社谋了一份职业。得益于此，我总能得到些他们外出采购时捎带回的衣服、玩具和零食，而它们也激起了我对外部世界的好奇心。读小学时，我被接到供销社大院，和父母一起生活，和大院里的孩子一起看长辈们收购板栗、药材，售卖日用杂货，阴天下雨不能开工的时候，就跟着他们"抽王八"、吃火锅。

在供销社大院的生活是规律的，大院里的人们随着节气时间和农事安排平稳地调整着工作、生活节奏，直到母亲患病。那一年，母亲发觉身体不适，检查出急性肾炎，从此父亲便带着母亲四处求医。近两年的时间，眼见家中的积蓄日渐耗光，母亲的病情反复无常，快没有可供尝试的选择时，父亲偶然在《焦点访谈》上得知了肾病专家张大宁教授，并凭借他的决心和毅力请张教授团队为母亲诊治，母亲的各项指标才逐渐恢复正常。

也是在父母奔走治疗的这段时间里，我熟悉的小豆村供销社散了，散了的还有它分别设在碌村、李村和王庄的三个分销店。这些我常常跟随长辈游走其间而十分熟悉的地方悄然发生着变化，人们开始慢慢地不在一起吃食堂，不再是一窝蜂地参与收购与销售，不再聚在一起开会讨论，一些原来熟悉的面孔渐渐离开了这里。当时的我并不知道供销社的破产意味着什么，只是父亲从医院奔波回来报销药费时遭遇了重重的阻碍，原定的供销社职工住院享受80%的报销比例，在那个时候变成了一纸空文。也是在这时，开始懵懂地思考曾如此之大的场地，如此之多的人群，如此热闹之门市，怎么说散就散了呢？以后孩子们去哪里吃点心，老家的板栗又卖到哪里去呢？我所不知道的是，在天真的孩提时代由供销社解体所引发的思考竟在十几年后成了我人类学博士论文的主题。

二、社会学调查与当地人视角

如我所说，尽管我的人类学之思可能起源于天真的孩提时代，但那时我对此毫无概念，更别提自主选读人类学专业了。大学本科的择校与选专业是在毕业班班主任马连江老师的引导下完成的，他建议我第一志愿填报会计学，第二志愿顺延为社会学，并解释道：人要想有所成就，就得明白，或者是算得明白数字，或者是看得明白社会，我深以为然。经历了高考的磨砺，数字已然成为我当时最为熟悉的对象，也因熟悉而充满了安全感，对比而言，社会于我而言却是十分陌生的领域，可也恰恰因为陌生而产生了好奇。如果能够看清社会的本质，岂不妙哉？后因分数限制，我被调剂到了第二志愿，开始学习社会学。

社会学是什么？对于这个问题，我最初心中怀着的是一份几乎每个探索这个领域的人都会产生的好奇。但一直到进入真正的学科培养与训练，还是按部就班地循着九年义务教育的老路子，专业教师给学生的，暂且不论消化或是吸收，我尽力吃下。很快，我所熟悉且因循的刺激反应式的"教—学"模式在大学环境中出现排异反应，成绩不错的我在学术讨论和理论思考上捉襟见肘。更开始在不断汲取理论养分，强化个人思考的过程中，回到最初追问的"社会学是什么以及能做什么"的问题上来。

这种惶惑大约是在大二学年从袁君刚老师那里得到了一种解答，当时袁老师主授《政治社会学》这门课程。如此一位年轻的教师可以独辟蹊径地分析十分晦涩的概念与理论，实属难得。我当时生怕听漏，记下了许多笔记，每次课程结束都会有一种豁然开朗转瞬又难得透彻之悟的纠结体验。这会儿猛地回忆起来，竟一时记不起袁老师当年所讲的具体的内容，不过他的想法大致可以从其对"社会学是什么"这个问题的回答中有所呈现。袁老师说，"社会学是（或供给人）一种思维方式"。类似关于学科到底是什么的追问与回答，我在以后的日子里听过许多，不过袁老师却是第一位使我直观感受到"社会学中的1+1未必等于2"的人。

大三学年，学院开始有计划地将我们安排到各位老师的调研组中，我十分幸运地被分到付少平教授一组。我们的调研主题是"灾后移民的社会问题"，围绕这个主题我们确定了四川省汶川县映秀镇和水磨镇两点的调研路线，设计访谈提纲，随后围绕当地的社会经济状况、精神状况和后续安置等方面完成了调研报告。付老师全程参与了指导，仅就前期访谈提纲的修改建议，付老师就用邮件回复了1000多字，后续指导之细致更无须赘言。

在汶川县映秀镇和水磨镇两地的调研感受是复杂而深刻的。我们开展调研时已经是汶川地震后的第三年，当地的重建工作基本完成，处于震中的映秀镇从外观上看已是井然有序的景象，小镇的街上还重新开设了许多店铺，它们主营餐饮、住宿和纪念品，除了漩口中学遗址和北面山坡上的公墓在提醒着人们此处曾经惨烈的遭遇外，似乎一切都在回归正轨。初入这座小镇的人，都会感叹于当地如此快速的重建和复原，直到我们开始进入家户，真正开展访谈，才了解到当地居民心中的许多创伤已随着亲友的离世而被深深地掩埋在地层里，很难被觉察、被疗愈。

通过访谈，我们得知，灾后在映秀生活的大多并不是原址的居民，这是由于原址居民的伤亡过于惨重，他们实在无法在这个伤心之地继续生活下去，而从外地搬迁至此的人们除了是在响应当地政府的安排之外，也有着与原址居民一样的考虑，他们要逃离曾经的家乡。映秀的街上划定了许多供残疾人使用的停车位，但人们抱怨，哪里有这么多残疾人呢？地震确实造成了大量的残疾人，但他们大多外迁了，那么划定车位的意义是什么呢？这些停车位与街道两旁店主的境遇相似，它们的供应饱和了。

如上文所述，为了保障居民的生活生产需求，当地灾后重建的第一步就是建筑，这些建筑是统一规划的二层楼房，以政府补贴一部分的方式出售给居民，主要格局是一层为商用，二层开设宾馆或家用。显然，鳞次栉比的楼房形成了一定的规模，与之相应的是当地商业的快速恢复，这种扩展一方面得益于政府补助，另一方面则缘于本地需求的迅速扩张。当地居民因地震伤亡惨重，人口外迁比例大，又是什么重构了需求呢？原来，灾后各地的志愿者和悼念者纷纷涌来，他们带着志愿的精神、能量和物资亲自投入到映秀的灾后重建中，他们奉献自身，也用其衣、食、住、行的消费行为激活了映秀的商业，这使得当地居民感受到了温暖和力量。然而，当志愿者们陆续撤出，小镇再次面临难题，依赖于快速注入的外部力量得以复苏的小镇商业及其数量繁多的经营者们要去哪里吸引大量的消费者呢？三年后，当我们游走在小镇街头，想要完成一份访谈时，总会接到来自各类店主的热情邀请，请我们到他们那里消费。他们回忆着地震带给他们的创伤和灾后轰轰烈烈的重建带给他们的希望，也并不掩饰他们对生意难以维系的失望。为了尽量兼顾，课题组常常更换地点用餐，这不免引起一些店主的误会甚至不满，也更促使我们深入思考当地的重建方式及后续安置问题……

那是我人生第一次正式调研，尝试沿着社会学的脉络思考了很多问题，也是通过这次异地调查，我更直接地感受到了地方社会，并尝试用当地人的视角看待问题，想来有许多浅显、稚嫩之处，都得到了付老师的指点与包容。难得的是，我第一次在实践中体知社会学调查的严谨性与学术分享的意义。

三、既见社会也见人

本科将结束的时候，我遭遇了"择业"或"择校"的困惑。在此，不得不提郭占锋老师。当时郭老师刚从中国农大毕业，入职西北农林科技大学社会学系，为我们讲授《文化社会学》这门课程。学科的相关性以及个人的兴趣使然，使得郭老师在讲授这门课程时总会分享文化人类学方面的著作，可以说，郭老师是我人类学的启蒙教师。一次，漫步校园，刚好遇到准备上课的郭老师，他向我询问近况，我便坦陈了自己的犹疑。郭老师说通过日常作业和课程考试基本可以肯定我的学术潜力，并希望我能进一步深造。寥寥数语，强化了我要读研的信念。尽管随后的保研过程历经波折，郭老师始终支持我，并向我的导师赵旭东教授做出了推荐。

我的导师，赵旭东教授，是我这一生最重要的引路人。我波折的保研经历，老师曾听闻一些，并给我发了一条信息，大意是：人的一生就像是乘坐一辆公交车，车里有许多人，甚至多到你没有座位。这时候，当一个人下车，你便惯性地冲上前去抢占座位，可当你还没到这个位置时，原本在座位一旁气定神闲站着的人便坐了下来。你回头再望，原本你站立其旁的座位也空了出来，可是它一旁的人也已准备坐下了。人生不是一个抢占的过程，而更多是一个做好准备等待的过程。这席话消解了我心中的郁结。

我有从社会学转向人类学的勇气，却并未做好这种转向的准备。尽管人类学以社会学为一级学科，二者在理论与实践上多有交织，但它们的区别还是让我用了很久的时间消化。为了投入人类学，我曾一度拒绝甚至排斥社会学的理论方法，实践证明我的愚蠢，人类学的专业性恰恰意味着多元包容而非排他。庆幸的是，现在我仍保留着社会学的影子。依稀记得张慧老师在课程上提问，人类学有什么特点？当时的我竟有些雀跃，答曰反思性。之所以如此作答的确是转入人类学后一直的困扰，似乎人类学一直是由反思引导下的解构，形式上的秩序可能是实质上的混乱，形式上的积极可能到实质却是消极，总在试图撕开表面的形式发掘内里的意义。果然，张慧老师向我点头示意。随后，慢慢熟悉人类学的特性，主我与客我，文化多样性……

由此反观，我在第一次加入师门的调研小组到内蒙古自治区海拉尔区鄂温克旗调研时，就曾遭遇人类学的这三重特性。那是关于草原荒漠化的调研，在听说我们的来意后，基层部门或许是把我们当成了民政系统的工作人员，直接将我们带至当地一户极为贫困的牧民家。第一次在真实场景中见到家徒四壁，再倾听牧民的诉苦，心中十分不忍。临走前，悄声向带队的付来友师兄询问，我们此次出行匆忙并未准备访谈礼物，是否能以现金的形式送给这户人家。现在想来，不知来友师兄当时心中想法如何，或许是不想驳回我这种在直觉上还算良善的想法，同意从组内拿出 100 元。我深知 100 元解决不了什么实质问题，可还是在转身前从自己的包里又摸出另 100 元，塞到了女主人的手里。

关于这 100 元，同行的师妹高诗怡有不同的看法，她和我探讨为何要临走前以给钱的形式来告别。我丝毫没有隐瞒地袒露自己的悲悯之心，诗怡回应的则是另一种理性的反思，这种给予是否是在一个平等的意义上完成的？换言之，我的行动是否建构了另一重意义上的不平等？这个问题一直萦绕在我的脑海里，直到在张慧老师的课堂上，我再一次反思，并惊讶于在做出给钱的这个动作的同时，或许真的将自己凌驾于这个家庭之上了。这种悲悯，源于在我潜意识里认知，人就该生活在窗明几净的房屋中，做一份干净体面的工作。这种对生活模式的设想与限定，否定了其他生活样态的可能性。最糟糕的是，我在否定多元的前提下对我与你之间界限的明确划分。庆幸的是，周围总不乏思想深刻的同行者，或许正是基于这样的对话与反思，慢慢形成了一种尊重多元、崇尚平等的观念。

我最初参与的调研都是在来友师兄的带领下完成的，除了以上提到的草原荒漠化课题，还有乡村医生状况调查，分别在贵阳市六盘水市水牛镇、河北省石家庄市赵县范庄镇展开。在前后三次的调查过程中，来友师兄的言行使我多有受益。从前期访谈提纲、调查问卷的拟定、修改；到中期调查的正式展开，包括如何进入，找到关键报道人，获取访谈对象内心的想法，每日跟进；再到后期报告的撰写……我像是一个刚学走路的孩子，晃晃悠悠地沿着这条路走，偶尔偏离出去，来友师兄便拽我回来，总算没有大差错。

四、难得天真：人类学者笔下的供销合作社

研究生毕业，我再次面临人生选择，社会学没搞明白，人类学更是一知半解，从内心来讲，我当时并不认可自己的学术能力。于是，在一天清晨，我鼓起勇气到老师办公室交代，因对自己的能力存疑，打算放弃攻读博士学位的机会。几番讨论下来，老师便戳中了我内心的纠结，我并非讨厌读书，而是畏惧面对读不好书的自己。我从未设想过，老师会帮助我剖析胆怯与发掘真实。是啊！读书二十余载，我放弃的理由，只应是我不喜欢，而非我不能。

水至清深，无问西东

博士期间，除了日常授课和理论指导，老师开始亲自带我们到各地调研，包括山东省滨州市阳信县、湖南省益阳市安化县。这两次调研经历，给我的博士论文提供了一种宝贵的基础，我初步了解如何在展开调研前根据各地特性列出框架，掌握调研初期所必需的信息资料。调研小组跟随老师每日六七点起床开始落实前一天制订的调研计划，晚上总结分享，指出当天存在的问题，找到解决方案，并制订第二天的计划。周而复始，每项调研都扎实而深入。如果，学习是一个模仿的过程，有复制、有创新，那么老师就是我最好的模仿对象，即便小组讨论至深夜，也丝毫不觉倦怠。安化县调研时，我发现老师有随时在笔记本上绘图的习惯，也开始偷偷学起，照猫画虎，这使我日后能够结合图文，准确回忆当时当地的情境。

博士二年级，我开始思索博士论文的选题。一次偶然，母亲给我打电话的时候向我提起了县里"电商下乡"的项目搞得火热，一下子刺激了我关于互联网与乡村发展的兴趣，而它又与老师微信民族志乃至乡村文化转型的思考一脉相承。在老师的指导下，我最初到县政府支持的电商公司实习，但通过近两个月的观察发现，乐村淘的实际运营情况和它轰轰烈烈的开场形成了极大的反差，尤其是"农产品上行"这条道路几乎没有开通，当地最主要的经济作物板栗屡屡遭遇销售困境。

电商公司对板栗尴尬的成交额以及板栗在当地生活中所凸显出来的重要地位呼应了导师与我父亲关于板栗流通所展开的讨论。老师曾与我的父亲谈论起乐村淘能否将农产品成功运销出去的可能。基于以往的生活经历，父亲认为这种可能性很低。板栗自身存在难以存储的特性，加之其价格在市场中的波动性大，使得板栗运销的风险极大，在当地盛极一时的小子庄供销社就是因为无法偿还在1996年欠下栗农的500万元的板栗款而最终宣告破产的，更毋庸提才刚起步就遭遇重重困难的电商公司。

1996年的500万元是个天文数字，我的家庭曾因为这个数字深受影响，我的成长环境也因之发生过彻底性的改变。但恰恰这种浸润其中的熟悉感使得我对这个数字麻木，每每听周边的亲友提起，也不会发生额外的兴趣。老师的专业性和敏感性发掘到在农产品上行遭遇重重问题的现代社会，这是一个非常具有研究价值的问题，并提议我可以此为线索追溯家乡农产品上行。因此，我的研究除了关注现代的商业形式与乡村发展在空间维度上的展开，还纳入了一条历史线索。

起初,我还在犹豫是否调整主题,直到我开始访谈供销时期的相关人员,他们曾是照看我童年时光的长辈。我最早探访的人员里,有一位年过八旬的老人,在小子庄供销社倒闭前见证了它辉煌时刻的老主任董继国。董继国,1934年生人,原籍承德市青龙县,1952年从热河省合作干部学校毕业后到半山供销社做会计,80年代初调至小豆供销社做主任,至1995年退休。在我的记忆和周边人转述的拼凑中,董爷爷是当地响当当的文化人,是一位十分厉害的角色。最盛时,不提与供销业务相关的其他领域,单是由他直接管理的供销社职工就有百十来人。我仍记得小时候随长辈们一起到董爷爷家聚餐时,他精神矍铄、侃侃而谈的样貌。但当我以人类学学生的身份访谈他时,他已经两次脑血栓病发,而他所患的糖尿病也需长期注射胰岛素来控制。虽然耳朵可以听得清,言语上可以对话,不过大脑已经反应迟缓,记忆力也退化了。看到我在一旁边聊天边做笔记,他说:"你写的字,我都不认识了。"

董爷爷忘掉的不仅仅是我写的字,还有他在供销社系统内的峥嵘岁月。烙印在我孩童记忆中的供销社大院儿正在这些曾在那儿欢笑吵闹的人们的脑海中淡去,一向笃定会将这段特殊经历牢记一生的我,除了和几位当下还交往甚密的长辈在谈笑间聊起儿时在大院里的调皮小事,关于供销社,便再无其他了。在供销社工作生活过的人不愿多谈过去,经历了供销社阶段的人更是如此。人们遗忘了那段时间,像它不曾存在一样。再看看村中比我稍小几岁的年轻人,几乎没有关于供销社的概念了。

一代人的芳华已逝,可供追忆的线索也正慢慢淡化。我们汲汲于接下来的路该怎么走,却善于遗忘无数个堆砌成现在的过往。我也一样,向来喜欢关注新近的变化,却疏于对过去的观照。这条线索将我引回过去,引出的故事可以是惊人的,像1996年亏钱栗农的500万元;可以是欢快温暖的,像大伙儿过阴天、"抽王八";可以是发人深省的,像自上而下的层层控制和自下而上的弄虚作假。但它们一定是丰富的,直到现在仍是有迹可循或可以对照的。在这个脉络下,我访谈了66位与板栗相关的人员,包括这个时期各种类型的栗农和栗贩。其间,经历了家乡人类学大多会遭遇的困境,如何从于我而言的熟人社会中挖掘出熟人们的真实想法?有些问题不好开口,有些回答并非实情,这便是我遭遇的最大阻碍。无论如何,我初步完成了这种线索式的回溯。

通过回溯可以得知，在改革开放以前，供销合作社为国家工业化建设的原始积累提供了有力保障，但这种积累是依靠农村与农民的奉献精神才得以实现的，随着工农差距问题的加剧以及农民主体意识的觉醒，那些束缚压制他们的"合作"关系再难维持下去了。改革开放以后，国家自上而下对农民合作组织做出改革，为农村商业的恢复提供了契机，但在改革初期，面对供销合作社，农民仍然是缺少话语权而被边缘化的合作者；而面对巨大的市场，农民或者以隐秘而越轨的方式与垄断性质的组织开展合作，以牺牲集体利益为代价暂时性地攫取个人收益；或者成为单打独斗、缺少支撑而难以抵御风险的个体。这显然与改革的最终目的相去甚远。[1]随着乡村振兴战略的提出，新时代的"三农"问题显然不仅局限于经济领域的繁荣，更集中于新型合作关系的建立，为此，汲取既有发展经验中的教训，并以此为基础发掘沟通城乡关系的新载体尤为重要。

五、从供销社到农村电商：城乡何以融合发展？

事实上，在城乡流通体系中，乡民始终面临着两重困境：买不到，卖不出。买不到的是物美价廉的工业产品，这是由于市场上大多数的产品都是以城市理念为导向而生产的；卖不出的是缺少销路的农产品，以及随之不断从农田中挤出的劳动力。这两重困境直接影响了农民的生活水平，制约了城乡市场体系的良性发展。

城乡的流通问题，事实上是原有覆盖全国的供销社系统解体之后，如何利用技术重构城乡物流网络的问题。为打通城乡流通体系，助力乡村全面发展，2015年国务院办公厅印发的文件指出，要加快农村电商发展，采用"实体店+电商"的方式，推动农业升级、农村发展、农民增收，并号召地方各级人民政府，特别是县级人民政府要结合本地实际，制定发展策略；整合农村各类资源，积极推动农村电商发展。这一号召与基层需求相合，截至2020年，农村电商已覆盖了全部国家级贫困县，在中国这片土地上"遍地开花"。

---

[1] 张文潇：《农民合作社转型与中国乡村振兴》，《贵州大学学报》（社会科学版）2020年第3期。

从实践与学理的角度来看，农村电商发展的确对中国的城乡结构产生了深刻的影响。周大鸣教授在对某淘宝村的调研中发现，互联网与快速交通共同压缩了时空，导致城市和乡村之间的连接发生了变化。村民借助互联网平台，不断拓展跨越地域的、多元的交易的空间，他们正通过互联网直接对接全国甚至全球大市场。[1][2]在某些地区，农村电商的产业集群甚至改变了乡村的空间结构，加快了当地城镇化的步伐。[3]另有研究表明，中国正以电子商务创业为途径来实现一种自发式包容性增长，走上一条城乡断裂到城乡融合的新型城镇化之路。[4]总体而言，这类研究认为农村电商的发展将有助于减少城乡沟通过程中的中间环节，加速城乡结构的扁平化，促进城乡融合。

从既往的实践与研究中，不乏可供我们借鉴的电商成功经验。然而，正如上文所处，我在田野点却遭遇了一个失败的案例，并曾以学术论文的方式发表于《广西民族大学学报》[5]，在此不妨简要叙述，以丰富我们对于农村电商现实情况的理解。为助力乡村发展，推进城乡一体化建设，水源省发布"农村电商全覆盖"意见，即在全省实现县域农村电商体系全覆盖、农村电商（城乡）双向流通渠道全覆盖、行政村电商应用全覆盖，隶属该省的古木县据此制定实施方案，具体流程为：政府遴选一家电商企业作为实施主体，并由后者成立县级农村电子商务公共服务中心（后称"中心"）——中心负责在行政村开通村级服务站，并为其提供业务指导——服务站借助中心的电商平台承担当地的流通业务。经过竞标，此次方案的运营主体为淘乐公司。该公司于2015年4月开始筹备成立中心，2016年2月正式运营。依托于中心，淘乐公司对县内20个乡镇的290个行政村的小卖部、超市等进行"摸底"调查，择优进行改造，将其转化为线下服务站。另外，中心利用政府拨款，免费为服务站安装设备。农民可以直接在服务站利用设备下单，由中心统一配送至服务站，农民到站取

---

1 周大鸣、向璐：《社会空间视角下"淘宝村"的生计模式转型研究》，《吉首大学学报》（社会科学版）2018年第5期。

2 周大鸣：《互联网、快速交通与人类学研究转变》，《西北民族研究》2019年第2期。

3 楼健、胡大平：《淘宝村、实时城市化和新型城镇化实践》，《学术研究》2018年第5期。

4 刘亚军：《互联网条件下的自发式包容性增长——基于一个"淘宝村"的纵向案例研究》，《社会科学》2017年第10期。

5 张文潇：《农村电商与城乡市场体系良性发展研究——以古木县为例》，《广西民族大学学报》（哲学社会科学版）2020年第1期。

货即可。另外,农民还可以通过服务站将农产品出售给中心,再由中心在电商平台上统一销售。

为快速开通服务站,古木县政府在政策宣传上,多次召开乡镇主管领导会议,号召相关部门配合中心开通服务站,"有条件的,及时开通,没条件的,创造条件开通";在资金支持上,充分使用省政府拨款,以6000元/个服务站的建设标准补贴给中心约174万元,由中心为县域内290多个服务站购置设备,另为中心支付场地租用费30万元/年,计划连续补助3年,扶持资金约合264万元。2016年底,290个村落的服务站开通完毕。7月底至9月中旬,我曾以实习生的身份到淘乐公司展开参与观察,此后不断回访。经调查发现,中心的实际运营情况高开低走:该公司对外公布的1—8月线上交易总交易额935万元;而内部数据显示,当地集中储备秋收相关物资的8月实际交易额仅21万元。根据对一位淘乐员工的访谈,至2017年初,淘乐公司每月交易额降至万元以下。5月以后,线上订单几乎为0。与此同时,公司大幅裁员。翌年10月,淘乐公司从原址撤出,从此销声匿迹。为什么农村电商全覆盖计划最终泡汤了?我们可以从地方政府、企业定位、基础设施、技术支持、村民的消费习惯等方面来看。

从地方政府的角度来看,根据全覆盖方案要求,290个村落需要全部开通服务站,但部分村落原本未设商店。在这些村落中,少数服务站由村民主动成立,大多数则是遵循行政指令,由当地村委临时组织成立。这类服务站站主大多缺少管理经验,这无形中加大了方案承接方的管理成本与实施风险。另外,古木县山峦重叠、沟壑纵横的地形与"全覆盖"的政策要求相碰撞,使得商品配送中的物流成本极高。在现有物流体系下,中心很难平衡配送效率、物流成本、服务站站主满意度之间的关系。

从电商公司的定位来看,作为一家商业公司,盈利是淘乐的主要目的。当经济性与社会性难以调和、甚至发生冲突时,它选择了前者。为避免承担农产品上行中的市场风险,淘乐公司采取不作为的方式,这导致当地板栗的线上交易额为0。此外,为提高业绩,淘乐公司频繁开展"优惠大酬宾"等活动,这种未做足准备的"价格战"在短时间内把"物不美""价不廉"的产品销入农村,导致农民对这些本就抱有怀疑的新鲜事物丧失兴趣,更导致他们排斥与中心、服务站建立信任关系。另外,从人员培养的角度来看,淘乐公司的员工大多未能收获自我实现,这点从员工离职的原因,包括薪资待遇低、家人不支持、难以满足服务站合理需求等中可见一斑。

从农产品自身特性来看,农产品通常具有时效性,这使它们在储藏和运输等方面比工业品要求更高。然而,当地配套设施建设的并不完善。此外,县域统一的流通体系难以确立,中心至大多数村落的流通成本普遍很高,这导致了货品的时效性较差。从信息与技术的基础设施来看,部分服务站,尤其是为响应县政府号召建立的服务站缺少与设备相配套的网络支持。

从村民的角度来看,电商平台及时付款、延时到货的消费方式易与农民的消费习惯发生抵牾。"谁家没有犯难的时候,这个(平台)太没人情,赊个账都不行。""我都是炒菜的时候才发现没调料的,谁能为了瓶酱油等上好几天?"农民不愿借助平台完成交易的另一个原因是,人们注重消费过程的实体感与互动性,他们习惯现场触摸布料的质感、观察食材的新鲜程度、判断烟酒茶糖及其他各类消费品的品质等,并根据个人感受与卖家讨价还价,这种实体感与互动性使他们在消费的过程中享有更多主动权而更加放心笃定。其实,平台可以以物美价廉的产品为切入点建立用户的信任关系,培养用户消费习惯,增加用户的接受度,但它从最初便放弃了这个机会。

融合与分离是城乡市场体系中的两种主要取向。农村电商的出现与推广,可以被视为是一种对市场体系的调整,即由分层转向平衡,由分离转向融合。伴随着农村电商而来的是,"工业品下行"和"农产品上行"对计划经济时期"供"与"销"的取代与转型。从两个新表述最初的含义上来讲,并非界定工业品与农产品的上下关系,而是特指通过电商平台,将农产品放置到"线上"交易,争取通过网络系统将其销至更广的范围,并多将农产品上行作为主导业务。但在具体实践中,农村电商多存在逐利的心态,更多是希望以"工业品下行"的方式抢占农村的消费市场。此时,由工业品下行和农产品上行构建起来的电商与农户之间的市场关系再次出现分层,电商处于上位,农民处于下位,市场体系导向分离。

事实上,不论是供与销之间的数字差价,还是城乡交换中的"剪刀差",都是有关数字的极致体现,它们既呈现了城乡市场体系中分离的趋势,也暗含了对分离的反省与警示和对融合的渴望与努力。在互联网技术发展的社会转型背景下,现代的城乡市场体系更像是嵌入了一个数字世界之中,对数字的呈现与管理方式将导向新一轮的融合或分离。在设计并卷入一场场"数字游戏"后,淘乐公司终究走向了衰落。在此类游戏中,淘乐公司既充当了游戏的设计者,也因无法厘清数字与现实的关系而最终演变成游戏的淘汰方。数字如何在平台上呈现,并非由农民决定,数字之后的市场是其中的关键。在这种意义上,能够真正操控数字的主体才是市场上的赢家。就中国整体情况而言,农村电商可能会成为加强市场融合,实现城乡市场体系转型与良性发展的载体,但古木县的案例为我们提供一则警示:在特定的时空场景下,农村电商或许会成为加剧城乡市场体系分离的新因素。

六、结语

不知不觉,我已在人类学的道路上走过了八个年头,在人类学领域,仍属"愣头青",不过现在回过头再看,求学的路径明确许多,也愈发笃定自己在天真时代便种下了人类学的种子,亦因学习人类学而复得天真。如今梳理下来,心中很是感慨,想起毕业师门送别之时,老师曾赠墨宝"水至清深也"五字,原取自《水经注》"潇者,水清深也",于我,是一份总结,更是一份期许。在此,借此表达对自己的希望和祝福,希望在接下来的人类学旅程中,能够坚守学术信念与关怀,如潇水一般的深沉与澄澈,拥有无问西东的自由与天真。

心中最美的人类学

张文义

张文义，云南大理人，美国伊利诺伊大学香槟校区人类学博士，中山大学人类学系、中山大学中山医学院医学人文研究中心副教授，硕士生导师。

一、元人马致远的人类学气质

天净沙·秋思

枯藤老树昏鸦，
小桥流水人家，
古道西风瘦马。
夕阳西下，
断肠人在天涯。

幼年读书，喜欢马致远的《秋思》，不明所以，只觉它就是我的世界。几十年后，它真成了我的人类学世界：诗意的平淡，灿烂的寂寥，都在脚下。

枯藤老树昏鸦，小桥流水人家：明净与昏浊，生气蒸腾与岁月留痕，构成完整的生活世界，平淡中透出点点诗意。人类学家眼中的生活，矛盾纠结又明晰清净。

夕阳西下，断肠人在天涯：灿烂而寂寥的人生和世界，透出失意。不是失败而求之不得的失意，是不愿安居、永远行走的飘零。人类学家带着自己的世界，适应、吸收、改变着与自己不同的时代、社会和人群，在匪夷所思中稳住脚步。世界多彩而灿烂，人类学家理解别人，终究变不成别人。融汇二三十岁生命的灿烂激情与六七十岁的沉淀漂泊，我们从生活的平淡中理解寂寥的永恒。

整首诗给我结构主义的感觉，诗意的永恒，失意的灿烂，更是我眼中列维－斯特劳斯的气质：陈述关于世界的直觉，清晰如数学公式，梦幻如巫师自语。结果，人类学家在西风下，古道中，牵着瘦马，迎着夕阳，做苏珊·桑塔格（Susan Sontag）说的"探险者"，以个体的有限触摸世界的无限，寻求不可理解的孤独。

二、演绎人类学的气质

人类学的气质，可以在生活中衍异无穷。演绎人类学的气质，就是演绎自己的生命。

笑容最能传达人类学家的气质：狡黠、调皮，又不失亲切、温暖，有看过世情的天真烂漫，在旋转跳跃中，回头一笑，灿烂而羞涩。有这样的笑容，是因为人类学家的自我中心在不断消解与重建。从小到大，人都以自己为原点认识世界，活在观念、动机和以为的世界中。人类学家面对真实和想象，打破糊涂的快乐，在期待的光明自我和真实的自我阴影中，破碎重生。"我是谁"这个恒久的哲学问题进入心理人类学，在日常言语、梦呓、记忆、情感和感觉中，自我既是世界的中心，也是路旁微尘，更是万千事物之一。中心感只是心智编制的安乐窝。放平心智，接纳感觉、情感和梦呓，看见自己的光明和阴影如太极流转。在规则与方向中，感受一瞬间的触动。触动说不出，强行表述，变成符号，有形有力，却也束缚了自己。

在有形与无形、符号与感觉之间，人类学看到人除了"自我"（self），还有"灵魂"（soul），不可言说，却与世界关联，不由训练达成，却彼此共鸣。self 和 soul 流转，构成生活的光与影，远与近，方与圆。注重 self 的人，把人文艺术当成人类自找的难题，自我折磨。太陷于 soul，则狂热不可理喻，别人越不理解我越开心，享受"吃错药了"的莫名满足。学人类学，得看到精致强大的自我，还要给自己留个可爱的灵魂。

三、心中最美的人类学

给学生上理论课，每年都提供一次机会，师生畅谈心中最美的人类学，寻找学科史上的精神祖先，与当代人类学对接。理论课最是折腾，我们在布满灰尘的理论文献中攀爬，一点点建立学科的历史和体系，心情起起落落。偶有会心处，就穿越历史时空、感受到人性和心智的共鸣。更多的时候，我们只是读到一些文字，与理论和思想绝缘。

硕士生多数从其他专业转过来，缺乏基础，理论课是个坎：他们不明白，考研之前触动人心的人类学、跳荡激扬的生命可能性，怎么就凝结成如此晦涩无味的理论文献？每年，都有学生发誓拿到学位就离开。只有畅谈这次，师生都活了。自己的性情，大师的思想，生活的期待，一点点连了起来。我们寻找自己的人类学谱系。我的人类学，以本体论转向和协同进化论承接结构主义的科学与艺术，在人的创造想象、生态进化及社会结构中，个体成为独特个体，也成为人类。

一开始，学生眼中的人类学中规中矩，希望在田野中超越自己，遇见未知，激发想象，在影像和文本中，经由大数据模型，连接过去未来，咫尺天涯。学生说，不喜欢人类学太关注底层和弱势群体，我们应该更关注时代主流、社会精英，参与社会进程。因为知识就是行动，行动有后果，社会有记忆，每个人都以自己的方式参与全球资本体系，与不平等格局共谋。学人类学，应该进入社会各领域，潜移默化地发挥自己的效用。读经典，不只是为了理解经典，更是寻找与大师所思的关联，与世界的连接。

学生还质问说，理论课太严肃了，总想探讨田野材料背后的理论，或试图解决社会问题。但必须如此吗？呈现世界的复杂和多样，扩大人类世界的内涵，给人震撼与思考，不也是人的一种存在方式？以人类学的思维写本畅销书，拍部纪录片，或办个影展，难道就不比专业民族志更深入人心？课上，我们请了一位摄影人来分享。学生觉得他说的一切如此熟悉，在思想上我们都知道，但缺乏技能，我们做不到。因此，人类学学生必须辅修第二专业，才能落地。

从下午两点半到晚上七点，我们被其他课从教室赶到校园，从苍白的日光灯下转到柔和的橘黄路灯下，严肃的学术慢慢渗入心动和期待。学生对人类学又生出点点依恋。这些年学生多为女生，她们说理论就是那个帅气又混账的男友……

学生心中的最美人类学，既在正统人类学中，也旁逸斜出，离经叛道。我无意把他们导入"正道"，只希望他们不要离开太远。在与"正道"的持续磕碰中，新一代的精神气质和生命经历会带来新的意趣。因为，时间久了，"正道"会丧失孩童的天真和纯粹。尼采说，凝视深渊太久，我们会变成深渊的一部分。

四、什么样的人会成为人类学家？

每年本科和硕士生都问，要不要做学术、读不读博士？他们看到学术圈的混乱与穷困，又感到某种真心喜欢，里面有超乎功利的东西。听着这些疑问，我也问自己，什么样的人会成为人类学家？求学十多年，每次遇到可敬可爱的人类学家，我总能体会出满满的人类学气质。这些年，或多或少，我也渐渐在自己身上感受到它。在这里，把它写出来，看到它，实践它，又不为它控制，时时与自我生命的不可言说和不可预期摩擦，生出点点未知。

（一）不安分的，总找不到一个确定的东西是真心喜欢的，做什么都不是自己

列维－斯特劳斯就是个不安分的人类学家。在他眼中，世界"真无聊"，衍化无穷也只是过眼云烟。从质感生命的乐感和味道中，他抽离出来，带着遥远的目光，剥离绚烂的色彩，把人文血肉化为冰冷结构。但生活并不因为结构而消失。移居美国期间，他的姓 Levi-strauss 刚好与牛仔裤品牌同名。不时飞来的订单，给他的深层结构带上些许生活气息。在结构和生活之间，人类学看到无限的他者，也经验着自我的多种可能。我们的田野调查，表面上是异域的神奇与新颖，实际却充满艰辛，触及彼此的禁忌与伤疤。从陌生到信任，从防备到扶持，让人心酸却上瘾，在其中，自我随风飘荡、又清醒自如。

人类学一次次让学生惊讶、感动，如同潘多拉魔盒打开一扇扇新世界大门，三观不断被颠覆与重塑。原本，按学生的文化资本与阶层位置，人生本来可以稳定舒适。选择了人类学，人生将充满风险，却切中内心。他们快乐地吐槽自己深受"荼毒"。一个学生总结说：在人类学的世界里，永远不会有疯子，只有不懂的傻子？

（二）理想主义，正义感和爱心爆棚

玛格丽特·米德是人类学的女神，不论她的学术研究还是社会实践，都给人理想主义的印象。她的萨摩亚研究，观念先行，用美国社会的规范来引导田野的观察和反思。对理想的热情，也让米德夫妇与贝特森在太平洋小岛上激发奇思妙想，也点燃了爱情火花。最终，米德和贝特森珠胎暗结，她的英国丈夫

黯然离开。回到美国，她以文化人格学派的理念培养孩子，塑造了几代美国人的育儿观。

人类学家是清醒的理想主义者，生活和思考一体。读书不只是智力之旅，更是感觉、情感和物质的体验。思考、生活、工作是一体，以爱好的心态对待工作，以生活的节奏对待研究，以研究的眼光看待生活。理想主义的人类学家，以超然和投入的状态生活和工作，在生活中投入，融化宁静悠远；在工作中超然，体会紧张激扬。这是清明梦状态：抽离（知性）的自己观察投入（感性）的自己。接纳生活和世界的混沌、纠结与迷失，在生活中做梦，在梦中醒来。庄生晓梦迷蝴蝶，既是梦，也是蝶。

（三）知行合一，做自己

社会学家皮埃尔·布尔迪厄（Pierre Bourdieu）出身于法国殖民地阿尔及利亚，从哲学转入人类学，最终进入社会学。结合青年的激情愤慨和老年的成熟睿智，他反思社会，也反思自己，试图走过所有可能的生活：从法国边缘殖民地，走向学术中心——法兰西科学院院士，再走向贫民窟。延续这种精神，人类学尝试言说不可言说，寻回人与世界的联结。在矛盾与无解中，整合智识的明晰与感觉的含混。

我只是没想到，内外交织、生命体验和缘身性（embodiment）都成为学生中毒太深、毒性大发的行为艺术，也成为调侃我的梗。期末，研究生送我内外交织的对联，本科班级微信群中，最流行的句子是"这是多么深刻的一个embodiment！"我们在课上讨论如何在大学四年让人类学的整体观成为自己生活的一部分：在学习、生活、情感、理性中，你是否太投入了一些，而忽视了另一些？亚里士多德在《尼格马可伦理学》中说，生活充满矛盾，需培养"从容不迫、轻松优雅"的心态和生活方式。但是，人太习惯于扬长避短，我们得警惕自己的短板。现在扔掉的，将来会以痛苦、疾病和灾难等方式出现。被扔掉的，会成为你脚下装死的鳄鱼，耐心等待给你致命一击。

（四）完整大于精致，完整可化入任何方向，又不深陷于其精致

在今天这个科学与理性至上的时代，完整大于精致，就是放平科学，接纳其他被排斥的思维方式：灵性、宗教、生命体验。课上，我努力向学生阐明，

人类学是科学至上时代的希望，为人的其他可能性留下火种。等看到反馈，才知道我已成为学生心目中的文义教主、文义老仙，或贬义一点，神棍、邪教组织头目，更有甚者称"张文义的课简直就是大型封建迷信活动。"

他们想多了，我只想做个清醒而不狂热的知识人。我们一起读美国科学院士、内科医生刘易斯·托马斯（Lewis Thomas）的《最年轻的科学》。经由医学史，他指出现代社会缺乏包容，偏执地压制、消除无法言说的生命经验。爱因斯坦创立相对论，推动量子力学，一生致力于推导世界的统一方程，却坚信世界有不可理解之处。大卫·波姆（David Bohm），因量子力学获诺贝尔奖，多年后却因世界的精微神秘不可言说而进入灵学。他们是完整的人，理性地探索世界的规则，并感受世界的冷暖，与之战栗。

学生发现，课上我经常说："这个你没法解释呀，它就是这样，它们就是这样。"不是不能，而是强行分析会失去那酥到骨子里的诗意。那种诗意，就是小说家艾略特说的，"听到青草生长和松鼠心跳的声音，感受寂静背后的呼啸……走得太快而听不到的人简直蠢到家了"。学人类学，给世界留点神秘，给生活留点空闲，哪怕没什么用。人生而完整，但被各种观念、信仰、意识形态和文化传统带偏，而今天的知识、技能和学科都着力于某方面的精致。人类学探求人的整体性。

可惜，后现代以来的人类学，精致大于完整，沦陷在生活和生命的细节中，看不到过去未来的时空大轮回。

我要走进这个轮回。

五、你能否承受学人类学的代价？

学人类学多年，感受着它的魅力与气魄，我心甘情愿；教人类学，却遭遇了满满的负能量。

中大人类学入驻马丁堂，它是中国最早的钢筋混凝土建筑，中山先生曾在此做"非学问无以建设"的著名演讲。马丁堂建于1905年，现代人类学始于1922年，大哥带小弟，人类学因此出名。走在校园中轴线上，人们看过中山像和马丁堂，顺带认识人类学三个字。还没回国时，就有朋友说："人类学，我知道，在马丁堂，很有名的，每天都经过。"毕业来到中大校园，到处榕树成行，两三人合抱不拢。我奔向马丁堂，看到红砖墙边矗立着一棵棵白千层，大门口蠢萌的石狮子还对着我笑，熟悉感扑面而来。我感觉有点安心。我学人类学的 Davenport Hall，也是红砖墙，掩映在蓝天下、绿树中。

入职后，每天来回马丁堂，慢慢看懂路人的表情，听惯了"人类学系，哦"，我每次都替他们在心里加一句："什么鬼！"一开始的教学磕磕碰碰，新老师遭遇新学生，化学反应不断。热情与理性并行，西方人类学理论与国人民族志经验相互碰撞，时有妙趣。后知后觉的我，弥漫的心绪掩过了警觉的理智，几个月后才发现，课堂上的碰撞多因我的人类学遭遇了学生的另一种人类学：异文化，猴子，陶片，骨头，故事会，深度旅游……

异文化，我可以理解。上海的朋友也说，一提起人类学，人们立马想到少数民族唱歌跳舞。我是少数民族，也研究少数民族，这印象，我认了。陶片我不陌生。我的办公室背靠人类学博物馆，里面藏着无数陶片。我知道，在考古学家手中，陶片是历史传统，是文化创意。与同事一起带实习，参观南海一号。在温润的灯光下，经由同事的故事，陶片述说着过去的辉煌和平淡。展厅内明暗交错，人们走过一片温润，步入一丛昏暗，仿佛走过历史，看到陶片上流转的大航海时代。我心中慢慢有了点平静的喜悦，原来陶片也可以看着很顺眼。可惜，看高兴了，没跟上大队伍，溢出了同事的气场。嗯，陶片又只是陶片了。

记忆深刻的是，同事说她刚入职时，系里老先生带她进人类学博物馆，指着一件藏品说，有朝一日，马丁堂保不住了，卖掉它，可以换几座马丁堂。几年了，天天背对博物馆坐，我硬是没热情去看一眼那珍宝。

有一年，系里考察猴岛。考古学家低头走路，一路寻宝，每有发现都激烈讨论。灵长类学家抬着头，找树上的猴子。猴子是我们的灵长类近亲，我们的他者。研究猴子的，爱跟摸骨头的聊。马丁堂三楼的体质人类学实验室有好多骨架。刚入职时，同事带我参观。一进门就看见一个学生细致地刷着骨头，听了同事的介绍，他抬头看我一眼，双目无神，低头继续刷。同事按下活动书架按钮，嘎吱声中，一盒盒骨架慢慢显现。我莫名紧张起来，想起抗战期间博物馆曾被日军用作审讯室，也想起学生说深夜在马丁堂常有被注视的感觉。那天，阳光昏昏的，透过玻璃照进实验室，带来一种迷幻感。听着嘎吱声，我真怕书架里跳出点什么，竟带点期待。还好，什么都没出来，同事继续介绍骨头的来源。

听着马丁堂大大小小的故事，鬼使神差地，我开始在日常生活的人类学课上跟学生一起演绎马丁堂的鬼故事，还深夜带学生考察马丁堂，寻找素材。昏暗的灯光下，经过体质人类学实验室，我似乎听见嘎吱声，就赶紧跑到学生中间，一言不发。后来，学生开了微信公众号，创作鬼故事。同事看到了，留言"张老师，我知道是你……"我默默看学生编故事，背后，马丁堂的人默默看着我，虚空某处，一双双眼睛也在注视……

当我们沉溺故事不可自拔时，跟我做论文的学生哭诉说，她爸不让读人类学了："人类学除了给其他学科提供个案，还能干吗？"这印象，我不认。人类学讲好一个故事，做好一个论证，从民族志走向人类学，探讨故事背后超越个案的意味，进而理解社会、时代和人类。我开了一门课讲从民族志到人类学的策略，却惊讶地发现学生已经不会讲故事了，亏我们背了那么久的黑锅。同学院的社会学学生，认为人类学就是深度旅游后的故事会。两学科多有交织碰撞，社会学生还给我一个温馨提醒，"你要从社会学内部看社会学，不要站在人类学看社会学"。

嗯，我身在局中了。站在他者立场，主流学科有什么必要理解人类学？我国的人类学，要么被历史收编，是人文学科，要么跟社会学站队，成为科学，或被民族学勉为其难地接受，做少数民族研究。相比岭院、管院统领江山的气概，人类学学生常感觉自己落后其他学科。读书时，他们经历着调剂的失意，书没好好读，安逸封闭于遥远异文化的故事会，甚至看不起岭院管院学生的实习和规划。毕业时，似乎只能承受工作的落魄。每年毕业季，我都能感受到不同学科的气质，经历着我们学生的沮丧。我让学生做毕业论文，审查人类学学生四年学习的得失，寻求与社会的关联，探索人类学与自己性情的契合，让人类学上身。说来也讽刺，学生竟然发现，我们的学生擅长田野调查，却从不注重社会实践。

此后，每年上课，我都鼓励学生在自己身上做田野，理解社会的运转，找到介入的方式。毕竟，大多数学生毕业后不从事人类学，我叮嘱他们："如果不打算做学术，就不需要建立宏大的知识体系；要让学科渗透进你的思维，活在你身上，与你产生联结。社会不需要那么多人类学家，但需要拥有人类学思维方式的个体。"我也敦促立志做人类学的学生面对挑战:"能否从容应对其他学科对人类学的各种匪夷所思的想法和诋毁,能否承担学习人类学的代价?这可以检验你是否真爱人类学,以及人类学是否契合你。"

大火烧着自己心爱的东西,你在外面顿足捶胸,痛哭流涕,看着它被烧成灰,还是冒着危险冲进去抢救?哭的人,哭完走好;冲进去的人,保护好自己,为人类学尽一份力,让它成为社会和时代的一部分,成为自己的一部分。

六、学人类学,请保护自己的信心、兴趣和格调

求学时,我几乎复制了人类学的发展历程。本科时,惊讶于他者的匪夷所思,在异文化中流连忘返;硕士时,看到理性清明的人类学,惊叹人类的无限与统一;博士时,体会到完整的人的形象,整合生物与社会。工作以来,伴着人类学最新的本体论转向和协同进化论,我调和着理性与感性,清明与混乱,努力在生活中做到人类学。我常常想起田野调查时德昂大叔说的:"书读多了,脑子会进水。"读书人常常相信形象和思想甚于生活和生命,但清明理性会骗人,让人把想法和模型当真,用表征取代真实。于是,偏执地认为绘画和标本比自然的动植物更美,观念和想象比生命更精致得体,因为身体会痛、会流血排泄,会制造麻烦。明白这一点容易,做到很难。在本科生课上,我希望学生体会世界的有趣与矛盾,丰富与统一,在无限的可能中寻找最美的人类学。我希望研究生看到美和无限背后的逻辑操作与规范,明白美和意趣的由来,最终自己也能创造。最美的人类学就是自己,就是生活与生命的真实,在其中,秩序与混乱,理性与情感,变异无穷,最终回归自己。

可惜,在本科生和研究生那,我都没能统一美和理性。尤其研究生跨学科过来,还没来得及体会最美的人类学,就挤在了中间。更重要的是,回归自己是一个残酷的过程,我深有体会。我博士后期正赶上美国经济危机,在残酷竞争中,我慢慢失去读书时的从容,开始紧张焦虑,略带迷茫。每天,我申请工作,投递简历,然后等待。伊利诺伊的冬天早早就侵入秋天,无声无息,它让蓝天凝固,一点点压着我。每天下午四点多,我穿过校园,走进田野,想舒缓一下。冻结的空气刮得脸疼,广阔的平原只剩下我一个人。远处,公路上不时

奔过一两辆车，原野上空野鹅南飞。我不时停下脚步，视线随着野鹅飞远，心里凉凉的，失落难言。

等待是残酷的，挠得人总想穿透未来。导师见惯了，说没收到拒信，就是好消息，还有希望。导师这辈子没找过工作。他毕业正赶上我系创办，他导师一个电话，他就在此50多年。每次见到，他都开心地说，"你看，没有消息就是好消息！"

期待如梦如幻，带着憧憬，渗着无奈，我说不清自己是否喜欢它。

第一封拒信到了，我没体验到传说中的痛苦。认真读完每个字，除开头有我的姓氏外，没有任何我的信息。放下信件，我一阵解脱，对方从形式和内容上都明确地告诉我，招人这事跟我无关。第二、第三封接踵而来，同样的格式，同样的语气："亲爱的张先生，很遗憾，你没有进入我们的finalists。虽然招新委员会发现你的简历和研究很吸引人，但我们收到几百份申请。像你一样，每个人都很优秀。我们的选择很艰难。预祝你在新的申请中顺利。"我明白，跟其他人一样优秀只会收到拒信。美国人的逻辑，先跟所有人一样优秀，然后make a difference，再make a contribution，才有后续。跟所有人一样优秀是个句号。

秋季学期中间，一封封拒信纷纷找到我。有点自虐地，我甚至喜欢这种公文拒信，至少，那冷漠舒缓着失落和焦虑。我撕碎拒信，正如对方会粉碎我的申请材料，纸屑进了各自的垃圾箱，我们彼此无关。求职让我明白，我自己喜欢的东西和各系、所、中心期待之间的差异，让我看到了他者。人类学家说，当他者出现，我们看见自己。可每个经历他者的人类学家似乎都没说出下半句：看见自己是残酷的。走出自己的小世界，看似振奋人心，实则身心俱疲。系里一位老师说，你不需要走出自己的小世界；遭遇他者，要求你以种种不熟悉的方式，重新呈现你的小世界。你只做了博士研究，跟机构要求的都不同。让你的研究在不同人的视野中呈现出意义，引起共鸣。从他者看到自己。

我在努力。窗外是几尺深的积雪，过几天就是感恩节，然后是圣诞和新年。今年的节会过得很辛苦，我要思考很多他者，以及他者视野下的很多个我。

感恩节后，刚感过恩，我就收到校园面试的邀请，一连四个。导师比我还高兴，"早就跟你说过，没消息就是好消息，来的时候就是好消息。"面试奔波，我到过东海岸梦想的哈佛，踏上密歇根湖边的小镇，穿过北卡的大森林，甚至准备飞越太平洋到新加坡。最后一个在四月。伊利诺伊的春天姗姗来迟，一场罕见的大雪为过去一年画上了一个难忘的句号。大清早赶飞机，铲雪机还没开始工作。我挤进齐腰深的积雪，自己开出一条通往车站的路。到车站，发现自己夹在美国中产阶层和 working class 的分界线上：上半身是深色的笔挺西装，下半身鞋裤凌乱，挂满雪饰。雪花、雪片、雪块、雪渍，什么都有。雪很美，但从这忙乱的早晨找到美感，难。

我不是世界的中心，最美的人类学，只能是拼出来的。人类学学生进入工作市场，总会遭遇各种磨难。请保护好自己的信心、兴趣和格调。你活下来了，你的人类学才能活。

跟魏特夫搏斗：我的人类学经历

张亚辉

张亚辉，人类学博士，厦门大学人类学系教授、博士生导师。出版有《宫廷与寺院：六世班禅朝觐事件的历史人类学研究》《历史、神话与民族志》《历史与神圣性》和《水德配天：一个晋中水利社会的历史与道德》等著作。

我爱魏特夫（karl August Wittfogel），他雄辩而且浑不讲理，我想驳倒他，但并不容易。

我进入人类学这个学科是在2004年，要不是那一年苏敏和罗攀两位师姐远赴香港读书，我大概也是没有什么机会的。我在北大的导师是王铭铭老师，同时上课的还有蔡华、高丙中、朱晓阳和赵旭东等几位老师，那时候正是人类学风光无限的时代，历史学、社会学、经济学、法学都和人类学交往甚密。王老师经常带我们去香山的蒙养园开会讨论，金光亿、王斯福等老先生也时常光临。我在王老师这里领到的任务是做山西水利社会研究，他甩给我一本山西大学的会议论文集，并叮嘱我认真阅读魏特夫。那时候《东方专制主义》就已经不是一本可以随意阅读的书了，北大图书馆和北大社会学系的图书馆都把书下架了，国图也没有，我跑回清华大学的图书馆，也没有，最后在清华人文学院的图书馆找到了。书不能外借，我因为是院里的毕业生，被特许自行在馆里复印，花了好多钱。

2006年前后，萨林斯（Marshall Sahlina）的理论极为流行，《文化与实践理性》几乎是每一门课的必读书目，而且萨林斯在20世纪70年代组织了一个项目前往夏威夷进行调查时，特别关注了夏威夷的水利事业，一部分成果后来作为专著发表在《流动的权力》当中。同一时期，格尔茨（Clifford Geertz）在对爪哇的调查当中关注到当地的灌溉社会，在《尼加拉——十九世纪巴厘的剧场国家》一书中用了很大的篇幅力求证明水利在当地并没有导致专制主义。利奇关于斯里兰卡的民族志《普尔·埃利亚：一个锡兰村庄的土地保有制与亲属制度研究》也涉及干旱地区的水利问题，还遭到了当地学者的批判。水利灌溉研究之于中国的意义更是毋庸置疑的。在《东方专制主义》翻译成汉文出版后不久，社科院就曾经组织了一批专家专门批判过这本书，这本批判文集就叫作《评魏特夫的〈东方专制主义〉》。其实早在20世纪80年代初，张光直先生在《美术、神话与祭祀》一书中就力图与魏特夫的理论进行对话。但就我个人而言，这些不论是经验的还是理论的反驳都并不令人满意和信服。注意到魏特夫的理论与马克思的亚细亚生产方式之间的联系是比较容易的，而比较复杂的是处理他和韦伯的关系。为此我花了很多年的时间，这是后话。

晋祠的田野进行得并不顺利，早期的土地分配制度已经完全没有了踪影，包括水利系统也已经进行了彻底的改革，甚至难老泉都已经干涸，如今我们看到的难老泉是用水泵抽水造成的人工泉。我有一次在晋祠博物馆里面过夜，眼看着难老泉在天快黑的时候慢慢安静下来，觉得无比诡异。好在晋祠的文献资料保留得相当完好，而且当地有一个极为发达的文人团体，不断尝试对文献进行各种分析和解读，由于常年浸淫在当地的历史文化环境里面，这些解读反而格外有意味。我穷尽了所有的地方文献之后，意识到自己并不能在格尔茨的巴厘岛水利制度之外有什么像样的进展。除了能够再次证明区域社会自己办的水利工程并不支持东方专制主义之外，我做得最多的反而是文献的考订和解读，这让我很是沮丧。吴世旭、陈乃华和舒瑜曾经来看过我一次，他们离开晋祠的时候曾经想叫我一起去五台山看看，我忙着自己的田野工作，没有去，这成了一个心结，多年之后，我由于一些特殊的原因，终究还是在五台山上进行了长期的田野调查。现在想来，那时还是视野太窄了，如果那时我读过李安宅和于式玉先生对佛教名山研究的设想，没准就真的会去看看。

后来去太原的省博物馆查档案的时候，在旁边的一个小书店我买到了牟宗三的《周易哲学演讲录》，相比于艾兰的《水之道与德之端》以及巴拉什的《水与梦》，牟宗三基于胡煦易学的解读方式不论对我个人还是对晋祠而言都更为亲近。牟宗三关于乾元四德的分析恰好与汉人社会极为常见的黑龙－白龙的对反关系相对应。我后来在一篇文章当中曾经分析过，晋祠水母的故事其实就是黑龙－白龙关系的变体，但在这一分析当中，我对水母的"孝行"的分析过于单调了。在水母神话当中，单纯的孝行反而是和"缺水"相互关联的，不论是水母柳春英担水，还是她婆婆只要扁担前面的水而不要后面的水，都是跟"缺水"有关系的。这也就意味着水母柳春英脱离了"孝"的范畴而进入到形而上学。这一点我当时并没有完全意识到，但其实非常关键，因为在韦伯的理论当中，中国政治最核心的部分就是"家产制的恭顺"，而在水母的故事当中，最终的结果是婆母在柳春英制造的洪水中淹死了。所以也就是水母这一层的形而上学切断了家产制恭顺与国家的联系，礼下庶人很大程度上跟这个问题是有关系的。阎若璩考证晋祠圣母的身份是邑姜，固然将晋祠社会与国家正统联系得更加紧密,但即便如此,邑姜因为有文在手而生唐叔虞,后者跨过了周天子而与上帝建立了直接的联系。唐叔和水母的神话共同肯定了中国的分封制度并非基于亲属制度的,当然也不是如西欧封建那样基于自由采邑制的,而是以地望的等级性为根基的。宋代以后,随着北汉政权的瓦解,民间宗教与封建的关系逐渐成为确认新的封建类型的依据。这一封建类型被历史学彻底忽视了,也被魏特夫忽视了,因此才导致他在东方的官僚制和西方的封建制之间建立了过于直白的对反关系。

2007年底,我通过博士论文答辩,然后就失业了,我重新回到了媒体的老本行,直到大约一年之后,王铭铭老师给我打电话,说有机会去中央民族大学跟民族学大神杨圣敏先生做博士后。杨老师一见面劈头就说,在民族大学,汉人研究最好不要做,新疆和藏族问题选一个吧。由于孩子还小,我还需要继续赚钱养家,博士后那点工资真的不够,我选择了去承德,这样还可以在北京找份兼职。但事实上,我严重低估了工作的强度,很快,我就迷失在了无穷无尽的藏学文献当中。博士后期间,在苏发祥老师的指导下,我开始系统学习藏学知识,其中一本是卡拉斯科的《西藏的土地与政体》,这本书发表于1959年,就在《东方专制主义》发表之后两年,核心内容就是用更加充分的材料来证明魏特夫对卫藏的噶厦政府之专制主义的论断是正确的。而塞缪尔的《文明化的萨满》一书则持完全反对的立场,塞缪尔认为西藏的政体受到了伊斯兰教传统的影响,本质上是个无国家社会,政治都掌握在分立的部落手中。我觉得塞缪尔在借用德勒兹的理论时没太弄明白后者的印欧社会背景,因此有点乱,但也不是全无道理。综合卡拉斯科和塞缪尔的看法,我觉得最好的处理方式就是把噶厦政府管理的藏族地方与中央政府通过土司、土官制度管理的藏区分开来处理会比较清楚,后者内部也并非同质的,而是有着极为复杂的政治与社会多样性,小型政体和部落制保留比较多,总体上来说徘徊于高度发达的土司王权制度和纯粹部落制之间。为此我提出要对藏边社会进行系统的研究,这一倡议得到了陈庆英先生、苏发祥老师等藏学前辈的支持。与此同时,中山大学的刘志扬老师也提出关注藏族与周边民族关系问题,就这样,我们两边合作推进藏边社会研究有好几年的时间,相关的学术研讨会已开了10次。

博士后我的主题是研究六世班禅大师在乾隆皇帝七十大寿的时候来承德朝觐的事件史。这一研究帮我打开了边疆史的视野,也是在这时,我直观地意识到了中国近代国家建构的困境是极为复杂的，不管过去还是未来，都不可能单纯靠宣传和口号真正解决民族问题，如果不想再诉诸暴力，边疆民族史和少数民族地区社会的研究将是国家建设中至为关键的问题。差不多在同一时期，陈波师兄希望用满族的家户空间结构来解释五台山的文化并接，而我则走向了萨满教文明和印欧文明的比较研究。其实当时我对印欧人的了解十分有限，真正集中关注印欧人研究是后来去女王大学访学期间。所以在《宫廷与寺院》一书中的尝试是比较初步的，尽管如此，却也并非毫无意义。印欧社会研究的关窍在于理解种姓法，而萨满式文明恰恰在这一点上和种姓法格格不入，尤其是在神选萨满的问题上，连基本的家族继承都是不被承认的。至于家萨满，所关涉的也更多是职业团体的封闭性，而不是种姓法问题。但这并不意味着萨满式文明更加开放和平等，没有种姓法的社会内在缺乏分权机制，很容易导致财富和权力的过度竞争；同时也不意味着这种社会没有法的区分，实际上，武士法和亲属法的二分是一个普世现象——萨满教总体上来说是一个武士宗教的形态，因此才会在全世界如此之普及，但由于这种武士法不是种姓法，武士阶层往往受制于亲属制度，而不能如印欧人那样发展出专属于武士集团的亲属制度形态。这一点在林耀华先生对康区的研究中体现得十分清晰，杜梅奇尔在对印欧人婚姻的研究中也曾经比较过祭司的婚姻和武士的婚姻之间的差别。印欧文明和萨满式文明的另外一个差别存在于祭司和知识分子集团的性质上，在印欧社会，大部分情况下，祭司集团都是仪式与律法专家，相对来说，形而上学和宇宙论及哲学的知识都掌握在有教养的武士阶层的手中，而在萨满式文明当中并不存在这种区分，萨满祭司主导了所有的知识，因此，国王或者出身于萨满（比如陈梦家和张光直对商王的看法），或者与萨满及知识分子集团保持着巨大的张力——这时国王就会获得某种半神的身份，或者成为彻底的家产制君主而受制于知识分子集团的释经学。

2010年，我留在中央民大任教，跟苏发祥老师、祁进玉老师一起组织了一个长期的读书会，这个读书会几乎彻底改变了民大民社院的读书风气，我和苏老师也都因此曾经病倒过。那几年大概是我自己教书生涯中最为愉快的，没有那么多的考核和表格，不需要考虑太多的项目和发表。我和杨圣敏老师的几个硕士生侯学然、李飞和朱娜商量着，国家重新探索西部开发可能是迫在眉睫的事，于是便带着他们三个去了河西走廊，在武威、肃南和阿克赛做了系统的田野工作，写出了学科重建以来第一批河西走廊的民族志。后来朱娜跟随潘蛟老师读博士，把阿克赛的经验深化成了一篇博士论文。而我自己则于2012年转头去了卓尼，那年嘉木样活佛正好去卓尼禅定寺，但我因为在北京看病，没有遇到，直到2020年夏天，我才有机会弥补了这个遗憾。在卓尼，我们先后完成了5篇硕士论文，最初去卓尼的两个学生是郑伟和雅楠，如今他俩的孩子都快2岁了。2013年开始，我有两三年的暑假都在五台山做研究，几年下来积累了不少材料，但几乎没有写作，直到有一天我在十方堂遇到了来自卓尼车巴沟的阿拉肖吾仓，佛爷让我回卓尼去做田野。

中央民大的课时量很大，加上照顾家庭，其实写作和田野的时间都比较受限制，直到2017年我应张先清教授的引荐调到厦门大学工作，才有机会真正完成卓尼的第一期系统田野调查。我在县城和车巴沟住了半年多，差点因为高反和感冒死在沟里，多亏了夏多才让烧了一晚上的炉子，我才缓过来，后来他告诉我，当时我的情况很吓人，他都以为我挺不过来了。我重新回到卓尼的时候，阿拉肖吾仓已经因为中风不能说话了，但他每次见到我都非常高兴，还曾经给我打过一卦，让我凝神静气好好写书。肖吾仓佛爷在整个卓尼声望很高，因为我是他邀请的客人，所以即使是对外人不那么热情的车巴沟人也都对我很好。2020年，新冠疫情刚开始的时候，他就圆寂了。据才让多杰讲，在这种大灾难的时候，一个佛爷圆寂了，也就替大家承担了苦难。这一年我回到车巴沟的时候，去拜了他的灵塔，那一瞬间我真切地体会到了失去一个佛爷对当地人来说意味着什么。

车巴沟让我第一次看到了西学文献上所写的社会的具体模样，我因此想到几年前在渠敬东老师组织的读书会上的经历，决定系统地研读印欧社会的相关研究成果，并重新思考从民国以来中国学者在中国和印欧之间所做的比较研究的有效性。事实上，几乎不需要证明的是，西方现代社会科学几乎所有的思想系统都来自印欧社会的经验，所以史禄国才会说涂尔干的社会学是以印欧语言研究为基础的，其实在涂尔干之前，罗伯森·斯密（William Robertson Smith）就已经意识到了这个问题，并希望能够综合希伯来人和阿拉伯人的经验开创出一种以闪族语为中心的思想系统，这个工作取得了部分的成功，后来史禄国也希望以满－通古斯语为基础创建一套新的系统以挑战印欧人和闪族人的统治地位，但他最终还是走向了日耳曼研究，这是后话。西方社会科学的产生是以文艺复兴、启蒙运动和浪漫主义运动等一系列"印欧反基督教"运动为基础的，而且在武士阶层逐渐消失之后，现代社会科学的核心问题几乎全部都跟印欧人的第三等级如何接管世界是有关系的。要真正理解任何一种西学理论，都需要将其还原到这一大经验背景当中来才行。过去几年，我和西南民大的张原教授以及我们的学生集中关心的就是这一问题，我自己处理了莫斯和韦伯的理论，也翻译了霍卡的《王权》一书，毛雪彦一直专注于梅因研究，赵珽健处理杜梅奇尔的等级辩证法问题等等。与此同时，关于汉族和藏族社会的田野工作我们也一直在推进，尤其是藏族与印欧社会的比较，我们已经陆续发表了一系列的成果，其中包括对吐蕃王权的系列研究目前还在继续，还有燕京学派主要的藏学研究成果的梳理，都已经基本完成。吐蕃王权的神话和历史经验表明，国王和武士集团之间的关系如何协调才是理解神圣王权问题的关键，至于国王是不是过着整个部落的生活这种看起来有穿透力实则背离事实的讨论在清晰的种姓法结构面前是毫无意义的。包括大卫·葛雷博的马达斯加经验，也完全不能说明人民对王权的成功限制，至于人民是否最终获胜，都是未可知的。他能提供的只是整个大框架的一种可能性，而并非如他宣称的普遍模式。祭司和国王联手是否一定会驯化高傲的武士也没有什么定数，基督教和卫藏的格鲁派无疑都成功了，但藏边地带的状况要复杂得多。我在卓尼田野调查的同时着重于卓尼土司的政体和王权结构，以及车巴沟肖贯的亲属制度和法权，将这些经验与印欧社会比较恐怕还要花一些年才能做完。

民族志方面，王亚涛关于云南藏区神山的结构主义分析，赵珽健关于理塘土地制度的研究，我个人关于卓尼的民族志也在写作过程中。民族史研究方面，苗雨露处理了五台山的近代史问题，尤其是中央王朝和蒙藏佛教世界在五台山不断重塑盟约的政治机制，单朵兰基于阿拉善亲王达理扎雅的家族史，处理了蒙古的不在国王与现代化过程的关系。关于汉人社会的学科史问题，我们已经处理的包括葛兰言对汉人与阿拉伯的比较，费孝通在印欧、通古斯和汉人社会之间建立的广泛比较框架，以及林耀华的家族、家屋与家支等问题的分析等等。在欧亚大陆之外，我们格外关心的是澳大利亚、美洲和非洲研究的基本理论在何种程度上也受制于印欧经验。王宏宇在澳大利亚研究方面做了很多工作；黄子逸基于苗族和瓜亚基人的比较研究，正在探寻一种新的国家起源理论；赵希言目前正在进行武士社会的理论综述。在基础理论研究之外，我们格外关心的是经济人类学与经济史相互结合的研究范式，在这方面我和中国政法大学的杨清媚老师合作了多年，我的学生当中，毛雪彦的博士论文研究了鲁沙尔的会盟制度如何塑造了边疆的现代市镇，庄柳在呈贡做斗南鲜花种植与销售的研究，希望能够了解中国现代中产阶级的生命哲学观念。侯学然的博士论文做的是东北大米，这是一个完全不同于江南和云南的稻作农业形式，也是中国最成功的园艺改革成果之一。

在这些年的研究过程中，我从来没有遗忘过魏特夫，实际上，我觉得他的立论中真正的根基并非水利社会，而是卡理斯玛型政治与家产制政治之间的对反关系。这是韦伯理论的核心问题之一，魏特夫将这一问题与马克思的亚细亚生产方式结合在一起，至于水利事业，不过是基于官僚制的徭役征发的一个假想的理由。印欧人的种姓法同时可能发展成希腊的民主制度和日耳曼的封建制，但也可能发展成印度的种姓制度，而在非印欧人的社会当中，几乎一定会发展成家产制，最重要的两个例外就是犹太人和日本人，前者发展出了极为特殊的教权制度，后者虽然也有家产制特征，但封建契约极为发达，因此接近日耳曼的形态。卡拉斯科关于西藏的论述并没有错，高度发达的庄园制无疑是专制主义的，但这更接近杰克·古迪所说的西方专制主义，也就是卡理斯玛型政治衍生出来的家产制，而非东方的家产制类型。至于藏边地带，其政治宗教类型不一而足，要全部描述清楚恐怕还需要些年头。其实关于魏特夫的问题，格尔茨的回应是比较中肯的，但他过于强调水利产权的分配，而没有回应家产制问题，所以遭到了激烈的批评；兰星在《完美秩序》一书中将水利会社归因于印度教的女性原则，在分析上无疑更进一层，至少对种姓法问题有了回应，但他和格尔茨都没有注意到古刹帝利的权力性质，所谓东方专制主义问题不是在现象学上依据权力的垄断就可以认定的，而是要看到权力的生成机制，在这一点上，甚至魏特夫自己都有些混乱。有趣的是，在夏威夷进行水利社会研究，同时笃信波利尼西亚已经被印欧化的萨林斯却得出了一个与魏特夫殊途同归的结论。而同样基于印欧人经验，德勒兹甚至在非洲都看到了武士阶层和武士法的独立性。比较研究之风险，由此可见一斑。

魏特夫的挑战对于人类学来说，甚至连个主流问题都算不上，与他的搏斗纯然是我自己的乐趣所在，我自觉并没有驳倒他，但在不断对话的过程中，我自信拆解了他的问题，这远比去判断爪哇、夏威夷、卓尼或者晋祠究竟是不是东方专制社会要有意思得多。经过这样的拆解，我自己的收获是，经验事实的复杂性不是任何理论能够彻底涵盖的，理论对经验的竞争性解读并不能以脱离经验为代价，这些辩论仍旧是必要的，因为能让我们看到经验中被忽略的层面。不论亚细亚生产方式、家产制帝国还是东方专制主义，对汉藏社会的描述都是既不错也不对，因为这些概念因应的是别人的经验与事实，这些概念提给我们的问题并不是去证明或者证否它们，而是要重新回到经验去，在对话中提出我们自己的问题。换句话说，真正的对话不是发生在对问题的判准，而是对提出问题机制的比较，这当然不是思想史或者方法论问题，而是经验与思想的往复纠缠之下产生的理解世界的方式。人类学所追求的不同文化之间的理解也是要在这一基础上才能够实现，它既不是认识论的也不是本体论的，认识论和本体论都不过是经验与思想纠缠的概括性结果，甚至也不是基于格尔茨所说的理解他人之理解，或者费老所说的"我看人看我"，整体性的宇宙观图景的描述对于人类的彼此理解恐怕也是极为表面的。真正的理解只能存在于两种纠缠方式的再纠缠所产生的递归函数，这种递归运算不论对于理论思考还是对于经验性的比较研究都不可或缺。换句话说，彻底理解其实是一个可以无限逼近但终究无法达到的境界，大概和一个傅立叶分析差不多。

人类学作为现代西方社会科学的五大基础学科之一，其产生的根本原因是在法国大革命之后的又一次文艺复兴，和第一次文艺复兴一样，还是从罗马法开始，但和第一次文艺复兴不同的是，社会科学的产生是对自然法所导致的对工具理性之滥用带来的危机有关。所以整体上来说，人类学是一场旷日持久的反自然法运动。这个学科希望对人类的集体性存在有超越古典世界的把握，以保证现代社会不会在高涨的个体主义情绪面前土崩瓦解并进而导致这些自以为是的个体扭曲癫狂。集体性和自由都是我们存在的一部分，人类学的任务是确保前者不会丧失而造成另外一种不可遏制的异化。它最初提出的问题，也是这个学科最根本的问题是，"法是否起源于亲属制度"，对这个问题的追问一直延续到列维-斯特劳斯的结构主义时代。其实人类学最终也没有真的彻底解决这个看似清晰的问题，我们只是在这个问题的引领之下不断深化我们对人之存在的集体性的认知。在前段时间给沈阳师范大学做的讲座当中，我冒险提出一个看法，即亲属制度只是私法的源头，而公法的来源则是武士集团，这个问题会成为我下一阶段的工作重点，至少就我们目前掌握的材料来看，这一假设其实比通过亲属制度和所谓对亲属制度的突破来阐释社会制度的生成与变迁要更加有利。莫斯在很大程度上已经论述了这个问题，我研究《礼物》一书的两篇论文也是希望能够将莫斯对武士社会的研究思路揭示出来。

接下来的另外一个工作，其实也是过去十年间一直在做的，就是继续培养学生。我个人更愿意花时间在教学上，而且尤其愿意投入本科教学，这大概跟我本人学力不逮，做不出什么能给学院加分的科研贡献有关系。这些年最重要的教学心得是，本科生虽然也有他们的小算计和小心思，但总体上来说是塑造一个人的学科认知和学者心态的最佳时机，在本科时已经初步成型的学生后来的路也会好走得多，这不只是说学习能力上，更多是如何对待科学的态度上。现在的社会科学不比十余年前了，那时候大家都没什么钱，读书的目的也相对单纯，现在导师的项目多，甚至有导师要求学生旷课去帮自己做项目，很多学生从入学的那天就和年轻教师的心态差不多，惦记着发表、项目和一些毫无意义的竞争，让他们专心在知识领域实在是要费尽口舌也未必成功。项目制的泛滥的一大危害在于，学生在不知学术为何物的时候，就学会了依据项目需求来判断知识的价值，这可能是目前人文社会科学知识浅薄化的最直接原因，而且其恶劣影响还在进一步扩大。凡是超越项目边界的知识都被轻易打发掉了，这些知识被认为是"没用的""过时的"和"玩理论的"，至少在我看来，现在的大学在各项指标的竞争压力之下，明里暗里都在鼓励这种浅尝辄止的态度。有些学院的领导甚至亲口说过：教学，只要及格就行了。直到教育部提出要重视本科培养，但其重视的方式就是再度设立一些指标、填表、评比。教育关系到国家与社会的未来，每周两个小时的教学时间对于老师和学生都无比的宝贵，我们就是靠着堆累课堂时间培养人才的。人类学的学生培养的关键在于要让学生对基础理论和广泛积累经验有实质性的兴趣，这就要求老师要带着学生做大量的阅读，大理论的精读和中层理论的泛读缺一不可，要帮助学生理清楚一系列总体性人物的思想框架，尤其是把他们的理论论断都还原到经验材料和经验问题。所有这些工作都不是能够通过表格来衡量的，简单说，一部《金枝》，我可以讲一个小时，也可以讲一个学年，都是合理的。这不是什么良心活的问题，而是要看学生的程度和教学方向而定的。

人类学学科现在面临一些总体性的危机，我想这是目前从业者的共识了。在北方，人类学整个学科理论甚至存在的意义都受到了怀疑，甚至有人已经公开质疑这个学科存在的必要；而在南方，人类学因为比较受市场的欢迎，生存条件整体优于北方，但也因此快速浅薄化，气质上越来越接近社会工作，但远没有后者实践的规范性。随着老一辈学者的退休，学科的平台在萎缩甚至减少，博士招生数量和职位数都在下降。更为严重的是，我们的问题意识在枯竭，这甚至是一个世界性的问题，西方人类学能够提出的真问题也在不断减少，我们能够扒过来用的西学资源也供应不足了。具体原因有很多，但世界范围内的思想绥靖主义的蔓延恐怕是个根本原因，人类越来越没有耐心跟自己的异化做斗争了，我们开始考虑基于现有的状况如何活下去，而不再将批判的力量当作确保自身价值的基础。这甚至都不是人类学一个学科的问题，日本和美国陆续削减人文社会科学的预算，这是极为危险的信号，至少对我来说，意味着资本和权力在利用自身的优势消灭对反的声音。现代社会如果说有什么实在的优点，那就是它从产生的那一天就在竭力培养自身的批判者，这也是我们在无数覆灭性的危机之后仍旧能够维持生活的秩序与意义的真正保障。而今，在堂皇的实用主义面前，这一优点正在快速丧失，不论削减预算还是靠竞争型经费来规范批判的声音，其实都没什么差别。

  但是，世界并不会因为我们的思想绥靖主义就自然变得更美好。由于既得利益集团压制批判，放弃反思，曾经困扰人类数百年的种族主义、民族主义和民粹主义等问题一股脑卷土重来，尤其是美国和中国两个世界最强大的政治经济体都在明火执仗地鼓吹民族主义，大概是自法国大革命以来都从未有过的奇异景象。人类学曾经在一百年前引领了全世界的反种族主义运动，并因此为二战之后的世界奠定了多元文化主义的学理基础，而今的人类学似乎在这个问题上立场重新变得暧昧不清；我们被太多的历史拉入到思想僵化的境地而失去了道德立场，就像尼采所言："曾经学会了在历史的力量面前点头哈腰、卑躬屈膝的人，最终会像中国的木偶一样，对每一种力量都唯唯诺诺，不管这种力量是一个政府、一种公众意见，还是一个数量上的运动"，一个民族的历史应该证明自己是世界精神的载体，而不是论证自身之政治和精神边界的无上合理性。否则，对历史的滥用终将使人类在对幸福的追求中变得疯狂而僵硬。人类学存在的意义之一即在于肯定那些非历史的和超历史的东西是人之存在的集体性的根基，我们要在文化多样性的相互借鉴中为历史的叙事和思想的滥用划定一个边界，并从那些非历史的因素中汲取保护人之道德与生命的力量。

被人类学"照见"与"点亮"的人生

张 颖

张颖,博士,厦门大学人类学研究所博士后,副研究员,四川美术学院中国艺术遗产研究中心主任,博士生导师,重庆市高校优秀人才,重庆市三八红旗手。

我家先生总说，喜欢我，是因为我的简单。"含着银匙子长大的你，不谙世事。说得好听是'纯'，说得不好听是'钝'。"愚钝如斯的我，幸有与人类学的因缘际会，人生斗转，得了万紫千红。所以，当我回首自己十余年的人类学之路，脑子里两个关键词无比清晰——"照见"与"点亮"。四十能不惑，全凭了浸润于人类学而得来的平常心与欢喜心！

一、见世面 读经典：知三千世界 恒河一沙

俗话说："少不入川，老不出蜀。"只因习惯了天府之国的安逸日子，我将本硕博都坚定地安置于四川大学。2009年读博选专业和导师时，先生劝我投徐新建教授门下，说他严格，能教出好学生。而我心下惦记和仰慕的，却是徐老师纵横开阖的心法道术，以及风趣高奇的表现力。

现在想来，对文学人类学这个专业，彼时并未深究。因有十余年在国外基金会做文化遗产项目援助的经验，便择选了文学人类学专业下的"文化遗产保护"方向。一个典型的"对人不对事"的开头，让我误打误撞地走进了人类学。

2010年夏初，徐老师通知我们5个还未正式入学的同级生，一起参加了在广西民族大学召开的第五届文学人类学年会。那届年会的主题是"表述'中国文化'：多元族群与多重视角"，从萧兵教授《文学人类学：一种生活方式》、叶舒宪教授《从世界文学到文学人类学》，到彭兆荣老师《文学与学文》、徐新建教授《表述问题：文学人类学的起点和核心》的主题发言，皆是从人类学的知识场域反思文学，从而寻求"表述中国"的新契机。而专题论坛部分徐杰舜教授、吴秋林教授、陈器文教授、刘珩博士、安琪博士等关于"民族志的纪实和想象"的分享与交锋，亦让人印象深刻。

参会那三日，我这只"菜鸟"时喜时忧，夜不能寐。聆听前辈师长宏论，

方知学问别有天地，心驰神往。但顾盼同道才俊学力，又自惭蹉跎岁月，四六不通，纠结远多于亢奋。想来如无同门学友宽慰开解，说不定便当了逃兵去呢。

而那次参会最让"菜鸟"步步惊心的，是徐老师不时发来催促我提问或参与讨论的短信。做惯了乖乖女的我，连见个生人都会满脸通红，且正为着自己才疏学浅而慌张不已，岂敢承袭发扬徐门的"犀利风"嘛，心下无比埋怨老师"哪壶不开提哪壶"！却不料这内向木讷的小辫子，被老师一揪就是三年。逢会逢课，必被他逼上前台，从无幸免。到毕业时，竟也被管教出一两分"辩才"来。行笔至此，方才顿悟——"口利"不过是老师消除我长期舒适惰怠的惯性，建立批判性思维的药引子罢了。

读博期间，课业压力几乎让人窒息。

第一学期"文学人类学"专业课是以 seminar 形式展开的。在徐老师的指导下，全体选课者参与 10 次专题讲座的主持、主讲、评议和讨论。1 周 1 讲，每讲皆详细布置课前阅读、课堂参与和课外实践。课业论文必须在课前一天的中午 12 点前提交，过时不收。记得自己每每在 deadline 读秒时方能交上作业。点击邮件提交后，必程式化地长出一口气，再在工作椅上保持三分钟"葛优躺"。然而惬意总是稍纵即逝。因为心下明白，如不痛下工夫准备第二天 seminar 的"砖头"或"盾牌"，定会被逼得理屈词穷，甚至遍体鳞伤。毕竟"面子"是中国人的宝贝，命之所系。但即便是这样的魔鬼训练，跨专业选课的川大博士生们仍然趋之若鹜。

文学人类学课程十讲从《圣经·创世纪》的解读开始，依次涉及《史记·黄帝本纪》、六道轮回图、乾坤卦象、俄狄浦斯王、青铜时代、荷马史诗与格萨尔王、唐诗与歌谣、人类的由来、国民/个体/超我。如此古今中外、神话宗教、艺术科学一圈扫荡下来，不但帮助我们将"文学""人类学"的认识从现代学科桎梏中解放出来，以更深远悠长的思想渊薮和知识谱系，理解其学术合法性及其历史责任。也促使我们在经验世界、信仰世界、生活世界、文本世界的重叠中，回归终极层面去思考并解答人的存在、地位与价值。

而在科研操作层面，徐老师亦不断督促我们补充知识缺陷、挑战学科疆界。在尽可能地利用文本的同时，学会从他者表述中超越出来，探求本文样貌与世代传承的功能，以之回应文学是什么？文学做什么？文学如何做？得益于此，我博士一年级的课程论文《"六道轮回图"的文学人类学解读》[1]顺利发表在《西南民族大学学报》上。这对常常处于崩溃边缘的"菜鸟"而言，无异于一剂强心针。修业固然艰辛，然砥砺前行，实是乐在其中矣。

博士第二学期开设的"人类学写作"专业课程，则是以民族志文本为起点，引导我们进入与文学人类学相关的诸学科（文学、人类学、宗教学及民俗学等）和诸问题（人观与表述、纪实与虚构、科学与艺术、族群与人类、身份和历史等）。在研读西方经典民族志的基础上，进而对阿来《格萨尔王》、希尔顿《消失的地平线》等文学作品的预设、规定、解释、转化加以考量，理解文学虚构在真实世界的影响并不仅仅限于审美。在跨学科、跨文化统合的方法论训练下，最终促成我将"全国少数民族传统体育运动会"——这一发生在现实中国，并和族群生活、身体叙事、全球语境息息相关的重大文化事件，作为博士论文的研究对象。而其目标，是试图以案例实证的方式，回应徐老师提出的"回向整体人类学"[2]与"多元表述"[3]的学术思想。

"全国少数民族传统体育运动会"的研究选题不但得到了徐老师的首肯，也幸运地获得了前辈师长们的无私相助。胡小明教授、卢元镇教授或允我参加工作坊，或亲授指导。他们以体育人类学、体育社会学的视野和方法，大大拓宽了我的研究思路。亚洲体育人类学会长寒川恒夫教授不吝将体育人类学的学理知识与发展趋势向我详细解明，不仅将个人出版的所有日文专著相赠，邀我参加北京、广州的研讨会和田野考察，还在百忙之中为我提供到早稻田大学博士联合培养的手续文书。第九届少数民族运动会开幕式总策划张华老师、贵州省新华社徐洪舒老师的保驾护航，使我在运动会现场的调研顺风顺水。而国家民委体育司、各地文体局的助力，也让资料搜集和关系协调等种种棘手问题迎刃而解。

我先后发表了《族群身体与文化传承：以苗族南猛芦笙展演与叙事为例》[4]

---

1 张颖：《六道轮回图的文学人类学解读》，《西南民族大学学报》2011年第9期。
2 徐新建：《回向"整体人类学"——以中国情景而论的简纲》，《思想战线》2008年第2期。
3 徐新建、唐启翠：《"表述"问题：文学人类学的理论核心》，《社会科学家》2012年第2期。
4 张颖：《族群身体与文化传承：以苗族南猛芦笙展演与叙事为例》，《中央民族大学学报》2013年第5期。

《苗族芦笙的族群叙事与身体表达》[1]《体育人类学的理论与实践：亚洲体育人类学会会长寒川恒夫访谈》[2]等系列论文，为博论奠定了较好的理论和资料基础。

博士论文《族群身体叙事——全国少数民族传统体育运动会的人类学研究》将"全国少数民族传统体育运动会"视作一类独特的民族志文本，研究从剖解全国少数民族传统体育运动会生成发展的特殊语境入手，将其释为"国家"与"族群"、"东方"与"西方"、"传统"与"现代"通过"身体"进行对话的"语义场"。

研究指出，全国少数民族传统体育运动会承载的多样性"族群身体文化"，不是用西方传入的现代"体育"概念就可以框架和覆盖的。第一，身体是人类"第一性"的表述方式，是人类文化的起点与终点；第二，与传统同生共长的身体文化具有历时性的文化厚度；第三，丰富的、不同类型的少数民族传统身体文化拓开了共时性的文化宽度；第四，上述三个方面的叠加，构成作为多民族国家文化文本的"族群身体历史"。族群身体的多元叙事，为现代社会结构的自我修正提供了参照性；族群身体的叙事，也正是通过大历史观对轴心文明的最好反诘。因此，作为多民族国家民族融合和族群身体文化表达、叙事的重要场景，"全国少数民族传统体育运动会"具有重要的群际交往功能，和文化融合互惠价值。并以之为据，在实践操作层面提出了"三个回归"和"两个超越"的对策性建议。

在博士论文后记的结尾，我这样写道：

与人类学结缘，转识成智、化智为慧，宝剑值千金！
随众师友同好，垒石成山、汇流成海，平生一片心！

---

[1] 张颖：《苗族芦笙的族群叙事与身体表达》，《中外文化与文论》2013年第2期。
[2] 张颖：《体育人类学的理论与实践：亚洲体育人类学会会长寒川恒夫访谈》，《武汉体育学院学报》2013年第3期。

二、行田野 归去来：悟即小即大 平常非常

在中国文学人类学研究领域，向来有"三驾马车"（叶舒宪、彭兆荣、徐新建）之美谈。叶师、彭师一直将徐门弟子视如己出，传道授业解惑。每次与两位老师的短暂相处，他们或是关怀帮助，或是批评砥砺，都能使我豁然开朗、受益良多。

博士二年级开题前，因在研究对象选择上举棋不定，我向彭老师求教。

很快，老师便回信了：

> 我不认为你读这个博士的动机与身边的同学一样。你有优越的条件，幸福的家庭，绰沃的经济，稳定的工作。如果我没有理解错的话，你读博只是让自己更充实，经历更丰富。所以，不需要勉强做自己不爱做的事情。
>
> 如果这样的判断没大错，那么，两个建议：1.博士论文选择一个自己生疏的，又能吸引你的题目；2.人类学这个学科本身就是做"俗事研究"，要去了解"异文化"，方法上要求做到在平常中发现非常，在平凡中体现非凡。鉴此，建议你去发现远离你（你的生活、你的信仰、你的惯习等）的生活和生命存在。这大约比较符合你的情况。
>
> 你眼神里有两种眼光，一种成熟的，安静的；另一种是稚气的，活动的。两种眼光在进行自我互视，自我否定。因此，我希望你首先了解自己需要什么，然后再去努力获得你所要的东西。

人与人之间的因缘聚会甚是奇妙。两年后，我成了彭老师的弟子。

而这个决定，实是因一件日常小事的触动，和两位师长亲人的建议促成的。

那是2012年4月，在马卫华师兄和杨丽娟师姐博士论文答辩会的间歇，徐老师嘱我陪彭师在川大园子里逛逛。荷花池边，有一位60多岁的女老师正在钓鱼。彭老师过去热情搭讪，那女老师转过头来，却是眉头深锁，一脸嫌弃，场面甚是尴尬。细打量，但见女老师额窄唇薄，颧高腮瘦，一看就是不好惹的人。我心下打鼓，打算立马拉老师开溜。却不料彭老师泰然处之，依旧灿

烂温暖。只两三分钟后，那女老师脸上居然寒冰消融，甚至笑出"花"来。不但叨叨地给彭老师聊起自己退休生活的各种安排，还主动攀起校友交情，说彭老师算是"学弟"。

返回文科楼的路上，彭老师漫不经心地笑言："看看，人的存在，是件很复杂的事情吧！咱们做田野的时候得明白，重要的，是你自己心中的那份体贴与善待。"

我被老师回向"生活世界"和"自我重塑"的田野箴言深深打动。反观自己，田野里往往陷入过度的主观预设和理论抽象，丢却人类学之精要——一个亲历的、观察的、自下而上的经验累积的逆向过程。而那一刻，也成为我人类学生涯中重要的"通过仪式"。

博士毕业后，我本已通过一所"211"大学的试讲和面试环节，准备入职。但先生却劝我放下择业包袱，做自己最想做的事情，过自己最想过的生活。参加我博士学位论文答辩的汤晓青老师的一席话，更让我下定了继续修学的决心："丫头，我看你现在学术状态正好，乐在其中。年轻教师难免不被卷入繁杂的行政事务中，还是一鼓作气，去彭老师那里继续学习的好！"

就这样，在凤凰花盛开的季节，我正式投入彭老师门下，改口叫了"师父"。入门后的第一次学业活动，就是参加在贵州安顺和铜仁举行的，为期两周的田野seminar。彭门每年1~2次的田野集结，自2005年起即成惯例。在师父看来，人类学者的行走，是其最具"商标性"的知识来源和表述范式；是用"这里"和"现在"的范畴与类型去描述"那里"和"过去"的挑战。[1] "理论"之本义即是"观看""观察"的活动，以及在空间上的离家与回归，强调不同空间的距离与转换。[2] 人类学者必兼学者与行者。徜徉于田野，行动于作业。学者也，探寻文化语法。行者也，往返我他之间。游刃有余，归去来兮。[3] 因此，"田野归去来"的学术锻造，一直是彭门弟子厚积成器的发轫之始。

彭门的田野seminar既是有准备、有设计、有要求的学业实训，也是有惊喜、有故事、有感动的社会交往。从前期的资料准备、日程安排，到进入田野

---

[1] 彭兆荣：《失落的主题：旅行文化作为我民族志的表述范式》，《世界民族》2012年第1期。

[2] 彭兆荣：《走出来的文化之道》，《读书》2010年第7期。

[3] 彭兆荣：《归去来——彭兆荣文选》，贵州人民出版社，2020年。

后的分组分工、授课讨论、日志撰写，直至后期田野报告和民族志写作的完成，一丝不苟。新入门的弟子，或跟在老师身后仿效，或由师兄师姐手把手教着，开始学习如何与研究对象进行互动，在互动中如何调整自己的种种预设，如何从田野现场最小的细节入手，在一堆"瓦砾"和"鸡毛"中把握关系、发现结构，打通理论。

我们20多名博士、博士后兵分两路，调研"安顺屯堡地戏"和紫云"亚鲁王"非遗项目。师父则不辞辛苦，在两组间奔波往返，答疑解惑。无论是授课、讨论还是日常闲聊玩笑，他不断向我们示范着人类学者田野必备的素质——好奇心与求知欲、洞察力与把控力、同理心与亲和力。十多天高强度的田野调研虽然辛苦异常，但当我逐渐能体会"用生命亲历，呈现和印证'归去来'的自然／文化全景合成"[1]时，心下的雀跃实在难以言表。

自那刻起，田野于我而言，不再是身处"忧郁的热带"的艰难行涉，而是打开心灵镣铐的喜乐旅程。

博士后在站的两年间，我都自觉坚定地将田野考察经验作为人类学知识生产的基础。看什么现象？提什么问题？从什么视角进入？收集哪些材料？如何收集？如何判断材料是否恰当完整？如何论证？"微而不小，大谋不谋"的境界虽难一蹴而就，但只要能看到转动的人生与瓦叠的世界，进入对方所关心的问题域，主动调整自己的学术成见，便可以发现一些先行研究的盲点和问题。

在关于文化遗产完整性、真实性和多样性的论题中，由于直接参与了社区、家庭、工作场域活动，建立了与当地人群面对面的情感关系，"行动研究"使我深切体会到全球化时代地方日常生活中，传统文化承袭演化的复杂性及活态性。文化遗产并非可以简单复制的知识实践或性情默会。遗产的概念，本就是随着人们对它的态度、需求和要求的变化而不断演变的。[2]在人类学视域下，文化遗产其实是一种被特定环境塑造的话语结构。而如何有效析出遗产的话语结构和内在意义，并发现其协商互动的要因，成为我博士后阶段研究的主要目标。

---

1 彭兆荣：《归去来：运动与旅行的文化人类学视野》，《内蒙古社会科学》2013年第11期。

2 Graham, Brian, Gregory Ashworth and John Tunbridge. *A Geography of Heritage: Power Culture and Economy*, London: Arnold, 2000.

譬如《家在"念"中：国家级非物质文化遗产"亚鲁王"的认知与阐释》[1]一文就指出：文化遗产的真正意义，来自"亚鲁"作为文化物种的完整性与原真性。如果将口述传统表象下的"英雄史诗"作为亚鲁文化精髓和内核，或许有窄化之嫌。亚鲁文化中的口述（说）只是其表述之一范，认知（思维）、仪式（形式）、技术（各类巫技）等同构出的归属地——"家"和"回家"的行为，以及包括祖先的集体表达，方是其族群生命的本文所在。

其后发表的《文化遗产关键词：体育》[2]《无形文化遗产的多重真实：以日本"和食"申遗为例》[3]《文化遗产关键词：丹》[4]《丹砂之路——从贵州万山汞矿遗址申遗说起》[5]《文化遗产的生命样态——以山西介休后土庙为例》[6]等论文，以及博士后研究工作报告《博物寻根 丹道合宗：贵州万山汞矿申遗的人类学研究》也皆是以"人类学遗产研究的方法与意义"作为追问的出发点，依靠田野一手资料，在理解呈现族群世代相传的生存哲学、生命科学，以及同现实当下时刻相伴的生活美学的同时；反思检讨遗产运动如何将遗产从地方性的或与民族国家有关的起源，转移到明确的全球维度，再从全球维度重新审视地方性的辩证历史过程。

万里行思，谨摹一范。我竭尽全力去接近和体验师父向我描述的学术人生：在平常中发现非常，在平凡中体现非凡。田野里行走的人类学者，言谈举止间都少了些"高级感"。我们关心的总是鸡毛蒜皮、家长里短，信仰的无非同情同理、成人之美。然而观照到最小，才能关怀到最大，学术的触角和愿景本该如此吧！

---

[1] 张颖、彭兆荣：《家在"念"中：国家级非物质文化遗产"亚鲁王"的认知与阐释》，《贵州社会科学》2013年第11期。

[2] 张颖：《文化遗产关键词：体育》，《民族艺术》2014年第1期。

[3] 张颖：《无形文化遗产的多重真实：以日本"和食"申遗为例》，《贵州社会科学》2014年第3期。

[4] 张颖：《文化遗产关键词：丹》，《民族艺术》2015年第1期。

[5] 张颖：《丹砂之路——从贵州万山汞矿遗址说起》，《人文杂志》2015年第8期。

[6] 彭兆荣、张颖：《文化遗产的生命样态——以山西介休后土庙为例》，《厦门大学学报》2015年第9期。

三、入艺境 历游学：品情理交融 图绘妙旨

2015年博士后即将出站时，师父动员我随他一起到四川美术学院创建"中国艺术遗产研究中心"。理由是人类学："你是土生土长的重庆人，有'地方性知识'的底子在。给师父做帮手，再合适不过了。"

就这样，我和一群艺术家成了同事师生，生活开始"热闹""轰鸣"起来。

我一边叹服着他们对世界的好奇心和灵性力——能闻出春天的味道，能描出残雪的声响，享受着一起大吃大喝、大吹大擂、大喜大悲、大彻大悟的痛快鲜活；但也不得不适应甚至忍受"自在""跳脱"背后的种种无序与杂乱。而人类学的漫游，亦必在新的"社区"中获得一个角色。所以学科与个人学术研究的重新定位，即成当务之急。

其实自古典人类学时代始，人类学家就在绞尽脑汁地与"艺术"交集，累积的理论资源并不匮乏。他们或从艺术的起源、进化、分布问题入手，或从艺术的心理影响或情感力量出发，或聚焦于艺术的交流媒介功能，或关注艺术如何引导社会关系、维护社会制度运行，或强调艺术作为一种行为体系的能动性……

艺术与人类学的相遇并不是简单叠加，或仅只"对象"与"方法"的拉扯。虽然借助整体论、跨文化比较和田野考察方法论，"人类学的艺术研究"在调和艺术内部"自律"（为艺术而艺术）与"他律"（为人生而艺术）的最大冲突上，在寻求不同文化艺术的共通与差异上，颇有四两拨千斤之功。但"艺术的人类学方法"，也促使人类学理论面向感官世界分类，牵引出情感、表征等新的面向，为理解人类的创造过程和创造行为打开了新的门路。

补着艺术这头的课，人类学的研究自然会被带出许多新问题和新想法。但真正让我沉下心来，抽丝剥茧、举要删芜的契机，则是2017—2019年在东京大学东洋文化研究所、日本国立民族学博物馆超域研究部的访问学者经历。

幸有菅丰老师和韩敏老师帮助，我得以在日本人类学两个最重要的机构学习交流。1941年成立的东京大学东洋文化研究所，作为一个国际知名的学术组织，聚集了日本和全球研究中国的学者精英。可想而知，那里的学习为我在"自我与他者""全球与本土"之间消除了多少观念和知识的淤塞。而国立民族学博物馆，则是集人类学综合研究、教学、展示的全球标杆。博物馆里十几

万件来自全世界各民族的实物和影音展品、无数印象深刻的 lecture、seminar、workshop 让我豁然开朗，获益良多。而身在异乡，更让我深深感到"重新发现自我"的重要性。就文化遗产研究而言，唯有当传统能够被自主地辩护，并且准备好与其他传统以及其他做事方式进行公开对话时，它们才会继续存在。

于是在留日期间，我开始将自己博士后阶段的丹砂文化研究，延展到"中国红"的视觉象征符号上。通过大量文献梳理，我发现国内先行研究存在两个向度的缺失：一是在未加辨析的前提下，将狭义的"中国红"与广义的"中国红色传统"混同并论；二是把色彩文化的生产过程与外部世界对立割裂开来，在自我中心认识论约束下，迷溺于哲学伦理层面的色尚体系，很少从器物生产、流通交换的日常工夫对研究对象进行全面还原。而"中国红"在很大程度上，却是本土和非本土社会历史关系的组成部分，是一种全球化时代的文化混合模式。

我在研究中指出，"红色中国"的视觉经验凝聚，并非孤立僵化的历史遗存。而是一个不断生成、接纳、转化和传递的动态过程。它既是西方对中国文化想象的投射反映，是他们复制与消费中国的途径和方式；也是本土精英集团寻求国族象征的必然与必需。因此，"中国红"的符号建构和族群认同，体现了本土与外界器物交换、技术交换、制度交换和观念交换的历史成果。而作为文化遗产的"中国红"，则理应包含两个面向：一是基于认同的文化统合力；二是强调区别的艺术生产力。[1]

与此同时，通过梳理日本乡土景观研究的历史与方法[2]、日本高校文化遗产专业的建构历程与特点[3]，以及对日本当代艺术乡建代表性案例进行多点田野考

---

[1] 张颖：《交换的礼物：艺术人类学视域下"中国红"之名与实》，《民族艺术》2018 年第 2 期。Zhang Ying, Exchange of Presents: The Name and Nature of Chinese Red from the Perspective of Anthropology of Art, *Contemporary Social Sciences* (Bimonthly), 2018 (12). Zhang Ying, The Historical Construction and Visual Representation of Chinese Red, HAN Min, OTA Shimpei, NIWA Norio, The Logic and Conception of History: Cross Field Approaches from around the World, 2021.

[2] 张颖：《日本乡土景观研究的历史与方法——从柳田国男的"乡土研究"谈起》，《中南民族大学学报》2017 年第 9 期。张颖：《文学经典重塑乡土景观——以川端康成的"雪国"为例》，《暨南学报》2019 年第 4 期。

[3] 张颖：《从超学科到跨学科：日本高校文化遗产专业建构历程与特点》，《比较教育研究》2020 年第 2 期。

察[1]，我也在持续的对比反思中，渐次领悟"艺术的人类学方法"的诸种可能。

就民族志的人类学定义（以第一手观察为基础对一种特殊文化的系统描述）而言，本就是对方法、对象、文本的多重指向。Ethnography（民族志）的词根源自于希腊文 ἔθνος（ethnos 民族、族群）+γράφειν（graphein 图像、绘图、记录），视觉和图像记录一直是人类学历史的重要组成部分。虽然民族志的价值定位和表现策略，一直在适应不断变化的经验环境，但无论是马林诺夫斯基的《西太平洋上的航海者》、博厄斯的《原始艺术》、列维-斯特劳斯的《忧郁的热带》这类经典民族志巨著，还是人类学"表述危机"之后以"深描"为理论框架的后现代主义范式影像民族志，视觉传统都一以贯之。

因此回国后，我便开始投入"绘本民族志"的全新尝试。在我看来，"绘本"与其他媒体影像穷纤入微的记录方式不同，其目标不止"超越文字表述"，也并非指向科学的"证据"与"事实"，而在于创作诗性的、容易理解的、自由的民族志语体。"绘本民族志"首先是想要去探讨人类学"诗学"审美力的创造性行为的入口与限度；其次是试图落实基于"中国文化体性"[2]的生命与身体表达的意义特征。因为就实验民族志语体的本土化而论，图文并举无疑是中国传统叙事的显著特征。宣物莫大于言，存形莫善于画。中华文明从来就是强调身体实践的"格致"传统。以"手"入"心"，"心""心"相印，绘本可为其范。

我带领团队在田野中将图绘作为推进交流、进行互动、建立关系、获取知识的重要的创造性工具以及行为过程。图绘的运用，能够将研究者从文字书写的确然性中解放出来，不是围着"事实"和"现实"兜圈子，而是着力于交互式的、可视性符号的"解释力"和"表现力"。

而同摄影形式相比较，手绘不但可以记录／表述跨越时空的视觉信息，突破眼前事物的片面"真实性"。还能承载，甚至创造主客两方新的情绪、动机和抽象社会关系。

绘画行为不仅能够帮助我们这群美院出身的研究者，舒适地沉浸于地方生活，同时也引导推动我们学会结构性地观察物理与文化空间关系，进而转化为

---

[1] 张颖：《日本当代艺术乡建诸模式》，《民族艺术》2020年第2期。

[2] 彭兆荣：《体性民族志：基于中国传统文化语法的探索》，《民族研究》2014年第4期。

研究的重要资料和论据。而村民们看到这些图绘时，亦能直观简便地从记忆和生活轨迹中帮助恢复感官细节与视觉元素。平日里那些以文字或语言难以传达交流的难题，便可迎刃而解。透过地方性感观的同位相近，研究者与被研究者一起在具体与抽象、宏观与微观之间勾连出入，达成沉浸式和再认识的审美体验。

2021年7月，《丹砂庇佑：龙潭古寨乡土景观绘本民族志》[1]一书由中国社会科学出版社发行。该书以我在贵州务川仡佬族龙潭古寨七年的田野经历经验为基础，分"寻丹而来""丹族丹宗""丹心入魂""丹业立基""丹俗丹趣"五个单元，尝试将龙潭人的记忆与现实通缀、符号和象征叠合，传达族群文化之"不易""变易""常易"的研究思考。比起那些晦涩而哲学的大师图本，我希望绘本民族志能做到质而不俚，浅而能深，进而能远。它可以是一本旅行随身书，带你见人之未见，领略"最具魅力民族村寨"的月夕花朝；它可以是一本别样的村史，寓乡情于图景，记录"中国历史文化名村"的源深流长。

书斋勤读，交通古今；田野撷珍，练达人情。游学化艺，登步修广。人类学的濡染，让我的好奇心、幽默感、洞察力都开始泛滥，尝试把这学问做得有趣而有益。人类学的陶冶更让我将嗔痴慢疑渐次放下，顺势把这人生过得生动而丰满。师友亲人们都说这两年我变"野"了、变"疯"了，也变"神"了。我把这看成人生最大的褒奖！

真的很难言说人类学漫步的快乐和幸福，因为它能将生命指向圆融和圆通。于是立志做个坚定的"追光者"，前赴后继，珍惜当下！

---

[1] 张颖：《丹砂庇佑：龙潭古寨乡土景观绘本民族志》，中国社会科学出版社，2021年。

打开视界与世界的打开：我的人类学之路

张　原

张原，人类学博士，西南民族大学西南民族研究院教授，教育部新世纪人才。发表论文等40余篇，代表著作有《地方之上：人类学西南研究的视野拓展与田野实践》《在文明与乡野之间》等。

视界即世界。于我而言，人类学的魅力在于视界的打开。然而在人类学界混迹了差不多20年后，年届中年的我却越来越困惑自己的人类学研究是否真的打开了视界。我的这些中年之惑在一定程度上来自我个人的生活经历，但更多的困惑其实是来自人类学这个学科在当下的境遇。

在我读书学习阶段，人类学在国内代表着一种知识的新生。我一直记得人类学最初给我的那种知识视野上的冲击与震撼，那是我在西南民族大学读硕士研究生时上的第一门专业课，课程名称虽然叫作"民族学"，但早年从中山大学人类学系研究生毕业的张建世教授在课堂上坚持系统地介绍人类学的理论与方法。我的第一次课堂发言是用一些僵化的进化论观点来泛泛比较我老家贵州的几个少数民族的风俗，一向儒雅温和的张建世教授打断了我的发言，起身从身后的书柜中取出王铭铭教授的《文化格局与人的表述——当代西方人类学思潮评介》一书，放在我面前说道："人类学的理论都发展到哪一步了，你好好看看这本书吧，可不能这样来谈问题。"我倍感尴尬，下课后就借来这本书阅读，发现自己的那些观点在书中第2页就被批判和抛弃了，然后我看到了英国的功能主义，美国的文化人格学派，还有结构主义、象征、实践等对我而言颇为新奇的理论和概念。我一边阅读一边感激张建世教授那天课上砸给我这本书，我的视界就此被这本不到200页的小书所打开，那么多人类学有趣的理论和研究被引介到我面前，还有各种民族志中考察的形形色色的人群。我精力感到一个宽广的世界向我打开，觉得当一个人类学家去进行田野研究这事比组一个摇滚乐队登台演出更酷。人年轻时总会对一件他认为有趣炫酷的事投入大量的精力和激情，有一天我发现自己已经好长一段时间没有弹吉他，而是花了大把时间按图索骥地从王铭铭教授的那本书中尽可能地找到那些被提及的人类学著作来阅读，我意识到人类学就是我要学习和投身的那个学科与事业。我年轻时是个爱嘚瑟的人，之前喜欢在别人面前弹唱自己创作的歌曲，后来则喜欢和别人聊起我学习人类学的见闻，把这当成一种魅力。那时我人类学的素养虽然惨不忍睹，但可能是善于表现，我居然通过聊一些人类学的见闻吸引了我的女友,也就是我现在的妻子汤芸女士,我还成功地让她放弃国际贸易这样一个炙手可热的专业转来学习人类学这个冷门的学科。现在汤芸也成为一位人类学教授,是我的同事和我两个孩子的妈。学习人类学就是这样成为我人生中最重要的经历,今天我的事业和家庭都与它休戚相关。

回头看来,我在读硕士研究生时虽然痴迷于学习人类学,但当时的我其实执着的是一种理论知识的炫酷。而人类学那些年在国内学界确实是一个时髦的学科,由此我也天真地认为越新的理论玩起来越酷,于是我成了一个赶时髦的浪人,支零破碎地读了一些充满后现代气味的文化研究读本后便开始放飞自己。2001年夏,我跟着杨正文教授去他老家贵州黔东南的雷山县苗族村寨做了一次短期的调研,当我得知一年前美国学者路易莎(Louisa Schein)出版的《少数民族的法则:中国文化政治里的苗族和女性》就是在当地做的调查后,就打算在那儿做硕士论文的研究。为了比路易莎的文化表征研究显得更潮,我居然异想天开地给自己选了一个探讨空间景观生产与消费的时髦课题,还写了篇理论综述文章《民族地区的消费文化研究与田野实践探索》投出去发表。当时已经成为我硕士研究生导师的张建世教授觉得我有些疯魔了,不到两年时间就从一个还局限在古典进化论的后进学生变成了张口就是"后现代"傻嗨的娃。下田野前,关注藏族多偶婚家庭研究的张建世教授告诫我:"你要玩那些文化研究的时髦理论我拦不住你,但你作为一个人类学专业的学生下田野时应该从亲属制度这样的人类学基本问题开始调查,否则你弄的就不是人类学。"这句话刺激了我,原来我这么拼命跟着理论潮流跑,居然给自己的导师如此的印象。反思了一下觉得,都要下田野的人了,可不要太轻浮,那就还是听下导师的意见从亲属制度入手吧。为此我没有在号称"千户苗寨"的西江凑热闹,而是到了附近相对清静的开觉寨进行田野调查。最初我觉得亲属制度研究很枯燥,直到一天发现寨子里和我熟络起来妇人们亲切地称我为"细"(女婿)的意思,我意识到当地苗族基于亲属关系范畴展开的人际关系网络是理解其社会结构和文化逻辑的关键,这里面可以展开的问题确实比讨论旅游开发中苗族村寨的景观化更具有人类学意味。之后我调整了研究方向,开始关注苗族传统的社会结构和人际交往问题。尽管我提交的硕士论文写得乱七八糟,但我在答辩之后和汤芸一起把觉得比较拿得出手的部分改成了一篇题为《传统的苗族社会组织结构与居民互惠交往实践——贵州雷山县苗族居民的礼仪交往调查》的学术论文,并发表在了《西南民族大学学报》上。论文发表时,我俩还是硕士研究生,这让我们很是嘚瑟,也让我们有了信心去继续攻读博士。而那时彭文斌教授刚好从美国回来,被张建世和杨正文两位老师邀请到西南民大开了门"人类学的西南研究"的课程,重视学术史梳理和西方理论批判的他给我们打开了一个更为广阔的人类学世界和学术视野,他鼓励我们如果要在国内读博就应该去学术氛围最好的地方,跟最杰出的老师读书,和最优秀的同学学习。"水涨船高,和高手在一起,才会有真正的进步。"在彭老师的鼓励下,我和汤芸认定我们的下一站只有一个地方——北京。

2004年底,我打听到了北大王铭铭教授要在中央民族大学招收人类学博士研究生的消息,这让我一阵窃喜。之前错过了北大博士招生报名时间的我感觉这是一个机会,其实就算没有错过报名,我感觉自己未必就能成功考上北大,但考王老师在中央民大的博士生我觉得机会很大。我给从未谋面的王老师发了封冗长的电子邮件,东拉西扯地谈了自己对人类学的看法和对他的敬佩,并表示要考他的博士生。这封信写得像一份扭捏的决心书,犹记得最后一句话又真诚又肉麻:"若能有缘跟随先生求学问道,无憾矣!"没想到王老师当天就回信了,信中很干脆地就说了一句话:"我们来一起读书吧。"2005年我和新婚妻子汤芸双双考上中央民族大学的人类学博士生,我如愿入了王铭铭教授的门,汤芸也幸运地成为王建民教授的弟子。跟着王老师读书的第一年,我被敲打得厉害,尽管常被老师鄙夷地扣上"后现代"的帽子,但我之前"赶时髦"的毛病确实被收拾好了,我开始真正地感受到人类学研究的那份实在。2006年春,中央民大"985基地"的人类学研究中心成立,王铭铭教授是主任,王建民教授是副主任,汤芸做中心的秘书,我在中心打杂,我们戏称这是"二王庙"。中心成立后频繁举办了各种学术活动,每周都有精彩的讲座、工作坊、读书会,各种讨论和观点纷纷涌现,让人应接不暇。那时我觉得这个中心就是中国人类学的中心,甚至人类学在中国就是一个知识生产的中心。恍惚间,感觉在中央民族大学学习人类学就置身在一个"中央"内。不得不说,21世纪最初的十年是中国人类学的高光时刻,那时的历史学、法学、文学、宗教学、经济学、政治学,甚至哲学等学科都很关注这个在国内获得新生不久的学科。其他学科不仅会借鉴人类学的田野调查方法,最重要的是会重视人类学提出的问题、呈现的经验、打开的视野。在那样的氛围下,王老师主持工作的人类学研究中心不断地提出严肃的问题，系统地推出新的研究方向。当时，法国的人类学传统受到王铭铭教授的非常重视。同门师兄弟们开始在老师的督促下系统地学习结构主义及其之前的法式人类学，尤其注重对莫斯和葛兰言的再理解。而结构主义之后的人类学家，当时讨论最多的是萨林斯。也是那时，关注"文明"的人类学研究，田野经验从东南转向西南的王铭铭教授建议我回西南研究一个文明化的汉人社会，这样可与我之前研究黔东南苗族的经验有个呼应，拓展出更宽广的人类学视野。于是我来到贵州黔中地区的屯堡村镇开始了一个关于边疆文明教化过程中乡村礼俗生活塑造的研究，在屯堡村镇的田野我的精力更多地放在了民间宗教之上，东南的汉人研究成了我这个研究的参照系。最后，当王老师经历他"从东南到西南"的转向之时，我却弄了一个带有强烈东南风格的西南研究。尽管这个博士论文的研究谈不上有任何的创新性，还被王老师评价为"一个优秀的庸俗民族志"，但对我而言其实收获挺大的。因为在我的屯堡研究中，除了亲属制度我没有处理之外，政治、经济和宗教的问题我都有涉及，关键是和之前研究的苗族社会相比，屯堡村镇充满了"历史感"，而田野研究中有一些历史的讨论这对于人类学而言当然是一件很酷的事。

非常幸运的是，我在贵州黔中地区的田野中还接触到一批民国时期的地方档案，内容主要是贵州安顺的鸦片贸易和商会组织等。毕业之后，我接着就申请了一个教育部课题，开展了一项城市中的商会研究，这个项目虽然顺利结题了，但最终的成果因为种种原因却没有发表，不过我参与整理的两本档案资料集作为课题阶段性成果却出版了。虽然我早期的人类学研究都是在贵州进行的，但让我感慨的是，居然就在这样一个地方我遭遇了几种不同的社会类型。黔东南的苗族村落是比较"原始的"以亲属关系为组织核心的社会，黔中地区的屯堡村寨是比较"传统的"以政治关系为组织核心的社会，民国时期的安顺城则是较为"现代的"倾向于以市场或经济关系为组织核心的社会。这样的田野研究经历确实让我感受到了在一个具体区域中打开整个世界的人类学可能，至少通过这样的研究经验比较，我开始尝试去体会整体地把握中国社会及其现代性转型的状态。多年后，我与师兄张亚辉教授有一个讨论，认为人类学如要对人性有整合把握的话，应该整体性地关注到原始社会、传统社会、现代社会这三种类型，并且讨论其中的两次关键的历史转型，一是经由等级生成和政治的发生导致的传统文明社会的出现，一是经由世界市场体系和商品货币化而催生的现代社会转型。这样的"历史感"能让人类学的视野有真正的穿透力，提出并解决一些重要的学术问题。

然而，2008年发生的汶川大地震却把我的人类学研究从对这厚重"历史感"的沉浸中拉回到浅薄的现实运用问题中来。从中央民大博士毕业后，贪图享受的我带着汤芸回到了生活安逸的成都，回到西南民族大学西南民族研究院工作。可汶川地震发生后那轰轰烈烈的灾后重建让人难以置身事外，我本来想在藏彝走廊地区继续做点和民间信仰相关的山神崇拜研究，继续讨论点神神鬼鬼、山山水水的问题，讨论些有历史感的问题把自己的人类学研究做得有点厚度，但不想却接到许多应用人类学的研究任务。作为刚工作的新人总要表现一下自己的积极性，可这一表现就一下子让我之后的人类学之路变得很分裂。我慢慢变成了一个很会"干活"的人，以灾难人类学的名义我弄到了项目、得了奖，甚至获得了一些唬人的头衔。但同时我想做点真学问的渴望虽越发强烈，却也越发无力。一晃博士毕业至今已经12年了，这些年来尽管也跟着师兄张亚辉教授和我俩的学生一起推进了经典的王权理论研究，并就印欧社会对现代人类学的视野启发做了些理论探讨的工作，然而，那些浅薄的应用研究项目却一直牵扯着变得越来越世俗的我，让我难以像那些真正年轻的新生代那样纯粹地投入到人类学知识生产的事业中。为了维持点在学界的存在感，近些年来我试着把自己的应用研究搞得很时髦，但我的内心却很排斥这些研究，总感觉人类学今天的萎缩恰是这样的"活路"过于泛滥导致的。必须承认今天的人类学和我读书时相比，轻巧的项目"活路"多了，严肃的学术问题少了，这个学科很多顶级的大学中变得越来越微不足道，在我所工作的这种一般的大学中好像也就剩下些热闹。人类学是这个世界的视界，如果人类学家把太多精力放在"干活路""赶时髦"和"凑热闹"上，而不是严肃地去回应经典研究，那么这个知识界的新生儿太容易因为理论根基不牢又表现得浅薄和不正经被世人抛弃，反过来视界的萎缩又意味着世界的狭隘，这真让人黯然神伤。当然，我期望这只是我出于自身原因而出现的一个对学科发展的误判和困惑，而非事实的真相。

我想用几年前我说过的一段话来结束这个混乱的自述：总结这些年来自己跌跌撞撞的研究经历，我最大的一个感受是我们人类学的经验研究需要更清晰的问题意识，我们的理论探索也需要更精准的视野关照。这里对经典理论的深化把握和对研究视野的拓展建立是关键问题，如此，我们人类学才能更具时代感地去提出和研究一些具有现实感的问题。就像韦伯所言，学者在其身处的这个混乱的时代和世界中要保持一种"清明"，而我这些年在"醉美之乡"的西南地区喝酒醉了无数次后，好像终于知道了这种清明的可贵，否则这醉醒之间是没有区别的。

一弦一柱思华年：我的人类学旅程

赵红梅

赵红梅，重庆人，人类学博士，云南师范大学地理学部旅游学院教授。

民谚说"猫有九条命",我有些不信,应该没有人曾真正见过九死一生的猫,但若说虔诚治学的学者有"两条命",我是信的,一条是生活生命,一条是学术生命。一个人硬生生地将生命一剖两半,一半吃喝拉撒睡用,一半皓首穷经,说着写着没多少人愿意懂的话,人不堪其忧,也不改其乐。这样的人,虽说已被世俗或网络社会解构得所剩无几,但仅就常年过着常人不耐受的理论生活来看,他们当得起"知识英雄"这四个字。我打小爱看书,一直接受各路英雄的熏陶,体验过醍醐灌顶的大愉悦,一些英雄已登仙界,但他们的生命活在文字里,有多少次阅读,就有多少次生还。即便如此,我也未萌生过要熏陶别人的念头,而今来思,可能是本性使然,在知识的授与受之间,我更热爱"受",因为来去自由。然而,兜兜转转间,我不仅当了老师,还美其名曰做起科研,仿佛也多出一条学术生命来。这条所谓的学术生命是规定性的还是自省性的、是表演性的还是生产性的,我不能清晰判断,也许称作"疑似学术生命"才名副其实。不过,以时间为量度的生命是真真切切地在流逝,无论是以生活之名,还是以学术之名。

一、旅游人类学的标签

1992—1996年,我在兰州大学经济系读经济统计专业,该专业是数学的分支之一,我的数学成绩虽然不赖,但也读得叫苦连天,至今记得有一门《运筹学》,教材不啻为天书。本系还有两个专业:经济管理和经济学,三个班经常合上大课,一眼望去,齐刷刷的智慧脑袋。在一个"人懂我不懂,人懂得快我懂得慢"的环境里,虽然很难自信起来,但却容易快乐起来。我可能学错了专业,大学四年读得最多的是小说,还煞有介事地按照世界文学经典的推荐目录逐一阅读,专业反而变成副业。1996年9月,我进入我父亲的母校——昆明地质学校任教,教各种与经济财会相关的课程,很是"专业对口"。两年后该校转制，更名为云南省旅游学校，除基础课程外，专业课程系统性地转向旅游，教师们纷纷更弦易辙。我转到英语导游专业，下了不少功夫，才跟上和适应新的节奏。大约是1999年，学校有3个云南大学的中职考研名额，专业是旅游管理，教研室主任杨叶昆老师向学校推荐了我，学校不太同意，他说，你们总得有一两个考得上的吧，不然浪费名额。考试科目有高等数学和英语，这两门科目难倒众生，但是于我没有太大问题，考研的高等数学哪能和我大学的数学课程相提并论，虽然我学得也不是很好，但应付入学考试总是绰绰有余。考试成绩下来，长舒一口气，总算没有辜负领导的推荐和自己的大学。

2000—2003年期间，我进入云南大学商旅学院攻读旅游管理硕士。2001年9月升读研二时，凭着模糊的专业直觉，选了张晓萍教授做导师。张老师教英语课，我自忖英语底子不薄，适合师从于她。张老师刚刚从国外访学归来，浑身掩饰不住的活力与洋气，课堂上经常灌输一些我们闻所未闻的概念和理论，入门后，她特意推荐我们阅读由她主译的《东道主与游客：旅游人类学研究》一书。说实话，从一开始到后来很多年，我都没有注意到这本书的副标题，我对旅游人类学一词的最初印象，应该来自口传。我的硕士论文选题是"旅游中的文化商品化与真实性"，以当时如火如荼的丽江旅游为例，这是受到张老师全面影响的结果，否则以我统计学的本科背景，确定不了这样的题目。英文版《东道主与游客》出版于1977年，是西方旅游人类学确立的里程碑之作，张老师的翻译之举相当于立起学科大旗，所以那时她身上有很强的旅游人类学光环，但这件事我也是后知后觉，正如我对学术的晚熟。2003年，"非典"疫情风声鹤唳，虽然远比2020年的新冠疫情要缓和，但空气也很紧张，允许外出但不提倡，于是我把自己困在宿舍里，刮风一样完成了毕业论文。天知道，我连丽江都没有去过，就以之为例了。后来，张老师居中联系，这篇毕业论文的缩减版发表在了《云南师范大学学报》上。这让我感觉有些羞赧，但不是遗憾，我对毕业论文的态度与我的认识水平是相匹配的。

回望3年修学时光，我尽了很大努力，所获匪浅。一是云南大学自由的学习空气，除了上课外，我给自己安排了很多学习计划，比如自学《大学英语》第五、六册，参加CET6考试，考取英语导游资格证，最后都一一完成。我感受到超越的愉快，不受诸多意外干扰的学习状态以及合适的学习年龄，是这种高级愉快的基础。二是老师们都平易近人，很有人情味，当时上课老师有田里、邓永进、杜进川、吕宛青、薛群慧、张晓萍等教授,邓老师甚至欣然带我们全班出游大理。三是大多数人都比你优秀的"社会"环境,我们是云大第一届中职教师的研究生班,许多同学来自教育发达的省市,大都年长于我,他们像三角梅一样茂盛而生机勃勃,我喜欢他们,就像喜欢振聋发聩的知识点一样。四是学习风格的养成,我的自我学习与广泛颖悟的习惯在研究生阶段被强化,书中自有千钟粟,以书为师,哪怕荆棘丛生,一寸前行即一寸进步,不嫌微末。我记得,为理解文化,我买了一本马林诺夫斯基的《文化论》,看得连连点头,那时我离文化功能主义批判还差十万八千里,但没关系,知道文化在哪里,有什么用,当时足矣。还有一本教材不能忘记,就是谢彦君教授的《基础旅游学》,它太厚了,任课老师都没来得及讲完,所以之后的岁月里我不断回头去查阅,现在已经更新到第四版了。

2003年6月,大大小小的同学都毕业了,包括我。我有随遇而安的天性,回到原单位继续教书。有一天,张老师问我想不想考人类学的博士,她推荐我联系厦门大学的彭兆荣教授。和很多人感觉一样吧,读博是高悬中天的白月光,既向往又畏惧,伸手够月光,是别人的事,轮得到自己亲身体验,始信不及。在云大住校时,楼上是博士宿舍,有个社会学系的男博士,高高大大,和我们是点头之交,我好奇地问他怎么报考博士,他像武林秘籍不外传一样马上闭嘴,很有"博士,让女人走开"的人文关怀。隔天我碰到他约《思想战线》编辑谈论文发表,很小心翼翼的姿态,于是理解读博之难,难于上青天。

我和彭老师电话联系,说明考博心意,他表示欢迎。时值2004年春夏之交,距离报名还有大半年,我开始看书,有三本主考书:纳日碧力戈的《现代背景下的族群建构》、王铭铭的《想象的异邦》和夏建中的《文化人类学理论学派》。跨学科自学的"第一跨"真是一言难尽,明明已经读完几十页,却说不出个所以然,整本看完,记住结尾,又丢了开头。现在这三本书竖在我的书柜里,每一页都郑重其事地圈点过,证明当年我曾如何努力,也说明看书要自带理解力,理解力在第一跨、第二跨……第N跨中孕育,绝非神秘的先验能力。我的工作越来越忙,忙到深处时,考博就像远方的欢笑,越来越遥不可及。终于,我给彭老师打电话,嗫嚅说没时间复习,不想考了,他在电话那头大声说不要放弃,要试试。于是继续看书,如今我唯一能回忆起来的复习场景,是坐在云南省图书馆二楼的大阅览室里,硬性要求自己完成每天的阅读页数。冬日的阳光透过大玻璃窗，洒在明黄色的木头桌面上，那时看书的人真多。

2005年孟春的一天下午，我站在厦大南门内一侧，看见彭老师大步流星地走过来，这是我与彭老师的第一次会面。我来参加博士生入学考试，提前了几天到，我连历年英语考卷的题型都没见过，要做些准备。彭老师让我联系他的另一名考生罗正副，说起来正副和我是竞争关系，但他很大方地分享了去年的英语试卷。正副建议我搬到南普陀招待所去住，便宜幽静，厦大人类学研究所的博士考生都住在那里。南普陀一聚，终生难忘，年轻的学子如旭日东升，在一份份考卷上奋笔疾书后，即将奔赴新的天地。未知和希望在激荡，接下来的五天，我敛心静气，独来独往，看书、背诵、做题，只想再做回学生，重新体验校园的美好。我考上公费名额，正副却落了第，我有些内疚，好在他第二年复又考上，成了正副师弟。后来听说南普陀招待所被赋予"魁星"的隐喻，因为好些考生被它从校外真正"度"到校内，成为人类学登堂入室的弟子。

2005年9月，盛夏的厦门以过度的热情迎接新生，热到七窍生烟。在厦大一条街的晓风书屋里，彭老师将深红色封皮的《旅游人类学》抽出来，提醒我看。言者无心，听者有意，这一抽如同神谕，前因后果叮咚作响，我与"旅游人类学"结下不解之缘。彭老师刚从国外访学归来，他的国外与张老师的国外是同一个经纬交汇点——美国加州大学伯克利分校人类学系，合作导师是同一个人——纳尔什·格雷本教授。彭老师还带回四本英文著作的版权，他让我负责翻译格雷本教授的论文集。20篇论文，7个参与者，我承担其中9篇的翻译和其他人的校稿工作。这一下任重道远，翻译和校译成为我博士1—2年级的主旋律。这本后来被命名为《人类学与旅游时代》的论文集于2009年7月出版，而我已毕业一年。这项翻译工作于我意义远大。一是学术眼光的塑造。翻译是双向学习，一面转换文字，一面阅读文字，我得以进入到国外旅游社会科学研究的肌里，领略到相对新颖的思考方式，所谓换一种眼光看现象，不外如是也。二是文字态度的蜕变。以大学生为例，很多人毕业后不写只言片语，照样行走江湖，如果不出意外，我也会这样终此一生。很庆幸，我在翻译中再认识了文字，喜欢上奇妙的文字组合，虽未到"两句三年得"的程度，但"推敲"二字实践得淋漓尽致。我建立起对文字的潜在标准：惟妙与唯美。当然，这是文学标准，但这是我作为初学者唯一能触摸的标准：文字装修标准，因为我还没有思想和内容，只能附庸风雅、拥抱形式。然而，它也后患无穷，此后数年，我要对我的学术文字进行刮骨疗伤，去文学化。这是后话了。

厦门大学的校园坐地成景，即便你学业荒疏、一无所成，至少也能学到一成美。那些年，我们的授业导师都居住在这座古雅的校园里，郭志超、石奕龙、宋平三位教授住敬贤楼，与女博士生的丰庭楼群比邻而居，离图书馆、食堂、逸夫宾馆、教学楼、校门都不远，左右逢源，闹中取静；彭兆荣教授住海滨教师楼，从厦大南门向北步行一条对角线，一路穿过人烟稠密的勤业和芙蓉食堂，再一个锐角大拐弯，路谒祖师爷林惠祥墓冢，一面斜瞟右岸野树茂草勾勒的水库，一面进入一个短隧道，出得隧道，海滨楼群就在眼前，耗时约30分钟左右。这不是单纯的回忆，而是在描述一种古典授课方式的一部分：我们走在去往诸位老师家里上课的路上。没有黑板，没有课桌，没有正襟危坐，偶尔吃糕点，不时品茶，听老师侃侃而谈，记下自己被震撼的知识点，有什么比在老师家里上课更具有文化意味的学习方式呢？家庭，人类社会的最小文化单元，满眼的空间配置、物质文化和生活样式。在这些司空见惯的文化环境里，彭老师梳理族群理论的渊源，郭老师拉开历史人类学的长卷，石老师讲解文化人类学的理论流派、细数闽南文化的来龙去脉，宋老师荐读国际移民替代性话语、全球文化经济的断裂与差异。知识的远与近、大与小、虚与实、妙与乏，裹挟着权力、资本与意识形态，倾盆而下，我能听懂多少已不重要，听了就好。风趣的郭老师已驾鹤西去，但他强令我们阅读两本书的情景仿佛就在昨天，一本是黄向春博士的学位论文《历史记忆与文化表述：明清以来闽江下游地区的族群关系与仪式传统》，刚出炉就成了我们的阅读书目，黄博士因电脑崩盘而两次重写论文的故事也传为学术佳话；另一本是王铭铭教授的《逝去的繁荣：一座老城的历史人类学考察》，老城是泉州，与厦门咫尺距离，纸端读城，感觉很好。至于《华夏边缘》《羌在汉藏之间》等必读书目，更不在话下。郭老师教书育人，别具一格，失去他，厦大人类学文化失去最具张力的风景。

导师们坐镇军帐，学术小勇吵吵嚷嚷，煞有介事表达观点，无中生有谬传八卦，真是泥沙俱下的环境，但充满友谊与活力。我们缓慢生长，既然贴上人类学的标签，就要努力人类学化。跨学科是个巨大的认识误区，它的优势体现在成熟的知识生产者身上，而不是初学者身上，我从本科的经济统计、硕士的旅游管理到博士的人类学，一路跨专业，到博士阶段，终于陷入巨大的认知转换迷茫之中。症结在于,我缺失的不仅仅是人类学学科史、理论流派、名家名著等系统性知识,还包括对文化人类学的研究对象——文化——的基本认识。一个奇怪而普遍的现象是,像我这样的初学者往往会因迷惑的痛苦而渴望顿悟,一句指点迷津,一次拨云见日,一个立地成佛,从此一往无前。所以,从一入学,我就想从文化人类学中找到更多关于旅游的金科玉律,以解除茫然失措的困境。这种想法类似巫术,有极强的精神慰藉功能,可以延长忍受迷惘之痛的时间,从而在渐悟中等来顿悟。但这是一个漫长的终生工程,没到那一天之前,感觉都是被日程表推动而行,作业、发表、选题、开题、调查、撰写、送审、答辩,一波接一波。认知的迷惑和毕业的迫力两相结合,就成了盲目而有方向的悖论式学习轨迹。依我的"后见之明",能够清晰地认识到不同时代或社会的文化表征,择其一而究之,才算真正地有人类学方向。但显然,当时我没有这样的认知能力,只想争取学术标签,自我确证为XX博士,我的学位论文选题就反映了这种身份生存的挣扎。我要怎样才能既人类学又旅游,进而整合出一个旅游人类学呢?最终我的论文定题为"旅游情境下的文化展演与族群认同——以丽江白沙乡为例",包含旅游、文化、族群三个关键词和一个足以被称作"地方"的田野点,算是贴了一个四角俱全的标签。我不知道这是不是旅游人类学,但对我而言这是个百分百的探索性研究,整个过程充斥"看不清楚""想不清楚"的迷踪。

如今回想,我似乎一直很在意旅游人类学的标记与边界,就像执着于哲学上的基本问题——"是什么"一样。那时我已经读完丹尼逊·纳什(Dennison Nash)的《旅游人类学》(宗晓莲译),他提出的"旅游作为涵化视角、作为身份转换视角、作为上层建筑视角"表面上很清晰,分别针对东道主、游客和旅游发生三个维度,我一直深以为然,但存在两个深思则惘的问题:一是这三个视角至少跨了人类学、社会学和哲学三个领域,它们何以被整合为旅游人类学?二是三个视角都多少具有封闭性,比如旅游作为上层建筑,与其说是视角,不如说是命题,除了去证明它,还能做些什么呢?作为初学者,想弄清旅游人类学究竟是什么,或许就是下意识在渴求本体论和方法论上的豁然开朗。2008年博士毕业后,我就职于云南师范大学旅地学院。2009年初我申报国家社科项目时,申报题目拟定为"旅游文化与族群认同——基于丽江旅游的人类学考察",这是对博士选题的再思考。首先扩大了考察范围,从村落到城镇;其次调整了视角,从民族旅游到遗产旅游;更重要的是,把文化展演替换成旅游文化,但坦率地说,这依然是一次糊涂的概念征用,我并不十分清楚旅游文化一词的能指与所指。但课题申请立项了,虽然我也不知道评审专家看上了什么,但感谢他们给予的机会。这样,我给自己囤积了两个有待认识的问题:1.旅游人类学是什么?2.旅游文化是什么?

自毕业任教以来,我承担了很多课程的教学工作。大概从 2012 年,我开始教授《文化人类学》与《旅游文化学》这两门课程,它们渐渐成了我的研究窗口。课题研究、备课准备迫使我去大量阅读,领悟与反思也在悄悄萌芽。到 2013 年,我终于完成了《论旅游文化——文化人类学视野》《国外旅游族群性的研究概述及其方法探讨》这两篇对课题而言很重要的论文,前者下载量已经过万,但这反而是压力,该文只破不立,至少对"旅游文化学"课程没有明显效益。应该是从 2014 年《论旅游文化——文化人类学视野》一文发表后起,我确定了自己的两个研究方向:西方"旅游人类学"研究;文化人类学与旅游文化。这是早晚的事,不离"旅游人类学"远去,客观地综摄它,就无法有效地参与它,我吃尽盲目的苦头,至少先要弄清西方"旅游人类学"标签下的实体是什么,动态如何,以研究本身为研究对象,是保持清醒的一种重要手段。2016 年 12 月,我赴美国加州大学伯克利分校人类学系访学一年,合作导师也是纳尔什·格雷本(Nelson Graburn)教授,天花乱坠的见闻不多说,最大收获是对旅游人类学形成相对客观的认识,也更确定西方"旅游人类学"是一个应予以总结、解读和反思的东西。至于旅游文化研究,则是为课堂教学计,众所周知,教程知识与领域知识是两种不同性质的知识,但领域知识不发达,教程知识就是空中楼阁,比起西方旅游人类学的困境,国内旅游文化学或许才是近处的哭声。

二、田野调查的苦乐

挪威人类学家托马斯·埃里克森(Thomas H. Eriksen)说,田野调查是一项具有时间密集型特征的事业。在调查别人的文化生存方式上,人类自身就是最准确的调查设备,而要保持这种准确性,唯一的办法就是投入尽可能多的时间。这是部分正确的事实，但若缺失专业的素养、敏锐的洞察与灵活的社交能力，时间也会变成煎熬人的工具。这也是我的田野感悟。直到今天，我仍然在学习中，学习让时间生产出有意义的发现，而不是让人沮丧的煎熬。

我最初对田野调查方法的知识和实践是来自于余光弘教授。余老师是台湾"中央研究院"民族学研究所的退休研究员，2005年被厦大作为特聘教授引进后，就长年在人类学研究所讲授人类学相关课程。2005年的秋季学期，等我知晓余老师在上"人类学田野调查"时，学期已过大半，只旁听了一个尾巴。但这门课还有一个田野调查实习的内容，余老师计划选一个合适的村庄，带班上的硕士生去做为期1个月左右的实地调查。经过争取，余老师同意我和另一名博士生蒋俊参与进来。12月下旬，我与一名硕士生李虎陪同余老师和余师母前往闽西宁化县石壁镇踩点，一路上，余老师寡言多听，很少见他表态，但能感觉他对这个村子是满意还是不满意，几经辗转选择，最后确定了一个名为庵坝的单姓自然村，只有50户，215人，都是朱姓族人。2006年1月7日，余老师带领13名硕、博生进驻庵坝。出发前，余老师给每个人分配了调查主题，我负责庵坝村的地方政治。

对我来说，为期1个月的驻村体验是一次真正意义上的田野调查通过仪式。首先是生理考验，没有厕所，村里人积肥，在村广场前盖了一排牲口棚屋，如厕要先推开一间棚屋虚掩的门，进去先和一头嚼着干草的老黄牛打声招呼，然后小心翼翼地踩上两块木板，眼睛平视前方的墙努力不往下看……这景象，长在农村的人都懂的。白天还好，只担心有人突然叩门，晚上则如临大敌，9个女生在不足10平方米的堂屋打地铺睡觉，除了睡在门口的那个，其他人起夜都要在黑暗中摸索好一阵，不是摸到几颗毛茸茸的头，就是踩着某某某。我就这样心理性地便秘了，体内毒素积攒，返回厦门后，左半边脸开始长痘流脓，大半年后才慢慢好转。其次是社交考验，我不属于擅长与人打交道的类型，好在村里人热情厚道，殷勤唯恐不及，哪里会为难我们。但因为我不懂拒绝，引来四村八寨的控诉、告状的人，甚至还有一位老人送来一本他自己的手写体小说稿，这都在我们的能力之外了。我负责调查的地方政治有些敏感，村书记谢贤福有时会躲避我的访谈和要求，我却毫无办法，只能依靠余老师从中斡旋。最后是知识考验，这点也最为重要，我们每一个人，如果不清楚自己应该去关注什么，就会变成在村里乱窜的无头苍蝇。理论指导实践的意义，在当时非常明显地体现出来，我缺乏对农村政治网络的概念和理论知识，导致我的调查肤浅而牵强，但这似乎也是必然环节，不在实践中检验出无知，可能会一直自欺自满。

余老师和蒋俊貌似有洁癖，寒冬腊月还要每天冲个澡，可村里哪有这个条件？房东大娘每天烧一大锅烫水给他们，天晓得他们是怎样顶着严寒冲洗的。大娘年迈体衰，眼力不济，锅没涮干净时，就烧出一锅油水，他们照洗不误。余老师寝食难安，有时半夜两三点就起床，自己悄悄在晒台上踱步；我们分班轮流做饭，没有人问过他爱吃什么，吃饭时他坐首位，说得多，吃得少，我们饕餮大嚼，他负手取乐。然而，余老师是指挥中心，既要定期召集讨论，出谋划策，还要和村里人交际，为我们的调查牵线搭桥。他有两大绝技，一是喝酒千杯不醉，谢书记自诩全村最善饮，和余老师对饮也只能甘拜下风；二是写对联，春节前夕，余老师就张罗要写对联，此后我们入户访谈时，就带对联作贺春之礼，多少减弱了我们无端叨扰村民的愧疚之心。那一年，村里几乎所有家户的门框上都贴着余老师手书的春联。调查即将结束，在撤出庵坝之前，余老师要求我们将手机号汇集，打印出来，交庵坝人留存。回到厦门后至少两年间，不断有庵坝人来厦大探访我们，余老师每次都大摆宴席，盛情款待，并且要求我们所有人必须出席。他说，我们调查时得到村里人的热情接待，不能人走茶凉。这是我接受到的田野调查最初伦理教育，调查对象不是工具，用完就扔，他们本可以不配合调查，配合了，就要知恩图报。当然，从学理上说，这是文化相对论的实践，是城市文化与农村文化的平等外交。

庵坝调查是一次控制性的田野调查训练，除了田野调查技能和专业水平上的困扰外，我们没有遭遇其他困难。不仅没有困难，我们简直是众星捧月，调查中的障碍和问题都由余老师一力解决，庵坝人以接待厦门大学一众师生为荣耀，村、镇、县各级领导不时嘘寒问暖，我的导师彭兆荣教授时任人类学研究所所长，也在百忙之中亲临庵坝慰劳师生。但庵坝调查也是一次全面调查，它的人口规模、生计模式、宗族组织、客家文化、地理位置仿佛天生就是人类学家所追求的"文化岛屿"，适合进行整体性的观察和把握。因此，13名学生各揽一题，包括：农业生产、乡村经济、衣食住行娱乐、民宅建筑、人口与家庭、宗族组织、地方政治、聚落宗教活动、个人与家庭宗教、婚姻、生育与养育、丧葬、养生与民俗医疗，几乎把这个小村子问个底朝天。对我来说，这样

"理想型"的田野调查以后不会再有，我该庆幸它让我低估了田野调查的进入难度，否则我的下一次田野调查不会酝酿得那么早。

  作为调查方法的民族志才告一段落，作为文本的民族志就开始启动，返校后，我们开始撰写调查报告。这是一次严峻的文字学习与考验。我刚刚对二手资料的加工整合有些心得，又要生产和处理一手资料，畏难情绪不是一丁半点。每一个初写学术论文的人，一定都经历过一次关于文字表达的苦恼与煎熬，就像是一段没有出路的阈限期，不知自己是否能挨过去。它要考察写作者的太多东西，从专业素养、观察能力、逻辑思维、概括能力、布局谋篇能力到阅读、积累、理解、领悟、运用等背景能力，能不能通过，不下笔是不自知的。文如其人的意思是，你写出来的东西表征了你作为符号人的能力，而这种能力是后天习得的。我的调查报告被余老师修改批注了六稿，每一次修改都是力不从心的体验，我觉得自己实在达不到余老师的要求，中途申请退出，他不同意，给了一个理由，说认为我还有改进的空间，于是我又咬着牙继续改。我们每个人的章节都多少经历了这样的反复修改，最后汇集成书，书名《闽西庵坝人的社会与文化》。为写这段内容，昨天我把这本书翻出来，重读自己的那一章，仍然觉得不错。每一章都体现出余老师对民族志文本的要求：干净、干燥、干脆、清楚，高中学历的人也能看懂。人是喜欢赞美的动物，自己的文字再不好，也要敝帚自珍，何况不时还有绚烂之语。这可能是个误识，文字的本质是共享交流，无论推人及己，还是推己及人，也应好好打磨文字。文字有人挑，有人改，是一件难得的幸事，唯其如此，写作者才能走上不断自省的路。后来我渐渐发现，学术写作有两种文字既好写，也难写。一是所见所闻的感性认识，有对象有内容，据实写，很好写，但要写出准确性和客观性，很难；二是所思所想的理性认识，有观点有意见，提起笔来，有个我在，很好写，但要写出可读性和信服力，很难。

  我第二次田野调查的地点是在丽江市白沙乡（镇）的白沙村，是不得不去的学位论文调查点，单枪匹马，横冲直撞，经历了很多平淡无奇的困难，也收获了一个长期的田野点。2006年9月，我从厦门飞回云南踩点，在大理和丽江之间反复权衡，当最终确定丽江后，又在大研、束河和白沙三个古镇之间犹疑。我给厦大的老师们打电话，请求指点迷津，最后是石奕龙老师一语定夺，他说最好选农村，那只能是白沙！2007年2月，我正式进驻白沙，5月中旬离开；10月再来，11月离开，总共约5个月时间。这是一个值得长篇大论的调查过程，不仅因为白沙是一个纳西族村庄，也因为它饱含庵坝调查不曾有过的一切困难和困惑，这个容另文撰述，现在我更想聊聊博士毕业之后我和它的联系。

2009年，我的国家课题申请获批，这意味着我必须继续关注丽江以及白沙。从厦大毕业后的六七年时间，我的身体不是很好，很多事务都是勉强为之，由于课题以丽江旅游为对象，所以我把大部分注意力转移到大研古镇，白沙无力顾及，变成了我休憩和探亲访友的地方。从2010年到2013年，我大概平均每年去丽江2次，每次都会去白沙报到。我不再像过去那样迫切想问出些什么，而是很轻松地和村里人聊家常，一起吃顿饭，或是去地里摘菜掰苞谷。似乎站在一个更局外人的立场，我才能将白沙的变迁看得更清楚。如果说2007年的白沙还处在艳羡大研、束河的情绪中，那么2012年后的白沙就真正开始效法大研和束河了。偶尔我也去看看那些发生惊人变化的场所，像游客一样，看完就放到一边。2014年，课题顺利结题，我还是三不五时地回白沙，看一看，聊聊天。一些村里人碰到我，经常脱口而出："哎呀，你又来了……"我很高兴他们习惯于我的候鸟式来访，我2007年构建起来的陌生人身份在慢慢消融。大概在2015—2016年间，我在白沙做了一个关于村民建新房的规模和速度的专项调查，但由于这一现象还在过程中，所以没有正式投稿。2017年我在伯克利人类学系的TSWG例会上向专家们交流了白沙的旅游建房现象，引起他们的热情讨论，但我仍然还未找到一条线索将这整个事件串联起来。2018年我从美国访学回来，再到白沙，真是日新月异的变化，村里人明显富裕起来，而富裕的源泉正是旅游。2019年，两位对白沙旅游发展至关重要的纳西老人先后过世，一位是我多年的报道人，我很理解旅游、文化与他自身命运的关系，另一位是颇有旅游声名的和士秀老先生，他和他的诊所是白沙古街上的一道景观，原以为来日方长，但稍一懈怠就遗憾终生。我决定写一本《东道主的故事》，讲述这些以旅游为业的人的故事。这项工作在缓慢的进程中，希望可以在三年内完成。对于白沙社会的变迁，我也没法无动于衷，于是给自己确立了第三个研究方向：旅游与地方发展，但这或许是个愿景，以目前的精力和时间条件，还无法保证能够展开。

三、今天的云抄袭昨天的云

　　我从来没有思考过是否喜欢人类学，这是一个可以自问自答的问题。田野调查讲究"听其言，观其行"，从我的行为来判断，我是喜欢人类学的。毕业后，我最应该吹嘘的化腐朽为神奇的事情，就是把田野调查慢慢变成一项我有点喜欢的工作，想想我以前对田野调查有多惧怕和困惑，这一点喜欢可谓弥足珍贵。不过，这点喜欢也和惯常环境的推力有关，从天性来说，我是个相对更容易厌倦一成不变、波澜不惊的生活的人，在一个环境里困久了，就想离开，诗和远方太虚无，有个不远不近的田野点就不错。如果从人类学角度解释，我感兴趣的是文化发挥作用的时间和空间吧，因为文化是一种无法自现的共有认识，它通过特定时空中人们的一些行为或行为结果而得以显现，如果能真切地观察到文化的存在，就可以享受一种发现的快乐。人类学强调以他人为镜，反思自我，这一学科箴言显示出它与生俱来的哲学气质，究人性之根本与共通，在最大程度的文化多样性和复杂性中，仍能看出我们是作为类的人，这就像探索宇宙一样的奇妙。

　　人不是弗学而能的物种，习成"文化的人"，是生而为人的基本觉悟。如果一个人能抓住各种机会多读点书，多认识一些聪慧的师长、同好，就是一件很好的事情。同样，学习一种特别的文化眼光来观看世界，使自己成为某种不一样的人，也是人生的意义所在。奈吉尔·巴利（Nigel Barley）说，人类学者就是追求自我完善的人，从认识论看，这好像是在讥讽人类学是一门"自私"的学科，但这正是人类学特有的、惊人的、无时不在的自我批判意识。我想，人类学至少在两个方面上是非自私的，一是人类学者的精神探险精神，他们为此付出牺牲文化舒适区的代价；二是人类学长期形成的洞察力，它让人的类性无处遁逃，从而敦促社会反思、修正、自新。这是一代又一代人类学家薪火相传的学科圭臬和知识生产实践，而在这条不太拥挤的"自我完善"之路上，我就是一朵"抄袭"昨天的云，而且希望可以一直"抄袭"下去。

　　谨以此文，致谢硕导张晓萍教授、博导彭兆荣教授、余光弘教授、郭志超教授、石奕龙教授、宋平教授，和其他无法一一具名的师长们。

追寻影视人类学的田野灵光

朱靖江

朱靖江,人类学博士,中央民族大学民族学与社会学学院教授、博士生导师,影视人类学研究中心主任。著有《田野灵光》《民族志纪录片创作》《在野与守望:影视人类学行思录》等著作,拍摄《七圣庙》《和光同尘·拉萨寺院的壁画与唐卡》《冬牧场》等多部民族志纪录片。

在 30 岁之前，我可能从没想过自己此后的人生，会和一门名为"人类学"的冷门学科有如此深刻的纠缠。那时的我过得还算潇洒写意：在中央电视台电影频道参与创建了国内第一个全球旅行拍摄的电视栏目《世界电影之旅》，隔三岔五就飞去海外，拍红毯明星电影节，和国际影人聊聊艺术；每年春节还是央视年度《世界电影回顾》的总导演，凌空纵论全球电影新气象，咋看也像是把握着电影评论的主流话语权。那会儿我还和大学时期的几个朋友联合创办了国内最有影响力的文化网站"北大新青年"，我是其中"电影夜航船"分舵的总瓢把子，以影会友，吸引着无数电影青年上船论道，其中的不少人都成了今天名动一方的导演、编剧或电影学者。但 2003 年，也就是我而立之年刚过不久的时候，一种空虚寂寞冷逐渐入侵我亢奋的身心，令我开始反思我的生活是否还有更深层的意义，人类学从此浮出水面。

一

我出生在北京，从幼儿园大班到如今在职的工作单位，其实都没有离开过北京市海淀区，甚至可以说是以"宇宙中心"五道口为圆心的一个圆圈里——所以潜意识里，或许我一直想要离家出走，逃向不可预知的远方？20 世纪 80 年代中期，我按部就班地在海淀各高校的附小、附中一路打怪升级，最终在 1991 年考入北京大学法律系——那几年，由于某些特殊的历史原因，北大新生必须先去河北或河南的陆军学院军训一年，震慑力过于强大，以至于招生困难，我们这一届被迫采用了提前招生的方法，也就是随便谁都可以在报考志愿单上先填一个"北京大学"，即便考不上也不影响第一志愿，于是我们这一届进来了不少被意外录取的学生，旁逸斜出，迥异于传统意义的"北大学霸"，但他们都是真正的好兄弟，我这辈子最美好的友谊，都是和他们在北大的草坪上弹琴唱歌、宿舍里喝酒吃肉缔结出来的。

我在北大法律系就读的专业是国际法，学习的内容主要都是些跟我们的日常生活八竿子打不着的伟大学问——国际公约、联合国宪章、海洋划界、外太空立法之类的，可谓新时代的"屠龙之术"。当时中国最杰出的国际法学家王铁崖先生亲自为我们授课，但我更感兴趣的，却是他办公室里堆积成小山的一种英文刊物——《美国国家地理》（National Geographic），我想方设法把它们搞回宿舍，通读全文，观摩图片，让这些描述异域的文章将我的灵魂带向远方，觉得这才是我所向往的生活——数年后我曾担任过《美国国家地理》若干中国项目的合作者，也算是圆了一个小梦。尽管此后的学习与工作最终与国际法无缘，但北大本科时期的学习生活对我而言，仍具有决定性的影响：我受教于一批极具理想主义情怀与国际主义视野的先生，承袭了"思想自由、兼容并包"之北大精神传统，并在理性思辨与感性表达之间努力地达致平衡。此外，我还是个不错的烟酒嗓民谣歌手，可惜不会弹吉他。

从大学二年级开始，每一年暑假我都朝着力所能及的远方漫游：川西阿坝、甘南夏河、南疆英吉沙、北疆特克斯……到1995年毕业实习的时候，我决定放弃北京法院、律所的机会，远赴西藏拉萨市司法局的普法宣传科，在藏族村子里喝了三个多月的酥油茶，在牧区赛马会上看高原牧人纵马狂奔，在偏远的寺院里听僧人念经做法。当我黝黑消瘦地回到北大，已然失去了此前对法律职业的兴趣：我希望生命能更有趣，更自由，更有意义，更关注内在自我的丰富发展，而不是浪费在出庭诉讼或给公司起草法律文书上。当时的我完全不知道有所谓"人类学"的存在，于是索性转换门庭，背了几页《电影艺术辞典》，就无知者无畏地跑去北京电影学院导演系，考上了"第四代"导演郑洞天教授的研究生。

回想起来，在电影学院的三年学习还是很愉快的，那恐怕是我人生中最接近艺术家的一段时光。师门几兄弟合伙在一起编剧本、拍作业、演话剧，畅想着今后走红毯、捧奖杯的日子。当然，导演系不是培养理论家的地方，我们接受更多的还是电影创作方面的训练，以期成为中国电影产业的新鲜血液——尽管在20世纪末，中国的电影产业早已重症肌无力，面临着如果不向市场转型就可能一命呜呼的绝境。虽然读书时导演的短片就拿过奖，硕士论文还登上过两本电影学权威期刊，但1999年从电影学院毕业的我，终究没能等到中国电影起死回生的好日子，出门即入江湖，成了一名靠影视和文字手艺吃饭的自由职业者，用现在的时髦说法，成了一个"斜杠青年"。除了为中央电视台拍摄纪录片这个主业之外，我还是多份纸媒刊物的专栏撰稿人、数家电影网站的部门总监，以及若干本书籍的作者或译者——当我近些年以"学术新人"的身份混迹学界的时候，有时会被年轻的同事或学生发掘出一些十几二十多年前的旧闻故事，以至于惊叹我原来还有着"史前巨兽"一般复杂的人生经历。

其时，我仍持续地着迷于中国少数民族与民间文化的影像记录，尽管这些公益摄制工作从未带给过我任何利益。21世纪初期的三四年间，我陆续参与过"世界自然基金会"在西藏、云南、新疆的生态本底资源调查项目、"绿色和平组织"在云南组织的"稻米之路"少数民族传统稻作项目、中央美术学院推动的"中国民间剪纸"联合国非遗申报项目等，一方面沉醉于拍摄这些远在边疆山野或内陆乡村的自然景观与古老文化；一方面也庆幸自己还有影像创作的能力，可以参与到这些美好事物的记录与保护当中。也是在这一时期，我逐渐不满于影视行业的浅薄重复，开始思考如何将电影与社会研究结合在一起，寻求一种更富于文化建设性的影像创作与研究之路。我虽然先后出版了《DV宝典》（2002）、《影像中的正义》（译著，2003）与《中国独立纪录片档案》（2004）等影像著作，但依然缺乏学术理论的有效支撑。最终，我于2003年末做出了一个新的选择：回到母校北京大学，攻读文化人类学的博士学位——当然，我希望这种人类学的学习与影像创作互为合力，而非彼此分离，但这一点在中国当时（乃至当下）的学术体系中，并没有一条成熟可行的路径可走。

2004年，我重返阔别8年的北京大学，师从人类学者蔡华教授，开始从零起步，学习人类学的理论系统与民族志经典。蔡先生以亲属制度研究闻名，但他在留法时期，曾拍摄过数部民族志纪录片，获得过欧洲学界的褒奖。我们曾试图一起找到一条打通影像与人类学研究的道路。在北大读博期间，我作为摄影师之一，与蔡先生同去云南省红河州奕车人世居的山区，拍摄了表现这一族群婚恋传统的纪录片《童婚》；2006年，当我准备前往新疆昭苏县进行田野调查时，他又介绍了文化部民族民间文艺发展中心的负责人为我提供部分经费和设备，让我在当地开展"中国节日影像志"的试点拍摄工作，拍摄哈萨克族的传统节日纳吾鲁孜节。尽管在影像实践领域多有指引，但导师并不太主张我从事影视人类学的博士研究。作为一门边缘学科，主流人类学界对影视人类学的学术评价并不太高，只是更多作为一种调研工具，而非一门理论精深、前景光明的主要分支。话虽如此，我对此评价始终坚持着异议，进而并不完全认同学术界重文字而轻影像，重理论而轻行动的传统信条。在人类学的思想武器库中，我不断检视着可能有助于影视人类学建立合法性的学术范式，2011年发表的《人类学表述危机与"深描式"影像民族志》(《中南民族大学学报》2011年第6期)，大体上体现了我在那一时期的学术认识：以人类学表述危机、写文化、影像深描、主位表达、分享人类学等后现代主义学术范式，塑造当代影视人类学的学科理论与影像民族志这一核心田野方法。

在北大攻读博士学位期间，我也没有全然离开纪录片创作的实践工作，借由海外影视拍摄的机会，我走访了数十个国家，或长或短地进行文化考察与电影研究，特别是在巴西，不但直接访问了巴西文化部长吉尔贝托·吉尔、球王贝利以及多位电影艺术家，还深入"上帝之城"贫民窟，了解底层民众的生活实况。作为一名职业影视导演，我在十余年的职业生涯中拍摄了上百部（集）电视纪录片，也获得过多项国家级的影视奖，这些来自一线的从业经历值得珍视，也让我较早获得了相对坚实的物质基础，不至于为五斗米折腰——虽然在"体制内"，它们连一天的工龄也无法被承认——还让我在如今的高校教学与科研工作中，并不执着于所谓的"纯学术"道路或"理论至上"主义，而是尽可能放宽眼界，在产、学、研之间搭建更为宽广的合作桥梁，同时鼓励学生们跳出象牙塔，到滚滚红尘中先走一遭。

随着读书渐多，钻研日久，我也越来越坚定地确信影视人类学所具有的独特价值。从19世纪末投映在银幕上的第一帧活动画面，到当代世界无所不在的影像产品，人类在一个多世纪的时间里进入史无前例的视觉文化丰盛期。在这一文化变迁的背景下，以影像手段介入人类学的研究和应用过程，用影像民族志的方式表述人类学者的田野经验和理论见解，应当说是一种与时俱进的学术选择，它不仅是一套有着前沿意义的学术理论系统，还是一种有效地介入社会发展、推动民间发声、存续人类文明成果的人类学实践方法。而这一渐次深入的研究过程，也坚定了我将影视人类学作为学术志业的信念。

虽因多种原因蹉跎数年，我最终于2012年完成了影视人类学博士论文，通过学位答辩，并以《田野灵光：人类学影像民族志的历时性考察与理论研究》的书名将其于2014年出版，算是踉跄地叩开了人类学的门扉。如果总结这一漫长的求学之路，那就是在一条荒僻的学术小径上渐行渐远，却意外发现了一个美丽新世界。当然，从学者成长的角度而言，我绝非一个正面典型，知识体系过于庞杂不说，直到将近不惑之年才侥幸踏入学术机构的门槛，显然有些为时偏晚，有着"大龄学术新人"的种种尴尬，但对我来说，生命即是一次有趣的发现之旅，有时需要激流勇进，有时需要辨明方向，更多的时候，却不妨追随自己的心性，随兴而往，或许可以渐入佳境。

二

从 2012 年入职中央民族大学民族学与社会学学院至今，我的人类学学术兴趣可谓简约之至，只在影视人类学这一条单行道上开车，极少并线去别的学科领域——就好像你已经在一片地广人稀的田野中刀耕火种，又哪儿还有闲心去翻腾别人家的一亩三分地？回顾近十年来研究的主题，在影视人类学的范畴之内，我最大的兴趣点之一是对中外学术史的重新书写。国人最早了解的影视人类学史，基本来自一部初版于 1975 年的经典论文集《影视人类学原理》（*Principle of Visual Anthropology*），其中有关学科发展历程的文章现在看来，缺漏甚多。其一当然是撰文年代久远，至今 30 多年间影视人类学新的学术变迁无法从中获知；其二是西方中心论，以欧美民族志电影与学术史为主，其他地区，特别是中国影视人类学的发展脉络几无涉及；其三则是史料有限，由于早期民族志电影存世不多且公映极少，因此在学科史的表述中往往挂一漏百，甚至多有谬论。对于一门学科而言，厘清其历史脉络无疑是奠定基础的重要学术工作，但中国影视人类学界在该领域一直着力不多，视野狭窄。我近期一项主要研究工作，便是通过对中国以及海外上百年来人类学影像资料的搜集、观摩与文献整合，意在建构一部相对系统的中国民族志影像史，并对世界影视人类学史的再书写尽到拾遗补阙之力。好在近十年来海内外民族志电影资料的数字化进程迅猛，很多珍贵的早期影像可在互联网上觅得，十分裨益学术。目前相关文章已发表十余篇，略有填补空白或探幽析微之论，也可能是我对影视人类学的学科建设最主要的一点贡献。

除了学科史外，我关注的第二个学术主题是人类学视野中的"影音文献"。影音文献系运用影像与声音等多媒体手段，进行活态文化的文献性记录,并通过编目进入图书馆、档案馆、博物馆或在线数据库系统,得以更为长久的保存与更为广泛的传播。影音文献侧重于对社会、文化内容的事实性记录,强调影音记录的长期性、系统性以及"深描"价值,可以作为研究社会变迁的史料性文本。运用影视人类学学理与方法,论建构影音文献的创作和理论体系,是我在这一具有文化重要性与时代紧迫性的学术领域中最主要的着力点。中国影音文献的创制有过三次高潮,第一次是在20世纪30—40年代,中央研究院以国家学术机构的名义,在湘西、滇南等地进行民族志电影的摄制,因战火频仍,这一学术活动只获得少量资料;第二次是在20世纪50—70年代,中国社会科学院在国家领导层面的支持下,展开了大规模的"中国少数民族社会历史科学纪录电影"拍摄工作,共完成21部民族志影片,记录十多个少数民族的历史变迁过程;第三次则是从2006年至今,由文旅部民族民间文艺发展中心牵头组织的"中国节日影像志""中国史诗百部工程"(影像记录),如今已立项近300项,涵盖中国主要的传统节日与多民族史诗;近年来,文旅部非遗司也组织地方非遗中心,对数以千计的国家级非遗传承项目进行体系化的影音记录与文献存档。我一方面参与了部分项目的立项、摄制、评审等实践环节;另一方面,随着研究的不断深入,近年来亦有数篇文章发表,侧重于运用影视人类学理论归纳影音文献的学术系统、田野方法与文化价值。

近年来,基于智能手机的移动短视频发展迅猛,业已成为当代中国乃至全球最重要的社交媒介与文化表达手段,我在近三年间也逐步对这一领域开展参与观察,并将其视为影视人类学研究与影像实践的"虚拟田野"。我注册了一个账号,正式投入到对快手的参与观察当中。首先是缴纳"投名状"——大半年的时间里,我陆续上传了25个短视频,收获52位粉丝,最高389次观看,以及得到13个点赞——战绩不佳自在意料之中,但人类学不就是个重在参与(当然爆红更好)的社会学科吗?我还关注了43个散布于五湖四海的快手博主,并经常在他们的直播间里"双击666"——至少在创作者和分享者的身份上,我与数以亿计的老铁们站在了相同的起跑线上,不再是一个冷漠、超然的旁观者。从主张"在野与守望"的人类学文化立场出发,我们会发现基于普惠原则的短视频影像世界,正是人类学界开展参与观察与学术研究的一片崭新田野,其中形形色色的社会成员——他们当中的很多人都曾因语言差异、身体状况、教育水平、出身条件、谋生能力、族群归属等重重局限,被迫成为

"沉默的大多数",而在近年新兴的移动短视频平台上,他们终于有了发声表达,寻求共鸣,甚至发家致富、改变命运的机会,这其实是近百年来中国人类学者长期努力践行的学术理想。正如费孝通先生总结其毕生实践的学术主题,唯得"志在富民"四个字,他也曾强调:"西部的发展离不开少数民族的发展,通过西部的经济开发和社会发展,可以使当地的少数民族进入现代文明,与汉族共享繁荣。这是一个具有重大意义的课题。"从倡导社会赋权与富民兴边的角度而言,人类学者其实是数以亿计"老铁"们的同路人。

由于影视人类学是一门随着影像媒介的发展而不断拓展其学术视野的学科,故而近十年来影像新媒介的蓬勃发展也为本学科的成长提供了助力。除移动短视频外,我还对虚拟现实(VR)、民族志动画、民族志摄影以及游戏等基于视觉媒介的人类学多元表达系统有着广泛的兴趣。例如,虚拟现实是通过影像拍摄与电脑生成图像(CG)等手段,模拟产生一个三维空间的虚拟世界,为用户提供有关视觉、听觉、触觉等感官的模拟,让用户感觉身历其境,可以即时、没有限制地观察三维空间内的事物。虚拟现实有三"I"特征,即沉浸(immersion)、交互(interaction)与构想(imagination),可以补强文化场域的完整性和亲临感,不至于因传统影视拍摄者主观视野的框定,丧失了观察其他同时发生的文化事项之机会,能够全景式地提升影像民族志的文化表述能力。此外,民族志动画对某些"超现实"文化信息的展示性、民族志摄影的文献性与"可凝视性"以及民族志游戏的互动性和娱乐教育一体性等,都是值得影视人类学界持续探索与深耕的视觉文化领域。

在学院式的研究范式之外,我同样有兴趣参与更具开放性与公众性的调研写作、学术训练与影视创作项目,它们虽然在当下的学术体系中经常被忽视,却是将人类学与民众、社会结合的必要方法。近年来,我为《中国国家地理》杂志走访辽西大凌河流域,撰文揭示这一鲜为人知的地理单元与中国历史大系的密切关系;也为中央电视台大型纪录片《北京中轴线》撰稿,书写这一都城营建体系中流而不逝的岁月民生;我在《读书》杂志陆续发表关于法国人方苏雅、摄影师庄学本的人生故事,也在"三联中读"平台开设了一堂有关民族志纪录片的公开课。当然,作为一名宝刀未老的民族志纪录片工作者,我还陆续完成了几部超低成本的民族志电影作品:回顾十多年前哈萨克游牧生活的《冬牧场》,讲述拉萨藏传佛教艺术传统的《和光同尘》,记录藏区村落60年历史变迁的《克松村》，以及揭示闽西北客家宗族社会民间信仰的《七圣庙》等。尽管迄今为止，学术性影像作品在人类学官方评价体系中几无绩效可言，但身为这个学人共同体当中的一员，却必须坚守我们的学科共识：不会拍纪录片的人类学者算不上真正的影视人类学家。

影视人类学之所以在中国的人类学学科体系中身处边缘，主要原因之一，在于学者群体的人数较少，难以形成具有影响力的学术共同体。近8年来，我深刻认识到如果学者群体丧失活力，学科也将面临停摆断流的危机，因此，与学界同仁团结协作，建设富于创新性与凝聚力的学术共同体，是我从事影视人类学研究以来坚持贯彻的理念之一。2015年，一批较为活跃的影视人类学工作者、纪录片导演在中国人类学民族学研究会的架构下成立了"民族影视与影视人类学专委会"——我在其中担任副主任兼秘书长，开始以专业机构的身份举行多种学术活动。作为主要的学术组织者之一，我们先后主办了三届"视觉人类学与当代中国文化论坛"（2015—2017）、两届"视觉人类学：影音文献与公共传播论坛"（2016—2017），以及"藏地灵光：藏文化与影视人类学论坛"（2017）、"数字媒体时代的中国文化与影视人类学高端论坛"（2018）、"大视野视觉文化国际论坛"（2019）、"对视与交融：人文纪录片与人类学影像跨界论坛"（2020）等，特别是自2015年至今，民族影视与影视人类学专委会联合中国民族博物馆，连续举办了四届"中国民族志纪录片学术展"（2015—2021）和三届"中国民族影像志摄影双年展"（2016—2020），极大地推动了中国民族志纪录片与民族志摄影的创作实践与理论研讨，曾得到世界人类学与民族学联合会主席小泉润二教授等国际学人的高度评价。2020年，在新冠疫情肆虐的恶劣环境中，中国影视人类学界同仁仍在北京、上海、兰州、深圳、南宁等地召开多个学术会议或工作坊，学人热情高涨，学术成果迭出，在相对沉寂的学术界可谓一枝独秀。为存续影视人类学不断涌现的学术佳作，我义务担任丛书主编，陆续出版了四辑《视觉人类学论坛》（2015—2020），共收录近年来影视人类学领域代表性论文近百篇，旨在建构本学科具有延续性的学术文献体系。

三

作为一个不那么正统的人类学者,我以为:人类学的学科定位,总体而言,不在积极进取、经世济用的显学之列,或一言以蔽之,人类学是一门"在野与守望"的学问。所谓"在野",一方面意指人类学的根基在于田野调查,除非有长期的实地研究之材料佐证,通常不做高屋建瓴的惊人之语;另一方面则是指人类学的研究特性,主要体现在对前工业文明、边缘性文化以及少数群体的价值体认、文化理解与思想阐释,从而反思现代性、主流文化与主体族群的文化观念,也就是通过认识"他者"而理解自我的研究路径与价值取向,其学术本位必然偏重于社会体系当中"在野"的一方。所谓"守望",意为人类学的学术立场,在于尊重少数群体作为文化持有者的主体性,强调基于"主位"立场的文化表达,提倡外来者与原住民之间的合作与分享。作为一门社会科学,人类学较之周边学科似乎更有人际"温度"和乡土情怀,更带有关注与守护文化多样性与文明延续性的人文主义气质。人类学最吸引我的地方,就在于它这种非主流的气质和接地气的田野工作方法,正如900多年前苏东坡所言:"上可以陪玉皇大帝,下可以陪卑田院乞儿。眼前见天下无一个不是好人。"人类学从根本上看是既有秩序与文明规范的挑战者,提供更具切身感受性的——而非所谓大数据的——文化表述,质疑"普世价值"的意识形态霸权,守卫一个生生不息、多元而繁盛的世界体系。

而在整个人类学体系之中,影视人类学自学科边缘出发,历经半个多世纪筚路蓝缕的曲折发展,至今也仍然是一门非主流的分支学科,在人类学的学术共同体中虽有一席之地,却始终未成显学。直到今天,甘于投身其中,以影视人类学为学术研究方向的中国人类学者仍为数寥寥,有较高学术造诣,能够在学界产生一定影响者更是屈指可数。在这片相对贫瘠的学术土壤之上,能否坚守与深耕,为影视人类学的学科建设付出一点切实的努力,与其说是一个学人自我成长的问题,毋宁说是一个宗门修行式的问题——学科的香火能否在吾辈手上迸发光芒,传诸后人,是一种超越了个体意义的学术使命。

进入这一学术体系已十余年,个人感受颇多:从研究角度而论,影视人类学界应当更拓宽学术视野,除了拍摄和制作影像民族志文本之外,还需对人类所创造的影像文化有更为宏观的观察、思考与表述。换而言之,让影像不仅作为我们学术表达的独特工具,更成为这一学科研究的核心领域,与当代世界文化的影像化趋势相呼应。以影像文化为阵地,影视人类学者才能够建构一整套学科理论体系,扩张学术领域,成为与其他分支学科展开交流的对话方,共同参与到人类学学术共同体的建设当中。很多影视人类学界同仁都致力于以长时间的田野观察和影像记录为基础,创作内容完备、情节复杂的民族志电影作品。这自然是本学科与其他人类学学科相区别的重要特点,也能够在海内外的人类学影展中获得声誉,但是我更主张将影像方法应用于人类学的普遍研究之中,即在田野调查的过程中,利用影像工具随机记录文化事象,以影像田野笔记等形式,丰富人类学者的调查内容。这些影像素材未必剪辑成一部结构清晰的民族志电影作品,而是融汇于最终的学术成果中。发展与周边诸学科的合作关系,不着于相,美美与共,我以为这才是影像对人类学最为朴素、切实的贡献。

从教学角度来看,影视人类学最好的学习期是在大学的本科阶段,通过学科理论、历史源流、影片分析与影像拍摄方法的综合教育,让学生知其道,习其术,谙其史,涉其趣,既掌握这门学科的基础知识,又具备影视创作的基本技能,能够独立完成影像民族志作品。我们当然不能期望每一位学生都投身于影视人类学的研究,但我们至少能够为他们的学术发展提供一条影像之路。而在硕士学习阶段,我认为开办影视人类学的专业硕士方向其实更有价值,可以训练兼具人类学思维与影像创作能力的专门人才,以民族志影像实践为主要学习方案,广泛参与田野影像摄制工作,培养文化、公益、民族发展事业所需的影像记录与传播人才,比起以论文为单一考核标准的学术型硕士,更符合时代与社会的整体需求。至于影视人类学的博士研究方向,目前较少成熟的考核模式,还需要结合国际经验,开放评价体系,才能培养出既有理论建构高度,又有影像书写能力的学科接班人——道阻且长,但也是我们这一代影视人类学者必须承担的学术传承使命。

我将最近十年视为中国民族志纪录片走向繁荣的"新浪潮"时代,原因不只是影视人类学在此期间前进的境况可观,促进了学术影像的蓬勃发展,更重要的在于从中央政府到民间社区,从学界到影视工作者个体,从大都会到边疆村寨,都逐渐达成了共识:影像是新时代的文本,而中国之社会变迁与文化传承,亟须以影像方式对其进行全方位的真实记录,无论是作为国家影音文献、社区档案、银幕大片、家庭相簿抑或是网络视频，这些流动的影像能够承载国家、民族与个人的历史记忆。这也是我对影视人类学的未来满怀希望的原因所在。

受命为本书撰文，其实心中多有忐忑。与大多数"80后"甚至"90后"的青年学者相比，我这个连"粉碎四人帮"都亲身经历过的中年人实在不能被称为"新生代人类学者"，只能说见猎心喜，半路出家，以并不系统精深的人类学功底厕身于这个朝气蓬勃的学人群体之中，做一些有趣兼或有益的事情。我常自嘲人生没有认真规划，以至于30年来不断改弦易辙，年近半百依然有"萌新"的气质，注定成不了学史留名的大成就者。但好像我也不太在乎，借用苏轼的几句诗来自况："人生到处知何似，应似飞鸿踏雪泥。泥上偶然留指爪，鸿飞那复计东西。"作为一个多年游走于五行三界的不羁浪人，人类学对我的吸引力不在殿堂与学院，依然是来自远方的召唤。而人间之美好，无外乎"杨柳依依，炊烟袅袅，一声'开饭'小儿归，捧着海碗乱跑"。对于人类学家而言，行走于田野的乐趣和学问，正是建立在一种对人间烟火、世俗生活的无尽痴迷与沉思洞见之上。游走于影像与人类学共同营造的"河山胜境"，或许正是我此生皈依的不二法门。

跋

朱炳祥[*]

《新生代人类学家之路》是徐杰舜教授设计、主编,韦小鹏博士协助编辑的关于青年人类学者成长经历的汇集,徐杰舜教授及韦小鹏博士对人类学学科建设有着高度的热情和深刻的关心,继中年一代人类学者的访谈录出版之后,又鼓励新一代人类学者将自己的成长道路

朱炳祥教授(摄影:韦小鹏)

记录下来,汇编成书。我理解这种为他人作嫁衣裳的工作有着特殊的、重要的意义:一方面,通过这种写作,各位青年学者进行自我观照、自我总结、相互借鉴与激励,促使他们确定一个新的起点,以便攀登更高的高峰,同时进一步促进中国人类学的发展与繁荣;另一方面,作为群体人类学者的"求知主体的对象化",可以观照时代思潮与学术走向的整体风貌,为后人留下研究遗产。

人类学是一个特殊的学科,它不是仅仅依靠书斋中的知识学习就可以培养出优秀的学者,它还需要长期的田野工作以及其他方面的诸多条件。人类学实际上已如有的学者所说的"实际上的反学科",因为只有这样,才能处理社会

---

[*] 朱炳祥,武汉大学社会学院二级教授,博士生导师,人类学研究所所长。

文化背景中的经验的复杂性。人类学者是在一种营养丰富的土壤的综合滋养中生长出来的，在此种生长过程中最重要的、最基本的条件是：从事人类学研究是出自心性的诉求而不是功利的目的。列维-斯特劳斯就认为他从事人类学的研究是由于内心的召唤，他说："人类学家可以在自己身上发现这种召唤，即使从来没有人教过他。"他还认为人类学具有一个非常高远的观点去研究和评判人类的那种社会态度，那个观点必须高远到使他可以忽视一个个别社会个别文明的特殊情境的程度。人类学者是"杞人忧天"的一群，他们总是理想主义者，这种理想就是对人类终极前途充满着关怀。人类学者总是从"现实性"中发现"可能性"，并为追求"可能性"而自觉地工作。

看到青年学者的迅速成长以及他们的丰硕成果，欣喜之余也深感惭愧，觉得自己多年来工作懈怠。我虽然算得上是一个勤于田野的人，却是一个懒于写作的人。就"田野工作"而言，我自1995年去摩哈苴彝族村开始自觉的、系统的田野工作，或者说早在20世纪60—70年代就已经开始"准田野工作"。仅就大理周城白族村而言，我自1999年底至2019年暑假持续20年的田野工作有1000多天的时间。2000年在田野中度过了一个完整年，其后几乎所有的寒暑假都在田野中度过。我的田野工作录音资料整理打印的共有70多本约1000万字，还有许多录音磁带没有整理出来。就"写作"而言，多年来我一直没有撰写民族志著作。到了暮年，突然警觉剩余的时间不多，于是开始撰写《对蹠人》系列民族志。我将民族志看作是一种"人志"，围绕着"主体民族志"的理念进行工作。《对蹠人》第一辑共六卷，由中国社会科学出版社2018年出版了前三卷，今年将出版后三卷。不过，还有更多一些书稿远远没有写完。当然，我对个体研究的局限性有着深刻的理解，并不认为我那些无论是写出来的或没有写出来的东西有什么重要性；但是，材料本身的重要性远大于民族志者的解释，当地人的讲述应该得到尊重，并应该将之交给社会。资料在我面前所展示的是一个个活生生的摩哈苴彝族人、周城白族人、捞车土家族人等等，他们似乎时时刻刻都在看着我的工作、催促我努力。当很多人期盼你替代他们完成某一件事的时候，你就不仅仅是一个人。所以，后边的工作我还要继续去做，继续撰写《对蹠人》系列民族志第二辑。现在正好有《新生代人类学家之路》各位青年学者在这里，我希望以他们为榜样，并与他们并肩结伴、同道而行，用他们的勃勃朝气冲掉我的沉沉暮气，激发起我的热情进而完成我的

跋

工作任务。

桑榆之光,理无远照;但愿朝阳之辉,与时并明。祝愿新生代人类学者在田野之甘露、心灵之渊泉的共同润泽下,创造出更高质量的、具有思想突破力的、出自独智的学术成果!

2021 年 2 月 26 日于武汉

附录

主体民族志与民族志范式变迁——
访武汉大学朱炳祥教授[1]

徐杰舜/问，朱炳祥/答

徐杰舜：朱教授，你好！2007年我曾就"构建人类学的中国体系"为题采访过你，受到很多启发。近几年你在民族志研究上有了新的成果，我觉得与你"构建人类学的中国体系"的观点是一脉相承的。今天我们是不是从民族志范式变迁的轨迹谈起，可以吗？

朱炳祥：感谢徐老师一直关心着我的学术研究。一晃就是9年了，感慨无限。这些年，因为担任武汉大学社会学系的系主任，把写作之事耽误了下来。2013年才终于解放，有了一个思考的内在心境与外在环境。

关于民族志范式变迁问题，我想，当今民族志的主导形式已经无法回到早期科学民族志的本体论范式，其基本原因是时代发生了变化。当前，殖民主义时代已经过去，世界既是一个全球化的时代，又是一个民族国家林立并激烈地互争利益的时代。"轴心时代"各大文化板块经过几千年的发展，在全球化背景之下已经开始直接地、全方位地进行面对面的激烈碰撞，其结果要么是文明的冲突，要么是文明的融合。时代的变化，促使民族志的研究对象出现变化，

---

[1] 本文原载于《广西民族大学学报》2016年第4期，收录本书时有少量文字的增减。

新的时代有着新的研究对象、新的研究领域。科学民族志将小范围的"异文化"作为研究对象虽然依然可以进行;但无论是太平洋岛屿,还是非洲、南美的土著,都正在与全球化运动发生着复杂的互动。当前已经不存在一个完全封闭的小社区环境了,世界上所有的事情几乎都关联在一起,民族志者可以在任何地方、从任何时间、就任何对象进行任何研究。他们可以研究异文化,也可以研究本文化;可以研究乡村文化,也可以研究城市文化;可以做专题研究,也可以参与更广泛的其他课题。新的研究对象导致学术意识"被一系列跨学科影响所界定",并且传统的"规定民族志方向的主题和争论不再起作用"。[1]

当民族志在批判与批判的批判中开辟新路径时,它不可能背离知识论成果机械地回到 20 世纪早先那种本体论范式,也不可能抛却本体论成果罔顾异文化事实而将民族志只是作为田野经验的书写。如果说当下的民族志是一种"双重螺旋线"式的运动,那么,它在完成对本体论与知识论双重扬弃及双重承继中,必定会产生新质,从而铸就一种新的民族志形态。它需要扬弃科学民族志那种傲然的殖民心态与自我中心主义,承继其对于当地人与当地文化"事实"进行描写的学术理念;它也需要吸收并发扬知识论阶段对于主观性的反思与批判精神,而改变其丢失民族志作为"志书"品质的缺憾;它更需要吸收当下全球化背景下的崭新的时代精神而铸造自身。我们这个时代是一个多重主体觉醒并有着各自目的性诉求的时代。这种具有"主体性诉求"的民族志,其表现形态就是"主体民族志"。

首先,当代最重要的主体性觉醒与诉求是被民族志者称为"当地人"的觉醒及其诉求,这是铸就民族志新质的最基本的要素。当地人已经不再是殖民时代的人民,可以听凭殖民统治者或其派遣者的摆布。由于两次世界大战之后民族国家的普遍建立与国际交流的频繁,各民族教育程度的普遍提高,原先只有"白种欧洲男性"一支笔,现在世界各地的人都可以也已经用自己的笔杆子来书写"自我",书写"他者"。欧洲、亚洲、非洲、南北美洲以及大洋洲的学者可以写出的不同民族志相互匹敌。只要当地人自己直接书写与直接言说,就颠覆了经典民族志中原先由民族志者代言时所设定的主客关系,它既可以

---

[1] [美]马尔库塞:《〈写文化〉之后 20 年的美国人类学》,[美]克利福德、马尔库塞编,高丙中等译:《写文化》中文版序,商务印书馆,2006 年,第 3 页。

避免科学民族志的"词"等于"物",又可以避免后现代主义者的"词"代替"物"。

其次,作为知识的生产者之一,民族志者也需要言说。经过后现代人类学家的提醒,民族志者应该逐步形成一种"自我拷问"的觉醒意识。20世纪70年代以前的科学民族志作品自以为是,不进行这种拷问;后现代民族志的拷问因立场与观点未曾移易而使这种拷问无法做到彻底;而对于主体民族志来说,则可以两种应对策略达到民族志者的自律性。第一种策略是,允许当地人的言说在民族志作品中直接呈现即"裸呈"这种言说。只有当地人直接言说的声音才是自然的声音,才是真正的"天籁",真正的当地文化的表述。民族志者应该让当地人在完全不受外来者干扰的状态下言说,并应该将这种言说直接写入作品之中。正是因为允许"他者"在民族志中直接言说,于是,"我不是'他者',我又何能描述'他者'"的悖论就自然消除了。"裸呈"当地人的讲述是避免民族志虚构的最有效的方式,其功能是打破民族志者独断的书写形式。至于担心当地人的讲述会漫无边际、引用直接引语则使民族志过于冗长,则完全是操心过度而缺乏对"他者"的信任,是另一种中心主义的表现。第二种策略是,民族志者只能依据当地人的讲述"就什么说点什么",而在"说点什么"时,需将自己的所持立场、研究目的、所用方法、思想观点、个人情性以及生活经历诸要素进行全面的交代与坦陈。只要民族志者坦陈个人条件诸要素,他实际上就对自我进行了限定,他就自觉地破除了他研究的唯一真理性与权威性。于此,一项研究既可以被界定为历史性的研究,又可以被界定为充满主体特征与创造性的研究,还可以被界定为具有自律性的研究。

再次,是读者或批评家的觉醒与诉求。批判者总是有着一定的规约,而这种规约大多来自以往。如果新的民族志形态允许当地人"裸呈"以及将民族志者自身诸条件的限定坦陈于民族志之中,就给阅读与批评家带来了挑战。他们面对着清新的、出水芙蓉般的当地人言说的原始展示,又面对着民族志者由于全面地对自我坦露与自我拷问而对民族志真理性的限定,阅读与批评不仅需要一种宽容与包容精神,而且对传统的批评规则与标准亦需要做出相应的调整与改变。

徐杰舜:那么,触发你关注民族志的理论,并提出主体民族志概念的机缘是什么，也就是学术背景是什么？

朱炳祥：提出主体民族志的概念既是基于对科学民族志与后现代民族志表述困境的思考，也是基于我对将民族志还原为"人志"或"人类志"的学术理念。主要观点发表在《民族研究》上的三篇理论文章和一篇主体民族志的微型实验中，即《反思与重构：论"主体民族志"》（《民族研究》2011年第3期）、《再论"主体民族志"：民族志范式的转换及其自明性基础的探求》（《民族研究》2013年第3期）、《三论"主体民族志"：走出表述的危机》（《民族研究》2014年第2期）和《三重叙事的主体民族志微型实验》（与刘海涛合作，《民族研究》2015年第1期）。科学民族志本来是殖民政策的产物，民族志者的立场、观点、方法都是从宗主国带来的，却说是用"追求事物的客观、科学的观点"[1]去对异文化进行描述。这里的悖论是："我不是'他者'，我何能描述'他者'。"后现代民族志本来是反思的产物，具有"求知主体对象化"的自我拷问意识，但是他们的西方文化立场没有变，这里的悖论是："我是我自己，我何能反思我自己？"一个人拔着头发无法离开地球。

徐杰舜：你刚才说到将民族志还原为"人志"，民族志与"人志"有区别吗？区别在哪？

朱炳祥：将民族志还原为"人志"，是希望将对象从"文化"背景中抽离出来，放到"人"的一般性背景中去。早期人类学家哈登说："人类学可以称为'人的科学'。"[2]然而，现代人类学在殖民主义光照之下，西方人类学者以研究"民族"（非西方民族）、"种族"（非西方种族）、"文化"（非西方文化）为己任。于此，"人的科学"窄化为"民族"研究、"异文化"研究。本来应该成为"人志"的作品却成为"民族志"。在当前民族国家林立的时代，"民族志"当然可以大行其道，只不过目标已经改变，变成民族志者所在民族与所在国的整体利益服务。

然而重要的是，当前，殖民时代已经过去，随着"全球化"时代的到来，人类作为一个"共同体"而存在，全球化时代的"人类学"应该回归它原初的

---

1 ［英］马林诺夫斯基：《西太平洋的航海者》，梁永佳等译，华夏出版社，2002年，第4页。

2 ［英］哈登：《人类学史》，廖泗友译，山东人民出版社，1988年，第2页。

"研究人类的科学"的学术使命,重视其"人的研究"的内涵,故而,民族志也就应该执行"志人"的任务,从而成为"人志"。

除此之外,"人志"的概念还有另外一些具有比较意义的意蕴。我把"自我"与"他者"看作"对蹠人",这里的"自我"与"他者"都有着多重含义。对于"自我",不仅是作为民族志者的个体,也不仅仅是民族志者的"本文化",还是指作为一般意义上的"人"。对于"他者",其内涵更要丰富与宽泛得多,不仅仅是指"异民族""异文化",甚至也不仅仅指"人类",还是指非人类的生命体乃至无生命体。这是借鉴了列维-斯特劳斯与罗蒂关于"对蹠人"的概念。列维-斯特劳斯的概念是指地球直径两端对蹠点上的人类(the exact opposite of our own, and the name of Antipodes)[1];罗蒂的概念是指宇宙间远离我们星系的另一端的星球上的对蹠人(The Antipodeans),他们是"无心的人"。[2]列维-斯特劳斯的概念接近于民族志的"现代使命",即研究"异文化""异民族";而罗蒂的概念则更接近于民族志的"未来使命",即显示全球化时代到来之后的民族志(人志)研究对象与任务。

人类对自身的自觉意识,仅仅在"本文化"与"异文化"比较中进行定位是不够的,而应该将"人类"作为一个整体在与其他星球的"类人生物"或地球上的"非人物类"的比较中进行定位。这种比较的目的就是要消除"人类中心主义"。我们人类,总是对我们所属的那个物种作出崇高而伟大的自我评价,中国古代典籍《尚书·泰誓》说:"惟人,万物之灵。"莎士比亚也借哈姆雷特之口说,人是"宇宙的精华,万物的灵长"。这些说法缺乏方法论依据。对一个物种进行评价,需要另一个物种来实施,不能自己当自己的裁判。萨特在他的《存在主义是一种人道主义》中就曾认为,"人真是了不起啊"这样的判断是荒谬的,因为只有狗或者马才有资格对人做出这种总估价,并且宣称人是了不起的,然而它们从来没有做出这种总估价的傻事。[3]因此,对人的研究与评价,利用别的星球上的"无心的人"来对比无疑是一种重要的思想。当然,

---

1 [法]列维-斯特劳斯:《忧郁的热带》,王志明译,生活·读书·新知三联书店,2000年,第43页。

2 [美]理查德·罗蒂:《哲学和自然之镜》,李幼蒸译,商务印书馆,2003年,第87页。

3 [法]萨特:《存在主义是一种人道主义》,周熙良、汤永宽译,上海译文出版社,1988年,第29—30页。

我们也可以说，罗蒂的思想仅仅是一种假设，不过，我们可以超越这种假设，即用地球上实际存在的既有事物与人进行对比。所有的生命都有其自身的价值，除了满足最低的生活需要，人类无权破坏生命的多样性，更不能出于无节制的贪欲滥用和牺牲非人类的生命。既然所有的生命都有自身的价值，那么，生命界的所有动植物都可以作为人的比较的参照系。

徐杰舜： 看来"主体民族志"的提出与你长期的田野考察有直接的关系。请你简要而通俗地介绍主体民族志的概念好吗？

朱炳祥： 关于"主体民族志"的概念，主要有如下五个方面的内涵：

一是"对象论"："人志"。这在上面已经说到。

二是"方法论"："裸呈"（直接呈现）。经典民族志的"参与观察"和"访谈"的田野工作方法具有极大的主观性。主体民族志主张让当地人在他们的自主意志下自由讲述，并将这种讲述直接地、系统地呈现于民族志之中。将"裸呈"作为一种研究方法的哲学基础不是显示"存在者"而是显示"存在"。作为哲学范畴的"存在"是指存在物的涌现、显示，而非具体的、确定的存在者（存在物）。"存在"是确定存在者作为存在者的那种东西，是使一切存在者得以成为其自身的先决条件。"存在"是"存在者"的本源性东西。

三是"认识论"："互镜"。主要内容是让民族志与当地人成为一种自我观照与相互观照的关系。

四是"叙事论"：事－叙事－元叙事。民族志的叙事应该是一个"事－叙事－元叙事"的关系式。所谓"事"，是指呈现在当地人视野下和讲述中的"事物""事件""事实""故事"等，而不是指民族志者通过参与观察与访谈所得到的所谓"异文化"材料。所谓"叙事"，是指民族志者对于当地人直接陈述材料的解读。所谓"元叙事"，是对"叙事的自我审视"[1]，指的是民族志者在对当地人直接呈现的材料进行解读与创构的同时，暴露其个人条件及解读过程。

五是"目的论"：对人类前途的终极关怀。"主体民族志"是对民族志处在殖民时代与后现代缺乏自明性基础的忧虑以及对新方向的追寻，这种追寻以

---

1 ［英］马克·柯里：《后现代叙事理论》，宁一中译，北京大学出版社，2003年，第60页。

对人类前途的终极关怀为目的,因而是目的论意义上的民族志范式。

徐杰舜: 我还想请你讲一下"主体民族志"研究的整个计划、目标及学术价值。

朱炳祥: 我在思考《对蹠人》六卷民族志的写作时,对各卷之间的相互关系有一个大致的设计。这一设计中的"自我"与"他者"各有三卷作品,即《自我的解释》《知识人》《太初有道》是书写"自我"的作品,《他者的表述》《地域社会的构成》《蟒蛇共蝴蝶》是书写"他者"的作品。而在"自我"与"他者"的关系中,首先是"个体"之间("我"与"他")的对蹠关系,作品为《自我的解释》与《他者的表述》。其次是"群体"之间("我们"与"他们")的对蹠关系,作品为《知识人》与《地域社会的构成》。再次是超越个体与群体之上的一般意义上存在之间("人"与"神")的对蹠关系,作品为《太始有道》与《蟒蛇共蝴蝶》。诸卷关系图示如下:

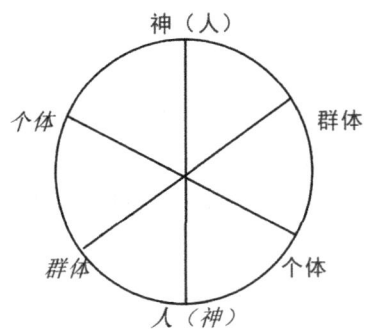

这三组对蹠关系,不仅仅是题材的分类,同时也是主题的分类,存在着不同的对象以及不同的命题。在"自我"一端,《自我的解释》是个体的"自我",《知识人》是群体的"自我",《太始有道》是作为人类一员的"自我"。在"他者"一端,《他者的表述》是"他者"对于个体的言说,《地域社会的构成》是"他者"对于群体的言说,《蟒蛇共蝴蝶》是"他者"对于神(一般意义上的"人")的言说。

至于学术价值,以及"主体民族志"能做成什么样子,有什么意义,听之任之而已。我只是用我的思想、我的情性、我的自然资质对"人"的思考与研究贡献一点微薄的力量。

徐杰舜： 最后想请你具体谈谈你在大理周村做了 15 年田野与你提出 "主体民族志"概念的关系及体验是什么？

朱炳祥： 我在去周城之前，已经在摩哈苴彝族村、捞车土家族村做过一段时间的田野工作。此阶段，我脑子里是经典人类学家们著作中的观点与方法。但是，在"参与观察"与"访谈"过程中，我总感觉到我是一个"伸长鼻子去探究异族的事情"的怪物，我不仅觉得我动机不纯，而且觉得我很虚伪，好像是一个阴谋家，面目可憎。我对自己的做派感到一种特殊的荒诞感乃至厌恶感。虽然我在彝族与土家族的田野工作中获得了丰富的田野材料，但对研究目的的自责使我内心不安，甚至想逃离。当这种"自首荒唐"的意识逐渐增长起来的时候，我干脆率性而行，不为自己所设置的某种研究目的而孜孜以求，我需要做一点当地人愿意我做的事。我的一个信念是：如果我找不到我的研究目标与当地人内在需要的契合点，我宁愿放弃我的研究！

1999 年年底，我获得了一个可以外出做一年田野工作的机会，我选择去了云南。我是当教授以后在"知天命"之年才去周城白族村做田野工作的，我的目的并非为了完成博士学位论文，以便谋求某种教职；也不是为了出人头地，享受声望的光环。我服从我的心灵的诉求，希望将对"人"的研究作为我为自己规定的学术使命的自觉选择。在这一过程中，我知道我亟须一次真正的自我启蒙。脱离自己所加之于自己的不成熟状态。"不成熟状态是指没有能力运用自己不经他人引导的知性。"[1] 在这种艰苦的思考与寻觅过程中，"主体民族志"的灵感忽然降临。

徐杰舜： 听了你的一席话，使我对主体民族志有了一个全面的了解，敬佩你在人类学理论和方法上的执着追求！谢谢你接受我的采访！

---

[1] ［德］康德：《答复这个问题："什么是启蒙？"》，《历史理性批判文集》，何兆武译，商务印书馆，1990 年，第 22 页。

后 记

真没想到《新生代人类学家之路》征文活动在人类学界得到了热烈响应！

想当初，马丹丹博士从美国伯克利大学访学归来后，即于 2020 年 11 月 21—22 日组织了由上海大学主办的"改革开放以来中国人类学重建 40 年"研讨会，因为我一向关注中国人类学学科建设，故而马博士多次联系邀请我参加会议。盛情之下，虽然疫情猖獗，但我仍认为这是一个向新生代学习的好机会，就以《新生代人类学家的崛起》为题在线上参会。没想到我的发言以"新生代，中国人类学看好你们！"结尾时，与会者反应强烈！

借此机缘，会后我随即与四川大学李菲、首都师范大学刘珩、南京大学韦小鹏商议、策划《新生代人类学家之路》一书。2021 年是人类学高级论坛成立 20 周年，正是继往开来、薪火相传的大拐点，因此在 2020 年 11 月 28 日人类学高级论坛学术委员会上，学术委员们一致赞成出版此书作为论坛成立 20 周年的贺礼。

撸起袖子，说干就干。

一是 12 月 12 日人类学高级论坛的微信公众号"人类学乾坤"（ca101cn）向人类学界发布了征稿启事：

一、文集主题：我的人类学之路

二、主编：徐杰舜；助理：韦小鹏

三、入编方式：必须是人类学博士。为了避免挂一漏万，采取三种方式入编。

1. 由主编选出 24 人为基础；

2. 由入选的 24 人每人推荐一人，报人类学高级论坛秘书处备案；

3. 自行推荐。

四、征文内容：讲述自己入门人类学及从事人类学研究的历程和故事

- 你是怎么进入人类学的？你人类学的学术师承。
- 人类学的求学经历，尤其是读博经历、博士论文选题及主要内容、创新亮点等与博士论文相关的艰辛而有趣又有价值的故事。
- 目前主要从事及关注的人类学领域、思考及行动亮点。
- 你对人类学学科的感受、感悟及反思。
- 你为什么喜欢人类学？你心目中的人类学应该是什么样的？
- 你未来的学术规划如何？
- 200 字左右的个人简介和三张个人最满意的学术生活照（以便挑选）
- 除此以外，可谈任何你想谈的关于人类学的话题。
- 具体篇名自定。要求内容真实可信、行文流畅、生动而具有故事性，通过独特而具有个性的样本，展示新时代中国人类学新生代人类学情怀的风采和风貌。

五、字数：1 万字左右。

六、交稿：2021 年 3 月 1 日截止。

二是与出版社联系出版事宜。没想到学苑出版社编辑陈佳闻之，立马表示尽全力促成此书的出版。在孟白社长的支持下，12 月 25 日出版合同拟就，30 日我签了合同。2021 年 1 月 28 日学苑出版社正式完成了出版合同签订事宜，确定在 2021 年 9 月 30 日前出版《新生代人类学家之路》。不到一个月就完成了合同的签订，速度之快真是前所未有。

三是展开征稿。这个征稿过程更是想不到的顺利而迅速。从 2020 年 12 月 12 日到 2021 年 3 月 1 日，虽然横跨春节长假，但各位学者热情有加。1 月 29 日巴胜超率先交稿，此后大家陆续交稿。截稿之日，共收到 64 篇原创文稿。有的精益求精，一改再改。其热情、认真，尤其是对人类学学科热爱之情，至为感人。正像高志英给笔者发微信所言："从来没有回顾过，道路坎坷，为自己也感动了一把。"

后 记

四是组织序稿。《新生代人类学家之路》既然是人类学高级论坛20年庆典的纪念项目,当然也得到了学术委员会主席团的支持。3月1日收到彭兆荣教授的序稿,3月3日收到周大鸣教授的序稿,3月15日收到赵旭东教授的序稿,3月20日收到王明珂教授的序稿,3月21日收到徐新建教授的序稿,3月21日收到简美玲教授的序稿。他们为新生代加油鼓劲的同时,大多还展示了自己成为人类学家"花开成林"的历程。既树立了榜样,又大为本书增色添彩。

在组稿过程中,得到了许多人类学家的支持。我思前想后,为了表达中国人类学的薪火相传,特请武汉大学的朱炳祥教授写了跋。朱教授热爱人类学,认真做学问,在云南大理周村做田野20余年,围绕着"主体民族志"的理念,积累了70多本约1000万字的田野资料,其系列民族志《对蹠人》第一辑(共六卷),2018年由中国社会科学出版社出版了前三卷,2021年将出版后三卷,为我们如何成为一个人类学家树立了榜样。

想当年,我在1998—2007年任《广西民族学院学报》执行主编时,开辟"人类学研究"专栏,采访人类学学者时的情景仍历历在目。20年来,我访谈了包括李亦园、乔健、庄孔韶、王铭铭、周大鸣、彭兆荣、徐新建、金力、王明珂、范可、滕星等91位人类学家。[1]而这次征稿,前后仅用了4个月。确实既令人惊叹,又叫人感动。我们深知这次征稿能得到大家的大力支持,全是人类学本身的魅力。百余年来,中国人类学的道路虽然坎坷,但在铸牢中华民族共同体意识和构建人类命运共同体的今天,其前途一片光明,这是一定的!

最后,要说明的是,本书各篇文章的排序按作者姓氏拼音为序。

徐杰舜

2021年3月30日于南宁

---

[1]《广西民族学院学报》从1999年第2期开始到2003年第6期为止,先后发表了26位人类学家的访谈录。此外,《广西右江民族师专学报》在2000年发表了3篇访谈录。5年来共发表了29位人类学家的访谈录,于2004年汇编成《人类学世纪坦言》出版。2004年到2007年,又访谈了25位人类学家,2009年,汇编成《人类学世纪真言》出版。2012年6月开始,由于龙晔生社长的支持,在《民族论坛》等刊物上先后又发表了33篇访谈录,2017年汇编成《人类学世纪欢言》出版。此后,又发表了4篇访谈录。从1999年到2019年,历时20年,徐杰舜先后访谈了91位中国人类学家,2019年云南人民出版社出版了《中国人类学家访谈录》(3卷本),完美收官。